Das ganz andere Wörterbuch

SAG ES RICHTIG

auf
- Englisch
- Französisch
- Spanisch
- Italienisch
- Deutsch

Das ganz andere Wörterbuch

SAG ES RICHTIG

auf
- Englisch
- Französisch
- Spanisch
- Italienisch
- Deutsch

IMPRESSUM

Dieses Buch entstand in Zusammenarbeit von
ADAC Verlag GmbH, München,
und Wissen Media Verlag, Gütersloh/München

© 2007 ADAC Verlag GmbH, München
© 2007 Wissen Media Verlag GmbH, Gütersloh/München

Projektleitung: Dr. Hans Joachim Völse, Dr. Beate Varnhorn

Redaktionsleitung: Christina Langner, Stephanie Ward

Konzeptentwicklung: Michaela Stüttgen

Redaktionelle Betreuung: Redaktionsbüro klartext, Dortmund

Redaktionsleitung klartext: Thomas Huhnold

Bildredaktion: Ursula Franz

Herstellung: John C. Bergener, Hartmut Fichtner

Layout und Satz: Dirk Bischoff

Umschlaggestaltung: Parzhuber & Partner, München

Bildnachweis: siehe S. 456

Druck und Bindung: Mohn Media Mohndruck GmbH, Gütersloh

Das Werk einschließlich aller seiner Teile ist urheberrechtlich
geschützt. Jede Verwendung außerhalb der engen Grenzen des
Urheberrechtsgesetzes ist ohne Zustimmung des Verlages unzu-
lässig und strafbar. Das gilt insbesondere für Vervielfältigungen,
Übersetzungen, Mikroverfilmungen und die Verarbeitung in
elektronischen Systemen.

Printed in Germany

ISBN 978-3-89905-5627

SAG ES RICHTIG auf...
Das ganz andere Wörterbuch

**Sprache hilft den Menschen, sich in der Welt zu orientieren, sich zu verständigen und in der Gesellschaft handlungsfähig zu sein. Der europäische Einigungsprozess, private und berufliche Mobilität, internationale Kommunikation und die Globalität der Wirtschaftsräume haben dazu geführt, dass die Fähigkeit, Fremdsprachen zu sprechen und mit anderen Kulturen umgehen zu können, inzwischen zu den Schlüsselqualifikationen zählt.
Der Kontakt zu Menschen aus dem nahen oder fernen Ausland gehört zur Alltagserfahrung fast aller Deutschen. Was wäre da wichtiger als Sprachkenntnisse zu erwerben, zu erweitern oder zu vertiefen?**

Fast alle Wörterbücher betrachten lediglich zwei Sprachen: Deutsch und eine Fremdsprache. *SAG ES RICHTIG auf...* hingegen unterscheidet sich schon im Ansatz so beträchtlich von anderen Wörterbüchern, dass diesem Buch eine Sonderstellung zukommt: Es vermittelt Englisch, Französisch, Spanisch und Italienisch – also die wichtigsten und meistgelernten Fremdsprachen in Deutschland – in einem Werk und parallel auf einen Blick. Diese vier Sprachen sind in insgesamt 110 (von derzeit 193) Ländern Amtssprachen. Englisch ist die wichtigste Verkehrssprache der Welt, Französisch ist offizielle Landessprache nicht nur in Frankreich, Belgien, Luxemburg und der Schweiz, sondern auch in zahlreichen Staaten Afrikas. Spanisch wird in Spanien und in Lateinamerika gesprochen und rangiert – was die Zahl der Muttersprachler betrifft – weltweit an zweiter Stelle. Italienisch wird in Italien und in der Süd-Schweiz gesprochen. Wer also Grundkenntnisse in diesen vier Sprachen erworben hat, wird sich nicht nur in Europa, sondern sogar über die europäischen Grenzen hinaus weitgehend verständigen können.

SAG ES RICHTIG auf... ist ein konzeptionell ganz neuartiges Wörterbuch, weil es sprachübergreifend die sonst nur einzeln verfügbaren Nachschlagewerke (alphabetisches Wörterbuch, thematisches Wörterbuch, Reisewörterbuch, Bildwörterbuch, Grammatik) miteinander verbindet und alle fünf Sprachen in einer vergleichenden Darstellung präsentiert. Damit unterstützt es das Sprachenlernen und Nachschlagen in höchst effektiver Weise.

Themen

- **Der thematische Teil** (ab Seite 14) mit der Leitfarbe orange dient dem strukturierten Lernen in überschaubaren, inhaltlich zusammenhängenden, thematisch geordneten Lerneinheiten. Außer den wichtigsten Vokabeln helfen Redewendungen zum jeweiligen Thema beim Zurechtfinden in typischen Situationen im Alltag oder auf Reisen. Der Wortschatz ist auf 29 zeitgemäße und lebensnahe Themen verteilt, die wiederum in Unterkapitel gegliedert sind und alle fünf Sprachen im direkten Vergleich zeigen. Das Thema Essen und Trinken vereint etwa Unterthemen wie Getränke, Lebensmittel oder Restaurant. Die Untergliederung in kleinere Gebiete erlaubt ein themenorientiertes Lernen in überschaubaren Lerneinheiten. So wird das schnelle Nachschlagen nach individuellen Präferenzen und Bedürfnissen ermöglicht.

- **Der Bildteil** (ab Seite 14) ist in den Thementeil integriert. Die Bildtafeln ergänzen den thematischen Teil optimal und fördern den Lernprozess besonders, da Bilder schneller und leichter vom Gedächtnis aufgenommen werden. Farbige, klare Illustrationen zu den wichtigsten Begriffen eines Themengebiets sind mit den entsprechenden Bezeichnungen in allen fünf Sprachen versehen. Thematischer Teil und Bildteil bieten die Möglichkeit, Vokabeln und Redewendungen gezielt für bestimmte Sprechabsichten zu finden.

Vorwort

Reisedialoge

- **Die Reisedialoge** (ab Seite 150) mit der roten Leitfarbe bereiten in einer unterhaltsamen Fortsetzungsgeschichte mit 20 authentischen Dialogen auf realitätsnahe Urlaubssituationen im Ausland vor und geben dem Reisenden notwendige Formulierungen und Vokabeln mit auf den Weg. Die Dialogform setzt einen klaren und abwechslungsreichen Kontrapunkt zu Vokabellisten und Grammatiktabellen, die das Grundgerüst einer jeden Sprache bilden. Die Dialoge der einzelnen Sprachen bauen inhaltlich aufeinander auf, mit leicht steigendem Schwierigkeitsgrad. Die wichtigsten Redewendungen jedes einzelnen Dialogs sind auf jeder Seite in einer übersichtlichen Merkbox zusammengestellt.

Wortschatz A–Z

- **Der alphabetische Wörterbuchteil** (ab Seite 232) mit der blauen Leitfarbe beinhaltet fünf Kapitel. Die alphabetische Suche der wichtigsten Vokabeln und der am häufigsten gebrauchten Wörter wird jeweils von einer der fünf Sprachen ausgehend ermöglicht: In einem eigenen Sprachenteil finden sich deshalb zunächst Deutsch, dann Englisch, Französisch, Spanisch und Italienisch – alle immer in Begleitung der übrigen vier Sprachen. Bei Substantiven ist in den Fremdsprachen immer der bestimmte Artikel angegeben.

Grammatik

- **Der Grammatikteil** (ab Seite 374) mit der grünen Leitfarbe fasst die wichtigsten Regeln, Wortarten und Zeiten der fünf Sprachen in allgemeinverständlicher, dennoch komprimierter Form zusammen. In Kästen und tabellarischen Übersichten werden die wichtigsten Merkregeln zusammengefasst, vertiefende Informationen geliefert und kleinere Übungen präsentiert, in denen das grammatikalische Wissen getestet werden kann.

Reisesprachführer

- **Vier handliche Reisesprachführer** mit je 48 Seiten mit den wichtigsten Wörtern und Wendungen in den Sprachen Englisch, Französisch, Spanisch und Italienisch bieten schnelle Hilfe und praktischen Nutzen für die Urlaubsreise.

Damit die Aussprache aller Wörter möglichst perfekt klingt, wird zu allen Vokabeln und Redewendungen eine leicht verständliche, vereinfachte Lautschrift angegeben (vgl. *Nutzerhinweise zur Lautschrift* auf Seite 7). Sonderzeichen der Lautschrift werden zudem auf jeder Doppelseite in einem Kasten erläutert.

SAG ES RICHTIG auf … ist ideal für alle, die auf ein umfassendes Nachschlagewerk in fünf Sprachen zurückgreifen möchten – ganz gleich, ob zum Übersetzen von Wörtern und Begriffen, zum Auffrischen vergessener Sprachkenntnisse oder zum Einüben treffender Redewendungen im Urlaub und zur Reisevorbereitung.

Nutzerhinweise zur Lautschrift

Die in diesem Werk verwendete vereinfachte Lautschrift wurde eigens für *SAG ES RICHTIG auf …* entwickelt. Sie ist in ihrer Grundkonzeption so angelegt, dass *SAG ES RICHTIG auf …* mit Recht den Anspruch erheben kann, dem Nutzer ein Nachschlagewerk zu bieten, das das Fremdsprachenlernen entscheidend erleichtert. Der deutsche Nutzer kann die Lautschrift problemlos lesen und aussprechen: Bis auf wenige Sonderzeichen wird jeder Buchstabe der Lautschrift so ausgesprochen, wie in der deutschen Sprache üblich und gewohnt. Im Gegensatz zu sonst üblichen (internationalen) Lautschriften kommt die Lautschrift dieses Werkes mit nur wenigen Sonderzeichen aus:

ə	angedeutetes e wie in bitt**e**
ɔ	offenes o wie in P**o**st
θ	weiches s wie in Fa**ss**, aber gelispelt
ð	s wie in **S**ense, aber gelispelt
ã	nasal gesprochener Vokal wie in Ch**an**son
ẽ	nasal gesprochener Vokal wie in p**oi**ntiert
õ	nasal gesprochener Vokal wie in Jet**on**
<u>sch</u>	weiches sch wie in **G**in

Das ß steht jeweils für ein scharfes s wie in na**ss**, das s für ein stimmhaftes s wie in Ro**s**e.
Lange Vokale sind durch ein h hinter dem Vokal gekennzeichnet.

Das Betonungszeichen (') weist darauf hin, dass die folgende Silbe betont werden muss. Bei einsilbigen Wörtern entfällt das Betonungszeichen.

Die Aussprache einer Fremdsprache lässt sich in einer Lautschrift nicht zu 100% darstellen, zumal mit einer vereinfachten Lautschrift. Jede Vereinfachung bedeutet zugleich eine inhaltliche Verknappung, die die ansonsten darstellbaren Nuancen auf Kosten der Allgemeinverständlichkeit vernachlässigt. Das ist auch in dieser Lautschrift der Fall. Selbstverständlich hat die Vereinfachung nicht zur Folge, dass die Aussprache einer Vokabel für Muttersprachler vollkommen unverständlich wird. Verstanden werden Sie auf jeden Fall! Durch den Verzicht auf diverse Sonderzeichen wird die Lautschrift gleichwohl einfacher – also gemeinver

ständlicher, aber auch einiger Darstellungsoptionen beraubt.
Auf derartige Fälle soll deshalb im Folgenden gesondert hingewiesen werden:

Englisch
- Die Lautschrift der englischen Vokabeln gibt die Aussprache für das britische Englisch an. In der gesamten Englisch sprechenden Welt wird es verstanden und akzeptiert.
- Das r wird nicht hart und rollend, sondern eher weich ausgesprochen. Dazu wird die Zungenspitze nach oben an den Gaumen gehoben und leicht nach hinten gebogen. In der Lautschrift ist ein einfaches r angegeben.

Spanisch
- Im Spanischen wird das r – vor allem am Wortanfang – stark gerollt.
- Das ch ist im Spanischen grundsätzlich ein Reibelaut (also wie in Da**ch**); ein weiches ch wie in Li**ch**t gibt es im Spanischen nicht. Das sch wie in **Sch**ule ist davon nicht betroffen.
- Das spanische v wird – vor allem am Wortanfang – wie eine Mischung aus w und b ausgesprochen (z. B. in vino – Wein). Da das b im Deutschen allerdings deutlich härter ausgesprochen wird als im Spanischen, würde ein b in der Lautschrift der spanischen Aussprache nicht gerecht. Wir haben uns deshalb für ein w in der Lautschrift entschieden.

Italienisch
- Viele italienische Wörter werden mit Doppelkonsonanten geschrieben. Anders als im Deutschen wird jedoch der Vokal vor dem Doppelkonsonanten länger und breiter ausgesprochen. Um dieser Aussprache möglichst nahe zu kommen, ist in der Lautschrift anstelle der Doppelkonsonanten in der Regel jeweils nur ein einfacher Konsonant angegeben. Doppelkonsonanten erscheinen in der Lautschrift nur dann, wenn die Aussprache ansonsten sinnentstellend wäre oder das Wort eine andere Bedeutung bekäme (z. B. dita – Finger / ditta – Firma). Gleichwohl sollte der Vokal vor Doppelkonsonanten grundsätzlich etwas länger und der folgende Doppelkonsonant etwas kräftiger ausgesprochen werden, als im Deutschen üblich.

Inhalt

Vorwort	5

Themen
Der thematische Wörterbuchteil
14

Essen und Trinken — 14

Wortschatz	16
Getränke	16
Obst und Gemüse	16
Lebensmittel	16
Im Restaurant	17
Die wichtigsten Redewendungen	17
Bildseiten	18
Gemüse	18
Obst	20
Lebensmittel	22
Geschirr und Besteck	24

Der menschliche Körper — 26

Wortschatz	26
Körperteile	26
Gesicht	26
Organe, Knochen und Gelenke	26
Die wichtigsten Redewendungen	27
Bildseiten	28
Körperteile	28
Organe, Knochen und Gelenke	30

Kleidung und Schmuck — 32

Wortschatz	32
Kleidung	32
Schuhe	32

(Kleidung und Schmuck, Forts.)

Accessoires	32
Schmuck	33
Die wichtigsten Redewendungen	33
Bildseiten	34
Kleidung	34
Schuhe	36
Accessoires	38
Schmuck	40

Wohnen — 42

Wortschatz	42
Haus	42
Küche	42
Wohn- und Esszimmer	42
Schlaf- und Kinderzimmer	42
Badezimmer	43
Die wichtigsten Redewendungen	43
Bildseiten	44
Haus	44
Küche	46
Wohn- und Esszimmer	48
Schlaf- und Kinderzimmer	50
Badezimmer	52
Haushaltsgeräte und Werkzeug	54

Ausbildung und Beruf — 56

Wortschatz	56
Ausbildung und Schule	56
Berufe	56
Die wichtigsten Redewendungen	57
Bildseiten	58
Schule	58
Berufe	60

Bürobedarf und Computer — 62

Wortschatz	62
Bürobedarf	62
Computer	62
Die wichtigsten Redewendungen	63
Bildseiten	64
Bürobedarf und Computer	64

Geld, Börse und Handel — 66

Wortschatz	66
Geld	66

Inhalt

Börse	66
Handel	67
Die wichtigsten Redewendungen	67

Post, Bank und Telefon — 68
Wortschatz	68
Post	68
Bank	68
Telefon	69
Die wichtigsten Redewendungen	69
Bildseiten	70
Post	70

Kunst und Kultur — 72
Wortschatz	72
Kunst	72
Kultur	72
Die wichtigsten Redewendungen	73
Bildseiten	74
Baustile	74
Musikinstrumente	76

Freizeit und Sport — 78
Wortschatz	78
Freizeit	78
Sport	78
Die wichtigsten Redewendungen	79
Bildseiten	80
Wichtige Sportarten	80
Ballsport	82
Wintersport	84

Reise — 86
Wortschatz	86
Strand und Camping	86
Hotel	86
Gepäck	87
Die wichtigsten Redewendungen	87
Bildseiten	88
Strand und Camping	88
Hotel	90
Hotel und Gepäck	91

Gesundheit und Medizin — 92
Wortschatz	92
Gesundheit	92
Medizin	92
Die wichtigsten Redewendungen	93
Bildseiten	94
Arztpraxis und Erste Hilfe	94

Hygiene und Kosmetik — 96
Wortschatz	96
Hygiene	96
Kosmetik	97
Die wichtigsten Redewendungen	97
Bildseiten	98
Hygieneartikel und Kosmetik	98

Wirtschaft — 100
Wortschatz	100
Wirtschaft	100

Inhalt

Landwirtschaft	100
Industrie	101
Die wichtigsten Redewendungen	101

Staatswesen · 102
Wortschatz	102
Staat und Politik	102
Gesellschaft	103
Die wichtigsten Redewendungen	103

Länder und Sprachen · 104
Wortschatz	104
Länder	104
Sprachen	104
Die wichtigsten Redewendungen	105

Tiere · 106
Wortschatz	106
Allgemein	106
Haustiere	106
Zootiere	106
Vögel und Waldtiere	107
Die wichtigsten Redewendungen	107
Bildseiten	108
Haustiere	108
Zootiere	110
Vögel und Waldtiere	112

Pflanzen · 114
Wortschatz	114
Bäume	114
Blumen und Gräser	114
Die wichtigsten Redewendungen	115
Bildseiten	116
Bäume und Blumen	116

Wetter und Jahreszeiten · 118
Wortschatz	118
Wetter	118
Jahreszeiten	118
Die wichtigsten Redewendungen	118
Bildseiten	119
Wetter	119

Natur · 120
Wortschatz	120
Erde	120
Weltall	120
Die wichtigsten Redewendungen	120
Bildseiten	121
Landschaften	121

Verkehr · 122
Wortschatz	122
Auto	122
Motorrad und Fahrrad	122
Flugzeug und Schiff	122
Öffentliche Verkehrsmittel	123
Die wichtigsten Redewendungen	123
Bildseiten	124
Auto	124
Motorrad	126
Fahrrad	127
Flugzeug und Schiff	128
Eisenbahn, Bus, Straßenbahn, Taxi	130

Siedlungen und Gebäude · 132
Wortschatz	132
Siedlungen	132
Gebäude	132
Hausbau und –kauf	132
Die wichtigsten Redewendungen	133

Zahlen, Farben, Formen, Raum · 134
Wortschatz	134
Zahlen	134

Inhalt

Farben	134
Formen	135
Raum	135

Handarbeiten und Stoffe — 136
Wortschatz — 136
   Handarbeiten — 136
   Stoffe — 136
   Zubehör — 137
   Die wichtigsten Redewendungen — 137

Maße, Zeit und Menge — 138
Wortschatz — 138
   Maße — 138
   Zeit — 138
   Wochentage — 138
   Monate — 138
   Jahreszeiten — 139
   Menge — 139
   Die wichtigsten Redewendungen — 139

Gefühle — 140
Wortschatz — 140
   Positive Gefühle — 140
   Negative Gefühle — 140
   Die wichtigsten Redwendungen — 141

Aktivitäten — 142
Wortschatz — 142
   Alltag und Freizeit — 142
   Arbeit — 142
   Die wichtigsten Redewendungen — 143
Bildseiten — 144
   Bewegungen — 144

Sprechabsichten — 146
Wortschatz — 146
   Im Gespräch — 146
   Wünsche, Dank und Hoffnungen — 146
   Orientierung — 146
   Frage — 147
   Ausrufe — 147
   Notfall — 147

Familie und soziale Beziehungen — 148
Wortschatz — 148
   Familie — 148
   Soziale Beziehungen — 148
   Kosenamen — 149
   Schimpfwörter — 149

Reisedialoge — 150
Fortsetzungsgeschichten in vier Sprachen

Englisch — 152
Ask for information – Um Auskunft bitten	152
Ask the way – Nach dem Weg fragen	153
Reception desk – Hotelrezeption	154
Accomodation – Unterkunft	155
Make an acquaintance – Eine Bekanntschaft machen	156
Restaurant – Restaurant	157
Get to know one another – Einander kennen lernen (1)	158
Get to know one another – Einander kennen lernen (2)	159
Making plans – Pläne machen	160
Make a request – Eine Bitte äußern	161
Family background – Familienverhältnisse (1)	162
Family background – Familienverhältnisse (2)	163
Clothes shopping – Kleiderkauf	164
Exchange views – Meinungen austauschen	165
Planing a picnic – Ein Picknick planen	166
Leisure time activities – Freizeitaktivitäten	167
A boat trip – Eine Bootsfahrt	168
Go on a trip – Einen Ausflug machen	169
Family background – Familienverhältnisse (3)	170
Everyday life – Alltag	171

Inhalt

Französisch 172

Réception – Rezeption	172
Faire une connaissance – Eine Bekanntschaft machen	173
Faire un brin de causette – Ein Schwätzchen halten	174
Echanger des idées – Gedanken austauschen	175
Balade en ville – Stadtbummel	176
Faire des projets – Pläne machen (1)	177
Faire des projets – Pläne machen (2)	178
Projeter un tour – Einen Ausflug planen	179
Dans le magasin – Im Geschäft	180
Supermarché et boutique – Supermarkt und Boutique	181
Restaurant – Restaurant (1)	182
Restaurant – Restaurant (2)	183
Faire des projets – Pläne machen (3)	184
Projets de vacances – Urlaubspläne	185
Station-service – Tankstelle	186
Acheter un ticket – Einen Fahrschein kaufen	187
Préférences – Vorlieben	188
Organisation des loisirs – Freizeitgestaltung	189
Au téléphone – Am Telefon (1)	190
Au téléphone – Am Telefon (2)	191

Spanisch 192

Informarse – Sich erkundigen	192
Orientación – Orientierung	193
Alquilar algo – Etwas mieten	194
Recepción – Rezeption	195
Al teléfono – Am Telefon (1)	196
Al teléfono – Am Telefon (2)	197
Saludo – Begrüßung	198
Restaurante – Restaurant	199
Previsión meteorológica – Wetteraussichten	200
Hacer planes – Pläne machen	201
En la estación – Auf dem Bahnhof	202
Del andén al tren – Vom Bahnsteig in den Zug	203
En el mercado – Auf dem Markt	204
En un almacén – In einem Kaufhaus	205
Invitación – Einladung	206
Ir de excursión – Einen Ausflug machen	207
En la playa – Am Strand	208
En la farmacia – In der Apotheke	209
Paseo por el centro – Stadtbummel	210
Visita de la ciudad – Stadtrundfahrt	211

Italienisch 212

Ricera di una camera – Zimmersuche	212
Conoscenza casule – Zufallsbekanntschaft	213
Al bar – In der Bar	214
In gelateria – Im Eiscafé	215
Visita alla città – Stadtbesichtigung	216
Sostare – Eine Pause einlegen	217
Tra amici – Unter Freunden	218
Scambio di idee – Ideenaustausch	219
Nel negozio di abbigliamento – Im Bekleidungsgeschäft	220
Al mercato – Auf dem Markt	221
Una ricetta – Ein Rezept	222
Al ristorante – Im Restaurant	223
Al distributore di benzina – An der Tankstelle	224
In macchina – Im Auto	225
In piscina – Im Schwimmbad	226
Stress da tempo libero – Freizeitstress	227
In farmacia – In der Apotheke (1)	228
In farmacia – In der Apotheke (2)	229
Previsioni del tempo – Wetteraussichten	230
Addio vacanze – Ferien ade	231

Inhalt

Spanisch	**318**
Deutsch – Englisch – Französisch – Italienisch	
Italienisch	**346**
Deutsch – Englisch – Französisch – Spanisch	

Grammatik 374
Kurzgrammatikteil für fünf Sprachen

Deutsch	**376**
Das Alphabet	376
Die Wortarten	376
Die Zeiten	384
Der Satz	391

Wortschatz A–Z 232
Der alphabetische Wörterbuchteil

Deutsch	**234**
Englisch – Französisch – Spanisch – Italienisch	
Englisch	**262**
Deutsch – Französisch – Spanisch – Italienisch	
Französisch	**290**
Deutsch – Englisch – Spanisch – Italienisch	

Englisch	**392**
Das Alphabet	392
Die Wortarten	392
Die Zeiten	401
Der Satz	407
Französisch	**408**
Das Alphabet	408
Die Wortarten	408
Die Zeiten	417
Der Satz	422
Spanisch	**424**
Das Alphabet	424
Die Wortarten	425
Die Zeiten	433
Der Satz	439
Italienisch	**440**
Das Alphabet	440
Die Wortarten	440
Die Zeiten	448
Der Satz	455
Abbildungsnachweis	456

Inhaltsverzeichnis

Themen

Essen und Trinken

Deutsch	Englisch	Französisch	Spanisch	Italienisch

Getränke

Aperitif	appetiser 'äpitajsər	l' apéritif *m* apehri'tihf	el aperitivo aperi'tiwo	l' aperitivo *m* aperi'tiwo
Bier	beer 'biər	la bière bjär	la cerveza θer'weθa	la birra 'bira
Cocktail	cocktail 'kɔcktäjl	le cocktail kɔk'täll	el cóctel 'kocktel	il cocktail 'kokteil
Durst	thirst θörßt	la soif ßu'af	la sed ßed	la sete 'ßete
Flasche	bottle 'bɔtl	la bouteille bu'täj	la botella bo'teja	la bottiglia bo'tilja
Getränk	beverage 'bewəridsch	la boisson bua'ßõ	la bebida be'bida	la bevanda be'wanda
Glas	glass glahß	le verre wer	el vaso 'waßo	il bicchiere bi'kjere
Kaffee	coffee 'kɔfi	le café ka'feh	el café ka'fe	il caffè ka'fä
Kakao	cocoa 'koukou	le chocolat schoko'la	el cacao ka'kao	la cioccolata tschoko'lata
Milch	milk milk	le lait lä	la leche 'letsche	il latte 'latte
Mineralwasser mit/ ohne Kohlensäure	mineral water/still mineral water 'minərəl u'ɔtər/ßtill 'minərəl u'ɔtər	l' eau gazeuse/plate *f* o ga'söhs /plat	el agua mineral con/sin gas 'agua mine'ral kon/ßin gaß	l' acqua minerale gassata/naturale *f* 'akua mine'rale ga'ßata/natu'rale
Saft	juice 'dschuhß	le jus schü	el zumo 'θumo	il succo 'ßuko
Wein	wine u'ain	le vin wẽ	el vino 'wino	il vino 'wino

Obst und Gemüse

Apfel	apple 'äpl	la pomme pɔm	la manzana man'θana	la mela 'mela
Banane	banana bə'nanə	la banane ba'nann	el plátano 'platano	la banana ba'nana
Birne	pear 'piər	la poire pu'ahr	la pera 'pera	la pera 'pera
Erbse	pea pih	le petit pois pə'ti pu'a	el guisante gi'ßante	i piselli pi'selli
Erdbeere	strawberry 'ßtrɔhbri	la fraise fräs	la fresa 'freßa	la fragola 'fragola
Gemüse	vegetables 'wädschtəblß	les légumes *m* leh'güm	la verdura wer'dura	la verdura wer'dura
grüne Bohne	green bean grihn bihn	le haricot vert ari'ko wer	la judía chu'dia	i fagiolini fadscho'lini
Gurke	cucumber 'kjuhkambər	le concombre kö'köbr	el pepino pe'pino	il cetriolo tschetri'ɔlo
Himbeere	raspberry 'rahsbri	la framboise frãbu'as	la frambuesa frambu'eßa	il lampone lam'pone
Karotte	carrot 'kärət	la carotte ka'rɔt	la zanahoria θana'oria	la carota ka'rota
Kartoffel	potato pə'täjtou	la pomme de terre pɔm də tär	la patata pa'tata	la patata pa'tata
Knoblauch	garlic 'gahlik	l' ail *m* aj	el ajo 'acho	l' aglio *m* 'aljo
Kopfsalat	lettuce 'letiß	la laitue lä'tü	la lechuga le'tschuga	la lattuga la'tuga
Obst	fruit fruht	le fruit fru'i	la fruta 'fruta	la frutta 'frutta
Orange	orange 'ɔrəndsch	l' orange *f* orãh'sch	la naranja na'rancha	l' arancia *f* a'rantscha
Paprika	pepper 'peppər	le poivron pua'vrõ	el pimiento pimi'ento	il peperone pepe'rone
Pfirsich	peach pihtsch	la pêche päsch	el melocotón meloko'tɔn	la pesca 'peska
Pflaume	plum plam	la prune prün	la ciruela θiru'ela	la susina ßu'sina
Pilz	mushroom 'maschrum	le champignon schãpin'jõ	el hongo 'ongo	il fungo 'fungo
Spinat	spinach 'ßpinidsch	les épinards *m* ehpi'nar	la espinaca eßpi'naka	gli spinaci ßpi'natschi
Tomate	tomato tə'matou	la tomate to'matt	el tomate to'mate	il pomodoro pomo'dɔro
Zitrone	lemon 'lemmən	le citron ßi'trõ	el limón li'mɔn	il limone li'mone
Zwiebel	onion 'ɔniən	l' oignon *m* on'jõ	la cebolla θe'boja	la cipolla tschi'polla

Lebensmittel

Brot	bread bräd	le pain pẽ	el pan pan	il pane 'pane
Butter	butter 'battər	le beurre bör	la mantequilla mante'kija	il burro 'buro
Ei	egg eg	l' œuf *m* öf	el huevo u'ewo	l' uovo *m* u'ɔwo
Eis	ice cream aiß krihm	la glace glaß	el helado e'lado	il gelato dsche'lato
Essig	vinegar 'winigər	le vinaigre wi'nägr	el vinagre wi'nagre	l' aceto *m* a'tscheto
Fisch	fish fisch	le poisson pua'ßõ	el pescado peß'kado	il pesce 'pesche
Fleisch	meat miht	la viande wi'jäd	la carne 'karne	la carne 'karne
Honig	honey 'hanni	le miel mi'äl	la miel mi'el	il miele 'mjäle
Käse	cheese tschihs	le fromage fro'mahsch	el queso 'keßo	il formaggio formad'scho
Konserven	tinned food tind fuhd	les conserves *f* kö'ßerw	las conservas kon'ßerwaß	la scatoletta ßkato'letta
Kuchen	cake käjk	le gâteau ga'to	el pastel paß'tel	il dolce 'doltsche

Sonderzeichen in der Lautschrift ə angedeutetes e wie in bitte; ɔ offenes o wie in Post; ß scharfes s wie in nass; θ weiches s wie in Fass, aber gelispelt; ð s wie in Sense, aber gelispelt; ã nasal gesprochener Vokal wie in Chanson; ẽ nasal gesprochener Vokal wie in pointiert; õ nasal gesprochener Vokal wie in Jeton; sch weiches sch wie in Gin

Essen und Trinken

Deutsch	Englisch	Französisch	Spanisch	Italienisch
Lebensmittel	groceries 'grouß∂rihs	les aliments *m* ali'mã	los comestibles komeß'tibleß	gli alimentari alimen'tari
Marmelade	jam d<u>sch</u>äm	la confiture kõfi'tür	la mermelada merme'lada	la marmellata marme'lata
Mehl	flour 'flau∂r	la farine fa'rin	la harina a'rina	la farina fa'rina
Nudeln	noodle 'nuhdl	les pâtes *f* paht	la pasta paßta	la pasta 'paßta
Öl	oil ɔil	l' huile *f* ü'il	el aceite a'θeite	l' olio *m* 'ɔljo
Pfeffer	pepper 'pepp∂r	le poivre pu'awr	la pimienta pimi'enta	il pepe 'pepe
Reis	rice raiß	le riz ri	el arroz a'roθ	il riso 'riso
Sahne	cream krihm	la crème kräm	la nata 'nata	la panna 'panna
Salz	salt ßɔlt	le sel ßäl	la sal ßal	il sale 'ßale
Schokolade	chocolate 'tschɔckl∂t	le chocolat schoko'la	el chocolate tschoko'late	la cioccolata tschoko'lata
Wurst	sausage 'ßɔßid<u>sch</u>	la saucisse ßo'ßiß	la salchicha ßal'tschitscha	i salumi ßa'lumi
Zucker	sugar 'schugg∂r	le sucre 'ßükr∂	el azúcar a'θukar	lo zucchero 'dsukero

Im Restaurant

Deutsch	Englisch	Französisch	Spanisch	Italienisch
Abendessen	dinner 'din∂r	le dîner di'neh	la cena 'θena	la cena 'tschena
bestellen	order 'ɔhd∂r	commander kɔmã'deh	pedir pe'dir	ordinare ordi'nare
bezahlen	pay päj	payer pä'jeh	pagar pa'gar	pagare pa'gare
Frühstück	breakfast 'bräkfaßt	le petit déjeuner p∂'ti deh<u>sch</u>ö'neh	el desayuno deßa'juno	la colazione kola'tßjone
Hauptgericht	main dish mäjn disch	le plat principal pla prẽßi'pal	el plato principal 'plato prinθi'pal	il piatto principale/ secondo 'pjatto printschi'pale/ße'kondo
Kellner	waiter u'äjt∂r	le serveur ßer'wör	el camarero kama'rero	il cameriere kame'rjäre
Mittagessen	lunch lansch	le déjeuner deh<u>sch</u>ö'neh	el almuerzo almu'erθo	il pranzo 'prandso
Nachspeise	dessert di'sört	le dessert deh'ßähr	el postre 'poßtre	il dolce 'doltsche
Restaurant	restaurant 'reßtr∂nt	le restaurant r∂ßtɔ'rã	el restaurante reßtau'rante	il ristorante rißto'rante
Speisekarte	menu 'menju	le menu m∂'nü	la carta, el menú 'karta, me'nu	il menu me'nu
Trinkgeld	tip tipp	le pourboire purbu'ahr	la propina pro'pina	la mancia 'mantscha
Vorspeise	starter 'ßtaht∂r	l' entrée *f* ã'treh	la entrada en'trada	l' antipasto *m* anti'paßto

Die wichtigsten Redewendungen

Ich habe Hunger.	I am hungry. ai äm 'hangri.	J'ai faim. <u>sch</u>eh fẽ.	Tengo hambre. 'tengo 'ambre.	Ho fame. ɔ 'fame.
Ich habe Durst.	I am thirsty. ai äm 'θörßti.	J'ai soif. <u>sch</u>eh ßu'af.	Tengo sed. 'tengo ßed.	Ho sete. ɔ 'ßete.
Ich nehme …	I will take … ai u'il täjk …	Je prends … <u>sch</u>∂ prã …	Tomo … 'tomo …	Prendo … 'prendo …
Guten Appetit!	Enjoy your meal! in'd<u>sch</u>ɔi jɔr mihl!	Bon appétit! bonapeh'ti!	¡Qué aproveche! ¡ke apro'wetsche!	Buon appetito! bu'on ape'tito!
Prost!	Cheers! 'tschi∂rß!	Santé! ßã'teh!	¡Chinchín! tschin'tschin!	Cin cin! 'tschin 'tschin!
Gibt es hier ein gutes Restaurant?	Is there a good restaurant around here? is ðär ∂ gud 'reßtr∂nt ∂'round 'hi∂?	Est-ce qu'il y a un bon restaurant par ici? äß kil'ja ẽ bõ r∂ßtɔ'rã par i'ßi?	¿Hay un buen restaurante por aquí? ¿ai un bu'en reßtau'rante por a'ki?	C'è qui vicino un buon ristorante? 'tschä ku'i wi'tschino un bu'on rißto'rante?
Die Rechnung, bitte.	The bill please. ð∂ bill plihs.	L'addition, s'il vous plaît! ladi'ßjõ ßil wu plä!	La cuenta, por favor. la ku'enta por fa'wor.	Il conto, per favore. il 'konto per fa'wore.

Essen und Trinken

Gemüse

Reihenfolge der Übersetzung: Englisch, Französisch, Spanisch, Italienisch

Kartoffel

potato	pəˈtäjtou
la pomme de terre	pɔm də tär
la patata	paˈtata
la patata	paˈtata

Paprika

pepper	ˈpeppər
le poivron	puaˈvrõ
el pimiento	pimiˈento
il peperone	pepeˈrone

grüne Bohne

green bean	grihn bihn
le haricot vert	ariˈko wer
la judía	chuˈdia
i fagiolini	fadschoˈlini

Tomate

tomato	təˈmatou
la tomate	toˈmatt
el tomate	toˈmate
il pomodoro	pomoˈdɔro

Gurke

cucumber	ˈkjuhkambər
le concombre	kõˈkõbr
el pepino	peˈpino
il cetriolo	tschetriˈɔlo

Kopfsalat

lettuce	ˈletiß
la laitue	läˈtü
la lattuga	laˈtuga
la lechuga	leˈtschuga

Zwiebel

onion	ˈɔniən
l' oignon m	onˈjõ
la cebolla	θeˈboja
la cipolla	tschiˈpolla

Karotte

carrot	ˈkärət
la carotte	kaˈrɔt
la zanahoria	θanaˈoria
la carota	kaˈrota

Spinat

spinach	ˈßpinidsch
les épinards m	ehpiˈnar
el espinaca	eßpiˈnaka
gli spinaci	ßpiˈnatschi

Pilz

mushroom	ˈmaschrum
le champignon	schäpinˈjõ
el hongo	ˈongo
il fungo	ˈfungo

Erbse

pea	pih
le petit pois	pəˈti puˈa
el guisante	giˈßante
i piselli	piˈselli

Knoblauch

garlic	ˈgahlik
l' ail m	aj
el ajo	ˈacho
l' aglio m	ˈaljo

Sonderzeichen in der Lautschrift ə angedeutetes e wie in bitte; ɔ offenes o wie in Post; ß scharfes s wie in nass; θ weiches s wie in Fass, aber gelispelt; ð s wie in Sense, aber gelispelt; ã nasal gesprochener Vokal wie in Chanson; ẽ nasal gesprochener Vokal wie in pointiert; õ nasal gesprochener Vokal wie in Jeton; sch weiches sch wie in Gin

Essen und Trinken
Gemüse

Blumenkohl

cauliflower	'kɔliflauər
le chou-fleur	schu'flör
el coliflor	koli'flor
il cavolfiore	kawol'fjore

Rosenkohl

brussels sprouts	'braßls ßprautß
les choux de Bruxelles m	schu də brük'ßäl
las coles de Bruselas	'koleß de bru'ßelaß
i cavolini d Bruxelles	kawo'lini di brü'ßel

Wirsing

savoy cabbage	ßə'wɔi 'käbidsch
le chou frisé	schu fri'seh
la col rizada	kol ri'θada
la verza	'werdsa

Aubergine

aubergine	'oubəschihn
l' aubergine f	obär'schin
la berenjena	beren'chena
la melanzana	melan'dsana

Brokkoli

broccoli	'brɔkəli
le brocoli	broko'li
el brócoli	'brokoli
il broccolo	'brɔkolo

Rettich

radish	'rädisch
le radis	ra'di
el rábano	'rabano
il rafano	'rafano

Fenchel

fennel	'fennəl
le fenouil	fə'nuij
el hinojo	i'nocho
il finocchio	fi'nɔkjo

Spargel

asparagus	ə'ßpärəgəß
l' asperge f	aß'pärsch
el espárrago	eß'parago
l' asparago m	aß'parago

Rote Bete

beetroot	'bihtruht
la betterave rouge	be'traw ruhsch
la remolacha roja	remo'latscha 'rocha
la barbabietola	barba'bjätola

Rotkohl

red cabbage	red 'käbidsch
le chou rouge	schu ruhsch
la lombarda	lom'barda
il cavolo rosso	'kawolo 'roßo

Weißkohl

white cabbage	u'ait 'käbidsch
le chou blanc	schu blā
el repollo blanco	re'pojo 'blanko
il cavolo bianco	'kawolo 'bjanko

Grünkohl

curly cale	'körli käjl
le chou vert	schu wär
la berza	'berθa
il cavolo verde	'kawolo 'werde

Essen und Trinken

Obst

Reihenfolge der Übersetzung: Englisch, Französisch, Spanisch, Italienisch

Brombeere

blackberry	'bläckbəri
la mûre	mühr
la zarzamora	θarθa'mora
la mora	'mɔra

Johannisbeere

redcurrant	'rädkarənt
la groseille	gro'säj
la grosella	gro'ßeja
il ribes	'ribeß

Heidelbeere

blueberry	'bluhbəri
la myrtille	mir'tij
el arándano	a'randano
il mirtillo	mir'tillo

Himbeere

raspberry	'rahsbri
la framboise	frãbu'as
la frambuesa	frambu'eßa
il lampone	lam'pone

Stachelbeere

gooseberry	'guhsbəri
la groseille à maquereau	gro'säj a ma'kro
la uva espina, l' uva spina	'uwa eß'pina, 'uwa 'ßpina

Erdbeere

strawberry	'ßtrɔhbri
la fraise	fräs
la fresa	'freßa
la fragola	'fragola

Apfel

apple	'äpl
la pomme	pɔm
la manzana	man'θana
la mela	'mela

Pfirsich

peach	pihtsch
la pêche	päsch
el melocotón	meloko'tɔn
la pesca	'peska

Birne

pear	'piər
la poire	pu'ahr
la pera	'pera
la pera	'pera

Aprikose

apricot	'äjprikɔt
l' abricot *m*	abri'ko
el albaricoque	albari'koke
l' albicocca *f*	albi'kɔka

Kirsche

cherry	'tscheri
la cerise	ßə'rihs
la cereza	θe'reθa
la ciliegia	tschili'ädscha

Pflaume

plum	plam
la prune	prün
la ciruela	θiru'ela
la susina	ßu'sina

Weintraube

grape	gräjp
le raisin	rä'sẽ
la uva	'uwa
l' uva	'uwa

Sonderzeichen in der Lautschrift: ə angedeutetes e wie in bitte; ɔ offenes o wie in Post; ß scharfes s wie in nass; θ weiches s wie in Fass, aber gelispelt; ð s wie in Sense, aber gelispelt; ã nasal gesprochener Vokal wie in Chanson; ẽ nasal gesprochener Vokal wie in pointiert; õ nasal gesprochener Vokal wie in Jeton; sch weiches sch wie in Gin

Essen und Trinken
Obst

Apfelsine
orange 'ɔrəndsch
l' orange f orähsch
la naranja na'rancha
l' arancia f a'rantscha

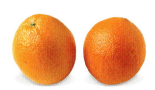

Klementine
clementine 'klemәntihn
la clémentine klehmã'tin
la clementina klemen'tina
la clementina klemen'tina

Zitrone
lemon 'lemmәn
le citron ßi'trõ
el limón li'mɔn
il limone li'mone

Grapefruit
grapefruit 'gräjpfruht
le pamplemousse pãplә'muß
el pomelo po'melo
il pompelmo pom'pälmo

Honigmelone
melon 'melәn
le melon mә'lõ
el melón me'lɔn
il melone me'lone

Granatapfel
pomegranate 'pɔmigränit
la grenade grә'nad
la granada gra'nada
la melagrana mela'grana

Wassermelone
watermelon u'ɔtәrmelәn
la pastèque paß'täk
la sandía ßan'dia
l' anguria f an'guria

Mango
mango 'mängou
la mangue mãg
el mango 'mango
il mango 'mango

Feige
fig fig
la figue fig
el higo 'igo
il fico 'fiko

Kaki
kaki kä'kә
le kaki ka'ki
el caqui 'kaki
il cachi 'kaki

Ananas
pineapple 'pajnäpl
l' ananas m ana'na
la piña 'pinja
l' ananas m 'ananaß

Banane
banana bә'nanә
la banane ba'nann
el plátano 'platano
la banana ba'nana

Essen und Trinken
Lebensmittel
Reihenfolge der Übersetzung: Englisch, Französisch, Spanisch, Italienisch

Brot
bread	bräd
le pain	pẽ
el pan	pan
il pane	'pane

Butter
butter	'battər
le beurre	bör
la mantequilla	mante'kija
il burro	'buro

Wurst
sausage	'ßɔßidsch
la saucisse	ßo'ßiß
la salchicha	ßal'tschitscha
i salumi	ßa'lumi

Käse
cheese	tschihs
le fromage	fro'mahsch
el queso	'keßo
il formaggio	for'madscho

Marmelade
jam	dschäm
la confiture	kõfi'tür
la mermelada	merme'lada
la marmellata	marme'lata

Honig
honey	'hanni
le miel	mi'äl
la miel	mi'el
il miele	'mjäle

Ei
egg	eg
l' œuf m	öf
el huevo	u'ewo
l' uovo m	u'ɔwo

Mehl
flour	'flauər
la farine	fa'rin
la harina	a'rina
la farina	fa'rina

Salz
salt	ßɔlt
le sel	ßäl
la sal	ßal
il sale	'ßale

Pfeffer
pepper	'peppər
le poivre	pu'awr
la pimienta	pimi'enta
il pepe	'pepe

Zucker
sugar	'schuggər
le sucre	'ßükrə
el azúcar	a'θukar
lo zucchero	'dsukero

Sonderzeichen in der Lautschrift: ə angedeutetes e wie in bitte; ɔ offenes o wie in Post; ß scharfes s wie in nass; θ weiches s wie in Fass, aber gelispelt; ð s wie in Sense, aber gelispelt; ã nasal gesprochener Vokal wie in Chanson; ẽ nasal gesprochener Vokal wie in pointiert; õ nasal gesprochener Vokal wie in Jeton; sch weiches sch wie in Gin

Essen und Trinken
Lebensmittel

Reis
rice   raiß
le riz   ri
el arroz   a'roθ
il riso   'riso

Nudeln
noodles   'nuhdls
les pâtes f   paht
la pasta   'paßta
la pasta   'paßta

Fleisch
meat   miht
la viande   wi'jãd
la carne   'karne
la carne   'karne

Fisch
fish   fisch
le poisson   pua'ßõ
el pescado   peß'kado
il pesce   'pesche

Joghurt
yoghurt   'jɔgət
le yaourt   ja'urt
el yogur   jo'gur
lo yogurt   'jɔgʊrt

Sahne
cream   krihm
la crème   kräm
la nata   'nata
la panna   'panna

Milch
milk   milk
le lait   lä
la leche   'letsche
il latte   'latte

Muscheln
mussels   'maßls
les coquillages m   kɔki'jahsch
el marisco   ma'rißko
le cozze   'kɔtze

Würstchen
sausage   'ßɔßidsch
le saucisson   ßoßi'ßõ
la salchicha   ßal'tschitscha
la salsiccia   ßal'ßitscha

Essen und Trinken

Geschirr und Besteck
Reihenfolge der Übersetzung: Englisch, Französisch, Spanisch, Italienisch

Teller
plate	plajt
l' assiette f	aß'jätt
el plato	'plato
il piatto	'pjatto

Suppenteller
soup plate	ßuhp pläjt
l' assiette à soupe	aß'jätt a ßup
el plato sopero	'plato ßo'pero
la scodella	ßko'della

Tasse
cup	kap
la tasse	taß
la taza	'taθa
la tazza	'tatßa

Becher
cup	kap
le gobelet	gobə'lä
el vaso	'waßo
la tazza	'tatßa

Untertasse
saucer	'ßɔhßər
la soucoupe	ßu'kup
el platito	pla'tito
il piattino	pja'tino

Zuckerdose
sugar bowl	'schuggər boul
le sucrier	ßükri'eh
el azucarero	aßuka'rero
la zuccheriera	dsuker'jära

Messer
knife	naif
le couteau	ku'to
el cuchillo	ku'tschijo
il coltello	kol'tello

Esslöffel
soup spoon	ßuhp ßpuhn
la cuillère à soupe	kuï'jär a ßup
la cuchara sopera	cu'tschara ßo'pera
il cucchiaio	kukj'ajo

Gabel
fork	fɔhk
la fourchette	fur'schätt
el tenedor	tene'dor
la forchetta	for'keta

Teelöffel
teaspoon	'tihßpuhn
la cuillère à café	kuï'jär a ka'feh
la cucharilla	cutscha'rija
il cucchiaino	kukja'ino

Kuchengabel
cake fork	käjk fɔhk
la fourchette à gâteau	fur'schett a ga'to
el tenedor de postre	tene'dor de 'poßtre
la forchetta da dessert	for'keta da de'ßär

Sonderzeichen in der Lautschrift: ə angedeutetes e wie in bitte; ɔ offenes o wie in Post; ß scharfes s wie in nass; θ weiches s wie in Fass, aber gelispelt; ð s wie in Sense, aber gelispelt; ã nasal gesprochener Vokal wie in Chanson; ẽ nasal gesprochener Vokal wie in pointiert; õ nasal geprochener Vokal wie in Jeton; sch weiches sch wie in Gin

Essen und Trinken
Geschirr und Besteck

Weinglas

wineglass	u'ainglahß
le verre à vin	wer a wë
la copa para vino	'kopa 'para 'wino
il bicchiere da vino	bi'kjere da 'wino

Karaffe

carafe	'kärəf
la carafe	ka'raf
la garrafa	ga'rafa
la caraffa	ka'rafa

Wasserglas

water glass	u'ɔhtər glahß
le verre à eau	wer a o
el vaso de agua	'waßo de 'agua
il bicchiere da acqua	bi'kjere da 'akua

Serviette

napkin	'näpkin
la serviette	ßer'wjätt
la servilleta	ßerwi'jeta
il tovagliolo	towal'jɔlo

Pfanne

pan	pänn
la poêle	pu'all
la sartén	ßar'ten
la padella	pa'della

Kochtopf

saucepan	'ßɔhßpänn
la casserole	kaß'rɔll
la olla	'oja
la pentola	'pentola

Messbecher

measuring jug	'mescháring dschag
le verre gradué	wer gradü'eh
el vaso medidor	'waßo medi'dor
il misurino	misu'rino

Backform

baking tin	'bäjking tin
le moule à pâtisserie	mul a patiß'ri
el molde para horno	'molde 'para 'orno
lo stampo per dolci	'ßtampo per 'doltschi

Der menschliche Körper

Deutsch	Englisch	Französisch	Spanisch	Italienisch

Körperteile

Deutsch	Englisch	Französisch	Spanisch	Italienisch
Arm	arm ahm	le bras bra	el brazo 'braθo	il braccio 'bratscho
Bauch	belly 'belli	le ventre 'wãtr	la barriga ba'riga	la pancia 'pantscha
Bein	leg läg	la jambe <u>sch</u>ãb	la pierna pi'erna	la gamba 'gamba
Brust	breast breßt	la poitrine pua'trin	el pecho 'petscho	il petto 'petto
Daumen	thumb θam	le pouce puß	el pulgar pul'gar	il pollice 'pollitsche
Finger	finger 'fingər	le doigt du'a	el dedo 'dedo	il dito 'dito
Fingernagel	fingernail 'fingənäjl	l' ongle m 'öglə	la uña 'unja	l' unghia f 'ungja
Fuß	foot futt	le pied pjeh	el pie pi'e	il piede 'pjäde
Hals	neck neck	le cou ku	el cuello ku'ejo	il collo 'kɔlo
Hand	hand händ	la main mẽ	la mano 'mano	la mano 'mano
Kopf	head häd	la tête tätt	la cabeza ka'beθa	la testa 'teßta
Körper	body 'bɔdi	le corps kɔr	el cuerpo ku'erpo	il corpo 'korpo
Oberschenkel	thigh θaj	la cuisse ku'iß	el muslo 'mußlo	la coscia 'koscha
Penis	penis 'pihniß	le penis pe'niß	el pene 'pene	il pene 'pene
Po	bottom 'bɔtəm	les fesses f fäß	el culo, el culete 'kulo, ku'lete	il sedere ße'dere
Rücken	back bäck	le dos do	la espalda eß'palda	la schiena 'ßkjäna
Rumpf	torso 'tɔhßou	le tronc trõ	el tronco 'tronko	il torso 'torßo
Scheide	vagina wə'd<u>sch</u>ajnə	le vagin wa'<u>sch</u>ẽ	la vagina wa'china	la vagina wa'd<u>sch</u>ina
Schienbein	shinbone 'schinnboun	le tibia ti'bja	la espinilla eßpi'nija	la tibia 'tibia
Schulter	shoulder 'schouldər	l' épaule f eh'pohl	el hombro 'ombro	la spalla 'ßpalla
Wade	calf kahf	le mollet mo'lä	la pantorrilla panto'rija	il polpaccio pol'patscho
Zehen	toes tous	les orteils m or'täj	el dedo del pie 'dedo del pi'e	le dita (del piede) 'dita (del 'pjäde)

Gesicht

Deutsch	Englisch	Französisch	Spanisch	Italienisch
Auge	eye ai	l' œil m öj	el ojo 'ocho	l' occhio m 'ɔkjo
Augenbrauen	eyebrows 'aibrauß	les sourcils m ßur'ßil	las cejas 'θechas	le sopracciglia ßopra'tschilja
Gesicht	face fäjß	le visage wi'sah<u>sch</u>	la cara 'kara	il viso 'wiso
Haare	hair här	les cheveux m schə'wö	el pelo 'pelo	i capelli ka'pelli
Kinn	chin tschinn	le menton mã'tõ	la barbilla bar'bija	il mento 'mento
Lippen	lip lipp	les lèvres f 'läwr	los labios 'labioß	le labbra 'labra
Mund	mouth mauθ	la bouche busch	la boca 'boka	la bocca 'boka
Nase	nose nous	le nez neh	la nariz na'riθ	il naso 'naso
Ohr	ear 'iər	l' oreille f o'räj	la oreja o'recha	l' orecchio m o'rekjo
Schädel	skull ßkall	le crâne krann	el cráneo 'kraneo	il cranio 'kranio
Schläfe	temple 'templ	la tempe tãp	la sien ßi'en	la tempia 'tempja
Stirn	forehead 'fɔrid	le front frõ	la frente 'frente	la fronte 'fronte
Wange	cheek tschihk	la joue <u>sch</u>u	la mejilla me'chija	la guancia gu'antscha
Wimpern	eyelashes 'ailäschəß	les cils m ßil	la pestaña peß'tanja	le ciglia 'tschilja
Zähne	teeth tihθ	les dents f dä	los dientes di'enteß	i denti 'denti
Zunge	tongue tang	la langue läg	la lengua 'lengua	la lingua 'lingua

Organe, Knochen und Gelenke

Deutsch	Englisch	Französisch	Spanisch	Italienisch
Adern	veins wäjnß	les veines f wenn	las venas 'wenaß	le vene 'wene
Arterie	artery 'ahtəri	l' artère f ar'tär	la arteria ar'teria	le arterie ar'terije
Becken	pelvis 'pelwiß	le bassin ba'ßẽ	la pelvis 'pelwiß	il bacino ba'tschino
Blase	bladder 'blädər	la vessie wä'ßi	la vejiga we'chiga	la vescica we'schika
Blut	blood blad	le sang ßã	la sangre 'ßangre	il sangue 'ßangue
Darm	gut gat	l' intestin m ẽtäß'tẽ	el intestino inteß'tino	l' intestino m inteß'tino
Ellenbogen	elbow 'elbou	le coude kud	el codo 'kodo	il gomito 'gomito
Gehirn	brain bräjn	le cerveau ßär'wo	el cerebro θe'rebro	il cervello tscher'wello
Gelenke	joints d<u>sch</u>intß	les articulations f artikula'ßjõ	las articulaciones artikulaθi'ɔneß	le giunture d<u>sch</u>un'ture
Haut	skin ßkin	la peau po	la piel pi'el	la pelle 'pelle

Sonderzeichen in der Lautschrift ə angedeutetes e wie in bitte; ɔ offenes o wie in Post; ß scharfes s wie in nass; θ weiches s wie in Fass, aber gelispelt; ð s wie in Sense, aber gelispelt; ã nasal gesprochener Vokal wie in Chanson; ẽ nasal gesprochener Vokal wie in pointiert; õ nasal gesprochener Vokal wie in Jeton; <u>sch</u> weiches sch wie in Gin

Der menschliche Körper

Deutsch	Englisch	Französisch	Spanisch	Italienisch
Herz	heart haht	le cœur kör	el corazón kora'θon	il cuore ku'ɔre
Hüfte	hip hipp	la hanche äsch	la cadera ka'dera	l' anca f 'anka
Knie	knee nih	le genou schə'nu	la rodilla ro'dija	il ginocchio dschi'nokio
Knöchel	ankle 'änkl	les chevilles f schə'wij	el tobillo to'bijo	la caviglia ka'wilja
Knochen	bone boun	les os m o	el hueso u'eßo	le ossa 'oßa
Leber	liver 'liwər	le foie fu'a	el hígado 'igado	il fegato 'fegato
Lunge	lung lang	les poumons m pu'mõ	el pulmón pul'mɔn	i polmoni pol'moni
Magen	stomach 'ßtamək	l' estomac m äßto'ma	el estómago eß'tomago	lo stomaco 'ßtɔmako
Muskeln	muscle 'maßl	les muscles m 'müßklə	los músculos 'mußkuloß	i muscoli 'mußkoli
Nerven	nerves nörwß	les nerfs m när	los nervios 'nerwioß	i nervi 'nerwi
Niere	kidney 'kidni	les reins m rē	el riñón rin'jɔn	i reni 'reni
Organ	organ 'ɔhgən	l' organe m or'gann	el órgano 'organo	l' organo 'ɔrgano
Rippen	ribs ribß	les côtes f koht	las costillas koß'tijaß	le costole 'koßtole
Skelett	skeleton 'ßkelitn	le squelette ß'klett	el esqueleto eßke'leto	lo sceletro 'ßkäletro
Vene	vein wäjn	la veine wenn	la vena 'wena	la vena 'wena
Wirbelsäule	spine ßpain	la colonne vertébrale kolɔn werteh'brall	la columna vertebral ko'lumna werte'bral	la spina dorsale 'ßpina dor'ßale

Die wichtigsten Redewendungen

Wie groß sind Sie?	How tall are you? hau tɔhl ar ju?	Combien mesurez-vous? kö'bjē məsüreh'wu?	¿Cuánto mide? ¿ku'anto 'mide?	Quanto è alto? ku'anto ä 'alto?
Ich wiege …	I weigh … ai u'äj …	Je pèse … schə päs …	Peso … 'peßo …	Peso … 'peso …
Ich bin dick/dünn.	I am corpulent/thin. ai äm 'kɔhpjulənt/θin.	Je suis gros/mince. schə ßwi gro/mēß.	Soy, Estoy gordo, gorda/ delgado, delgada. ßoi, eß'toi 'gordo 'gorda/ del'gado del'gada.	Sono grasso/magro. 'ßono 'graßo/'magro.
Ich habe Normalgewicht.	I've got normal weight. aiw got nohml u'äjt.	J'ai un poids normal. scheh ē pu'a nɔr'mal.	Tengo peso normal. 'tengo 'peßo nor'mal.	Io ho un peso normale. 'io ɔ un 'päso nor'male.
Ich habe blonde/ dunkle/graue Haare.	I have blond/dark/grey hair. ai häw blɔnd/dahk/gräj här.	J'ai des cheveux blonds/ foncés/gris. scheh deh schə'wö blō/fō'ßeh/gri.	Tengo pelo rubio/oscuro/ blanco. 'tengo 'pelo 'rubio/ oß'kuro/'blanko.	Ho i capelli biondi/ scuri/grigi. ɔ i ka'peli 'bjondi/'ßkuri/'gridschi.
Ich bin … cm groß.	I am … centimetres tall. ai am 'ßentimihtərß tɔhl.	Je mesure … cm. schə mə'sür … ßäti'mätrə.	Mido … centímetros 'mido … θen'timetroß	Sono alto … metro e … 'ßono 'alto … 'mätro e …
Meine Augen sind blau/grün/braun.	My eyes are blue/green/ brown. maj ajß ar blu/grihn/braun.	Mes yeux sont bleus/ verts/marrons. meh'sjö ßō blö/wer/ma'rō.	Mis ojos son azules/ verdes/marrones. miß 'ochoß ßon a'θuleß/ 'werdeß/ma'rɔneß.	I miei occhi sono celesti/verdi/bruni. i m'jäi 'ɔki 'ßono tsche'leßti/ 'werdi/'bruni.
Meine Haarfarbe ist blond/braun/schwarz/ rot/grau.	My hair is blond/brown/ black/red/grey. maj här is blɔnd/braun/bläck/ red/gräj.	Mes cheveux sont blondes/marron/noires/ roux/gris. meh schə'wö ßō blō/ ma'rō/nu'ahr/ru/gri.	El color de mi pelo es rubio/castaño/negro/ rojo/gris. el ko'lor de mi 'pelo eß 'rubio/ kaß'tanjo/'negro/'rocho/griß	Il colore dei miei capelli è biondo/bruno/nero/ rosso/grigio. il ko'lore 'dei m'jäi ka'peli ä 'bjondo/'bruno/'nero/'roßo/ 'gridscho.
Ich habe keine beson-deren Merkmale.	I haven't got any particular features. ai 'häwnt got 'äni pah'tikjulər 'fihtschəs.	Je n'ai pas de signes particuliers. schə nä pa də 'ßinjə partikül'jeh.	No tengo ninguna característica especial. no 'tengo nin'guna karakte'rißtika eßpeθi'al.	Non ho segni particolari. non ɔ 'ßänji partiko'lari.

27

Der menschliche Körper

Körperteile — Reihenfolge der Übersetzung: Englisch, Französisch, Spanisch, Italienisch

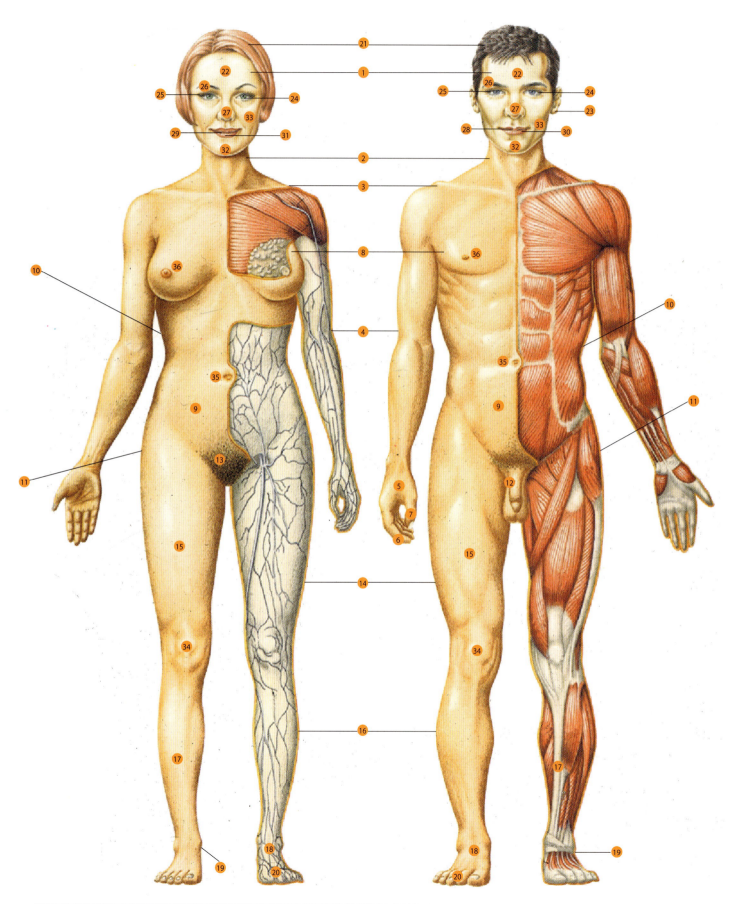

Sonderzeichen in der Lautschrift: ə angedeutetes e wie in bitt**e**; ɔ offenes o wie in P**o**st; ß scharfes s wie in na**ss**; θ weiches s wie in Fa**ss**, aber gelispelt; ð s wie in **S**ense, aber gelispelt; ã nasal gesprochener Vokal wie in Ch**an**son; ẽ nasal gesprochener Vokal wie in p**oi**ntiert; õ nasal geprochener Vokal wie in Jet**on**; sch weiches sch wie in **G**in

Der menschliche Körper

Körperteile

1 Kopf
head häd
la tête tätt
la cabeza ka'beθa
la testa 'teßta

2 Hals
neck neck
le cou ku
el cuello ku'ejo
il collo 'kɔlo

3 Schulter
shoulder 'schouldər
l' épaule f eh'pohl
el hombro 'ombro
la spalla 'ßpalla

4 Arm
arm ahm
le bras bra
el brazo 'braθo
il braccio 'bratscho

5 Hand
hand händ
la main mē
la mano 'mano
la mano 'mano

6 Finger
finger 'fingər
le doigt du'a
el dedo 'dedo
il dito 'dito

7 Daumen
thumb θam
le pouce puß
el pulgar pul'gar
il pollice 'pollitsche

8 Brust
breast breßt
la poitrine pua'trin
el pecho 'petscho
il petto 'petto

9 Bauch
belly 'belli
le ventre 'wätr
la barriga ba'riga
la pancia 'pantscha

10 Rücken
back bäck
le dos do
la espalda eß'palda
la schiena 'ßkjäna

11 Po
bottom f 'bɔtəm
les fesses m fäß
el culo, el culete 'kulo, ku'lete
il sedere ße'dere

12 Penis
penis 'pihniß
le pénis peh'niß
el pene 'pene
il pene 'pene

13 Scheide
vagina wə'dschajnə
le vagin wa'schē
la vagina wa'china
la vagina wa'dschina

14 Bein
leg läg
la jambe schäb
la pierna pi'erna
la gamba 'gamba

15 Oberschenkel
thigh θaj
la cuisse ku'iß
el muslo 'mußlo
la coscia 'koscha

16 Wade
calf kahf
le mollet mo'lä
la pantorrilla panto'rija
il polpaccio pol'patscho

17 Schienbein
shinbone 'schinnboun
le tibia ti'bja
la espinilla eßpi'nija
la tibia 'tibia

18 Fuß
foot futt
le pied pjeh
el pie pi'e
il piede 'pjäde

19 Hacke
hoe hou
le talon ta'lō
la azada a'θada
il tallone ta'lone

20 Zehen
toes touß
les orteils m or'täj
el dedo del pie 'dedo del pi'e
le dita (del piede) 'dita (del 'pjäde)

21 Haare
hair här
les cheveux m schə'wö
el pelo 'pelo
i capelli ka'pelli

22 Stirn
forehead 'fɔrid
le front frō
la frente 'frente
la fronte 'fronte

23 Ohr
ear 'iər
l' oreille f o'räj
la oreja o'recha
l' orecchio m o'rekjo

24 Auge
eye ai
l' œil m öj
el ojo 'ocho
l' occhio m 'ɔkjo

25 Wimpern
eyelashes 'ailäschəß
les cils m ßil
la pestaña peß'tanja
le ciglia 'tschilja

26 Augenbrauen
eyebrows 'aibrauß
les sourcils m ßur'ßil
las cejas 'θechas
le sopracciglia ßopra'tschilja

27 Nase
nose nous
le nez neh
la nariz na'riθ
il naso 'naso

28 Mund
mouth mauθ
la bouche busch
la boca 'boka
la bocca 'boka

29 Zunge
tongue tang
la langue läg
la lengua 'lengua
la lingua 'lingua

30 Zähne
teeth tihθ
les dents f dä
los dientes di'enteß
i denti 'denti

31 Lippen
lip lipp
les lèvres f 'läwr
los labios 'labioß
le labbra 'labra

32 Kinn
chin tschinn
le menton mä'tō
la barbilla bar'bija
il mento 'mento

33 Wange
cheek tschihk
la joue schu
la mejilla me'chija
la guancia gu'antscha

34 Knie
knee nih
le genou schə'nu
la rodilla ro'dija
il ginocchio dschi'nokio

35 Bauchnabel
navel 'näjwl
le nombril nō'bril
el ombligo om'bligo
l'ombelico m ombe'liko

36 Brustwarze
nipple 'nippl
le mamelon mam'lō
el mamelón mame'lɔn
il capezzolo ka'petßolo

Der menschliche Körper

Organe, Knochen und Gelenke

Reihenfolge der Übersetzung: Englisch, Französisch, Spanisch, Italienisch

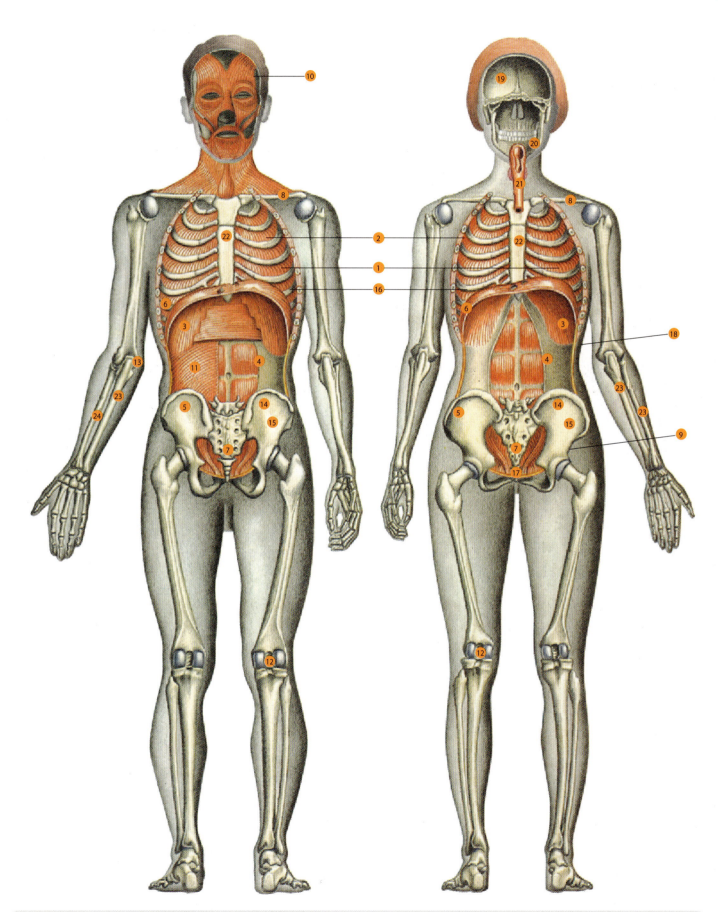

Sonderzeichen in der Lautschrift ə angedeutetes e wie in bitt**e**; ɔ offenes o wie in P**o**st; ß scharfes s wie in na**ss**; θ weiches s wie in Fa**ss**, aber gelispelt; ð s wie in **S**ense, aber gelispelt; ã nasal gesprochener Vokal wie in Ch**an**son; ê nasal gesprochener Vokal wie in p**oi**ntiert; õ nasal gesprochener Vokal wie in Jet**on**; sch weiches sch wie in **G**in

Der menschliche Körper

Organe, Knochen und Gelenke

Themen

1 Herz

heart 'haht
le cœur 'kör
el corazón 'kora'θɔn
il cuore 'ku'ɔre

2 Lunge

lung 'lang
les poumons m 'pu'mõ
el pulmón 'pul'mɔn
i polmoni 'pol'moni

3 Leber

liver 'liwər
le foie 'fu'a
el hígado 'igado
il fegato 'fegato

4 Magen

stomach 'ßtamək
l' estomac m 'äßto'ma
el estómago 'eß'tomago
lo stomaco 'ßtɔmako

5 Darm

gut 'gat
l' intestin m 'ētäß'tē
el intestino 'inteß'tino
l' intestino m 'inteß'tino

6 Niere

kidney 'kidni
les reins m 'rē
el riñón 'rin'jɔn
i reni 'reni

7 Blase

bladder 'blädər
la vessie 'wä'ßi
la vejiga 'we'chiga
la vescica 'we'schika

8 Schlüsselbein

collarbone 'kɔləboun
la clavicule 'klawi'kül
la clavícula 'kla'wikula
la clavicola 'kla'wikola

9 Steißbein

tailbone 'täjlboun
le coccyx 'kɔk'ßiß
el cóccix 'kɔgθiß
il coccige 'kɔtschidsche

10 Gehirn

brain 'bräjn
le cerveau 'ßär'wo
el cerebro θe'rebro
il cervello 'tscher'wello

11 Muskeln *(alle rot schraffierten Bereiche)*

muscle 'maßl
les muscles m 'müßklə
los músculos 'mußkuloß
i muscoli 'mußkoli

12 Knie

knee 'nih
le genou 'schə'nu
la rodilla ro'dija
il ginocchio 'dschi'nokio

13 Ellenbogen

elbow 'elbou
le coude 'kud
el codo 'kodo
il gomito 'gomito

14 Becken

pelvis 'pelwiß
le bassin ba'ßē
la pelvis 'pelwiß
il bacino ba'tschino

15 Hüfte

hip 'hipp
la hanche 'äsch
la cadera ka'dera
l' anca f 'anka

16 Rippen

ribs 'ribß
les côtes f 'koht
las costillas koß'tijaß
le costole 'koßtole

17 Gebärmutter

uterus 'juhtərəß
l' utérus m 'üteh'rüß
el útero 'utero
l' utero m 'utero

18 Wirbelsäule

spine 'ßpain
la colonne vertébrale 'kolɔn werteh'brall
la columna vertebral ko'lumna werte'bral
la spina dorsale 'ßpina dor'ßale

19 Schädel

skull 'ßkall
le crâne 'krann
el cráneo 'kraneo
il cranio 'kranjo

20 Kiefer

jaw 'dschɔh
la mâchoire maschu'ahr
la mandíbula man'dibula
la mascella ma'schella

21 Speiseröhre

gullet 'galit
l' œsophage m öso'faßch
el esófago e'ßofago
l' esofago m e'sofago

22 Brustbein

breastbone 'breßtboun
le sternum ßtär'nɔm
el esternón eßter'nɔn
lo sterno 'ßtärno

23 Elle

ulna 'alnə
le cubitus kübi'tüß
el cúbito 'kubito
il cubito 'kubito

24 Speiche

radius 'räjdiəß
le radius ra'djüß
el radio 'radio
il radio 'radio

Kleidung und Schmuck

Deutsch	Englisch	Französisch	Spanisch	Italienisch

Kleidung

Deutsch	Englisch	Französisch	Spanisch	Italienisch
Anzug	suit ßuht	le costume koß'tüm	el traje 'trache	l' abito *m* 'abito
Badeanzug	swimsuit ßu'imßuht	le maillot de bain ma'jo də bē	el traje de baño 'trache de 'banjo	costume da bagno koß'tume da 'banjo
Badehose	swimming trunks ßu'imming trankß	le slip de bain ßlip də bē	el bañador banja'dor	i calzoncini da bagno kaltßon'tschini da 'banjo
BH	bra brah	le soutien-gorge ßu'tjē gɔrsch	el sujetador ßucheta'dor	il reggiseno redschi'ßeno
Bikini	bikini bi'kihni	le bikini biki'ni	el biquini bi'kini	il bikini bi'kini
Bluse	blouse blaus	le chemisier, la blouse schəmi'sjeh, bluhs	la blusa 'blußa	la camicetta kami'tscheta
Hose	trousers 'trausərs	le pantalon pãta'lõ	el pantalón panta'lɔn	i pantaloni panta'loni
Jacke	jacket 'dschäkit	la veste west	la chaqueta tscha'keta	la giacca 'dschaka
Kleid	dress dreß	la robe rob	el vestido weß'tido	il vestito weß'tito
Kniestrümpfe	stockings 'ßtɔkings	les mis-bas *m* mi'ba	las medias cortas 'mediaß 'kortaß	i calzettoni kaltße'toni
Kostüm	costume 'kɔßtjuhm	le tailleur ta'jör	el traje 'trache	il tailleur ta'jör
Mantel	coat kout	le manteau mã'to	el abrigo a'brigo	il cappotto ka'pɔto
Minirock	miniskirt 'minißkört	la minijupe mini'schüp	la minifalda mini'falda	la minigonna mini'gonna
Oberhemd	shirt schört	la chemise scha'mihs	la camisa ka'mißa	la camicia ka'mitscha
Pullover	pullover 'pullouwər	le pull-over pülo'wer	el jersey cher'ßej	il maglione mal'jone
Regenjacke	rain jacket räjn 'dschäkit	l' imperméable *m* ēpärmeh'ablə	el impermeable imperme'able	l' impermeabile *m* imperme'abile
Rock	skirt ßkört	la jupe schüp	la falda 'falda	la gonna 'gonna
Socken	socks ßockß	les chaussettes *f* scho'ßätt	los calcetines kalße'tineß	i calzini kal'tßini
Strumpfhose	tights tajtß	le collant ko'lã	el leotardo leo'tardo	la calzamaglia kaltßa'malja
Sweatshirt	sweatshirt ßu'etschört	le sweat ßu'it	el suéter ßu'eter	la felpa 'felpa
T-Shirt	t-shirt tih schört	le t-shirt ti'schört	la camiseta kami'ßeta	la maglietta mal'jeta
Unterhemd	vest weßt	le tricot de corps tri'ko də kor	la camiseta interior kami'ßeta interi'or	la canottiera kano'tjera
Unterhose	briefs brihfß	le slip ßlip	el calzoncillo kalßon'θijo	le mutande mu'tande
Weste	waistcoat u'äjßtkout	le gilet schi'lä	el chaleco tscha'leko	il gilet dschi'le

Schuhe

Deutsch	Englisch	Französisch	Spanisch	Italienisch
Badelatschen	flip-flops flipp flɔpß	les tongues *f* tõg	las chancletas de baño tschan'kletaß de 'banjo	le ciabatte da bagno tscha'bate da 'banjo
Gummistiefel	wellingtons u'elingtəns	les bottes en caoutchouc *f* bott ã kau'tschu	las botas de goma 'botaß de 'goma	gli stivali di gomma ßti'wali di 'gomma
Halbschuhe	low shoes lou schus	les souliers *m* ßul'jeh	los zapatos (bajos) θa'patoß ('bachoß)	le scarpe 'ßkarpe
Hausschuhe	slippers 'ßlippərs	les chaussons *m* scho'ßõ	las zapatillas θapa'tijaß	le pantofole pan'tɔfole
Pumps	pumps pampß	les escarpins *m* äßkar'pē	los zapatos de tacón θa'patoß de ta'kɔn	le (scarpe) scollate ('ßkarpe) ßko'late
Sandalen	sandals 'ßändlß	les sandales *f* ßã'dal	las sandalias ßan'daliaß	i sandali 'ßandali
Schuhe	shoes schuhs	les chaussures *f* scho'ßür	los zapatos θa'patoß	le scarpe 'ßkarpe
Slipper	loafer 'loufər	les slippers *m* ßli'pärs	el mocasín moka'ßin	il mocassino moka'ßino
Stiefel	boots buhtß	les bottes *f* bott	la bota 'bota	gli stivali ßti'wali
Turnschuhe	trainers 'träjnərs	les baskets *m* baß'kätt	las zapatillas de deporte θapa'tijaß de de'porte	le scarpe da ginnastica 'ßkarpe da dschi'naßtika
Wanderschuhe	hiking boots 'haiking buhtß	les chaussures de randonnée *f* scho'ßür də rãdo'neh	las botas de senderismo 'botaß de ßende'rißmo	le scarpe da trekking 'ßkarpe da 'träking

Accessoires

Deutsch	Englisch	Französisch	Spanisch	Italienisch
Accessoires	accessories ək'ßeßərihs	les accessoires *f* akßäßu'ahr	los accesorios akße'ßorioß	gli accessori atsche'ßori
Aktentasche	briefcase 'brihfkäjß	la serviette ßer'wjätt	la cartera de documentos kar'tera de doku'mentoß	la valigetta portadocumenti wali'dscheta portadoku'menti

Sonderzeichen in der Lautschrift ə angedeutetes e wie in bitt**e**; ɔ offenes o wie in P**o**st; ß scharfes s wie in na**ss**; θ weiches s wie in Fa**ß**, aber gelispelt; ð s wie in **S**ense, aber gelispelt; ã nasal gesprochener Vokal wie in Ch**an**son; ē nasal gesprochener Vokal wie in p**oi**ntiert; õ nasal gesprochener Vokal wie in Jet**on**; <u>sch</u> weiches sch wie in **G**in

Kleidung und Schmuck

Deutsch	Englisch	Französisch	Spanisch	Italienisch
Fliege	bow tie bou taj	le nœud papillon nö papi'jö	la pajarita pacha'rita	il papillon papil'jon
Gürtel	belt belt	la ceinture ße'tür	el cinturón θintu'rɔn	la cintura tschin'tura
Handschuhe	gloves glaws	les gants m gä	los guantes gu'anteß	i guanti gu'anti
Handtasche	handbag 'händbäg	le sac à main ßak a më	el bolso 'bolßo	la borsa 'borßa
Hosenträger	braces 'bräjßəß	les bretelles f brə'tell	los tirantes ti'ranteß	le bretelle bre'tälle
Hut	hat hät	le chapeau scha'po	el sombrero ßom'brero	il cappello ka'pello
Kappe	cap käp	le bonnet bon'nä	la gorra de bisera 'gorra de bi'ßera	il berretto be'reto
Koffer	suitcase 'ßjuhtkäjß	la valise wa'lihs	la maleta ma'leta	la valigia wa'lidscha
Krawatte	tie taj	la cravate kra'watt	la corbata kor'bata	la cravatta kra'wata
Mütze	cap käp	le bonnet bon'nä	la gorra 'gorra	il berretto be'retto
Schal	scarf ßkahf	l' écharpe f eh'scharp	la bufanda bu'fanda	la sciarpa 'scharpa
Schirm	umbrella am'brelə	le parapluie para'plui	el paraguas pa'raguaß	l' ombrello m om'brello
Schlüsselanhänger	key ring pendant kih ring 'pendənt	le trousseau de clé tru'ßo də kleh	el llavero ja'wero	il portachiavi porta'kjawi
Tuch	cloth klɔθ	le foulard fu'lar	el paño 'panjo	il foulard fu'lahr

Schmuck

Deutsch	Englisch	Französisch	Spanisch	Italienisch
Armband	bracelet 'bräjßlit	le bracelet braß'lä	la pulsera pul'ßera	il braccialetto bratscha'letto
Armbanduhr	wrist-watch 'rißt u'ɔtsch	le bracelet-montre braß'lä 'mōtrə	el reloj de pulsera re'loch de pul'ßera	l' orologio da polso m oro'lɔdscho da 'polßo
Collier	necklace 'neckliß	le collier kɔl'jeh	el collar ko'jar	il collier kol'jer
Kette	necklace 'neckliß	la chaîne schänn	la cadena ka'dena	la collana kol'lana
Krawattennadel	tie pin taj pin	l' épingle à cravate f eh'pēglə a kra'watt	la aguja de corbata a'gucha de kor'bata	la spilla da cravatta 'ßpila da kra'wata
Manschettenknöpfe	cuff link kaff link	les boutons de manchette m bu'tō də mä'schätt	los gemelos che'meloß	i gemelli dsche'melli
Ohrringe	earring 'iəring	les boucles (f) d'oreille 'buklə do'räj	los pendientes pendi'enteß	gli orrecchini ore'kini
Ring	ring ring	l' anneau m a'no	el anillo a'nijo	l' anello m a'nello
Schmuck	jewellery 'dschuhəlri	les bijoux m bi'schu	las joyas 'chojaß	i gioielli dscho'jälli
Taschenuhr	pocket watch 'pɔckit u'ɔtsch	la montre de gousset 'mɔntrə də gu'ßä	el reloj de bolsillo re'loch de bol'ßijo	l' orologio da tasca m oro'lɔdscho da 'taßka

Die wichtigsten Redewendungen

Ich habe Schuhgröße …	I take a size … in shoes. ai täjk ə ßajs … in schuhß.	Je chausse du … schə schohß dü …	Tengo el número … 'tengo el 'numero …	Il mio numero di scarpe è … il 'mijo 'numero di 'ßkarpe ä
Passen die Schuhe zu meinem Anzug?	Do the shoes fit my suit? du ðə schuhß fit mai 'ßuht?	Est-ce que les chaussures vont avec mon costume? 'äßkə leh scho'ßür wō a'weck mō kɔß'tüm?	¿Valen los zapatos para mi traje? ¿'walen loß θa'patoß 'para mi 'trache?	Le scarpe vanno bene con il mio abito? le 'ßkarpe 'wanno 'bäne kon il 'mijo 'abito?
Haben Sie das Modell auch in anderen Farben?	Do you have the same in different colours? du ju häw ðə ßäjm in 'difrənt 'kalərß?	Avez-vous ce modèle en d'autres couleurs? aweh'wu ßə mo'däl ä 'dohtrə ku'lör?	¿Tiene usted el modelo también en otros colores? ¿ti'ene uß'ted el mo'delo tambi'en en 'otroß ko'loreß?	Ha questo modello anche in altri colori? a ku'eßto mo'dällo 'anke in 'altri ko'lori?
Wo kann ich das anprobieren?	Where can I try it on? u'är kän ai trai it ɔn?	Où est-ce que je peux essayer ça? u äßkə schə pö äßä'jeh ßa?	¿Dónde puedo probarlo? ¿'donde pu'edo pro'barlo ?	Dove lo posso provare? 'dowe lo 'poßo pro'ware?
Kann ich das Kleid eine Nummer kleiner haben?	Can I have the dress one size smaller? kän ai häw ðə dreß u'an ßajs 'ßmɔhlər?	Avez-vous cette robe une taille en dessous? aweh'wu ßät rɔb ün taij ä də'ßu?	¿Tiene usted el vestido una talla más pequeña? ¿ti'ene uß'ted el weß'tido 'una 'taja maß pe'kenja?	Posso avere il vestito una taglia più piccola? 'poßo a'were il weß'tito 'una 'talja pju 'pikola?
Welche Konfektions- größe haben Sie?	What size do you take? u'ɔt ßajs du ju täjk?	Quelle taille faites-vous? käl taij fät'wu?	¿Qué talla tiene usted? ¿ke 'taja ti'ene uß'ted?	Che taglia ha? ke 'talja a?

33

Kleidung und Schmuck

Kleidung
Reihenfolge der Übersetzung: Englisch, Französisch, Spanisch, Italienisch

Oberhemd

shirt	schört
la chemise	schə'mihs
la camisa	ka'mißa
la camicia	ka'mitscha

Unterhemd

vest	weßt
le tricot de corps	tri'ko də kor
la camiseta interior	kami'ßeta interi'or
la canottiera	kano'tjera

Weste

waistcoat	u'äjßtkout
le gilet	schi'lä
el chaleco	tscha'leko
il gilet	dschi'le

Kleid

dress	dreß
la robe	rob
el vestido	weß'tido
il vestito	weß'tito

Bluse

blouse	blaus
le chemisier, la blouse	schəmi'sjeh, bluhs
la blusa	'blußa
la camicetta	kami'tscheta

BH

bra	brah
le soutien-gorge	ßu'tjē gɔrsch
el sujetador	ßucheta'dor
il reggiseno	redschi'ßeno

Sweatshirt

sweatshirt	ßu'etschört
le sweat	ßu'it
el suéter	ßu'eter
la felpa	'felpa

T-Shirt

t-shirt	tih schört
le t-shirt	ti'schört
la camiseta	kami'ßeta
la maglietta	mal'jeta

Pullover

pullover	'pullouwər
le pull-over	pŭlo'wer
el jersey	cher'ßej
il maglione	mal'jone

Sonderzeichen in der Lautschrift: ə angedeutetes e wie in bitt**e**; ɔ offenes o wie in P**o**st; ß scharfes s wie in na**ss**; θ weiches s wie in Fa**ss**, aber gelispelt; ð s wie in **S**ense, aber gelispelt; ã nasal gesprochener Vokal wie in Ch**an**son; ẽ nasal gesprochener Vokal wie in p**oi**ntiert; õ nasal gesprochener Vokal wie in Jet**on**; sch weiches sch wie in **G**in

Kleidung und Schmuck
Kleidung

Unterhose

briefs	brihfß
le slip	ßlip
el calzoncillo, las bragas	kalθon'θijo, 'bragaß
le mutande	mu'tande

Rock

skirt	ßkört
la jupe	schüp
la falda	'falda
la gonna	'gonna

Strumpfhose

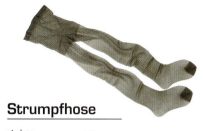

tights	tajtß
le collant	ko'lä
el leotardo	leo'tardo
la calzamaglia	kaltßa'malja

Socken

socks	ßockß
les chaussettes f	scho'ßätt
los calcetines	kalθe'tineß
i calzini	kal'tßini

Jacke

jacket	'dschäkit
la veste	west
la chaqueta	tscha'keta
la giacca	'dschaka

Shorts

shorts	schohtß
les shorts m	schort
los pantalones cortos	panta'loneß 'kortoß
i pantaloncini (corti)	pantalon'tschini ('korti)

Kostüm

costume	'koßtjuhm
le tailleur	tai'jör
el traje	'trache
il tailleur	ta'jör

Jeans

jeans	dschihns
le jeans	dschihn
el tejano	te'chano
i jeans	dschihns

Anzug

suit	ßuht
le costume	koß'tüm
el traje	'trache
l' abito m	'abito

Kleidung und Schmuck

Schuhe
Reihenfolge der Übersetzung: Englisch, Französisch, Spanisch, Italienisch

Turnschuhe
trainers 'träjnərs
les baskets m baß'kätt
las zapatillas de deporte θapa'tijaß de de'porte
le scarpe da ginnastica 'ßkarpe da dschi'naßtika

Halbschuhe
low shoe lou schu
les souliers m ßul'jeh
los zapatos (bajos) θa'patoß ('bachoß)
le scarpe 'ßkarpe

Wanderschuhe
hiking boots 'haiking buhtß
les chaussures de randonnée f scho'ßür də rādo'neh
las botas de senderismo 'botaß de ßende'rißmo
le scarpe da trekking 'ßkarpe da 'träking

Badelatschen
flip-flops flipp flɔpß
les tongues f tõg
las chancletas de baño tschan'kletaß de 'banjo
le ciabatte da bagno tscha'bate da 'banjo

Kinderschuhe
children's shoes 'tschildrenß schuhs
les chaussures pour enfants f scho'ßür purā'fā
los zapatos infantiles θa'patoß infan'tileß
le scarpe per bambini 'ßkarpe per bam'bini

Stiefel
boots buhtß
les bottes f bott
la bota 'bota
gli stivali ßti'wali

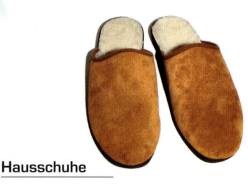

Sandalen
sandals 'ßändls
les sandales f ßā'dal
las sandalias ßan'daliaß
i sandali 'ßandali

Hausschuhe
slipper 'ßlippər
les chaussons m scho'ßõ
las zapatillas θapa'tijaß
le pantofole pan'tɔfole

Sonderzeichen in der Lautschrift ə angedeutetes e wie in bitte; ɔ offenes o wie in Post; ß scharfes s wie in nass; θ weiches s wie in Fass, aber gelispelt; ð s wie in Sense, aber gelispelt; ā nasal gesprochener Vokal wie in Chanson; ē nasal gesprochener Vokal wie in pointiert; õ nasal gesprochener Vokal wie in Jeton; sch weiches sch wie in Gin

Kleidung und Schmuck
Schuhe

Stiefelette
ankle boot 'änkl buht
la bottine bɔ'tin
el botín bo'tin
lo stivaletto ßtiwa'letto

Slipper
loafer 'loufər
les slippers m ßli'pär
el mocasín moka'ßin
il mocassino moka'ßino

Gummistiefel
wellingtons u'elingtəns
les bottes en caoutchouc bott à kau'tschu
las botas de goma 'botaß de 'goma
gli stivali di gomma ßti'wali di 'gomma

Pumps
pumps pampß
les escarpins m äßkar'pé
los zapatos de tacón θa'patoß de ta'kɔn
le (scarpe) scollate ('ßkarpe) ßko'late

Fußballschuhe
football boots 'futtbɔl buhtß
les chaussures de football scho'ßür də futt'bɔl
los zapatos de fútbol θa'patoß de 'futbol
le scarpette da calcio 'ßkarpete da 'kaltscho

Schuhbürste
shoebrush 'schubrasch
la brosse à chaussures brɔß a scho'ßür
el cepillo para el calzado θe'pijo 'para el kal'θado
la spazzola da scarpe ßpa'tßola da 'ßkarpe

Schuhanzieher
shoehorn 'schuhɔhn
le chausse-pied schoß'pjeh
el calzador kalθa'dor
il calzascarpe kaltßa'ßkarpe

Schuhcreme
shoe polish schu 'pɔlisch
le cirage pour chaussures ßi'rahsch pour scho'ßür
la crema para el calzado 'krema 'para el kal'θado
il lucido da scarpe 'lutschido da 'ßkarpe

Kleidung und Schmuck

Accessoires
Reihenfolge der Übersetzung: Englisch, Französisch, Spanisch, Italienisch

Hut
hat	hät
le chapeau	scha'po
el sombrero	ßom'brero
il cappello	ka'pello

Mütze
cap	käp
le bonnet	bon'nä
la gorra	'gorra
il berretto	be'retto

Kappe
cap	käp
le bonnet	bon'nä
la gorra de bisera	'gorra de bi'ßera
il berretto	be'retto

Zylinder
top hat	top hät
le chapeau claque	scha'po klack
el cilíndrico	θi'lindriko
il cilindro	tschi'lindro

Pudelmütze
bobble cap	'bobbl käp
le bonnet à pompon	bon'nä a pö'pö
el gorro de lana	'goro de 'lana
la berretta di lana	be'retta di 'lana

Gürtel
belt	belt
la ceinture	ßë'tür
el cinturón	θintu'rɔn
la cintura	tschin'tura

Hosenträger
braces	'bräjßəs
les bretelles f	bra'tell
los tirantes	ti'ranteß
le bretelle	bre'tälle

Fliege
bow tie	bou taj
le nœud papillon	nö papi'jõ
la pajarita	pacha'rita
il papillon	papil'jon

Brillenetui
glasses case	'glahßəs käjß
l' étui à lunettes m	ehtü'i a lü'nett
el estuche	eß'tutsche
l' astuccio per occhiali m	aß'tutscho per o'kjali

Krawatte
tie	taj
la cravate	kra'watt
la corbata	kor'bata
la cravatta	kra'wata

Sonderzeichen in der Lautschrift: ə angedeutetes e wie in bitte; ɔ offenes o wie in Post; ß scharfes s wie in nass; θ weiches s wie in Fass, aber gelispelt; ð s wie in Sense, aber gelispelt; ã nasal gesprochener Vokal wie in Chanson; ẽ nasal gesprochener Vokal wie in pointiert; õ nasal gesprochener Vokal wie in Jeton; sch weiches sch wie in Gin

Kleidung und Schmuck
Accessoires

Handtasche
handbag	'händbäg
le sac à main	ßak a mê
el bolso	'bolßo
la borsa	'borßa

Koffer
suitcase	'ßjuhtkäjß
la valise	wa'lihs
la maleta	ma'leta
la valigia	wa'lid<u>sch</u>a

Aktentasche
briefcase	'brihfkäjß
la serviette	ßer'wjätt
la cartera de documentos	kar'tera de doku'mentoß
la valigetta portadocumenti	wali'd<u>sch</u>eta portadoku'menti

Handschuhe
gloves	glaws
les gants *m*	gã
los guantes	gu'anteß
i guanti	gu'anti

Fäustlinge
mittens	'mitəns
les moufles	'muflə
las manoplas	ma'noplaß
la manopola	ma'nɔpola

Schal
scarf	ßkahf
l' écharpe *f*	eh'scharp
la bufanda	bu'fanda
la sciarpa	'scharpa

Tuch
cloth	klɔθ
le foulard	fu'lar
el paño	'panjo
il foulard	fu'lahr

Schirm
umbrella	am'brelə
le parapluie	para'plui
el paraguas	pa'raguaß
l' ombrello *m*	om'brello

Portemonnaie
purse	pörß
le porte-monnaie	pɔrtmɔ'nä
el monedero	mone'dero
il portamonete	portamo'nete

Brieftasche
wallet	u'ɔlit
le portefeuille	port'föij
la cartera	kar'tera
il portafoglio	porta'fɔljo

Schlüsselanhänger
key ring pendant	kih ring 'pendənt
le trousseau de clé	tru'ßo də kleh
el llavero	ja'wero
il portachiavi	porta'kjawi

Kleidung und Schmuck

Schmuck

Reihenfolge der Übersetzung: Englisch, Französisch, Spanisch, Italienisch

Ehering

wedding ring	u'äding ring
l' alliance f	al'jäß
la alianza	ali'anθa
la fede, anello matrimoniale	'fede, a'nello matrimon'jale

Kette

necklace	'neckliß
la chaîne	schänn
la cadena	ka'dena
la collana	kol'lana

Ring

ring	ring
l' anneau m	a'no
el anillo	a'nijo
l' anello m	a'nello

Collier

necklace	'neckliß
le collier	kɔl'jeh
el collar	ko'jar
il collier	kol'jer

Armband

bracelet	'bräjßlit
le bracelet	braß'lä
la pulsera	pul'ßera
il braccialetto	bratscha'letto

Krawattennadel

tie pin	taj pin
l' épingle à cravate f	eh'pēglə a kra'watt
la aguja de corbata	a'gucha de kor'bata
la spilla da cravatta	'ßpila da kra'wata

Manschettenknöpfe

cuff link	kaff link
les boutons de manchette	bu'tō də mä'schätt
los gemelos	che'meloß
i gemelli	dsche'melli

Ohrringe

earrings	'iərings
les boucles (f) d'oreille	'buklə do'räj
los pendientes	pendi'enteß
gli orecchini	ore'kini

Armbanduhr

wrist-watch	'rißt u'ɔtsch
le bracelet-montre	braß'lä 'mōtrə
el reloj de pulsera	re'loch de pul'ßera
l' orologio da polso m	oro'lɔdscho da 'polßo

Taschenuhr

pocket watch	'pɔkit u'ɔtsch
la montre de gousset	'mɔntrə də gu'ßä
el reloj de bolsillo	re'loch de bol'ßijo
l' orologio da tasca m	oro'lɔdscho da 'taßka

Perle

pearl	pörl
la perle	perl
la perla	'perla
la perla	'pärla

Sonderzeichen in der Lautschrift: ə angedeutetes e wie in bitte; ɔ offenes o wie in Post; ß scharfes s wie in nass; θ weiches s wie in Fass, aber gelispelt; ð s wie in Sense, aber gelispelt; ã nasal gesprochener Vokal wie in Chanson; ē nasal gesprochener Vokal wie in pointiert; ō nasal gesprochener Vokal wie in Jeton; sch weiches sch wie in Gin

Kleidung und Schmuck
Schmuck

Gold
gold	gould
l' or *m*	ɔr
el oro	'oro
l' oro *m*	'oro

Silber
silver	'ßilwər
l' argent *m*	ar'schā
la plata	'plata
l' argento *m*	ar'dschänto

Platin
platinum	'plätinəm
le platine	pla'tin
el platino	pla'tino
il platino	'platino

Titan
titanium	tai'täjniəm
le titane	ti'tann
el titán	ti'tan
il titanio	ti'tanio

Diamant
diamond	'daiəmend
le diamant	dia'mā
el diamante	dia'mante
il diamante	dia'mante

Bernstein
amber	'ämbər
l' ambre jaune *m*	'äbrə schohn
el ámbar	'ambar
l' ambra *f*	'ambra

Smaragd
emerald	'emərəld
l' émeraude *f*	ehme'rohd
la esmeralda	eßme'ralda
lo smeraldo	sme'raldo

Rubin
ruby	'rubi
le rubis	rü'bi
el rubí	ru'bi
il rubino	ru'bino

Saphir
sapphire	'ßäfaiər
le saphir	ßa'fir
el zafiro	θa'firo
lo zàffiro	'dsafiro

Bergkristall
rock crystal	rock 'krißtl
le cristal de roche	krißt'tal də rɔsch
el cristal de roca	krißt'tal de 'roka
il cristallo di rocca	krißt'tallo di 'rɔka

Opal
opal	'oupl
l' opale *f*	ɔ'pal
el ópalo	'opalo
l' ópale *m*	o'pale

Achat
agate	ə'gäjt
l' agate *f*	a'gat
el ágata	'agata
l' agata *f*	'agata

Topas
topaz	'toupäs
la topaze	tɔ'pas
el topacio	to'paθio
il topazio	to'patßjo

41

Wohnen

Deutsch	Englisch		Französisch		Spanisch		Italienisch

Haus

Deutsch	Englisch		Französisch		Spanisch		Italienisch
Fenster	window u'indou	la	fenêtre fə'nätrə	la	ventana wen'tana	la	finestra fi'neßtra
Flur	hall hɔhl	le	couloir kulu'ar	el	pasillo pa'ßijo	il	corridoio kori'dojo
Garage	garage 'gärahsch	le	garage ga'rahsch	el	garage ga'rache	il	garage ga'radsch
Garten	garden 'gahdən	le	jardin schar'dē	el	jardín char'din	il	giardino dschar'dino
Haus	house hauß	la	maison mä'sõ	la	casa 'kaßa	la	casa 'kasa
Haustür	front door frant dɔr	la	porte d'entrée port dā'treh	la	puerta de la casa pu'erta de la 'kaßa	la	porta di casa 'porta di 'kasa
Heizung	heating 'hihting	le	chauffage scho'fahsch	la	calefacción kalefakθi'ɔn	il	riscaldamento rißkalda'mento
Keller	cellar 'ßellər	la	cave kahw	la	bodega bo'dega	la	cantina kan'tina
Terrasse	terrace 'teraß	la	terrasse teh'raß	la	terraza te'raθa	la	terrazza te'ratßa
Treppe	stairs ßtärs	l'	escalier m eßkal'jeh	la	escalera eßka'lera	le	scale 'ßkale
Wohnung	flat flätt	l'	appartement m apartə'mã	el	piso 'pißo	l'	appartamento m aparta'mento
Zimmer	room ruhm	la	chambre, la pièce 'schäbr, pjäß	la	habitación abitaθi'ɔn	la	camera 'kamera

Küche

Deutsch	Englisch		Französisch		Spanisch		Italienisch
Backofen	oven 'ɔwən	le	four fuhr	el	horno 'orno	il	forno 'forno
Gefrierschrank	freezer 'frihsər	le	congélateur kõschehla'tör	el	congelador konchela'dor	il	congelatore/ freezer kondschela'tore
Herd	cooker 'kucker	la	cuisinière kuisin'jär	la	cocina ko'θina	la	cucina ku'tschina
Küche	kitchen 'kitschən	la	cuisine kui'sin	la	cocina ko'θina	la	cucina ku'tschina
Küchenmaschine	food processor fuhd 'proußeßər	le	robot culinaire ro'bo küli'när	la	máquina de cocina 'makina de ko'θina	il	robot da cucina il ro'bɔ da ku'tschina
Küchenschrank	kitchen cabinet 'kitschən 'käbinit	le	placard de cuisine pla'kar də kui'sin	el	armario de cocina ar'mario de ko'θina	l'	armadietto da cucina m arma'djeto da ku'tschina
Kühlschrank	refrigerator ri'fridschərätər	le	frigo fri'go	la	nevera ne'wera	il	frigorifero frigo'rifero
Spüle	sink ßink	l'	évier m ehw'jeh	el	fregador frega'dor	il	lavello la'wello
Spülmaschine	dishwasher 'dischuɔschər	le	lave-vaisselle lawwä'ßell	el	lavaplatos lawa'platoß	la	lavastoviglie lawaßto'wilje

Wohn- und Esszimmer

Deutsch	Englisch		Französisch		Spanisch		Italienisch
Esstisch	dining table 'dajning 'täjbl	la	table à manger 'tablə a mä'scheh	la	mesa de comedor 'meßa de kome'dor	il	tavolo da pranzo 'tawolo da 'prantßo
Esszimmer	dining room 'dajning ruhm	la	salle à manger ßal a mä'scheh	el	comedor kome'dor	la	sala da pranzo 'ßala da 'prantßo
Fernsehgerät	television set 'teləwischən ßätt	le	téléviseur tehlehwi'sör	el	televisor telewi'ßor	il	televisore telewi'sore
Lampe	lamp lämp	la	lampe läp	la	lámpara 'lampara	la	lampada 'lampada
Sessel	armchair 'ahmtschär	le	fauteuil fo'töj	el	sillón ßi'jɔn	la	poltrona pol'trona
Sofa	sofa 'ßoufa	le	canapé kana'peh	el	sofá ßo'fa	il	divano di'wano
Stuhl	chair tschär	la	chaise schähs	la	silla 'ßija	la	sedia 'ßädja
Teppich	carpet 'kahpit	le	tapis ta'pi	la	alfombra al'fombra	il	tappeto ta'peto
Wohnzimmer	living-room 'liwing ruhm	le	salon ßa'lõ	el	salón ßa'lɔn	il	salotto ßa'lotto

Schlaf- und Kinderzimmer

Deutsch	Englisch		Französisch		Spanisch		Italienisch
Bett	bed bed	le	lit li	la	cama 'kama	il	letto 'lätto
Bettlaken	sheet schiht	le	drap dra	la	sábana 'ßabana	il	lenzuolo lentßu'ɔlo
Bettwäsche	bed linen bed 'linin	la	literie li'tri	la	ropa de cama 'ropa de 'kama	le	lenzuola lentßu'ɔla
Decke	blanket 'blänkit	la	couverture kuwer'tür	la	manta 'manta	la	coperta ko'perta
Doppelbett	double bed 'dabl bed	le	lit double li 'dublə	la	cama doble 'kama 'doble	il	letto matrimoniale 'lätto matrimon'jale
Kinderbett	cot kɔt	le	lit pour enfants li pur ã'fã	la	cuna 'kuna	il	lettino per bambini let'tino per bam'bini

---

Sonderzeichen in der Lautschrift ə angedeutetes e wie in bitte; ɔ offenes o wie in Post; ß scharfes s wie in nass; θ weiches s wie in Fass, aber gelispelt; ð s wie in Sense, aber gelispelt; ã nasal gesprochener Vokal wie in Chanson; ẽ nasal gesprochener Vokal wie in pointiert; õ nasal gesprochener Vokal wie in Jeton; sch weiches sch wie in Gin

Wohnen

Deutsch	Englisch	Französisch	Spanisch	Italienisch
Kinderwagen	pram präm	la poussette pu'ßett	el cochecito kotsche'θito	la carrozzina karo'tßina
Kinderzimmer	nursery 'nörßəri	la chambre d'enfants 'schäbr dä'fã	la habitación de los niños abitaθi'ɔn de loß 'ninjoß	la camera dei bambini 'kamera 'dei bam'bini
Kissen	pillow 'pilou	l' oreiller m oreh'jeh	la almohada almo'ada	il cuscino ku'schino
Kleiderschrank	wardrobe u'ɔhdroub	l' armoire f armu'ahr	el armario de ropa ar'mario de 'ropa	l' armadio m ar'madjo
Matratze	mattress 'mätriß	le matelas ma'tla	el colchón kol'tschɔn	il materasso mate'raßo
Nachttisch	bedside table 'bedßaid 'täjbl	la table de nuit 'tablə də nu'i	la mesilla de noche me'ßija de 'notsche	il comodino komo'dino
Schlafzimmer	bedroom 'bedruhm	la chambre à coucher 'schäbr a ku'scheh	el dormitorio dormi'torio	la camera da letto 'kamera da 'lätto
Schublade	drawer 'drɔhər	le tiroir tiru'ar	el cajón ka'chɔn	il cassetto ka'ßeto

Badezimmer

Deutsch	Englisch	Französisch	Spanisch	Italienisch
Abfluss	drain dräjn	l' écoulement m ehkul'mã	el desagüe deß'ague	lo scolo 'ßkolo
Badewanne	bathtub 'bahθtab	la baignoire banju'ahr	la bañera de baño ban'jera de 'banjo	la vasca da bagno 'waßka da 'banjo
Badezimmer	bathroom 'bahθruhm	la salle de bain ßal de bẽ	el cuarto de baño ku'arto de 'banjo	il bagno 'banjo
Dusche	shower 'schauər	la douche dusch	la ducha 'dutscha	la doccia 'dotscha
Handtuchhalter	towel rail 'tauəl räjl	les supports à serviette m ßü'por a ßer'wjätt	el toallero toa'jero	il portasciugamani portaschuga'mani
Spiegel	mirror 'mirər	le miroir miru'ahr	el espejo eß'pecho	lo specchio 'ßpekjo
Toilette	toilet 'tɔilit	les toilettes f tua'lett	el servicio ßer'wiθio	il gabinetto gabi'neto
Waage	scales ßkäjls	la balance ba'läß	la báscula 'baßkula	la bilancia bi'lantscha
Waschbecken	basin 'bäjßin	le lavabo lawa'bo	el lavabo la'wabo	il lavandino lawan'dino
Wäschekorb	laundry basket 'lɔhndri 'bahßkit	la corbeille à linge kɔr'bäj a lẽsch	el cesto de la ropa 'θeßto de la 'ropa	il cesto della biancheria 'tscheßto 'dela bjanke'rija
Wäschetrockner	tumble-dryer 'tambl 'drajər	le sèche-linge ßäsch'lẽsch	el secador de ropa ßeka'dor de 'ropa	l' asciugatrice f aschuga'tritsche
Waschmaschine	washing machine u'ɔsching mə'schihn	la machine à laver ma'schin a la'weh	la lavadora lawa'dora	la lavatrice lawa'tritsche
Wasserhahn	tap täp	le robinet robi'neh	el grifo 'grifo	il rubinetto rubi'netto

Die wichtigsten Redewendungen

Wie groß ist die Wohnung?	How big is the apartment? hau big is ði ə'pahtmənt?	Quelles sont les dimensions de l'appartement? käl ßõ leh dimã'ßjõ də laparta'mã?	¿Qué tamaño tiene la vivienda? ¿ke ta'manjo ti'ene la vivi'enda?	Quanto è grande l'appartamento? ku'anto ä 'grande laparta'mento?
Wie viele Zimmer hat das Haus?	How many rooms are there in this house? hau 'meni ruhmß ar ðär in ðiß hauß?	Combien de chambres y a-t-il dans la maison? kõ'bjẽ də 'schäbr ija'til dã la mä'sõ?	¿Cuántas habitaciones tiene la casa? ¿ku'antaß abitaθi'ɔneß ti'ene la 'kaßa?	Quante camere ha la casa? ku'ante 'kamere a la 'kasa?
Ich suche ein ruhiges möbliertes Zimmer.	I am looking for a quiet, furnished room. ai äm 'lucking fɔr a ku'ajət 'förnischd ruhm.	Je cherche une chambre calme et meublée. schə schärsch ün 'schäbr kalm e mö'bleh.	Busco una habitación tranquila y amueblada. 'bußko 'una abitaθi'ɔn tran'kila y amue'blada.	Cerco una camera ammobiliata tranquilla. 'tscherko 'una 'kamera amobi'ljata tranku'illa.
Wie hoch ist die Miete?	How much is the rent? hau matsch is ðə rent?	A combien s'élève le loyer? a kõ'bjẽ ßeh'läw lə lua'jeh	¿Cuánto cuesta el alquiler? ¿ku'anto ku'eßta el alki'ler?	Quanto costa l'affitto? ku'anto 'koßta la'fito?
Sind die Nebenkosten inklusive?	Does this include the additional costs? das ðiß in'kluhd ði ə'dischənl kɔßtß?	Y compris les charges? i kõ'pri leh scharsch?	¿Están los gastos (accesorios) incluidos? ¿eß'tan loß 'gaßtoß (akθe'ßorioß) inklu'idoß?	Sono comprese le spese accessorie? 'ßono kom'prese le 'ßpese atsche'ßorije?
Der Abfluss ist verstopft.	The drain is clogged. ðə dräjn is 'klɔgd.	La tuyauterie est bouchée. la tüjo'tri e bu'scheh.	La cañería está atascada. la kane'ria eß'ta ataß'kada.	Lo scolo è bloccato. lo 'ßkolo ä blo'kato.

Wohnen

Haus

Reihenfolge der Übersetzung: Englisch, Französisch, Spanisch, Italienisch

Sonderzeichen in der Lautschrift ə angedeutetes e wie in bitt**e**; ɔ offenes o wie in P**o**st; ß scharfes s wie in na**ss**; θ weiches s wie in Fa**ss**, aber gelispelt; ð s wie in **S**ense, aber gelispelt; ã nasal gesprochener Vokal wie in Ch**an**son; ẽ nasal gesprochener Vokal wie in p**oi**ntiert; õ nasal gesprochener Vokal wie in Jet**on**; sch weiches sch wie in **G**in

44

Wohnen

Haus

1 Haus

house hauß
la maison mä'sö
la casa 'kaßa
la casa 'kasa

2 Zimmer

room ruhm
la chambre, la pièce 'schäbr, pjäß
la habitación abitaθi'ɔn
la camera 'kamera

3 Flur

hall hɔhl
le couloir kulu'ar
el pasillo pa'ßijo
il corridoio kori'dojo

4 Keller

cellar 'ßellər
la cave kahw
la bodega bo'dega
la cantina kan'tina

5 Erdgeschoss

ground floor 'graund flɔr
le rez-de-chaussée rädscho'ßeh
el bajo 'bacho
il pianterreno pjante'reno

6 Dachgeschoss

attic floor 'ätik flɔr
les combles m 'kõblə
el ático 'atiko
il piano sottotetto 'pjano ßotto'tetto

7 Dach

roof ruhf
le toit tu'a
el tejado te'chado
il tetto 'tetto

8 Schornstein

chimney 'tschimni
la cheminée schəmi'neh
la chimenea tschime'nea
il camino ka'mino

9 Balkon

balcony 'bälkəni
le balcon bal'kõ
el balcón bal'kɔn
il balcone bal'kone

10 Terrasse

terrace 'terəß
la terrasse teh'raß
la terraza te'raθa
la terrazza te'ratßa

11 Garten

garden 'gahdən
le jardin schar'dē
el jardín char'din
il giardino dschar'dino

12 Garage

garage 'gärahsch
le garage ga'rahsch
el garage ga'rache
il garage ga'radsch

13 Haustür

front door frant dɔr
la porte d'entrée port dä'treh
la puerta de la casa pu'erta de la 'kaßa
la porta di casa 'pɔrta di 'kasa

14 Fenster

window u'indou
la fenêtre fə'nätrə
la ventana wen'tana
la finestra fi'neßtra

15 Treppe

stairs ßtärs
l' escalier m eßkal'jeh
la escalera eßka'lera
le scale 'ßkale

16 Dachfenster

skylight window 'ßkailait u'indou
la lucarne lü'karn
el tragaluz traga'luθ
la finestra sul tetto fi'neßtra ßul 'tetto

17 Rolladen

window blind u'indou blajnd
le volet roulant wo'lä ru'lä
la persina enrollable per'ßina enro'jable
la tapparella tapa'rella

18 Einfahrt

entrance 'entrənß
l' entrée f ä'treh
la entrada en'trada
l' accesso m a'tscheßo

19 Zaun

fence fenß
la clôture klo'tür
el vallado wa'jado
il recinto re'tschinto

20 Hecke

hedge hedsch
la haie ä
el seto 'ßeto
la siepe 'ßjäpe

21 Blumenbeet

flowerbed 'flauərbed
la platebande de fleurs plat'bäd də flör
el arriate de flores ari'ate de 'floreß
l' aiuola f di fiori aju'ɔla di 'fjori

22 Rasen

lawn lɔhn
la pelouse pə'luhs
el césped 'θeßped
il prato prato

23 Gartengeräteschuppen

garden tool shed 'gahdən tuhl schäd
la remise à outils de jardin rə'mihs a u'tij də schar'dē
la casita para los útiles del jardín ka'ßita para loß 'utileß del char'din
la rimessa per attrezzi da giardino ri'meßa per a'tretßi da dschar'dino

24 Wintergarten

conservatory kən'ßöhwətri
le jardin d'hiver schar'dē di'währ
el invernadero inwerna'dero
il giardino d'inverno dschar'dino din'wärno

45

Wohnen

Küche
Reihenfolge der Übersetzung: Englisch, Französisch, Spanisch, Italienisch

1 Herd
cooker 'kucker
la cuisinière kuisin'jär
la cocina ko'θina
la cucina ku'tschina

2 Backofen
oven 'ɔwən
le four fuhr
el horno 'orno
il forno 'forno

3 Kühlschrank
refrigerator ri'fridschərätər
le frigo fri'go
la nevera ne'wera
il frigorifero frigo'rifero

4 Gefrierschrank
freezer 'frihsər
le congélateur kôschehla'tör
el congelador konchela'dor
il congelatore, freezer kondschela'tore, 'frihser

5 Spülmaschine
dishwasher 'dischuɔschər
le lave-vaisselle lawwä'ßell
el lavaplatos lawa'platoß
la lavastoviglie lawaßto'wilje

6 Küchenschrank
kitchen cabinet 'kitschən 'käbinit
le placard de cuisine pla'kar də kui'sin
el armario de cocina ar'mario de ko'θina
l' armadietto da cucina m arma'djeto da ku'tschina

7 Spüle
sink ßink
l' évier m ehw'jeh
el fregador frega'dor
il lavello la'wello

8 Kochtopf
saucepan 'ßɔhßpänn
la casserole kaß'rɔll
la olla 'oja
la pentola 'pentola

9 Kaffeemaschine
coffee maker 'kɔfi 'mäjkər
la machine à café ma'schin a ka'feh
la cafetera kafe'tera
la caffettiera kafe'tjära

10 Arbeitsplatte
counter top 'kauntər top
le plan de travail plä də tra'waj
la encimera enθi'mera
il piano di lavoro 'pjano di la'woro

Sonderzeichen in der Lautschrift ə angedeutetes e wie in bitte; ɔ offenes o wie in Post; ß scharfes s wie in nass; θ weiches s wie in Fass, aber gelispelt; ð s wie in Sense, aber gelispelt; ā nasal gesprochener Vokal wie in Chanson; ê nasal gesprochener Vokal wie in pointiert; ô nasal gesprochener Vokal wie in Jeton; sch weiches sch wie in Gin

Wohnen
Küche

⑪ Oberschrank
wall cabinet u'ɔhl 'käbinit
l' élément de cuisine suspendu m
ehleh'mã də kui'sin ßüßpã'dü
el armario superior ar'mario ßuperi'or
l' armadietto pensile m arma'djeto pen'ßile

⑫ Unterschrank
base cabinet bäjß 'käbinit
l' élément bas de cuisine m
ehleh'mã ba də kui'sin
el armario inferior ar'mario inferi'or
l' elemento base m ele'mento 'base

⑬ Dunstabzugshaube
extractor hood ikß'träktər huhd
la hotte ɔt
la campana extractora kam'pana ekßtrak'tora
la cappa aspirante 'kapa aßpi'rante

⑭ Tablett
tray träj
le palteau pla'to
la bandeja ban'deja
il vassoio wa'ßojo

⑮ Regal
shelf schelf
l' étagère f ehta'scher
la estantería eßtante'ria
lo scaffale ßka'fale

⑯ Schublade
drawer 'drɔər
le tiroir tiru'ahr
el cajón ka'chɔn
il cassetto ka'ßetto

⑰ Küchentisch
kitchen table 'kitschən 'täjbl
la table de cuisine 'tablə də kui'sin
la mesa de cocina 'meßa de ko'θina
il tavolo da cucina 'tawolo da ku'tschina

⑱ Küchenstuhl
kitchen chair 'kitschən tschär
la chaise de cuisine 'schähs də kui'sin
la silla de cocina 'ßija de ko'θina
la sedia da cucina 'ßädja da ku'tschina

⑲ Dose
tin tin
la boîte bu'at
la lata 'lata
la scatola 'ßkatola

⑳ Ceranfeld-Herdplatte
ceramic top hob induction zone
ßi'rämik tɔp hɔb in'daktschn soun
la plaque chauffante en cérane
plak scho'fãnt ã ßeh'rann
la placa vitrocerámica 'plaka witroθe'ramika
il piano di cottura vetroceramica
'pjano di ko'tura wetrotsche'ramika

47

Wohnen

Wohn- und Esszimmer
Reihenfolge der Übersetzung: Englisch, Französisch, Spanisch, Italienisch

❶ Schrankwand
wall unit u'ɔhl 'juhnit
le placard pla'kar
el armario ar'mario
la parete di elementi componibili
pa'rete di ele'menti kompo'nibili

❷ Vitrine
showcase 'schoukäjß
la vitrine wi'trin
la vitrina wi'trina
la vetrina we'trina

❸ Eckregal
corner shelf 'kɔhnər schelf
l' étagère angulaire f ehta'scher ägü'lär
la esquinera eßki'nera
lo scaffale ad angolo 'ßka'fale ad 'angolo

❹ Hochschrank
tall cupboard tɔhl 'kabəd
l' armoire f armu'ahr
el armario alto ar'mario 'alto
l' armadio m ar'madio

❺ Hi-Fi-Anlage
hi-fi unit hai'fai 'juhnit
la chaîne hi-fi schänn i'fi
el equipo de alta fidelidad
e'kipo de 'alta fideli'dad
l' impianto hi-fi m im'pjanto ai'fi

❻ Fernsehgerät
television set 'teləwischən ßätt
le téléviseur tehlehwi'sör
el televisor telewi'ßor
il televisore telewi'sore

❼ DVD-Spieler
DVD player diwi'di 'pläiər
le lecteur DVD läk'tör dehweh'deh
el reproductor de DVD
reproduk'tor de de 'uwe de
il lettore di DVD lä'tore di diwu'di

❽ Lautsprecher
loudspeaker 'laudßpihkər
le haut-parleur opar'lör
el altavoz alta'woθ
l' altoparlante m altopar'lante

❾ Bücherregal
bookshelf 'buckschelf
l' étagère ehta'scher
la estantería eßtante'ria
lo scaffale ßka'fale

Sonderzeichen in der Lautschrift ə angedeutetes e wie in bitte; ɔ offenes o wie in Post; ß scharfes s wie in nass; θ weiches s wie in Fass, aber gelispelt; ð s wie in Sense, aber gelispelt; ã nasal gesprochener Vokal wie in Chanson; ẽ nasal gesprochener Vokal wie in pointiert; õ nasal gesprochener Vokal wie in Jeton; sch weiches sch wie in Gin

48

Wohnen
Wohn- und Esszimmer

⑩ Sofa
sofa 'ßoufa
le canapé kana'peh
el sofá ßo'fa
il divano di'wano

⑪ Sofakissen
sofa cushion 'ßoufa 'kuschn
le coussin ku'ße
el cojín de sofá ko'chin de ßo'fa
il cuscino da divano ku'schino da di'wano

⑫ Hocker
stool ßtuhl
le tabouret tabu'rä
el taburete tabu'rete
lo sgabello sga'ballo

⑬ Lampe
lamp lämp
la lampe läp
la lámpara 'lampar
la lampada 'lampada

⑭ Tisch
table 'tajbl
la table 'tabla
la mesa 'meßa
il tavolo 'tawolo

⑮ Stuhl
chair tschär
la chaise schäs
la silla 'ßija
la sedia 'ßädja

⑯ Teppich
carpet 'kahpit
le tapis ta'pi
la alfombra al'fombra
il tappeto ta'peto

⑰ Gemälde
painting 'päjnting
le tableau ta'blo
el cuadro ku'adro
il dipinto di'pinto

⑱ Parkett
parquet par'kät
le parquet pah'keh
el parquet par'ke
il parquet par'ke

⑲ Büfett
sideboard 'ßaidbohd
le buffet bü'fä
el aparador apara'dor
la credenza kre'dentßa

⑳ Schrank
cupboard 'kabad
l' armoire f armu'ahr
el armario ar'mario
l' armadio m ar'madio

㉑ Schublade
drawer 'droar
le tiroir tiru'ahr
el cajón ka'chon
il cassetto ka'ßetto

Wohnen

Schlaf- und Kinderzimmer

Reihenfolge der Übersetzung: Englisch, Französisch, Spanisch, Italienisch

❶ Bett

bed bed
le lit li
la cama 'kama
il letto 'lätto

❷ Doppelbett

double bed 'dabl bed
le lit double li 'dublə
la cama doble 'kama 'doble
il letto matrimoniale 'lätto matrimon'jale

❸ Matratze

mattress 'mätriß
le matelas ma'tla
el colchón kol'tschɔn
il materasso mate'raßo

❹ Kissen

pillow 'pilou
l' oreiller m oreh'jeh
la almohada almo'ada
il cuscino ku'schino

❺ Decke

blanket 'blänkit
la couverture kuwer'tür
la manta 'manta
la coperta ko'perta

❻ Bettlaken

sheet schiht
le drap dra
la sábana 'ßabana
il lenzuolo lentßu'ɔlo

❼ Bettwäsche

bed linen bed 'linin
la literie li'tri
la ropa de cama 'ropa de 'kama
le lenzuola lentßu'ɔla

❽ Kleiderschrank

wardrobe u'ɔhdroub
l' armoire f armu'ahr
el armario de ropa ar'mario de 'ropa
l' armadio m ar'madjo

❾ Nachttisch

bedside table 'bedßaid 'täjbl
la table de nuit tablə də nu'i
la mesilla de noche me'ßija de 'notsche
il comodino komo'dino

❿ Nachttischlampe

bedside lamp 'bedßaid lämp
la lampe de chevet läp də scha'wä
la lámpara de mesilla 'lampara de me'ßija
la lampada del comodino
 'lampada del komo'dıno

⓫ Schublade

drawer 'drɔhər
le tiroir tiru'ahr
el cajón ka'chɔn
il cassetto ka'ßetto

Sonderzeichen in der Lautschrift ə angedeutetes e wie in bitte; ɔ offenes o wie in Post; ß scharfes s wie in nass; θ weiches s wie in Fass, aber gelispelt; ð s wie in Sense, aber gelispelt; ã nasal gesprochener Vokal wie in Chanson; ẽ nasal gesprochener Vokal wie in pointiert; õ nasal gesprochener Vokal wie in Jeton; sch weiches sch wie in Gin

Wohnen
Schlaf- und Kinderzimmer

⑫ Kinderbett
cot kɔt
le lit pour enfants li pur ä'fä
la cuna 'kuna
il lettino per bambini let'tino per bam'bini

⑬ Wickelkommode
baby changing unit 'bäjbi 'tschäjndsching 'juhnit
la table à langer tablə a lä'scheh
la mesa para cambiar pañales 'meßa 'para kambi'ar pan'jaleß
il fasciatoio fascha'tojo

⑭ Wickelauflage
changing mat tschäjndsching mätt
l' alaise à langer f a'läs a lä'scheh f
el cambiador kambia'dor
il piano del fasciatoio pjano del fascha'tojo

⑮ Spielkiste
toy chest tɔi tscheßt
la caisse à jouets käß a schu'ä
el cajón de juguetes ka'chon de chu'geteß
la cassetta per i giocattoli ka'ßeta per i dscho'katoli

⑯ Krabbeldecke
toddler blanket 'tɔdlər 'blänkit
la couverture pour bébé kuwer'tür pur beh'beh
la manta para gatear 'manta 'para gate'ar
la coperta da gioco per bambini ko'pärta da 'dschɔko per bam'bini

⑰ Windel
napkin näp'kin
la couche kusch
el pañal pan'jal
il pannolino pa'nolino

⑱ Kinderbuch
children's book tschil'drənθ buck
le livre d'enfants 'lihwrə dä'fä
el libro para niños 'libro 'para 'ninjoß
il libro dei bambini 'libro 'dei bam'bini

⑲ Spielzeug
toys tɔis
les jouets m schu'eh
los juguetes chu'geteß
i giocattoli dscho'katoli

⑳ Kuscheltier
cuddly toy 'kadli tɔi
la peluche pe'lüsch
el peluche pə'lutsche
il peluche pe'lusch

㉑ Kreisel
top tɔp
la toupie tu'pi
el trompo trompo
la trottola trɔtola

㉒ Ball
ball bɔhl
le ballon ba'lõ
la pelota pe'lota
la palla 'palla

Wohnen

Badezimmer
Reihenfolge der Übersetzung: Englisch, Französisch, Spanisch, Italienisch

❶ Waschbecken
basin 'bäjßin
le lavabo lawa'bo
el lavabo la'wabo
il lavandino lawan'dino

❷ Wasserhahn
tap täp
le robinet robi'neh
el grifo 'grifo
il rubinetto rubi'netto

❸ Abfluss
drain dräjn
l' écoulement m ehkul'mã
el desagüe deß'ague
lo scolo 'ßkolo

❹ Handtuchhalter
towel rail 'tauəl räjl
les supports à serviette m ßü'por a ßer'wjätt
el toallero toa'jero
il portasciugamani portaschuga'mani

❺ Handtuch
towel 'tauəl
la serviette ßer'wjätt
la toalla to'aja
l' asciugamano m aschuga'mano

❻ Seifenschale
soap dish ßoup disch
le porte-savon portßa'wõ
la jabonera chabo'nera
il portasapone portaßa'pone

❼ Seife
soap ßoup
le savon ßa'wõ
el jabón cha'bɔn
il sapone ßa'pone

Sonderzeichen in der Lautschrift ə angedeutetes e wie in bitte; ɔ offenes o wie in Post; ß scharfes s wie in nass; θ weiches s wie in Fass, aber gelispelt; ð s wie in Sense, aber gelispelt; ã nasal gesprochener Vokal wie in Chanson; ẽ nasal gesprochener Vokal wie in pointiert; õ nasal gesprochener Vokal wie in Jeton; sch weiches sch wie in Gin

Wohnen
Badezimmer

⁸ Zahnbürste
toothbrush 'tuhθbrasch
la brosse á dent brɔß a dā
el cepillo de dientes θe'pijo de di'entes
il spazzolino da denti ßpatßo'lino da 'denti

⁹ Spiegel
mirror 'mirər
le miroir miru'ahr
el espejo eß'pecho
lo specchio 'ßpekjo

¹⁰ Lampe
lamp lämp
la lampe lāp
la lámpara 'lampara
la lampada 'lampada

¹² Toilette
toilet 'tɔilit
les toilettes f tua'lett
el servicio ßer'wiθio
il gabinetto gabi'neto

¹³ Toilettenpapier
toilet paper 'tɔilit 'päjpər
le papier toilette pa'pjeh tua'lett
el papel higiénico pa'pel ichi'eniko
la carta igienica 'karta i'dschenika

¹⁴ Bidet
bidet bi'däj
le bidet bi'dä
el bidé bi'deh
il bidè bi'dä

¹⁵ Waage
scales ßkäjls
la balance ba'lāß
la báscula 'baßkula
la bilancia bi'lantscha

¹⁶ Fön
hairdryer 'härdrajər
le sèche cheveux ßäsch scha'wö
el secador ßeka'dor
il fon fɔn

¹⁷ Badewanne
bathtub 'bahθtab
la baignoire bänju'ahr
la bañera de baño ban'jera de 'banjo
la vasca da bango waßka da 'banjo

¹⁸ Dusche
shower 'schauər
la douche dusch
la ducha 'dutscha
la doccia 'dotscha

¹⁹ Duschgel
shower gel 'schauər dschel
la gel de douche schäl də dusch
el gel de duscha chel de 'dutscha
la docciaschiuma dotscha'ßkjuma

¹¹ WC-Bürste
toilet brush 'tɔilit brasch
la brosse brɔß
la escobilla eßko'bija
lo scopino ßko'pino

Wohnen

Haushaltsgeräte und Werkzeug

Reihenfolge der Übersetzung: Englisch, Französisch, Spanisch, Italienisch

Mülltonne

dustbin	'daßtbin
la poubelle	pu'bäll
el cubo de basura	'kubo de ba'ßura
il bidone d'immondizie	bi'done dimon'ditßje

Besen

broom	bruhm
le balai	ba'lä
la escoba	eß'koba
la scopa	'ßkopa

Toaster

toaster	'toußtər
le grille-pain	grij'pē
el tostador	toßta'dor
il tostapane	toßta'pane

Saftpresse

squeezer	ßku'ihsər
le presse-citron	präßßi'trō
el exprimidor	ekßprimi'dor
lo spremifrutta	ßpremi'frutta

Schneebesen

whisk	u'ißk
le fouet	fu'ä
el batidor	bati'dor
la frusta	'frußta

Schneidemaschine

cutting maschine	'katting mə'schihn
la trancheuse	trä'schöhs
la cortafiambres	kortafi'ambreß
l' affettatrice universale f	afeta'tritsche uniwer'ßale

Handrührgerät

hand mixer	händ 'mikßər
le batteur à main	ba'tör a mē
la batidora manual	bati'dora manu'al
lo sbattitore	sbati'tore

Mixer

mixer	'mikßər
le mixeur	mik'ßör
la batidora	bati'dora
il frullatore	frula'tore

Fritteuse

deep fryer	dihp 'fraiər
la friteuse	fri'töhs
la freidora	frej'dora
la friggitrice	fridschi'trihtsche

Bügeleisen

flat iron	flät 'aiən
le fer à repasser	fär a rəpa'ßeh
la plancha	'plantscha
il ferro da stiro	'färo da 'ßtiro

Eismaschine

ice-cream maker	'aißkrihm 'mäjkər
la machine à glace	ma'schihn a glaß
la heladora	ela'dora
la gelatiera	dschela'tjera

Wasserkocher

kettle	'kettl
le chauffe-eau électrique	schof'o ehlek'trik
el hervidor de agua	erwi'dor de 'agua
il bollitore dell'acqua	boli'tore del'akua

Sonderzeichen in der Lautschrift: ə angedeutetes e wie in bit**te**; ɔ offenes o wie in P**o**st; ß scharfes s wie in na**ss**; θ weiches s wie in Fa**ss**, aber gelispelt; ð s wie in **S**ense, aber gelispelt; ã nasal gesprochener Vokal wie in Ch**an**son; ẽ nasal gesprochener Vokal wie in p**oi**ntiert; õ nasal gesprochener Vokal wie in Jet**on**; sch weiches sch wie in **G**in

Wohnen
Haushaltsgeräte und Werkzeug

Staubsauger
vacuum cleaner   'wäkjuəm 'klihnər
l' aspirateur *m*   aßpira'tör
el aspirador de polvos   aßpira'dor de 'polwoß
l' aspirapolvere *m*   aßpira'polwere

Schere
(pair of) scissors   'päər ɔf 'ßisəs
les ciseaux *m*   ßi'so
la tijera   ti'chera
le forbici   'forbitschi

Hammer
hammer   'hämmər
le marteau   mar'to
el martillo   mar'tijo
il martello   mar'tello

Schraube
screw   ßkru
la vis   wiß
el tornillo   tor'nijo
la vite   'wite

Dübel
dowel   'douəl
la cheville   schə'wij
el taco   'tako
il tassello   ta'ßello

Nagel
nail   näjl
le clou   klu
el clavo   'klawo
il chiodo   'kjodo

Schraubenzieher
screwdriver   'ßkrudraiwər
le tournevis   turnə'wiß
el destornillador   deßtornija'dor
il cacciavite   katscha'wite

Zange
pliers   'plaiəs
la pince   pëß
las tenazas   te'naθaß
la pinza   'pintßa

Säge
saw   ßɔh
la scie   ßi
la sierra   ßi'erra
la sega   'ßega

Zollstock
folding rule   'foulding ruhl
le mètre pliant   'mätrə pli'ä
el metro plegable   'metro ple'gable
il metro pieghevole   'mätro pje'gewole

Bohrmaschine
power drill   'pauər drill
la perceuse   per'ßöhs
la taladradora   taladra'dora
il trapano   'trapano

Pinsel
paintbrush   'päintbrasch
le pinceau   pë'ßo
el pincel   'pinθel
il pennello   pe'nello

Ausbildung und Beruf

Deutsch	Englisch	Französisch	Spanisch	Italienisch

Ausbildung und Schule

Deutsch	Englisch		Französisch		Spanisch		Italienisch
Abitur	A-levels äj 'lewls	le	baccalauréat bakaloreh'a	el	bachillerato batschije'rato	la	maturità maturi'ta
Abschluss	diploma di'ploumə	le	diplôme di'plɔm	el	examen final ek'ßamen fi'nal	il	diploma di'plɔma
Ausbildung	training 'träjning	la	formation forma'ßjö	el	estudio eß'tudio	l'	istruzione f istru'tßjone
Ferien	holidays 'hɔlədäjs	les	vacances f wa'käß	las	vacaciones wakaθi'ɔneß	le	ferie 'ferije
Gymnasium	grammar school 'grämmər ßkuhl	le	lycée li'ßeh	el	instituto inßti'tuto	il	liceo li'tschäo
Hausaufgaben	homework 'houmuörk	les	devoirs m dəwu'ahr	los	deberes de'bereß	i	compiti 'kompiti
Kindergarten	kindergarten 'kindəgahtən	la	maternelle matär'nell	el	jardín de infancia char'din de in'fanθia	l'	asilo m a'silo
Klassenarbeit	test teßt	le	contrôle kö'trohl	el	examen ek'ßamen	il	compito in classe 'kompito in 'klaße
Klausur	written test 'rittən teßt	l'	examen m ekßa'mê	el	examen ek'ßamen	la	prova scritta 'prowa 'ßkrita
Kurs	course kɔhß	le	cours kur	el	curso 'kurßo	il	corso 'korßo
Lehrer	teacher 'tihtschər	le	professeur profä'ßör	el	profesor profe'ßor	il	maestro ma'äßtro
Note	mark mahk	la	note nɔt	la	nota 'nota	il	voto 'woto
Professor	professor prə'feßər	le	professeur profä'ßör	el	catedrático kate'dratiko	il	professore profe'ßore
Referat	presentation presn'täjschn	l'	exposé m ekßpo'seh	la	exposición oral ekßpoßiθi'ɔn o'ral	la	relazione rela'tßjone
Schule	school ßkuhl	l'	école f eh'kɔl	la	escuela eßku'ela	la	scuola ßku'ɔla
Schüler	pupil 'pjupil	l'	élève mf eh'läw	el	alumno a'lumno	l'	alunno m a'lunno
Student	student 'ßtjudənt	l'	étudiant m ehtü'djä	el	estudiante eßtudi'ante	lo	studente ßtu'dente
Studienfach	field of study fihld ɔf 'ßtadi	la	matière d'études ma'tjär dehtüd	la	asignatura aßigna'tura	la	materia ma'teria
Studium	studies 'ßtadihß	les	études f ehtüd	el	estudio eß'tudio	gli	studi 'ßtudi
Universität	university juni'wörßiti	l'	université f üniwerßi'teh	la	universidad uniwerßi'dad	l'	università f uniwerßi'ta
Unterricht	class klahß	l'	enseignement m äßänjə'mä	la	clase 'klaße	la	lezione le'tßjone
Unterrichtsfach	subject 'ßabdschikt	la	matière ma'tjär	la	asignatura aßigna'tura	la	materia ma'teria
Vorlesung	lecture 'lektschər	le	séminaire ßehmi'när	la	clase 'klaße	la	lezione (universitaria) le'tßjone (uniwerßi'taria)
Zeugnis	school report ßkuhl ri'pɔht	le	relevé de notes rələ'weh də nɔt	las	notas 'notaß	la	pagella pa'dschella

Berufe

Deutsch	Englisch		Französisch		Spanisch		Italienisch
Amt	office 'ɔfiß	le	poste pɔst	la	oficina ofi'θina	l'	ufficio m u'fitscho
Angestellter	clerk klahk	l'	employé m äplua'jeh	el	empleado emple'ado	l'	impiegato m impje'gato
Arbeit	job, work, labour dschob, u'örk, läjbər	le	travail tra'waj	el	trabajo tra'bacho	il	lavoro la'woro
Arbeitslosigkeit	unemployment 'anəmplɔjmənt	le	chômage scho'mahsch	el	paro 'paro	la	disoccupazione disokupa'tßjone
Arbeitsplatz	workplace u'örkpläjß	l'	emploi m äplu'a	el	puesto de trabajo pu'eßto de tra'bacho	il	posto di lavoro 'poßto di la'woro
Arbeitszeit	working hours u'örking 'auərs	le	temps de travail tä də tra'waj	la	hora de trabajo 'ora de tra'bacho	l'	orario di lavoro m o'rario di la'woro
Auftrag	order 'ɔhdər	la	mission mi'ßjö	la	orden 'orden	l'	incarico m in'kariko
Beamter	civil servant 'ßiwl 'ßörwənt	le	fonctionnaire fökßjo'när	el	funcionario del estado funkθio'nario del eß'tado	l'	impiegato pubblico m impje'gato 'publiko
Behörde	administration ädmini'ßträjschn	l'	administration f adminißtra'ßjö	la	oficina estatal ofi'θina eßta'tal	l'	autorità f autori'ta
Beruf	profession prə'feschn	la	profession profe'ßjö	la	profesión profeßi'ɔn	la	professione profe'ßjone
Berufsschule	vocational school wou'käjschənl ßkuhl	le	lycée professionnel li'ßeh profeßjo'nell	la	escuela profesional eßku'ela profeßio'nal	la	scuola d'integrazione professionale ßku'ɔla dintegra'tßjone profeßjo'nale
Beschäftigter	employee əm'plɔhji	l'	employé m äplua'jeh	el	empleado emple'ado	l'	impiegato m impje'gato
Chef	boss boß	le	chef scheff	el	jefe 'chefe	il	capo 'kapo

Sonderzeichen in der Lautschrift ə angedeutetes e wie in bitte; ɔ offenes o wie in Post; ß scharfes s wie in nass; θ weiches s wie in Fass, aber gelispelt; ð s wie in Sense, aber gelispelt; ä nasal gesprochener Vokal wie in Chanson; ê nasal gesprochener Vokal wie in pointiert; ö nasal gesprochener Vokal wie in Jeton; sch weiches sch wie in Gin

Ausbildung und Beruf

Deutsch	Englisch	Französisch	Spanisch	Italienisch
Fabrik	factory 'fäktəri	l' usine fü'sin	la fábrica 'fabrika	la fabbrica 'fabrika
Firma	firm förm	l' entreprise fätrə'pris	la empresa em'preßa	la ditta 'ditta
Geselle	journeyman 'dschörnimən	l' apprenti m aprä'ti	el oficial ofiθi'al	il/la lavorante lawo'rante
Handwerker	craftsman 'krahftßmən	l' artisan m arti'sä	el trabajador trabacha'dor	l' artigiano/operaio m arti'dschano/ope'rajo
Kollege	colleague 'kɔlihg	le collègue ko'läg	el compañero compan'jero	il/la collega ko'läga
Krankenschein	health insurance certificate helθ in'schurənß ßə'tifikət	l' attestation médicale f atäßta'ßjö mehdi'kal	la tarjeta del seguro tar'cheta del ße'guro	il modulo per ottenere l'assistenza sanitaria 'mɔdulo per ote'nere laßiß'tentßa ßani'taria
Kündigung	notice 'noutiß	le licenciement lißäßi'mä	el despido deß'pido	il licenziamento litschentßja'mento
Lehre	apprenticeship ə'prentiship	l' apprentissage m apräti'ßahsch	el aprendizaje aprendi'θache	l' apprendistato m aprendi'ßtato
Lehrling/Auszubildender	apprentice ə'prentiß	l' apprenti m aprä'ti	el aprendiz a'prendiθ	l' apprendista m apren'dißta
Lohn/Gehalt	salary 'ßäləri	le salaire ßa'lär	el sueldo ßu'eldo	il salario ßa'lario
Mehrwertsteuer	value-added tax (VAT) 'wälju 'ädid täkß (wi äj ti)	la TVA (taxe sur la valeur ajouteé) TWA (takß ßür la wa'lör a'schuteh)	el IVA (impuesto sobre el valor añadio) 'iwa (impu'eßto 'ßobre el wa'lor anjadido)	l' IVA (imposta sul valore aggiunto) f iwa (im'poßta ßul wa'lore a'dschunto)
Meister	master (craftsman) 'mahßtər ('krahftßmən)	le maître 'mätrə	el maestro ma'eßtro	il maestro (artigiano) ma'äßtro (arti'dschano)
Nachtschicht	night shift nait schift	l' équipe de nuit f eh'kip də nu'i	el servicio nocturno ßer'wiθio nok'turno	il turno di notte 'turno di 'nɔtte
Pension	pension 'penschn	la retraite rə'trät	la pensión penßi'ɔn	la pensione pen'ßjone
Rechnung	invoice 'inwɔjß	la facture fak'tür	la factura fak'tura	il conto 'konto
Rente	pension 'penschn	la retraite rə'trät	la pensión penßi'ɔn	la pensione pen'ßjone
Selbstständiger	self-employed ßelf əm'plɔjd	le professionnel libéral profeßjo'nell libeh'ral	el autónomo au'tonomo	il lavoratore autonomo lavora'tore au'tɔnomo
Sozialversicherung	social insurance 'ßouschl in'schurənß	l' assurance sociale f aßü'räß ßɔ'ßjal	el seguro social ße'guro ßoci'al	l' assicurazione sociale f aßikura'tßjone ßo'tschale
Streik	strike ßtrajk	la grève grähf	la huelga u'elga	lo sciopero 'schɔpero
Überstunden	overtime 'ouwətajm	les heures supplémentaires f ör ßüplehmä'tär	las horas extraordinarias 'oraß ekßtraordi'nariaß	il lavoro straordinario la'woro ßtraordi'nario
Unternehmen	company 'kampəni	l' entreprise fätrə'pris	la empresa em'preßa	l' impresa f im'presa
Urlaub	holidays 'hɔlədäjs	les vacances f wa'käß	las vacaciones wakaθi'ɔneß	la vacanza wa'kantßa

Die wichtigsten Redewendungen

Ich habe … studiert.	I studied … ai 'ßtadid …	J'ai étudié … scheh ehtü'djeh …	Yo he estudiado en … jo e eßtudi'ado en …	Ho studiato … ɔ ßtu'djato …
Welchen Abschluss haben Sie?	What kind of diploma do you hold? u'ɔt kaind ɔf di'ploumə du ju hould?	Qu'est-ce que vous avez comme diplôme? 'käßkə wusa'weh kɔm di'plɔm?	¿Qué estudios tiene usted? ¿ke eß'tudioß ti'ene uß'ted?	Che tipo di diploma ha? ke 'tipo di di'plɔma a?
Was sind Sie von Beruf?	What do you do? u'ɔt du ju du?	Quelle est votre profession? käl ä 'wɔtrə profe'ßjö?	¿Qué profesión tiene usted? ¿ke profeßi'ɔn ti'ene uß'ted?	Che professione fa? ke profe'ßjone fa?
Ich habe bereits im Ausland gearbeitet.	I have already worked abroad. ai häw 'ɔhlrädi u'örkd ə'brɔhd.	J'ai déjà travaillé à l'étranger. scheh deh'scha trawa'jeh a lehträ'scheh.	Yo ya he trabajado en el extranjero. jo ja e ¿traba'chado en el ekßtran'chero.	Ho già lavorato all'estero. ɔ 'dscha lawo'rato al'äßtero.
Wann beginnen die Ferien?	When do the holidays start? u'än du ðə 'hɔlədäjs ßtaht.	Quand est-ce que les vacances commencent? kä äßkə leh wa'käß kɔ'mäß?	¿Cuándo empiezan las vacaciones? ¿ku'ando empi'eθan laß vakaθi'ɔneß?	Quando cominciano le vacanze? ku'ando ko'mintschano le wa'kantße?
Was möchtest du einmal werden?	What do you want to be in the future? u'ɔt du ju u'ɔnt tu bi in ðə 'fjuhtschər?	Que veux-tu devenir? kə wö'tü dəwə'nir?	¿Qué quieres ser el día de mañana? ¿ke ki'ereß ßer el 'dia de man'jana?	Che cosa vuoi diventare da grande? ke 'kɔsa wu'ɔi diwen'tare da 'grande?

Ausbildung und Beruf

Schule
Reihenfolge der Übersetzung: Englisch, Französisch, Spanisch, Italienisch

Tafel
blackboard	'bläckbɔhd
le tableau	ta'blo
la tabla	'tabla
la lavagna	la'wanja

① Computer
computer	kom'pjutər
l' ordinateur *m*	ɔrdina'tör
el ordenador	ordena'dor
il computer	kom'pjuter

④ Tastatur

keyboard	'kihbɔhd
la clavier	kla'wjeh
la teclado	te'klado
la tastatura	taßta'tura

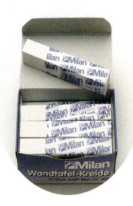

Kreide
chalk	tschɔhk
la craie	krä
la creta	'kreta
il gesso	'dscheßo

② Schüler
pupil	'pjupil
l' élève *mf*	eh'läw
el alumno	a'lumno
l' alunno *m*	a'lunno

⑤ Programm
programme	'prougräm
le programme	pro'gram
el programa	pro'grama
il programma	pro'gramma

Schwamm
sponge	ßpandsch
l' éponge *f*	eh'pòsch
la esponja	eß'poncha
la spugna	'ßpunja

③ Bildschirm
display	'dißpläj
l' écran *m*	eh'krä
la pantalla	pan'taja
lo schermo	'ßkermo

⑥ Klassenzimmer
classroom	'klahßruhm
la salle de classe	ßal də klahß
el aula	'aula
l' aula *f*, la classe	'aula, 'klaße

Sonderzeichen in der Lautschrift: ə angedeutetes e wie in bitt**e**; ɔ offenes o wie in P**o**st; ß scharfes s wie in na**ss**; θ weiches s wie in Fa**ss**, aber gelispelt; ð s wie in **S**ense, aber gelispelt; ä nasal gesprochener Vokal wie in Ch**an**son; ê nasal gesprochener Vokal wie in p**oi**ntiert; ö nasal geprochener Vokal wie in Jet**on**; sch weiches sch wie in **G**in

Ausbildung und Beruf
Schule

Filzstift
felt tip pen   felt tipp pen
le feutre   'fötrə
el rotulador de fieltro   rotula'dor de fi'eltro
il pennarello   pena'rello

Schere
(a pair of) scissors   ('päar ɔf) 'ßisəs
les ciseaux m   ßi'so
la tijera   ti'chera
le forbici   'forbitschi

Stifteköcher
pencil cup   'penßil kap
le récipient pour stylos et crayons   rehßi'pjä pur ßti'lo e krä'jõ
el organizador de sobremesa   organiθa'dor de ßobre'meßa
il portamatite   portama'tite

Schulranzen
satchel   'ßätschl
le cartable   kar'tablə
la mochila   mo'tschila
la cartella   kar'tella

Füller
fountain pen   'fauntn penn
le stylo   ßti'lo
la estilográfica   eßtilo'grafika
la penna stilografica   'penna ßtilo'grafika

Kugelschreiber
ball-point pen   'bɔhlpɔjnt pen
le stylo   ßti'lo
el bolígrafo   bo'ligrafo
la penna a sfera   'pena a 'ßfera

Bleistift
pencil   'penßil
le crayon   krä'jõ
el lápiz   'lapiθ
la matita   ma'tita

Turnhalle
gym   dschim
le gymnase   dschim'nas
el gimnasio   chim'naßio
la palestra   pa'leßtra

Schreibheft
exercise book   'ekßərßais buck
le cahier d'écriture   ka'jeh dehkri'tür
el cuaderno   kua'derno
il quaderno   kua'därno

Ausbildung und Beruf

Berufe
Reihenfolge der Übersetzung: Englisch, Französisch, Spanisch, Italienisch

Metzger
butcher	'butschər
le boucher	bu'scheh
el carnicero	karni'θero
il macellaio	matsche'lajo

Friseur
hairdresser	'härdreßər
le coiffeur	kua'för
el peluquero	pelu'kero
il parrucchiere	paru'kjere

Bäcker
baker	'bäjker
le boulanger	bulä'scheh
el panadero	pana'dero
il panettiere	pane'tjere

Schneider
tailor	'täjlər
le tailleur	ta'jör
el modisto	mo'dißto
il sarto	'ßarto

Maurer
bricklayer	'bricklãjər
le maçon	ma'ßõ
el albañil	alban'jil
il muratore	mura'tore

Fliesenleger
tile layer	tail 'läjər
le carreleur	karə'lör
el embaldosador	embaldoßa'dor
il, la piastrellista	piaßtre'lißta

Arzt
doctor	'dɔktər
le médecin	mehd'ßẽ
el médico	'mediko
il medico	'mädiko

Pilot
pilot	'pailət
le, la pilote	pi'lɔt
el piloto	pi'loto
il, la pilota	pi'lota

Sonderzeichen in der Lautschrift: ə angedeutetes e wie in bitte; ɔ offenes o wie in Post; ß scharfes s wie in nass; θ weiches s wie in Fass, aber gelispelt; ð s wie in Sense, aber gelispelt; ã nasal gesprochener Vokal wie in Chanson; ẽ nasal gesprochener Vokal wie in pointiert; õ nasal geprochener Vokal wie in Jeton; sch weiches sch wie in Gin

Ausbildung und Beruf

Berufe

Elektriker

electrician	ilek'trischn
l' électricien m	ehlektri'ßjë
el, la electricista	elektri'θißta
l' elettricista mf	eletri'tschißta

Schaffner

conductor	kən'daktər
le contrôleur	kõtro'lör
el revisor	rewi'ßor
il controllore	kontro'lore

Bauer

farmer	'fahmər
le fermier	ferm'jeh
el campesino	kampe'ßino
il contadino	konta'dino

Krankenschwester

nurse	nörß
l' infirmière f	ẽfirm'jär
la enfermera	enfer'mera
l' infermiera f	inferm'jera

Tischler

carpenter	'kahpəntər
le menuisier	menüi'sjeh
el carpintero	karpin'tero
il falegname	falen'jame

Schornsteinfeger

chimney sweep	'tschimni ßwihp
le ramoneur	ramɔ'nör
el limpiachimeneas	limpiatschime'neaß
lo spazzacamino	ßpatßaka'mino

Koch

cook	kuck
le cuisinier	kuisin'jeh
el cocinero	koθi'nero
il cuoco	ku'ɔko

Themen

Bürobedarf und Computer

Deutsch	Englisch	Französisch	Spanisch	Italienisch

Bürobedarf

Deutsch	Englisch	Französisch	Spanisch	Italienisch
Adressaufkleber	address label 'ädrəß	les autocollants avec des adresses m otoko'lä a'weck dehsa'dräß	la pegatina con dirección pega'tina kon direkθi'ɔn	l' etichetta autoadesiva per l'indirizzo feti'keta autoade'siwa per lindi'ritßo
ausfüllen	fill (in) fill in	remplir rä'plir	rellenar reje'nar	compilare kompi'lare
Bleistift	pencil 'penßil	le crayon krä'jõ	el lápiz 'lapiθ	la matita ma'tita
Briefpapier	notepaper 'noutpäjpər	le papier à lettres pa'pjeh a 'lätrə	el papel de cartas pa'pel de 'kartaß	la carta da lettere 'karta da 'lättere
Briefumschlag	envelope 'enwəloup	l' enveloppe fãwə'lopp	el sobre 'ßobre	la busta 'bußta
Büro	office 'ɔfiß	le bureau bü'ro	la oficina ofi'θina	l' ufficio m u'fitscho
Bürobedarf	office supplies 'ɔfiß ße'plajs	les fournitures de bureau f furni'tür də bü'ro	los artículos de oficina ar'tikuloß de ofi'θina	gli articoli di cancelleria ar'tikoli di kantschele'ria
Büroklammer	paper clip 'päjpər klipp	le trombone trõ'bɔn	el clip klip	il clip 'klip
Fax	fax fäkß	le fax fax	el fax fax	il fax 'fax
Filzstift	felt tip pen felt tipp pen	le feutre 'fötrə	el rotulador de fieltro rotula'dor de fi'eltro	il pennarello pena'rello
Formular	form fɔhm	le formulaire formü'lär	el impreso im'preßo	il modulo 'mɔdulo
Fotokopierer	photocopying machine 'foutoukɔpiing mə'schihn	le photocopieur fotoko'pjör	la copiadora kopia'dora	la fotocopiatrice fotokopja'tritsche
Gebühr	fee fih	les frais m frä	la tasa 'taßa	la tassa 'taßa
Heftklammerer	stapler 'ßtäjplər	l' agrafeuse fagra'föhs	el grapador grapa'dor	la graffatrice grafa'tritsche
Klebeband	adhesive tape əd'hihßiw täjp	le ruban adhésif rü'bä adeh'sif	la cinta adesiva 'θinta ade'ßiwa	il nastro adesivo 'naßtro ade'siwo
Klebestift	glue stick gluh ßtick	le bâton de colle ba'tõ də kɔl	el pegamento en barra pega'mento en 'bara	l' adesivo m ade'siwo
Kugelschreiber	ball-point pen bɔhl pɔjnt pen	le stylo ßti'lo	el bolígrafo bo'ligrafo	la penna a sfera 'pena a 'ßfera
Lineal	ruler 'ruhlər	la règle 'räglə	la regla 'regla	la riga 'riga
Locher	puncher 'pantschər	le perforateur perfora'tör	el perforador perfora'dor	il perforatore perfora'tore
Mittagspause	lunch break lansch bräjk	la pause midi pohs mi'di	el descanso de mediodía deß'kanßo de medio'dia	la pausa di mezzogiorno 'pausa di mädso'dschorno
Notizblock	notepad 'noutpäd	le bloc notes block nɔt	el bloque de notas 'blocke de 'notaß	il blocchetto blo'keto
Öffnungszeiten	opening hours 'oupəning 'auərs	les horaires d'ouverture m o'rär duwer'tür	las horas de apertura 'oraß de aper'tura	l' orario di apertura m o'rario di aper'tura
Radiergummi	rubber 'rabər	la gomme gomm	la goma de borrar 'goma de bo'rar	la gomma per cancellare 'gomma per kantsche'lare
Schere	(a pair of) scissors 'päər ɔf 'ßisəs	les ciseaux m ßi'so	la tijera ti'chera	le forbici 'forbitschi
Schreibtisch	desk deßk	le bureau bü'ro	la mesa de escritorio 'meßa de eßkri'torio	la scrivania ßkriwa'nija
Schreibtischstuhl	office desk 'ɔfiß deßk	la chaise de bureau schähs də bü'ro	la silla de escritorio 'ßija de eßkri'torio	la sedia da scrivania 'ßädja da ßkriwa'nija
Stempel	stamp ßtämp	le sceau ßo	el sello 'ßejo	il timbro 'timbro
Taschenrechner	calculator 'kälkjuläjtər	la calculatrice kalküla'triß	la calculadora de bolsillo kalkula'dora de bol'ßijo	la calcolatrice kalkola'tritsche
Telefon	telephone 'teləfoun	le téléphone tehleh'fon	el teléfono te'lefono	il telefono te'läfono
Termin	appointment a'pointment	le rendez-vous rädeh'wu	la cita 'θita	l' appuntamento m apunta'mento

Computer

Deutsch	Englisch	Französisch	Spanisch	Italienisch
abschicken	send ßend	envoyer ãwua'jeh	mandar man'dar	inviare inwi'are
anklicken	click klick	le cliquer sur kli'keh ßür	clicar kli'kar	cliccare kli'kare
ausschalten	switch off ßu'itsch ɔf	éteindre eh'tëdrə	apagar apa'gar	spegnere 'ßpenjere
Bildbearbeitung	image editing 'imidsch 'editting	traitement d'images trät'mä di'masch	la edición de imágenes ediθi'ɔn de i'macheneß	la modifica dell' immagine mo'difika delima'dschine
Bildschirm	display 'dißpläj	l' écran m eh'krä	la pantalla pan'taja	lo schermo 'ßkermo
Brenner	CD writer ßih dih 'rajtər	le graveur gra'wör	el gravador de disco grawa'dor de 'dißko	il masterizzatore maßteridsa'tore

Sonderzeichen in der Lautschrift ə angedeutetes e wie in bitte; ɔ offenes o wie in Post; ß scharfes s wie in nass; θ weiches s wie in Fass, aber gelispelt; ð s wie in Sense, aber gelispelt; ä nasal gesprochener Vokal wie in Chanson; ë nasal gesprochener Vokal wie in pointiert; õ nasal gesprochener Vokal wie in Jeton; sch weiches sch wie in Gin

Bürobedarf und Computer

Deutsch	Englisch	Französisch	Spanisch	Italienisch
CD-ROM	CD-ROM ßih dih rom	le CD-ROM ßehdeh'rom	el CD-ROM, el cederrón θede'rom, θede'ron	il cd-rom 'tschidi'rom
Computer	computer kom'pjutər	l' ordinateur m ordina'tör	el ordenador ordena'dor	il computer kom'pjuter
Datei	file fajl	le document doku'mä	el fichero fi'tschero	il file fail
Datensicherung	backup 'bäckap	la protection des données protäk'ßjò deh do'neh	el aseguramiento de datos aßegurami'ento de 'datoß	il salvataggio dei dati ßalwa'tadscho 'dei dati
DVD	DVD dih wih dih	le DVD dehweh'deh	el DVD de uwe de	il dvd diwu'di
einschalten	switch on ßu'itsch on	allumer alü'meh	encender enθen'der	accendere a'tschendere
E-Mail	email 'ihmäjl	le Email i'mehl	el correo electrónico ko'reo elek'troniko	l' e-mail m i'mäil
Fehler	error 'erər	l' erreur f e'rör	el error e'ror	l' errore m e'rore
Festplatte	hard disk hahd dißk	le disque dur dißk dür	el disco duro 'dißko 'duro	il disco rigido 'dißko 'ridschido
Hardware	hardware 'harduär	la hardware hard'wer	el hardware 'harduär	il hardware 'harduär
herunterladen	download 'daunloud	télécharger tehlehschar'scheh	bajar ba'char	scaricare ßkari'kare
hochfahren	boot up buht ap	démarrer dehma'reh	cebar θe'bar	inizializzare initßjali'dsare
hochladen	upload 'aploud	mettre (sur Internet) 'mätrə	cargar kar'gar	caricare kari'kare
Internet	Internet 'intərnet	Internet ëter'net	el Internet inter'net	l' Internet m inter'net
kabellos	wireless u'ajəliß	sans câble ßã 'kablə	sin cable ßin 'kable	senza cavo 'ßentßa 'kawo
Kopie	copy 'kopi	la copie ko'pi	la copia 'kopia	la copia 'kopja
Laserdrucker	laser printer 'läjsər 'printər	l' imprimante laser f ëpri'mät la'ser	la impresora láser impre'ßora 'laßer	la stampante laser ßtam'pante 'läiser
Maus	mouse mauß	la souris ßu'ri	el ratón ra'ton	il mouse 'mauß
Nutzer	user 'juhsər	l' utilisateur m ütilisa'tör	el usario u'ßario	l' utente m u'tente
Programm	programme 'prougräm	le programme pro'gram	el programa pro'grama	il programma pro'grama
Scanner	scanner 'ßkännər	le scanner ßka'ner	el escáner eß'kaner	lo scanner 'ßkäner
Server	server 'ßörwər	le serveur ßer'wör	el servidor ßerwi'dor	il server 'ßerwer
Software	software 'ßoftuär	la software ßoftu'är	el software 'ßoftuär	il software ßoftu'är
Tastatur	keyboard 'kihbohd	le clavier kla'wjeh	el teclado tek'lado	la tastatura taßta'tura
Textverarbeitung	word processing u'öhd 'prouße ßing	le traitement de textes trät'mä də tekßt	el procesador de textos proθe ßa'dor de 'tekßtoß	l' elaborazione dei testi f elabora'tßjone 'dei 'teßti
Tintenstrahldrucker	inkjet printer 'inkdschet 'printər	l' imprimante à jet d'encre f ëpri'mät a schä 'däkrə	la impresora de inyección de tinta impre'ßora de inchek θi'on de 'tinta	la stampante a getto d'inchiostro ßtam'pante a 'dscheto din'kjoßtro

Die wichtigsten Redewendungen

Bitte geben Sie mir Ihre E-Mail-Adresse.	Please give me your email address. plihs giw mi jər 'ihmäjl 'ädräß.	S'il vous plait, donnez-moi votre adresse Email. ßil wu plä donehmu'a 'wotrə a'dräß i'mehl.	Por favor, dame su direc-ción de correo electrónico. por fa'wor 'dame ßu direk θi'on de ko'reo elek'troniko.	Mi dia per favore il suo indirizzo e-mail. mi 'dija per fa'wore il 'ßuo indi'ritßo i'mäil.
Wann ist das Büro geöffnet?	When is the office open? u'än is ði 'ofiß 'oupən?	A quelle heure ouvre le bureau? a käl ör 'uwrə lə bü'ro?	¿A qué hora está la oficina abierta? ¿a ke 'ora eß'ta la ofi'θina abi'erta?	Quando apre l'ufficio? ku'ando 'apre lu'fitscho?
Auf meinem Computer erscheint eine Fehler-meldung.	On my computer appears an error message. on mai kom'pjutər ə'piərs ən 'erər 'meßidsch.	Mon écran affiche un message d'erreur. mõ eh'krä a'fisch ë meh'ßahsch de'rör.	En mi ordenador aparece un mensaje de error. en mi ordena'dor apa're θe un men'ßache de e'ror.	Sul mio schermo appare il messaggio d'errore. ßul 'mijo 'ßkermo a'pare il me'ßadscho de'rore.
Das Programm funktio-niert nicht.	The programme does not work. ðə 'prougräm das not u'örk.	Le programme ne fonctionne pas. lə pro'gram nə fõk'ßjon pa.	El programa no funciona. el pro'grama no funk θi'ona.	Il programma non funzio na. il pro'grama non fun'tßjona.
Die Tintenpatrone ist leer.	The ink cartridge is empty. ði ink 'kahtridsch is 'empti.	La cartouche d'encre est vide. la kar'tusch 'däkrə ä wid.	Mi cartucho de tinta está vacío. mi kar'tutscho de 'tinta eß'ta wa'θio.	La cartuccia d'inchiostro è vuota. la kar'tutscha din'kjoßtro ä wu'ota.
Wo gibt es hier einen Internetzugang?	Where is there an internet access point around here? u'är is ðär ən 'intərnet 'äkßeß pojnt ə'round 'hiə?	Où est-ce qu'il y a un accès Internet? äß kil'ja ë ak'ßä ëter'net?	¿Hay un acceso al internet por aquí? ¿ai un ak'θeßo al inter'net por a'ki?	Dove posso trovare un accesso a internet? 'dowe 'poßo tro'ware un a'tscheßo a inter'net?

Bürobedarf und Computer

Bürobedarf und Computer
Reihenfolge der Übersetzung: Englisch, Französisch, Spanisch, Italienisch

❶ Schreibtisch
desk deßk
le bureau bü'ro
la mesa de escritorio 'meßa de eßkri'torio
la scrivania ßkriwa'nia

❷ Schreibtischlampe
desk lamp deßk lämp
la lampe de bureau lāp də bü'ro
la lámpara de escritorio
'lampara de eßkri'torio
la lampada da scrivania
'lampada da ßkriwa'nia

❸ Bildschirm
display 'dißpläj
l' écran m eh'krā
la pantalla pan'taja
lo schermo 'ßkermo

❹ Telefon
telephone 'teləfoun
le téléphone tehleh'fon
el teléfono te'lefono
il telefono te'läfono

❺ Drucker
printer 'printər
l' imprimante f ēpri'māt
la impresora impre'ßora
la stampante ßtam'pante

❻ Tastatur
keyboard 'kihbɔhd
le clavier kla'wjeh
el teclado tek'lado
la tastatura taßta'tura

❼ Schreibtischstuhl
office desk 'ɔfiß deßk
la chaise de bureau schähs də bü'ro
la silla de escritorio 'ßija de eßkri'torio
la sedia da scrivania 'ßädja da ßkriwa'nia

❽ Aktenordner
ring binder ring 'baindər
le dossier dɔ'ßjeh
el archivador artschiwa'dor
il porta fascicoli 'porta fa'schikoli

❾ Ablagefach
letter tray 'lettər träj
le casier de rangement ka'sjeh də rāsch'mā
la bandeja ban'decha
il cestino tscheß'tino

Sonderzeichen in der Lautschrift ə angedeutetes e wie in bitte; ɔ offenes o wie in Post; ß scharfes s wie in nass; θ weiches s wie in Fass, aber gelispelt; ð s wie in Sense, aber gelispelt; ā nasal gesprochener Vokal wie in Chanson; ē nasal gesprochener Vokal wie in pointiert; õ nasal gesprochener Vokal wie in Jeton; sch weiches sch wie in Gin

Bürobedarf und Computer

Fax

fax	fäkß
le fax	fax
el fax	fax
il fax	'fax

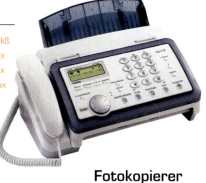

Locher

puncher	'pantschər
le perforateur	perfora'tör
el perforador	perfora'dor
il perforatore	perfora'tore

Fotokopierer

photocopying machine	'foutoukɔpiing mə'schihn
le photocopieur	fotoko'pjör
la copiadora	kopia'dora
la fotocopiatrice	fotokopja'tritsche

Heftklammerer

stapler	'ßtäjplər
l' agrafeuse f	agra'föhs
el grapador	grapa'dor
la graffatrice	grafa'tritsche

Notizblock

notepad	'noutpäd
le bloc notes	block nɔt
el bloque de notas	'blocke de 'notaß
il blocchetto	blo'keto

CD-ROM

CD-ROM	ßih dih rɔm
le CD-ROM	ßehdeh'rɔm
el CD-ROM, el cederrón	θede'rom, θede'rɔn
il cd-rom	'tschidi'rɔm

Brieföffner

letter opener	'lettər 'oupənər
le coupe-papier	kuppa'pjeh
el abrecartas	abre'kartaß
l' aprilettere m	apri'lättere

Terminkalender

appointment book	ə'pɔintment buck
l' agenda m	a'schenda
la agenda	a'chenda
l' agenda f	a'dschända

Scanner

scanner	'ßkännər
le scanner	ßka'ner
el escáner	eß'kaner
lo scanner	'ßkäner

Hängeregistratur

hanging file folder	'hänging fail 'fouldər
les dossiers suspendus m	dɔ'ßjeh ßüßpä'dü
la carpeta colgante	kar'peta kol'gante
l' archiviazione sospesa f	arkiwia'tßjone ßoß'pesa

Geld, Börse und Handel

Deutsch	Englisch	Französisch	Spanisch	Italienisch

Geld

Deutsch	Englisch	Französisch	Spanisch	Italienisch
Auslandsüberweisung	foreign bank transfer 'fɔräjn bänk tränß'för	le virement à l'étranger wir'mä a lehträ'scheh	la transferencia interna-cional transfe'renθia internaθio'nal	il bonifico estero bo'nifiko 'äßtero
Auszahlung	payment 'päjmənt	le paiement pä'mä	el pago 'pago	il pagamento paga'mento
Devisen	foreign currencies 'fɔräjn 'karənßis	le change schäsch	las divisas di'wißaß	le divisa di'wisa
Euroscheck	Eurocheque 'jurətscheck	l' eurochèque m öro'schäk	el eurocheque euro'tschecke	l' eurochéque m äuro'schäk
Falschgeld	counterfeit money 'kauntəfit 'manni	les faux billets m fo bi'jä	el dinero falso di'nero 'falßo	il denaro falso de'naro 'falßo
geizig	mean mihn	avare a'war	avaro a'waro	avaro a'waro
Geld	money 'manni	l' argent m ar'schä	el dinero di'nero	il denaro de'naro
Geldautomat	cash dispenser käsch diß'penßər	le distributeur de billets dißtribü'tör də bi'jä	el cajero automático ka'chero auto'matiko	il bancomat banko'mat
Geldschein	banknote 'bänknout	le billet bi'jä	el billete bi'jete	la banconota banko'nɔta
Geldstück	coin kɔin	la pièce 'pjäß	la moneda mo'neda	la moneta mo'neta
Geld wechseln	change money tschäjndsch 'manni	changer de l'argent schä'scheh də lar'schä	cambiar dinero kambi'ar di'nero	cambiare soldi kam'bjare 'ßoldi
in bar	in cash in käsch	en espèces äneß'päß	en efectivo en efek'tiwo	in contanti in kon'tanti
kaufen	buy baj	acheter asch'teh	comprar com'prar	comprare kom'prare
Kleingeld	loose money luhß 'manni	la petite monnaie pə'tit mɔ'nä	la calderilla kalde'rija	gli spiccioli 'ßpitscholi
Portemonnaie	purse pörß	le porte-monnaie pɔrtmɔ'nä	el monedero mone'dero	il portafoglio porta'fɔljo
Quittung	receipt ri'ßiht	la quittance ki'täß	el recibo re'θibo	la ricevuta fiscale ritsche'wuta fiß'kale
Rechnung	invoice 'inwɔjß	la facture fak'tür	la factura fak'tura	la fattura fa'tura
Scheck	cheque tschäck	le chèque schäk	el cheque 'tschecke	il chéque 'schäk
sparen	save ßäjw	économiser ehkonomi'seh	ahorrar ao'rar	risparmiare rißpar'mjare
Sparschwein	piggy bank 'piggi bänk	la tirelire tir'lir	la hucha 'utscha	il salvadanaio ßalwada'najo
Umtauschkurs	foreign exchange rate 'fɔräjn ikß'tschäjndsch räjt	le taux de change to də schäsch	el tipo de cambio 'tipo de 'kambio	il corso del cambio 'korßo del 'kambjo
Wechselgeld	change tschäjndsch	la monnaie de change mɔ'nä də schäsch	el cambio 'kambio	il resto 'räßto
Wechselstube	exchange office ikß'tschäjndsch 'ɔfiß	le bureau de change bü'ro də schäsch	la oficina de cambio ofi'θina de 'kambio	l' agenzia di cambio f adschen'tßia di 'kambjo

Börse

Deutsch	Englisch	Französisch	Spanisch	Italienisch
Aktie	stock ßtɔck	l' action f ak'ßjö	la acción akθi'ɔn	l' azione f a'tßjone
Aktienkurs	stock price ßtɔck praiß	le cours des actions kur dehsak'ßjö	la cotización kotiθaθi'ɔn	il corso azionario 'korßo atßjo'nario
Angebot	offer 'ɔfər	l' offre f 'ɔfrə	la oferta o'ferta	l' offerta f o'ferta
Börse	stock market ßtɔck 'mahkət	la bourse burß	la bolsa 'bolßa	la borsa 'borßa
Börsenmakler	broker 'broukər	l' agent de change m a'schä də schäsch	el agente de bolsa a'chente de 'bolßa	l' agente di borsa m a'dschente di 'borßa
Geldgeschäfte	financial transactions faj'nänschl trän'säkschns	les transactions finan-cières f träsak'ßjö finäß'jär	los negocios de bolsa ne'goθioß de 'bolßa	le operazione finanziaria f opera'tßjone finan'tßjaria
Index	index 'indekß	l' indice m ë'diß	el indice 'indiθe	l' indice m 'inditsche
Kursgewinn	exchange profit ikß'tschäjndsch 'prɔfit	le bénéfice au change behneh'fiß o schäsch	la ganancia ga'nanθia	il guadagno gua'danjo
Kurstafel	table of exchange rates 'täjbl ɔf ikß'tschäjndsch räjtß	le tableau des cours ta'blo deh kur	la declaración de valor deklaraθi'ɔn de va'lor	la tabella delle quotazioni ta'bella 'dele kuota'tßjoni
Kursverlust	exchange loss ikß'tschäjndsch lɔß	la perte au change pärt o schäsch	la pérdida de bolsa 'perdida de 'bolßa	la perdita 'perdita
Markt	exchange/market ikß'tschäjndsch/'mahkət	le marché mar'scheh	el mercado mer'kado	il mercato mer'kato
Nachfrage	demand di'mahnd	la demande də'mäd	la demanda de'manda	richiesta ri'kjeßta
Wertpapiere	securities ßi'kjuərətis	la valeur mobilière wa'lör mobil'jär	los efectos de bolsa e'fektoß de 'bolßa	il titolo 'titolo

Sonderzeichen in der Lautschrift ə angedeutetes e wie in bitte; ɔ offenes o wie in Post; ß scharfes s wie in nass; θ weiches s wie in Fass, aber gelispelt; ð s wie in Sense, aber gelispelt; ä nasal gesprochener Vokal wie in Chanson; ë nasal gesprochener Vokal wie in pointiert; ö nasal gesprochener Vokal wie in Jeton; sch weiches sch wie in Gin

Geld, Börse und Handel

Deutsch	Englisch	Französisch	Spanisch	Italienisch

Handel

Deutsch	Englisch	Französisch	Spanisch	Italienisch
Bedienung	service 'ßörwiß	le serveur ßer'wör	el servicio ßer'wiθio	il servizio ßer'witßjo
Dienstleistung	service 'ßörwiß	le service ßer'wiß	la prestación de servicios preßtaθi'ɔn de ßer'wiθioß	il servizio ßer'witßjo
Fachgeschäft	specialised dealer 'ßpeschəlajsd 'dihlər	le magasin spécialisé maga'sē ßpehßjali'seh	el establecimiento eßtableθimi'ento	il negozio specializzato ne'gɔtßjo ßpetschali'dsato
Flohmarkt	flea market flih 'mahkət	le marché aux puces mar'scheh o püß	el rastro 'raßtro	il mercato delle pulci mer'kato 'dele 'pultschi
Geschäft	shop schɔp	le magasin maga'sē	el negocio ne'goθio	il negozio ne'gɔtßjo
Handel	trade träjd	le commerce ko'märß	negociar negoθi'ar	il commercio ko'mertscho
Händler	dealer 'dihlər	le commerçant komär'ßä	el comerciante komerθi'ante	il commerciante komer'tschante
Kasse	cash point käsch pɔjnt	la caisse käß	la caja 'kacha	la cassa 'kaßa
Kassenbon	receipt ri'ßiht	le ticket de caisse ti'keh də käß	el tique de compra 'tike de 'kompra	lo scontrino ßkon'trino
Kauf	buy baj	l' achat m a'scha	la compra 'kompra	l' acquisto m aku'ißto
Käufer	buyer 'bajər	l' acheteur m asch'tör	el comprador kompra'dor	l' acquirente mf akui'ränte
Laden	shop schɔp	le magasin maga'sē	la tienda ti'enda	il negozio ne'gɔtßjo
Marktfrau	market-woman 'mahkət 'wummən	la marchande mar'schäd	la vendedora en un mercado wende'dora en un mer'kado	la venditrice al mercato wendi'tritsche al mer'kato
Preisnachlass	discount 'dißkaunt	le rabais ra'bä	la rebaja re'bacha	lo sconto 'ßkonto
Schlussverkauf	sale ßäjl	les soldes m ßold	las rebajas re'bachaß	il saldo 'ßaldo
Selbstbedienung	self-service ßelf 'ßörwiß	le self-service ßelfßer'wiß	el autoservicio autoßer'wiθio	il self service 'ßelf 'ßerwiß
Sonderangebot	special offer 'ßpeschl 'ɔfər	la promotion promo'ßjõ	la oferta especial o'ferta eßpeθi'al	l' offerta speciale f o'ferta ßpe'tschale
Supermarkt	supermarket 'ßupərmahkət	le supermarché ßüpermar'scheh	el supermercado ßupermer'kado	il supermercato ßupermer'kato
Verkäufer	salesman 'ßäjlsmən	le vendeur wä'dör	el vendedor wende'dor	il venditore wendi'tore
Verkaufsstand	sales booth ßäjls buhð	le stand ßtäd	el puesto pu'eßto	la bancarella banka'rella
Waren	goods guds	la marchandise marschä'diß	la mercancía merkan'θia	le merci 'mertschi
Wochenmarkt	farmer's market 'fahmərs 'mahkət	le marché mar'scheh	el mercado semanal mer'kado ßema'nal	il mercato settimanale mer'kato ßetima'nale

Die wichtigsten Redewendungen

Deutsch	Englisch	Französisch	Spanisch	Italienisch
Wo kann ich hier Geld wechseln?	Where can I change money here? u'är kän ai 'tschäjndsch 'manni 'hiə?	Où est-ce que je peux changer de l'argent? u äßkə schə pö schä'scheh də lar'schä?	¿Dónde puedo cambiar dinero aquí? ¿'donde pu'edo kambi'ar di'nero a'ki?	Dove posso cambiare soldi? 'dowe 'poßo kam'bjare 'ßoldi?
Wo ist der nächste Geldautomat?	Where is the nearest cash dispenser? u'är is ðə 'niərißt käsch diß'penßər?	Où se trouve le prochain distributeur de billets? u ßə truhw lə prɔ'schē dißtribü'tör də bi'jä?	¿Dónde está el próximo cajero automático? ¿'donde eß'ta el 'prokßimo ka'chero?	Dov'è il bancomat più vicino? do'wä il banko'mat pju wi'tschino?
Wie ist der aktuelle Wechselkurs?	What is the current rate of exchange? u'ɔt is ðə 'karənt räjt ɔf ikß'tschäjndsch?	Quel est le taux de change? käl ä lə to də schäsch?	¿Cómo es el cambio actual? ¿'komo eß el 'kambio aktu'al?	Com'è l'attuale corso del cambio? kom'ä latu'ale 'korßo del 'kambjo?
Ich bin an der Reihe.	It is my turn. it is mai törn.	C'est mon tour. ßä mõ tur.	Yo estoy en la fila. jo eß'toi en la 'fila.	Tocca a me. 'toka a me.
Kann ich mit Kreditkarte bezahlen?	Can I pay by credit card? kän ai päj bai 'kredit kard?	Est-ce que je peux payer par carte de crédit? 'äßkə schə pö pä'jeh par kart də kreh'di?	¿Puedo pagar con carta de crédito? ¿pu'edo pa'gar kon 'karta de 'kredito?	Posso pagare con la carta di credito? 'poßo pa'gare kon la 'karta di 'kredito?
Wie viel kostet das?	How much is it? hau matsch is it?	Combien ça coûte? kõ'bjē ßa kut?	¿Cuánto cuesta esto? ¿'ku.anto ku'eßta 'eßto?	Quanto costa? ku'anto 'kɔßta?

Post, Bank und Telefon

Deutsch	Englisch	Französisch	Spanisch	Italienisch

Post

Deutsch	Englisch	Französisch	Spanisch	Italienisch
abschicken	send ßend	envoyer äwua'jeh	enviar enwi'ar	spedire ßpe'dire
Absender	sender 'ßendər	l' expéditeur m ekßpehdi'tör	el remitente remi'tente	il mittente mi'tente
Adresse	address 'ädräß	l' adresse f a'dräß	la dirección direkθi'ɔn	l' indirizzo m indi'ritßo
Brief	letter 'lettər	la lettre 'lätrə	la carta 'karta	la lettera 'lättera
Briefkasten	letterbox 'lettərbɔkß	la boîte aux lettres bu'at o 'lätrə	el buzón bu'θɔn	la buca delle lettere 'buka 'dele 'lättere
Briefmarke	stamp ßtämp	le timbre 'tëbrə	el sello 'ßejo	il francobollo franko'bolo
Briefträger	postman 'poußtmən	le facteur fak'tör	el cartero kar'tero	il postino poß'tino
Briefumschlag	envelope 'enwəloup	l' enveloppe f äwə'lopp	el sobre 'ßobre	la busta 'bußta
Eilsendung	express delivery ik'ßpreß di'liwəri	l' envoi exprès m äwu'a ekß'präß	el correo urgente ko'reo ur'chente	l' invio per espresso m in'wijo per eß'preßo
Einschreiben	certified mail 'ßörtifajd mäjl	le recommandé rəkɔmä'deh	el correo certificado ko'reo θertifi'kado	la lettera raccomandata 'lättera rakoman'data
Empfänger	addressee ädre'ßih	le destinataire deßtina'tär	el destinatario deßtina'tario	il destinatario deßtina'tario
Kurierdienst	courier service 'kuriər 'ßörwiß	le service privé de distri-bution ßer'wiß pri'weh də distribü'ßjö	el servicio de mensajero ßer'wiθio de menßa'chero	il servizio di corriere ßer'witßjo di ko'rjäre
(per) Luftpost	(by) airmail bai 'äərmäjl	par avion par a'wjö	por avión por awi'ɔn	via aerea 'wia a'ärea
Öffnungszeiten	opening hours 'oupəning 'auərs	les horaires d'ouverture m o'rär duwer'tür	las horas de apertura 'oraß de aper'tura	l' orario di apertura m o'rario di aper'tura
Päckchen	parcel 'pahßəl	le colis ko'li	el paquetito pake'tito	il pacchetto pa'keto
Paket	packet 'päckit	le paquet pa'keh	el paquete pa'kete	il pacco 'pako
Post	post poußt	la poste pɔßt	correos ko'reoß	la posta 'pɔßta
Postamt	post office poußt 'ɔfiß	le bureau de poste bü'ro də pɔßt	la oficina de correos ofi'θina de ko'reoß	l' ufficio postale m u'fitscho poß'tale
Postfach	post office box poußt 'ɔfiß bɔkß	la boîte postale bu'at pɔß'tal	el apartado apar'tado	la casella postale ka'ßella poß'tale
Postleitzahl	postal code 'poußtl koud	le code postale kɔd pɔß'tal	el código postal 'kodigo poß'tal	il codice postale 'koditsche poß'tale
Schalter	counter 'kauntər	le guichet gi'schä	la ventanilla wenta'nija	lo sportello ßpor'tello

Bank

Deutsch	Englisch	Französisch	Spanisch	Italienisch
Bank	bank bänk	la banque bäk	el banco 'banko	la banca 'banka
Bankangestellter	bank clerk bänk klahk	l' employé de banque m äplua'jeh də bäk	el empleado del banco emple'ado del 'banko	impiegato di banca m impje'gato di 'banka
Bankkunde	bank customer bänk 'kaßtəmər	le client kli'jä	el cliente del banco kli'ente del 'banko	il cliente di una banca kli'jänte di 'una 'banka
Bargeld	cash käsch	l' argent liquide m ar'schä li'kid	el dinero en efectivo di'nero en efek'tiwo	i contanti kon'tanti
EC-Karte	EC cash card ih ßih käsch kard	la carte EC kart eh 'ßeh	la tarjeta eurocheque tar'cheta euro'tschecke	la carta EC 'karta e'tschi
Formular	form fɔhm	le formulaire formü'lär	el formulario formu'lario	il modulo 'mɔdulo
Geheimzahl	personal identification number 'pörßənəl aidentifi'käjschn 'nambər	le code secret kɔd ßə'krä	el número secreto 'numero ße'kreto	il codice 'koditsche
Geld abheben	draw money drɔh 'manni	retirer de l'argent rəti'reh də lar'schä	recoger dinero reko'cher di'nero	prelevare del denaro prele'ware del de'naro
Geldautomat	cash dispenser käsch diß'penßər	le distributeur de billets dißtribü'tör də bi'jä	cajero automático ka'chero auto'matiko	il bancomat banko'mat
Geld einzahlen	deposit money di'pɔsit 'manni	déposer de l'argent dehpo'seh də lar'schä	ingresar dinero ingre'ßar di'nero	versare del denaro wer'ßare del de'naro
Girokonto	current account 'karənt ə'kaunt	le compte courant köt ku'rä	la cuenta corriente ku'enta kori'ente	il conto corrente 'konto ko'rente
Kontoauszug	bank statement bänk 'ßtäjtmənt	le relevé de compte rələ'weh də köt	el extracto de cuenta ekß'trakto de ku'enta	l' estratto conto m e'ßtrato 'konto
Kreditkarte	credit card 'kredit kard	la carte de crédit kart də kreh'di	la carta de crédito 'karta de 'kredito	la carta di credito 'karta di 'kredito

Sonderzeichen in der Lautschrift ə angedeutetes e wie in bitte; ɔ offenes o wie in Post; ß scharfes s wie in nass; θ weiches s wie in Fass, aber gelispelt; ô s wie in Sense, aber gelispelt; ä nasal gesprochener Vokal wie in Chanson; ë nasal gesprochener Vokal wie in pointiert; ô nasal gesprochener Vokal wie in Jeton; sch weiches sch wie in Gin

Post, Bank und Telefon

Deutsch	Englisch	Französisch	Spanisch	Italienisch
Online-Banking	telebanking 'telibänking	Service bancaire en ligne ßer'wiß bä'kär ä 'linjə	el banking electrónico 'banking elek'troniko	la banca telematica 'banka tele'matika
PIN	PIN pinn	le code PIN kɔd pin	el pin pin	il codice personale 'koditsche perßo'nale
Schalter	counter 'kauntər	le guichet gi'schä	la ventanilla wenta'nija	lo sportello ßpor'tello
Sparbuch	savings book 'ßäjwings buck	le compte épargne kõt eh'parnjə	la libreta de ahorros li'breta de a'oroß	il libretto di risparmio li'breto di riß'parmio
Überweisung	transfer 'tränßför	le virement wir'mã	la transferencia tranßfe'renθia	il bonifico bancario bo'nifiko ban'kario

Telefon

anrufen	call kɔhl	appeler ap'leh	telefonear telefone'ar	telefonare telefo'nare
Gebühreneinheit	unit 'juhnit	les unités f üni'teh	el paso 'paßo	lo scatto 'ßkatto
Handy	mobile phone 'moubail foun	le portable por'tablə	el móvil 'mowil	il cellulare tschelu'lare
Hörer abnehmen	pick up the receiver pik ap ðə ri'ßihwər	décrocher dehkro'scheh	coger el auricular ko'cher el auriku'lar	alzare il ricevitore al'tßare il ritschewi'tore
Hörer auflegen	hang up the receiver häng ap ðə ri'ßihwər	raccrocher rakro'scheh	elgar el auricular el'gar el auriku'lar	abbassare il ricevitore aba'ßare il ritschewi'tore
schnurlos	wireless u'ajəliß	sans fil ßã fil	sin cable ßin 'kable	senza filo 'ßentßa 'filo
SMS	SMS eß əm eß	SMS eßemeß	el SMS 'eße 'eme 'eße	il messaggino meßa'dschino
Telefon	telephone 'teləfoun	le téléphone tehleh'fɔn	el teléfono te'lefono	il telefono te'läfono
Telefonhörer	telephone receiver 'teləfoun ri'ßihwər	le combiné kõbi'neh	el auricular auriku'lar	il ricevitore ritschewi'tore
telefonieren	phone foun	téléphoner tehlehfɔ'neh	telefonear telefone'ar	telefonare telefo'nare
Telefonkarte	phone card foun kard	la carte téléphonique kart tehlehfɔ'nik	la tarjeta de teléfono tar'cheta de te'lefono	la carta telefonica 'karta tele'fɔnika
Telefonzelle	telephone box 'teləfoun bɔkß	la cabine téléphonique kabin tehlehfɔ'nik	la cabina de teléfono ka'bina de te'lefono	la cabina telefonica ka'bina tele'fɔnika
wählen	dial dail	composer kõpo'seh	marcar mar'kar	digitare didschi'tare
zurückrufen	call back kɔhl bäck	rappeler rap'leh	llamar de vuelta ja'mar de wu'elta	richiamare rikja'mare

Die wichtigsten Redewendungen

Kann ich mal telefonieren?	May I use the phone? mäj ai juhs ðə foun?	Est-ce que je peux téléphoner? 'äßkə schə pö tehlehfɔ'neh?	¿Puedo telefonear? ¿pu'edo telefone'ar?	Posso telefonare? 'pɔßo telefo'nare?
Wo ist die nächste Telefonzelle?	Where is the nearest telephone box? u'är is ðə 'niərißt 'teləfoun bɔkß?	Où se trouve la prochaine cabine téléphonique? u ßə truhw la prɔ'schän ka'bin tehlehfɔ'nik ?	¿Dónde está la próxima cabina telefónica? i'donde eß'ta la 'prokßima ka'bina tele'fonika?	Dov'è qui vicino una cabina telefonica? do'wä ku'i wi'tschino 'una ka'bina tele'fɔnika?
Gibt es hier eine Bank in der Nähe?	Is there a bank around here? is där ə bänk ə'round 'hiə?	Où est la banque la plus proche? u ä la bäk la plü prɔsch?	¿Hay por aquí cerca un banco? ¿ai por a'ki 'θerka un 'banko?	C'è una banca qui vicino? 'tschä 'una 'banka ku'i wi'tschino?
Wann hat die Post geöffnet?	When does the post office open? u'än das ðə poußt 'ɔfiß 'oupən?	A quelle heure ouvre la poste? a käl ör 'uwrə la pɔßt?	¿Cuándo está abierto correos? ¿ku'ando eß'ta abi'erto ko'reoß	Quando è aperto l'ufficio postale? ku'ando ä a'perto lu'fitscho poß'tale.
Ich brauche Briefmarken für Postkarten nach Deutschland.	I need stamps for postcards to Germany. ai nihd 'ßtämpß fɔr 'poußtkardß tu 'dschörməni.	J'ai besoin de timbres pour les cartes postales à destination d'Allemagne. scheh bəsu'ē də 'tēbrə pur leh kart pɔß'tal pur lal'manjə.	Necesito sellos para postales para Alemania. neθe'ßito 'ßejoß 'para poß'taleß 'para ale'mania.	Mi servono francobolli per cartoline da spedire in Germania. mi 'ßerwono franko'bɔli per karto'line da ßpe'dire in dscher'mania.
Ich möchte eine Karte für mein Handy.	I would like a prepaid card for my mobile phone. ai wud laik ə prih'päjd kard fɔr mai moubail foun.	J'ai besoin d'une carte pour mon portable. scheh bəsu'ē dün kart pur mõ pɔr'tablə.	Quiero una tarjeta para mi móvil. ki'ero 'una tar'cheta 'para mi 'mowil.	Mi serve una carta per il cellulare. mi 'ßerwe 'una 'karta per il tschelu'lare.

Post, Bank und Telefon

Post

Reihenfolge der Übersetzung: Englisch, Französisch, Spanisch, Italienisch

Brief

letter	'letər
la lettre	'lätrə
la carta	'karta
la lettera	'lättera

Absender

sender	'ßendər
l' expéditeur m	ekßpehdi'tör
el remitente	remi'tente
il mittente	mi'tente

Briefträger

postman	'poußtmən
le facteur	fak'tör
el cartero	kar'tero
il postino	poß'tino

Briefumschlag

envelope	'enwəloup
l' enveloppe f	äwə'lopp
el sobre	'ßobre
la busta	'bußta

Adresse

address	'ädräß
l' adresse f	a'dräß
la dirección	direkθi'ɔn
l' indirizzo m	indi'ritßo

Paket

packet	'päckit
le paquet	pa'keh
el paquete	pa'kete
il pacco	'packo

Briefmarke

stamp	ßtämp
le timbre	'tẽbrə
el sello	'ßejo
il francobollo	franko'bolo

Zustellkiste

cargo basket	'kahgo 'bäßkit
la caisse du courier à distribuer	käß dü kuri'jeh a dißtribü'eh
la caja de reparto	'kacha de re'parto
la cassetta per il trasporto delle lettere	ka'ßetta per il traß'porto 'dele 'letere

Überweisung

transfer	'tränßför
le virement	wir'mä
la transferencia	tranßfe'renθia
il bonifico bancario	boni'fiko ban'kario

Schalter

counter	'kauntər
le guichet	gi'schä
la ventanilla	wenta'nija
lo sportello	ßpor'tello

Sonderzeichen in der Lautschrift: ə angedeutetes e wie in bittе; ɔ offenes o wie in Post; ß scharfes s wie in nass; θ weiches s wie in Fass, aber gelispelt; ð s wie in Sense, aber gelispelt; ä nasal gesprochener Vokal wie in Chanson; ẽ nasal gesprochener Vokal wie in pointiert; õ nasal gesprochener Vokal wie in Jeton; sch weiches sch wie in Gin

Post, Bank und Telefon

Post

Briefkasten

letterbox	'lettərbɔkß
la boîte aux lettres	bu'at o 'lätrə
el buzón	bu'θɔn
la buca delle lettere	'buka 'dele 'lättere

Stempel

rubber stamp	'rabər ßtämp
le tampon	tã'põ
el sello	'ßejo
il timbro	'timbro

Päckchen

parcel	'pahßəl
le colis	ko'li
el paquetito	pake'tito
il pacchetto	pa'keto

Stempelkissen

rubber stamp pad	'rabər ßtämp päd
le tampon encreur	tã'põ ã'krör
el tampón	tam'pɔn
il tampone per timbri	tam'pone per 'timbri

Geldschein

banknote	'bänknout
le billet	bi'jä
el billete	bi'jete
la banconota	banko'nɔta

Münzen

coins	kɔins
les pièces de monnaie f	pjäß də mɔ'nä
las monedas	mo'nedaß
le monete	mo'nete

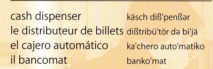

Geldautomat

cash dispenser	käsch diß'penßər
le distributeur de billets	dißtribü'tör də bi'jä
el cajero automático	ka'chero auto'matiko
il bancomat	banko'mat

Telefonzelle

telephone box	'teləfoun bɔkß
la cabine téléphonique	kabin tehlehfɔ'nik
la cabina de teléfono	ka'bina de te'lefono
la cabina telefonica	ka'bina tele'fɔnika

Themen

Kunst und Kultur

Deutsch	Englisch		Französisch		Spanisch		Italienisch

Kunst

Deutsch	Englisch		Französisch		Spanisch		Italienisch
Aquarell	watercolour u'ɔtəkalər	l'	aquarelle f akua'rell	la	acuarela akua'rela	la	acquarello m akua'rällo
Ausstellung	exhibition ekßi'bischn	l'	exposition f ekßposi'ßjö	la	exposición ekßpoßiθi'ɔn	la	mostra 'moßtra
Ausstellungskatalog	catalogue of exhibition 'kätələg ɔf ekßi'bischn	le	catalogue d'exposition kata'lɔg dekßposi'ßjö	el	catálogo de la exposición ka'talogo de la ekßpoßiθi'ɔn	il	catalogo della mostra ka'talogo 'dela 'moßtra
Bauwerk	building 'bilding	l'	édifice m ehdi'fiß	el	edificio edi'fiθio	l'	edificio m edi'fitscho
Bilderrahmen	picture frame 'piktschə fräjm	le	cadre 'kadrə	el	marco 'marko	la	cornice kor'nitsche
Fälschung	counterfeit 'kauntəfit	le	faux fo	la	falsificación falßifika'θi'ɔn	la	falsificazione falßifika'tßjone
Führung	guided tour 'gaidid tur	la	visite guidée wi'sit gi'deh	la	visita guiada wi'ßita gi'ada	la	visita guidata 'wisita gui'data
Galerie	gallery 'gäləri	la	galerie galeh'ri	la	galería de arte gale'ria de 'arte	la	galleria gale'ria
Gemälde	painting 'päjnting	la	toile tu'all	la	pintura pin'tura	il	quadro ku'adro
Kohlezeichnung	charcoal drawing 'tschahkoul 'drɔhing	le	dessin au fusain de'ßē o fü'sē	el	dibujo al carboncillo di'bucho al karbon'θijo	il	disegno a carboncino di'ßenjo a karbon'tschino
Kunst	art aht	l'	art m ar	el	arte 'arte	l'	arte f 'arte
Leinwand	canvas 'känwäß	la	toile tu'all	la	pantalla pan'taja	la	tela 'tela
Meisterwerk	masterpiece 'mahßtəpihß	le	chef d'œuvre sche 'döwrə	la	obra de arte 'obra de 'arte	il	capolavoro kapola'woro
Museum	museum mju'siəm	le	musée mü'seh	el	museo mu'ßeo	il	museo mu'säo
Ölgemälde	oil ɔil	la	peinture à l'huile pē'tür a lü'il	el	cuadro al óleo ku'adro al 'oleo	il	dipinto a olio di'pinto a 'ɔljo
Plastik	sculpture 'ßkalptschə	la	sculpture ßkülp'tür	la	plástica 'plaßtika	la	plastica 'plaßtika
Reproduktion	reproduction rihprə'dakschn	la	reproduction rəprodük'ßjö	la	reproducción reproduk'θi'ɔn	la	riproduzione riprodu'tßjone
Skizze	sketch ßketsch	l'	esquisse f eß'kiß	el	boceto bo'θeto	lo	schizzo 'ßkitßo
Skulptur	sculpture 'ßkalptschə	la	sculpture ßkülp'tür	la	escultura eßkul'tura	la	scultura ßkul'tura
Statue	statue 'ßtätschə	la	statue ßta'tü	la	estatua eß'tatua	la	statua 'ßtatua
Zeichenblock	drawing block 'drɔhing blɔck	le	bloc de papier à dessin block də pa'pjeh a de'ßē	el	cuaderno de dibujo kua'derno de di'bucho	il	blocco da disegno 'blɔko da di'ßenjo
Zeichenmappe	drawing folder 'drɔhing 'fouldər	le	carton à dessin kar'tö a de'ßē	la	carpeta de dibujo kar'peta de di'bucho	la	mappa da disegno 'mapa da di'ßenjo
Zeichnung	drawing 'drɔhing	le	dessin de'ßē	el	dibujo di'bucho	il	disegno di'ßenjo

Kultur

Deutsch	Englisch		Französisch		Spanisch		Italienisch
Alt	contralto kən'trältou		vieux wjö	el	contralto kon'tralto	il	contralto kon'tralto
Applaus	applause ə'plɔhs	les	applaudissements m aplodiß'mä	el	aplauso a'plaußo	l'	applauso m a'plauso
Auftritt	appearance ə'piərənß	l'	entrée en scène f ä'treh ā ßän	la	actuación aktua'θi'ɔn	l'	esibizione f esibi'tßjone
Balkon	balcony 'bälkəni	le	balcon bal'kö	el	balcón bal'kɔn	il	balcone bal'kone
Ballett	ballet 'bäläj	le	ballet ba'lä	el	balet ba'le	il	balletto ba'leto
Bariton	baritone 'bäritoun	le	baryton bari'tö	el	barítono ba'ritono	il	baritono ba'ritono
Bass	bass bäjß	la	basse baß	el	bajo 'bacho	il	basso 'baßo
Bühne	stage ßtädsch	la	scène ßän	el	escenario eßße'nario	il	palcoscenico palko'scheniko
Bühnenbild	stage design ßtädsch di'sajn	le	décor deh'kɔr	el	decorado deko'rado	la	scenografia schenogra'fia
Dirigent	conductor kən'daktər	le	chef d'orchestre scheff dor'käßtrə	el	dirigente diri'chente	il	direttore (d'orchestra) dire'tore (dor'keßtra)
Eintrittskarte	ticket 'tickət	l'	entrée f ä'treh	la	entrada en'trada	il	biglietto bil'jeto
erster Solist	first soloist förßt 'ßoulouißt	le	premier soliste prəm'jeh ßo'lißt	el	primer solista pri'mer ßo'lißta	il/la	primo/a solista 'primo ßo'lißta
Intendant	manager and artistic director 'mänidschər änd ah'tißtik di'rektər	l'	intendant m ētä'dā	el	director artístico direk'tor ar'tißtiko	il	direttore dire'tore
Kasse	box office bɔkß 'ɔfiß	la	caisse käß	la	caja 'kacha	la	cassa 'kaßa
Kino	cinema 'ßinəma	le	cinéma ßineh'ma	el	cine 'θine	il	cinema 'tschinema
Komponist	composer kəm'pouzər	le	compositeur köposi'tör	el	compositor kompoßi'tor	il	compositore komposi'tore
Konzert	concert 'kɔnßört	le	concert kö'ßer	el	concierto konθi'erto	il	concerto kon'tscherto
Kultur	culture 'kaltschər	la	culture kül'tür	la	cultura kul'tura	la	cultura kul'tura

Sonderzeichen in der Lautschrift ə angedeutetes e wie in bitte; ɔ offenes o wie in Post; ß scharfes s wie in nass; θ weiches s wie in Fass, aber gelispelt; ð s wie in Sense, aber gelispelt; ä nasal gesprochener Vokal wie in Chanson; ē nasal gesprochener Vokal wie in pointiert; ö nasal gesprochener Vokal wie in Jeton; sch weiches sch wie in Gin

Kunst und Kultur

Deutsch	Englisch	Französisch	Spanisch	Italienisch
Künstler	artist 'ahtißt	l' artiste *mf* ar'tißt	el artista ar'tißta	l' artista *mf* ar'tißta
Leinwand	canvas 'känwəß	l' écran *m* eh'krä	la pantalla pan'taja	il telo 'telo
Libretto	libretto li'bretou	le livret li'wrä	el libreto li'breto	il libretto li'breto
Loge	box bɔkß	la loge lɔsch	el palco 'palko	il palco 'palko
Museum	museum mju'siəm	le musée mü'seh	el museo mu'ßeo	il museo mu'säo
Musical	musical 'mjuhsikəl	le music-hall müsi'kɔl	el musical mußi'kal	il musical mjusi'kal
Noten	notes noutß	les notes *f* nɔt	las notas 'notaß	la nota 'nɔta
Oper	opera 'ɔprə	l' opéra *m* opeh'ra	la ópera 'opera	l' opera *f* 'ɔpera
Operette	operetta ɔpə'rettə	l' opérette *f* opeh'rätt	la apereta ape'reta	l' operetta *f* ɔpe'reta
Opernglas	lorgnette lɔh'njet	les jumelles *f* schü'mell	los gemelos de ópera 'chemeloß de 'opera	il binocolo da teatro bin'ɔkolo da te'atro
Parkett	stalls ßtɔhls	l' orchestre *m* or'käßtrə	la platea pla'tea	la platea pla'täa
Primaballerina	prima ballerina prihmə bälə'rihnə	la première danseuse prəm'jär dä'ßöhs	la prima bailarina 'prima baila'rina	la prima ballerina 'prima bale'rina
Publikum	audience 'ɔhdiənß	le public pü'blik	el público 'publiko	il pubblico 'publiko
Regisseur	director di'rektər	le réalisateur realisa'tör	el director direk'tor	il/la regista re'dschißta
Reihe	row rou	la rangée rä'scheh	la fila 'fila	la fila 'fila
Sänger	singer 'ßingər	le chanteur schä'tör	el cantante kan'tante	il cantante kan'tante
Schauspieler	actor 'äktər	l' acteur *m* ak'tör	el actor ak'tor	l' attore *m* a'tore
Sitz	seat ßiht	le siège ßjäsch	el asiento aßi'ento	il posto 'poßto
Sopran	soprano ßə'prahnou	le soprano ßopra'no	el soprano ßo'prano	il soprano ßo'prano
Tänzer	dancer 'dänßər	le danseur dä'ßör	el bailarín baila'rin	il ballerino bale'rino
Tenor	tenor 'tenər	le ténor teh'nor	el tenor te'nor	il tenore te'nɔre
Theater	theatre 'θiətər	le théâtre teh'atrə	el teatro te'atro	il teatro te'atro
Vorhang	curtain 'körtn	le rideau ri'do	el telón te'lɔn	il telone te'lone
Zugabe	encore 'ɔnkɔhr	le hors programme or pro'gram	el bis, ¡otra! biß, 'otra	il bis 'bis

Die wichtigsten Redewendungen

Haben Sie noch zwei Karten für die Aufführung heute Abend?	Can I still get two tickets for tonight's performance? kän ai ßtill gätt tu 'tickətß fɔr tə'najtß pe'fɔhmenß?	Avez-vous deux entrées pour la représentation de ce soir? aweh'wu dösä'treh pur la rəprehsäta'ßjö də ßə ßu'ahr?	¿Tiene usted dos entradas para la representación de esta noche? ¿ti'ene uß'ted doß en'tradaß 'para la preßentaθi'ɔn de 'eßta 'notsche?	Ha ancora due biglietti per stasera? a an'kora 'due bil'jeti per ßta'ßera?
Wie teuer sind die Eintrittskarten?	How much are the tickets? hau matsch ar ðə 'tickətß?	Combien coûtent les billets? kö'bjë kut leh bi'jä?	¿Cuánto valen las entradas? ¿ku'anto 'walen laß en'tradaß?	Quanto costano i biglietti (d'ingresso)? ku'anto 'koßtano i bil'jeti (din'gräßo)?
Welches Stück wird heute gespielt?	What play is on today? u'ɔt pläj is ɔn tu'däj?	Quelle pièce est à l'affiche aujourd'hui? käl pjäß äta la'fisch oschurdu'i?	¿Qué obra hay esta noche? ¿ke 'obra ai 'eßta 'notsche?	Che pezzo danno oggi? ke 'pätßo 'danno 'ɔdschi?
Kann ich Karten für übermorgen reservieren lassen?	Can I reserve tickets for the day after tomorrow? kän ai ri'ßörw 'tickətß fɔr ðə däj 'ahftər tu'mɔrou?	Puis-je réserver des billets pour après demain? pu'ischə rehser'weh deh bi'jä pour a'prä də'më?	¿Puedo reservar entradas para pasadomañana? ¿pu'edo reßer'war en'tradaß 'para paßadoman'jana?	Posso prenotare biglietti per dopo domani? 'pɔßo preno'tare bil'jeti per 'dɔpo do'mani?
Spielen Sie ein Musikinstrument?	Do you play a musical instrument? du ju pläj ə 'mjuhsikəl 'inßtrumənt?	Savez-vous jouer d'un instrument? ßaweh'wu schu'eh dë eßtrü'mä	¿Toca usted un instrumento? ¿toka uß'ted un inßtru'mento?	Suona uno strumento? 'ßuɔna 'uno ßtru'mento?
Welches ist dein Lieblingsfilm?	What is your favourite movie? u'ɔt is jɔr 'fäjwərit 'muhwi?	Quel est ton film préféré? käl ä tö film prehfeh'reh?	¿Cuál es tu película favorita? ¿ku'al eß tu pe'likula fawo'rita?	Qual'è il tuo film preferito? kual'ä il 'tuo film prefe'rito?
Wie lange geht die Ausstellung noch?	When does the exhibition close? u'än daß ðə igsi'bischn klous?	Combien de temps dure encore l'exposition? kö'bjë də tä dür ä'kɔr lekßposi'ßjö	¿Cuánto tiempo dura todavía la exposición? ¿ku'anto ti'empo 'dura toda'wia la ekßpoßiθi'ɔn?	Per quanto tempo dura ancora l' esposizione? per ku'anto 'tempo 'dura an'kora leßposi'tßjone?

Kunst und Kultur

Baustile
Reihenfolge der Übersetzung: Englisch, Französisch, Spanisch, Italienisch

Tempel

temple	templ
le temple	'täplə
el templo	'templo
il tempio	'tempjo

Säulengang

colonnade	'kalənäjd
la colonnade	kɔlɔ'nad
la arcada	ar'kada
il colonnato	kolo'nato

Kapitell

capital	'käpitl
le chapiteau	schapi'to
el capitel	kapi'tel
il capitello	kapi'tello

Fries

frieze	frihs
la frise	frihs
el friso	'frißo
il fregio	'fredscho

Zwiebelturm

onion tower	'anjən 'tauər
le clocher à bulbe	klɔ'scheh a bülb
la torre con tejado imperial	'torre kon te'chado imperi'al
la cupola a bulbo	'kupola a 'bulbo

Sonderzeichen in der Lautschrift
ə angedeutetes e wie in bitt**e**; ɔ offenes o wie in P**o**st; ß scharfes s wie in na**ss**; θ weiches s wie in Fa**ss**, aber gelispelt; ð s wie in **S**ense, aber gelispelt; ã nasal gesprochener Vokal wie in Ch**an**son; ẽ nasal gesprochener Vokal wie in p**oi**ntiert; õ nasal gesprochener Vokal wie in Jet**on**; sch weiches sch wie in **G**in

Kunst und Kultur

Baustile

romanische Kathedrale

Romanesque cathedral	roumə'neßk kə'θihdrəl
la cathédrale romane	kateh'dral ro'männ
la catedral romana	kate'dral ro'mana
la cattedrale romanica	kate'drale ro'manika

gotischer Spitzbogen

Gothic arc	'gɔθik ahk
l' arc ogival m	ark oschi'wal
la ojiva	o'chiwa
l' arco a sesto acuto m	'arko a 'ßeßto a'kuto

Gebäude

building	'bilding
le bâtiment	bati'mä
el edificio	edi'fiθio
l' edificio m	edi'fitscho

Kuppel

dome	doum
la coupole	ku'pɔl
la cúpula	'kupula
la cupola	'kupola

Seitenschiff

side aisle	ßaid ail
la nef latéral	näff lateh'ral
la nave lateral	'nawe late'ral
la navata laterale	na'wata late'rale

Dom

cathedral	kə'θihdrəl
la cathédrale	kateh'dral
la catedral	kate'dral
la cattedrale, il duomo	kate'drale, du'ɔmo

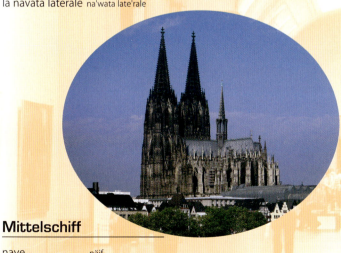

Mittelschiff

nave	näjf
la nef centrale	näff ßä'tral
la nave central	'nawe θen'tral
la navata centrale	na'wata tschen'trale

75

Kunst und Kultur

Musikinstrumente
Reihenfolge der Übersetzung: Englisch, Französisch, Spanisch, Italienisch

Stimmgabel
tuning fork	'tjuning fɔhk
le diapason	diapa'sõ
el diapasón	diapa'ßɔn
il diapason	di'apason

Schlagzeug
percussion instruments	pə'kaschn 'inßstrəmentß
les instruments à percussion m	ëßtrü'mã a perkü'ßjõ
la batería	bate'ria
la batteria	bate'ria

Klavier
piano	pi'änou
le piano	pia'no
el piano	pi'ano
il pianoforte	piano'fɔrte

Orgel
organ	'ɔhgən
l' orgue m	ɔrg
el órgano	'ɔrgano
l' organo m	'ɔrgano

Bratsche
viola	wi'ɔulə
l' alto m	al'to
el alto	'alto
la viola	'wjɔla

Elektrogitarre
electric guitar	i'lektrik gi'tahr
la guitare électrique	gi'tahr ehlek'trik
la guitarra eléctrica	gi'tara e'lektrika
la chitarra elettrica	ki'tara e'letrika

Geige
violin	'waiəlin
le violon	wjɔ'lõ
el violín	wio'lin
il violino	wjo'lino

Gitarre
guitar	gi'tah
la guitare	gi'tar
la guitarra	gi'tarra
la chitarra	ki'tarra

Sonderzeichen in der Lautschrift: ə angedeutetes e wie in bitt**e**; ɔ offenes o wie in P**o**st; ß scharfes s wie in na**ss**; θ weiches s wie in Fa**ss**, aber gelispelt; ð s wie in **S**ense, aber gelispelt; ã nasal gesprochener Vokal wie in Ch**an**son; ẽ nasal gesprochener Vokal wie in p**oi**ntiert; õ nasal gprochener Vokal wie in Jet**on**; sch weiches sch wie in **G**in

76

Kunst und Kultur
Musikinstrumente

Trompete

trumpet	'trampit
la trompette	trŏ'pätt
la trompeta	trom'peta
la tromba	'tromba

Saxophon

saxophone	'ßäkßəfoun
le saxophone	ßakßo'fɔn
el saxofón	ßakßo'fɔn
il sassofono	ßa'ßɔfono

Fagott

bassoon	bə'ßuhn
le basson	ba'ßŏ
el fagot	fa'got
il fagotto	fa'gotto

Horn

cornet	'kɔhnit
le cor	kɔr
la trompa	'trompa
il corno	'kɔrno

Blockflöte

recorder	ri'kɔhdər
la flûte à bec	flüt a bäk
la flauta dulce	'flauta 'dulθe
il flauto dolce	'flauto 'doltsche

Klarinette

clarinet	klärə'net
la clarinette	klari'nett
el clarinete	klari'nete
il clarinetto	klari'netto

Posaune

trombone	tram'boun
le trombone	trŏ'bɔn
el trombón	trom'bɔn
il trombone	trom'bone

77

Freizeit und Sport

Deutsch	Englisch		Französisch		Spanisch		Italienisch
Freizeit							
ausgehen	go out gou aut		sortir ßor'tir		salir ßa'lir		uscire u'schire
Briefmarken sammeln	collecting stamps kə'lekting 'ßtämpß		collectionner des timbres koläkßjɔ'neh deh 'tëbrə		coleccionar sellos kolekθio'nar		raccogliere francoboli ra'koljere franko'boli
Buch	book buck	le	livre 'lihwrə	el	libro 'libro	il	libro 'libro
Disko	disco 'dißkou	la	discothèque dißko'täck	la	discoteca dißko'teka	la	discoteca dißko'täka
essen gehen	go out for food gou aut fɔr fuhd		aller manger a'leh mä'scheh		ir a comer ir a ko'mer		andare a mangiare an'dare a man'dschare
faulenzen	laze läjs		être paresseux 'ätrə parä'ßö		holgazanear olgaθane'ar		fare niente 'fare n'jente
fernsehen	watch TV u'ɔtsch ti'wi		regarder la télé rəgar'deh la teh'leh		ver la tele(visión) wer la 'tele(wißiɔn)		guardare la TV guar'dare la ti'wu
Fernsehgerät	television set 'telawischən ßätt	le	téléviseur tehlehwi'sör	la	tele(visión) 'tele(wißiɔn)	il	televisore telewi'sore
Film	movie 'muhwi	le	film film	la	película pe'likula	il	film film
Freizeit	free time fri taim	les	loisirs m lua'sir	el	tiempo libre ti'empo 'libre	il	tempo libero 'tempo 'libero
Hobby	hobby 'hɔbi	le	hobby ɔ'bi	el	hobby 'obbi	l'	hobby m 'ɔbi
ins Kino gehen	go to the movies gou tu ðə 'muhwis		aller au cinéma a'leh o ßineh'ma		ir al cine ir al 'θine		andare al cinema an'dare al 'tschinema
Karten spielen	play cards pläj kards		jouer aux cartes schu'eh o kart		jugar a las cartas chu'gar a laß 'kartaß		giocare a carte dscho'kare a 'karte
Kneipe	pub pab	le	bar bar	el	bar bar	la	birreria bire'ria
lesen	read rihd		lire lir		leer le'er		leggere 'lädschere
Musik hören	listen to music 'lißn tu 'mjuhsik		écouter de la musique ehku'teh də la mü'sik		escuchar música eßku'tschar 'mußika		ascoltare musica aßkol'tare 'musika
Nachrichten	news njuhs	les	nouvelles f nu'well	las	noticias no'tiθiaß	il	notiziario noti'tßjario
Programm	programme 'prougräm	le	programme pro'gramm		programa pro'grama	il	programma pro'grama
Sendung	programme 'prougräm	l'	émission f ehmi'ßjö	el	programa pro'grama	la	trasmissione trasmi'ßjone
spazieren gehen	go for a walk gou fɔr ə u'ɔhk		se promener ßə proma'neh		pasear paße'ar		fare una passeggiata 'fare 'una paße'dschata
tanzen	dance dänß		danser dä'ßeh		bailar bai'lar		ballare ba'lare
Zeitschrift	magazine mägə'sin	la	revue rə'wü	la	revista re'wißta	la	rivista ri'wißta
Zeitung	newspaper 'njuhßpäjpər	le	journal schur'nal	el	periódico peri'odiko	il	giornale dschor'nale
Sport							
Abseits	offside ɔf'ßajd	la	touche tusch		fuera de juego fu'era de chu'ego	il	fuorigioco fuɔri'dschɔko
Angelrute	fishing rod 'fisching rɔd	la	canne à pêche kan a päsch	la	caña 'kanja	la	canna da pesca 'kanna da 'peßka
Ball	ball bɔl	le	ballon ba'lö	la	pelota pe'lota	la	palla 'palla
Basketball	basketball 'bahßkitbɔl	le	basket-ball baskät'bɔl	el	baloncesto balon'θeßto	la	pallacanestro pallaka'neßtro
Bindung	binding 'bajnding	la	fixation fixa'ßjö	la	fijación fichaθi'on	gli	attacchi a'tacki
Boxhandschuhe	boxing gloves 'bɔkßing glaws	les	gants de boxe m gã də bokß	los	guantes de boxeo gu'anteß de bokß'eo	il	guanto da pugilato gu'anto da pudschi'lato
Eckball	corner kick 'kɔhnər kick	le	corner kɔr'ner	el	saque de esquina 'ßake de eß'kina	il	calcio d'angolo 'kaltscho 'dangolo
Eiskunstlaufen	figure skating 'figər 'ßkäjting	le	patinage artistique pati'nahsch artiß'tik	el	patinaje artístico pati'nache ar'tißtiko	il	pattinaggio artistico su ghiaccio pati'nadscho ar'tißtiko ßu gi'atscho
Elfmeter	penalty 'penlti	le	corner kɔr'ner	el	penalti pe'nalti	il	rigore ri'gore
Fahrrad fahren	ride a bicycle rajd ə 'bajßikl		faire du vélo fär dü weh'lo		ir en bicicleta ir en biθi'kleta		andare in bicicletta an'dare in bitschi'kleta
Fußball	football 'futtbɔl	le	football futt'bɔl	el	fútbol 'futbol	il	calcio 'kaltscho
Handball	handball 'händbɔhl	le	handball äd'bal	el	balónmano ba'lɔnmano	la	pallamano palla'mano
Inlineskates	inline skates 'inlajn ßkäjtß	les	rollers m ro'ler	el	patines de inline pa'tineß de in'lajn	il	pattino in linea 'patino in 'linea
Jogging	jogging 'dschɔging	le	footing fu'ting	el	footing 'futing	il	jogging 'dschoging
Judo	judo 'dschuhdou	le	judo schü'do	el	judo 'chudo	il	judo dschu'do
Kegeln	play skittles pläj 'ßkitls	le	bowling bo'ling	el	juego de bolos chu'ego de 'boloß		giocare a birilli dscho'kare a bi'rilli

Sonderzeichen in der Lautschrift ə angedeutetes e wie in bitt**e**; ɔ offenes o wie in P**o**st; ß scharfes s wie in na**ss**; θ weiches s wie in Fa**ss**, aber gelispelt; ð s wie in **S**ense, aber gelispelt; ã nasal gesprochener Vokal wie in Cha**n**son; ë nasal gesprochener Vokal wie in p**oi**ntiert; ö nasal gesprochener Vokal wie in Jet**on**; sch weiches sch wie in **G**in

Freizeit und Sport

Deutsch	Englisch	Französisch	Spanisch	Italienisch
Klettern	rock climbing rɔck 'klajming	l' escalade f eßka'lad	la escalada eßka'lada	arrampicarsi arampi'karßi
Kopfball	header 'hedər	la tête tät	el cabezazo kabe'θaθo	il colpo di test 'kolpo di 'teßta
Leichtathletik	athletics äθ'letikß	l' athlétisme m atleh'tismə	el atletismo atle'tißmo	l' atletica leggera f at'letika le'dschära
Motorsport	motorsports 'moutəßportß	le sport moto ßpɔr mo'to	el motorismo moto'rißmo	il motociclismo mototschi'klismo
Netz	net net	le filet fi'lä	la red red	la rete 'rete
Piste	slope ßloup	la piste pißt	la pista 'pißta	la pista 'pißta
Reiten	riding 'rajding	faire du cheval fär dü schə'wall	la equitación ekitaθi'ɔn	lo sport equestre ßport eku'äßtre
Ringen	wrestling 'reßtling	la lutte lüt	el wrestling 'wreßtling	la lotta 'lɔta
Ruderboot	rowing 'rouing	le canot ka'no	el bote 'bote	la barca a remi 'barka a 'remi
Schiedsrichter	referee refə'rih	l' arbitre m ar'bitrə	el árbitro 'arbitro	l' arbitro m 'arbitro
Schuss	shot schɔt	le tir tir	el disparo diß'paro	lo sparo 'ßparo
schwimmen	swim ßu'im	nager na'scheh	nadar na'dar	nuotare nuo'tare
Segelboot	sailing boat 'ßäjling bout	le voilier wual'jeh	el velero we'lero	la barca a vela 'barka a 'wela
Skateboard	skateboard 'ßkäjtbɔhd	le skateboard ßkäjt'bord	el monopatín monopa'tin	lo skateboard ßkejt'bord
Skier	skis ßkihs	les skis m ßki	los esquies eß'kiß	gli sci schi
Ski fahren	skiing 'ßkiing	faire du ski fär dü ßki	esquiar eßki'ar	sciare schi'are
Skilift	ski lift ßkih lift	le remonte-pentes rəmöt'pät	el telesquí tele'ßki	la sciovia schio'wia
Skistöcke	ski sticks ßkih	les bâtons n ba'tö	el bastón de esquí baß'tɔn de eß'ki	le racchette da sci ra'kette da schi
Snowboard	snowboard 'ßnoubɔhd	le snow-board ßnou'bord	snowboard 'ßnoubɔrd	lo snowboard ßnou'bord
Sport	sport ßpɔrt	le sport ßpɔr	el deporte de'porte	lo sport ßport
springen	jump dschamp	sauter ßo'teh	saltar ßal'tar	saltare ßal'tare
Startblock	starting block 'ßtahting blɔck	le starting-block ßtarting'block	el bloque de salida 'bloke de ßa'lida	il blocco di partenza 'blɔko di par'tentßa
Tennisschläger	tennis racket 'tenniß 'räkit	la raquette ra'kätt	la raqueta ra'keta	la racchetta da tennis ra'ketta da 'teniß
Tor	goal goul	le but büt	la portería porte'ria	la porta 'pɔrta
Turnen	gymnastics dschim'näßtikß	faire de la gymnastique fär də la schimnaß'tik	la gimnasia chim'naßia	la ginnastica dschi'naßtika
Volleyball	volleyball 'wɔlibɔhl	le volley-ball wɔli'bɔl	el voleibol wolej'bol	la palla a volo 'palla a 'wolo
Walking	walking u'ɔhking	le walking wuɔh'king	el walking u'ɔhking	il walking u'ɔhking
werfen	throw θrou	lancer lä'ßeh	tirar ti'rar	gettare dsche'tare
Yoga	yoga 'jougə	le yoga jo'ga	la yoga i'oga	lo yoga 'jɔga

Die wichtigsten Redewendungen

Ich suche einen guten Roman/Krimi.	I am looking for a good novel/detective story. ai äm 'lucking fɔr ə gud 'nowəl/ di'tecktiw 'ßtɔhri.	Je cherche un bon roman/ polar. schə schärsch ē bö ro'mä/po'lar.	Busco una buena novela/ novela criminal. 'busko 'una bu'ena no'wela/ no'wela krimi'nal.	Cerco un buon romanzo/ giallo. 'tscherko un bu'on ro'mandso/ 'dschallo.
Wo gibt es hier eine schöne Laufstrecke?	Is there a nice running course around here? is ðär ə naiß 'ranning kɔhß ə'round 'hiə?	Où y a-t-il une belle piste pour courir? u ija'til ün bäl pißt pur ku'rir?	¿Dónde hay por aquí un buen camino para correr? ¿'donde ai por a'ki un bu'en ka'mino 'para ko'rer?	Dove c'è qui un bel percorso per fare il jogging? 'dowe tschä ku'i un bäl per'korßo per 'fare il 'dschoging?
Wann beginnt das Fußballspiel?	When does the football match begin? u'än das ðə 'futtbɔl mätsch bi'ginn?	Quand est-ce que le match de foot commence? kā 'äßkə lə matsch də futt kɔ'mäß?	¿Cuándo empieza el partido de fútbol? ¿ku'ando empi'eθa el par'tido de 'futbol?	Quando comincia la partita? ku'ando ko'mintscha la par'tita?
Könnten Sie mir bitte die Skibindung einstellen?	Would you please adjust my binding? wud ju plihs ə'dschaßt mai 'bajnding?	Pourriez-vous me régler la fixation skis, s'il vous plaît? purjeh'wu mə reh'gleh la fikßa'ßjö ßki ßil wu plä?	¿Puede usted ajustarme los esquís? ¿pu'ede uß'ted achuß'tarme loß eß'kiß?	Mi potrebbe regolare gli attacchi? mi po'träbe rego'lare l'ji a'tacki?
Ich möchte Langlaufski ausleihen.	I would like to borrow cross-country skis. ai wud laik tu 'bɔrou krɔß 'kantri ßkihs.	J'aimerais louer des skis de randonnée. schämə'rä lu'eh deh ßki də rädö'neh.	Yo quiero alquilar esquís de fondo. jo ki'ero alki'lar eß'kiß de 'fondo.	Vorrei affittare sci da fondo. wo'räj afi'tare schi da 'fondo.

Freizeit und Sport

Wichtige Sportarten

Reihenfolge der Übersetzung: Englisch, Französisch, Spanisch, Italienisch

Hochsprung

high jump	hai dschamp
le saut en hauteur	ßo āno'tör
el salto de altura	'ßalto de al'tura
il salto in alto	'ßalto in 'alto

Kugelstoßen

shot put	schɔt put
le lancement du poids	läß'mã du pu'a
el lanzamiento de peso	lanθami'ento de 'peßo
il lancio del peso	'lantscho del 'peso

Motorsport

motorsports	'moutəßpɔrtß
le sport moto	ßpɔr mo'to
el motorismo	moto'rißmo
il motociclismo	mototschi'klismo

Radsport

bicycle sports	'bajßikl ßpɔrts
le cyclisme	ßi'klismə
el ciclismo	θi'klißmo
il ciclismo	tschi'klismo

Schwimmen

swimming	ßu'imming
la natation	nata'ßjõ
la natación	nataθi'ɔn
il nuoto	nu'ɔto

Turnen

gymnastics	dschim'näßtikß
faire de la gymnastique	fär də la schimnaß'tik
la gimnasia	chim'naßia
la ginnastica	dschi'naßtika

Sonderzeichen in der Lautschrift: ə angedeutetes e wie in bitte; ɔ offenes o wie in Post; ß scharfes s wie in nass; θ weiches s wie in Fass, aber gelispelt; ð s wie in Sense, aber gelispelt; ã nasal gesprochener Vokal wie in Chanson; ẽ nasal gesprochener Vokal wie in pointiert; õ nasal geprochener Vokal wie in Jeton; sch weiches sch wie in Gin

Freizeit und Sport
Wichtige Sportarten

Ringen
wrestling	'reßtling
la lutte	lüt
el wrestling	'wreßtling
la lotta	'lɔta

Boxen
boxing	'bɔkßing
le boxe	bokß
el boxeo	bokß'eo
il pugilato	pudschi'lato

Judo
judo	'dschuhdou
le judo	schü'do
el judo	'chudo
il judo	dschu'do

Dressurreiten
dressage	'dreßahsch
le dressage	dre'ßahsch
la doma	'doma
il dressage	dre'ßasch

Springreiten
horse jumping	hɔhß 'dschamping
le saut d'obstacle	ßo dɔb'ßtaklə
el concurso de saltos	kon'kurßo de 'ßaltoß
il salto a ostacoli	'ßalto a oß'takoli

Segeln
sailing	'ßäjling
la voile	wu'al
la vela	'wela
il velismo	we'lismo

Rudern
rowing	'rouing
l' aviron m	awi'rõ
el deporte del remo	de'porte del 'remo
il canottaggio	kano'tadscho

Freizeit und Sport

Ballsport
Reihenfolge der Übersetzung: Englisch, Französisch, Spanisch, Italienisch

Fußball
football	ˈfutbɔl
le football	futˈbɔl
el fútbol	ˈfutbol
il calcio	ˈkaltscho

Basketball
basketball	ˈbahßkitbɔl
le basket-ball	baßkätˈbɔl
el baloncesto	balonˈθeßto
la pallacanestro	pallakaˈneßtro

Handball
handball	ˈhändbɔhl
le handball	ädˈbal
el balónmano	baˈlɔnmano
la pallamano	pallaˈmano

Volleyball
volleyball	ˈwɔlibɔhl
le volley-ball	wɔliˈbɔl
el voleibol	wolejˈbol
la palla a volo	ˈpalla a ˈwolo

Tennis
tennis	ˈteniß
le tennis	teˈniß
el tenis	ˈteniß
il tennis	ˈteniß

Golf
golf	galf
le golf	gɔlf
el golf	golf
il golf	gɔlf

Tischtennis
table tennis	ˈtäjbl ˈteniß
le tennis de table	teˈniß də ˈtablə
el tenis de mesa	ˈteniß de ˈmeßa
il tennis da tavolo, ping-pong	ˈteniß da ˈtawolo, ˈpingpong

Sonderzeichen in der Lautschrift: ə angedeutetes e wie in bitte; ɔ offenes o wie in Post; ß scharfes s wie in nass; θ weiches s wie in Fass, aber gelispelt; ð s wie in Sense, aber gelispelt; ã nasal gesprochener Vokal wie in Chanson; ẽ nasal gesprochener Vokal wie in pointiert; õ nasal gesprochener Vokal wie in Jeton; sch weiches sch wie in Gin

82

Freizeit und Sport
Ballsport

Billard

billiards	'biljəds
le billard	bi'jar
el billar	bi'jar
il biliardo	bil'jardo

Football

American Football	ə'merikən 'futtbɔl
le football américain	futt'bɔl amehri'kē
el fútbol americano	'futbol ameri'kano
il football americano	'futbol ameri'kano

Rugby

rugby	'ragbi
le rugby	rüg'bi
el rugby	'rugbi
il rugby	'ragbi

Wasserball

water polo	u'ɔhtər 'poulou
le water polo	watäpɔ'lo
el waterpolo	water'polo
la pallanuoto	palanu'oto

Hockey

hockey	'haki
le hockey	'ɔkä
el hockey	'chokej
l' hockey m	'okej

Polo

polo	'poulou
le polo	pɔ'lo
el polo	'polo
il polo	'pɔlo

Themen

83

Freizeit und Sport

Wintersport
Reihenfolge der Übersetzung: Englisch, Französisch, Spanisch, Italienisch

Skilanglauf

cross-country skiing	kraß'kantri 'ßkiing
le ski de fond	ßki də fõ
el esquí de fondo	eß'ki de 'fondo
lo sci di fondo	schi di 'fɔndo

Abfahrtslauf

downhill	daun'hil
la descente	deh'ßãt
la prueba de descenso	pru'eba de deß'θenßo
la discesa libera	di'schesa 'libera

Curling

curling	'körling
le curling	'körling
el curling	'körling
il curling	'körling

Eiskunstlaufen

figure skating	'figər 'ßkäjting
le patinage artistique	pati'nahsch artiß'tik
el patinaje artístico	pati'nache ar'tißtiko
il pattinaggio artistico su ghiaccio	pati'nadscho ar'tißtiko ßu gi'atscho

Sonderzeichen in der Lautschrift: ə angedeutetes e wie in bitt**e**; ɔ offenes o wie in P**o**st; ß scharfes s wie in na**ss**; θ weiches s wie in Fa**ss**, aber gelispelt; ð s wie in **S**ense, aber gelispelt; ã nasal gesprochener Vokal wie in Ch**an**son; ẽ nasal gesprochener Vokal wie in p**oi**ntiert; õ nasal gesprochener Vokal wie in Jet**on**; sch weiches sch wie in **G**in

84

Freizeit und Sport
Wintersport

Eishockey

ice hockey — aiß 'haki
le hockey sur glace — 'ɔkä ßür glaß
el hockey sobre hielo — 'chɔke 'ßobre 'jelo
l' hockey sul ghiaccio *m* — 'okej ßul 'gjatscho

Skispringen

ski jumping — ßki 'dschamping
le saut à ski — ßo a ßki
el salto de esquí — 'ßalto de eß'ki
il salto con gli sci — 'ßalto kon l'ji schi

Bob- und Rodelsport

bobsleighing and tobogganing — 'bɔbßläjing änd tə'bɔgəning
le bob et luge — bɔb e lühsch
el bobsleigh y trineo — bobe'ßläj i tri'neo
lo sport del bob e della slitta — ßport del bob e 'dela 'ßli'ta

Biathlon

biathlon — 'biəθln
le biathlon — bjat'lõ
el biatlón — biat'lɔn
il biathlon — 'biatlɔn

Snowboard

snowboard — 'ßnoubɔhd
le snow-board — ßnou'bord
el snowboard — 'ßnoubɔrd
lo snowboard — ßnou'bord

Reise

Deutsch	Englisch	Französisch	Spanisch	Italienisch

Strand und Camping

Deutsch	Englisch	Französisch	Spanisch	Italienisch
Badelaken	bath sheet bahθ schiht	la serviette de bain ßer'wjätt də bē	la toalla de baño to'aja de 'banjo	il telo da mare 'telo da 'mare
Badesachen	swimming things ßu'imming θingß	les affaires de bain f a'fär də bē	las cosas de baño 'koßaß de 'banjo	le coste da bagno 'kose da 'banjo
Badeverbot	no swimming nou ßu'imming	baignade interdite bän'jad ēter'dit	prohibido bañarse proi'bido ban'jarße	il divieto di balneazione di'wjeto di balnea'tßjone
Campingplatz	campsite 'kämpßajt	le camping kä'ping	el terreno de camping te'reno de 'kamping	il campeggio kam'pedscho
Gaskocher	gas cooker gäß 'kucker	le réchaud rə'scho	la cocina de gas ko'θina de gaß	il fornello a gas for'nello a gaß
Heringe	tent peg tent peg	les piquets m pi'kä	las estacas eß'takaß	il picchetto pi'ketto
Kühltasche	cool bag kuhl bäg	la glacière glaß'jär	la nevera portátil ne'wera por'tatil	la borsa frigo 'borßa 'frigo
Luftmatratze	air mattress 'äər 'mätriß	le matelas pneumatique mat'la pnöma'tik	la colchoneta koltscho'neta	il materassino matera'ßino
Reise	journey 'dschörni	le voyage wua'jahsch	el viaje wi'ache	il viaggio 'wjadscho
Sonnenbrand	sunburn 'ßanbörn	le coup de soleil ku də ßo'läj	la quemadura solar kema'dura ßo'lar	la scottatura ßkota'tura
Sonnenbrille	sunglasses 'ßanglahßas	les lunettes de soleil f lü'nett də ßo'läj	las gafas de sol 'gafaß de ßol	gli occhiali da sole o'kjali da 'ßole
Sonnencreme	sun cream ßan krıhm	la crème solaire kräm ßo'lär	la crema de sol 'krema de ßol	la crema da sole 'kräma da 'ßole
Sonnenschirm	sun shade ßan schäjd	le parasol para'ßɔl	la sombrilla ßom'brija	l' ombrellone m ombre'lone
Strandspielzeug	beach toys bihtsch tɔis	les jouets pour la plage m schu'eh pur la plahsch	los juguetes para la playa chu'geteß 'para la 'plaja	i giocattoli da spiaggia dscho'katoli da 'ßpjadscha
Urlaub	holidays 'hɔlədäjs	les vacances f wa'käß	las vacaciones wakaθi'ɔneß	la vacanza wa'kantßa
Wohnmobil	camper 'kämpər	le camping-car käping'kar	la caravana kara'wana	il camper 'kampär
Wohnwagen	caravan 'kärəwän	la caravane kara'wann	el coche vivienda 'kotsche wiwi'enda	la roulotte ru'lotte
Zelt	tent tent	la tente tät	la tienda de campaña ti'enda de kam'panja	la tenda 'tända

Hotel

Deutsch	Englisch	Französisch	Spanisch	Italienisch
Anmeldung	check-in tschek in	l' inscription f ëßkrip'ßjö	la recepción reθepθi'ɔn	la reception ri'ßeptschon
Bad	bath bahθ	la salle de bain ßal də bē	el cuarto de baño ku'arto de 'banjo	il bagno 'banjo
behindertengerecht	handicapped accessible 'händikäpd ək'ßeßəbl	adapté aux handicapés adap'teh o ädika'peh	apto para minusválidos 'apto 'para minuß'walidoß	accessibile ai disabili atsche'ßibile 'ai di'sabili
Bettwäsche	bed linen bed 'linin	la literie li'tri	la ropa de cama 'ropa de 'kama	la biancheria da letto bjanke'ria da 'lätto
Doppelzimmer	double room 'dabl ruhm	la chambre double 'schäbr 'dublə	la habitación doble abitaθi'ɔn 'doble	la camera doppia 'kamera 'doppja
Dusche	shower 'schauər	la douche dusch	la ducha 'dutscha	la doccia 'dotscha
Einzelzimmer	single room 'ßingl ruhm	la chambre simple 'schäbr 'ßëplə	la habitación individual abitaθi'ɔn indiwidu'al	la camera singola 'kamera 'ßingola
Etage	floor flɔr	l' étage f eh'tahsch	el piso 'pißo	il piano 'pjano
Fahrstuhl	lift lift	l' ascenseur m aßä'ßör	el ascensor aßen'ßor	l' ascensore m aschen'ßore
Frühstück	breakfast 'bräkfəßt	le petit déjeuner pə'ti dehschö'neh	el desayuno deßa'juno	la colazione kola'tßjone
Halbpension	half-board hahf bɔhd	la demi-pension dəmipä'ßjö	la media pensión 'media penßi'ɔn	la mezza pensione 'mädsa pen'ßjone
Handtuch	towel 'tauəl	la serviette ßer'wjätt	la toalla to'aja	l' asciugamano m aschuga'mano
Nichtraucherzimmer	non-smoker room nɔn ßmoukər ruhm	la chambre non fumeurs 'schäbr nõ fü'mör	la habitación de no fumadores abitaθi'ɔn de no fuma'doreß	la camera non-fumatori 'kamera non fuma'tori

Sonderzeichen in der Lautschrift ə angedeutetes e wie in bitte; ɔ offenes o wie in Post; ß scharfes s wie in nass; θ weiches s wie in Fass, aber gelispelt; ð s wie in Sense, aber gelispelt; ä nasal gesprochener Vokal wie in Chanson; ë nasal gesprochener Vokal wie in pointiert; õ nasal gesprochener Vokal wie in Jeton; sch weiches sch wie in Gin

Reise

Deutsch	Englisch	Französisch	Spanisch	Italienisch
Parkplatz	car park kar pahk	le parking par'king	el aparcamiento il aparkami'ento	il parcheggio par'ked<u>sch</u>o
Personalausweis	identification card aidentifi'käjschn kard	la pièce d'identité pjäß didäti'teh	el carnet de identidad kar'net de identi'dad	la carta d'identità 'karta didenti'ta
Reservierung	reservation resər'wäjschn	la réservation rehserwa'ßjö	la reserva re'ßerwa	la prenotazione prenota'tßjone
Schlüssel	key kih	les clés f kleh	la llave 'jawe	la chiave 'kjawe
Toilettenpapier	toilet paper 'tɔilit 'päjpər	le papier toilette pa'pjeh tua'lett	el papel higiénico pa'pel ichi'eniko	la carta igienica 'karta i'd<u>sch</u>enika
Übernachtung	accommodation əkɔmə'däjschn	la nuitée nui'teh	la pernoctación pernokta'θi'ɔn	il pernottamento pernɔta'mento
Vollpension	full board full bɔhd	la pension complète pä'ßjö kö'plät	la pensión completa penßi'ɔn kom'pleta	la pensione completa pen'ßjone kom'pleta
WC	toilet 'tɔilit	les WC m weh'ßeh	el servicio ßer'wiθio	il WC wi'tschi
Zimmer	room ruhm	la chambre 'schäbr	la habitación abitaθi'ɔn	la camera 'kamera
Zimmerservice	room service ruhm 'ßörwiß	le service de chambre ßer'wiß də 'schäbr	el servicio de habitación ßer'wiθio de abitaθi'ɔn	il servizio in camera ßer'witßjo in 'kamera

Gepäck

Deutsch	Englisch	Französisch	Spanisch	Italienisch
Gepäck	luggage 'lagid<u>sch</u>	les bagages m ba'gah<u>sch</u>	el equipaje eki'pache	i bagagli ba'galji
Gepäckaufbewahrung	left-luggage office lefft 'lagid<u>sch</u> 'ɔfiß	la consigne kö'ßinjə	la consigna kon'ßigna	il deposito bagagli de'pɔsito ba'galji
Gepäckträger	baggage porter 'bägid<u>sch</u> 'pɔhtər	le porteur por'tör	el maletero male'tero	il facchino fa'kino
Handtasche	handbag 'händbäg	le sac à main ßak a mē	el bolso 'bolßo	la borsa 'borßa
Koffer	suitcase 'ßjuhtkäjß	la valise wa'lihs	la maleta ma'leta	la valigia wa'lid<u>sch</u>a
Reisetasche	travelling bag 'träwəling bäg	le sac de voyage ßak də wua'jah<u>sch</u>	la bolsa de viaje 'bolßa de wi'ache	la borsa da viaggio 'borßa da 'wjad<u>sch</u>o
Rucksack	rucksack 'rackßäck	le sac à dos ßak a do	la mochila mo'tschila	lo zaino 'dsaino
Safe	box bɔkß	le coffre-fort kɔfrə'fɔr	la caja fuerte 'kacha fu'erte	la cassaforte kaßa'forte
Trinkgeld	tip tipp	le pourboire purbu'ahr	la propina pro'pina	la mancia 'mantscha
Wertsachen	valuables 'wäljuebls	les objets de valeur m ob'<u>sch</u>ä də wa'lör	los objetos de valor ob'chetoß de wa'lor	le cose di valore 'kose di wa'lore

Die wichtigsten Redewendungen

Wir haben ein Zimmer auf den Namen ... reserviert.	We have reserved a room on the name of ... u'i häw ri'sörwd ə ruhm ɔn ðə näjm ɔf ...	Nous avons réservé une chambre au nom de ... nusa'wö rehser'weh ün 'schäbr o nö də ...	Yo he reservado una habitación al nombre de ... jo e reßer'wado 'una abitaθi'ɔn al 'nombre de.	Abbiamo prenotato una camera al nome ... a'bjamo preno'tato 'una 'kamera al 'nome ...
Wie viele Nächte bleiben Sie?	How many nights do you stay? hau 'meni naitß du ju ßtäj?	Combien de nuits restez-vous? kö'bjē də nu'i reßteh'wu?	¿Cuántas noches se queda usted? ¿ku'antaß 'notscheß ße 'keda uß'ted?	Quante notti rimane? ku'ante 'nɔti rima'ne?
Können wir uns das Zimmer ansehen?	May we see the rooms? mäj u'i ßi ðə ruhmß?	Pourrions-nous visiter la chambre? pur'jö nu wisi'teh la 'schäbr?	¿Podemos ver la habitación? ¿po'demoß wer la abitaθi'ɔn?	Possiamo dare un' occhiata alla camera? po'ßjamo 'dare uno'kjata 'alla 'kamera?
Das Zimmer ist zu laut/klein.	The room is too noisy/ small. ðə ruhm is tu 'nɔisi/ßmɔhl.	La chambre est trop bruyante/petite. la 'schäbr ä tro brü'jät/pə'tit.	La habitación es ruidosa/ pequeña. la abitaθi'ɔn eß rui'doßa/pe'kenja.	La camera è rumorosa/ troppo piccola. la 'kamera ä rumo'rosa/'trɔpo 'pikola.
Ich möchte einen Liege-stuhl und Sonnenschirm mieten.	I would like to rent a deck chair and a parasol. ai wud laik tu rent ə deck tschär änd ə 'päräßɔl.	Je voudrais louer une chaise-longue et un parasol. <u>sch</u>ə wu'drä lu'eh ün schähs lɔng e ē para'ßɔl.	Quiero alquilar una amaca y una sombrilla. ki'ero alki'lar 'una a'maka i 'una ßom'brija.	Vorrei noleggiare una sedia a straio e un ombrellone. wo'räj nole'dschare 'una 'ßedja 'sdrajo e un ombre'lɔne.

Reise

Strand und Camping

Reihenfolge der Übersetzung: Englisch, Französisch, Spanisch, Italienisch

Badehose
swimming trunks	ßu'imming trankß
le slip de bain	ßlip də bē
el bañador	banja'dor
i calzoncini da bagno	kaltßon'tschini da 'banjo

Bikini
bikini	bi'kihni
le bikini	biki'ni
el biquini	bi'kini
il bikini	bi'kini

Badeanzug
swimsuit	ßu'imßuht
le maillot de bain	ma'jo də bē
el traje de baño	'trache de 'banjo
il costume da bagno	koß'tume da 'banjo

Sonnenschirm
sun shade	ßan schäjd
le parasol	para'ßɔl
la sombrilla	ßom'brija
l' ombrellone m	ombre'lone

Sonnencreme
sun cream	ßan krihm
la crème solaire	kräm ßo'lär
la crema de sol	'krema de ßol
la crema da sole	'kräma da 'ßole

Liegestuhl
deckchair	'decktschär
la chaise longue	schähs lõg
la tumbona	tum'bona
la sedia a sdraio	'ßädja a s'drajo

Schwimmflossen
flippers	'flipərs
les palmes f	palm
las aletas	a'letaß
le pinne	'pinne

Taucherbrille
diving goggles	'daiwing 'gagls
la masque de plongée	maßk də plö'scheh
las gafas de bucear	'gafaß de buθe'ar
la maschera da sub	'maßkera da ßub

Badelaken
bath sheet	bahθ schiht
la serviette de bain	ßer'wjätt də bē
la toalla de baño	to'aja de 'banjo
il telo da mare	'telo da 'mare

Strandkorb
beach chair	'bihtschtschär
la cabine de plage	ka'bihn də plahsch
el sillón de mimbre	ßi'jɔn de 'mimbre
il cestone da spiaggia	tscheß'tone da 'ßpjadscha

Sonnenbrille
sunglasses	'ßanglahßəs
les lunettes de soleil f	lü'nett də ßo'läj
las gafas de sol	'gafaß de ßol
gli occhiali da sole	o'kjali da 'ßole

Sonderzeichen in der Lautschrift: ə angedeutetes e wie in bitte; ɔ offenes o wie in Post; ß scharfes s wie in nass; θ weiches s wie in Fass, aber gelispelt; ð s wie in Sense, aber gelispelt; ã nasal gesprochener Vokal wie in Chanson; ē nasal gesprochener Vokal wie in pointiert; õ nasal gesprochener Vokal wie in Jeton; sch weiches sch wie in Gin

Reise
Strand und Camping

Wohnmobil
camper	'kämpər
le camping-car	kãping'kar
la caravana	kara'wana
il camper	'kampär

Campingplatz
campsite	'kämpßajt
le camping	kã'ping
el terreno de camping	te'reno de 'kamping
il campeggio	kam'pedscho

Taschenlampe
torch	'tɔhtsch
la lampe torche	lãp tɔrsch
la linterna	lin'terna
la torcia tascabile	'tortscha taß'kabile

Zelt
tent	tent
la tente	tãt
la tienda de campaña	ti'enda de kam'panja
la tenda	'tända

Heringe
tent peg	tent peg
les piquets m	pi'kä
las estacas	eß'takaß
il picchetto	pi'ketto

Blasebalg
bellows	'belous
le soufflet	ßuf'lä
el hinchador	intscha'dor
la pompa, il soffietto	'pompa, ßo'fjetto

Luftmatratze
air mattress	'äər 'mätriß
le matelas pneumatique	mat'la pnöma'tik
la colchoneta	koltscho'neta
il materassino	matera'ßino

Kühltasche
cool bag	kuhl bäg
la glacière	glaß'jär
la nevera portátil	ne'wera por'tatil
la borsa frigo	'borßa 'frigo

Reise

Hotel
Reihenfolge der Übersetzung: Englisch, Französisch, Spanisch, Italienisch

Zimmerschlüssel

room key	ruhm kih
les clés de la chambre f	kleh də la 'schäbr
la llave de la habitación	'jawe de la abitaθi'ɔn
la chiave	'kjawe

Hotelzimmer

hotel room	'houtəl ruhm
la chambre d'hôtel	'schäbr do'tel
la habitación de hotel	abitaθi'ɔn de o'tel
la camera	'kamera

Zimmermädchen

chambermaid	'tschämbərmäjd
la femme de chambre	famm də 'schäbrə
la camarera de piso	kama'rera de 'piβo
la cameriera	kamer'jära

Portier

porter	'pɔhtər
le portier	pɔr'tjeh
el portero	por'tero
il portiere	por'tjere

Rezeption

reception	ri'βepschn
la réception	rehßäp'ßjõ
la recepción	reβepθi'ɔn
la reception	ri'βeptschon

Speisesaal

dining hall	'daining hɔhl
la salle à manger	ßall a mä'scheh
el comedor	kome'dor
la sala da pranzo	'ßala da 'prandso

Hotelhalle

lobby	'labi
le lobby	lɔ'bi
el lobby	'lobi
la lobby	'lɔbi

Rezeptionsklingel

reception bell	ri'βapschn bell
la sonnette de réception	ßɔ'nett də rehßäp'ßjõ
el timbre de recepción	'timbre de reθepθi'ɔn
il campanello della reception	kampa'nello 'dela ri'βepschon

Sonderzeichen in der Lautschrift: ə angedeutetes e wie in bitte; ɔ offenes o wie in Post; ß scharfes s wie in nass; θ weiches s wie in Fass, aber gelispelt; ð s wie in Sense, aber gelispelt; ã nasal gesprochener Vokal wie in Chanson; ẽ nasal gesprochener Vokal wie in pointiert; õ nasal geprochener Vokal wie in Jeton; sch weiches sch wie in Gin

Reise
Hotel und Gepäck

Koffer
suitcase	'ßjuhtkäjß
la valise	wa'lihs
la maleta	ma'leta
la valigia	wa'lidscha

Gepäck
luggage	'lagidsch
les bagages *m*	ba'gahsch
el equipaje	eki'pache
i bagagli	ba'galji

Frühstückstablett
breakfast tray	'bräkfäßt träj
le plateau pour le petit déjeuner	pla'to pour lə pə'ti dehschö'neh
la bandeja de desayuno	ban'decha de deßa'juno
il vassoio da colazione	wa'ßojo da kola'tßjone

Gepäckträger
baggage porter	'bägidsch pɔhtər
le porteur	por'tör
el maletero	male'tero
il facchino	fa'kino

Handtasche
handbag	'händbäg
le sac à main	ßak a mē
el bolso	'bolßo
la borsa	'borßa

Gepäckwagen
luggage van	'lagidsch wän
la voiture à bagages	wua'tür a ba'gahsch
el carro para equipaje	'karro 'para eki'pache
il bagagliaio	bagal'jajo

Rucksack
rucksack	'rackßäck
le sac à dos	ßak a do
la mochila	mo'tschila
lo zaino	'dsaino

Kleiderbügel
coat hänger	kout 'hängər
le cintre	'ßētrə
la percha	'pertscha
la gruccia	'grutscha

Gesundheit und Medizin

Deutsch	Englisch	Französisch	Spanisch	Italienisch

Gesundheit

Deutsch	Englisch	Französisch	Spanisch	Italienisch
Allergie	allergy 'älədschi	l' allergie f alär'schi	la alérgia a'lerchia	l' allergia f aler'dschia
Bauchschmerzen	bellyache 'belliäjk	le mal au ventre mal o 'wātrə	el dolor de barriga do'lor de ba'riga	il mal di pancia mal di 'pantscha
Blut	blood blad	le sang ßā	la sangre 'ßangre	il sangue 'ßangue
bluten	bleed blihd	saigner ßän'jeh	sangrar ßan'grar	sanguinare ßangui'nare
(er)brechen	vomit 'wɔmit	rendre 'rādrə	vomitar womi'tar	vomitare womi'tare
Durchfall	diarrhoea dajə'riə	la diarrhée dia'reh	la diarrea dia'rea	la diarrea dia'räa
Fieber	fever 'fihwər	la fièvre 'fjäwrə	la fiebre fi'ebre	la febbre 'fäbre
gesund	healthy 'helθi	en bonne santé ā bɔn ßā'teh	sano 'ßano	sano 'ßano
Gesundheit	health helθ	la santé ßā'teh	la salud ßa'lud	la salute ßa'lute
Herzinfarkt	heart attack haht ə'täck	la crise cardiaque krihs kardi'jak	el infarto in'farto	l' infarto cardiaco m in'farto kar'diako
Insektenstiche	insect bites 'inßekt bajtß	les piqûres d'insectes f pi'kür dē'ßäkt	la picadura de insecto pika'dura de in'ßekto	la puntura d'insetto pun'tura din'ßeto
Kondom	condom 'kɔndəm	le condom kô'dɔm	el condón kon'dɔn	il preservativo präserwa'tiwo
Kopfschmerzen	headache 'hädäjk	le mal de tête mal də tätt	el dolor de cabeza do'lor de ka'beθa	il mal di testa mal di 'teßta
krank	ill ill	malade ma'lad	enfermo en'fermo	malato ma'lato
Kreislauf	circulation ßörkju'läjschn	les troubles circulatoires m 'trublə ßirkülatu'ar	la circulación θirkulaθi'ɔn	la circolazione tschirkola'tßjone
Rückenschmerzen	backache 'bäckäjk	le mal de dos mal də do	el dolor de espalda do'lor de eß'palda	il mal di schiena mal di 'ßkjäna
Schlaganfall	stroke ßtrouk	le coup de sang ku də ßā	el ataque de apoplejía a'take de apople'chia	il colpo apoplettico 'kolpo apo'plätiko
Sonnenbrand	sunburn 'ßanbörn	le coup de soleil ku də ßo'läj	la quemadura solar kema'dura ßo'lar	la scottatura ßkota'tura
Übelkeit	sickness 'ßickniß	la nausée no'seh	el mareo ma'reo	il malore ma'lore
Unfall	accident 'äkßidənt	l' accident m akßi'dä	el accidente akθi'dente	l' incidente m intschi'dente
verstauchen	sprain ßpräjn	fouler fu'leh	torcer tor'θer	prendere una storta 'prendere 'una 'ßtorta
Wunde	wound wuhnd	la blessure blä'ßür	la herida e'rida	la ferita fe'rita

Medizin

Deutsch	Englisch	Französisch	Spanisch	Italienisch
Aids	AIDS äjds	le sida ßi'da	el SIDA 'ßida	l' AIDS m aidi'eße
Allgemeinmediziner	general practitioner 'dschenrəl präk'tischənər	le médecin généraliste mehd'ßē schehnehra'lißt	médico general 'mediko chene'ral	il medico generico 'mädiko dsche'neriko
Antibabypille	birth control pill börθ kən'troul pill	la pilule de contraception pi'lül də kötraßäp'ßjö	píldora anticonceptiva 'pildora antikonθep'tiwa	la pillola anticoncezionale 'pilola antikontschetßjo'nale
Apotheke	pharmacy 'fahməßi	la pharmacie farma'ßi	la farmacia far'maθia	la farmacia farma'tschia
Arzt	doctor 'dɔktər	le médecin mehd'ßē	el médico 'mediko	il medico 'mädiko
Augenarzt	oculist 'ɔkjulißt	l' oculiste mf ɔkü'lißt	el oculista oku'lißta	l' oculista mf oku'lißta
Beipackzettel	instruction leaflet in'ßtrakschn 'lihflet	la notice no'tiß	las instrucciones de uso inßtrukθi'ɔneß de 'ußo	il foglio 'foljo
Chirurg	surgeon 'ßördschən	le chirurgien schirür'schjē	el cirujano θiru'chano	il chirurgo ki'rurgo
Desinfektionsspray	disinfectant dißin'fektənt	le spray désinfectant ßprä dehsəfek'tā	el spray de desinfección ßpraj de deßinfekθi'ɔn	lo spray disinfettante 'ßpräi disinfe'tante
Diabetes	diabetes dajə'bihtis	le diabète dia'bätt	la diabetis dia'betiß	il diabete dia'bäte
Erste Hilfe	first aid förßt äjd	les premiers soins m prəm'jeh ßu'ē	el primer auxilio pri'mer au'ßilio	il pronto soccorso 'pronto ßo'korßo
Frauenarzt	gynaecologist gajni'kɔlədschißt	le gynécologue m schinehko'lɔg	el ginecólogo chine'kɔlogo	il ginecologo dschine'kɔlogo
Gipsverband	cast kahßt	le plâtre 'platrə	el vendaje de escayola wen'dache de eßka'jola	il gesso 'dscheßo
Hals-Nasen-Ohrenarzt	ear, nose, and throat specialist 'iər nous änd θrout 'ßpeschəlißt	l' oto-rhino-laryngologiste mf ɔtɔrinɔlarēgɔlɔ'schißt	otorrinolaringólogo otorinolarin'gɔlogo	l' otorinolaringoiatra mf otorinolaringo'jatra

Sonderzeichen in der Lautschrift ə angedeutetes e wie in bitte; ɔ offenes o wie in Post; ß scharfes s wie in nass; θ weiches s wie in Fass, aber gelispelt; ð s wie in Sense, aber gelispelt; ā nasal gesprochener Vokal wie in Chanson; ē nasal gesprochener Vokal wie in pointiert; ö nasal gesprochener Vokal wie in Jeton; sch weiches sch wie in Gin

Gesundheit und Medizin

Themen

Deutsch	Englisch		Französisch		Spanisch		Italienisch
Hautarzt	dermatologist dörmə'tɔlədschißt	le	dermatologue därmatɔ'lɔg	el	dermatólogo derma'tɔlogo	il/la	dermatologo/a derma'tɔlogo
HIV-Infektion	HIV-infection äjtsch aj wih in'fekschn		séropositivité ßehropositiwi'teh	la	infección de VIH infekθi'ɔn de we i 'atsche	l'	infezione sieropositiva f infe'tßjone ßjeroposi'tiwa
Hustensaft	cough syrup kaf 'ßirəp	le	sirop contre la toux ßi'ro 'kôtrə la tu	el	jarabe contra la tos 'charabe 'kontra la toß	lo	sciroppo contro la tosse schi'rɔpo 'kontro la 'toße
Internist	internist in'törnißt	le	spécialistes des maladies internes ßpehßja'lißt deh mala'di ē'tern	el	internista inter'nißta	l'	internista mf inter'nißta
Kinderarzt	paediatrician pihdiə'trischn	le	pédiatre pehdi'atrə	el	pediatra pedi'atra	il/la	pediatra pedi'atra
Krankenhaus	hospital 'hɔßpitl	l'	hôpital m opi'tall	el	hospital oßpi'tal	l'	ospedale m oßpe'dale
Krankenwagen	ambulance 'ämbjulənß	l'	ambulance f ãbü'lãß	la	ambulancia ambu'lanθia	l'	ambulanza f ambu'lantßa
Krankheit	illness 'ilniß	la	maladie mala'di	la	enfermedad enferme'dad	la	malattia mala'tia
Krebs	cancer 'känßər	le	cancer kä'ßer	el	cáncer 'kanθer	il	cancro 'kankro
Medikament	medicine 'medßn	le	médicament mehdika'mã	el	medicamento medika'mento	il	farmaco 'farmako
Mullbinde	gauze bandage gɔhs 'bändidsch	la	gaze gas	la	venda de gasa 'wenda de 'gaßa	la	fascia di garza 'fascha di 'gardsa
Neurologe	neurologist njuə'rɔlədschißt	le	neurologue nörɔ'lɔg	el	neurólogo neu'rɔlogo	il	neurologo näu'rɔlogo
Notarzt	emergency physician i'mördschənßi fi'sischən	le	médecin d'urgence mehd'ßß dür'schäß	el	médico de urgencia 'mediko de ur'chenθia	il	medico d'emergenza 'mädiko demer'dschentßa
Operation	operation ɔpə'räjschn	l'	opération f opehra'ßjõ	la	operación operaθi'ɔn	l'	operazione f opera'tßjone
Orthopäde	orthopaedist ɔhθə'pihdißt	l'	orthopédiste mf ɔrtɔpeh'dißt	el	ortopedista ortope'dißta	l'	ortopedico mf orto'pädiko
Pflaster	plaster 'plahßtər	le	pansement päß'mã	el	esparadrapo epara'drapo	il	cerotto tsche'rɔto
Praxis	practice 'präktiß	le	cabinet kabi'nä	el	consultorio konßul'torio	l'	ambulatorio m ambula'tɔrio
Psychiater	psychiatrist ßaj'kaiətrißt	le	psychiatre pßi'kjatrə	el	psiquiatra pßiki'atra	lo/la	psichiatra pßi'kjatra
Rezept	prescription pri'ßkripschn	l'	ordonnance f ɔrdɔ'nãß	la	receta re'θeta	la	ricetta ri'tschetta
Schock	shock schɔk	le	choc schɔk	el	susto 'ßußto	lo	shock 'schok
Sprechstunde	consultation kɔnßal'täjschn	la	consultation kõßülta'ßjõ	la	hora de consulta 'ora de kon'ßulta	l'	orario di visita m o'rario di 'wisita
Spritze	syringe ßi'rindsch	la	piqûre pi'kür	la	geringuilla cherin'gija	la	siringa ßi'ringa
Tablette	tablet 'täblit	le	comprimé kɔmpri'meh	la	píldora 'pildora	la	pillola pi'lola
Untersuchung	examination igsämi'näjschn	l'	examen m ekßa'mã	el	reconocimiento rekonoθimi'ento	l'	esame m e'same
Urologe	urologist juə'rɔlədschißt	l'	urologue m ürɔ'lɔg	el	urólogo u'rɔlogo	l'	urologo m u'rɔlogo
Zahnarzt	dentist 'dentißt	le	dentiste dä'tißt	el	dentista den'tißta	il	dentista den'tißta

Die wichtigsten Redewendungen

Wo ist die nächste Arztpraxis?	Where is the nearest practice? u'är is ðə 'niərißt 'präktiß?	Où se trouve le prochain cabinet de médecin? u ßə truhw lə prɔ'schē kabi'nä də mehd'ßē?	¿Dónde está la próxima consulta médica? ¿'donde eß'ta la 'prokßima kon'ßulta 'medika?	Dov'è l'ambulatorio più vicino? do'wä lambula'tɔrio pju wi'tschino?
Bitte rufen Sie einen Notarzt.	Please call an emergency physician. plihs kɔhl ən i'mördschənßi fi'sischən.	S'il vous plaît, appelez le médecin d'urgence. ßil wu plä ap'leh lə mehd'ßē dür'schäß.	Por favor, llame usted un médico de urgencia. por fa'wor 'jame uß'ted un 'mediko de ur'chenθia.	Per favore chiami il medico d'emergenza. per fa'wore 'kjami il 'mädiko demer'dschentßa.
Ich vertrage das Medikament nicht.	I am allergic to this medicine. ai äm ə'lördschik tu ðiß 'medßn.	Je ne supporte pas ce médicament. schə nə ßü'pɔrt pa ßə mehdika'mã.	No me sienta bien el medicamento. no me ßi'enta bi'en el medika'mento.	Non tollero questo medicinale. non 'tɔlero ku'eßto meditschi'nale.
Ich habe Schmerzen.	I am in pain. ai äm in päjn.	J'ai des douleurs. scheh deh du'lör.	Tengo dolores. 'tengo do'loreß.	Ho mal di … ɔ mal di …
Ich brauche ein Mittel gegen …	I need something for … ai nihd 'ßamθing fɔr …	J'ai besoin d'un médicament contre … scheh bəsu'ē dē mehdika'mã 'kôtrə …	Necesito un medicamento contra … neθe'ßito un medika'mento 'kontra …	Mi serve una medicina contro … mi 'ßerwe 'una medi'tschina 'kontro …

Gesundheit und Medizin

Arztpraxis und Erste Hilfe
Reihenfolge der Übersetzung: Englisch, Französisch, Spanisch, Italienisch

Rezept

prescription	pri'ßkripschn
l' ordonnance f	ɔrdɔ'näß
la receta	re'θeta
la ricetta	ri'tschetta

Spritze

syringe	ßi'rindsch
la piqûre	pi'kür
la geringuilla	cherin'gija
la siringa	ßi'ringa

Tablette

tablet	'täblit
le comprimé	kɔmpri'meh
la píldora	'pildora
la pillola	'pilola

Mullbinde

gauze bandage	gɔhs 'bändidsch
la gaze	gas
la venda de gasa	'wenda de 'gaßa
la fascia di garza	'fascha di 'gardsa

Pflaster

plaster	'plahßtər
le pansement	päß'mä
el esparadrapo	epara'drapo
il cerotto	tsche'rɔto

Blutdruckmessgerät

sphygmomanometer	ßfigmoumänou'mihtər
le tensiomètre	täßjo'mätrə
el esfigmomanómetro	eßfigmoma'nɔmetro
il sfigmomanometro	ßfigmoma'nometro

Salbe

ointment	'ointment
la pommade	pɔ'mad
la pomada	po'mada
la pomata	po'mata

Zäpfchen

suppository	ßə'pasitri
le suppositoire	ßüpositu'ahr
el supositorio	ßupoßi'torio
la supposta	ßu'poßta

Sonderzeichen in der Lautschrift: ə angedeutetes e wie in bitt**e**; ɔ offenes o wie in P**o**st; ß scharfes s wie in na**ss**; θ weiches s wie in Fa**ss**, aber gelispelt; ð s wie in **S**ense, aber gelispelt; ä nasal gesprochener Vokal wie in Ch**an**son; ë nasal gesprochener Vokal wie in p**oi**ntiert; ö nasal gesprochener Vokal wie in Jet**on**; sch weiches sch wie in **G**in

Gesundheit und Medizin
Arztpraxis und Erste Hilfe

Skalpell

scalpel — 'ßkälpəl
le scalpel — ßkal'pell
el escalpelo — eßkal'pelo
il bisturi — biß'turi

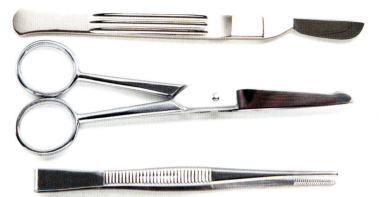

Schere

(pair of) scissors — 'päər ɔf 'ßisəs
les ciseaux m — ßi'so
la tijera — ti'chera
le forbici — 'forbitschi

Pinzette

tweezers — tu'ihsərs
la pincette — pë'ßätt
las pinzas — 'pinθaß
la pinzetta — pin'tßetta

Stethoskop

stethoscope — 'ßteθəskoup
le stéthoscope — ßtehtɔß'kɔp
el estetoscopio — eßtetoß'kopio
lo stetoscopio — ßtetoß'kɔpjo

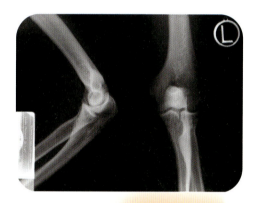

Röntgenbild

X-ray — 'ekßräj
la radiographie — radjogra'fi
la radiografía — radiogra'fia
la radiografia — radjogra'fia

Ultraschallgerät

ultrasonic apparatus — altrə'ßanik äpə'räjtəß
l' appareil à ultrasons m — apa'räj a ültra'ßõ
el aparato ultrasónico — apa'rato ultra'ßɔniko
l' ecografo m — e'kɔgrafo

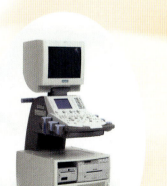

Fieberthermometer

fever thermometer — 'fihwər θə'mamitər
le thermomètre médical — tärmɔ'mätr mehdi'kal
el termómetro — ter'mometro
il termometro — ter'mɔmetro

Antiseptikum

antiseptic — änti'ßeptik
l' antiseptique m — ätißep'tik
el antiséptico — anti'ßeptiko
l' antisettico m — anti'ßätiko

Hygiene und Kosmetik

Deutsch	Englisch	Französisch	Spanisch	Italienisch

Hygiene

Deutsch	Englisch		Französisch		Spanisch		Italienisch
Badehandtuch	bath towel bahθ 'tauəl	la	serviette de bain ßer'wjätt də bē	la	toalla de baño to'aja de 'banjo	il	telo da bagno 'telo da 'banjo
Bademantel	bath robe bahθ roub	le	peignoir pänu'ar	el	albornoz albor'noθ	l'	accappatoio m akapa'tojo
baden	bathe bahθ		baigner bän'jeh		bañarse ban'jarße		fare il bagno 'fare il 'banjo
Badewanne	bath tub bahθ tab	la	baignoire bänju'ar	la	bañera ban'jera	la	vasca da bagno 'waßka da 'banjo
Badezusatz	bath salts bahθ ßohltß	les	produits de bain m produ'i də bē	la	sal de baño ßal de 'banjo	i	sali da bagno 'ßali da 'banjo
Bürste	brush brasch	la	brosse broß	el	cepillo θe'pijo	la	spazzola 'ßpazola
Deoroller	roll-on deodorant roul ɔn dih'oudərənt	le	déodorant-bille deodorã'bijə	el	desodorante en formato roll-on deßodo'rante en for'mato roll'on	il	deodorante a sfera deodo'rante a ß'fera
Deospray	deodorant spray dih'oudərənt ßpräj	le	déodorant en spray deodo'rã ã ßprä	el	desodorante deßodo'rante	il	deodorante deodo'rante
Duft	flavour 'fläjwər	le	parfum par'fē	el	olor o'lor	il	profumo pro'fumo
Dusche	shower 'schauər	la	douche dusch	la	ducha 'dutscha	la	doccia 'dotscha
duschen	shower 'schauər		prendre une douche 'prädrə ün dusch		ducharse du'tscharße		fare la doccia 'fare la 'dotscha
Duschgel	shower gel 'schauər dschel	le	gel de douche schäl də dusch	el	gel de ducha chel de 'dutscha	la	docciaschiuma dotscha'ßkjuma
elektrische Zahnbürste	electric toothbrush i'lektrik 'tuhθbrasch	la	brosse à dents électrique broß a dã ehlek'trik	el	cepillo de dientes eléctrico θe'pijo de di'enteß e'lektriko	lo	spazzolino da denti elettrico ßpatßo'lino da 'denti e'letriko
Feuchtigkeitscreme	moisturiser 'mɔißtschərajsər	la	crème hydratante kräm idra'tät	la	crema hidrante 'krema i'drante	la	crema idrante 'kräma i'drante
Fön	hairdryer 'härdrajər	le	sèche cheveux ßäsch schə'wö	el	secador ßeka'dor	il	fon 'fɔn
Handtuch	towel 'tauəl	la	serviette ßer'wjätt	la	toalla to'aja	l'	asciugamano m aschuga'mano
Hygiene	hygiene 'hajdschihn	l'	hygiène f isch'jänn	la	higiene ichi'ene	l'	igiene f i'dschäne
Kamm	comb koum	le	peigne 'pänjə	el	peine 'peine	il	pettine 'petine
Mundwasser	mouthwash 'mauθuɔsch	le	rince-bouche rëß'busch	el	elixir bucal elik'ßir bu'kal	il	collutorio kolu'tɔrio
Rasierapparat	razor 'räjsər	le	rasoir rasu'ar	la	maquinilla maki'nija	il	rasoio ra'sojo
Rasierklinge	razor blade 'räjsər bläjd	la	lame de rasoir lam də rasu'ar	la	hoja de afeitar 'ocha de afei'tar	la	lametta da barba la'meta da 'barba
Rasierschaum	shaving foam 'schäjwing foum	la	crème à raser kräm a ra'seh	la	espuma de afeitar eß'puma de afei'tar	la	schiuma da barba 'ßkjuma da 'barba
Rasierwasser	aftershave 'ahftərschäjw	le	après-rasage m a'prä ra'sahsch	la	loción de afeitado loθi'ɔn de afei'tado	il	dopobarba dopo'barba
sauber	clean klihn		propre 'prɔprə		limpio 'limpio		pulito pu'lito
schmutzig	dirty 'dörti		sale ßall		sucio 'ßuθio		sporco 'ßpɔrko
Seife	soap ßoup	le	savon ßa'wõ	el	jabón cha'bɔn	il	sapone ßa'pone
Shampoo	shampoo schäm'puh	le	shampoing schäpu'ë	el	champú tscham'pu	lo	shampoo 'schampu
Taschentücher	handkerchief 'hänkətschif	les	mouchoirs en papier m muschu'ar ã pa'pjeh	el	pañuelo panju'elo	i	fazzoletti di carta fatßo'leti di 'karta
Toilettenpapier	toilet paper 'tɔilit 'päjpər	le	papier toilette pa'pjeh tua'lett	el	papel higiénico pa'pel ichi'eniko	la	carta igienica 'karta i'dschenika
Waschbecken	basin 'bäjßin	le	lavabo lawa'bo	el	lavabo la'wabo	il	lavandino lawan'dino
waschen	wash u'ɔsch		laver la'weh		lavar la'war		lavare la'ware
Wasser	water u'ɔtər	l'	eau f o	el	agua 'agua	l'	acqua f 'akua
Zahnbürste	toothbrush 'tuhθbrasch	la	brosse à dents électrique broß a dã ehlek'trik	el	cepillo de dientes θe'pijo de di'enteß	lo	spazzolino da denti ßpatßo'lino da 'denti
Zahnpasta	toothpaste 'tuhθpäjßt	la	dentifrice däti'friß	la	pasta de dientes 'paßta de di'enteß	il	dentifricio denti'fritscho
Zahnseide	dental floss 'dentl flɔß	la	soie dentaire ßu'a dä'tär	la	seda de dientes 'ßeda de di'enteß	il	filo interdentale 'filo interden'tale

Sonderzeichen in der Lautschrift ə angedeutetes e wie in bitte; ɔ offenes o wie in Post; ß scharfes s wie in nass; θ weiches s wie in Fass, aber gelispelt; ð s wie in Sense, aber gelispelt; ã nasal gesprochener Vokal wie in Chanson; ë nasal gesprochener Vokal wie in pointiert; õ nasal gesprochener Vokal wie in Jeton; sch weiches sch wie in Gin

Hygiene und Kosmetik

Deutsch	Englisch	Französisch	Spanisch	Italienisch

Kosmetik

Deutsch	Englisch	Französisch	Spanisch	Italienisch
Gesichtscreme	facial cream 'fäjschəl krihm	la crème pour le visage kräm pur lə wi'sah<u>sch</u>	la crema facial 'krema faθi'al	la crema per il viso 'kräma per il 'wiso
Gesichtswasser	clarifying lotion 'klärifajing 'louschn	la lotion pour le visage lo'ßjō pur lə wi'sah<u>sch</u>	la loción facial loθi'ɔn faθi'al	il tonico per il viso 'tɔniko per il 'wiso
Haargel	hair gel här d<u>sch</u>el	le gel pour les cheveux <u>sch</u>äl pur leh schə'wö	el gel de pelo chel de 'pelo	il gel per capelli d<u>sch</u>äl per ka'pelli
Haarspray	hairspray 'härßpräj	la laque à cheveux lack a schə'wö	la laca 'laka	la lacca per capelli 'laka per ka'pelli
Handcreme	hand cream händ krihm	la crème pour les mains kräm pur leh mē	la crema de manos 'krema de 'manoß	la crema per le mani 'kräma per le 'mani
Kajalstift	kohl liner koul 'lajnər	le kayal ka'jal	el lápiz kajal 'lapiθ ka'chal	il kajal ka'jal
Körperlotion	body lotion 'bɔdi 'louschn	la lotion corporelle lo'ßjō korpo'räll	la loción corporal loθi'ɔn korpo'ral	la lozione per il corpo lo'tßjone per il 'korpo
Kosmetik	cosmetics kɔs'metikß	les cosmétiques f koßmeh'tik	la cosmética koß'metika	la cosmetica kos'metika
Lidschatten	eye shadow aj 'schädou	l' ombre à paupières f 'ö'brə a po'pjär	la sombra de ojos 'ßombra de 'ochoß	l' ombretto m om'bretto
Lippenstift	lipstick 'lipßtick	le rouge à lèvres ruh<u>sch</u> a 'läwrə	la barra de labios 'bara de 'labioß	il rossetto ro'ßetto
Lockenstab	curling tongs 'körling tɔngs	le fer fär	la varilla de bucles wa'rija de 'bukleß	l' arricciacapelli m aritschaka'pelli
Make-up	make-up mäjk ap	le make-up mäk'ap	el maquillaje maki'jache	il make-up 'mejk ap
Nagelfeile	nail file näjl fajl	la lime à ongles lim a 'öglə	la lima de uñas 'lima de 'unjaß	la lima per le unghie 'lima per le 'ungje
Nagellack	nail varnish näjl 'wahnisch	le vernis à ongles wer'ni a 'öglə	la laca de uñas 'laka de 'unjaß	lo smalto per unghie 'smalto per 'ungje
Nagelschere	nail scissors näjl 'ßisəs	les ciseaux à ongles m ßi'so a 'öglə	la tijera de uñas ti'chera de 'unjaß	le forbici per le unghie 'fɔrbitschi per le 'ungje
Parfüm	perfume 'pörfjuhm	le parfum par'fē	el perfume per'fume	il profumo pro'fumo
Puder	powder 'paudər	le talc talk	el maquillaje maki'jache	la cipria 'tschipria
Rouge	rouge ruh<u>sch</u>	le rouge ruh<u>sch</u>	el colorete colo'rete	il fard fard
Schwamm	sponge ßpand<u>sch</u>	l' éponge f eh'pö<u>sch</u>	la esponja eß'poncha	la spugna 'ßpunja
Watte	cotton 'kɔttn	le coton ko'tō	el algodón algo'dɔn	l' ovatta f o'wata
Wimperntusche	mascara mä'ßkahrə	le mascara maßka'ra	la máscara 'maßkara	il mascara 'maßkara

Die wichtigsten Redewendungen

Gibt es hier eine Drogerie?	Is there a drugstore nearby? is ðär ə 'dragßtɔhr 'niəbaj?	Y a-t-il une droguerie par ici? ija'til ün drɔ'gri par i'ßi?	¿Hay por aquí una droguería? ¿ai por a'ki 'una droge'ria?	C'è un negozio di prodotti cosmetici qui vicino? 'tschä un ne'gɔtßjo di pro'doti kos'metici ku'i witschino?
Der Duft dieses Parfüms ist mir zu süß/herb/ dominant.	The scent of this perfume is too sweet/harsh/domi- nant. ðe ßent ɔf ðiß 'pörfjuhm is tu ßu'iht/hahsch/'dɔminənt.	Ce parfum est trop sucré/ âpre/dominant. ße par'fē ä tro ßü'kreh/ah'prə/ domi'nā.	El olor de este perfume es muy dulce /agrio/domi- nante para mi. ¿el o'lor de 'eßte per'fume eß mui 'dulθe/ 'agrio/domi'nante 'para mi?	Questo profumo è troppo dolce/aspro/forte. ku'eßto pro'fumo ä 'tropo 'doltsche/'aßpro/'fɔrte.
Haben Sie diesen Lippen- stift/Nagellack auch in anderen Farben?	Do you have this lipstick/ nail varnish also in diffe- rent colours? du ju häw ðiß 'lipßtick/näjl 'wahnisch 'ɔlßou in 'difrənt 'kalərß?	Avez-vous ce rouge à lèvre/vernis à ongles dans d'autres couleurs? aweh'wu ße ruh<u>sch</u> a 'läwrə/ wer'ni a 'öglə dä 'dohtrə ku'lör?	¿Tiene usted esta barra de labios/laca para las uñas también en otros colores? ti'ene uß'ted 'eßta 'bara de 'labioß/'laka 'para laß 'unjaß tambi'en en 'otroß ko'loreß?	Ha questo rossetto/smalto per le unghie anche in un altro colore? a ku'eßto ro'ßeto/'smalto per le 'ungje 'anke in un 'altro ko'lore?
Können Sie mir einen guten Frisör empfehlen?	Can you recommend a good hairdresser? kän ju rekə'mend ə gud 'härdreßər?	Pouvez-vous me conseiller un bon coiffeur? puweh'wu mə kößeh'jeh ē bō kua'för?	¿Puede usted recomen- darme un buen peluquero? ¿pu'ede uß'ted rekomen'darme un bu'en pelu'kero?	Mi può consigliare un buon parrucchiere? mi pu'ɔ konßil'jare un bu'on paru'kjäre?

Hygiene und Kosmetik

Hygieneartikel und Kosmetik
Reihenfolge der Übersetzung: Englisch, Französisch, Spanisch, Italienisch

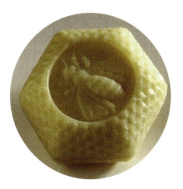

Shampoo

shampoo	schäm'puh
le shampooing	schäpu'ē
el champú	tscham'pu
lo shampoo	'schampu

Seife

soap	ßoup
le savon	ßa'wõ
el jabón	cha'bɔn
il sapone	ßa'pone

Bürste

brush	brasch
la brosse	brɔß
el cepillo	θe'pijo
la spazzola	'ßpatßola

Lockenwickler

curler	'körlər
le bigoudi	bigu'di
el rulo	'rulo
il bigodino	bigo'dino

Kamm

comb	koum
le peigne	'pänjə
el peine	'peine
il pettine	'petine

Toilettenpapier

toilet paper	'tɔilit 'päjpər
le papier toilette	pa'pjeh tua'lett
el papel higiénico	pa'pel ichi'eniko
la carta igienica	'karta i'dschenika

Rasierschaum

shaving foam	'schäjwing foum
la crème à raser	kräm a ra'seh
la espuma de afeitar	eß'puma de afei'tar
la schiuma da barba	'ßkjuma da 'barba

Rasierapparat

razor	'räjsər
le rasoir	rasu'ar
la maquinilla	maki'nija
il rasoio elettrico	ra'sojo e'letriko

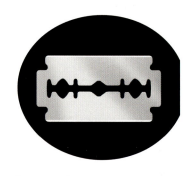

Rasierklinge

razor blade	'räjsər bläjd
la lame de rasoir	lam də rasu'ar
la hoja de afeitar	'ocha de afei'tar
la lametta da barba	la'meta da 'barba

Sonderzeichen in der Lautschrift: ə angedeutetes e wie in bitte; ɔ offenes o wie in Post; ß scharfes s wie in nass; θ weiches s wie in Fass, aber gelispelt; ð s wie in Sense, aber gelispelt; ã nasal gesprochener Vokal wie in Chanson; ē nasal gesprochener Vokal wie in pointiert; õ nasal gesprochener Vokal wie in Jeton; sch weiches sch wie in Gin

Hygiene und Kosmetik
Hygieneartikel und Kosmetik

Zahnbürste

toothbrush	'tuhθbrasch
la brosse à dents	brɔß a dã
el cepillo de dientes	θe'pijo de di'enteß
lo spazzolino da denti	ßpatßo'lino da 'denti

Lippenstift

lipstick	'lipßtick
le rouge à lèvres	ruhsch a 'läwrə
la barra de labios	'bara de 'labioß
il rossetto	ro'ßetto

Zahnpasta

toothpaste	'tuhθpäjßt
la dentifrice	däti'friß
la pasta de dientes	'paßta de di'enteß
il dentifricio	denti'fritscho

Nagellack

nail varnish	näjl 'wahnisch
le vernis à ongles	wer'ni a 'õglə
la laca de uñas	'laka de 'unjaß
lo smalto per unghie	'smalto per 'ungje

Wimperntusche

mascara	mä'ßkahrə
le mascara	maßka'ra
la máscara	'maßkara
la mascara	'maßkara

Kosmetikpinsel

make-up brush	mäjk'ap brasch
le pinceau	pẽ'ßo
el pincel cosmético	'pinθel koß'metiko
il pennello da cosmetica	pe'nello da koß'mätika

Parfüm

perfume	'pörfjuhm
le parfum	par'fẽ
el perfume	per'fume
il profumo	pro'fumo

Rouge

rouge	ruhsch
le rouge	ruhsch
el colorete	colo'rete
il fard	fard

Nagelfeile

nail file	näjl fajl
la lime à ongles	lim a 'õglə
la lima de uñas	'lima de 'unjaß
la lima per le unghie	'lima per le 'ungje

Wirtschaft

Deutsch	Englisch	Französisch	Spanisch	Italienisch

Wirtschaft

Deutsch	Englisch	Französisch	Spanisch	Italienisch
Ausgaben	expenses ik'ßpenßəs	les dépenses f deh'päß	los gastos 'gaßtos	le spese 'ßpese
Bilanz	balance 'bälənß	le bilan bi'lä	la balanza ba'lanθa	il bilancio bi'lantscho
Binnenmarkt	domestic market də'meßtik 'mahkət	le marché intérieur mar'scheh ëtehri'jör	el mercado mer'kado	il mercato nazionale mer'kato natßjo'nale
brutto	gross grouß	brut brüt	el bruto 'bruto	lordo 'lordo
Bruttoinlandsprodukt	gross domestic product grouß də'meßtik 'prɔdakt	le produit intérieur brut produ'i ëtehri'jör brüt	el producto nacional pro'dukto naθio'nal	il prodotto interno lordo pro'dotto in'tärno 'lordo
Bruttosozialprodukt	gross national product grouß 'näschnəl 'prɔdakt	le produit national brut produ'i naßjɔ'nal brüt	el producto nacional bruto pro'dukto naθio'nal 'bruto	il prodotto nazionale lordo pro'dotto natßjo'nale 'lordo
Einnahmen	income 'inkam	les recettes f rə'ßätt	el ingreso in'greßo	il reddito 'rädito
Export	export 'ekßpɔht	l' export m ekß'por	la exportación ekßportaθi'ɔn	l' export m 'äkßport
Finanzen	finances 'fajnänßəs	les finances f fi'näß	las finanzas fi'nanθaß	le finanze fi'nantße
Gewinn	profit 'prɔfit	le profit prɔ'fi	la ganancia ga'nanθia	il guadagno gua'danjo
Haushalt	budget 'badschit	le budget bü'dschä	el presupuesto preßpu'eßto	il bilancio bi'lantscho
Import	import 'impɔht	l' import m ë'por	la importación importaθi'ɔn	l' import m 'import
netto	net net	net nät	el neto 'neto	netto 'netto
Schulden	debts detß	les dettes f dätt	las deudas de'udaß	i debiti 'debiti
Steuern	taxes 'täkßəs	les impôts m ëm'po	los impuestos impu'eßtoß	le tasse 'taße
Überschuss	surplus 'ßörpləß	le surplus ßür'plü	el beneficio bene'fiθio	il profitto pro'fito
Wirtschaft	economy i'kɔnəmi	l' économie f ehkono'mi	la economía ekono'mia	l' economia f ekono'mia
Zoll	customs 'kaßtəms	la douane du'an	la aduana adu'ana	la dogana do'gana

Landwirtschaft

Deutsch	Englisch	Französisch	Spanisch	Italienisch
Agrarbetrieb	agricultural enterprise ägri'kaltschərəl 'entəprajs	l' entreprise agricole f ätrə'prihs agri'koll	la empresa agrícola em'preßa a'grikola	l' azienda agricola f a'dsjenda a'grikola
Bauer	farmer 'fahmər	le fermier färm'jeh	el campesino kampe'ßino	il contadino konta'dino
Bauernhof	farm fahm	la ferme färm	la granja 'grancha	la fattoria fato'ria
biologischer Anbau	biological cultivation bajə'lɔdschikl kalti'wäjschn	l' agriculture écologique f agrikül'tür ehkɔlɔ'schik	el cultivo ecológico kul'tiwo eko'lochiko	la coltivazione biologica koltiwa'tßjone bio'lɔdschika
Düngemittel	fertiliser 'förtəlajsər	l' engrais m a'grä	el abono a'bono	il concime kon'tschime
Egge	harrow 'härou	la herse erß	el rastrillo raß'trijo	l' erpice m 'erpitsche
Felder	fields fihlds	les champs schä	los campos 'kampoß	i campi 'kampi
Futtersilo	fodder silo 'fɔdər 'ßajlou	le silo ßi'lo	el silo para granos 'ßilo 'para 'granoß	il silo per foraggio 'ßilo per fo'radscho
Getreideanbau	cultivation of grain kalti'wäjschn ɔf gräjn	la culture du blé f kül'tür dü bleh	el cultivo cereal kul'tiwo θere'al	la cerealicoltura tscherealikol'tura
konventioneller Anbau	conventional cultivation kən'wenschənl kalti'wäjschn	l' agriculture tradition-nelle f agrikül'tür tradißjɔ'nell	el cultivo convencional kul'tiwo konwenθio'nal	la coltivazione convenzio-nale koltiwa'tßjone konwentßjo'nale
Landwirtschaft	agriculture 'ägrikaltschər	l' agriculture f agrikül'tür	la agricultura agrikul'tura	l' agricoltura f agrikol'tura
Mähdrescher	combine harvester kəm'bajn 'hahwißtər	la moissonneuse muaß'ɔ'nöhs	la segadora-trilladora ßega'dora trija'dora	la mietitrebbiatrice mjätitrebja'tritsche
Massentierhaltung	mass animal farming mäß 'äniməl 'fahming	l' élevage en batterie m ehlə'wahsch ä ba'tri	la tenencia de animales en masa te'nenθia de ani'maleß en 'maßa	allevamento intensivo m alewa'mento inten'ßiwo
Milchtierhaltung	dairy farming 'deəri 'fahming	l' élevage d'animaux de traite m ehlə'wahsch dani'mo də trätt	la tenencia de animales lecheras te'nenθia de ani'maleß le'tscheraß	l' allevazione di bestiame da latte f alewa'tßjone di beß'tjame da 'latte
Pflug	plough plau	la charrue scha'rü	el arado a'rado	l' aratro m a'ratro
Scheune	barn bahn	la grange grä̃sch	el pajar pa'char	il fienile fje'nile
Stall	stable 'ßtäjbl	l' étable f eh'tabl	el establo eß'tablo	la stalla 'ßtalla
Traktor	tractor 'träktər	le tracteur trak'tör	el tractor trak'tor	il trattore tra'tore
Weide	pasture 'pahßtschər	le pré preh	la pradera pra'dera	il pascolo 'paßkolo
Zucht	breed brihd	l' élevage m ehlə'wasch	la crianza kri'anθa	l' allevamento m alewa'mento

Sonderzeichen in der Lautschrift: ə angedeutetes e wie in bitte; ɔ offenes o wie in Post; ß scharfes s wie in nass; θ weiches s wie in Fass, aber gelispelt; ð s wie in Sense, aber gelispelt; ä nasal gesprochener Vokal wie in Chanson; ë nasal gesprochener Vokal wie in pointiert; ö nasal gesprochener Vokal wie in Jeton; sch weiches sch wie in Gin

Wirtschaft

Deutsch	Englisch	Französisch	Spanisch	Italienisch

Industrie

Deutsch	Englisch		Französisch		Spanisch		Italienisch
Arbeiter	worker u'örkər	le	travailleur tra'wa'jör	el	trabajador trabacha'dor	il	lavoratore lawora'tore
Ausschussware	rejections ri'dschekschnß	la	marchandise de rebut marschä'dihs də rə'bü	el	desperdicio de mercancía deßper'diθio de merkan'θia	la	merce di scarto 'mertsche di 'ßkarto
drucken	print print		imprimer ëpri'meh		imprimir impri'mir		stampare ßtam'pare
Energie	energy 'enədschi	l'	énergie f ehner'schi	la	energía ener'chia	l'	energia f ener'dschia
Fabrik	factory 'fäktəri	l'	usine f ü'sin	la	fábrica 'fabrika	la	fabbrica 'fabrika
Fließband	assembly line ə'ßembli lajn	la	chaîne schänn	la	cadena de montaje ka'dena de mon'tache	la	catena di montaggio ka'tena di mon'tadscho
Halle	hall hohl	le	hangar ä'gar	la	nave 'nawe	il	capannone kapa'none
Industrie	industry 'indəßtri	l'	industrie f ëdüß'tri	la	industria in'dußtria	l'	industria f in'dußtria
konstruieren	construct 'konßtrakt		construire kößtru'ir		construir konßtru'ir		costruire koßtru'ire
Maschinen	machines mə'schihns	les	machines f ma'schihn	las	máquinas 'makinaß	le	macchine 'makine
Montage	assembly ə'ßembli	le	montage mö'tahsch	el	montaje mon'tache	il	montaggio mon'tadscho
nähen	sew ßou		coudre 'kudrə		coser ko'ßer		cucire ku'tschire
Produktion	production prə'dakschn	la	production produk'ßjö	la	producción produkθi'ɔn	la	produzione produ'tßjone
Roboter	robot 'roubɔt	le	robot ro'bo	el	robóter ro'boter	il	robot ro'bɔ
Rohstoffe	raw materials rɔh mə'tiəriəls	la	matière première mat'jär prəm'jär	las	materias primas ma'teriaß 'primaß	la	materia prima ma'teria 'prima
schweißen	weld u'eld		souder ßu'deh		soldar ßol'dar		saldare ßal'dare
Unternehmer	entrepreneur ɔntrəprə'nör	l'	entrepreneur m ätrəprä'nör	el	empresario empre'ßario	l'	imprenditore m imprendi'tore
verpacken	pack päck		emballer äba'leh		empaquetar empake'tar		impacchettare impake'tare
walzen	roll roul		laminer lami'neh		laminar lami'nar		rullare ru'lare
Warenkontrolle	inventory control 'inwətnri kən'troul	le	contrôle des marchandises kö'trohl deh marschä'dihs	el	control de mercancía kon'trol de merkan'θia	il	controllo delle merci kon'trollo 'dele 'mertschi
Werkzeug	tool tuhl	l'	outil m u'ti	la	herramienta erami'enta	l'	attrezzo m a'tretßo

Die wichtigsten Redewendungen

Deutsch	Englisch	Französisch	Spanisch	Italienisch
Die Steuern sind niedriger/höher als bei uns.	Taxes are higher/lower than ours. 'täkßəs ar 'haiər/'louər ðän 'auərs.	Les impôts sont plus bas / élévés que chez nous. leh ëm'po ßõ plü ba/ehleh'weh kə scheh nu,	Los impuestos son más bajos/altos que en nuestro país. loß impu'eßtoß ßon maß 'bachoß/'altoß ke en nu'eßtro pa'iß.	Le tasse sono più basse/alte che da noi. le 'taße 'ßono pju 'baße/'alte ke da noj.
Sind das Brutto- oder Nettopreise?	Are these gross or net prices? ar ðihs grouß ɔr net 'praißəs?	Ce sont des prix bruts où net? ßə ßõ deh pri brüt u nät?	¿Son los precios neto o bruto? ¿ßon loß 'preθioß 'neto o 'bruto?	È il prezzo lordo o netto? ä il 'prätßo 'lordo o 'netto?
Ich bin in der Industrie/im Handwerk/in der Landwirtschaft beschäftigt.	I work in business/as a craftsperson/in agriculture. ai u'örk in 'bisnəß/äs ə 'krahftßmən/in 'ägrikaltschər.	Je travaille dans l'industrie/dans l'artisanat/dans l'agriculture. schə tra'waj dã lëdüß'tri/dã lartißa'na/dã lagrikül'tür.	Yo trabajo en la industria/mano de obra/agricultura. jo tra'bacho en la in'dußtria/'mano de 'obra/agrikul'tura.	Lavoro nell'industria/nell' artigianato/nell'agricoltura. la'woro nelin'dußtria/nelartidscha'nato/nelagrikol'tura.
Gibt es hier auch einen Fabrikverkauf?	Is there a factory outlet around here? is ðär ə 'fäktəri 'autlet ə'round 'hiə?	Y a-t-il une vente directe d'usine ici? ija'til ün wät di'rekt dü'sin i'ßi?	¿Hay aquí también venta directa de fábrica? ¿ai a'ki tambi'en 'wenta di'rekta de 'fabrika?	Esiste qui pure una vendita diretta in fabbrica? e'sißte ku'i 'pure 'una wen'dita di'reta in 'fabrika?
Haben Sie auch vergünstigte Waren mit kleinen Mängeln?	Do you also carry discounted goods with minor defects? du ju 'ɔlßou 'käri 'dißkauntəd gudß u'ið 'majnər di'fektß?	Avez-vous également des produits légèrement défectueux à des prix avantageux? aweh'wu ehgal'mã deh produ'i lehschär'mã dehfäktü'ö a deh pri awäta'schö?	¿Tienen ustedes artículos muy reducidos con pequeñas faltas? ¿ti'enen uß'tedeß ar'tikuloß mui redu'θidoß kon pe'kenjaß 'faltaß?	Ha anche delle merci con piccoli difetti a prezzo ridotto? a 'anke 'dele 'märtschi kon 'pikoli di'feti a 'prätßo ri'doto?
Ich wohne in einer Industrieregion/auf dem Land.	I live in an industrial region/in the country. ai liw in ən in'daßtriəl 'rihdschən/in ðə 'kantri.	J'habite une région industrialisée/la campagne. scha'bit ün reh'jõ ëdüßtriali'seh/la kã'panjə.	Yo vivo en una zona industrial/en el campo. jo 'wiwo en 'una 'θona industri'al/en el 'kampo.	Abito in una zona industriale/ in campagna. 'abito in 'una 'dsɔna indußtri'ale/in kam'panja.

101

Staatswesen

Deutsch	Englisch	Französisch		Spanisch		Italienisch

Staat und Politik

Deutsch	Englisch	Französisch		Spanisch		Italienisch
Abgeordneter	member of parliament 'membər ɔf 'pahləmənt	député dehpü'teh	le	diputado dipu'tado	el	deputato depu'tato	il
Absolutismus	absolutism 'äßßəluhtisəm	l'	absolutisme m abßolü'tißmə	el	absolutismo abßolu'tißmo	l'	assolutismo m asolu'tismo
Abstimmung	vote wout	le	vote wɔt	la	votación wotaθi'ɔn	la	votazione wota'tßjone
Anarchismus	anarchism 'änəkisəm	l'	anarchisme m anar'schißmə	el	anarquismo anar'kißmo	l'	anarchismo m anar'kismo
Armee	army 'ahmi	l'	armée f ar'meh	el	ejército e'cherθito	l'	esercito m e'särtschito
Blauhelmsoldaten	blue helmet blu 'helmit	les	casques bleus m kask blö	i	casco azul 'kasko a'θul	i	caschi blu 'kaßki blu
Demokratie	democracy di'mɔkraßi	la	démocratie dehmokra'ßi	la	democrácia demo'kraθia	la	democrazia demokra'tßia
Diktator	dictator dik'täjtər	le	dictateur dikta'tör	el	dictador dikta'dor	il	dittatore dita'tore
Diktatur	dictatorship dik'täjtəschip	la	dictature dikta'tür	la	dictatura dikta'tura	la	dittatura dita'tura
Einheitspartei	single political party 'ßingl pə'litikl 'pahti	le	parti unifié par'ti üni'fjeh	el	partido único par'tido 'uniko	il	partito unico par'tito 'uniko
Extremismus	extremism ik'ßtrihmisəm	l'	extrémisme m ekßtreh'mißmə	el	extremismo ekßtre'mißmo	l'	estremismo m eßtre'mismo
Faschismus	fascism 'fäschisəm	le	fascisme fa'schißmə	el	fascismo faß'θißmo	il	fascismo fa'schismo
Frieden	peace pihß	la	paix pä	la	paz paθ	la	pace 'pahtsche
Gesetz	law lɔh	la	loi lu'a	la	ley lej	la	legge 'ledsche
Gewaltenteilung	separation of powers ßepə'räjschn ɔf 'pauərs	la	séparation des pouvoirs ßehpara'ßjö deh puwu'ahr	la	separación de poderes ßeparaθi'ɔn de po'dereß	la	divisione dei poteri diwi'sjone 'dei po'teri
Herrschaft	reign räjn	le	pouvoir puwu'ahr	el	dominio do'minio	il	dominio do'minio
Kommunismus	communism 'kɔmjunisəm	le	communisme kɔmü'nißmə	el	comunismo komu'nißmo	il	comunismo komu'nismo
König	king king	le	roi ru'a	el	rey rej	il	re re
Krieg	war u'ɔhr	la	guerre gär	la	guerra 'gerra	la	guerra gu'ära
Macht	power 'pauər	le	pouvoir puwu'ahr	el	poder po'der	il	potere po'tere
Meinungsfreiheit	freedom of opinion 'frihdəm ɔf ɔ'pinjən	la	liberté d'expression liber'teh dekßprä'ßjö	la	libertad de opinión liber'tad de opini'ɔn	la	libertà d'opinione liber'ta dopin'jone
Menschenrechte	human rights 'juhmən raitß	les	droits de l'homme m dru'a də lɔm	los	derechos humanos de'retschos u'manoß	i	diritti umani di'riti u'mani
Minister	minister 'minißtər	le	ministre mi'nißtrə	el	ministro mi'nißtro	il	ministro mi'nißtro
Monarchie	monarchy 'mɔnəki	la	monarchie monar'schi	la	monarquía monar'kia	la	monarchia monar'kia
Nation	nation 'näjschn	la	nation na'ßjö	la	nación naθi'ɔn	la	nazione na'tßjone
Parlament	parliament 'pahləmənt	le	parlement parle'mä	el	parlamento parla'mento	il	parlamento parla'mento
Partei	party 'pahti	le	parti par'ti		partido político par'tido po'litiko	il	partito par'tito
Politik	politics/policy 'pɔlitikß/'pɔləßi	la	politique poli'tik	la	política po'litika	la	politica po'litika
Politiker	politician poli'tischn	le	politicien politi'ßjë	el	político po'litiko	il	politico po'litiko
Rechtsstaat	constitutional state kɔnßti'tjuhschənl ßtäjt	l'	état de droit m eh'ta də dru'a	el	estado constitucional eß'tado konstituθio'nal	lo	stato di diritto 'ßtato di di'rito
Regierung	government 'gawənmənt	le	gouvernement guwernə'mä	el	gobierno gobi'erno	il	governo go'werno
Regierungschef	head of government häd ɔf 'gawənmənt	le	chef du gouvernement scheff dü guwernə'mä	el	jefe de gobierno 'chefe de gobi'erno	il	capo di stato 'kapo di 'ßtato
Sozialismus	socialism 'ßouschəlisəm	le	socialisme ßoßja'lißmə	el	socialismo ßoθia'lißmo	il	socialismo ßotscha'lismo
Staat	state ßtäjt	l'	état m eh'ta	el	estado eß'tado	lo	stato 'ßtato
Staatspräsident	president 'presidənt	le	président prehsi'dä	el	presidente de estado preßi'dente de eß'tado	il	presidente di stato presi'dänte di 'ßtato
Terrorismus	terrorism 'terərisəm	le	terrorisme tärɔ'rißmə	el	terrorismo tero'rißmo	il	terrorismo tero'rismo
Todesstrafe	death penalty deθ 'penəlti	la	peine capitale pänn kapi'tall	la	pena de muerte 'pena de mu'erte	la	pena di morte 'pena di 'mɔrte
Untersuchungsausschuss	board of inquiry bɔhd ɔf inku'ajəri	la	commission d'enquête kɔmi'ßjö dä'kätt	la	comisión investigadora komiß'ɔn inweßtiga'dora	la	commissione d'in-chiesta comi'ßjone din'kjeßta
Verteidigung	defence di'fenß	la	défense deh'fäß	la	defensa de'fenßa	la	difesa di'fesa
Volk	nation 'näjschn	le	peuple 'pöplə	el	pueblo pu'eblo	il	popolo 'pɔpolo
Wahl	election i'lekschn	l'	élection f ehläk'ßjö	la	elección elekθi'ɔn	l'	elezione f ele'tßjone

Sonderzeichen in der Lautschrift ə angedeutetes e wie in bitte; ɔ offenes o wie in Post; ß scharfes s wie in nass; θ weiches s wie in Fass, aber gelispelt; ð s wie in Sense, aber gelispelt; ä nasal gesprochener Vokal wie in Chanson; ë nasal gesprochener Vokal wie in pointiert; ö nasal geprochener Vokal wie in Jeton; sch weiches sch wie in Gin

Staatswesen

Themen

Deutsch	Englisch	Französisch	Spanisch	Italienisch

Gesellschaft

Deutsch	Englisch	Französisch	Spanisch	Italienisch
Adel	nobility nou'biləti	la noblesse no'bläß	la aristocrácia arißto'kraθia	la nobiltà nobil'ta
Armut	poverty 'pɔwəti	la pauvreté pɔwrə'teh	la pobreza po'breθa	la povertà power'ta
Bürgertum	middle class 'midl klahß	la bourgeoisie burschua'si	la ciudadanía θiudada'nia	la borghesia borge'sia
Dienstleistungsgesell-schaft	service society 'ßörwiß ßə'ßajəti	la société de services ßɔßjeh'teh də 'ßär'wiß	la sociedad de servicios ßoθie'dad de ßer'wiθioß	la società di servizi ßotsche'ta di ßer'witßi
Familie	family 'fämili	la famille fa'mij	la familia fa'milia	la famiglia fa'milja
Fortschritt	progress 'prougreß	le progrès pro'grä	el progreso pro'greßo	il progresso pro'gräßo
Gemeinschaft	community kə'mjuhnəti	la communauté kɔmüno'teh	la comunidad komuni'dad	la comunità komuni'ta
Gemeinwohl	common welfare 'kɔmən u'elfeər	le bien-être social bjë'ätrə ßɔ'ßjal	el bien común bi'en ko'mun	il bene comune 'bäne ko'mune
Gesellschaft	society ßə'ßajəti	la société ßɔßjeh'teh	la sociedad ßoθie'dad	la società ßotsche'ta
Individuum	individual indi'widschual	l' individu m ẽdiwi'dü	el individuo indi'widuo	l' individuo m indi'widuo
Industriegesellschaft	industrial society in'daßtriəl ßə'ßajəti	la société industrielle ßɔßjeh'teh ẽdüßtri'jel	la sociedad industrial ßoθie'dad inßußtri'al	la società industriale ßotsche'ta inßußtri'ale
Informationsgesellschaft	information society infor'mäjschn ßə'ßajəti	la société d'information ßɔßjeh'teh dẽforma'ßjõ	la sociedad de información ßoθie'dad de informaθi'ɔn	la società dell'informazione ßotsche'ta delinforma'tßjone
Klimawandel	climate change 'klajmit 'tschäjndsch	le changement climatique schãsch'mã klima'tik	el cambio climatológico kambio klimato'lɔchiko	il cambiamento di clima kambja'mento di 'klima
Konsumgesellschaft	consumer society kən'ßjuhmər ßə'ßajəti	la société de consomma-tion ßɔßjeh'teh də kõßoma'ßjõ	la sociedad de consumo ßoθie'dad de kon'ßumo	la società consumistica ßotsche'ta konßu'mißtika
Leistungsgesellschaft	performance society pe'fɔhmenß ßə'ßajəti	la société de production ßɔßjeh'teh də prodük'ßjõ	la sociedad de rendimien-to ßoθie'dad de rendimi'ento	la società meritocratica ßotsche'ta merito'kratika
Mensch	human being 'juhmən 'biing	l' être humain m 'ätre ü'mẽ	el ser humano ßer u'mano	l' uomo m u'ɔmo
Reichtum	wealth u'elθ	la richesse ri'schäß	la riqueza ri'keθa	la ricchezza ri'ketßa
Soziologie	sociology ßoußi'ɔlədschi	la sociologie ßɔßjɔlɔ'schi	la sociología ßoθiolo'chia	la sociologia ßotscholo'dschia
Technisierung	mechanisation mekənaj'säjschn	la technicisation teknißisa'ßjõ	la mecanización mekaniθaθi'ɔn	la tecnicizzazione teknitschidsa'tßjone
Umweltschutz	environmental protection inwajərən'mentl prə'tekschn	la protection de l'envi-ronnement protäk'ßjõ də läwiron'mã	la protección del medio ambiente protekθi'ɔn del 'medio ambi'ente	la difesa dell'ambiente di'fesa delam'bjente
Wachstum	growth grouθ	la croissance krua'ßäß	el crecimiento kreθimi'ento	la crescita 'kreschita
Wohlfahrtsstaat	welfare state u'elfeər ßtäjt	l' état providence m eh'ta prowi'däß	el estado de beneficien-cia pública eß'tado de benefiθi'enθia 'publika	lo stato assistenziale 'ßtato aßißten'tßjale
Wohlstand	wealth u'elθ	le bien-être bjë'ätre	el bienestar bieneß'tar	il benessere be'näßere

Die wichtigsten Redewendungen

Wir leben in einer Demokratie.	We live in a democracy. u'i liw in ə di'mɔkrəßi.	Nous vivons dans une démocratie. nu wi'wõ dãsün dehmokra'ßi.	Vivimos en una demo-cracia. wi'wimoß en 'una demo'kraθia.	Viviamo in una democrazia. wi'wjamo in 'una demokra'tßija
Welche Regierungsform gibt es bei Ihnen?	What form of government does your country have? u'ɔt fɔhm ɔf 'gawənmənt das jɔr 'kantri häw?	Quel régime gouverne-mental existe chez vous? käl reh'schim guwernəmä'tall ek'ßißt scheh wu?	¿Qué régimen político hay en su país? ¿ke 'rechimen po'litiko ai en ßu pa'iß?	Che tipo di governo avete voi? ke 'tipo di go'werno a'wete woj
Die Steuern sind viel zu hoch.	Taxes are much too high. 'täkßəs ar matsch tu hai.	Les impôts sont beaucoup trop élevés. lehßëm'po ßõ bo'ku tro ehle'weh.	Los impuestos son muy elevados. loß impu'eßtoß ßon mui ele'wadoß.	Le tasse sono troppo alte. le 'taße 'ßono 'trɔpo 'alte
Viele Menschen haben Angst vor Arbeitslosig-keit.	Many people are afraid of losing their jobs. 'meni 'pihpəl ar ə'fräjd ɔf 'luhsing ðär dschobs.	Beaucoup de gens ont peur du chômage. bo'ku də schã õ pör dü scho'mahsch.	Muchas personas tienen miedo al paro. 'mutschaß per'ßonaß ti'enen mi'edo al 'paro.	Molte persone hanno pa-ura della disoccupazione. 'molte per'ßone 'anno pa'ura 'dela disokupa'tßjone
Ich bin für/gegen …	I am for/against … ai äm fɔr/ə'gänßt …	Je suis pour/contre … schə ßwi pur/'kɔntrə …	Yo estoy/no estoy … jo eß'toi/no eß'toi …	Sono in favore di/contro … 'ßono in fa'wore di/'kontro …

103

Länder und Sprachen

Deutsch	Englisch	Französisch		Spanisch		Italienisch

Länder

Deutsch	Englisch	Französisch		Spanisch		Italienisch
Afrika	Africa 'äfrikə	l'	Afrique f a'frik		Africa 'afrika	l'	Africa f 'afrika
Amerika	America ə'merikə	l'	Amérique f ameh'rik		América a'merika	l'	America f a'merika
Asien	Asia 'äjschə	l'	Asie f a'si		Asia 'aßia	l'	Asia f 'asia
Ausland	foreign country 'fɔräjn 'kantri		étranger ehträ'scheh	el	extranjero ekßtran'chero		estero m 'äßtero
Australien	Australia ɔ'ßträjliə	l'	Australie f ɔßtra'li		Australia auß'tralia	l'	Australia f auß'tralia
Belgien	Belgium 'beldschem	la	Belgique bäl'schik		Bélgica 'belchika	il	Belgio 'bäldscho
Dänemark	Denmark 'denmahk	le	Danemark dan'mark		Dinamarca dina'marka	la	Danimarca dani'marka
Deutschland	Germany 'dschörməni	l'	Allemagne f al'manjə		Alemania ale'mania	la	Germania dscher'mania
England	England 'ingländ	l'	Angleterre f äglə'tär		Inglaterra ingla'terra	l'	Inghilterra f ingil'tära
Estland	Estonia e'ßtouniə	l'	Estonie äßto'ni		Estonia eß'tonia	l'	Estonia f eß'tonia
Europa	Europe 'juərəp	l'	Europe f ö'rɔp		Europa eu'ropa	l'	Europa f äu'rɔpa
Finnland	Finland 'finländ	la	Finlande fë'läd		Finlandia fin'landia	la	Finlandia fin'landia
Frankreich	France frahnß	la	France fräß		Francia 'franθia	la	Francia 'frantscha
Grenze	border 'bɔhdər	la	frontière frö'tjär	la	frontera fron'tera	il	confine kon'fine
Griechenland	Greece grihß	la	Grèce gräß		Grecia 'greθia	la	Grecia 'grätscha
Großbritannien	Great Britain gräjt 'brittn	la	Grande Bretagne gräd brə'tanjə		Gran Bretaña gran bre'tanja	la	Gran Bretagna 'gran bre'tanja
Irland	Ireland 'aiələnd	l'	Irlande f ir'läd		Irlanda ir'landa	l'	Irlanda f ir'landa
Italien	Italy 'itəli	l'	Italie f ita'li		Italia i'talia	l'	Italia f i'talja
Kontinent	continent 'kɔntinənt	le	continent kõti'nä	el	continente konti'nente	il	continente konti'nänte
Land	country 'kantri	le	pays pä'i	el	país pa'iß	il	paese pa'ese
Lettland	Latvia 'lätwiə	la	Lettonie läto'ni		Letonia le'tonia	la	Lettonia lä'tonia
Litauen	Lithuania liθju'äjniə	la	Lituanie litua'ni		Lituania litu'ania	la	Lituania litu'ania
Luxemburg	Luxembourg 'lakßəmbörg	le	Luxembourg lükßä'bur		Luxemburgo lukßem'burgo	il	Lussemburgo lußem'burgo
Malta	Malta 'mɔhltə		Malte malt		Malta 'malta	il	Malta 'malta
Niederlande	Netherlands 'neðələnds	les	Pays Bas m päi 'ba		Países Bajos pa'ißeß 'bachoß	l'	Olanda f o'landa
Norden	north nɔhθ	le	Nord nor	el	norte 'norte	il	nord 'nɔrd
Norwegen	Norway 'nɔhuäj	la	Norvège nor'wähsch		Noruega noru'ega	la	Norvegia nor'wädscha
Osten	east 'ihßt	l'	Est m äßt	el	este 'eßte	l'	est m 'äßt
Österreich	Austria 'ɔßtria	l'	Autriche o'trisch		Austria 'außtria	l'	Austria f 'außtria
Polen	Poland 'poulənd	la	Pologne po'lɔnjə		Polonia po'lonia	la	Polonia po'lonia
Portugal	Portugal 'pɔhtjugəl	le	Portugal portü'gall		Portugal portu'gal	il	Portogallo porto'gallo
Russland	Russia 'raschə	la	Russie rü'ßi		Rusia 'rußia	la	Russia 'rußia
Schweden	Sweden ßu'ihdn	la	Suède ßu'äd		Suecia ßu'eθia	la	Svezia 'swätßia
Schweiz	Switzerland ßu'itßäländ	la	Suisse ßu'iß		Suiza ßu'iθa	la	Svizzera 'switßera
Slowakei	Slovakia ßlou'wäkiə	la	Slovaquie ßlowa'ki		Eslovaquia eßlo'wakia	la	Slovacchia ßlowa'kia
Slowenien	Slovenia ßlou'wihniə	la	Slovénie ßlowe'ni		Eslovenia eßlo'wenia	la	Slovenia ßlo'wenia
Spanien	Spain ßpäjn	l'	Espagne f äß'panjə		España es'panja	la	Spagna 'ßpanja
Süden	south ßauθ	le	Sud ßüd	el	sur ßur	il	sud ßud
Tschechien	Czech Republic tschek ri'pablik	la	République tchèque rehpü'blik tschäck		República Checa re'publika 'tscheka	la	Repubblica Ceca re'publika 'tschäka
Türkei	Turkey 'törki	la	Turquie tür'ki		Turquía tur'kia	la	Turchia tur'kia
Ungarn	Hungary 'hangəri	la	Hongrie õ'gri		Hungría un'gria	l'	Ungheria f unge'ria
USA	USA ju eß äj	les	USA m ü ß 'a	los	Estados Unidos de América eß'tadoß u'nidoß de a'merika	l'	USA f 'usa
Westen	west u'eßt	l'	Ouest m u'äst	el	oeste o'eßte	l'	ovest m 'ɔweßt
Zypern	Cyprus 'ßajprəß		Chypre 'schiprə		Chipre 'tschipre	il	Cipro 'tschipro

Sprachen

Deutsch	Englisch	Französisch		Spanisch		Italienisch
bedeuten	mean mihn		signifier ßinji'fjeh		significar ßignifi'kar		significare ßinjifi'kare
Buchstabe	letter 'lettər	la	lettre 'lätrə	la	letra 'letra	la	lettera 'lättera
dänisch	Danish 'däjnisch		danois danu'a		danés da'neß		danese da'nese
deutsch	German 'dschörmən		allemand al'mä		alemán ale'man		tedesco te'deßko
englisch	English 'inglisch		anglais ã'glä		inglés in'gleß		inglese in'glese
finnisch	Finnish 'finnisch		finlandais fëlä'dä		finés fi'neß		finlandese finlan'dese

Sonderzeichen in der Lautschrift ə angedeutetes e wie in bittе; ɔ offenes o wie in Pоst; ß scharfes s wie in naßs; θ weiches s wie in Faßs, aber gelispelt; ð s wie in Sеnse, aber gelispelt; ã nasal gesprochener Vokal wie in Chаnson; ë nasal gesprochener Vokal wie in pоintiert; õ nasal gesprochener Vokal wie in Jetоn; sch weiches sch wie in Gin

Länder und Sprachen

Deutsch	Englisch	Französisch	Spanisch	Italienisch
flämisch	Flemish 'flemisch	flamand fla'mä	flamenco fla'menko	fiammingo fja'mingo
französisch	French frentsch	français frä'ßä	francés fran'θeß	francese fran'tschese
Fremdsprache	foreign language 'fɔräjn 'länguidsch	la langue étrangère läg ehträ'schär	la lengua extranjera 'lengua ekßtran'chera	la lingua straniera 'lingua ßtran'jära
griechisch	Greek grihk	grecque gräk	griego gri'ego	greco 'gräko
italienisch	Italian i'täljən	italien ital'jë	italiano itali'ano	italiano ital'jano
Komma	comma 'kɔmmə	la virgule wir'gül	la coma 'koma	la virgola 'wirgola
luxemburgisch	Luxembourgian 'lakßämbörgian	luxembourgeois lükßäburschu'a	luxemburgués lukßembur'geß	lussemburgo lußem'burgo
Muttersprache	mother tongue 'maðər tang	la langue maternelle läg matär'nell	la lengua materna 'lengua ma'terna	la madre lingua 'madre 'lingua
niederländisch	Dutch datsch	néerlandais närlä'dä	neerlandés nerlan'deß	olandese olan'dese
norwegisch	Norwegian nɔh'uidschən	norvégien norweh'schjë	noruego noru'ego	norvegese norwä'dschese
polnisch	Polish 'poulisch	polonais polɔ'nä	polaco po'lako	polacco po'lako
portugiesisch	Portuguese 'pɔhtjugihs	portugais portü'gä	portugués portu'geß	portoghese porto'gese
Punkt	full stop full ßtɔp	le point pu'ë	el punto 'punto	il punto 'punto
russisch	Russian 'raschn	russe rüß	ruso 'rußo	russo 'rußo
Satz	sentence 'ßentənß	la phrase frahs	la frase 'fraße	la frase 'frase
schwedisch	Swedish ßu'ihdisch	suédois ßuädu'a	sueco ßu'eko	svedese swe'dese
Silbe	syllable 'ßiləbl	la syllabe ßi'lab	la sílaba 'ßilaba	la sillaba 'ßilaba
spanisch	Spanish 'ßpänisch	espagnol äßpan'jɔl	español eßpan'jol	spagnolo ßpan'jɔlo
Sprachen	languages 'länguidschaß	les langues f läg	las idiomas idi'omaß	le lingue 'lingue
Text	text tekßt	le texte tekßt	el texto 'tekßto	il testo 'teßto
tschechisch	Czech tschäck	tchèque tschäck	checo 'tscheko	ceco 'tschäko
türkisch	Turkish 'törkisch	turque türk	turco 'turko	turco 'turko
Übersetzung	translation tränß'läjschn	la traduction tradük'ßjö	la traducción tradukθi'ɔn	la traduzione tradu'tßjone
verstehen	understand andər'ßtänd	comprendre kö'prädrə	entender enten'der	capire ka'pire
Vokabeln	vocabulary wə'käbjuləri	le vocabulaire wokabü'lär	los vocablos wo'kabloß	i vocaboli wo'kaboli
Wort	word u'öhd	le mot mo	la palabra pa'labra	la parola pa'rɔla
Wörterbuch	dictionary 'dikschənri	le dictionnaire dikßjo'när	el diccionario dikθio'nario	il dizionario ditßjo'nario

Die wichtigsten Redewendungen

Aus welchem Land/ welcher Stadt kommen Sie?	Which country/city are you from? u'itsch 'kantri/'ßiti ar ju frɔm?	De quel pays/ de quelle ville venez-vous? də käl pä'i/də käl wil wəneh'wu?	¿De qué país/ciudad es usted? ¿de ke pa'iß/θiu'dad eß uß'ted?	Da quale paese/città (pro)viene Lei? da ku'ale pa'ese/tschi'ta (pro)'wjäne 'läj?
Was heißt ... auf Englisch/Französisch/ Italienisch/Spanisch?	What does ... mean in English/French/Italian/ Spanish. u'ɔt das mihn in 'inglisch/ frentsch/i'täljən/'ßpänisch.	Que veut dire en Anglais/ Français/Italien/Espagnol? kə wö dir ä ä'glä/frä'ßä/ital'jë/ äßpan'jɔl.	¿Cómo se dice ... en inglés/francés/italiano/ español? ¿'komo ße 'diθe en in'gleß/ fran'θeß/itali'ano/eßpan'jol?	Come si dice ...in inglese/francese/italiano/ spagnolo? 'kome ßi 'dihtsche in in'glese/ fran'tschese/ital'jano/ßpan'jɔlo?
Können Sie mir das bitte übersetzen?	Could you translate that for me. kud ju tränß'läjt ðät fɔr mi.	Pouvez-vous traduire cela s'il vous plaît? puweh'wu tradü'ir ßə'la ßil wu plä?	¿Puede traducírmelo, por favor? ¿pu'ede tradu'θirmelo por fa'wor?	Me lo può tradurre, per favore? me lo pu'ɔ tra'dure per fa'wore?
Das habe ich nicht verstanden.	I did not understand that. ai did nɔt andər'ßtänd ðät.	Je n'ai pas compris. schə neh pa kö'pri.	No lo he entendido. no lo e enten'dido	Non ho capito. non ɔ ka'pito.
Könnten Sie das bitte wiederholen?	Could you repeat that, please. kud ju ri'piht ðät plihs.	Vous pourriez répéter cela? wu pur'jeh rehpeh'teh ßə'la?	¿Puede repetirlo, por favor? ¿pu'ede repe'tirlo por fa'wor?	Può ripetere per favore? pu'ɔ ri'pätere per fa'wore?
Sprechen Sie bitte etwas langsamer.	Speak a little bit slower, please. ßpihk ə 'littl bitt 'ßlouər plihs.	Parlez plus lentement, s'il vous plaît. par'leh plü lät'mä ßil wu plä.	Hable más despacio, por favor. 'able maß deß'paθio por fa'wor.	Parli più piano per favore. 'parli pju 'pjano per fa'wore.
Verstehen ist einfacher als sprechen.	Understanding is easier than speaking. andər- 'ßtänding is 'ihsiər ðän 'ßpihking.	Comprendre est plus facile que parler. kö'prädrə ä plü fa'ßil kə par'leh.	Entender es más fácil que hablar. enten'der eß maß 'faθil ke a'blar.	Capire è più facile che parlare. ka'pire ä pju 'fatschile che par'lare.

Tiere

Deutsch	Englisch	Französisch	Spanisch	Italienisch

Allgemein

Deutsch	Englisch	Französisch	Spanisch	Italienisch
Amphibien	amphibians *ämˈfibiənß*	les amphibies *m äfiˈbi*	los amfibios *amˈfibioß*	l' anfibio *m* *anˈfibio*
Fische	fish *fisch*	les poissons *m* *puaˈßö*	los pescados *peßˈkadoß*	i pesci *ˈpeschi*
Insekten	insects *ˈinßektß*	les insectes *m* *ëˈßäkt*	los insectos *inˈßektoß*	gli insetti *inˈßäti*
Käfer	beetles *ˈbihtls*	le coléoptère *koleeopˈtär*	los escarabajos *eßkaraˈbachoß*	i coleotteri *koleˈɔteri*
Reptilien	reptiles *ˈreptajls*	les reptiles *m* *räpˈtil*	los reptiles *repˈtileß*	i rettili *ˈretili*
Säugetiere	mammals *ˈmämls*	les mammifères *m* *mamiˈfär*	los mamíferos *maˈmiferoß*	i mammiferi *maˈmiferi*
Spinnen	spiders *ˈßpajdəs*	les araignée *f* *arän'jeh*	las arañas *aˈranjaß*	i ragni *ˈranji*
Tier	animals *ˈäniməls*	l' animal *m* *aniˈmal*	el animal *aniˈmal*	l' animale *m* *aniˈmale*
Vögel	birds *börds*	les oiseaux *m* *uaˈso*	los pájaros *ˈpacharoß*	gli uccelli *uˈtschelli*

Haus- und Nutztiere

Deutsch	Englisch	Französisch	Spanisch	Italienisch
Biene	bee *bi*	l' abeille *f* *aˈbäj*	la abeja *aˈbecha*	l' ape *f* *ˈape*
Hahn	cock *kɔck*	le coq *kɔk*	el gallo *ˈgajo*	il gallo *ˈgallo*
Hamster	hamster *ˈhämßtər*	l' hamster *m* *amßˈtär*	el hámster *ˈamßter*	il criceto *kriˈtschäto*
Haustier	domestic animal *dəˈmeßtik ˈäniməl*	l' animal domestique *m* *aniˈmal domäßˈtik*	el animal doméstico *aniˈmal doˈmeßtiko*	l' animale domestico *m* *aniˈmale doˈmäßtiko*
Huhn	chicken *ˈtschickin*	la poule *pul*	la gallina *gaˈjina*	il pollo *ˈpollo*
Hund	dog *dɔg*	le chien *schjë*	el perro *ˈperro*	il cane *ˈkane*
Kaninchen	rabbit *ˈräbbit*	le lapin *laˈpë*	el conejo *koˈnecho*	il coniglio *koˈniljo*
Katze	cat *kät*	le chat *scha*	el gato *ˈgato*	il gatto *ˈgatto*
Kuh	cow *kau*	la vache *wasch*	la vaca *ˈwaka*	la mucca *ˈmuka*
Maus	mouse *mauß*	la souris *ßuˈri*	el ratón *raˈtɔn*	il topo *ˈtɔpo*
Meerschweinchen	guinea pig *ˈgini pig*	le cochon d'Inde *kɔˈschö dëd*	el conejillo de Indias *koneˈchijo de ˈindiaß*	il porcellino d'india *portscheˈlino ˈdindia*
Nutztier	farm animal *fahm ˈäniməl*	l' animal de trait *m* *aniˈmal də trä*	el animal útil *aniˈmal ˈutil*	l' animale da fattoria *m* *aniˈmale da fatoˈria*
Papagei	parrot *ˈpärət*	le perroquet *päroˈkeh*	el papagallo *papaˈgajo*	il papagallo *papaˈgallo*
Pferd	horse *hɔhs*	le cheval *schaˈwall*	el caballo *kaˈbajo*	il cavallo *kaˈwallo*
Schaf	sheep *schihp*	le mouton *muˈtô*	la oveja *oˈwecha*	la pecora *ˈpäkora*
Schildkröte	turtle *ˈtörtl*	la tortue *torˈtü*	la tortuga *torˈtuga*	la tartaruga *tartaˈruga*
Schwein	pig *pig*	le porc *por*	el cerdo *ˈθerdo*	il maiale *maˈjale*
Wellensittich	budgerigar *ˈbadschərigahr*	la perruche *peˈrüsch*	el periquito *periˈkito*	il papagallino *papagaˈlino*
Ziege	goat *gout*	la chèvre *ˈschäwrə*	la cabra *ˈkabra*	la capra *ˈkapra*

Zootiere

Deutsch	Englisch	Französisch	Spanisch	Italienisch
Affe	monkey *ˈmanki*	le singe *ßëhsch*	el mono *ˈmono*	la scimmia *ˈschimja*
Antilope	antelope *ˈäntiloup*	l' antilope *f* *ätiˈlɔp*	el antílope *anˈtilope*	l' antilope *m* *antiˈlɔpe*
Bär	bear *ˈbeər*	l' ours *m* *urß*	el oso *ˈoßo*	l' orso *m* *ˈorso*
Elefant	elephant *ˈelifənt*	l' éléphant *m* *ehlehˈfä*	el elefante *eleˈfante*	l' elefante *m* *eleˈfante*
Giraffe	giraffe *dschiˈrahf*	la girafe *schiˈraff*	la girafa *chiˈrafa*	la giraffa *dschiˈrafa*
Känguru	kangaroo *kängəˈruh*	le kangourou *käguˈru*	el canguro *kanˈguro*	il canguro *kanˈguro*
Krokodil	crocodile *ˈkrɔkədajl*	le crocodile *krɔkɔˈdil*	el cocodrilo *kokoˈdrilo*	il coccodrillo *kokoˈdrillo*
Leopard	leopard *ˈlepəd*	le léopard *leoˈpar*	el leopardo *leoˈpardo*	il leopardo *leoˈpardo*
Löwe	lion *ˈlajən*	le lion *liˈö*	el león *leˈɔn*	il leone *leˈone*
Nashorn	rhinoceros *rajˈnɔßərəß*	le rhinocéros *rinoßehˈrɔß*	el rinoceronte *rinoθeˈronte*	il rinoceronte *rinotscheˈronte*
Pinguin	penguin *ˈpenguin*	le pingouin *pëguˈë*	el pingüino *pinguˈino*	il pinguino *pinguˈino*
Schlange	snake *ßnäjk*	le serpent *ßärˈpä*	la serpiente *ßerpiˈente*	il serpente *ßerˈpente*
Seehund	seal *ßihl*	le phoque *fɔk*	la foca *ˈfoka*	la foca *ˈfɔka*
Strauß	ostrich *ˈɔßtritsch*	l' autruche *f* *oˈtrüsch*	el avestruz *aweßˈtruθ*	lo struzzo *ßtrutßo*
Tiger	tiger *ˈtajgər*	le tigre *ˈtigrə*	el tigre *ˈtigre*	la tigre *ˈtigre*
Zebra	zebra *ˈsihbrə*	le zèbre *ˈsäbrə*	la zebra *ˈθebra*	la zebra *ˈdsäbra*
Zoo	zoo *suh*	le zoo *so*	el parque zoológico *ˈparke θooˈlɔchiko*	lo zoo *ˈdsɔ*

Sonderzeichen in der Lautschrift ə angedeutetes e wie in bitte; ɔ offenes o wie in Post; ß scharfes s wie in nass; θ weiches s wie in Fass, aber gelispelt; ð s wie in Sense, aber gelispelt; ä nasal gesprochener Vokal wie in Chanson; ë nasal gesprochener Vokal wie in pointiert; ö nasal geprochener Vokal wie in Jeton; sch weiches sch wie in Gin

Tiere

Deutsch	Englisch	Französisch	Spanisch	Italienisch

Vögel und Waldtiere

Deutsch	Englisch	Französisch	Spanisch	Italienisch
Adler	eagle 'ihgl	l' aigle *m* 'äglə	el águila 'agila	l' acquila *f* 'akuila
Amsel	blackbird 'bläckbörd	le merle märl	el mirlo 'mirlo	il merlo 'merlo
Bussard	buzzard 'basəd	la buse bühs	el ratonero rato'nero	la poiana po'jana
Drossel	thrush θrasch	la grive griw	el tordo 'tordo	il tordo 'tordo
Eichhörnchen	squirrel ßku'irəl	l' écureuil ehkü'röij *m*	la ardilla ar'dija	lo scoiattolo ßko'jatolo
Ente	duck dack	le canard ka'nar	el pato 'pato	l' anatra *f* 'anatra
Eule	owl aul	le hibou i'bu	la lechuza le'tschuθa	il gufo 'gufo
Fink	finch fintsch	le pinson pë'ßö	el pinzón pin'θɔn	il fringuello fringu'elo
Fuchs	fox fɔkß	le renard rə'nar	el zorro 'θorro	la volpe 'wolpe
Gans	goose guhß	l' oie *f* u'a	el ganso 'ganßo	l' oca *f* 'ɔka
Geier	vulture 'waltschər	le vautour wo'tur	el buitre bu'itre	l' avvoltoio *m* awol'tojo
Hase	hare 'heər	le lièvre li'jäwrə	el conejo ko'necho	il coniglio ko'niljo
Hirsch	deer 'diər	le cerf ßär	el ciervo θi'erwo	il cervo 'tscherwo
Igel	hedgehog 'hedschhɔg	le hérisson ehri'ßö	el erizo e'riθo	l' istrice *m* 'ißtritsche
Meise	tit tit	le mésange meh'sähsch	el paro 'paro	la cinciallegra
				tschintscha'legra
Nachtigall	nightingale 'naitingäjl	le rossignol rɔßin'jɔl	el ruiseñor ruißen'jor	l' usignolo *m* usin'jɔlo
Reh	deer 'diər	le chevreuil schə'wröj	el reno 'reno	il capriolo kapri'ɔlo
Schwan	swan ßu'ɔn	le cygne 'ßinjə	el cisne 'θißne	il cigno 'tschinjo
Spatz	sparrow 'ßpärou	le moineau mua'no	el gorrión gori'ɔn	il passero 'paßero
Specht	woodpecker 'wudpeckər	le pic pik	el pico 'piko	il picchio 'pikjo
Star	starling 'ßtahling	l' étourneau *m* ehtur'no	el estornino eßtor'nino	lo storno 'ßtorno
Taube	pigeon 'pidschin	le pigeon pi'schö	la paloma pa'loma	il piccione pi'tschone
Wildschwein	wild pig u'ajld pig	le sanglier ßägli'jeh	el jabalí chaba'li	il cinghiale tschingi'ale

Die wichtigsten Redewendungen

Deutsch	Englisch	Französisch	Spanisch	Italienisch
Ich brauche Futter/ Wasser für mein Haustier.	I need food/water for my pet. ai nihd fuhd/u'ɔtər fɔr mai pet.	J'ai besoin de nourriture/ d'eau pour mon animal domestique. scheh bəsu'ë də nuri'tür/do pur mö ani'mal domäß'tik.	Necesito comida/agua para mi animal doméstico. neθe'ßito ko'mida/'agua 'para mi ani'mal do'meßtiko.	Mi serve mangime/ acqua per il mio animale domestico. mi 'ßerwe man'dschime/'akua per il 'mio ani'male do'mäßtiko.
Was für ein Haustier hast du?	What kind of a pet do you have? u'ɔt kaind ɔf ə pet du ju häw?	Qu'est ce que tu as comme animal? 'käßkə tü a kɔm ani'mal?	¿Qué animal doméstico tienes tú? ¿ke ani'mal do'meßtiko ti'eneß tu?	Quale animale domestico hai? ku'ale ani'male do'mäßtiko ai?
Welche Tiere gibt es auf dem Bauernhof/ im Zoo/im Wald?	What animals are there on the farm/at the zoo/ in the forest? u'ɔt 'äniməls ar ðär ɔn ðə fahm/ ät ðə suh/in ðə 'fɔrißt?	Quels animaux trouve- t-on à la ferme/au zoo/ dans la forêt. kälsani'mo truhw'tö a la färm/ o so/dã la fɔ'rä .	¿Qué animales hay en la granja/en el parque zoológico/en el bosque. ¿ke ani'maleß aj en la 'grancha/en el 'parke zoo'lɔchiko/en el 'boßke?	Quali animali ci sono nella fattoria/nello zoo/nel bosco? ku'ali ani'mali tschi 'ßono 'nela fato'ria/'nelo 'dso/nel 'boßko?
Wann hat der Zoo geöffnet?	When is the zoo open? u'än is ðə suh 'oupən?	Quelles sont les horaires d'ouverture du zoo? käl ßö lehso'rär duwer'tür dü so?	¿Cuándo tiene abierto el parque zoológico? ¿ku'ando ti'ene abi'erto el 'parke θoo'lɔchiko?	Quando è aperto lo zoo? ku'ando ä a'perto lo 'dso?
Darf ich das Tier streicheln?	May I pet the animal? mäj ai pet ði 'änimal?	Est-ce que je peux caresser l'animal? 'äßkə schə pö karə'ßeh lani'mal?	¿Puedo acariciar el animal? ¿pu'edo akariθi'ar el ani'mal?	Posso accarezzare l'animale? 'poßo akare'tßare lani'male?
Ist es zahm?	Is it gentle? is it 'dschentl?	Est-ce qu'il est apprivoisé? 'äßkil ä apriwua'seh?	¿Es manso? ¿eß 'manßo?	È mansueto? ä manßu'äto?
Vorsicht, es beißt und kratzt.	Careful, it bites and scratches. 'käərful it bajtß änd 'ßkrätschəß.	Attention, il mord et griffe. atä'ßjö il mɔr e grif.	Cuidado, muerde y araña. kui'dado mu'erde i a'ranja	Attenzione, morde e graffia. aten'tßjone 'mɔrde e 'grafja.

Tiere

Haustiere

Reihenfolge der Übersetzung: Englisch, Französisch, Spanisch, Italienisch

Esel

donkey	'danki
l' âne *m*	ann
el asno	'aßno
l' asino *m*	'asino

Pferd

horse	hɔhs
le cheval	schə'wall
el caballo	ka'bajo
il cavallo	ka'wallo

Kuh

cow	kau
la vache	wasch
la vaca	'waka
la mucca	'muka

Schaf

sheep	schihp
le mouton	mu'tõ
la oveja	o'wecha
la pecora	'päkora

Schwein

pig	pig
le porc	por
el cerdo	'θerdo
il maiale	ma'jale

Ziege

goat	gout
la chèvre	'schäwrə
la cabra	'kabra
la capra	'kapra

Hahn

cock	kɔck
le coq	kɔk
el gallo	'gajo
il gallo	'gallo

Huhn

chicken	'tschickin
la poule	pul
la gallina	ga'jina
il pollo	'pollo

Biene

bee	bih
l' abeille *f*	a'bäj
la abeja	a'becha
l' ape *f*	'ape

Sonderzeichen in der Lautschrift ə angedeutetes e wie in bitt**e**; ɔ offenes o wie in P**o**st; ß scharfes s wie in na**ss**; θ weiches s wie in Fa**ss**, aber gelispelt; ð s wie in **S**ense, aber gelispelt; ã nasal gesprochener Vokal wie in Ch**an**son; ẽ nasal gesprochener Vokal wie in p**oi**ntiert; õ nasal gesprochener Vokal wie in Jet**on**; sch weiches sch wie in **G**in

108

Tiere
Haustiere

Hund
dog   dɔg
le chien   schjë
el perro   'perro
il cane   'kane

Katze
cat   kät
le chat   scha
el gato   'gato
il gatto   'gatto

Maus
mouse   mauß
la souris   ßu'ri
el ratón   ra'tɔn
il topo   'tɔpo

Hamster
hamster   'hämßtər
l' hamster m   amß'tär
el hámster   'amßter
il criceto   kri'tschäto

Schildkröte
turtle   'törtl
la tortue   tor'tü
la tortuga   tor'tuga
la tartaruga   tarta'ruga

Kaninchen
rabbit   'räbbit
le lapin   la'pë
el conejo   ko'necho
il coniglio   ko'niljo

Meerschweinchen
guinea pig   'gini pig
le cochon d'Inde   kɔ'schõ dëd
el conejillo de Indias   kone'chijo de 'indiaß
il porcellino d'india   portsche'lino 'dindia

Zierfische
ornamental fish   ɔhnə'mentl fisch
le poisson d'agrément   pua'ßõ dagreh'mã
el pez de acuario   peθ de aku'ario
il pesce d'acquario   'pesche daku'ario

Kanarienvogel
canary   kə'näri
le canari   kana'ri
el canario   ka'nario
il canarino   kana'rino

Wellensittich
budgerigar   'badschərigahr
la perruche   pe'rüsch
el periquito   peri'kito
il papagallino   papaga'lino

Papagei
parrot   'pärət
le perroquet   päro'keh
el papagallo   papa'gajo
il papagallo   papa'gallo

Tiere

Zootiere

Reihenfolge der Übersetzung: Englisch, Französisch, Spanisch, Italienisch

Nashorn

rhinoceros	raj'nɔßərəß
le rhinocéros	rinoßeh'rɔß
el rinoceronte	rinoθe'ronte
il rinoceronte	rinotsche'ronte

Leopard

leopard	'lepəd
le léopard	leo'par
el leopardo	leo'pardo
il leopardo	leo'pardo

Elefant

elephant	'elifənt
l' éléphant *m*	ehleh'fã
el elefante	ele'fante
l' elefante *m*	ele'fante

Löwe

lion	'lajən
le lion	li'õ
el león	le'ɔn
il leone	le'one

Affe

monkey	'manki
le singe	ßẽhsch
el mono	'mono
la scimmia	'schimja

Tiger

tiger	'tajgər
le tigre	'tigrə
el tigre	'tigre
la tigre	'tigre

Antilope

antelope	'äntiloup
l' antilope *f*	ãti'lɔp
el antílope	an'tilope
l' antilope *m*	anti'lɔpe

Känguru

kangaroo	kängə'ruh
le kangourou	kãgu'ru
el canguro	kan'guro
il canguro	kan'guro

Zebra

zebra	'sihbrə
le zèbre	'säbrə
la zebra	'θebra
la zebra	'dsäbra

Sonderzeichen in der Lautschrift: ə angedeutetes e wie in bitt**e**; ɔ offenes o wie in P**o**st; ß scharfes s wie in na**ss**; θ weiches s wie in Fa**ss**, aber gelispelt; ð s wie in **S**ense, aber gelispelt; ã nasal gesprochener Vokal wie in Ch**an**son; ẽ nasal gesprochener Vokal wie in p**oi**ntiert; õ nasal gesprochener Vokal wie in Jet**on**; sch weiches sch wie in **G**in

110

Tiere
Zootiere

Giraffe
giraffe	dschi'rahf
la girafe	schi'raff
la girafa	chi'rafa
la giraffa	dschi'rafa

Krokodil
crocodile	'krɔkədajl
le crocodile	krɔkɔ'dil
el cocodrilo	koko'drilo
il coccodrillo	koko'drillo

Schlange
snake	ßnäjk
le serpent	ßär'pä
la serpiente	ßerpi'ente
il serpente	ßer'pente

Faultier
sloth	ßlouθ
le paresseux	pare'ßö
el perezoso	pere'θoßo
il bradipo	'bradipo

Seehund
seal	ßihl
le phoque	fɔk
la foca	'foka
la foca	'fɔka

Pinguin
penguin	'penguin
le pingouin	pēgu'ē
el pingüino	pingu'ino
il pinguino	pingu'ino

Büffel
buffalo	'bafəlou
le buffle	'büflə
el búfalo	'bufalo
il bufalo	'bufalo

Koala
koala	kou'alə
le koala	ko'ala
el koala	ko'ala
il koala	ko'ala

Bär
bear	'beər
l' ours m	urß
el oso	'oßo
l' orso m	'orso

111

Tiere

Vögel und Waldtiere

Reihenfolge der Übersetzung: Englisch, Französisch, Spanisch, Italienisch

Adler

eagle	'ihgl
l' aigle *m*	äglə
el águila	'agila
l' acquila *f*	'akuila

Bussard

buzzard	'basəd
la buse	bühs
el ratonero	rato'nero
la poiana	po'jana

Geier

vulture	'waltschər
le vautour	wo'tur
el buitre	bu'itre
l' avvoltoio *m*	awol'tojo

Amsel

blackbird	'bläckbörd
le merle	märl
el mirlo	'mirlo
il merlo	'merlo

Drossel

thrush	θrasch
la grive	griw
el tordo	'tordo
il tordo	'tordo

Fink

finch	fintsch
le pinson	pë'ßõ
el pinzón	pin'θɔn
il fringuello	fringu'elo

Meise

tit	tit
le mésange	meh'sähsch
el paro	'paro
la cinciallegra	tschintscha'legra

Spatz

sparrow	'ßpärou
le moineau	mua'no
el gorrión	gori'ɔn
il passero	'paßero

Taube

pigeon	'pidschin
le pigeon	pi'schõ
la paloma	pa'loma
il piccione	pi'tschone

Sonderzeichen in der Lautschrift: ə angedeutetes e wie in bitt**e**; ɔ offenes o wie in P**o**st; ß scharfes s wie in na**ss**; θ weiches s wie in Fa**ss**, aber gelispelt; ð s wie in **S**ense, aber gelispelt; ã nasal gesprochener Vokal wie in Ch**an**son; ë nasal gesprochener Vokal wie in p**oi**ntiert; õ nasal gesprochener Vokal wie in Jet**on**; sch weiches sch wie in **G**in

Tiere

Vögel und Waldtiere

Ente
duck	dack
le canard	ka'nar
el pato	'pato
l' anatra f	'anatra

Gans
goose	guhß
l' oie f	u'a
el ganso	'ganßo
l' oca f	'ɔka

Schwan
swan	ßu'ɔn
le cygne	'ßinjə
el cisne	'θißne
il cigno	'tschinjo

Eule
owl	aul
le hibou	i'bu
la lechuza	le'tschuθa
il gufo	'gufo

Fuchs
fox	fɔkß
le renard	rə'nar
el zorro	'θorro
la volpe	'wolpe

Hase
hare	'heər
le lièvre	li'jäwrə
el conejo	ko'necho
il coniglio	ko'niljo

Hirsch
deer	'diər
le cerf	ßär
el ciervo	θi'erwo
il cervo	'tscherwo

Reh
deer	'diər
le chevreuil	schə'wröj
el reno	'reno
il capriolo	kapri'ɔlo

Wildschwein
wild pig	u'ajld pig
le sanglier	ßägli'jeh
el jabalí	chaba'li
il cinghiale	tschingi'ale

Igel
hedgehog	'hedschhɔg
le hérisson	ehri'ßō
el erizo	e'riθo
l' istrice m	'ißtritsche

113

Pflanzen

Deutsch	Englisch	Französisch	Spanisch	Italienisch

Bäume

Deutsch	Englisch		Französisch		Spanisch		Italienisch
Ahorn	maple 'mäjpl	l'	érable *m* eh'rablə	el	arce 'arθe	l'	acero *m* 'atschero
Ast	branch brahntsch	la	branche bräsch	la	rama 'rama	il	ramo 'ramo
Baum	tree tri	l'	arbre *m* 'arbrə	el	árbol 'arbol	l'	albero *m* 'albero
Baumkrone	crown kraun	la	crête krätt	la	copa 'kopa	la	corona dell' albero ko'rona del'albero
Birke	birch börtsch	le	bouleau bu'lo	el	abedul abe'dul	la	betulla be'tulla
Buche	beech bihtsch	le	hêtre 'ätrə	el	haya 'aja	il	faggio 'fadscho
Eiche	oak ouk	le	chêne schänn	el	castaño kaß'tanjo	la	quercia ku'ertscha
Esche	ash äsch	le	frêne fränn	el	fresno 'freßno	il	frassino fra'ßino
Laubbaum	deciduous tree di'ßidjuäß tri	l'	arbre à feuilles caduques *m* 'arbrə a föj ka'dük	el	árbol frondoso 'arbol fron'doßo	la	latifoglia lati'folja
Linde	linden 'lindən	le	tilleul ti'jöl	el	tilo 'tilo	il	tiglio 'tiljo
Nadelbaum	conifer 'konifər	le	conifère koni'fär	la	conífera kon'ifera	la	conifera ko'nifera
Pflanzen	plants plahntß	la	plante plät	las	plantas 'plantaß	le	piante 'pjante
Samenpflanzen	seed plants ßihd plahntß	les	plantes à graines *f* plät a gränn	las	fanerógamas fane'rogamaß	la	pianta a semi 'pjanta a 'ßemi
Stamm	trunk trank	le	tronc trõ	el	tronco 'tronko	il	tronco 'tronko
Strauch	bush busch	le	buisson bui'ßõ	la	mata 'mata	l'	arbusto *m* ar'bußto
Tropenhölzer	tropical woods 'tropikl wudß	les	arbres tropicaux *m* 'arbrə tropi'ko	las	maderas tropicales ma'deraß tropi'kaleß	i	legni tropicali 'lenji tropi'kali
Zweig	branch brahntsch	le	rameau ra'mo	el	ramo 'ramo	il	ramo 'ramo

Blumen und Gräser

Deutsch	Englisch		Französisch		Spanisch		Italienisch
Aster	aster 'äßtər	l'	aster *m* aß'tär	el	amelo a'melo	l'	astro *m* 'aßtro
Basilikum	basil 'bäjsl	le	basilic basi'lik	la	albahaca alba'aka	il	basilico ba'siliko
Blatt	leaf lihf	la	feuille föj	la	hoja 'ocha	la	foglia 'folja
Blume	flower 'flauər	la	fleur flör	la	flor flor	il	fiore fi'ore
Blumenstrauß	bunch of flowers bantsch of 'flauərß	le	bouquet bu'kä	el	ramo de flores 'ramo de 'floreß	il	mazzo di fiori 'matßo di fi'ori
Blüte	blossom 'bloßəm	la	fleur flör	la	floración floraθi'on	il	fiore fi'ore
Butterblume	buttercup 'batəkap	le	bouton d'or bu'tõ dor	el	diente de león di'ente de le'on	il	ranuncolo ra'nunkolo
Dahlie	dahlia 'däjliə	le	dahlia dali'a	la	dalia 'dalia	la	dalia 'dalia
Dorn	spikes ßpajkß	l'	épine *f* eh'pin	la	espina eß'pina	la	spina 'ßpina
Farn	fern förn	la	fougère fu'schär	el	helecho e'letscho	la	felce 'feltsche
Flechte	lichen 'lajkən	le	lichen li'kän	el	liquen 'liken	il	lichene li'kene
Gras	grass grahß	l'	herbe *f* ärb	la	hierba i'erba	l'	erba *f* 'ärba
Heuschnupfen	hay fever häj 'fihwər	le	rhume des foins rüm deh fu'ë	la	alergia al polen a'lerchia al 'pollen	il	raffreddore da fieno rafre'dore da 'fjäno
Kerbel	chervil 'tschörwil	le	cerfeuil ßär'föj	el	perifollo peri'fojo	il	cerfoglio tscher'foljo
Koriander	coriander kori'ändər	la	coriandre kori'ädrə	el	cilantro θi'lantro	il	coriandolo kori'andolo
Kräuter	herbs hörbs	les	herbes *f* ärb	las	hierbas i'erbaß	le	erbe 'ärbe
Kresse	cress kreß	le	cresson krä'ßõ	el	berro 'berro	il	crescione kre'schone
Lavendel	lavender 'läwəndər	la	lavande lawäd	la	lavanda la'wanda	la	lavanda la'wanda
Lilie	lily 'lili	le	lis liß	el	lirio 'lirio	il	giglio 'dschiljo
Lorbeer	laurel 'lorəl	le	laurier lori'jeh	el	laurel lau'rel	l'	alloro *m* a'loro
Maiglöckchen	lilies of the valley 'lilis of ðə 'wäli	le	muguet mü'geh	el	lirio de los valles 'lirio de loß 'wajeß	il	mughetto mu'getto
Majoran	marjoram 'mahdscharəm	la	marjolaine marscho'länn	la	mejorana mecho'rana	la	maggiorana madscho'rana
Margerite	marguerite mahgə'riht	la	marguerite marga'ritt	la	margerita marge'rita	la	margherita marge'rita
Moos	moss moß	la	mousse muß	el	musgo 'mußgo	il	muschio 'muskio
Muskatnuss	nutmeg 'natmeg	la	muscade müß'kad	la	nuez moscada nu'eθ moß'kada	la	noce moscata 'notsche moß'kata
Nelke	pink pink	l'	œillet *m* ö'jä	el	clavel kla'wel	il	garofano ga'rofano
Orchidee	orchid 'ohkid	l'	orchidée *f* orki'deh	la	orquídea or'kidea	l'	orchidea *f* orki'däa

Sonderzeichen in der Lautschrift ə angedeutetes e wie in bitte; ɔ offenes o wie in Post; ß scharfes s wie in nass; θ weiches s wie in Fass, aber gelispelt; ð s wie in Sense, aber gelispelt; ã nasal gesprochener Vokal wie in Chanson; ë nasal gesprochener Vokal wie in pointiert; õ nasal gesprochener Vokal wie in Jeton; sch weiches sch wie in Gin

Pflanzen

Deutsch	Englisch	Französisch	Spanisch	Italienisch
Oregano	oregano ɔri'gahnou	l' oregan *m* oreh'gã	el orégano o'regano	l' origano *m* o'rigano
Osterglocke	daffodil 'däfədil	la jonquille schõ'kij	el narciso nar'θißo	il trombone trom'bone
Petersilie	parsley 'pahßli	le persil pär'ßi	el perejil pere'chil	il prezzemolo pre'tßemolo
pflücken	pick pick	cueillir kö'jir	coger ko'cher	raccogliere ra'koljere
Pilz	mushroom 'maschrum	le champignon schäpi'jõ	el hongo 'ongo	il fungo 'fungo
Pollen	pollen pɔlen	le pollen po'län	el polen 'pollen	il polline 'polline
Rose	rose rous	la rose rohs	la rosa 'roßa	la rosa 'rɔsa
Schnittlauch	chives tschajws	la ciboulette ßibu'lätt	el cebollino θebo'jino	l' erba cipollina *f* 'ärba tschipo'lina
Stängel	stalk ßtɔhk	la tige tih<u>sch</u>	el tallo 'tajo	il gambo 'gambo
Stiefmütterchen	pansy 'pänsi	la pensée pä'ßeh	el pensamiento penßami'ento	la viola 'wjɔla
Thymian	thyme tajm	le thym tẽ	el tomillo to'mijo	il timo 'timo
Unkraut	weed u'ihd	les mauvaises herbes *f* mo'wäs ärb	la maleza ma'leθa	le erbacce är'batsche
Vase	vase wahs	le vase wahs	el jarro 'charo	il vaso 'waso
Veilchen	violet 'wajələt	la violette wiɔ'lätt	la violeta wio'leta	la violetta wjo'leta
Vergissmeinnicht	forget-me-not fɔr'get mi nɔt	le ne-m'oubliez-pas nəmublijeh'pa	la miosota mio'ßota	il nontiscordardimè nontißkordardi'mä
Wurzel	root ruht	la racine ra'ßin	la raíz ra'iθ	la radice ra'ditsche

---

Die wichtigsten Redewendungen

Wie oft muss ich diese Pflanze gießen?	How often do I have to water this plant? hau 'ɔfən du ai häw tu u'ɔtər ðiß plahnt?	Avec quelle fréquence dois-je arroser cette plante? a'weck käl freh'käß dua'<u>sch</u>ə aro'seh ßät plät?	¿Cuántas veces tengo que regar esta planta? ¿ku'antaß 'weθeß 'tengo ke re'gar 'eßta 'planta?	Ogni quanto devo annaffiare questa pianta? 'onji ku'anto 'dewo ana'fjare ku'eßta 'pjanta?
Braucht sie Sonne oder Schatten?	Does it need a sunny or a shady location? das it nihd ə 'ßanni ɔr ə schäjd lou'käjschn?	Est-ce qu'elle a besoin de soleil ou d'ombre? 'äßkäl a bəsu'ẽ də ßo'läj u 'dõbrə?	¿Necesita sol o sombra? ¿neθe'ßita ßol o 'ßombra?	Preferisce sole o ombra? prefe'rische 'ßole o 'ombra?
Sind diese Möbel aus Tropenholz gebaut?	Is this furniture made of tropical wood? is ðiß 'förnitschər mäjd ɔf 'trɔpikl wud?	Est-ce que ces meubles sont en bois exotique? 'äßkə ßeh 'möblə ßõ ã bu'a ekßo'tik?	¿Están construidos estos muebles con madera de los trópicos? ¿eß'tan konstru'idoß 'eßtoß mu'ebleß kon ma'dera de loß 'tropikoß?	Questi mobili sono fatti di legni tropicali? ku'eßti 'mɔbili 'ßono 'fatti di 'lenji tropi'kali?
Welche Kräuter sind an diesem Essen?	Which herbs are in this dish? u'itsch hörbs ar in ðiß disch?	Quelles herbes sont dans ce repas? käl ärb ßõ dã ßə rə'pa?	¿Qué condimentos están en esta comida? ¿ke kondi'mentoß eß'tan en 'eßta ko'mida?	Con quale erbe è condito il piatto? kon ku'ale 'ärbe ä kon'dito il 'pjatto?
Die Blumen sind wunderschön, vielen Dank.	The flowers are beautiful, thank you very much. ðə 'flauərs ar 'bjutiful θänk ju 'wäri matsch.	Ces fleurs sont magnifiques, merci beaucoup. ßeh flör ßõ manji'fik mär'ßi bo'ku.	Las flores son muy bonitas, muchas gracias. laß 'floreß ßon mui bo'nitaß 'mutschaß 'graθiaß.	I fiori sono bellissimi, mille grazie. i fi'ori 'ßono be'lißimi 'mille 'gratßje.
Wo ist der nächste Blumenladen?	Where is the nearest flower shop? u'är is ðə 'niərißt 'flauər schɔp?	Où est le fleuriste le plus proche? u ä le flö'rißt lə plü prɔsch?	¿Dónde está la próxima florería? ¿'donde eß'ta la 'prɔkßima flore'ria?	Dov'è il negozio di fiori più vicino? do'wä il ne'gɔtßjo di fi'ori pju wi'tschino?
Ist dieser Pilz essbar oder giftig?	Is this an edible or a poisonous mushroom? is ðiß ən 'edibl ɔr ə 'poisənəß 'maschrum?	Est-ce que ce champignon est comestible ou vénéneux? 'äßkə ßə schäpin'jõ ä kɔmäß'tiblə u wehneh'nö?	¿Es esta seta comestible o venenosa? ¿eß 'eßta 'ßeta komeß'tible o wene'noßa?	Si può mangiare questo fungo o è velenoso? ßi pu'ɔ man'dschare ku'eßto 'fungo o ä wele'noso?

115

Pflanzen

Bäume und Blumen
Reihenfolge der Übersetzung: Englisch, Französisch, Spanisch, Italienisch

Buche
beech	bihtsch
le hêtre	'ätrə
el haya	'aja
il faggio	'fadscho

Ahorn
maple	'mäjpl
l' érable m	eh'rablə
el arce	'arθe
l' acero m	'atschero

Eiche
oak	ouk
le chêne	schänn
el castaño	kaß'tanjo
la quercia	ku'ertscha

Birke
birch	börtsch
le bouleau	bu'lo
el abedul	abe'dul
la betulla	be'tulla

Esche
ash	äsch
le frêne	fränn
el fresno	'freßno
il frassino	fra'ßino

Lärche
larch	lahtsch
le mélèze	meh'läs
el alerce	a'lerθe
il larice	'laritsche

Tanne
fir	för
le sapin	ßa'pë
el abeto	a'beto
l' abete	a'bete

Kiefer
pine	pain
le pin	pë
el pino	'pino
il pino	'pino

Sonderzeichen in der Lautschrift: ə angedeutetes e wie in bitte; ɔ offenes o wie in Post; ß scharfes s wie in nass; θ weiches s wie in Fass, aber gelispelt; ð s wie in Sense, aber gelispelt; ã nasal gesprochener Vokal wie in Chanson; ë nasal gesprochener Vokal wie in pointiert; õ nasal gesprochener Vokal wie in Jeton; sch weiches sch wie in Gin

Pflanzen
Bäume und Blumen

Rose

rose	rous
la rose	rohs
la rosa	'roßa
la rosa	'rɔsa

Dahlie

dahlia	'däjliə
le dahlia	dali'a
la dalia	'dalia
la dalia	'dalia

Lilie

lily	'lili
le lis	liß
el lirio	'lirio
il giglio	'dschiljo

Nelke

pink	pink
l' œillet m	ö'jä
el clavel	kla'wel
il garofano	ga'rɔfano

Veilchen

violet	'wajələt
la violette	wiɔ'lätt
la violeta	wio'leta
la violetta	wjo'leta

Maiglöckchen

lilies of the valley	'lilis ɔf ðə 'wäli
le muguet	mü'geh
el lirio de los valles	'lirio de loß 'wajeß
il mughetto	mu'getto

Stiefmütterchen

pansy	'pänsi
la pensée	pä'ßeh
el pensamiento	penßami'ento
la viola	'wjɔla

Lavendel

lavender	'läwəndər
la lavande	lawād
la lavanda	la'wanda
la lavanda	la'wanda

117

Wetter und Jahreszeiten

Deutsch	Englisch	Französisch	Spanisch	Italienisch

Wetter

Deutsch	Englisch	Französisch	Spanisch	Italienisch
Blitz	lightning 'laitning	la foudre 'fuhdrə	el relámpago re'lampago	il fulmine 'fulmine
Donner	thunder 'θandər	la tonnerre tɔ'när	el trueno tru'eno	il tuono tu'ɔno
Gewitter	thunderstorm 'θandəßtɔrm	l' orage f o'rahsch	la tormenta tor'menta	il temporale tempo'rale
Glatteis	black ice bläck aiß	le verglas wer'gla	la helada e'lada	il ghiaccio gi'atscho
Grad	degree di'gri	le degré də'greh	el grado 'grado	i gradi 'gradi
Hagel	hail häjl	la grêle gräll	el granizo gra'niθo	la grandine 'grandine
Hoch	high pressure area hai 'preschər 'eəriə	l' anticyclone m ätißi'klɔn	área de alta presión 'area de 'alta preßi'ɔn	alto 'alto
Luft	air 'äər	l' air m är	el aire 'aire	l' aria f 'aria
Luftdruck	air pressure 'äər 'preschər	la pression de l'air prä'ßjõ də lär	la presión atmosférica preßi'ɔn atmoß'ferika	la pressione atmosferica pre'ßjone atmoß'ferika
Luftfeuchtigkeit	humidity chju'midəti	l' humidité f ümidi'teh	la humedad ume'dad	l' umidità dell'aria f umidi'ta del'aria
Nebel	fog fɔg	le brouillard brui'jar	la niebla ni'ebla	la nebbia 'nebja
Regen	rain räjn	la pluie plu'i	la lluvia 'juwia	la pioggia 'pjɔdscha
Schnee	snow ßnou	la neige nähsch	la nieve ni'ewe	la neve 'newe
Sonne	sun ßan	le soleil ßo'läj	el sol ßol	il sole 'ßole
Sturm	storm ßtɔrm	la tempête tä'pät	la tempestad tempeß'tad	la tempesta tem'peßta
Temperatur	temperature 'temprətschər	la température täpehra'tür	la temperatura tempera'tura	la temperatura tempera'tura
Thermometer	thermometer θə'mɔmitər	le thermomètre tärmo'mätrə	el termómetro ter'mometro	il termometro ter'momätro
Tief	low pressure area lou 'preschər 'eəriə	la dépression dehprä'ßjõ	el área de baja presión 'area de 'bacha preßi'ɔn	la bassa pressione 'baßa pre'ßjone
Unwetter	thunderstorm 'θandəßtɔrm	le mauvais temps mo'wä tä	la tempestad tempeß'tad	il maltempo mal'tempo
Unwetterwarnung	inclement weather warning in'klemənt u'äðər u'ɔhning	l' avertissement m awertiß'mä	el aviso de tempestad a'wißo de tempeß'tad	l' avviso del maltempo m a'wißo del mal'tempo
Wetter	weather u'äðər	le temps tä	el tiempo ti'empo	il tempo 'tempo
Wetterkarte	weather chart u'äðər tschaht	la carte climatique kart klima'tik	la carta del tiempo 'karta del ti'empo	la carta meteorologica 'karta meteoro'lodschika
Wettervorhersage	weather forecast u'äðər 'fɔhkahßt	les prévisions météorologique f prehwi'sjõ mehteɔrɔlɔ'schik	el pronóstico del tiempo pro'noßtiko del ti'empo	le previsioni del tempo prewi'sjoni del 'tempo
Wind	wind u'ind	le vent wä	el viento wi'ento	il vento 'wento
Windstärke	wind force u'ind fɔhß	la force du vent forß dü wä	la fuerza del viento fu'erθa del wi'ento	l' intensità del vento f intenßi'ta del 'wento
Wolken	clouds klauds	les nuages m nü'ahsch	las nubes 'nubeß	le nuvole 'nuwole

Jahreszeiten

Deutsch	Englisch	Französisch	Spanisch	Italienisch
Frühling	spring ßpring	le printemps prё'tä	la primavera prima'wera	la primavera prima'wära
Herbst	autumn ɔhtəm	l' automne m ɔ'tɔn	el otoño o'tonjo	l' autunno m au'tuno
Jahreszeiten	seasons 'ßihsns	les saisons f ßä'sõ	las estaciones del año eßtaθi'ɔneß del 'anjo	le stagioni ßta'dschoni
Klima	climate 'klajmit	le climat kli'ma	el clima 'klima	il clima 'klima
Sommer	summer 'ßammər	l' été m ehteh	el verano we'rano	l' estate f eß'tate
Winter	winter u'intər	l' hiver m i'wär	el invierno inwi'erno	l' inverno m in'wärno

Die wichtigsten Redewendungen

Wie wird das Wetter morgen?	What will the weather be like tomorrow? u'ɔt u'il ðə u'äðər bi laik tu'mɔrou?	Quel temps fera-t-il demain? käl tä fəra'til də'mё?	¿Qué tiempo hará mañana? ¿ke ti'empo a'ra man'jana?	Come sarà il tempo domani? 'kome ßa'ra il 'tempo do'mani?
Brauchen wir einen Regenschirm?	Do we need an umbrella? du u'i nihd ən am'brelə?	Avons-nous besoin d'un parapluie? awõ'nu bəsu'ё dё paraplu'i?	¿Necesitamos un paraguas? ¿neθeßi'tamos un pa'raguaß?	Ci serve un' ombrello? tschi 'ßerwe unom'brello?
Ich kann Kälte/Hitze nicht so gut vertragen.	I cannot tolerate the cold/heat very well. ai 'kännɔt 'tɔləräjt ðə kould/ hiht 'wäri u'ell.	Je ne peux pas bien supporter le froid/la chaleur. schə nə pö pa bjё ßüpɔr'teh lə fru'a/la scha'lör.	No aguanto bien el frío/ calor. no agu'anto bi'en el 'frio/ka'lor.	Non resisto bene al freddo/caldo. non re'sißto 'bäne al 'freddo/'kaldo.

Wetter und Jahreszeiten

Reihenfolge der Übersetzung: Englisch, Französisch, Spanisch, Italienisch

Wetter

Sonne

sun	ßan
le soleil	ßo'läj
el sol	ßol
il sole	'ßole

Regen

rain	räjn
la pluie	plu'i
la lluvia	'juwia
la pioggia	'pjɔdscha

Wolken

clouds	klaudß
les nuages m	nü'ahsch
las nubes	'nubeß
le nuvole	'nuwole

Nebel

fog	fɔg
le brouillard	brui'jar
la niebla	ni'ebla
la nebbia	'nebja

Schnee

snow	ßnou
la neige	nähsch
la nieve	ni'ewe
la neve	'newe

Blitz

lightning	'laitning
la foudre	'fuhdrə
el relámpago	re'lampago
il fulmine	'fulmine

Wirbelsturm

tornado	tɔh'näjdou
le cyclone	ßi'klɔn
el ciclón	θi'klɔn
il ciclone	tschi'klone

Gewitter

thunderstorm	'θandəßtɔrm
l' orage f	o'rahsch
la tormenta	tor'menta
il temporale	tempo'rale

Eiszapfen

icicle	'aißikl
le glaçon	gla'ßõ
el carámbano	ka'rambano
il ghiacciolo	gja'tschɔlo

119

Natur

Deutsch	Englisch	Französisch	Spanisch	Italienisch

Erde

Deutsch	Englisch	Französisch	Spanisch	Italienisch
Bach	brook bruk	le ruisseau rüi'ßo	el arroyo a'rojo	il ruscello ru'schello
Berg	mountain 'mauntən	la montagne mõ'tanjə	la montaña mon'tanja	la montagna mon'tanja
Ebbe	low tide lou tajd	la marrée basse ma'reh baß	la marea baja ma'rea 'bacha	la bassa marea 'baßa ma'räa
Erdbeben	earthquake 'örθkuäjk	le tremblement de terre träblə'mä də tär	la terremoto tere'moto	il terremoto täre'moto
Erde	earth örθ	la terre tär	la tierra ti'era	la terra 'tära
Fluss	river 'riwər	la rivière riw'jär	el río 'rio	il fiume 'fjume
Flut	high tide hai tajd	la marrée haute ma'reh oht	la marea alta ma'rea 'alta	l' alta marea f 'alta ma'räa
Fossilien	fossils 'faßls	les fossiles f fo'ßil	los fósiles 'foßileß	il fossile 'foßile
Gebirge	mountains 'mauntəns	la montagne mõ'tanjə	la sierra ßi'era	la montagna mon'tanja
Gestein	rock rɔck	les pierres f pjär	el mineral mine'ral	la roccia 'rotscha
Gipfel	peak pihk	le sommet ßo'mä	la cumbre 'kumbre	la cima 'tschima
Gletscher	glacier 'gläßiər	le glacier gla'ßjeh	el glaciar glaθi'ar	il ghiacciaio gia'tschajo
Höhle	cave käjw	la caverne ka'wärn	la cueva ku'ewa	la caverna ka'wärna
Lava	lava 'lahwə	la lave law	la lava 'lawa	la lava 'lawa
Meer	sea ßih	la mer mär	el mar mar	il mare 'mare
Natur	nature 'näjtschər	la nature na'tür	la naturaleza natura'leθa	la natura na'tura
Quelle	spring ßpring	la source ßurß	la fuente fu'ente	la fontana fon'tana
Schlucht	gorge gɔhdsch	le ravin ra'wē	la garganta gar'ganta	la forra 'forra
See	lake läjk	le lac lak	el lago 'lago	il lago 'lago
Stein	stone ßtoun	la pierre pjär	la piedra pi'edra	il sasso 'ßaßo
Tal	valley 'wäli	la vallée wa'leh	el valle 'waje	la valle 'walle
Vulkan	volcano wol'käjnou	le volcan wol'kã	el volcán wol'kann	il vulcano wul'kano
Wald	forest 'fɔrißt	la forêt fo'rä	el bosque 'boßke	il bosco 'boßko
Wasserfall	waterfall u'ɔtərfɔl	la chute schüt	la cascada kaß'kada	la cascata kaß'kata
Wüste	desert 'desət	le desert deh'sähr	el desierto deßi'erto	il deserto de'särto

Weltall

Deutsch	Englisch	Französisch	Spanisch	Italienisch
Atmosphäre	atmosphere 'ätməßfiər	l' atmosphère f atmoß'fär	la atmósfera at'moßfera	l' atmosfera f atmoß'fära
Mond	moon muhn	la lune lün	la luna 'luna	la luna 'luna
Ozonschicht	ozone layer 'ousoun 'läjər	la couche d'ozone kusch do'sɔn	la capa de ozono 'kapa de o'θono	l' ozonosfera f odsonoß'fära
Planet	planet 'plänit	la planète pla'nätt	el planeta pla'neta	il pianeta pja'neta
Sonne	sun ßan	le soleil ßo'läj	el sol ßol	il sole 'ßole
Stern	star ßtar	l' étoile f ehtu'al	la estrella eß'treja	la stella 'ßtella
Weltall	universe 'juniwörß	l' univers m üni'wär	el universo uni'werßo	l' universo m uni'werßo

Die wichtigsten Redewendungen

Ich bin am liebsten in freier Natur.	I like being outdoors best. ai laik 'biing aut'dohs beßt.	Je préfère être en plein air. schə preh'fär 'ätrə ã plä'när.	Yo amo la vida en el campo. jo 'amo la 'wida en el 'kampo.	Mi piace soprattutto essere all'aperto nella natura. mi 'pjatsche ßopra'tutto 'äßere ala'perto 'nela na'tura.
Der Umweltschutz ist heutzutage besonders wichtig.	Environmental protection is tremendously important nowadays. inwajərən'mentl prə'tekschn is tri'mendaßli im'pɔhtənt 'nauədäjs.	La protection de l'environnement est très importante aujourd'hui. la protäk'ßjõ də läwiron'mä ä träßepor'tät oschurdu'i.	La protección del medio ambiente es muy importante en el día de hoy. la protekθi'ɔn del 'medio ambi'ente eß mui impor'tante en el 'dia de oi.	Oggigiorno la difesa della natura è molto importante. odschi'dschorno la di'fesa 'dela na'tura ä 'molto impor'tante.
Eine Sternschnuppe zu sehen bringt Glück.	It is good luck to see a shooting star. it is gud lack tu ßi ə 'schuhting ßtar.	Ça porte bonheur de voir une étoile filante. ßa port bɔn'ör də wu'ahr ün ehtu'al fi'lät.	Una estrella fugaz trae felicidad. 'una eß'treja fu'gaθ 'trae feliθi'dad.	Vedere una stella cadente porta fortuna. we'dere 'una 'ßtella ka'dente 'porta for'tuna.
Ich gehe gern bei Ebbe im Meer spazieren.	I like walking along the ocean at low tide. ai laik u'ɔhking ə'lɔng ði 'ouschn ät lou tajd.	J'aime me promener au bord de la mer à marée basse. schäm mə pɔmə'neh a ma'reh baß.	Paseo con gusto en el mar cuando la marea está baja. pa'ßeo kon 'gußto en el mar ku'ando la ma'rea eß'ta 'bacha.	Quando c'è la bassa marea mi piace passeggiare lungo il mare. ku'ando tschä la 'baßa ma'räa mi 'pjatsche paße'dschare 'lungo il 'mare.

Natur
Landschaften

Reihenfolge der Übersetzung: Englisch, Französisch, Spanisch, Italienisch

See
lake	läjk
le lac	lak
el lago	'lago
il lago	'lago

Wald
forest	'forißt
la forêt	fo'rä
el bosque	'boßke
il bosco	'boßko

Meer
sea	ßih
la mer	mär
el mar	mar
il mare	'mare

Fluss
river	'riwər
la rivière	riw'jär
el río	'rio
il fiume	'fjume

Berg
mountain	'mauntən
la montagne	mõ'tanjə
la montaña	mon'tanja
la montagna	mon'tanja

Gipfel
peak	pihk
le sommet	ßo'mä
la cumbre	'kumbre
la cima	'tschima

Gebirge
mountains	'mauntəns
la montagne	mõ'tanjə
la sierra	ßi'era
la montagna	mon'tanja

Schlucht
gorge	gɔhdsch
le ravin	ra'wẽ
la garganta	gar'ganta
la forra	'forra

Gletscher
glacier	'gläßiər
le glacier	gla'ßjeh
el glaciar	glaθi'ar
il ghiacciaio	gia'tschajo

Vulkan
volcano	wol'käjnou
le volcan	wol'kã
el volcán	wol'kann
il vulcano	wul'kano

Wüste
desert	'desət
le desert	deh'sähr
el desierto	deßi'erto
il deserto	de'särto

121

Verkehr

Deutsch	Englisch	Französisch	Spanisch	Italienisch

Auto

Deutsch	Englisch	Französisch	Spanisch	Italienisch
Ampel	traffic light 'träfik lait	les feux m fö	el semáforo ße'maforo	il semaforo ße'maforo
Auto	car kar	la voiture wua'tür	el coche 'kotsche	la macchina 'makina
Autofahrer	driver 'draiwər	le conducteur kõdük'tör	el conductor konduk'tor	l' autista mf au'tißta
Benzin	petrol 'petrəl	l' essence f eh'ßäß	la gasolina gaßo'lina	la benzina ben'dsina
bleifrei	unleaded an'ledid	sans plomb ßä plö	la gasolina sin plomo gaßo'lina ßin 'plomo	senza piombo 'ßentßa 'pjombo
Diesel	diesel 'dihsəl	le diesel (gasoil) djä'sel	el diesel di'eßel	il diesel 'dihsel
Einbahnstraße	one way street u'an u'äj ßtriht	le sens unique ßäß ü'nik	la calle de dirección única 'kaje de direkθi'ɔn 'unika	il senso unico 'ßenßo 'uniko
Feuerwehrauto	fire engine 'faiər 'endschin	la voiture des pompiers wua'tür də pö'pjeh	el coche de bomberos 'kotsche de bom'beroß	l' autopompa f auto'pompa
Führerschein	driving licence 'draiwing 'lajßənß	le permis de conduire per'mi də kõdu'ir	el carnet de conducir kar'net de kondu'θir	la patente pa'tente
Krankenwagen	ambulance 'ämbjulənß	l' ambulance f äbü'läß	la ambulancia ambu'lanθia	l' ambulanza f ambu'lantßa
Kreisverkehr	roundabout 'raundəbaut	le rond point rõ pu'ë	la rotonda ro'tonda	il rondó ron'dɔ
Kreuzung	crossroads 'krɔßrouds	le croisement kruas'mä	el cruce 'kruθe	l' incrocio m in'krotscho
Öl	oil ɔil	l' huile f ü'il	el aceite a'θeite	l' olio m 'ɔljo
Polizeiauto	police car pə'lihß kar	la voiture de police wua'tür də pɔ'liß	el coche de policía 'kotsche de poli'θia	la macchina della polizia 'makina 'dela poli'tßia
Straße	street ßtriht	la rue rü	la calle 'kaje	la strada 'ßtrada
Super	super 'ßupər	super ßü'pär	la gasolina super gaßo'lina 'ßuper	il super 'ßuper
Tankstelle	petrol station 'petrəl 'ßtäjschn	la station d'essence ßta'ßjõ deh'ßäß	la gasolinera gaßoli'nera	il distributore dißtribu'tore
Unfall	accident 'äkßidənt	l' accident m akßi'dä	el accidente akθi'dente	l' incidente m intschi'dente
Verbandskasten	first aid box 'förßt äjd bɔkß	la trousse de pansement truß də päß'mä	la botiquín de emergencia boti'kin de emer'chenθia	cassetta di pronto soccorso ka'ßeta di 'pronto ßo'korßo
Verkehr	traffic 'träfik	le trafic tra'fik	el tráfico 'trafiko	il traffico 'trafiko
Versicherung	insurance in'schurənß	l' assurance f aßü'räß	el seguro ße'guro	l' assicurazione f aßikura'tßjone
Vorfahrt	right of way rait ɔf u'äj	la priorité priɔri'teh	la preferencia de paso prefe'renθia de 'paßo	la precedenza pretsche'dentßa
Warndreieck	warning triangle u'ɔhning 'trajängl	le triangle d'avertissement triäglə dawertiß'mä	el triángulo de peligro tri'angulo de pe'ligro	il triangolo d'emergenza tri'angolo demer'dschentßa

Motorrad und Fahrrad

Deutsch	Englisch	Französisch	Spanisch	Italienisch
Beiwagen	sidecar 'ßajdkar	la remorque rə'mork	el sidecar ßaid'kar	il sidecar ßaid'kar
Fahrrad	bicycle 'bajßikl	la bicyclette ßißi'klett	la bicicleta ßiθi'kleta	la bicicletta bitschi'kleta
Helm	helmet 'helmit	le casque kask	el casco 'kaßko	il casco 'kaßko
Motocross-Maschine	motocross bike 'moutəkrɔß bajk	la moto de cross mo'to də krɔß	la moto de motocross 'moto de moto'kroß	la moto motocross 'mɔto mɔto'kroß
Motorrad	motorbike 'moutəbajk	la moto mo'to	la moto 'moto	la moto 'mɔto
Motorroller	scooter 'ßkuhtər	le scooter ßku'ter	la motocicleta motoθi'kleta	il motorino moto'rino
Mountainbike	mountain bike 'mauntənbajk	le vélo tout terrain weh'lo tu teh'rë	la bicicleta de montaña biθi'kleta de mon'tanja	la mountain bike maunten'baik
Rennrad	racing bicycle 'räjßing 'bajßikl	le vélo de course weh'lo də kurß	la bicicleta de carreras biθi'kleta de ka'reraß	la bicicletta da corsa bitschi'kleta da 'korßa
Tandem	tandem 'tändəm	le tandem tä'däm	el tándem 'tandem	il tandem 'tandem
Visier	visor 'wajsər	la visière wis'jär	la visera wi'ßera	la visiera wi'sjära

Flugzeug und Schiff

Deutsch	Englisch	Französisch	Spanisch	Italienisch
ablegen	cast off kahßt ɔf	larguer les amarres lar'geh lehsa'mar	zarpar θar'par	lasciare la'schare
anlegen	berth börθ	amarrer ama'reh	atracar atra'kar	approdare apro'dare
backbord	portside 'pɔhtßaid	bâbord ba'bor	babor ba'bor	babordo ba'bordo

Sonderzeichen in der Lautschrift ə angedeutetes e wie in bitte; ɔ offenes o wie in Post; ß scharfes s wie in nass; θ weiches s wie in Fass, aber gelispelt; ð s wie in Sense, aber gelispelt; ä nasal gesprochener Vokal wie in Chanson; ë nasal gesprochener Vokal wie in pointiert; õ nasal gesprochener Vokal wie in Jeton; sch weiches sch wie in Gin

Verkehr

Deutsch	Englisch	Französisch	Spanisch	Italienisch
Deck	deck *deck*	le pont *pô*	la cubierta *kubiˈerta*	il ponte *ˈponte*
fliegen	fly *flai*	prendre l'avion *ˈprãdrə laˈwjõ*	volar *woˈlar*	volare *woˈlare*
Flughafen	airport *ˈärpɔht*	l' aéroport *m* *aäroˈpɔr*	el aeropuerto *aeropuˈerto*	l' aeroporto *m* *aeroˈpɔrto*
Flugzeug	plane *pläjn*	l' avion *m* *aˈwjõ*	el avión *awiˈɔn*	l' aereo *m* *aˈäreo*
Hafen	harbour *ˈhahbər*	le port *pɔr*	el puerto *puˈerto*	il porto *ˈpɔrto*
landen	land *länd*	atterrir *ateˈrir*	aterrizar *ateriˈθar*	arrivare *ariˈware*
Passagier	passenger *ˈpäßindschər*	le passager *paßaˈscheh*	el pasajero *paßaˈchero*	il passeggero *paßeˈdschero*
Pilot	pilot *ˈpajlet*	le pilote *piˈlɔt*	el piloto *piˈloto*	il pilota *piˈlɔta*
Schiff	ship *schip*	le bateau *baˈto*	el barco *ˈbarko*	la nave *ˈnawe*
Schiffskabine	cabin *ˈkäbin*	la cabine *kaˈbin*	la cabina del barco *kaˈbina del ˈbarko*	la cabina *kaˈbina*
starten	start *ßtaht*	démarrer *dehmaˈreh*	arrancar *aranˈkar*	partire *parˈtire*
steuerbord	starboard *ˈßtarbɔhd*	le tribord *triˈbor*	el estribor *eßtriˈbor*	tribordo *triˈbordo*
Steward	cabin attendant/steward *ˈkäbin əˈtendənt/ˈßtjuəd*	le steward *ßtjuˈard*	el auxiliar de vuelo *aukßiliˈar de wuˈelo*	il steward *ˈßtjuard*
Stewardess	stewardess *ßtjuəˈdeß*	l' hôtesse de l'air *f* *otäß də lär*	la azafata *aθaˈfata*	l' assistente di volo *f* *aßißˈtente di ˈwolo*

Öffentliche Verkehrsmittel

Deutsch	Englisch	Französisch	Spanisch	Italienisch
Bahnhof	train station *träjn ˈßtäjschn*	la gare *gar*	la estación de tren *eßtaθiˈɔn de tren*	la stazione *ßtaˈtßjone*
Bahnsteig	platform *ˈplätfɔhm*	le quai *keh*	el andén *anˈden*	il binario *biˈnario*
Bus	bus *baß*	le bus *büß*	el autobús *autoˈbuß*	l' autobus *m* *autoˈbuß*
Eisenbahn	railway *ˈräjluäj*	le chemin de fer *schəˈmẽ də fär*	el ferrocarril *ferokaˈril*	le ferrovie *feroˈwije*
Fahrer	driver *ˈdraiwər*	le conducteur *kõdükˈtör*	el conductor *kondukˈtor*	il conduttore *konduˈtore*
Fahrkarte	ticket *ˈtickət*	le billet *biˈjä*	el billete *biˈjete*	il biglietto *bilˈjeto*
Gleis	platform *ˈplätfɔhm*	la voie *wuˈa*	la vía *ˈwia*	il binario *biˈnario*
Haltestelle	stop *ˈßtɔp*	l' arrêt *m* *aˈrä*	la parada *paˈrada*	la fermata *ferˈmata*
Reservierung	reservation *resəˈwäjschn*	la réservation *rehserwaˈßjõ*	la reservación *reßerwaθiˈɔn*	la prenotazione *prenotaˈtßjone*
Schaffner	conductor *kenˈdaktər*	le contrôleur *kõtroˈlör*	el revisor *rewiˈßor*	il controllore *kontroˈlore*
Speisewagen	restaurant car *ˈreßtrənt kar*	le wagon-restaurant *waˈgõ rəßtoˈrã*	el vagón restaurante *waˈgɔn reßtauˈrante*	il vagone ristorante *waˈgone rißtoˈrante*
Straßenbahn	tramway *ˈträmuäj*	le tram *tram*	el tranvía *tranˈwia*	il tram *tram*
Taxi	taxi *ˈtäkßi*	le taxi *taˈkßi*	el taxi *ˈtäkßi*	il taxi *ˈtäkßi*
U-Bahn	underground *ˈandəgraund*	le métro *mehˈtro*	el metro *ˈmetro*	il metrò *meˈtro*
Waggon	wagon *uˈägən*	le wagon *waˈgõ*	el vagón *waˈgɔn*	il vagone *waˈgone*
Zug	train *träjn*	le train *trẽ*	el tren *tren*	il treno *ˈträno*

Die wichtigsten Redewendungen

Deutsch	Englisch	Französisch	Spanisch	Italienisch
Wo ist die nächste Tankstelle.	Where is the next petrol station? *u'är is ðə näkßt 'petrəl 'ßtäjschn?*	Où est la prochaine station d'essence? *u ä la prɔ'schän ßta'ßjõ deh'ßäß?*	¿Dónde está la próxima gasolinera? *¿'donde eß'ta la 'prokßima gaßoli'nera?*	Dov'è il distributore più vicino? *do'wä il dißtribu'tore pju wi'tschino?*
Einmal volltanken, bitte.	Fill her up, please. *fill hör ap plihs.*	Le plein, s'il vous plaît. *lə plẽ ßil wu plä.*	Llene el tanque, por favor. *'jene el 'tanke por fa'wor.*	Il pieno per favore. *il 'pjäno per fa'wore.*
Wann fährt der nächste Zug nach ...?	When is the next train to ...? *u'än is ðə näkßt träjn tu ...*	Quand part le prochain train pour...? *kã par lə prɔ'schẽ trẽ pur ...?*	¿Cuándo sale el próximo tren para ...? *¿ku'ando 'ßale el 'prokßimo tren 'para?*	Quando parte il prossimo treno per ...? *ku'ando 'parte il 'proßimo 'träno per ...?*
Hält dieser Zug auch in ...?	Does this train also stop at ...? *das ðiß träjn 'ɔlßou 'ßtɔp ät ...?*	Est-ce que ce train s'arrête aussi à ...? *'äßkə ßə trẽ ßa'rät o'ßi a ...?*	¿Para este tren también en...? *¿'para 'eßte tren tambi'en en?*	Questo treno si ferma anche a ...? *ku'eßto 'träno ßi 'ferma 'anke a ...?*

Verkehr

Auto
Reihenfolge der Übersetzung: Englisch, Französisch, Spanisch, Italienisch

Kombi
estate car	iß'täjt kar
le break	bräk
la berlina familiar	ber'lina famil'jar
la vettura familiare	we'tura famil'jare

Limousine
saloon	ßə'luhn
la limousine	limu'sin
la berlina	ber'lina
la berlina, limousine	ber'lina, limu'sine

Cabriolet
convertible	kən'ʷwöhtəbl
le cabriolet	kabrio'lä
el descapotable	deßkapo'table
la decappottabile, roadster	dekapo'table, 'roudßte

Van
van	wän
la monospace	mɔnɔ'ßpaß
el monovolúmen	monowo'lumen
la monovolume	monowo'lume

Sportwagen
sports car	ßportß kar
la voiture de sport	wua'tür də ßpɔr
el deportivo	depor'tiwo
la vettura sportiva	we'tura ßpor'tiwa

Lkw
lorry	'lɔri
le camion	kam'jõ
el camión	kami'ɔn
l' autocarro m	auto'karro

Bus
bus	baß
le bus	büß
el autobús	auto'buß
l' autobus m	auto'buß

Kastenwagen
van	wän
le fourgon	fur'gõ
la furgoneta	furgo'neta
il furgone	fur'gone

Sonderzeichen in der Lautschrift: ə angedeutetes e wie in bitte; ɔ offenes o wie in Post; ß scharfes s wie in nass; θ weiches s wie in Fass, aber gelispelt; ð s wie in Sense, aber gelispelt; ã nasal gesprochener Vokal wie in Chanson; ẽ nasal gesprochener Vokal wie in pointiert; õ nasal gesprochener Vokal wie in Jeton; sch weiches sch wie in Gin

Verkehr
Auto

① Lenker
steering wheel 'ßtihring u'ihl
le volant wo'lä
el volante wo'lante
il volante wo'lante

② Windschutzscheibe
windscreen 'windßkrihn
le pare-brise par'brihs
el parabrisas para'brißaß
il parabrezza para'bredsa

③ Rückfenster
rear window 'riər u'indou
la fenêtre arrière fə'nätrə ari'jär
la ventanilla trasera wenta'nija tra'ßera
il lunotto lu'nɔto

④ Hupe
horn hɔhn
le klaxon klak'ßɔn
el claxon 'klagßon
il clacson 'klakßon

⑤ Blinker
indicator 'indikäjtər
le clignotant klinjo'tä
el intermitente intermi'tente
il lampeggiatore, la freccia
lampedscha'tore, 'fretscha

⑥ Außenspiegel
exterior mirror ik'ßtiəriər 'mirər
le rétroviseur extérieur
rehtrowi'sör äkßtehri'jör
el espejo externo eß'pecho ekß'terno
lo specchietto esterno ßpe'kjeto eß'tärno

⑦ Rückspiegel
interior mirror in'tiəriər 'mirər
le rétroviseur intérieur rehtrowi'sör ëtehri'jör
el espejo retrovisor eß'pecho retrowi'ßor
lo specchietto retrovisore
ßpe'kjeto retrowi'sore

⑧ Kofferraum
boot buht
le coffre 'kɔfrə
el maletero male'tero
il baule ba'ule

⑨ Motor
engine 'endschin
le moteur mo'tör
el motor mo'tor
il motore mo'tore

⑩ Tank
tank tänk
le réservoir rehserwu'ahr
el tanque 'tanke
il serbatoio ßerba'tojo

⑪ Auspuff
exhaust pipe ig'sɔhßt paip
le tuyau d'échappement tüi'jo dehschap'mä
el tubo de escape 'tubo de eß'kape
il tubo di scappamento 'tubo di ßkapa'mento

⑫ Bremse
brake bräjk
le frein frë
el freno 'freno
il freno 'freno

⑬ Kupplung
clutch klatsch
l' embrayage m äbrä'jasch
el embrague em'brage
la frizione fri'tßjone

Warndreieck
warning triangle u'ɔhning 'trajängl
le triangle de signalisation
tri'äglə də ßinjalisa'ßjö
el triángulo de averías tri'angulo de awe'riaß
il triangolo de segnalazione
tri'angolo de ßenjala'tßjone

Themen

Verkehr

Motorrad

Reihenfolge der Übersetzung: Englisch, Französisch, Spanisch, Italienisch

Lederkombi

full leathers	full 'leðərs
la combinaison en cuir	kõbinä'sõ ã ku'ir
el buzo de cuero	'buθo de ku'ero
la tuta di pelle	'tuta di 'pelle

Helm

helmet	'helmit
le casque	kask
el casco	'kaßko
il casco	'kaßko

Tachometer

speedometer	ßpid'ɔmihtər
le tachymètre	taki'mätrə
el tacómetro	ta'kɔmetro
il tachimetro	ta'kimetro

Sattel

seat	ßiht
la selle	ßäl
el sillín	ßi'jin
la sella	'ßella

Motorrad

motorbike	'moutəbajk
la moto	mo'to
la moto	'moto
la moto	'mɔto

Scheibenbremse

disc brake	dißk bräjk
le frein à disque	frẽ a dißk
el freno de disco	'freno de 'dißko
il freno a disco	'freno a 'dißko

Vergaser

carburettor	kabə'retər
le carburateur	karbüra'tör
el carburador	karbura'dor
il carburatore	karbura'tore

Getriebe

gear transmission	'giər tränß'mischn
la boîte de vitesses	bu'att də wi'täß
el engranaje	engra'nache
il cambio	'kambjo

Motorroller

scooter	'ßkuhtər
le scooter	ßku'ter
la motocicleta	motoθi'kleta
il motorino	moto'rino

Motocross-Maschine

motocross bike	'moutəkrɔß bajk
la moto de cross	mo'to də krɔß
la moto de motocross	'moto de moto'krɔß
la moto motocross	'mɔto mɔto'krɔß

Beiwagen

sidecar	'ßajdkar
la remorque	rə'mork
el sidecar	ßaid'kar
il sidecar	ßaid'kar

Sonderzeichen in der Lautschrift: ə angedeutetes e wie in bitte; ɔ offenes o wie in Post; ß scharfes s wie in nass; θ weiches s wie in Fass, aber gelispelt; ð s wie in Sense, aber gelispelt; ã nasal gesprochener Vokal wie in Chanson; ẽ nasal gesprochener Vokal wie in pointiert; õ nasal gesprochener Vokal wie in Jeton; sch weiches sch wie in Gin

Verkehr
Fahrrad

① Fahrrad

bicycle 'bajßikl
la bicyclette bißi'klett
la bicicleta biθi'kleta
la bicicletta bitschi'kleta

② Sattel

seat ßiht
la selle ßäl
el sillín ßi'jin
la sella 'ßella

③ Lenker

handlebars 'händlbars
le guidon gi'dõ
el manillar mani'jar
il manubrio ma'nubrio

④ Vorderlicht

headlamp 'hädlämp
le projecteur de vélo prɔschäk'tör də weh'lo
la luz delantera luθ delan'tera
il fanale anteriore fa'nale anter'iore

⑤ Rücklicht

rear light 'riər lait
le feu arrière fö ari'jär
la luz trasera luθ tra'θera
il fanale posteriore fa'nale poßter'jore

⑥ Reifen

tyre 'taiər
le pneu pnö
el neumático neu'matiko
il, lo pneumatico pnäu'matiko

⑦ Pedale

pedals 'pedls
les pédales f peh'dal
los pedales pe'daleß
i pedali pe'dali

⑧ Kette

chain tschäjn
la chaîne schänn
la cadena ka'dena
la catena ka'tena

⑨ Felge

rim rim
la jante schät
la llanta 'janta
il cerchio 'tscherkjo

⑩ Speiche

spoke ßpouk
le rayon rä'jõ
el radio 'radio
il raggio 'radscho

⑪ Gepäckträger

carrier 'käriər
le porte-bagages portba'gahsch
el portabultos porta'bultoß
il portapacchi porta'paki

⑫ Reflektorstreifen

reflecting stripes ri'flekting ßtrajpß
la bande réfléchissante bäd rehflehschi'ßät
la tira reflectora 'tira reflek'tora
la striscia riflettente 'ßtrischa rifle'tente

Verkehr

Flugzeug und Schiff

Reihenfolge der Übersetzung: Englisch, Französisch, Spanisch, Italienisch

① Flugzeug

plane plājn
l' avion m a'wjō
el avión awi'ɔn
l' aereo m a'äreo

② Cockpit

cockpit 'kɔkpit
le cockpit 'kɔkpit
la cabina de pilotaje ka'bina de pilo'tache
la cabina di pilotaggio ka'bina di pilo'tadscho

③ Tragflügel

wing u'ing
l' aile f äl
el ala 'ala
l' ala f 'ala

④ Triebwerk

engine 'endschin
le groupe motopropulseur
grup mɔtɔprɔpül'ßör
el propulsor propul'ßor
il motore mo'tore

⑤ Fahrwerk

landing gear 'länding 'giər
le train d'atterrissage trē dateri'ßahsch
el tren de aterrizaje tren de ateri'θache
il carrello ka'rello

⑥ Flugschreiber

flight data recorder flait 'däjtə ri'kɔhdər
la boîte noire bu'att nu'ahr
la caja negra 'kacha 'negra
il registratore di bordo
redschißtra'tore di 'bordo

⑦ Verkehrsflugzeug

commercial aircraft kə'mörschl 'eəkrahft
l' avion de ligne m a'wjō də 'linjə
el avión comercial awi'ɔn komerθi'al
l' aereo di linea m a'äreo di 'linea

⑧ Passagierraum

passenger seating area
'päßindschər 'ßihting 'äria
la cabine pour passagers ka'bin pur paßa'scheh
la cabina de pasajeros ka'bina de paßa'cheroß
la cabina dei passeggeri
ka'bina 'dei paße'dschäri

⑨ Höhenruder

elevator 'eliwäjtər
le gouvernail de profondeur
guwer'naj də prɔfō'dör
el timón de altura ti'mɔn de al'tura
il timone di profondità ti'mone di profondi'ta

⑩ Seitenruder

rudder 'radər
le gouvernail guwer'naj
el timón de mando ti'mɔn de 'mando
il timone di direzione ti'mone di dire'tßjone

⑪ Eindecker

monoplane 'mɔnəpläjn
le monoplan mɔnɔ'plä
el monoplano mono'plano
il monoplano mono'plano

⑫ Gepäckraum

baggage compartment
'bägidsch kɔm'pahtment
la soute de bagages ßut də ba'gahsch
el depósito de equipajes
de'pɔßito de eki'pacheß
la stiva di carico 'ßtiwa di 'kariko

Sonderzeichen in der Lautschrift ə angedeutetes e wie in bitte; ɔ offenes o wie in Post; ß scharfes s wie in nass; θ weiches s wie in Fass, aber gelispelt; ö s wie in Sense, aber gelispelt; ä nasal gesprochener Vokal wie in Chanson; ē nasal gesprochener Vokal wie in pointiert; ō nasal gesprochener Vokal wie in Jeton; sch weiches sch wie in Gin

Verkehr
Flugzeug und Schiff

1 Schiff
ship schip
le bateau ba'to
el barco 'barko
la nave 'nawe

2 Passagierschiff
passenger ship 'päßndschər schip
le paquebot pak'bo
el paquebote pake'bote
la nave passeggeri 'nawe paße'dscheri

3 Sextant
sextant 'ßekßtənt
le sextant ßekß'tã
el sextante ßekß'tante
il sestante ßeß'tante

4 Kompass
compass 'kɔmpəß
la boussole bu'ßɔl
el compás kom'paß
la bussola 'bußola

5 Hafen
harbour, port 'hahbər, pɔht
le port pɔr
el puerto pu'erto
il porto 'porto

6 Schiffsglocke
ship's bell schipß bell
la cloche du bateau klɔsch dü ba'to
la campana del barco kam'pana del 'barko
la campana della nave kam'pana 'dela 'nawe

7 Steuerruder
steering rudder 'ßtihring 'radər
le gouvernail guwer'naj
el timón ti'mɔn
il timone ti'mone

8 Schiffsschraube
propeller prə'pelər
l' hélice f eh'liß
la hélice 'eliθe
l' elica f 'elika

9 Anker
anchor 'änkər
l' ancre m 'äkrə
la ancla 'ankla
l' ancora f 'ankora

10 Rettungsboot
lifeboat 'laifbəut
le bateau de sauvetage ba'to də ßow'tahsch
el bote salvavidas 'bote ßalwa'widaß
la scialuppa di salvataggio scha'lupa di ßalwa'tadscho

11 Bug
bow bou
la proue pru
la proa 'proa
la prua 'prua

12 Heck
stern ßtörn
la poupe pup
la popa 'popa
la poppa 'pɔpa

13 Kiel
keel kihl
la carène ka'ränn
la quilla 'k'ija
la chiglia 'kilja

14 Bullauge
porthole pɔht'hɔhl
l' hublot m üblo
el ojo de buey ojo de bu'ei
l' oblò m oblo

15 Passagierkabine
passenger cabin 'päßindschər 'käbin
la cabine pour passagers ka'bin pur paßa'scheh
la cabina de pasajeros ka'bina de paßa'cheroß
la cabina dei passeggeri ka'bina 'dei paße'dschäri

Verkehr

Eisenbahn, Bus, Straßenbahn, Taxi

Reihenfolge der Übersetzung: Englisch, Französisch, Spanisch, Italienisch

Eisenbahn

railway 'räjluäj
le chemin de fer schə'mē də fär
el ferrocarril feroka'ril
le ferrovie fero'wije

Diesellokomotive

diesel locomotive 'dihsəl loukə'moutiw
la locomotive diesel lɔkɔmɔ'tiw dji'säl
la locomotora diesel lokomo'tora di'eßel
la locomotiva diesel lokomo'tiwa 'dihsel

Lokomotive

locomotive loukə'moutiw
la locomotive lɔkɔmɔ'tiw
la locomotora lokomo'tora
la locomotiva lokomo'tiwa

Führerstand

operator's cabin ɔpə'räjtərs 'käbin
la cabine du conducteur ka'bihn dü ködük'tör
la cabina del conductor ka'bina del konduk'tor
la cabina di guida ka'bina di gu'ida

Sightseeing-Bus

sightseeing bus 'ßajtßihing baß
le bus de tourisme büß də tu'rismə
el bus turistico buß tu'rißtiko
il bus turistico buß tu'rißtiko

Autozug

motorail train 'moutəräjl träjn
le train à voitures trē a wua'tür
el autotren auto'tren
il treno-auto-passeggeri trenoautopaße'dscheri

Sonderzeichen in der Lautschrift: ə angedeutetes e wie in bitte; ɔ offenes o wie in Post; ß scharfes s wie in nass; θ weiches s wie in Fass, aber gelispelt; ð s wie in Sense, aber gelispelt; ã nasal gesprochener Vokal wie in Chanson; ē nasal gesprochener Vokal wie in pointiert; õ nasal gesprochener Vokal wie in Jeton; sch weiches sch wie in Gin

130

Verkehr

Eisenbahn, Bus, Straßenbahn, Taxi

Güterwagen

goods wagon	guds u'ägn
le wagon à marchandises	wa'gō a marschä'dihs
el vagón de mercancías	wa'gɔn de merkan'θiaß
il carro merci	'karro 'mertschi

Fahrkartenautomat

ticket machine	'tickət ma'schihn
le distributeur de billets	dißtribü'tör də bi'jä
el distribuidor de billetes	dißtribui'dor de bi'jeteß
il distributore automatico di biglietti	dißtribu'tore auto'matiko di bil'jeti

Bahnhof

train station	träjn 'ßtäjschn
la gare	gar
la estación de tren	eßtaθi'ɔn de tren
la stazione	ßta'tßjone

Straßenbahn

tramway	'trämuäj
le tram	tram
el tranvía	tran'wia
il tram	tram

Taxi

taxi	'täkßi
le taxi	ta'kßi
el taxi	'takßi
il taxi/il tassì	'takßi/ta'ßi

Siedlungen und Gebäude

Deutsch	Englisch	Französisch	Spanisch	Italienisch

Siedlungen

Altstadt	Old Town 'ould taun	la vieille ville w'jäj wil	la ciudad vieja θiu'dad wi'echa	il centro storico 'tschentro 'ßtɔriko
Dorf	village 'wilidsch	le village wi'lahsch	el pueblo pu'eblo	il paese pa'ese
Industriegebiet	industrial area in'daßtriəl 'eəriə	la zone industrielle sohn ēdüßtri'ell	la zona industrial 'θona indußtri'al	la zona industriale 'dsɔna indußtri'ale
Neubaugebiet	development area di'weləpmənt 'eəriə	la zone de construction sohn də kõßtrük'ßjõ	el barrio nuevo 'bario nu'ewo	l' area di nuova urbanizzazione f 'area di nu'ɔwa urbanidsa'tßjone
Ort	place pläjß	le lieu li'jõ	el lugar lu'gar	il paese pa'ese
Siedlung	residential area 'residəntschl 'eəriə	la zone résidentielle sohn rehsidä'ßjell	la urbanización urbanißaθi'ɔn	l' abitato m abi'tato
Stadt	town taun	la ville wil	la ciudad θiu'dad	la città tschi'ta
Stadtteil	part of town paht ɔf taun	le quartier kart'jeh	el barrio 'bario	il quartiere kuar'tjäre
Straße	street ßtriht	la rue rü	la calle 'kaje	la strada 'ßtrada
Wohngebiet	residential area 'residəntschl 'eəriə	la zone d'habitation sohn dabita'ßjõ	la zona residencial 'θona reßidenθi'al	la zona residenziale 'dsɔna residen'tßjale

Gebäude

Carport	carport 'kahpɔht	le carport kar'pɔrt	el cobertizo de coche kober'tiθo de 'kotsche	il parcheggio coperto par'kedscho ko'perto
Dach	roof ruhf	le toit tu'a	el tejado te'chado	il tetto 'tetto
Dachgeschoss	attic floor 'ätik flɔr	les combles m 'kõblə	el ático 'atiko	il piano 'pjano
Doppelhaus	semi-detached house 'ßemi di'tätscht hauß	la maison mitoyenne mä'sõ mitua'jänn	la casa doble 'kaßa 'doble	la villetta bifamiliare wi'letta bifamil'jare
Einfahrt	entrance 'entrənß	l' entrée f ä'treh	la entrada en'trada	l' accesso m a'tscheßo
Einfamilienhaus	detached house di'tätscht hauß	la maison individuelle mä'sõ ēdiwidü'ell	la casa unifamiliar 'kaßa unifamili'ar	la casa unifamiliare 'kasa unifamil'jare
Erdgeschoss	ground floor 'graund flɔr	le rez-de-chaussée rädscho'ßeh	el bajo 'bacho	il pianterreno pjante'reno
Garage	garage 'gärahsch	le garage ga'rahsch	el garage ga'rache	il garage ga'rahsch
Garten	garden 'gahdən	le jardin schar'dē	el jardín char'din	il giardino dschar'dino
Gebäude	building 'bilding	l' immeuble m i'möblə	el edificio edi'fiθio	l' edificio m edi'fitscho
Haustür	front door frant dɔr	la porte d'entrée port dä'treh	la puerta de casa pu'erta de 'kaßa	la porta d'ingresso 'pɔrta din'greßo
Mehrfamilienhaus	multifamily house malti'fämili hauß	la maison mä'sõ	la casa plurifamiliar 'kaßa plurifamili'ar	la casa plurifamiliare 'kasa plurifamil'jare
Reihenhaus	terraced house 'terəßd hauß	l' habitation individuelle f la abita'ßjõ ēdiwidü'el	la casa adosada 'kaßa ado'ßada	la villetta a schiera wi'letta a 'ßkjera
Schornstein	chimney 'tschimni	la cheminée schəmi'neh	la chimenea tschime'nea	il camino ka'mino
Souterrain	basement 'bäjßmənt	le sous-sol ßu'ßɔl	el subterráneo ßubte'raneo	il seminterrato ßeminte'rato
Stockwerk	floor flɔr	l' étage f eh'tahsch	el piso 'pißo	il piano 'pjano
Terrasse	terrace 'terəß	la terrasse teh'raß	la terraza te'raθa	la terrazza te'ratßa
Vorgarten	front garden frant 'gahdən	le jardin de devant schar'dē də də'wä	el jardín char'din	il giardinetto sul davanti dschardi'neto 'ßul da'wanti
Wintergarten	winter garden u'intər 'gahdən	le jardin d'hiver schar'dē di'wär	el invernadero inwerna'dero	il giardino d'inverno dschar'dino din'wärno
Wolkenkratzer	skyscraper 'ßkajßkräjpər	le gratte ciel grat ßjäl	el rascacielos raßkaθi'eloß	il grattacielo grata'tschälo

Hausbau und -kauf

Backstein	brick brick	la brique brik	el ladrillo la'drijo	il cotto 'kɔto
Baufinanzierung	construction financing kən'ßtrakschn 'fajnänßing	le financement à la construction finäß'mä a la kõßtrük'ßjõ	la financiación de obra finanθiaθi'ɔn de 'obra	il finanziamento di un progetto edilizio finantßja'mento di un pro'dscheto edi'litßjo
Baugesellschaft	construction company kən'ßtrakschn 'kampəni	la société de construction ßoßjeh'teh də kõßtrük'ßjõ	la constructora konßtruk'tora	la società immobiliaria sotsche'ta imobil'jaria

Sonderzeichen in der Lautschrift: ə angedeutetes e wie in bitte; ɔ offenes o wie in Post; ß scharfes s wie in nass; θ weiches s wie in Fass, aber gelispelt; ð s wie in Sense, aber gelispelt; ä nasal gesprochener Vokal wie in Chanson; ē nasal gesprochener Vokal wie in pointiert; õ nasal gesprochener Vokal wie in Jeton; sch weiches sch wie in Gin

Siedlungen und Gebäude

Deutsch	Englisch	Französisch	Spanisch	Italienisch
Beton	concrete 'konkriht	le béton beh'tö	el hormigón ormi'gɔn	il calcestruzzo kaltsche'ßtrutßo
Dachrinne	eaves gutter ihws 'gattər	la gouttière gut'jär	el canalón kana'lɔn	la grondaia gron'daja
Dachziegel	roof tile ruhf tajl	la tuile tu'il	la teja techa	la tegola 'tegola
Fliesen	tiles tajls	la dalle dal	las baldosas bal'doßaß	le mattonelle mato'nelle
Gerüst	scaffolding 'ßkäfəlding	l' échafaudage m ehschafo'dahsch	el andamio an'damio	l' impalcatura f impalka'tura
Grundbuch	cadastral register kə'däßtrl 'redschißtər	le registre foncier rə'schißtrə fö'ßjeh	el catastro ka'taßtro	il catasto ka'taßto
Hausbau	building construction 'bilding kən'ßtrakschn	la construction de maison kößtrük'ßjö də mä'sö	la construcción de casa konßtrukθi'ɔn de 'kaßa	la costruzione della casa koßtru'tßjone 'dela 'kasa
Hauskauf	house purchase hauß 'pörtschəß	la vente de maison wät də mä'sö	la compra de casa 'kompra de 'kaßa	l' acquisto di una casa f aku'ißto di 'una 'kasa
Hypothekenkredit	mortgage loan 'mɔhgidsch loun	l' emprunt hypothé-caire m ä'prë ipoteh'kär	el crédito hipotecario 'kredito ipote'kario	il credito ipotecario 'kredito ipote'kario
Kaufvertrag	sales contract ßäjls 'konträkt	le contrat de vente kö'tra də wät	el contrato de compra kon'trato de 'kompra	il contratto di compra-vendita kon'trato di kompra'wendita
Kies	grit grit	le gravier gra'wjeh	la gravilla gra'wija	la ghiaia gi'aja
Klinker	clinker 'klinkər	la brique hollandaise brik olä'däs	el ladrillo recocido la'drijo reko'θido	il clinker 'klinkär
Makler	broker 'broukər	le courtier kur'tjeh	el agente inmobiliario a'chente inmobili'ario	l' agente immobiliare m a'dschente imobil'jare
Mauer	wall u'ɔhl	le mur mür	la pared pa'red	il muro 'muro
Miete	rent rent	le loyer lua'jeh	el alquiler alki'ler	la pigione pi'dschone
Notar	notary 'noutəri	le notaire no'tär	el notario no'tario	il notaio no'tajo
Sand	sand ßänd	le sable ßablə	la arena a'rena	la sabbia 'ßabja
Zement	cement ßi'ment	le ciment ßi'mä	el cemento θe'mento	il cemento tsche'mento
Ziegelstein	brick brick	la brique brik	el ladrillo la'drijo	il mattone ma'tone

Die wichtigsten Redewendungen

Wir möchten gern ein Haus kaufen/mieten.	We would like to buy/rent a house. u'i wud laik tu baj/rent ə hauß.	Nous aimerions acheter/louer une maison. nusäməri'ö asch'teh/lu'eh ün mä'sö.	Deseamos comprar/alqui-lar una casa. deße'amoß kom'prar/alki'lar 'una 'kaßa.	Vorremmo comprare/affitare una casa. wo'remo kom'prare/afi'tare 'una 'kasa.
Wie hoch ist der Kauf-preis/die Miete?	How much is the purchase price/the rent? hau matsch is ðə 'pörtschəß praiß/ðə rent?	Quel est le prix de vente/du loyer? käl ä lə pri də wät/dü lua'jeh?	¿Cuánto cuesta la casa/el alquiler de la casa? ¿ku'anto ku'eßta la 'kaßa/el alki'ler de la 'kaßa?	Qual è il prezzo d'acquisto/l'affitto? ku'al ä il 'prätßo daku'ißto/la'fitto?
Können Sie uns einen Bauunternehmer/Hand-werker empfehlen?	Can you recommend a construction company/a craftsman? kän ju rekə'mend e kən'ßtrakschn 'kampəni/ə 'krahftßmən?	Pouvez-vous nous recom-mander une société de construction/des artisans? puweh'wu nu rəkɔmä'deh ün ßɔ-ßjeh'teh də kößtrük'ßjö/dehsarti'sä?	¿Puede usted recomen-darme un constructor de obras/un albañil? ¿pu'ede uß'ted rekomen'darme un konßtruk'tor de 'obraß/un alban'jil?	Ci può consigliare un imprenditore/un operaio? tschi pu'ɔ konsil'jare un imprendi'tore/un ope'rajo?
Werden noch zusätzliche Gebühren fällig?	Are there any additional fees? ar ðär äni ə'dischənl fihß?	Est-ce que d'autres frais vont s'y ajouter? 'äßkə 'dohtrə frä wõ ßi aschu'teh?	¿Hay qué pagar tasas suplementarias? ¿ai ke pa'gar 'taßaß ßuplemen'tariaß?	Ci saranno ancora spese aggiuntive? tschi ßa'ranno an'kora 'ßpese adschun'tiwe?
Welche Versicherungen müssen wir abschließen?	Which insurances do we have to take out? u'itsch in'schurənßäß du u'i häw tu täjk aut?	Quelles assurances faut-il avoir? käl aßü'räß fo'til awu'ahr?	¿Qué seguros necesitamos? ¿ke ße'guroß neθeßi'tamoß?	Quali assicurazioni dobbiamo stipulare? ku'ali aßikura'tßjoni do'bjamo ßtipu'lare?
Wann können wir einziehen?	When can we move in? u'än kän u'i muhw in?	Quand peut-on emména-ger? kä pö'tö ämehna'scheh?	¿Cuándo podemos vivir en la casa? ¿ku'ando po'demoß wi'wir en la 'kaßa?	Quando possiamo comin-ciare a trasferirci? ku'ando po'ßjamo komin'tschare a traße'rirtschi?

Zahlen, Farben, Formen, Raum

Deutsch	Englisch	Französisch	Spanisch	Italienisch

Zahlen

Deutsch	Englisch	Französisch	Spanisch	Italienisch
Zahlen	numbers 'nambərs	les nombres *m* 'nõbr	los números 'numeroß	i numeri 'numeri
eins	one u'an	un ë	uno, un 'uno, un	uno 'uno
zwei	two tu	deux dö	dos doß	due 'due
drei	three θri	trois tru'a	tres treß	tre tre
vier	four fɔh	quatre 'katr	cuatro ku'atro	quattro ku'atro
fünf	five fajw	cinq ßëk	cinco 'θinko	cinque 'tschinkue
sechs	six ßikß	six ßiß	seis ßeiß	sei ßej
sieben	seven 'ßewn	sept ßät	siete ßi'ete	sette 'ßäte
acht	eight äjt	huit u'it	ocho 'otscho	otto 'ɔto
neun	nine najn	neuf nöf	nueve nu'ewe	nove 'nɔwe
zehn	ten ten	dix diß	diez di'eθ	dieci 'djetschi
elf	eleven i'lewn	onze õs	once 'onθe	undici 'unditschi
zwölf	twelve tu'elw	douze duhs	doce 'doθe	dodici 'doditschi
dreizehn	thirteen 'θörtihn	treize trähs	trece 'treθe	tredici 'treditschi
vierzehn	fourteen 'fɔhtihn	quatorze ka'tɔrs	catorce ka'torθe	quattordici kua'torditschi
fünfzehn	fifteen 'fiftihn	quinze kës	quince 'kinθe	quindici ku'inditschi
sechzehn	sixteen 'ßikßtihn	seize ßäs	dieciséis dieθi'ßeiß	sedici 'ßeditschi
siebzehn	seventeen 'ßewntihn	dix-sept di'ßät	diecisiete dieθißi'ete	diciasette ditscha'ßäte
achtzehn	eighteen 'äjttihn	dix-huit disu'it	dieciocho dieθi'otscho	diciotto di'tschɔto
neunzehn	nineteen 'najntihn	dix-neuf dis'nöf	diecinueve dieθinu'ewe	diciannove ditscha'nɔwe
zwanzig	twenty tu'enti	vingt wë	veinte 'weinte	venti 'wenti
dreißig	thirty 'θörti	trente trät	treinta 'treinta	trenta 'trenta
vierzig	forty 'fɔhti	quarante ka'rät	cuarenta kua'renta	quaranta kua'ranta
fünfzig	fifty 'fifti	cinquante ßë'kät	cincuenta θinku'enta	cinquanta tschinku'anta
sechzig	sixty 'ßikßti	soixante ßua'ßät	sesenta ße'ßenta	sessanta ße'ßanta
siebzig	seventy 'ßewnti	soixante-dix ßuaßät'diß	setenta ße'tenta	settanta ße'tanta
achtzig	eighty 'äjti	quatre-vingt katr'wë	ochenta o'tschenta	ottanta ɔ'tanta
neunzig	ninety 'najnti	quatre-vingt-dix katrwë'diß	noventa no'wenta	novanta no'wanta
hundert	hundred 'handrəd	cent ßä	cien, ciento θi'en, θi'ento	cento 'tschento
zweihundert	two hundred tu 'handrəd	deux cents dö ßä	doscientos doßθi'entoß	duecento due'tschento
fünfhundert	five hundred fajw 'handrəd	cinq cents ßëk ßä	quinientos kini'entoß	trecento tschinkue'tschento
tausend	thousand 'θausnd	mille mil	mil mil	mille 'mille
eine Million	one million u'an 'miliən	un million ë mil'jõ	un millón mi'jɔn	milione mil'jone
eine Milliarde	one billion u'an 'biliən	un milliard ë mil'jar	mil millones mil mi'jɔneß	miliardo mil'jardo
erster	first förßt	le premier prəm'jeh	primero pri'mero	primo 'primo
zweiter	second 'ßekənd	le deuxième dös'jäm	segundo ße'gundo	secondo ße'kondo
dritter	third θörd	le troisième truas'jäm	tercero ter'ßero	terzo 'tertßo
vierter	forth fɔhθ	le quatrième katri'jäm	cuarto ku'arto	quarto ku'arto
fünfter	fifth fifθ	le cinquième ßëk'jäm	quinto 'kinto	quinto ku'into
sechster	sixth ßikßθ	le sixième ßis'jäm	sexto 'ßekßto	sesto 'ßeßto
siebter	seventh 'ßewnθ	le septième ßät'jäm	séptimo 'ßeptimo	settimo 'ßetimo
achter	eighth äjtθ	le huitième uit'jäm	octavo ok'tawo	ottavo ɔ'tawo
neunter	ninth najnθ	le neuvième nöw'jäm	noveno no'weno	nono 'nɔno
zehnter	tenth tenθ	le dixième dis'jäm	décimo 'deθimo	decimo 'detschimo
fünfzigster	fiftieth 'fiftiəθ	le cinquantième ßëkät'jäm	cincuenta θinku'enta	cinquantesimo tschinkuan'tesimo
hundertster	hundredth 'handrədθ	le centième ßät'jäm	cien θi'en	centesimo tschen'tesimo
tausendster	thousandth 'θaußndθ	le millième mil'jäm	mil mil	millesimo mi'lesimo
millionster	millionth 'miliənθ	le millionième miljɔni'jäm	millón mi'jɔn	milionesimo miljo'nesimo

Farben

Deutsch	Englisch	Französisch	Spanisch	Italienisch
blau	blue blu	bleu blö	azul a'θul	blu blu
braun	brown braun	marron ma'rõ	marrón ma'ron	marrone ma'rone
Farbe	colour 'kalər	la couleur ku'lör	el color ko'lor	il colore ko'lore
gelb	yellow 'jellou	jaune schohn	amarillo ama'rijo	giallo 'dschallo
grau	grey gräj	gris gri	gris griß	grigio 'gridscho
grün	green grihn	vert wer	verde 'werde	verde 'werde

Sonderzeichen in der Lautschrift ə angedeutetes e wie in bitte; ɔ offenes o wie in Post; ß scharfes s wie in nass; θ weiches s wie in Fass, aber gelispelt; ð s wie in Sense, aber gelispelt; ä nasal gesprochener Vokal wie in Chanson; ë nasal gesprochener Vokal wie in pointiert; õ nasal geprochener Vokal wie in Jeton; sch weiches sch wie in Gin

Zahlen, Farben, Formen, Raum

Deutsch	Englisch	Französisch	Spanisch	Italienisch
lila	purple 'pörpl	violet wjɔ'lä	lila 'lila	viola 'wjɔla
orange	orange 'ɔrəndsch	orange o'rähsch	naranja na'rancha	arancione aran'tschone
rosa	pink pink	rose rohs	rosa 'roßa	rosa 'rɔsa
rot	red red	rouge ruhsch	rojo 'rocho	rosso 'roßo
schwarz	black bläck	noir nu'ahr	negro 'negro	nero 'nero
violett	violet 'wajələt	violet wjɔ'lä	violeta wio'leta	viola 'wjɔla
weiß	white u'ait	blanc blä	blanco 'blanko	bianco 'bjanko

Formen

Deutsch	Englisch	Französisch		Spanisch		Italienisch	
Diagonale	diagonal daj'ägənl	la	diagonale djagɔ'nal	la	diagonal diago'nal	la	diagonale diago'nale
Dreieck	triangle 'trajängl	le	triangle tri'äglə	el	triángulo tri'angulo	il	triangolo tri'angolo
Ellipse	ellipse i'lipß	l'	ellipse f eh'lipß	el	elipsis e'lipßiß	l'	ellisse f e'lißə
Form	form fɔrm	la	forme fɔrm	la	forma 'forma	la	forma 'forma
Kegel	cone koun	le	cône kohn	el	cono 'kono	il	cono 'kɔno
Kreis	circle 'ßörklə	le	cercle 'ßärklə	el	círculo 'θirkulo	il	cerchio 'tscherkjo
Kugel	sphere 'ßfiər	la	sphère ß'fär	la	bola 'bola	la	sfera 'ßfera
Linie	line lajn	la	ligne 'linjə	la	linea 'linea	la	linea 'linea
Pyramide	pyramid 'pirəmid	la	pyramide pira'mid	la	pirámide pi'ramide	la	piramide pi'ramide
Quadrat	square ßku'eər	le	carré ka'reh	el	quadrado kua'drado	il	quadrato kua'drato
Raute	rhombus 'rɔmbəß	le	losange lo'säsch	el	rombo 'rombo	il	rombo 'rombo
Rechteck	rectangle 'rektängl	le	rectangle räk'täglə	el	rectángulo rek'tangulo	il	rettangolo re'tangolo
Würfel	cube kjuhb	le	cube küb	el	dado 'dado	il	cubo 'kubo
Zylinder	cylinder 'ßilindər	le	cylindre ßi'lēdrə	el	cilindro θi'lindro	il	cilindro tschi'lindro

Raum

Deutsch	Englisch	Französisch		Spanisch		Italienisch	
Ar	are ahr	l'	are m ar	el	área 'area	l'	ara f 'ara
Deziliter	decilitre 'deßilihtər	le	décilitre dehßi'litrə	el	decilitro deθi'litro	il	decilitro de'tschilitro
Dezimeter	decimetre 'deßimihtər	le	décimètre dehßi'mätrə	el	decímetro de'θimetro	il	decimetro de'tschimätro
Einheit	unit 'juhnit	l'	unité f üni'teh	la	unidad uni'dad	l'	unità f uni'ta
Fläche	surface 'ßörfiß	la	surface ßür'faß	la	superficie ßuper'fiθie	la	superficie ßuper'fitsche
Gewichte	weight u'äjt	le	poids pu'a	los	pesos 'peßoß	il	peso 'peso
Hektar	hectare 'hekteər	l'	hectare m äk'tar	la	hectárea ek'tarea	l'	ettaro m 'ätaro
Hektoliter	hectolitre 'hektoulihtər	l'	hectolitre m äkto'litrə	el	hectolitro ekto'litro	l'	ettolitro m e'tolitro
Kilometer	kilometre 'kiləmitər	le	kilomètre kilo'mätrə	el	kilómetro ki'lometro	il	kilometro ki'lɔmätro
Kubikmeter	cubic metre 'kjubik 'mihtər	le	mètre cube 'mätrə küb	el	metro cúbico 'metro 'kubiko	il	metro cubo 'mätro 'kubo
Kubikzentimeter	cubic centimetre 'kjubik 'ßentimihtər	le	centimètre cube ßäti'mätrə küb	el	centímetro cúbico θen'timetro 'kubiko	il	centimetro cubo tschen'timätro 'kubo
Länge	length lengθ	la	longueur lö'gör	el	largo 'largo	la	lunghezza lun'getßa
Liter	litre 'lihtər	le	litre 'litrə	el	litro 'litro	il	litro 'litro
Maße	measure 'meschər	la	mesure mə'sür	las	medidas me'didaß	la	misura mi'sura
Meter	metre 'mihtər	le	mètre 'mätrə	el	metro 'metro	il	metro 'mätro
Millimeter	millimetre 'milimihtər	le	millimètre mili'mätrə	el	milímetro mi'limetro	i	millimetri mi'limetri
Quadratkilometer	square kilometre ßku'eər 'kiləmihtər	le	kilomètre carré kilo'mätrə ka'reh	el	kilómetro cuadrado ki'lometro kua'drado	il	kilometro quadro ki'lɔmätro ku'adro
Quadratmeter	square metre ßku'eər 'mihtər	le	mètre carré 'mätrə ka'reh	el	metro cuadrado 'metro kua'drado	il	metro quadro 'mätro ku'adro
Quadratzentimeter	square centimetre ßku'eər 'ßentimihtər	le	centimètre carré ßäti'mätrə ka'reh	el	centímetro cuadrado θen'timetro kua'drado	il	centimetro quadro tschen'timätro ku'adro
Raum	space ßpäjß	l'	espace m äß'paß	el	espacio eß'paθio	lo	spazio 'ßpatßjo
Volumen	volume 'wɔljuhm	le	volume wo'lüm	el	volumen wo'lumen	il	volume wo'lume
Zentiliter	centilitre 'ßentilihtər	le	centilitre ßäti'litrə	el	centilitro θenti'litro	il	centilitro tschen'tilitro
Zentimeter	centimetre 'ßentimihtər	le	centimètre ßäti'mätrə	el	centímetro θen'timetro	il	centimetro tschen'timätro
Zentimetermaß	measuring-tape 'meschəring täjp	le	mètre 'mätrə	el	metro 'metro	il	metro 'mätro
Zollstock	folding rule 'foulding ruhl	le	mètre pliable 'mätrə pli'ablə	el	metro plegable 'metro ple'gable	il	metro pieghevole 'mätro pje'gewole

Themen

135

Handarbeiten und Stoffe

Deutsch	Englisch	Französisch	Spanisch	Italienisch

Handarbeiten

Deutsch	Englisch	Französisch	Spanisch	Italienisch
ändern	alter 'ɔhltər	retoucher rətu'scheh	reformar refor'mar	modificare modifi'kare
bedrucken	imprint im'print	imprimer ɛpri'meh	estampar ɛßtam'par	stampare ßtam'pare
entwerfen	design di'sajn	dessiner deßi'neh	diseñar dißen'jar	disegnare dißen'jare
Faden	thread θred	le fil fil	el hilo 'ilo	il filo 'filo
färben	colour 'kalər	teindre 'tēdrə	colorear kolore'ar	tingere 'tindschere
Fingerhut	thimble 'θimbl	le dé à coudre deh a 'kuhdrə	el dedal de'dal	il ditale di'tale
Garnspule	bobbin 'bɔbbin	le dévidoir dehwidu'ar	el encarretador de hilo enkareta'dor de 'ilo	la spola di filo 'ßpɔla di 'filo
häkeln	crochet 'krouschäj	faire du crochet fär dü kro'scheh	hacer ganchillo a'θer gan'tschijo	lavorare all'uncinetto lawo'rare aluntschi'netto
Handarbeit	handicraft 'händikrahft	ouvrages de dames u'wrahsch də dam	el trabajo a mano tra'bacho a 'mano	il lavoro manuale la'woro manu'ale
Heftstich	basting stitch 'bahßting ßtitsch	le bâti ba'ti	el punto de hilvanar 'punto de ilwa'nar	il punto d'imbastitura 'punto dimbaßti'tura
knüpfen	knot nɔt	nouer nu'eh	anudar anu'dar	annodare ano'dare
Kopierrad	tracing wheel 'träjßing u'ihl	la petite rue à copier pə'tit ru a ko'pjeh	la rueda de trazar ru'eda de tra'θar	la rotella copiativa ro'tella kopja'tiwa
Kreuzstich	cross stitch 'krɔß ßtitsch	le point croisé pu'ē krua'seh	el punto de cruz 'punto de 'kruθ	il punto croce 'punto 'krotsche
Nadelöhr	eye of the needle ai ɔf ðə 'nihdl	le trou d'aiguille tru dägu'ij	el ojo de la aguja 'ocho de la a'gucha	la cruna dell'ago 'kruna de'lago
nähen	sew ßou	coudre 'kuhdrə	coser ko'ßer	cucire ku'tschire
Nähmaschine	sewing machine 'ßouing mə'schihn	la machine à coudre ma'schihn a 'kuhdrə	la máquina de coser 'makina de ko'ßer	la macchina da cucire 'makina da ku'tschire
Nähnadel	sewing needle 'ßouing 'nihdl	l' aiguille à coudre f ägu'ij a 'kuhdrə	la aguja de coser a'gucha de ko'ßer	l' ago per cucire m 'ago per ku'tschire
Saumstich	hem stitch hem ßtitsch	le point d'ourlet pu'ē dur'lä	el dobladillo de punto dobla'dijo de 'punto	il punto ad orlo 'punto ad 'orlo
Schere	(pair of) scissors 'päər ɔf 'ßisəs	les ciseaux m ßi'so	la tijera ti'chera	le forbici 'forbitschi
Schneiderkreide	tailor's chalk 'täjlərs tschɔhk	la craie de tailleur krä də ta'jör	el jabón de sastre cha'bɔn de 'ßaßtre	il gessetto dsche'ßetto
schneidern	tailor 'täjlər	faire de la couture fär də la ku'tür	coser ko'ßer	cucire ku'tschire
Schneiderschere	tailor's scissors 'täjlərs 'ßisəs	les ciseaux de couture m ßi'so də ku'tür	la tijera de sastre ti'chera de 'ßaßtre	le forbici da sarto 'forbitschi da 'ßarto
Sicherheitsnadel	safety pin 'ßäjfti pin	l' épingle à nourrice f eh'pēglə a nu'riß	el imperdible imper'dible	lo spillo di sicurezza 'ßpillo di ßiku'retßa
spinnen	yarn jahn	filer fi'leh	hilar i'lar	filare fi'lare
Stecknadel	fixing pin 'fikßing pin	l' épingle f eh'pēglə	el alfiler alfi'ler	lo spillo 'ßpillo
sticken	stitch ßtitsch	broder brɔ'deh	bordar bor'dar	ricamare rika'mare
stopfen	darn dahn	repriser rəpri'seh	zurcir θur'θir	rammendare ramen'dare
Stopfgarn	darning cotton 'dahning kɔttn	le fil à repriser fil a rəpri'seh	el hilo de zurcir 'ilo de θur'θir	il filo da rammendo 'filo da ra'mendo
weben	weave u'ihw	tisser ti'ßeh	tejer te'cher	tessere 'teßere
Wollknäuel	ball of wool bɔl ɔf wul	la pelote de laine pe'lɔt də län	el ovillo de lana o'wijo de 'lana	il gomitolo di lana go'mitolo di 'lana
zuschneiden	cut kat	découper dehku'peh	cortar kor'tar	tagliare tal'jare

Stoffe

Deutsch	Englisch	Französisch	Spanisch	Italienisch
Baumwolle	cotton 'kɔttn	le coton ko'tō	el algodón algo'dɔn	il cotone ko'tone
Cord	cord kɔhd	le velours à côtes wə'lur a koht	la pana 'pana	il velluto we'luto
Fleece	fleece flihß	le fleece flihß	el forro polar 'fɔro po'lar	la flanella sintetica fla'nella ßin'tätika
Jeans	jeans dschihns	le jeans dschihn	el tejano te'chano	i jeans dschihns
Leinen	linen 'linin	le lin lē	el lino 'lino	il lino 'lino
Mikrofaser	microfibre 'majkroufajbər	les microfibres f mikro'fibra	la microfibra mikro'fibra	la microfibra mikro'fibra

Sonderzeichen in der Lautschrift ə angedeutetes e wie in bitte; ɔ offenes o wie in Post; ß scharfes s wie in nass; θ weiches s wie in Fass, aber gelispelt; ð s wie in Sense, aber gelispelt; ä nasal gesprochener Vokal wie in Chanson; ē nasal gesprochener Vokal wie in pointiert; ō nasal gesprochener Vokal wie in Jeton; sch weiches sch wie in Gin

Handarbeiten und Stoffe

Deutsch	Englisch	Französisch	Spanisch	Italienisch
Schurwolle	new wool njuh wul	la laine vierge län wjärsch	la lana 'lana	la lana 'lana
Seide	silk ßilk	la soie ßu'a	la seda 'ßeda	la seta 'ßeta
Stoff	cloth klɔθ	le tissu ti'ßü	la tela 'tela	il tessuto te'ßuto
Synthetics	synthetics ßin'θetikß	le synthétique ßêteh'tik	sintética ßin'tetika	le fibre sintetiche 'fibre ßin'tätike
Tweed	tweed tu'ihd	le tweed twihd	el tweed twihd	il tweed tu'ihd
Wolle	wool wul	la laine län	la lana 'lana	la lana 'lana

Zubehör

Deutsch	Englisch	Französisch	Spanisch	Italienisch
Applikation	appliqué ápli'kej	l' application f aplika'ßjö	la aplicación aplikaθi'ɔn	l' applicazione f aplika'tßjone
Bündchen	cuff kaff	l' ourlet m ur'lä	la pretina pre'tina	il colletto ko'letto
Druckknopf	press stud preß ßtad	le bouton de pression bu'tö də prä'ßjö	el botón de presión bo'tɔn de preßi'ɔn	il bottone automatico bo'tone auto'matiko
Flicken	patch pätsch	raccommoder rakomo'deh	el remiendo remi'endo	la toppa 'tɔpa
Futter	lining 'lajning	la doublure du'blür	el forro fɔro	la fodera 'fɔdera
Gürtel	belt belt	la ceinture ßê'tür	el cinturón θintu'rɔn	la cintura tschin'tura
Knopf	button 'battn	le bouton bu'tö	el botón bo'tɔn	il bottone bo'tone
Knopfleiste	button stay 'battn ßtäj	le boutonnage butɔn'asch		l' abbottonatura f abotona'tura
Knopfloch	buttonhole 'battnhoul	la boutonnière butɔn'jär	el ojal o'chal	l' occhiello m o'kjello
Kragen	collar 'kɔlər	le col koll	el cuello ku'ejo	il colletto ko'letto
Manschetten	wristbands 'rißtbändß	les manchettes f mä'schätt	los puños 'punjoß	il polsino pol'sino
Reißverschluss	zipper 'sipər	la fermeture éclair färmə'tür eh'klär	la cremallera krema'jera	lo zip dsip
Saum	seam ßihm	l' ourlet m ur'lä	el dobladillo dobla'dijo	l' orlo m 'orlo
Schnürsenkel	shoelace 'schuläjß	les lacets m la'ßä	el cordón de zapatos kor'dɔn de θa'patoß	il laccio 'latscho
Zubehör	accessories ək'ßeßeris	les accessoires m akßäßu'ar	los accesorios akθe'ßorioß	gli accessori atsche'ßori

Die wichtigsten Redewendungen

Können Sie mir die Hose enger machen?	Could you take in these trousers for me? kud ju täjk in ðihs 'trausərs fɔr mi?	Pouvez-vous me rétrécir ce pantalon? puweh'wu mə rehtreh'ßir ßə päta'lö?	¿Puede usted estrecharme el pantalón? ¿pu'ede uß'ted eßtre'tscharme el panta'lɔn?	Mi può stringere i pantaloni per favore? mi pu'ɔ 'ßtrindschere i panta'loni per fa'wore?
Der Reißverschluss meiner Jacke ist kaputt.	The zipper of my jacket is broken. ðə 'sipər ɔf mai 'dschäkit is 'broukən.	La fermeture éclair de ma veste est cassée. la färmə'tür eh'klär də ma wäst ä ka'ßeh.	La cremallera está estropeada. la krema'jera eß'ta eßtrope'ada.	Lo zip della mia giacca non funziona. lo dsip 'dela 'mia 'dschaka non fun'tßjona.
Ich suche eine Änderungsschneiderei.	I am looking for a tailor who does alterations. ai äm 'lucking fɔr ə 'täjlər hu das ɔhltə'räjschns.	Je cherche une couturière de retouches. schə schärsch ün kutüri'jär də rə'tusch.	Busco una costurera. 'bußko 'una kostu'rera.	Cerco una sartoria. 'tscherko 'una ßarto'ria.
Können Sie mir bitte den Knopf annähen.	Would you please sew on this button for me? wud ju plihs ßou ɔn ðiß 'battn fɔr mi?	Pouvez-vous me recoudre ce bouton? puweh'wu mə rə'kuhdrə ßə bu'tö?	¿Puede usted coserme el botón? ¿pu'ede uß'ted ko'ßerme el bo'tɔn?	Mi può attaccare il bottone per favore? mi pu'ɔ ata'kare il bo'tone per fa'wore?
Ich brauche eine Nähnadel und einen Zwirnsfaden.	I need a needle and thread. ai nihd ə 'nihdl änd θred.	J'ai besoin d'une aiguille à coudre et du fil. scheh bəsu'ê dün ägu'ij a 'kuhdrə e dü fil.	Necesito una aguja y un hilo. neθe'ßito 'una a'gucha i un 'ilo.	Mi serve ago e filo. mi 'ßerwe 'ago e 'filo.
Kann ich hier schwarze Schnürsenkel bekommen?	Can I get black shoelaces here? kän ai gätt bläck 'schuläjß 'hiə?	Est-ce que je peux acheter des lacets noirs ici? 'äßkə schə pö asch'teh deh la'ßä nu'ahr i'ßi?	¿Puedo comprar aquí cordeles negros para zapatos? ¿pu'edo kom'prar a'ki kor'deleß 'negroß 'para θa'patoß?	Ha dei lacci neri? a 'dei 'latschi 'neri?

Maße, Zeit und Menge

Deutsch	Englisch	Französisch	Spanisch	Italienisch

Maße

Deutsch	Englisch	Französisch	Spanisch	Italienisch
Gramm	gramme gräm	le gramme gram	el gramo 'gramo	il grammo 'gramo
Kilogramm	kilogramme 'kiləgräm	le kilogramme kilo'gram	el kilo 'kilo	il kilogrammo kilo'gramo
Masse	mass mäß	la masse maß	la masa 'maßa	la massa 'maßa
Pfund	pound paund	la livre 'lihwrə	la libra 'libra	il mezzo kilo 'mädso 'kilo
Tonne	ton tann	la tonne tɔn	la tonelada tone'lada	la tonnellata tone'lata
Waage	scales 'ßkäjls	la balance ba'läß	la báscula 'baßkula	la bilancia bi'lantscha

Zeit

Deutsch	Englisch	Französisch	Spanisch	Italienisch
Armbanduhr	wrist-watch rißt u'ɔtsch	la montre bracelet 'mɔntrə braß'lä	el reloj re'loch	l' orologio da polso m oro'lɔdscho da 'polßo
Jahr	year 'jiər	l' année f a'neh	el año 'anjo	l' anno m 'anno
Jahrhundert	century 'ßentschəri	le siècle ßi'äklə	el siglo 'ßiglo	il secolo 'ßäkolo
Jahrtausend	millennium mi'leniəm	le millénaire mileh'när	el milenio mi'lenio	il millennio mi'lenjo
Jahrzehnt	decade 'dekäjd	la décennie dehße'ni	la década 'dekada	il decennio de'tschenjo
Minute	minute 'minit	la minute mi'nütt	el minuto mi'nuto	il minuto mi'nuto
Monat	month 'manθ	le mois mu'a	el mes meß	il mese 'mese
Quartal	quarter ku'ɔhtər	le trimestre tri'mäßtrə	el trimestre tri'meßtre	il trimestre tri'mäßtre
Sekunde	second 'ßekənd	la seconde ßə'gōd	el segundo ße'gundo	il secondo ße'kondo
Semester	semester ßi'meßtər	le semestre ßə'mäßtrə	el semestre ße'meßtre	il semestre ße'mäßtre
Stunde	hour 'auər	l' heure f ör	la hora 'ora	l' ora f 'ora
Tag	day däj	le jour schur	el día 'dia	il giorno 'dschorno
Taschenuhr	pocket watch 'pɔckit u'ɔtsch	la montre de gousset 'mōtrə də gu'ßä	el reloj de bolsillo re'loch de bol'ßijo	l' orologio da tasca m oro'lɔdscho da 'taßka
Trimester	trimester tri'meßtər	le trimestre tri'mäßtrə	el trimestre tri'meßtre	il trimestre tri'mäßtre
Uhr	watch u'ɔtsch	l' horloge f ɔr'lɔsch	el reloj re'loch	l' orologio m oro'lɔdscho
Wecker	alarm-clock ə'lahmklɔck	le réveil reh'wäj	el despertador deßperta'dor	la sveglia 'swelja
Woche	week u'ihk	la semaine ßə'män	la semana ße'mana	la settimana ßeti'mana
Zeit	time taim	le temps tā	el tiempo ti'empo	il tempo 'tempo

Wochentage

Deutsch	Englisch	Französisch	Spanisch	Italienisch
Montag	Monday 'mandäj	le lundi lē'di	el lunes 'luneß	il lunedì lune'di
Dienstag	Tuesday 'tjuhsdäj	le mardi mar'di	el martes 'marteß	il martedì marte'di
Mittwoch	Wednesday u'änsdäj	le mercredi merkrə'di	el miércoles mi'erkoleß	il mercoledì merkole'di
Donnerstag	Thursday 'θöhsdäj	le jeudi schö'di	el jueves chu'eweß	il giovedì dschowe'di
Freitag	Friday 'frajdäj	le vendredi wädrə'di	el viernes wi'erneß	il venerdì wener'di
Samstag	Saturday 'ßätədäj	le samedi ßam'di	el sábado 'ßabado	il sabato 'ßabato
Sonntag	Sunday 'ßandäj	le dimanche di'mäsch	el domingo do'mingo	la domenica do'menika

Monate

Deutsch	Englisch	Französisch	Spanisch	Italienisch
Januar	January 'dschänjuəri	le janvier schä'wjeh	el enero e'nero	il gennaio dsche'najo
Februar	February 'februəri	le février fehwri'jeh	el febrero fe'brero	il febbraio fe'brajo
März	March mahtsch	le mars marß	el marzo 'marθo	il marzo 'martßo
April	April 'äjprəl	l' avril m aw'ril	el abril a'bril	l' aprile m a'prile
Mai	May mäj	le mai mä	el mayo 'majo	il maggio 'madscho
Juni	June dschuhn	le juin schu'ē	el junio 'chunio	il giugno 'dschunjo
Juli	July dschu'laj	le juillet schúi'jä	el julio 'chulio	il luglio 'luljo
August	August 'ɔhgeßt	l' août m ut	el agosto a'goßto	l' agosto m a'goßto
September	September ßep'tembər	le septembre ßep'täbrə	el septiembre ßepti'embre	il settembre ße'tembre
Oktober	October ɔk'toubər	l' octobre m ok'tɔbrə	el octubre ok'tubre	l' ottobre m ɔ'tobre
November	November nou'wembər	le novembre no'wäbrə	el noviembre nowi'embre	il novembre no'wembre
Dezember	December di'ßembər	le décembre deh'ßäbrə	el diciembre diθi'embre	il dicembre di'tschembre

---

Sonderzeichen in der Lautschrift ə angedeutetes e wie in bitte; ɔ offenes o wie in Post; ß scharfes s wie in nass; θ weiches s wie in Fass, aber gelispelt; ð s wie in Sense, aber gelispelt; ā nasal gesprochener Vokal wie in Chanson; ē nasal gesprochener Vokal wie in pointiert; ō nasal gesprochener Vokal wie in Jeton; sch weiches sch wie in Gin

Maße, Zeit und Menge

Deutsch	Englisch	Französisch	Spanisch	Italienisch

Jahreszeiten

Frühling	spring ßpring	le printemps prē'tä	la primavera prima'wera	la primavera prima'wära
Sommer	summer 'ßamər	l' été m eh'teh	el verano we'rano	l' estate f eß'tate
Herbst	autumn 'ɔhtəm	l' automne m o'tɔn	el otoño o'tonjo	l' autunno m au'tunno
Winter	winter u'intər	l' hiver m i'währ	el invierno inwi'erno	l' inverno m in'wärno

Menge

Dutzend	dozen 'dasn	la douzaine du'sän	la docena do'θena	la dozina do'dsina
Menge	quantity ku'ɔntəti	la quantité kåti'teh	la cantidad kanti'dad	la quantità kuanti'ta
Restmenge	remaining quantity re'mäjning ku'ɔntəti	le restant rəß'tä	el resto 'reßto	l' insieme residuo m in'ßjäme re'siduo
Schnittmenge	intersection intə'ßekschn	l' intersection f ēterßek'ßjö	la intersección interßekθi'ɔn	l' intersezione di due insiemi m interße'tßjone di 'due in'ßjämi
Teilmenge	subset 'ßabßätt	le sous-ensemble ßusä'ßäblə	el subconjunto ßubkon'chunto	il sottoinsieme 'ßottoinßjäme
Vereinigungsmenge	set union ßätt 'juniən	l' union f ün'jö	el conjunto kon'chunto	l' unione di due insiemi m un'jone di 'due in'ßjämi

Die wichtigsten Redewendungen

Deutsch	Englisch	Französisch	Spanisch	Italienisch
Geben Sie mir bitte ein Kilo …	Would you please give me a kilogramme of … wud ju plihs giw mi ə 'kiləgräm ɔf …	Donnez-moi un kilo de … s'il vous plaît. donehmu'a ē ki'lo də … ßil wu plä …	Por favor, deme un kilo de … por fa'wor 'deme un 'kilo de …	Mi dia un kilo di … per favore. mi 'dia un 'kilo di … per fa'wore.
In wie viel Minuten kommt der Bus?	How many minutes more before the bus is coming? hau 'meni 'minitß mɔhr bi'fɔr ðə baß is 'kamming?	Dans combien de minutes arrive le bus? dä kö'bjē də mi'nütt a'rihw lə büß?	¿Cuándo viene el autobús? ¿ku'ando wi'ene el auto'buß?	Fra quanti minuti arriva l'autobus? fra ku'anti mi'nuti a'riwa lauto'buß?
Meine Armbanduhr ist stehen geblieben.	My wrist-watch stopped. mai rißt u'ɔtsch ßtɔpd.	Ma montre s'est arrêtée. ma 'mōtrə ßätarä'te.h	Mi reloj de pulsera se paró. mi re'loch de pul'ßera ße pa'ro.	Il mio orologio si è fermato. il 'mio oro'lɔdscho ßi ä fer'mato.
Ich hätte gern ein Dutzend Pfirsiche.	I would like a dozen peaches. ai wud laik ə 'dasn pihtschəs.	J'aimerais une douzaine de pêches. schämə'rä ün du'sän də päsch.	Quiero una docena de melocotones. ki'ero 'una do'θena de meloko'tɔneß.	Vorrei una dozzina di pesche. wo'räj 'una do'dsina di 'peßke.
Nächstes Jahr fahren wir nicht in Urlaub.	We are not going on holiday next year. u'i ar nɔt 'gouing ɔn 'hɔlədäj näkßt 'jiər.	L'année prochaine, nous ne partons pas en vacances. la'neh prɔ'schän nu nə par'tö pa ä wa'kåß.	El próximo año no vamos de vacaciones. el 'prokßimo 'anjo no 'wamoß de vakaθi'ɔneß.	L'anno prossimo non partiamo per le vacanze. 'lanno 'proßimo non par'tjamo per le wa'kantße.
Ich trinke täglich drei Liter Wasser.	Every day, I drink three litres of water. 'ewri däj ai drink θri 'lihtərs ɔf u'ɔtər.	Je bois trois litres par jour. schə bu'a tru'a 'litrə par schur.	Yo bebo tres litros de agua diarios. jo 'bebo treß 'litroß de 'agua di'arioß.	Bevo ogni giorno tre litri di acqua. 'bewo 'onji 'dschorno tre 'litri di 'akua.
Mein Gewicht möchte ich um drei Kilogramm verringern.	I would like to reduce by three kilogrammes. ai wud laik tu ri'djuhß bai θri 'kiləgräms.	J'aimerais perdre trois kilos. schämə'rä 'pärdrə tru'a ki'lo.	Quiero adelgazar tres kilos. ki'ero adelga'θar treß 'kiloß.	Vorrei dimagrire di tre kili. wo'räj dima'grire di tre 'kili.

Gefühle

Deutsch	Englisch	Französisch	Spanisch	Italienisch

Positive Gefühle

Deutsch	Englisch		Französisch		Spanisch		Italienisch
besser	better 'bettər		mieux mjö		mejor me'chor		meglio 'mäljo
erregt	excited ik'ßajtid		excité ekßi'teh		excitado ekßi'tado		agitato adschi'tato
Erregung	excitement ik'ßajtmənt	l'	exitation f ekßita'ßjö	la	excitación ekßitaθi'ɔn	l'	eccitazione f etschita'tßjone
Freude	joy dschɔj	la	joie schu'a	la	alegría ale'gria	la	gioia 'dschɔja
(sich) freuen	be glad bi gläd		être joyeux 'ätrə schua'jö		alegrarse ale'grarße		essere contento 'äßere kon'tento
freundlich	friendly 'frendli		aimable ä'mablə		amable a'mable		gentile dschen'tile
Gefühl	feeling 'fihling	le	sentiment ßäti'mã	el	sentimiento ßentimi'ento	il	sentimento ßenti'mento
Glück	luck lack	le	bonheur bɔn'ör	la	suerte ßu'erte	la	fortuna for'tuna
glücklich	lucky 'lacki		heureux ö'rö		feliz fe'liθ		fortunato fortu'nato
gut	good gud		bon bõ		bien bi'en		bene 'bäne
Kuss	kiss kiß	le	baiser bä'seh	el	beso 'beßo	il	bacio 'batscho
küssen	kiss kiß		s'embrasser ßãbra'ßeh		besar be'ßar		baciare ba'tschare
Liebe	love law	l'	amour m a'muhr	el	amor a'mor	l'	amore m a'more
lieben	love law		aimer ä'meh		amar a'mar		amare a'mare
miteinander schlafen	make love mäjk law		coucher ensemble ku'scheh ã'ßãblə		hacer el amor a'θer		fare l'amore 'fare la'more
nachsichtig	lenient 'lihniənt		indulgent ēdül'schã		tolerante tole'rante		indulgente indul'dschente
Nachsichtigkeit	leniency 'lihniənßi	l'	indulgence f ēdül'schãß	la	tolerancia tole'ranθia	l'	indulgenza f indul'dschentßa
positiv	positive 'pɔsetiw		positif posi'tif		positivo poßi'tiwo		positivo posi'tiwo
schön	beautiful 'bjutiful		beau bo		guapo gu'apo		bello 'ßallo
streicheln	pet pet		caresser karä'ßeh		acariciar akariθi'ar		accarezzare akare'tßare
(sich) verlieben	fall in love fɔl in law		tomber amoureux tõ'beh amu'rö		enamorarse enamo'rarße		innamorarsi inamo'rarßi
Vertrauen	trust traßt	la	confiance kõfi'jäß	la	confianza konfi'anθa	la	fiducia fi'dutscha
zufrieden	satisfied 'ßätißfajd		être satisfait 'ätrə ßatiß'fä		satisfecho ßatiß'fetscho		contento, soddisfatto kon'tento, ßodiß'fato
Zufriedenheit	satisfaction 'ßätißfäkschn	la	satisfaction ßatißfak'ßjö	la	satisfacción ßatißfakθi'ɔn	la	soddisfazione ßodißfa'tßjone
Zuneigung	sympathy 'ßimpəθi	l'	affection f afäk'ßjö	la	simpatía ßimpa'tia	la	simpatia ßimpa'tia

Negative Gefühle

Deutsch	Englisch		Französisch		Spanisch		Italienisch
Ärger	trouble 'trabl	le	dépit deh'pi	el	enfado en'fado	la	rabbia 'rabja
ärgerlich	annoyed ə'nɔjd		être fâché 'ätrə fa'scheh		enfadado enfa'dado		arrabbiato ara'bjato
(sich) ärgern	annoy ə'nɔj		se fâcher ßə fa'scheh		enfadarse enfa'darße		arrabbiarsi ara'bjarßi
aufgeregt	excited ik'ßajtid		être énervé 'ätrə ehnär'weh		agitado agi'tado		agitato adschi'tato
Aufregung	excitement ik'ßajtmənt	l'	énervement m ehnärwə'mã la		agitación agitaθi'ɔn	l'	agitazione f adschita'tßjone
Ekel	disgust diß'gaßt	la	nausée no'seh	el	asco 'aßko	lo	schifo 'ßkifo
(sich) ekeln	disgust diß'gaßt		éprouver du dégoût ehpru'weh dü deh'gu		dar asco dar 'aßko		fare schifo 'fare 'ßkifo
eklig	disgusting diß'gaßting		dégoûtant dehgu'tã		asqueroso aßke'roßo		schifoso ßki'foso
erschöpft	exhausted ig'sɔhßtid		épuisé ehpui'seh		agotado ago'tado		esausto e'saußto
Erschöpfung	exhaustion ig'sɔhßtschn	l'	épuisement m ehpuisə'mã		agotamiento agotami'ento l'		esaurimento m esauri'mento
gleichgültig	indifferent in'difrənt		indifférent ēdifeh'rã		indiferente indife'rente		indifferente indife'rente
Gleichgültigkeit	indifference in'difrənß	l'	indifférence f ēdifeh'räß	la	indiferencia indife'renθia	l'	indifferenza f indife'rentßa
Hass	hate häjt	la	haine än	el	odio 'odio	l'	odio m 'ɔdjo
hassen	hate häjt		haïr a'ir		odiar odi'ar		odiare o'djare
hässlich	ugly 'agli		laid lä		feo 'feo		brutto 'brutto
negativ	negative 'negətiw		négatif nehga'tif		negativo nega'tiwo		negativo nega'tiwo
Neid	envy 'enwi	la	jalousie schalu'si	la	envidia en'widia	l'	invidia f in'widja
neidisch	envious 'enwiäß		jaloux scha'lu		envidioso enwidi'oßo		invidioso inwi'djoso
niedergeschlagen	depressed di'preßt		déprimé dehpri'meh		deprimido depri'mido		depresso de'preßo
Niedergeschlagenheit	depressiveness di'preßiwnäß	la	dépression dehprä'ßjö	la	depresión depreß'ɔn	la	depressione depre'ßjone
Qual	torture 'tɔrtschər	la	torture tor'tür	el	sufrimiento ßufrimi'ento	il	tormento tor'mento

Sonderzeichen in der Lautschrift ə angedeutetes e wie in bitte; ɔ offenes o wie in Post; ß scharfes s wie in nass; θ weiches s wie in Fass, aber gelispelt; ð s wie in Sense, aber gelispelt; ã nasal gesprochener Vokal wie in Chanson; ē nasal gesprochener Vokal wie in pointiert; õ nasal gesprochener Vokal wie in Jeton; sch weiches sch wie in Gin

Gefühle

Themen

Deutsch	Englisch	Französisch	Spanisch	Italienisch
(sich) quälen	torture 'tɔrtschər	se torturer ßə tortü'reh	sufrir ßu'frir	tormentare tormen'tare
quälend	torturing 'tɔrtschəring	torturant tortü'rä	sufriendo ßufri'endo	tormentoso tormen'toso
Scham	shame schäjm	la honte ɔhnt	la vergüenza wergu'enθa	la vergogna wer'gonja
(sich) schämen	be ashamed bi ə'schäjmd	avoir honte awu'ahr öht	avergonzarse awergo'θarße	vergognarsi wergon'jarßi
schlecht	bad bäd	mauvais mo'wä	mal mal	male 'male
schlechter	worse u'örß	plus mauvais plü mo'wä	peor pe'or	peggio 'pädscho
Trauer	mourning 'mɔhning	le deuil döj	el luto 'luto	il dolore, lutto do'lore, 'lutto
trauern	mourn 'mɔhn	être en deuil 'ätrə ã döj	estar de luto eß'tar de 'luto	essere in lutto 'äßere in 'lutto
traurig	sad ßäd	triste trißt	triste 'trißte	triste 'trißte
unausgeglichen	unbalanced an'bälənßt	déséquilibré dehsehkili'breh	desequilibrado deßekili'brado	poco equilibrato 'poko ekuili'brato
Unausgeglichenheit	imbalance im'bälenß	le déséquilibre dehsehki'librə	el desequilibrio deßeki'librio	la mancanza di equilibrio man'kantßa di ekui'librio
Unglück	disaster di'saßtər	le malheur mal'ör	la desgracia deß'graθia	la disgrazia dis'gratßja
unglücklich	unfortunate an'fɔrtschnət	malheureux malö'rö	infeliz infe'liθ	infelice infe'litsche
unzufrieden	unsatisfied an'ßätißfajd	insatisfait ëßatiß'fä	insatisfecho inßatiß'fetscho	scontento ßkon'tento
Unzufriedenheit	dissatisfaction dißätiß'fäkschn	l' insatisfaction f ëßatißfak'ßjõ	la insatisfacción inßatißfakθi'ɔn	la scontentezza ßkonten'tetßa
Wut	furiousness 'fjuəriəßnəß	la colère ko'lär	la rabia 'rabia	la rabbia 'rabja
wütend	furious 'fjuəriəß	en colère ã ko'lär	rabioso rabi'oßo	arrabbiato ara'bjato
Zorn	anger 'ängər	la rage rahsch	la ira 'ira	l' ira f 'ira
zornig	angry 'ängri	enragé ãra'scheh	furioso furi'oßo	adirato adi'rato

Die wichtigsten Redewendungen

Ich bin so glücklich/ unglücklich.	I am so happy/unhappy. ai äm ßou 'häppi/an'häppi.	Je suis tellement heureux/ malheureux. schə ßwi täl'mä ö'rö/malö'rö.	Estoy feliz/infeliz. eß'toi fe'liθ/infe'liθ.	Sono così contenta/ infelice. 'ßono ko·si kon'tenta/infe'litsche.
Das ist ja eklig!	That is disgusting. ðät is diß'gaßting.	C'est dégoûtant! ßä dehgu'tä!	Esto es horrible. 'eßto eß o'rible.	Che schifo! ke 'ßkifo!
Ich ärgere mich total!	I am utterly annoyed. ai äm 'atəli ə'nɔid.	Je suis complètement fâché! schə ßwi köplät'mä fa'scheh!	Me enfado totalmente. me en'fado total'mente.	Mi arrabbio molto. mi a'rabjo 'molto.
Ich liebe dich!	I love you. ai law ju.	Je t'aime! schə täm!	Te amo. te 'amo.	Ti amo. ti 'amo.
Willst du mich heiraten?	Would you marry me? wud ju 'märri mi?	Veux-tu te marier avec moi? wö tü tə mari'eh a'weck mu'a?	¿Quieres casarte conmigo? ¿ki'ereß ka'ßarte kon'migo?	Mi vuoi sposare. mi wu'ɔj ßpo'sare.
Ich möchte mit dir schlafen.	I would like to make love to you. ai wud laik tu mäjk law tu ju.	J'ai envie de coucher avec toi. scheh ã'wi də ku'scheh a'weck tu'a.	Quiero dormir contigo. ki'ero dor'mir kon'tigo.	Vorrei fare l'amore con te. wo'räj 'fare la'more kon te.
Du bist sehr schön.	You are beautiful. ju ar 'bjutiful.	Tu es très beau. tü ä trä bo.	Tú eres muy guapo/guapa. tu 'ereß mui gu'apo/gu'apa.	Sei molto bella/o. ßäj 'molto 'bälla/o.

141

Aktivitäten

Deutsch	Englisch	Französisch	Spanisch	Italienisch

Alltag und Freizeit

Deutsch	Englisch	Französisch	Spanisch	Italienisch
Aktivität	activity äk'tiwəti	l' activité f aktiwi'teh	la actividad aktiwi'dad	l' attività f atiwi'ta
Alltag	everyday life ewri'däj lajf	le quotidien koti'djë	el día cotidiano 'dia kotidi'ano	la vita quotidiana 'wita kuoti'djana
antworten	answer 'ahnßər	répondre reh'pödrə	contestar konteß'tar	rispondere riß'pondere
anziehen	dress dreß	habiller abi'jeh	vestirse weß'tirße	mettersi 'mätterßi
ausruhen	relax ri'läkß	reposer rəpo'seh	descansar deßkan'ßar	riposare ripo'sare
ausziehen	undress an'dreß	déshabiller dehsabi'jeh	quitarse (la ropa) ki'tarße (la 'ropa)	togliersi 'toljerßi
beobachten	observe əb'sörw	observer ɔbser'weh	observar ɔbßer'war	osservare oßer'ware
duschen	shower 'schauər	prendre une douche 'prädrə ün dusch	ducharse du'tscharße	fare la doccia 'fare la 'dotscha
einkaufen	shop schɔp	faire des courses fär deh kurß	ir de compras ir de 'kompraß	fare la spesa 'fare la 'ßpesa
essen	eat iht	manger mä'scheh	comer ko'mer	mangiare man'dschare
fahren	drive draiw	conduire kõdu'ir	ir, conducir ir, kondu'θir	andare in an'dare in
finden	find faind	trouver tru'weh	encontrar enkon'trar	trovare tro'ware
flüstern	whisper u'ißpər	murmurer mürmü'reh	susurrar ßußu'rar	parlare a bassa voce par'lare a 'baßa 'wotsche
fragen	ask ahßk	demander dəmä'deh	preguntar pregun'tar	domandare doman'dare
Freizeit	free time fri taim	le temps libre tã 'librə	el tiempo libre ti'empo 'libre	il tempo libero 'tempo 'libero
fühlen	feel fihl	sentir ßã'tir	sentir ßen'tir	sentire ßen'tire
gehen	go gou	aller a'leh	ir ir	andare an'dare
hören	ear 'iər	entendre ã'tãdrə	oir o'ir	sentire ßen'tire
kämmen	comb koum	peigner pän'jeh	peinar pei'nar	pettinare peti'nare
laufen	run ran	courir ku'rir	correr ko'rer	correre 'korere
machen	do/make du/mäjk	faire fär	hacer a'θer	fare 'fare
nachdenken	think θink	réfléchir rehfleh'schir	pensar pen'ßar	pensare pen'ßare
riechen	smell ßmell	sentir ßã'tir	oler o'ler	sentire ßen'tire
schimpfen	curse körß	gronder grõ'deh	reñir ren'jir	brontolare bronto'lare
schlafen	sleep ßlihp	dormir dor'mir	dormir dor'mir	dormire dor'mire
schmecken	taste täjßt	goûter gu'teh	gustar guß'tar	sentire ßen'tire
schreien	scream ßkrihm	crier kri'jeh	gritar gri'tar	gridare gri'dare
sehen	see ßi	voir wu'ahr	ver wer	vedere we'dere
spazieren gehen	walk u'ɔhk	se promener ßə promə'neh	ir de paseo ir de pa'ßeo	passeggiare paße'dschare
spielen	play pläj	jouer schu'eh	jugar chu'gar	giocare dscho'kare
Sport treiben	go in for sports gou in fɔr ßpɔrt	faire du sport fär dü ßpɔr	hacer deporte a'θer de'porte	fare lo sport 'fare lo ßport
sprechen	speak ßpihk	parler par'leh	hablar a'blar	parlare par'lare
springen	jump dschamp	sauter ßo'teh	saltar ßal'tar	saltare ßal'tare
suchen	search ßörtsch	chercher schär'scheh	buscar buß'kar	cercare tscher'kare
tasten	feel fihl	tâter ta'teh	tentar ten'tar	palpare pal'pare
trinken	drink drink	boire bu'ahr	beber be'ber	bere 'bere
verzeihen	forgive fɔr'giw	pardonner pardö'neh	perdonar perdo'nar	perdonare perdo'nare
wahrnehmen	notice 'noutiß	percevoir pärßəwu'ahr	tener en cuenta te'ner en ku'enta	percepire pertsche'pire
waschen	wash u'ɔsch	laver la'weh	lavar la'war	lavare la'ware
werfen	throw θrou	jeter schə'teh	tirar ti'rar	gettare dsche'tare
Zähne putzen	brush one's teeth 'brasch u'ans tihθ	brosser les dents brɔ'ßeh leh dã	limpiar los dientes limpi'ar loß di'enteß	lavarsi i denti la'warßi i 'denti

Arbeit

Deutsch	Englisch	Französisch	Spanisch	Italienisch
arbeiten	work u'örk	travailler trawa'jeh	trabajar traba'char	lavorare lawo'rare
backen	bake bäjk	cuire au four ku'ir o fuhr	hornear orne'ar	cuocere ku'otschere
bewerben	apply ə'plai	postuler pɔßtü'leh	presentarse preßen'tarße	presentare presen'tare
delegieren	delegate 'deligäjt	déléguer dehleh'geh	delegar dele'gar	delegare dele'gare
einstellen	hire 'haiər	embaucher ãbo'scheh	emplear emple'ar	assumere a'ßumere
(Kinder) erziehen	educate 'edschukäjt	élever ehlə'weh	educar (niños) edu'kar ('ninjoß)	educare (bambini) edu'kare (bam'bini)

Sonderzeichen in der Lautschrift ə angedeutetes e wie in bitt**e**; ɔ offenes o wie in P**o**st; ß scharfes s wie in na**ss**; θ weiches s wie in Fa**ss**, aber gelispelt; ð s wie in **S**ense, aber gelispelt; ã nasal gesprochener Vokal wie in Cha**n**son; ë nasal gesprochener Vokal wie in p**oi**ntiert; õ nasal gesprochener Vokal wie in Jet**on**; sch weiches sch wie in **G**in

Aktivitäten

Deutsch	Englisch	Französisch	Spanisch	Italienisch
kochen	cook kuck	faire la cuisine fär la kui'sin	cocinar koθi'nar	cucinare kutschi'nare
kommunizieren	communicate kə'mjunikäjt	communiquer komüni'keh	comunicar komuni'kar	comunicare komuni'kare
konferieren	having a meeting 'häwing ə mihting	donner une conférence do'neh ün köfeh'räß	conferenciar konferenθi'ar	consultarsi konßul'tarßi
kündigen	quit ku'it	licencier lißä'ßjeh	despedir deßpe'dir	licenziare litschen'tßjare
lernen	learn lörn	apprendre a'prändrə	aprender apren'der	imparare impa'rare
lesen	read rihd	lire lir	leer le'er	leggere 'ledschere
Pause machen	take a break täjk ə bräjk	faire une pause fär ün pohs	descansar deßkan'ßar	fare una pausa 'fare 'una 'pausa
putzen	clean clean	faire le ménage fär lə meh'nahsch	limpiar limpi'ar	pulire pu'lire
recherchieren	investigate in'weßtigäjt	rechercher rəschär'scheh	investigar inweßti'gar	fare indagini 'fare in'dadschini
rechnen	calculate 'kälkjuläjt	calculer kalkü'leh	calcular kalku'lar	fare un calcolo 'fare un 'kalkolo
renovieren	renovate 'renəwäjt	rénover rehno'weh	renovar reno'war	rinnovare rino'ware
(in) Rente gehen	go into retirement gou 'intu ri'tajəmənt	partir en retraite par'tir ä rə'trät	ir en pensión ir en penθi'ɔn	andare in pensione an'dare in pen'ßjone
reparieren	repair ri'päər	réparer rehpa'reh	reparar repa'rar	riparare ripa'rare
schreiben	write rait	écrire eh'krir	escribir eßkri'bir	scrivere 'ßkriwere
studieren	study 'ßtadi	étudier ehtü'djeh	estudiar eßtudi'ar	studiare ßtu'djare
telefonieren	telephone 'teləfoun	téléphoner tehlehfɔ'neh	telefonear telefone'ar	telefonare telefo'nare
Urlaub machen	holiday 'hɔlədäj	passer des vacances pa'ßeh deh wa'käß	hacer vacaciones a'θer wakaθi'ɔneß	andare in vacanza an'dare in wa'kantßa
(Geld) verdienen	earn (money) örn ('manni)	gagner (de l'argent) gan'jeh (də lar'schä)	ganar (dinero) ga'nar (di'nero)	guadagnare (soldi) guadan'jare ('ßoldi)

Die wichtigsten Redewendungen

Im Haushalt gibt es viel Arbeit.	Keeping house involves a lot of household chores. 'kihping hauß in'wɔlws ə lot ɔf 'haußhould tschɔhrs.	Il y a beaucoup de ménage à faire. il'ja bo'ku də meh'nahsch a fär.	En la casa hay muchas labores. en la 'kaßa ai 'mutschaß la'boreß.	A casa c'è molto lavoro. a 'kasa tschä 'molto la'woro.
Im Beruf ist Teamarbeit gefragt.	At work, teamwork is required. ät u'örk 'tihmuörk is ri'kuajəd.	Dans le monde du travail, il faut savoir fonctionner en équipe. dä lə mōd dü tra'waj il fo ßawu'ahr fôkßjo'neh ä eh'kip.	En la profesión está muy solicitado el trabajo en grupo. en la profeßi'ɔn eß'ta mui ßoliθi'tado el tra'bacho en 'grupo.	Nel mondo del lavoro è richiesto il lavoro in gruppo. nel 'mondo del la'woro ä ri'kjäßto il la'woro in 'grupo.
Es wird Zeit, dass der Urlaub beginnt!	I can hardly wait for the holidays. ai kän 'hardli u'äjt fɔr ðə 'hɔlədäjs.	Il est temps que commencent les vacances! il ä tä kə kɔ'mäß leh wa'käß!	Por fin, van a empezar las vacaciones. por fin wan a empe'θar laß wakaθi'ɔneß.	È tempo che comincino le vacanze! ä 'tempo ke ko'mintschino le wa'kantße!
Was machst du dieses Jahr in den Ferien?	What are you going to do during the holidays this year? u'ɔt ar ju 'gouing tu du 'djuəring ðə 'hɔlədäjs ðis 'jiər.	Qu'est-ce que tu fais cette année pendant les vacances? 'käßkə tü fä ßät a'ne pä'dä leh wa'kä?	¿Qué haces tú en las vacaciones este año? ¿ke 'aθeß tu en laß wakaθi'ɔneß 'eßte 'anjo?	Cosa fai quest'anno nelle vacanze? 'kɔsa faj kueß'tanno 'nele wa'kantße?
Ich habe meine Stelle gekündigt.	I quit my job. ai ku'it mai dschob.	J'ai démissionné de mon poste. scheh dehmißjɔ'neh də mō pɔßt.	Yo he abandonado mi trabajo. jo e abando'nado mi tra'bacho.	Mi sono licenziato. mi 'ßono litschen'tßjato.
Schreiben kann ich besser als rechnen.	I am better at writing than doing maths. ai äm 'bettər ät 'raiting ðän 'duing mäθß.	Je sais mieux écrire que calculer. schə ßä mjö ehkrir kə kalkü'leh.	Yo escribo mejor que hago cuentas. jo eß'kribo me'chor ke 'ago ku'entaß.	So meglio scrivere che fare i calcoli. ßo 'mäljo 'ßkriwere ke 'fare i 'kalkoli.
Wollen wir was essen/ trinken gehen?	How about going for a drink/a bite to eat? hau ə'baut 'gouing fɔr ə drink/ ə bajt tu iht?	Est-ce qu'on va manger/ boire quelque chose? 'äßkō wa mä'scheh/bu'ahr 'kälkə schohs?	¿Vamos a comer/beber algo? ¿'wamoß a ko'mer/be'ber 'algo?	Andiamo a mangiare/bere qualcosa? an'djamo a man'dschare/'bere kual'kɔsa?

143

Aktivitäten

Bewegungen

Reihenfolge der Übersetzung: Englisch, Französisch, Spanisch, Italienisch

rennen
run	ran
courir	ku'rir
correr	ko'rer
correre	'korere

springen
jump	dschamp
sauter	ßo'teh
saltar	ßal'tar
saltare	ßal'tare

werfen
throw	θrou
jeter	scha'teh
tirar	ti'rar
gettare	dsche'tare

fahren
drive	draiw
conduire	ködu'ir
ir, conducir	ir, kondu'θir
guidare	gui'dare

spielen
play	pläj
jouer	schu'eh
jugar	chu'gar
giocare	dscho'kare

riechen
smell	ßmell
sentir	ßä'tir
oler	o'ler
sentire	ßen'tire

essen
eat	iht
manger	mä'scheh
comer	ko'mer
mangiare	man'dschare

trinken
drink	drink
boire	bu'ahr
beber	be'ber
bere	'bere

Sonderzeichen in der Lautschrift: ə angedeutetes e wie in bitte; ɔ offenes o wie in Post; ß scharfes s wie in nass; θ weiches s wie in Fass, aber gelispelt; ð s wie in Sense, aber gelispelt; ã nasal gesprochener Vokal wie in Chanson; ẽ nasal gesprochener Vokal wie in pointiert; õ nasal gesprochener Vokal wie in Jeton; sch weiches sch wie in Gin

Aktivitäten
Bewegungen

schlafen
sleep	ßlihp
dormir	dor'mir
dormir	dor'mir
dormire	dor'mire

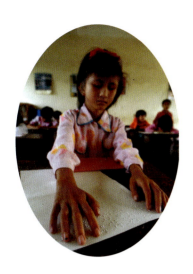

tasten
feel	fihl
tâter	ta'teh
tentar	ten'tar
palpare	pal'pare

Zähne putzen
brush one's teeth	'brasch u'ans tihθ
brosser les dents	brɔ'ßeh leh dä
limpiar los dientes	limpi'ar loß di'enteß
lavarsi i denti	la'warßi i 'denti

waschen
wash	u'ɔsch
laver	la'weh
lavar	la'war
lavare	la'ware

lesen
read	rihd
lire	lir
leer	le'er
leggere	'ledschere

duschen
shower	'schauər
prendre une douche	'prädrə ün dusch
ducharse	du'tscharße
fare la doccia	'fare la 'dotscha

baden
bathe	bahθ
baigner	bän'jeh
bañarse	ban'jarße
fare il bagno	'fare il 'banjo

Themen

145

Sprechabsichten

Deutsch	Englisch	Französisch	Spanisch	Italienisch

Im Gespräch

Deutsch	Englisch	Französisch	Spanisch	Italienisch
Angenehm	How do you do? hau du ju du	Enchanté äschä'teh	Encantado enkan'tado	Piacere pja'tschere
Auf Wiedersehen	Good-bye gud bai	Au revoir o rawu'ahr	Hasta la vista. 'aßta la 'wißta	Arrivederci ariwe'dertschi
Bis bald	See you later ßi ju 'läjtər	A bientôt a bjë'to	Hasta pronto 'aßta 'pronto	A presto a 'preßto
Bis gleich	See you in a little while ßi ju in ə 'littl u'ail	A tout à l'heure a tuta'lör	Hasta luego 'aßta lu'ego	A dopo a 'dɔpo
Bis morgen	Until tomorrow an'til tu'mɔrou	A demain a da'më	Hasta mañana. aßta man'jana	A domani a do'mani
Darf ich Ihnen … vorstellen?	May I introduce … mäj ai intrə'djuhß	Est-ce que je peux vous présenter …? 'äßkə schə pö wu prehsä'teh	¿Puedo presentarle al señor/a la señora …? pu'edo preßen'tarle al ßen'jor/ a la ßen'jora	Le presento …? le pre'sento
Das ist Herr/Frau	This is Mr/Mrs ðiß is 'mißtər/'mißiß	C'est Monsieur/Madame ßä mə'ßjö/ma'dam	Este es el señor/la señora 'eßte eß el ßen'jor/la ßen'jora	Questo/a è il/la signore/a ku'eßto/a ä il/la ßin'jore/a
Guten Tag	Good afternoon gud afta'nuhn	Bonjour bö'schur	Buenos días bu'enoß 'diaß	Buon giorno bu'on 'dschorno
Hallo	Hi haj	Salut ßa'lü	Hola 'ola	Ciao 'tschao
Sehr erfreut	It is a pleasure it is ə 'pleschər	Enchanté äschä'teh	Encantado enkan'tado	Molto lieto 'molto l'jäto
Tschüs	See you ßi ju	Salut ßa'lü	Adiós adi'ɔß	Ciao 'tschao
Wann sehen wir uns wieder?	When do I see you again? u'än du ai ßi ju ə'gän	Quand est-ce qu'on se revoit? kã äß kõ ßə rəwu'a	¿Cuándo nos vemos otra vez? ku'ando noß 'wemos 'otra weθ	Quando ci vediamo di nuovo? ku'ando tschi we'djamo di nu'ɔwo
Wie geht es Ihnen?	How are you? hau ar ju	Comment allez vous? kɔmäta'leh wu	¿Cómo está usted? 'komo eß'ta uß'ted	Come sta? 'kome ßta

Wünsche, Dank und Hoffnungen

Deutsch	Englisch	Französisch	Spanisch	Italienisch
Alles Gute	All the best ɔhl ðə beßt	Bonne chance bɔn schäß	Mucha suerte 'mutscha su'erte	Tante buone cose 'tante bu'one 'kɔse
Bitte geben Sie mir …	please give me … plihs giw mi …	S'il vous plaît, donnez-moi… ßil wu plä do'neh mu'a …	Deme por favor … 'deme por fa'wor …	Mi dia per favore … mi 'dia per fa'wore …
Das ist sehr nett von dir/Ihnen.	That is very kind of you. ðät is 'wäri kaind ɔf ju	C'est gentil de votre part. ßä schä'ti də 'wɔtrə par	Es muy amable de ti/usted. eß mui a'mable de ti/uß'ted	È molto gentile (da parte tua/sua). ä 'molto dschen'tile (da 'parte 'tua/'ßua)
Gute Reise!	Have a good trip! häw ä gud trip	Bon voyage! bô wua'jahsch	Buen viaje! bu'en wi'ache	Buon viaggio! bu'on 'wjadscho
Ich denke	I think ai θink	Je pense schə päß	Pienso pi'enßo	Penso 'penßo
Ich glaube	I believe ai bi'lihw	Je crois schə kru'a	Creo 'kreo	Credo 'kredo
Ich hätte gern	I would like to have ai wud laik tu häw	J'aimerais schämə'rä	Me gustaría me gußta'ria	Vorrei wo'räj
Ich hoffe	I hope ai houp	J'espère schäß'pär	Espero eß'pero	Spero 'ßpero
Ich wünsche mir	I wish ai u'isch	Je souhaiterais schə ßuätə'rä	Deseo de'ßeo	Desidero de'sidero
Ich würde gern	I would like ai wud laik	Je voudrais schə wu'drä	Desearía deßea'ria	Vorrei wo'räj
Ich würde mich freuen	I would be pleased ai wud bi plihsd	Je serais heureux schə ßə'rä ö'rö	Me alegraría me alegra'ria	Sarei lieto ßa'räj l'jäto
Keine Ursache	You are welcome ju ar u'elkəm	Pas de quoi pa də ku'a	No hay de qué. no ai de ke	Non c'è di che non tschä di ke
Vielen Dank	Thank you very much θänk ju 'wäri matsch	Merci beaucoup mär'ßi bo'ku	Muchas gracias 'mutschaß 'graθiaß	Mille grazie 'mille 'gratßje
Viel Erfolg	Wishing you every success u'isching ju 'ewri ßək'ßeß	Bonne chance bɔn schäß	Mucho éxito 'mutscho 'ekßito	Buona fortuna bu'ona for'tuna
Viel Glück	Good luck gud lack	Bonne chance bɔn schäß	Mucha suerte 'mutscha ßu'erte	Buona fortuna bu'ona for'tuna

Orientierung

Deutsch	Englisch	Französisch	Spanisch	Italienisch
Gibt es hier	Do you also sell du ju 'ɔlßou ßell	Est-ce qu'il y a äß kil'ja	Hay aquí ai a'ki	Avete qui a'wete ku'i
Haben Sie auch	Do you also carry (im Geschäft) du ju 'ɔlßou 'käri	Avez-vous aussi aweh'wu o'ßi	Tiene usted también ti'ene uß'ted tambi'en	Ha anche a 'anke

---

Sonderzeichen in der Lautschrift ə angedeutetes e wie in bitte; ɔ offenes o wie in Post; ß scharfes s wie in nass; θ weiches s wie in Fass, aber gelispelt; ð s wie in Sense, aber gelispelt; ä nasal gesprochener Vokal wie in Chanson; ë nasal gesprochener Vokal wie in pointiert; õ nasal gesprochener Vokal wie in Jeton; sch weiches sch wie in Gin

Sprechabsichten

Deutsch	Englisch	Französisch	Spanisch	Italienisch
Ich habe mich verlaufen.	I am lost. ai äm lßt	Je me suis perdu. schə mə ßwi pär'dü	Me he perdido. me e per'dido	Mi sono perso. mi 'ßono 'perßo
Ich suche	I am looking for ai äm 'lucking fɔr	Je cherche schə schärsch	Busco 'bußko	Cerco 'tscherko
Können Sie mir sagen	Could you tell me kud ju tell mi	Pouvez-vous me dire puweh'wu mə dir	Puede usted decirme pu'ede uß'ted de'θirme	Mi può dire mi pu'ɔ 'dire
Wo befindet sich …?	Where is …? u'är is	Où se trouve …? u ßə truhw	Dónde está …? 'donde eß'ta	Dove si trova …? 'dowe ßi 'trɔwa
Wo ist der nächste …?	Where is the nearest …? u'är is ðə 'niərißt	Où se trouve le prochain …? u ßə truhw lə prɔ'schē	Dónde está el próximo …? 'donde eß'ta el 'prokßimo	Dov'è il prossimo …? do'wä il 'proßimo

Frage

		la		la		la		
Frage	question ku'eßtschn		question käß'tjō		pregunta pre'gunta		domanda do'manda	
was	what u'ɔt		que kə		qué ke		cosa 'kɔsa	
wem	whom hum		à qui a ki		a quién, a quiénes a ki'en, a ki'eneß		a chi a ki	
wen	whom hum		qui ki		a quién, a quiénes a ki'en, a ki'eneß		chi ki	
wer	who hu		qui ki		quién, quiénes ki'en, ki'eneß		chi ki	
wessen	whose hus		qui ki		de quién, de quiénes de ki'en, de ki'eneß		di chi di ki	
wie	how hau		comment kɔ'mä		cómo 'komo		come 'kome	
wieso/warum	why u'ai		pourquoi purku'a		por qué por ke		perchè/come mai per'ke/'kome mai	
wie viel	how much hau 'matsch		combien kö'bjē		cuánto cu'anto		quanto ku'anto	
wo	where u'är		où u		dónde 'donde		dove 'dowe	
woher	where from u'är frɔm		d'où du		de dónde de 'donde		di dove di 'dowe	
wohin	where to u'är tu		où u		adónde a'donde		dove 'dowe	

Ausrufe

aua!	ouch! autsch	aïe! a'jə	au! au	aia! 'aja
bescheuert	dumb dam	idiot i'djo	chiflado tschi'flado	stupido 'ßtupido
blöd	stupid 'ßtjupid	imbécile ēbeh'ßil	tonto 'tonto	scemo 'schemo
dämlich	dumb dam	stupide ßtü'pid	tonto 'tonto	sciocco 'schɔko
echt?	really? 'riəli	vraiment? wrä'mä	¿verdad? wer'dad	davvero? da'wero
ekelhaft	disgusting diß'gaßting	dégoûtant dehgu'tä	asqueroso aßke'roßo	schifoso ßki'foso
geil	wicked u'ickid	super ßü'pär	guay gu'ai	lussurioso lußur'joso
igitt!	yuck! jack	berk! bärk	¡qué asco! ke 'aßko	che schifo! ke 'ßkifo
klasse	great gräjt	génial schehn'jal	estupendo eßtu'pendo	fantastico fan'taßtiko
super	belting 'belting	super ßü'pär	fantástico fan'taßtiko	forte 'forte
toll	amazing ə'mäjsing	génial schehn'jal	chulo 'tschulo	stupendo ßtu'pendo
unglaublich	incredible in'kredəbl	incroyable ēkrua'jablə	increible inkre'ible	incredibile inkre'dibile
wahnsinnig	mad mäd	dément deh'mä	loco 'loko	pazzesco pa'tßeßko
widerlich	disgusting diß'gaßting	dégoûtant dehgu'tä	asqueroso aßke'roßo	disgustoso disguß'toso
wie dumm	how stupid hau 'ßtjupid	qu'est ce que c'est bête 'käßkə ßä bätt	¡qué tonto! ke 'tonto	che stupido ke 'ßtupido
wie komisch	how funny hau 'fanni	qu'est ce que c'est drôle 'käßkə ßä drohl	¡qué gracioso! ke graθi'oßo	che strano ke 'ßtrano
wie verrückt	how crazy hau 'kräjsi	qu'est ce que c'est fou 'käßkə ßä fu	¡qué locura! ke lo'kura	che matto 'ke 'matto
wunderbar	wonderful u'andəful	merveilleux märwä'jö	maravilloso marawi'joßo	favoloso fawo'loso

Notfall

Bitte helfen Sie mir.	Please help me. plihs help mi	Aidez-moi, s'il vous plaît. ädehmu'a ßil wu plä	Ayúdeme, por favor. a'judeme por fa'wor	Mi aiuti per favore. mi a'juti per fa'wore
Bitte rufen Sie einen Arzt.	Please call a doctor. plihs kɔhl ə 'dɔktər	Appelez un médecin , s'il vous plaît. ap'leh ē mehd'ßē ßil wu plä	Por favor, llame a un médico. por fa'wor 'jame a un 'mediko	Per favore chiami un medico. per fa'wore 'kjami un 'mädiko

147

Familie und soziale Beziehungen

Deutsch	Englisch	Französisch	Spanisch	Italienisch

Familie

Deutsch	Englisch		Französisch		Spanisch		Italienisch
Bruder	brother 'braðər	le	frère frär	el	hermano er'mano	il	fratello fra'tello
Cousin	cousin 'kasin	le	cousin ku'sē	el	primo 'primo	il	cugino ku'dschino
Cousine	cousin 'kasin	la	cousine ku'sin	la	prima 'prima	la	cugina ku'dschina
Ehefrau	wife u'aif	l'	épouse f eh'puhs	la	esposa eß'poßa	la	moglie 'molje
Ehemann	husband 'hasbənd	l'	époux m eh'pu	el	esposo eß'poßo	il	marito ma'rito
Enkel	grandson 'grändßan	le	petit-fils pəti'fiß	el	nieto ni'eto	il	nipote ni'pote
Enkelin	granddaughter 'gränddɔhtər	la	petite-fille pətit'fij	la	nieta ni'eta	la	nipote ni'pote
Familie	family 'fämili	la	famille fa'mij	la	familia fa'milia	la	famiglia fa'milja
Geschwister	brothers and sisters 'braðərs änd 'ßißtərs	la	fratrie fra'tri	los	hermanos er'manoß	i	fratelli fra'telli
Großmutter	grandmother 'grändmaðər	la	grand-mère grä'mär	la	abuela abu'ela	la	nonna 'nonna
Großvater	grandfather 'grändfahðər	le	grand-père grä'pär	el	abuelo abu'elo	il	nonno 'nonno
Kind	child tschajld	l'	enfant m ä'fä	el	hijo 'icho	il	bambino bam'bino
Mama	mama 'mamə	la	maman ma'mä	la	mamá ma'ma	la	mamma 'mamma
Mutter	mother 'maðər	la	mère mär	la	madre 'madre	la	madre 'madre
Neffe	nephew 'newju	le	neveu nə'wö	el	sobrino ßo'brino	il	nipote ni'pote
Nichte	niece nihß	la	nièce njäß	la	sobrina ßo'brina	la	nipote ni'pote
Oma	grandma 'grändma	la	mamie ma'mi	la	abuelita abue'lita	la	nonna 'nonna
Onkel	uncle 'ankl	l'	oncle m 'ɔnklə	el	tío 'tio	lo	zio 'dsio
Opa	grandpa 'grandpa	le	papi pa'pi	el	abuelito abue'lito	il	nonno 'nonno
Papa	papa 'papə	le	papa pa'pa	el	papá pa'pa	il	babbo 'babbo
Patchworkfamilie	patchwork family pätschu'örk 'fämili	la	famille recomposée fa'mij rəkōpo'seh	la	familia de patchwork fa'milia de patschu'ɔrk	la	famiglia patchwork fa'milja 'pätschuörk
Schwägerin	sister-in-law 'ßißtər in lɔh	la	belle-sœur bäl'ßör	la	cuñada kun'jada	la	cognata kon'jata
Schwager	brother-in-law 'braðər in lɔh	le	beau-frère bo'frär	el	cuñado kun'jado	il	cognato kon'jato
Schwester	sister 'ßißtər	la	sœur ßör	la	hermana er'mana	la	sorella ßo'rella
Schwiegermutter	mother-in-law 'maðər in lɔh	la	belle-mère bäl'mär	la	suegra ßu'egra	la	suocera ßu'ɔtschera
Schwiegersohn	son-in-law ßan in lɔh	le	beau-fils bo'fiß	el	yerno 'jerno	il	genero 'dschenero
Schwiegertochter	daughter-in-law 'dɔhtər in lɔh	la	belle-fille bäl'fij	la	nuera nu'era	la	nuora nu'ɔra
Schwiegervater	father-in-law 'fahðər in lɔh	le	beau-père bo'pär	el	suegro ßu'egro	il	suocero ßu'ɔtschero
Sohn	son ßan	le	fils fiß	el	hijo 'icho	il	figlio 'filjo
Stiefmutter	stepmother 'ßtepmaðər	la	belle-mère bäl'mär	la	madrasta ma'draßta	la	matrigna ma'trinja
Stiefsohn	stepson 'ßtepßan	le	beau-fils bo'fiß	el	hijastro i'chaßtro	il	figliastro fil'jaßtro
Stieftochter	stepdaughter 'ßtepdɔhtər	la	belle-fille bäl'fij	la	hijastra i'chaßtra	la	figliastra fil'jaßtra
Stiefvater	stepfather 'ßtepfahðər	le	beau-père bo'pär	el	padrasto pa'draßto	il	patrigno pa'trinjo
Tante	aunt ahnt	la	tante tät	la	tía 'tia	la	zia 'dsia
Tochter	daughter 'dɔhtər	la	fille fij	la	hija 'icha	la	figlia 'filja
Urenkel	great-grandson gräjt 'grändßan	l'	arrière-petit-fils m arijärpəti'fiß	el	bisnieto bißni'eto	il	pronipote proni'pote
Urenkelin	great-granddaughter gräjt 'gränddɔhtər	l'	arrière-petite fille f arijärpətit'fij	la	bisnieta bißni'eta	la	pronipote proni'pote
Urgroßmutter	great-grandmother gräjt 'grändmaðər	l'	arrière-gand-mère f arijärgrä'mär	la	bisabuela bißabu'ela	la	bisnonna bis'nonna
Urgroßvater	great-grandfather gräjt 'grändfahðər	l'	arrière-gand-père m arijärgrä'pär	el	bisabuelo bißabu'elo	il	bisnonno bis'nonno
Vater	father 'fahðər	le	père pär	el	padre 'padre	il	padre 'padre
Verlobte	fiancée fi'ɔnßäj	le	fiancé fiä'ßeh	el	prometido prome'tido	la	fidanzata fidan'tßata
Verlobter	fiancé fi'ɔnßäj	la	financée fiä'ßeh	la	prometida prome'tida	il	fidanzato fidan'tßato
Zwillinge	twin twin	les	jumeaux m schü'mo	los	gemelos che'meloß	i	gemelli dsche'melli

Soziale Beziehungen

Deutsch	Englisch		Französisch		Spanisch		Italienisch
Bekannte	acquaintance əku'äjntənß	les	connaissances f konä'ßäß	la	conocida kono'θida	la	conoscente kono'schente
Bekannter	acquaintance əku'äjntənß	la	connaissance konä'ßäß	el	conocido kono'θido	il	conoscente kono'schente
Beziehung	relationship ri'läjschnschip	la	relation rəla'ßjõ	la	relación relaθi'ɔn	la	relazione rela'tßjone
Brieffreund	pen friend pen frend	le	correspondant kɔräßpõ'dä	el	amigo por correspondencia a'migo por koreßpon'denθia	l'	amico di penna m a'miko di 'penna

Sonderzeichen in der Lautschrift ə angedeutetes e wie in bitte; ɔ offenes o wie in Post; ß scharfes s wie in nass; θ weiches s wie in Fass, aber gelispelt; ð s wie in Sense, aber gelispelt; ä nasal gesprochener Vokal wie in Chanson; ê nasal gesprochener Vokal wie in pointiert; õ nasal gesprochener Vokal wie in Jeton; sch weiches sch wie in Gin

Familie und soziale Beziehungen

Deutsch	Englisch	Französisch		Spanisch		Italienisch	
Brieffreundin	pen friend pen frend	la	correspondante koräßpö'dät	la	amiga por correspon-dencia a'miga por koreßpon'denθia	l'	amica di penna f a'mika di 'penna	
Flirt	flirtation flör'täjschn	le	flirt flört	el	flirteo flir'teo	il	flirt flört	
Freund	boyfriend 'bojfrend	l'	ami m a'mi	el	amigo a'migo	l'	amico m a'miko	
Freundin	girlfriend 'görlfrend	l'	amie f a'mi	la	amiga a'miga	l'	amica f a'mika	
geschieden	divorced di'worßd		divorcé diwor'ßeh		divorciado diworθi'ado		divorziato diwor'tßjato	
Kollege	colleague 'kɔlihg	le	collègue kɔ'läg	el	colega ko'lega	il	collega ko'läga	
Kollegin	colleague 'kɔlihg	la	collègue kɔ'läg	la	colega ko'lega	la	collega ko'läga	
Kommilitone	fellow student 'felou 'ßtjudənt	le	camarade d'études kama'rad deh'tüd	el	compañero de estudios kompan'jero de eß'tudioß	il	compagno di studi kom'panjo di 'ßtudi	
Kommilitonin	fellow student 'felou 'ßtjudənt	la	camarade d'études kama'rad deh'tüd	la	compañera de estudios kompan'jera de eß'tudioß	la	compagna di studi kom'panja di 'ßtudi	
Lebenspartner	partner 'pahtnər	le	partenaire partə'när	el	compañero de vida kompan'jero de 'wida	il	compagno di vita kom'panjo di 'wita	
Lebenspartnerin	partner 'pahtnər	la	partenaire partə'när	la	compañera de vida kompan'jera de 'wida	la	compagna di vita kom'panja di 'wita	
Mannschaftskamerad	team-mate 'tihmmäjt	le	camarade d'équipe kama'rad deh'kip	el	compañero de equipo kompan'jero de e'kipo	il	compagno di squadra kom'panjo di ßku'adra	
Mannschaftskameradin	team-mate 'tihmmäjt	la	camarade d'équipe kama'rad deh'kip	la	compañera de equipo kompan'jera de e'kipo	la	compagna di squadra kom'panja di ßku'adra	
Mitschüler	classmate 'klahßmäjt	le	camarade de classe kama'rad də klaß	el	compañero de clase kompan'jero de 'klaße	il	compagno di classe kom'panjo di 'klaße	
Mitschülerin	classmate 'klahßmäjt	la	camarade de classe kama'rad də klaß	la	compañera de clase kompan'jera de 'klaße	la	compagna di classe kom'panja di 'klaße	
Nachbar	neighbour 'näjbər	le	voisin wua'sẽ	el	vecino we'θino	il	vicino wi'tschino	
Nachbarin	neighbour 'näjbər	la	voisine wua'sin	la	vecina we'θina	la	vicina wi'tschina	
Scheidung	divorce di'worß	le	divorce di'worß	el	divorcio diworθi'ado	il	divorzio di'wortßjo	
sich scheiden lassen	divorce di'worß		divorcer diwor'ßeh		divorciarse diworθi'arße		divorziare diwor'tßjare	
sozial	social 'ßouschl		social ßɔ'ßjal		social ßoθi'al		sociale ßo'tschale	
Urlaubsbekanntschaft	holiday acquaintance 'hɔlədäj əku'äjtənß	la	connaissance de va-cances konä'ßäß də wa'käß	la	amistad de vacaciones amiß'tad de wakaθi'ɔneß	la	persona conosciuta durante le vacanze per'ßona kono'schuta du'rante le wa'kantße	

Kosenamen

Bär	bear 'bear	l'	ours m urß	el	oso 'oßo		orso 'orßo	
Häschen	bunny 'banni	le	petit lapin pə'ti la'pẽ	el	conejito kone'chito		pulcino pul'tschino	
Kosename	pet name pet näjm	le	surnom ßür'nõ	el	apodo cariñoso a'podo karin'joßo	il	nome vezzeggiativo 'nome wetßedscha'tiwo	
Liebling	honey 'hanni	le	chéri scheh'ri	el	cariño ka'rinjo		amore a'more	
Mäuschen	pumpkin 'pampkin	la	biche bisch	el	ratoncito raton'θito		tesoruccio teso'rutscho	
Schatz	darling 'dahling	le	trésor treh'sor	el	tesoro te'ßoro		tesoro te'sɔro	
Tiger	tiger 'taigər	le	sauvage ßo'wahsch	el	tigre 'tigre		tigre 'tigre	

Schimpfwörter

Arschloch	arsehole 'ahßhoul	le	connard kɔ'nar	el	cabrón ka'brɔn		stronzo 'ßtrontßo	
blöde Kuh	stupid cow 'ßtjupid kau	la	vieille peau w'jäj po	la	boba 'boba		cretina kre'tina	
blöder Affe	stupid monkey 'ßtjupid 'manki	le	con kõ	el	bobo 'bobo		imbecille imbe'tschille	
Blödmann	silly ass 'ßilli äß	le	petit con pə'ti kõ	el	estúpido eß'tupido		scemo 'schemo	
Dummkopf	blockhead 'blɔkhäd	le	crétin kreh'tẽ	el	tonto 'tonto		cretino kre'tino	
Idiot	idiot 'idiət	l'	idiot m i'djo	el	idiota idi'ota		idiota i'djɔta	
Mist	bugger 'bagər		zut süt	el	coñazo kon'jaθo		accidenti atschi'denti	
Scheiße	shit schitt		merde märd	la	mierda mi'erda		merda 'märda	
Schimpfwort	swear word ßu'eə u'öhd	le	gros mot m gro mo	el	taco 'tako	le	parolacce paro'latsche	
verdammt	damned 'dämd		sacré ßa'kreh		coño 'konjo		maledetto male'detto	

Reisedialoge

Ankunft

Ask for information / Um Auskunft bitten

At the filling station

Tourist: Excuse me. Do you take credit cards? Or Euros?
Owner: Yes, certainly. I take credit cards. Or cash.
Tourist: Good. I need some petrol. Which petrol is the German „Super"?
Owner: Four-star is Super. Five-star is Super Plus. Three-star is Normal.
Tourist: Is the petrol leaded?
Owner: No, no, it's all unleaded, sir.
Tourist: Maybe you can help me. I'm looking for a room for the night. Is there a hotel here?
Owner: No, there isn't. But there's a Tourist Information Office in town. They will help you.

Tourist: When is it open? Is it open now?
Owner: Yes, it is.
Tourist: Where can I find it?
Owner: It's in the town centre. You can find it near the shopping centre. Look for the sign with the big „i" on it. You can't miss it. It's near the main road.

Tourist: Thanks a lot!

An der Tankstelle

Tourist: Entschuldigen Sie. Akzeptieren Sie Kreditkarten? Oder Euro?
Besitzer: Ja, das ist selbstverständlich. Ich nehme Kreditkarten. Oder Bargeld.
Tourist: Gut. Ich brauche Benzin. Welches Benzin ist das deutsche „Super"?
Besitzer: Das Viersterne ist Super. Das Fünfsterne ist Super Plus. Das Dreisterne ist Normalbenzin.
Tourist: Ist das Benzin verbleit?
Besitzer: Nein, nein, es ist alles bleifrei, mein Herr.
Tourist: Vielleicht können Sie mir helfen. Ich suche ein Zimmer für die Nacht. Gibt es hier ein Hotel?
Besitzer: Nein, gibt es nicht. Aber es gibt ein Touristeninformationsbüro in der Stadt. Die werden Ihnen helfen.

Tourist: Wann ist es geöffnet? Ist es jetzt geöffnet?
Besitzer: Ja.
Tourist: Wo finde ich es?
Besitzer: Es ist in der Stadtmitte. Sie finden es in der Nähe des Einkaufszentrums. Suchen Sie das Schild mit dem großen „i" darauf. Sie können es nicht verfehlen. Es ist in der Nähe der Hauptstraße.

Tourist: Vielen Dank!

Wichtige Sätze

Do you take credit cards? du ju täjk 'kredit kards?	Akzeptieren Sie Kreditkarten?
Which petrol is the German „Super"? u'itsch 'petrəl is ðə 'dschörmən 'super?	Welches Benzin ist das deutsche „Super"?
I'm looking for a room for the night. aim 'lucking fɔr ə ruhm fɔr ðə nait.	Ich suche ein Zimmer für die Nacht.
Is there a hotel here? is ðär ə hou'tel 'hiə?	Gibt es hier ein Hotel?
There's a Tourist Information Office in town. ðärs ə 'turißt infɔr'mäjschn 'ɔfiß in taun.	Es gibt ein Touristeninformationsbüro in der Stadt.
When is it open? u'än is it 'oupən?	Wann ist es geöffnet?
Where can I find it? u'är kän ai faind it?	Wo finde ich es?

Ankunft

Ask the way / Nach dem Weg fragen

Reisedialoge

Do you know the town?

Harry:	I don't know where we are.
Susan:	There's a man at the filling station. Ask him the way.
Harry:	Excuse me. I'm looking for the Lakeside Guest House. Can you help me?
Owner:	I know it.
Harry:	I can't find it on my map.
Owner:	Let me see. Oh, that's an old map. It's in a new road.
Harry:	Can you direct me there?
Owner:	Do you know the town?
Harry:	No, I don't.
Owner:	It isn't far. Drive a hundred yards. Take the first left after the church. Then take the second road off the roundabout. Turn right at the corner shop. The Lakeside Guest House is on the right.
Harry:	Do you sell street maps of the town?
Owner:	Yes, I do. Do you need a new one? There's one inside the shop.

Kennen Sie die Stadt?

Harry:	Ich weiß nicht, wo wir sind.
Susan:	Da steht ein Mann an der Tankstelle. Frag ihn nach dem Weg.
Harry:	Entschuldigung. Ich suche die Lakeside Pension. Können Sie mir helfen?
Besitzer:	Die kenne ich.
Harry:	Ich kann sie auf meinem Stadtplan nicht finden.
Besitzer:	Lassen Sie mich mal sehen. Ach, das ist ein alter Stadtplan. Sie liegt in einer neuen Straße.
Harry:	Können Sie mir den Weg dorthin erklären?
Besitzer:	Kennen Sie die Stadt?
Harry:	Nein.
Besitzer:	Es ist nicht weit. Fahren Sie hundert Yards. Nehmen Sie die erste Straße links nach der Kirche. Dann nehmen Sie die zweite Ausfahrt aus dem Kreisverkehr. Am Laden an der Ecke biegen Sie rechts ein. Die Lakeside Pension liegt auf der rechten Seite.
Harry:	Verkaufen Sie Stadtpläne?
Besitzer:	Ja. Brauchen Sie einen neuen? Es gibt einen im Laden.

Wichtige Sätze

Excuse me. ikß'kjuhs mi.	Entschuldigung.
Can you direct me there? kän ju daj'räkt mi ðär?	Können Sie mir den Weg dorthin erklären?
Drive a hundred yards. draiw ə 'handred jardß.	Fahren Sie hundert Yards.
Take the first left after the church. täjk ðə förßt left 'ahftər ðə 'tschörtsch.	Nehmen Sie die erste Straße links nach der Kirche.
Then take the second road off the roundabout. ðän täjk ðə 'ßekənd roud ɔf ðə 'raundəbaut.	Dann nehmen Sie die zweite Ausfahrt aus dem Kreisverkehr.
Turn right at the corner shop. törn rait ät ðə 'kohnər schɔp.	Am Laden an der Ecke biegen Sie rechts ein.
Do you sell street maps of the town? du ju ßell ßtriht mäpß ɔf ðə taun?	Verkaufen Sie Stadtpläne?

153

Ankunft

Reception desk / Hotelrezeption

I've got it in writing.

Kay:	Good afternoon. Can I help you?
Harry:	My name is Soley. I booked a room here.
Kay:	I'm Kay Jones. Welcome to Lakeside. I'm pleased to meet you
Harry:	Thank you. This is Susan Hunt.
Susan:	How do you do?
Kay:	How do you do? Let me see. Soley. No, I'm sorry. I haven't got your name in my book. I don't understand. Have you got a confirmation?
Harry:	Yes, I've got it in writing.
Kay:	Ah, here's your name! But it's spelt wrong. It says Foley here. Sorry.
Harry:	Thank goodness.
Kay:	You're in room thirteen. That's a nice double room. How long are you staying?
Harry:	We're off on Sunday morning.
Kay:	So you're staying for four nights. Until the twenty-sixth of August. I hope you like the room. It's got a nice view over the hills.

Ich hab's schriftlich.

Kay:	Guten Tag. Kann ich Ihnen helfen?
Harry:	Ich heiße Soley. Ich habe hier ein Zimmer reserviert.
Kay:	Ich bin Kay Jones. Willkommen in Lakeside. Ich freue mich Ihre Bekanntschaft zu machen.
Harry:	Danke. Dies ist Susan Hunt.
Susan:	Wie geht's?
Kay:	Wie geht's? Lassen Sie mich mal sehen. Soley. Nein, tut mir leid. Ihren Namen habe ich nicht notiert. Das verstehe ich nicht. Haben Sie eine Bestätigung?
Harry:	Ja, ich hab's schriftlich.
Kay:	Ach, hier steht Ihr Name! Aber er ist falsch geschrieben. Hier steht Foley. Tut mir leid.
Harry:	Gott sei Dank.
Kay:	Sie sind in Zimmer dreizehn. Das ist ein hübsches Doppelzimmer. Wie lange bleiben Sie?
Harry:	Wir reisen Sonntagmorgen ab.
Kay:	Also bleiben Sie vier Nächte. Bis zum 26. August. Ich hoffe, Sie mögen das Zimmer. Es hat eine schöne Aussicht über die Berge.

Wichtige Sätze

My name is Soley. mai näjm is 'ßɔli.
Ich heiße Soley.

I booked a room here. ai buckd ə ruhm 'hiə.
Ich habe hier ein Zimmer reserviert.

How do you do? hau du ju du?
Wie geht's?

Have you got a confirmation / a room free?
häw ju gɔt ə kɔnfər'mäjschn / ə ruhm frih?
Haben Sie eine Bestätigung / ein Zimmer frei?

I've got it in writing. aiw gɔt it in 'raiting.
Ich hab's schriftlich.

How long are you staying?
hau lɔng ar ju 'ßtäjing?
Wie lange bleiben Sie?

We're off on Sunday / Monday.
u'iər ɔf ɔn 'ßandäj / 'mandäj.
Wir reisen Sonntag / Montag ab.

Ankunft

Accomodation / Unterkunft

Room thirteen — Zimmer dreizehn

Susan: This is our room. Open the door, Harry. This bag is heavy. Have you got the key?
Harry: Yes, I've got it. These bags are heavy, too. Are you superstitious about number thirteen?
Susan: No, the room is lovely!
Harry: Smashing view. We can see for miles.
Susan: There's a kettle and some tea bags here. How about a cup of tea? Are you thirsty?
Harry: Yes, I am. And I'm hungry too.
Susan: OK, I'll make some tea. Let's stretch our legs in a minute. Or are you tired after the long drive?
Harry: No, I'm not tired. I fancy a walk by the lake.
Susan: Good idea. I need this break, Harry. I'm so happy to be here with you.
Harry: Me, too. This is the right place for fresh air and exercise.
Susan: And the right place to relax.

Susan: Das ist unser Zimmer. Mach die Tür auf, Harry. Diese Tasche ist schwer. Hast du den Schlüssel?
Harry: Ja, ich hab ihn. Diese Taschen sind auch schwer. Bist du wegen der Nummer dreizehn abergläubisch?
Susan: Nein, das Zimmer ist wunderschön!
Harry: Tolle Aussicht. Wir können meilenweit sehen.
Susan: Hier gibt es einen Wasserkocher und ein paar Teebeutel. Wie wäre es mit einer Tasse Tee? Hast du Durst?
Harry: Ja, hab ich. Und Hunger hab ich auch.
Susan: O.K., ich mach uns einen Tee. Lass uns gleich die Beine vertreten. Oder bist du nach der langen Fahrt müde?
Harry: Nein, ich bin nicht müde. Ich habe Lust auf einen Spaziergang am See.
Susan: Gute Idee. Ich brauche diesen Kurzurlaub, Harry. Ich bin so froh, mit dir hier zu sein.
Harry: Ich auch. Dies ist der richtige Ort für frische Luft und Bewegung.
Susan: Und der richtige Ort, um sich zu erholen.

Wichtige Sätze

Have you got the key? häw ju gɔt ðə kih?	Hast du den Schlüssel?
How about a cup of tea? hau əˈbaut ə kap ɔf tih?	Wie wäre es mit einer Tasse Tee?
Are you thirsty? ar ju ˈθörßti?	Hast du Durst?
I'm hungry. aim ˈhangri.	Ich habe Hunger.
Are you tired after the long drive? ar ju ˈtajəd ˈahftər ðə lɔng draiw?	Bist du nach der langen Fahrt müde?
No, I'm not tired. nou, aim nɔt ˈtajəd.	Nein, ich bin nicht müde.
I fancy a walk by the lake. ai ˈfänßi ə uˈɔhk bai ðə läjk.	Ich habe Lust auf einen Spaziergang am See.

Reisedialoge

Kontakte

Make an acquaintance / Eine Bekanntschaft machen

Are you staying here?

Harry:	Excuse me, are these seats free? Do you mind if we join you?
Tom:	Not at all.
Susan:	Thank you. We didn't book. We've just arrived in town.
Alice:	Are you on holiday?
Susan:	Yes, we are. Are you staying here in Ambleside, too? Or do you live here?
Alice:	No, we're visitors, too.
Harry:	Where are you staying?
Alice:	We're staying at the Lakeside Guest House. We arrived last Saturday.
Susan:	Really! What a coincidence! That's where we're staying, too. This is our first night. Are you enjoying it here?
Tom:	We're having a lovely time. And this restaurant is good, too. We eat here every evening. By the way, I'm Tom Clark. And this is my wife Alice.
Susan:	Susan Hunt and Harry Soley. Pleased to meet you both, Mr and Mrs Clark.
Alice:	Oh, call us by our first names, please! We are on holiday.
Susan:	OK, Alice. Call me Susan.

Wohnen Sie zurzeit hier?

Harry:	Entschuldigung, sind diese Plätze frei? Hätten Sie etwas dagegen, wenn wir uns zu Ihnen setzen?
Tom:	Ganz und gar nicht.
Susan:	Vielen Dank. Wir haben nicht reserviert. Wir sind gerade in der Stadt angekommen.
Alice:	Sind Sie im Urlaub?
Susan:	Ja, sind wir. Wohnen Sie auch zurzeit hier in Ambleside? Oder sind Sie hier zu Hause?
Alice:	Nein, wir sind auch Besucher.
Harry:	Wo wohnen Sie?
Alice:	Wir wohnen in der Lakeside Pension. Wir sind letzten Samstag angekommen.
Susan:	Wirklich! Was für ein Zufall. Da wohnen wir auch. Dies ist unsere erste Nacht. Genießen Sie es hier?
Tom:	Wir verleben eine schöne Zeit. Und dieses Restaurant ist auch gut. Wir essen jeden Abend hier. Übrigens, ich heiße Tom Clark. Und das ist meine Frau Alice.
Susan:	Susan Hunt und Harry Soley. Freut mich, Sie beide kennen zu lernen, Herr und Frau Clark.
Alice:	Ach, nennt uns bitte beim Vornamen. Wir sind schließlich im Urlaub.
Susan:	O.K., Alice. Nenn mich bitte Susan.

Wichtige Sätze

Excuse me, are these seats free? ikß'kjuhs mi, ar ðihs ßihtß fri?	Entschuldigung, sind diese Plätze frei?
Do you mind if we join you? du ju majnd if u'i dschoin ju?	Hätten Sie etwas dagegen, wenn wir uns zu Ihnen setzen?
Are you on holiday? ar ju ɔn 'hɔlədäj?	Sind Sie im Urlaub?
Where are you staying? u'är ar ju 'ßtäjing?	Wo wohnen Sie?
Are you enjoying it here? ar ju in'dschɔing it 'hiə?	Genießen Sie es hier?
By the way, I'm Tom Clark. bai ðə u'äj, aim tɔm klark.	Übrigens, ich heiße Tom Clark.
Pleased to meet you both, Mr and Mrs Clark. plihsd tu miht ju bouθ, 'mißtər änd 'mißəß klark.	Freut mich, Sie beide kennen zu lernen, Herr und Frau Clark.

Unterwegs
Restaurant / Restaurant

What are you having? — Was nimmst du?

Susan:	What are you having, Harry?	**Susan:**	Was nimmst du, Harry?
Tom:	The seafood is very good.	**Tom:**	Die Meeresfrüchte sind sehr gut.
Susan:	Harry doesn't like seafood. Or it doesn't like him!	**Susan:**	Harry mag keine Meeresfrüchte. Oder sie mögen ihn nicht!
Harry:	I'm allergic to it.	**Harry:**	Ich bin dagegen allergisch.
Tom:	What a pity.	**Tom:**	Wie schade.
Susan:	How about the beef pie, Harry?	**Susan:**	Wie wär's mit der Rindfleischpastete, Harry?
Harry:	That sounds good. What vegetables come with it?	**Harry:**	Das klingt gut. Welches Gemüse wird dazu serviert?
Tom:	Peas or baked beans. I'm having the same thing.	**Tom:**	Erbsen oder gebackene Bohnen. Ich nehme das Gleiche.
Alice:	Tom loves pies. He eats them all the time at home.	**Alice:**	Tom liebt Pasteten. Er isst sie die ganze Zeit zu Hause.
Tom:	What about you, Alice? What do you fancy? Do you want a pie, too?	**Tom:**	Was ist mit dir, Alice? Worauf hast du Lust? Willst du auch eine Pastete?
Alice:	I'm not sure. No, I don't want a pie. I prefer a salad this evening.	**Alice:**	Ich bin mir nicht sicher. Nein, ich möchte keine Pastete. Ich esse heute Abend lieber einen Salat.
Susan:	I agree with her. I'd like a salad, too. I don't want meat this evening.	**Susan:**	Ich stimme ihr zu. Ich hätte auch gern einen Salat. Ich möchte heute Abend kein Fleisch.
Tom:	Waiter, can we order, please?	**Tom:**	Herr Ober, können wir bitte bestellen?
Waiter:	Yes, sir. Do you want separate bills or all on one bill?	**Waiter:**	Ja, mein Herr. Möchten Sie getrennte Rechnungen oder geht alles zusammen?
Tom:	Separate, please.	**Tom:**	Getrennt, bitte.

Wichtige Sätze

What are you having, Harry? u'ɔt ar ju 'häwing, 'häri?	Was nimmst du, Harry?
How about the beef pie, Harry? hau ə'baut ðə bihf pai, 'häri?	Wie wär's mit der Rindfleischpastete, Harry?
What vegetables come with it? u'ɔt u'ädschtəbls kam u'ið it?	Welches Gemüse wird dazu serviert?
I'm having the same thing. aim 'häwing ðə ßäjm θing.	Ich nehme das Gleiche.
I prefer a salad this evening. ai pri'för ə 'ßäläd ðiß 'ihwəning.	Ich esse heute Abend lieber einen Salat.
Waiter, can we order, please? u'äjter, kän u'i 'ɔhdər, plihs?	Herr Ober, können wir bitte bestellen?
Do you want separate bills or all on one bill? du ju uɔnt 'ßəpərət billß ɔr ɔhl ɔn u'an bill?	Möchten Sie getrennte Rechnungen oder geht alles zusammen?

Kontakte

Get to know one another / Einander kennen lernen

A long drive

Susan: Did you enjoy your pie, Harry?
Harry: Yes, I did, thanks. How was your salad?
Susan: It was fine. I needed that. We had a long drive.

Tom: So where are you from?
Harry: We live in Brighton. It's three hundred miles.

Alice: That really is a long drive. Did you stop on the way?

Harry: Yes, we stopped at a motorway services near Birmingham and stretched our legs.
Tom: When did you start?
Susan: We didn't start very early really. We started at nine o'clock this morning.
Alice: Oh, and when did you arrive here in Ambleside? Three o'clock?
Harry: No, we arrived here at four o'clock. Was it four o'clock, Susan?
Susan: Or quarter past four. About seven hours, all in all. We were very tired. Anyway, we're here now.
Tom: Let's all have another drink. It was a white wine for you Susan. Is that right?
Susan: That's right, thanks. And Harry had a lager.

Eine lange Fahrt

Susan: Hat dir deine Pastete geschmeckt, Harry?
Harry: Ja, danke. Wie war dein Salat?
Susan: Er war ausgezeichnet. Das brauchte ich. Wir hatten eine lange Fahrt.

Tom: Woher seid ihr?
Harry: Wir wohnen in Brighton. Das sind dreihundert Meilen von hier.

Alice: Das ist wirklich eine lange Fahrt. Habt ihr unterwegs Pause gemacht?

Harry: Ja, wir haben an einer Raststätte in der Nähe von Birmingham Halt gemacht und uns die Beine vertreten.
Tom: Wann seid ihr losgefahren?
Susan: Wir sind eigentlich nicht sehr früh gestartet. Wir sind heute Morgen um neun Uhr losgefahren.
Alice: Ach, und wann seid ihr hier in Ambleside angekommen? Um drei Uhr?
Harry: Nein, wir sind um vier Uhr hier angekommen. War es vier Uhr, Susan?
Susan: Oder Viertel nach vier. Ungefähr sieben Stunden alles in allem. Wir waren sehr müde. Na ja, jetzt sind wir da.
Tom: Lasst uns alle noch etwas trinken. Das war ein Weißwein für dich, Susan. Stimmt's?
Susan: Stimmt, danke. Und Harry hatte ein Lagerbier.

Wichtige Sätze

Did you enjoy your pie, Harry? did ju in'dschoi jɔr pai, 'häri?	Hat dir deine Pastete geschmeckt, Harry?
How was your salad? hau u'ɔs jɔr 'ßäläd?	Wie war dein Salat?
So where are you from? ßou u'är ar ju frɔm?	Woher seid ihr?
It's three hundred miles. itß θri 'handred mailß.	Das sind dreihundert Meilen von hier.
Did you stop on the way? did ju ßtɔp ɔn ðə u'äj?	Habt ihr unterwegs Pause gemacht?
When did you arrive here in Ambleside? u'än did ju ə'raiw 'hiə in 'ämblßaid?	Wann seid ihr hier in Ambleside angekommen?
About seven hours, all in all. ə'baut 'ßewn 'auərs, ɔhl in ɔhl.	Ungefähr sieben Stunden alles in allem.

Kontakte

Get to know one another / Einander kennen lernen

Town and country

Tom:	Whereabouts in Brighton do you live?
Harry:	I live right on the seafront.
Susan:	I live in Hove actually. That's west of Brighton.
Alice:	Oh, sorry. Don't you live together?
Susan:	No, we're just good friends. I've got my own little house. Just me and my cat. And where are you from?
Tom:	We live in north London. A place called Muswell Hill. Very built-up and suburban, I'm afraid.
Alice:	We live in a semi. I'd like to live out in the country, really. An old farmhouse is my dream. But Tom hates driving.
Tom:	And it isn't far to my office from our house. Brighton sounds a nice place to live.
Harry:	Nice? Well, yes, it's very lively. But there's too much traffic.
Alice:	But you can see the sea every day. I'd like that.
Harry:	Yes, that's true. My flat faces south. I've got a lovely view of the sea. Of course, the seafront gets very windy in the winter.
Tom:	It's very rural and quiet round here. You can walk for miles and not see a single house. This is our third visit.

Stadt und Land

Tom:	Wo in Brighton wohnt ihr?
Harry:	Ich wohne direkt an der Strandpromenade.
Susan:	Eigentlich wohne ich in Hove. Das ist westlich von Brighton.
Alice:	Ach, entschuldigt. Wohnt ihr nicht zusammen?
Susan:	Nein, wir sind nur gute Freunde. Ich habe mein eigenes kleines Häuschen. Nur ich und meine Katze. Und wo kommt ihr her?
Tom:	Wir wohnen im Norden von London. Ein Ort namens Muswell Hill. Sehr bebaut und vorstädtisch, leider.
Alice:	Wir wohnen in einer Doppelhaushälfte. Ich möchte eigentlich auf dem Land wohnen. Ein altes Bauernhaus ist mein Traum. Aber Tom hasst das Autofahren.
Tom:	Und zu meinem Büro ist es von uns nicht weit. Brighton hört sich als Wohnort nett an.
Harry:	Nett? Na ja, es ist sehr lebhaft. Aber es gibt zu viel Verkehr.
Alice:	Aber du kannst jeden Tag das Meer sehen. Das würde mir gefallen.
Harry:	Ja, das ist wahr. Meine Wohnung liegt nach Süden hin. Ich habe einen tollen Blick auf das Meer. Allerdings wird es am Meer im Winter sehr windig.
Tom:	Es ist in dieser Gegend sehr ländlich und ruhig. Man kann meilenweit laufen, ohne ein einziges Haus zu sehen. Das ist unser dritter Besuch hier.

Wichtige Sätze

I've got my own little house. aiw gɔt mai oun 'littl hauß.	Ich habe mein eigenes kleines Häuschen.
We live in north London. u'i liw in nɔrθ 'landən.	Wir wohnen im Norden von London.
A place called Muswell Hill. ə pläjß kɔld 'maßuəl hill.	Ein Ort namens Muswell Hill.
Very built-up and suburban, I'm afraid. 'wäri 'biltap änd ßə'bəhbən, aim ə'fräjd.	Sehr bebaut und vorstädtisch, leider.
We live in a semi. u'i liw in ə 'ßəmi.	Wir wohnen in einer Doppelhaushälfte.
I've got a lovely view of the sea. aiw gɔt ə 'lawli wju ɔf ðə ßih.	Ich habe einen tollen Blick auf das Meer.
It's very rural and quiet round here. itß 'wäri 'rurəl änd ku'ajət raund 'hiə.	Es ist in dieser Gegend sehr ländlich und ruhig.

Kontakte

Making plans / Pläne machen

Once a day

Alice: Good morning, Susan. Did you sleep well?
Susan: Yes, thanks. I slept like a log.
Alice: Have you got any plans for today?
Susan: Not yet. Any suggestions?
Alice: We usually go for a walk in the mornings. Have you got any walking boots with you?
Susan: No, we haven't got any. We must buy some. Are there any shoe shops in the town?
Alice: Yes, there are some good shops for sports equipment. Have you got any waterproof clothing?
Susan: No, I'm afraid our equipment isn't very good.
Alice: You have to wear the right clothes for wet weather in this area. That's important. It rains at least once a day! But you needn't worry. The showers don't last very long.
Susan: Oh, and I must buy a new map of the area. Do you know where I can buy one?
Alice: Let's all go to the shops after breakfast.
Susan: Ah, here's Harry. Come on, slowcoach!
Harry: I can't move fast. I'm on holiday.

Einmal am Tag

Alice: Guten Morgen, Susan. Hast du gut geschlafen?
Susan: Ja, danke. Ich habe wie ein Stein geschlafen.
Alice: Habt ihr schon Pläne für heute?
Susan: Noch nicht. Irgendwelche Vorschläge?
Alice: Wir gehen morgens normalerweise spazieren. Habt ihr Wanderstiefel mit?
Susan: Nein, wir haben keine. Wir müssen welche kaufen. Gibt es Schuhläden in der Stadt?
Alice: Ja, es gibt einige gute Geschäfte für Sportausrüstung. Habt ihr wasserdichte Kleidung?
Susan: Nein, unsere Ausrüstung ist leider nicht sehr gut.
Alice: Ihr müsst in dieser Gegend die richtige Kleidung für nasses Wetter tragen. Das ist wichtig. Es regnet mindestens einmal am Tag. Aber du brauchst dir keine Sorgen zu machen. Die Schauer dauern nicht sehr lange.
Susan: Oh, und ich muss eine neue Karte von der Gegend kaufen. Weißt du, wo ich eine kaufen kann?
Alice: Lass uns doch alle nach dem Frühstück einkaufen gehen.
Susan: Ah, da ist Harry. Komm schon, Schlafmütze.
Harry: Ich kann mich nicht schnell bewegen. Ich bin im Urlaub.

Wichtige Sätze

Did you sleep well? did ju ßlihp u'äl?	Hast du gut geschlafen?
Have you got any plans for today? häw ju gɔt 'äni plänß fɔr tu'däj?	Habt ihr schon Pläne für heute?
Any suggestions? 'äni ßə'dschäßtschənß?	Irgendwelche Vorschläge?
We usually go for a walk in the mornings. u'i 'juschuəli gou fɔr ə u'ɔhk in ðə 'mɔrnings.	Wir gehen morgens normalerweise spazieren.
I'm afraid our equipment isn't very good. aim ə'fräjd 'auər i'kuipmənt 'isnt 'wäri gud.	Unsere Ausrüstung ist leider nicht sehr gut.
You needn't worry. ju 'nihdnt u'ɔri.	Du brauchst dir keine Sorgen zu machen.
Let's all go to the shops after breakfast. lettß ɔhl gou tu ðə schɔpß 'ahftər 'bräkfəßt.	Lass uns doch alle nach dem Frühstück einkaufen gehen.

Kontakte

Make a request / Eine Bitte äußern

Lots to do

Kay:	Morning all. Is everybody happy?
Harry:	Ah, Kay. Is it possible to check my email somewhere?
Kay:	My husband is online at the moment. You could ask him.
Harry:	Good. And I have to print out some pages from my laptop. May I do that somewhere?
Kay:	Yes, you can use our printer in the back room.
Harry:	Thanks very much.
Susan:	So, what is there to do here? Are there any sights?
Tom:	Actually, there is a really pretty waterfall a couple of hundred yards from here. It's called the Stock Ghyll Force. But obviously, walking is the main activity round here.
Alice:	But there are steamer trips on the lake.
Tom:	And for wet weather you could go to the nice little cinema in town. There's lots to do.
Alice:	And there's a steam railway near Coniston.
Harry:	A steam railway? Brilliant! I love them. Let's go there.
Kay:	Take an umbrella. It's going to rain. The sun is shining at the moment but look at the sky.

Eine Menge zu tun

Kay:	Morgen zusammen. Sind alle zufrieden?
Harry:	Ach, Kay. Wäre es möglich, irgendwo meine E-Mails zu lesen?
Kay:	Mein Mann ist gerade online. Sie könnten ihn fragen.
Harry:	Gut. Und ich muss einige Seiten von meinem Laptop ausdrucken. Darf ich das irgendwo?
Kay:	Ja, Sie können unseren Drucker im Hinterzimmer benutzen.
Harry:	Vielen Dank.
Susan:	Also, was kann man hier unternehmen? Gibt es irgendwelche Sehenswürdigkeiten?
Tom:	Es gibt in der Tat einen wirklich hübschen Wasserfall ein paar hundert Yards von hier. Er heißt der Stock Ghyll Force. Aber Wandern ist natürlich die Hauptaktivität in der Gegend.
Alice:	Aber es gibt Dampferfahrten auf dem See.
Tom:	Und bei nassem Wetter könnt ihr in das nette kleine Kino in der Stadt gehen. Es gibt eine Menge zu tun.
Alice:	Und es gibt eine Dampfeisenbahn bei Coniston.
Harry:	Eine Dampfeisenbahn? Fantastisch! Dafür schwärme ich. Fahren wir dahin.
Kay:	Nehmt einen Regenschirm mit. Es wird regnen. Die Sonne scheint zwar im Moment, aber guckt euch den Himmel an.

Wichtige Sätze

Is it possible to check my email somewhere? is it 'pɔßəbl tu tschek mai 'ihmäjl 'ßamuär?	Wäre es möglich, irgendwo meine E-Mails zu lesen?
Thanks very much. ðänkß 'wäri matsch.	Vielen Dank.
What is there to do here? u'ɔt is ðär tu du 'hiə?	Was gibt es hier zu tun?
Are there any sights? ar ðär 'äni ßajtß?	Gibt es irgendwelche Sehenswürdigkeiten?
There is a really pretty waterfall a couple of hundred yards from here. ðär is ə 'riəli 'priti u'ɔtəfɔl ə 'kapl ɔf 'handred jardß frɔm 'hiə.	Es gibt einen wirklich hübschen Wasserfall ein paar hundert Yards von hier.
For wet weather you could go to the nice little cinema in town. fɔr u'ät u'äðər ju kud gou tu ðə naiß 'littl 'ßinəma in taun.	Bei nassem Wetter könnt ihr in das nette kleine Kino in der Stadt gehen.
Let's go there. letts gou ðär.	Fahren wir dahin.

Reisedialoge

161

Unterhaltung

Family background / Familienverhältnisse

Together! | Zusammen!

Susan: That's a nice watch.
Alice: It's gorgeous, isn't it? It was an anniversary present.

Susan: How long have you been married to Tom?
Alice: Oh, for a very long time; twenty-five years now. Nearly twenty-six.

Susan: Have you got any children?
Alice: A boy. And a girl from my first marriage. They're grown-up now.

Susan: What do they do?
Alice: Our son Peter is a student at the University of Manchester. And our daughter Pam is going to be an office manager.

Susan: Has Peter got his own flat?
Alice: No, students' flats are really expensive. We can't afford that. He lives in a hall of residence. He has a tiny little room and they all share a kitchen, a bathroom and so on. Pam's little flat is near our house.

Susan: Does she earn good money?
Alice: Not yet. She's still only a trainee.

Susan: Das ist eine schöne Uhr.
Alice: Ist sie nicht wunderschön? Sie war ein Geschenk zum Hochzeitstag.

Susan: Wie lange bist du schon mit Tom verheiratet?
Alice: Oh, schon sehr lange; fünfundzwanzig Jahre schon. Fast sechsundzwanzig.

Susan: Habt ihr Kinder?
Alice: Einen Jungen. Und ein Mädchen aus meiner ersten Ehe. Sie sind jetzt erwachsen.

Susan: Was machen sie beruflich?
Alice: Unser Sohn Peter ist Student an der Universität Manchester. Und unsere Tochter Pam wird Büroleiterin.

Susan: Hat Peter seine eigene Wohnung?
Alice: Nein, Studentenwohnungen sind wirklich teuer. Das können wir uns nicht leisten. Er wohnt in einem Studentenwohnheim. Er hat ein winzig kleines Zimmer, und alle teilen sich eine Küche, ein Badezimmer und so weiter. Pams kleine Wohnung ist bei uns in der Nähe.

Susan: Verdient sie gut?
Alice: Noch nicht. Sie ist noch in der Ausbildung.

Wichtige Sätze

How long have you been married to Tom? hau long häw ju bin 'märid tu tom?	Wie lange bist du schon mit Tom verheiratet?
Have you got any children? häw ju got 'äni 'tschildrən?	Habt ihr Kinder?
A girl from my first marriage. ə görl from mai förßt 'märidsch.	Ein Mädchen aus meiner ersten Ehe.
They're grown-up now. 'ðäjər groun ap nau.	Sie sind jetzt erwachsen.
What do they do? u'ɔt du ðäj du?	Was machen sie beruflich?
Our son Peter is a student at the University of Manchester. 'auər ßan 'pihtər is ə 'ßtjudənt ät ðə juni'wörßiti of 'mänscheßtər.	Unser Sohn Peter ist Student an der Universität von Manchester.
He lives in a hall of residence. hi liws in ə hohl of 'räesidəntß.	Er wohnt in einem Studentenwohnheim.

Unterhaltung

Family background / Familienverhältnisse

Free

Alice: How about you, Susan? Have you ever been married?

Susan: I was married but my husband and I were separated after a year. The whole lot isn't very nice. I was very young and inexperienced.

Alice: Oh dear, it is so sorry to hear that. How sad. Do you ever see your ex?

Susan: No, never, and that is all the better. I'm divorced now. A free spirit.

Alice: So you didn't have any children?

Susan: No, we didn't have any kids. Luckily. Maybe I will one day.

Alice: And how long have you and Harry been together?

Susan: Two years. Harry is single and he likes his independence. So we don't live together but we see each other at Harry's flat twice a week or three times a week.
It's convenient for both of us.

Alice: That's nice.

Frei

Alice: Wie ist es mit dir, Susan? Warst du schon mal verheiratet?

Susan: Ich war verheiratet, aber mein Mann und ich haben uns nach einem Jahr getrennt. Die ganze Geschichte ist nicht sehr schön. Ich war sehr jung und unerfahren.

Alice: Oh je, es tut mir so Leid, das zu hören. Wie traurig. Siehst du jemals deinen Ex?

Susan: Nein, nie, und das ist umso besser. Ich bin jetzt geschieden. Ein freier Geist.

Alice: Also hattet ihr keine Kinder?

Susan: Nein, wir hatten keine Kinder. Glücklicherweise. Eines Tages werde ich vielleicht welche haben.

Alice: Und wie lange seid ihr, du und Harry, schon zusammen?

Susan: Zwei Jahre. Harry lebt alleine, und er liebt seine Unabhängigkeit. Also leben wir nicht zusammen, aber wir sehen uns zwei- oder dreimal die Woche in Harrys Wohnung.
Das ist günstig für uns beide.

Alice: Das ist nett.

Wichtige Sätze

I was married but my husband and I were separated after a year. ai u'ɔs 'märid bat mai 'hasbənd änd ai u'ör 'ßepəräjtəd 'ahftər ə 'jiər.	Ich war verheiratet, aber mein Mann und ich haben uns nach einem Jahr getrennt.
How sad. hau ßäd.	Wie traurig.
That is all the better. ðät is ɔhl ðə bätər.	Das ist umso besser!
I'm divorced now. aim di'wɔrßd nau.	Ich bin jetzt geschieden.
No, we didn't have any kids. nou, u'i 'didnt häw 'äni kidß.	Nein, wir hatten keine Kinder.
How long have you and Harry been together as partners? hau lɔng häw ju änd 'häri bin tu'geðər äs 'pahtnərs?	Wie lange seid ihr, du und Harry, schon als Partner zusammen?
Harry is single and he likes his independence. 'häri is 'ßingl änd hi laikß his indi'pendəntß.	Harry lebt alleine, und er liebt seine Unabhängigkeit.

163

Einkaufen

Clothes shopping / Kleiderkauf

Can I help you?

Assistant:	Morning. Can I help you?
Susan:	Yes, please. I need some walking boots and a jacket, please.
Assistant:	I can recommend these boots to you. They are of first-class quality. We sell a lot of these.
Susan:	What are they made of?
Assistant:	They're made of waterproof fabric.
Susan:	Can I try them on?
Assistant:	Certainly.
Susan:	I like them. They're very comfortable. They're light, aren't they? How much are they?
Assistant:	Eighty pounds.
Susan:	And how much is this jacket?
Assistant:	That costs forty-nine pounds.
Susan:	It's really pretty. I think the cut is very flattering; it's slimming me. I'll take the boots and the jacket, please.
Harry:	This is going to be an expensive little holiday.
Susan:	Shopping makes me hungry. What time is it?
Harry:	It's half past twelve. Time for lunch! I'm getting hungry, too.

Kann ich Ihnen helfen?

Verkäuferin:	Morgen. Kann ich Ihnen helfen?
Susan:	Ja, bitte. Ich brauche Wanderstiefel und eine Jacke bitte.
Verkäuferin:	Ich kann Ihnen diese Stiefel empfehlen. Sie sind von bester Qualität. Davon verkaufen wir viele.
Susan:	Woraus sind sie?
Verkäuferin:	Sie sind aus einem wasserdichten Material.
Susan:	Darf ich sie anprobieren?
Verkäuferin:	Sicher.
Susan:	Die gefallen mir. Sie sind sehr bequem. Sie sind leicht, nicht? Was kosten sie?
Verkäuferin:	Achtzig Pfund.
Susan:	Und wie teuer ist diese Jacke?
Verkäuferin:	Die kostet neunundvierzig Pfund.
Susan:	Sie ist wirklich hübsch. Ich finde, dass der Schnitt sehr vorteilhaft ist; er macht mich schlanker. Ich nehme die Stiefel und die Jacke, bitte.
Harry:	Das wird ein teurer kleiner Urlaub.
Susan:	Einkaufen macht mich hungrig. Wie spät ist es?
Harry:	Es ist halb eins. Zeit zum Mittagessen! Ich bekomme auch Hunger.

Wichtige Sätze

Can I help you? kän ai help ju?	Kann ich Ihnen helfen?
I need some walking boots and a jacket, please. ai nihd ßam u'ɔhking buhtß änd ə 'dschäkit, plihs.	Ich brauche Wanderstiefel und eine Jacke, bitte.
What are they made of? u'ɔt ar ðäj mäjd ɔf?	Woraus sind sie?
Can I try them on? kän i trai ðäm ɔn?	Darf ich sie anprobieren?
How much are they? hau matsch ar ðäj?	Was kosten sie?
I'll take the boots and the jacket, please. ail täjk ðə buhtß änd ðə 'dschäkit, plihs.	Ich nehme die Stiefel und die Jacke, bitte.
What time is it? u'ɔt taim is it?	Wie spät ist es?

Unterhaltung

Exchange views / Meinungen austauschen

State-of-the-art

Alice:	Hello Susan! How was your shopping trip? I see you've found something.
Susan:	Yes, I was successful in purchasing. I bought a jacket and a pair of walking boots.
Alice:	Are you pleased with them?
Susan:	Yes, they're great. These new boots are very light, aren't they?
Alice:	Yes, but they're still waterproof. I've got the same ones. State-of-the-art. I'm very pleased with them. What do you think of them, Tom?
Tom:	They're fabric, aren't they? Look at mine. They're real leather. They're made for hill-walking.
Alice:	Don't take any notice of him. You're so old-fashioned, Tom! You used to be trendy.
Harry:	Is anyone getting hungry?
Alice:	Yes, I am. What time is it?
Harry:	It's twenty-five to one. Lunchtime.
Tom:	Let's go for a pub lunch together. Agreed?
Harry:	Agreed.

Auf dem neuesten Stand der Technik

Alice:	Hallo Susan! Wie war dein Einkaufsbummel? Wie ich sehe, hast du etwas gefunden.
Susan:	Ja, ich war erfolgreich beim Einkauf. Ich habe eine Jacke und ein Paar Wanderstiefel gekauft.
Alice:	Bist du damit zufrieden?
Susan:	Ja, sie sind toll. Diese neuen Stiefel sind ganz leicht, nicht wahr?
Alice:	Ja, aber sie sind trotzdem wasserdicht. Ich habe die gleichen. Neuester Stand der Technik. Ich bin sehr zufrieden damit. Was hältst du davon, Tom?
Tom:	Die sind aus Stoff, nicht wahr? Guck dir meine an. Die sind aus echtem Leder. Sie sind zum Bergwandern gedacht.
Alice:	Hör nicht auf ihn. Du bist so altmodisch, Tom! Früher warst du mal modisch.
Harry:	Hat jemand Hunger?
Alice:	Ja, ich. Wie spät ist es?
Harry:	Fünf nach halb eins. Zeit zum Mittagessen.
Tom:	Lasst uns zusammen im Pub etwas essen. Einverstanden?
Harry:	Einverstanden.

Wichtige Sätze

Are you pleased with them? ar ju plihsd u'it ðäm?	Bist du damit zufrieden?
These new boots are very light, aren't they? ðihs njuh buhtß ar 'wäri lait, 'arənt ðäj?	Diese neuen Stiefel sind ganz leicht, nicht wahr?
They are still waterproof. ðäj ar ßtill u'ɔtərpruhf.	Sie sind trotzdem wasserdicht.
What do you think of them, Tom? u'ɔt du ju θink ɔf ðäm, tɔm?	Was hältst du davon, Tom?
They're fabric, aren't they? 'ðäjər 'fäbrik, 'arənt ðäj?	Die sind aus Stoff, nicht wahr?
They're real leather. 'ðäjər 'riəl 'leðər.	Die sind aus echtem Leder.
Let's go for a pub lunch together. letß gou fɔr ə pab lantsch tu'geðər.	Lasst uns zusammen im Pub etwas essen gehen.

Reisedialoge

165

Unterwegs

Planning a picnic / Ein Picknick planen

Picnic

Harry:	What would you like to do today? Have you got an idea?
Susan:	Let's go out for a long walk this afternoon. We've got the right equipment now. I'd like to see how good it really is.
Harry:	I'd like to have a picnic.
Susan:	What a fantastic idea, Harry! I love having picnics. We can buy lots of delicious sandwiches at the supermarket. They've got a terrific selection.
Harry:	All right. That sounds nice.
Susan:	I'll go and get some now. What kind of sandwiches would you like? Ham? Chicken?
Harry:	I don't want many. Just two of each.
Susan:	And what would you like to drink? We can ask Kay for a vacuum flask of tea. Or we could buy a bottle of orange juice.
Harry:	Or we could get a bottle of wine.
Susan:	All right, but I'm not going to carry you home from the hills.

Picknick

Harry:	Was möchtest du heute machen? Hast du eine Idee?
Susan:	Lass uns heute Nachmittag eine Wanderung machen. Wir haben jetzt die richtige Ausrüstung. Ich würde gerne ausprobieren, wie gut sie wirklich ist.
Harry:	Ich möchte ein Picknick machen.
Susan:	Was für eine fantastische Idee, Harry! Ich liebe es, Picknicks zu machen. Wir können im Supermarkt jede Menge leckere belegte Brote kaufen. Die haben eine tolle Auswahl.
Harry:	In Ordnung. Das klingt gut.
Susan:	Ich gehe jetzt welche holen. Was für Brote möchtest du? Schinken? Hähnchen?
Harry:	Ich will nicht viele. Nur zwei von jedem.
Susan:	Und was möchtest du trinken? Wir können Kay um eine Thermoskanne Tee bitten oder wir könnten eine Flasche Orangensaft kaufen.
Harry:	Oder wir könnten eine Flasche Wein besorgen.
Susan:	In Ordnung, aber ich werde dich nicht von den Bergen nach Hause tragen.

Wichtige Sätze

I'd like to have a picnic. aid laik tu häw ə 'piknik.	Ich möchte ein Picknick machen.
We can buy lots of delicious sandwiches at the supermarket. u'i kän baj lotß ɔf di'lischəß 'ßänduitsches ät ðə 'ßupərmahkət.	Wir können im Supermarkt jede Menge leckere belegte Brote kaufen.
I'll go and get some now. ail gou änd gätt ßam nau.	Ich gehe jetzt welche holen.
What kind of sandwiches would you like? u'ɔt kaind ɔf 'ßänduidsches wud ju laik?	Was für Brote möchtest du?
I don't want many. ai dount u'ɔnt 'mäni.	Ich will nicht viele.
We can ask Kay for a vacuum flask of tea. u'i kän ahßk käj for ə 'wäkjuəm flask ɔf tih.	Wir können Kay um eine Thermoskanne Tee bitten.
We could get a bottle of wine. u'i kud gätt ə 'bɔtl ɔf u'ain.	Wir könnten eine Flasche Wein holen.

Unterhaltung

Leisure time activities / Freizeitaktivitäten

Are you the sporty type?

Alice: Where are you off to?
Susan: We're going to have a nice picnic in the hills.
Alice: Lovely idea! We love walking in these hills. And we enjoy walking at home, too. There are some nice walks in north London. You'd be surprised.
Tom: You can walk for miles on Hampstead Heath. I suppose you walk along the seafront in Brighton?
Harry: That can be nice. But I'm not really the outdoor type. I'm more the musical type. My main hobby is collecting records.
Alice: Tom loves playing golf. What about you, Susan? Are you the sporty type?
Susan: I play tennis in the summer.
Alice: I used to play a lot. How often do you play?
Susan: Once or twice a week.
Alice: Don't you play any sport, Harry?
Harry: I sometimes try tennis with Susan. But I'm not very good at it. To be honest, I can't stand ball games. Sailing is my only outdoor interest.

Bist du ein sportlicher Typ?

Alice: Wo wollt ihr denn hin?
Susan: Wir machen ein schönes Picknick in den Bergen.
Alice: Wunderbare Idee! Wir lieben es, in diesen Bergen zu wandern. Und wir genießen es auch, zu Hause zu wandern. Es gibt nette Wanderwege im Norden von London. Du würdest staunen.
Tom: Man kann auf Hampstead Heath meilenweit wandern. Ich nehme an, ihr lauft in Brighton die Strandpromenade entlang?
Harry: Das kann ganz nett sein. Aber ich bin eigentlich kein Frischlufttyp. Ich bin eher ein musikalischer Typ. Mein größtes Hobby ist Schallplattensammeln.
Alice: Tom spielt für sein Leben gern Golf. Was ist mit dir, Susan? Bist du ein sportlicher Typ?
Susan: Ich spiele im Sommer Tennis.
Alice: Ich habe früher viel gespielt. Wie oft spielst du?
Susan: Ein- oder zweimal die Woche.
Alice: Treibst du denn gar keinen Sport, Harry?
Harry: Ich versuche mich manchmal im Tennis spielen mit Susan. Aber ich bin nicht sehr gut darin. Um ehrlich zu sein, ich kann Ballspiele nicht ausstehen. Segeln ist mein einziges Hobby, bei dem ich draußen bin.

Wichtige Sätze

I'm not really the outdoor type. aim nɔt 'riəli ði 'autdɔr taip.	Ich bin eigentlich kein Frischlufttyp.
My main hobby is collecting records. mai mäjn 'hɔbbi is kə'lekting 'rekɔrds.	Mein Haupthobby ist Schallplattensammeln.
I play tennis in the summer. ai pläj 'teniß in ðə 'ßamər.	Ich spiele im Sommer Tennis.
I used to play a lot. ai juhsd tu pläj ə lɔt.	Ich habe früher viel gespielt.
Don't you play any sport, Harry? dount ju pläj 'äni ßpɔrt 'häri?	Treibst du denn gar keinen Sport, Harry?
I'm not very good at it. aim nɔt 'wäri gud ät it.	Ich bin nicht sehr gut darin.
To be honest, I can't stand ball games. tu bi 'ɔnißt, ai kahnt ßtänd bɔl gäjms.	Um ehrlich zu sein, ich kann Ballspiele nicht ausstehen.

Unterwegs

A boat trip / Eine Bootsfahrt

Marvellous!

Susan: This boat trip on Coniston Water was a great idea. I've never been on a real steamer before.

Tom: It's marvellous, isn't it? This is the most beautiful steamer on the lake. It was built in the middle of the nineteenth century, you know. 1859. Can you believe it?

Susan: It's much nicer than the modern boats. I know it's slower but it's more elegant. And it has a beautiful name, too – „the Gondola". I feel like a movie star from the Twenties.

Tom: This is the lake where that terrible accident happened.
Susan: What accident was that?
Tom: The speedboat „Bluebird" crashed here.
Susan: I've never heard of it. Sorry.
Tom: Have you never heard of Donald Campbell and his boat? They used to be famous. He wanted to break his own world record for the fastest boat. But he died in the accident here.
Harry: When was that?
Tom: In 1967. They didn't find his boat until 2001.
Alice: Tom, please! Let's talk about something nicer.

Herrlich!

Susan: Diese Bootsfahrt auf dem Coniston Water war eine tolle Idee. Ich bin noch nie auf einem richtigen Dampfer gewesen.

Tom: Es ist herrlich, nicht? Das ist der schönste Dampfer auf dem See. Wusstet ihr, dass er Mitte des neunzehnten Jahrhunderts gebaut wurde? 1859. Könnt ihr das glauben?

Susan: Er ist viel schöner als die modernen Boote. Ich weiß, dass er langsamer ist, aber er ist eleganter. Und er hat auch einen wunderschönen Namen – „die Gondola". Ich komme mir wie ein Filmstar der zwanziger Jahre vor.

Tom: Das ist der See, wo der schreckliche Unfall passierte.
Susan: Welcher Unfall war das?
Tom: Das Rennboot „Bluebird" ist hier verunglückt.
Susan: Davon habe ich nie etwas gehört. Tut mir leid.
Tom: Hast du noch nie von Donald Campbell und seinem Boot gehört? Sie waren früher berühmt. Er wollte seinen eigenen Rekord für das schnellste Boot der Welt brechen. Aber er starb hier bei dem Unfall.
Harry: Wann war das?
Tom: 1967. Sie fanden sein Boot erst 2001.
Alice: Tom, bitte! Lass uns über etwas Angenehmeres sprechen.

Wichtige Sätze

This boat trip on Coniston Water was a great idea. ðiß bout trip ɔn 'kɔnißtən u'ɔtər u'ɔs ə gräjt aj'diə.	Diese Bootsfahrt auf dem Coniston Water war eine tolle Idee.
It's marvellous, isn't it? itß 'mahwləß, 'isnt it?	Es ist herrlich, nicht?
It was built in the middle of the nineteenth century, you know. it u'ɔs bilt in ðə 'midl ɔf ðə 'naintihnθ 'ßentschəri, ju nou.	Wusstet ihr, dass er Mitte des neunzehnten Jahrhunderts gebaut wurde?
They used to be famous. ðäj juhsd tu bi 'fäjməß.	Sie waren früher berühmt.
When was that? u'än u'ɔs ðät?	Wann war das?
In 1967. in naintihnßikßti'ßäwn.	1967.
Let's talk about something nicer. lätß tɔhk ə'baut 'ßamθing 'naißər.	Lass uns über etwas Angenehmeres sprechen.

168

Unterwegs

Go on a trip / Einen Ausflug machen

Why are we stopping?

Harry:	Why are we stopping the car here?
Tom:	This is Hawkshead village.
Susan:	Oh, this is where Beatrix Potter lived!
Harry:	I've never heard of her. Who is she?
Susan:	Beatrix Potter was an English children's book author and illustrator. She wrote all the Peter Rabbit children's books. Peter Rabbit is her most famous character. I love her books!
Harry:	Oh, it's very pretty. Look at those old houses.
Susan:	I've never seen such a pretty village.
Alice:	I've visited this place before. It's always full of tourists. It is one of the main tourist attractions in this area.
Harry:	How awful! I can't stand tourists.
Tom:	Hah! Have you been here before, Susan?
Susan:	No, never. This is my first time here. There's a lot to see. It's wonderful. Hawkshead is a very impressive village.

Warum halten wir an?

Harry:	Warum halten wir hier an?
Tom:	Das ist Hawkshead.
Susan:	Oh, das ist der Ort, wo Beatrix Potter lebte!
Harry:	Ich habe von ihr noch nie gehört. Wer ist das?
Susan:	Beatrix Potter war eine englische Kinderbuchautorin und -illustratorin. Sie hat all die Kinderbücher über das Kaninchen Peter geschrieben. Kaninchen Peter ist ihre bekannteste Figur. Ich liebe ihre Bücher!
Harry:	Oh, das ist sehr hübsch. Guckt euch mal die alten Häuser da an.
Susan:	Ich habe noch nie ein so hübsches Dorf gesehen.
Alice:	Ich habe diesen Ort schon einmal besucht. Er ist immer voller Touristen. Es ist eine der Haupttouristenattraktionen in dieser Gegend.
Harry:	Wie schrecklich! Ich kann Touristen nicht ausstehen!
Tom:	Hah! Warst du schon mal hier, Susan?
Susan:	Nein, noch nie. Ich bin zum ersten Mal hier. Es gibt so viel zu sehen. Es ist wunderbar. Hawkshead ist ein sehr beeindruckendes Dorf.

Wichtige Sätze

This is where Beatrix Potter lived! ðiß is u'är 'biətrikß 'pɔtər liwd.	Das ist der Ort, wo Beatrix Potter lebte!
I've never heard of her. aiw 'newər hörd ɔf hör.	Ich habe von ihr noch nie gehört.
It's very pretty. itß 'wäri 'priti.	Das ist sehr hübsch.
I've visited this place before. aiw 'wisitəd ðiß pläjß bi'fɔr.	Ich habe diesen Ort schon einmal besucht.
How awful! hau 'ɔhful!	Wie schrecklich!
Have you been here before? häw ju bin 'hiə bi'fɔr?	Warst du schon mal hier?
This is my first time here. ðiß is mai förßt taim 'hiə.	Ich bin zum ersten Mal hier.

Reisedialoge

Unterhaltung

Family background / Familienverhältnisse

What a big crowd! | Was für eine Menge Menschen!

Susan: Does this belong to you, Alice?	**Susan:** Gehört das dir, Alice?
Alice: Oh thank goodness! Yes, it's mine. Pictures of our Silver Wedding. Would you like to see them?	**Alice:** Oh, Gott sei Dank! Ja, das ist meins. Fotos von unserer Silberhochzeit. Möchtest du sie dir ansehen?
Susan: Yes please, Alice. What a big crowd! That's you in the middle. And that's Tom next to you.	**Susan:** Ja bitte, Alice. Was für eine Menge Menschen! Das bist du in der Mitte. Und das ist Tom neben dir.
Alice: He bought a new suit especially.	**Alice:** Er hat sich extra einen neuen Anzug gekauft.
Susan: Very elegant. And who is that on the left in the white shirt?	**Susan:** Sehr elegant. Und wer ist das da links im weißen Hemd?
Alice: That's our son Peter. And that's our daughter on the right of the picture.	**Alice:** Das ist unser Sohn Peter. Und das ist unsere Tochter rechts im Bild.
Susan: What's her name again? Pam?	**Susan:** Wie heißt sie noch mal? Pam?
Alice: Yes, that's right.	**Alice:** Ja, genau.
Susan: And who are those little children at the front?	**Susan:** Und wer sind die kleinen Kinder da vorne?
Alice: Our neighbours' grandchildren.	**Alice:** Die Enkelkinder unserer Nachbarn.
Susan: And who are the people at the back? Behind you and Tom. Are they relatives?	**Susan:** Und wer sind die Leute ganz hinten? Hinter Tom und dir. Sind das Verwandte?
Alice: Those are members of our dancing club, Will and Joan Craddock. Lovely people. And next to them are my half-sister Anne and my brother-in-law Chris.	**Alice:** Das sind Mitglieder in unserem Tanzverein, Will und Joan Craddock. Ganz liebe Menschen. Und neben ihnen stehen meine Halbschwester Anne und mein Schwager Chris.
Susan: Where was this photo taken?	**Susan:** Wo wurde dieses Foto gemacht?
Alice: We hired a hall for the party. The photo was taken here.	**Alice:** Wir haben einen Saal für die Feier gemietet. Das Foto wurde dort gemacht.

Wichtige Sätze

Would you like to see them? wud ju laik tu ßi ðäm?	Möchtest du sie dir ansehen?
Who is that on the left in the white shirt? hu is ðät ɔn ðə left in ðə u'ait schört?	Wer ist das da links im weißen Hemd?
What's her name again? u'ɔtß hör näjm ə'gän?	Wie heißt sie noch mal?
Who are the people at the back? hu ar ðə 'pihpəl ät ðə bäck?	Wer sind die Leute ganz hinten?
Are they relatives? ar ðäj 'relətiws?	Sind sie Verwandte?
Next to them are my half-sister Anne and my brother-in-law Chris. näkßt tu ðäm ar mai 'hahfßißtər än änd mai 'braðərinlɔh kriß.	Neben ihnen stehen meine Halbschwester Anne und mein Schwager Chris.
Where was this photo taken? u'är u'ɔs ðiß 'foutou 'täjkən?	Wo wurde dieses Foto gemacht?

Unterhaltung

Everyday life / Alltag

What do you do?

Harry:	I've got a photo, too. This is me and Susan on my boat. The boat is called „Soleys Folly".
Alice:	Who is Soley?
Harry:	That's my surname.
Tom:	Where do you keep your boat?
Harry:	At the boatyard in Brighton Marina.
Tom:	That's full of really expensive yachts. How much does that cost you?
Harry:	It doesn't cost me anything. That's where I work.
Tom:	What do you do?
Harry:	I'm a boatbuilder. The boatyard is only five minutes' walk from my flat.
Tom:	I'd love to have a sailing boat. Just a small one.
Harry:	Why don't you come down to Brighton and visit our firm? Have a look round. I'll show you what we make. If you see a boat you like, I'll give you a special deal.
Tom:	Where could I keep a boat?
Harry:	I have an old mooring along the coast. I never use it. You can use that free if you want.
Tom:	What a great offer! What do you think, Alice?

Was bist du von Beruf?

Harry:	Ich habe hier auch ein Foto. Das sind Susan und ich auf meinem Boot. Das Boot heißt „Soleys Spleen".
Alice:	Wer ist Soley?
Harry:	Das ist mein Nachname.
Tom:	Wo hast du einen Bootsplatz?
Harry:	Auf der Werft im Jachthafen in Brighton.
Tom:	Da sind lauter ganz teure Jachten. Was kostet dich das?
Harry:	Das kostet mich gar nichts. Ich arbeite dort.
Tom:	Was bist du von Beruf?
Harry:	Ich bin Bootsbauer. Die Werft ist nur fünf Minuten zu Fuß von meiner Wohnung entfernt.
Tom:	Ich hätte für mein Leben gerne ein Segelboot. Nur ein kleines.
Harry:	Warum kommst du nicht nach Brighton runter und besuchst unsere Firma? Schau dich um. Ich zeige dir, was wir machen. Wenn du ein Boot siehst, das du magst, mache ich dir ein Sonderangebot.
Tom:	Wo könnte ich ein Boot unterstellen?
Harry:	Ich habe eine alte Anlegestelle an der Küste. Ich benutze sie nie. Die kannst du kostenlos benutzen, wenn du willst.
Tom:	Was für ein tolles Angebot! Was meinst du, Alice?

Wichtige Sätze

This is me and Susan on my boat. ðiß is mi änd 'ßusən ɔn mai bout.	Das sind Susan und ich auf meinem Boot.
That's my surname. ðätß mai 'ßörnäjm.	Das ist mein Nachname.
How much does that cost you? hau matsch das ðät kɔßt ju?	Was kostet dich das?
It doesn't cost me anything. it 'dasənt kɔßt mi 'äniθing.	Das kostet mich gar nichts.
The boatyard is only five minutes' walk from my flat. ðə 'boutjaht is 'ounli faiw 'minitß u'ɔhk frɔm mai flätt.	Die Werft ist nur fünf Minuten zu Fuß von meiner Wohnung entfernt.
Why don't you come down to Brighton and visit our firm? u'ai dount ju kam daun tu 'brajtən änd 'wisit 'auər förm?	Warum kommst du nicht nach Brighton runter und besuchst unsere Firma?
What a great offer! u'ɔt ə gräjt 'ɔfər!	Was für ein tolles Angebot!

Reisedialoge

171

Ankunft

Réception / Rezeption

Une chambre avec vue sur la mer — Ein Zimmer mit Blick aufs Meer

Hôtelier:	Bonjour Mademoiselle! Bonjour Monsieur!	**Wirt:**	Guten Tag!
Hélène:	Bonjour! C'est bien l'hôtel „La Massane"?	**Hélène:**	Guten Tag! Ist das das Hotel „La Massane"?
Hôtelier:	Oui Mademoiselle.	**Wirt:**	Ja.
Hélène:	Je m'appelle Hélène Rachaud. Et voilà Yves Roy.	**Hélène:**	Ich heiße Hélène Rachaud. Und das ist Yves Roy.
Hôtelier:	Enchanté Mademoiselle, enchanté Monsieur!	**Wirt:**	Sehr erfreut!
Hélène:	Très heureuse!	**Hélène:**	Angenehm!
Yves:	Très heureux! Nous sommes en vacances pour huit jours. Nous cherchons une chambre avec vue sur la mer…	**Yves:**	Freut mich! Wir machen acht Tage Urlaub. Wir suchen ein Zimmer mit Blick aufs Meer …
Hôtelier:	Nous ne sommes pas complets aujourd'hui! Voilà ma sœur et … voici Mademoiselle Rachaud, Monsieur Roy. Ils cherchent une chambre avec une belle vue.	**Wirt:**	Wir sind heute nicht ausgebucht. Das ist meine Schwester und … das sind Frau Rachaud und Herr Roy. Sie suchen ein Zimmer mit einer schönen Aussicht.
Hôtelière:	Bienvenue à Collioure Mademoiselle, Monsieur! … Voilà une chambre avec douche et vue sur le port et le clocher pour 60 Euro.	**Wirtin:**	Willkommen in Collioure! … Das ist ein Zimmer mit Dusche und Blick auf den Hafen und den Glockenturm für 60 Euro.
Yves:	Superbe! Moi, je suis d'accord, et toi?	**Yves:**	Wunderschön! Ich bin einverstanden und du?
Hélène:	Oui, moi aussi. C'est très beau en effet!	**Hélène:**	Ja, ich auch. Es ist wirklich sehr schön!
Hôtelière:	Voilà la fiche à remplir. Vous êtes belges?	**Wirtin:**	Hier ist das Anmeldeformular zum Ausfüllen. Sind Sie Belgier?
Yves:	Non, je ne suis pas belge et Hélène non plus. Elle est française, moi aussi: nous sommes de Lille. Et vous, vous êtes de Collioure?	**Yves:**	Nein, ich bin kein Belgier und Hélène auch nicht. Sie ist Französin und ich bin auch Franzose: Wir sind aus Lille. Und Sie, sind Sie aus Collioure?
Hôtelier:	Oui, nous sommes de Collioure et nous habitons ici depuis toujours.	**Wirt:**	Ja, wir stammen aus Collioure und wohnen schon immer hier.

Wichtige Sätze

Très heureuse! träsö'rös!	Angenehm!
Nous sommes en vacances pour huit jours. nu ßɔm ã wa'käß pur ü'it <u>sch</u>ur.	Wir machen acht Tage Urlaub.
Nous ne sommes pas complets aujourd'hui! nu nə ßɔm pa kõ'plä o<u>sch</u>urdu'i!	Wir sind heute nicht ausgebucht!
Ils cherchent une chambre avec une belle vue. il schärsch ün 'schäbr a'weck ün bäl wü.	Sie suchen ein Zimmer mit einer schönen Aussicht.
C'est très beau en effet! ßä trä bo ãneh'fä!	Es ist wirklich sehr schön!
Non, je ne suis pas belge et Hélène non plus. nõ, s<u>ch</u>ə nə ßwi pa bäl'<u>sch</u> e eh'län nõ plü.	Nein, ich bin kein Belgier und Hélène auch nicht.
Et vous, vous êtes de Collioure? e wu, wu'sät də koli'ur?	Und Sie, sind Sie aus Collioure?

Kontakte

Faire une connaissance / Eine Bekanntschaft machen

De quelle nationalité êtes-vous?

Hôtelier:	Comment allez-vous ce soir?
Hélène:	Très bien! Collioure est une ville charmante et si pittoresque! La mer est belle aussi …
Hôtelier:	Oui Mademoiselle … Tiens, voilà Sylvie … avec Tom, comme toujours! … Je vous présente: Sylvie Bobois, Tom Schmidt, Hélène Rachaud, Yves Roy.
Hélène:	Très heureuse!
Yves:	Enchanté! Nous arrivons à Collioure. Nous sommes en vacances pour une semaine.
Sylvie:	Ah? Moi, pour deux semaines … J'habite à l'hôtel. Tom, lui, est au camping.
Tom:	Très heureux! Bonsoir!
Yves:	Votre nom n'est pas français … De quelle nationalité êtes-vous?
Tom:	Je suis allemand, de Bielefeld.
Sylvie:	Moi, je suis française. Je suis architecte à Nice …
Yves:	… Ah! Moi aussi, mais à Lille.
Hélène:	Et moi, je suis journaliste à Lille.
Yves:	Et vous, Tom, quelle est votre profession?
Tom:	Je suis encore étudiant, étudiant en histoire.
Hélène:	Ah bon! C'est intéressant! … Mais il est tard … Alors, salut, et à demain!

Welche Staatsangehörigkeit haben Sie?

Wirt:	Wie geht es Ihnen heute Abend?
Hélène:	Sehr gut. Collioure ist eine reizende Stadt und so malerisch! Das Meer ist auch schön …
Wirt:	Ja … Na, da ist ja Sylvie … mit Tom, wie immer! … Darf ich Ihnen vorstellen: Sylvie Bobois, Tom Schmidt, Hélène Rachaud, Yves Roy.
Hélène:	Sehr erfreut!
Yves:	Angenehm! Wir sind gerade in Collioure angekommen. Wir machen eine Woche Urlaub.
Sylvie:	Ach? Ich für zwei Wochen … Ich wohne im Hotel. Tom ist auf dem Campingplatz.
Tom:	Freut mich! Guten Abend!
Yves:	Ihr Name klingt nicht französisch … Welche Staatsangehörigkeit haben Sie?
Tom:	Ich bin Deutscher, aus Bielefeld.
Sylvie:	Ich bin Französin. Ich bin Architektin in Nizza …
Yves:	… Ach! Ich auch, aber in Lille.
Hélène:	Und ich bin Journalistin in Lille.
Yves:	Und Sie, Tom, was sind Sie von Beruf?
Tom:	Ich bin noch Student: Student der Geschichte.
Hélène:	Oh gut! Das ist interessant! … Aber es ist schon spät … Dann tschüss, und bis morgen!

Wichtige Sätze

Comment allez-vous ce soir? kɔ'mätaleh'wu ßə ßu'ahr?	Wie geht es Ihnen heute Abend?
Très bien. trä bjē.	Sehr gut.
Votre nom n'est pas français. 'wɔtr nō nä pa frā'ßä.	Ihr Name klingt nicht französisch.
De quelle nationalité êtes-vous? də käl naßjonali'teh ät'wu?	Welche Staatsangehörigkeit haben Sie?
Je suis allemand, de Bielefeld. schə ßwi ale'mã, də bielefeld.	Ich bin Deutscher, aus Bielefeld.
Je suis architecte à Nice. schə ßwisarschi'täkt a nihß.	Ich bin Architektin in Nizza.
Et vous, Tom, quelle est votre profession? e wu, tom, käl ä 'wɔtr profe'ßjõ?	Und Sie, Tom, was sind Sie von Beruf?

Reisedialoge

Unterhaltung

Faire un brin de causette / Ein Schwätzchen halten

Qui est-ce? | Wer ist das?

Tom:	Bonjour, Sylvie! Comment vas-tu ce matin?	**Tom:**	Guten Tag, Sylvie! Wie geht es dir heute Morgen?
Sylvie:	Pas mal! Et toi?	**Sylvie:**	Nicht schlecht! Und dir?
Tom:	Très bien! Mais le camping est bondé.	**Tom:**	Sehr gut! Aber der Campingplatz ist überfüllt.
Sylvie:	Les campeurs sont-ils plutôt français ou étrangers?	**Sylvie:**	Sind die Camper eher Franzosen oder Ausländer?
Tom:	Il y a des Français et des étrangers.	**Tom:**	Es gibt Franzosen und Ausländer.
Sylvie:	Quelle langue parlent-ils?	**Sylvie:**	Welche Sprache sprechen sie?
Tom:	On parle surtout anglais … allemand, aussi …	**Tom:**	Es wird hauptsächlich Englisch gesprochen … Deutsch auch …
Sylvie:	As-tu un copain là-bas?	**Sylvie:**	Hast du einen Freund dort?
Tom:	Oui, Paul …	**Tom:**	Ja, Paul …
Sylvie:	Qui est-ce?	**Sylvie:**	Wer ist das?
Tom:	C'est le gérant. Il est gentil, mais il a un travail fou: il y a des voitures, des motos, des caravanes, des camping-cars, des tentes … et des gens, bien sûr … Eux, ils parlent différentes langues.	**Tom:**	Das ist der Verwalter. Er ist nett, hat aber eine verrückte Arbeit: es gibt Autos, Motorräder, Caravans, Wohnmobile, Zelte … und Leute natürlich … Sie sprechen verschiedene Sprachen.
Sylvie:	Paul, parle-t-il anglais?	**Sylvie:**	Spricht Paul Englisch?
Tom:	Oui, un peu, mais il a un fort accent français … Alors, j'aide Paul et je suis un peu interprète …	**Tom:**	Ja, ein bisschen, er hat aber einen starken französischen Akzent … Also helfe ich Paul und bin ein bisschen Dolmetscher!
Sylvie:	A l'hôtel au contraire, c'est calme, heureusement … Je reste là avec mon roman. Et toi? Est-ce que tu restes avec moi?	**Sylvie:**	Dagegen ist es im Hotel ruhig, zum Glück … Ich bleibe mit meinem Roman da. Und du? Bleibst du bei mir?
Tom:	Non, moi, je retourne là-bas aider Paul.	**Tom:**	Nein, ich gehe wieder dorthin zurück, um Paul zu helfen.

Wichtige Sätze

Les campeurs sont-ils plutôt français ou étrangers?
leh kä'pör ßõ'til plü'to frä'ßä u ehträ'scheh?

Sind die Camper eher Franzosen oder Ausländer?

On parle surtout anglais … allemand, aussi.
õ parl ßür'tu ä'glä … al'mã, o'ßi.

Es wird hauptsächlich Englisch gesprochen … Deutsch auch.

As-tu un copain là-bas? a'tü ẽ ko'pẽ la'ba?

Hast du einen Freund dort?

Qui est-ce? ki äß?

Wer ist das?

Eux, ils parlent différentes langues.
ö, il parl difeh'rät läg.

Sie sprechen verschiedene Sprachen.

Paul, parle-t-il anglais? pɔl, parle'til ä'glä?

Spricht Paul Englisch?

Est-ce que tu restes avec moi? 'äßke tü reßt a'weck mu'a?

Bleibst du bei mir?

Unterhaltung

Échanger des idées / Gedanken austauschen

Qu'est-ce que c'est? — Was ist das?

Hélène:	Bonjour Sylvie! Comment allez-vous?
Sylvie:	Bien, merci, et vous?
Hélène:	Très bien … Tiens, vous avez un livre! … Qu'est-ce que c'est?
Sylvie:	Je commence juste un roman de Nathalie Sarraute … Jusqu'à maintenant, il est bon!
Hélène:	Au fait, y a-t-il une librairie à Collioure?
Sylvie:	Oui, c'est une bonne librairie et les deux libraires sont amusants.
Hélène:	Ah? Comment sont-ils?
Sylvie:	Elle est grande et mince et le libraire, lui, est petit et gros. Ils ne sont plus très jeunes. Elle a les cheveux blancs et des lunettes rouges. Aujourd'hui, elle porte une jupe verte avec un T-shirt bleu, comme la mer… Ils ont des livres et des journaux en français, mais aussi en anglais, en allemand … en cinq ou six langues …
Hélène:	Bon! Je suis curieuse et j'aime les livres … Je vais à la librairie …
Sylvie:	Saluez les libraires de ma part … Bonne promenade!
Hélène:	A tout à l'heure!

Hélène:	Guten Tag, Sylvie! Wie geht es Ihnen?
Sylvie:	Gut, danke, und Ihnen?
Hélène:	Sehr gut … Ach! Sie haben ein Buch … was ist das?
Sylvie:	Ich fange gerade einen Roman von Nathalie Sarraute an … Bis jetzt ist er gut!
Hélène:	Übrigens, gibt es in Collioure eine Buchhandlung?
Sylvie:	Ja, es ist eine gute Buchhandlung und die zwei Buchhändler sind lustig.
Hélène:	Ah? Wie sehen sie aus?
Sylvie:	Sie ist groß und schlank und der Buchhändler, der ist klein und dick. Sie sind nicht mehr ganz jung. Sie hat weiße Haare und eine rote Brille. Heute trägt sie einen grünen Rock mit einem T-Shirt, so blau wie das Meer … Sie haben Bücher und Zeitungen in Französisch, aber auch in Englisch, in Deutsch … in fünf oder sechs Sprachen …
Hélène:	Gut! Ich bin neugierig und ich liebe Bücher … Ich gehe zur Buchhandlung …
Sylvie:	Grüßen Sie die Buchhändler von mir … Schönen Spaziergang!
Hélène:	Bis gleich!

Wichtige Sätze

Bien, merci, et vous? bjẽ, mär'ßi, e wu?	Gut, danke, und Ihnen?
Tiens, vous avez un livre! tjẽ, wusa'weh ẽ 'lihwrə!	Ach! Sie haben ein Buch!
Qu'est-ce que c'est? 'käßke ßä?	Was ist das?
Au fait, y a-t-il une librairie à Collioure? o fät, ija'til ün librä'ri a koli'ur?	Übrigens, gibt es in Collioure eine Buchhandlung?
Ils ne sont plus très jeunes. il nə ßõ plü trä schönn.	Sie sind nicht mehr ganz jung.
Je suis curieuse et j'aime les livres. schə ßwi küri'ös e schäm leh 'lihwrə.	Ich bin neugierig und ich liebe Bücher.
Je vais à la librairie. schə wäsa la librä'ri.	Ich gehe zur Buchhandlung.

Reisedialoge

Unterwegs

Balade en ville / Stadtbummel

D'où venez-vous? | ### Woher kommt ihr?

Sylvie: Finalement, je viens avec vous … Regardez … c'est Tom là-bas, avec un barbu …
Hélène: Ils sortent d'un bistrot …
Tom: Comment ça va, Sylvie? Bonjour Hélène! Voilà Paul Tech, le gérant du camping … Sylvie Bobois, Hélène Rachaud …
Paul: Bonjour! Avec Tom, on cherche un client du camping. Sa voiture bloque le chemin …
Sylvie: D'où venez-vous?
Tom: Nous sortons du Café des Peintres …
Hélène: Ah! … C'est ici! … Il est célèbre! Nous, on va à la librairie …
Tom: Ah? Venez plutôt avec nous! Allons au port, puis sur les plages et, après, à la librairie: comme ça, on cherche le client et on visite Collioure en même temps …
Sylvie: Pourquoi pas?
Hélène: Bon, d'accord! … Le port et la plage sont-ils près d'ici?
Tom: Oui, à côté … En fait, il y a plusieurs plages, une derrière l'église, une juste devant, entre elle et la jetée, et une en face du port …
Hélène: On est déjà sur le port … C'est très animé ici!

Sylvie: Schließlich komme ich mit Ihnen … Schauen Sie … Dort ist Tom mit einem bärtigen Mann …
Hélène: Sie kommen aus einem Café …
Tom: Wie geht es dir, Sylvie? Guten Tag, Hélène! Das ist Paul Tech, der Verwalter des Campingplatzes … Sylvie Bobois, Hélène Rachaud …
Paul: Guten Tag! Tom und ich, wir suchen einen Kunden des Campingplatzes. Sein Wagen versperrt den Weg …
Sylvie: Woher kommt ihr?
Tom: Wir kommen aus dem Café des Peintres …
Hélène: Ach! … Das ist hier! … Es ist berühmt! Wir sind auf dem Weg zur Buchhandlung …
Tom: Ah? Kommt lieber mit uns! Wir gehen zum Hafen, dann zu den Stränden und danach zur Buchhandlung: Auf diese Weise suchen wir den Kunden und besichtigen gleichzeitig Collioure …
Sylvie: Warum nicht?
Hélène: Gut, einverstanden! … Sind der Hafen und der Strand hier in der Nähe?
Tom: Ja, um die Ecke … Eigentlich gibt es mehrere Strände, einen hinter der Kirche, einen direkt davor, zwischen der Kirche und der Mole und einen gegenüber dem Hafen …
Hélène: Wir sind schon am Hafen … Es ist sehr belebt hier!

Wichtige Sätze

Ils sortent d'un bistrot. il ßɔrt dë biß'tro.	Sie kommen aus einem Café.
Comment ça va, Sylvie? kɔ'mã ßa wa, ßil'wi?	Wie geht es dir, Sylvie?
D'où venez-vous? du wəneh'wu?	Woher kommt ihr?
Nous sortons du Café des Peintres. nu ßɔr'tõ dü ka'feh deh pẽntr.	Wir kommen aus dem Café des Peintres.
Nous, on va à la librairie. nu, õ wa a la librä'ri.	Wir sind auf dem Weg zur Buchhandlung.
Le port et la plage sont-ils près d'ici? lə pɔr e la plah<u>sch</u> ßõ'til prä di'ßi?	Sind der Hafen und der Strand hier in der Nähe?
C'est très animé ici! ßä träsani'meh i'ßi!	Es ist sehr belebt hier!

176

Kontakte

Faire des projets / Pläne machen

Reisedialoge

C'est loin d'ici?

Paul:	Vous restez quelques jours à Collioure?
Hélène:	Oui, nous aimons la région, mon ami et moi. On habite une banlieue à l'est de Lille. Pour nous, le Sud – le Midi – c'est un autre monde …
Paul:	L'Espagne est encore très différent.
Hélène:	C'est loin d'ici?
Paul:	Non, Port-Bou est la première ville en Espagne, à 25 km environ par la route de la côte, mais c'est à une heure en voiture d'ici: la route a beaucoup de virages. L'autoroute passe à l'ouest de Collioure par le Col du Perthus …
Hélène:	On peut aller en Espagne en train?
Paul:	Oui, bien sûr … ou en bateau …
Hélène:	Tiens, c'est une bonne idée! … Mais, pour aller à la gare, s'il vous plaît, Paul, c'est près d'ici?
Paul:	Au rond-point, vous prenez la première rue à droite. Vous continuez tout droit jusqu'au pont, vous tournez à gauche et la librairie est à droite … Puis, vous traversez la place et en face de vous, vous avez l'Avenue Maillol; elle va tout droit jusqu'à la gare.
Hélène:	Au fait, le client, où est-il?
Paul:	On cherche partout, mais il reste introuvable …
Sylvie:	Nous, on va à la librairie et à la gare. A tout à l'heure!

Ist es weit von hier?

Paul:	Bleiben Sie ein paar Tage in Collioure?
Hélène:	Ja, wir lieben die Region, mein Freund und ich. Wir wohnen in einem Vorort östlich von Lille. Für uns ist der Süden – Südfrankreich – eine ganz andere Welt …
Paul:	Spanien ist noch einmal ganz anders.
Hélène:	Ist es weit von hier?
Paul:	Nein, Port-Bou ist die erste Stadt in Spanien, 25 km entfernt über die Küstenstraße. Aber es ist eine Stunde von hier mit dem Auto, die Straße hat viele Kurven. Die Autobahn läuft westlich an Collioure vorbei über den Perthus Pass …
Hélène:	Kann man mit dem Zug nach Spanien fahren?
Paul:	Ja, klar … oder mit dem Boot …
Hélène:	Na, das ist eine gute Idee! … Aber um zum Bahnhof zu gehen, Paul, ist er hier in der Nähe?
Paul:	Im Kreisverkehr nehmen Sie die erste Straße rechts. Gehen Sie weiter geradeaus bis zur Brücke, biegen Sie links ab und die Buchhandlung liegt zur Rechten … Dann überqueren Sie den Platz und Sie stoßen direkt auf die Avenue Maillol; sie führt direkt bis zum Bahnhof.
Hélène:	Wo ist übrigens der Kunde?
Paul:	Wir haben überall gesucht, aber er bleibt unauffindbar …
Sylvie:	Wir gehen zur Buchhandlung und zum Bahnhof. Bis gleich!

Wichtige Sätze

Vous restez quelques jours à Collioure?
wu reß'teh käl'kə <u>sch</u>ur a koli'ur?

Bleiben Sie ein paar Tage in Collioure?

Oui, nous aimons la région, mon ami et moi.
u'i, nusä'mõ la reh'<u>sch</u>jõ, mɔna'mi e mu'a.

Ja, wir lieben die Region, mein Freund und ich.

On habite une banlieue à l'est de Lille. õna'bit ün bāli'ö a läßt də lihl.

Wir wohnen in einem Vorort östlich von Lille.

C'est loin d'ici? ßä lu'ẽ di'ßi?

Ist es weit von hier?

On peut aller en Espagne en train? õ pö a'leh änäß'panjə ã trẽ?

Kann man mit dem Zug nach Spanien fahren?

Tiens, c'est une bonne idée! tjẽ, ßät'ün bɔn i'deh!

Na, das ist eine gute Idee!

Au rond-point, vous prenez la première rue à droite.
o röpu'ẽ, wu prə'neh la prəm'jär rü a dru'at.

Im Kreisverkehr nehmen Sie die erste Straße rechts.

177

Kontakte

Faire des projets / Pläne machen

Le programme de la semaine

Sylvie:	La librairie est fermée … Quel dommage! … Je n'ai pas l'heure. Quelle heure est-il, Hélène?
Hélène:	Il est midi vingt. C'est l'heure de l'apéritif … pour nous aussi. On prend l'apéritif au café?
Sylvie:	Oui, tiens! Voilà Paul, Tom et Yves. Ils prennent un pastis!
Hélène:	Salut Yves! Comment vas-tu?
Yves:	Très bien … Bonjour Hélène … bonjour Sylvie! Quel plaisir de vous voir! Prenez-vous un apéritif?
Sylvie/Hélène:	Oui, volontiers! Un Kir et un Banyuls, s'il te plaît!
Yves:	Qu'est-ce qu'on fait aujourd'hui? … Et d'abord, quel jour sommes-nous?
Hélène:	Mais, Yves … Tu es distrait! … C'est lundi! … On va faire le programme de la semaine …
Yves:	Oui … on va aller à la plage: moi, j'aime ça!
Hélène:	Bien sûr! Mais on va aussi visiter quelque chose. On va faire une excursion en Espagne, par exemple demain et une autre à Carcassonne jeudi… Comme ça, mercredi et vendredi nous allons aller à la plage. Samedi, aussi … et dimanche on rentre … Yves, on va peut-être revenir ici en automne … ou au printemps?
Yves:	On a le temps d'ici là …

Die Wochenplanung

Sylvie:	Die Buchhandlung ist geschlossen…Wie schade! Ich weiß nicht, wie spät es ist. Wie spät ist es, Hélène?
Hélène:	Es ist zwanzig nach zwölf. Es ist Zeit für den Aperitif … auch für uns. Trinken wir den Aperitif im Café?
Sylvie:	Ja … Na, da sind ja Paul, Tom und Yves. Sie trinken einen Pastis!
Hélène:	Hallo Yves! Wie geht es dir?
Yves:	Sehr gut … Guten Tag, Hélène … Guten Tag, Sylvie! Wie schön euch zu sehen! Trinkt ihr einen Aperitif?
Sylvie/Hélène:	Ja, gerne! Einen Kir und einen Banyuls, bitte!
Yves:	Was machen wir heute? … Und zuerst, welchen Tag haben wir?
Hélène:	Aber Yves … Du bist zerstreut! Es ist Montag! … Wir machen die Wochenplanung …
Yves:	Ja … Gehen wir an den Strand: Ich liebe das!
Hélène:	Klar! Aber wir besichtigen auch etwas. Zum Beispiel machen wir morgen einen Ausflug nach Spanien und einen anderen nach Carcassonne am Donnerstag. Dann gehen wir am Mittwoch und am Freitag an den Strand. Samstag auch … und Sonntag fahren wir nach Hause. Yves, vielleicht kommen wir hier im Herbst wieder hin … oder im Frühling?
Yves:	Bis dahin haben wir noch Zeit …

Wichtige Sätze

La librairie est fermée. la librä'ri ä fär'meh.	Die Buchhandlung ist geschlossen.
Quelle heure est-il, Hélène? käl ör ä'til, eh'län?	Wie spät ist es, Hélène?
Il est midi vingt. il ä mi'di wē.	Es ist zwanzig nach zwölf.
Ils prennent un pastis! il prän ē paß'tiß!	Sie trinken einen Pastis!
Prenez-vous un apéritif? prəneh'wu ēnapehri'tif?	Trinkt ihr einen Aperitif?
On va faire le programme de la semaine. ō wa fär lə pro'gram də la ßə'män.	Wir machen die Wochenplanung.
Mais on va aussi visiter quelque chose. mäh ō wa o'ßi wisi'teh käl'kə schohs.	Aber wir besichtigen auch etwas.

Unterhaltung

Projeter un tour / Einen Ausflug planen

Les horaires / Die Fahrpläne

	Les horaires		Die Fahrpläne
Hélène:	Yves, tu viens avec moi voir les horaires des trains pour Port-Bou?	**Hélène:**	Yves, kommst du mit mir, um den Zugfahrplan nach Port-Bou anzusehen?
Yves:	D'accord! … Mais nous ne sommes pas en retard: il est une heure et demie. Le guichet est sûrement fermé entre midi et deux heures. Paul, combien de temps met-on pour aller d'ici jusqu'à la gare?	**Yves:**	Einverstanden! … Aber wir sind nicht zu spät: Es ist halb zwei. Der Schalter ist zwischen zwölf und zwei sicher geschlossen. Paul, wie lange braucht man von hier bis zum Bahnhof?
Paul:	Moins d'un quart d'heure … Ce n'est pas loin.	**Paul:**	Weniger als eine Viertelstunde … Es ist nicht weit.
Hélène:	Sais-tu quand il y a un train pour Port-Bou?	**Hélène:**	Weißt du, wann es einen Zug nach Port-Bou gibt?
Paul:	Vers neuf heures. Pour rentrer à Collioure, vous avez un train après onze heures. Vous allez rentrer vers minuit.	**Paul:**	Gegen neun Uhr. Um nach Collioure zurückzukommen, habt ihr einen Zug nach elf Uhr. Ihr kommt gegen Mitternacht zurück.
Hélène:	Et ici, quand la banque est-elle ouverte?	**Hélène:**	Und wann hat die Bank hier geöffnet?
Paul:	De neuf heures à midi et de quatorze à dix-sept heures … Vous voyez ce monsieur? Quel âge a-t-il, à votre avis?	**Paul:**	Von neun bis zwölf und von vierzehn bis siebzehn Uhr … Seht ihr diesen Herrn? Wie alt ist er eurer Meinung nach?
Yves:	Je ne sais pas … 75 ans peut-être …	**Yves:**	Ich weiß nicht … 75 vielleicht …
Paul:	Non, il a 86 ans. C'est un pêcheur à la retraite.	**Paul:**	Nein, er ist 86. Er ist ein pensionierter Fischer.
Hélène:	Ah! … Je vais peut-être faire une interview cette semaine … Viens, Yves! Après, tu as rendez-vous avec Tom et Sylvie à trois heures à la plage et moi, je vais enfin aller à la librairie.	**Hélène:**	Oh! Vielleicht mache ich diese Woche ein Interview … Komm, Yves! Du bist nachher um drei Uhr mit Tom und Sylvie am Strand verabredet und ich, ich gehe endlich zur Buchhandlung.
Yves:	Oui, d'accord… je vais être à l'heure: J'aime la plage, tu sais! …	**Yves:**	Ja, einverstanden … Ich bin pünktlich: Ich liebe den Strand, weißt du! …

Wichtige Sätze

Yves, tu viens avec moi voir les horaires des trains pour Port-Bou? ihw, tü wjë a'weck mu'a wu'ahr lehso'rär deh trë pur pɔr'bu?	Yves, kommst du mit mir, um den Zugfahrplan nach Port-Bou anzusehen?
Le guichet est sûrement fermé entre midi et deux heures. lə gi'schä ä ßür'mä fär'meh 'ãtre mi'di e dö'sör.	Der Schalter ist zwischen zwölf und zwei sicher geschlossen.
Ce n'est pas loin. ßə nä pa lu'ë.	Es ist nicht weit.
Vers neuf heures. wer nöf ör.	Gegen neun Uhr.
Vous allez rentrer vers minuit. wusa'leh rã'treh wer minu'i.	Ihr kommt gegen Mitternacht zurück.
Et ici, quand la banque est-elle ouverte? e i'ßi, kã la bãk ä'täl u'wert?	Und wann hat die Bank hier geöffnet?
De neuf heures à midi et de quatorze à dix-sept heures. də nöf ör a mi'di e də ka'tɔrß a di'ßet ör.	Von neun bis zwölf und von vierzehn bis siebzehn Uhr.

Reisedialoge

179

Einkaufen

Dans le magasin / Im Geschäft

C'est à moi?

Hélène:	Tiens, Tom! Comment ça va? Tu n'es pas à la plage?
Tom:	Non, je dois faire des courses. Nous organisons une fête au camping, ce soir … Tu vas venir avec Yves, j'espère …
Hélène:	Bien sûr! … Mais je peux faire quelque chose peut-être?
Tom:	On peut aller ensemble faire les courses.
Hélène:	D'accord! Que veux-tu acheter?
Tom:	Je vais prendre du pain à la boulangerie et des brochettes à la boucherie … J'ai beaucoup de vin et de fruits au camping.
Hélène:	Tu as de la salade, de l'eau minérale, du fromage?
Tom:	Non, on va aller au supermarché aussi …
Hélène:	Bon, on commence par la boucherie: elle est en face, et il y a la queue à la boulangerie à côté.
Tom:	C'est à moi? … Bonjour Monsieur, j'aimerais des brochettes pour 12 personnes, s'il vous plaît.
Boucher:	Voilà, Monsieur, 2 kilos de brochettes. Vous avez assez de viande … Et avec ça?
Tom:	C'est tout, merci! Ça fait combien?
Boucher:	37 Euro 46 … Et voilà la monnaie, 12 Euro 54. Merci, au revoir!
Tom:	Au revoir, Monsieur! A la boulangerie à côté, il y a encore la queue … On va acheter le pain plus tard …

Bin ich dran?

Hélène:	Na, Tom! Wie geht es dir? Du bist nicht am Strand?
Tom:	Nein, ich muss einkaufen. Wir veranstalten heute Abend eine Fete auf dem Campingplatz … Du kommst mit Yves, hoffe ich …
Hélène:	Klar! … Aber kann ich vielleicht etwas machen?
Tom:	Wir können gemeinsam einkaufen gehen.
Hélène:	Einverstanden! Was willst du kaufen?
Tom:	Ich gehe Brot in der Bäckerei und Fleischspieße in der Metzgerei kaufen … Ich habe eine Menge Wein und Obst auf dem Campingplatz.
Hélène:	Hast du Salat, Mineralwasser, Käse?
Tom:	Nein, wir gehen auch in den Supermarkt …
Hélène:	Gut, fangen wir mit der Metzgerei an. Sie ist gegenüber und in der Bäckerei nebenan ist eine Schlange.
Tom:	Bin ich dran? … Guten Tag, ich hätte gerne Fleischspieße für 12 Personen, bitte.
Metzger:	Bitte schön, 2 Kilo Fleischspieße. Damit haben Sie genug Fleisch … Sonst noch etwas?
Tom:	Das ist alles, danke! Wie viel macht das?
Metzger:	37 Euro 46 … Und hier das Wechselgeld: 12 Euro 54. Danke, auf Wiedersehen!
Tom:	Auf Wiedersehen! In der Bäckerei nebenan ist immer noch eine Schlange … Wir kaufen das Brot später …

Wichtige Sätze

Tu n'es pas à la plage? tü nä pa'sa la plahsch?	Du bist nicht am Strand?
Non, je dois faire des courses. nõ, schə du'a fär deh kurß.	Nein, ich muss einkaufen.
Que veux-tu acheter? kə wö'tü asch'teh?	Was willst du kaufen?
Je vais prendre du pain à la boulangerie et des brochettes à la boucherie. schə wä 'prädrə dü pē a la buläschə'ri e deh bro'schätt a la busch'ri.	Ich gehe Brot in der Bäckerei und Fleischspieße in der Metzgerei kaufen.
Ça fait combien? ßa fä kõ'bjē?	Wie viel macht das?
A la boulangerie à côté, il y a encore la queue. a la buläschə'ri a ko'teh, il'ja ä'kɔr la kö.	In der Bäckerei nebenan ist immer noch eine Schlange.
On va acheter le pain plus tard. õ wa asch'teh lə pē plü tar.	Wir kaufen das Brot später.

Einkaufen

Supermarché et boutique / Supermarkt und Boutique

Le Caddie est plein

Hélène:	Qu'est-ce qu'on prend comme fromage? Ah! Bonjour Mademoiselle! Je voudrais un morceau de comté, s'il vous plaît, un peu de roquefort et un bon camembert. C'est tout, merci!
Tom:	Bon, moi, je prends un kilo de tomates, trois salades et des oignons frais. Ah! Oui … je prends de la moutarde, du beurre et une caisse d'eau minérale, du Perrier, peut-être …
Hélène:	D'accord! Le Caddie est plein … On passe à la caisse …
Tom:	Je vais porter les courses au camping.
Hélène:	D'accord! … Moi, je vais faire les boutiques …
Hélène:	Bonjour Mademoiselle! Est-ce que je peux essayer cette jolie robe blanche-là en vitrine, s'il vous plaît?
Vendeuse:	Quelle est votre taille?
Hélène:	Je fais du 38 en général … Elle va bien! … Cet ensemble-là est très chic aussi …
Vendeuse:	Il n'est pas cher et, pour vous, je fais une réduction de 10%.
Hélène:	C'est gentil … Mais je dois réfléchir … Aujourd'hui, je prends déjà la robe. Combien coûte-t-elle exactement?
Vendeuse:	Un instant, je fais le calcul … avec la réduction, 35 Euro 90.

Der Einkaufswagen ist voll

Hélène:	Was nehmen wir für Käse? Ah! Guten Tag! Ich möchte ein Stück Comté bitte, ein bisschen Roquefort und einen guten Camembert. Das ist alles, danke!
Tom:	Gut, ich nehme ein Kilo Tomaten, drei Salate und frische Zwiebeln. Ach! Ja … ich nehme Senf, Butter und eine Kiste Mineralwasser, Perrier vielleicht …
Hélène:	Einverstanden! Der Einkaufswagen ist voll … Gehen wir an die Kasse …
Tom:	Ich bringe die Einkäufe zum Campingplatz.
Hélène:	Einverstanden! … Und ich gehe shoppen …
Hélène:	Guten Tag! Kann ich dieses schöne weiße Kleid dort aus dem Schaufenster anprobieren, bitte?
Verkäuferin:	Was für eine Größe haben Sie?
Hélène:	Normalerweise 38 … Es passt gut! … Diese Kombination da ist auch sehr chic …
Verkäuferin:	Sie ist nicht teuer, und Ihnen gebe ich zehn Prozent Rabatt.
Hélène:	Das ist nett … Aber ich muss es mir überlegen … Heute nehme ich schon mal das Kleid. Wie viel kostet es genau?
Verkäuferin:	Einen Augenblick … ich rechne es aus … mit dem Rabatt: 35 Euro 90.

Wichtige Sätze

Qu'est-ce qu'on prend comme fromage? käß'kö prä kɔm fro'mah<u>sch</u>?	Was nehmen wir für Käse?
Je prends de la moutarde, du beurre et une caisse d'eau minérale, du Perrier, peut-être … <u>sch</u>ə prä də la mu'tard, dü bör e ün käß do mineh'ral, dü peri'jeh, pö'tätrə …	Ich nehme Senf, Butter und eine Kiste Mineralwasser, Perrier vielleicht …
Je vais porter les courses au camping. <u>sch</u>ə wä pɔr'teh leh kurß o kä'ping.	Ich bringe die Einkäufe zum Campingplatz.
Quelle est votre taille? käl ä 'wɔtr taij?	Was für eine Größe haben Sie?
Elle va bien! äl wa bjë!	Es passt gut!
C'est gentil. ßä <u>sch</u>ä'ti.	Das ist nett.
Combien coûte-t-elle exactement? kö'bjë kut'täl ägsakte'mä?	Wie viel kostet es genau?

Unterwegs

Restaurant / Restaurant

Avez-vous une réservation?

La patronne:	Bonsoir! Avez-vous une réservation?
Yves:	Non, malheureusement pas!
La patronne:	Je suis désolée, il n'y a plus de table libre. Mais vous pouvez boire un apéritif …
Yves:	D'accord! Deux pastis, s'il vous plaît, Madame!
La patronne:	Bien, Monsieur! Je vous apporte aussi la carte.
Yves:	Oui, nous avons très faim.
Hélène:	Merci, Madame! On mange à la carte ou on prend un menu?
Yves:	Comme tu veux. J'ai envie de manger du poisson.
Hélène:	Moi, je vais prendre le menu à 26 Euro. Et toi?
Yves:	J'hésite … Qu'est-ce que vous me conseillez, Madame?
La patronne:	Je vous recommande tout spécialement la daurade …
Yves:	Parfait! Et une petite entrée pour accompagner mon amie …
La patronne:	Une assiette de crudités ou … des crevettes, peut-être?
Yves:	Oui, c'est ça, des petites crevettes grises, s'il vous plaît!
La patronne:	Comme vin, nous avons un bon Corbières blanc …
Yves:	En carafe? … Alors un demi de Corbières pour commencer!
La patronne:	J'apporte de l'eau aussi … Mais la table là-bas se libère. Nous changeons la nappe et vous pouvez vous mettre à table…

Haben Sie reserviert?

Wirtin:	Guten Abend! Haben Sie reserviert?
Yves:	Nein, leider nicht!
Wirtin:	Es tut mir leid, es ist kein Tisch mehr frei. Aber Sie können einen Aperitif trinken …
Yves:	Einverstanden! Zwei Pastis, bitte!
Wirtin:	Gut! Ich bringe Ihnen auch die Karte.
Yves:	Ja, wir haben großen Hunger.
Hélène:	Danke! Essen wir à la carte oder nehmen wir ein Menü?
Yves:	Wie du willst. Ich habe Lust Fisch zu essen.
Hélène:	Ich nehme das Menü zu 26 Euro. Und du?
Yves:	Ich zögere …. Was empfehlen Sie mir?
Wirtin:	Ich empfehle Ihnen ganz besonders die Goldbrasse …
Yves:	Perfekt! Und eine kleine Vorspeise, damit meine Freundin nicht alleine anfangen muss …
Wirtin:	Einen Salatteller oder … Garnelen vielleicht?
Yves:	Ja, das ist es, kleine Sandgarnelen, bitte!
Wirtin:	Als Wein haben wir einen guten weißen Corbières …
Yves:	Offen? … Dann einen halben Corbières für den Anfang!
Wirtin:	Ich bringe auch Wasser … Der Tisch da wird frei. Wir wechseln die Tischdecke und Sie können sich an den Tisch setzen …

Wichtige Sätze

Non, malheureusement pas! nõ, malörösə'mã pa!	Nein, leider nicht!
Je suis désolée, il n'y a plus de table libre. schə ßwi dehso'leh il nja plü də 'tabl 'lihbrə.	Es tut mir leid, es ist kein Tisch mehr frei.
Nous avons très faim. nusa'wõ trä fẽ	Wir haben großen Hunger.
On mange à la carte ou on prend un menu? õ mäsch a la kart u õ prã ẽ mə'nü?	Essen wir à la carte oder nehmen wir ein Menü?
J'ai envie de manger du poisson. scheh ã'wi də mä'scheh dü pua'ßõ.	Ich habe Lust Fisch zu essen.
Qu'est-ce que vous me conseillez, Madame? 'käßke wu mə kößeh'jeh, ma'dam?	Was empfehlen Sie mir?
Une assiette de crudités ou … des crevettes, peut-être? ün aß'jätt də krüdi'teh u … deh krə'wätt, pö'tätrə?	Einen Salatteller oder … Garnelen vielleicht?

Unterwegs

Restaurant / Restaurant

L'addition, s. v. p.! — Die Rechnung, bitte!

La patronne:	Qu'est-ce que vous prenez comme dessert?	**Wirtin:**	Was nehmen Sie als Dessert?
Yves:	Une crème catalane, s'il vous plaît, Madame!	**Yves:**	Eine Crème catalane, bitte!
Hélène:	Et pour moi un café!	**Hélène:**	Und für mich einen Kaffee!
Yves:	La cuisine est très soignée, de bonne qualité.	**Yves:**	Die Küche ist sehr gepflegt, von guter Qualität.
Hélène:	Mais le service est un peu lent. Pardon, Mademoiselle, nous attendons le dessert.	**Hélène:**	Aber die Bedienung ist ein bisschen langsam. Entschuldigung, wir warten auf das Dessert.
La serveuse:	Excusez-moi! Je l'apporte tout de suite!	**Kellnerin:**	Entschuldigen Sie! Ich bringe es sofort!
Hélène:	Le voilà enfin! Merci… Elle est bonne, ta crème catalane?	**Hélène:**	Hier kommt es endlich! Danke … Ist sie gut, deine Crème catalane?
Yves:	Délicieuse!	**Yves:**	Köstlich!
Hélène:	Tu veux autre chose?	**Hélène:**	Möchtest du etwas anderes?
Yves:	Non merci! L'addition, s'il vous plaît Madame!	**Yves:**	Nein, danke! Die Rechnung, bitte!
La patronne:	Voici un armagnac et un alcool de poire, et voilà l'addition …	**Wirtin:**	Bitte … einen Armagnac und einen Birnengeist … und hier die Rechnung …
Yves:	Pardon Madame, il y a une erreur ici, je pense. Voyez … une bouteille d'eau minérale …	**Yves:**	Entschuldigen Sie, hier liegt ein Fehler vor, denke ich. Sehen Sie … eine Flasche Mineralwasser …
La patronne:	Oh! excusez-moi, Monsieur: vous aviez une carafe, en effet: je vais corriger l'erreur; un instant, s'il vous plaît … Voilà!	**Wirtin:**	Oh! Entschuldigung. Tatsächlich, Sie hatten eine Karaffe. Ich werde den Fehler korrigieren; einen Augenblick, bitte … So, hier!
Yves:	Vous acceptez les cartes de crédit, je pense?	**Yves:**	Sie akzeptieren Kreditkarten, ist das richtig?
La patronne:	Bien sûr, Monsieur … Je vous remercie. A bientôt, j'espère!	**Wirtin:**	Selbstverständlich! … Ich bedanke mich. Hoffentlich bis bald!
Hélène:	Au revoir et merci! C'est très agréable chez vous …	**Hélène:**	Auf Wiedersehen und danke! Es ist sehr angenehm bei Ihnen …

Wichtige Sätze

Qu'est-ce que vous prenez comme dessert?
'käßke wu prə'neh kɔm deh'ßähr?

Was nehmen Sie als Dessert?

La cuisine est très soignée, de bonne qualité.
la kui'sin ä trä ßuan'jeh, də bɔn kali'teh.

Die Küche ist sehr gepflegt, von guter Qualität.

Mais le service est un peu lent. mäh lə ßer'wiß ät'ē pö lä.

Aber die Bedienung ist ein bisschen langsam.

Elle est bonne, ta crème catalane? äl ä bɔn, ta kräm kata'län?

Ist sie gut, deine Crème catalane?

Voici un armagnac et un alcool de poire, et voilà l'addition.
wua'ßi ēnarmän'jack e ē al'kɔl də pu'ahr, e wua'la ladi'ßjō.

Bitte … einen Armagnac und einen Birnengeist … und hier die Rechnung.

Vous acceptez les cartes de crédit, je pense?
wusakßep'teh leh kart də kre'di, schə päß?

Sie akzeptieren Kreditkarten, denke ich mir?

Bien sûr, Monsieur … Je vous remercie. bjē ßür, mə'ßjö … schə wu rəmär'ßi.

Selbstverständlich! … Ich bedanke mich.

183

Kontakte

Faire des projets / Pläne machen

Ça vous convient?

Hélène:	J'aimerais voir la côte depuis la mer … pas vous?
Tom:	Ah oui, moi aussi! On peut faire une promenade en mer ou louer un bateau peut-être?
Yves:	Oui, mais c'est cher. On va demander à l'hôtelier? Il est là …
Hôtelier:	Moi, je vous conseille la promenade en mer à la voile. Je vois le capitaine ce soir. Je peux lui parler de vous. Il va vous faire un bon prix.
Yves:	D'accord! … Tom et Sylvie, ça vous va vendredi? Bien … Mais pour aujourd'hui, nous voulons réserver un court de tennis.
Hôtelier:	Je connais un moniteur. Je vais lui téléphoner. A quelle heure voulez-vous jouer?
Yves:	Plutôt en fin de journée.
Hôtelier:	A sept heures, ça vous convient?
Tom:	Oui, si c'est possible … Tu es d'accord Sylvie?
Sylvie:	Oui, bien sûr … Et toi, Hélène?
Hélène:	On fait un double mixte, si vous voulez …
Yves:	Ensuite, on va se baigner et on dîne ensemble?
Sylvie:	D'accord! … Et après, on peut aller dans une boîte …
Tom:	Oui, ça va nous changer … On va aller danser!

Passt es Ihnen?

Hélène:	Ich möchte die Küste vom Meer aus sehen … ihr nicht?
Tom:	Ah ja, ich auch! Wir können vielleicht eine Bootsfahrt machen oder ein Boot mieten?
Yves:	Ja, aber es ist teuer. Fragen wir den Hotelier? Da ist er …
Wirt:	Ich empfehle Ihnen einen Ausflug mit dem Segelboot. Ich sehe den Kapitän heute Abend. Ich kann mit ihm über Sie sprechen. Er macht Ihnen einen guten Preis.
Yves:	Einverstanden! … Tom und Sylvie, passt es euch am Freitag? Gut … Aber für heute möchten wir einen Tennisplatz reservieren.
Wirt:	Ich kenne einen Tennislehrer. Ich werde ihn anrufen. Um wie viel Uhr möchten Sie spielen?
Yves:	Eher am späten Nachmittag.
Wirt:	Passt es Ihnen um sieben Uhr?
Tom:	Ja, wenn es geht … Sylvie, bist du damit einverstanden?
Sylvie:	Ja, klar… Und du, Hélène?
Hélène:	Wir machen ein gemischtes Doppel, wenn ihr wollt …
Yves:	Danach gehen wir baden. Essen wir zusammen zu Abend?
Sylvie:	Einverstanden! … Und danach können wir in eine Disko gehen …
Tom:	Ja, das ist eine Abwechslung für uns … Wir gehen tanzen!

Wichtige Sätze

J'aimerais voir la côte depuis la mer … pas vous? schämə'rä wu'ahr la kot dəpu'i la mär … pa wu?	Ich möchte die Küste vom Meer aus sehen … ihr nicht?
Oui, mais c'est cher. u'i, mäh ßä schär.	Ja, aber es ist teuer.
Moi, je vous conseille la promenade en mer à la voile. mu'a, schə wu kö'ßäj la promə'nad ã mär a la wu'al.	Ich empfehle Ihnen einen Ausflug mit dem Segelboot.
Il va vous faire un bon prix. il wa wu fär ê bõ pri.	Er macht Ihnen einen guten Preis.
Tom et Sylvie, ça vous va vendredi? tom e ßil'wi, ßa wu wa wãdrə'di?	Tom und Sylvie, passt es euch am Freitag?
Je vais lui téléphoner. schə wä lu'i tehlehfo'neh.	Ich werde ihn anrufen.
A quelle heure voulez-vous jouer? a käl ör wuleh'wu schu'eh?	Um wie viel Uhr möchten Sie spielen?

Unterhaltung

Projets de vacances / Urlaubspläne

Reisedialoge

L'appartement idéal

Sylvie: Pour moi, la mer est trop froide … Elle fait à peine 20 degrés. Les prévisions météo ne sont d'ailleurs pas très bonnes pour demain. On annonce un temps couvert …
Yves: C'est vrai, et peut-être même de la pluie.
Hélène: Il fait si beau ce soir … Je ne peux pas le croire … Il fait doux et la lumière est magnifique. Les couchers de soleil ici …
Tom: Hélène n'a pas tort … c'est un très beau pays …
Sylvie: J'ai une idée! … On s'entend bien tous les quatre. Alors, je me demande si on ne peut pas louer un appartement ensemble en automne … Tom ne va plus être au camping, n'est-ce pas?
Yves: C'est une bonne idée! … On va chercher quelque chose …
Sylvie: Oui! … Demain, avec Tom, on va se renseigner auprès du syndicat d'initiative ou de l'office du tourisme et des agences immobilières. En fait, de quoi avons-nous besoin?
Yves: Je pense que Hélène et moi, nous avons besoin d'une chambre avec une douche, bien sûr, et … vous aussi, sans doute! On a encore besoin d'une pièce de séjour, d'une cuisine pratique et d'une terrasse peut-être: c'est si agréable!
Sylvie: Bon, d'accord … Demain, nous allons chercher l'appartement idéal. Maintenant, on va danser? Demande l'addition, Tom!

Die ideale Wohnung

Sylvie: Für mich ist das Meer zu kalt … Es hat kaum 20 Grad. Die Wettervorhersage für morgen ist übrigens nicht besonders gut. Es ist bedecktes Wetter angesagt …
Yves: Das stimmt, und vielleicht sogar Regen.
Hélène: Es ist so schön heute Abend … Ich kann es nicht glauben … Es ist mild und das Licht ist wunderbar. Die Sonnenuntergänge hier …
Tom: Hélène hat nicht Unrecht … Es ist ein sehr schönes Land …
Sylvie: Ich habe eine Idee! … Wir vier verstehen uns alle gut. Ich frage mich also, ob wir nicht gemeinsam eine Wohnung im Herbst mieten sollen … Tom wird sowieso nicht mehr auf dem Campingplatz sein, nicht wahr?
Yves: Das ist eine gute Idee! … Wir suchen uns etwas …
Sylvie: Ja! … Morgen erkundigen wir uns mit Tom im Fremdenverkehrsamt oder bei der Touristeninformation und den Immobilienmaklern. Was brauchen wir eigentlich?
Yves: Ich denke, Hélène und ich brauchen ein Zimmer mit Dusche, klar, und … ihr sicherlich auch! Wir brauchen auch noch ein Wohnzimmer, eine praktische Küche und eine Terrasse vielleicht: Das ist so angenehm!
Sylvie: Gut, einverstanden … Morgen gehen wir die ideale Wohnung suchen. Gehen wir jetzt tanzen? Bitte frage nach der Rechnung, Tom!

Wichtige Sätze

Pour moi, la mer est trop froide. pur mu'a, la mär ä tro fru'ad.	Für mich ist das Meer zu kalt.
Les prévisions météo ne sont pas très bonnes pour demain. leh prehwi'sjõ mehteh'o nə ßõ pa trä bɔn pur də'mẽ.	Die Wettervorhersage für morgen ist nicht besonders gut.
Il fait si beau ce soir. il fä ßi bo ßə ßu'ahr.	Es ist so schön heute Abend.
On s'entend bien tous les quatre. õ ßã'tã bjẽ tu leh 'katr	Wir vier verstehen uns alle gut.
Je me demande si on ne peut pas louer un appartement ensemble en automne. schə mə də'mãd ßi õ nə pö pa lu'eh ẽ apartə'mã ã'ßãblə ãno'tɔn.	Ich frage mich, ob wir nicht gemeinsam eine Wohnung im Herbst mieten sollen.
Demain, on va se renseigner auprès du syndicat d'initiative ou de l'office du tourisme et des agences immobilières. də'mẽ, õ wa ßə rãßän'jeh o'prä dü ßẽdi'ka dinißja'tiw u də lo'fiß dü tu'rismə e dehsa'schãß imobil'jähr.	Morgen erkundigen wir uns im Fremdenverkehrsamt oder bei der Touristeninformation und den Immobilienmaklern.

185

Unterwegs

Station-service / Tankstelle

Le plein, s. v. p.! / Volltanken, bitte!

Hélène:	Yves, nous n'avons bientôt plus d'essence … Nous devons nous arrêter à la prochaine station-service.
Yves:	D'accord! On va vérifier le niveau d'huile aussi, et la pression des pneus: la voiture ne tient pas bien la route …
Hélène:	En effet! … Sans doute parce qu'il y a beaucoup de vent … C'est l'orage!
Yves:	Roule doucement et allume tes phares!
Hélène:	Oui, je les mets … Mais, tu as raison. Là, regarde le panneau: Attention! Danger d'aquaplaning!
Yves:	Tiens, voilà une station-service. On y va?
Hélène:	Je mets mon clignotant … Ouf! Quelle pluie!
Yves:	Je fais le plein et je vérifie le niveau d'huile. Le moteur marche bien, heureusement.
Hélène:	Nous sommes encore à plus de 80 km de Carcassonne. A quelle heure est-ce que nous allons y arriver?
Yves:	Pas avant midi et demi.
Hélène:	C'est bête d'y arriver si tard.
Yves:	Ah regarde! … La pluie s'arrête … Il fait plus clair que tout à l'heure: le soleil va revenir. On y va?
Hélène:	Tu conduis aussi bien que moi … Tu prends le volant?
Yves:	Si tu veux, oui. Ne perdons pas de temps! Allons-y vite!

Hélène:	Yves, wir haben bald kein Benzin mehr … Wir müssen an der nächsten Tankstelle anhalten.
Yves:	Einverstanden! Wir prüfen auch den Ölstand und den Reifendruck: Der Wagen liegt nicht gut auf der Straße …
Hélène:	Tatsächlich! … Sicherlich weil starker Wind herrscht … Das ist das Gewitter!
Yves:	Fahr langsam und mach das Licht an!
Hélène:	Ja, ich mach es an … Du hast Recht. Schau auf das Schild da: Vorsicht! Aquaplaninggefahr!
Yves:	Na, da ist ja eine Tankstelle. Fahren wir hin?
Hélène:	Ich blinke … Ouf! Was für ein Regen!
Yves:	Ich tanke voll und prüfe den Ölstand. Der Motor läuft gut, zum Glück.
Hélène:	Wir sind noch mehr als 80 km von Carcassonne entfernt. Um wie viel Uhr kommen wir dort an?
Yves:	Nicht vor halb eins.
Hélène:	Es ist blöd dort so spät anzukommen.
Yves:	Schau mal! … Es hört auf zu regnen … Es ist heller als vorher, die Sonne kommt raus. Fahren wir?
Hélène:	Du fährst genauso gut wie ich. Möchtest du fahren?
Yves:	Wenn du willst, ja. Verlieren wir keine Zeit! Fahren wir und zwar schnell!

Wichtige Sätze

Nous n'avons bientôt plus d'essence. nu na'wō bjē'to plü deh'ßäß.	Wir haben bald kein Benzin mehr.
Nous devons nous arrêter à la prochaine station-service. nu də'wō nusarä'teh a la pro'schän staß'jō ßer'wiß.	Wir müssen an der nächsten Tankstelle anhalten.
Roule doucement et allume tes phares! ruhl duß'mä e a'lüm teh fahr!	Fahr langsam und mach das Licht an!
On y va? ōni'wa?	Fahren wir hin?
Je mets mon clignotant. schə mä mō klinjo'tä.	Ich blinke.
Le moteur marche bien, heureusement. le mo'tör marsch bjē, hörösə'mä.	Der Motor läuft gut, zum Glück.
Tu prends le volant? tü prä lə wo'lä?	Möchtest du fahren?

Unterwegs

Acheter un ticket / Einen Fahrschein kaufen

Reisedialoge

Un aller-retour

Tom:	Tu dois vraiment partir?
Sylvie:	Oui, malheureusement. J'ai un rendez-vous important à Paris lundi.
Tom:	Ah, pour vous les Français, tout se passe à Paris …
Sylvie:	Mais je vais aller te voir en Allemagne …
Tom:	Ça, c'est formidable! Et, quand vas-tu venir?
Sylvie:	Le plus tôt possible … Je vais me renseigner dans une agence de voyage sur les vols à destination de …?
Tom:	De Hanovre.
Sylvie:	Je vais te téléphoner … Bonjour Monsieur, j'aimerais un billet pour Paris!
L'employé:	Un aller simple ou un aller-retour, Mademoiselle?
Sylvie:	Un aller simple. Combien ça coûte?
L'employé:	En deuxième classe, le billet plein tarif coûte 85 Euro 30. Il y a un supplément TGV. Vous voulez réserver une place? Quand voulez-vous partir?
Sylvie:	Maintenant, par le train de 13 heures 26. Je pense que c'est trop tard pour réserver. Où est-ce que je dois changer?
L'employé:	Vous avez une correspondance à Montpellier. Dépêchez-vous! Le train va entrer en gare.
Sylvie:	Merci, Monsieur. Viens, Tom, c'est l'heure …
Tom:	Voilà le train… Je vais porter la valise à ta place.
Sylvie:	Descends vite, Tom! A bientôt …

Eine Hin- und Rückfahrt

Tom:	Musst du wirklich abfahren?
Sylvie:	Ja, leider. Ich habe einen wichtigen Termin am Montag in Paris.
Tom:	Ah, für euch Franzosen dreht sich alles um Paris …
Sylvie:	Aber ich werde dich in Deutschland besuchen …
Tom:	Das ist ja wunderbar! Und wann kommst du?
Sylvie:	So früh wie möglich … Ich werde mich in einem Reisebüro nach Flügen erkundigen, aber wohin?
Tom:	Nach Hannover.
Sylvie:	Ich rufe dich an … Guten Tag! Ich möchte ein Ticket nach Paris!
Angestellter:	Eine einfache Fahrt oder eine Hin- und Rückfahrt?
Sylvie:	Eine einfache Fahrt. Wie viel kostet es?
Angestellter:	In der zweiten Klasse kostet das Ticket zum vollen Preis 85 Euro 30. Es gibt einen TGV-Zuschlag. Möchten Sie einen Platz reservieren? Wann möchten Sie fahren?
Sylvie:	Sofort, mit dem Zug um 13 Uhr 26. Ich denke, es ist schon zu spät, um zu reservieren. Wo muss ich umsteigen?
Angestellter:	Sie haben einen Anschluss in Montpellier. Beeilen Sie sich! Der Zug fährt gleich ein.
Sylvie:	Danke. Komm Tom, es ist Zeit …
Tom:	Da ist der Zug … Ich trage den Koffer an deinen Platz.
Sylvie:	Steig schnell aus Tom! Bis bald …

Wichtige Sätze

Tu dois vraiment partir? tü du'a wrä'mã par'tir? — Musst du wirklich abfahren?

J'ai un rendez-vous important à Paris lundi.
scheh ẽ rãdeh'wu ẽmpɔr'tã a pa'ri lẽ'di. — Ich habe einen wichtigen Termin am Montag in Paris.

Et, quand vas-tu venir? e, kã wa tü wə'nir? — Und wann kommst du?

Je vais te téléphoner. schə wä tə tehlehfo'neh. — Ich rufe dich an.

Bonjour Monsieur, j'aimerais un billet pour Paris.
bõ'schur mə'ßjö, schämə'rä ẽ bi'jä pur pa'ri. — Guten Tag! Ich möchte ein Ticket nach Paris.

Vous voulez réserver une place?
wu wu'leh rehser'weh ün plaß? — Möchten Sie einen Platz reservieren?

Où est-ce que je dois changer? u 'äßke schə du'a schä'scheh? — Wo muss ich umsteigen?

Unterhaltung

Préférences / Vorlieben

Moi, je préfère me baigner

Hélène: C'est dommage de partir demain, Yves.
Yves: C'est vrai! … Mais nous allons revenir en octobre …
Hélène: J'aimerais voir encore tant de choses … Nous sommes allés en Espagne, à Carcassonne. Nous y avons aussi vu le Tour de France … On a joué au tennis … et à la pétanque sur le port. Nous avons fait du bateau à voiles. Mais … on n'a pas plongé: il y a ce centre de plongée sous-marine …
Yves: La prochaine fois, on va faire de la plongée …
Hélène: Oui, et nous allons visiter les abbayes romanes …
Yves: Sûrement, mais moi, je préfère me baigner, tu sais …
Hélène: C'est vrai! Mais comme architecte, tu t'intéresses aussi à l'histoire de l'architecture, n'est-ce pas?
Yves: Je m'y intéresse, bien sûr, mais …
Hélène: Mais tu préfères faire du sport …
Yves: Oui, j'en fais volontiers! Toi, tu préfères aller à la librairie …
Hélène: J'en viens d'ailleurs …
Yves: Ah! Et combien de livres as-tu acheté aujourd'hui?
Hélène: J'en ai acheté trois: un sur l'histoire du pays, un autre sur Collioure et un troisième sur les abbayes romanes justement. A notre retour à Lille je vais écrire un article sur la Catalogne.

Ich bade lieber

Hélène: Es ist schade, dass wir morgen nach Hause fahren, Yves.
Yves: Das ist wahr! … Aber wir kommen im Oktober wieder …
Hélène: Ich möchte noch so vieles sehen … Wir sind nach Spanien gefahren, nach Carcassonne, dort haben wir auch die Tour de France gesehen … Wir haben Tennis gespielt und Boule am Hafen. Wir sind gesegelt. Aber … wir sind nicht getaucht: Es gibt da dieses Tauchzentrum …
Yves: Das nächste Mal gehen wir tauchen …
Hélène: Ja, und wir besichtigen die romanischen Klöster …
Yves: Gewiss, aber ich bade lieber, weißt du …
Hélène: Das ist wahr! Aber als Architekt interessierst du dich doch auch für die Geschichte der Baukunst, oder nicht?
Yves: Ich interessiere mich dafür, klar, aber …
Hélène: Aber du treibst lieber Sport …
Yves: Ja, mach ich gern! Und du, du gehst lieber in die Buchhandlung …
Hélène: Daher komme ich übrigens gerade …
Yves: Ah! Und wie viele Bücher hast du heute gekauft?
Hélène: Ich habe drei gekauft: eins über die Geschichte des Landes, ein anderes über Collioure und gerade ein drittes über die romanischen Klöster. Nach unserer Rückkehr nach Lille werde ich einen Artikel über Katalonien schreiben.

Wichtige Sätze

Mais nous allons revenir en octobre. mäh nusa'lõ rəwə'nir änɔk'tɔbr.	Aber wir kommen im Oktober wieder.
Sûrement, mais moi, je préfère me baigner, tu sais. ßür'mã, mäh mu'a, schə preh'fär mə bän'jeh, tü ßä.	Sicherlich, aber ich bade lieber, weißt du.
C'est vrai! ßä wrä!	Das ist wahr!
Mais tu préfères faire du sport. mäh tü preh'fär fär dü ßpɔr.	Aber du treibst lieber Sport.
Oui, j'en fais volontiers! u'i, schã fä wolõ'tjeh!	Ja, mach ich gern!
Et combien de livres as-tu acheté aujourd'hui? e kõ'bjē də 'lihwrə a tü asch'teh oschurdu'i?	Und wie viele Bücher hast du heute gekauft?
A notre retour à Lille je vais écrire un article sur la Catalogne. a 'nɔtr rə'tur a lihl schə wä eh'krir ēnar'tikl ßür la kata'lɔnjə.	Nach unserer Rückkehr nach Lille werde ich einen Artikel über Katalonien schreiben.

Unterhaltung

Organisation des loisirs / Freizeitgestaltung

Qu'est-ce que tu aimes faire?

Hélène: Tom … Tu viens de la gare?
Tom: Oui, j'en arrive. J'y ai accompagné Sylvie … Elle vous dit bien des choses. Elle va venir me voir à Bielefeld.
Hélène: Ah! C'est une bonne nouvelle! Et puis, nous allons nous retrouver ici en octobre. On a visité l'appartement avec Yves; il est très bien. Il est un peu plus cher que les autres mais il est mieux aussi, il y a plus de gadgets qu'ailleurs …
Tom: Oui, c'est important: la vie est plus simple comme ça …
Hélène: Tu aimes faire la cuisine ou tu préfères aller au bistrot?
Tom: J'aime bien la faire; mais je déteste faire la vaisselle. Nous allons avoir un lave-vaisselle, heureusement.
Hélène: Oui, on va avoir le temps de lire et de se promener. Qu'est-ce que tu aimes faire à Bielefeld, du sport, de la musique?
Tom: Les deux. Je fais du volley-ball. Avec un groupe d'amis, nous faisons du jazz et je joue du saxophone. Puis, je m'intéresse beaucoup à la politique. A Bielefeld …
Hélène: Je ne connais pas Bielefeld … Est-ce qu'il y a autant d'étudiants là-bas qu'à Lille?
Tom: Je pense qu'il y en a moins … Mais il faut venir avec Yves en voiture. Lille est plus près de Bielefeld que de Perpignan!

Was machst du gern?

Hélène: Tom … Kommst du vom Bahnhof?
Tom: Ja, daher komme ich. Ich habe Sylvie dahin begleitet … Sie grüßt euch. Sie wird mich in Bielefeld besuchen.
Hélène: Ah! Das ist eine gute Nachricht! Und außerdem treffen wir uns hier im Oktober wieder. Wir haben mit Yves die Wohnung besichtigt; sie ist sehr schön. Sie ist ein bisschen teurer als die anderen, aber sie ist auch besser: nirgendwo gibt es mehr Spielereien …
Tom: Ja, das ist wichtig: das Leben ist so viel einfacher …
Hélène: Kochst du gern oder gehst du lieber ins Bistro?
Tom: Ich koche gern, aber ich hasse es zu spülen. Zum Glück werden wir eine Spülmaschine haben.
Hélène: Ja, wir werden Zeit haben, um zu lesen und spazieren zu gehen. Was machst du gern in Bielefeld? Treibst du Sport, machst du Musik?
Tom: Beides. Ich spiele Volleyball. Zusammen mit ein paar Freunden machen wir Jazz und ich spiele Saxofon. Dann interessiere ich mich sehr für Politik. In Bielefeld …
Hélène: Ich kenne Bielefeld nicht … Gibt es da genauso viele Studenten wie in Lille?
Tom: Ich denke, es gibt weniger … Du musst mit Yves einmal mit dem Auto kommen. Lille ist näher an Bielefeld als an Perpignan!

Wichtige Sätze

Tu viens de la gare? tü wjē də la gar?	Kommst du vom Bahnhof?
On a visité l'appartement avec Yves. ōna wisi'teh lapartə'mā a'weck ihw.	Wir haben mit Yves die Wohnung besichtigt.
Tu aimes faire la cuisine ou tu préfères aller au bistrot? tü äm fär la kui'sin u tü preh'fär a'leh o biß'tro?	Kochst du gern oder gehst du lieber ins Bistro?
Qu'est-ce que tu aimes faire à Bielefeld? 'käßke tü äm fär a bielefeld?	Was machst du gern in Bielefeld?
Avec un groupe d'amis, nous faisons du jazz et je joue du saxophone. a'weck ē grup da'mi, nu fä'sō dü dschäs e schə schu dü sakßo'fɔn.	Zusammen mit ein paar Freunden machen wir Jazz und ich spiele Saxofon.
Je ne connais pas Bielefeld. schə nə ko'nä pa bielefeld.	Ich kenne Bielefeld nicht.
Lille est plus près de Bielefeld que de Perpignan! lihl ä plü prä də bielefeld kə də pärpin'jā!	Lille ist näher an Bielefeld als an Perpignan!

Reisedialoge

189

Kontakte

Au téléphone / Am Telefon

Je vous le passe | Ich verbinde Sie mit ihm

Employée:	Agence immobilière Collioure-Loisirs, j'écoute!		**Angestellte:**	Maklerbüro Collioure-Loisirs, hallo!
Tom:	Allo! Bonjour Madame! Tom Schmidt! Mon amie et moi nous avons visité un appartement de location …		**Tom:**	Hallo! Guten Tag! Tom Schmidt! Meine Freundin und ich haben eine Ferienwohnung besichtigt …
Employée:	Un instant, s'il vous plaît! Je vous passe la personne responsable. C'est de la part de qui? Vous pouvez épeler votre nom, je n'ai pas bien compris …		**Angestellte:**	Einen Augenblick, bitte! Ich verbinde Sie mit der verantwortlichen Person. Wen darf ich melden? Können Sie Ihren Namen buchstabieren, ich habe nicht richtig verstanden…
Tom:	S.-c.-h.-m.-i.-d.-t.-, Schmidt!		**Tom:**	S-c-h-m-i-d-t-, Schmidt!
Employée:	Bien, Monsieur Schmidt. C'est Monsieur Maurilles qui s'occupe des locations. Je vous le passe.		**Angestellte:**	Gut, Herr Schmidt. Herr Maurilles kümmert sich um die Vermietungen. Ich verbinde Sie mit ihm.
Maurilles:	Bonjour! Qu'est-ce que je peux faire pour vous?		**Maurilles:**	Guten Tag! Was kann ich für Sie tun?
Tom:	Nous nous sommes décidés à prendre l'appartement de la rue de l'Egalité. Est-il libre pendant la semaine du 7 au 14 octobre?		**Tom:**	Wir haben uns entschieden die Wohnung in der Rue de l'Egalité zu mieten. Ist sie in der Woche vom 7. bis 14. Oktober frei?
Maurilles:	Je suis désolé, il est déjà loué.		**Maurilles:**	Es tut mir leid, sie ist bereits vermietet.
Tom:	Et pendant la semaine suivante, du 14 au 21?		**Tom:**	Und für die Woche danach vom 14. bis zum 21.?
Maurilles:	Oui, il est encore libre pendant cette période …		**Maurilles:**	Ja, für diesen Zeitraum ist sie noch frei …
Tom:	Est-ce que vous pouvez le réserver et je vais confirmer demain.		**Tom:**	Können Sie sie reservieren und ich bestätige morgen.
Maurilles:	C'est très gentil à vous, Monsieur Schmidt, merci! A demain!		**Maurilles:**	Das ist sehr nett von Ihnen, Herr Schmidt, danke! Bis morgen!

Wichtige Sätze

Je vous passe la personne responsable. schə wu paß la per'ßɔn ræßpö'ßabl.	Ich verbinde Sie mit der verantwortlichen Person.
C'est de la part de qui? ßä də la par də ki?	Wen darf ich melden?
Vous pouvez épeler votre nom, je n'ai pas bien compris … wu pu'weh ehpə'leh 'wɔtr nö, schə neh pa bjë kö'pri …	Können Sie Ihren Namen buchstabieren, ich habe nicht richtig verstanden …
C'est Monsieur Maurilles qui s'occupe des locations. ßä mə'ßjö Mo'rij ki ßo'küp deh loka'ßjö.	Herr Maurilles kümmert sich um die Vermietungen.
Qu'est-ce que je peux faire pour vous? 'käßke schə pö fär pur wu?	Was kann ich für Sie tun?
Je suis désolé, il est déjà loué. schə ßwi dehso'leh, il ä deh'schа lu'eh.	Nein, es tut mir leid, sie ist bereits vermietet.
Il est encore libre pendant cette période. il ätä'kɔr 'lihbrə pä'dä ßät peri'jɔd.	Für diesen Zeitraum ist sie noch frei.

Kontakte

Au téléphone / Am Telefon

À l'appareil!

Hélène: Allo! Maman? C'est moi, Hélène, à l'appareil!
Madeleine: Comment vas-tu? Où es-tu maintenant? C'est aujourd'hui, je crois, que vous allez rentrer Yves et toi …
Hélène: Oui … Je suis contente de te revoir, mais triste de rentrer …
Madeleine: As-tu passé de bonnes vacances?
Hélène: Superbes! On a eu très beau temps, sauf un jour … On s'est bien amusés, tu sais! Je t'ai écrit une carte postale … L'as-tu reçue?
Madeleine: Oui! Je vais peut-être faire la recette que tu m'as envoyée …
Hélène: C'est une bonne idée … On mange bien ici! Je crois que tu vas aimer ça … Comment ça va à la maison?
Madeleine: Tout va bien, merci, ma chérie! Les petits sont ici en ce moment. Quand allez-vous arriver?
Hélène: En fin de journée, je pense … On peut venir dîner, si tu veux?
Madeleine: Alors, je vous attends pour dîner avec joie, tes neveux aussi … Je vais faire ces «bols», tu sais … la recette de la carte postale … pour prolonger un peu les vacances … Faites bien attention sur la route!

Am Apparat!

Hélène: Hallo! Mama? Ich bin es, Hélène, am Apparat!
Madeleine: Wie geht es dir? Wo bist du jetzt? Ich glaube, ihr kommt heute zurück …
Hélène: Ja … Ich freue mich, dich wieder zu sehen, bin aber traurig, nach Hause zu fahren …
Madeleine: Hast du schöne Ferien verbracht?
Hélène: Wunderschön! Wir hatten sehr schönes Wetter, außer an einem Tag … Wir haben uns gut amüsiert, weißt du! Ich habe dir eine Postkarte geschrieben … Hast du sie bekommen?
Madeleine: Ja, vielleicht koche ich das Rezept nach, das du mir geschickt hast …
Hélène: Das ist eine gute Idee … Man isst gut hier! Ich glaube, du wirst es mögen … Wie läuft es zu Hause?
Madeleine: Alles in Ordnung, danke, mein Schatz! Die Kleinen sind im Moment da. Wann kommt ihr an?
Hélène: Gegen Abend, denke ich … Wir können zum Abendessen kommen, wenn du willst?
Madeleine: Dann erwarte ich euch zum Abendessen, ich freue mich, deine Neffen auch … Ich werde diese Bols machen … du weißt, das Rezept von der Postkarte …, um noch ein bisschen die Ferien zu verlängern … Passt unterwegs gut auf! Bis heute Abend!

Wichtige Sätze

C'est moi, Hélène, à l'appareil! ßä mu'a, eh'län, a lapa'räj!	Ich bin es, Hélène, am Apparat!
Où es-tu maintenant? u ä tü mētə'nä?	Wo bist du jetzt?
As-tu passé de bonnes vacances? a tü pa'ßeh də bɔn wa'käß?	Hast du schöne Ferien verbracht?
Je t'ai écrit une carte postale. schə teh eh'kri ün kart pɔß'tal.	Ich habe dir eine Postkarte geschrieben.
On mange bien ici! õ mäsch bjē i'ßi!	Man isst gut hier!
On peut venir dîner, si tu veux? õ pö wə'nir di'neh, ßi tü wö?	Wir können zum Abendessen kommen, wenn du willst?
Faites bien attention sur la route! fät bjē atā'ßjõ ßür la rut!	Passt unterwegs gut auf!

Reisedialoge

191

Ankunft

Informarse / Sich erkundigen

En la aduana

Guardia:	¡Hola, buenos días! La documentación, por favor.
Max:	Perdón, la ¿qué?
Guardia:	La documentación … su pasaporte …
Max:	Sí, claro. Mi pasaporte … Un momento, por favor, … no, la tarjeta de embarque no, el billete de avión no, … a ver, el pasaporte …, sí, aquí está.
Guardia:	Bien, gracias.
Max:	Perdón ….
Guardia:	¿Sí?
Max:	¿Hay un lavabo por aquí?
Guardia:	Pues … aquí sólo hay un lavabo de señoras, pero allí sí hay lavabos para caballeros.
Max:	¿Dónde?
Guardia:	Allí, donde está la indicación: estación.
Max:	Gracias.
Guardia:	Eh, un momento, su pasaporte y su equipaje: la maleta y el bolso … Necesita su equipaje, ¿no?
Max:	Ay, claro, gracias, muchas gracias.
Guardia:	De nada, señor. Y bienvenido a Andalucía.

Bei der Zollkontrolle

Polizist:	Hallo, guten Morgen! Die Papiere, bitte.
Max:	Entschuldigung, die was?
Polizist:	Die Papiere … Ihren Pass …
Max:	Ach ja, klar. Meinen Pass … Einen Moment, bitte, … nein, nicht die Bordkarte, nicht das Flugticket, … mal sehen … der Pass … ja, hier ist er.
Polizist:	Gut, danke.
Max:	Entschuldigung …
Polizist:	Ja?
Max:	Gibt es hier eine Toilette?
Polizist:	Nun … hier gibt es nur eine Damentoilette, aber dort gibt es Herrentoiletten.
Max:	Wo?
Polizist:	Dort, wo das Schild ist: Bahnhof.
Max:	Danke.
Polizist:	He, einen Moment! Ihr Pass und Ihr Gepäck: der Koffer und die Tasche … Sie brauchen Ihr Gepäck doch, oder?
Max:	Ach natürlich, danke, vielen Dank.
Polizist:	Nichts zu danken, mein Herr. Und willkommen in Andalusien.

Wichtige Sätze

¡Hola, buenos días! ¡'ola, bu'enoß 'diaß!	Hallo, guten Morgen!
La documentación, por favor. la dokumentaθi'ɔn, por fa'wor.	Die Papiere, bitte.
Un momento, por favor. un mo'mento, por fa'wor.	Einen Moment, bitte.
¿Hay un lavabo por aquí? ¿ai un la'wabo por a'ki?	Gibt es hier eine Toilette?
Muchas gracias. 'mutschaß 'graθiaß.	Vielen Dank.
De nada, señor. de 'nada. ßen'jor.	Nichts zu danken, mein Herr.
Bienvenido a Andalucía. bienwe'nido a andalu'θia.	Willkommen in Andalusien.

Ankunft

Orientación / Orientierung

En la taquilla de información turística

Empleada: Hola, buenos días.
Max: ¡Buenos días! Necesito un plano de la ciudad y un mapa de Andalucía.
Empleada: Tenga: el plano de la ciudad y aquí hay un mapa turístico de Andalucía, pero faltan carreteras. Pero hay mapas actuales ahí en la tienda …
Max: No, ya está bien, gracias. Y también necesito una información: Busco una habitación por aquí.
Empleada: Claro, un momentito, por favor. Necesita una habitación individual, ¿no? ¿Qué busca? ¿Un hotel, un hostal?
Max: Pues, un hotel … pero en el centro de la ciudad, por favor.
Empleada: Con mucho gusto. A ver … Sí, hay un hotel aquí – en la calle Enrique Granados y también hay un hotel en la calle García Lorca. – Aquí está.
Max: Muy bien. Sólo una pregunta. Para ir al centro, ¿hay un autobús o un tren?
Empleada: Hay autobuses. Mire: la parada está alli, por aquella salida.
Max: Gracias.
Empleada: De nada. Adiós, buenos días.

Am Touristeninformationsschalter

Angestellte: Hallo, guten Morgen!
Max: Guten Morgen! Ich brauche einen Stadtplan und eine Landkarte von Andalusien.
Angestellte: Bitte sehr: Der Stadtplan und hier ist eine Touristenkarte von Andalusien, aber es fehlen Straßen. Aber es gibt aktuelle Landkarten dort in dem Laden …
Max: Nein, die reicht, danke. Und ich brauche auch eine Auskunft: Ich suche hier ein Zimmer.
Angestellte: Natürlich, einen kleinen Moment, bitte. Sie brauchen ein Einzelzimmer, oder? Was suchen Sie? Ein Hotel, ein Hostal?
Max: Hm, ein Hotel … aber bitte im Stadtzentrum.
Angestellte: Gern. Mal sehen … Ja, es gibt hier ein Hotel – in der Enrique-Granados-Straße und auch ein Hotel in der García-Lorca-Straße. – Hier ist sie.
Max: Sehr gut. Nur noch eine Frage. Gibt es einen Bus oder einen Zug ins Stadtzentrum?
Angestellte: Es gibt Busse. Schauen Sie: Die Haltestelle ist dort, durch diesen Ausgang.
Max: Danke.
Angestellte: Gern geschehen. Auf Wiedersehen und einen schönen Tag.

Wichtige Sätze

Necesito un plano de la ciudad y un mapa de Andalucía. neθe'ßito un 'plano de la θiu'dad i un 'mapa de andalu'θia.	Ich brauche einen Stadtplan und eine Karte von Andalusien.
Necesito una información. neθe'ßito 'una informaθi'ɔn.	Ich brauche eine Auskunft.
Hay un hotel en la calle García Lorca. ai un o'tel en la 'kaje gar'θia 'lorka.	Es gibt ein Hotel in der García-Lorca-Straße.
Para ir al centro, ¿hay un autobús o un tren? 'para ir al 'θentro, ¿ai un auto'buß o un tren?	Gibt es einen Bus oder einen Zug ins Stadtzentrum?
La parada está allí, por aquella salida. la pa'rada eß'ta a'ji, por a'keja ßa'lida.	Die Haltestelle ist dort, durch diesen Ausgang.
Adiós, buenos días. adi'ɔß, bu'enoß 'diaß.	Auf Wiedersehen und einen schönen Tag.

Kontakte

Alquilar algo / Etwas mieten

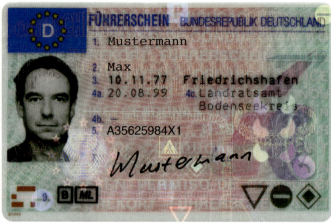

En una agencia de alquiler de coches

Max: ¡Hola, buenos días! Necesito un coche.
Empleado: Claro, señor, ¿qué tipo de coche necesita? Aquí hay un folleto con todos nuestros modelos: ese deportivo, muy espectacular o tal vez este todo terreno con aire acondicionado para visitar la montaña a su gusto.
Max: Oiga, necesito algo más … más sencillo.
Empleado: Naturalmente, éstas son nuestras ofertas de temporada: están muy bien de precio. ¿Por cuánto tiempo quiere alquilar el coche?
Max: Tal vez sólo un día. Depende del precio.
Empleado: Pues mire, tenemos tarifas de fin de semana y en el precio están incluidos el IVA, el seguro del coche, un servicio de asistencia en la provincia de Málaga – y el kilometraje es ilimitado.
Max: Vale!
Empleado: Debe rellenar este formulario por favor y necesito su permiso de conducir y su documento de identidad para una fotocopia.
Max: Aquí tiene y ¡oiga!, para devolver el coche …
Empleado: No se preocupe, vuelva aquí el lunes o pase por nuestra oficina en el paseo del mar.

Bei einer Autovermietung

Max: Hallo, guten Morgen! Ich brauche einen Wagen.
Angestellter: Natürlich, mein Herr, welche Art Wagen brauchen Sie? Hier gibt es einen Prospekt mit all unseren Modellen: dieser Sportwagen, sehr spektakulär oder vielleicht dieser Geländewagen mit Klimaanlage um nach Lust und Laune das Gebirge zu erkunden.
Max: Hören Sie, ich brauche etwas … Einfacheres.
Angestellter: Natürlich, hier sind unsere Saisonangebote: Sie sind preislich sehr interessant. Für wie lange wollen Sie den Wagen mieten?
Max: Vielleicht nur einen Tag. Das hängt vom Preis ab.
Angestellter: Nun, sehen Sie: Wir haben Wochenendtarife und im Preis sind die Mehrwertsteuer, die Kfz-Versicherung, Pannenhilfe innerhalb der Provinz Málaga inbegriffen – und unbegrenzte Kilometer.
Max: Einverstanden!
Angestellter: Sie müssen bitte dieses Formular ausfüllen und ich brauche Ihren Führerschein und Ihren Ausweis für eine Fotokopie.
Max: Bitte sehr und hören Sie, um den Wagen abzugeben …
Angestellter: Machen Sie sich keine Sorgen, kommen Sie am Montag hierher zurück oder fahren Sie bei unserem Büro an der Strandpromenade vorbei.

Wichtige Sätze

Éstas son nuestras ofertas de temporada. 'eßtaß ßon nu'eßtraß o'fertaß de tempo'rada.	Hier sind unsere Saisonangebote.
¿Por cuánto tiempo quiere alquilar el coche? ¿por ku'anto ti'empo ki'ere alki'lar el 'kotsche?	Für wie lange wollen Sie den Wagen mieten?
Tenemos tarifas de fin de semana y en el precio están incluidos el IVA, el seguro del coche, un servicio de asistencia en la provincia de Málaga – y el kilometraje es ilimitado. te'nemoß ta'rifaß de fin de ße'mana i en el 'preθio eß'tan inklu'idoß el 'iwa, el ße'guro del 'kotsche, un ßer'wiθio de aßiß'tenθia en la pro'winθia de 'malaga – i el kilome'trache eß ilimi'tado.	Wir haben Wochenendtarife und im Preis sind die Mehrwertsteuer, die Kfz-Versicherung, Pannenhilfe innerhalb der Provinz Málaga inbegriffen – und unbegrenzte Kilometer.
Debe rellenar este formulario por favor y necesito su permiso de conducir y su documento de identidad para una fotocopia. 'debe reje'nar 'eßte formu'lario por fa'wor i neθe'ßito ßu per'mißo de kondu'θir i su doku'mento de identi'dad 'para 'una foto'kopia.	Sie müssen bitte dieses Formular ausfüllen und ich brauche Ihren Führerschein und Ihren Ausweis für eine Fotokopie.

Ankunft

Recepción / Rezeption

En el hotel „Yerma"

Max:	Buenos días. ¿Tienen habitaciones libres?
Recepcionista:	Sí, señor. ¿Viaja solo?
Max:	Sí, busco una habitación individual con baño para dos noches. ¿Cuánto cuesta?
Recepcionista:	¿Cuánto tiempo dice que se queda en el hotel? ¿Hasta el 11 de octubre? ¿Sabe que el 12 es festivo? Mire: Tenemos dos habitaciones libres. Cuestan unos 65 euros con desayuno incluido. Pero si quiere, subimos primero.
Max:	Vale. Pero mi coche …
Recepcionista:	No se preocupe por el coche. Informamos al portero. Sígame al ascensor, por favor. … Ésta habitación está en la primera planta: Ya ve que tiene una vista preciosa a la plaza.
Max:	Sí, pero el ruido … No sé.
Recepcionista:	La segunda habitación está en la tercera planta en la parte trasera. Tiene baño, es tranquila, pero la vista no es muy espectacular.
Max:	Busco algo para dormir y descansar.
Recepcionista:	Bien, pues. Tenga la llave. Si quiere subimos su equipaje. Perdón, pero necesito su firma y un documento de identidad …

Im Hotel „Yerma"

Max:	Guten Tag. Haben Sie Zimmer frei?
Rezeptionistin:	Ja, mein Herr. Reisen Sie allein?
Max:	Ja, ich suche ein Einzelzimmer mit Bad für zwei Nächte. Wie viel kostet es?
Rezeptionistin:	Wie lange sagen Sie, bleiben Sie im Hotel? Bis zum 11. Oktober? Wissen Sie, dass der 12. ein Feiertag ist? Sehen Sie: Wir haben zwei freie Zimmer. Sie kosten etwa 65 Euro inklusive Frühstück. Aber wenn Sie möchten, gehen wir erst hoch.
Max:	Gut, aber mein Wagen …
Rezeptionistin:	Machen Sie sich wegen des Autos keine Sorgen. Wir informieren den Portier. Folgen Sie mir bitte zum Fahrstuhl. … Dieses Zimmer ist im 1. Stock: Sie sehen ja, dass es einen wunderschönen Ausblick auf den Platz hat.
Max:	Ja, aber der Lärm … Ich weiß nicht.
Rezeptionistin:	Das zweite Zimmer befindet sich im dritten Stock im hinteren Teil. Es hat ein Bad, ist ruhig, aber die Aussicht ist nicht besonders.
Max:	Ich suche etwas zum Schlafen und Ausruhen.
Rezeptionistin:	Gut dann. Hier der Schlüssel. Wenn Sie möchten, bringen wir Ihr Gepäck hoch. Entschuldigung, aber ich brauche Ihre Unterschrift und einen Ausweis …

Wichtige Sätze

¿Tienen habitaciones libres?
¿ti'enen abitaθi'ɔneß 'libreß?

Haben Sie Zimmer frei?

Busco una habitación individual con baño para dos noches.
'bußko 'una abitaθi'ɔn indiwidu'al kon 'banjo 'para doß 'notscheß.

Ich suche ein Einzelzimmer mit Bad für zwei Nächte.

¿Cuánto cuesta? ¿ku'anto ku'eßta?

Wie viel kostet es?

Cuestan unos 65 euros con desayuno incluido.
ku'eßtan 'unoß ße'ßenta i 'θinko e'uroß kon deßa'juno inklu'ido.

Sie kosten etwa 65 Euro inklusive Frühstück.

Tenga la llave.
'tenga la 'jawe.

Hier der Schlüssel.

Si quiere subimos su equipaje.
ßi ki'ere ßu'bimoß ßu eki'pache.

Wenn Sie möchten, bringen wir Ihr Gepäck hoch.

Kontakte

Al teléfono / Am Telefon

¿De par te de quién?

Recepcionista:	Recepción ¡Dígame!
Max:	Hola, buenos días. Max Mustermann de la habitación 312. ¿Qué debo hacer para hacer una llamada urbana?
Recepcionista:	Desde la habitación obtiene línea directa con el „0" y entonces marca usted directamente el número que desea. No necesita indicativo.
Max:	Perfecto. Muchas gracias.
Señora:	¡Díga!
Max:	Sí, buenos días. Quisiera hablar con Manuel.
Señora:	¿De parte de quién?
Max:	Max Mustermann, soy un amigo de Manuel.
Señora:	Oye, lo siento, Manuel no está, pero debe volver pronto, creo que en media hora está de vuelta. Sobre la una y media.
Max:	Dígale a Manuel que Max Mustermann está hoy en Málaga en el hotel „Yerma".
Señora:	¿Cómo te llamas?
Max:	Me llamo Max, vengo de Alemania.
Señora:	Max de Alemania, ¿verdad? Y llamas más tarde, ¿verdad? Hasta luego.

Wer spricht?

Rezeptionistin:	Rezeption, guten Tag!
Max:	Hallo, guten Morgen. Max Mustermann von Zimmer 312. Was muss ich tun, um ein Ortsgespräch zu führen?
Rezeptionistin:	Vom Zimmer aus bekommen Sie mit der „0" eine Amtsleitung und dann wählen Sie direkt die gewünschte Nummer. Sie brauchen keine Vorwahl.
Max:	Perfekt. Vielen Dank.
Frau:	Hallo!
Max:	Ja, guten Morgen. Ich würde gern mit Manuel sprechen.
Frau:	Wer spricht?
Max:	Max Mustermann, ich bin ein Freund von Manuel.
Frau:	Hören Sie, es tut mir leid, Manuel ist nicht da, aber er muss bald zurückkommen, ich glaube, dass er in einer halben Stunde zurück ist. So gegen halb zwei.
Max:	Sagen Sie Manuel, dass Max Mustermann heute in Málaga ist, im Hotel „Yerma".
Frau:	Wie heißt du?
Max:	Ich heiße Max, ich komme aus Deutschland.
Frau:	Max aus Deutschland, nicht wahr? Und du rufst später an, nicht wahr? Bis dann.

Wichtige Sätze

¡Dígame! ¡'digame!	Guten Tag!
Quisiera hablar con Manuel. kißi'era a'blar con manu'el.	Ich würde gern mit Manuel sprechen.
¿De parte de quién? ¿de 'parte de ki'en?	Wer spricht?
Oye, lo siento, Manuel no está, pero debe volver pronto, creo que en media hora está de vuelta. 'oje, lo ßi'ento, manu'el no eß'ta, 'pero 'debe wol'wer 'pronto, 'kreo ke en 'media 'ora eß'ta de wu'elta.	Hören Sie, es tut mir leid, Manuel ist nicht da, aber er muss bald zurückkommen, ich glaube, dass er in einer halben Stunde zurück ist.
Dígale a Manuel que Max Mustermann está hoy en Málaga en el hotel „Yerma". 'digale a manu'el ke max 'mußtermann eß'ta oi en 'malaga en el o'tel 'jerma.	Sagen Sie Manuel, dass Max Mustermann heute in Málaga ist, im Hotel „Yerma".
¿Cómo te llamas? ¿'komo te 'jamaß?	Wie heißt du?

Kontakte

Al teléfono / Am Telefon

Reisedialoge

¡Díga!

Manuel: ¡Díga!
Max: ¿Manuel? Soy Max de Stuttgart.
Manuel: ¡Hola Max! ¿Qué tal? ¿De dónde llamas?
Max: Estoy aquí en Málaga, en el hotel „Yerma"…
Manuel: ¡No me digas! ¡Qué bien! Oye, Max, ¿cuánto tiempo estás en Málaga?
Max: Sólo tres días.
Manuel: Vaya, hombre, ¿qué te parece si salimos juntos a tomar unas copas y a cenar esta noche?
„La Rambla" es mi bar favorito en la plaza menor porque sus vinos son excelentes.
Max: ¿Dónde está la plaza menor?
Manuel: A ver: tu hotel está en la calle García Lorca. Sigues por la calle García Lorca hasta la esquina donde está el Museo Picasso y enfrente ves una parada de taxis. Giras a la derecha y sigues recto hasta el segundo semáforo. A la izquierda hay un parque, y debes cruzar un puente pequeñito. En el semáforo giras a mano izquierda, es la segunda calle, la del medio. Continuas recto unos 100 metros y ya llegas a la plaza menor. El bar está a mano derecha.

Hallo!

Manuel: Hallo!
Max: Manuel? Ich bin Max aus Stuttgart.
Manuel: Hallo Max! Wie geht's? Von wo rufst du an?
Max: Ich bin hier in Málaga, im Hotel „Yerma"…
Manuel: Was du nicht sagst! Toll! Hör mal, Max. Wie lange bist du in Málaga?
Max: Nur drei Tage.
Manuel: Oh, Mann! Was hältst du davon, wenn wir zusammen etwas trinken gehen und heute zu Abend essen? Das „La Rambla" auf der Plaza Menor ist meine Lieblingskneipe, weil ihre Weine ausgezeichnet sind.
Max: Wo ist die Plaza Menor?
Manuel: Mal sehen: Dein Hotel ist in der García Lorca-Straße. Du gehst die García Lorca-Straße geradeaus bis zur Ecke, wo das Picasso-Museum ist, und gegenüber siehst du einen Taxistand. Du biegst rechts ab und gehst geradeaus bis zur zweiten Ampel. Auf der linken Seite gibt es einen Park; dort musst du eine kleine Brücke überqueren. An der Ampel biegst du nach links ab, es ist die zweite Straße, die mittlere. Geh ca. 100 Meter geradeaus und dann kommst du auch schon zur Plaza Menor. Die Kneipe ist auf der rechten Seite.

Wichtige Sätze

Soy Max de Stuttgart. ßoi 'max de 'ßtuttgart.	Ich bin Max aus Stuttgart.
¿Qué tal? ¿ke tal?	Wie geht's?
¿Cuánto tiempo estás en Málaga? ¿ku'anto ti'empo eß'taß en 'malaga?	Wie lange bist du in Málaga?
¿Qué te parece si salimos juntos a tomar unas copas y a cenar esta noche? ¿ke te pa'reθe ßi ßa'limoß 'chuntoß a to'mar 'unaß 'kopaß i a θe'nar 'eßta 'notsche?	Was hältst du davon, wenn wir zusammen etwas trinken gehen und heute zu Abend essen?
¿Dónde está la plaza menor? ¿'donde eß'ta la 'plaθa me'nor?	Wo ist die Plaza Menor?
Giras a la derecha y sigues recto hasta el segundo semáforo. 'chiraß a la de'retscha i 'ßigeß 'rekto 'aßta el ße'gundo ße'maforo.	Du biegst rechts ab und gehst geradeaus bis zur zweiten Ampel.

Unterhaltung

Saludo / Begrüßung

Ir de copas

Manuel: ¡Max, qué alegría! ¿Cómo estás? ¡Cuánto tiempo sin verte! ¿Qué haces aquí en Málaga?

Max: Hago un curso de español.
Manuel: ¿Para qué? Si ya hablas bien …
Max: No, hago muchas faltas tontas …
Manuel: ¡Qué va! ¿Qué tomas? ¿Empezamos por un jerez seco y unas tapitas?
Max: Vale. Oye, ¿qué es eso?
Manuel: Son taquitos de jamón …
Max: No, lo de al lado.
Manuel: Croquetas. ¿Quieres probarlas?
Max: Claro que sí.
Manuel: Entonces pedimos una tapa de croquetas calientes … Oye, Max, mira, tienen dos clases: croquetas de pollo y de queso, ¿cuál de ellas prefieres?

Max: Las de queso.
Manuel: Las de queso, vale. Entonces pido también unos taquitos de jamón ibérico, almendras saladas y también unas aceitunas para acompañar el jerez.

Etwas trinken gehen

Manuel: Max, was für eine Freude! Wie geht es dir? Wir haben uns lange nicht gesehen! Was machst du hier in Málaga?

Max: Ich mache einen Spanischkurs.
Manuel: Wozu? Du sprichst doch schon so gut …
Max: Nein, ich mache viele blöde Fehler …
Manuel: Ach was! Was nimmst du? Fangen wir mit einem trockenen Sherry und ein paar Appetithäppchen an?
Max: Einverstanden. Sag mal, was ist das?
Manuel: Das sind Schinkenwürfel …
Max: Nein, das daneben.
Manuel: Kroketten. Möchtest du sie probieren?
Max: Na klar.
Manuel: Dann bestellen wir eine Probierportion heiße Kroketten … Du, Max, guck mal: Sie haben zwei Sorten: Hähnchen- und Käsekroketten. Welche möchtest du lieber?

Max: Die mit Käse.
Manuel: Die mit Käse, gut. Dann bestelle ich noch ein paar iberische Schinkenwürfel, gesalzene Mandeln und auch ein paar Oliven zum Sherry.

Wichtige Sätze

¿Qué haces aquí en Málaga? ¿ke 'aθeß a'ki en 'malaga?	Was machst du hier in Málaga?
¿Qué tomas? ¿ke 'tomaß?	Was nimmst du?
¿Qué es eso? ¿ke eß 'eßo?	Was ist das?
¿Quieres probarlas? ¿ki'ereß pro'barlaß?	Möchtest du sie probieren?
Claro que sí. 'klaro ke ßi.	Na klar.
Entonces pido también unos taquitos de jamón ibérico, almendras saladas y también unas aceitunas para acompañar el jerez. en'tonθeß 'pido tambi'en 'unoß ta'kitoß de cha'mɔn i'beriko, al'mendraß ßa'ladaß i tambi'en 'unaß aθej'tunaß 'para akompan'jar el che'reθ.	Dann bestelle ich noch ein paar iberische Schinkenwürfel, gesalzene Mandeln und auch ein paar Oliven zum Sherry.

Unterwegs

Restaurante / Restaurant

¡Tenemas una reserva!

Manuel:	¡Buenas tardes! Tenemos una reserva a nombre de Guillén.
Camarero:	¡Síganme, caballeros, por favor! … Ésta es su mesa. Tengan la carta. Hoy les recomiendo el lenguado a la plancha.
Manuel:	¡Max! ¿Qué te parece una ensalada de marisco de primer plato o prefieres unos tallarines con gambas? Aquí los hacen bien ricos.
Max:	Una idea deliciosa – los tallarines, digo. Y de segundo … el lenguado – ¿y tú, qué tomas?
Manuel:	A mí, se me hace la boca agua con el conejo a la brasa. Y para empezar un gazpacho. Es que tengo más sed que hambre. ¡Camarero!
Camarero:	¿Qué desean tomar, caballeros?
Manuel:	Tráiganos de primero unos tallarines y un gazpacho, y de segundo conejo a la brasa y el lenguado. Y para beber vino tinto y agua.
Camarero:	¿Quieren el vino de la casa?
Manuel:	Una botella de éste vino de La Rioja.
Manuel:	¿Qué tal están los tallarines.
Max:	Muy buenos. ¿Y el gazpacho?
Manuel:	Tal y como a mí me gusta. ¡Bien frío!

Wir haben eine Reservierung!

Manuel:	Guten Abend! Wir haben eine Reservierung auf den Namen Guillén.
Kellner:	Folgen Sie mir bitte, meine Herren! … Dies ist Ihr Tisch. Bitte sehr, die Speisekarte. Heute empfehle ich Ihnen die gebratene Seezunge.
Manuel:	Max! Was hältst du von einem Meeresfrüchtesalat als ersten Gang oder ziehst du Bandnudeln mit Krabben vor? Sie machen sie hier sehr lecker!
Max:	Eine köstliche Idee – die Bandnudeln meine ich. Und als zweiten Gang … die Seezunge, und was nimmst du?
Manuel:	Mir läuft bei dem gegrillten Kaninchen das Wasser im Mund zusammen. Und zu Anfang einen Gazpacho. Ich habe nämlich mehr Durst als Hunger. Kellner!
Kellner:	Was möchten die Herren bestellen?
Manuel:	Bringen Sie uns als ersten Gang die Bandnudeln und einen Gazpacho und als zweiten Gang Kaninchen vom Grill und die Seezunge. Und zu trinken Rotwein und Wasser.
Kellner:	Möchten Sie den Hauswein?
Manuel:	Eine Flasche von diesem La Rioja-Wein.
Manuel:	Wie sind die Bandnudeln?
Max:	Sehr gut. Und der Gazpacho?
Manuel:	Genau so, wie ich ihn mag. Schön kalt!

Wichtige Sätze

Tenemos una reserva a nombre de Guillén. te'nemoß 'una re'ßerwa a 'nombre de gi'jen.	Wir haben eine Reservierung auf den Namen Guillén.
Tengan la carta. 'tengan la 'karta.	Bitte sehr, die Speisekarte.
Hoy les recomiendo el lenguado a la plancha. oi leß rekomi'endo el legu'ado a la 'plantscha.	Heute empfehle ich Ihnen die gebratene Seezunge.
¿Qué desean tomar, caballeros? ¿ke de'ßean to'mar, kaba'jeroß?	Was möchten die Herren bestellen?
Tráiganos de primero unos tallarines y un gazpacho, y de segundo conejo a la brasa y el lenguado. 'traiganoß de pri'mero 'unoß taja'rineß i un gaθ'patscho, i de ße'gundo ko'necho a la 'braßa i el lengu'ado.	Bringen Sie uns als ersten Gang die Bandnudeln und einen Gazpacho und als zweiten Gang Kaninchen vom Grill und die Seezunge.
Una botella de éste vino de La Rioja. 'una bo'teja de 'eßte 'wino de la ri'ocha.	Eine Flasche von diesem La Rioja-Wein.

Reisedialoge

Unterhaltung

Previsión meteorológica / Wetteraussichten

El prognóstico

Locutor: … Y a continuación el tiempo: El prognóstico para esta noche y el fin de semana parece ser más bien positivo, ¿no es así, Charo?

Locutora: Efectivamente, así es, Carlos. El tiempo relativamente inestable de ayer y hoy con lluvias y chubascos en algunas zonas montañosas del interior sigue su rumbo hacia el noreste, hacia la costa mediterránea de Francia.
Desde el sur soplan unos vientos moderados, con cielos claros. Así que durante el día va a hacer sol, y las temperaturas van a subir a unos veinticuatro grados. Aún quedan algunas nubes tormentosas en la zona norte de la Península, pero en general vamos a poder disfrutar de un fin de semana soleado.
¡Pásenlo bien y disfrútenlo!

Max: ¡Traduce, Manuel! ¿Qué tiempo va a hacer? ¿Vamos a necesitar un paraguas?

Manuel: Mañana va hacer buen tiempo, no va a llover, va a hacer calor, pero no demasiado. Va a soplar un poco de viento y las nuves de lluvia de esta semana se van a Francia.
¿Qué te parece?

Die Vorhersage

Sprecher: … Und im Anschluss das Wetter: Die Vorhersage für diese Nacht und das Wochenende scheint eher günstig zu sein, ist es nicht so, Charo?

Sprecherin: Genau so ist es, Carlos. Das relativ wechselhafte Wetter von gestern und heute mit Regenfällen und Schauern in einigen Gebirgsregionen im Landesinnern zieht Richtung Nordosten, zur französischen Mittelmeerküste.
Aus Richtung Süden weht ein gemäßigter Wind bei klarem Himmel. Daher scheint am Tage die Sonne und die Temperaturen steigen bis auf 24 Grad. Es bleiben noch einige Gewitterwolken im nördlichen Gebiet der Halbinsel, aber im Allgemeinen werden wir uns an einem sonnigen Wochenende erfreuen können. Machen Sie es gut und genießen Sie es!

Max: Übersetz, Manuel! Wie wird das Wetter? Brauchen wir einen Regenschirm?

Manuel: Morgen wird das Wetter schön, es regnet nicht, es wird warm, aber nicht zu sehr. Es weht ein leichter Wind und die Regenwolken dieser Woche ziehen nach Frankreich.
Wie findest du das?

Wichtige Sätze

Desde el sur soplan unos vientos moderados, con cielos claros. 'deßde el ßur 'ßoplan 'unoß wi'entoß mode'radoß, kon θi'eloß 'klaroß.	Aus Richtung Süden weht ein gemäßigter Wind bei klarem Himmel.
Así que durante el día va a hacer sol, y las temperaturas van a subir a unos veinticuatro grados. a'ßi ke du'rante el 'dia wa a a'θer ßol, i laß tempera'turaß wan a ßu'bir a 'unoß weintiku'atro 'gradoß.	Daher scheint am Tage die Sonne und die Temperaturen steigen bis auf 24 Grad.
¡Pásenlo bien y disfrútenlo! ¡'paßenlo bi'en i dißfrutenlo!	Machen Sie es gut und genießen Sie es!
¿Qué tiempo va a hacer? ¿ke ti'empo wa a a'θer?	Wie wird das Wetter?
¿Qué te parece? ¿ke te pa'reθe?	Wie findest du das?

Unterhaltung
Hacer planes / Pläne machen

Ocio

Manuel:	Bueno, ¿qué plan tienes para mañana?
Max:	Tal vez voy a Granada …
Manuel:	¿Quieres estar tantas horas en el coche conduciendo?
Max:	No, no tengo ganas de conducir mucho.
Manuel:	Pues busca algo más cerca. Te gusta el mar, ¿verdad? Puedes ir a Marbella.
Max:	No sé, a mí me gusta nadar y bucear, pero Marbella me parece un poco snob.
Manuel:	Depende. ¿Y Ronda? Es un pueblo, con una plaza de toros impresionante.
Max:	Vaya, Manuel, no me gustan los toros, no quiero ir a ver una corrida …
Manuel:	Pero te gusta la historia y también te gustan los monumentos históricos y la plaza de toros de Ronda es una maravilla … y también hay iglesias y palacios. Créeme: A ti Ronda te va a gustar. ¿Sabes qué? Voy a llamar a un amigo de allí, él te puede enseñar todo, si quieres.
Max:	¡Vale, pues, de acuerdo!
Manuel:	¡Estupendo! Y ahora, vamos a bailar o …
Max:	Uy, no tengo ganas de ir a una discoteca, debe haber algo más interesante.
Manuel:	Miramos en el periódico …

Freizeit

Manuel:	Gut, was hast du für morgen geplant?
Max:	Vielleicht fahre ich nach Granada …
Manuel:	Willst du so viele Stunden Auto fahren?
Max:	Nein, ich habe keine Lust viel zu fahren.
Manuel:	Dann such dir etwas in der Nähe. Dir gefällt doch das Meer, nicht wahr? Du kannst nach Marbella fahren.
Max:	Ich weiß nicht, ich schwimme und tauche gern, aber Marbella scheint mir etwas versnobt zu sein.
Manuel:	Das kommt darauf an. Und Ronda? Es ist ein Dorf mit einer beeindruckenden Stierkampfarena.
Max:	Na hör mal, Manuel, mir gefallen die Stierkämpfe nicht, ich möchte mir keine Corrida ansehen …
Manuel:	Aber du magst Geschichte und du magst auch historische Bauwerke und die Stierkampfarena in Ronda ist wunderbar … und es gibt auch Kirchen und Paläste. Glaub mir: Ronda wird dir gefallen. Weißt du was? Ich rufe einen Freund dort an, der kann dir alles zeigen, wenn du willst.
Max:	Gut, dann, einverstanden!
Manuel:	Wunderbar! Und jetzt gehen wir tanzen oder …
Max:	Oh, ich habe keine Lust, in eine Diskothek zu gehen, es muss etwas Interessanteres geben.
Manuel:	Schauen wir in die Zeitung …

Wichtige Sätze

¿Qué plan tienes para mañana?
¿ke plan ti'eneß 'para man'jana?

Was hast du für morgen geplant?

No tengo ganas de conducir mucho.
no 'tengo 'ganaß de kondu'θir 'mutscho.

Ich habe keine Lust viel zu fahren.

Puedes ir a Marbella.
pu'edeß ir a mar'beja.

Du kannst nach Marbella fahren.

No me gustan los torros, no quiero ir a ver una corrida.
no me 'gußtan los 'toroß, no ki'ero ir a wer 'una ko'rida.

Mir gefallen die Stierkämpfe nicht, ich möchte mir keine Corrida ansehen.

¡Vale, pues, de acuerdo! ¡'wale, pu'eß, de aku'erdo!

Gut, dann, einverstanden.

Miramos en el periódico …
mi'ramoß en el peri'ɔdiko …

Schauen wir in die Zeitung.

Unterwegs

En la estación / Auf dem Bahnhof

Taquilla

Max: ¿Hay trenes los lunes para Cádiz?
Empleada: Pues no hay ningún tren directo. Tiene que hacer transbordo en Sevilla.
El lunes hay varios trenes. Por ejemplo un TRD que sale de Málaga a las 07:45. Llega a Sevilla a las diez de la mañana y tiene conexión con el Andalucía Exprés de las 10:11.
Max: ¡Vaya! Pasa por Sevilla. Hm, podría aprovechar para visitar un poco la ciudad, ¿no?
¿Sale algún tren más tarde de Sevilla a Cádiz?
Empleada: Mire: éste Talgo sale a las siete y media. La llegada a Cádiz es a las 21.08 horas.
Max: Me va bien. ¿Cuánto cuesta un billete de ida? ¿Hay que pagar suplemento para ese tren?
Empleada: Sí. ¿Viaja en preferente o turista?
Max: Turista, y una reserva de asiento.
Empleada: Sí, un momento. Son … en total 30,50 euros. Aquí tiene su billete y la reserva.
¡Y ojo! Usted llega por la mañana a la estación sevillana „Dos Hermanas", pero el Talgo sale de „Sevilla-Santa Justa".

Fahrkartenschalter

Max: Fahren montags Züge nach Cádiz?
Angestellte: Nun, es gibt keinen direkten Zug. Sie müssen in Sevilla umsteigen.
Montags gibt es einige Züge. Zum Beispiel einen TRD, der um 7.45 Uhr in Málaga abfährt. Er kommt in Sevilla um zehn Uhr morgens an und Sie haben Anschluss mit dem Andalucía Exprés um 10.11 Uhr.
Max: Ah! Er fährt über Sevilla. Hm, das könnte ich nutzen, um ein wenig die Stadt zu besichtigen, nicht? Gibt es einen späteren Zug von Sevilla nach Cádiz?
Angestellte: Schauen Sie: Dieser Talgo fährt um halb acht ab. Die Ankunft in Cádiz ist um 21.08 Uhr.
Max: Das passt mir gut. Wie viel kostet ein einfaches Ticket? Muss man für diesen Zug Zuschlag zahlen?
Angestellte: Ja. Reisen Sie in der ersten oder zweiten Klasse?
Max: Touristenklasse, und eine Sitzplatzreservierung.
Angestellte: Ja, einen Moment. Das macht … insgesamt 30 Euro 50. Hier haben Sie Ihre Fahrkarte und die Reservierung.
Und Vorsicht! Sie kommen morgens in Sevilla am Bahnhof „Dos Hermanas" an, aber der Talgo fährt von „Sevilla-Santa Justa" ab.

Wichtige Sätze

¿Hay trenes los lunes para Cádiz? ¿ai 'treneß loß 'luneß 'para 'kadiθ?	Fahren montags Züge nach Cádiz?
Tiene que hacer transbordo en Sevilla. ti'ene ke a'θer tranß'bordo en ße'wija.	Sie müssen in Sevilla umsteigen.
Llega a Sevilla a las diez de la mañana y tiene conexión con el Andalucía Exprés de las 10:11. 'jega a ße'wija a laß di'eθ de la man'jana i ti'ene konekθi'ɔn kon el andalu'θia ek'ßpreß de laß di'eθ 'onθe.	Er kommt in Sevilla um zehn Uhr morgens an und Sie haben Anschluss mit dem Andalucía Exprés um 10.11 Uhr.
¿Sale algún tren más tarde de Sevilla a Cádiz? ¿'ßale al'gun tren maß 'tarde de ße'wija a 'kadiθ?	Gibt es einen späteren Zug von Sevilla nach Cádiz?
¿Cuánto cuesta un billete de ida? ¿ku'anto ku'eßta un bi'jete de 'ida?	Wie viel kostet ein einfaches Ticket?
¿Hay que pagar suplemento para ese tren? ¿ai ke pa'gar ßuple'mento 'para 'eße tren?	Muss man für diesen Zug Zuschlag zahlen?

Unterwegs

Del andén al tren / Vom Bahnsteig in den Zug

La plaza está reservada — Der Platz ist reserviert

Max:	Perdón, ¿sale de aquí el tren de Sevilla?	**Max:**	Entschuldigung, fährt von hier der Zug nach Sevilla ab?
Viajera:	Sí, yo también estoy esperándolo, pero están diciendo que trae diez minutos de retraso.	**Reisende:**	Ja, ich warte auch darauf, aber sie sagen, dass er zehn Minuten Verspätung hat.
Max:	Bueno, ¡qué le vamos a hacer! Gracias.	**Max:**	Gut, da kann man nichts machen! Danke!
ALTAVOZ:	Próxima circulación por vía uno, rápido procedente de Almería con destino a Marbella. Tiene parada en Fuengirola. Por vía dos va a efectuar su entrada el TRD con destino a Sevilla.	**Lautsprecher:**	Nächster Zug auf Gleis 1, Schnellzug aus Almería mit Ziel Marbella. Der Zug hält in Fuengirola. Auf Gleis 2 fährt ein der TRD Richtung Sevilla.
Max:	Oiga, perdone, éste es el asiento número 53 y ésta es mi reserva.	**Max:**	Hören Sie, entschuldigen Sie, das ist der Sitzplatz Nummer 53 und das ist meine Reservierung.
Viajera:	Pues no lo entiendo. Porque yo también tengo reserva. Mire, ahí viene el revisor. ¡Oiga, oiga! Venga que tenemos un lío con las reservas …	**Reisende:**	Also das verstehe ich nicht. Weil ich auch eine Reservierung habe. Sehen Sie, da kommt der Schaffner. Hallo, hallo! Kommen Sie, wir haben ein Problem mit den Reservierungen …
Revisor:	Buenos días. Este señor tiene una reserva para el asiento número 53 y este número no lo puedo leer bien: 58, creo.	**Schaffner:**	Guten Tag. Dieser Herr hat eine Reservierung für den Sitzplatz Nummer 53 und diese Zahl kann ich nicht richtig lesen: 58, glaube ich.
Viajera:	¡Qué dice! A ver … Pues sí, tiene usted razón, lo siento.	**Reisende:**	Was sagen Sie da! Mal sehen … Nun ja, Sie haben Recht, es tut mir leid.
Max:	Señora, no se preocupe. Yo me siento allí tranquilamente.	**Max:**	Nein, machen Sie sich keine Sorgen. Ich setze mich einfach dort hin.
Revisor:	Muy bien, caballero, pero muéstreme primero su billete.	**Schaffner:**	Sehr gut, mein Herr, aber zeigen Sie mir doch zuerst Ihre Fahrkarte.

Wichtige Sätze

¿Sale de aquí el tren de Sevilla? ¿'ßale de a'ki el tren de ße'wija?
Fährt von hier der Zug nach Sevilla ab?

Próxima circulación por vía uno, rápido procedente de Almería con destino a Marbella. 'prokßima θirkulaθi'ɔn por 'wia 'uno, 'rapido proθe'dente de alme'ria kon deß'tino a mar'beja.
Nächster Zug auf Gleis 1, Schnellzug aus Almería mit Ziel Marbella.

Por vía dos va a efectuar su entrada el TRD con destino a Sevilla.
por 'wia doß wa a efektu'ar ßu en'trada el te 'erre de kon deß'tino a ße'wija.
Auf Gleis 2 fährt ein der TRD Richtung Sevilla.

Oiga, perdone, éste es el asiento número 53 y ésta es mi reserva.
'oiga, per'done, 'eßte eß el aßi'ento 'numero θinku'enta i treß i 'eßta eß mi re'ßerwa.
Hören Sie, entschuldigen Sie, das ist der Sitzplatz Nummer 53 und das ist meine Reservierung.

Venga que tenemos un lío con las reservas.
'wenga ke te'nemoß un 'lio con laß re'ßerwas.
Kommen Sie, wir haben ein Problem mit den Reservierungen.

Pues sí, tiene usted razón, lo siento. pu'eß ßi, ti'ene uß'ted ra'θɔn, lo ßi'ento.
Nun ja, Sie haben Recht, es tut mir leid.

Einkaufen

En el mercado / Auf dem Markt

¿Necesitas una bolsa?

Vendedora: Muchacho, ¿qué te pongo?
Max: ¿Qué precio tienen los melocotones?
Vendedora: Están a 1,50 euros el kilo – mira que ricos son.

Max: Póngame dos … pero no dos kilos, sólo dos melocotones y más bien maduros.
Vendedora: ¡Mira, mi vida! Cógelos tú mismo y yo te los peso … ¿Éstos? Los dos melocotoncitos son 80 céntimos. ¿Necesitas una bolsa?
Max: Me gusta aquel abanico oscuro. Es un regalo para mi amiga. ¿Cuánto cuesta?
Vendedora: ¿Éste dices? Pues cuesta 25 euros.
Max: ¡Qué caro! ¡Pero si ésos de ahí valen 7 euros!
Vendedora: ¡No los puedes comparar! Mira, este abanico está hecho de madera de ébano y pintado a mano. ¿No ves la diferencia? Ese no está mal, pero es un abanico normal y corriente, mientras que el primero es mucho más bueno, un producto especial con una tradición artesanal y de alta calidad. Y además está pintado por los dos lados.

Max: Ya veo, pero me parece demasiado caro y por eso no me interesa. Lo dejo.

Brauchst du eine Tüte?

Verkäuferin: Junger Mann, was darf's sein?
Max: Was kosten die Pfirsiche?
Verkäuferin: Sie sind bei 1 Euro 50 das Kilo. Schau nur, wie lecker sie sind.
Max: Geben Sie mir zwei … aber nicht zwei Kilo; nur zwei Pfirsiche und eher reife.
Verkäuferin: Schau, mein Schatz! Nimm sie dir selbst und ich wiege sie dir ab … Die zwei kleinen Pfirsiche kosten 80 Cent. Brauchst du eine Tüte?
Max: Mir gefällt der dunkle Fächer dort. Es ist ein Geschenk für meine Freundin. Was kostet er?
Verkäuferin: Dieser, sagst du? Nun, er kostet 25 Euro.
Max: Wie teuer! Aber diese da kosten nur 7 Euro!
Verkäuferin: Die kannst du nicht vergleichen. Schau, dieser Fächer ist aus Ebenholz gemacht und von Hand bemalt. Siehst du nicht den Unterschied? Der da ist nicht schlecht, aber es ist ein normaler und gewöhnlicher Fächer, während der erste viel besser ist, ein besonderes Produkt mit einer handwerklichen Tradition und von hoher Qualität. Und außerdem ist er von beiden Seiten bemalt.
Max: Ich sehe schon, aber er erscheint mir zu teuer und darum interessiert er mich nicht. Ich lasse es.

Wichtige Sätze

¿Qué precio tienen los melocotones? ¿ke 'preθio ti'enen loß meloko'tɔneß?	Was kosten die Pfirsiche?
Están a 1,50 euros el kilo. eß'tan a un e'uro θinku'enta el 'kilo.	Sie sind bei 1 Euro 50 das Kilo.
Póngame dos … pero no dos kilos, sólo dos melocotones y más bien maduros. 'pongame doß … 'pero no doß 'kiloß, 'ßolo doß meloko'tɔneß i maß bi'en ma'duroß.	Geben Sie mir zwei … aber nicht zwei Kilo; nur zwei Pfirsiche und eher reife.
¿Necesitas una bolsa? ¿neθe'ßitaß 'una 'bolßa?	Brauchst du eine Tüte?
¡Pero si ésos de ahí valen 7 euros! ¡'pero ßi 'eßoß de a'i 'walen ßi'ete e'uroß!	Aber diese da kosten nur 7 Euro!
Ya veo, pero me parece demasiado caro y por eso no me interesa. ja 'weo, 'pero me pa'reθe demaßi'ado 'karo i por 'eßo no me inter'eßa.	Ich sehe schon, aber er erscheint mir zu teuer und darum interessiert er mich nicht.

Einkaufen

En un almacén / In einem Kaufhaus

¿Ya le atienden? — Werden Sie schon bedient?

Dependienta: ¿Ya le atienden?	**Verkäuferin:** Werden Sie schon bedient?
Max: No, aún no. Mire, allí en el escaparate hay unos zapatos azules muy bonitos.	**Max:** Nein, noch nicht. Schauen Sie, dort im Schaufenster gibt es ein paar sehr schöne blaue Schuhe.
Dependienta: ¿Los azules de allí? ¿Qué número calza?	**Verkäuferin:** Die Blauen dort? Welche Schuhgröße haben Sie?
Max: Un cuarenta y tres.	**Max:** Dreiundvierzig.
Dependienta: Lo siento mucho, pero su número ya no está.	**Verkäuferin:** Es tut mir sehr leid, aber Ihre Größe ist nicht mehr da.
Dependiente: ¿Qué desea usted?	**Verkäufer:** Was wünschen Sie?
Max: Busco un pantalón.	**Max:** Ich suche eine Hose.
Dependiente: Los pantalones los tenemos allí. ¿Prefiere un pantalón clásico o más bien tipo tejano?	**Verkäufer:** Die Hosen haben wir dort. Bevorzugen Sie eher eine klassische Hose oder etwas im Jeans-Stil?
Max: Mejor algo más ligero de algodón.	**Max:** Lieber etwas Leichteres aus Baumwolle.
Dependiente: Muy bien, señor. ¿Cuál es su talla?	**Verkäufer:** Sehr gut, mein Herr. Welche Größe haben Sie?
Max: Pues depende. Tengo que probármelo.	**Max:** Das kommt darauf an. Ich muss sie anprobieren.
Dependiente: ¿Qué le parece este pantalón?	**Verkäufer:** Wie finden Sie diese Hose?
Max: Es estrecho, me queda mejor uno ancho.	**Max:** Sie ist eng, mir steht eine weite Hose besser.
Dependiente: Pues estos le van a gustar. ¿Qué color prefiere?	**Verkäufer:** Dann werden Ihnen diese gefallen. Welche Farbe bevorzugen Sie?
Max: Azul marino o gris. O ése marrón.	**Max:** Marineblau oder grau. Oder dieses Braun.
Dependiente: Si quiere probárselo, el probador está allí al fondo. ¿Qué tal le sienta el pantalón?	**Verkäufer:** Wenn Sie sie anprobieren möchten, die Umkleidekabine ist dort hinten. Wie sitzt die Hose?
Max: Me lo llevo.	**Max:** Ich nehme sie.
Dependiente: Le queda perfecto. Le acompaño a la caja. ¿Cómo va a pagar? ¿En efectivo o con tarjeta?	**Verkäufer:** Sie steht Ihnen perfekt. Ich begleite Sie zur Kasse. Wie zahlen Sie? Bar oder mit Karte?

Wichtige Sätze

Mire, allí en el escaparate hay unos zapatos azules muy bonitos. 'mire, a'ji en el eßkapa'rate ai 'unoß θa'patoß a'θuleß 'mui bo'nitoß.	Schauen Sie, dort im Schaufenster gibt es ein paar sehr schöne blaue Schuhe.
¿Qué número calza? ¿ke 'numero 'kalθa?	Welche Schuhgröße haben Sie?
¿Cuál es su talla? ¿ku'al eß ßu 'taja?	Welche Größe haben Sie?
Tengo que probármelo. 'tengo ke pro'barmelo.	Ich muss sie anprobieren.
¿Qué color prefiere? ¿ke ko'lor prefi'ere?	Welche Farbe bevorzugen Sie?
¿Cómo va a pagar? ¿'komo wa a pa'gar?	Wie zahlen Sie?
¿En efectivo o con tarjeta? ¿en efek'tiwo o kon tar'cheta?	Bar oder mit Karte?

Reisedialoge

Unterwegs

Invitación / Einladung

Nuevos amigos – nuevos caminos

Sonia: Hola, soy la prima de Manuel, Sonia. ¡Bienvenido a casa, Max! ¡Adelante!
Max: Hola, ¿qué tal? Gracias por la invitación.
Sonia: Ven, Max: te presento a mi marido Paco. Paco, éste es Max, el amigo de Manuel.
Paco: ¡Encantado de conocerte! ¿Qué tal? ¡Siéntate! Sonia, cariño, ponle a Max un aperitivo mientras que termino en la cocina …
Sonia: ¿Qué te apetece? ¿Una Manzanilla? Yo también tomo una. Manuel dice que vas a estar dos semanas en Conil, vas a ver que los alrededores son muy bonitos. Se pueden hacer excursiones a caballo …
Paco: ¡Cuidado, Max! Las excursiones de Sonia son para atletas, pero tienes que ir: merecen la pena. Eres alemán, ¿verdad?
Max: Sí, soy alemán, de Stuttgart. Y como no tengo nada planeado, la idea me parece fantástica, sólo que soy un desastre de jinete.
Sonia: Bueno, no se necesita ser un buen jinete para dar un paseo, ni hay que montar a caballo.
Se puede ir a pie tranquilamente.

Neue Freunde – neue Wege

Sonia: Hallo, ich bin die Cousine von Manuel, Sonia. Willkommen bei uns zu Hause, Max! Komm herein!
Max: Hallo, wie geht's? Danke für die Einladung.
Sonia: Komm, Max: Ich stelle dir meinen Mann Paco vor. Paco, das ist Max, der Freund von Manuel.
Paco: Ich freue mich, dich kennen zu lernen! Wie geht's? Setz dich! Sonia, Liebling, gib Max einen Aperitif während ich in der Küche alles fertig mache …
Sonia: Worauf hast du Lust? Auf einen Manzanilla-Sherry? Ich nehme auch einen. Manuel sagt, du bleibst zwei Wochen in Conil. Du wirst sehen, dass die Umgebung sehr schön ist. Man kann Ausflüge zu Pferd machen …
Paco: Achtung, Max! Sonias Ausflüge sind etwas für Athleten, aber du musst mitgehen: Sie lohnen sich. Du bist Deutscher, nicht wahr?
Max: Ja, ich bin Deutscher, komme aus Stuttgart und da ich nichts geplant habe, finde ich die Idee fantastisch. Nur, dass ich als Reiter eine Katastrophe bin.
Sonia: Tja, man muss kein guter Reiter sein für einen Spaziergang, man muss nicht einmal reiten. Man kann ganz ruhig zu Fuß gehen.

Wichtige Sätze

¡Adelante! ¡ade'lante!	Komm herein!
Gracias por la invitación. 'graθiaß por la inwitaθi'ɔn.	Danke für die Einladung.
Te presento a mi marido Paco. te pre'ßento a mi ma'rido 'pako.	Ich stelle dir meinen Mann Paco vor.
¡Encantado de conocerte! ¡enkan'tado de kono'θerte!	Ich freue mich, dich kennen zu lernen.
¡Siéntate! ¡ßi'entate	Setz dich!
¿Qué te apetece? ¿ke te ape'teθe?	Worauf hast du Lust?

Unterwegs

Ir de excursión / Einen Ausflug machen

Reisedialoge

Una experiencia especial

Paco:	¿Ya estáis de vuelta?
Sonia:	Hola, cariño, estamos muertos de hambre. ¿Qué has hecho todo el día?
Paco:	He estado trabajando, pero la cena está lista. ¡Qué callado estás, Max! ¿Te encuentras bien?
Max:	Sí, estoy bien, pero muy cansado. Tienes razón: las excursiones de Sonia son geniales. Hemos caminado por el pinar hasta el río y entonces por el sendero de las rocas hasta llegar a la sierra.
Paco:	Sonia, ¿no te parece un poco exagerado?
Max:	No, qué va. Ha sido fantástico, hemos visto muchas aves – cigüeñas y hasta un águila – y árboles antiguos y unas plantas con unas flores de colores increíbles. Hemos pasado cerca de una finca de toros bravos. Y por la montaña hemos encontrado un lago solitario con peces. ¡Cuántos animales hemos visto!
Paco:	Total: que lo habéis pasado bien, ¿verdad?
Sonia:	Sí, pero lo que necesitamos es una ducha.
Paco:	¿Qué dices, Max? ¿Te quedas a dormir aquí?
Max:	Claro que sí.

Eine besondere Erfahrung

Paco:	Ihr seid schon zurück?
Sonia:	Hallo, Liebling, wir sterben vor Hunger. Was hast du den ganzen Tag gemacht?
Paco:	Ich war arbeiten, aber das Abendessen ist fertig. Wie still du bist, Max! Geht es dir gut?
Max:	Ja, mir geht es gut, aber ich bin sehr müde. Du hast Recht: Sonias Ausflüge sind genial. Wir sind durch den Pinienwald bis zum Fluss gegangen und dann auf dem Felsenweg bis in die Berge.
Paco:	Sonia, findest du das nicht etwas übertrieben?
Max:	Nein, ach was. Es war fantastisch, wir haben viele Vögel gesehen – Störche und sogar einen Adler – und alte Bäume und Pflanzen mit Blumen in unglaublichen Farben. Wir sind bei einer Stierzucht vorbeigekommen. Und in den Bergen haben wir einen einsamen See mit Fischen gefunden. Wie viele Tiere wir gesehen haben!
Paco:	Kurz und gut: Ihr hattet Spaß, oder?
Sonia:	Ja, aber was wir jetzt brauchen ist eine Dusche.
Paco:	Was meinst du, Max? Schläfst du heute Nacht hier?
Max:	Na klar.

Wichtige Sätze

¿Qué has hecho todo el día? ¿ke aß 'etscho 'todo el 'dia?	Was hast du den ganzen Tag gemacht?
¿Te encuentras bien? ¿te enku'entraß bi'en?	Geht es dir gut?
Sí, estoy bien, pero muy cansado. ßi, eß'toi bi'en, 'pero 'mui kan'ßado.	Ja, mir geht es gut, aber ich bin sehr müde.
Hemos pasado cerca de una finca de toros bravos. 'emoß pa'ßado 'θerka de 'una 'finka de 'toroß 'brawoß.	Wir sind bei einer Stierzucht vorbeigekommen.
Y por la montaña hemos encontrado un lago solitario con peces. i por la mon'tanja 'emoß enkon'trado un 'lago ßoli'tario kon 'peθeß.	Und in den Bergen haben wir einen einsamen See mit Fischen gefunden.
Total: que lo habéis pasado bien, ¿verdad? to'tal: ke lo a'beiß pa'ßado bi'en, ¿wer'dad?	Kurz und gut: Ihr hattet Spaß, oder?

Unterwegs

En la playa / Am Strand

Brilla el sol / Die Sonne scheint

Max:	¿Nos quedamos aquí? Estamos cerquita del agua.	**Max:**	Bleiben wir hier? Wir sind ganz nah am Wasser.
Paco:	No, mira cuánta gente hay, vámonos por allí, que estamos más tranquilos.	**Paco:**	Nein, schau, wie viele Leute hier sind, gehen wir dort hin, da haben wir es ruhiger.
Sonia:	Ni hablar que quiero alquilar una tumbona y una sombrilla.	**Sonia:**	Auf keinen Fall, denn ich möchte einen Liegestuhl und einen Sonnenschirm mieten.
Paco:	Pero si hemos traido esterillas y toallas y además hemos venido para tomar el sol, no para escondernos debajo de una sombrilla. Dime, ¿has cogido el equipo de buceo?	**Paco:**	Aber wir haben doch Strandmatten und Badetücher mitgebracht und außerdem sind wir gekommen um uns zu sonnen und nicht um uns unter einem Sonnenschirm zu verstecken. Sag mal, hast du die Tauchausrüstung eingepackt?
Sonia:	Se me ha olvidado en casa, lo siento, cariño.	**Sonia:**	Ich habe sie zu Hause vergessen, tut mir leid, Schatz.
Paco:	¡Qué más da! Entonces a descansar. Échame un poco de bronceador por la espalda, ¿quieres?	**Paco:**	Was soll's! Dann eben ausruhen. Reib mir den Rücken mit ein bisschen Sonnencreme ein, bitte!
Sonia:	¿Donde está? Tú lo tienes, pues dámelo. ¿Qué os parece si alquilamos un patín?	**Sonia:**	Wo ist sie? Du hast sie, dann gib sie mir. Was haltet ihr davon, wenn wir ein Tretboot mieten?
Max:	Buena idea, pero primero voy a bañarme. ¿Podéis vigilar un momento mis cosas mientras estoy en el agua?	**Max:**	Gute Idee, aber zuerst gehe ich schwimmen. Könnt ihr einen Augenblick auf meine Sachen aufpassen, während ich im Wasser bin?
Sonia:	Pero ten ciudado que aquí hay medusas.	**Sonia:**	Aber pass auf, denn hier gibt es Quallen.
Max:	Vaya, ¿y tiburones también?	**Max:**	Echt, und Haie auch?
Paco:	No, tonto, pero sí que hemos visto medusas y erizos de mar, así que vigila un poco y métete ya que el agua está buena.	**Paco:**	Nein, Dummkopf, aber wir haben sehr wohl Quallen und Seeigel gesehen, also pass ein bisschen auf und geh schon ins Wasser, es ist toll.

Wichtige Sätze

¿Nos quedamos aquí? ¿noß ke'damoß a'ki?	Bleiben wir hier?
¿Has cogido el equipo de buceo? ¿aß ko'chido el e'kipo de bu'θeo?	Hast du die Tauchausrüstung eingepackt?
Se me ha olvidado en casa, lo siento. ße me a olwi'dado en 'kaßa, lo ßi'ento.	Ich habe sie zu Hause vergessen, tut mir leid.
¿Qué os parece si alquilamos un patín? ¿ke oß pa'reθe ßi alki'lamoß un pa'tin?	Was haltet ihr davon, wenn wir ein Tretboot mieten?
¿Podéis vigilar un momento mis cosas mientras estoy en el agua? ¿po'deiß wichi'lar un mo'mento miß 'koßaß mi'entraß eß'toi en el 'agua?	Könnt ihr einen Augenblick auf meine Sachen aufpassen, während ich im Wasser bin?
Pero ten cuidado que aquí hay medusas. 'pero ten kui'dado ke a'ki ai me'dußaß.	Aber pass auf, denn hier gibt es Quallen.

Einkaufen

En la farmacia / In der Apotheke

¡Ojo con el sol!

Max: Ayúdeme: Me siento muy mal. Creo que me he quemado un poco. La cuestión es que me duele la espalda, y también me duelen los hombros y las piernas.
Farmacéutico: Sí, está muy colorado, le pica mucho la piel?
Max: Sí, mucho, mucho.
Farmacéutico: ¿Tiene dolor de cabeza o náuseas?
Max: La cabeza, sí que me duele y me siento flojo, un poco mareado, pero nada de náuseas.
Farmacéutico: Tenga un gel contra el picor y estas aspirinas contra el dolor. Écheselo tres veces al día y de las aspirinas puede tomarse dos diarias. Tómeselas después de comer. ¡Descanse y sobre todo, beba agua! Su cuerpo necesita agua para recuperarse. ¡Nada de sol durante el resto de la semana! Se lo digo en serio: ¡Ojo con el sol!
Max: Desde luego que no tengo ganas de playa.
Farmacéutico: Si no se encuentra mejor dentro de dos días le recomiendo consultar a un médico. Si se encuentra peor esta noche, es mejor ir al hospital. Una insolación no es una cosa leve.

Vorsicht mit der Sonne!

Max: Helfen Sie mir: Ich fühle mich sehr schlecht. Ich glaube, dass ich einen kleinen Sonnenbrand habe. Das Problem ist, dass mir der Rücken weh tut, und die Schultern und die Beine tun mir auch weh.
Apotheker: Ja, Sie sind ganz rot, juckt die Haut sehr?
Max: Ja, sehr stark.
Apotheker: Haben Sie Kopfschmerzen oder Übelkeitsgefühle?
Max: Der Kopf tut mir wirklich weh und ich fühle mich schwach, ein wenig schwindelig, aber keine Übelkeit.
Apotheker: Hier haben Sie ein Gel gegen das Jucken und diese Aspirin gegen die Schmerzen. Tragen Sie es dreimal täglich auf und von den Aspirin können Sie zwei am Tag nehmen. Nehmen Sie sie nach dem Essen ein. Ruhen Sie sich aus und vor allem trinken Sie Wasser! Ihr Körper braucht Wasser um sich zu erholen. Keine Sonne für den Rest der Woche! Ich meine es ernst: Vorsicht mit der Sonne!
Max: Ich habe wirklich keine Lust mehr auf Strand.
Apotheker: Wenn Sie sich in zwei Tagen nicht besser fühlen, empfehle ich Ihnen einen Arzt zu konsultieren. Wenn Sie sich heute Nacht schlechter fühlen, gehen Sie besser ins Krankenhaus. Ein Sonnenstich ist keine Kleinigkeit.

Wichtige Sätze

Ayúdeme: Me siento muy mal. a'judeme: me ßi'ento 'mui mal.	Helfen Sie mir: Ich fühle mich sehr schlecht.
La cuestión es que me duele la espalda. la kueßti'ɔn eß ke me du'ele la eß'palda.	Das Problem ist, dass mir der Rücken weh tut.
¿Tiene dolor de cabeza o náuseas? ¿ti'ene do'lor de ka'beθa o 'naußeaß?	Haben Sie Kopfschmerzen oder Übelkeitsgefühle?
Écheselo tres veces al día. 'etscheßelo treß 'weθeß al 'dia.	Tragen Sie es dreimal täglich auf.
¡Ojo con el sol! ¡'ocho kon el ßol!	Vorsicht mit der Sonne!
Si no se encuentra mejor dentro de dos días le recomiendo consultar a un médico. ßi no ße enku'entra me'chor 'dentro de doß 'diaß le rekomi'endo konßul'tar a un 'mediko.	Wenn Sie sich in zwei Tagen nicht besser fühlen, empfehle ich Ihnen einen Arzt zu konsultieren.

Unterwegs

Paseo por el centro / Stadtbummel

Paseando por Cádiz

Max: Cádiz es una ciudad relativamente antigua, ¿verdad?
Paco: Sí, la fundaron los fenicios en 1100 a. C. como una colonia comercial, más tarde estuvieron aquí los cartagineses, hasta que llegaron los romanos. Los romanos la convirtieron en un puerto comercial importante.
Max: ¡Tan antigua es esta ciudad! Pero sin embargo no es tan famosa como Córdoba o Granada.
Paco: No, ésta claro que Cádiz se hundió bajo el dominio de los visigodos y los moriscos.
Aquí no hay ningún monumento tan deslumbrante para los turistas como la Mezquita de Córdoba o la Alhambra. Pero Cádiz volvió a tener un papel importante a principios del siglo XVI, como puerto de partida de los viajes a la recién descubierta América.
Max: Pero el casco antiguo tiene un aire morisco …
Paco: Eso es cierto. Parte de las murallas de la ciudad del siglo XVIII aún están en pie. Si te interesa, visitamos la Catedral de la ciudad y las iglesias de Santa Cruz y San Felipe Neri. Y también La Santa Cueva que alberga varios cuadros de Goya.

Schlendern durch Cádiz

Max: Cádiz ist eine ziemlich alte Stadt, stimmt's?
Paco: Ja, die Phönizier gründeten sie 1100 v. Chr. als eine Handelskolonie, später waren die Karthager hier, bis die Römer kamen. Die Römer verwandelten sie in einen wichtigen Handelshafen.
Max: So alt ist diese Stadt! Aber dennoch ist sie nicht so berühmt wie Córdoba oder Granada.
Paco: Nein, Cádiz ist ganz klar unter der Herrschaft der Westgoten und der Mauren untergegangen.
Hier gibt es keine für Touristen so eindrucksvollen Denkmäler wie die Moschee von Córdoba oder die Alhambra. Cádiz spielte aber zu Beginn des XVI. Jahrhunderts wieder eine wichtige Rolle als Ausgangshafen für die Reisen in das gerade entdeckte Amerika.
Max: Aber die Altstadt hat maurisches Flair …
Paco: Das stimmt. Ein Teil der Stadtmauern aus dem XVIII. Jahrhundert steht noch. Wenn es dich interessiert, besichtigen wir die Kathedrale der Stadt und die Heilig-Kreuz-Kirche und die Sankt-Phillip-Neri-Kirche. Und auch die Santa Cueva, die einige Goya-Gemälde beherbergt.

Wichtige Sätze

Cádiz es una ciudad relativamente antigua. 'kadiθ eß 'una θiu'dad relatiwa'mente an'tigua.	Cádiz ist eine ziemlich alte Stadt.
La fundaron los fenicios en 1100 a. C. como una colonia comercial. la fun'daron loß fe'niθioß en mil θi'en 'ante 'krißto 'komo 'una ko'lonia komer'θial.	Die Phönizier gründeten sie 1100 v. Chr. als eine Handelskolonie.
Aquí no hay ningún monumento tan deslumbrante para los turistas como la Mezquita de Córdoba. a'ki no ai nin'gun monu'mento tan deßlum'brante 'para loß tu'rißtaß 'komo la meθ'kita de 'kordoba.	Hier gibt es keine für Touristen so eindrucksvollen Denkmäler wie die Moschee von Córdoba.
El casco antiguo tiene un aire morisco. el 'kaßko an'tiguo ti'ene un 'aire mo'rißko.	Die Altstadt hat maurisches Flair.
Parte de las murallas de la ciudad del siglo XVIII aún están en pie. 'parte de laß mu'rajaß de la θiu'dad del 'ßiglo di'eθ i 'otscho a'un eß'tan en pi'e.	Ein Teil der Stadtmauern aus dem XVIII. Jahrhundert steht noch.

Unterwegs

Visita de la ciudad / Stadtrundfahrt

Fiestas populares: Sevilla

Max participa en una visita de la ciudad y está aprendiendo algo sobre fiestas andaluzas.

Orador: »Bienvenidos a Sevilla: Sevilla no sólo es la capital andaluza y la mayor ciudad del Sur de España, sino también la ciudad de Carmen, Don Juan y del Fígaro, es decir, del amor, de la pasión y del buen humor. Y la capital andaluza es conocida en todo el país por su peculiar ambiente alegre y festivo.

En esta cuidad puede asistir a dos de las mayores fiestas de España: la Semana Santa y la Feria de Abril. La Semana Santa es un colorido festival religioso – los encapuchados de las cofradías sevillanas desfilan por las calles de la ciudad a compañando a los costaleros que a su vez portan los pesados pasos con preciosísimas imágenes religiosas de Cristos, Vírgenes y Santos. En toda la ciudad reina una fiebre religiosa que afecta a creyentes y a ateos.

También en primavera se celebra la Feria de Abril de Sevilla. En todo el recinto ferial, caballeros andaluces se pasean en sus caballos engalanados, y muchas de las mujeres lucen vistosos trajes de gitana.«

Volksfeste: Sevilla

Max nimmt an einer Stadtrundfahrt teil und erfährt gerade etwas über andalusische Feste.

Sprecher: „Willkommen in Sevilla: Sevilla ist nicht nur die andalusische Hauptstadt und die größte Stadt in Südspanien, sondern auch die Stadt Carmens, Don Juans und des Figaro, das heißt der Liebe, der Leidenschaft und der guten Laune. Die andalusische Hauptstadt ist im ganzen Land für ihr besonderes, fröhliches und festliches Ambiente bekannt.

In dieser Stadt kann an zwei der größten Feste Spaniens teilgenommen werden: die Karwoche und die Aprilkirmes. Die Karwoche ist ein farbenfrohes, religiöses Fest, bei dem die sevillanischen Bruderschaften in Kapuzen gehüllt durch die Straßen der Stadt marschieren und die Tragemannschaften begleiten, die ihrerseits die sehr kostbaren, religiösen Standbilder von Jesus-, Jungfrauen- und Heiligenfiguren tragen. In der ganzen Stadt herrscht ein religiöses Fieber, das Gläubige und Atheisten berührt.

Ebenfalls im Frühling wird die Aprilkirmes von Sevilla gefeiert. Auf dem ganzen Messegelände reiten andalusische Männer auf ihren herausgeputzten Pferden im Schritt und viele der Frauen präsentieren auffällige Flamencokleider."

Wichtige Sätze

Sevilla no sólo es la capital andaluza y la mayor ciudad del Sur de España, sino también la ciudad de Carmen, Don Juan y del Fígaro. ße'wija no 'ßolo eß la kapi'tal anda'luθa i la ma'jor θiu'dad del ßur de eß'panja, 'ßino tambi'en la θiu'dad de 'karmen, don chu'an i del 'figaro.	Sevilla ist nicht nur die andalusische Hauptstadt und die größte Stadt in Südspanien, sondern auch die Stadt Carmens, Don Juans und des Figaro.
La capital andaluza es conocida en todo el país por su peculiar ambiente alegre y festivo. la kapi'tal anda'luθa eß kono'θida en 'todo el pa'iß por ßu pekuli'ar ambi'ente a'legre i feß'tiwo.	Die andalusische Hauptstadt ist im ganzen Land für ihr besonderes, fröhliches und festliches Ambiente bekannt.
En esta ciudad puede asistir a dos de las mayores fiestas de España. en 'eßta θiu'dad pu'ede aßiß'tir a doß de laß ma'joreß fi'eßtaß de eß'panja.	In dieser Stadt kann an zwei der größten Feste Spaniens teilgenommen werden.
En toda la ciudad reina una fiebre religiosa que afecta a creyentes y a ateos. en 'toda la θiu'dad 'reina 'una fi'ebre relichi'oßa ke a'fekta a kre'jenteß y a a'teoß.	In der ganzen Stadt herrscht ein religiöses Fieber, das Gläubige und Atheisten berührt.
También en primavera se celebra la Feria de Abril de Sevilla. tambi'en en prima'wera ße θe'lebra la 'feria de a'bril de ße'wija.	Ebenfalls im Frühling wird die Aprilkirmes von Sevilla gefeiert.

211

Ankunft

Ricerca di una camera / Zimmersuche

All'ufficio turismo

Vera:	Buongiorno. Cerchiamo una camera in un albergo confortevole.
Impiegato:	Per quante persone?
Frank:	Beh, siamo in due.
Impiegato:	Una camera matrimoniale? O doppia?
Frank:	Possibilmente matrimoniale.
Impiegato:	Allora … abbiamo una camera matrimoniale all'hotel Belmonte, in una località a pochi chilometri da Salò. Ecco il dépliant.
Vera:	Veramente bello. La posizione è incantevole.
Impiegato:	E l'albergo è nuovo, con piscina, campi da tennis e un grande giardino. È il posto ideale per una vacanza tranquilla.
Frank:	Quanto costa la mezza pensione a persona?
Impiegato:	60 euro al giorno.
Frank:	Le camere come sono?
Impiegato:	Le camere sono grandi e luminose, tutte con balcone, telefono e tivù. Se desiderano prenotare, telefono subito in albergo.
Frank:	Grazie!
Vera:	Grazie!

Im Fremdenverkehrsbüro

Vera:	Guten Tag. Wir suchen ein Zimmer in einem komfortablen Hotel.
Angestellter:	Für wie viele Personen?
Frank:	Nun, wir sind zu zweit.
Angestellter:	Ein Doppelzimmer? Oder ein Zweibettzimmer?
Frank:	Möglichst ein Doppelzimmer.
Angestellter:	Also … wir haben ein Doppelzimmer im Hotel Belmonte, in einer Ortschaft wenige Kilometer von Salò entfernt. Hier ist der Prospekt.
Vera:	Wirklich schön. Die Lage ist wunderbar.
Angestellter:	Und das Hotel ist neu, mit Schwimmbad, Tennisplätzen und einem großen Garten. Der ideale Ort für ruhige Ferien.
Frank:	Wie viel kostet die Halbpension pro Person?
Angestellter:	60 Euro am Tag.
Frank:	Wie sind die Zimmer?
Angestellter:	Die Zimmer sind groß und hell, alle mit Balkon, Telefon und Fernseher. Wenn Sie reservieren möchten, rufe ich sofort im Hotel an.
Frank:	Danke!
Vera:	Danke!

Wichtige Sätze

Buongiorno. / Buonasera. buon'dschorno. / bu'ɔna 'ßera.	Guten Morgen, Tag / Abend
Cerchiamo una camera in un albergo confortevole. tscher'kjamo 'una 'kamera in un al'bergo konfor'tewole.	Wir suchen ein Zimmer in einem komfortablen Hotel.
Per quante persone? per ku'ante per'ßone?	Für wie viele Personen?
Una camera matrimoniale? O doppia? 'una 'kamera matrimon'jale? o 'doppja?	Ein Doppelzimmer? Oder ein Zweibettzimmer?
Quanto costa la mezza pensione a persona? ku'anto 'koßta la 'mädsa pen'ßjone a per'ßona?	Wie viel kostet die Halbpension pro Person?
Le camere come sono? le 'kamere 'kome 'ßono?	Wie sind die Zimmer?
Grazie! 'gratßje!	Danke!

Ankunft

Conoscenza casuale / Zufallsbekanntschaft

Nel giardino dell'albergo | Im Garten des Hotels

Vera:	Sono liberi questi posti?	**Vera:**	Sind diese Plätze frei?
Lucio:	Sì, prego.	**Lucio:**	Ja, bitte.
Vera:	Che bello questo giardino! E che panorama stupendo! E questi alberi secolari!	**Vera:**	Was für ein schöner Garten! Und was für eine herrliche Aussicht! Und diese jahrhundertealten Bäume!
Anna:	Sì, davvero meraviglioso, e anche rilassante. E poi con questo caldo, ogni tanto è bello stare un po' all'ombra.	**Anna:**	Ja, wirklich herrlich, und auch entspannend. Und bei dieser Hitze ist es ab und zu schön, etwas im Schatten zu sitzen.
Vera:	Certo.	**Vera:**	Natürlich.
Lucio:	Siete nuovi ospiti al Belmonte?	**Lucio:**	Sind Sie neue Gäste im Belmonte?
Frank:	Sì, siamo in vacanza, per due settimane.	**Frank:**	Ja, wir sind im Urlaub, für zwei Wochen.
Anna:	Noi siamo qui per una settimana.	**Anna:**	Wir sind für eine Woche hier.
Lucio:	Permettete? Io mi chiamo Lucio Bianchi.	**Lucio:**	Erlauben Sie? Ich heiße Lucio Bianchi.
Anna:	E io sono Anna Bianchi.	**Anna:**	Und ich bin Anna Bianchi.
Frank:	Piacere. Io sono Frank Müller. E questa è Vera.	**Frank:**	Angenehm. Ich bin Frank Müller. Und das ist Vera.
Vera:	Piacere. Vera Kühn.	**Vera:**	Angenehm. Vera Kühn.
Lucio:	Noi siamo italiani, di Ancona, e voi, di dove siete?	**Lucio:**	Wir sind Italiener, aus Ancona, und Sie, woher kommen Sie?
Vera:	Io sono svizzera, di Lugano e Frank è tedesco, di Colonia, ma abitiamo a Francoforte.	**Vera:**	Ich bin Schweizerin, aus Lugano und Frank ist Deutscher, aus Köln, aber wir wohnen in Frankfurt.

Wichtige Sätze

Sono liberi questi posti? 'ßono 'liberi ku'eßti 'poßti?
Sind diese Plätze frei?

Che panorama stupendo! ke pano'rama ßtu'pendo!
Was für eine herrliche Aussicht!

Siete nuovi ospiti al Belmonte? 'ßjäte nu'ɔwi 'ɔßpiti al Bel'monte?
Sind Sie neue Gäste im Belmonte?

Siamo in vacanza, per due settimane.
'ßjamo in wa'kanza, per 'due ßeti'mane.
Wir sind im Urlaub, für zwei Wochen.

Permettete? Io mi chiamo Lucio Bianchi.
perme'tete? 'io mi 'kjamo 'lutscho 'bjanki.
Erlauben Sie? Ich heiße Lucio Bianchi.

Piacere. Io sono Frank Müller. pja'tschere. 'io 'ßono frank 'müller.
Angenehm. Ich bin Frank Müller.

Noi siamo italiani / tedeschi, e voi, di dove siete?
noj 'ßjamo ital'jani / te'deßki e woj di 'dowe 'ßjäte?
Wir sind Italiener / Deutsche, und Sie, woher kommen Sie?

Reisedialoge

Unterwegs

Al bar / In der Bar

Che cosa prendi? | Was nimmst du?

Frank: Che caldo! Senti, ho sete …
Vera: … beh, allora beviamo qualcosa. Andiamo in questo bar?
Frank: Sì, volentieri. Che cosa prendi?
Vera: Mah … forse un'aranciata …
Frank: Io preferisco un'acqua minerale.
Vera: Un'aranciata e un'acqua minerale, per favore.
Barista: Sì, subito. – La minerale naturale o gassata?
Frank: Gassata.
Barista: Prego.
Vera: Perché non mangiamo qualcosa? … Ho fame. Vorrei un panino imbottito.
Barista: Un panino con pomodoro e mozzarella, al prosciutto o un panino vegetariano?
Vera: Un panino vegetariano.
Frank: … e io che cosa prendo? Vorrei un toast e un panino con prosciutto e mozzarella.
Frank: Vorremmo pagare – quant'è?
Barista: Allora … un'aranciata, una minerale, due panini e un toast – sono 12 Euro e cinquanta centesimi. Ecco lo scontrino.

Frank: Was für eine Hitze! Hör mal, ich habe Durst …
Vera: … na, dann lass uns etwas trinken. Gehen wir in diese Bar?
Frank: Ja, gerne. Was nimmst du?
Vera: Äh … vielleicht eine Limo …
Frank: Ich nehme lieber ein Mineralwasser.
Vera: Eine Limo und ein Mineralwasser, bitte.
Barista: Ja, sofort. – Stilles Mineralwasser oder mit Kohlensäure?
Frank: Mit Kohlensäure.
Barista: Bitte sehr.
Vera: Warum essen wir nicht etwas? … Ich habe Hunger. Ich hätte gern ein belegtes Brötchen.
Barista: Ein Brötchen mit Tomaten und Mozzarella, mit Schinken oder ein vegetarisches Brötchen?
Vera: Ein vegetarisches Brötchen.
Frank: … und was nehme ich? Ich hätte gern einen Toast und ein Brötchen mit Schinken und Mozzarella.
Frank: Wir möchten gerne zahlen – wie viel macht das?
Barista: Also … eine Limo, ein Mineralwasser, zwei Brötchen und ein Toast – macht 12 Euro und fünfzig Cent. Hier ist der Kassenbeleg.

Wichtige Sätze

Che caldo! Ho sete / ho fame … ke 'kaldo! ɔ 'ßete / ɔ 'fame …	Was für eine Hitze! Ich habe Durst / Hunger …
Andiamo in questo bar? an'djamo in ku'eßto bar?	Gehen wir in diese Bar?
Sì, volentieri. Che cosa prendi? ßi, wolen'tjeri. ke 'kɔsa 'prendi?	Ja gerne. Was nimmst du?
Io preferisco un'acqua minerale. 'io prefe'rißko un'akua mine'rale.	Ich nehme lieber ein Mineralwasser.
La minerale gassata o naturale? la mine'rale ga'ßata o natu'rale?	Stilles Mineralwasser oder mit Kohlensäure?
Vorrei un toast e un panino con prosciutto e mozzarella. wo'räj un toßt e un pa'nino kon pro'schuto e motßa'rella.	Ich hätte gern einen Toast und ein Brötchen mit Schinken und Mozzarella.
Vorremmo pagare – cameriere, quant'è? wo'remo pa'gare – kame'rjäre kuant'ä?	Wir möchten gerne zahlen – Herr Ober, wie viel macht das?

Unterwegs

In gelateria / Im Eiscafé

Offro io! — Ich lade euch ein!

Anna:	E ora che cosa facciamo? Perché non usciamo a fare una passeggiata? Vorrei mangiare un gelato e in piazza c'è un'ottima gelateria …	**Anna:**	Und was machen wir jetzt? Warum machen wir nicht einen Spaziergang? Ich möchte gerne ein Eis essen, und hier am Platz gibt es ein sehr gutes Eiscafé …
Lucio:	Sì, d'accordo. – Ah, Vera, perché non venite anche voi a fare una passeggiata dopo cena? Anna desidera mangiare un gelato.	**Lucio:**	Ja, einverstanden. – Ach, Vera, warum kommt ihr nicht mit uns auf einen Spaziergang nach dem Abendessen? Anna möchte Eis essen gehen.
Anna:	È un'ottima idea! Aspettate … chiamo Frank, cosi andiamo tutti insieme.	**Anna:**	Das ist eine sehr gute Idee! Wartet … ich rufe Frank, dann gehen wir alle zusammen.
Cameriere:	Che cosa desiderano?	**Kellner:**	Sie wünschen?
Lucio:	Allora, Anna, Vera … che cosa prendete?	**Lucio:**	Na, Anna, Vera … was nehmt ihr?
Anna:	Io vorrei un gelato alla frutta con panna.	**Anna:**	Ich möchte ein Fruchteis mit Sahne.
Vera:	E io una coppa di gelato alla crema senza panna.	**Vera:**	Und ich einen Becher mit Speiseeis ohne Sahne.
Lucio:	E tu, Frank?	**Lucio:**	Und du, Frank?
Frank:	Mah … non so, io preferisco un affogato al caffè.	**Frank:**	Ach … ich weiß nicht, ich möchte lieber einen Eiskaffee.
Lucio:	E per me un gelato al limone, senza panna.	**Lucio:**	Und für mich eine Portion Zitroneneis ohne Sahne.
Cameriere:	Bene, subito.	**Kellner:**	Gut, sofort.
Lucio:	… ma no, lasciate stare, offro io. – Cameriere, quant'è?	**Lucio:**	… aber nein, lasst nur, ich lade euch ein. – Herr Ober, wie viel macht das?
Cameriere:	Allora, due gelati, una coppa alla crema e un affogato – sono 11 euro e sessanta centesimi in tutto. A Lei lo scontrino!	**Kellner:**	Also, zwei Eis, ein Eisbecher mit Speiseeis und ein Eiskaffee – macht zusammen 11 Euro und 60 Cent. Für Sie der Kassenbeleg!

Wichtige Sätze

Perché non usciamo a fare una passegiata? — Warum machen wir nicht einen Spaziergang?
per'ke non u'schiamo a 'fare 'una paße'dschata?

Sì, d'accordo. ßi, da'kɔrdo. — Ja, einverstanden.

Che cosa desiderano? ke 'kɔsa de'siderano? — Sie wünschen?

Io vorrei un gelato alla frutta con panna. — Ich möchte ein Fruchteis mit Sahne.
'io wo'räj un dsche'lato 'alla 'fruta kon 'panna.

Io preferisco un affogato al caffè. 'io prefe'rißko un afo'gato al ka'fä. — Ich möchte lieber einen Eiskaffee.

… ma no, lasciate stare, offro io. … ma nɔ, la'schate 'ßtare 'ɔfro 'io. — … aber nein, lasst nur, ich lade euch ein.

Sono undici euro e sessanta centesimi in tutto. — Macht zusammen 11 Euro und 60 Cent.
'ßono 'unditschi 'äuro e ße'ßanta tschen'tesimi in 'tutto.

Reisedialoge

215

Unterwegs

Visita alla città / Stadtbesichtigung

Dov'è?

Lucio: Finalmente … adesso parcheggiamo la macchina e poi andiamo a piedi.
Vera: Possiamo anche prendere l'autobus …
Lucio: Hai ragione, così facciamo prima …
Anna: Andiamo a visitare il centro storico?
Frank: Direi di sì. – Scusi, dove possiamo prendere l'autobus per andare in centro?
Passante: C'è una fermata qui vicino, in via XX Settembre.

Anna: Dov'è?
Passante: Per arrivare in via XX Settembre dovete andare sempre diritto, è la prima strada a sinistra.

I quattro salgono sull'autobus e scendono alla quarta fermata.

Lucio: Ecco, questa è la principale piazza della città. Dirimpetto a noi c'è il palazzo comunale d'epoca rinascimentale.
Vera: Bello, veramente bello. – Facciamo un giro nella piazza.
Frank: Sì, … ah, qui c'è un cartello … la strada porta in piazza Duomo. Siete d'accordo se andiamo a visitare il Duomo?

Wo ist das?

Lucio: Endlich … Jetzt parken wir das Auto und dann gehen wir zu Fuß weiter.
Vera: Wir können auch den Bus nehmen …
Lucio: Du hast Recht, so sind wir schneller …
Anna: Besuchen wir die Altstadt?
Frank: Würde ich sagen. – Entschuldigen Sie, wo können wir den Bus ins Zentrum nehmen?
Passant: Es gibt hier in der Nähe eine Haltestelle, in der Via XX Settembre.

Anna: Wo ist das?
Passant: Um in die Via XX Settembre zu kommen, müssen Sie immer geradeaus gehen, es ist die erste Straße links.

Die Vier nehmen den Bus und steigen an der vierten Haltestelle aus.

Lucio: Da sind wir, das ist der wichtigste Platz in der Stadt. Uns gegenüber befindet sich das Rathaus aus der Renaissancezeit.
Vera: Schön, wirklich schön. – Lasst uns auf dem Platz eine Runde drehen.
Frank: Ja, … äh, hier ist ein Schild … die Straße führt zum Domplatz. Seid ihr einverstanden, wenn wir den Dom besichtigen?

Wichtige Sätze

Adesso parcheggiamo la macchina e andiamo a piedi. a'deßo parke'dschamo la 'makina e an'djamo a 'pjädi.	Jetzt parken wir das Auto und gehen zu Fuß weiter.
Andiamo a visitare il centro storico / il Duomo? an'djamo a wisi'tare il 'tschentro 'ßtoriko / il du'ɔmo?	Besuchen wir die Altstadt / den Dom?
Scusi, dove possiamo prendere l'autobus per andare in centro / in piazza Duomo? 'ßkusi 'dowe po'ßjamo 'prendere lauto'buß per an'dare in 'tschentro / in 'pjatßa du'ɔmo?	Entschuldigen Sie, wo können wir den Bus ins Zentrum / zum Domplatz nehmen?
Per arrivare in via XX Settembre dovete andare sempre diritto, è la prima strada a sinistra. per ari'ware in 'wia 'wenti ße'tembre do'wete an'dare 'ßempre 'drito, ä la 'prima 'ßtrada a ßi'nißtra.	Um in die Via XX Settembre zu kommen, müssen Sie immer geradeaus gehen, es ist die erste Straße links.
Facciamo un giro nella piazza. fa'tschamo un 'dschiro 'nela 'pjatßa.	Lasst uns auf dem Platz eine Runde drehen.

Unterwegs

Sostare / Eine Pause einlegen

Che cosa facciamo?

Anna:	Davvero imponente. Guarda, qui dietro il Duomo ci sono altri palazzi medievali.
Frank:	Che ora è?
Lucio:	È l'una. Perché non andiamo a mangiare qualcosa? Dopo programmiamo il resto della giornata e continuiamo con la visita alla città.
Anna, Vera, Frank:	Hai ragione! Buona idea!
Vera:	Allora, il pranzo è stato ottimo. Adesso che cosa facciamo? Sono quasi le due e mezzo.
Anna:	Guardiamo un attimo la guida …
Lucio:	Direi di visitare prima gli scavi romani. Vicino all'antico foro romano con il tempio capitolino c'è anche un museo.
Anna:	A che ora apre?
Lucio:	Apre alle dieci e chiude alle sei. Ma possiamo anche andare in pinacoteca.
Frank:	Preferisco gli scavi.
Vera:	Anch'io.
Lucio:	Nel tardo pomeriggio conviene andare al castello. La strada è un po' lunga e in salita … ma vale la pena. Dal castello possiamo godere una vista stupenda sulla città.

Was machen wir?

Anna:	Wirklich beeindruckend. Schau mal, hier hinter dem Dom befinden sich noch weitere mittelalterliche Gebäude.
Frank:	Wie spät ist es?
Lucio:	Es ist eins. Warum gehen wir nicht etwas essen? Danach planen wir den restlichen Tag und machen mit der Stadtbesichtigung weiter.
Anna, Vera, Frank:	Du hast Recht! Gute Idee!
Vera:	Also, das Essen war sehr gut. Was machen wir jetzt? Es ist fast halb drei.
Anna:	Schauen wir mal in den Reiseführer …
Lucio:	Ich schlage vor, zuerst die römischen Ausgrabungen zu besichtigen. Neben dem Forum romanum mit dem kapitolinischen Tempel befindet sich auch ein Museum.
Anna:	Um wie viel Uhr öffnet es?
Lucio:	Es öffnet um zehn und schließt um sechs. Wir können aber auch in die Pinakothek gehen.
Frank:	Die Ausgrabungen sind mir lieber.
Vera:	Mir auch.
Lucio:	Am Spätnachmittag gehen wir besser zur Burg. Der Weg ist etwas lang und führt bergauf … aber es lohnt sich. Von der Burg aus haben wir einen herrlichen Blick auf die Stadt.

Wichtige Sätze

Che ora è? Che ore sono? ke 'ora ä? ke 'ore 'ßono?
Wie spät ist es?

È l'una. Perché non andiamo a mangiare qualcosa?
ä 'luna. per'ke non an'djamo a man'dschare kual'kɔsa?
Es ist eins. Warum gehen wir nicht etwas essen?

Vicino all'antico foro romano / alla chiesa c'è anche un museo / un bar.
wi'tschino alan'tiko 'fɔro ro'mano / 'alla 'kjäsa tschä 'anke un mu'säo/ un bar.
Neben dem Forum Romanum / der Kirche befindet sich auch ein Museum / eine Bar.

A che ora apre? a ke 'ora 'apre?
Um wie viel Uhr öffnet es?

Apre alle dieci / quattro e chiude alle sei / otto.
'apre 'alle 'djetschi / ku'atro e 'kjude 'ale 'ßej / 'ɔto.
Es öffnet um zehn / vier und schließt um sechs / acht.

La strada è un po' lunga e in salita … ma vale la pena.
la 'ßtrada ä un pɔ 'lunga e in ßa'lita … ma 'wale la 'pena.
Der Weg ist etwas lang und führt bergauf … aber es lohnt sich.

Reisedialoge

Unterhaltung

Tra amici / Unter Freunden

Scelte di vita

Anna: Come mai hai scelto di vivere in Germania?
Vera: Mah, un po' per lavoro, un po' per amore.
Anna: Dove lavori?
Vera: Al momento sono assistente di marketing presso una grande finanziaria. Facevo questo lavoro già in Svizzera, a Zurigo. Poi due anni fa ho conosciuto Frank …
Anna: Quando hai deciso di cambiare residenza?
Vera: Sai, la mia ditta cerca spesso personale per la filiale di Francoforte. E quindi ho deciso di cambiare. E tu? È da tanto che tu e Lucio siete sposati?
Anna: Beh, sì, ormai da quasi dodici anni. Sai, ho studiato ad Ancona. E lì all'università ho conosciuto Lucio, mio marito.
Vera: Hai sempre vissuto ad Ancona?
Anna: Per essere precisa, mio padre e mia madre sono di Osimo, un paese in provincia di Ancona. Dopo la laurea ho trovato subito un posto come insegnante in un liceo e così sono andata a vivere definitivamente in città.

Lebensentscheidungen

Anna: Wie kommt es, dass du in Deutschland lebst?
Vera: Ach, zum Teil wegen der Arbeit und zum Teil aus Liebe.
Anna: Wo arbeitest du?
Vera: Im Augenblick bin ich Marketingassistentin bei einem großen Finanzunternehmen. Dieser Arbeit ging ich schon in der Schweiz nach, in Zürich. Dann habe ich vor zwei Jahren Frank kennen gelernt …
Anna: Wann hast du dich entschlossen, den Wohnort zu wechseln?
Vera: Weißt du, meine Firma sucht häufig Personal für die Filiale in Frankfurt. Und da habe ich beschlossen zu wechseln. Und du? Bist du schon lange mit Lucio verheiratet?
Anna: Tja, ja, mittlerweile seit fast zwölf Jahren. Weißt du, ich habe in Ancona studiert. Und dort an der Uni habe ich meinen Mann Lucio kennen gelernt.
Vera: Hast du immer in Ancona gelebt?
Anna: Um genau zu sein, mein Vater und meine Mutter sind aus Osimo, einer Ortschaft in der Provinz Ancona. Nach dem Examen habe ich sofort eine Stelle als Gymnasiallehrerin gefunden und so bin ich definitiv in die Stadt gezogen.

Wichtige Sätze

Come mai hai scelto di vivere in Germania / Italia? 'kome mai ai 'schelto di 'wiwere in dscher'mania / i'talia?	Wie kommt es, dass du in Deutschland / Italien lebst?
Un po' per lavoro, un po' per amore. un pɔ per la'woro, un pɔ per a'more.	Zum Teil wegen der Arbeit und zum Teil wegen der Liebe.
Quando hai deciso di cambiare residenza? ku'ando ai de'tschiso di kam'bjare resi'dentßa?	Wann hast du dich entschlossen, den Wohnort zu wechseln?
È da tanto che tu e Lucio siete sposati? ä da 'tanto ke tu e 'lutscho 'ßjäte ßpo'sati?	Bist du schon lange mit Lucio verheiratet?
Ho studiato ad Ancona. ɔ ßtu'djato ad an'kona.	Ich habe in Ancona studiert.
Hai sempre vissuto ad Ancona? ai 'ßempre wi'ßuto ad an'kona?	Hast du immer in Ancona gelebt?

Unterhaltung

Scambio di idee / Ideenaustausch

Reisedialoge

Che lavoro fai? — Was machst du beruflich?

Frank: Che lavoro fai?
Lucio: Sono ingegnere. Il lavoro è molto impegnativo, ma interessante. Purtroppo la sera torno a casa piuttosto tardi e così non ho molto tempo per la famiglia. Mia moglie invece con il suo lavoro di insegnante ha più tempo per occuparsi della casa e di nostro figlio.

Frank: Allora avete anche un figlio? Quanti anni ha?
Lucio: Sì, un maschio di undici anni. Si chiama Mauro.
Frank: Non trascorre le vacanze insieme a voi?
Lucio: In genere sì. Ma in questi giorni ha preferito andare in campagna dai nonni, cioè dai miei genitori, nella vecchia casa di famiglia.
Frank: Capisco. Mia figlia Nora ha solo sei anni e vive con la mia ex moglie. Ma la vedo regolarmente e ogni tanto passiamo le vacanze insieme. Sai, sono divorziato.

Lucio: Ah, quindi desideri risposarti …?
Frank: Certo. È meglio avere una famiglia. Il lavoro mi ha sempre visto molto impegnato – sono giornalista nell'ufficio stampa di una grande ditta farmaceutica – ma chiaramente solo questo non basta.
Lucio: Hai ragione. Anch'io sono di questo avviso.

Frank: Was machst du beruflich?
Lucio: Ich bin Ingenieur. Die Arbeit ist sehr anstrengend, aber interessant. Leider komme ich abends ziemlich spät nach Hause und so habe ich nicht viel Zeit für die Familie. Dagegen hat meine Frau mit ihrer Arbeit als Lehrerin mehr Zeit, um sich um das Haus und unseren Sohn zu kümmern.

Frank: Ihr habt also auch einen Sohn? Wie alt ist er?
Lucio: Ja, einen elfjährigen Jungen. Er heißt Mauro.
Frank: Verbringt er die Ferien nicht zusammen mit euch?
Lucio: Im Allgemeinen ja. Aber in diesen Tagen ist er lieber auf dem Land bei den Großeltern, das heißt meinen Eltern, in unserem alten Familienhaus.
Frank: Ich verstehe. Meine Tochter Nora ist erst sechs Jahre alt und lebt bei meiner Ex-Frau. Aber ich sehe sie regelmäßig, und ab und zu verbringen wir die Ferien zusammen. Weißt du, ich bin geschieden.

Lucio: Ach, dann willst du wieder heiraten …?
Frank: Sicher. Es ist besser eine Familie zu haben. Die Arbeit hat mich immer sehr eingenommen – ich bin Journalist im Pressebüro eines großen Pharmaunternehmens – aber das allein reicht eindeutig nicht aus.
Lucio: Du hast Recht. Ich bin auch dieser Auffassung.

Wichtige Sätze

Che lavoro fai? ke la'woro fai?	Was machst du beruflich?
Allora avete anche un figlio? Quanti anni ha / hai? a'lora a'wete 'anke un 'filjo? ku'anti 'anni a / ai?	Ihr habt also auch einen Sohn? Wie alt ist er / bist du?
Capisco. Mia figlia Nora ha solo sei anni e vive con la mia ex moglie. ka'pißko. 'mia 'filja 'nɔra a ßolo 'ßej 'anni e 'wiwe kon la 'mia ex 'molje.	Ich verstehe. Meine Tochter Nora ist erst sechs Jahre alt und lebt bei meiner Ex-Frau.
Sai, sono divorziato. ßai, 'ßono diwor'tßjato.	Weißt du, ich bin geschieden.
Il lavoro mi ha sempre visto molto impegnato – sono giornalista. il la'woro mi a 'ßempre 'wißto 'molto impen'jato – 'ßono dschorna'lißta.	Die Arbeit hat mich immer sehr eingenommen – ich bin Journalist.
Hai ragione. Anch'io sono di questo avviso. ai ra'dschone. an'kio 'ßono di ku'eßto a'wiso.	Du hast Recht. Ich bin auch dieser Auffassung.

219

Einkaufen

Nel negozio di abbigliamento / Im Bekleidungsgeschäft

Che taglia ha? ### Welche Größe haben Sie?

Vera:	Ho visto una camicetta azzurra in vetrina. La posso provare?
Commessa:	Sì, volentieri. Che taglia ha?
Vera:	La 42.
Commessa:	Ecco. Come Le va il modello? Le piace?
Vera:	Oh, il modello è bello. Ma la taglia mi sembra troppo piccola, mi va troppo stretta. Non c'è la taglia più grande?
Commessa:	Un attimo che guardo … sì, la 44 c'è.
Vera:	Sì, questa mi va bene.
Commessa:	E anche il colore Le sta molto bene.
Vera:	E tu, Frank, che ne dici?
Frank:	Ah, è bella, mi piace.
Vera:	Allora la prendo. Non ha qualcosa da abbinare, non troppo elegante … ? Una gonna o un paio di pantaloni?
Commessa:	Vediamo … abbiamo diversi modelli, per esempio la gonna a quadretti in vetrina o questa gonna a fantasia. Oppure può scegliere un completo giacca e pantaloni: verde, blu o anche un colore più chiaro.
Vera:	I completi giacca e pantaloni mi piacciono. Le dispiace se li provo?
Commessa:	Si figuri, signora, si accomodi pure in cabina.

Vera:	Ich habe eine hellblaue Bluse im Schaufenster gesehen. Kann ich sie anprobieren?
Verkäuferin:	Ja, gerne. Welche Größe haben Sie?
Vera:	38.
Verkäuferin:	Bitte. Wie passt Ihnen das Modell? Gefällt es Ihnen?
Vera:	Oh, das Modell ist schön. Aber die Größe scheint mir zu klein, sie ist mir zu eng. Haben Sie nicht die Nummer größer?
Verkäuferin:	Einen Moment, ich schau mal … ja, 40 ist da.
Vera:	Ja, die hier passt mir.
Verkäuferin:	Und die Farbe steht Ihnen auch sehr gut.
Vera:	Und du, Frank, was meinst du?
Frank:	Ah, sie ist schön, sie gefällt mir.
Vera:	Dann nehme ich sie. Haben Sie nicht etwas, was man dazu kombinieren kann, nicht zu elegant … ? Einen Rock oder ein Paar Hosen?
Verkäuferin:	Mal sehen … wir haben verschiedene Modelle, zum Beispiel den karierten Rock im Schaufenster oder den gemusterten hier. Oder eine Kombination aus Jacke und Hose: grün, blau oder auch eine hellere Farbe.
Vera:	Die Kombinationen aus Jacke und Hose gefallen mir. Macht es Ihnen etwas aus, wenn ich sie anprobiere?
Verkäuferin:	Aber ich bitte Sie, gnädige Frau, gehen sie ruhig in die Kabine.

Wichtige Sätze

Ho visto una camicetta azzurra in vetrina. La posso provare? ɔ 'wißto 'una kami'tscheta a'dsura in we'trina. la 'poßo pro'ware?	Ich habe eine hellblaue Bluse im Schaufenster gesehen. Kann ich sie anprobieren?
Che taglia ha? ke 'talja a?	Welche Größe haben Sie?
Come Le va il modello? Le piace? 'kome le wa il mo'dällo? le 'pjatsche?	Wie passt Ihnen das Modell? Gefällt es Ihnen?
Sì, questa mi va bene. ßi, ku'eßta mi wa 'bäne.	Ja, die hier passt mir.
Anche il colore Le / ti sta molto bene. 'anke il ko'lore le / ti ßta 'molto 'bäne.	Und die Farbe steht Ihnen/dir auch sehr gut.
I completi giacca e pantaloni mi piacciono. i kom'pläti 'dschaka e panta'loni mi 'pjatschono.	Die Kombinationen aus Jacke und Hose gefallen mir.
Le dispiace se li provo? le diß'pjatsche ße li 'prowo?	Macht es Ihnen etwas aus, wenn ich Sie anprobiere?

Einkaufen

Al mercato / Auf dem Markt

Come ti vanno? — Wie passen sie dir?

Anna:	Guarda queste scarpe, non ti piacciono?	**Anna:**	Schau mal, diese Schuhe, gefallen sie dir nicht auch?
Lucio:	Quali?	**Lucio:**	Welche?
Anna:	Queste qui nere. Non sono brutte …	**Anna:**	Die schwarzen hier. Sie sind nicht schlecht …
Lucio:	Sì, sono carine. Le posso provare?	**Lucio:**	Ja, sie sind hübsch. Kann ich sie anprobieren?
Venditore:	Certo. Che numero ha?	**Verkäufer:**	Sicher. Welche Größe haben Sie?
Lucio:	Il 44.	**Lucio:**	44.
Anna:	Come ti vanno?	**Anna:**	Wie passen sie dir?
Lucio:	Uhmm … non mi vanno bene. Sono un po' corte.	**Lucio:**	Ähmm … sie passen mir nicht. Sie sind etwas klein.
Mercante:	C'è anche questo modello marrone. È una scarpa sportiva e comoda.	**Verkäufer:**	Wir haben auch dieses Modell in braun. Das ist ein sportlicher und bequemer Schuh.
Lucio:	Queste mi fanno male ai piedi, mi vanno troppo strette.	**Lucio:**	Diese hier drücken, sie sind mir zu eng.
Mercante:	Mi dispiace, signore. Comunque abbiamo ancora altri modelli …	**Verkäufer:**	Tut mir leid, mein Herr. Aber wir haben noch andere Modelle …
Lucio:	No, grazie, non importa.	**Lucio:**	Nein, danke, es ist nicht so wichtig.
Anna:	Oh, ciao Vera, ciao Frank. Anche voi qui al mercato per fare acquisti?	**Anna:**	Oh, hallo Vera, hallo Frank. Seid ihr auch hier auf dem Markt um einzukaufen?
Frank:	Sì, abbiamo comprato un maglione per Vera, una maglietta per mia figlia e una camicia per me.	**Frank:**	Ja, wir haben einen Pullover für Vera, ein T-Shirt für meine Tochter und ein Hemd für mich gekauft.
Vera:	E abbiamo anche speso poco. Il maglione costa soltanto 30 Euro …	**Vera:**	Und wir haben auch wenig ausgegeben. Der Pullover kostet nur 30 Euro …
Anna:	Davvero non è caro. Forse lo compro anch'io!	**Anna:**	Das ist wirklich nicht teuer. Vielleicht kaufe ich den auch!

Wichtige Sätze

Guarda queste scarpe, non ti piacciono?
gu'arda ku'eßte 'ßkarpe, non ti 'pjatschono?

Schau mal diese Schuhe, gefallen sie dir nicht auch?

Che numero ha? ke 'numero a?

Welche Größe haben Sie?

Come ti / Le vanno? 'kome ti / le 'wanno?

Wie passen sie dir/Ihnen?

Queste mi fanno male ai piedi, mi vanno troppo strette.
ku'eßte mi 'fanno 'male ai 'pjädi, mi 'wanno 'trɔpo 'ßtrete.

Diese hier drücken, sie sind mir zu eng.

No, grazie, non importa. nɔ, 'gratßje, non im'porta.

Nein, danke, es ist nicht so wichtig.

Ciao Vera, ciao Frank. Anche voi qui al mercato per fare acquisti?
'tschao 'wera, 'tschao frank. 'anke woj ku'i al mer'kato per 'fare aku'ißti?

Hallo Vera, hallo Frank. Seid ihr auch hier auf dem Markt um einzukaufen?

Il maglione costa soltanto 30 Euro … il mal'jone 'koßta ßol'tanto 'trenta 'äuro …

Der Pullover kostet nur 30 Euro …

Unterhaltung

Una ricetta / Ein Rezept

Polenta mit Tomatensauce

Zutaten:
150 g Maisgrieß
600 ml Brühe
1 Zwiebel
1 EL Öl
3 EL Mehl
500 g Tomaten
2 Knochlauchzehen
Oregano
Majoran
Paprika
Salz
2 EL Sahne
150 g Emmentaler

Zubereitung:
Den Maisgrieß in die warme Brühe einrühren, etwa 10 Minuten kochen und 20 Minuten nachquellen lassen. In eine kalt ausgespülte Schüssel geben und abkühlen lassen.

Zwiebel in Würfel schneiden und im Öl glasig dünsten. Mit Mehl bestäuben, Mehl anbräunen lassen. Tomaten enthäuten, in Scheiben schneiden und zu der Mehlschwitze hinzufügen. Mit den zerdrückten Knochlauchzehen und den Gewürzen abschmecken. Bei milder Hitze 10 Minuten köcheln lassen. Sahne unterrühren.

Den abgekühlten Maisbrei in 1 cm dicke Scheiben schneiden. In eine gefettete Auflaufform abwechselnd Polentascheiben, geriebenen Käse und Tomatensauce schichten (mit Sauce abschließen) und im vorgeheizten Backofen bei 220 Grad 30 Minuten backen.

E come devo fare?

Anna: Guarda, fare la polenta è semplicissimo!
Vera: E come devo fare?
Anna: Metti sul fuoco una pentola con acqua e un poco di sale. Quando bolle aggiungi a pioggia la farina di granturco gialla o bianca. Devi mescolare continuamente con un mestolo di legno …
Vera: Quanta acqua e quanta farina devo mettere?
Anna: Per mezzo chilo di farina ci vogliono circa due litri di acqua. Ma dipende soprattutto dalla qualità della farina …
Vera: Quanto tempo ci vuole?
Anna: Mah, il tempo per raggiungere la consistenza necessaria, direi più o meno tre quarti d'ora. Ad ogni modo, quando la polenta è cotta incomincia a staccarsi dal fondo e dai bordi della pentola.
Vera: E con quale piatto posso servirla?
Anna: Ci sono diverse possibilità. Puoi fare lo spezzatino al sugo oppure anche un arrosto oppure puoi mangiarla semplicemente con il formaggio, per esempio con il gorgonzola.
Vera: Eh, quando ho tempo devo proprio provare a farla anch'io!

Und wie mache ich das?

Anna: Schau, Polenta machen ist ganz einfach!
Vera: Und wie mache ich das?
Anna: Du setzt einen Topf mit Wasser und etwas Salz auf. Wenn es kocht, streust du gelbes oder weißes Maismehl ein. Du musst ständig mit einem Holzlöffel rühren …
Vera: Wie viel Wasser und wie viel Mehl muss ich nehmen?
Anna: Für ein halbes Kilo Mehl braucht man ungefähr zwei Liter Wasser. Aber das hängt vor allem von der Qualität des Mehls ab …
Vera: Wie lange braucht man?
Anna: Ach, die Zeit, um die notwendige Konsistenz zu erreichen, ich würde sagen mehr oder weniger eine Dreiviertelstunde. Jedenfalls, wenn die Polenta fertig ist, beginnt sie sich vom Topfboden und den Wänden zu lösen.
Vera: Und zu welchem Gericht kann ich sie servieren?
Anna: Es gibt mehrere Möglichkeiten. Du kannst ein Gulasch mit Tomatensoße oder auch einen Braten dazu machen oder sie einfach mit Käse essen, zum Beispiel mit Gorgonzola.
Vera: Also, wenn ich Zeit habe, muss ich das auch mal ausprobieren!

Wichtige Sätze

E come devo fare? e 'kome 'dewo 'fare?	Und wie mache ich das?
Quanta acqua e quanta farina devo mettere? ku'anta 'akua e ku'anta fa'rina 'dewo 'metere?	Wie viel Wasser und wie viel Mehl muss ich nehmen?
Per mezzo chilo di farina ci vogliono circa due litri di acqua. per 'mädso 'kilo di fa'rina tschi 'woljono 'tschirka 'due 'litri di 'akua.	Für ein halbes Kilo Mehl braucht man ungefähr zwei Liter Wasser.
Quanto tempo ci vuole? ku'anto 'tempo tschi wu'ɔle?	Wie lange braucht man?
Con quale piatto posso servirla? kon ku'ale 'pjato 'poßo ßer'wirla?	Zu welchem Gericht kann ich sie servieren?
Ci sono diverse possibilità. tschi 'ßono di'werße poßibili'ta.	Es gibt mehrere Möglichkeiten.

Unterwegs

Al ristorante / Im Restaurant

Gradiscono un antipasto?

Cameriere:	Gradiscono un antipasto?
Vera, Frank:	No, ma ci porti pure un aperitivo.
Cameriere:	Allora quattro aperitivi? – E come primo che cosa Le porto? C'è risotto alla milanese, risotto alla marinara, tagliatelle ai funghi, penne all'arrabbiata, spaghetti al pomodoro …
Anna:	Preferisco un risotto alla milanese.
Frank, Vera:	Per noi un risotto alla marinara.
Lucio:	Per me invece le tagliatelle ai funghi.
Cameriere:	Bene. E come secondo che cosa desiderano? Come piatti di pesce abbiamo gli spiedini di sogliola, il polpo, la trota, oppure ci sono i piatti di carne … filetto di vitello, coniglio arrosto, costatine di maiale …
Anna:	Noi prendiamo gli spiedini di sogliola.
Frank:	E noi la trota. Come contorno, se siete d'accordo direi della verdura cruda – insalata verde per tutti – e della verdura cotta …
Cameriere:	Facciamo un piatto misto?
Lucio, Anna:	Sì, d'accordo. – E da bere ci porti del vino bianco e dell'acqua minerale …
Cameriere:	Sì, grazie. Per il resto passo dopo …

Möchten Sie eine Vorspeise?

Kellner:	Möchten Sie eine Vorspeise?
Vera, Frank:	Nein, aber bringen Sie uns doch einen Aperitif.
Kellner:	Dann also vier Aperitifs? – Und was bringe ich Ihnen als ersten Gang? Es gibt Risotto Mailänder Art, Risotto mit Meeresfrüchten, Tagliatelle mit Pilzen, Penne all'arrabbiata, Spaghetti mit frischen Tomaten …
Anna:	Ich möchte einen Risotto Mailänder Art.
Frank, Vera:	Für uns bitte einen Risotto mit Meeresfrüchten.
Lucio:	Für mich dagegen die Tagliatelle mit Pilzen.
Kellner:	Gut. Und was wünschen Sie als zweiten Gang? Als Fischgerichte haben wir Seezungen-Spieße, Tintenfisch, Forelle oder es gibt Fleischgerichte … Kalbsfilet, gebratenen Hasen, Schweinekotelett …
Anna:	Wir nehmen die Seezungen-Spieße.
Frank:	Und wir die Forelle. Wenn ihr einverstanden seid, schlage ich als Beilage rohes Gemüse – für alle grünen Salat – und gegartes Gemüse vor …
Kellner:	Machen wir einen gemischten Teller?
Lucio, Anna:	Ja, einverstanden. – Und zu trinken bringen Sie uns bitte Weißwein und Mineralwasser …
Kellner:	Ja, danke. Für den Rest komme ich später vorbei …

Wichtige Sätze

Ci porti un aperitivo, per favore. tschi 'porti un aperi'tiwo, per fa'wore.	Bringen Sie uns bitte einen Aperitif.
Come primo / secondo che cosa Le porto? 'kome 'primo / ße'kondo ke 'kɔsa le 'porto?	Was bringe ich Ihnen als ersten / zweiten Gang?
Come piatti di pesce abbiamo gli spiedini di sogliola, il polpo, la trota. 'kome 'pjati di 'pesche ab'jamo l'ji ßpje'dini di 'ßoljola, il 'polpo, la 'trɔta.	Als Fischgerichte haben wir Seezungen-Spieße, Tintenfisch, Forelle.
Come piatti di carne abbiamo filetto di vitello, coniglio arrosto, costatine di maiale … 'kome 'pjati di 'karne ab'jamo fi'leto di wi'tello, ko'niljo a'roßto, koßta'tine di ma'jale …	Als Fleischgerichte haben wir Kalbsfilet, gebratenen Hasen, Schweinekotelett …
Facciamo un piatto misto? fa'tschamo un 'pjato 'mißto?	Machen wir einen gemischten Teller?
D'accordo. E da bere ci porti del vino bianco / rosso e dell'acqua minerale. da'kɔrdo. e da 'bere tschi 'porti del 'wino 'bjanko / 'roßo e del'akua mine'rale.	Einverstanden. Und zu trinken bringen Sie uns bitte Weißwein / Rotwein und Mineralwasser.

223

Unterwegs

Al distributore di benzina / An der Tankstelle

Ci vuole pazienza!

Lucio: Mi faccia il pieno per favore. Ecco la chiave!
Benzinaio: Grazie. Gasolio o benzina?
Lucio: Benzina, la verde. Controlli anche il livello dell'olio per favore.
Benzinaio: Allora, l'olio va bene. Mi scusi, ma ho visto che il faro sinistro non funziona.
Lucio: Infatti, mi sono accorto nella galleria. E adesso come faccio? Dove posso farlo aggiustare?
Benzinaio: Vada nell'officina qui vicino. Lì giri a destra e vada sempre diritto – deve attraversare il ponte – dopo duecento metri a sinistra c'è un'officina.
Lucio: Ma è aperta oggi?
Benzinaio: Certo. Oggi è martedì, quindi è aperta. – Aspetti, le pulisco il parabrezza.
Lucio: Grazie. – Senta, per andare a Gardone Riviera devo per forza seguire la strada statale? Sa, il traffico …
Benzinaio: Purtroppo a quest'ora c'è sempre molto traffico, soprattutto in estate. Se proprio vuole, c'è una via secondaria, ma è piuttosto scomoda. Che cosa devo dirLe … ci vuole pazienza!

Man muss Geduld haben!

Lucio: Bitte voll tanken! Hier ist der Schlüssel!
Tankwart: Danke. Diesel oder Benzin?
Lucio: Benzin, bleifreies Benzin. Prüfen Sie doch bitte auch den Ölstand.
Tankwart: Also, das Öl ist in Ordnung. Entschuldigen Sie, aber ich habe gesehen, dass der linke Scheinwerfer nicht funktioniert.
Lucio: Genau, ich habe es im Tunnel bemerkt. Und was mache ich jetzt? Wo kann ich das reparieren lassen?
Tankwart: Gehen Sie in die Werkstatt hier in der Nähe. Biegen Sie dort rechts ab und fahren Sie immer geradeaus – Sie müssen eine Brücke überqueren – nach zweihundert Metern befindet sich links eine Werkstatt.
Lucio: Aber ist die heute offen?
Tankwart: Natürlich. Heute ist Dienstag, also ist sie offen. – Warten Sie, ich mache Ihnen die Windschutzscheibe sauber.
Lucio: Danke. – Hören Sie mal, muss ich unbedingt die Staatsstraße nehmen, um nach Gardone Riviera zu fahren? Wissen Sie, der Verkehr …
Tankwart: Leider ist um diese Zeit immer viel Verkehr, besonders im Sommer. Wenn Sie unbedingt wollen, es gibt eine Nebenstraße, aber die ist ziemlich unbequem. Was soll ich Ihnen sagen … man muss Geduld haben!

Wichtige Sätze

Mi faccia il pieno per favore. Ecco la chiave! mi 'fatscha il 'pjäno per fa'wore. 'äko la 'kjawe.	Bitte voll tanken. Hier ist der Schlüssel!
Controlli anche il livello dell'olio per favore. kon'troli 'anke il li'wello del'ɔljo per fa'wore.	Prüfen sie doch bitte auch den Ölstand.
Mi scusi, ma ho visto che il faro sinistro non funziona. mi 'ßkusi, ma ɔ 'wißto ke il 'faro ßi'nißtro non fun'tßjona.	Endschuldigen Sie, aber ich habe gesehen, dass der linke Scheinwerfer nicht funktioniert.
Vada nell'officina qui vicino. 'wada nelofi'tschina ku'i wi'tschino.	Gehen Sie in die Werkstatt hier in der Nähe.
Giri a destra e vada sempre diritto. Dopo duecento metri a sinistra c'è un'officina. 'dschiri a 'deßtra e 'wada 'ßempre 'drito. 'dopo due'tschento 'mätri a ßi'nißtra tschä un ofi'tschina.	Biegen Sie rechts ab und fahren Sie immer geradeaus. Nach zweihundert Metern befindet sich links eine Werkstatt.
Purtroppo a quest'ora c'è sempre molto traffico. pur'trɔpo a kueßt'ora tschä 'ßempre 'molto 'trafiko.	Leider ist um diese Zeit immer viel Verkehr.

224

Unterwegs
In macchina / Im Auto

Un tamponamento

Anna: Possiamo continuare il viaggio?
Lucio: Sì, fra l'altro ho fatto controllare anche la pressione delle gomme. Non voglio rimanere con una gomma a terra.
Anna: Su, caro, non preoccuparti troppo. La macchina è praticamente nuova …
Lucio: È vero.
Frank: È veramente seccante restare in panne proprio durante le vacanze. Il peggio è un guasto al motore, quando la macchina si ferma e non sai il perché.
Mi è capitato diversi anni fa, con la mia prima auto … Alla fine ho dovuto chiamare il carro attrezzi.
Vera: Ci vuole ancora molto tempo per arrivare?
Anna: Non credo. Ma al momento qui c'è un poco di coda, forse è successo qualcosa … sì, ecco, un tamponamento.
Vera: Accidenti, con questo traffico bisogna veramente stare molto attenti! Comunque se vogliamo andare al Vittoriale dobbiamo informarci sugli orari di apertura … Frank, dammi la guida, per favore. Voglio darle un'occhiata!

Ein Auffahrunfall

Anna: Können wir die Reise fortsetzen?
Lucio: Ja, ich habe unter anderem auch den Reifendruck kontrollieren lassen. Ich möchte nicht mit einem Platten liegen bleiben.
Anna: Och, Liebling, mach dir nicht zu viele Sorgen. Das Auto ist praktisch neu …
Lucio: Das ist wahr.
Frank: Es ist wirklich ärgerlich, ausgerechnet während der Ferien eine Panne zu haben. Das Schlimmste ist ein Motorschaden, wenn das Auto stehen bleibt und du nicht weißt warum. Das ist mir vor einigen Jahren passiert, mit meinem ersten Auto … Am Ende musste ich den Abschleppwagen rufen.
Vera: Dauert es noch lange bis zur Ankunft?
Anna: Ich glaube nicht. Aber im Moment ist hier etwas Stau, vielleicht ist etwas passiert … ja, da, ein Auffahrunfall.
Vera: Donnerwetter, bei diesem Verkehr muss man wirklich sehr aufpassen! Jedenfalls, wenn wir zum Vittoriale wollen, müssen wir uns über die Öffnungszeiten informieren … Frank, gib mir bitte den Reiseführer. Ich möchte einen Blick hineinwerfen!

Wichtige Sätze

Possiamo continuare il viaggio? po'ßjamo kontinu'are il 'wjadscho?	Können wir die Reise fortsetzen?
Alla fine ho dovuto chiamare il carro attrezzi. 'alla 'fine ɔ do'wuto kja'mare il 'karro a'tretßi.	Am Ende musste ich den Abschleppwagen rufen.
Ci vuole ancora molto tempo per arrivare? tschi wu'ɔle an'kora 'molto tempo per ari'ware?	Dauert es noch lange bis zur Ankunft?
Al momento qui c'è un poco di coda. al mo'mento ku'i tschä un 'pɔko di 'koda.	Im Moment ist hier etwas Stau.
Con questo traffico bisogna veramente stare molto attenti! kon ku'eßto 'trafiko bi'sonja wera'mente 'ßtare 'molto a'tenti!	Bei diesem Verkehr muss man wirklich sehr aufpassen!
Frank, dammi la guida, per favore. frank, 'dammi la gu'ida, per fa'wore.	Frank, gib mir bitte den Reiseführer.

Unterwegs

In piscina / Im Schwimmbad

Sotto l'ombrellone

Frank: Che sole! Andiamo in acqua?
Vera: Sì, ma prima di fare il bagno, vorrei fare la doccia.

Frank: Va bene, ti aspetto nella vasca idromassaggio.
Vera: Ah, ciao, guarda chi si vede! Ma dove siete stati stamattina?
Anna: Salve, come va? Abbiamo fatto una camminata su un percorso non troppo lungo, circa sei chilometri.
Vera: Però. Mi immagino che bel fresco! Qui al sole invece si muore dal caldo! Si sta bene soltanto in acqua.
Anna: Perché non facciamo una bella escursione nel verde, magari domani o anche dopodomani? Si può scegliere un sentiero più lungo e stare via tutta la giornata. E se andiamo in mountain bike ci divertiamo ancora di più!
Frank: Infatti sono stufo di stare al sole. Con queste temperature non è poi tanto divertente!
Lucio: A dire il vero, a me non piace tanto andare in bicicletta, ma non c'è problema, vengo volentieri con voi. Dove si possono noleggiare le mountain bike?
Anna: Non lo so ancora. Ma mi informo!

Unterm Sonnenschirm

Frank: Was für eine Sonne! Gehen wir ins Wasser?
Vera: Ja, aber bevor ich ins Wasser gehe, möchte ich duschen.
Frank: Schon gut, ich warte im Whirlpool auf dich.
Vera: Ach, hallo, guck mal, wer da kommt! Wo seid ihr denn heute Morgen gewesen?
Anna: Grüß euch, wie gehts? Wir haben eine Wanderung auf einem nicht allzu langen Weg gemacht, ungefähr sechs Kilometer.
Vera: Alle Achtung. Ich stelle mir vor, wie angenehm kühl es da war! Hier in der Sonne kommt man dagegen um vor Hitze! Man fühlt sich nur im Wasser wohl.
Anna: Warum machen wir nicht einen schönen Ausflug ins Grüne, von mir aus morgen oder auch übermorgen? Man kann einen längeren Wanderweg wählen und den ganzen Tag wegbleiben. Und wenn wir Mountainbike fahren, haben wir noch mehr Spaß!
Frank: In der Tat habe ich es satt, in der Sonne zu liegen. Bei diesen Temperaturen ist das nicht gerade sehr amüsant!
Lucio: Ehrlich gesagt, ich fahre nicht so gern Rad, aber kein Problem, ich komme gerne mit euch. Wo kann man Mountainbikes mieten?
Anna: Das weiß ich noch nicht. Aber ich informiere mich!

Wichtige Sätze

Che sole! Andiamo in acqua? ke 'ßole! an'djamo in 'akua?	Was für eine Sonne! Gehen wir ins Wasser?
Prima di fare il bagno, vorrei fare la doccia. 'prima di 'fare il 'banjo, wo'räj 'fare la 'dotscha.	Bevor ich ins Wasser gehe, möchte ich duschen.
Ciao, guarda chi si vede! 'tschao, gu'arda ki ßi 'wede!	Hallo, guck mal, wer da kommt!
Dove siete stati stamattina? 'dowe 'ßjäte 'ßtati ßtama'tina?	Wo seid ihr heute Morgen gewesen?
Qui al sole si muore dal caldo! ku'i al 'ßole ßi mu'ɔre dal 'kaldo!	Hier in der Sonne kommt man um vor Hitze!
Perché non facciamo una bella escursione nel verde? per'ke non fa'tschamo 'una 'bälla eßkur'ßjone nel 'werde?	Warum machen wir nicht einen schönen Ausflug ins Grüne?
Dove si possono noleggiare le mountain bike? 'dowe ßi 'poßono nole'dschare le 'maunten baik?	Wo kann man Mountainbikes mieten?

Unterhaltung

Stress da tempo libero / Freizeitstress

Sono stanca morta!

Anna: È stata proprio una giornata magnifica in montagna! Ma sono stanca morta!

Lucio: Non basta guardare il calcio alla televisione … Quando si lavora, si sta tutta la settimana chiusi in ufficio, e la sera non si ha sempre voglia di fare dello sport.

Vera: Io amo il nuoto e quindi tutte le settimane vado in piscina.

Frank: A me piacciono gli sport all'aperto. Quindi preferisco fare il jogging, nel parco vicino a casa mia o lungo il fiume. Anche il tennis non mi dispiace. Lo squash invece non mi interessa.

Lucio: Io non sono un grande sportivo. Ma gioco volentieri a tennis, e ogni tanto vado in palestra.

Anna: Anch'io faccio sport regolarmente. Frequento un corso di ginnastica due volte alla settimana. Sono comunque convinta che troppo sport fa male. Meglio puntare sul benessere fisico: soggiorni termali, sauna, massaggi, ecc.

Lucio: A proposito, lo sapete che l'albergo ha organizzato un torneo di tennis per venerdì sera? Vogliamo partecipare?

Frank, Vera: Mah, vediamo.

Ich bin todmüde!

Anna: Es war einfach ein großartiger Tag in den Bergen! Aber ich bin todmüde!

Lucio: Es reicht nicht, Fußball im Fernsehen zu schauen … Wenn man arbeitet, sitzt man die ganze Woche über im Büro, und abends hat man nicht immer Lust, Sport zu treiben.

Vera: Ich schwimme gern und gehe daher jede Woche ins Schwimmbad.

Frank: Ich mag Sport im Freien. Deshalb gehe ich gerne Joggen, im Park in der Nähe meiner Wohnung oder den Fluss entlang. Auch Tennis finde ich nicht schlecht. Squash dagegen interessiert mich nicht.

Lucio: Ich bin kein großer Sportler. Aber ich spiele gern Tennis und gehe ab und zu ins Fitnesscenter.

Anna: Auch ich treibe regelmäßig Sport. Ich besuche zweimal in der Woche einen Gymnastikkurs. Aber ich bin jedenfalls davon überzeugt, dass zu viel Sport schadet. Es ist besser, auf Wellness zu setzen: Thermalaufenthalte, Sauna, Massagen usw.

Lucio: Apropos, wisst ihr, dass das Hotel für Freitagabend ein Tennisturnier organisiert hat? Wollen wir daran teilnehmen?

Frank, Vera: Äh, wir sehen mal.

Wichtige Sätze

Sono stanca morta. 'ßono 'ßtanka 'morta.	Ich bin todmüde!
Io amo il nuoto e quindi tutte le settimane vado in piscina. 'io 'amo il nu'ɔto e ku'indi 'tutte le ßeti'mane 'wado in pi'schina.	Ich schwimme gern und gehe daher jede Woche ins Schwimmbad.
A me piacciono gli sport all'aperto. a me 'pjatschono l'ji ßport ala'pärto.	Ich mag Sportarten im Freien.
Io non sono un grande sportivo. 'io non 'ßono un 'grande ßpor'tiwo.	Ich bin kein großer Sportler.
Frequento un corso di ginnastica due volte alla settimana. freku'ento un 'korßo di dschi'naßtika 'due 'wɔlte alla ßeti'mana.	Ich besuche zweimal in der Woche einen Gymnastikkurs.
L'albergo ha organizzato un torneo di tennis. Vogliamo partecipare? lal'bergo a organi'dsato un tor'näo di 'teniß. wol'jamo partetschi'pare?	Das Hotel hat ein Tennisturnier organisiert. Wollen wir daran teilnehmen?

Reisedialoge

Einkaufen

In farmacia / In der Apotheke

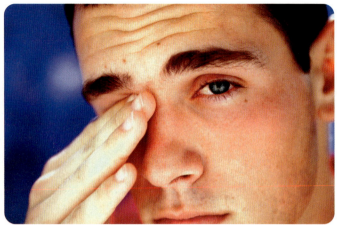

L'importante è la salute!

Farmacista: Desidera?

Frank: Ieri sono stato tutto il giorno in barca sul lago. E stamattina mi sono alzato con gli occhi gonfi. Sono preoccupato perché porto le lenti a contatto …

Farmacista: Probabilmente un leggera irritazione. Forse ha preso troppo sole o si è esposto troppo alla luce. Se porta le lenti a contatto, Le conviene andare dall'oculista o almeno da un medico …

Frank: Sa, sono qui in vacanze, e non ho voglia di fare la fila al pronto soccorso o perdere tempo nella sala d'aspetto di un ambulatorio medico …

Farmacista: Capisco. Allora adesso Le do un collirio.

Frank: Quante gocce devo mettere?

Farmacista: Ne metta due in ogni occhio. Attenzione, quando mette il collirio, non può portare le lenti a contatto. Se il disturbo persiste, Le consiglio di consultare un medico. C'è un ambulatorio qui vicino in via Dante. Il medico riceve dal lunedì al venerdì dalle cinque del pomeriggio.

Das Wichtigste ist die Gesundheit!

Apothekerin: Sie wünschen?

Frank: Gestern bin ich den ganzen Tag mit dem Boot auf dem See gewesen. Und heute Morgen bin ich mit geschwollenen Augen aufgewacht. Ich bin besorgt, weil ich Kontaktlinsen trage …

Apothekerin: Wahrscheinlich eine leichte Reizung. Vielleicht haben Sie zu lange in der Sonne gelegen oder sie haben sich zu sehr dem Licht ausgesetzt. Wenn Sie Kontaktlinsen tragen, ist es besser für Sie zum Augenarzt oder wenigstens zu einem Arzt zu gehen …

Frank: Wissen Sie, ich mache hier Ferien und habe keine Lust in der Ambulanz Schlange zu stehen oder im Wartezimmer einer Arztpraxis Zeit zu verlieren …

Apothekerin: Ich verstehe. Dann gebe ich Ihnen jetzt ein paar Augentropfen.

Frank: Wie viele Tropfen muss ich nehmen?

Apothekerin: Tun Sie zwei in jedes Auge. Vorsicht, wenn Sie die Augentropfen nehmen, können Sie keine Kontaktlinsen tragen. Wenn die Beschwerden andauern, empfehle ich Ihnen einen Arzt aufzusuchen. Es gibt hier in der Nähe eine Arztpraxis, in der Via Dante. Der Arzt hat montags bis freitags ab fünf Uhr nachmittags Sprechstunde.

Wichtige Sätze

Stamattina mi sono alzato con gli occhi gonfi. ßtama'tina mi 'ßono al'tßato kon l'ji 'ɔki 'gonfi.	Heute Morgen bin ich mit geschwollenen Augen aufgewacht.
Sono preoccupato perché porto le lenti a contatto. 'ßono preoku'pato per'ke 'porto le 'lenti a kon'tato.	Ich bin besorgt, weil ich Kontaktlinsen trage.
Le conviene andare dall'oculista o da un medico. le kon'wjene an'dare daloku'lißta o da un 'mädiko.	Es ist besser für Sie zum Augenarzt oder zu einem Arzt zu gehen.
Adesso Le do un collirio. a'deßo le dɔ un ko'lirio.	Jetzt gebe ich Ihnen ein paar Augentropfen.
Se il disturbo persiste, Le consiglio di consultare un medico. ße il diß'turbo per'ßißte le kon'ßiljo di konßul'tare un 'mädiko.	Wenn die Beschwerden andauern, empfehle ich Ihnen einen Arzt aufzusuchen.
C'è un ambulatorio qui vicino. tschä un ambula'tɔrio ku'i wi'tschino.	Es gibt hier in der Nähe eine Arztpraxis.

Einkaufen

In farmacia / In der Apotheke

Quant'è?

Lucio:	Buonasera. Vorrei qualcosa contro il mal di testa.
Farmacista:	C'è l'aspirina. Va bene?
Lucio:	Perfetto.
Farmacista:	Prego. Si ricordi che l'aspirina va presa a stomaco pieno.
Anna:	Ci dia anche una pomata per prevenire e trattare contusioni, strappi muscolari, distorsioni eccetera. Domani vogliamo partecipare ad un torneo di tennis e non vorremmo rimanere con il classico braccio da tennista …
Farmacista:	È comprensibile. Ecco, Le posso dare questa pomata.
Lucio:	Si può usare questa pomata eventualmente anche contro le punture d'insetti?
Farmacista:	No, non è indicata. Contro le punture d'insetti c'è questo prodotto qui, un gel …
Lucio:	Va bene.
Anna:	A proposito, mi dia anche del cerotto.
Farmacista:	Va bene questo?
Anna:	Si. – Ecco, è tutto. Quant'è?
Farmacista:	L'aspirina, la pomata, il gel e il cerotto – tutto insieme sono 35 euro e sessanta centesimi!

Wie viel macht das?

Lucio:	Guten Abend. Ich hätte gern etwas gegen Kopfschmerzen.
Apotheker:	Wir haben Aspirin. Ist das in Ordnung?
Lucio:	Sehr gut.
Apotheker:	Bitte. Denken Sie daran, dass Aspirin mit vollem Magen eingenommen werden muss.
Anna:	Geben Sie uns bitte auch eine Salbe, um Prellungen, Muskelzerrungen, Verstauchungen usw. vorzubeugen und zu behandeln. Morgen wollen wir an einem Tennisturnier teilnehmen, und wir möchten dabei keinen klassischen Tennisarm bekommen …
Apotheker:	Das ist verständlich. Da kann ich Ihnen diese Salbe geben.
Lucio:	Kann man diese Salbe eventuell auch gegen Insektenstiche verwenden?
Apotheker:	Nein, dafür ist sie nicht geeignet. Gegen Insektenstiche gibt es dieses Mittel hier, ein Gel …
Lucio:	In Ordnung.
Anna:	Apropos, geben Sie mir auch Pflaster.
Apotheker:	Ist das hier recht?
Anna:	Ja. – So, das ist alles. Wie viel macht das?
Apotheker:	Das Aspirin, die Salbe, das Gel und das Pflaster – alles zusammen sind das 35 Euro und sechzig Cent!

Wichtige Sätze

Vorrei qualcosa contro il mal di testa. wo'räj kual'kɔsa 'kontro il mal di 'teßta.	Ich hätte gern etwas gegen Kopfschmerzen.
C'è l'aspirina. Va bene? tschä laßpi'rina. wa 'bäne?	Wir haben Aspirin. Ist das in Ordnung?
Ci dia anche una pomata per trattare contusioni e distorsioni. tschi 'dia 'anke 'una po'mata per tra'tare kontu'sjoni e dißtor'ßjoni.	Geben Sie uns bitte auch eine Salbe um Prellungen und Verstauchungen zu behandeln.
Contro le punture d'insetti c'è questo gel. 'kontro le pun'ture din'ßeti tschä ku'eßto dschäl.	Gegen Insektenstiche gibt es dieses Gel.
Mi dia anche del cerotto, per favore. mi 'dia 'anke del tsche'rotto, per fa'wore.	Geben Sie mir bitte auch Pflaster.
Ecco è tutto. Quant'è? 'äko ä 'tutto. kuant'ä?	So, das ist alles. Wie viel macht das?

Unterhaltung

Previsioni del tempo / Wetteraussichten

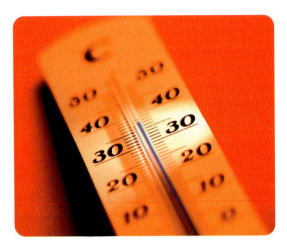

Tempo impazzito

Lucio: Magari stanotte arriva un poco di pioggia, forse un temporale … Guardiamo che cosa dice il meteo. Ecco, il giornale.

Anna: Allora, vediamo che tempo fa in Italia. Al sud e sulle isole ci sono dei temporali. Sulla costa adriatica e sull'Appennino centrale è nuvoloso, con temporali previsti nella notte tra oggi e domani. Al nord il cielo resta sereno con temperature a Milano sui 36 gradi, a Brescia e Verona intorno ai 34 gradi. E in Sicilia ci sono appena 28–29 gradi!

Frank: Piove al sud e al nord aumenta la temperatura. Non è possibile!

Frank: Che cosa facciamo insieme in questi ultimi giorni?

Vera: Ah, già, voi dovete partire fra qualche giorno. Che peccato! Quando esattamente?

Lucio: Credo dopodomani. Quanti ne abbiamo oggi? Non mi ricordo la data …

Anna: Oggi è l'undici agosto.

Lucio: Beh, allora sì … dopodomani, il 13 agosto. Certo stare in viaggio con questo caldo non è tanto piacevole, ma in macchina abbiamo l'aria condizionata, meno male!

Verrücktes Wetter

Lucio: Vielleicht gibt es heute Nacht etwas Regen, vielleicht ein Gewitter … Schauen wir mal, was der Wetterbericht sagt. Hier ist die Zeitung.

Anna: Also, schauen wir mal, wie das Wetter in Italien ist. Im Süden und auf den Inseln gibt es Gewitter. An der Adriatischen Küste und auf dem Zentralappenin ist es bewölkt, mit voraussichtlichen Gewittern in der Nacht von heute auf morgen. Im Norden bleibt der Himmel klar mit Temperaturen um die 36 Grad in Mailand um die 34 Grad in Brescia und Verona. Und in Sizilien sind nur 28–29 Grad!

Frank: Es regnet im Süden und im Norden steigt die Temperatur. Das ist doch nicht möglich!

Frank: Was machen wir in diesen letzten Tagen zusammen?

Vera: Ach ja, ihr müsst in einigen Tagen abreisen. Wie schade! Wann genau?

Lucio: Ich glaube übermorgen. Den Wievielten haben wir heute? Ich erinnere mich nicht an das Datum …

Anna: Heute ist der elfte August.

Lucio: Tja, dann ja … übermorgen, der 13. August. Es ist sicher nicht sehr angenehm bei dieser Hitze unterwegs zu sein, aber im Auto haben wir eine Klimaanlage, zum Glück!

Wichtige Sätze

Magari stanotte arriva un poco di pioggia, forse un temporale … ma'gari ßta'nɔte a'riwa un 'pɔko di 'pjɔdscha, 'forße un tempo'rale …	Vielleicht gibt es heute Nacht etwas Regen, vielleicht ein Gewitter …
Guardiamo che coa dice il meteo. guar'djamo ke 'kɔsa 'dihtsche il 'meteo.	Schauen wir mal, was der Wetterbericht sagt.
Che cosa facciamo insieme in questi ultimi giorni? ke 'kɔsa fa'tschamo in'ßjäme in ku'eßti 'ultimi 'dschorni?	Was machen wir in diesen letzten Tagen zusammen?
Voi dovete partire fra qualche giorno. Che peccato! woj do'wete par'tire fra ku'alke 'dschorno. ke pe'kato!	Ihr müsst ja in einigen Tagen abreisen. Wie schade!
Quanti ne abbiamo oggi? ku'anti ne abjamo 'ɔdschi?	Den Wievielten haben wir heute?
In macchina abbiamo l'aria condizionata. in 'makina ab'jamo 'laria konditßjo'nata.	Im Auto haben wir eine Klimaanlage.

Abreise

Addio vacanze / Ferien ade

Il giorno della partenza

Anna: Questo è il biglietto da visita con il nostro indirizzo. E se volete venire a trovarci ad Ancona, siete sempre benvenuti.
Lucio: Potete anche scriverci un e-mail. Ecco, qui vi ho scritto l'indirizzo e-mail perché non c'è sul biglietto da visita.
Frank: Sì, grazie. Ecco, questo è il nostro biglietto da visita …
Anna: Quando telefonate dall'estero non dimenticate di mettere lo zero davanti al prefisso della città, cioè si fa prima il prefisso dell'Italia – 0039 – e poi si continua con il prefisso di Ancona – 071.
Frank: Sì, lo so.
Lucio: Ecco, credo che abbiamo sistemato tutto: il conto, le mance, i bagagli, non abbiamo dimenticato niente.
Frank: Quanto tempo impiegate per arrivare a casa?
Anna: Ci vogliono circa quattro ore. Ma dipende anche dalle soste che facciamo e – come sempre – dal traffico.
Lucio: Allora ciao. È stato un piacere conoscervi. Grazie della vostra compagnia. Ma forse ci possiamo vedere un'altra volta.
Vera: Sì, senz'altro. Ciao, arrivederci.
Anna: Ciao, ciao. Grazie di tutto.
Frank, Vera: Grazie a voi. E buon viaggio! Arrivederci alla prossima volta!

Der Tag der Abreise

Anna: Das ist unsere Visitenkarte mit unserer Adresse. Und wenn ihr uns in Ancona besuchen wollt, seid ihr immer willkommen.
Lucio: Ihr könnt uns auch eine E-Mail schreiben. Hier, ich habe euch die E-Mail-Adresse aufgeschrieben, weil die nicht auf der Visitenkarte steht.
Frank: Ja, danke. Hier, das ist unsere Visitenkarte …
Anna: Wenn ihr aus dem Ausland anruft, vergesst nicht, vor der Ortsvorwahl die Null zu wählen, das heißt, man wählt zuerst die Vorwahl für Italien – 0039 – und dann geht es weiter mit der Vorwahl von Ancona – 071.
Frank: Ja, ich weiß.
Lucio: So, ich glaube, wir haben alles erledigt: die Rechnung, die Trinkgelder, das Gepäck, wir haben nichts vergessen.
Frank: Wie lange braucht ihr, bis ihr zu Hause seid?
Anna: Man braucht ungefähr vier Stunden. Aber das hängt auch von den Pausen ab, die wir einlegen, und – wie immer – vom Verkehr.
Lucio: Also ciao. Es hat uns gefreut, euch kennen zu lernen. Danke für eure Gesellschaft. Aber vielleicht können wir uns ein anderes Mal sehen.
Vera: Ja, ganz sicher. Ciao, auf Wiedersehen.
Anna: Ciao, ciao. Danke für alles.
Frank, Vera: Wir danken euch. Und gute Reise! Auf Wiedersehen bis zum nächsten Mal!

Wichtige Sätze

Questo è il biglietto da visita con il nostro indirizzo. ku'eßto ä il 'bil'jeto da 'wisita kon il 'nɔßtro indi'ritßo.	Das ist unsere Visitenkarte mit unserer Adresse.
Qui vi ho scritto l'indirizzo e-mail. ku'i wi ɔ 'ßkrito lindi'ritßo i'mäil.	Hier habe ich euch die E-mail-Adresse aufgeschrieben.
Credo che abbiamo sistemato tutto: il conto, le mance, i bagagli. 'kredo ke ab'jamo ßißte'mato 'tutto: il 'konto, le 'mantsche, i ba'galji.	Ich glaube, wir haben alles erledigt: die Rechnung, die Trinkgelder, das Gepäck.
Quanto tempo impiegate per arrivare a casa? ku'anto 'tempo impje'gate per ari'ware a 'kasa?	Wie lange braucht ihr, bis ihr zu Hause seid?
È stato un piacere conoscervi. ä 'ßtato un pja'tschere ko'noscherwi.	Es hat uns gefreut, euch kennen zu lernen.
Buon viaggio! Arrivederci alla prossima volta! bu'ɔn 'wjadscho! ariwe'dertschi 'alla 'proßima 'wɔlta!	Gute Reise! Auf Wiedersehen bis zum nächsten Mal!

231

Wortschatz A–Z

Abend

Deutsch	Englisch	Französisch	Spanisch	Italienisch

A

Deutsch	Englisch	Französisch	Spanisch	Italienisch
Abend	evening 'ihwəning	le soir ßu'ahr	la tarde 'tarde	la sera 'ßera
Abendessen	dinner 'dinər	le dîner di'neh	la cena 'θena	la cena 'tschena
aber	but bat	mais mäh	pero 'pero	ma ma
abfahren, abreisen	leave, depart lihw, di'paht	partir par'tir	partir, salir par'tir, ßa'lir	partire par'tire
Abfahrt	departure di'pahtschər	le départ deh'par	la salida ßa'lida	la partenza par'tentßa
abgeben	hand in, give away händ in, giw ə'uäj	rendre 'rādrə	dar, compartir dar, kompar'tir	consegnare konßen'jare
abholen	pick up pik ap	aller chercher a'leh schär'scheh	recoger reko'cher	ritirare, andare a prendre riti'rare, andare a 'prendre
abschließen	close, finish klouß, 'finisch	fermer à clé, finir fär'meh a kleh, fi'nir	cerrar, terminar θe'rar, termi'nar	chiudere, finire 'kjudere, fi'nire
Absender	sender 'ßendər	l' expéditeur m ekßpehdi'tör	el remitente remi'tente	il mittente mi'tente depositare deposi'tare
abstellen	park pahk	déposer dehpo'seh	poner, aparcar po'ner, apar'kar	
Achtung	attention ə'tenschn	attention atä'ßjö	la atención atenθi'ɔn	l' attenzione f aten'tßjone
Adresse	address 'ädrəß	l' adresse f a'dräß	la dirección direkθi'ɔn	l' indirizzo m indi'ritßo
akzeptieren	accept ik'ßept	accepter akßäp'teh	aceptar akθep'tar	accettare atsche'tare
Alkohol	alcohol 'älkəhɔl	l' alcool m al'kɔl	el alcohol alko'ol	l' alcool m 'alkool
alle	all ɔhl	tous, toutes tu, tut	todos 'todoß	tutti 'tutti
allein	alone ə'loun	seul ßöll	solo 'ßolo	(da) solo (da) 'ßolo
alles	everything 'ewriθing	tout tu	todo 'todo	tutto 'tutto
Alphabet	alphabet 'älfəbet	l' alphabet m alfa'bä	el alfabeto alfa'beto	l' alfabeto m alfa'beto
als	when u'än	lorsque lɔrß'kə	cuando, como, que ku'ando, 'komo, ke	quando ku'ando
also	so ßou	donc dõk	pues pu'eß	allora a'lora
alt	old 'ould	vieux wjö	viejo wi'echo	vecchio 'wekjo
Alter	age 'äjdsch	l' âge m ahsch	la edad, la vejez e'dad, we'cheθ	l' età f e'ta
Ampel	traffic light 'träfik lait	les feux m fö	el semáforo ße'maforo	il semaforo ße'maforo
an	at ät, by bai	à a	a, en, de a, en, de	per, a per, a
anbieten	offer 'ɔfər	offrir o'frir	ofrecer ofre'θer	offrire of'rire
ändern	change 'tschäjndsch	changer schä'scheh	cambiar kambi'ar	cambiare kam'bjare
anders	different 'difrənt	autrement otrə'mã	diferente dife'rente	diverso di'werßo
Anfang	beginning bi'ginning	le début deh'bü	el principio prin'θipio	l' inizio m i'nitßjo
anfangen	begin bi'ginn	commencer kɔmä'ßeh	empezar empe'θar	(in)cominciare, iniziare (in)komin'tschare, ini'tßjare
Angebot	offer 'ɔfər	l' offre f 'ɔfrə	la oferta o'ferta	l' offerta f o'ferta
Angestellter	employee əm'plɔhji	l' employé m äplua'jeh	el empleado emple'ado	l' impiegato m impje'gato
Angst	fear 'fiər	la peur pör	el miedo mi'edo	la paura pa'ura
anhalten	stop 'ßtɔp	arrêter arä'teh	parar pa'rar	fermare fer'mare
ankommen	arrive ə'raiw	arriver ari'weh	llegar je'gar	arrivare ari'ware
Ankunft	arrival ə'raiwl	l' arrivée f ari'weh	la llegada je'gada	l' arrivo m a'riwo
ankreuzen	tick tik	cocher kɔ'scheh	marcar mar'kar	segnare ßen'jare
anmelden	sign up, check in ßajn ap, tschek in	inscrire ë'ßkrir	inscribir inßkri'bir, anunciar anunθi'ar	annunciare anun'tschare, iscrivere iß'kriwere
Anmeldung	registration redschiß'träjschn	l' inscription f ëßkrip'ßjö	la inscripción, la matrícula inßkripθi'ɔn, ma'trikula	l' annuncio m l'iscrizione f a'nuntscho, ißkri'tßjone
Anruf	call 'kɔhl	l' appel m a'pell	la llamada ja'mada	la telefonata, la chiamata telefo'nata, kja'mata
anrufen	call 'kɔhl	appeler ap'leh	llamar ja'mar	telefonare, chiamare telefo'nare, kja'mare

Sonderzeichen in der Lautschrift ə angedeutetes e wie in bitte; ɔ offenes o wie in Post; ß scharfes s wie in nass; θ weiches s wie in Fass, aber gelispelt; ð s wie in Sense, aber gelispelt; ã nasal gesprochener Vokal wie in Chanson; ë nasal gesprochener Vokal wie in pointiert; õ nasal gesprochener Vokal wie in Jeton; sch weiches sch wie in Gin

außer

Deutsch	Englisch		Französisch		Spanisch		Italienisch
Antwort	answer 'ahnßər		la réponse reh'pöß		la respuesta reßpu'eßta		la risposta riß'poßta
antworten	answer 'ahnßər		répondre reh'pödrə		responder reßpon'der		rispondere riß'pondere
Anzeige	advertisement äd'wörtismənt		l' annonce f a'nöß		el anuncio a'nunθio		la denuncia, l' indicazione f de'nuntscha , indika'tßjone
anziehen	get dressed gätt dreßt		habiller abi'jeh		vestirse weß'tirße		vestire weß'tire
Anzug	suit ßuht		le costume kɔß'tüm		el traje 'trache		il vestito, l'abito m weß'tito, 'abito
Apfel	apple 'äpl		la pomme pɔm		la manzana man'θana		la mela 'mela
Apotheke	pharmacy 'fahmeßi		la pharmacie farma'ßi		la farmacia far'maθia		la farmacia farma'tschia
Arbeit	work u'örk		le travail tra'waj		el trabajo tra'bacho		il lavoro la'woro
arbeiten	work u'örk		travailler trawa'jeh		trabajar traba'char		lavorare lawo'rare
arbeitslos	unemployed 'anəmplɔjd		être au chômage 'ätrə o scho'mahsch		desempleado deßemple'ado		disoccupato disoku'pato
Ärger	trouble 'trabl		l' ennui m ānu'i		el enfado en'fado		la rabbia 'rabja
ärgern	anger 'ängər		fâcher fa'scheh		enfadar enfa'dar		arrabiarsi arabb'jarßi
arm	poor 'puər		pauvre 'pɔwrə		pobre 'pobre		povero 'powero
Arm	arm ahm		le bras bra		el brazo 'braθo		il braccio 'bratscho
Armbanduhr	wrist-watch 'rißtuɔtsch		le bracelet-montre braß'lä 'mötrə		el reloj de pulsera re'loch de pul'ßera		l' orologio m oro'lɔdscho
Arzt	doctor 'dɔktər		le médecin mehd'ßē		el médico 'mediko		il medico 'mädiko
auch	also 'ɔlßou		aussi o'ßi		también tambi'en		anche 'anke
auf	at, on ät, ɔn		sur ßür		sobre, en 'ßobre, en		sopra, su 'ßopra, ßu
Aufgabe	task tahßk		la tâche tasch		la tarea ta'rea		il compito 'kompito
aufpassen	watch u'ɔtsch		garder gar'deh		prestar atención preß'tar atenθi'ɔn		fare attenzione 'fare aten'tßjone
aufräumen	tidy, clear 'taidi, 'kliər		ranger rä'scheh		ordenar orde'nar		mettere in ordine 'metere in 'ordine
aufstehen	get up gätt ap		lever lə'weh		levantarse lewan'tarße		alzarsi al'tßarßi
auf Wiedersehen	good-bye gud'bai		au revoir o rəwu'ahr		adiós adi'ɔß		arrivederci ariwe'dertschi
Auge	eye ai		l' œil m öj		el ojo 'ocho		l' occhio m 'okjo
aus	from frɔm		de də		de de		di, da di, da
Ausbildung	training, education 'träjning, edju'käjschn		la formation fɔrma'ßjö		la formación formaθi'ɔn		la formazione, l'istruzione f forma'tßjone, ißtru'tßjone
Ausflug	excursion ikß'körschn		l' excursion f ekßkür'ßjö		la excursión ekßkurßi'ɔn		la gita 'dschita
ausfüllen	fill fill		remplir rä'plir		rellenar reje'nar		riempire riem'pire
Ausgang	exit 'ekßit		la sortie ßɔr'ti		la salida ßa'lida		l' uscita f u'schita
ausgeben	spend ßpend		remettre rə'mätrə		salir ßa'lir		spendere 'ßpendere
ausgezeichnet	excellent 'ekßələnt		excellent ekßeh'lä		excelente ekße'lente		ottimo 'ɔtimo
Auskunft	information infɔr'mäjschn		l' information f ēforma'ßjö		la información informaθi'ɔn		l' informazione f informa'tßjone
Ausland	foreign country 'fɔräjn 'kantri		l' étranger m ehträ'scheh		el extranjero ekßtran'chero		l' estero m 'äßtero
Ausländer	foreigner 'fɔräjnər		l' étranger m ehträ'scheh		el extranjero ekßtran'chero		lo straniero ßtra'njero
ausmachen	turn off törn ɔf		éteindre eh'tēdrə		apagar apa'gar		spegnere 'ßpenjere
ausruhen	relax, rest ri'läkß, reßt		reposer rəpo'seh		descansar deßkan'ßar		riposare ripo'sare
Aussage, Erklärung	statement 'ßtäjtmənt		la déclaration dehklara'ßjö		la declaración deklaraθi'ɔn		la dichiarazione dikjara'tßjone
aussehen	appear, look ə'piər, luck		ressembler rəßä'bleh		parecer pare'θer		sembrare ßem'brare
außen	outside aut'ßajd		extérieur ekßtehri'jör		por fuera por fu'era		fuori, all'esterno fu'ɔri, aleß'tärno
außer	besides bi'ßajds		sauf ßohf		a excepción de a ekßepθi'ɔn de		eccetto e'tschätto

Sonderzeichen in der Lautschrift ə angedeutetes e wie in bitte; ɔ offenes o wie in Post; ß scharfes s wie in nass; θ weiches s wie in Fass, aber gelispelt; ð s wie in Sense, aber gelispelt; ä nasal gesprochener Vokal wie in Chanson; ē nasal gesprochener Vokal wie in pointiert; ö nasal gesprochener Vokal wie in Jeton; sch weiches sch wie in Gin

außerdem

Deutsch	Englisch	Französisch	Spanisch	Italienisch
außerdem	furthermore förðə'mɔr	en plus ã plüß	además ade'maß	inoltre in'oltre
außerhalb	off, beyond ɔf, bi'jɔnd	à l'extérieur a lekßtehri'jör	fuera de fu'era de	fuori da fu'ɔri da
aussteigen	exit, abort 'ekßit, ə'bɔrt	descendre deh'ßãdrə	bajar, salir ba'char, ßa'lir	scendere 'schendere
Ausstellung	exhibition ekßi'bischn	l' exposition f ekßposi'ßjõ	la exposición ekßpoßiθi'ɔn	la mostra, l'esposizione f 'moßtra, eßposi'tßjone
Ausweis	identification card aidentifi'käjschn kard	la pièce d'identité pjäß didäti'teh	el carnet kar'ne	la tessera, il documento 'teßera, doku'mento
ausziehen	take off täjk ɔf	déshabiller dehsabi'jeh	mudar mu'dar	svestire sweß'tire
Auto	car kar	la voiture wua'tür	el coche 'kotsche	la macchina 'makina
Autobahn	motorway 'moutəruäj	l' autoroute f oto'rut	la autopista auto'pißta	l' autostrada f auto'ßtrada
Automobilclub	automobile club ɔtou'moubail klab	le club automobile klöb otomo'bil	el club del automóvil klub del auto'mowil	l' Automobile Club d'Italia (ACI) auto'mobile klub di'talja ('atschi)
Autopanne	breakdown 'bräjkdaun	la panne de voiture pann də wua'tür	la avería (con el coche) awe'ria (kon el 'kotsche)	il guasto gu'aßto
Autowerkstatt	garage 'gärahsch	le garage ga'rahsch	el taller de coches ta'jer de 'kotscheß	l' officina f ofi'tschina

B

Deutsch	Englisch	Französisch	Spanisch	Italienisch
Baby	baby 'bäjbi	le bébé beh'beh	el bebé be'be	il bebè be'bä
backen	bake bäjk	cuire au four ku'ir o fuhr	hornear orne'ar	cuocere ku'otschere
Bäckerei	bakery 'bäjkəri	la boulangerie bulãschə'ri	la panadería panade'ria	il panificio pani'fitscho
baden	bathe bahθ	baigner bän'jeh	bañar ban'jar	fare il bagno 'fare il 'banjo
Badezimmer	bathroom 'bahθruhm	la salle de bain ßal də bẽ	el cuarto de baño ku'arto de 'banjo	il bagno 'banjo
Bahnhof	train station träjn 'ßtäjschn	la gare gar	la estación eßtaθi'ɔn	la stazione ßta'tßjone
Bahnsteig	platform 'plätfɔhm	le quai ke	el andén an'den	il binario bi'nario
bald	soon, shortly ßuhn, 'schɔhtli	bientôt bjẽ'to	pronto 'pronto	presto 'preßto
Balkon	balcony 'bälkəni	le balcon bal'kõ	el balcón bal'kon	il balcone bal'kone
Banane	banana bə'nanə	la banane ba'nann	el plátano 'platano	la banana ba'nana
Bank	bank bänk	la banque bãk	el banco 'banko	la banca 'banka
Batterie	battery 'bätəri	la pile pihl	la pila 'pila	la batteria bate'ria
Bauch	stomach 'ßtamək	le ventre 'wãtrə	la barriga ba'riga	la pancia 'pantscha
Baum	tree tri	l' arbre m 'arbrə	el árbol 'arbol	l' albero m 'albero
beeilen	hurry up 'harri ap	dépêcher dehpä'scheh	darse prisa 'darße 'prißa	sbrigare sbri'gare
beenden	finish 'finisch	terminer tärmi'neh	terminar termi'nar	terminare termi'nare
begabt	talented 'täləntid	doué du'eh	dotado do'tado	dotato do'tato
beginnen	begin bi'ginn	commencer kɔmã'ßeh	empezar empe'θar	cominciare komin'tschare, iniziare ini'tßjare
behalten	keep kihp	garder gar'deh	guardar guar'dar	tenere te'nere
bei	at ät	chez scheh	en, cerca de en, 'θerka de	presso, vicino a/in 'preßo, wi'tschino a/in
beide	both bouθ	tous les deux tu leh dö	ambos 'amboß	tutti e due 'tutti e 'due
Bein	leg läg	la jambe schãb	la pierna pi'erna	la gamba 'gamba
Beispiel	example ik'ßampəl	l' exemple m eg'sãplə	el ejemplo e'chemplo	l' esempio m e'sempjo
bekannt	known noun	connu ko'nü	conocido kono'θido	noto 'nɔto
bekommen	get gätt	recevoir rəßəwu'ahr	recibir, conseguir reθi'bir, konße'gir	ricevere ri'tschewere
benutzen	use juhs	utiliser ütili'seh	usar u'ßar	usare u'sare
Benzin	petrol 'petrəl	l' essence f eh'ßäß	la gasolina gaßo'lina	la benzina ben'dsina
beraten	advise äd'wajs	conseiller kõßeh'jeh	aconsejar akonße'char	consigliare konßil'jare
Berg	mountain 'mauntən	la montagne mõ'tanjə	la montaña mon'tanja	la montagna mon'tanja
Beruf	job dschob	la profession profe'ßjõ	la profesión profeßi'ɔn	la professione profe'ßjone
Beschwerde	complaint kəm'pläint	la plainte plẽt	la protesta pro'teßta	il reclamo re'klamo

Sonderzeichen in der Lautschrift ə angedeutetes e wie in bitte; ɔ offenes o wie in Post; ß scharfes s wie in nass; θ weiches s wie in Fass, aber gelispelt; ð s wie in Sense, aber gelispelt; ã nasal gesprochener Vokal wie in Chanson; ẽ nasal gesprochener Vokal wie in pointiert; õ nasal gesprochener Vokal wie in Jeton; sch weiches sch wie in Gin

Brief

Wortschatz A–Z

Deutsch	Englisch	Französisch	Spanisch	Italienisch
besichtigen	visit 'wisit	visiter wißi'teh	visitar wißi'tar	visitare wisi'tare
besonders	special 'ßpeschəl	particulièrement partiküljär'mä	especial eßpeθi'al	particolarmente partikolar'mente
besser	better 'bettər	mieux mjö	mejor me'chor	meglio, migliore 'mäljo, mil'jore
bestehen	pass pahß	exister exiß'teh	aprobar apro'bar	superare ßupe'rare
bestellen	order 'ɔhdər	commander kɔmä'deh	pedir pe'dir	ordinare ordi'nare
besuchen	visit, attend 'wisit, ə'tend	visiter wisi'teh	visitar wißi'tar	visitare wisi'tare
betrunken	drunk drank	ivre 'iwrə	borracho bo'ratscho	ubriaco ubri'ako
Bett	bed bed	le lit li	la cama 'kama	il letto 'lätto
bevor	before bi'fɔr	avant a'wä	antes 'anteß	prima 'prima
bewegen	move muhw	bouger bu'scheh	mover mo'wer	muovere mu'ɔwere
Bewerbung	application äpli'käjschn	la candidature kädida'tür	la solicitud ßoliθi'tud	la domanda do'manda
bezahlen	pay päj	payer pä'jeh	pagar pa'gar	pagare pa'gare
Bier	beer biər	la bière bjär	la cerveza θer'weθa	la birra 'bira
Bild	picture 'piktschə	l' image f i'mahsch	el cuadro ku'adro, la imagen i'machen	l' immagine f i'madschine, il quadro ku'adro
Biologie	biology baj'ɔlidschi	la biologie biolo'schi	la biología biolo'chia	la biologia biolo'dschia
Birne	pear piər	la poire pu'ahr	la pera 'pera	la pera 'pera
bis	until, by an'til, bai	jusqu'à schüß'ka	hasta, a 'aßta, a	fino a 'fino a
bisher	so far ßou far	jusqu'à présent schüß'ka preh'sä	hasta ahora 'aßta a'ora	finora fin'ora
bisschen	a little bit ə 'littl bitt	un peu ē pö	un poco un 'poko	un pò un pɔ
bitte	please plihs	s'il vous plait ßil wu plä	por favor por fa'wor	per favore per fa'wore
Bitte	request ri'kueßt	la demande də'mäd	el ruego ru'ego	la richiesta ri'kjeßta
bitten	ask ahßk	demander dämä'deh	pedir pe'dir	pregare pre'gare
bitter	bitter 'bitter	amer a'mär	amargo a'margo	amaro a'maro
blass	pale päjl	pâle pahl	pálido 'palido	pallido 'palido
Blatt	leaf, sheet lihf, schiht	la feuille föj	la hoja 'ocha	la foglia 'folja
bleiben	stay ßtäj	rester räß'teh	quedarse ke'darße	restare reß'tare
Bleistift	pencil 'penßil	le crayon krä'jō	el lápiz 'lapiθ	la matita ma'tita
Blick	look, view luck, wju	le regard rə'gar	la mirada, la vista mi'rada, 'wißta	lo sguardo sgu'ardo
blühen	blossom 'blɔßəm	fleurir flö'rir	florecer flore'θer	fiorire fio'rire
Blume	flower 'flauər	la fleur flör	la flor flor	il fiore fi'ore
Bluse	blouse blaus	la blouse bluhs	la blusa 'blußa	la camicetta kami'tscheta
Blut	blood blad	le sang ßä	la sangre 'ßangre	il sangue 'ßangue
bluten	bleed blihd	saigner ßän'jeh	sangrar ßan'grar	sanguinare ßangui'nare
Boden	floor flɔr	le sol ßol	el suelo ßu'elo	il terreno te'reno
Bohne	bean bihn	le haricot ari'ko	la judía chu'dia	il fagiolo fa'dschɔlo
Bonbon	sweet ßu'iht	le bonbon bō'bō	el caramelo kara'melo	la caramella kara'mella
Boot	boat bout	le bateau ba'to	la barca 'barka	la barca 'barka
böse	angry 'ängri	méchant meh'schä	enfadado enfa'dado	cattivo ka'tiwo
braten	roast, fry roußt, fraj	frire frir	asar a'ßar	arrostire aroß'tire
Braten	roast roußt	le rôti ro'ti	el asado a'ßado	l' arrosto m a'roßto
brauchen	need nihd	avoir besoin awu'ahr bəsu'ē	necesitar neθeßi'tar	avere bisogno a'were bi'sonjo
brechen	break bräjk	casser ka'ßeh	romper rom'per	spezzare ßpe'tßare
breit	wide u'ajd	large larsch	ancho 'antscho	largo 'largo
Breite	width u'idθ	la largeur lar'schör	el ancho 'antscho	la larghezza lar'getßa
Bremse	brake bräjk	le frein frē	el freno 'freno	il freno 'freno
bremsen	brake bräjk	freiner freh'neh	frenar fre'nar	frenare fre'nare
brennen	burn börn	brûler brü'leh	arder ar'der	bruciare bru'tschare
Brief	letter 'lettər	la lettre 'lätrə	la carta 'karta	la lettera 'lättera

Sonderzeichen in der Lautschrift   ə angedeutetes e wie in bitte; ɔ offenes o wie in Post; ß scharfes s wie in nass; θ weiches s wie in Fass, aber gelispelt; ð s wie in Sense, aber gelispelt; ä nasal gesprochener Vokal wie in Chanson; ē nasal gesprochener Vokal wie in pointiert; ō nasal gesprochener Vokal wie in Jeton; sch weiches sch wie in Gin

Briefkasten

Deutsch	Englisch	Französisch	Spanisch	Italienisch
Briefkasten	postbox, letterbox 'poußtbɔkß, lettərbokß	la boite aux lettres bu'at o 'lätrə	el buzón bu'θɔn	la buca delle lettere 'buka 'dele 'lättere
Briefmarke	stamp ßtämp	le timbre 'tēbrə	el sello 'ßejo	il francobollo franko'bɔlo
Brieftasche	wallet u'ɔlit	le porte-monnaie pɔrtmɔ'nä	la cartera kare'tera	il portafoglio porta'fɔljo
Briefträger	postman 'poußtmən	le facteur fak'tör	el cartero kar'tero	il postino poß'tino
Briefumschlag	envelope 'enwəloup	l' enveloppe f äwə'lopp	el sobre 'ßobre	la busta 'bußta
Brille	glasses 'glahßəß	les lunettes f lü'nett	las gafas 'gafaß	gli occhiali o'kjali
bringen	bring bring	apporter apɔr'teh	llevar, traer je'war, tra'er	portare por'tare
Broschüre	brochure 'brouschə	la brochure bro'schür	el folleto fo'jeto	l' opuscolo m o'pußkolo
Brot	bread bräd	le pain pē	el pan pan	il pane 'pane
Brötchen	(bread) roll (bräd) roul	le petit pain pə'ti pē	el panecillo pane'θijo	il panino pa'nino
Brücke	bridge bridsch	le pont põ	el puente pu'ente	il ponte 'ponte
Bruder	brother 'braðər	le frère frär	el hermano er'mano	il fratello fra'tello
Brust	chest tscheßt	la poitrine pua'trin	el pecho 'petscho	il petto 'petto
Buch	book buck	le livre 'lihwrə	el libro 'libro	il libro 'libro
buchen	book buck	réserver rehser'weh	reservar reßer'war	prenotare preno'tare
Bücherei	library 'laibrəri	la bibliothèque biblio'täck	la biblioteca biblio'teka	la biblioteca biblio'täka
Buchstabe	letter 'lettər	la lettre 'lätrə	la letra 'letra	la lettera 'lättera
buchstabieren	spell ßpell	épeler ehpə'leh	deletrear deletre'ar	sillabare ßila'bare
Buddhismus	buddhism 'buhdism	le bouddhisme bu'dißmə	el budismo bu'dißmo	il buddismo bu'dismo
Büro	office 'ɔfiß	le bureau bü'ro	la oficina ofi'θina	l' ufficio m u'fitscho
Bürste	brush brasch	la brosse broß	el cepillo θe'pijo	la spazzola 'ßpatßola
Bus	bus baß	le bus büß	el autobús auto'buß	l' autobus m auto'buß
Butter	butter 'batər	le beurre bör	la mantequilla mante'kija	il burro 'buro

C

Deutsch	Englisch	Französisch	Spanisch	Italienisch
Café	cafe kä'fäj	le café ka'feh	el café ka'fe	il caffè ka'fä
Camping	camping 'kämping	le camping kä'ping	el camping 'kamping	il campeggio kam'pedscho
Chance	chance 'tschahnß	la chance schäß	la oportunidad oportuni'dad	la possibilità poßibili'ta
Charakter	character 'käräktər	le caractère karak'tär	el carácter ka'rakter	il carattere ka'ratere
Chemie	chemistry 'kemißtri	la chimie schi'mi	la química 'kimika	la chimica 'kimika
chic	chic schik	chic schik	elegante ele'gante	elegante ele'gante
Christentum	christianity krißti'äniti	le christianisme krißtja'nißmə	el cristianismo krißtia'nißmo	il cristianesimo krißtja'nesimo
circa	about ə'baut	à peu près a pö prä	aproximadamente aprokßimada'mente	circa 'tschirka
Club	club klab	le club klöb	el club klub	il circolo 'tschirkolo
Computer	computer kom'pjutər	l' ordinateur m ɔrdina'tör	el ordenador ordena'dor	il computer kom'pjuter
Couch	couch 'kautsch	le canapé kana'peh	el sofá ßo'fa	il divano di'wano
Cousin	cousin 'kasin	le cousin ku'sē	el primo 'primo	il cugino ku'dschino
Cousine	cousin 'kasin	la cousine ku'sihn	la prima 'prima	la cugina ku'dschina
Creme	cream, vanishing creme krihm, 'wänisching krihm	la crème kräm	la crema 'krema	la crema 'kräma, la pomata po'mata

D

Deutsch	Englisch	Französisch	Spanisch	Italienisch
da	there ðär	là la	ahí a'i	lì, là li, la
Dach	roof ruhf	le toit tu'a	el techo 'tetscho	il tetto 'tetto
dafür	for it, pro fɔr it, prou	pour cela pur ßə'la	a favor a fa'wor	per questo per ku'eßto
dagegen	against it ə'gänßt it	contre cela 'kõtrə ßə'la	en contra en 'kontra	contro 'kontro
damals	at that time ät ðät taim	autrefois otrəfu'a	en aquel tiempo en a'kel ti'empo	allora a'lora
danke	thank you θänk ju	merci mär'ßi	gracias 'graθiaß	grazie 'gratßje
danken	thank θänk	remercier rəmär'ßjeh	agradecer agrade'θer	ringraziare ringra'tßjare

Sonderzeichen in der Lautschrift ə angedeutetes e wie in bitte; ɔ offenes o wie in Post; ß scharfes s wie in nass; θ weiches s wie in Fass, aber gelispelt; ð s wie in Sense, aber gelispelt; ä nasal gesprochener Vokal wie in Chanson; ē nasal gesprochener Vokal wie in pointiert; õ nasal gesprochener Vokal wie in Jeton; sch weiches sch wie in Gin

duschen

Deutsch	Englisch		Französisch		Spanisch		Italienisch	
dann	then ðän		ensuite äßu'it		luego lu'ego		poi, dopo poj, 'dɔpo	
das	the, that ðə, ðät		que kə		lo, que lo, ke		questo ku'eßto	
dass	that ðät		que kə		que ke		che ke	
Datum	date däjt	la	date dat	la	fecha 'fetscha	la	data 'data	
Dauer	duration dju'räjschn	la	durée dü'reh	la	duración duraθi'ɔn	la	durata du'rata,	
							periodo pe'riodo	il
Decke	blanket, ceiling 'blänkit, 'ßihling	la	couverture, le plafond kuwer'türe, pla'fõ	la	manta, il techo 'manta, 'tetscho	la	copert , il soffitto ko'pärta, ßo'fito	la
dein, deine	your jɔr		ta, ton ta, tõ		tu tu		il tuo, la tua il 'tuo, la 'tua	
denken	think θink		penser pä'ßeh		pensar pen'ßar		pensare pen'ßare	
denn	than, because ðän, bi'kɔhs		car kar		pues pu'eß		perché per'ke	
der	the ðə		le lə		el el		il il	
deshalb	therefore 'ðärfɔr		c'est pourquoi ßä purku'a		por eso por 'eßo		perciò per'tscho	
Dessert	dessert di'sört	le	dessert deh'ßähr	el	postre 'poßtre	il	dolce, il dessert 'doltsche, de'ßär	
deutlich	clear 'kliər		clair klär		claro 'klaro		chiaro 'kjaro	
dich	yourself jɔr'ßelf		te, toi tə, tu'a		te te		te, ti te, ti	
dick	fat, thick fät, θick		gros gro		gordo 'gordo		grasso, grosso 'graßo, 'großo	
die	the ðə		la la		la la		la la	
diese	this, these, those ðiß, ðihs, ðous		cette, ces ßät, ßeh		esta 'eßta		questa ku'eßta	
Diesel	diesel 'dihsəl	le	diesel dji'säl	el	diesel di'eßel	il	diesel 'dihsel	
dieser	this, these, those ðiß, ðihs, ðous		ce ßə		este 'eßte		questo ku'eßto	
dir	you ju		te, toi tə, tu'a		te te		ti, a te ti, a te	
direkt	direct daj'rekt		direct di'räkt		directo di'rekto		diretto di'reto	
Diskothek	discotheque 'dißkoutek	la	discothèque dißko'täck	la	discoteca dißko'teka	la	discoteca dißko'täka	
diskutieren	discuss diß'kaß		discuter dißkü'teh		discutir dißku'tir		discutere diß'kutere	
doch	yet jett		quand même kä mäm		sin embargo ßin em'bargo		ma, però ma, pe'rɔ	
Dorf	village u'ilitsch	le	village wi'lahsch	el	pueblo pu'eblo	il	paese pa'ese	
dort	there ðär		là-bas la'ba		allí a'ji		lì, là li, la	
Dose	can kän	la	boîte bu'at	la	lata 'lata	la	scatola, la lattina 'ßkatola, la'tina	
draußen	outside aut'ßaid		à l'extérieur a lekßtehri'jör		fuera fu'era		fuori fu'ɔri	
dringend	urgent 'ördschənt		urgent ür'schä		urgente ur'chente		urgente ur'dschente	
drinnen	inside in'ßaid		à l'intérieur a lëtehri'jör		dentro 'dentro		dentro 'dentro	
Drucker	printer 'printər	l'	imprimante f ëpri'mät	la	impresora impre'ßora	la	stampante ßtam'pante	la
du	you ju		tu tü		tú tu		tu tu	
dumm	stupid 'ßtjupid		bête bät		tonto 'tonto		stupido 'ßtupido	
dunkel	dark dahk		sombre 'ßõbrə		oscuro oß'kuro		buio, scuro 'bujo, 'ßkuro	
dünn	thin θin		mince mëß		delgado del'gado		magro, sottile 'magro, ßo'tile	
durch	through θru		à travers a tra'wer		por, a través de por, a tra'wes de		per, tramite, attraverso per, 'tramite, atra'werßo	
Durchschnitt	average 'äwəridsch	la	moyenne mua'jänn	la	media 'media	la	media 'mädja	la
dürfen	may mäj		avoir la permission de awu'ahr la permi'ßjõ də		tener permiso te'ner per'mißo		poter fare, potere po'ter 'fare, po'tere	
Durst	thirst θörßt	la	soif ßu'af	la	sed ßed	la	sete 'ßete	
Dusche	shower 'schauər	la	douche dusch	la	ducha 'dutscha	la	doccia 'dotscha	
duschen	shower 'schauər		prendre une douche 'prädrə ün dusch		duchar du'tschar		fare la doccia 'fare la 'dotscha	

Sonderzeichen in der Lautschrift   ə angedeutetes e wie in bit**te**; ɔ offenes o wie in P**o**st; ß scharfes s wie in na**ss**; θ weiches s wie in Fa**ss**, aber gelispelt; ð s wie in **S**ense, aber gelispelt; ä nasal gesprochener Vokal wie in Ch**an**son; ë nasal gesprochener Vokal wie in p**oi**ntiert; õ nasal geprochener Vokal wie in Jet**on**; <u>sch</u> weiches sch wie in **G**in

Ecke

Deutsch	Englisch	Französisch	Spanisch	Italienisch

Ecke	corner 'kɔhnər	le coin ku'ē	la esquina eß'kina	l' angolo m 'angolo
egal	the same ðə ßäjm	égal eh'gal	igual igu'al	uguale ugu'ale
Ehe	marriage 'märidsch	le mariage mari'ahsch	el matrimonio matri'monio	il matrimonio matri'mɔnio
Ehefrau	wife u'aif	l' épouse f eh'puhs	la esposa eß'poßa	la moglie 'molje
Ehemann	husband 'hasbənd	l' époux m eh'pu	el esposo eß'poßo	il marito ma'rito
eilig	hurried, urgent 'harrid, 'ördschənt	urgent ür'schā	deprisa de'prißa	frettoloso freto'loso
ein	a, an, one, on ə, ən, u'an, ɔn	un ē	un un	uno 'uno
eine	a, an, one, on ə, ən, u'an, ɔn	une ün	una 'una	una 'una
einer	a, an, one, on ə, ən, u'an, ɔn	un ē	uno 'uno	uno 'uno
einfach	easy 'ihsi	simple 'ßēplə	fácil 'faθil	semplice 'ßemplitsche
Eingang	entrance 'entrənß	l' entrée f ā'treh	la entrada en'trada	l' entrata f en'trata
einige	few, some fju, ßam	quelque 'kälkə	algunos al'gunoß	alcuni al'kuni
einkaufen	shop schɔp	faire les courses fär leh kurß	ir de compras ir de 'kɔmpraß	fare la spesa 'fare la 'ßpesa
einladen	invite in'wajt	inviter ēwi'teh	invitar inwi'tar	invitare inwi'tare
Einladung	invitation inwi'täjschn	l' invitation f ēwita'ßjō	la invitación inwitaθi'ɔn	l' invito m in'wito
einmal	once u'anß	une fois ün fu'a	una vez 'una weθ	una volta 'una 'wolta
einrichten	furnish, install, adjust 'förnisch, in'ßtɔhl, ə'dschaßt	aménager amehna'scheh	amueblar, instalar amue'blar, inßta'lar	arredare are'dare
einsteigen	board, get in bɔhd, gätt in	monter mō'teh	entrar, embarcar en'trar, embar'kar	salire, montare ßa'lire, mon'tare
Eintritt	admittance, entry əd'mitənß, 'entri	l' entrée f ā'treh	la entrada en'trada	l' entrata f, l'ingresso m en'trata, in'greßo
Eintrittskarte	ticket 'tickət	l' entrée f ā'treh	la entrada en'trada	il biglietto bil'jeto
Einwohner	resident 'residənt	l' habitant m abi'tā	el habitante abi'tante	l' abitante mf abi'tante
einziehen	move in muhw in	eménager āmehna'scheh	entrar, instalarse en'trar, inßta'larße	infilare, ritirare infi'lare, riti'rare
Eiskrem	ice cream aiß krihm	la crème glacée kräm gla'ßeh	el helado e'lado	il gelato dsche'lato
Eltern	parents 'pärəntß	les parents m pa'rā	los padres 'padreß	i genitori dscheni'tori
E-Mail	email 'ihmäjl	le E-mail i'mehl	el correo electrónico ko'reo elek'troniko	l' e-mail f i'mäil
empfangen	receive ri'ßihw	recevoir rəßəwu'ahr	recibir reθi'bir	ricevere ri'tschewere
Empfänger	recipient ri'ßipiənt	le destinateur deßtina'tör	el receptor, el destinatario reθep'tor, deßtina'tario	il destinatario deßtina'tario
empfehlen	recommend rekə'mend	conseiller kōßeh'jeh	recomendar rekomen'dar	raccomandare rakoman'dare
Ende	end end	la fin fē	el fin fin, el final fi'nal	la fine 'fine
endlich	finally 'fainəli	enfin ā'fē	por fin por fin	finalmente final'mente
eng	tight, narrow, close tajt, 'närou, klouß	serré ßä'reh	estrecho eß'tretscho	stretto 'ßtretto
Enkel	grandchild 'grändtschaild	le petit enfant pətitā'fā	el nieto ni'eto	il nipote ni'pote
entdecken	discover diß'kawər	découvrir dehku'wrir	descubrir deßku'brir	scoprire ßko'prire
Entfernung	distance 'dißtənß	la distance diß'tāß	la distancia diß'tanθia	la distanza diß'tantßa
entschuldigen	excuse ikß'kjuhs	excuser ekßü'seh	disculpar dißkul'par	scusare ßku'sare
Entschuldigung	excuse ikß'kjuhs	l' excuse f ekß'kühs	la disculpa diß'kulpa	la scusa 'ßkusa
Enttäuschung	disappointment dißə'pojntmənt	la déception dehßäp'ßjō	la decepción deθepθi'ɔn	la delusione delu'sjone
er	he hi	il il	él el	lui 'lui

Sonderzeichen in der Lautschrift: ə angedeutetes e wie in bitt**e**; ɔ offenes o wie in **P**ost; ß scharfes s wie in na**ss**; θ weiches s wie in Fa**ss**, aber gelispelt; ð s wie in **S**ense, aber gelispelt; ā nasal gesprochener Vokal wie in Ch**an**son; ē nasal gesprochener Vokal wie in p**oin**tiert; ō nasal geprochener Vokal wie in Jet**on**; sch weiches sch wie in **G**in

fernsehen

Deutsch	Englisch	Französisch	Spanisch	Italienisch
Erde	earth örθ, ground graund	la terre tär	la tierra ti'era	la terra 'tära
Erdgeschoss	ground floor graund flɔr	le rez-de-chaussée rädscho'ßeh	el bajo 'bacho	il pianterreno pjante'reno
Erfahrung	experience ikß'pirienß	l' expérience f ekßpehri'jäß	la experiencia ekßperi'enθia	l' esperienza f eßper'jentßa
ergänzen	add äd	compléter köpleh'teh	añadir anja'dir	completare komple'tare
erinnern	remind ri'majnd	rappeler rap'leh	acordarse akor'darße	ricordare rikor'dare
Erkältung	cold kould	le rhume rüm	el resfriado reßfri'ado	il raffreddore rafre'dore
erklären	explain ikß'pläjn	expliquer ekßpli'keh	explicar ekßpli'kar	spiegare ßpje'gare
erlauben	allow ə'lau	permettre per'mätrə	permitir permi'tir	permettere per'metere
Erlaubnis	permission pə'mischn	la permission permi'ßjõ	el permiso per'mißo	il permesso per'meßo
erreichen	achieve ə'tschihw	atteindre a'tẽdrə	alcanzar alkan'θar	raggiungere, arrivare ra'dschundschere, ari'ware
Erwachsener	adult 'ädalt	l' adulte m a'dült	el adulto a'dulto	l' adulto m a'dulto
erzählen	tell tell	raconter rakõ'teh	contar kon'tar	raccontare rakon'tare
es	it it	ça ßa	lo lo	quello, quella ku'ello, ku'ella
essen	eat iht	manger mã'scheh	comer ko'mer	mangiare man'dschare
Essen	meal mihl	le repas rə'pa	la comida ko'mida	il mangiare man'dschare
etwas	something, some 'ßamθing, ßam	quelque chose 'kälkə schohs	algo 'algo	qualcosa kual'kosa
euch	you ju	vous wu	os, vosotros oß, woß'otroß	vi wi
euer, eure	your jɔr	votre, vos 'wɔtr, wo	vuestro wu'eßtro	vostro/e woßtro/e

Faden	thread θräd	le fil fil	el hilo 'ilo	il filo 'filo
Fähre	ferry 'ferri	le bac back	el transbordador tranßborda'dor	il traghetto tra'getto
fahren	drive draiw	aller, conduire a'leh, kõdu'ir	ir, conducir ir, kondu'θir	andare, guidare an'dare, gui'dare
Fahrer	driver 'draiwər	le conducteur kõdük'tör	el conductor konduk'tor	l' autista mf, il conducente au'tißta, kondu'tschente
Fahrkarte	ticket 'tickət	le billet bi'jä	el billete, bi'jete	il biglietto bil'jeto
Fahrplan	timetable 'taimtäjbl	les horaires m o'rär	el horario o'rario	l' orario m o'rario
Fahrrad	bicycle 'bajßikl	la bicyclette ß biß'klett	la bicicleta biθi'kleta	la bicicletta bitschi'kleta
fallen	fall fɔl	tomber tõ'beh	caer ka'er	cadere ka'dere
falls	in case in käjß	si ßi	si ßi	nel caso che nel 'kaso ke
falsch	wrong rɔng	faux fo	falso 'falßo	sbagliato, falso sbal'jato, 'falßo
Familie	family 'fämili	la famille fa'mij	la familia fa'milia	la famiglia fa'milja
fast	almost 'ɔlmoußt	presque 'präßkə	casi 'kaßi	quasi ku'asi
fehlen	miss miß	manquer mã'keh	faltar fal'tar	mancare man'kare
Fehler	mistake miß'täjk	la faute foht	el error e'ror	lo sbaglio, l'errore m 'sbaljo, e'rore
Feier	party 'pahti	la fête fett	la fiesta fi'eßta	la festa 'feßta
feiern	celebrate 'ßelibräjt	fêter fä'teh	celebrar θele'brar	festeggiare feßte'dschare
Fenster	window u'indou	la fenêtre fə'nätrə	la ventana wen'tana	la finestra fi'neßtra
Ferien	holidays 'hɔlədäjß	les vacances f wa'kãß	las vacaciones wakaθi'oneß	le vacanze, le ferie wa'kantße, 'färje
fernsehen	watch TV u'ɔtsch ti'wi	regarder la télé rəgar'deh la teh'leh	ver la tele wer la 'tele	guardare la televisione guar'dare la telewi'sjone

Sonderzeichen in der Lautschrift: ə angedeutetes e wie in bitte; ɔ offenes o wie in Post; ß scharfes s wie in nass; θ weiches s wie in Fass, aber gelispelt; ð s wie in Sense, aber gelispelt; ã nasal gesprochener Vokal wie in Chanson; ẽ nasal gesprochener Vokal wie in pointiert; õ nasal gesprochener Vokal wie in Jeton; sch weiches sch wie in Gin

Wortschatz A–Z

E F

241

Fernseher

Deutsch	Englisch	Französisch	Spanisch	Italienisch
Fernseher	television 'teləwischən	le téléviseur tehlehwi'sör	la televisión telewißi'ɔn	la televisione telewi'sjone
fertig	ready 'räddi	terminé tärmi'neh	listo 'lißto	terminato, pronto termi'nato, 'pronto
fest	solid, firm ' ßolid, förm	dur m dür	fijo 'ficho	solido, forte 'ßolido, 'forte
Feuer	fire 'faiər	le feu fö	el fuego fu'ego	il fuoco fu'ɔko
Feuerwehr	fire brigade 'faiər bri'gäjd	les pompiers m pɔm'pjeh	los bomberos bom'beroß	i vigili del fuoco 'widschili del fu'ɔko
Feuerzeug	lighter 'laitər	le briquet bri'keh	el mechero me'tschero	l' accendino m atschen'dino
Fieber	fever 'fihwər	la fièvre 'fjäwrə	la fiebre fi'ebre	la febbre 'fäbre
Film	picture, film 'piktschə, film	le film film	la película pe'likula	la pellicola, il film pe'likola, film
finden	find faind	trouver tru'weh	encontrar enkon'trar	trovare tro'ware
Finger	finger 'fingər	le doigt du'a	el dedo 'dedo	il dito 'dito
Firma	company 'kampəni	l' entreprise f ätrə'prihs	la empresa em'preßa	la ditta 'ditta
Fisch	fish fisch	le poisson pua'ßö	el pescado peß'kado	il pesce 'pesche
flach	flat flätt	plat pla	plano 'plano	piano, basso 'pjano, 'baßo
Flasche	bottle 'bɔtl	la bouteille bu'täj	la botella bo'teja	la bottiglia bo'tilja
Fleisch	meat miht	la viande wi'jäd	la carne 'karne	la carne 'karne
fleißig	diligent 'dilidschənt	appliqué apli'keh	aplicado apli'kado	diligente dili'dschente
fliegen	fly flai	voler wo'leh	volar wo'lar	volare wo'lare
Flughafen	airport 'ärpɔht	l' aéroport m aehro'pɔr	el aeropuerto aeropu'erto	l' aeroporto m aero'pɔrto
Flugzeug	plane pläjn	l' avion m a'wjö	el avión awi'ɔn	l' aereo m a'äreo
Fluss	river 'riwər	la rivière riw'jär	el río 'rio	il fiume 'fjume
folgen	follow 'folou	suivre ßu'iwrə	seguir ße'gir	seguire ßegu'ire
Form	form fɔhm	la forme fɔrm	la forma 'forma	la forma 'forma
Foto	photo 'foutou	la photo fo'to	la foto 'foto	la foto 'fɔto
Frage	question ku'eßtschn	la question käß'tjö	la pregunta pre'gunta	la domanda do'manda
fragen	ask ahßk	demander dəmä'deh	preguntar pregun'tar	domandare doman'dare
Frau	woman 'wummən	la femme famm	la mujer mu'cher	la donna 'donna
frei	free fri	libre 'lihbrə	libre 'libre	libero 'libero
freiwillig	voluntary u'ɔləntri	volontaire wolö'tär	voluntario wolun'tario	volontario wolon'tario
Freizeit	free time fri taim	le temps libre tä 'librə	el tiempo libre ti'empo 'libre	il tempo libero 'tempo 'libero
fremd	strange ßträjndsch	étranger ehträ'scheh	extraño ekß'tranjo	straniero ßtra'njero
Freude	joy dschɔj	la joie schu'a	la alegría ale'gria	la gioia 'dschɔja
freuen	be pleased bi plihsd	réjouir rehschu'ir	alegrarse ale'grarße	essere contento 'äßere kon'tento
Freund	friend frend, boyfriend 'bojfrend	l' ami m a'mi	el amigo a'migo	l' amico m, il ragazzo a'miko, ra'gatßo
Freundin	friend, girlfriend frend, 'görlfrend	l' amie f a'mi	la amiga a'miga	l' amica f, la ragazza a'mika, ragazza
freundlich	kind kaind	aimable ä'mablə	amable a'mable	gentile dschen'tile
frisch	fresh fresch	frais frä	fresco 'freßko	fresco 'freßko
Friseur	hairdresser 'härdreßər	le coiffeur m kua'för	el peluquero pelu'kero	il parrucchiere paru'kjere
fröhlich	happy 'häppi	joyeux schua'jö	alegre a'legre	allegro a'legro
früh	early 'örli	tôt to	temprano tem'prano	presto 'preßto
Frühstück	breakfast 'bräkfəßt	le petit-déjeuner pətidehschö'neh	el desayuno deßa'juno	la colazione kola'tßjone
fühlen	feel fihl	sentir ßä'tir	sentir ßen'tir	sentire ßen'tire
Führerschein	driving licence 'draiwing 'lajßənß	le permis per'mi	el pemiso de conducir per'mißo de kondu'θir	la patente pa'tente
füllen	fill fill	remplir rä'plir	llenar je'nar	riempire rijem'pire
für	for, in favour fɔr , in 'fäjwər	pour pur	para 'para, por por	per per
Fuß	foot futt	le pied pjeh	el pie pi'e	il piede 'pjäde
Fußball	football 'futtbɔl	le football futt'bɔl	el fútbol 'futbol	il calcio 'kaltscho

Sonderzeichen in der Lautschrift ə angedeutetes e wie in bitt**e**; ɔ offenes o wie in P**o**st; ß scharfes s wie in na**ss**; θ weiches s wie in Fa**ss**, aber gelispelt; ð s wie in **S**ense, aber gelispelt; ä nasal gesprochener Vokal wie in Ch**an**son; ë nasal gesprochener Vokal wie in p**oi**ntiert; ö nasal gesprochener Vokal wie in Jet**on**; sch weiches sch wie in **G**in

Glas

Deutsch	Englisch	Französisch	Spanisch	Italienisch
Gabel	fork fɔhk	la fourchette fur'schett	el tenedor tene'dor	la forchetta for'keta
ganz	complete kəm'pliht	entier ã'tjeh	entero en'tero	tutto, intero 'tuto, in'tero
Garantie	guarantee gärən'ti	la garantie garã'ti	la garantía garan'tia	la garanzia garan'tßia
Garten	garden 'gahdən	le jardin schar'dẽ	el jardín char'din	il giardino dschar'dino
Gas	gas gäß	le gaz gas	el gas gaß	il gas gaß
Gast	guest gäßt	l' invité ẽwi'teh	el huésped u'eßped	l' ospite mf 'ɔßpite
Gebäude	building 'bilding	l' immeuble m i'möblə	el edificio edi'fiθio	l' edificio m edi'fitscho
geben	give giw	donner dɔ'neh	dar dar	dare 'dare
geboren	born bɔhn	être né 'ätrə neh	nacido na'θido	nato 'nato
Geburtstag	birthday 'börθdäj	l' anniversaire m aniwer'ßär	el cumpleaños kumple'anjos	il compleanno komple'ano
Gedächtnis	memory 'memərj	la mémoire mehmu'ahr	la memoria me'moria	la memoria me'moria
Gedanke	thought θɔht	la pensée pã'ßeh	el pensamiento, la idea penßami'ento, i'dea	il pensiero pen'ßjero
gefährlich	dangerous 'däjndschərəß	dangereux dãschə'rö	peligroso peli'großo	pericoloso periko'loso
gefallen	like laik	plaire plär	gustar guß'tar	piacere pja'tschere
gegen	against ə'gänßt	contre 'kõtrə	contra 'kontra	contro 'kontro
Gegenteil	opposite 'ɔpəsit	le contraire kõ'trär	el contrario kon'trario	il contrario kon'trario
gegenüber	opposite to 'ɔpəsit tu	en face ã faß	enfrente en'frente	di fronte a di 'fronte a
Gehalt	salary 'ßäləri	le salaire ßa'lär	el sueldo ßu'eldo	lo stipendio ßti'pendio
gehen	go gou	aller a'leh	ir ir	andare an'dare
gehören	belong bi'lɔng	appartenir apartə'nir	pertenecer pertene'θer	appartenere aparte'nere
Geld	money 'manni	l' argent m ar'schã	el dinero di'nero	il denaro, i soldi de'naro, 'ßoldi
Gemüse	vegetable u'ädschtəbl	le légume leh'güm	la verdura wer'dura	la verdura wer'dura
genau	exact ek'ßäkt	précis preh'ßi	exacto ekß'akto	esatto e'satto
genug	enough ə'naf	assez a'ßeh	suficiente ßufiθi'ente	abbastanza abaß'tantßa
Gepäck	luggage 'lagitsch	les bagages m ba'gahsch	el equipaje eki'pache	il bagaglio ba'galjo
gerade	straight ßträjt	droit dru'a	recto 'rekto	dritto 'drito
geradeaus	straight ahead ßträjtə'hed	tout droit tu dru'a	seguido ße'gido	diritto 'drito
gern, gerne	gladly 'glädli	volontiers wolõ'tjeh	con gusto kon 'gußto	volentieri wolen'tjeri
Geschäft	business, shop 'bisnəß, schɔp	le magasin maga'sẽ	el negocio, la tienda ne'goθi, ti'enda	il negozio ne'gɔtßjo
Geschenk	present 'presənt	le cadeau ka'do	el presente pre'ßente	il regalo re'galo
geschieden	divorced di'wɔrßd	divorcé diwor'ßeh	divorciado diworθi'ado	divorziato diwor'tßjato
Geschirr	dishes 'dischəs	la vaisselle wä'ßell	la vajilla wa'chija	i piatti 'pjatti
Geschwindigkeit	speed ßpihd	la vitesse wi'teß	la velocidad weloθi'dad	la velocità welotschi'ta
Geschwister	brothers and sisters 'braðərs änd 'ßißtərs	frères et sœurs frär e ßör	los hermanos er'manoß	i fratelli, le sorelle fra'telli, ßo'relle
Gesicht	face fäjß	le visage wi'sahsch	la cara 'kara	il viso 'wiso
Gespräch	conversation kɔnwə'ßäjschn	la conversation kõwersa'ßjõ	la conversación konwerßaθi'ɔn	la conversazione konwerßa'tßjone
gestern	yesterday 'jeßtədäj	hier i'jär	ayer a'jer	ieri 'järi
gestorben	died dajd	mort mɔr	muerto mu'erto	morto 'morto
gesund	healthy 'helθi	sain ßẽ	sano 'ßano	sano 'ßano
Gesundheit	health helθ	la santé ßã'teh	la salud ßa'lud	la salute ßa'lute
Getränk	beverage 'bewəridsch	la boisson bua'ßõ	la bebida be'bida	la bevanda be'wanda
Gewicht	weight u'äjt	le poids pu'a	el peso 'peßo	il peso 'peso
gewinnen	win u'in	gagner gan'jeh	ganar ga'nar	vincere 'wintschere
Gewitter	thunderstorm 'θandəßtɔrm	l' orage m o'rahsch	la tormenta tor'menta	il temporale tempo'rale
giftig	poisonous 'poisənəß	empoisonné ãpuaso'neh	venenoso wene'noßo	velenoso wele'noso
Glas	glass glahß	le verre wer	el vaso, el vidrio 'waßo, 'widrio	il vetro, il bicchiere 'wetro, bik'jere

Sonderzeichen in der Lautschrift   ə angedeutetes e wie in bitt**e**; ɔ offenes o wie in P**o**st; ß scharfes s wie in na**ss**; θ weiches s wie in Fa**ss**, aber gelispelt; ð s wie in **S**ense, aber gelispelt; ã nasal gesprochener Vokal wie in Ch**an**son; ẽ nasal gesprochener Vokal wie in p**oi**ntiert; õ nasal gesprochener Vokal wie in Jet**on**; sch weiches sch wie in **G**in

glauben

Deutsch	Englisch	Französisch	Spanisch	Italienisch
glauben	believe bi'lihw	croire kru'ahr	creer kre'er	credere 'kredere
gleich	same, immediately ßäjm, i'midiətli	égal, tout de suite eh'gal, tu də ßu'it	igual igu'al, pronto 'pronto	uguale, subito ugu'ale, 'ßubito
gleichzeitig	simultaneously ßiml'täjniəßli	en même temps ã mäm tã	simultáneo ßimul'taneo	contemporaneo kontempo'raneo
Glück	luck lack	le bonheur bɔn'ör	la suerte ßu'erte	la fortuna for'tuna
glücklich	lucky, happy 'lacki, 'häpi	heureux ö'rö	contento kon'tento	fortunato, felice fortu'nato, fe'litsche
Grad	degree di'gri	le degré də'greh	el grado 'grado	il grado 'grado
Gramm	gramme gräm	le gramme gram	el gramo 'gramo	il grammo 'gramo
gratis, gebührenfrei	free of charge fri ɔf tschahtsch	gratuit gratu'i	gratis 'gratiß	gratis, gratuito 'gratiß, gratu'ito
gratulieren	congratulate kən'grätschjulӓjt	féliciter fehlißi'teh	felicitar feliθi'tar	fare gli auguri 'fare l'ji au'guri
Grenze	border 'bɔhdər	la frontière frõ'tjär	la frontera fron'tera	il confine kon'fine
grillen	grill grill	griller gri'jeh	asar a'ßar	grigliare, arrostire gril'jare, aroß'tire
groß	tall, big tɔhl, big	grand grã	grande, alto 'grande, 'alto	grande 'grande
Größe	height, size hait, ßajs	la taille taij	el tamaño, la altura ta'manjo, al'tura	la misura, l'altezza f mi'sura, al'tetßa
Großeltern	grandparents 'grändpärəntß	les grands-parents gräpa'rã	los abuelos abu'eloß	i nonni 'nonni
Großmutter	grandmother 'grändmaðər	la grand-mère grã'mär	la abuela abu'ela	la nonna 'nonna
Großvater	grandfather 'grändfahðər	le grand-père grã'pär	el abuelo abu'elo	il nonno 'nonno
Grund	reason 'rihsən	la raison rä'sõ	la razón ra'θɔn	il motivo, il suolo mo'tiwo, ßu'ɔlo
Gruppe	group gruhp	le groupe grup	el grupo 'grupo	il gruppo 'grupo
Gruß	greeting 'grihting	la salutation ßalüta'ßjõ	el saludo ßa'ludo	il saluto ßa'luto
gültig	valid 'wälid	valable wa'lablə	válido 'walido	valido 'walido
günstig	favourable 'fäjwərəbl	bon marché bõ mar'scheh	barato ba'rato	conveniente, favorevole konwe'njente, fawo'rewole
gut	good gud	bon bõ	bueno bu'eno	buono bu'ɔno

Haare	hair här	les cheveux m schə'wö	los pelos 'peloß	i capelli ka'pelli
haben	have häw	avoir awu'ahr	tener te'ner	avere a'were
Hälfte	half hahf	la moitié mua'tjeh	la mitad mi'tad	la metà me'ta
hallo	hello hə'lou	allô a'lo	hola 'ola	ciao, salve 'tschao, 'ßalwe
Hals	neck neck	le cou ku	el cuello ku'ejo	il collo 'kollo
halten	hold, last hould, lahßt	arrêter arä'teh	parar, sujetar pa'rar, ßuche'tar	fermare, tenere fer'mare, te'nere
Haltestelle	stop ßtɔp	l' arrêt m a'rä	la parada pa'rada	la fermata fer'mata
Hand	hand händ	la main mẽ	la mano 'mano	la mano 'mano
Handtasche	handbag 'händbäg	le sac à main ßak a mẽ	el bolso de mano 'bolßo de 'mano	la borsetta bor'ßeta
Handtuch	towel 'tauəl	la serviette ßer'wjätt	la toalla to'aja	l' asciugamano m aschuga'mano
Handy	mobile phone 'moubail foun	le portable pɔr'tablə	el teléfono móvil te'lefono 'mɔwil	il cellulare tschelu'lare
hängen	hang häng	pendre 'pädrə	colgar kol'gar	appendere a'pendere
hart	hard hard	dur dür	duro 'duro	duro 'duro

Sonderzeichen in der Lautschrift ə angedeutetes e wie in bitte; ɔ offenes o wie in Post; ß scharfes s wie in nass; θ weiches s wie in Fass, aber gelispelt; ð s wie in Sense, aber gelispelt; ã nasal gesprochener Vokal wie in Chanson; ẽ nasal gesprochener Vokal wie in pointiert; õ nasal geprochener Vokal wie in Jeton; sch weiches sch wie in Gin

Husten

Deutsch	Englisch	Französisch	Spanisch	Italienisch
hässlich	ugly 'agli	laid lä	feo 'feo	brutto 'brutto
Haus	house hauß	la maison mä'sö	la casa 'kaßa	la casa 'kasa
Haushalt	household 'haußhould	le ménage meh'nah<u>sch</u>	el hogar o'gar	la casa 'kasa
Haut	skin ßkin	la peau po	la piel pi'el	la pelle 'pelle
heben	lift lift	lever lə'weh	levantar lewan'tar	alzare, sollevare al'tßare, ßole'ware
heiraten	marry 'märri	marier mari'eh	casarse ka'ßarße	sposarsi ßpo'sarßi
heiß	hot hɔtt	chaud scho	caliente kali'ente	molto caldo, bollente 'molto 'kaldo, bo'lente
heißen	call kɔhl	s'appeler ßap'leh	llamarse ja'marße	chiamarsi kja'marßi
Heizung	heating 'hihting	le chauffage scho'fah<u>sch</u>	la calefacción kalefak<u>θ</u>i'ɔn	il riscaldamento rißkalda'mento
helfen	help help	aider ä'deh	ayudar aju'dar	aiutare aju'tare
hell	light lait	clair klär	claro 'klaro	chiaro 'kjaro
Hemd	shirt schört	la chemise sch<u>ə</u>'mihs	la camisa ka'mißa	la camicia ka'mitscha
heraufkommen	come up kam ap	monter mö'teh	subir ßu'bir	salire ßa'lire
herauskommen	come out kam aut	sortir ßor'tir	salir ßa'lir	uscire u'schire
Herd	cooker 'kucker	la cuisinière kuisin'jär	la cocina ko'θina	cucina elettrica/a gas ku'tschina e'letrika/a gaß
hereinkommen	come in kam in	rentrer rä'treh	entrar en'trar	entrare en'trare
Herr	mister, gentleman 'mißtər, d<u>sch</u>äntlmän	le monsieur mə'ßjö	el señor ßen'jor	il signore ßin'jore
herstellen	produce prə'djuhß	produire produ'ir	producir produ'θir	fabbricare, creare fabri'kare, kre'are
herunterkommen	come down kam daun	descendre deh'ßädrə	bajar ba'char	scendere 'schendere
Herz	heart haht	le cœur kör	el corazón kora'θɔn	il cuore ku'ɔre
heute	today tu'däj	aujourd'hui o<u>sch</u>urdu'i	hoy oj	oggi 'ɔd<u>sch</u>i
hier	here 'hiə	ici i'ßi	aquí a'ki	qui ku'i
Hilfe	help help	l' aide f äd	la ayuda a'juda	l' aiuto m a'juto
Himmel	sky ßkaj	le ciel ßi'äl	el cielo θi'elo	il cielo 'tschälo
Hinduismus	hinduism 'hinduisəm	l' hindouisme m ēdu'ißmə	el hinduismo indu'ißmo	l' induismo m indu'ismo
hinten	back bäck	à l'arrière a lari'jär	detrás de'traß	dietro, in fondo 'djetro, in 'fondo
hinter	behind bi'haind	derrière deri'jär	detrás de de'traß de	dietro, dopo 'djetro, 'dɔpo
Hitze	heat hiht	la chaleur scha'lör	el calor ka'lor	il grande caldo, il calore 'grande 'kaldo, ka'lore
Hobby	hobby 'hɔbbi	le loisir lua'sir	el hobby 'obi	l' hobby m, il passatempo 'ɔbi, paßa'tempo
hoch	high hai	haut o	alto 'alto	alto 'alto
höchstens	at the most ät ðə moußt	au maximum o maksi'mom	como mucho 'komo 'mutscho	al massimo al 'maßimo
Hochzeit	wedding u'äding	le mariage mari'ah<u>sch</u>	la boda 'boda	il matrimonio matri'mɔnio
holen	get gätt	aller chercher a'leh schär'scheh	traer tra'er	prendere 'prendere
Holz	wood wud	le bois bu'a	la madera ma'dera	il legno 'lenjo
hören	listen, hear 'lißn, 'hiə	écouter ehku'teh	escuchar eßku'tschar	sentire ßen'tire
Hose	trousers 'trausərs	le pantalon pãta'lö	el pantalón panta'lɔn	i pantaloni panta'loni
Hotel	hotel hou'tel	l' hôtel m o'tel	el hotel o'tel	l' hotel m, l'albergo m o'tel , al'bergo
Hund	dog dɔg	le chien schi'ē	el perro 'pero	il cane 'kane
Hunger	hunger 'hangər	la faim fē	hambre 'ambre	la fame 'fame
hungrig	hungry 'hangri	avoir faim awu'ahr fē	hambriento ambri'ento	avere fame, affamato a'were 'fame, afa'mato
Husten	cough kaf	la toux tu	el tos toß	la tosse 'toße

Sonderzeichen in der Lautschrift ə angedeutetes e wie in bitt**e**; ɔ offenes o wie in P**o**st; ß scharfes s wie in na**ss**; θ weiches s wie in Fa**ss**, aber gelispelt; ð s wie in **S**ense, aber gelispelt; ã nasal gesprochener Vokal wie in Ch**an**son; ē nasal gesprochener Vokal wie in p**oi**ntiert; ō nasal gesprochener Vokal wie in Jet**on**; <u>sch</u> weiches sch wie in **G**in

245

ich

Deutsch	Englisch	Französisch	Spanisch	Italienisch

I

ich	I, me ai, mi	je schə	yo jo	io 'io
Idee	idea aj'diə	l' idée f i'deh	la idea i'dea	l' idea f i'dea
ihm	him him	le, lui lə, lu'i	le le	gli l'ji
ihn	him him	le, lui lə, lu'i	lo lo	lo, lui lo, 'lui
ihr	her hör	lui, elle lu'i, äl	le, vosotros le, woß'otroß	voi, a lei, sua woj, a läj, 'ßua
im	in (the), at in (ðə), ät	dans dā	en el en el	nel nel
immer	always 'ɔhluäjß	toujours tu'schur	siempre ßi'empre	sempre 'ßempre
in	in in	dans dā	en, a en, a	in, a in, a
Industrie	industry 'indəßtri	l' industrie f ēdüß'tri	la industria in'dußtria	l' industria f in'dußtria
Information	information infɔr'mäjschn	l' information f ēforma'ßjō	la información informaθi'ɔn	l' informazione f informa'tßjone
Inhalt	content 'kɔntent	le contenu kõt'nü	el contenido konte'nido	il contenuto konte'nuto
inklusive	including in'kluhding	y compris i kõ'pri	incluido inklu'ido	incluso in'kluso
Insel	island 'ajlənd	l' île f il	la isla 'ißla	l' isola f 'isola
intelligent	intelligent in'telidschənt	intelligent ētäli'schä	inteligente inteli'chente	intelligente inteli'dschente
interessant	interesting 'intraßting	intéressant ētehrä'ßä	interesante intere'ßante	interessante intere'ßante
Interesse	interest 'intraßt	l' intérêt m ēteh'rä	el interés inte'reß	l' interesse m inte'reße
international	international intər'näschənəl	international ēternaßjo'nal	internacional internaθio'nal	internazionale internatßjo'nale
Internet	internet 'intərnet	l' internet m ēter'net	el internet inter'net	l' internet f inter'net
irgendwo	somewhere, anywhere 'ßamuär, 'äniuär	quelque part 'kälkə par	en alguna parte en al'guna 'parte	in qualche posto in ku'alke 'poßto
Islam	Islam is'lahm	l' islam m iß'lam	el islam iß'lam	l' islam(ismo) m islam'(ismo)

J

ja	yes jeß	oui u'i	sí ßi	sì ßi
Jacke	jacket 'dschäkit	la veste west	la chaqueta tscha'keta	la giacca 'dschaka
Jahr	year 'jiər	l' année f a'neh	el año 'anjo	l' anno m 'anno
jeder	anyone 'äniuan, everybody 'ewribadi	chacun scha'kē	cada uno 'kada 'uno	ognuno on'juno
jemand	anyone, somebody 'äniuan, 'ßambadi	quelqu'un käl'kē	alguno al'guno	qualcuno kual'kuno
jetzt	now nau	maintenant mētə'nä	ahora a'ora	adesso a'deßo
Judentum	Judaism 'dschudaisəm	le judaïsme schüda'ißmə	el judaísmo chuda'ißmo	l' ebraismo m ebra'ismo
Jugend	youth juhθ	la jeunesse schö'näß	la juventud chuwen'tud	la gioventù dschowen'tu
jung	young jang	jeune schönn	joven 'chowen	giovane 'dschowane
Junge	boy bɔj	le garçon gar'ßõ	el chico 'tschiko	il ragazzo ra'gatßo

K

Kaffee	coffee 'kɔfi	le café ka'feh	el café ka'fe	il caffè ka'fä
Kalender	calendar 'kälindər	le calendrier kalādri'jeh	el calendario kalen'dario	il calendario, l'agenda f kalen'dario, a'dschenda
kalt	cold kould	froid fru'a	frío 'frio	freddo 'freddo
Kamera	camera 'kämərə	la caméra kameh'ra	la cámara 'kamara	la macchina fotografica 'makina fɔto'grafika
Kanne	can, pot kän, pɔtt	le pot po	la jarra 'chara	il bricco 'briko
kaputt	broken 'broukən	cassé ka'ßeh	roto 'roto	rotto, guasto 'rɔtɔ, gu'aßto

Sonderzeichen in der Lautschrift ə angedeutetes e wie in bitt**e**; ɔ offenes o wie in P**o**st; ß scharfes s wie in na**ss**; θ weiches s wie in Fa**ss**, aber gelispelt; ð s wie in **S**ense, aber gelispelt; ä nasal gesprochener Vokal wie in Ch**an**son; ē nasal gesprochener Vokal wie in p**oin**tiert; õ nasal gesprochener Vokal wie in Jet**on**; sch weiches sch wie in **G**in

kühl

Deutsch	Englisch	Französisch	Spanisch	Italienisch
Karte	map, card mäp, kard	la carte kart	el mapa, la tarjeta 'mapa, tar'cheta	la mappa, il biglietto 'mapa, bil'jeto
Kartoffel	potato pə'täjtou	la pomme de terre pɔm də tär	la patata pa'tata	la patata pa'tata
Käse	cheese tschihs	le fromage fro'mahsch	el queso 'keßo	il formaggio for'madscho
Kasse	cash point käsch pɔjnt	la caisse käß	la caja 'kacha	la cassa 'kaßa
Katze	cat kät	le chat scha	el gato 'gato	il gatto 'gatto
kaufen	buy baj	acheter asch'teh	comprar kom'prar	comprare kom'prare
kaum	hardly 'hardli	à peine a pän	apenas a'penaß	(non) appena (non) a'pena
Keller	basement 'bäjßmənt	la cave kahw	el sótano 'ßotano	la cantina kan'tina
kennen	know nou	connaître ko'nätrə	conocer kono'θer	conoscere ko'noschere
kennen lernen	get to know gätt tu nou	rencontrer räkö'treh	conocer kono'θer	fare conoscenza 'fare kono'schentßa
Kilogramm	kilogramme 'kiləgräm	le kilogramme kilo'gram	el kilogramo kilo'gramo	il chilogrammo kilo'gramo
Kilometer	kilometre 'kiləmitər	le kilomètre kilo'mätrə	el kilómetro ki'lɔmetro	il chilometro ki'lɔmetro
Kind	child tschajld	l' enfant m ã'fã	el niño 'ninjo	il bambino bam'bino
Kindergarten	kindergarten 'kindəgahtən	la garderie gardə'ri	el jardín de infancia char'din de in'fanθia	l' asilo m a'silo
Kinderzimmer	nursery 'nörßəri	la chambre d'enfants 'schäbr dã'fã	el cuarto de los niños ku'arto de loß 'ninjoß	la stanza dei bambini 'ßtantßa 'dei bam'bini
Kino	cinema 'ßinəma	le cinéma ßineh'ma	el cine 'θine	il cinema 'tschinema
Kirche	church tschörtsch	l' église f eh'glihs	la iglesia i'gleßia	la chiesa 'kjäsa
klar	clear 'kliər	clair klär	claro 'klaro	chiaro, certo 'kjaro, 'tscherto
Kleid	dress dreß	la robe rɔb	el vestido weß'tido	il vestito weß'tito
Kleidung	clothes klouðs	les habits m, les vêtements m a'bi, wät'mã	la ropa 'ropa	l' abbigliamento m abilija'mento
klein	small ßmɔhl	petit pə'ti	pequeño pe'kenjo	piccolo 'pikolo
klingeln	ring ring	sonner ßɔ'neh	sonar ßo'nar	suonare ßuo'nare
klopfen	knock nɔck	frapper fra'peh	llamar, golpear ja'mar, golpe'ar	bussare bu'ßare
Knopf	button 'battn	le bouton bu'tõ	el botón bo'tɔn	il bottone bo'tone
kochen	cook kuck	cuire ku'ir	cocinar koθi'nar	cucinare kutschi'nare
Koffer	suitcase 'ßjuhtkäjß	la valise wa'lihs	la maleta ma'leta	la valigia wa'lidscha
komisch	funny 'fanni	drôle drohl	gracioso graθi'oßo	strano 'ßtrano
kommen	come kam	venir wə'nir	llegar, venir je'gar, we'nir	venire we'nire
können	can kän	pouvoir puwu'ahr	poder po'der	potere po'tere
Konto	account ə'kaunt	le compte köt	la cuenta ku'enta	il conto corrente 'konto ko'rente
Konzert	concert 'kɔnßört	le concert kö'ßer	el concierto konθi'erto	il concerto kon'tscherto
Kopf	head häd	la tête tät	la cabeza ka'beθa	la testa 'teßta
Körper	body 'bɔdi	le corps kor	el cuerpo ku'erpo	il corpo 'korpo
Kosmetik	cosmetics kɔs'metikß	la cosmétique koßmeh'tik	la cosmética koß'metika	la cosmetica kos'metika
kosten	cost kɔßt	coûter ku'teh	costar koß'tar	costare koß'tare
Kraft	force, power fɔhß, 'pauər	la force fɔrß	la fuerza fu'erθa	la forza 'fortßa
krank	ill ill	malade ma'lad	enfermo en'fermo	malato ma'lato
Krankheit	illness 'illnəß	la maladie mala'di	la enfermedad enferme'dad	la malattia mala'tia
Kreis	circle 'ßörkəl	le cercle 'ßerklə	el círculo 'θirkulo	il cerchio 'tscherkjo
Kreuzung	crossing 'krɔßing	le croisement kruase'mã	el cruce 'kruθe	l' incrocio m in'krotscho
Küche	kitchen 'kitschən	la cuisine kui'sin	la cocina ko'θina	la cucina ku'tschina
Kuchen	cake käjk	le gâteau ga'to	el pastel paß'tel	la torta 'torta, il dolce 'doltsche
Kugelschreiber	ball-point pen 'bɔhlpɔjnt pen	le stylo ßti'lo	el bolígrafo bo'ligrafo	la penna 'penna
kühl	cool kuhl	frais frä	fresco 'freßko	fresco 'freßko

Sonderzeichen in der Lautschrift   ə angedeutetes e wie in bitte; ɔ offenes o wie in Post; ß scharfes s wie in nass; θ weiches s wie in Fass, aber gelispelt; ð s wie in Sense, aber gelispelt; ã nasal gesprochener Vokal wie in Chanson; ë nasal gesprochener Vokal wie in pointiert; ö nasal gesprochener Vokal wie in Jeton; sch weiches sch wie in Gin

Kühlschrank

Deutsch	Englisch	Französisch	Spanisch	Italienisch
Kühlschrank	refrigerator ri'frid<u>sch</u>ərätər	le frigo fri'go	el frigorífico frigo'rifiko	il frigorifero frigo'rifero
Kunde	client 'klajənt	le client kli'jä	el cliente kli'ente	il cliente kli'ente
kündigen	cancel, recall 'känßəl, ri'kɔhl	licencier lißä'ßjeh	desahuciar, despedir deßauθi'ar, deßpe'dir	licenziare, disdire litschen'tßjare, dis'dire
Kunst	art aht	l' art m ar	el arte 'arte	l' arte f 'arte
kurz	short schɔht	court kur	corto 'korto	corto 'korto
Kuss	kiss kiß	le baiser bä'seh	el beso 'beßo	il bacio 'batscho

L

Deutsch	Englisch	Französisch	Spanisch	Italienisch
lachen	laugh lahf	rire rir	reír re'ir	ridere 'ridere
Land	country 'kantri	le pays pä'i	el país pa'iß	il paese, la terra pa'ese, 'tära
Landkarte	map mäp	la carte géographique kart <u>sch</u>eogra'fik	el mapa 'mapa	la cartina geografica kar'tina d<u>sch</u>eo'grafika
Landschaft	landscape 'ländßkäjp	le paysage päi'sah<u>sch</u>	el paisaje pai'ßaje	il paesaggio pae'sad<u>sch</u>o
lang	long lɔng	long lö	largo 'largo	lungo 'lungo
lange	long time lɔng taim	longtemps lö'tä	mucho tiempo 'mutscho ti'empo	a lungo a 'lungo
langsam	slow ßlou	lent lä	lento 'lento	piano, lento 'pjano, 'länto
langweilig	boring 'bɔhring	ennuyeux änui'jö	aburrido abu'rido	noioso no'joso
Lärm	noise nɔis	le bruit bru'i	el ruido ru'ido	il rumore, il chiasso ru'more, 'kjaßo
lassen	let lett	laisser lä'ßeh	dejar de'char	lasciare la'schare
laufen	run, walk ran, u'ɔhk	courir ku'rir	correr ko'rer	correre 'korere
laut	loud laud	fort fɔr	alto 'alto	rumoroso, forte rumo'roso, 'forte
leben	live liw	vivre 'wiwrə	vivir wi'wir	vivere 'wiwere
Leben	life lajf	la vie wi	la vida 'wida	la vita 'wita
Lebensmittel	groceries 'groußərihs	les aliments m ali'mä	los comestibles komeß'tibles	gli alimentari alimen'tari
ledig	single 'ßingəl	célibataire ßehliba'tär	soltero ßol'tero	nubile f, celibe m 'nubile, 'tschälibe
leer	empty 'empti	vide wid	vacío wa'θio	vuoto wu'ɔto, deserto de'serto
legen	lay, place läj, pläjß	poser po'seh	poner, colocar po'ner, kolo'kar	mettere 'metere
Lehrer	teacher 'tihtschər	le professeur profä'ßör	el profesor profe'ßor	l' insegnante mf inßen'jante
leicht	easy, light 'ihsi, lajt	facile fa'ßil	fácil 'faθil	facile, leggero 'fatschile, le'd<u>sch</u>ero
leider	unfortunately an'fɔrtschnətli	malheureusement malörösə'mä	afortunadamente afortuna'mente	purtroppo pur'trɔpo
leihen	rent rent	prêter prä'teh	alquilar alki'lar	prestare preß'tare
leise	quiet ku'ajət	doux du	bajo 'bacho	silenzioso ßilen'tßjoso
Leiter	ladder 'läddər	l' échelle f eh'schäll	la escalera eßka'lera	la scala 'ßkala
lenken	steer, direct 'ßtihər, daj'räkt	guider, diriger gi'deh, diri'<u>sch</u>eh	conducir, dirigir kondu'θir, diri'chir	guidare, dirigere gui'dare, di'rid<u>sch</u>ere
lernen	learn lörn	apprendre a'prädrə	aprender apren'der	imparare impa'rare
lesen	read rihd	lire lir	leer le'er	leggere 'led<u>sch</u>ere
letzter	last lahßt	le dernier dern'jeh	último 'ultimo	ultimo 'ultimo
Leute	people 'pihpəl	les gens m schä	la gente 'chente	la gente 'd<u>sch</u>ente
Licht	light lait	la lumière lühm'jär	la luz 'luθ	la luce 'luhtsche
lieb	dear 'diər	gentil <u>sch</u>ä'ti	cariñoso karin'joßo	caro, gentile 'karo, d<u>sch</u>en'tile
Liebe	love law	l' amour m a'muhr	el amor a'mor	l' amore m a'more
lieben	love law	aimer ä'meh	amar a'mar	amare a'mare

Sonderzeichen in der Lautschrift ə angedeutetes e wie in bitte; ɔ offenes o wie in Post; ß scharfes s wie in nass; θ weiches s wie in Fass, aber gelispelt; ð s wie in Sense, aber gelispelt; ä nasal gesprochener Vokal wie in Chanson; ē nasal gesprochener Vokal wie in pointiert; ö nasal gesprochener Vokal wie in Jeton; <u>sch</u> weiches sch wie in Gin

Meter

Deutsch	Englisch	Französisch	Spanisch	Italienisch
Lied	song ßong	la chanson schã'ßõ	la canción kanθi'ɔn	la canzone kan'tßone
liegen	lie laj	être couché 'ätrə ku'scheh	estar tumbado eß'tar tum'bado	essere sdraiato, giacere 'äßere sdra'jato, dscha'tschere
Lift	elevator 'eləwäjtər	l' ascenseur m aßã'ßör	el ascensor aßθen'ßor	l' ascensore m aschen'ßore
links	left lefft	à gauche a gohsch	a la izquierda a la iθki'erda	asinistra aßi'nißtra
Literatur	literature 'litritschər	la littérature litehra'tür	la literatura litera'tura	la letteratura letera'tura
Lkw	lorry 'lɔri	le camion ka'mjõ	el camión kami'ɔn	il camion kam'jon
Loch	hole houl	le trou tru	el agujero agu'chero	il buco 'buko
Löffel	spoon ßpuhn	la cuillère kui'jär	la cuchara ku'tschara	il cucchiaio kukj'aio
los	go gou	on y va oni'wa	vamos 'wamoß	via 'wia
Lösung	solution ßə'luhschn	la solution ßolü'ßjõ	la solución ßoluθi'ɔn	la soluzione ßolu'tßjone
Luft	air 'äər	l' air m är	el aire 'aire	l' aria f 'aria
lügen	lie laj	mentir mä'tir	mentir men'tir	mentire men'tire
Lust	lust, desire laßt, di'saiər	l' envie f ã'wi	la gana, el deseo 'gana, de'ßeo	la voglia 'wɔlja
lustig	funny 'fanni	drôle drohl	divertido diwer'tido	allegro a'legro

M

Deutsch	Englisch	Französisch	Spanisch	Italienisch
machen	do du	faire fär	hacer a'θer	fare 'fare
Mädchen	girl görl	la fille fij	la chica 'tschika	la bambina, la ragazza bam'bina, ra'gatßa
Mahlzeit	meal mihl	le repas rə'pa	la comida ko'mida	il pasto 'paßto
man	one u'an	on õ	se ße	si ßi
manchmal	sometimes 'ßamtaimß	parfois parfu'a	a veces a 'weθeß	qualche volta ku'alke 'wɔlta
Mann	man män	l' homme m ɔm	el hombre 'ombre	l' uomo m u'ɔmo
männlich	masculine 'mäßkjulinn	masculin maßkü'lẽ	masculino maßku'lino	maschile maß'kile
Mantel	coat kout	le manteau mã'to	el abrigo a'brigo	il cappotto ka'pɔto
Markt	market 'mahkət	le marché mar'scheh	el mercado mer'kado	il mercato mer'kato
Marmelade	jam dschäm	la confiture kõfi'tür	la mermelada merme'lada	la marmellata marme'lata
Maschine	machine mə'schihn	la machine ma'schihn	la máquina 'makina	la macchina 'makina
Mathematik	mathematics mäθə'mätikß	les mathématiques f matehma'tik	la matemática mate'matika	la matematica mate'matika
Medikament	medicine 'medßn	le médicament mehdika'mã	el medicamento medika'mento	il farmaco 'farmako
Meer	sea ßih	la mer mär	el mar mar	il mare 'mare
Mehl	flour 'flauər	la farine fa'rin	la harina a'rina	la farina fa'rina
mehr	more mɔhr	plus plü	más maß	più pju
Mehrwertsteuer	value-added tax 'wäljuädid täkß	la TVA t w a	IVA 'iwa	l' IVA 'iwa
mein, meine, meiner	mine, my main, mai	mon, ma, mes mõ, ma, meh	mi mi	mio, mia 'mio, 'mia, il mio, la mia il 'mio, la 'mia
Meinung	opinion ɔ'pinjən	l' opinion f opin'jõ	la opinión opini'ɔn	l' opinione f opin'jone
meistens	mostly 'moußtli	la plupart du temps la plü'par dü tã	la mayoría de las veces majo'ria de laß 'weθeß	il più delle volte pju 'dele 'wɔlte
Menge	amount, crowd ə'maunt, kraud	la quantité, la multitude kãti'teh, mülti'tüd	la cantidad, la multitud kanti'dad, multi'tud	la quantità, la moltitudine kuanti'ta, molti'tudine
Mensch	human (being) 'juhmən ('biing)	l' être humain m 'ätrə ü'mẽ	el hombre 'ombre	l' uomo, essere umano u'ɔmo, 'äßere u'mano
merken	memorise, notice 'memərajs, 'noutiß	retenir rətə'nir	notar, acordarse no'tar, akor'darße	accorgersi, notare a'kordscherßi, no'tare
Messer	knife naif	le couteau ku'to	el cuchillo ku'tschijo	il coltello kol'tello
Metall	metal 'mettl	le métal meh'tal	el metal me'tal	il metallo me'tallo
Meter	metre 'mihtər	le mètre mätrə	el metro 'metro	il metro 'mätro

Sonderzeichen in der Lautschrift ə angedeutetes e wie in bitte; ɔ offenes o wie in Post; ß scharfes s wie in nass; θ weiches s wie in Fass, aber gelispelt; ð s wie in Sense, aber gelispelt; ã nasal gesprochener Vokal wie in Chanson; ẽ nasal gesprochener Vokal wie in pointiert; õ nasal gesprochener Vokal wie in Jeton; sch weiches sch wie in Gin

Metzgerei

Deutsch	Englisch	Französisch	Spanisch	Italienisch
Metzgerei	butchery 'butschəri	la boucherie busch'ri	la carnicería karniθe'ria	la macelleria matschele'ria
Miete	rent rent	le loyer lua'jeh	el alquiler alki'ler	l' affitto m a'fito
mieten	rent rent	louer lu'eh	alquilar alki'lar	affittare, noleggiare afi'tare, nole'dschare
Milch	milk milk	le lait lä	la leche 'letsche	il latte 'latte
mindestens	at least ät lihßt	au moins o mu'ë	por lo menos por lo 'menoß	come, minimo, almeno 'kome, 'minimo, al'meno
Minute	minute 'minit	la minute mi'nüt	el minuto mi'nuto	il minuto mi'nuto
mit	with u'ið	avec a'weck	con kon	con kon
mitbringen	bring along bring ə'lɔng	amener amə'neh	traer tra'er	portare por'tare
mitkommen	accompany ə'kampəni	accompagner, venir avec ăkōpan'jeh, wə'nir a'weck	acompañar akompan'jar	accompagnare , venire (con) akompan'jare , we'nire (kon)
mitmachen	join in dschɔin in	participer partißi'peh	participar partiθi'par	partecipare partetschi'pare
mitnehmen	take out, take away täjk aut, täjk ə'uäj	emmener ămə'neh	llevar, traer je'war, tra'er	portare con sé por'tare kon ße
Mittag	noon nuhn	le midi mi'di	el mediodía medio'dia	il mezzogiorno mädso'dschorno
Mittagessen	lunch lansch	le déjeuner dehschö'neh	el almuerzo almu'erθo	il pranzo 'prandso
Mitte	centre 'ßentər	le milieu mil'jö	el medio 'medio	la metà me'ta, il mezzo 'mädso
Möbel	furniture 'förnitschər	les meubles m 'möblə	el mueble mu'eble	il mobile 'mɔbile
Mode	fashion 'fäschən	la mode mɔd	la moda 'moda	la moda 'mɔda
modern	modern 'mɔdərn	à la mode a la mɔd	moderno mo'derno	moderno, di moda mo'därno, di 'mɔda
mögen	like laik	aimer ä'meh	querer ke'rer	volere wo'lere, voler bene wo'ler 'bäne
möglich	possible 'poßəbl	possible po'ßiblə	posible po'ßible	possibile po'ßibile
Moment	moment 'moumənt	le moment mo'mā	el momento mo'mento	l' attimo m, il momento 'atimo, mo'mento
Monat	month 'manθ	le mois mu'a	el mes meß	il mese 'mese
Mond	moon muhn	la lune lün	la luna 'luna	la luna 'luna
morgen	tomorrow tu'mɔrou	demain də'mē	mañana man'jana	domani do'mani
Morgen	morning 'mɔrning	le matin ma'tē	la mañana man'jana	la mattina ma'tina
Motor	engine, motor 'endschin, 'moutər	le moteur mo'tör	el motor mo'tor	il motore mo'tore
müde	tired 'tajəd	fatigué fati'geh	cansado kan'ßado	stanco 'ßtanko
Müll	garbage 'gahbitsch	les ordures m or'dür	la basura ba'ßura	l' immondizia f imon'ditßja
Mülltonne	dustbin 'daßtbin	la poubelle pu'bell	el cubo de basura 'kubo de ba'ßura	il bidone delle immondizie bi'done 'dele imon'ditßje
Musik	music 'mjuhsik	la musique mü'sik	la música 'mußika	la musica 'musika
müssen	must maßt	devoir dəwu'ahr	tener que te'ner ke	dovere do'were
Mutter	mother 'maðər	la mère mär	la madre 'madre	la madre 'madre

N

Deutsch	Englisch	Französisch	Spanisch	Italienisch
nach	after, to 'ahftər, tu	après a'prä	después, a deßpu'eß, a	dopo 'dɔpo
Nachbar	neighbour 'näjbər	le voisin wua'sē	el vecino we'θino	il vicino wi'tschino
Nachname	surname 'ßörnäjm	le nom de famille nõ də fa'mij	el apellido ape'jido	il cognome kon'jome
Nachrichten	news njuhs	les nouvelles f nu'well	las noticias no'tiθiaß	le notizie no'titßje
Nacht	night nait	la nuit nu'i	la noche 'notsche	la notte 'nɔte
Nadel	needle 'nihdl	l' aiguille f ägu'ij	la aguja a'gucha	l' ago m 'ago
nah	close klouß	proche prɔsch	cerca 'θerka	vicino wi'tschino

Sonderzeichen in der Lautschrift ə angedeutetes e wie in bitte; ɔ offenes o wie in Post; ß scharfes s wie in naß; θ weiches s wie in Faß, aber gelispelt; ð s wie in Sense, aber gelispelt; ã nasal gesprochener Vokal wie in Chanson; ē nasal gesprochener Vokal wie in pointiert; õ nasal gesprochener Vokal wie in Jeton; sch weiches sch wie in Gin

Ostern

Deutsch	Englisch	Französisch	Spanisch	Italienisch
Name	name näjm	le nom nõ	el nombre 'nombre	il nome 'nome
Nase	nose nous	le nez neh	la nariz na'riθ	il naso 'naso
nass	wet u'ät	mouillé mu'jeh	mojado mo'chado	bagnato ban'jato
Natur	nature 'näjtschər	la nature na'tür	la naturaleza natura'leθa	la natura na'tura
neben	besides, next to bi'ßajds, näkßt tu	à côté a ko'teh	al lado al 'lado	accanto a'kanto
nehmen	take täjk	prendre 'prädrə	tomar to'mar	prendere 'prendere
Neid	envy 'enwi	la jalousie schalu'si	la envidia en'widia	l' invidia f in'widia
nein	no nou	non nõ	no no	no nɔ
nervös	nervous 'nörwäß	nerveux när'wö	nervioso nerwi'oßo	nervoso ner'woso
nett	nice naiß	gentil schä'ti	amable a'mable	gentile dschen'tile
neu	new njuh	nouveau nu'wo	nuevo nu'ewo	nuovo nu'ɔwo
neugierig	curious 'kjuhriəß	curieux küri'jö	curioso kuri'oßo	curioso kur'joso
nicht	not nɔt	ne pas nə pa	no no	non non
nichts	nothing 'naθing	rien ri'ẽ	nada 'nada	niente n'jente
nie	never 'newər	jamais scha'mä	nunca 'nunka	mai maj
niedrig	low lou	bas ba	bajo 'bacho	basso 'baßo
niemand	nobody 'noubadi	personne per'ßɔn	nadie 'nadie	nessuno ne'ßuno
nirgends	nowhere 'nouuär	nulle part nül par	en ningún sitio en nin'gun 'ßitio	da nessuna parte da ne'ßuna 'parte
noch	still ßtill	encore ä'kɔr	todavía toda'wia	ancora an'kora
normal	normal 'nɔhml	normal nor'mal	normal nor'mal	normale nor'male
Notarzt	emergency physician i'mördschənßi fi'sischən	le médecin d'urgence mehd'ßẽ dür'schäß	el médico de urgencia 'mediko de ur'chenθia	il medico di guardia 'mädiko di gu'ardia
Note	note nout	la note nɔt	la nota 'nota	la nota 'nɔta, il voto 'woto
Notfall	emergency i'mördschənßi	l' urgence f ür'schäß	la emergencia emer'chenθia	l' emergenza femer'dschentßa
notieren	note nout	noter nɔ'teh	apuntar apun'tar	segnare, prendere nota ßen'jare, 'prendere 'nɔta
nötig	necessary 'neßəßəri	nécessaire nehße'ßär	necesario neθe'ßario	necessario netsche'ßario
Nudel	noodle 'nuhdl	la nouille nu'ij	la pasta 'paßta	la pasta 'paßta
Nummer	number 'nambər	le numéro nümeh'ro	el número 'numero	il numero 'numero
nur	just dschaßt	seulement ßöl'mä	sólo 'ßolo	solo, soltanto 'ßolo, ßol'tanto

O

Deutsch	Englisch	Französisch	Spanisch	Italienisch
ob	if if	si ßi	si ßi	se ße
oben	top, up tɔp, ap	en haut ã o	arriba, alto a'riba, 'alto	su, sopra ßu, 'ßopra
Obst	fruit fruht	les fruits m fru'i	la fruta 'fruta	la frutta 'fruta
oder	or ɔr	ou u	o o	oppure o'pure
Ofen	oven 'ɔwən	le four fuhr	el horno, la estufa 'orno, eß'tufa	la stufa 'ßtufa
offen	open 'oupən	ouvert u'wer	abierto abi'erto	aperto a'pärto
öffnen	open 'oupən	ouvrir u'wrir	abrir a'brir	aprire a'prire
oft	often 'ɔfən	souvent ßu'wä	a menudo a me'nudo	spesso 'ßpeßo
ohne	without uið'aut	sans ßã	sin ßin	senza 'ßentßa
Ohr	ear 'iər	l' oreille f o'räj	la oreja o'recha	l' orecchio m o'rekjo
Öl	oil ɔil	l' huile f ü'il	el aceite a'θeite	l' olio m 'ɔljo
Onkel	uncle 'ankl	l' oncle m 'õklə	el tío 'tio	lo zio 'dsio
Ordnung	order 'ɔhdər	l' ordre m 'ɔrdrə	el orden 'orden	l' ordine m 'ordine
Ort	place pläjß	le lieu li'jö	el pueblo, el lugar pu'eblo, lu'gar	il posto, il paese 'poßto, pa'ese
Ostern	Easter 'ihßtər	Pâques pack	la Pascua 'paßkua	la Pasqua 'paßkua

Sonderzeichen in der Lautschrift ə angedeutetes e wie in bitt**e**; ɔ offenes o wie in P**o**st; ß scharfes s wie in na**ss**; θ weiches s wie in Fa**ss**, aber gelispelt; ð s wie in **S**ense, aber gelispelt; ã nasal gesprochener Vokal wie in Ch**an**son; ẽ nasal gesprochener Vokal wie in p**oi**ntiert; õ nasal gesprochener Vokal wie in Jet**on**; sch weiches sch wie in **G**in

Paar

Deutsch	Englisch	Französisch	Spanisch	Italienisch

P

Deutsch	Englisch	Französisch	Spanisch	Italienisch
Paar	couple 'kapl	le couple 'kuplə	la pareja pa'recha	il paio 'pajo, la coppia 'kopja
Paket	package, parcel 'päkidsch, 'pahßəl	le paquet pa'keh	el paquete pa'kete	il pacco 'pako
Papier	paper 'päjpər	le papier pa'pjeh	el papel pa'pel	la carta 'karta
Parfüm	perfume 'pörfjuhm	le parfum par'fê	el perfume per'fume	il profumo pro'fumo
Park	park pahk	le parc park	el parque 'parke	il parco 'parko
parken	park pahk	garer ga'reh	aparcar apar'kar	parcheggiare parke'dschare
Parkplatz	car park kar pahk	le parking par'king	el aparcamiento aparkami'ento	il parcheggio par'kedscho
Partner	partner 'pahtnər	le partenaire partə'när	la pareja, el socio pa'recha, 'ßoθio	il partner, il compagno 'partner, kom'panjo
Partnerin	partner 'pahtnər	la partenaire partə'när	la pareja pa'recha, la socia 'ßoθia	la compagna kom'panja, la partner 'partner
Party	party 'pahti	la fête fett	la fiesta fi'eßta	la festa 'feßta, il party 'parti
passen	suit, fit 'ßuht, fit	aller a'leh	caber, convenir ka'ber, konwe'nir	andare/stare (bene) an'dare/'ßtare ('bäne)
passend	suitable, fit 'ßuhtəbl, fit	convenable kõwə'nablə	queda bien 'keda bi'en	giusto, adatto 'dschußto, a'datto
Pause	break bräjk	la pause pohs	el descanso deß'kanßo	la pausa 'pausa
Person	person 'pörßən	la personne per'ßɔn	la persona per'ßona	la persona per'ßona
Pflanze	plant plahnt	la plante plãt	la planta 'planta	la pianta 'pjanta
Physik	physics 'fisikß	la physique fi'sik	la física 'fißika	la fisica 'fisika
Pilz	mushroom 'maschrum	le champignon schãpin'jõ	el hongo 'ongo	il fungo 'fungo
Plan	plan plän	le plan plã	el plan plan	il progetto pro'dscheto
Platz	space, seat, square ßpäjß, ßiht, ßku'är	la place plaß	el sitio, el puesto, la plaza 'ßitio, pu'eßto, 'plaθa	il posto, la piazza 'poßto, 'pjatßa
plötzlich	suddenly 'ßadnli	soudain ßu'dẽ	el puesto de repente pu'eßto de re'pente	improvviso impro'wiso
Politik	politics 'pɔlitikß	la politique poli'tik	la política po'litika	la politica po'litika
Polizei	police pə'lihß	la police po'liß	la policía poli'θia	la polizia poli'tßia
Pommes frites	chips tschipß	les frites f frit	las patatas fritas pa'tataß 'fritaß	le patatine fritte pata'tine 'frite
Portion	portion 'pɔhschn	la portion pɔr'ßjõ	la ración raθi'ɔn	la porzione por'tßjone
Post	post, mail poußt, mäjl	la poste pɔst	el correo ko'reo	la posta 'poßta
Postkarte	postcard 'poußtkard	la carte postale kart pɔß'tal	el postal poß'tal	la cartolina karto'lina
Postleitzahl	postal code 'poußtl koud	le code postal kod pɔß'tal	el código postal 'kodigo poß'tal	il codice (di avviamento) postale 'koditsche (di awja'mento) poß'tale (CAP)
praktisch	practical 'präktikl	pratique pra'tik	práctico 'praktiko	pratico 'pratiko
Preis	price praiß	le prix pri	el precio 'preθio	il prezzo 'prätßo
probieren	try, taste trai, täjßt	essayer äßä'jeh	probar pro'bar	provare pro'ware
Problem	problem 'prɔbləm	le problème pro'bläm	el problema pro'blema	il problema pro'bläma
Programm	programme 'prougräm	le programme pro'gram	el programa pro'grama	il programma pro'grama
Prost	cheers 'tschiərß	santé ßã'teh	chinchín tschin'tschin	salute ßa'lute
Prüfung	exam ik'ßäm	l' examen m egsa'mẽ	el examen ek'ßamen	l' esame m e'same
Pullover	pullover 'pullouwər	le pull-over püloʊ'wer	el jersey cher'ßej	il pullover, la maglia pul'ɔwer, 'malja
pünktlich	punctual 'panktschuəl	à l'heure a lör	puntual puntu'al	puntuale puntu'ale
putzen	clean klihn	faire le ménage fär lə meh'nahsch	limpiar limpi'ar	pulire pu'lire

Sonderzeichen in der Lautschrift ə angedeutetes e wie in bitte; ɔ offenes o wie in Post; ß scharfes s wie in nass; θ weiches s wie in Fass, aber gelispelt; ð s wie in Sense, aber gelispelt; ã nasal gesprochener Vokal wie in Chanson; ẽ nasal gesprochener Vokal wie in pointiert; õ nasal gesprochener Vokal wie in Jeton; sch weiches sch wie in Gin

rund

Deutsch	Englisch	Französisch	Spanisch	Italienisch

Q

Qualität	quality ku'ɔliti	la qualité kali'teh	la calidad kali'dad	la qualità kuali'ta
Quatsch	rubbish 'rabisch	le non-sens nö'ßäß	las tonterías tonte'riaß	le scemenze sche'mentße
Quelle	source, spring ßɔhß, ßpring	la source ßurß	la fuente fu'ente	la fonte 'fonte
Quittung	receipt ri'ßiht	le reçu rə'ßü	el recibo re'θibo	la ricevuta ritsche'wuta

R

Rad fahren	ride by bike rajd baj bajk	faire du vélo fär dü weh'lo	ir en bicicleta ir en biθi'kleta	andare in bicicletta an'dare in bitschi'kleta
Radio	radio 'räjdiou	la radio ra'djo	la radio 'radio	la radio 'radio
Rathaus	town-hall 'taunhɔhl	la mairie mä'ri	el ayuntamiento ajuntami'ento	il municipio muni'tschipjo
rauchen	smoke ßmouk	fumer fü'meh	fumar fu'mar	fumare fu'mare
Raum	room ruhm	la pièce pjäß	el cuarto ku'arto	la stanza 'ßtantßa
rechnen	calculate 'kälkjuläjt	calculer kalkü'leh	calcular kalku'lar	calcolare kalko'lare
Rechnung	bill, invoice bill, 'inwɔjß	la facture fak'tür	la cuenta ku'enta	il conto 'konto
Recht	right, law rait, lɔh	le droit dru'a	el derecho de'retscho	la legge 'ledsche
rechts	on the right ɔn ðə rait	à droite a dru'at	a la derecha a la de'retscha	adestra a'deßtra
Regal	shelf schelf	l' étagère f eta'scher	la estantería eßtante'ria	lo scaffale ßka'fale
Regen	rain räjn	la pluie plu'i	la lluvia 'juwia	la pioggia 'pjodscha
Regenschirm	umbrella am'brelə	le parapluie paraplu'i	el paraguas pa'raguaß	l' ombrello m om'brello
regnen	rain räjn	pleuvoir plöwu'ahr	llover jo'wer	piovere 'pjowere
reich	rich ritsch	riche risch	rico 'riko	ricco 'riko
Reis	rice raiß	le riz ri	el arroz a'roθ	il riso 'riso
Reise	trip, travel trip, 'träwəl	le voyage wua'jahsch	el viaje wi'ache	il viaggio 'wjadscho
Reiseführer	tour guide tur gaid	le guide gihd	el/la guía 'gia	la guida (turistica) gu'ida tu'rißtika
reisen	travel 'träwəl	voyager wuaja'scheh	viajar wia'char	viaggiare wja'dschare
Reisepass	passport 'pahßpɔht	le passeport paß'pɔr	el pasaporte paßa'porte	il passaporto paßa'pɔrto
rennen	run ran	courir ku'rir	correr ko'rer	correre 'korere
Reparatur	repair ri'päər	la réparation rehpara'ßjö	la reparación reparaθi'ɔn	la riparazione ripara'tßjone
reparieren	repair ri'päər	réparer rehpa'reh	reparar repa'rar	riparare ripa'rare
reservieren	reserve ri'sörw	réserver rehser'weh	reservar reßer'war	prenotare preno'tare
Restaurant	restaurant 'reßtrənt	le restaurant raßtɔ'rä	el restaurante reßtau'rante	il ristorante rißto'rante
Rezept	prescription prə'ßkripschn, recipe 'reßəpi	l' ordonnance f, la recette la ɔr'donäß, rə'ßätt	la receta re'θeta	la ricetta ri'tschetta
richtig	right rait	vrai wrä	correcto ko'rekto	giusto 'dschußto
Richtung	direction daj'rekschn	la direction diräk'ßjö	la dirección direkθi'ɔn	la direzione dire'tßjone
riechen	smell ßmell	sentir ßä'tir	oler o'ler	odorare, sentire odo'rare, ßen'tire
Rock	skirt ßkört	la jupe schüp	la falda 'falda	la gonna 'gonna
Rolltreppe	escalator 'eßkəläjtər	l' escalier roulant eßkal'jeh ru'lä	la escalera mecánica eßka'lera me'kanika	la scala mobile 'ßkala 'mɔbile
Rose	rose rous	la rose rohs	la rosa 'roßa	la rosa 'rɔsa
Rücken	back bäck	le dos do	la espalda eß'palda	la schiena 'ßkjäna
rückwärts	backwards 'bäckwəds	en arrière änari'jär	hacia atrás 'aθia a'traß	indietro in'djätro
rufen	call kɔhl	appeler ap'leh	llamar ja'mar	chiamare kja'mare
ruhig	calm kahm	calme kalm	tranquilo tran'kilo	tranquillo tranku'ilo
rund	round raund	rond rö	redondo re'dondo	rotondo ro'tondo

Sonderzeichen in der Lautschrift
ə angedeutetes e wie in bitt**e**; ɔ offenes o wie in P**o**st; ß scharfes s wie in na**ss**; θ weiches s wie in Fa**ss**, aber gelispelt; ð s wie in **S**ense, aber gelispelt; ä nasal gesprochener Vokal wie in Ch**an**son; ē nasal gesprochener Vokal wie in p**oi**ntiert; ö nasal gesprochener Vokal wie in Jet**on**; sch weiches sch wie in **G**in

Sache

Deutsch	Englisch	Französisch	Spanisch	Italienisch

S

Deutsch	Englisch	Französisch	Spanisch	Italienisch
Sache	thing, matter θing, 'mättər	la chose schohs	la cosa 'koßa, el asunto a'ßunto	la cosa 'kɔsa
Saft	juice 'dschuhß	le jus <u>sch</u>ü	el zumo 'θumo	il succo 'ßuko
sagen	say ßäj	dire dir	decir de'θir	dire 'dire
Sahne	cream krihm	la crème kräm	la nata 'nata	la panna 'panna
Salat	salad 'ßäläd	la salade ßa'lad	el ensalada enßa'lada	l' insalata f inßa'lata
Salz	salt ßɔlt	le sel ßäl	la sal ßal	il sale 'ßale
Satz	sentence 'ßentənß	la phrase frahs	la frase 'fraße	la frase 'frase
sauber	clean klihn	propre 'prɔprə	limpio 'limpio	pulito pu'lito
säubern	clean klihn	nettoyer netua'jeh	limpiar limpi'ar	pulire pu'lire
sauer	sour 'ßauə	amer a'mär	ácido 'aθido	aspro 'aßpro
schade	pity 'pitti	désolé dehso'leh	pena 'pena	peccato pe'kato
scharf	spicy, hot 'ßpaißi, hɔtt	piquant pi'kā	picante pi'kante	piccante pi'kante
schenken	donate, give dou'näjt, giw	offrir o'frir	regalar rega'lar	regalare rega'lare
Schere	scissors 'ßisəs	les ciseaux m ßi'so	la tijera ti'chera	le forbici 'forbitschi
schicken	send ßend	envoyer āwua'jeh	enviar enwi'ar	mandare man'dare
schief	crooked, tilted 'krukid, 'tiltəd	de travers də tra'wer	torcido tor'θido, inclinado inkli'nado	storto 'ßtorto
Schiff	boat, ship bout, schip	le bateau ba'to	el barco 'barko	la nave 'nawe
Schild	sign, label, plate ßain, 'läjbəl, pläjt	le panneau pa'no	el letrero, la etiqueta, la placa le'trero, eti'keta, 'plaka	la targa 'targa, il cartello kar'telo
schlafen	sleep ßlihp	dormir dɔr'mir	dormir dor'mir	dormire dor'mire
Schlafzimmer	bedroom 'bedruhm	la chambre à coucher 'schābr a ku'scheh	el dormitorio dormi'torio	la camera da letto 'kamera da 'lätto
schlecht	bad bäd	mauvais mo'wä	malo 'malo	male, cattivo 'male, ka'tiwo
schließen	close klouß	fermer fär'meh	cerrar θe'rar	chiudere 'kjudere
schlimm	terrible 'terəbl	grave grahw	terrible te'rible	brutto, grave 'brutto, 'grawe
Schloss	lock, castle lɔck, 'kahßl	la serrure, le château ßeh'rühr, scha'to	la cerradura, el castillo θera'dura, kaß'tijo	la serratura, il castello ßeratura, kaß'telo
Schlüssel	key kih	la clé kleh	la llave 'jawe	la chiave 'kjawe
schmecken	taste täjßt	goûter gu'teh	saber ßa'ber	piacere, sapere di pja'tschere, ßa'pere di
Schmerz	pain päjn	la douleur du'lör	el dolor do'lor	il dolore do'lore
schmutzig	dirty 'dörti	sale ßall	sucio 'ßuθio	sporco 'ßporko
Schnee	snow ßnou	la neige nä<u>sch</u>	la nieve ni'ewe	la neve 'newe
schneiden	cut kat	couper ku'peh	cortar kor'tar	tagliare tal'jare
schneien	snow ßnou	neiger nä<u>sch</u>eh	nevar ne'war	nevicare newi'kare
schnell	fast fahßt	vite wit	rápido 'rapido	veloce we'lotsche
Schnupfen	cold kould	le rhume rüm	el resfriado reßfri'ado	il raffreddore rafre'dore
Schokolade	chocolate 'tschɔkələt	le chocolat schoko'la	el chocolate tschoko'late	la cioccolata tschoko'lata
schon	already ɔ'hlrädi	déjà deh'<u>sch</u>a	ya ja	già d<u>sch</u>a
schön	nice najß	beau bo	bonito bo'nito	bello 'bällo
Schrank	cupboard 'kabəd	l' armoire f armu'ahr	el armario ar'mario	l' armadio m ar'madio
schreiben	write rait	écrire eh'krir	escribir eßri'bir	scrivere 'ßkriwere
Schuh	shoe schu	la chaussure scho'ßür	el zapato θa'pato	la scarpa 'ßkarpa
Schule	school ßkuhl	l' école f eh'kɔl	la escuela eßku'ela	la scuola ßku'ɔla
Schüler	pupil 'pjupil	l' élève m eh'läw	el alumno a'lumno	l' alunno m, lo studente a'lunno, ßtu'dente
Schulklasse	class klahß	la classe klaß	la clase 'klaße	la classe 'klaße
Schüssel	bowl boul	le bol bɔl	la fuente fu'ente	la scodella ßko'della

Sonderzeichen in der Lautschrift ə angedeutetes e wie in bitt**e**; ɔ offenes o wie in P**o**st; ß scharfes s wie in na**ss**; θ weiches s wie in Fa**ss**, aber gelispelt; ð s wie in **S**ense, aber gelispelt; ā nasal gesprochener Vokal wie in Ch**an**son; ē nasal gesprochener Vokal wie in p**oi**ntiert; ō nasal gesprochener Vokal wie in Jet**on**; <u>sch</u> weiches sch wie in **G**in

spielen

Deutsch	Englisch	Französisch	Spanisch	Italienisch
schwach	weak u'ihk	faible 'fäblə	débil 'debil	debole 'debole
schwanger	pregnant 'pregnənt	enceinte ä'ßēt	embarazada embara'θada	incinta in'tschinta
schwer	heavy 'häwi	lourd luhr	pesado pe'ßado	pesante pe'sante
Schwester	sister 'ßißtər	la sœur ßör	la hermana er'mana	la sorella ßo'rella
schwierig	difficult 'difikəlt	difficile difi'ßil	difícil di'fiθil	difficile di'fitschile
Schwimmbad	swimming pool ßu'imming puhl	la piscine pi'ßin	la piscina piß'θina	la piscina pi'schina
schwimmen	swim ßu'im	nager na'scheh	bañar ban'jar	nuotare nuo'tare
See	lake läjk	le lac lack	el lago 'lago	il lago 'lago
Seele	soul ßoul	l' âme f ahm	el alma 'alma	l' anima f 'anima
sehen	see ßi	voir wu'ahr	ver wer	vedere we'dere
Sehenswürdigkeit	sight ßajt	la curiosité küriosi'teh	el monumento monu'mento	l' attrazione f atra'tßjone
sehr	much, very matsch, 'wäri	très trä	muy 'mui	molto 'molto
sein	be bi	être 'ätre	ser, estar ßer, eß'tar	essere 'äßere
sein, seine	his, its hiß, itß	son, sa, ses ßõ, ßa, ßeh	su ßu	il suo, la sua 'ßuo, 'ßua
seit	for, since for, ßinß	depuis dəpu'i	desde 'deßde	da da
selbst	self, even ßelf, 'iwən	en personne ä per'ßon	mismo, incluso 'mißmo, in'klußo	stesso 'ßteßo
selbstständig	independent indi'pendənt	indépendant ēdehpä'dä	independiente independi'ente	indipendente indipen'dente
selten	rare rär	rare rar	raro 'raro	raro, insolito 'raro, in'ßolito
seltsam	strange ßträjndsch	bizarre bi'sahr	extraño ek'ßtranjo	strano 'ßtrano
Senioren	seniors 'ßihniəs	les seniors m pl ßäni'or	los ancianos anθi'anoß	gli anziani an'tßjani
Service	service 'ßörwiß	le service ßer'wiß	el servicio ßer'wiθio	il servizio ßer'witßjo
Sessel	armchair 'ahmtschär	le fauteuil fo'töj	el sillón ßi'jɔn	la poltrona pol'trona
setzen	sit down, position ßit daun, pə'sischn	asseoir aßu'ahr	sentarse, poner ßen'tarße, po'ner	mettere 'metere
sich	oneself uan'ßelf	se ßə	se ße	si ßi
sicher	sure 'schuər	sûr ßür	seguro ße'guro	sicuro ßi'kuro
sie	she schi	elle äl	ella 'eja	lei läj
Sie	you ju	vous wu	usted uß'ted	Lei läj
singen	sing ßing	chanter schä'teh	cantar kan'tar	cantare kan'tare
sitzen	sit ßit	être assis 'ätrə a'ßi	estar sentado eß'tar ßen'tado	sedere ße'dere
sofort	immediately i'midiətli	immédiatement imehdiat'mä	inmediatamente inmediata'mente	subito 'ßubito
sogar	even 'ihwən	même mäm	incluso in'klußo	persino per'ßino
Sohn	son ßan	le fils fiß	el hijo 'icho	il figlio 'filjo
sollen	shall schäll	devoir dəwu'ahr	deber de'ber	dovere do'were, dover fare do'wer 'fare
Sonderangebot	special offer 'ßpeschl 'ɔfər	la promotion promo'ßjõ	la oferta o'ferta	l' offerta (speciale) f o'ferta (ßpe'tschale)
Sonne	sun ßan	le soleil ßo'läj	el sol ßol	il sole 'ßole
sorgen	care 'käər	prendre soin 'prädrə ßu'ẽ	preocuparse preoku'parße	provvedere, occuparsi prowe'dere, oku'parßi
sparen	save ßäjw	économiser ehkonomi'seh	ahorrar ao'rar	risparmiare rißparm'jare
Spaß, Scherz	fun, joke fan, dschouk	le plaisir plä'sir	la diversión, la broma diwerßi'ɔn, 'broma	il divertimento diwerti'mento
spät	late läjt	tard tar	tarde 'tarde	tardi, tardo 'tardi, 'tardo
später	later 'läjtər	plus tard plü tar	más tarde maß 'tarde	più tardi pju 'tardi
Spaziergang	walk u'ɔhk	la promenade promə'nad	el paseo pa'ßeo	la passeggiata paße'dschata
Speisekarte	menu 'menju	le menu mə'nü	la carta 'karta	il menu me'nu
Spiel	game gäjm	le jeu schöh	el juego chu'ego	il gioco 'dschɔko
spielen	play pläj	jouer schu'eh	jugar chu'gar	giocare dscho'kare

Sonderzeichen in der Lautschrift ə angedeutetes e wie in bitte; ɔ offenes o wie in Post; ß scharfes s wie in nass; θ weiches s wie in Fass, aber gelispelt; ð s wie in Sense, aber gelispelt; ä nasal gesprochener Vokal wie in Chanson; ẽ nasal gesprochener Vokal wie in pointiert; õ nasal geprochener Vokal wie in Jeton; sch weiches sch wie in Gin

Sport

Deutsch	Englisch	Französisch	Spanisch	Italienisch
Sport	sport ßport	le sport ßpɔr	el deporte de'porte	lo sport 'ßport
Sprache	language 'länguidsch	la langue läg	el idioma idi'oma	la lingua 'lingua
sprechen	speak ßpihk	parler par'leh	hablar a'blar	parlare par'lare
spülen	wash u'ɔsch	faire la vaisselle fär la wä'ßell	fregar fre'gar	lavare la'ware
Stadt	city 'ßitti	la ville wil	la ciudad θiu'dad	la città tschi'ta
stark	strong ßtrɔng	fort fɔr	fuerte fu'erte	forte 'forte
stattfinden	take place täjk pläjß	avoir lieu awu'ahr li'jö	tener lugar te'ner lu'gar	aver luogo, svolgersi a'wer lu'ɔgo, 'swoldscherßi
Stecker	plug plag	la prise prihs	el enchufe en'tschufe	la spina 'ßpina
stehen	stand ßtänd	être debout 'ätrə də'bu	estar de pie eß'tar de pi'e	stare (in piedi), essere 'ßtare (in 'pjädi), 'äßere
Stein	stone ßtoun	la pierre pjär	la piedra pi'edra	il sasso 'ßaßo
stellen	put, set putt, ßätt	poser po'seh	poner po'ner	mettere 'metere
sterben	die dai	mourir mu'rir	morir mo'rir	morire mo'rire
Stern	star ßtar	l' étoile f ehtu'al	la estrella eß'treja	la stella 'ßtella
Steuer	tax täkß, steering-wheel 'ßtihring u'ihl	les impôts m, le volant ē'po, wo'la	el impuesto, el volante impu'eßto, wo'lante	la tassa, il volante 'taßa, wo'lante
Stock	stick ßtick	le bâton ba'tō	el palo 'palo	il bastone baß'tone
Stockwerk	floor flɔr	l' étage m eh'tahsch	la planta 'planta	il piano 'pjano
stören	disturb diß'törb	déranger dehrā'scheh	molestar moleß'tar	disturbare dißtur'bare
Strand	beach bihtsch	la plage plahsch	la playa 'plaja	la spiaggia 'ßpjadscha
Straße	road, street raud, ßtriht	la rue rü	la carretera, la calle kare'tera, 'kaje	la strada 'ßtrada
Straßenbahn	tramway 'trämuäj	le tram tram	el tranvía tran'wia	il tram 'tram
Straßenverkehr	road traffic raud 'träffik	le trafic tra'fik	el tráfico rodado 'trafiko ro'dado	il traffico 'trafiko
streiten	argue 'argju	disputer dißpü'teh	pelear pele'ar	litigare liti'gare
Strom	electricity, current ilek'trißəti, 'körənt	le courant ku'rā	la electricidad, la corriente elektriθi'dad, kori'ente	la corrente ko'rente
Stück	piece pihß	le morceau mɔr'ßo	el trozo 'troθo	il pezzo 'pätßo
Student	student 'ßtjudənt	l' étudiant m ehtü'djä	el estudiante eßtudi'ante	lo studente ßtu'dente
studieren	study 'ßtadi	étudier ehtü'djeh	estudiar eßtudi'ar	studiare ßtu'djare
Stuhl	chair tschär	la chaise schähs	la silla 'ßija	la sedia 'ßädja
Stunde	hour 'auər	l' heure f ör	la hora 'ora	l' ora f 'ora
Sturm	storm ßtɔrm	la tempête tä'pät	la tormenta tor'menta	la tempesta tem'peßta
suchen	search ßörtsch	chercher schär'scheh	buscar buß'kar	cercare tscher'kare
Supermarkt	supermarket 'ßupərmahkət	le supermarché ßüpermar'scheh	el supermercado ßupermer'kado	il supermercato ßupermer'kato
Suppe	soup ßuhp	la soupe ßup	la sopa 'ßopa	la minestra mi'neßtra
süß	sweet ßu'iht	sucré ßü'kreh	dulce 'dulθe	dolce 'doltsche
sympathisch	friendly 'frendli	sympathique ßēpa'tik	simpático ßim'patiko	simpatico ßim'patiko

T

Tag	day däj	le jour schur	el día 'dia	il giorno 'dschorno
tanken	fill up fil ap	prendre de l'essence 'prädrə də leh'ßäß	repostar repoß'tar	fare/mettere benzina 'fare/'metere ben'dsina
Tankstelle	petrol station 'petrəl 'ßtäjschn	la station d'essence ßta'ßjō deh'ßäß	la gasolinera gaßoli'nera	il distributore dißtribu'tore
Tante	aunt ahnt	la tante tät	la tía 'tia	la zia 'dsia
tanzen	dance dänß	danser dä'ßeh	bailar bai'lar	ballare ba'lare
Taschentuch	handkerchief 'hänkətschif	le mouchoir muschu'ar	el pañuelo panju'elo	il fazzoletto fatßo'leto

Sonderzeichen in der Lautschrift ə angedeutetes e wie in bitt**e**; ɔ offenes o wie in P**o**st; ß scharfes s wie in na**ss**; θ weiches s wie in Fa**ss**, aber gelispelt; ð s wie in **S**ense, aber gelispelt; ā nasal gesprochener Vokal wie in Ch**an**son; ē nasal gesprochener Vokal wie in p**oin**tiert; ō nasal gesprochener Vokal wie in Jet**on**; sch weiches sch wie in **G**in

Übernachtung

Deutsch	Englisch	Französisch	Spanisch	Italienisch
Tasse	cup kap	la tasse taß	la taza 'taθa	la tazza 'tatßa
Taxi	taxi 'täkßi	le taxi ta'kßi	el taxi 'takßi	il tassì ta'ßi
Tee	tea tih	le thé teh	el té te	il tè tä
teilnehmen	participate par'tißipäjt	participer partißi'peh	participar partiθi'par	partecipare partetschi'pare
teilweise	partly 'pahtli	en partie ã par'ti	parcial parθi'al	in parte, parziale in 'parte, ar'tßjale
Telefon	telephone 'teləfoun	le téléphone tehleh'fɔn	el teléfono te'lefono	il telefono te'läfono
telefonieren	telephone 'teləfoun	téléphoner tehlehfɔ'neh	llamar ja'mar	telefonare telefo'nare
Teller	plate pläjt	l' assiette f aß'jätt	el plato 'plato	il piatto pjatto
Termin	appointment, date ə'pointment, däjt	le rendez-vous rādeh'wu	la cita, la fecha 'θita, 'fetscha	la data, appuntamento m 'data, apunta'mento
Test	test teßt	le test teßt	la prueba, el examen pru'eba, ek'ßamen	il test, la prova 'teßt, 'prowa
teuer	expensive ikß'penßiw	cher schär	caro 'karo	caro 'karo
Text	text tekßt	le texte tekßt	el texto 'tekßto	il testo 'teßto
Theater	theatre 'θiətər	le théâtre teh'atrə	el teatro te'atro	il teatro te'atro
tief	deep dihp	profond pro'fõ	profundo pro'fundo	profondo pro'fondo
Tier	animal 'änimәl	l' animal m ani'mal	el animal ani'mal	l' animale m ani'male
Tipp, Rat	hint, tip hint, tipp	le conseil kõ'ßäj	el consejo, la apuesta kon'ßecho, apu'eßta	il consiglio kon'ßiljo
Tochter	daughter 'dɔhtər	la fille fij	la hija 'icha	la figlia 'filja
Toilette	toilet 'tɔilit	la toilette tua'lett	el servicio ßer'wiθio	la toletta to'leta
toll	amazing ə'mäjsing	super ßü'pär	fenomenal fenome'nal	fantastico fan'taßtiko
Tomate	tomato tə'matou	la tomate to'matt	el tomate to'mate	il pomodoro pomo'dɔro
Topf	pot pɔtt	la casserole kaß'rɔl	la olla 'oja	la pentola 'pentola
tot	dead däd	mort mɔr	muerto mu'erto	morto 'mɔrto
Tourist	tourist 'turißt	le touriste tu'rißt	el turista tu'rißta	il turista tu'rißta
tragen	wear, carry u'eər, 'käri	porter pɔr'teh	llevar je'war	portare por'tare
Träne	tear 'tiər	la larme larm	la lágrima 'lagrima	la lacrima 'lakrima
Traum	dream drihm	le rêve rähw	el sueño ßu'enjo	il sogno 'ßonjo
traurig	sad ßäd	triste trißt	triste 'trißte	triste 'trißte
treffen	meet, hit miht, hit	rencontrer rãkõ'treh	encontrar, alcanzar enkon'trar, alkan'θar	incontrare inkon'trare
Treppe	stairs ßtärs	l' escalier m eßkal'jeh	la escalera eßka'lera	la scala 'ßkala
trinken	drink drink	boire bu'ahr	beber be'ber	bere 'bere
Trinkgeld	tip tipp	le pourboire purbu'ahr	la propina pro'pina	la mancia 'mantscha
trocken	dry draj	sec ßäk	seco 'ßeko	asciutto a'schuto
tun	do du	faire fär	hacer a'θer	fare 'fare
Tür	door dɔr	la porte pɔrt	la puerta pu'erta	la porta 'pɔrta
Tüte	bag bäg	le sac ßak	la bolsa 'bolßa	la busta 'bußta

U-Bahn	subway 'ßabuäj	le métro meh'tro	el metro 'metro	il metrò mä'tro
über	above ə'baw	au-dessus odə'ßü	encima de, sobre en'θima de, 'ßobre	sopra 'ßopra
überall	everywhere 'ewriuär	partout par'tu	por todas partes por 'todaß 'parteß	dappertutto daper'tutto
übermorgen	the day after tomorrow ðə däj 'ahftər tu'mɔrou	après demain a'prä də'mẽ	pasado mañana pa'ßado man'jana	dopodomani dɔpodo'mani
Übernachtung	accommodation əkomo'däjschn	la nuitée nüi'teh	la pernoctación pernoktaθi'ɔn	il pernottamento pernɔttamento

Sonderzeichen in der Lautschrift ə angedeutetes e wie in bitt**e**; ɔ offenes o wie in P**o**st; ß scharfes s wie in na**ss**; θ weiches s wie in Fa**ss**, aber gelispelt; ð s wie in **S**ense, aber gelispelt; ã nasal gesprochener Vokal wie in Ch**an**son; ẽ nasal gesprochener Vokal wie in p**oin**tiert; õ nasal gesprochener Vokal wie in Jet**on**; <u>sch</u> weiches sch wie in **G**in

übersetzen

Deutsch	Englisch	Französisch	Spanisch	Italienisch
übersetzen	translate tränß'läjt	traduire tradu'ir	traducir tradu'θir	tradurre tra'dure
übrigens	by the way bai ðə u'äj	d'ailleurs da'jör	apropósito apro'poßito	a proposito a pro'posito
Uhr	clock klɔck	l' heure f ör	el reloj re'loch	l' orologio m orol'ɔdscho
um	at ät	vers wer	a a	intorno a, verso
				in'torno a, 'wäßo
umsteigen	change tschäjnd<u>sch</u>	changer schä'<u>sch</u>eh	hacer trasbordo	cambiare kam'bjare
			a'θer traß'bordo	
umziehen	move, change	déménager	mudarse, cambiarse	traslocare traslo'kare
	muhw, tschäjnd<u>sch</u>	dehmehna'<u>sch</u>eh	mu'darße, kambi'arße	
Umzug	move, procession	le déménagement, défilé	la mudanza, el desfile	il trasloco, sfilata
	muhw, prə'ßeschn	dehmehna<u>sch</u>'mã, dehfi'leh	mu'danθa, deß'file	tras'lokɔ, ßfi'lata
und	and änd	et e	y i	e e
Unfall	accident 'äkßidənt	l' accident m akßi'dä	el accidente akθi'dente	l' incidente m intschi'dente
unser, unsere	our 'auər	notre, nos 'nɔtrə, no	nuestro nu'eßtro	nostro 'nɔßtro
unten	down, below daun, bi'lou	en bas ã ba	abajo a'bacho	sotto, giu 'ßotto, d<u>sch</u>u
unter	under, among 'andər, ə'mang	sous ßu	bajo, entre 'bacho, 'entre	sotto, tra/fra 'ßotto, tra/fra
unterhalten	entertain, talk entə'täjn, tɔhk	entretenir ãtrətə'nir	entretener, conversar	mantenere, intrattenere
			entrete'ner, konwer'ßar	mante'nere, intrate'nere
Unterkunft	accommodation	l' hébergement m	el alojamiento	l' alloggio m a'lod<u>sch</u>o
	əkomo'däjschn	ehbär<u>sch</u>ə'mã	alochami'ento	
unternehmen	undertake, attempt	entreprendre ätrə'prädrə	hacer, tomar medidas	fare, intraprendere
	andər'täjk, ə'tempt		a'θer, to'mar me'didaß	'fare, intra'prendere
Unterricht	class, lessons klahß, 'leßnß	l' enseignement m	la clase 'klaße	la lezione le'tßjone
		ãßänjə'mã		
unterrichten	teach, inform tihtsch, in'fɔrm	enseigner ãßän'jeh	enseñar, informar	insegnare inßen'jare
			enßen'jar, infor'mar	
Unterschied	difference 'difrənß	la différence difeh'räß	la diferencia dife'renθia	la differenza dife'rentßa
unterschreiben	sign ßain	signer ßin'jeh	firmar fir'mar	firmare fir'mare
Unterschrift	signature 'ßignətschər	la signature ßin'jatür	la firma 'firma	la firma 'firma
untersuchen	investigate in'weßtigäjt	examiner egsami'neh	investigar inweßti'gar	analizzare anali'dsare
Untersuchung	investigation, examination l'	examen m, l'enquête f	la investigación, examen	l' indiagine f, l'esame m
	inweßti'gäjschn, ig'säminäjschn	exa'mã, ä'kett	inweßtiga θi'ɔn, eg'samen	in'dad<u>sch</u>ine, e'same
Urlaub	holidays 'hɔlədäjß	les vacances f wa'käß	las vacaciones waka'θioneß	le vacanze, le ferie
				wa'kantße, 'färje

V

Vater	father 'fahðər	le père pär	el padre 'padre	il padre 'padre
Verabredung	date däjt,	le rendez-vous rãdeh'wu	la cita 'θita	l' appuntamento m
	appointment ə'pointment			apunta'mento
Veränderung	change tschäjnd<u>sch</u>	le changement schä<u>sch</u>'mã	el cambio 'kambio	il cambiamento
				kambja'mento
Verbindung	connection kə'nekschn,	la communication	la unión, la combinación	il collegamento,
	combination kɔmbi'näjschn	kɔmünika'ßjö	uni'ɔn, kombinaθi'ɔn	la relazione
				kolega'mento, rela'tßjone
verboten	prohibited prə'hibitid	interdit äter'di	prohibido proi'bido	vietato wje'tato
verdienen	earn örn	gagner gan'jeh	ganar ga'nar	guadagnare guadan'jare
Verein	association əßoußi'äjschn	l' association f aßoßja'ßjö	la asociación aßoθiaθi'ɔn	l' associazione f
				aßotscha'tßjone
Vergangenheit	past pahßt	le passé pa'ßeh	el pasado pa'ßado	il passato pa'ßato
vergessen	forget fər'get	oublier ubli'jeh	olvidar olwi'dar	dimenticare dimenti'kare
vergleichen	compare kəm'päər	comparer kɔmpa'reh	comparar kompa'rar	paragonare parago'nare
verheiratet	married 'märid	marié mari'eh	casado ka'ßado	sposato ßpo'sato
verkaufen	sell ßell	vendre 'wädrə	vender wen'der	vendere 'wendere

Sonderzeichen in der Lautschrift ə angedeutetes e wie in bitt**e**; ɔ offenes o wie in P**o**st; ß scharfes s wie in na**ss**; θ weiches s wie in Fa**ß**, aber gelispelt; ð s wie in **S**ense, aber gelispelt; ã nasal gesprochener Vokal wie in Cha**n**son; ẽ nasal gesprochener Vokal wie in p**oi**ntiert; ö nasal gesprochener Vokal wie in Jet**on**; <u>sch</u> weiches sch wie in **G**in

Wald

Deutsch	Englisch	Französisch	Spanisch	Italienisch
Verkäufer	seller, salesperson 'ßellər, ßäjlßpöhßn	le vendeur *m* wä'dör	el vendedor wende'dor	il commesso, il venditore ko'meßo, wendi'tore
verletzen	hurt hört	blesser blä'ßeh	herir e'rir	ferire fe'rire
verlieren	lose luhs	perdre 'pärdrə	perder per'der	perdere 'perdere
vermeiden	avoid ə'woid	éviter ehwi'teh	evitar ewi'tar	evitare ewi'tare
vermieten	rent, let rent, lett	louer lu'eh	alquilar alki'lar	affitare afi'ttare
verpassen	miss miß	rater ra'teh	perder per'der	perdere 'perdere
verrückt	crazy 'kräjsi	fou fu	loco 'loko	pazzo 'patßo
verschieben	postpone pəß'poun	décaler dehka'leh	aplazar apla'ßar	spostare ßpoß'tare
verschieden	different 'difrənt	différent difeh'rä	diferente dife'rente	diverso di'werßo
Versicherung	insurance in'schurənß	l' assurance *f* aßü'räß	el seguro ße'guro	l' assicurazione *f* aßikura'tßjone
Verspätung	delay di'läj	le retard rə'tar	el retraso re'traßo	il ritardo ri'tardo
versprechen	promise 'promiß	promettre pro'mätrə	prometer prome'ter	promettere pro'metere
verstehen	understand andər'ßtänd	comprendre kö'prädrə	entender enten'der	capire ka'pire
versuchen	try traj	essayer äßä'jeh	intentar inten'tar	provare, tentare pro'ware, ten'tare
Vertrag	contract 'konträkt	le contrat kö'tra	el contrato kon'trato	il contratto kon'trato
verwandt	related ri'läjtid	apparenté apara'teh	pariente pari'ente	parente pa'rente
verzeihen	forgive fɔr'giw	pardonner pardo'neh	perdonar perdo'nar	perdonare perdo'nare
viel	a lot, much ə lɔt, matsch	beaucoup bo'ku	mucho 'mutscho	molto 'molto
vielleicht	maybe 'mäjbi	peut-être pö'tätrə	tal vez tal weß	forse 'forße
Vogel	bird börd	l' oiseau *m* ua'so	el pájaro 'pacharo	l' uccello *m* u'tschello
voll	full full	plein plē	lleno 'jeno	pieno 'pjäno
von	from, by from, bai	de də	desde, de 'deßde, de	da, di da, di
vor	before, ago bi'fɔr, ə'gou	devant, avant də'wä, a'wä	delante de, hace de'lante de, 'aθe	davanti da'wanti
vorbei	over 'ouwər	passé, le long de pa'ßeh, lə lõ də	pasado pa'ßado	passato, finito pa'ßato, fi'nito
vorgestern	the day before yesterday ðə däj bi'fɔr 'jeßtədäj	avant-hier awä'tjär	anteayer antea'jer	l'altro ieri 'laltro 'järi
vorher	before bi'fɔr	avant a'wä	antes 'anteß	prima 'prima
vorn	ahead, forward ə'häd, 'fɔhwəd	devant də'wä	delante de'lante	davanti da'wanti
Vorname	first name förßt näjm	le prénom preh'nõ	el nombre 'nombre	il nome 'nome
vorschlagen	suggest ßə'dscheßt	proposer propo'seh	sugerir ßuche'rir	proporre pro'pore
Vorsicht	attention ə'tenschn, caution 'kohschn	la prudence prü'däß	el cuidado kui'dado, la precaución prekauθi'ɔn	l' attenzione *f* aten'tßjone la prudenza pru'dentßa
vorsichtig	careful 'käərful	prudent prü'dä	cuidadoso kuida'doßo	prudente pru'dente
vorstellen	present pri'se	présenter prehsä'teh	presentar preßen'tar	presentare presen'tare
vorwärts	ahead ə'häd, forward 'fɔhwəd	en avant äna'wä	hacia adelante 'aθia ade'lante	avanti a'wanti

wachsen	grow grou	grandir grä'dir	crecer kre'θer	crescere 'kreschere
wählen	select, dial, vote ßi'lekt, dail, wout	choisir, élire schua'sir, eh'lir	elegir, marcar, votar ele'chir, mar'kar, wo'tar	votare, scegliere wo'tare, 'scheljere
wahr	true tru	vrai wrä	verdadero werda'dero	vero 'wero
Wahrheit	truth truθ	la vérité wehri'teh	la verdad wer'dad	la verità weri'ta
wahrscheinlich	probably 'prɔbəbli	probablement prɔbablə'mä	probablemente probable'mente	probabile pro'babile
Wald	forest 'fɔrißt	la forêt fo'rä	la selva 'ßelwa	il bosco 'boßko

Sonderzeichen in der Lautschrift: ə angedeutetes e wie in bitt**e**; ɔ offenes o wie in P**o**st; ß scharfes s wie in na**ss**; θ weiches s wie in Fa**ss**, aber gelispelt; ð s wie in **S**ense, aber gelispelt; ä nasal gesprochener Vokal wie in Ch**an**son; ē nasal gesprochener Vokal wie in p**oi**ntiert; õ nasal gesprochener Vokal wie in Jet**on**; <u>sch</u> weiches sch wie in **G**in

wandern

Deutsch	Englisch	Französisch	Spanisch	Italienisch
wandern	hike haik	marcher mar'scheh	hacer senderismo a'θer ßende'rißmo	camminare kami'nare
wann	when u'än	quand kā	cuándo ku'ando	quando ku'ando
warm	warm u'ɔrm	chaud scho	caliente kali'ente	caldo 'kaldo
warten	wait u'äjt	attendre a'tädrə	esperar eßpe'rar	aspettare aßpe'tare
warum	why u'ai	pourquoi purku'a	por qué por ke	perché per'ke
was	what u'ɔt	quoi ku'a	qué ke	che cosa ke 'kɔsa
Wasser	water u'ɔtər	l' eau f o	el agua 'agua	l' acqua f 'akua
wechseln	change tschäjndsch	changer schä'scheh	cambiar kambi'ar	cambiare kam'bjare
Wecker	alarm-clock ə'lahmklɔck	le réveil reh'wäj	el despertador deßperta'dor	la sveglia 'swelja
weder ... noch	neither ... nor 'naiðər ... nɔr	ni ... ni ni ... ni	ni ... ni ni ... ni	né ... né ne ... ne
weg	away, off ə'uäj, ɔf	parti par'ti	ausente, fuera au'ßente, fu'era	via 'wia
Weg	path, road pahθ, rəud	le chemin schə'mē	el camino ka'mino	il cammino ka'mino
wegen	because of bi'kɔhs ɔf	à cause de a kohs də	a causa de a 'kaußa de	a causa di a 'kausa di
weggehen	go out, leave gou aut, lihw	partir par'tir	irse 'irße	andare via an'dare 'wia
wegwerfen	throw away θrou ə'uäj	jeter sche'teh	tirar ti'rar	gettare (via) dsche'tare ('wia)
weiblich	feminine 'femənin	féminin fehmi'nē	femenino feme'nino	femminile femi'nile
weich	soft ßɔft	mou mu	blando 'blando	morbido 'mɔrbido
Weihnachten	Christmas 'krißməß	la Noël no'äl	la navidad nawi'dad	il Natale na'tale
weil	because bi'kɔhs	parce que parß kə	porque 'porke	perché per'ke
Wein	wine u'ain	le vin wē	el vino 'wino	il vino 'wino
weinen	cry krai	pleurer plö'reh	llorar jo'rar	piangere 'pjandschere
weit	wide, far u'aid, far	loin lu'ē	extenso, amplio ek'ßtenßo, 'amplio	largo, lontano 'largo, lon'tano
weiter	further, wider 'förðər, u'ajdər	plus loin plü lu'ē	más maß	più lontano pju lon'tano
Welt	world u'örld	le monde mōd	el mundo 'mundo	il mondo 'mondo
wenig	little, few 'littl, fju	peu pö	poco 'poko	poco 'pɔko
wenn	when, if u'än, if	si ßi	cuando, si ku'ando, ßi	se ße
wer	who hu	qui ki	quién ki'en	chi ki
werden	become, will, get bi'kamm, u'il, gätt	devenir dəwə'nir	convertirse, ser, ponerse konwer'tirße, ßer, po'nerße	diventare diwen'tare
werfen	throw θrou	lancer lä'ßeh	tirar ti'rar	gettare dsche'tare
Werkzeug	instrument, tool 'inßtrumənt, tuhl	l' outil m u'ti	la herramienta erami'enta	l' attrezzo m a'tretßo
Wetter	weather u'äðər	le temps tā	el tiempo ti'empo	il tempo 'tempo
wichtig	important im'pɔhtənt	important ēpɔr'tā	importante impor'tante	importante impor'tante
wie	how, like hau, laik	comment kɔ'mā	como 'komo	come 'kome
wieder	again ə'gän	à nouveau a nu'wo	otra vez 'otra weθ	di nuovo di nu'ɔwo
wiederholen	repeat ri'piht	répéter rehpeh'teh	repetir repe'tir	ripetere ri'pätere
Wiese	meadow 'medou	le pré preh	el prado 'prado	il prato 'prato
wie viel	how much hau matsch	combien kō'bjē	cuánto ku'anto	quanto ku'anto
willkommen	welcome u'elkəm	bienvenue bjēwə'nü	bienvenido bienve'nido	benvenuto benwe'nuto
Wind	wind u'ind	le vent wā	el viento wi'ento	il vento 'wento
wir	we u'i	nous nu	nosotros noß'otroß	noi noj
wirklich	really 'riəli	vraiment wrä'mā	real re'al	vero 'wero
wissen	know nou	savoir ßawu'ahr	saber ßa'ber	sapere ßa'pere
Wissenschaft	science 'ßaiənß	la science ßjäß	la ciencia θi'enθia	la scienza 'schentßa
wo	where u'är	où u	dónde 'donde	dove 'dowe
Woche	week u'ihk	la semaine ßə'män	la semana ße'mana	la settimana ßeti'mana
woher	where from u'är frɔm	d'où du	de dónde de 'donde	di dove di 'dowe
wohin	where to u'är tu	où u	adónde a'donde	dove 'dowe
wohnen	live liw	habiter abi'teh	vivir wi'wir	abitare abi'tare
Wohnung	flat flätt	l' appartement m apartə'mā el	piso 'pißo	la casa 'kasa

Sonderzeichen in der Lautschrift ə angedeutetes e wie in bitte; ɔ offenes o wie in Post; ß scharfes s wie in nass; θ weiches s wie in Fass, aber gelispelt; ð s wie in Sense, aber gelispelt; ā nasal gesprochener Vokal wie in Chanson; ē nasal gesprochener Vokal wie in pointiert; ō nasal gesprochener Vokal wie in Jeton; sch weiches sch wie in Gin

zwischen

Deutsch	Englisch	Französisch	Spanisch	Italienisch
Wolke	cloud klaud	le nuage nü'ah<u>sch</u>	la nube 'nube	la nuvola 'nuwola
Wolle	wool wuhl	la laine län	la lana 'lana	la lana 'lana
wollen	want u'ɔnt	vouloir wulu'ahr	querer ke'rer	volere wo'lere
Wort	word u'öhd	le mot mo	la palabra pa'labra	la parola pa'rɔla
Wörterbuch	dictionary 'dikschənri	le dictionnaire dikßjo'när	el diccionario dikθio'nario	il dizionario ditßjo'nario
Wunsch	wish u'isch	le souhait ßu'äh	el deseo de'ßeo	il desiderio desi'derio
wünschen	wish u'isch	souhaiter ßuäh'teh	desear deße'ar	desiderare deside'rare

Z

Zahl	number 'nambər	le chiffre 'schifrə	el número 'numero	il numero 'numero
zahlen	pay päj	payer pä'jeh	pagar pa'gar	pagare pa'gare
zählen	count kaunt	compter kö'teh	contar kon'tar	contare kon'tare
Zahn	tooth tuhθ	la dent dä	el diente di'ente	il dente 'dente
Zahnbürste	toothbrush 'tuhθbrasch	la brosse à dent brɔß a dä	el cepillo de dientes θe'pijo de di'entes	il spazzolino da denti ßpatßo'lino da 'denti
Zahnpasta	tooth paste tuhθ päjßt	le dentifrice däti'friß	la pasta dentífrica 'paßta den'tifrika	il dentifricio denti'fritscho
Zeichen	sign ßain	le signe 'ßinjə	la señal sen'jal	il segno 'ßenjo
zeigen	show, indicate schou, 'indikäjt	montrer mö'treh	enseñar enßen'jar	mostrare, indicare moß'trare, indi'kare
Zeit	time taim	le temps tä	el tiempo ti'empo	il tempo 'tempo
Zeitung	newspaper 'njuhßpäjpər	le journal <u>sch</u>ur'nal	el periódico peri'ɔdiko	il giornale d<u>sch</u>or'nale
Zelt	tent tent	la tente tät	la tienda ti'enda	la tenda 'tända
Zeugnis	certificate ßə'tifikət	le bulletin scolaire bül'tä ßko'lär	el certificado θertifi'kado	la pagella pa'd<u>sch</u>ella
ziehen	pull pull	tirer ti'reh	tirar ti'rar	tirare ti'rare
Ziel	destination, goal deßti'näjschn, goul	le but büt	el destino deß'tino, la meta 'meta	la meta 'mäta, il traguardo tragu'ardo
Zigarette	cigarette 'ßigəret	la cigarette ßiga'rätt	el cigarillo θiga'rijo	la sigaretta ßiga'reta
Zimmer	room ruhm	la pièce, la chambre pjäß, 'schäbr	la habitación abitaθi'ɔn	la camera, la stanza 'kamera, 'ßtantßa
Zitrone	lemon 'lemmən	le citron ßi'trö	el limón li'mɔn	il limone li'mone
Zoll	customs 'kaßtəmß	la douane du'an	la aduana adu'ana	la dogana, il pedaggio do'gana, pe'dad<u>sch</u>o
zornig	angry 'ängri	en colère ä ko'lär	furioso furi'oßo	adirato adi'rato
zu, geschlossen	closed 'kloußd	fermé fär'meh	cerrado θe'rado	chiuso 'kjußo
Zucker	sugar 'schuggər	le sucre 'ßükrə	el azúcar a'θukar	lo zucchero 'dsukero
zuerst	first förßt	d'abord da'bɔr	primero pri'mero	prima 'prima, per primo per 'primo
Zufall	coincidence kou'inßidənß	le hasard a'sar	la coincidencia koinθi'denθia	il caso 'kaso
zufrieden	content, satisfied kən'tent, 'ßätißfajd	content, satisfait kö'tä, ßatiß'fä	contento, satisfecho kon'tento, ßatiß'fetscho	contento, soddisfatto kon'tento, sodiß'fato
Zug	train träjn	le train trä	el tren tren	il treno 'träno
zuhause	at home ät houm	chez soi scheh ßu'a	en casa en 'kaßa	a casa a 'kasa
zuhören	listen 'lißn	écouter ehku'teh	escuchar eßku'tschar	ascoltare aßkol'tare
Zukunft	future 'fjuhtschər	le futur fü'tür	el futuro fu'turo	il futuro fu'turo
zuletzt	finally 'fainəli	en dernier ä dern'jeh	por último por 'ultimo	da/per ultimo da/per 'ultimo
zurück	back bäck	en arrière änari'jär	de vuelta de wu'elta	indietro in'djätro
zusammen	together tu'geðər	ensemble ä'ßäblə	junto 'chunto	insieme in'ßjäme
Zuschauer	spectator ßpek'täjtər	le spectateur ßpäkta'tör	el espectador eßpekta'dor	lo spettatore ßpeta'tore
zu viel	too much tu matsch	trop tro	demasiado demaßi'ado	troppo 'trɔpo
zu wenig	too little tu 'littl	trop peu tro pö	muy poco 'mui 'poko	troppo poco 'trɔpo 'pɔko
zwischen	between bitu'ihn	entre ätrə	entre 'entre	tra, fra tra, fra

Sonderzeichen in der Lautschrift ə angedeutetes e wie in bitt**e**; ɔ offenes o wie in P**o**st; ß scharfes s wie in na**ss**; θ weiches s wie in Fa**ss**, aber gelispelt; ð s wie in **S**ense, aber gelispelt; ä nasal gesprochener Vokal wie in Ch**an**son; ē nasal gesprochener Vokal wie in p**oin**tiert; ö nasal gesprochener Vokal wie in Jet**on**; <u>sch</u> weiches sch wie in **G**in

a

Englisch	Deutsch	Französisch	Spanisch	Italienisch
a, an, one ə, ən, u'an	ein, eine, einer	un, une ē, ün	un, una, uno un, una, uno	uno, una uno, 'una
about ə'baut	circa	à peu près a pö prä	aproximadamente aprokßimada'mente	circa 'tschirka
above ə'baw	über	au-dessus o də'ßü	encima de, sobre en'θima de, 'ßobre	sopra 'ßopra
accept ik'ßept	akzeptieren	accepter akßäp'teh	aceptar akθep'tar	accettare atsche'tare
accident 'äkßidənt	Unfall	l' accident m akßi'dā	el accidente akθi'dente	l' incidente m intschi'dente
accommodation əkomo'däjschn	Übernachtung, Unterkunft	la nuitée, l'hébergement m nüi'teh, ehbärschə'mā	la pernoctación, el alojamiento pernoktaθi'ɔn, alochami'ento	il pernottamento, l'alloggio m pernɔta'mento, a'lodscho
accompany ə'kampəni	mitkommen	venir avec, accompagner wə'nir a'weck, akōpan'jeh	acompañar akompan'jar	venire (con), accompagnare we'nire (kon), akompan'jare
account ə'kaunt	Konto	le compte kōt	la cuenta ku'enta	il conto corrente 'konto ko'rente
achieve ə'tschihw	erreichen	atteindre a'tēdrə	alcanzar alkan'θar	raggiungere ra'dschundschere
add äd	ergänzen	compléter kōpleh'teh	añadir anja'dir	completare komple'tare
address 'ädräß	Adresse	l' adresse f a'dräß	la dirección direkθi'ɔn	l' indirizzo m indi'ritßo
admittance, entry əd'mitənß, 'entri	Eintritt	l' entrée f ā'treh	la entrada en'trada	l' ingresso m, l'entrata f in'greßo, en'trata
adult 'ädalt	Erwachsener	l' adulte m a'dült	el adulto a'dulto	l' adulto m a'dulto
advertisement äd'wörtismənt	Anzeige	l' annonce f a'nōß	el anuncio a'nunθio	la denuncia, l'indicazione f de'nuntscha, indika'tßjone
advise äd'wajs	beraten	conseiller kōßeh'jeh	aconsejar akonße'char	consigliare konßil'jare
after, to 'ahftər, tu	nach	après a'prä	después, a deßpu'eß, a	dopo 'dopo
again ə'gän	wieder	à nouveau a nu'wo	otra vez 'otra weθ	di nuovo di nu'ɔwo
against (it) ə'gänßt (it)	(da)gegen	contre (cela) 'kōtrə (ßə'la)	(en) contra (en) 'kontra	contro kontro
age äjtsch	Alter	l' âge m ahsch	la edad, la vejez e'dad, we'cheθ	l' età f e'ta
ahead, forward ə'häd, 'fɔhwəd	vorwärts, vorn	en avant, devant āna'wā, də'wā	hacia adelante, delante aθia ade'lante, de'lante	avanti, davanti a'wanti, da'wanti
air 'äər	Luft	l' air m är	el aire 'aire	l' aria f 'aria
airport 'ärpɔht	Flughafen	l' aéroport m aehro'pɔr	el aeropuerto aeropu'erto	l' aeroporto m aero'pɔrto
alarm-clock ə'lahmklɔck	Wecker	le réveil reh'wäj	el despertador deßperta'dor	la sveglia 'swelja
alcohol 'älkəhɔl	Alkohol	l' alcool m al'kɔl	el alcohol alko'ol	l' alcool m 'alkool
a little bit ə 'littl bitt	bisschen	un peu ē pö	un poco un 'poko	un pò un pɔ
all ɔhl	alle	tous, toutes tu, tut	todos 'todoß	tutti 'tutti
allow ə'lau	erlauben	permettre per'mätrə	permitir permi'tir	permettere per'metere
almost 'ɔlmoußt	fast	presque 'präßkə	casi 'kaßi	quasi ku'asi
alone ə'loun	allein	seul ßöll	solo 'ßolo	(da) solo (da) 'ßolo
a lot, much ə lɔt, matsch	viel	beaucoup bo'ku	mucho 'mutscho	molto 'molto
alphabet 'älfəbet	Alphabet	l' alphabet m alfa'bä	el alfabeto alfa'beto	l' alfabeto m alfa'beto
already 'ɔhlrädi	schon	déjà deh'scha	ya ja	già dscha
also 'ɔlßou	auch	aussi o'ßi	también tambi'en	anche 'anke
always 'ɔhluäjß	immer	toujours tu'schur	siempre 'ßi'empre	sempre 'ßempre
amazing ə'mäjsing	toll	super ßü'pär	fenomenal fenome'nal	fantastico fan'taßtiko
amount, crowd ə'maunt, kraud	Menge	la quantité, la multitude kāti'teh, mülti'tüd	la cantidad, la multitud kanti'dad, multi'tud	la quantità, la moltitudine kuanti'ta, molti'tudine
and änd	und	et e	y i	e e
anger ängər	ärgern	fâcher fa'scheh	enfadar enfa'dar	arrabbiarsi arab'jarßi
angry 'ängri	böse, zornig	méchant, en colère meh'schā, ā ko'lär	enfadado, furioso enfa'dado, furi'oßo	cattivo, adirato ka'tiwo, adi'rato

Sonderzeichen in der Lautschrift ə angedeutetes e wie in bitt**e**; ɔ offenes o wie in P**o**st; ß scharfes s wie in na**ss**; θ weiches s wie in Fa**ss**, aber gelispelt; ð s wie in **S**ense, aber gelispelt; ā nasal gesprochener Vokal wie in Ch**an**son; ē nasal gesprochener Vokal wie in p**oin**tiert; ō nasal gesprochener Vokal wie in Jet**on**; sch weiches sch wie in **G**in

262

bag

Englisch	Deutsch		Französisch		Spanisch		Italienisch
animal 'äniməl	Tier	l'	animal *m* ani'mal	el	animal ani'mal	l'	animale *m* ani'male
answer 'ahnßər	Antwort	la	réponse reh'pöß	la	respuesta reßpu'eßta	la	risposta riß'poßta
answer 'ahnßər	antworten		répondre reh'pödrə		responder reßpon'der		rispondere riß'pondere
anyone, everybody 'äniuan, 'ewribadi	jeder		chacun scha'kē		cada uno 'kada 'uno		ognuno on'juno
anyone, somebody 'äniuan, 'ßambadi	jemand		quelqu'un käl'kē		alguno al'guno		qualcuno kual'kuno
appear, look ə'piər, luck	aussehen		ressembler rəßä'bleh		parecer pare'θer		sembrare ßem'brare
apple 'äpl	Apfel	la	pomme pɔm	la	manzana man'θana	la	mela 'mela
application äpli'käjschn	Bewerbung	la	candidature kädida'tür	la	solicitud ßoliθi'tud	la	domanda do'manda
appointment, date ə'pointment, däjt	Termin	le	rendez-vous rädeh'wu	la	cita, la fecha 'θita, 'fetscha	la	data, l'appuntamento *m* data, apunta'mento
argue 'argju	streiten		disputer dißpü'teh		pelear pele'ar		litigare liti'gare
arm ahm	Arm	le	bras bra	el	brazo 'braθo	il	braccio 'bratscho
armchair 'ahmtschär	Sessel	le	fauteuil fo'töj	el	sillón ßi'jɔn	la	poltrona pol'trona
arrival ə'raiwl	Ankunft	l'	arrivée *f* ari'weh	la	llegada je'gada	l'	arrivo *m* a'riwo
arrive ə'raiw	ankommen		arriver ari'weh		llegar je'gar		arrivare ari'ware
art aht	Kunst	l'	art *m* ar	el	arte 'arte	l'	arte *f* 'arte
ask ahßk	fragen, bitten		demander dəmä'deh		preguntar, pedir pregun'tar, pe'dir		domandare, pregare doman'dare, pre'gare
association əßoußi'äjschn	Verein	l'	association *f* aßoßia'ßjö	la	asociación aßoθiaθi'ɔn	l'	associazione *f* aßotscha'tßjone
at ät	bei, um		chez, vers scheh, wer		en, cerca de, a en, 'θerka de, a		presso, vicino a/in, intorno a, verso preßo, in'torno a, 'wärßo
at home ät houm	zuhause		chez soi scheh ßu'a		en casa en 'kaßa		a casa a 'kasa
at least ät lihßt	mindestens		au moins o mu'ē		por lo menos por lo 'menoß		come, minimo, almeno 'kome, 'minimo, al'meno
at that time ät ðät taim	damals		autrefois otrəfu'a		en aquel tiempo en a'kel ti'empo		allora a'lora
at the most ät ðə moußt	höchstens		au maximum o makßi'mom		como mucho 'komo 'mutscho		al massimo al 'maßimo
at, by ät, bai	an		à a		a, en, de a, en, de		per, a per, a
at, on ät, ɔn	auf		sur ßür		sobre, en 'ßobre, en		sopra, su 'ßopra, ßu
attention, caution ə'tenschn, 'kɔhschn	Achtung, Vorsicht	l'	attention *f*, la prudence atä'ßjö, prü'däß	la	atención, el cuidado atenθi'ɔn, kui'dado	l'	attenzione *f*, la prudenza aten'tßjone, pru'dentßa
aunt ahnt	Tante	la	tante tät	la	tía 'tia	la	zia 'dsia
automobile club ɔtou'moubail klab	Automobilclub	le	club automobile klöb otomo'bil	el	club del automóvil klub del auto'mowil	l'	automobile club auto'mobile 'klub
average 'äwəridsch	Durchschnitt	la	moyenne mua'jänn	la	media 'media	la	media 'mädja
avoid ə'woid	vermeiden		éviter ehwi'teh		evitar ewi'tar		evitare ewi'tare
away, off ə'uäj, ɔf	weg		parti par'ti		ausente, fuera au'ßente, fu'era		via 'wia

B

Englisch	Deutsch		Französisch		Spanisch		Italienisch
baby 'bäjbi	Baby	le	bébé beh'beh	el	bebé be'be	il	bebè be'bä
back bäck	hinten, zurück		à l'arrière, en arrière a lari'jär, ɔnari'jär		detrás, de vuelta de'traß, de wu'elta		diatro, in fondo, indietro djätro, in 'fondo, in'djätro
back bäck	Rücken	le	dos do	la	espalda eß'palda	la	schiena 'ßkjäna
backwards bäckwəds	rückwärts		en arrière änari'jär		hacia atrás 'aθia a'traß		indietro in'djätro
bad bäd	schlecht		mauvais mo'wä		malo 'malo		male, cattivo male, ka'tiwo
bag, pocket bäg, 'pɔckit	Tüte, Tasche	le	sac, la poche ßak, 'pɔsch	la	bolsa, el bolso, el bolsillo 'bolßa, 'bolßo, bol'ßijo	la	busta, la borsa, la tasca 'bußta, 'borßa, 'taßka

Sonderzeichen in der Lautschrift ə angedeutetes e wie in bitt**e**; ɔ offenes o wie in P**o**st; ß scharfes s wie in na**ss**; θ weiches s wie in Fa**ss**, aber gelispelt; ð s wie in S**e**nse, aber gelispelt; ä nasal gesprochener Vokal wie in Ch**an**son; ē nasal gesprochener Vokal wie in p**oi**ntiert; ö nasal gesprochener Vokal wie in Jet**on**; sch weiches sch wie in **G**in

bake

Englisch	Deutsch		Französisch		Spanisch		Italienisch
bake bäjk	backen		cuire au four ku'iro fuhr		hornear orne'ar		cuocere ku'otschere
bakery 'bäjkəri	Bäckerei	la	boulangerie bulä<u>sch</u>ə'ri	la	panadería panade'ria	il	panificio pani'fitscho
balcony 'bälkəni	Balkon	le	balcon bal'kõ	el	balcón bal'kɔn	il	balcone bal'kone
ball-point pen 'bɔhlpɔjnt pen	Kugelschreiber	le	stylo ßti'lo	el	bolígrafo bo'ligrafo	la	penna penna
banana bə'nanə	Banane	la	banane ba'nann	el	plátano platano	la	banana ba'nana
bank bänk	Bank	la	banque bäk	el	banco banko	la	banca banka
basement 'bäjßmənt	Keller	la	cave kahw	el	sótano ßotano	la	cantina kan'tina
bathe bahθ	baden		baigner bän'jeh		bañar ban'jar		fare il bagno
							fare il 'banjo
bathroom 'bahθruhm	Badezimmer	la	salle de bain ßal də bẽ	el	cuarto de baño	il	bagno banjo
					ku'arto de 'banjo		
battery 'bätəri	Batterie	la	pile pihl	la	pila pila	la	batteria bate'ria
be bi	sein		être 'ätre		ser, estar ßer, eß'tar		essere 'äßere
be pleased bi plihsd	freuen		réjouir reh<u>sch</u>u'ir		alegrarse ale'grarße		essere contento, lieto
							'äßere kon'tento, l'jäto
beach bihtsch	Strand	la	plage plah<u>sch</u>	la	playa plaja	la	spiaggia ßpjad<u>sch</u>a
bean bihn	Bohne	la	fève fähw	la	judía chu'dia	il	fagiolo fa'd<u>sch</u>olo
because bi'kɔhs	weil		parce que parß kə		porque porke		perchè per'ke
because of bi'kɔhs ɔf	wegen		à cause de a kohs də		a causa de a 'kaußa de		a causa di a 'kausa di
become, will, get	werden		devenir dəwə'nir		convertirse, ser, ponerse		diventare diwen'tare
bi'kamm, u'il, gätt					konwer'tirße, ßer, po'nerße		
bed bed	Bett	le	lit li	la	cama kama	il	letto lätto
bedroom 'bedruhm	Schlafzimmer	la	chambre à coucher	el	dormitorio dormi'torio	la	camera da letto
			'schäbr a ku'scheh				'kamera da 'lätto
beer 'biər	Bier	la	bière bjär	la	cerveza θer'weθa	la	birra 'bira
before, ago bi'fɔr, ə'gou	bevor, vorher, vor		avant, devant a'wã, də'wã		antes, delante de, hace		prima, davanti
					anteß, de'lante de, 'aθe		'prima, da'wanti
begin bi'gin	anfangen, beginnen		commencer kɔmä'ßeh		empezar empe'θar		(in)cominciare, iniziare
							(in)komin'tschare, ini'tßjare
beginning bi'ginning	Anfang	le	début deh'bü	el	principio prin'θipio	l'	inizio m i'nitßjo
behind bi'haind	hinter		derrière deri'jär		detrás de de'traß de		dietro, dopo djätro, 'dɔpo
believe bi'lihw	glauben		croire kru'ahr		creer kre'er		credere 'kredere
belong bi'lɔng	gehören		appartenir apartə'nir		pertenecer pertene'θer		appartenere
							aparte'nere
besides, next to	außer, neben		sauf , à côté ßohf, a ko'teh		a excepción de, al lado		eccetto, accanto
bi'ßajds, näkßt tu					a ekßepθi'ɔn de, al 'lado		e'tschätto, a'kanto
better 'bettər	besser		mieux mjö		mejor me'chor		meglio, migliore
							'mäljo, mil'jore
between bitu'ihn	zwischen		entre 'ätrə		entre 'entre		tra, fra tra, fra
beverage 'bewərid<u>sch</u>	Getränk	la	boisson bua'ßõ	la	bebida be'bida	la	bevanda be'wanda
bicycle 'bajßikl	Fahrrad	la	bicyclette bißi'klett	la	bicicleta biθi'kleta	la	bicicletta bitschi'kleta
bill, invoice bill, 'inwɔjß	Rechnung	la	facture fak'tür	la	cuenta ku'enta	il	conto 'konto
biology baj'ɔlid<u>sch</u>i	Biologie	la	biologie biolo'<u>sch</u>i	la	biología biolo'chia	la	biologia biolo'd<u>sch</u>ia
bird börd	Vogel	l'	oiseau m ua'so	el	pájaro 'pacharo	l'	uccello m u'tschello
birthday 'börθdäj	Geburtstag	l'	anniversaire m aniwer'ßär el		cumpleaños kumple'anjos il		compleanno komple'anno
bitter 'bitter	bitter		amer a'mär		amargo a'margo		amaro a'maro
blanket, ceiling	Decke	la	couverture, le plafond	la	manta, il techo	la	coperta, il soffitto
'blänkit, 'ßihling			kuwer'tür, pla'fõ		manta, 'tetscho		ko'pärta, ßo'fito
bleed blihd	bluten		saigner ßän'jeh		sangrar ßan'grar		sanguinare ßangui'nare
blood blad	Blut	le	sang ßã	la	sangre 'ßangre	il	sangue 'ßangue
blossom 'blɔßəm	blühen		fleurir flö'rir		florecer flore'θer		fiorire fio'rire
blouse blaus	Bluse	la	blouse bluhs	la	blusa 'blußa		camicetta kami'tscheta
board, get in bɔhd, gätt in	einsteigen		monter mõ'teh		entrar, embarcar		salire, montare
					en'trar, embar'kar		ßa'lire, mon'tare

Sonderzeichen in der Lautschrift ə angedeutetes e wie in bitt**e**; ɔ offenes o wie in P**o**st; ß scharfes s wie in na**ss**; θ weiches s wie in Fa**ss**, aber gelispelt; ð s wie in **S**ense, aber gelispelt; ã nasal gesprochener Vokal wie in Ch**an**son; ẽ nasal gesprochener Vokal wie in p**oi**ntiert; õ nasal gesprochener Vokal wie in Jet**on**; <u>sch</u> weiches sch wie in **G**in

call

Englisch	Deutsch	Französisch	Spanisch	Italienisch

boat, ship bout, schip	Boot, Schiff	le bateau ba'to	la barca, el barco 'barka, 'barko	la barca, la nave 'barka, 'nawe
body 'bɔdi	Körper	le corps kor	el cuerpo ku'erpo	il corpo 'korpo
book buck	Buch	le livre 'lihwrə	el libro 'libro	il libro 'libro
book buck	buchen	réserver rehser'weh	reservar reßer'war	prenotare preno'tare
border 'bɔhdər	Grenze	la frontière frõ'tjär	la frontera fron'tera	il confine kon'fine
boring 'bɔhring	langweilig	ennuyeux ãnui'jö	aburrido abu'rido	noioso no'joso
born bɔhn	geboren	être né 'ätrə neh	nacido na'θido	nato 'nato

both bouθ	beide	tous les deux tu leh dö	ambos 'amboß	tutti e due 'tutti e 'due
bottle 'bɔtl	Flasche	la bouteille bu'täj	la botella bo'teja	la bottiglia bo'tilja
bowl boul	Schüssel	le bol bɔl	la fuente fu'ente	la scodella ßko'della
boy bɔj	Junge	le garçon gar'ßõ	chico 'tschiko	il ragazzo ra'gatßo
brake bräjk	Bremse	le frein frẽ	el freno 'freno	il freno 'fräno
brake bräjk	bremsen	freiner freh'neh	frenar fre'nar	frenare fre'nare
bread bräd	Brot	le pain pẽ	el pan pan	il pane 'pane
(bread) roll (bräd) roul	Brötchen	le petit pain pətti pẽ	el panecillo pane'θijo	il panino pa'nino
break bräjk	brechen	casser ka'ßeh	romper rom'per	spezzare ßpe'tßare

break bräjk	Pause	la pause pohs	el descanso deß'kanßo	la pausa, la sosta 'pausa, 'ßoßta
breakdown 'bräjkdaun	Autopanne	la panne de voiture pann də wua'tür	la avería (con el coche) awe'ria (kon el 'kotsche)	il guasto gu'aßto
breakfast 'bräkfəßt	Frühstück	le petit-déjeuner pətidehschö'neh	el desayuno deßa'juno	la colazione kola'tßjone
bridge bridsch	Brücke	le pont põ	el puente pu'ente	il ponte 'ponte
bring bring	bringen	apporter apɔr'teh	llevar, traer je'war, tra'er	portare por'tare
bring along bring ə'lɔng	mitbringen	amener amə'neh	traer tra'er	portare por'tare

broken 'broukən	kaputt	cassé ka'ßeh	roto 'roto	rotto, guasto 'rɔto, gu'aßto
brother 'braðər	Bruder	le frère frär	el hermano er'mano	il fratello fra'tello
brothers and sisters 'braðərs änd 'ßißtərs	Geschwister	frères et sœurs frär e ßör	los hermanos er'manoß	i fratelli, le sorelle fra'telli, ßo'relle
brush brasch	Bürste	la brosse brɔß	el cepillo θe'pijo	la spazzola 'ßpatßola
buddhism 'buhdism	Buddhismus	le bouddhisme bu'dißmə	el budismo bu'dißmo	il buddismo bu'dismo
building 'bilding	Gebäude	l' immeuble m i'möblə	el edificio edi'fiθio	l' edificio m edi'fitscho
burn börn	brennen	brûler brü'leh	arder ar'der	bruciare bru'tschare
bus baß	Bus	le bus büß	el autobús auto'buß	l' autobus m auto'buß

business 'bisnəß	Geschäft	le magasin maga'sẽ	el negocio ne'goθio	il negozio ne'gɔtßjo
but bat	aber	mais mäh	pero 'pero	ma ma
butchery 'butschəri	Metzgerei	la boucherie busch'ri	la carnicería karniθe'ria	la macelleria matschele'ria
butter 'batər	Butter	le beurre bör	la mantequilla mante'kija	il burro 'buro
button 'battn	Knopf	le bouton bu'tõ	el botón bo'tɔn	il bottone bo'tone
buy baj	kaufen	acheter asch'teh	comprar kom'prar	comprare kom'prare
by the way bai ðə u'äj	übrigens	d'ailleurs da'jör	apropósito apro'poßito	a proposito a pro'pɔsito

C

cafe kä'fäj	Café	le café ka'feh	el café ka'fe	il caffè ka'fä
cake käjk	Kuchen	le gâteau ga'to	el pastel paß'tel	la torta, il dolce 'torta, 'doltsche
calculate 'kälkjuläjt	rechnen	calculer kalkü'leh	calcular kalku'lar	calcolare kalko'lare
calendar 'kälindər	Kalender	le calendrier kalãdri'jeh	el calendario kalen'dario	il calendario, l'agenda f kalen'dario, a'dschenda
call kɔhl	Anruf	l' appel m a'pell	la llamada ja'mada	la telefonata, la chiamata telefo'nata, kja'mata

Sonderzeichen in der Lautschrift
ə angedeutetes e wie in bitt**e**; ɔ offenes o wie in P**o**st; ß scharfes s wie in na**ss**; θ weiches s wie in Fa**ß**, aber gelispelt; ð s wie in **S**ense, aber gelispelt; ã nasal gesprochener Vokal wie in Ch**an**son; ẽ nasal gesprochener Vokal wie in p**oin**tiert; õ nasal gesprochener Vokal wie in Jet**on**; sch weiches sch wie in **G**in

call

Englisch	Deutsch		Französisch		Spanisch		Italienisch
call kɔhl	anrufen, heißen, rufen		appeler, s'appeler ap'leh, ßapə'leh		llamar, llamarse ja'mar, ja'marße		telefonare, chiamare, chiamarsi telefo'nare, kja'mare, kja'marßi
calm kahm	ruhig		calme kalm		tranquilo tran'kilo		tranquillo tranku'ilo
camera 'kämərə	Kamera	la	caméra kameh'ra	la	cámara kamara	la	macchina fotografica makina fɔto'grafika
camping 'kämping	Camping	le	camping kä'ping	el	camping kamping	il	campeggio kam'pedscho
can kän	Dose	la	boîte bu'at	la	lata lata	la	scatola, la lattina ßkatola, la'tina
can kän	können		pouvoir puwu'ahr		poder po'der		potere po'tere
can, pot kän, pɔtt	Kanne	le	pot po	la	jarra chara	il	bricco bricko
cancel, recall 'känßəl, ri'kɔhl	kündigen		licencier lißä'ßjeh		desahuciar, despedir deßauθi'ar, deßpe'dir		licenziare, disdire litschen'tßjare, diß'dire
car kar	Auto	la	voiture wua'tür	el	coche kotsche	la	macchina makina
car park kar pahk	Parkplatz	le	parking par'king	el	aparcamiento aparkami'ento	il	parcheggio par'kedscho
care 'käär	sorgen		prendre soin 'prädrə ßu'ē		preocuparse preoku'parße		provvedere, occuparsi prowe'dere, oku'parßi
careful 'käärful	vorsichtig		prudent prü'dä		cuidadoso kuida'doßo		prudente pru'dente
cash point käsch pɔjnt	Kasse	la	caisse käß	la	caja kacha	la	cassa kaßa
castle kahßl	Schloss	le	château scha'to	el	castillo kaß'tijo	il	castello kaß'tello
cat kät	Katze	le	chat scha	el	gato 'gato	il	gatto 'gatto
celebrate ßelibräjt	feiern		fêter fä'teh		celebrar θele'brar		festeggiare feßte'dschare
centre 'ßentər	Mitte	le	milieu mil'jö	el	medio 'medio	la	metà, il mezzo me'ta, 'mädso
certificate ßə'tifikət	Zeugnis	le	bulletin scolaire bül'tē ßko'lär	el	certificado θertifi'kado	la	pagella pa'dschella
chair tschär	Stuhl	la	chaise schähs	la	silla 'ßija	la	sedia 'ßädja
chance tschahnß	Chance	la	chance schäß	la	oportunidad oportuni'dad la		possibilità poßibili'ta
change tschäjndsch	ändern, umsteigen, wechseln		changer schä'scheh		cambiar, hacer trasbordo kambi'ar, a'θer traß'bordo		cambiare kam'bjare
change tschäjndsch	Veränderung	le	changement schäsch'mä	el	cambio 'kambio	il	cambiamento kambja'mento
character 'käräktər	Charakter	le	caractère karak'tär	el	carácter ka'rakter	il	carattere ka'ratere
cheers 'tschiərß	Prost		santé ßä'teh		chinchín tschin'tschin		salute ßa'lute
cheese tschihs	Käse	le	fromage fro'mahsch	el	queso 'keßo	il	formaggio for'madscho
chest tscheßt	Brust	la	poitrine pua'trin	el	pecho 'petscho	il	petto 'petto
chic schik	chic		chic schik		elegante ele'gante		elegante ele'gante
child tschajld	Kind	l'	enfant m ä'fä	el	niño 'ninjo	il	bambino bam'bino
chips tschipß	Pommes frites	les	frites f frit	las	patatas fritas pa'tataß 'fritaß le		patatine fritte pata'tine 'frite
chocolate 'tschɔcklət	Schokolade	le	chocolat schoko'la	el	chocolate tschoko'late	la	cioccolata tschoko'lata
Christianity krißti'äniti	Christentum	le	christianisme krißtja'nißmə	el	cristianismo krißtia'nißmo	il	cristianesimo krißtja'nesimo
Christmas 'krißmäß	Weihnachten	la	Noël no'äl	la	navidad nawi'dad	il	Natale na'tale
church tschörtsch	Kirche	l'	église f eh'glihs	la	iglesia i'gleßia	la	chiesa 'kjäsa
cigarette 'ßigəret	Zigarette	la	cigarette ßiga'rätt	el	cigarillo θiga'rijo	la	sigaretta ßiga'reta
cinema 'ßinəma	Kino	le	cinéma ßineh'ma	el	cine θine	il	cinema 'tschinema
circle 'ßörkəl	Kreis	le	cercle 'ßerklə	el	círculo 'θirkulo	il	cerchio 'tscherkjo
city 'ßitti	Stadt	la	ville wil	la	ciudad 'θiu'dad	la	città tschi'ta
class, lessons klahß, 'leßnß	Schulklasse, Unterricht	la	classe, l'enseigne-ment m 'klaß, äßänjə'mä	la	clase 'klaße	la	classe, lezione klaße, le'tßjone
clean klihn	putzen, säubern		faire le ménage, nettoyer fär lə meh'nahsch, netua'jeh		limpiar limpi'ar		pulire pu'lire
clean klihn	sauber		propre 'prɔprə		limpio 'limpio		pulito pu'lito

Sonderzeichen in der Lautschrift ə angedeutetes e wie in bitte; ɔ offenes o wie in Post; ß scharfes s wie in nass; θ weiches s wie in Fass, aber gelispelt; ð s wie in Sense, aber gelispelt; ä nasal gesprochener Vokal wie in Chanson; ē nasal gesprochener Vokal wie in pointiert; õ nasal gesprochener Vokal wie in Jeton; sch weiches sch wie in Gin

country

Wortschatz A–Z

C

Englisch	Deutsch		Französisch		Spanisch		Italienisch
clear 'kliər	klar, deutlich		clair klär		claro 'klaro		chiaro, certo 'kjaro, 'tscherto
client 'klajənt	Kunde	le	client kli'jä	el	cliente kli'ente	il	cliente kli'ente
clock klɔck	Uhr	l'	heure f ör	el	reloj re'loch	l'	orologio m oro'lɔdscho
close klouß	nah		proche prɔsch		cerca 'θerka		vicino wi'tschino
close klouß	schließen, zumachen		fermer fär'meh		cerrar θe'rar		chiudere 'kjudere
close, finish klouß, 'finisch	abschließen		fermer à clé, finir fär'meh a kleh, fi'nir		cerrar, terminar θe'rar, termi'nar		chiudere, finire 'kjudere, fi'nire
closed klousd	zu, geschlossen		fermé fär'meh		cerrado θe'rado		chiuso 'kjußo
clothes klouðs	Kleidung	les	habits m, les vête-ments m a'bi, wätmä	la	ropa 'ropa	l'	abbigliamento m abilja'mento
cloud klaud	Wolke	le	nuage nü'ahsch	la	nube 'nube	la	nuvola 'nuwola
club klab	Club	le	club klöb	el	club klub	il	circolo, il club 'tschirkolo, klub
coat kout	Mantel	le	manteau mä'to	el	abrigo a'brigo	il	cappotto ka'pɔto
coffee 'kɔfi	Kaffee	le	café ka'feh	el	café ka'fe	il	caffè ka'fä
coincidence kou'inßidənß	Zufall	le	hasard a'sar	la	coincidencia koinθi'denθia	il	caso 'kaso
cold kould	Erkältung, Schnupfen	le	rhume rüm	el	resfriado reßfri'ado	il	raffreddore rafre'dore
cold kould	kalt		froid fru'a		frío 'frio		freddo 'freddo
come kam	kommen		venir wə'nir		llegar, venir je'gar, we'nir		venire we'nire
come down kam daun	herunterkommen		descendre deh'ßädrə		bajar ba'char		scendere 'schendere
come in kam in	hereinkommen		rentrer rä'treh		entrar en'trar		entrare en'trare
come out kam aut	herauskommen		sortir ßor'tir		salir ßa'lir		uscire u'schire
come up kam ap	heraufkommen		monter mö'teh		subir ßu'bir		salire ßa'lire
company 'kampəni	Firma	l'	entreprise f ätrə'prihs	la	empresa em'preßa	la	ditta 'ditta
compare kəm'päər	vergleichen		comparer kɔmpa'reh		comparar kompa'rar		paragonare parago'nare
complaint kəm'pläint	Beschwerde	la	plainte plät	la	protesta pro'teßta	il	reclamo re'klamo
complete kəm'pliht	ganz		entier ä'tjeh		entero en'tero		tutto, intero 'tutto, in'tero
computer kom'pjutər	Computer	l'	ordinateur m ɔrdina'tör	el	ordenador ordena'dor	il	computer kom'pjuter
concert 'kɔnßört	Konzert	le	concert kö'ßer	el	concierto konθi'erto	il	concerto kon'tscherto
congratulate kən'grätschjuläjt	gratulieren		féliciter fehlißi'teh		felicitar feliθi'tar		fare gli auguri 'fare l'ji au'guri
connection, combination kə'nekschn, kɔmbi'näjschn	Verbindung	la	communication kɔmünika'ßjö	la	unión, la combinación uni'ɔn, kombinaθi'ɔn	il	collegamento, la relazione kolega'mento, rela'tßjone
content 'kɔntent	Inhalt	le	contenu köt'nü	el	contenido konte'nido	il	contenuto konte'nuto
content, satisfied kən'tent, 'ßätißfajd	zufrieden		content, satisfait kö'tä, ßatiß'fä		contento, satisfecho kon'tento, ßatiß'fetscho		contento, soddisfatto kon'tento, ßodiß'fato
contract 'kɔnträkt	Vertrag	le	contrat kö'tra	el	contrato kon'trato	il	contratto kon'trato
conversation konwə'ßäjschn	Gespräch	la	conversation köwersa'ßjö	la	conversación konwerßaθi'ɔn	la	conversazione konwerßa'tßjone
cook kuck	kochen		cuire ku'ir		cocinar koθi'nar		cucinare kutschi'nare
cooker 'kucker	Herd	la	cuisinière kuisin'jär	la	cocina ko'θina	la	cucina elettrica/a gas ku'tschina e'letrika/a gaß
cool kuhl	kühl		frais frä		fresco 'freßko		fresco 'freßko
corner 'köhnər	Ecke	le	coin ku'ë	la	esquina eß'kina	l'	angolo m 'angolo
cosmetics kɔs'metikß	Kosmetik	la	cosmétique kɔßmeh'tik	la	cosmética koß'metika	la	cosmetica kos'mätika
cost kɔßt	kosten		coûter ku'teh		costar koß'tar		costare koß'tare
couch kautsch	Couch	le	canapé kana'peh	el	sofá ßo'fa	il	divano di'wano
cough kaf	Husten	la	toux tu	el	tos toß	la	tosse 'toße
count kaunt	zählen		compter kö'teh		contar kon'tar		contare kon'tare
country 'kantri	Land	le	pays pä'i	el	país pa'iß	il	paese, la terra pa'ese, 'tära

Sonderzeichen in der Lautschrift ə angedeutetes e wie in bitte; ɔ offenes o wie in Post; ß scharfes s wie in nass; θ weiches s wie in Fass, aber gelispelt; ð s wie in Sense, aber gelispelt; ä nasal gesprochener Vokal wie in Chanson; ë nasal gesprochener Vokal wie in pointiert; ö nasal gesprochener Vokal wie in Jeton; sch weiches sch wie in Gin

267

couple

Englisch	Deutsch		Französisch		Spanisch		Italienisch
couple 'kapl	Paar	le	couple 'kuplə	la	pareja pa'recha	il	paio, la coppia 'pajo, 'koppja
cousin kasin	Cousin, Cousine	le	cousin, la cousine ku'sē, ku'sihn	el	primo, la prima primo, 'prima	il	cugino, la cugina ku'dschino, ku'dschina
crazy 'kräjsi	verrückt		fou fu		loco 'loko		pazzo 'patßo
cream krihm	Sahne	la	crème kräm	la	nata 'nata	la	panna 'panna
crooked, tilted 'krukid, 'tiltəd	schief		de travers də tra'wer		torcido, inclinado tor'θido, inkli'nado		storto 'ßtorto
crossing 'krɔßing	Kreuzung	le	croisement kruase'mã	el	cruce 'kruθe	l'	incrocio m in'krotscho
cry krai	weinen		pleurer plö'reh		llorar jo'rar		piangere 'pjandschere
cup kap	Tasse	la	tasse taß	la	taza 'taθa	la	tazza 'tatßa
cupboard 'kabəd	Schrank	l'	armoire f armu'ahr	el	armario ar'mario	l'	armadio m ar'madio
curious 'kjuhriəß	neugierig		curieux küri'jö		curioso kuri'oßo		curioso kur'joso
customs 'kaßtəmß	Zoll	la	douane du'an	la	aduana adu'ana	la	dogana, il pedaggio do'gana, pe'dadscho
cut kat	schneiden		couper ku'peh		cortar kor'tar		tagliare tal'jare

D

dance dänß	tanzen		danser dã'ßeh		bailar bai'lar		ballare ba'lare
dangerous 'däjndschərəß	gefährlich		dangereux dãschə'rö		peligroso peli'großo		pericoloso periko'loso
dark dahk	dunkel		sombre 'ßõbrə		oscuro oß'kuro		buio, scuro 'bujo, 'ßkuro
date, appointment däit, ə'pointment	Datum, Verabredung	la	date, le rendez-vous dat, rãdeh'wu	la	fecha, cita fetscha, θita	la	data, l'appuntamento m data, apunta'mento
daughter 'dɔhtər	Tochter	la	fille fij	la	hija ija	la	figlia 'filja
day däj	Tag	le	jour schur	el	día 'dia	il	giorno 'dschorno
dead däd	tot		mort mɔr		muerto mu'erto		morto 'mɔrto
dear 'diər	lieb		gentil schã'ti		cariñoso karin'joßo		caro, gentile ka'ro, dschen'tile
deep dihp	tief		profond pro'fõ		profundo pro'fundo		profondo pro'fondo
degree di'gri	Grad	le	degré də'greh	el	grado 'grado	il	grado 'grado
delay di'läj	Verspätung	le	retard rə'tar	el	retraso re'traßo	il	ritardo ri'tardo
depart di'paht	abfahren		partir par'tir		partir, salir par'tir, ßa'lir		partire par'tire
departure di'pahtschər	Abfahrt	le	départ deh'par	la	salida ßa'lida	la	partenza par'tentßa
dessert di'sört	Dessert	le	dessert deh'ßähr	el	postre 'poßtre	il	dolce, il dessert 'doltsche, de'ßär
destination, goal deßti'näjschn, goul	Ziel	le	but büt	el	destino, la meta deß'tino, 'meta	la	meta, il traguardo 'mäta, tragu'ardo
dictionary 'dikschənri	Wörterbuch	le	dictionnaire dikßjo'när	el	diccionario dikθio'nario	il	dizionario ditßjo'nario
die dai	sterben		mourir mu'rir		morir mo'rir		morire mo'rire
died dajd	gestorben		mort mɔr		muerto mu'erto		morto 'mɔrto
diesel 'dihsəl	Diesel	le	diesel dji'säl	el	diesel di'eßel	il	diesel 'dihsel
difference 'difrənß	Unterschied	la	différence difeh'räß	la	diferencia dife'renθia	la	differenza dife'rentßa
different 'difrənt	anders, verschieden		autrement, différent otrə'mã, difeh'rã		diferente dife'rente		diverso di'werßo
difficult 'difikəlt	schwierig		difficile difi'ßil		difícil di'fiθil		difficile di'fitschile
diligent 'dilidschənt	fleißig		appliqué apli'keh		aplicado apli'kado		diligente dili'dschente
dinner 'dinər	Abendessen	le	dîner di'neh	la	cena 'θena	la	cena 'tschena
direct daj'rekt	direkt		direct di'räkt		directo di'rekto		diretto di'reto
direction daj'rekschn	Richtung	la	direction diräk'ßjõ	la	dirección direkθi'ɔn	la	direzione dire'tßjone
dirty 'dörti	schmutzig		sale ßall		sucio 'ßuθio		sporco 'ßporko
disappointment dißə'pojntmənt	Enttäuschung	la	déception dehßäp'ßjõ	la	decepción deθepθi'ɔn	la	delusione delu'sjone
discotheque 'dißkoutek	Diskothek	la	discothèque dißko'täck	la	discoteca dißko'teka	la	discoteca dißko'täka

Sonderzeichen in der Lautschrift ə angedeutetes e wie in bitte; ɔ offenes o wie in Post; ß scharfes s wie in nass; θ weiches s wie in Fass, aber gelispelt; ð s wie in Sense, aber gelispelt; ã nasal gesprochener Vokal wie in Chanson; ē nasal gesprochener Vokal wie in pointiert; õ nasal geprochener Vokal wie in Jeton; sch weiches sch wie in Gin

entrance

Englisch	Deutsch	Französisch		Spanisch		Italienisch
discover diß'kawər	entdecken		découvrir dehku'wrir		descubrir deßku'brir	scoprire ßko'prire
discuss diß'kaß	diskutieren		discuter dißkü'teh		discutir dißku'tir	discutere diß'kutere
dishes 'dischəs	Geschirr	la	vaisselle wä'ßell	la	vajilla wa'chija	i piatti 'pjatti
distance 'dißtənß	Entfernung	la	distance diß'täß	la	distancia diß'tanθia	la distanza diß'tantßa
disturb diß'törb	stören		déranger dehrä'scheh		molestar moleß'tar	disturbare dißtur'bare
divorced di'worßd	geschieden		divorcé diwor'ßeh		divorciado diworθi'ado	divorziato diwor'tßjato
do du	machen, tun		faire fär		hacer a'θer	fare 'fare
doctor 'dɔktər	Arzt	le	médecin mehd'ßē	el	médico 'mediko	il medico 'mädiko
dog dɔg	Hund	le	chien schi'ē	el	perro 'perro	il cane 'kane
donate, give dou'näjt, giw	schenken		offrir o'frir		regalar rega'lar	regalare rega'lare
door dɔr	Tür	la	porte pɔrt	la	puerta pu'erta	la porta 'pɔrta
down, below daun, bi'lou	unten		en bas ä ba		abajo a'bacho	sotto, giù 'ßotto, dschu
dream drihm	Traum	le	rêve rähw	el	sueño ßu'enjo	il sogno 'ßonjo
dress dreß	Kleid	la	robe rɔb	el	vestido weß'tido	il vestito weß'tito
drink drink	trinken		boire bu'ahr		beber be'ber	bere 'bere
drive draiw	fahren		aller, conduire		ir, conducir ir, kondu'θir	andare, guidare
			a'leh, kõdu'ir			an'dare, gui'dare
driver 'draiwər	Fahrer	le	conducteur kõdük'tör	el	conductor konduk'tor	l' autista mf au'tißta
driving licence 'draiwing 'lajßənß	Führerschein	le	permis per'mi	el	pemiso de conducir per'mißo de kondu'θir	la patente pa'tente
drunk drank	betrunken		ivre 'iwrə		borracho bo'ratscho	ubriaco ubri'ako
dry draj	trocken		sec ßäk		seco ßeko	asciutto a'schuto
duration dju'räjschn	Dauer	la	durée dü'reh	la	duración duraθi'ɔn	la durata, il periodo du'rata, pe'riodo
dustbin 'daßtbin	Mülltonne	la	poubelle pu'bell	el	cubo de basura 'kubo de ba'ßura	il bidone delle immondizie bi'done 'dele imon'ditßje

E

Englisch	Deutsch	Französisch		Spanisch		Italienisch
ear 'iər	Ohr	l'	oreille f o'räj	la	oreja o'recha	l' orecchio m o'rekjo
early 'örli	früh		tôt to		temprano tem'prano	presto 'preßto
earn örn	verdienen		gagner gan'jeh		ganar ga'nar	guadagnare guadan'jare
earth, ground örθ, graund	Erde	la	terre tär	la	tierra ti'era	la terra 'tära
Easter 'ihßtər	Ostern		Pâques pack	la	Pascua 'paßkua	la Pasqua 'paßkua
easy, light 'ihsi, 'lajt	einfach, leicht		simple, facile ßēplə, 'fa'ßil		fácil 'faθil	semplice, facile, leggero ßemplitsche, 'fatschile, le'dschero
eat iht	essen		manger mä'scheh		comer ko'mer	mangiare man'dschare
electricity, current ßtrihm, 'körənt	Strom	le	courant ku'rä	la	electricidad la corriente elektriθi'dad, kori'ente	la corrente ko'rente
elevator 'eləwäjtər	Lift	l'	ascenseur m aßä'ßör	el	ascensor aßθen'ßor	l' ascensore m aschen'ßore
email 'ihmäjl	E-Mail	le	e-Mail i'mehl	el	correo electrónico ko'reo elek'troniko	l' e-mail f i'mäil
emergency i'mördschənßi	Notfall	l'	urgence f ür'schäß	la	emergencia emer'chenθia	l' emergenza f emer'dschentßa
emergency physician i'mördschənßi fi'sischən	Notarzt	le	médecin d'urgence mehd'ßē dür'schäß	el	médico de urgencia 'mediko de ur'chenθia	il medico di guardia 'mädiko di gu'ardia
employee əm'plɔhji	Angestellter	l'	employé m äplua'jeh	el	empleado emple'ado	l' impiegato m impje'gato
empty 'empti	leer		vide wid		vacío wa'θio	vuoto wu'ɔto
end end	Ende	la	fin fē	el	fin, el final fin, fi'nal	la fine 'fine
enough ə'naf	genug		assez a'ßeh		suficiente ßufiθi'ente	abbastanza abaß'tantßa
entertain, talk entə'täjn, tɔhk	unterhalten		entretenir ätrətə'nir		entretener, conversar entrete'ner, konwer'ßar	mantenere, intrattenere mante'nere, intrate'nere
entrance 'entrənß	Eingang	l'	entrée f ä'treh	la	entrada en'trada	l' entrata f en'trata

Sonderzeichen in der Lautschrift ə angedeutetes e wie in bitt**e**; ɔ offenes o wie in P**o**st; ß scharfes s wie in na**ss**; θ weiches s wie in Fa**ss**, aber gelispelt; ð s wie in **S**ense, aber gelispelt; ä nasal gesprochener Vokal wie in Cha**ns**on; ē nasal gesprochener Vokal wie in p**oi**ntiert; õ nasal gesprochener Vokal wie in Jet**on**; sch weiches sch wie in **G**in

envelope

Englisch	Deutsch		Französisch		Spanisch		Italienisch
envelope 'enwəloup	Briefumschlag	l'	enveloppe f ãwə'lopp	el	sobre 'ßobre	la	busta 'bußta
envy 'enwi	Neid	la	jalousie schalu'si	la	envidia en'widia	l'	invidia f in'widia
escalator 'eßkəläjtər	Rolltreppe	l'	escalier roulant m eßkal'jeh ru'lã	la	escalera mecánica eßka'lera me'kanika	la	scala mobile 'ßkala 'mɔbile
even 'ihwən	sogar		même mäm		incluso in'klußo		persino per'ßino
evening 'ihwəning	Abend	le	soir ßu'ahr	la	tarde 'tarde	la	sera 'ßera
everything 'ewriθing	alles		tout tu		todo 'todo		tutto 'tutto
everywhere 'ewriuär	überall		partout par'tu		por todas partes por 'todaß 'parteß		dappertutto daper'tutto
exact ek'ßäkt	genau		précis preh'ßi		exacto ekß'akto		esatto e'satto
exam ik'ßäm	Prüfung	l'	examen m egsa'mē	el	examen ek'ßamen	l'	esame m e'same
example ik'ßampəl	Beispiel	l'	exemple m eg'säplə	el	ejemplo e'chemplo	l'	esempio m e'sempjo
excellent 'ekßələnt	ausgezeichnet		excellent ekßeh'lä		excelente ekße'lente		ottimo 'ɔtimo
excursion ikß'körschn	Ausflug	l'	excursion f ekßkür'ßjõ	la	excursión ekßkurßi'ɔn	la	gita 'dschita
excuse ikß'kjuhs	entschuldigen		excuser ekßkü'seh		disculpar dißkul'par		scusare ßku'sare
excuse ikß'kjuhs	Entschuldigung	l'	excuse f ekß'kühs	la	disculpa diß'kulpa	la	scusa 'ßkusa
exhibition ekßi'bischn	Ausstellung	l'	exposition f ekßposi'ßjõ	la	exposición ekßpoßiθi'ɔn	la	mostra, l'esposizione f 'moßtra, eßposi'tßjone
exit 'ekßit	Ausgang	la	sortie ßɔr'ti	la	salida ßa'lida	l'	uscita f u'schita
exit 'ekßit	aussteigen		descendre deh'ßädrə		bajar, salir ba'char, ßa'lir		scendere 'schendere
expensive ikß'penßiw	teuer		cher schär		caro 'karo		caro 'karo
experience ikß'piriənß	Erfahrung	l'	expérience f ekßpehri'jäß	la	experiencia ekßperi'enθia	l'	esperienza f eßper'jentßa
explain ikß'pläjn	erklären		expliquer ekßpli'keh		explicar ekßpli'kar		spiegare ßpje'gare
eye ai	Auge	l'	œil m öj	el	ojo 'ocho	l'	occhio m 'ɔkjo

F

face fäjß	Gesicht	le	visage wi'sahsch	la	cara 'kara	il	viso 'wiso
fall fɔl	fallen		tomber tõ'beh		caer ka'er		cadere ka'dere
family 'fämili	Familie	la	famille fa'mij	la	familia fa'milia	la	famiglia fa'milja
fashion 'fäschən	Mode	la	mode mɔd	la	moda 'moda	la	moda 'mɔda
fast fahßt	schnell		vite wit		rápido 'rapido		veloce we'lotsche
fat, thick fät, θick	dick		gros gro		gordo 'gordo		grasso, grosso 'graßo, 'großo
father 'fahðər	Vater	le	père pär	el	padre 'padre	il	padre 'padre
favourable 'fäjwərəbl	günstig		bon marché bõ mar'scheh		barato ba'rato		conveniente, favorevole konwe'njente, fawo'rewole
fear 'fiər	Angst	la	peur pör	la	miedo mi'edo	la	paura pa'ura
feel fihl	fühlen		sentir ßã'tir		sentir ßen'tir		sentire ßen'tire
feminine 'femənin	weiblich		féminin fehmi'nē		femenino feme'nino		femminile femi'nile
ferry 'ferri	Fähre	le	bac back	el	transbordador tranßborda'dor	il	traghetto tra'getto
fever 'fihwər	Fieber	la	fièvre 'fjäwrə	la	fiebre fi'ebre	la	febbre 'fäbre
few, some fju, ßam	einige		quelque 'kälkə		algunos al'gunoß		alcuni al'kuni
fill fill	ausfüllen, füllen		remplir rã'plir		rellenar, llenar reje'nar, je'nar		riempire rijem'pire
fill up fil ap	tanken		prendre de l'essence 'prädrə də leh'ßäß		repostar repoß'tar		fare/mettere benzina 'fare/'metere ben'dsina
finally 'fainəli	endlich, zuletzt		enfin, en dernier ã'fē, ã dern'jeh		por fin, por último por fin, por 'ultimo		finalmente, da/per ultimo final'mente, da/per 'ultimo
find faind	finden		trouver tru'weh		encontrar enkon'trar		trovare tro'ware
finger 'fingər	Finger	le	doigt du'a	el	dedo 'dedo	il	dito 'dito
finish 'finisch	beenden		terminer tärmi'neh		terminar termi'nar		terminare termi'nare

Sonderzeichen in der Lautschrift ə angedeutetes e wie in bitt**e**; ɔ offenes o wie in P**o**st; ß scharfes s wie in na**ss**; θ weiches s wie in Fa**ss**, aber gelispelt; ð s wie in **S**ense, aber gelispelt; ã nasal gesprochener Vokal wie in Ch**anson**; ē nasal gesprochener Vokal wie in p**oi**ntiert; õ nasal geprochener Vokal wie in Jet**on**; sch weiches sch wie in **G**in

future

Englisch	Deutsch	Französisch	Spanisch	Italienisch
fire 'faiər	Feuer	le feu fö	el fuego fu'ego	il fuoco fu'ɔko
fire brigade 'faiər bri'gäjd	Feuerwehr	les pompiers *m* pɔm'pjeh	los bomberos bom'beroß	i vigili del fuoco 'widschili del fu'ɔko
first förßt	zuerst	d'abord da'bɔr	primero pri'mero	prima, per primo 'prima, per 'primo
first name förßt näjm	Vorname	le prénom preh'nö	el nombre 'nombre	il nome 'nome
fish fisch	Fisch	le poisson pua'ßö	el pescado peß'kado	il pesce 'pesche
flat flätt	flach	plat pla	plano 'plano	piano, basso 'pjano, 'baßo
flat flätt	Wohnung	l' appartement *m* apartə'mã	piso 'pißo	la casa 'kasa
floor flɔr	Boden, Stockwerk	le sol, l'étage *m* ßol, eh'tahsch	el suelo, la planta ßu'elo, 'planta	il terreno, il piano te'reno, 'pjano
flour 'flauər	Mehl	la farine fa'rin	la harina a'rina	la farina fa'rina
flower 'flauər	Blume	la fleur flör	la flor flor	il fiore fi'ore
fly flai	fliegen	voler wo'leh	volar wo'lar	volare wo'lare
follow 'folou	folgen	suivre ßu'iwrə	seguir ße'gir	seguire ßegu'ire
foot futt	Fuß	le pied pjeh	el pie pi'e	il piede 'pjäde
football 'futtbɔl	Fußball	le football futt'bɔl	el fútbol 'futbol	il calcio 'kaltscho
for, in favour fɔr, in 'fäjwər	für	pour pur	para, por 'para, por	per per
for, since fɔr, ßinß	seit	depuis dəpu'i	desde 'deßde	da da
force, power fɔhß, 'pauər	Kraft	la force fɔrß	la fuerza fu'erθa	la forza 'fortßa
foreign country 'fɔräjn 'kantri	Ausland	l' étranger *m* ehträ'scheh	el extranjero ekßtran'chero	il estero *m* 'äßtero
foreigner 'fɔräjnər	Ausländer	l' étranger *m* ehträ'scheh	el extranjero ekßtran'chero	lo straniero ßtra'njero
forest 'fɔrißt	Wald	la forêt fo'rä	la selva 'ßelwa	il bosco 'bɔßko
forget fɔr'get	vergessen	oublier ubli'jeh	olvidar olwi'dar	dimenticare dimenti'kare
forgive fɔr'giw	verzeihen	pardonner pardo'neh	perdonar perdo'nar	perdonare perdo'nare
for it, pro fɔr it, prou	dafür	pour cela pur ßə'la	a favor a fa'wor	per questo per ku'eßto
fork fɔhk	Gabel	la fourchette fur'schett	el tenedor tene'dor	la forchetta for'keta
form fɔhm	Form	la forme fɔrm	la forma 'forma	la forma 'forma
free fri	frei	libre 'lihbrə	libre 'libre	libero 'libero
free of charge fri ɔf tschahtsch	gratis, gebührenfrei	gratuit gratu'i	gratis 'gratiß	gratis, gratuito 'gratiß, gratu'ito
free time fri taim	Freizeit	le temps libre tã 'lihbrə	el tiempo libre ti'empo 'libre	il tempo libero 'tempo 'libero
fresh fresch	frisch	frais frä	fresco 'freßko	fresco 'freßko
friend, boyfriend frend, 'bojfrend	Freund	l' ami *m* a'mi	el amigo a'migo	l' amico *m*, il ragazzo a'miko, ra'gatßo
friend, girlfriend frend, 'görlfrend	Freundin	l' amie *f* a'mi	la amiga a'miga	l' amica *f*, la ragazza a'mika, ra'gatßa
friendly 'frendli	sympathisch	sympathique ßёpa'tik	simpático ßim'patiko	simpatico ßim'patiko
from, by frɔm, bai	aus, von	de də	desde, de 'deßde, de	di, da di, da
fruit fruht	Obst	les fruits *m* fru'i	la fruta 'fruta	la frutta 'frutta
full full	voll	plein plё	lleno 'jeno	pieno 'pjäno
fun, joke fan, dschouk	Spaß, Scherz	le plaisir plä'sir	la diversión diwerθi'ɔn	il divertimento diwerti'mento
funny 'fanni	komisch, lustig	bizarre, drôle bi'sahr, drohl	gracioso, divertido graθi'oßo, diwer'tido	strano, comico, allegro 'ßtrano, 'kɔmiko, a'legro
furnish, install, adjust 'förnisch, in'ßtɔhl, ə'dschaßt	einrichten	aménager amehna'scheh	amueblar, instalar amue'blar, inßta'lar	arredare are'dare
furniture 'förnitschər	Möbel	les meubles *m* 'möblə	el mueble mu'eble	il mobile 'mɔbile
further, wider 'förðər, u'ajdər	weiter	plus loin plü lu'ё	más maß	più lontano pju lon'tano
furthermore förðə'mɔr	außerdem	en plus ã plüß	además ade'maß	inoltre in'oltre
future 'fjuhtschər	Zukunft	le futur fü'tür	el futuro fu'turo	il futuro fu'turo

Sonderzeichen in der Lautschrift ə angedeutetes e wie in bitte; ɔ offenes o wie in Post; ß scharfes s wie in nass; θ weiches s wie in Fass, aber gelispelt; ð s wie in Sense, aber gelispelt; ã nasal gesprochener Vokal wie in Chanson; ё nasal gesprochener Vokal wie in pointiert; ö nasal gesprochener Vokal wie in Jeton; sch weiches sch wie in Gin

game

Englisch	Deutsch	Französisch	Spanisch	Italienisch

game gäjm	Spiel	le jeu schöh	el juego chu'ego	il gioco 'dschɔko
garage 'gärahsch	Autowerkstatt	le garage ga'rahsch	el taller de coches ta'jer de 'kotscheß	l' officina f ofi'tschina
garbage 'gahbitsch	Müll	les ordures m or'dür	la basura ba'ßura	l' immondizia f imon'ditßja
garden 'gahdən	Garten	le jardin schar'dē	el jardín char'din	il giardino dschar'dino
gas gäß	Gas	le gaz gas	el gas gaß	il gas gaß
get gätt	bekommen, holen	recevoir, aller chercher rəßəwu'ahr, a'leh schär'scheh	recibir, conseguir, traer reθi'bir, konße'gir, tra'er	ricevere, prendere ri'tschewere, prendere
get dressed gätt dreßd	anziehen	habiller abi'jeh	vestirse weß'tirße	vestire weß'tire
get to know gätt tu nou	kennen lernen	rencontrer rākö'treh	conocer kono'θer	fare conoscenza 'fare kono'schentßa
get up gätt ap	aufstehen	lever lə'weh	levantarse lewan'tarße	alzarsi al'tßarßi
girl görl	Mädchen	la fille fij	la chica tschika	la ragazza ra'gatßa
give giw	geben	donner dɔ'neh	dar dar	dare 'dare
gladly 'glädli	gern, gerne	volontiers wolö'tjeh	con gusto kon 'gußto	volentieri wolen'tjeri
glass glahß	Glas	le verre wer	el vaso, el vidrio 'waßo, 'widrio	il vetro, il bicchiere 'wetro, bik'jere
glasses glahßəß	Brille	les lunettes lü'nett	las gafas gafaß	gli occhiali o'kjali
go gou	gehen, los	aller, on y va a'leh, ɔni'wa	ir, vamos ir, 'wamoß	andare, via an'dare, wia
go out, leave gou aut, lihw	weggehen	partir par'tir	irse 'irße	andare, via an'dare, 'wia
good gud	gut	bon bō	bueno bu'eno	buono bu'ɔno
good-bye gud'bai	auf Wiedersehen	au revoir o rəwu'ahr	adiós adi'oß	arrivederci ariwe'dertschi
gramme gräm	Gramm	le gramme gram	el gramo 'gramo	il grammo 'grammo
grandchild 'grändtschaild	Enkel	le petit enfant pətitā'fā	el nieto ni'eto	il nipote 'ni'pote
grandfather 'grändfahðər	Großvater	le grand-père grā'pär	el abuelo abu'elo	il nonno 'nonno
grandmother 'grändmaðər	Großmutter	la grand-mère m grā'mär	la abuela abu'ela	la nonna 'nonna
grandparents 'grändpärəntß	Großeltern	les grands-parents grāpa'rā	los abuelos abu'eloß	i nonni 'nonni
greeting 'grihting	Gruß	la salutation ßalüta'ßjō	el saludo ßa'ludo	il saluto ßa'luto
grill grill	grillen	griller gri'jeh	asar a'ßar	grigliare, arrostire gril'jare, aroß'tire
groceries 'groußərihs	Lebensmittel	les aliments m ali'mā	los comestibles komeß'tibles	gli alimentari alimen'tari
ground floor graund flɔr	Erdgeschoss	le rez-de-chaussée rädscho'ßeh	el bajo 'bacho	il pianterreno pjante'reno
group gruhp	Gruppe	le groupe grup	el grupo 'grupo	il gruppo 'grupo
grow grou	wachsen	grandir grā'dir	crecer kre'θer	crescere 'kreschere
guarantee gärən'ti	Garantie	la garantie garā'ti	la garantía garan'tia	la garanzia garan'tßia
guest gäßt	Gast	l' invité ēwi'teh	el huésped u'eßped	l' ospite mf oßpite

hair här	Haar	les cheveux schə'wö	el pelo pelo	il capello ka'pello
hairdresser 'härdreßər	Friseur	le coiffeur m kua'för	el peluquero pelu'kero	il parrucchiere paru'kjere
half hahf	Hälfte	la moitié mua'tjeh	la mitad mi'tad	la metà me'ta
hand händ	Hand	la main mē	la mano mano	la mano mano
handbag 'händbäg	Handtasche	le sac à main ßak a mē	el bolso de mano 'bolßo de 'mano	la borsetta bor'ßeta
hand in, give away händ in, giw ə'uäj	abgeben	rendre rādrə	dar, compartir dar, kompar'tir	consegnare konsen'jare

Sonderzeichen in der Lautschrift ə angedeutetes e wie in bitte; ɔ offenes o wie in Post; ß scharfes s wie in nass; θ weiches s wie in Fass, aber gelispelt; ð s wie in Sense, aber gelispelt; ā nasal gesprochener Vokal wie in Chanson; ē nasal gesprochener Vokal wie in pointiert; ō nasal gesprochener Vokal wie in Jeton; sch weiches sch wie in Gin

272

hunger

Englisch	Deutsch	Französisch	Spanisch	Italienisch
handkerchief 'hänkətschif	Taschentuch	le mouchoir muschu'ar	el pañuelo panju'elo	il fazzoletto fatßo'leto
hang häng	hängen	pendre 'pädrə	colgar kol'gar	appendere a'pendere
happy 'häppi	fröhlich	joyeux schua'jö	alegre a'legre	allegro a'legro
hard hard	hart	dur dür	duro 'duro	duro 'duro
hardly 'hardli	kaum	à peine a pän	apenas a'penaß	(non) appena (non) a'pena
have häw	haben	avoir awu'ahr	tener te'ner	avere a'were
he hi	er	il il	él el	lui 'lui
head häd	Kopf	la tête tät	la cabeza ka'beθa	la testa 'teßta
health helθ	Gesundheit	la santé ßa'teh	la salud ßa'lud	la salute ßa'lute
healthy 'helθi	gesund	sain ßē	sano 'ßano	sano 'ßano
heart haht	Herz	le cœur kör	el corazón kora'θɔn	il cuore ku'ɔre
heat hiht	Hitze	la chaleur scha'lör	el calor ka'lor	il grande caldo, il calore 'grande 'kaldo, ka'lore
heating 'hihting	Heizung	le chauffage scho'fahsch	la calefacción kalefakθi'ɔn	il riscaldamento rißkalda'mento
heavy 'häwi	schwer	lourd luhr	pesado pe'ßado	pesante pe'sante
height, size hait, ßajs	Größe	la taille taij	el tamaño, la altura ta'manjo, al'tura	la misura, l' altezza f mi'sura, al'tetßa
hello hə'lou	hallo	allô a'lo	hola 'ola	ciao, salve 'tschao, 'ßalwe
help help	helfen	aider ä'deh	ayudar aju'dar	aiutare aju'tare
help help	Hilfe	l' aide f äd	la ayuda a'juda	l' aiuto m a'juto
her hör	ihr	lui elle lu'i, äl	le, vosotros le, woß'otroß	voi, a lei, sua woj, a 'läj, 'ßua
here 'hiə	hier	ici i'ßi	aquí a'ki	qui ku'i
high hai	hoch	haut o	alto 'alto	alto 'alto
hike haik	wandern	marcher mar'scheh	hacer senderismo a'θer ßende'rißmo	camminare kami'nare
him him	ihm, ihn	le, lui lə, lu'i	le, lo le, lo	gli, a lui lo, lui 'ji, a 'lui lo, 'lui
Hinduism 'hinduisəm	Hinduismus	l' hindouisme m ēdu'ißmə	el hinduismo indu'ißmo	l' induismo m indu'ismo
hint, tip hint, tipp	Tipp, Rat	le conseil kɔ'ßäj	el consejo, la apuesta kon'ßecho, apu'eßta	il consiglio kon'ßiljo
his, its hiß, itß	sein, seine	son, sa, ses ßõ, ßa, ßeh	su ßu	il suo, la sua il 'ßuo, la 'ßua
hobby 'hɔbbi	Hobby	le loisir lua'sir	el hobby 'obi	l' hobby m, il passatempo 'ɔbbi, paßa'tempo
hold, last hould, lahßt	halten	arrêter arä'teh	parar, sujetar pa'rar, ßuche'tar	fermare, tenere fer'mare, te'nere
hole houl	Loch	le trou tru	el agujero agu'chero	il buco 'buko
holidays 'hɔlədäjß	Ferien, Urlaub	les vacances f wa'käß	las vacaciones waka'θioneß	le vacanze, le ferie wa'kantße, 'färje
hot hɔtt	heiß	chaud scho	caliente kali'ente	molto caldo, bollente 'molto 'kaldo, bo'lente
hotel hou'tel	Hotel	l' hôtel m o'tel	el hotel o'tel	l' hotel m, l'albergo m o'tel, al'bergo
hour 'auər	Stunde	l' heure f ör	la hora 'ora	l' ora f 'ora
house hauß	Haus	la maison mä'ßõ	la casa 'kaßa	la casa 'kasa
household 'haußhould	Haushalt	le ménage meh'nahsch	el hogar o'gar	la casa 'kasa
how, like hau, laik	wie	comment kɔ'mä	como 'komo	come 'kome
how much hau matsch	wie viel	combien kõ'bjē	cuánto ku'anto	quanto ku'anto
human (being) 'juhmən ('biing)	Mensch	l' être humain m 'ätrə ü'mē	el hombre 'ombre	l' uomo m, essere umano u'ɔmo, 'äßere u'mano
hunger 'hangər	Hunger	la faim fē	hambre 'ambre	la fame 'fame

Sonderzeichen in der Lautschrift ə angedeutetes e wie in bitte; ɔ offenes o wie in Post; ß scharfes s wie in nass; θ weiches s wie in Fass, aber gelispelt; ð s wie in Sense, aber gelispelt; ä nasal gesprochener Vokal wie in Chanson; ē nasal gesprochener Vokal wie in pointiert; õ nasal gesprochener Vokal wie in Jeton; sch weiches sch wie in Gin

hungry

Englisch	Deutsch	Französisch	Spanisch	Italienisch
hungry 'hangri	hungrig	avoir faim awu'ahr fē	hambriento ambri'ento	avere fame, affamato a'were 'fame, afa'mato
hurried, urgent 'harrid, 'ördschənt	eilig	urgent ür'schä	deprisa de'prißa	frettoloso freto'loso
hurry up 'harri ap	beeilen	dépêcher dehpä'scheh	darse prisa 'darße 'prißa	sbrigare sbri'gare
hurt hört	verletzen	blesser blä'ßeh	herir e'rir	ferire fe'rire
husband 'hasbənd	Ehemann	l' époux m eh'pu	el esposo eß'poßo	il marito ma'rito

I

Englisch	Deutsch	Französisch	Spanisch	Italienisch
I, me ai, mi	ich	je schə	yo jo	io 'io
ice cream aiß krihm	Eiskreme	la crème glacée kräm gla'ßeh	el helado e'lado	il gelato dsche'lato
idea aj'diə	Idee	l' idée f i'deh	la idea i'dea	l' idea f i'dea
identification card aidentifi'käjschn kard	Ausweis	la pièce d'identité pjäß didäti'teh	el carnet kar'ne	la tessera, il documento 'teßera, doku'mento
if if	ob	si ßi	si ßi	se ße
ill ill	krank	malade ma'lad	enfermo en'fermo	malato ma'lato
illness 'illnəß	Krankheit	la maladie mala'di	la enfermedad enferme'dad	la malattia mala'tia
immediately i'midiətli	sofort	immédiatement imehdiat'mä	inmediatamente inmediata'mente	subito 'ßubito
important im'pɔhtənt	wichtig	important ēpɔr'tä	importante impor'tante	importante impor'tante
in in	in	dans dä	en, a en, a	in, a in, a
in (the), at in (ðə), ät	im	dans dä	en el en el	nel nel
in case in käjß	falls	si ßi	si ßi	nel caso che nel 'kaso ke
including in'kluhding	inklusive	y compris i kõ'pri	incluido inklu'ido	incluso, compreso in'kluso, kom'preso
independent indi'pendənt	selbstständig	indépendant ēdehpä'dä	independiente independi'ente	indipendente indipen'dente
industry 'indəßtri	Industrie	l' industrie f ēdüß'tri	la industria in'dußtria	l' in'dustria f in'dußtria
information infɔr'mäjschn	Information, Auskunft	l' information f ēforma'ßjõ	la información informaθi'ɔn	l' informazione f informa'tßjone
inside in'ßaid	drinnen	à l'intérieur a lētehri'jör	dentro 'dentro	dentro 'dentro
instrument 'inßtrumənt	Werkzeug	l' outil m u'ti	la herramienta erami'enta	l' attrezzo m a'tretßo
insurance in'schurənß	Versicherung	l' assurance f aßü'räß	el seguro ße'guro	l' assicurazione f aßikura'tßjone
intelligent in'telidschənt	intelligent	intelligent ētäli'schä	inteligente inteli'chente	intelligente inteli'dschente
interest 'intrəßt	Interesse	l' intérêt m ēteh'rä	el interés inte'reß	l' interesse m inte'reße
interesting 'intrəßting	interessant	intéressant ētehrä'ßä	interesante intere'ßante	interessante intere'ßante
international intər'näschənəl	international	international ēternaßjo'nal	internacional internaθio'nal	internazionale internatßjo'nale
internet 'intərnet	Internet	l' internet m ēter'net	el internet inter'net	l' internet f inter'net
investigate in'weßtigäjt	untersuchen	examiner egsami'neh	investigar inweßti'gar	analizzare anali'dsare
investigation, examination inweßti'gäjschn, ig'säminäjschn	Untersuchung	l' examen m, l'enquête f egsa'mē, ä 'kätt	la investigación, examen inweßtigaθi'ɔn, eg'samen	l' indagine f, l'esame m in'dadschine, e'same
invitation inwi'täjschn	Einladung	l' invitation f ēwita'ßjõ	la invitación inwitaθi'ɔn	l' invito m in'wito
invite in'wajt	einladen	inviter ēwi'teh	invitar inwi'tar	invitare inwi'tare
Islam is'lahm	Islam	l' islam m iß'lam	el islam iß'lam	l' islam(ismo) m islam'(ismo)
island 'ajlənd	Insel	l' île f il	la isla 'ißla	l' isola f 'isola
it it	es	ça ßa	lo lo	quello, quella ku'ello, ku'ela

Sonderzeichen in der Lautschrift: ə angedeutetes e wie in bitt**e**; ɔ offenes o wie in P**o**st; ß scharfes s wie in na**ss**; θ weiches s wie in Fa**ss**, aber gelispelt; ð s wie in **S**ense, aber gelispelt; ä nasal gesprochener Vokal wie in Ch**an**son; ē nasal gesprochener Vokal wie in p**oi**ntiert; õ nasal gesprochener Vokal wie in Jet**on**; sch weiches sch wie in **G**in

left

Englisch	Deutsch	Französisch	Spanisch	Italienisch

J

jacket dschäkit	Jacke	la veste west	la chaqueta tscha'keta	la giacca 'dschaka
jam dschäm	Marmelade	la confiture köfi'tür	la mermelada merme'lada	la marmellata marme'lata
jet lag dschet läg	Jetlag	le jet lag dschät läk	el jet lag dschett läg	il jetlag 'dschetläg
jewellery 'dschuhəlri	Schmuck	les bijoux m bi'schu	la joya 'choja	i gioielli dscho'jelli
job dschob	Beruf	la profession profe'ßjö	la profesión profeßi'ɔn	la professione profe'ßjone
join in dschɔin in	mitmachen	participer partißi'peh	participar partiθi'par	partecipare partetschi'pare
joy dschɔj	Freude	la joie schu'a	la alegría ale'gria	la gioia dschɔja
Judaism dschudaisəm	Judentum	le judaïsme schüda'ißmə	el judaísmo chuda'ißmo	l' ebraismo m ebra'ismo
juice dschuhß	Saft	le jus schü	el zumo 'θumo	il succo 'ßuko
just dschaßt	nur	seulement ßöl'mä	sólo 'ßolo	solo, soltanto 'ßolo, ßol'tanto

K

keep kihp	behalten	garder gar'deh	guardar guar'dar	tenere te'nere
key kih	Schlüssel	la clé kleh	la llave 'jawe	la chiave 'kjawe
kilogramme 'kiləgräm	Kilogramm	le kilogramme kilo'gram	el kilogramo kilo'gramo	il chilogrammo kilo'grammo
kilometre 'kiləmitər	Kilometer	le kilomètre kilo'mätrə	el kilómetro ki'lometro	il chilometro ki'lɔmetro
kind kaind	freundlich	aimable ä'mablə	amable a'mable	gentile dschen'tile
kindergarten 'kindəgahtən	Kindergarten	la garderie gardə'ri	el jardín de infancia char'din de in'fanθia	l' asilo m a'silo
kiss kiß	Kuss	le baiser bä'seh	el beso 'beßo	il bacio 'batscho
kitchen 'kitschən	Küche	la cuisine kui'sin	la cocina ko'θina	la cucina ku'tschina
knife naif	Messer	le couteau ku'to	el cuchillo ku'tschijo	il coltello kol'tello
knock nɔck	klopfen	frapper fra'peh	llamar, golpear ja'mar, golpe'ar	bussare bu'ßare
know nou	kennen, wissen	connaître, savoir ko'nätrə, ßawu'ahr	conocer, saber kono'θer, ßa'ber	conoscere, sapere ko'noschere, ßa'pere
known noun	bekannt	connu ko'nü	conocido kono'θido	noto 'nɔto

L

ladder 'läddər	Leiter	l' échelle f eh'schäll	la escalera eßka'lera	la scala 'ßkala
lake läjk	See	le lac lack	el lago 'lago	il lago 'lago
landscape 'ländßkäjp	Landschaft	le paysage päi'sahsch	el paisaje pai'ßache	il paesaggio pae'sadscho
language 'länguidsch	Sprache	la langue läg	el idioma idi'oma	la lingua 'lingua
last lahßt	letzter	le dernier dern'jeh	último 'ultimo	ultimo 'ultimo
late läjt	spät	tard tar	tarde 'tarde	tardi, tardo 'tardi, 'tardo
later 'läjtər	später	plus tard plü tar	más tarde maß 'tarde	più tardi pju 'tardi
laugh lahf	lachen	rire rir	reír re'ir	ridere 'ridere
lay, place läj, pläjß	legen	poser po'seh	poner, colocar po'ner, kolo'kar	mettere 'metere
leaf, sheet lihf, schiht	Blatt	la feuille föj	la hoja 'ocha	la foglia 'fɔlja
leaflet, brochure 'lihflet, 'brouschə	Broschüre	la brochure bro'schür	el folleto fo'jeto	l' opuscolo m o'pußkolo
learn lörn	lernen	apprendre a'prädrə	aprender apren'der	imparare impa'rare
leave lihw	abreisen	partir par'tir	partir par'tir	partire par'tire
left lefft	links	à gauche a gohsch	a la izquierda a la iθki'erda	asinistra aßi'nißtra

Sonderzeichen in der Lautschrift ə angedeutetes e wie in bitte; ɔ offenes o wie in Post; ß scharfes s wie in nass; θ weiches s wie in Fass, aber gelispelt; ð s wie in Sense, aber gelispelt; ä nasal gesprochener Vokal wie in Chanson; ē nasal gesprochener Vokal wie in pointiert; ö nasal gesprochener Vokal wie in Jeton; sch weiches sch wie in Gin

leg

Englisch	Deutsch	Französisch	Spanisch	Italienisch
leg läg	Bein	la jambe schäb	la pierna pi'erna	la gamba 'gamba
lemon 'lemmən	Zitrone	le citron ßi'trõ	el limón li'mɔn	il limone li'mone
let lett	lassen	laisser lä'ßeh	dejar de'char	lasciare la'schare
letter 'lettər	Brief, Buchstabe	la lettre 'lätrə	la carta, la letra karta, letra	la lettera 'lettera
library 'laibrəri	Bücherei	la bibliothèque biblio'täck	la biblioteca biblio'teka	la biblioteca biblio'täka
lie laj	liegen, lügen	être couché, mentir 'ätrə ku'scheh, mä'tir	estar tumbado, mentir eß'tar tum'bado, men'tir	essere sdraiato, giacere, mentire 'äßere sdra'jato, dscha'tschere, men'tire
life lajf	Leben	la vie wi	la vida wida	la vita 'wita
lift lift	heben	lever lə'weh	levantar lewan'tar	alzare, sollevare al'tßare, ßole'ware
light lait	hell	clair klär	claro klaro	chiaro 'kjaro
light lait	Licht	la lumière lühm'jär	la luz luθ	la luce 'luhtsche
lighter 'laitər	Feuerzeug	le briquet bri'keh	el mechero me'tschero	l' accendino m atschen'dino
like laik	gefallen, mögen	plaire plär	gustar guß'tar	piacere, volere, volerbene pja'tschere, wo'lere, wo'ler 'bäne
listen, hear 'lißn, 'hiə	hören	écouter ehku'teh	escuchar eßku'tschar	sentire, ascoltare ßen'tire, aßkol'tare
literature 'litritschər	Literatur	la littérature litehra'tür	la literatura litera'tura	la letteratura letera'tura
little, few 'littl, fju	wenig	peu pö	poco 'poko	poco 'pɔko
live liw	leben, wohnen	vivre, habiter wiwrə, abi'teh	vivir wi'wir	vivere, abitare wiwere, abi'tare
long lɔng	lang	long lõ	largo 'largo	lungo 'lungo
long time lɔng taim	lange	longtemps lõ'tã	mucho tiempo 'mutscho ti'empo	a lungo a 'lungo
look, view luck, wju	Blick	le regard rə'gar	la mirada, la vista mi'rada, 'wißta	lo sguardo sgu'ardo
lorry 'lɔri	Lkw	le camion ka'mjõ	el camión kami'ɔn	il camion kam'jon
lose luhs	verlieren	perdre 'pärdrə	perder per'der	perdere 'perdere
loud laud	laut	fort fɔr	alto 'alto	rumoroso, forte rumo'roso, 'forte
love law	Liebe	l' amour m a'muhr	el amor a'mor	l' amore m a'more
love law	lieben	aimer ä'meh	amar a'mar	amare a'mare
low lou	niedrig	bas ba	bajo 'bacho	basso 'baßo
luck lack	Glück	le bonheur bɔn'ör	la suerte ßu'erte	la fortuna for'tuna
lucky, happy lacki, 'häpi	glücklich	heureux ö'rö	contento kon'tento	fortunato, felice fortu'nato, fe'litsche
luggage 'lagitsch	Gepäck	les bagages m ba'gahsch	el equipaje eki'pache	il bagaglio ba'galjo
lunch lansch	Mittagessen	le déjeuner dehschö'neh	el almuerzo almu'erθo	il pranzo 'prandso
lust, desire laßt, di'saiər	Lust	l' envie f ä'wi	la gana, el deseo 'gana, de'ßeo	la voglia 'wɔlja

M

Englisch	Deutsch	Französisch	Spanisch	Italienisch
machine mə'schihn	Maschine	la machine ma'schihn	la máquina 'makina	la macchina 'makina
man män	Mann	l' homme m ɔm	el hombre 'ombre	l' uomo m u'ɔmo
map mäp	Landkarte	la carte géographique kart scheogra'fik	el mapa 'mapa	la cartina geografica kar'tina dscheo'grafika
map, card mäp, kard	Karte	la carte kart	el mapa, la tarjeta 'mapa, tar'cheta	la mappa, il biglietto mapa, bil'jeto
market 'mahkət	Markt	le marché mar'scheh	el mercado mer'kado	il mercato mer'kato
marriage 'märidsch	Ehe	le mariage mari'ahsch	el matrimonio matri'monio	il matrimonio matri'mɔnio

Sonderzeichen in der Lautschrift ə angedeutetes e wie in bitt**e**; ɔ offenes o wie in P**o**st; ß scharfes s wie in na**ss**; θ weiches s wie in Fa**ss**, aber gelispelt; ð s wie in **S**ense, aber gelispelt; ã nasal gesprochener Vokal wie in Ch**an**son; ẽ nasal gesprochener Vokal wie in p**oin**tiert; õ nasal gesprochener Vokal wie in Jet**on**; sch weiches sch wie in **G**in

move

Englisch	Deutsch	Französisch	Spanisch	Italienisch
married 'märid	verheiratet	marié mari'eh	casado ka'ßado	sposato ßpo'sato
marry 'märri	heiraten	marier mari'eh	casarse ka'ßarße	sposarsi ßpo'sarßi
masculine 'mäßkjulinn	männlich	masculin maßkü'lē	masculino maßku'lino	maschile maß'kile
mathematics mäθə'mätikß	Mathematik	les mathématiques f matehma'tik	la matemática mate'matika	la matematica mate'matika
may mäj	dürfen	avoir la permission de awu'ahr la permi'ßjõ də	tener permiso te'ner per'mißo	poter fare, potere po'ter 'fare, po'tere
maybe 'mäjbi	vielleicht	peut-être pö'tätrə	tal vez tal weθ	forse 'forße
meadow 'medou	Wiese	le pré preh	el prado 'prado	il prato 'prato
meal mihl	Essen, Mahlzeit	le repas rə'pa	la comida ko'mida	il mangiare, il cibo, il pasto man'dschare, 'tschibo, 'paßto
meat miht	Fleisch	la viande wi'jäd	la carne 'karne	la carne 'karne
medicine 'medßn	Medikament	le médicament mehdika'mä	el medicamento medika'mento	il farmaco 'farmako
meet, hit miht, hit	treffen	rencontrer rãkõ'treh	encontrar, alcanzar enkon'trar, alkan'θar	incontrare inkon'trare
memorise, notice memərajs, 'noutiß	merken	retenir rətə'nir	notar, acordarse no'tar, akor'darße	accorgersi, notare a'kordscherßi, no'tare
memory 'meməri	Gedächtnis	la mémoire mehmu'ahr	la memoria me'moria	la memoria me'moria
menu 'menju	Speisekarte	le menu mə'nü	la carta 'karta	il menu me'nu
metal 'mettl	Metall	le métal meh'tal	el metal me'tal	il metallo me'tallo
metre 'mihtər	Meter	le mètre 'mätrə	el metro 'metro	il metro 'mätro
milk milk	Milch	le lait lä	la leche 'letsche	il latte 'latte
mine, my main, mai	mein, meine, meiner	mon, ma, mes mõ, ma, meh	mi mi	mio, mia, il mio, la mia 'mio, 'mia, il 'mio, la 'mia
minute 'minit	Minute	la minute mi'nüt	el minuto mi'nuto	il minuto mi'nuto
miss miß	fehlen, verpassen	manquer, rater mä'keh, ra'teh	faltar, perder fal'tar, per'der	mancare, perdere man'kare, perdere
mistake miß'täjk	Fehler	la faute foht	el error e'ror	lo sbaglio, l' errore m 'sbaljo, e'rore
mister, gentleman mißtər, dschäntlmän	Herr	le monsieur mə'ßjö	el señor ßen'jor	il signore ßin'jore
mobile phone 'moubail foun	Handy	le portable pɔr'tablə	el teléfono móvil te'lefono 'mɔwil	il cellulare tschelu'lare
modern 'mɔdərn	modern	à la mode a la mɔd	moderno mo'derno	moderno mo'därno
moment 'moumənt	Moment	le moment mo'mã	el momento mo'mento	l' attimo m, il momento 'atimo, mo'mento
money 'manni	Geld	l' argent m ar'schã	el dinero di'nero	il denaro, i soldi de'naro, 'ßoldi
month manθ	Monat	le mois mu'a	el mes meß	il mese 'mese
moon muhn	Mond	la lune lün	la luna 'luna	la luna 'luna
more mɔhr	mehr	plus plü	más maß	più pju
morning 'mɔrning	Morgen	le matin ma'tē	la mañana man'jana	la mattina ma'tina
mostly 'moußtli	meistens	la plupart du temps la plü'par dü tã	la mayoría de las veces majo'ria de laß 'weθeß	il più delle volte il pju 'dele 'wɔlte
mother 'maðər	Mutter	la mère mär	la madre 'madre	la madre 'madre
motor, engine 'moutər, 'endschin	Motor	le moteur mo'tör	el motor mo'tor	il motore mo'tore
motorway 'moutəruäj	Autobahn	l' autoroute f oto'rut	la autopista auto'pißta	l' autostrada f auto'ßtrada
mountain 'mauntən	Berg	la montagne mõ'tanjə	la montaña mon'tanja	la montagna mon'tanja
move muhw	bewegen	bouger bu'scheh	mover mo'wer	muovere mu'ɔwere

Sonderzeichen in der Lautschrift ə angedeutetes e wie in bitte; ɔ offenes o wie in Post; ß scharfes s wie in nass; θ weiches s wie in Fass, aber gelispelt; ð s wie in Sense, aber gelispelt; ã nasal gesprochener Vokal wie in Chanson; ē nasal gesprochener Vokal wie in pointiert; õ nasal geprochener Vokal wie in Jeton; sch weiches sch wie in Gin

move

Englisch	Deutsch	Französisch	Spanisch	Italienisch
move, change muhw, tschäjnd<u>sch</u>	umziehen	déménager dehmehna'<u>sch</u>eh	mudarse, cambiarse mu'darße, kambi'arße	traslocare traslo'kare
move in muhw in	einziehen	emménager ämehna'<u>sch</u>eh	entrar, instalarse en'trar, inßta'larße	infilare, ritirare infi'lare, riti'rare
move, procession muhw, prə'ßeschn	Umzug	le déménagement, le défilé dehmehna<u>sch</u>'mä, dehfi'leh	la mudanza, el desfile mu'danθa, deß'file	il trasloco, la sfilata tras'lɔko, ßfi'lata
much, very matsch, 'wäri	sehr	très trä	muy mui	molto 'molto
mushroom 'maschrum	Pilz	le champignon schäpin'jõ	el hongo 'ongo	il fungo 'fungo
mustard 'maßtəd	Senf	la moutarde mu'tard	la mostaza moß'taθa	la senape 'ßenape
music 'mjuhsik	Musik	la musique mü'sik	la música 'mußika	la musica 'musika
must maßt	müssen	devoir dəwu'ahr	tener que te'ner ke	dovere do'were

name näjm	Name	le nom nõ	el nombre 'nombre	il nome 'nome
nature 'näjtschər	Natur	la nature na'tür	la naturaleza natura'leθa	la natura na'tura
necessary 'neßəßari	nötig	nécessaire nehße'ßär	necesario neθe'ßario	necessario netsche'ßario
neck neck	Hals	le cou ku	el cuello ku'ejo	il collo 'kollo
need nihd	brauchen	avoir besoin awu'ahr bəsu'ẽ	necesitar neθeßi'tar	avere bisogno a'were bi'sonjo
needle 'nihdl	Nadel	l' aiguille f ägu'ij	la aguja a'gucha	l' ago m 'ago
neighbour 'näjbər	Nachbar	le voisin wua'ßẽ	el vecino we'θino	il vicino wi'tschino
neither ... nor 'naiðər ... nɔr	weder ... noch	ni ... ni ni ... ni	ni ... ni ni ... ni	né ... né ne ... ne
nervous 'nörwəß	nervös	nerveux när'wö	nervioso nerwi'oßo	nervoso ner'woso
never 'newər	nie	jamais scha'mä	nunca 'nunka	mai maj
new njuh	neu	nouveau nu'wo	nuevo nu'ewo	nuovo nu'ɔwo
news njuhs	Nachrichten	les nouvelles f nu'well	las noticias no'tiθiaß	le notizie no'titßje
newspaper 'njuhßpäjpər	Zeitung	le journal schur'nal	el periódico peri'ɔdiko	il giornale d<u>sch</u>or'nale
nice naiß	nett, schön	gentil, beau <u>sch</u>ä'ti, bo	amable, bonito a'mable, bo'nito	gentile, bello d<u>sch</u>en'tile, 'ßello
night nait	Nacht	la nuit nu'i	la noche 'notsche	la notte nɔte
no nou	nein	non nõ	no no	no nɔ
nobody 'noubadi	niemand	personne per'ßɔn	nadie 'nadie	nessuno ne'ßuno
noise nɔis	Lärm	le bruit bru'i	el ruido ru'ido	il rumore, il chiasso ru'more, 'kjaßo
noodle 'nuhdl	Nudel	la nouille nu'ij	la pasta 'paßta	la pasta 'paßta
noon nuhn	Mittag	le midi mi'di	el mediodía medio'dia	il mezzogiorno mädso'd<u>sch</u>orno
normal 'nohml	normal	normal nor'mal	normal nor'mal	normale nor'male
nose nous	Nase	le nez neh	la nariz na'riθ	il naso 'naso
not nɔt	nicht	ne pas nə pa	no no	non nɔn
note nout	Note	la note nɔt	la nota 'nota	la nota, il voto 'nɔta, 'woto
note nout	notieren	noter nɔ'teh	apuntar apun'tar	segnare, prendere nota ßen'jare, 'prendere 'nɔta
nothing 'naθing	nichts	rien ri'ẽ	nada 'nada	niente n'jente
now nau	jetzt	maintenant mẽtə'nã	ahora a'ora	adesso a'deßo
nowhere 'nouuär	nirgends	nulle part nül par	en ningún sitio en nin'gun 'ßitio	da nessuna parte da ne'ßuna 'parte

Sonderzeichen in der Lautschrift ə angedeutetes e wie in bitt**e**; ɔ offenes o wie in P**o**st; ß scharfes s wie in na**ss**; θ weiches s wie in Fa**ss**, aber gelispelt; ð s wie in **S**ense, aber gelispelt; ã nasal gesprochener Vokal wie in Ch**an**son; ẽ nasal gesprochener Vokal wie in p**oin**tiert; õ nasal gesprochener Vokal wie in Jet**on**; <u>sch</u> weiches sch wie in **G**in party

Englisch	Deutsch	Französisch	Spanisch	Italienisch
number 'nambər	Nummer, Zahl	le numéro, le chiffre nümeh'ro, schifrə	el número 'numero	il numero 'numero
nursery nörßəri	Kinderzimmer	la chambre d'enfants 'schäbr dä'fä	el cuarto de los niños ku'arto de loß 'ninjoß	la stanza dei bambini 'ßtantßa 'dei bam'bini
nut natt	Nuss	la noix nu'a	la nuez nu'eθ	la noce 'notsche

O

Englisch	Deutsch	Französisch	Spanisch	Italienisch
off, beyond ɔf, bi'jɔnd	außerhalb	à l'extérieur a lekßtehri'jör	fuera de fu'era de	fuori da fu'ɔri da
offer 'ɔfər	anbieten	offrir o'frir	ofrecer ofre'θer	offrire of'rire
offer 'ɔfər	Angebot	l' offre f 'ɔfrə	la oferta o'ferta	l' offerta f o'ferta
office 'ɔfiß	Büro	le bureau bü'ro	la oficina ofi'θina	l' ufficio m u'fitscho
often 'ɔfən	oft	souvent ßu'wä	a menudo a me'nudo	spesso ßpeßo
oil ɔil	Öl	l' huile f ü'il	el aceite a'θeite	l' olio m ɔljo
old ould	alt	vieux wjö	viejo wi'echo	vecchio wekjo
once u'anß	einmal	une fois ün fu'a	una vez una weθ	una volta una 'wɔlta
one u'an	man	on ɔ̃	se ße	si, qualcuno ßi, kual'kuno
oneself uan'ßelf	sich	se ßə	se ße	si ßi
on the right ɔn ðə rait	rechts	à droite a dru'at	a la derecha a la de'retscha	destra deßtra
open 'oupən	offen	ouvert u'wer	abierto abi'erto	aperto a'pärto
open 'oupən	öffnen	ouvrir u'wrir	abrir a'brir	aprire a'prire
opinion ɔ'pinjən	Meinung	l' opinion f opin'jɔ̃	la opinión opini'ɔn	l' opinione f opin'jone
opposite 'ɔpəsit	Gegenteil	le contraire kö'trär	el contrario kon'trario	il contrario kon'trario
opposite to 'ɔpəsit tu	gegenüber	en face ä faß	enfrente en'frente	di fronte a di 'fronte a
or 'ɔr	oder	ou u	o o	o, oppure ɔ, op'pure
order 'ɔhdər	bestellen	commander kɔmä'deh	pedir pe'dir	ordinare ordi'nare
order 'ɔhdər	Ordnung	l' ordre m 'ɔrdrə	el orden 'orden	l' ordine m 'ordine
our 'auər	unser, unsere	notre, nos 'nɔtrə, no	nuestro nu'eßtro	nostro 'nɔßtro
outside aut'ßajd	außen, draußen	(à) l'extérieur (a) lekßtehri'jör	(por) fuera (por) fu'era	fuori, all'esterno fu'ɔri, aleß'tärno
oven 'ɔwən	Ofen	le four fuhr	el horno 'orno	la stufa 'ßtufa
over 'ouwər	vorbei	passé, le long de pa'ßeh, lə lõ də	pasado pa'ßado	passato pa'ßato

P

Englisch	Deutsch	Französisch	Spanisch	Italienisch
package, parcel 'päkidsch, 'pahßəl	Paket	le paquet pa'keh	el paquete pa'kete	il pacco 'pako
pain päjn	Schmerz	la douleur du'lör	el dolor do'lor	il dolore do'lore
pale päjl	blass	pâle pahl	pálido 'palido	pallido 'palido
paper 'päjpər	Papier	le papier pa'pjeh	el papel pa'pel	la carta 'karta
parents 'pärəntß	Eltern	les parents m pa'rä	los padres 'padreß	i genitori dscheni'tori
park pahk	abstellen, parken	déposer, garer dehpo'seh, ga'reh	poner, aparcar po'ner, apar'kar	depositare, parcheggiare deposi'tare, parke'dschare
park pahk	Park	le parc park	el parque 'parke	il parco 'parko
participate par'tißipäjt	teilnehmen	participer partißi'peh	participar partiθi'par	partecipare partetschi'pare
partly 'pahtli	teilweise	en partie ä par'ti	parcial parθi'al	in parte, parziale in 'parte, par'tßjale
partner 'pahtnər	Partner	le partenaire partə'när	la pareja, el socio pa'recha, 'ßoθio	il partner, il compagno 'partner, kom'panjo
partner 'pahtnər	Partnerin	la partenaire partə'när	la pareja, la socia pa'recha, 'ßoθia	la partner, la compagna partner, kom'panja
party 'pahti	Feier, Party	la fête fett	la fiesta fi'eßta	la festa, il party 'feßta, 'parti

Sonderzeichen in der Lautschrift ə angedeutetes e wie in bitte; ɔ offenes o wie in Post; ß scharfes s wie in nass; θ weiches s wie in Fass, aber gelispelt; ð s wie in Sense, aber gelispelt; ä nasal gesprochener Vokal wie in Chanson; ê nasal gesprochener Vokal wie in pointiert; ö nasal geprochener Vokal wie in Jeton; sch weiches sch wie in Gin

pass

Englisch	Deutsch	Französisch	Spanisch	Italienisch
pass pahß	bestehen	exister egsiß'teh	aprobar apro'bar	superare ßupe'rare
passport 'pahßpɔht	Reisepass	le passeport paß'pɔr	el pasaporte paßa'porte	il passaporto paßa'pɔrto
past pahßt	Vergangenheit	le passé pa'ßeh	el pasado pa'ßado	il passato pa'ßato
path, road pahθ, rəud	Weg	le chemin schə'mē	el camino ka'mino	il cammino ka'mino
pay päj	bezahlen, zahlen	payer pä'jeh	pagar pa'gar	pagare pa'gare
pear 'piər	Birne	la poire pu'ahr	la pera 'pera	la pera 'pera
pencil 'penßil	Bleistift	le crayon krä'jō	el lápiz 'lapiθ	la matita ma'tita
people 'pihpəl	Leute	les gens m schā	la gente 'chente	la gente 'dschente
perfume 'pörfjuhm	Parfüm	le parfum par'fē	el perfume per'fume	il profumo pro'fumo
permission pə'mischn	Erlaubnis	la permission permi'ßjō	el permiso per'mißo	il permesso per'meßo
person 'pörßən	Person	la personne per'ßɔn	la persona per'ßona	la persona per'ßona
petrol 'petrəl	Benzin	l' essence f eh'ßäß	la gasolina gaßo'lina	la benzina ben'dsina
petrol station 'petrəl 'ßtäjschn	Tankstelle	la station d'essence ßta'ßjō deh'ßäß	la gasolinera gaßoli'nera	il distributore dißtribu'tore
pharmacy 'fahməßi	Apotheke	la pharmacie farma'ßi	la farmacia far'maθia	la farmacia farma'tschia
photo 'foutou	Foto	la photo fo'to	la foto 'foto	la foto 'fɔto
physics 'fisikß	Physik	la physique fi'sik	la física 'fißika	la fisica 'fisika
pick up 'pik ap	abholen	aller chercher a'leh schär'scheh	recoger reko'cher	ritirare, andare a prendere riti'rare, an'dare a 'prendere
picture 'piktschə	Bild	l' image f i'mahsch	el cuadro, la imagen ku'adro, i'machen	l' immagine f, il quadro i'madschine, ku'adro
picture, film 'piktschə, film	Film	le film film	la película pe'likula	la pellicola, il film pe'likola, film
piece pihß	Stück	le morceau mɔr'ßo	el trozo troθo	il pezzo 'pätßo
pity pitti	schade	désolé dehso'leh	pena 'pena	peccato pe'kato
place pläjß	Ort	le lieu li'jö	el pueblo, el lugar pu'eblo, lu'gar	il posto, il paese 'poßto, pa'ese
plan plän	Plan	le plan plā	el plan plan	il progetto pro'dschetto
plane pläjn	Flugzeug	l' avion m a'wjō	el avión awi'ɔn	l' aereo m a'äreo
plant plahnt	Pflanze	la plante plät	la planta 'planta	la pianta 'pjanta
plate pläjt	Teller	l' assiette f aß'jätt	el plato 'plato	il piatto 'pjatto
platform plätfɔhm	Bahnsteig	le quai ke	el andén an'den	il binario bi'nario
play pläj	spielen	jouer schu'eh	jugar chu'gar	giocare dscho'kare
please plihs	bitte	s'il vous plait ßil wu plä	por favor por fa'wor	per favore per fa'wore
plug plag	Stecker	la prise prihs	el enchufe en'tschufe	la spina 'ßpina
poisonous 'poisənəß	giftig	empoisonné āpuaso'neh	venenoso wene'noßo	velenoso wele'noso
police pə'lihß	Polizei	la police po'liß	la policía poli'θia	la polizia poli'tßia
politics 'pɔlitikß	Politik	la politique poli'tik	la política po'litika	la politica po'litika
poor 'puər	arm	pauvre 'pɔwrə	pobre 'pobre	povero 'powero
portion 'pɔhschn	Portion	la portion pɔr'ßjō	la ración raθi'ɔn	la porzione por'tßjone
possible 'poßəbl	möglich	possible po'ßiblə	posible po'ßible	possibile po'ßibile
post, mail poußt, mäjl	Post	la poste pɔst	el correo ko'reo	la posta 'poßta
postal code 'poußtl koud	Postleitzahl	le code postal kod pɔß'tal	el código postal 'kodigo poß'tal	il codice (di avviamento) postale (CAP) 'koditsche (diawja'mento) poß'tale
postbox, letterbox poußtbɔkß, 'letterbɔkß	Briefkasten	la boite aux lettres bu'at o 'lätrə	el buzón bu'θɔn	la buca delle lettere 'buka 'dele 'lättere
postcard 'poußtkard	Postkarte	la carte postale kart pɔß'tal	la postal poß'tal	la cartolina karto'lina
postman 'poußtmən	Briefträger	le facteur fak'tör	el cartero kar'tero	il postino poß'tino
postpone pəß'poun	verschieben	décaler dehka'leh	aplazar apla'θar	spostare ßpoß'tare
pot pɔtt	Topf	la casserole kaß'rɔl	la olla o'ja	la pentola 'pentola

Sonderzeichen in der Lautschrift ə angedeutetes e wie in bitte; ɔ offenes o wie in Post; ß scharfes s wie in nass; θ weiches s wie in Fass, aber gelispelt; ð s wie in Sense, aber gelispelt; ā nasal gesprochener Vokal wie in Chanson; ē nasal gesprochener Vokal wie in pointiert; ō nasal gesprochener Vokal wie in Jeton; sch weiches sch wie in Gin

280

refrigerator

Englisch	Deutsch		Französisch		Spanisch		Italienisch
potato pə'täjtou	Kartoffel	la	pomme de terre pɔm də tär	la	patata pa'tata	la	patata pa'tata
practical 'präktikl	praktisch		pratique pra'tik		práctico 'praktiko		pratico 'pratiko
pregnant 'pregnənt	schwanger		enceinte ã'ßẽt		embarazada embara'θada		incinta in'tschinta
prescription, recipe prə'ßkripschn, 'reßəpi	Rezept	l'	ordonnance, la recette ɔr'donäß, rə'ßätt	la	receta re'θeta	la	ricetta ri'tscheta
present 'presənt	Geschenk	le	cadeau ka'do	el	presente pre'ßente	il	regalo re'galo
present, introduce pri'sənt, intrə'djuhß	vorstellen		présenter prehsä'teh		presentar preßen'tar		presentare presen'tare
price praiß	Preis	le	prix pri	el	precio pre'θio	il	prezzo prätßo
printer 'printər	Drucker	l'	imprimante f ẽpri'mät	la	impresora impre'ßora	la	stampante ßtam'pante
probably 'prɔbəbli	wahrscheinlich		probablement prɔbablə'mã		probablemente probable'mente		probabile pro'babile
problem 'prɔbləm	Problem	le	problème pro'bläm	el	problema pro'blema	il	problema pro'bläma
produce prə'djuhß	herstellen		produire produ'ir		producir produ'θir		fabbricare, creare fabri'kare, kre'are
programme 'prougräm	Programm	le	programme pro'gram	el	programa pro'grama	il	programma pro'grama
prohibited prə'hibitid	verboten		interdit ẽter'di		prohibido proi'bido		vietato wje'tato
promise 'prɔmiß	versprechen		promettre pro'mätrə		prometer prome'ter		promettere pro'metere
pull pull	ziehen		tirer ti'reh		tirar ti'rar		tirare ti'rare
pullover 'pullouwər	Pullover	le	pull-over pülo'wer	el	jersey cher'ßej	il	pullover, la maglia pul'ɔwer, 'malja
punctual 'panktschuəl	pünktlich		à l'heure a lör		puntual puntu'al		puntuale puntu'ale
pupil 'pjupil	Schüler	l'	élève m eh'läw	el	alumno a'lumno	l'	alunno m, lo studente a'lunno, ßtu'dente
put, set putt, ßätt	stellen		poser po'seh		poner po'ner		mettere 'metere

Q

quality ku'ɔliti	Qualität	la	qualité kali'teh	la	calidad kali'dad	la	qualità kuali'ta
question ku'eßtschn	Frage	la	question käß'tjõ	la	pregunta pre'gunta	la	domanda do'manda
quiet ku'ajət	leise		doux du		bajo 'bacho		silenzioso ßilen'tßjoso

R

radio 'räjdiou	Radio	la	radio ra'djo	la	radio 'radio	la	radio 'radio
rain räjn	Regen	la	pluie plu'i	la	lluvia 'juwia	la	pioggia 'pjodscha
rain räjn	regnen		pleuvoir plöwu'ahr		llover jo'wer		piovere 'pjowere
rare rär	selten		rare rar		raro 'raro		raro, insolito 'raro, in'ßolito
read rihd	lesen		lire lir		leer le'er		leggere 'ledschere
ready 'räddi	fertig		terminé tärmi'neh		listo 'lißto		terminato, pronto termi'nato, 'pronto
really 'riəli	wirklich		vraiment wrä'mã		real re'al		vero 'wero
reason 'rihsən	Grund	la	raison rä'sõ	la	razón ra'θɔn	il	motivo, il suolo mo'tiwo, ßu'ɔlo
receipt ri'ßiht	Quittung	le	reçu rə'ßü	el	recibo re'θibo	la	ricevuta ritsche'wuta
receive ri'ßihw	empfangen		recevoir rəßəwu'ahr		recibir reθi'bir		ricevere ri'tschewere
recipient ri'ßipiənt	Empfänger	le	destinateur deßtina'tör	el	receptor, el destinatario reθep'tor, deßtina'tario	il	destinatario deßtina'tario
recommend rekə'mend	empfehlen		conseiller kößeh'jeh		recomendar rekomen'dar		raccomandare rakoman'dare
refrigerator ri'fridscherätər	Kühlschrank	le	frigo fri'go	el	frigorífico frigo'rifiko	il	frigorifero frigo'rifero

Sonderzeichen in der Lautschrift ə angedeutetes e wie in bitte; ɔ offenes o wie in Post; ß scharfes s wie in nass; θ weiches s wie in Fass, aber gelispelt; ð s wie in Sense, aber gelispelt; ã nasal gesprochener Vokal wie in Chanson; ẽ nasal gesprochener Vokal wie in pointiert; õ nasal gesprochener Vokal wie in Jeton; sch weiches sch wie in Gin

registration

Englisch	Deutsch	Französisch	Spanisch	Italienisch
registration redschiß'träjschn	Anmeldung	l' inscription f eßkrip'ßjõ	la inscripción, la matrícula inßkripθi'ɔn, ma'trikula	l' annuncio m, l'iscrizione f a'nuntscho, ißkri'tßjone
related ri'läjtid	verwandt	apparenté apara'teh	pariente, similar pari'ente, ßimi'lar	parente, simile pa'rente, 'ßimile
relax, rest ri'läkß, reßt	ausruhen	reposer rəpo'seh	descansar deßkan'ßar	riposare ripo'sare
remind ri'majnd	erinnern	rappeler rap'leh	acordarse akor'darße	ricordare rikor'dare
rent rent	leihen, mieten	prêter, louer prä'teh, lu'eh	alquilar alki'lar	prestare, affittare, noleggiare preß'tare, afi'tare, nole'dschare
rent rent	Miete	le loyer lua'jeh	el alquiler alki'ler	l' affitto m af'fito
rent, let rent, lett	vermieten	louer lu'eh	alquilar alki'lar	affittare afi'ttare
repair ri'päər	Reparatur	la réparation rehpara'ßjõ	la reparación reparaθi'ɔn	la riparazione ripara't'ßjone
repair ri'päər	reparieren	réparer rehpa'reh	reparar repa'rar	riparare, aggiustare ripa'rare, adschuß'tare
repeat ri'piht	wiederholen	répéter rehpeh'teh	repetir repe'tir	ripetere ri'pätere
request ri'kueßt	Bitte	la demande də'mãd	el ruego ru'ego	la richiesta ri'kjeßta
reserve ri'ßörw	reservieren	réserver rehser'weh	reservar reßer'war	prenotare preno'tare
resident 'residənt	Einwohner	l' habitant m abi'tã	el habitante abi'tante	l' abitante mf abi'tante
restaurant 'reßtrənt	Restaurant	le restaurant reßtɔ'rã	el restaurante reßtau'rante	il ristorante rißto'rante
rice raiß	Reis	le riz ri	el arroz a'roθ	il riso 'riso
rich ritsch	reich	riche risch	rico 'riko	ricco 'riko
ride by bike rajd baj bajk	Rad fahren	faire du vélo fär dü weh'lo	ir en bicicleta ir en biθi'kleta	andare in bicicletta an'dare in bitschi'kleta
right rait	richtig	vrai wrä	correcto ko'rekto	giusto 'dschußto
right, law rait, lɔh	Recht	le droit dru'a	el derecho de'retscho	la legge 'ledsche
ring ring	klingeln	sonner ßɔ'neh	sonar ßo'nar	suonare ßuo'nare
river 'riwər	Fluss	la rivière riw'jär	el río 'rio	il fiume 'fjume
road, street rəud, ßtriht	Straße	la rue rü	la carretera, la calle kare'tera, 'kaje	la strada 'ßtrada
road traffic rəud 'träffik	Straßenverkehr	le trafic tra'fik	el tráfico rodado 'trafiko ro'dado	il traffico 'trafiko
roast, fry rəußt, fraj	braten	frire frir	asar a'ßar	arrostire aroß'tire
roast rəußt	Braten	le rôti ro'ti	el asado a'ßado	l' arrosto m a'roßto
roof ruhf	Dach	le toit tu'a	el techo 'tetscho	il tetto 'tetto
room ruhm	Zimmer, Raum	la pièce, la chambre pjäß, 'schãbr	la habitación, el cuarto abitaθi'ɔn, ku'arto	la camera, la stanza 'kamera, 'ßtantßa
rose rous	Rose	la rose rohs	la rosa 'roßa	la rosa 'rɔsa
round raund	rund	rond rõ	redondo re'dondo	rotondo ro'tondo
rubbish 'rabisch	Quatsch	le non-sens nõ'ßäß	las tonterías tonte'riaß	le scemenze sche'mentße
run, walk ran, u'ɔhk	laufen, rennen	courir ku'rir	correr ko'rer	correre 'korere

S

sad ßäd	traurig	triste trißt	triste 'trißte	triste 'trißte
salad 'ßäläd	Salat	la salade ßa'lad	el ensalada enßa'lada	l' insalata f inßa'lata
salary 'ßäləri	Gehalt	le salaire ßa'lär	el sueldo ßu'eldo	lo stipendio ßti'pendio
salt ßɔlt	Salz	le sel ßäl	la sal ßal	il sale 'ßale
same, immediately ßäjm, i'midiətli	gleich	égal, tout de suite eh'gal, tu də ßu'it	igual, pronto igu'al, 'pronto	uguale, subito ugu'ale, 'ßubito
save ßäjw	sparen	économiser ehkonomi'seh	ahorrar ao'rar	risparmiare rißparm'jare
say ßäj	sagen	dire dir	decir de'θir	dire 'dire

Sonderzeichen in der Lautschrift ə angedeutetes e wie in bitt**e**; ɔ offenes o wie in P**o**st; ß scharfes s wie in na**ss**; θ weiches s wie in Fa**ss**, aber gelispelt; ð s wie in **S**ense, aber gelispelt; ã nasal gesprochener Vokal wie in Ch**an**son; ẽ nasal gesprochener Vokal wie in p**oi**ntiert; õ nasal gesprochener Vokal wie in Jet**on**; sch weiches sch wie in **G**in

skirt

Englisch	Deutsch		Französisch		Spanisch		Italienisch
school ßkuhl	Schule	l'	école f eh'kɔl	la	escuela eßku'ela	la	scuola ßku'ola
science 'ßaiənß	Wissenschaft	la	science ßjäß	la	ciencia θi'enθia	la	scienza schentßa
scissors 'ßisəs	Schere	les	ciseaux m ßi'so	la	tijera ti'chera	le	forbici forbitschi
sea ßih	Meer	la	mer där	el	mar mar	il	mare mare
search ßörtsch	suchen		chercher schär'scheh		buscar buß'kar		cercare tscher'kare
see ßi	sehen		voir wu'ahr		ver wer		vedere we'dere
select, dial, vote ßi'lekt, dail, wout	wählen		choisir, élire schua'sir, eh'lir		elegir, marcar, votar ele'chir, mar'kar, wo'tar		votare, scegliere wo'tare, 'scheljere
self, even ßelf, 'iwən	selbst		en personne ä per'ßɔn		mismo 'mißmo		stesso 'ßteßo
sell ßell	verkaufen		vendre 'wädrə		vender wen'der		vendere 'wendere
seller, salesperson ßellər, 'ßäjlßpöhßn	Verkäufer	le	vendeur m wä'dör	el	vendedor wende'dor	il	commesso, il venditore ko'meßo, wendi'tore
send ßend	schicken		envoyer äwua'jeh		enviar enwi'ar		mandare man'dare
sender ßendər	Absender	l'	expéditeur m ekßpehdi'tör	el	remitente, la dirección del remitente remi'tente, direkθi'ɔn del remi'tente	il	mittente mi'tente
senior citizens ßihniə 'ßitisnß	Senioren	les	seniors m ßäni'or	los	ancianos anθi'anoß	gli	anziani an'tßjani
sentence 'ßentənß	Satz	la	phrase frahs	la	frase 'fraße	la	frase 'frase
service 'ßörwiß	Service	le	service ßer'wiß	el	servicio ßer'wiθio	il	servizio ßer'witßjo
shall schäll	sollen		devoir dəwu'ahr		deber de'ber		dovere do'were
she schi	sie		elle äl		ella 'éja		lei läj
shelf schelf	Regal	l'	étagère f eta'scher	la	estantería eßtante'ria	lo	scaffale ßka'fale
shirt schört	Hemd	la	chemise schə'mihs	la	camisa ka'mißa	la	camicia ka'mitscha
shoe schu	Schuh	la	chaussure scho'ßür	el	zapato θa'pato	la	scarpa 'ßkarpa
shop schɔp	einkaufen		faire les courses fär leh kurß		ir de compras ir de 'kompraß		fare la spesa 'fare la 'ßpesa
short schɔht	kurz		court kur		corto 'korto		corto 'korto
show schou	zeigen		montrer mö'treh		enseñar enßen'jar		mostrare, indicare moß'trare, indi'kare
shower 'schauər	Dusche	la	douche dusch	la	ducha 'dutscha	la	doccia 'dotscha
shower 'schauər	duschen		prendre une douche 'prädrə ün dusch		duchar du'tschar		fare la doccia 'fare la 'dotscha
sight ßajt	Sehenswürdigkeit	la	curiosité küriosi'teh	el	monumento monu'mento	l'	attrazione f atra'tßjone
sign ßain	unterschreiben		signer ßin'jeh		firmar fir'mar		firmare fir'mare
sign ßain	Zeichen	le	signe 'ßinjə	la	señal ßen'jal	il	segno 'ßenjo
sign, label, plate ßain, 'läjbəl, pläjt	Schild	le	panneau pa'no	el	letrero, la etiqueta, la placa le'trero, eti'keta, 'plaka	la	targa, il cartello 'targa, kar'tello
sign up, check in ßajn ap, tschek in	anmelden		inscrire ē'ßkrir		inscribir, anunciar inßkri'bir, anunθi'ar		annunciare, iscrivere anun'tschare, iß'kriwere
signature 'ßignətschər	Unterschrift	la	signature ßin'jatür	la	firma 'firma	la	firma 'firma
simultaneously ßiml'täjniəßli	gleichzeitig		en même temps ä mäm tä		simultáneo ßimul'taneo		contemporaneo kontempo'raneo
sing ßing	singen		chanter schä'teh		cantar kan'tar		cantare kan'tare
single 'ßingəl	ledig		célibataire ßehliba'tär		soltero ßol'tero		nubile f, celibe m 'nubile, 'tschälibe
sister 'ßißtər	Schwester	la	sœur ßör	la	hermana er'mana	la	sorella ßo'rella
sit ßit	sitzen		être assis 'ätrə a'ßi		estar sentado eß'tar ßen'tado		sedere ße'dere
sit down, position ßit daun, pə'sischn	setzen		asseoir aßu'ahr		sentarse, poner ßen'tarße, po'ner		mettere 'metere
skin ßkin	Haut	la	peau po	la	piel pi'el	la	pelle 'pelle
skirt ßkört	Rock	la	jupe schüp	la	falda 'falda	la	gonna 'gonna

Sonderzeichen in der Lautschrift
ə angedeutetes e wie in bitte; ɔ offenes o wie in Post; ß scharfes s wie in nass; θ weiches s wie in Fass, aber gelispelt; ð s wie in Sense, aber gelispelt; ä nasal gesprochener Vokal wie in Chanson; ē nasal gesprochener Vokal wie in pointiert; ö nasal gesprochener Vokal wie in Jeton; sch weiches sch wie in Gin

sky

Englisch	Deutsch	Französisch		Spanisch		Italienisch	
sky ßkaj	Himmel	le	ciel ßi'äl	el	cielo θi'elo	il	cielo 'tschälo
sleep ßlihp	schlafen		dormir dɔr'mir		dormir dor'mir		dormire dor'mire
slow ßlou	langsam		lent lä		lento 'lento		piano, lento 'pjano, 'länto
small ßmɔhl	klein		petit pə'ti		pequeño pe'kenjo		piccolo 'pikolo
smell ßmell	riechen		sentir ßä'tir		oler o'ler		odorare, sentire odo'rare, ßen'tire
smoke ßmouk	rauchen		fumer fü'meh		fumar fu'mar		fumare fu'mare
snow ßnou	Schnee	la	neige näh<u>sch</u>	la	nieve ni'ewe	la	neve 'newe
snow ßnou	schneien		neiger nä'<u>sch</u>eh		nevar ne'war		nevicare newi'kare
so ßou	also		donc dõk		pues pu'eß		allora a'lora
so far ßou far	bisher		jusqu'à présent schüß'ka preh'sä		hasta ahora 'aßta a'ora		finora fin'ora
soft ßɔft	weich		mou mu		blando 'blando		morbido 'mɔrbido
solid, firm 'ßɔlid, förm	fest		dur dür		fijo 'ficho		solido, forte 'ßolido, 'forte
solution ßə'luhschn	Lösung	la	solution ßolü'ßjõ	la	solución ßoluθi'ɔn	la	soluzione ßolu'tßjone
something, some 'ßamθing, ßam	etwas		quelque chose 'kälkə schohs		algo 'algo		qualcosa kual'kɔsa
sometimes ßamtaimß	manchmal		parfois parfu'a		a veces a 'weθeß		qualche volta ku'alke 'wɔlta
somewhere, anywhere 'ßamuär, 'äniuär	irgendwo		quelque part 'kälkə par		en alguna parte en al'guna 'parte		in qualche posto in ku'alke 'poßto
son ßan	Sohn	le	fils fiß	el	hijo 'icho	il	figlio 'filjo
song ßɔng	Lied	la	chanson schä'ßõ	la	canción kanθi'ɔn	la	canzone kan'tßone
soon, shortly ßuhn, 'schɔhtli	bald		bientôt bjë'to		pronto 'pronto		presto 'preßto
soul ßoul	Seele	l'	âme f ahm	el	alma 'alma	l'	anima f 'anima
soup ßuhp	Suppe	la	soupe ßup	la	sopa 'ßopa	la	minestra mi'neßtra
sour 'ßauə	sauer		amer a'mär		ácido 'aθido		aspro 'aßpro
source, spring ßɔhß, ßpring	Quelle	la	source ßurß	la	fuente fu'ente	la	fonte 'fonte
space, seat, square ßpäjß, ßiht, ßku'är	Platz	la	place plaß	el	sitio, el puesto, la plaza 'ßitio, pu'eßto, plaθa	il	posto, la piazza poßto, 'pjatßa
speak ßpihk	sprechen		parler par'leh		hablar a'blar		parlare par'lare
special 'ßpeschəl	besonders		particulièrement partiküljär'mä		especial eßpeθi'al		particolarmente partikolar'mente
special offer 'ßpeschl 'ɔfər	Sonderangebot	la	promotion promo'ßjõ	la	oferta o'ferta	l'	offerta (speciale) f o'ferta (ßpe'tschale)
spectator ßpek'täjtər	Zuschauer	le	spectateur ßpäkta'tör	el	espectador eßpekta'dor	lo	spettatore ßpeta'tore
speed ßpihd	Geschwindigkeit	la	vitesse wi'teß	la	velocidad weloθi'dad	la	velocità welotschi'ta
spell ßpell	buchstabieren		épeler ehpə'leh		deletrear deletre'ar		sillabare ßila'bare
spend ßpend	ausgeben		remettre rə'mätrə		salir ßa'lir		spendere 'ßpendere
spicy, hot ßpaißi, hɔtt	scharf		piquant pi'kä		picante pi'kante		piccante pi'kante
spoon ßpuhn	Löffel	la	cuillère kui'jär	la	cuchara ku'tschara	il	cucchiaio kuk'jaio
sport ßpɔrt	Sport	le	sport ßpɔr	el	deporte de'porte	lo	sport ßpɔrt
stairs ßtärs	Treppe	l'	escalier m eßkal'jeh	la	escalera eßka'lera	la	scala 'ßkala
stamp ßtämp	Briefmarke	le	timbre 'tëbrə	el	sello 'ßejo	il	francobollo franko'bɔlo
stand ßtänd	stehen		être debout 'ätrə də'bu		estar de pie eß'tar de pi'e		stare (in piedi) ßtare (in 'pjädi)
star ßtar	Stern	l'	étoile f ehtu'al	la	estrella eß'treja	la	stella 'ßtella
statement 'ßtäjtmənt	Aussage, Erklärung	la	déclaration dehklara'ßjõ	la	declaración deklaraθi'ɔn	la	dichiarazione dikjara'tßjone
stay ßtäj	bleiben		rester räß'teh		quedarse ke'darße		restare reß'tare
steer, direct 'ßtihər, daj'räkt	lenken		guider gi'deh		conducir, dirigir, gobernar kondu'θir, diri'chir, gober'nar		guidare, dirigere gui'dare, di'rid<u>sch</u>ere
stick ßtick	Stock	le	bâton ba'tõ	el	palo, la planta palo, 'plantaiI		bastone ba'ßtone
still ßtill	noch		encore ã'kɔr		todavía toda'wia		ancora an'kora
stomach 'ßtamək	Bauch	le	ventre 'wätrə	la	barriga ba'riga	la	pancia 'pantscha

Sonderzeichen in der Lautschrift ə angedeutetes e wie in bitt**e**; ɔ offenes o wie in P**o**st; ß scharfes s wie in na**ss**; θ weiches s wie in Fa**ss**, aber gelispelt; ð s wie in **S**ense, aber gelispelt; ä nasal gesprochener Vokal wie in Cha**n**son; ë nasal gesprochener Vokal wie in p**oi**ntiert; õ nasal gesprochener Vokal wie in Jet**on**; <u>sch</u> weiches sch wie in **G**in

teach

Englisch	Deutsch		Französisch		Spanisch		Italienisch
stone ßtoun	Stein	la	pierre pjär	la	piedra pi'edra	il	sasso ßaßo
stop ßtɔp	anhalten		arrêter arä'teh		parar pa'rar		fermare fer'mare
stop ßtɔp	Haltestelle	l'	arrêt m a'rä	la	parada pa'rada	la	fermata fer'mata
storm ßtɔrm	Sturm	la	tempête tä'pät	la	tormenta tor'menta	la	tempesta tem'peßta
straight ßträjt	gerade		droit dru'a		recto 'rekto		diretto 'drito
straight ahead ßträjtə 'hed	geradeaus		tout droit tu dru'a		seguido ße'gido		diritto drito
strange ßträjndsch	fremd, seltsam		étranger, bizarre ehträ'scheh, bi'sahr		extraño ekß'tranjo		straniero, strano ßtra'njero, 'ßtrano
strong ßtrɔŋ	stark		fort fɔr		fuerte fu'erte		forte 'forte
student 'ßtjudənt	Student	l'	étudiant m ehtü'djä	el	estudiante eßtudi'ante	lo	studente ßtu'dente
study 'ßtadi	studieren		étudier ehtü'djeh		estudiar eßtudi'ar		studiare ßtu'djare
stupid 'ßtjupid	dumm		bête bät		tonto 'tonto		stupido 'ßtupido
subway 'ßabuäj	U-Bahn	le	métro meh'tro	el	metro 'metro	il	metro mä'tro
suddenly 'ßadnli	plötzlich		soudain ßu'dě		de repente de re'pente		improvviso impro'wiso
sugar 'schuggər	Zucker	le	sucre 'ßükrə	el	azúcar a'θukar	lo	zucchero 'dsukero
suggest ßə'dscheßt	vorschlagen		proposer propo'seh		sugerir ßuche'rir		proporre pro'porre
suit ßuht	Anzug	le	costume kɔß'tüm	el	traje 'trache	il	vestito, l'abito m weß'tito, 'abito
suit, fit ßuht, fit	passen		aller a'leh		caber, convenir ka'ber, konwe'nir		andare/stare (bene) an'dare/'ßtare ('bäne)
suitable, fit 'ßuhtəbl, fit	passend		convenable köwə'nablə		queda bien 'keda bi'en		giusto adatto 'dschußto, a'datto
suitcase 'ßjuhtkäjß	Koffer	la	valise wa'lihs	la	maleta ma'leta	la	valigia wa'lidscha
sun ßan	Sonne	le	soleil ßo'läj	el	sol ßol	il	sole 'ßole
supermarket 'ßupərmahkət	Supermarkt	le	supermarché ßüpermar'scheh	el	supermercado ßupermer'kado	il	supermercato ßupermer'kato
sure 'schuər	sicher		sûr ßür		seguro ße'guro		sicuro ßi'kuro
surname 'ßörnäjm	Nachname	le	nom de famille nõ də fa'mij	el	apellido ape'jido	il	cognome kon'jome
sweet ßu'iht	süß		sucré ßü'kreh		dulce 'dulθe		dolce 'doltsche
sweet ßu'iht	Bonbon	le	bonbon bõ'bõ	el	caramelo kara'melo	la	caramella kara'mella
swim ßu'im	schwimmen		nager na'scheh		bañar ban'jar		nuotare nuo'tare
swimming pool ßu'imming puhl	Schwimmbad	la	piscine pi'ßin	la	piscina piß'θina	la	piscina pi'schina

T

Englisch	Deutsch		Französisch		Spanisch		Italienisch
table 'täjbl	Tisch	la	table 'tablə	la	mesa 'meßa	il	tavolo 'tawolo
take täjk	nehmen		prendre 'prädrə		tomar to'mar		prendere 'prendere
take off täjk ɔf	ausziehen		déshabiller dehsabi'jeh		desnudar deßnu'dar		svestire sweß'tire
take out, take away täjk aut, täjk ə'uäj	mitnehmen		emmener ämə'neh		llevar, traer je'war, tra'er		portare con sé por'tare kon ße
take place täjk pläjß	stattfinden		avoir lieu awu'ahr li'jö		tener lugar te'ner lu'gar		aver luogo, svolgersi a'wer lu'ɔgo, 'swoldscherßi
talented 'täləntid	begabt		doué du'eh		dotado do'tado		dotato do'tato
tall, big tɔhl, big	groß		grand grä		grande, alto 'grande, 'alto		grande 'grande
task tahßk	Aufgabe	la	tâche tasch	la	tarea ta'rea	il	compito 'kompito
taste täjßt	schmecken		goûter gu'teh		saber ßa'ber		piacere pja'tschere
tax, steering-wheel täkß, 'ßtihring u'ihl	Steuer	les	impôts m, le volant äm'po, wo'lä	el	impuesto, el volante impu'eßto, wo'lante	la	tassa, il volante 'taßa, wo'lante
taxi 'täkßi	Taxi	le	taxi ta'ksi	el	taxi 'takßi	il	tassì ta'ßi
tea tih	Tee	le	thé teh	el	té te	il	tè tä
teach, inform tihtsch, in'fɔrm	unterrichten		enseigner äßän'jeh		enseñar, informar enßen'jar, infor'mar		insegnare inßen'jare

Sonderzeichen in der Lautschrift
ə angedeutetes e wie in bitte; ɔ offenes o wie in Post; ß scharfes s wie in nass; θ weiches s wie in Fass, aber gelispelt; ð s wie in Sense, aber gelispelt; ä nasal gesprochener Vokal wie in Chanson; ě nasal gesprochener Vokal wie in pointiert; õ nasal geprochener Vokal wie in Jeton; sch weiches sch wie in Gin

teacher

Englisch	Deutsch	Französisch	Spanisch	Italienisch
teacher 'tihtschər	Lehrer	le professeur profä'ßör	el profesor profe'ßor	l' insegnante mf inßen'jante
tear 'tiər	Träne	la larme larm	la lágrima 'lagrima	la lacrima 'lakrima
telephone 'teləfoun	Telefon	le téléphone tehleh'fɔn	el teléfono te'lefono	il telefono te'läfono
telephone 'teləfoun	telefonieren	téléphoner tehlehfɔ'neh	llamar ja'mar	telefonare telefo'nare
television 'teləwischən	Fernseher	le téléviseur tehlehwi'sör	la televisión telewißi'ɔn	la televisione telewi'sjone
tell tell	erzählen	raconter rakõ'teh	contar kon'tar	raccontare rakon'tare
tent tent	Zelt	la tente tãt	la tienda ti'enda	la tenda 'tända
terrible 'terəbl	schlimm	grave grahw	terrible te'rible	brutto, grave brutto, 'grawe
test teßt	Test	le test teßt	la prueba, el examen pru'eba, ek'ßamen	il test, la prova teßt, 'prowa
text tekßt	Text	le texte text	el texto 'tekßto	il testo 'teßto
than, because ðän, bi'kɔhs	denn	car kar	pues pu'eß	perché per'ke
thank θänk	danken	remercier rəmär'ßjeh	agradecer agrade'θer	ringraziare ringra'tßjare
thank you θänk ju	danke	merci här'ßi	gracias 'graθiaß	grazie 'gratßje
that ðät	dass	que kə	que ke	che ke
the ðə	der, die, das	le, la lə, la	el, la el, la	il, la il, la
the, that ðə, ðät	das	que kə	lo, que lo, ke	questo ku'eßto
theatre 'θiətər	Theater	le théâtre teh'atrə	el teatro te'atro	il teatro te'atro
the day after tomorrow ðə däj 'ahftər tu'mɔrou	übermorgen	après demain a'prä də'mẽ	pasado mañana pa'ßado man'jana	dopodomani dɔpodo'mani
the day before yesterday ðə däj bi'fɔr 'jeßtədäj	vorgestern	avant-hier awã'tjär	anteayer antea'jer	l' altro ieri altro 'järi
then ðän	dann	ensuite ãßu'it	luego lu'ego	poi, dopo poj, 'dɔpo
there ðär	da, dort	là, là-bas la, la'ba	ahí, allí a'i, a'ji	lì, là li, la
therefore 'ðärfɔr	deshalb	c'est pourquoi ßä purku'a	por eso por 'eßo	perciò per'tscho
the same ðə ßäjm	egal	égal eh'gal	igual igu'al	uguale ugu'ale
thin θin	dünn	mince mẽß	delgado del'gado	magro, sottile 'magro, ßo'tile
thing, matter θing, 'mättər	Sache	la chose schohs	la cosa, el asunto 'koßa, a'ßunto	la cosa 'kɔsa
think θink	denken	penser pã'ßeh	pensar pen'ßar	pensare pen'ßare
thirst θörßt	Durst	la soif ßu'af	la sed ßed	la sete 'ßete
this, these, those ðiß, ðihs, ðous	dieser, diese	ce, cette, ces ßə, ßät, ßäh	este, esta 'eßte, 'eßta	questo, questa ku'eßto, ku'eßta
thought θɔht	Gedanke	la pensée pã'ßeh	el pensamiento penßami'ento	il pensiero pen'ßjero
thread θräd	Faden	le fil fil	el hilo 'ilo	il filo 'filo
through θru	durch	à travers a tra'wer	por, a través de por, a tra'wes de	per, attraverso, tramite per, atra'werßo, 'tramite
throw θrou	werfen	lancer lã'ßeh	tirar ti'rar	gettare dsche'tare
throw away θrou ə'uäj	wegwerfen	jeter sche'teh	tirar ti'rar	gettare (via) dsche'tare ('wia)
thunderstorm 'θandəßtɔrm	Gewitter	l' orage m o'rahsch	la tormenta tor'menta	la temporale tempo'rale
tick tik	ankreuzen	cocher kɔ'scheh	marcar mar'kar	segnare ßen'jare
ticket 'tickət	Eintrittskarte, Fahrkarte	l' entrée f, le billet ã'treh, bi'jä	la entrada, el billete en'trada, bi'jete	il biglietto bil'jeto
tidy, clear 'taidi, 'kliär	aufräumen	ranger rã'scheh	ordenar orde'nar	mettere in ordine 'metere in 'ordine
tight, narrow, close tajt, 'närou, klouß	eng	serré ßä'reh	estrecho eß'tretscho	stretto 'ßtretto
time taim	Zeit	le temps tã	el tiempo ti'empo	il tempo 'tempo
timetable 'taimtäjbl	Fahrplan	les horaires m o'rär	el horario o'rario	l' orario m o'rario

Sonderzeichen in der Lautschrift ə angedeutetes e wie in bitte; ɔ offenes o wie in Post; ß scharfes s wie in nass; θ weiches s wie in Fass, aber gelispelt; ð s wie in Sense, aber gelispelt; ã nasal gesprochener Vokal wie in Chanson; ẽ nasal gesprochener Vokal wie in pointiert; õ nasal gesprochener Vokal wie in Jeton; sch weiches sch wie in Gin

unemployed

Englisch	Deutsch	Französisch	Spanisch	Italienisch
tip tipp	Trinkgeld	le pourboire purbu'ahr	la propina pro'pina	la mancia 'mantscha
tired 'tajəd	müde	fatigué fati'geh	cansado kan'ßado	stanco 'ßtanko
today tu'däj	heute	aujourd'hui oschurdu'i	hoy oj	oggi 'ɔdschi
together tu'geðər	zusammen	ensemble ä'ßäblə	junto 'chunto	insieme in'ßjäme
toilet 'tɔilit	Toilette	la toilette tua'lett	el servicio ßer'wiθio	la toletta to'leta
tomato tə'matou	Tomate	la tomate to'matt	el tomate to'mate	il pomodoro pomo'dɔro
tomorrow tu'mɔrou	morgen	demain də'mē	mañana man'jana	domani do'mani
too little tu 'littl	zu wenig	trop peu tro pö	muy poco mui 'poko	troppo poco 'trɔpo 'pɔko
too much tu matsch	zu viel	trop tro	demasiado demaßi'ado	troppo trɔpo
tooth tuhθ	Zahn	la dent dā	el diente di'ente	il dente 'dente
toothbrush 'tuhθbrasch	Zahnbürste	la brosse à dent brɔß a dā	el cepillo de dientes θe'pijo de di'entes	il spazzolino da denti 'ßpatßo'lino da 'denti
tooth paste tuhθ päjßt	Zahnpasta	le dentifrice däti'friß	la pasta dentífrica 'paßta den'tifrika	il dentifricio denti'fritscho
top, up tɔp, ap	oben	en haut ā o	arriba, alto a'riba, 'alto	su, sopra ßu, 'ßopra
tour guide tur gaid	Reiseführer	le guide gihd	el/la guía gia	la guida (turistica) gu'ida (tu'rißtika)
tourist 'turißt	Tourist	le touriste tu'rißt	el turista tu'rißta	il turista tu'rißta
towel 'tauəl	Handtuch	la serviette ßer'wjätt	la toalla to'aja	l' asciugamano m aschuga'mano
town-hall 'taunhɔhl	Rathaus	la mairie mä'ri	el ayuntamiento ajuntami'ento	il municipio muni'tschipjo
traffic light 'träfik lait	Ampel	les feux m fö	el semáforo ße'maforo	il semaforo ße'maforo
train träjn	Zug	le train trē	el tren tren	il treno 'träno
training, education träjning, edju'käjschn	Ausbildung	la formation fɔrma'ßjō	la formación formaθi'ɔn	la formazione, l'istruzione f forma'tßjone, ißtru'tßjone
train station träjn 'ßtäjschn	Bahnhof	la gare gar	la estación eßtaθi'ɔn	la stazione ßta'tßjone
tramway 'trämuäj	Straßenbahn	le tram tram	el tranvía tran'wia	il tram tram
translate tränß'läjt	übersetzen	traduire tradu'ir	traducir tradu'θir	tradurre tra'dure
travel 'träwəl	reisen	voyager wuaja'scheh	viajar wia'char	viaggiare wja'dschare
tree tri	Baum	l' arbre m arbrə	el árbol 'arbol	l' albero m 'albero
trip, travel trip, 'träwəl	Reise	le voyage wua'jahsch	el viaje wi'ache	il viaggio 'wjadscho
trouble 'trabl	Ärger	l' ennui m ānu'i	el enfado en'fado	la rabbia rabja
trousers 'trausərs	Hose	le pantalon pāta'lō	el pantalón panta'lɔn	i pantaloni panta'loni
true tru	wahr	vrai wrä	verdadero werda'dero	vero wero
truth truθ	Wahrheit	la vérité wehri'teh	la verdad wer'dad	la verità weri'ta
try, taste trai, täjßt	probieren, versuchen	essayer äßä'jeh	probar, intentar pro'bar, inten'tar	provare, tentare pro'ware, ten'tare
turn off törn ɔf	ausmachen	éteindre eh'tēdrə	apagar apa'gar	spegnere 'ßpenjere

ugly 'agli	hässlich	laid lä	feo 'feo	brutto 'brutto
umbrella am'brelə	Regenschirm	le parapluie paraplu'i	el paraguas pa'raguaß	l' ombrello m om'brello
uncle 'ankl	Onkel	l' oncle m ōklə	el tío 'tio	lo zio 'dsio
under, among 'andər, ə'mang	unter	sous ßu	bajo, entre 'bacho, 'entre	sotto, tra/fra 'ßotto, tra/fra
understand andər'ßtänd	verstehen	comprendre kö'prädrə	entender enten'der	capire ka'pire
undertake andər'täjk	unternehmen	entreprendre ātrə'prädrə	hacer a'θer	fare fare
unemployed 'anəmplɔjd	arbeitslos	être au chômage 'ätrə o scho'mahsch	desempleado deßemple'ado	disoccupato disoku'pato

Sonderzeichen in der Lautschrift ə angedeutetes e wie in bit**te**; ɔ offenes o wie in P**o**st; ß scharfes s wie in na**ss**; θ weiches s wie in Fa**ss**, aber gelispelt; ð s wie in **S**ense, aber gelispelt; ā nasal gesprochener Vokal wie in Ch**an**son; ē nasal gesprochener Vokal wie in p**oin**tiert; ō nasal geprochener Vokal wie in Jet**on**; sch weiches sch wie in **G**in

unfortunately

Englisch	Deutsch	Französisch	Spanisch	Italienisch
unfortunately an'fɔrtschnətli	leider	malheureusement malörösə'mã	afortunadamente afortunada'mente	purtroppo pur'trɔpo
university juni'wörßiti	Universität	l' université f üniwerßi'teh	la universidad uniwerßi'dad	l' università f uniwerßi'ta
until, by an'til, bai	bis	jusqu'à schüß'ka	hasta, a aßta, a	fino a fino a
urgent 'ördschənt	dringend	urgent ür'schã	urgente ur'chente	urgente ur'dschente
use juhs	benutzen	utiliser ütili'seh	usar u'ßar	usare u'sare

V

Englisch	Deutsch	Französisch	Spanisch	Italienisch
valid 'wälid	gültig	valable wa'lablə	válido 'walido	valido 'walido
value-added tax wäljuädid täkß	Mehrwertsteuer	la TVA (taxe sur la valeur ajoutée) t w a (takß ßür la wa'lör a'schuteh)	IVA (impuesto sobre el valor añadio) iwa (impu'eßto 'ßobre el wa'lor anja'dido)	l' IVA (Imposta sul Valore Aggiunto) iwa (im'posta ßul wa'lore a'dschunto)
vanishing creme, cream 'wänisching krihm, krihm	Creme	la crème kräm	la crema 'krema	la pomata, la crema po'mata, 'kräma
vegetable u'ädschtəbl	Gemüse	le légume leh'güm	la verdura wer'dura	la verdura wer'dura
village u'ilitsch	Dorf	le village wi'lahsch	el pueblo pu'eblo	il paese pa'ese
visit, attend wisit, ə'tend	besichtigen, besuchen	visiter wisi'teh	visitar wißi'tar	visitare wisi'tare
voluntary u'ɔləntri	freiwillig	volontaire wolö'tär	voluntario wolun'tario	volontario wolon'tario
vulnerable 'walnərəbl	verwundbar, verletzlich	vulnérable wülneh'rablə	vulnerable wulne'rable	vulnerabile wulne'rabile

W

Englisch	Deutsch	Französisch	Spanisch	Italienisch
wait u'äjt	warten	attendre a'tãdrə	esperar eßpe'rar	aspettare aßpe'tare
waiter u'äjtər	Kellner	le serveur ßer'wör	el camarero kama'rero	il cameriere kamer'järe
walk u'ɔhk	Spaziergang	la promenade promə'nad	el paseo pa'ßeo	la passeggiata paße'dschata
wallet u'ɔlit	Brieftasche	le porte-monnaie pɔrtmɔ'nä la	la cartera kare'tera	il portafoglio porta'fɔljo
want u'ɔnt	wollen	vouloir wulu'ahr	querer ke'rer	volere wo'lere
warm u'ɔrm	warm	chaud scho	caliente kali'ente	caldo 'kaldo
wash u'ɔsch	waschen, spülen	laver, faire la vaisselle la'weh, fär la wä'ßell	lavar, fregar la'war, 'fregar	lavare la'ware
watch u'ɔtsch	aufpassen	garder gar'deh	prestar atención preß'tar atenθi'ɔn	fare attenzione 'fare aten'tßjone
watch TV u'ɔtsch ti'wi	fernsehen	regarder la télé rəgar'deh la teh'leh	ver la tele wer la 'tele	guardare la televisione guar'dare la telewi'sjone
water u'ɔtər	Wasser	l' eau f o	el agua 'agua	l' acqua f 'akua
we u'i	wir	nous nu	nosotros noß'otroß	noi noj
weak u'ihk	schwach	faible 'fäblə	débil 'debil	debole 'debole
wear, carry u'eər, 'käri	tragen	porter pɔr'teh	llevar je'war	portare por'tare
weather u'äðər	Wetter	le temps tã	el tiempo ti'empo	il tempo 'tempo
wedding u'äding	Hochzeit	le mariage mari'ahsch	la boda 'boda	il matrimonio matri'mɔnio
week u'ihk	Woche	la semaine ßə'män	la semana ße'mana	la settimana ßeti'mana
well u'ell	gut	bien bjã	bien, bueno bi'en, bu'eno	bene; buono 'bäne; bu'ɔno
weight u'äjt	Gewicht	le poids pu'a	el peso 'peßo	il peso 'peso
welcome u'elkəm	willkommen	bienvenue bjêwə'nü	bienvenido bienve'nido	benvenuto benwe'nuto
wet u'ät	nass	mouillé mu'jeh	mojado mo'chado	bagnato ban'jato
what u'ɔt	was	quoi ku'a	qué ke	che cosa ke 'kɔsa
when u'än	als, wann	lorsque, quand lɔrß'kə, kã	cuando, como, que ku'ando, 'komo, ke	quando, che ku'ando, ke

Sonderzeichen in der Lautschrift ə angedeutetes e wie in bitte; ɔ offenes o wie in Post; ß scharfes s wie in nass; θ weiches s wie in Fass, aber gelispelt; ð s wie in Sense, aber gelispelt; ã nasal gesprochener Vokal wie in Chanson; ê nasal gesprochener Vokal wie in pointiert; ö nasal gesprochener Vokal wie in Jeton; sch weiches sch wie in Gin

yummy

Englisch	Deutsch	Französisch	Spanisch	Italienisch
when, if u'än, if	wenn	si ßi	cuando, si ku'ando, ßi	se ße
where u'är	wo	où u	dónde 'donde	dove 'dowe
where from u'är frɔm	woher	d'où du	de dónde de 'donde	di dove di 'dowe
where to u'är tu	wohin	où u	adónde a'donde	dove 'dowe
whisper u'ißpər	flüstern	murmurer mürmü'reh	susurrar ßußu'rar	sussurrare ßußu'rare
who hu	wer	qui ki	quién ki'en	chi ki
why u'ai	warum	pourquoi purku'a	por qué por ke	perché per'ke
wide, far u'aid, far	breit, weit	large, loin larsch, lu'ë	ancho, extenso, amplio 'antscho, ek'ßtenßo, 'amplio	largo, lontano 'largo, lon'tano
width u'idθ	Breite	la largeur lar'schör	el ancho 'antscho	la larghezza lar'getßa
wife u'aif	Ehefrau	l' épouse f eh'puhs	la esposa eß'poßa	la moglie 'molje
wildlife u'ajldlajf	Tierwelt	la faune fohn	la fauna 'fauna	il mondo animale 'mondo ani'male
win u'in	gewinnen	gagner gan'jeh	ganar ga'nar	vincere 'wintschere
wind u'ind	Wind	le vent wä	el viento wi'ento	il vento wento
window u'indou	Fenster	la fenêtre fə'nätrə	la ventana wen'tana	la finestra fi'neßtra
wine u'ain	Wein	le vin wë	el vino 'wino	il vino 'wino
winner u'inər	Gewinner, Sieger	le vainqueur wë'kör	el ganador gana'dor	il vincitore wintschi'tore
wish u'isch	Wunsch	le souhait ßu'äh	el deseo de'ßeo	il desiderio desi'derio
wish u'isch	wünschen	souhaiter ßuäh'teh	desear deße'ar	desiderare deside'rare
with u'ið	mit	avec a'weck	con kon	con kon
without uið'aut	ohne	sans ßä	sin ßin	senza 'ßentßa
woman 'wummən	Frau	la femme famm	la mujer mu'cher	la donna 'donna
wood wud	Holz	le bois bu'a	la madera ma'dera	il legno 'lenjo
wool wuhl	Wolle	la laine län	la lana 'lana	la lana 'lana
word u'öhd	Wort	le mot mo	la palabra pa'labra	la parola pa'rɔla
work u'örk	Arbeit	le travail tra'waj	el trabajo tra'bacho	il lavoro la'woro
work u'örk	arbeiten	travailler trawa'jeh	trabajar traba'char	lavorare lawo'rare
world u'örld	Welt	le monde mõd	el mundo 'mundo	il mondo 'mondo
wrist-watch 'rißtuɔtsch	Armbanduhr	le bracelet-montre braßlä'mõtrə	el reloj de pulsera re'loch de pul'ßera	l' orologio m oro'lɔdscho
write rait	schreiben	écrire eh'krir	escribir eßkri'bir	scrivere 'ßkriwere
wrong rɔng	falsch	faux fo	falso 'falßo	sbagliato, falso sbal'jato, 'falßo

Y

year 'jiər	Jahr	l' année f a'neh	el año 'anjo	l' anno m 'anno
yes jeß	ja	oui u'i	sí ßi	sì ßi
yesterday 'jeßtədäj	gestern	hier i'jär	ayer a'jer	ieri 'järi
yet jett	doch	quand même kä mäm	sin embargo ßin em'bargo	ma, però ma, pe'rɔ
you ju	dir, du, euch, Sie	te, toi, tu, vous tə, tu'a, tü, wu	te, tú, os, vosotros, usted te, tu, oß, woß'otroß, uß'ted	ti, a te, tu, vi, Lei ti, a te, tu, wi, läj
young jang	jung	jeune schönn	joven 'chowen	giovane dschowane
your jɔr	dein, deine	ta, ton ta, tõ	tu tu	il tuo, la tua il 'tuo, la 'tua
your jɔr	euer, eure	votre, vos 'wɔtr, wo	vuestro wu'eßtro	vostro/e 'wɔßtro/e
yourself jɔr'ßelf	dich	te, toi tə, tu'a	te te	te, ti te, ti
youth juhθ	Jugend	la jeunesse schö'näß	la juventud chuwen'tud	la gioventù dschowen'tu
yummy 'jammi	lecker	délicieux dehli'ßjö	rico 'riko	buono bu'ɔno

Sonderzeichen in der Lautschrift: ə angedeutetes e wie in bitt**e**; ɔ offenes o wie in P**o**st; ß scharfes s wie in na**ss**; θ weiches s wie in Fa**ss**, aber gelispelt; ð s wie in **S**ense, aber gelispelt; ä nasal gesprochener Vokal wie in Ch**an**son; ë nasal gesprochener Vokal wie in p**oin**tiert; õ nasal geprochener Vokal wie in Jet**on**; sch weiches sch wie in **G**in

à

Französisch	Deutsch	Englisch	Spanisch	Italienisch

A

à a	an	at, by ät, bai	**a, en, de** a, en, de	**per** per
à cause de a kohs də	wegen	because of bi'kɔhs ɔf	**a causa de** a 'kauße de	**a causa di** a 'kausa di
accepter akßäp'teh	akzeptieren	accept ik'ßept	**aceptar** akθep'tar	**accettare** atsche'tare
l' **accident** m akßi'dä	Unfall	accident 'äkßidənt	el **accidente** akθi'dente	l' **incidente** m intschi'dente
acheter asch'teh	kaufen	buy baj	**comprar** kom'prar	**comprare** kom'prare
à côté a ko'teh	neben	besides, next to bi'ßajds, näkßt tu	**al lado** al 'lado	**accanto** a'kanto

l' **adresse** f a'dräß	Adresse	address 'ädrəß	la **dirección** direkθi'ɔn	l' **indirizzo** m indi'ritßo
à droite a dru'at	rechts	on the right ɔn ðə rait	**a la derecha** a la de'retscha	**a destra** a deßtra
l' **adulte** m a'dült	Erwachsener	adult 'ädalt	el **adulto** a'dulto	l' **adulto** m a'dulto
l' **aéroport** m aehro'pɔr	Flughafen	airport 'ärpɔht	el **aeropuerto** aeropu'erto	l' **aeroporto** m aero'pɔrto
à gauche a gohsch	links	left lefft	**a la izquierda** a la iθki'erda	**a sinistra** a ßi'nißtra
l' **âge** m ah<u>sch</u>	Alter	age äjd<u>sch</u>	la **edad, la vejez** e'dad, we'cheθ	l' **età** f e'ta
l' **aide** f äd	Hilfe	help help	la **ayuda** a'juda	l' **aiuto** m a'juto
aider ä'deh	helfen	help help	**ayudar** aju'dar	**aiutare** aju'tare

l' **aiguille** f ägu'ij	Nadel	needle 'nihdl	la **aguja** a'gucha	l' **ago** m 'ago
aimable ä'mablə	freundlich	kind kaind	**amable** a'mable	**gentile** d<u>sch</u>en'tile
aimer ä'meh	mögen, lieben	like, love laik, law	**querer, amar** ke'rer, a'mar	**volere, voler bene, amare** wo'lere, wo'ler 'bäne, a'mare
l' **air** m är	Luft	air 'äər	el **aire** aire	l' **aria** f 'aria
à la mode a la mɔd	modern	modern 'mɔdərn	**moderno** mo'derno	**moderno, di moda** mo'därno, di 'mɔda
à l'arrière a lari'jär	hinten	back bäck	**detrás** de'traß	**dietro, in fondo** 'djetro, in 'fondo

l' **alcool** m al'kɔl	Alkohol	alcohol 'älkəhɔl	el **alcohol** alko'ol	l' **alcool** m 'alkool
à l'extérieur a lekßtehri'jör	draußen, außerhalb	outside, off, beyond aut'ßaid, ɔf, bi'jɔnd	**fuera (de)** fu'era (de)	**fuori (da)** fu'ɔri (da)
à l'heure a lör	pünktlich	punctual 'panktschuəl	**puntual** puntu'al	**puntuale** puntu'ale
les **aliments** m ali'mä	Lebensmittel	groceries 'groußərihs	los **comestibles** komeß'tibles	gli **alimentari** alimen'tari
à l'intérieur a lētehri'jör	drinnen	inside in'ßaid	**dentro** 'dentro	**dentro** 'dentro
aller a'leh	gehen, passen	go, suit, fit gow, 'ßuht, fit	**ir, caber, convenir** ir, ka'ber, konwe'nir	**andare, andare/stare (bene)** andare, an'dare/'ßtare 'bäne

aller, conduire a'leh, kõdu'ir	fahren	drive draiw	**ir, conducir** ir, kondu'θir	**andare, guidare** an'dare, gui'dare
aller chercher a'leh schär'scheh	holen, abholen	get, pick up gätt, pik ap	**traer, recoyer** tra'er, reko'cher	**(andare a) prendere, ritirare** (an'dare a) prendere, riti'rare
allô a'lo	hallo	hello hə'lou	**hola** óla	**ciao, salve** 'tschao, 'ßalwe
l' **alphabet** m alfa'bä	Alphabet	alphabet 'älfəbet	el **alfabeto** alfa'beto	l' **alfabeto** m alfa'beto
l' **âme** f ahm	Seele	soul ßoul	el **alma** alma	l' **anima** f anima

aménager amehna'<u>sch</u>eh	einrichten	furnish, install, adjust förnisch, in'ßtɔhl, ə'd<u>sch</u>aßt	**amueblar, instalar** amue'blar, inßta'lar	**arredare** are'dare
amer a'mär	bitter, sauer	bitter, sour 'bitter, ßauə	**amargo, ácido** a'margo, aθido	**amaro, aspro** a'maro, 'aßpro
l' **ami** m a'mi	Freund	friend, boyfriend frend, 'bojfrend	el **amigo** a'migo	l' **amico** m, il ragazzo a'miko, ra'gatßo
l' **amie** f a'mi	Freundin	friend, girlfriend frend, 'görlfrend	la **amiga** a'miga	l' **amica** f, il ragazza a'mika, ra'gatßa
l' **amour** m a'muhr	Liebe	love law	el **amor** a'mor	l' **amore** m a'more

Sonderzeichen in der Lautschrift ə angedeutetes e wie in bitt**e**; ɔ offenes o wie in P**o**st; ß scharfes s wie in na**ss**; θ weiches s wie in Fa**ss**, aber gelispelt; ð s wie in **S**ense, aber gelispelt; ã nasal gesprochener Vokal wie in Cha**n**son; ē nasal gesprochener Vokal wie in p**oi**ntiert; õ nasal gesprochener Vokal wie in Jet**on**; <u>sch</u> weiches sch wie in **G**in

au moins

Französisch	Deutsch	Englisch	Spanisch	Italienisch
l' **animal** m ani'mal	Tier	animal 'änimǝl	el **animal** ani'mal	l' **animale** m ani'male
l' **année** f a'neh	Jahr	year 'jiǝr	el **año** 'anjo	l' **anno** m 'anno
l' **anniversaire** m aniwer'ßär	Geburtstag	birthday 'börθdäj	el **cumpleaños** kumple'anjos	il **compleanno** komple'anno
l' **annonce** f a'nöß	Anzeige	advertisement äd'wörtismǝnt	el **anuncio** a'nunθio	la **denuncia, l'indicazione** f de'nuntscha, indika'tßjone
à nouveau a nu'wo	wieder	again ǝ'gän	**otra vez** 'otra weθ	**di nuovo** di nu'ɔwo
à peine a pän	kaum	hardly 'hardli	**apenas** a'penaß	**(non) appena** (non) a'pena
à peu près a pö prä	circa	about ǝ'baut	**aproximadamente** aprokßimada'mente	**circa** 'tschirka
apparenté aparä'teh	verwandt	related ri'läjtid	**pariente** pari'ente	**parente** pa'rente
l' **appartement** m apartǝ'mä	Wohnung	flat flätt	el **piso** 'pißo	la **casa** 'kasa
appartenir apartǝ'nir	gehören	belong bi'lɔng	**pertenecer** pertene'θer	**appartenere** aparte'nere
l' **appel** m a'pell	Anruf	call kɔhl	la **llamada** ja'mada	la **telefonata, la chiamata** telefo'nata, kja'mata
appeler ap'leh	anrufen, rufen	call kɔhl	**llamar** ja'mar	**telefonare, chiamare** telefo'nare, kja'mare
appliqué apli'keh	fleißig	diligent 'dilidschǝnt	**aplicado** apli'kado	**diligente** dili'dschente
apporter apɔr'teh	bringen	bring bring	**llevar, traer** je'war, tra'er	**portare** por'tare
apprendre a'prädrǝ	lernen	learn lörn	**aprender** apren'der	**imparare** impa'rare
après a'prä	nach	after, to 'ahftǝr, tu	**después, a** deßpu'eß, a	**dopo** 'dɔpo
après demain a'prä dǝ'mē	übermorgen	the day after tomorrow ðǝ däj 'ahftǝr tu'mɔrou	**pasado mañana** pa'ßado man'jana	**dopodomani** dɔpodo'mani
l' **arbre** m 'arbrǝ	Baum	tree tri	el **árbol** 'arbol	l' **albero** m 'albero
l' **argent** m ar'schä	Geld	money 'manni	el **dinero** di'nero	il **denaro, i soldi** de'naro, i 'ßoldi
l' **armoire** f armu'ahr	Schrank	cupboard 'kabǝd	el **armario** ar'mario	l' **armadio** m ar'madio
l' **arrêt** m a'rä	Haltestelle	stop ßtɔp	la **parada** pa'rada	la **fermata** fer'mata
arrêter arä'teh	halten, anhalten	hold, last, stop hould, lahßt, ßtɔp	**parar, sujetar** pa'rar, ßuche'tar	**fermare, tenere** fer'mare, te'nere
l' **arrivée** f ari'weh	Ankunft	arrival ǝ'raiwl	la **llegada** je'gada	l' **arrivo** m a'riwo
arriver ari'weh	ankommen	arrive ǝ'raiw	**llegar** je'gar	**arrivare** ari'ware
l' **art** m ar	Kunst	art aht	el **arte** 'arte	l' **arte** f 'arte
l' **ascenseur** m aßä'ßör	Lift	elevator 'elǝwäjtǝr	el **ascensor** aßßen'ßor	l' **ascensore** m aschen'ßore
asseoir aßu'ahr	setzen	sit down, position ßit daun, pǝ'sischn	**sentarse, poner** ßen'tarße, po'ner	**mettere** 'metere
assez a'ßeh	genug	enough ǝ'naf	**suficiente** ßufiθi'ente	**abbastanza** abaß'tantßa
l' **assiette** f aß'jätt	Teller	plate pläjt	el **plato** 'plato	il **piatto** 'pjatto
l' **association** f aßoßia'ßjö	Verein	association ǝßouß'äjschn	la **asociación** aßoθiaθi'ɔn	l' **associazione** f aßotscha'tßjone
l' **assurance** f aßü'räß	Versicherung	insurance in'schurǝnß	el **seguro** ße'guro	l' **assicurazione** f aßikura'tßjone
à travers a tra'wer	durch	through θru	**por, a través de** por, a tra'wes de	**per, attraverso, tramite** per, atra'werßo, 'tramite
atteindre a'tēdrǝ	erreichen	achieve ǝ'tschihw	**alcanzar** alkan'θar	**raggiungere, arrivare** ra'dschundschere, ari'ware
attendre a'tädrǝ	warten	wait u'äjt	**esperar** eßpe'rar	**aspettare** aßpe'tare
attention atä'ßjö	Achtung	attention ǝ'tenschn	la **atención** atenθi'ɔn	l' **attenzione** f aten'tßjone
au-dessus o dǝ'ßü	über	above ǝ'baw	**encima de, sobre** en'θima de, 'ßobre	**sopra** 'ßopra
aujourd'hui oschurdu'i	heute	today tu'däj	**hoy** oj	**oggi** 'ɔdschi
au maximum o makßi'mom	höchstens	at the most ät ðǝ moußt	**como mucho** 'komo 'mutscho	**al massimo** al 'maßimo
au moins o mu'ē	mindestens	at least ät lihßt	**por lo menos** por lo 'menoß	**come, minimo, almeno** 'kome, 'minimo, al'meno

Sonderzeichen in der Lautschrift ǝ angedeutetes e wie in bitte; ɔ offenes o wie in Post; ß scharfes s wie in nass; θ weiches s wie in Fass, aber gelispelt; ð s wie in Sense, aber gelispelt; ä nasal gesprochener Vokal wie in Chanson; ē nasal gesprochener Vokal wie in pointiert; ö nasal gesprochener Vokal wie in Jeton; sch weiches sch wie in Gin

au revoir

Französisch	Deutsch	Englisch	Spanisch	Italienisch
au revoir o rəwu'ahr	auf Wiedersehen	good-bye gud'bai	adiós adi'oß	arrivederci ariwe'dertschi
aussi o'ßi	auch	also 'ɔlßou	también tambi'en	anche 'anke
l' **autoroute** f oto'rut	Autobahn	motorway 'moutəruäj	la autopista auto'pißta	l' autostrada f auto'ßtrada
autrefois otrəfu'a	damals	at that time ät ðät taim	en aquel tiempo en a'kel ti'empo	allora a'lora
autrement otrə'mä	anders	different 'difrənt	diferente dife'rente	diverso di'werßo
avant a'wä	vorher, bevor	before bi'fɔr	antes 'anteß	prima 'prima
avant-hier awä'tjär	vorgestern	the day before yesterday ðə däj bi'fɔr 'jeßtədäj	anteayer antea'jer	l' altro ieri altro 'järi
avec a'weck	mit	with u'ið	con kon	con kon
l' **avenir** m awə'nir	Zukunft	future 'fjuhtschər	el futuro fu'turo	il futuro fu'turo
l' **aventure** f awä'tür	Abenteuer	adventure əd'wentschər	la aventura awen'tura	l' avventura f awen'tura
aveugle a'wöglə	blind	blind blajnd	ciego θi'ego	cieco 'tscheko
l' **avion** m a'wjõ	Flugzeug	plane pläjn	el avión awi'ɔn	l' aereo m a'äreo
avoir awu'ahr	haben	have häw	tener te'ner	avere a'were
avoir besoin awu'ahr bəsu'ē	brauchen	need nihd	necesitar neθeßi'tar	avere bisogno a'were bi'sonjo
avoir faim awu'ahr fē	hungrig	hungry 'hangri	hambriento ambri'ento	avere fame, affamato a'were 'fame, afa'mato
avoir la permission de awu'ahr la permi'ßjõ də	dürfen	may mäj	tener permiso te'ner per'mißo	poter fare, potere po'ter 'fare, po'tere
avoir lieu awu'ahr li'jö	stattfinden	take place täjk pläjß	tener lugar te'ner lu'gar	aver luogo, svolgersi a'wer lu'ɔgo, 'swoldscherßi

le **bac** back	Fähre	ferry 'ferri	el transbordador tranßborda'dor	il traghetto tra'getto
les **bagages** m ba'gahsch	Gepäck	luggage 'lagitsch	el equipaje eki'pache	il bagaglio ba'galjo
baigner bän'jeh	baden	bathe bahθ	bañar ban'jar	fare il bagno 'fare il 'banjo
le **baiser** bä'seh	Kuss	kiss kiß	el beso 'beßo	il bacio 'batscho
le **balcon** bal'kõ	Balkon	balcony 'bälkəni	el balcón bal'kɔn	il balcone bal'kone
la **banane** ba'nann	Banane	banana bə'nanə	el plátano 'platano	la banana ba'nana
la **banque** bäk	Bank	bank bänk	el banco 'banko	la banca 'banka
bas ba	niedrig	low lou	bajo 'bacho	basso 'baßo
le **bateau** ba'to	Boot, Schiff	boat, ship bout, schip	la barca, el barca 'barka, 'barko	la barca, la nave 'barka, 'nawe
le **bâton** ba'tõ	Stock	stick ßtick	el palo 'palo	il bastone baß'tone
beau bo	schön	nice najß	bonito bo'nito	bello 'ßällo
beaucoup bo'ku	viel	a lot, much ə lɔt, matsch	mucho 'mutscho	molto 'molto
le **bébé** beh'beh	Baby	baby 'bäjbi	el bebé be'be	il bebè be'bä
bête bät	dumm	stupid 'ßtjupid	tonto 'tonto	stupido 'ßtupido
le **beurre** bör	Butter	butter 'batər	la mantequilla mante'kija	il burro 'buro
la **bibliothèque** biblio'täck	Bücherei	library 'laibrəri	la biblioteca biblio'teka	la biblioteca biblio'täka
la **bicyclette** bißi'klett	Fahrrad	bicycle 'bajßikl	la bicicleta biθi'kleta	la bicicletta bitschi'kleta
bientôt bjē'to	bald	soon, shortly ßuhn, 'schɔhtli	pronto 'pronto	presto 'preßto
bienvenue hjēwə'nü	willkommen	welcome u'elkəm	bienvenido blenve'nido	benvenuto benwe'nuto
la **bière** bjär	Bier	beer 'biər	la cerveza θer'weθa	la birra 'bira
le **billet** bi'jä	Fahrkarte	ticket 'tickət	el billete bi'jete	il biglietto bil'jeto
la **biologie** biolo'schi	Biologie	biology baj'ɔlidschi	la biología biolo'chia	la biologia biolo'dschia
bizarre, drôle bi'sahr, drohl	komisch, seltsam	funny, strange f fanni, ßträjndsch	gracioso, extraño graθi'oßo, ek'ßtranjo	strano, comico 'ßtrano, 'kɔmiko

Sonderzeichen in der Lautschrift ə angedeutetes e wie in bitt**e**; ɔ offenes o wie in **Po**st; ß scharfes s wie in na**ss**; θ weiches s wie in Fa**ss**, aber gelispelt; ð s wie in **S**ense, aber gelispelt; ä nasal gesprochener Vokal wie in Ch**an**son; ē nasal gesprochener Vokal wie in **poi**ntiert; õ nasal gesprochener Vokal wie in Jet**on**; sch weiches sch wie in **G**in

292

calculer

Französisch	Deutsch	Englisch	Spanisch	Italienisch
blesser blä'ßeh	verletzen	hurt hört	herir e'rir	ferire fe'rire
la **blouse** bluhs	Bluse	blouse blaus	la blusa 'bIußa	la camicetta kami'tscheta
boire bu'ahr	trinken	drink drink	beber be'ber	bere 'bere
le **bois** bu'a	Holz	wood wud	la madera ma'dera	il legno 'Ienjo
la **boisson** bua'ßö	Getränk	beverage 'bewəridsch	la bebida be'bida	la bevanda be'wanda
la **boîte** bu'at	Dose, Schachtel	can kän	la lata 'lata	la scatola, la lattina 'ßkatola, la'tina
la **boite aux lettres** bu'at o 'lätrə	Briefkasten	postbox, letterbox p' außtbɔkß, 'lettərbɔkß	el buzón bu'θɔn	la buca delle lettere 'buka 'dele 'lättere
le **bol** bɔl	Schüssel, Schale	bowl boul	la fuente fu'ente	la scodella ßko'della
bon bö	gut	good gud	bueno bu'eno	buono bu'ɔno
bon marché bö mar'scheh	günstig	favourable 'fäjwərəbl	barato ba'rato	conveniente, favorevole konwe'njente, fawo'rewole
le **bonbon** bö'bö	Bonbon	sweet ßu'iht	el caramelo kara'melo	la caramella kara'mella
le **bonheur** bɔn'ör	Glück	luck lack	la suerte ßu'erte	la fortuna for'tuna
la **boucherie** busch'ri	Metzgerei	butchery 'butschəri	la carnicería karniθe'ria	la macelleria matschele'ria
le **bouddhisme** bu'dißmə	Buddhismus	Buddhism 'buhdism	el budismo bu'dißmo	il buddismo bu'dismo
bouger bu'scheh	bewegen	move muhw	mover mo'wer	muovere mu'ɔwere
la **boulangerie** bulãschə'ri	Bäckerei	bakery 'bäjkəri	la panadería panade'ria	il panificio pani'fitscho
la **bouteille** bu'täj	Flasche	bottle 'bɔtl	la botella bo'teja	la bottiglia bo'tilja
le **bouton** bu'tö	Knopf	button 'battn	el botón bo'tɔn	il bottone bo'tone
le **bracelet-montre** mõtrə a braß'lä	Armbanduhr	wrist-watch 'rißtuɔtsch	el reloj de pulsera re'loch de pul'ßera	l' orologio m oro'lɔdscho
le **bras** bra	Arm	arm ahm	el brazo 'braθo	il braccio 'bratscho
le **briquet** bri'keh	Feuerzeug	lighter 'laitər	el mechero me'tschero	l' accendino m atschen'dino
la **brochure** bro'schür	Broschüre	leaflet, brochure lihflet, 'brouschə	el folleto fo'jeto	l' opuscolo m o'pußkolo
la **brosse** brɔß	Bürste	brush brasch	el cepillo θe'pijo	la spazzola 'ßpatßola
la **brosse à dent** brɔß a dä	Zahnbürste	toothbrush 'tuhθbrasch	el cepillo de dientes θe'pijo de di'entes	il spazzolino da denti ßpatßo'lino da 'denti
le **bruit** bru'i	Lärm	noise nɔis	el ruido ru'ido	il rumore, il chiasso ru'more, 'kjaßo
brûler brü'leh	brennen	burn börn	arder ar'der	bruciare bru'tschare
le **budget** bü'dschä	Budget, Etat	budget 'badschit	el presupuesto preßupu'eßto	il budget bü'dscheh
la **buée** bü'eh	Niederschlag	precipitation prißipi'täjschn	la precipitación preθipitaθi'ɔn	le precipitazioni pretschipita'tßjoni
le **bulletin scolaire** bül'tē ßko'lär	Zeugnis	certificate ßə'tifikət	el certificado θertifi'kado	la pagella pa'dschella
le **bureau** bü'ro	Büro	office 'ɔfiß	la oficina ofi'θina	l' ufficio m u'fitscho
le **bus** büß	Bus	bus baß	el autobús auto'buß	l' autobus m auto'buß
le **but** büt	Ziel	destination, goal deßti'näjschn, goul	el destino, la meta deß'tino, 'meta	la meta, il traguardo 'mäta, tragu'ardo

C

ça ßa	es	it it	lo lo	quello, quella ku'ello, ku'ella
le **cadeau** ka'do	Geschenk	present 'presənt	el presente pre'ßente	il regalo re'galo
la **café** ka'feh	Café	cafe kä'fäj	el café ka'fe	il caffè ka'fä
le **café** ka'feh	Kaffee	coffee 'kɔfi	el café ka'fe	il caffè ka'fä
la **caisse** käß	Kasse	cash point käsch pɔjnt	la caja 'kacha	la cassa 'kaßa
calculer kalkü'leh	rechnen	calculate 'kälkjuläjt	calcular kalku'lar	calcolare, contare kalko'lare, kon'tare

Sonderzeichen in der Lautschrift ə angedeutetes e wie in bit**te**; ɔ offenes o wie in P**o**st; ß scharfes s wie in na**ss**; θ weiches s wie in Fa**ss**, aber gelispelt; ð s wie in **S**ense, aber gelispelt; ã nasal gesprochener Vokal wie in Ch**an**son; ē nasal gesprochener Vokal wie in p**oi**ntiert; ō nasal gesprochener Vokal wie in Jet**on**; sch weiches sch wie in **G**in

calendrier

Französisch	Deutsch	Englisch	Spanisch	Italienisch
le **calendrier** kalãdri'jeh	Kalender	calendar 'kälindər	el calendario kalen'dario	il calendario, l'agenda f kalen'dario, a'dschenda
calme kalm	ruhig	calm kahm	tranquilo tran'kilo	tranquillo tranku'ilo
la **caméra** kameh'ra	Kamera	camera 'kämərə	la cámara 'kamara	la macchina fotografica 'makina fɔto'grafika
le **camion** ka'mjõ	Lkw	lorry 'lɔri	el camión kami'ɔn	il camion kam'jon
le **camping** kã'ping	Camping	camping 'kämping	el camping 'kamping	il campeggio kam'pedscho
le **canapé** kana'peh	Couch	couch kautsch	el sofá ßo'fa	il divano di'wano
la **candidature** kãdida'tür	Bewerbung	application äpli'käjschn	la solicitud ßoliθi'tud	la domanda do'manda
car kar	denn	than, because ðän, bi'kɔhs	pues pu'eß	perché per'ke
le **caractère** karak'tär	Charakter	character 'käräktər	el carácter ka'rakter	il carattere ka'ratere
la **carte** kart	Karte	map, card mäp, kard	el mapa, la tarjeta 'mapa, tar'cheta	la mappa, il biglietto mapa, bil'jeto
la **carte géographique** kart scheogra'fik	Landkarte	map mäp	el mapa 'mapa	la cartina geografica kar'tina dscheo'grafika
la **carte postale** kart pɔß'tal	Postkarte	postcard 'pouß tkard	la postal poß'tal	la cartolina karto'lina
cassé ka'ßeh	kaputt	broken 'broukən	roto 'roto	rotto, guasto 'rotto, gu'aßto
casser ka'ßeh	brechen	break bräjk	romper rom'per	spezzare ßpe'tßare
la **casserole** kaß'rɔl	Topf	pot pɔtt	la olla 'oja	la pentola 'pentola
la **cave** kahw	Keller	basement 'bäjßmənt	el sótano 'ßotano	la cantina kan'tina
ce ßə	dieser	this, these, those ðiß, ðihs, ðous	este 'eßte	questo ku'eßto
célibataire ßehliba'tär	ledig	single 'ßingəl	soltero ßol'tero	nubile f, celibe m 'nubile, 'tschälibe
le **cercle** 'ßerklə	Kreis	circle 'ßörkəl	el círculo 'ßirkulo	il cerchio 'tscherkjo
c'est pourquoi ßä purku'a	deshalb	therefore 'ðärfɔr	por eso por 'eßo	perciò per'tscho
ce, cette, ces ßə, ßät, ßeh	diese, dieser, dieses	this, these, those ðiß, ðihs, ðous	este, esta 'eßt, 'eßta	questo, questa ku'eßto, ku'eßta
chacun scha'kẽ	jeder	anyone, everybody 'äniuan, 'ewribadi	cada uno 'kada 'uno	ognuno on'juno
la **chaise** schähs	Stuhl	chair tschär	la silla 'ßija	la sedia 'ßädja
la **chaleur** scha'lör	Hitze	heat hiht	el calor ka'lor	il grande caldo, il calore 'grande 'kaldo, ka'lore
la **chambre à coucher** 'schäbr a ku'scheh	Schlafzimmer	bedroom 'bedruhm	el dormitorio dormi'torio	la camera da letto 'kamera da 'lätto
la **chambre d'enfants** 'schäbr dã'fã	Kinderzimmer	nursery 'nörßəri	el cuarto de los niños ku'arto de loß 'ninjoß	la stanza dei bambini 'ßtantßa 'dei bam'bini
le **champignon** schãpin'jõ	Pilz	mushroom 'maschrum	el hongo 'ongo	il fungo 'fungo
la **chance** schäß	Chance	chance tschahnß	la oportunidad oportuni'dad	la possibilità poßibili'ta
le **changement** schäsch'mã	Veränderung	change tschäjndsch	el cambio 'kambio	il cambiamento kambja'mento
changer schä'scheh	ändern, umsteigen, wechseln	change tschäjndsch	cambiar, hacer trasbordo kambi'ar, a'θer traß'bordo	cambiare kam'bjare
la **chanson** schä'ßõ	Lied	song ßong	la canción kanθi'ɔn	la canzone kan'tßone
chanter schä'teh	singen	sing ßing	cantar kan'tar	cantare kan'tare
le **chat** scha	Katze	cat kät	el gato 'gato	il gatto 'gatto
le **château** scha'to	Schloss	castle 'kahßl	el castillo kaß'tijo	il castello kaß'tello
chaud scho	heiß, warm	hot, warm hɔtt, u'ɔrm	caliente kali'ente	(molto) caldo, bollente (molto) 'kaldo, bo'lente
le **chauffage** scho'fahsch	Heizung	heating 'hihting	la calefacción kalefakθi'ɔn	il riscaldamento rißkalda'mento
la **chaussure** scho'ßür	Schuh	shoe schu	el zapato θa'pato	la scarpa 'ßkarpa
le **chemin** schə'mẽ	Weg	path, road pahθ, rəud	el camino ka'mino	il cammino ka'mino

Sonderzeichen in der Lautschrift ə angedeutetes e wie in bitt**e**; ɔ offenes o wie in P**o**st; ß scharfes s wie in na**ss**; θ weiches s wie in Fa**ss**, aber gelispelt; ð s wie in **S**ense, aber gelispelt; ã nasal gesprochener Vokal wie in Cha**n**son; ẽ nasal gesprochener Vokal wie in p**oi**ntiert; õ nasal gesprochener Vokal wie in Jet**on**; sch weiches sch wie in **G**in

C

compter

Französisch	Deutsch	Englisch	Spanisch	Italienisch
la **chemise** schə'mihs	Hemd	shirt schört	la camisa ka'mißa	la camicia ka'mitscha
cher schär	teuer	expensive ikß'penßiw	caro 'karo	caro 'karo
chercher schär'scheh	suchen	search ßörtsch	buscar buß'kar	cercare tscher'kare
les **cheveux** m schə'wö	Haare	hair här	los pelos 'peloß	il capelli ka'pelli
chez scheh	bei	at ät	en, cerca de en, 'θerka de	presso, vicino a/in 'preßo, wi'tschino a/in
chez soi scheh ßu'a	zuhause	at home ät houm	en casa en 'kaßa	a casa a 'kasa
chic schik	chic	chic schik	elegante ele'gante	elegante ele'gante
le **chien** schi'ē	Hund	dog dɔg	el perro 'perro	il cane 'kane
le **chiffre** 'schifrə	Zahl	number 'nambər	el número 'numero	il numero 'numero
la **chimie** schi'mi	Chemie	chemistry 'kemißtri	la química 'kimika	la chimica 'kimika
le **chocolat** schoko'la	Schokolade	chocolate 'tschɔcklət	el chocolate tschoko'late	la cioccolata tschoko'lata
choisir, élire schua'sir, eh'lir	wählen, auswählen	select, dial, vote ßi'lekt, dail, wout	elegir, marcar, votar ele'chir, mar'kar, wo'tar	scegliere, votare 'scheljere, wo'tare
la **chose** schohs	Sache	thing, matter θing, 'mättər	la cosa, el asunto 'koßa, a'ßunto	la cosa 'kɔsa
le **christianisme** krißtja'nißmə	Christentum	Christianity krißti'äniti	el cristianismo krißtia'nißmo	il cristianesimo krißtja'nesimo
le **ciel** ßi'äl	Himmel	sky ßkaj	el cielo θi'elo	il cielo 'tschälo
la **cigarette** ßiga'rätt	Zigarette	cigarette 'ßigəret	el cigarillo θiga'rijo	la sigaretta ßiga'reta
le **cinéma** ßineh'ma	Kino	cinema 'ßinəma	el cine 'θine	il cinema 'tschinema
les **ciseaux** m ßi'so	Schere	scissors 'ßisəs	la tijera ti'chera	le forbici 'forbitschi
le **citron** ßi'trö	Zitrone	lemon 'lemmən	el limón li'mɔn	il limone li'mone
clair klär	deutlich, klar, hell	clear, light 'kliər, lait	claro 'klaro	chiaro, certo 'kjaro, 'tscherto
la **classe** klaß	Schulklasse	class, lessons klahß, 'leßnß	la clase 'klaße	la classe 'klaße
la **clé** kleh	Schlüssel	key kih	la llave 'jawe	la chiave 'kjawe
le **client** kli'jä	Kunde	client 'klajənt	el cliente kli'ente	il cliente kli'ente
le **club** klöb	Club	club klab	el club klub	il club klub
le **club automobile** klöb otomo'bil	Automobilclub	automobile club ɔtou'moubail klab	el club del automóvil klub del auto'mowil	l' automobile club auto'mobile klub
cocher kɔ'scheh	ankreuzen	tick tik	marcar mar'kar	segnare ßen'jare
le **code postal** kod pɔß'tal	Postleitzahl	postal code 'poußtl koud	el código postal 'kodigo poß'tal	il codice (di avviamento) postale (CAP) 'koditsche (di awja'mento) poß'tale
le **cœur** kör	Herz	heart haht	el corazón kora'θon	il cuore ku'ɔre
le **coiffeur** m kua'för	Friseur	hairdresser 'härdreßər	el peluquero pelu'kero	il parrucchiere paru'kjere
le **coin** ku'ē	Ecke	corner 'kɔhnər	la esquina eß'kina	l' angolo m 'angolo
combien kö'bjē	wie viel	how much hau matsch	cuánto ku'anto	quanto ku'anto
commander kɔmä'deh	bestellen	order 'ɔhdər	pedir pe'dir	ordinare ordi'nare
commencer kɔmä'ßeh	anfangen, beginnen	begin bi'ginn	empezar empe'θar	(in)cominciare, iniziare (in)komin'tschare, ini'tßjare
comment kɔ'mä	wie	how, like hau, laik	como 'komo	come 'kome
la **communication** kɔmünika'ßjö	Verbindung	connection, combination kə'nekschn, kɔmbi'näjschn	la unión, la combinación uni'ɔn, kombinaθi'ɔn	il collegamento, la relazione kolega'mento, rela'tßjone
comparer kɔmpa'reh	vergleichen	compare kəm'päər	comparar kompa'rar	paragonare parago'nare
compléter köpleh'teh	ergänzen	add äd	añadir anja'dir	completare komple'tare
comprendre kö'prädrə	verstehen	understand andər'ßtänd	entender enten'der	capire ka'pire
le **compte** köt	Konto	account ə'kaunt	la cuenta ku'enta	il conto corrente 'konto ko'rente
compter kö'teh	zählen	count kaunt	contar kon'tar	contare kon'tare

Sonderzeichen in der Lautschrift ə angedeutetes e wie in bitte; ɔ offenes o wie in Post; ß scharfes s wie in nass; θ weiches s wie in Fass, aber gelispelt; ð s wie in Sense, aber gelispelt; ä nasal gesprochener Vokal wie in Chanson; ē nasal gesprochener Vokal wie in pointiert; ö nasal geprochener Vokal wie in Jeton; sch weiches sch wie in Gin

concert

Französisch	Deutsch	Englisch	Spanisch	Italienisch
le **concert** kõ'ßer	Konzert	concert 'kɔnßört	el concierto konθi'erto	il concerto kon'tscherto
le **conducteur** kõdük'tör	Fahrer	driver 'draiwər	el conductor konduk'tor	l' autista mf, il conducente au'tißta, kondu'tschente
la **confiture** kõfi'tür	Marmelade	jam dschäm	la mermelada merme'lada	la marmellata marme'lata
connaître ko'nätrə	kennen	know nou	conocer kono'θer	conoscere ko'noschere
connu ko'nü	bekannt	known noun	conocido kono'θido	noto 'nɔto
le **conseil** kõ'ßäj	Tipp, Rat	hint, tip hint, tipp	el consejo kon'ßecho	il consiglio kon'ßiljo
conseiller kõßeh'jeh	beraten, empfehlen	advice, recommend äd'wajß, rekə'mend	aconsejar, recomendar akonße'char, rekomen'dar	consigliare, raccomandare konßil'jare, rakoman'dare
content, satisfait kõ'tã, ßatis'fä	zufrieden	content, satisfied kən'tent, 'ßatißfajd	contento, satisfecho kon'tento, ßatiß'fetscho	contento, soddisfatto kon'tento, ßodiß'fato
le **contenu** kõt'nü	Inhalt	content 'kɔntent	el contenido konte'nido	il contenuto konte'nuto
le **contraire** kõ'trär	Gegenteil	opposite 'ɔpəsit	el contrario kon'trario	il contrario kon'trario
le **contrat** kõ'tra	Vertrag	contract 'kɔnträkt	el contrato kon'trato	il contratto kon'trato
contre 'kõtrə	gegen	against ə'gänßt	contra 'kontra	contro 'kontro
contre cela 'kõtrə ßə'la	dagegen	against it ə'gänßt it	en contra en 'kontra	contro 'kontro
convenable kõwə'nablə	passend	suitable, fit 'ßuhtəbl, fit	queda bien 'keda bi'en	giusto adatto 'dschußto, a'datto
la **conversation** kõwersa'ßjõ	Gespräch	conversation konwə'ßäjschn	la conversación konwerßaθi'ɔn	la conversazione konwerßa'tßjone
le **corps** kor	Körper	body 'bɔdi	el cuerpo ku'erpo	il corpo 'korpo
la **cosmétique** kõßmeh'tik	Kosmetik	cosmetics kɔs'metikß	la cosmética koß'metika	la cosmetica kos'mätika
le **costume** kõß'tüm	Anzug	suit ßuht	el traje 'trache	il vestito weß'tito
le **cou** ku	Hals	neck neck	el cuello ku'ejo	il collo 'kollo
couper ku'peh	schneiden	cut kat	cortar kor'tar	tagliare tal'jare
le **couple** 'kuplə	Paar	couple 'kapl	la pareja pa'recha	il paio, la coppia 'pajo, 'koppja
le **courant** ku'rã	Strom	electricity, current ilek'trißəti, 'körənt	la electricidad, la corriente elektriθi'dad, kori'ente	la corrente ko'rente
courir ku'rir	laufen, rennen	run, walk ran, u'ɔhk	correr ko'rer	correre 'korere
court kur	kurz	short schɔht	corto 'korto	corto 'korto
le **cousin** ku'sẽ	Cousin	cousin 'kasin	el primo 'primo	il cugino ku'dschino
la **cousine** ku'sihn	Cousine	cousin 'kasin	la prima 'prima	la cugina ku'dschina
le **couteau** ku'to	Messer	knife naif	el cuchillo ku'tschijo	il coltello kol'tello
coûter ku'teh	kosten	cost kɔßt	costar koß'tar	costare koß'tare
le **crayon** krä'jõ	Bleistift	pencil penßil	el lápiz lapiθ	la matita ma'tita
la **crème** kräm	Creme, Sahne	vanishing creme, cream 'wänisching krihm, krihm	la crema, la nata 'krema, 'nata	la pomata, la crema, la panna po'mata, 'kräma, 'panna
la **crème glacée** kräm gla'ßeh	Eiskreme	ice cream aiß krihm	el helado e'lado	il gelato dsche'lato
croire kru'ahr	glauben	believe bi'lihw	creer kre'er	credere 'kredere
le **croisement** kruase'mã	Kreuzung	crossing 'krɔßing	el cruce 'kruθe	l' incrocio m in'krotscho
la **cuillère** kui'jär	Löffel	spoon ßpuhn	la cuchara ku'tschara	il cucchiaio kuk'jaio
cuire au four ku'ir o fuhr	backen	bake bäjk	hornear orne'ar	cuocere ku'otschere
cuire ku'ir	kochen	cook kuck	cocinar koθi'nar	cucinare kutschi'nare
la **cuisine** kui'sin	Küche	kitchen 'kitschən	la cocina ko'θina	la cucina ku'tschina
la **cuisinière** kuisin'jär	Herd	cooker 'kucker	la cocina ko'θina	la cucina elettrica/a gas ku'tschina e'letrika/a gaß
curieux küri'jö	neugierig	curious 'kjuhriəß	curioso kuri'oßo	curioso kur'joso
la **curiosité** küriosi'teh	Sehenswürdigkeit	sight ßajt	el monumento monu'mento	l' attrazione f atra'tßjone

Sonderzeichen in der Lautschrift ə angedeutetes e wie in bitt**e**; ɔ offenes o wie in P**o**st; ß scharfes s wie in na**ss**; θ weiches s wie in Fa**ss**, aber gelispelt; ð s wie in **S**ense, aber gelispelt; ã nasal gesprochener Vokal wie in Ch**an**son; ẽ nasal gesprochener Vokal wie in p**oi**ntiert; õ nasal gesprochener Vokal wie in Jet**on**; sch weiches sch wie in **G**in

devant

Französisch	Deutsch	Englisch	Spanisch	Italienisch

d'abord da'bɔr	zuerst	first förßt	primero pri'mero	prima, per primo 'prima, per 'primo
d'ailleurs da'jör	übrigens	by the way bai ðə u'äj	apropósito apro'poßito	a proposito a pro'pɔsito
dangereux dãscha'rö	gefährlich	dangerous 'däjndscharaß	peligroso peli'großo	pericoloso periko'loso
dans dã	in, im	in (the), at in (ðə), ät	en (el), a en (el), a	in, a, nel in, a, nel
danser dã'ßeh	tanzen	dance dänß	bailar bai'lar	ballare ba'lare
la date dat	Datum	date däit	la fecha 'fetscha	la data 'data
de də	aus, von	from, by frɔm, bai	de, desde de, 'deßde	di, da di, da
le début deh'bü	Anfang	beginning bi'ginning	el principio prin'θipio	l' inizio m i'nitßjo
décaler dehka'leh	verschieben	postpone pɔß'poun	aplazar apla'θar	spostare ßpoß'tare
la déception dehßäp'ßjõ	Enttäuschung	disappointment dißə'pɔjntmənt	la decepción deθepθi'ɔn	la delusione delu'sjone
la déclaration dehklara'ßjõ	Aussage	statement 'ßtäjtmənt	la declaración, el mensaje deklaraθi'ɔn, men'ßache	la dichiarazione dikjara'tßjone
découvrir dehku'wrir	entdecken	discover diß'kawər	descubrir deßku'brir	scoprire ßko'prire
le degré də'greh	Grad	degree di'gri	el grado 'grado	il grado 'grado
déjà deh'scha	schon	already ɔhlrädi	ya ja	già dscha
le déjeuner dehschö'neh	Mittagessen	lunch lansch	el almuerzo almu'erθo	il pranzo 'prandso
demain də'mẽ	morgen	tomorrow tu'mɔrou	mañana man'jana	domani do'mani
la demande də'mãd	Bitte	request ri'kueßt	el ruego ru'ego	la richiesta ri'kjeßta
demander dəmã'deh	bitten, fragen	ask ahßk	pedir, preguntar pe'dir, pregun'tar	pregare, domandare pre'gare, doman'dare
le déménagement, le défilé dehmehnasch'mã, deh'fileh	Umzug	move, procession muhw, prə'ßeschn	la mudanza, el desfile mu'danθa, deß'file	trasloco, la sfilata tras'lɔko, ßfi'lata
déménager dehmehna'scheh	umziehen	move, change muhw, tschäjndsch	mudarse, cambiarse mu'darße, kambi'arße	traslocare traslo'kare
la dent dã	Zahn	tooth tuhθ	el diente di'ente	il dente 'dente
la dentifrice däti'friß	Zahnpasta	tooth paste tuhθ päjßt	la pasta dentífrica 'paßta den'tifrika	il dentifricio denti'fritscho
le départ deh'par	Abfahrt	departure di'pahtschər	la salida ßa'lida	la partenza par'tentßa
dépêcher depäh'scheh	beeilen	hurry up 'harri ap	darse prisa 'darße 'prißa	sbrigare sbri'gare
déposer dehpo'seh	abstellen	park pahk	poner, aparcar po'ner, apar'kar	depositare deposi'tare
depuis dəpu'i	seit	for, since fɔr, ßinß	desde 'deßde	da da
déranger dehrã'scheh	stören	disturb diß'törb	molestar moleß'tar	disturbare dißtur'bare
le dernier dern'jeh	letzter	last lahßt	último ultimo	ultimo 'ultimo
derrière deri'jär	hinter	behind bi'haind	detrás de de'traß de	dietro, dopo 'djetro, 'dɔpo
descendre deh'ßãdrə	aussteigen, herunter- kommen	exit, come down ekßit, kam daun	bajar, salir ba'char, ßa'lir	scendere schendere
déshabiller, déménager dehsabi'jeh, dehmehnascheh	ausziehen	take off, move out täjk ɔf, muhw aut	desnudar, mudar deßnu'dar, mu'dar	svestire, traslocare sweß'tire, traslo'kare
désolé dehso'leh	schade	pity 'pitti	pena 'pena	peccato pe'kato
le dessert deh'ßähr	Dessert	dessert di'sört	el postre 'poßtre	il dolce, il dessert 'doltsche, de'ßär
le destinateur deßtina'tör	Empfänger	recipient ri'ßipiənt	el receptor, el destinatario reθep'tor, deßtina'tario	il destinatario deßtina'tario
de travers də tra'wer	schief	crooked, tilted 'krukid, 'tiltəd	torcido, inclinado tor'θido, inkli'nado	storto 'ßtorto
devant də'wã	vorn	ahead, forward ə'häd, 'fɔhwərd	delante de'lante	davanti da'wanti
devant, avant də'wã, a'wã	vor	before, ago bi'fɔr, ə'gou	delante de, hace de'lante de, 'aθe	davanti da'wanti

Sonderzeichen in der Lautschrift: ə angedeutetes e wie in bitte; ɔ offenes o wie in Post; ß scharfes s wie in nass; θ weiches s wie in Fass, aber gelispelt; ð s wie in Sense, aber gelispelt; ã nasal gesprochener Vokal wie in Chanson; ẽ nasal gesprochener Vokal wie in pointiert; õ nasal geprochener Vokal wie in Jeton; sch weiches sch wie in Gin

devenir

Französisch	Deutsch	Englisch	Spanisch	Italienisch
devenir dəwə'nir	werden	become, will, get bi'kamm, u'il, gätt	convertirse, ser, ponerse konwer'tirße, ßer, po'nerße	diventare diwen'tare
devoir dəwu'ahr	müssen, sollen	must, shall maßt, schäll	tener que, deber te'ner ke, de'ber	dovere do'were
le **dictionnaire** dikßjo'när	Wörterbuch	dictionary 'dikschənri	el diccionario dikθio'nario	il dizionario ditßjo'nario
le **diesel** dji'säl	Diesel	diesel 'dihsəl	el diesel di'eßel	il diesel 'dihsel
la **différence** difeh'räß	Unterschied	difference 'difrənß	la diferencia dife'renθia	la differenza dife'rentßa
différent difeh'rä	verschieden	different 'difrənt	diferente dife'rente	diverso di'werßo
difficile difi'ßil	schwierig	difficult 'difikəlt	difícil di'fiθil	difficile di'fitschile
le **dîner** di'neh	Abendessen	dinner 'dinər	la cena 'θena	la cena 'tschena
dire dir	sagen	say ßäj	decir de'θir	dire 'dire
direct di'räkt	direkt	direct daj'rekt	directo di'rekto	diretto di'reto
la **direction** diräk'ßjö	Richtung	direction daj'rekschn	la dirección direkθi'ɔn	la direzione dire'tßjone
la **discothèque** dißko'täck	Diskothek	discotheque 'dißkoutek	la discoteca dißko'teka	la discoteca dißko'täka
discuter dißkü'teh	diskutieren	discuss diß'kaß	discutir dißku'tir	discutere diß'kutere
disputer dißpü'teh	streiten	argue 'argju	pelear pele'ar	litigare liti'gare
la **distance** diß'täß	Entfernung	distance 'dißtənß	la distancia diß'tanθia	la distanza diß'tantßa
divorcé diwor'ßeh	geschieden	divorced di'wɔrßd	divorciado diworθi'ado	divorziato diwor'tßjato
le **doigt** du'a	Finger	finger 'fingər	el dedo 'dedo	il dito 'dito
donc dõk	also	so ßou	pues pu'eß	allora a'lora
donner dɔ'neh	geben	give giw	dar dar	dare 'dare
dormir dɔr'mir	schlafen	sleep ßlihp	dormir dor'mir	dormire dor'mire
le **dos** do	Rücken	back bäck	la espalda eß'palda	la schiena 'ßkjäna
d'où du	woher	where from u'är frɔm	de dónde de 'donde	di dove di 'dowe
la **douane** du'an	Zoll	customs 'kaßtəms	la aduana adu'ana	la dogana do'gana
la **douche** dusch	Dusche	shower 'schauər	la ducha 'dutscha	la doccia 'dotscha
doué du'eh	begabt	talented 'täləntid	dotado do'tado	dotato do'tato
la **douleur** du'lör	Schmerz	pain päjn	el dolor do'lor	il dolore do'lore
doux du	leise	quiet ku'ajət	bajo 'bacho	silenzioso ßilen'tßjoso
droit dru'a	gerade	straight ßträjt	recto 'rekto	dritto 'drito
le **droit** dru'at	Recht	right, law rait, lɔh	el derecho de'retscho	la legge 'ledsche
drôle drohl	lustig	funny fanni	divertido diwer'tido	allegro a'legro
dur dür	hart, fest	hard, solid hard, 'ßɔlid	duro, fijo 'duro, 'ficho	duro, solido 'duro, ßolido
la **durée** dü'reh	Dauer	duration dju'räjschn	la duración duraθi'ɔn	la durata du'rata

E

Französisch	Deutsch	Englisch	Spanisch	Italienisch
l' **eau** f o	Wasser	water u'ɔtər	el agua agua	l' acqua f akua
l' **échelle** f eh'schäll	Leiter	ladder 'läddər	la escalera eßka'lera	la scala ßkala
l' **école** f eh'kɔl	Schule	school ßkuhl	la escuela eßku'ela	la scuola ßku'ola
économiser ehkonomi'seh	sparen	save ßäjw	ahorrar ao'rar	risparmiare rißparm'jare
écouter ehku'teh	hören, zuhören	listen, hear 'lißn, hiə	escuchar eßku'tschar	sentire, ascoltare ßen'tire, aßkol'tare
écrire eh'krir	schreiben	write rait	escribir eßkri'bir	scrivere 'ßkriwere
égal eh'gal	egal	the same ðə ßäjm	igual igu'al	uguale ugu'ale
l' **église** f eh'glihs	Kirche	church tschörtsch	la iglesia i'gleßia	la chiesa 'kjäsa
l' **élève** m eh'läw	Schüler	pupil 'pjupil	el alumno a'lumno	l' alunno m, lo studente a'lunno, ßtu'dente
elle äl	sie	she schi	ella 'eja	lei läj
le **e-mail** i'mehl	E-Mail	email 'ihmäjl	el correo electrónico ko'reo elek'troniko	l' e-mail f i'mäil
emménager ãmehna'scheh	einziehen	move in muhw in	entrar, instalarse en'trar, inßta'larße	infilare, ritirare infi'lare, riti'rare
emmener ãmə'neh	mitbringen	bring along bring ə'lɔng	traer tra'er	portare por'tare

Sonderzeichen in der Lautschrift ə angedeutetes e wie in bitte; ɔ offenes o wie in Post; ß scharfes s wie in nass; θ weiches s wie in Fass, aber gelispelt; ð s wie in Sense, aber gelispelt; ã nasal gesprochener Vokal wie in Chanson; ẽ nasal gesprochener Vokal wie in pointiert; õ nasal gesprochener Vokal wie in Jeton; sch weiches sch wie in Gin

essence

Französisch	Deutsch	Englisch	Spanisch	Italienisch
emmener ãmə'neh	mitnehmen, wegbringen	take out, take away tãjk aut, tãjk ə'uãj	llevar, traer je'war, tra'er	portare con sé por'tare kon ße
l' **employé** m ãplua'jeh	Angestellter	employee əm'plɔhji	el empleado emple'ado	l' impiegato m impje'gato
empoisonné ãpuaso'neh	giftig	poisonous 'poisənaß	venenoso wene'noßo	velenoso wele'noso
en arrière ãnari'jär	zurück, rückwärts	back, backwards bäck, 'bäckwəds	de vuelta, hacia atrás de wu'elta, 'aθia a'traß	indietro in'djätro
en avant ãna'wã	vorwärts	ahead, forward ə'häd, 'fɔhwəd	hacia adelante 'aθia ade'lante	avanti a'wanti
en bas ã ba	unten	down, below daun, bi'lou	abajo a'bacho	sotto, giù 'ßotto, dschu
enceinte ã'ßēt	schwanger	pregnant 'pregnənt	embarazada embara'θada	incinta in'tschinta
en colère ã ko'lär	zornig	angry 'ängri	furioso furi'oßo	adirato adi'rato
encore ã'kɔr	noch	still ßtill	todavía toda'wia	ancora an'kora
en dernier ã dern'jeh	zuletzt	finally 'fainəli	por último por 'ultimo	da/per ultimo da/per 'ultimo
en face ã faß	gegenüber	opposite to 'ɔpəsit tu	enfrente en'frente	di fronte a di 'fronte a
l' **enfant** m ã'fã	Kind	child tschaild	el niño 'ninjo	il bambino bam'bino
enfin ã'fē	endlich	finally 'fainəli	por fin por fin	finalmente final'mente
en haut ã o	oben	top, up tɔp, ap	arriba, alto a'riba, 'alto	su, sopra ßu, 'ßopra
en même temps ã mäm tã	gleichzeitig	simultaneously ßiml'tãjniəßli	simultáneo ßimul'taneo	contemporaneo kontempo'raneo
l' **ennui** m ãnu'i	Ärger	trouble 'trabl	el enfado en'fado	la rabbia 'rabja
ennuyeux ãnui'jö	langweilig	boring 'bɔhring	aburrido abu'rido	noioso no'joso
en partie ã par'ti	teilweise	partly 'pahtli	parcial parθi'al	parziale par'tßjale
en personne ã per'ßɔn	selbst	self, even ßelf, 'iwən	mismo 'mißmo	stesso 'ßteßo
en plus ã plüß	außerdem	furthermore förðə'mɔr	además ade'maß	inoltre in'oltre
l' **enseignement** m ãßänjə'mã	Unterricht	class klahß	la clase 'klaße	la lezione le'tßjone
enseigner ãßän'jeh	unterrichten	teach, inform tihtsch, in'fɔrm	enseñar, informar enßen'jar, infor'mar	insegnare inßen'jare
ensemble ã'ßäblə	zusammen	together tu'geðər	junto 'chunto	insieme in'ßjäme
ensuite ãßu'it	dann	then ðän	luego lu'ego	poi, dopo poj, 'dɔpo
entier ã'tjeh	ganz	complete kəm'pliht	entero en'tero	tutto, intero 'tutto, in'tero
entre ãtrə	zwischen	between bitu'ihn	entre 'éntre	tra, fra tra, fra
l' **entrée** f ã'treh	Eintritt, Eingang, Eintrittskarte	admittance, entry, entrance, ticket əd'mitənß, 'entri, 'entrənß, 'tickət	la entrada en'trada	l' ingresso m, l' entrata f, il biglietto in'greßo, en'trata, bil'jeto
entreprendre ãtrə'prãdrə	unternehmen	undertake, attempt andər'tãjk, ə'tempt	hacer, tomar medidas a'θer, to'mar me'didaß	intraprendedere, fare intra'prendere, fare
l' **entreprise** f ãtrə'prihs	Firma	company 'kampəni	la empresa em'preßa	la ditta 'ditta
entretenir ãtrətə'nir	unterhalten	entertain, talk entə'tãjn, tɔhk	entretener, conversar entrete'ner, konwer'ßar	mantenere, intrattenere mante'nere, intrate'nere
l' **enveloppe** f ãwə'lopp	Briefumschlag	envelope 'enwəloup	el sobre 'ßobre	la busta 'bußta
l' **envie** f ã'wi	Lust	lust laßt	la gana, el deseo 'gana, de'ßeo	la voglia 'wɔlja
envoyer ãwua'jeh	schicken	send ßend	enviar enwi'ar	mandare man'dare
épeler ehpə'leh	buchstabieren	spell ßpell	deletrear deletre'ar	sillabare ßila'bare
l' **épouse** f eh'puhs	Ehefrau	wife u'aif	la esposa eß'poßa	la moglie 'molje
l' **époux** m eh'pu	Ehemann	husband 'hasbənd	el esposo eß'poßo	il marito ma'rito
l' **escalier** m eßkal'jeh	Treppe	stairs ßtärs	la escalera eßka'lera	la scala 'ßkala
l' **escalier roulant** eßkal'jeh ru'lã	Rolltreppe	escalator 'eßkəlãjtər	la escalera mecánica eßka'lera me'kanika	la scala mobile 'ßkala 'mɔbile
essayer ãßä'jeh	versuchen, probieren	try, taste trai, tãjßt	intentar, probar inten'tar, pro'bar	provare, tentare pro'ware, ten'tare
l' **essence** f eh'ßäß	Benzin	petrol 'petrəl	la gasolina gaßo'lina	la benzina ben'dsina

Sonderzeichen in der Lautschrift ə angedeutetes e wie in bitte; ɔ offenes o wie in Post; ß scharfes s wie in nass; θ weiches s wie in Fass, aber gelispelt; ð s wie in Sense, aber gelispelt; ã nasal gesprochener Vokal wie in Chanson; ē nasal gesprochener Vokal wie in pointiert; õ nasal geprochener Vokal wie in Jeton; sch weiches sch wie in Gin

et

Französisch	Deutsch	Englisch	Spanisch	Italienisch
et e	und	and änd	y i	e e
l' **étage** m eh'tahsch	Stockwerk	floor flɔr	la planta 'planta	il piano 'pjano
l' **étagère** f eta'scher	Regal	shelf schelf	la estantería eßtante'ria	lo scaffale ßka'fale
éteindre eh'tēdrə	ausmachen	turn off törn ɔf	apagar apa'gar	spegnere ßpenjere
l' **étoile** f ehtu'al	Stern	star ßtar	la estrella eß'treja	la stella ßtella
étranger ehträ'scheh	fremd	strange ßträjndsch	extraño ekß'tranjo	straniero ßtra'njero
l' **étranger** m ehträ'scheh	Ausländer, Ausland	foreigner, foreign country fɔräjnər, fɔräjn 'kantri	el extranjero ekßtran'chero	lo straniero, l'estero m ßtra'njero, äßtero
être 'ätrə	sein	be bi	ser, estar ßer, eß'tar	essere 'äßere
être assis 'ätrə a'ßi	sitzen	sit ßit	estar sentado eß'tar ßen'tado	sedere ße'dere
être au chômage 'ätrə o scho'mahsch	arbeitslos	unemployed 'anəmplɔjd	desempleado deßemple'ado	disoccupato disoku'pato
être couché 'ätrə ku'scheh	liegen	lie laj	estar tumbado eß'tar tum'bado	essere sdraiato, giacere 'äßere sdra'jato, dscha'tschere
être debout 'ätrə də'bu	stehen	stand ßtänd	estar de pie eß'tar de pi'e	stare (in piedi), essere 'ßtare (in 'pjädi), 'äßere
l' **être humain** m 'ätrə ü'mē	Mensch	human (being) 'juhmən ('biing)	el hombre 'ombre	l' uomo m u'ɔmo
être né 'ätrə neh	geboren	born bɔhn	nacido na'θido	nato 'nato
l' **étudiant** m ehtü'djä	Student	student 'ßtjudənt	el estudiante eßtudi'ante	lo studente ßtu'dente
étudier ehtü'djeh	studieren	study 'ßtadi	estudiar eßtudi'ar	studiare ßtu'djare
éviter ehwi'teh	vermeiden	avoid ə'woid	evitar ewi'tar	evitare ewi'tare
l' **examen** m, l'**enquête** f egsa'mē, ä'kett	Untersuchung, Prüfung	investigation, examination inweßti'gäjschn, ig'säminäjschn	la investigación, el examen inweßtigaθi'ɔn, ek'ßamen	l' indagine f, l' esame m in'dadschine, e'same
examiner egsami'neh	untersuchen	investigate in'weßtigäjt	investigar inweßti'gar	analizzare anali'dsare
excellent ekßeh'lä	ausgezeichnet	excellent 'ekßəlnt	excelente ekße'lente	ottimo 'ɔtimo
l' **excursion** f ekßkür'ßjō	Ausflug	excursion ikß'körschn	la excursión ekßkurßi'ɔn	la gita 'dschita
l' **excuse** f ekß'kühs	Entschuldigung	excuse ikß'kjuhs	la disculpa dß'kulpa	la scusa 'ßkusa
excuser ekßkü'seh	entschuldigen	excuse ikß'kjuhs	disculpar dißkul'par	scusare ßku'sare
l' **exemple** m eg'säplə	Beispiel	example ik'ßampəl	el ejemplo e'chemplo	l' esempio m e'sempjo
exister egsiß'teh	bestehen	pass pahß	aprobar apro'bar	superare ßupe'rare
l' **expéditeur** m ekßpehdi'tör	Absender	sender 'ßendər	el remitente remi'tente	il mittente mi'tente
l' **expérience** f ekßpehri'jäß	Erfahrung	experience ikß'piriənß	la experiencia ekßperi'enθia	l' esperienza f eßper'jentßa
expliquer ekßpli'keh	erklären	explain ikß'pläjn	explicar ekßpli'kar	spiegare ßpje'gare
l' **exposition** f ekßposi'ßjō	Ausstellung	exhibition ekßi'bischn	la exposición ekßpoßiθi'ɔn	la mostra, l'esposizione f 'moßtra, eßposi'tßjone
extérieur ekßtehri'jör	außen	outside aut'ßajd	por fuera por fu'era	fuori, all'esterno fu'ɔri, aleß'tärno

F

fâcher fa'scheh	ärgern	anger ängər	enfadar enfa'dar	arrabbiarsi arab'jarßi
facile fa'ßil	leicht	easy, light ihsi, lajt	fácil 'faθil	facile, leggero 'fatschile, le'dschero
le **facteur** fak'tör	Briefträger	postman 'pouß tmən	el cartero kar'tero	il postino poß'tino
la **facture** fak'tür	Rechnung	bill, invoice bill, 'inwɔjß	la cuenta ku'enta	il conto 'konto
faible 'fäblə	schwach	weak u'ihk	débil 'debil	debole 'debole
la **faim** fē	Hunger	hunger 'hangər	hambre 'ambre	la fame 'fame
faire fär	machen, tun	do du	hacer a'θer	fare 'fare

Sonderzeichen in der Lautschrift: ə angedeutetes e wie in bitte; ɔ offenes o wie in Post; ß scharfes s wie in nass; θ weiches s wie in Fass, aber gelispelt; ð s wie in Sense, aber gelispelt; ä nasal gesprochener Vokal wie in Chanson; ē nasal gesprochener Vokal wie in pointiert; ō nasal gesprochener Vokal wie in Jeton; sch weiches sch wie in Gin

300

frapper

Französisch	Deutsch	Englisch	Spanisch	Italienisch
faire du vélo fär dü weh'lo	Rad fahren	ride by bike rajd baj bajk	ir en bicicleta ir en biθi'kleta	andare in bicicletta an'dare in bitschi'kleta
faire la vaisselle fär la wä'ßell	spülen	wash u'ɔsch	fregar fre'gar	lavare la'ware
faire le ménage fär lə meh'nahsch	putzen	clean klihn	limpiar limpi'ar	pulire pu'lire
faire les courses fär leh kurß	einkaufen	shop schɔp	ir de compras ir de 'kompraß	fare la spesa 'fare la 'ßpesa
la **famille** fa'mij	Familie	family 'fämili	la familia fa'milia	la famiglia fa'milja
la **farine** fa'rin	Mehl	flour 'flauər	la harina a'rina	la farina fa'rina
fatigué fati'geh	müde	tired 'tajəd	cansado kan'ßado	stanco 'ßtanko
la **faute** foht	Fehler	mistake miß'täjk	el error e'ror	lo sbaglio, l'errore m 'sbaljo, e'rore
le **fauteuil** fo'töj	Sessel	armchair 'ahmtschär	el sillón ßi'jɔn	la poltrona pol'trona
faux fo	falsch	wrong rɔng	falso 'falßo	sbagliato, falso sbal'jato, 'falßo
féliciter fehlißi'teh	gratulieren	congratulate kən'grätschjuläjt	felicitar feliθi'tar	fare gli auguri 'fare l'ji au'guri
féminin fehmi'nē	weiblich	feminine 'femənin	femenino feme'nino	femminile femi'nile
la **femme** famm	Frau	woman 'wummən	la mujer mu'cher	la donna 'donna
la **fenêtre** fə'nätrə	Fenster	window u'indou	la ventana wen'tana	la finestra fi'neßtra
fermé fär'meh	zu, geschlossen	closed kloußd	cerrado θe'rado	chiuso 'kjußo
fermer fär'meh	schließen, zumachen	close klouß	cerrar θe'rar	chiudere 'kjudere
fermer à clé, finir fär'meh a kleh, fi'nir	abschließen	close, finish klouß, 'finisch	cerrar, terminar θe'rar, termi'nar	chiudere, finire kjudere, fi'nire
la **fête** fett	Feier, Party	party 'pahti	la fiesta fi'eßta	la festa, il party 'feßta, 'parti
fêter fä'teh	feiern	celebrate 'ßelibräjt	celebrar θele'brar	festeggiare feßte'dschare
le **feu** fö	Feuer	fire 'faiər	el fuego fu'ego	il fuoco fu'ɔko
la **feuille** föj	Blatt	leaf, sheet lihf, schiht	la hoja 'ocha	la foglia 'fɔlja
les **feux** m fö	Ampel	traffic light 'träfik lait	el semáforo ße'maforo	il semaforo ße'maforo
la **fièvre** 'fjäwrə	Fieber	fever 'fihwər	la fiebre fi'ebre	la febbre 'fäbre
le **fil** fil	Faden	thread θräd	el hilo 'ilo	il filo 'filo
la **fille** fij	Mädchen, Tochter	girl, daughter görl, 'dɔhter	la chica, la hija 'tschika, 'icha	la bambina, la figlia bam'bina, 'filja
le **film** film	Film	picture, film 'piktschə, film	la película, el film pe'likula, film	la pellicola, il film pe'likola, film
le **fils** fiß	Sohn	son ßan	el hijo 'icho	il figlio 'filjo
la **fin** fē	Ende	end end	el fin, el final fin, fi'nal	la fine 'fine
la **fleur** flör	Blume	flower 'flauər	la flor flor	il fiore fi'ore
fleurir flö'rir	blühen	blossom 'blɔßəm	florecer flore'θer	fiorire fio'rire
le **football** futt'bɔl	Fußball	football 'futtbɔl	el fútbol 'futbol	il calcio 'kaltscho
la **force** fɔrß	Kraft	force, power fɔhß, 'pauər	la fuerza fu'erθa	la forza 'fortßa
la **forêt** fo'rä	Wald	forest 'fɔrißt	la selva 'ßelwa	il bosco 'bɔßko
la **formation** fɔrma'ßjö	Ausbildung	training, education 'träjning, edju'käjschn	la formación formaθi'ɔn	la formazione, l'istruzione forma'tßjone, ißtru'tßjone
la **forme** fɔrm	Form	form fɔhm	la forma 'forma	la forma 'forma
fort fɔr	laut, stark	loud, strong laud, ßtrong	alto, fuerte alto, fu'erte	rumoroso, forte rumo'roso, 'forte
fou fu	verrückt	crazy 'kräjsi	loco 'loko	pazzo 'patßo
les **four** fuhr	Ofen	oven 'ɔwən	el horno, la estufa 'orno, eß'tufa	la stufa 'ßtufa
la **fourchette** fur'schett	Gabel	fork fɔhk	el tenedor tene'dor	la forchetta for'keta
frais frä	kühl, frisch	cool, fresh kuhl, fresch	fresco 'freßko	fresco 'freßko
frapper fra'peh	klopfen	knock nɔck	llamar ja'mar	bussare bu'ßare

Sonderzeichen in der Lautschrift ə angedeutetes e wie in bitt**e**; ɔ offenes o wie in P**o**st; ß scharfes s wie in na**ss**; θ weiches s wie in Fa**ß**, aber gelispelt; ð s wie in **S**ense, aber gelispelt; ä nasal gesprochener Vokal wie in Ch**an**son; ē nasal gesprochener Vokal wie in p**oi**ntiert; ö nasal geprochener Vokal wie in Jet**on**; sch weiches sch wie in **G**in

frein

Französisch	Deutsch	Englisch	Spanisch	Italienisch
le **frein** frē	Bremse	brake bräjk	el freno 'freno	il freno 'fräno
freiner freh'neh	bremsen	brake bräjk	frenar fre'nar	frenare fre'nare
le **frère** frär	Bruder	brother 'braðər	el hermano er'mano	il fratello fra'tello
frères et sœurs frär e ßör	Geschwister	brothers and sisters 'braðərs änd 'ßißtərs	los hermanos er'manoß	i fratelli, le sorelle fra'telli, ßo'relle
le **frigo** fri'go	Kühlschrank	refrigerator ri'fridschərätər	el frigorífico frigo'rifiko	il frigorifero frigo'rifero
frire frir	braten	roast, fry roußt, frej	asar a'ßar	arrostire aroß'tire
les **frites** f frit	Pommes frites	chips tschipß	las patatas fritas pa'tataß 'fritaß	le patatine fritte pata'tine 'frite
froid fru'a	kalt	cold kould	frío 'frio	freddo 'freddo
le **fromage** fro'mahsch	Käse	cheese tschihs	el queso 'keßo	il formaggio for'madscho
la **frontière** frö'tjär	Grenze	border 'bɔhdər	la frontera fron'tera	il confine kon'fine
les **fruits** m fru'i	Obst	fruit fruht	la fruta 'fruta	la frutta 'frutta
fumer fü'meh	rauchen	smoke ßmouk	fumar fu'mar	fumare fu'mare
le **futur** fü'tür	Zukunft	future 'fjuhtschər	el futuro fu'turo	il futuro fu'turo

G

Französisch	Deutsch	Englisch	Spanisch	Italienisch
gagner gan'jeh	verdienen, gewinnen	earn, win örn, u'in	ganar ga'nar	guadagnare, vincere guadan'jare, 'wintschere
le **garage** ga'rahsch	Autowerkstatt	garage 'gärahsch	el taller de coches ta'jer de 'kotscheß	l' officina f ofi'tschina
la **garantie** garä'ti	Garantie	guarantee gärən'ti	la garantía garan'tia	la garanzia garan'tßia
le **garçon** gar'ßö	Junge	boy bɔj	chico tschiko	il ragazzo ra'gatßo
garder gar'deh	behalten, aufpassen	keep, watch kihp, u'ɔtsch	guardar, prestar, atención guar'dar, preß'tar atenθi'ɔn	tenere, fare attenzione te'nere, 'fare aten'tßjone
la **garderie** gardə'ri	Kindergarten	kindergarten 'kindəgahtən	el jardín de infancia char'din de in'fanθia	l' asilo m a'silo
la **gare** gar	Bahnhof	train station träjn 'ßtäjschn	la estación eßtaθi'ɔn	la stazione ßta'tßjone
garer ga'reh	parken	park pahk	aparcar apar'kar	parcheggiare parke'dschare
le **gâteau** ga'to	Kuchen	cake käjk	el pastel paß'tel	la torta, il dolce 'torta, 'doltsche
le **gaz** gas	Gas	gas gäß	el gas gaß	il gas gaß
les **gens** m schä	Leute	people 'pihpəl	la gente 'chente	la gente 'dschente
gentil schä'ti	lieb, nett	dear, nice diər, naiß	cariñoso, amable karin'joßo, a'mable	caro, gentile 'karo, dschen'tile
goûter gu'teh	schmecken	taste täjßt	saber ßa'ber	piacere, sapere di pja'tschere, ßa'pere di
le **gramme** gram	Gramm	gramme gräm	el gramo 'gramo	il grammo 'grammo
grand grä	groß	tall, big tɔhl, big	grande, alto 'grande, 'alto	grande 'grande
grandir grä'dir	wachsen	grow grou	crecer kre'θer	crescere 'kreschere
la **grand-mère** grä'mär	Großmutter	grandmother 'grändmaðər	la abuela abu'ela	la nonna 'nonna
le **grand-père** grä'pär	Großvater	grandfather 'grändfahðər	el abuelo abu'elo	il nonno 'nonno
les **grands-parents** gräpa'rä	Großeltern	grandparents 'grändpärəntß	los abuelos abu'eloß	i nonni 'nonni
gratuit gratu'i	gratis	free of charge fri ɔf tschahtsch	gratis 'gratiß	gratis, gratuito 'gratiß, gratu'ito
grave grahw	schlimm	terrible 'terəbl	terrible te'rible	brutto, grave 'brutto, 'grawe
griller gri'jeh	grillen	grill grill	asar a'ßar	grigliare, arrostire gril'jare, aroß'tire
gros gro	dick	fat, thick fät, θick	gordo 'gordo	grasso, grosso 'graßo, 'großo

Sonderzeichen in der Lautschrift ə angedeutetes e wie in bitte; ɔ offenes o wie in Post; ß scharfes s wie in nass; θ weiches s wie in Fass, aber gelispelt; ð s wie in Sense, aber gelispelt; ä nasal gesprochener Vokal wie in Chanson; ē nasal gesprochener Vokal wie in pointiert; ö nasal gesprochener Vokal wie in Jeton; sch weiches sch wie in Gin

information

Französisch	Deutsch	Englisch	Spanisch	Italienisch
le **groupe** grup	Gruppe	group gruhp	el grupo 'grupo	il gruppo 'grupo
le **guide** gihd	Reiseführer	tour guide tur gaid	el/la guía 'gia	la guida (turistica) gu'ida (tu'rißtika)
guider, diriger gi'deh, diri'scheh	lenken	steer, direct 'ßtihər, daj'räkt	conducir, dirigir kondu'θir, diri'chir	guidare, dirigere gui'dare, di'ridschere

H

Französisch	Deutsch	Englisch	Spanisch	Italienisch
habiller abi'jeh	anziehen	get dressed gätt dreßd	vestirse weß'tirße	vestire weß'tire
l' **habitant** m abi'tã	Einwohner	resident 'residənt	el habitante abi'tante	l' abitante mf abi'tante
habiter abi'teh	wohnen	live liw	vivir wi'wir	abitare abi'tare
les **habits** m, **les vêtements** m a'bi, wät'mã	Kleidung	clothes klouðs	la ropa 'ropa	l' abbigliamento m abilja'mento
le **haricot** ari'ko	Bohne	bean bihn	la judía chu'dia	il fagiolo fa'dschɔlo
le **hasard** a'sar	Zufall	coincidence kou'inßidənß	la coincidencia koinθi'denθia	il caso 'kaso
haut o	hoch	high hai	alto 'alto	alto 'alto
l' **hébergement** m ehbärscha'mã	Unterkunft	accommodation əkomo'däjschn	el alojamiento alochami'ento	l' alloggio m a'lodscho
l' **heure** f ör	Uhr, Stunde	clock, hour klɔck, 'auər	el reloj, la hora re'loch, 'ora	orologio m, ora f orolɔdscho, 'ora
heureux ö'rö	glücklich	lucky, happy 'lacki, 'häpi	contento kon'tento	fortunato, felice fortu'nato, fe'litsche
hier i'jär	gestern	yesterday 'jeßtədäj	ayer a'jer	ieri 'järi
le **hindouisme** m ēdu'ißmə	Hinduismus	Hinduism 'hinduisəm	el hinduismo indu'ißmo	l' induismo m indu'ismo
l' **homme** m ɔm	Mann	man män	el hombre 'ombre	l' uomo m u'ɔmo
les **horaires** f o'rär	Fahrplan	timetable 'tajmtäjbl	el horario o'rario	l' orario m o'rario
l' **hôtel** m o'tel	Hotel	hotel hou'tel	el hotel o'tel	l' hotel m, l'albergo m o'tel, al'bergo
l' **huile** f ü'il	Öl	oil ɔil	el aceite a'θeite	l' olio m 'ɔljo

I

Französisch	Deutsch	Englisch	Spanisch	Italienisch
ici i'ßi	hier	here 'hiə	aquí a'ki	qui ku'i
l' **idée** f i'deh	Idee	idea aj'diə	la idea i'dea	l' idea f i'dea
il il	er	he hi	él el	lui 'lui
l' **île** il	Insel	island 'ajlənd	la isla 'ißla	l' isola f 'isola
l' **image** f i'mahsch	Bild	picture 'piktschə	el cuadro, la imagen ku'adro, i'machen	l' immagine f, il quadro i'madschine, ku'adro
immédiatement imehdiat'mã	sofort	immediately i'midiətli	inmediatamente inmediata'mente	subito 'ßubito
l' **immeuble** m i'möblə	Gebäude	building 'bilding	el edificio edi'fiθio	l' edificio m edi'fitscho
important ēpɔr'tã	wichtig	important im'pɔhtənt	importante impor'tante	importante impor'tante
les **impôts** m, **le volant** äm'po, wo'lã	Steuer	tax, steering-wheel täkß, 'ßtihring u'ihl	el impuesto, el volante impu'eßto, wo'lante	la tassa, il volante 'taßa, wo'lante
l' **imprimante** f ēpri'mãt	Drucker	printer 'printər	la impresora impre'ßora	la stampante ßtam'pante
l' **indépendant** ēdehpä'dã	selbstständig	independent indi'pendənt	independiente independi'ente	indipendente indipen'dente
l' **industrie** f ēdüß'tri	Industrie	industry 'indəßtri	la industria in'dußtria	l' in'dustria f in'dußtria
l' **information** f ēforma'ßjö	Information, Auskunft	information infɔr'mäjschn	la información informaθi'ɔn	l' informazione f informa'tßjone

Sonderzeichen in der Lautschrift ə angedeutetes e wie in bitt**e**; ɔ offenes o wie in P**o**st; ß scharfes s wie in na**ss**; θ weiches s wie in Fa**ss**, aber gelispelt; ð s wie in **S**ense, aber gelispelt; ã nasal gesprochener Vokal wie in Ch**an**son; ē nasal gesprochener Vokal wie in p**oi**ntiert; ö nasal geprochener Vokal wie in Jet**on**; sch weiches sch wie in **G**in

inscription

Französisch	Deutsch	Englisch	Spanisch	Italienisch
l' **inscription** f ẽßkrip'ßjõ	Anmeldung	registration redschiß'träjschn	la **inscripción**, la matrícula inßkripθi'ɔn, ma'trikula	l' **annuncio** m, l'iscrizione f a'nuntscho, ißkri'tßjone
inscrire ẽ'ßkrir	anmelden	sign up ßajn ap	**inscribir** inßkri'bir	**annunciare** anun'tschare
intelligent ẽtäli'schã	intelligent	intelligent in'telidschənt	**inteligente** inteli'chente	**intelligente** inteli'dschente
interdit ẽter'dit	verboten	prohibited prə'hibitid	**prohibido** proi'bido	**vietato** wje'tato
intéressant ẽtehrä'ßã	interessant	interesting 'intraßting	**interesante** intere'ßante	**interessante** intere'ßante
l' **intérêt** m ẽteh'rä	Interesse	interest 'intraßt	el **interés** inte'reß	l' **interesse** m inte'reße
international ẽternaßjɔ'nal	international	international intər'näschənəl	**internacional** internaθio'nal	**internazionale** internatßjo'nale
l' **internet** m ẽter'net	Internet	internet 'intərnet	el **internet** inter'net	l' **internet** f inter'net
l' **invitation** f ẽwita'ßjõ	Einladung	invitation inwi'täjschn	la **invitación** inwitaθi'ɔn	l' **invito** m in'wito
l' **invité** ẽwi'teh	Gast	guest gäßt	el **huésped** u'eßped	l' **ospite** mf 'oßpite
inviter ẽwi'teh	einladen	invite in'wajt	**invitar** inwi'tar	**invitare** inwi'tare
l' **islam** m iß'lam	Islam	Islam is'lahm	el **islam** iß'lam	l' **islam(ismo)** m islam'(ismo)
ivre 'iwrə	betrunken	drunk drank	**borracho** bo'ratscho	**ubriaco** ubri'ako

J

la **jalousie** schalu'si	Neid	envy 'enwi	la **envidia** en'widia	l' **invidia** f in'widia
jamais scha'mä	nie	never 'newər	**nunca** 'nunka	**mai** maj
la **jambe** schãb	Bein	leg läg	la **pierna** pi'erna	la **gamba** 'gamba
le **jardin** schar'dẽ	Garten	garden 'gahdən	el **jardín** char'din	il **giardino** dschar'dino
je schə	ich	I, me ai, mi	**yo** jo	**io** 'io
jeter sche'teh	wegwerfen	throw away θrou ə'uäj	**tirar** ti'rar	**gettare (via)** dsche'tare ('wia)
le **jeu** schöh	Spiel	game gäjm	el **juego** chu'ego	il **gioco** 'dschɔko
jeune schönn	jung	young jang	**joven** 'chowen	**giovane** 'dschowane
la **jeunesse** schö'näß	Jugend	youth juhθ	la **juventud** chuwen'tud	la **gioventù** dschowen'tu
la **joie** schu'a	Freude	joy dschɔj	la **alegría** ale'gria	la **gioia** 'dschoja
jouer schu'eh	spielen	play pläj	**jugar** chu'gar	**giocare** dscho'kare
le **jour** schur	Tag	day däj	el **día** 'dia	il **giorno** 'dschorno
le **journal** schur'nal	Zeitung	newspaper 'njuhßpäjpər	el **periódico** peri'ɔdiko	il **giornale** dschor'nale
joyeux schua'jö	fröhlich	happy 'häpi	**alegre** a'legre	**allegro** a'legro
le **judaïsme** schüda'ißmə	Judentum	Judaism 'dschudaisəm	el **judaísmo** chuda'ißmo	l' **ebraismo** m ebra'ismo
la **jupe** schüp	Rock	skirt ßkört	la **falda** 'falda	la **gonna** 'gonna
le **jus** schü	Saft	juice dschuhß	el **zumo** 'θumo	il **succo** 'ßuko
jusqu'à schüß'ka	bis	until, by an'til, bai	**hasta, a** 'aßta, a	**fino a** 'fino a
jusqu'à présent schüß'ka preh'sã	bisher	so far ßou far	**hasta ahora** 'aßta a'ora	**finora** 'fin'ora

K

le **kayak** ka'jak	Kajak	kayak 'kajäk	el **kayak** ka'jak	il **kayak** 'kajak
le **képi** keh'pi	Kappe, Mütze	cap käp	la **gorra** 'gorra	il **berretto** be'retto
le **ketchup** kä'tschap	Ketchup	ketchup 'ketschəp	el **ketchup** ketsch'up	il **ketchup** 'kätschap
le **kilogramme** kilo'gram	Kilogramm	kilogramme 'kiləgräm	el **kilogramo** kilo'gramo	il **chilogrammo** kilo'grammo
le **kilométrage** kilomeh'trasch	Kilometerstand	mileage 'majlidsch	el **kilometraje** kilome'trache	il **kilometraggio** kilome'tradscho
le **kilomètre** kilo'mätrə	Kilometer	kilometre 'kiləmitər	el **kilómetro** ki'lɔmetro	il **chilometro** ki'lɔmetro
le **kiosque** ki'ɔßk	Kiosk	kiosk 'kiɔßk	el **quiosco** ki'oßko	l' **edicola** f e'dikola

Sonderzeichen in der Lautschrift: ə angedeutetes e wie in bitte; ɔ offenes o wie in Post; ß scharfes s wie in nass; θ weiches s wie in Fass, aber gelispelt; ð s wie in Sense, aber gelispelt; ã nasal gesprochener Vokal wie in Chanson; ẽ nasal gesprochener Vokal wie in pointiert; õ nasal gesprochener Vokal wie in Jeton; sch weiches sch wie in Gin

lunettes

Französisch	Deutsch	Englisch	Spanisch	Italienisch

L

	la la	die	the ðə	**la** la	**la** la
	là la	da	there ðär	**ahí** a'i	**lì, là** li, la
	là-bas la'ba	dort	there ðär	**allí** a'ji	**lì, là** li, la
le	**lac** lack	See	lake läjk	el **lago** 'lago	il **lago** 'lago
	laid lä	hässlich	ugly 'agli	**feo** 'feo	**brutto** 'brutto
la	**laine** län	Wolle	wool wuhl	la **lana** 'lana	la **lana** 'lana
	laisser lä'ßeh	lassen	let lett	**dejar** de'char	**lasciare** la'schare
le	**lait** lä	Milch	milk milk	la **leche** 'letsche	il **latte** 'latte
	lancer lä'ßeh	werfen	throw θrou	**tirar** ti'rar	**gettare** dsche'tare
la	**langue** läg	Sprache	language 'länguidsch	el **idioma** idi'oma	la **lingua** 'lingua
	la plupart du temps la plü'par dü tä	meistens	mostly 'moußtli	la **mayoría de las veces** majo'ria de laß 'weθeß	**il più delle volte** il pju 'dele 'wɔlte
	large larsch	breit	wide u'ajd	**ancho** 'antscho	**largo** 'largo
la	**largeur** lar'schör	Breite	width u'idθ	el **ancho** 'antscho	la **larghezza** lar'getßa
la	**larme** larm	Träne	tear 'tiər	la **lágrima** 'lagrima	la **lacrima** 'lakrima
	le lə	der	the ðə	**el** el	**il** il
	le, lui lə, lu'i	ihm, ihn	him him	**le, lo** le, lo	**gli, a lui, lo, lui** l'ji, a 'lui, lo, 'lui
le	**légume** leh'güm	Gemüse	vegetable u'ädschtəbl	la **verdura** wer'dura	la **verdura** wer'dura
	lent lä	langsam	slow ßlou	**lento** 'lento	**piano, lento** 'pjano, 'länto
la	**lettre** 'lätrə	Brief, Buchstabe	letter 'lettər	la **carta, la letra** karta, 'letra	la **lettera** 'lettera
	lever lə'weh	aufstehen, heben	get up, lift gätt ap, lift	**levantar(se)** lewan'tar(ße)	**alzarsi, alzare, sollevare** al'tßarßi, al'tßare, ßole'ware
	libre 'lihbrə	frei	free fri	**libre** 'libre	**libero** 'libero
	licencier lißä'ßjeh	kündigen	cancel, recall 'känßəl, ri'kɔhl	**desahuciar, despedir** deßauθi'ar, deßpe'dir	**licenziare, disdire** litschen'tßjare, dis'dire
le	**lieu** li'jö	Ort	place pläjß	el **lugar, el pueblo** lu'gar, pu'eblo	il **posto, il paese** 'poßto, pa'ese
	lire lir	lesen	read rihd	**leer** le'er	**leggere** ledschere
le	**lit** li	Bett	bed bed	la **cama** 'kama	il **letto** 'lätto
la	**littérature** litehra'tür	Literatur	literature 'litritschər	la **literatura** litera'tura	la **letteratura** letera'tura
le	**livre** 'lihwrə	Buch	book buck	el **libro** 'libro	il **libro** 'libro
	loin lu'ē	weit	wide, far u'aid, far	**extenso, amplio** ek'ßtenßo, 'amplio	**largo, lontano** 'largo, lon'tano
le	**loisir** lua'sir	Hobby	hobby 'hɔbbi	el **hobby** 'obi	l' **hobby** m, il passatempo 'ɔbbi, paßa'tempo
	long lō	lang	long lɔng	**largo** largo	**lungo** lungo
	longtemps lö'tä	lange	long time lɔng taim	**mucho tiempo** 'mutscho ti'empo	**a lungo** a 'lungo
	lorsque lɔrß'kə	als	when u'än	**cuando, como, que** ku'ando, 'komo, ke	**quando, che** ku'ando, ke
	louer lu'eh	mieten, vermieten	rent, let rent, lett	**alquilar** alki'lar	**affittare, noleggiare** afi'tare, nole'dschare
	lourd luhr	schwer	heavy 'häwi	**pesado** pe'ßado	**pesante** pe'sante
le	**loyer** lua'jeh	Miete	rent rent	el **alquiler** alki'ler	l' **affitto** m a'fito
	lui, elle lu'i, äl	ihr	her hör	**le, vosotros** le, woß'otroß	**voi, a lei, sua** woj, a läj, 'ßua
la	**lumière** lühm'jär	Licht	light lait	la **luz** luθ	la **luce** 'luhtsche
la	**lune** lün	Mond	moon muhn	la **luna** 'luna	la **luna** 'luna
les	**lunettes** f lü'nett	Brille	glasses 'glahßəß	las **gafas** 'gafaß	gli **occhiali** o'kjali

Sonderzeichen in der Lautschrift ə angedeutetes e wie in bitte; ɔ offenes o wie in Post; ß scharfes s wie in nass; θ weiches s wie in Fass, aber gelispelt; ð s wie in Sense, aber gelispelt; ā nasal gesprochener Vokal wie in Chanson; ē nasal gesprochener Vokal wie in pointiert; ō nasal geprochener Vokal wie in Jeton; sch weiches sch wie in Gin

machine

Französisch	Deutsch	Englisch	Spanisch	Italienisch

la machine ma'schihn	Maschine	machine mə'schihn	la máquina 'makina	la macchina 'makina
le magasin maga'sē	Geschäft	business, shop 'bisnəß, schɔp	el negocio, la tienda ne'goθio, ti'enda	il negozio ne'gɔtßjo
la main mē	Hand	hand händ	la mano 'mano	la mano 'mano
maintenant mētə'nā	jetzt	now nau	ahora a'ora	adesso a'deßo
la mairie mä'ri	Rathaus	town-hall 'taunhɔhl	el ayuntamiento ajuntami'ento	il municipio muni'tschipjo
mais mäh	aber	but bat	pero 'pero	ma ma
la maison mä'sō	Haus	house hauß	la casa 'kaßa	la casa 'kasa
malade ma'lad	krank	ill ill	enfermo en'fermo	malato ma'lato
la maladie mala'di	Krankheit	illness 'illnəß	la enfermedad enferme'dad	la malattia mala'tia
malheureusement malörösə'mā	leider	unfortunately an'fɔrtschnətli	afortunadamente afortunada'mente	purtroppo pur'trɔpo
manger mā'scheh	essen	eat iht	comer ko'mer	mangiare man'dschare
manquer mā'keh	fehlen	miss miß	faltar fal'tar	mancare man'kare
le marché mar'scheh	Markt	market 'mahkət	el mercado mer'kado	il mercato mer'kato
marcher mar'scheh	wandern	hike haik	hacer senderismo a'θer ßende'rißmo	camminare kami'nare
le mariage mari'ahsch	Ehe, Hochzeit	marriage, wedding 'märidsch, u'äding	el matrimonio, la boda matri'monio, 'boda	il matrimonio matri'mɔnio
marié mari'eh	verheiratet	married 'märid	casado ka'ßado	sposato ßpo'sato
marier mari'eh	heiraten	marry 'märri	casarse ka'ßarße	sposarsi ßpo'sarßi
masculin maßkü'lē	männlich	masculine 'mäßkjulinn	masculino maßku'lino	maschile maß'kile
les mathématiques f matehma'tik	Mathematik	mathematics mäθə'mätikß	la matemática mate'matika	la matematica mate'matika
le matin ma'tē	Morgen	morning 'mɔrning	la mañana man'jana	la mattina ma'tina
mauvais mo'wä	schlecht	bad bäd	malo 'malo	male, scarso 'male, 'ßkarßo
méchant meh'schā	böse	angry 'ängri	enfadado enfa'dado	cattivo ka'tiwo
le médecin mehd'ßē	Arzt	doctor 'dɔktər	el médico 'mediko	il medico 'mädiko
le médecin d'urgence mehd'ßē dür'schāß	Notarzt	emergency physician i'mördschənßi fi'sischən	el médico de urgencia 'mediko de ur'chenθia	il medico di guardia 'mädiko di gu'ardia
le médicament mehdika'mā	Medikament	medicine 'medßn	el medicamento medika'mento	il farmaco 'farmako
même mäm	sogar	even 'ihwən	incluso in'klußo	persino per'ßino
la mémoire mehmu'ahr	Gedächtnis	memory 'memərì	la memoria me'moria	la memoria me'moria
le ménage meh'nahsch	Haushalt	household 'haußhould	el hogar o'gar	la casa kasa
mentir mā'tir	lügen	lie laj	mentir men'tir	mentire men'tire
le menu mə'nü	Speisekarte	menu 'menju	la carta 'karta	il menu me'nu
la mer mär	Meer	sea ßih	el mar mar	il mare 'mare
merci mär'ßi	danke	thank you θänk ju	gracias 'graθiaß	grazie 'gratßje
la mère mär	Mutter	mother 'maðər	la madre 'madre	la madre 'madre
le métal meh'tal	Metall	metal 'mettl	el metal me'tal	il metallo me'tallo
le mètre 'mätrə	Meter	metre 'mihtər	el metro 'metro	il metro 'mätro
le métro meh'tro	U-Bahn	subway 'ßabuäj	el metro 'metro	il metrò mä'tro
les meubles m 'möblə	Möbel	furniture 'förnitschər	el mueble mu'eble	il mobile 'mɔbile
le midi mi'di	Mittag	noon nuhn	el mediodía medio'dia	il mezzogiorno mädso'dschorno
mieux mjö	besser	better 'bettər	mejor me'chor	meglio, migliore 'mäljo, mil'jore
le milieu mil'jö	Mitte	centre 'ßentər	el medio 'medio	la metà, il mezzo me'ta, 'mädso
mince mēß	dünn	thin θin	delgado del'gado	magro 'magro

Sonderzeichen in der Lautschrift ə angedeutetes e wie in bitte; ɔ offenes o wie in Post; ß scharfes s wie in nass; θ weiches s wie in Fass, aber gelispelt; ð s wie in Sense, aber gelispelt; ā nasal gesprochener Vokal wie in Chanson; ē nasal gesprochener Vokal wie in pointiert; ö nasal geprochener Vokal wie in Jeton; sch weiches sch wie in Gin

normal

Französisch	Deutsch	Englisch	Spanisch	Italienisch
la **minute** mi'nüt	Minute	minute 'minit	el minuto mi'nuto	il minuto mi'nuto
la **mode** mɔd	Mode	fashion 'fäschən	la moda 'moda	la moda 'mɔda
le **mois** mu'a	Monat	month manθ	el mes meß	il mese 'mese
la **moitié** mua'tjeh	Hälfte	half hahf	la mitad mi'tad	la metà me'ta
le **moment** mo'mã	Moment	moment 'moumənt	el momento mo'mento	l' attimo *m*, il momento 'atimo, mo'mento
mon, ma, mes mõ, ma, meh	mein, meine, meiner	mine, my main, mai	mi mi	mio, mia, il mio, la mia 'mio, 'mia, il 'mio, la 'mia
le **monde** mõd	Welt	world u'örld	el mundo 'mundo	il mondo 'mondo
le **monsieur** mə'ßjö	Herr	mister, gentleman 'mißtər, 'dschäntlmän	el señor ßen'jor	il signore ßin'jore
la **montagne** mõ'tanjə	Berg	mountain 'mauntən	la montaña mon'tanja	la montagna mon'tanja
monter mõ'teh	heraufkommen, einsteigen	come up, board, get in kam ap, bɔhd, gätt in	subir, entrar, embarcar ßu'bir, en'trar, embar'kar	salire, montare ßa'lire, mon'tare
montrer mõ'treh	zeigen	show schou	enseñar enßen'jar	mostrare, indicare moß'trare, indi'kare
le **morceau** mɔr'ßo	Stück	piece pihß	el trozo 'troθo	il pezzo 'pätßo
mort mɔr	tot, gestorben	dead, died däd, dajd	muerto mu'erto	morto 'mɔrto
le **mot** mo	Wort	word u'öhd	la palabra pa'labra	la parola pa'rɔla
le **moteur** mo'tör	Motor	engine, motor 'endschin, 'moutər	el motor mo'tor	il motore mo'tore
mou mu	weich	soft ßɔft	blando 'blando	morbido 'mɔrbido
le **mouchoir** muschu'ar	Taschentuch	handkerchief 'hänkətschif	el pañuelo panju'elo	il fazzoletto fatßo'leto
mouillé mu'jeh	nass	wet u'ät	mojado mo'chado	bagnato ban'jato
mourir mu'rir	sterben	die dai	morir mo'rir	morire mo'rire
la **moyenne** mua'jänn	Durchschnitt	average 'äwəridsch	la media 'media	la media 'mädja
la **musique** mü'sik	Musik	music 'mjuhsik	la música 'mußika	la musica 'musika

N

Französisch	Deutsch	Englisch	Spanisch	Italienisch
nager na'scheh	schwimmen	swim ßu'im	bañar ban'jar	nuotare nuo'tare
la **nature** na'tür	Natur	nature 'näjtschər	la naturaleza natura'leθa	la natura na'tura
nécessaire nehße'ßär	nötig	necessary 'neßəßəri	necesario neθe'ßario	necessario netsche'ßario
la **neige** nähsch	Schnee	snow ßnou	la nieve ni'ewe	la neve 'newe
neiger nä'scheh	schneien	snow ßnou	nevar ne'war	nevicare newi'kare
ne pas nə pa	nicht	not nɔt	no no	non non
nerveux när'wö	nervös	nervous 'nörwəß	nervioso nerwi'oßo	nervoso ner'woso
nettoyer netua'jeh	säubern	clean klihn	limpiar limpi'ar	pulire pu'lire
le **nez** neh	Nase	nose nous	la nariz na'riθ	il naso 'naso
ni ... ni ni ... ni	weder ... noch	neither ... nor 'naiðər ... nɔr	ni ... ni ni ... ni	né ... né ne ... ne
la **Noël** no'äl	Weihnachten	Christmas 'krißməß	la navidad nawi'dad	il Natale na'tale
le **nom** nõ	Name	name näjm	el nombre 'nombre	il nome 'nome
le **nom de famille** nõ də fa'mij	Nachname	surname 'ßörnäjm	el apellido ape'jido	il cognome kon'jome
non nõ	nein	no nou	no no	no nɔ
le **non-sens** nõ'ßäß	Quatsch	rubbish 'rabisch	las tonterías tonte'riaß	le scemenze sche'mentße
normal nor'mal	normal	normal 'nɔhml	normal nor'mal	normale nor'male

Sonderzeichen in der Lautschrift ə angedeutetes e wie in bitt**e**; ɔ offenes o wie in P**o**st; ß scharfes s wie in na**ss**; θ weiches s wie in Fa**ss**, aber gelispelt; ð s wie in **S**ense, aber gelispelt; ã nasal gesprochener Vokal wie in Ch**an**son; ẽ nasal gesprochener Vokal wie in p**oi**ntiert; õ nasal gesprochener Vokal wie in Jet**on**; sch weiches sch wie in **G**in

note

Französisch	Deutsch	Englisch	Spanisch	Italienisch
la **note** nɔt	Note	note nout	la **nota** 'nota	la **nota, il voto** 'nɔta, 'woto
noter nɔ'teh	notieren	note nout	**apuntar** apun'tar	**segnare, prendere nota** ßen'jare, 'prendere 'nɔta
notre, nos 'nɔtrə, no	unser, unsere	our 'auər	**nuestro** nu'eßtro	**nostro** 'nɔßtro
la **nouille** nu'ij	Nudel	noodle 'nuhdl	la **pasta** 'paßta	la **pasta** 'paßta
nous nu	wir	we u'i	**nosotros** noß'otroß	**noi** noj
nouveau nu'wo	neu	new njuh	**nuevo** nu'ewo	**nuovo** nu'ɔwo
les **nouvelles** f nu'well	Nachrichten	news njuhs	las **noticias** no'tiθiaß	le **notizie** no'titßje
le **nuage** nü'ahsch	Wolke	cloud klaud	la **nube** 'nube	la **nuvola** 'nuwola
la **nuit** nu'i	Nacht	night nait	la **noche** 'notsche	la **notte** 'nɔte
la **nuitée** nüi'teh	Übernachtung	accommodation əkomo'däjschn	la **pernoctación** pernoktaθi'on	il **pernottamento** pernɔta'mento
nulle part nül par	nirgends, nirgendwo	nowhere 'nouuär	**en ningún sitio** en nin'gun 'ßitio	**da nessuna parte** da ne'ßuna 'parte
le **numéro** nümeh'ro	Nummer	number 'nambər	el **número** 'numero	il **numero** 'numero

O

l' **œil** m öj	Auge	eye ai	el **ojo** 'ocho	l' **occhio** m 'ɔkjo
l' **offre** f 'ɔfrə	Angebot	offer 'ɔfər	la **oferta** o'ferta	l' **offerta** f o'ferta
offrir o'frir	schenken, anbieten	donate, give, offer dou'näjt, giw, 'ɔfər	**regalar, ofrecer** rega'lar, ofre'θer	**regalare, offire** rega'lare, of'rire
l' **oiseau** m ua'so	Vogel	bird börd	el **pájaro** 'pacharo	l' **uccello** m u'tschello
on õ	man	one u'an	**se** ße	**si** ßi
on y va õni'wa	los	go gou	**vamos** 'wamoß	**via** 'wia
l' **oncle** m 'õkla	Onkel	uncle 'ankl	el **tío** 'tio	lo **zio** 'dsio
l' **opinion** f opin'jõ	Meinung	opinion ɔ'pinjən	la **opinión** opini'on	l' **opinione** f opin'jone
l' **orage** m o'rahsch	Gewitter	thunderstorm 'θandəßtɔrm	la **tormenta** tor'menta	il **temporale** tempo'rale
l' **ordinateur** m ɔrdina'tör	Computer	computer kom'pjutər	el **ordenador** ordena'dor	il **computer** kom'pjuter
l' **ordre** m 'ɔrdrə	Ordnung	order 'ɔhdər	el **orden** 'orden	l' **ordine** m 'ordine
les **ordures** m or'dür	Müll	garbage 'gahbitsch	la **basura** ba'ßura	l' **immondizia** f imon'ditßja
l' **oreille** f o'räj	Ohr	ear 'iər	la **oreja** o'recha	l' **orecchio** m o'rekjo
ou u	oder	or ɔr	**o** o	**o, oppure** ɔ, op'pure
où u	wo, wohin	where (to) u'är (tu)	**(a) dónde** (a) 'donde	**dove** 'dowe
oublier ubli'jeh	vergessen	forget fɔr'get	**olvidar** olwi'dar	**dimenticare** dimenti'kare
oui u'i	ja	yes jeß	**sí** ßi	**sì** ßi
l' **outil** m u'ti	Werkzeug	instrument, tool 'inßtrumənt, tuhl	la **herramienta** erami'enta	l' **attrezzo** m a'tretßo
ouvert u'wer	offen	open 'oupən	**abierto** abi'erto	**aperto** a'pärto
ouvrir u'wrir	öffnen	open 'oupən	**abrir** a'brir	**aprire** a'prire

P

le **pain** pẽ	Brot	bread bräd	el **pan** pan	il **pane** 'pane
pâle pahl	blass	pale päjl	**pálido** 'palido	**pallido** 'palido
le **panneau** pa'no	Schild	sign, label, plate ßain, 'läjbəl, pläjt	el **letrero, la etiqueta, la placa** le'trero, eti'keta, 'plaka	la **targa, il cartello** 'targa, kar'tello
la **panne de voiture** pann də wua'tür	Autopanne	breakdown 'bräjkdaun	la **avería (con el coche)** awe'ria (kon el 'kotsche)	il **guasto** gu'aßto
le **pantalon** pãta'lõ	Hose	trousers 'trausərs	el **pantalón** panta'lɔn	i **pantaloni** panta'loni
le **papier** pa'pjeh	Papier	paper 'päjpər	el **papel** pa'pel	la **carta** 'karta

Sonderzeichen in der Lautschrift: ə angedeutetes e wie in bi**tte**; ɔ offenes o wie in P**o**st; ß scharfes s wie in na**ss**; θ weiches s wie in Fa**ss**, aber gelispelt; ð s wie in **S**ense, aber gelispelt; ã nasal gesprochener Vokal wie in Ch**an**son; ẽ nasal gesprochener Vokal wie in p**oi**ntiert; õ nasal geprochener Vokal wie in Jet**on**; sch weiches sch wie in **G**in

petit pain

Französisch	Deutsch	Englisch	Spanisch	Italienisch
Pâques pack	Ostern	Easter ˈihßtər	la **Pascua** ˈpaßkua	la **Pasqua** ˈpaßkua
le **paquet** paˈkeh	Paket	package, parcel ˈpäkidsch, ˈpahßəl	el **paquete** paˈkete	il **pacco** ˈpako
le **parapluie** parapluˈi	Regenschirm	umbrella amˈbrelə	el **paraguas** paˈraguaß	l' **ombrello** m omˈbrello
le **parc** park	Park	park pahk	el **parque** ˈparke	il **parco** ˈparko
parce que parß kə	weil	because biˈkɔhs	**porque** ˈporke	**perché** perˈke
pardonner pardoˈneh	verzeihen	forgive fɔrˈgiw	**perdonar** perdoˈnar	**perdonare** perdoˈnare
les **parents** m paˈrã	Eltern	parents ˈpärəntß	los **padres** ˈpadreß	i **genitori** dscheniˈtori
parfois parfuˈa	manchmal	sometimes ˈßamtaimß	**a veces** a ˈweθeß	**qualche volta** kuˈalke ˈwɔlta
le **parfum** parˈfẽ	Parfüm	perfume ˈpörfjuhm	el **perfume** perˈfume	il **profumo** proˈfumo
le **parking** parˈking	Parkplatz	car park kar pahk	el **aparcamiento** aparkamiˈento	il **parcheggio** parˈkedscho
parler parˈleh	sprechen	speak ßpihk	**hablar** aˈblar	**parlare** parˈlare
le **partenaire** partəˈnär	Partner, Partnerin	partner ˈpahtnər	la **pareja, el socio, la socia** paˈrecha, ˈßoθio, ˈßoθia	il/la **partner, il compagno, la compagna** ˈpartner, komˈpanjo, komˈpanja
parti parˈti	weg	away, off əˈuäj, ɔf	**ausente, fuera** auˈßente, fuˈera	**via** ˈwia
participer partißiˈpeh	mitmachen, teilnehmen	join in, participate dschɔin in, parˈtißipäjt	**participar** partiθiˈpar	**partecipare** partetschiˈpare
particulièrement partiküljärˈmã	besonders	special ˈßpeschəl	**especial** eßpeˈθial	**particolarmente** partikolarˈmente
partir parˈtir	abfahren, weggehen, abreisen	depart, go out, leave diˈpaht, gou aut, lihw	**partir, salir, irse** parˈtir, ßaˈlir, ˈirße	**partire, andare via** parˈtire, anˈdare ˈwia
partout parˈtu	überall	everywhere ˈewriuär	**por todas partes** por ˈtodaß ˈparteß	**dappertutto** daperˈtutto
le **passé** paˈßeh	Vergangenheit	past pahßt	el **pasado** paˈßado	il **passato** paˈßato
passé, le long de paˈßeh, lə lõ də	vorbei	over ˈouwər	**pasado** paˈßado	**passato, finito** paˈßato, fiˈnito
le **passeport** paßˈpɔr	Reisepass	passport ˈpahßpɔht	el **pasaporte** paßaˈporte	il **passaporto** paßaˈpɔrto
la **pause** pohs	Pause	break bräjk	el **descanso** deßˈkanßo	la **pausa, la sosta** ˈpausa, ˈßoßta
pauvre ˈpɔwrə	arm	poor ˈpuər	**pobre** ˈpobre	**povero** ˈpowero
payer päˈjeh	bezahlen, zahlen	pay päj	**pagar** paˈgar	**pagare** paˈgare
le **pays** päˈi	Land	country ˈkantri	el **país** paˈiß	il **paese, la terra** paˈese, ˈtära
le **paysage** päiˈsahsch	Landschaft	landscape ˈländßkäjp	el **paisaje** paiˈßache	il **paesaggio** paeˈsadscho
la **peau** po	Haut	skin ßkin	la **piel** piˈel	la **pelle** ˈpelle
pendre ˈpädrə	hängen	hang häng	**colgar** kolˈgar	**appendere** aˈpendere
la **pensée** päˈßeh	Gedanke	thought θɔht	el **pensamiento** penßamiˈento	il **pensiero** penˈßjero
penser päˈßeh	denken	think θink	**pensar** penˈßar	**pensare** penˈßare
perdre ˈpärdrə	verlieren	lose luhs	**perder** perˈder	**perdere** ˈperdere
le **père** pär	Vater	father ˈfahðər	el **padre** ˈpadre	il **padre** ˈpadre
permettre perˈmätrə	erlauben	allow əˈlau	**permitir** permiˈtir	**permettere** perˈmetere
le **permis** perˈmi	Führerschein	driving licence ˈdraiwing ˈlajßənß	el **pemiso de conducir** perˈmißo de konduˈθir	la **patente** paˈtente
la **permission** permiˈßjõ	Erlaubnis	permission pəˈmischn	el **permiso** perˈmißo	il **permesso** perˈmeßo
personne perˈßɔn	niemand	nobody ˈnoubadi	**nadie** ˈnadie	**nessuno** neˈßuno
la **personne** perˈßɔn	Person	person ˈpörßən	la **persona** perˈßona	la **persona** perˈßona
petit pəˈti	klein	small ßmɔhl	**pequeño** peˈkenjo	**piccolo** ˈpikolo
le **petit-déjeuner** pətidehschöˈneh	Frühstück	breakfast ˈbräkfəßt	el **desayuno** deßaˈjuno	la **colazione** kolaˈtßjone
le **petit enfant** pətitäˈfã	Enkel	grandchild ˈgrändtschaild	el **nieto** niˈeto	il **nipote** niˈpote
le **petit pain** pəˈti pẽ	Brötchen	(bread) roll (bräd) roul	el **panecillo** paneˈθijo	il **panino** paˈnino

Sonderzeichen in der Lautschrift ə angedeutetes e wie in bitt**e**; ɔ offenes o wie in P**o**st; ß scharfes s wie in na**ss**; θ weiches s wie in Fa**ss**, aber gelispelt; ŏ s wie in **S**ense, aber gelispelt; ã nasal gesprochener Vokal wie in Ch**an**son; ẽ nasal gesprochener Vokal wie in p**oin**tiert; õ nasal gesprochener Vokal wie in Jet**on**; sch weiches sch wie in **G**in

309

peu

Französisch	Deutsch	Englisch	Spanisch	Italienisch
peu pö	wenig	little, few 'littl, fju	poco 'poko	poco 'pɔko
la **peur** pör	Angst	fear 'fiər	el miedo mi'edo	la paura pa'ura
peut-être pö'tätrə	vielleicht	maybe 'mäjbi	tal vez tal weθ	forse 'forße
la **pharmacie** farma'ßi	Apotheke	pharmacy 'fahməßi	la farmacia far'maθia	la farmacia farma'tschia
la **photo** fo'to	Foto	photo 'foutou	la foto 'foto	la foto 'fɔto
la **phrase** frahs	Satz	sentence 'ßentənß	la frase 'fraße	la frase 'frase
la **physique** fi'sik	Physik	physics 'fisikß	la física 'fißika	la fisica 'fisika
la **pièce** pjäß	Zimmer, Raum	room ruhm	la habitación, el cuarto abitaθi'ɔn, ku'arto	la camera, la stanza 'kamera, 'ßtantßa
la **pièce d'identité** pjäß didäti'teh	Ausweis	identification card aidentifi'käjschn kard	el carnet kar'ne	la tessera, il documento 'teßera, doku'mento
le **pied** pjeh	Fuß	foot futt	el pie pi'e	il piede 'pjäde
la **pierre** pjär	Stein	stone ßtoun	la piedra pi'edra	il sasso 'ßaßo
piquant pi'kã	scharf	spicy, hot 'ßpaißi, hɔtt	picante pi'kante	piccante pi'kante
la **piscine** pi'ßin	Schwimmbad	swimming pool ßu'imming puhl	la piscina piß'θina	la piscina pi'schina
la **place** plaß	Platz	seat, square, space ßiht, ßku'är, ßpäjß	el sitio, el puesto, la plaza 'ßitio, pu'eßto, plaθa	il posto, la piazza 'poßto, 'pjatßa
le **plafond, la couverture** pla'fõ, kuwer'tür	Decke	blanket, ceiling 'blänkit, 'ßihling	la manta, il techo 'manta, 'tetscho	la coperta, il soffitto ko'pärta, ßo'fito
la **plage** plahsch	Strand	beach bihtsch	la playa 'plaja	la spiaggia ßpjadscha
la **plainte** plēt	Beschwerde	complaint kəm'pläint	la protesta pro'teßta	il reclamo re'klamo
plaire plär	gefallen	like laik	gustar guß'tar	piacere pja'tschere
le **plaisir** plä'sir	Spaß	fun, joke fan, dschouk	la diversión, la broma diwerθi'ɔn, 'broma	il divertimento diwerti'mento
le **plan** plã	Plan	plan plän	el plan plan	il progetto pro'dschetto
la **plante** plät	Pflanze	plant plahnt	la planta 'planta	la pianta 'pjanta
plat pla	flach	flat flätt	plano 'plano	piano, basso 'pjano, 'baßo
plein plē	voll	full full	lleno 'jeno	pieno 'pjäno
pleurer plö'reh	weinen	cry krai	llorar jo'rar	piangere 'pjandschere
pleuvoir plöwu'ahr	regnen	rain räjn	llover jo'wer	piovere 'pjowere
la **pluie** plu'i	Regen	rain räjn	la lluvia 'juwia	la pioggia 'pjodscha
plus plü	mehr	more mɔhr	más maß	più pju
plus loin plü lu'ē	weiter	further, wider 'förðər, u'ajdər	más maß	più lontano pju lon'tano
plus tard plü tar	später	later 'läjtər	más tarde maß 'tarde	più tardi pju 'tardi
le **poids** pu'a	Gewicht	weight u'äjt	el peso 'peßo	il peso 'peso
la **poire** pu'ahr	Birne	pear 'piər	la pera 'pera	la pera 'pera
le **poisson** pua'ßõ	Fisch	fish fisch	el pescado peß'kado	il pesce 'pesche
la **poitrine** pua'trin	Brust	chest tscheßt	el pecho 'petscho	il petto 'petto
la **police** po'liß	Polizei	police pə'lihß	la policía poli'θia	la polizia poli'tßia
la **politique** poli'tik	Politik	politics 'pɔlitikß	la política po'litika	la politica po'litika
la **pomme** pɔm	Apfel	apple 'äpl	la manzana man'θana	la mela 'mela
la **pomme de terre** pɔm də tär	Kartoffel	potato pə'täjtou	la patata pa'tata	la patata pa'tata
les **pompiers** m pɔm'pjeh	Feuerwehr	fire brigade 'faiər bri'gäjd	los bomberos bom'beroß	i vigili del fuoco 'widschili del fu'ɔko
le **pont** põ	Brücke	bridge bridsch	el puente pu'ente	il ponte 'ponte
le **portable** pɔr'tablə	Handy	mobile phone 'moubail foun	el teléfono móvil te'lefono 'mɔwil	il cellulare tschelu'lare
la **porte** pɔrt	Tür	door dɔr	la puerta pu'erta	la porta 'pɔrta
le **porte-monnaie** pɔrtmɔ'nä	Brieftasche	wallet u'ɔlit	la cartera kare'tera	il portafoglio porta'fɔljo
porter pɔr'teh	tragen	wear, carry u'eər, 'käri	llevar je'war	portare por'tare

Sonderzeichen in der Lautschrift ə angedeutetes e wie in bitte; ɔ offenes o wie in Post; ß scharfes s wie in nass; θ weiches s wie in Fass, aber gelispelt; ð s wie in Sense, aber gelispelt; ã nasal gesprochener Vokal wie in Chanson; ē nasal gesprochener Vokal wie in pointiert; õ nasal geprochener Vokal wie in Jeton; sch weiches sch wie in Gin

pull-over

Französisch	Deutsch	Englisch	Spanisch	Italienisch
la **portion** pɔr'ßjõ	Portion	portion 'pɔhschn	la ración raθi'ɔn	la porzione por'tßjone
poser po'seh	legen, stellen	lay, place, put, set läj, pläjß, putt, ßätt	poner, colocar po'ner, kolo'kar	mettere 'metere
possible po'ßiblə	möglich	possible 'poßabl	posible po'ßible	possibile po'ßibile
la **poste** pɔst	Post	post, mail poußt, mäjl	el correo ko'reo	la posta 'poßta
le **pot** po	Kanne	can, pot kän, pɔtt	la jarra 'chara	il bricco 'briko
la **poubelle** pu'bell	Mülltonne	dustbin 'daßtbin	el cubo de basura 'kubo de ba'ßura	il bidone delle immondizie bi'done 'dele imon'ditßje
pour pur	für	for, in favour fɔr, in 'fäjwər	para, por 'para, por	per per
le **pourboire** purbu'ahr	Trinkgeld	tip tipp	la propina pro'pina	la mancia 'mantscha
pour cela pur ßə'la	dafür	for it, pro fɔr it, prou	a favor a fa'wor	per questo per ku'eßto
pourquoi purku'a	warum	why u'ai	por qué por ke	perché per'ke
pouvoir puwu'ahr	können	can kän	poder po'der	potere po'tere
pratique pra'tik	praktisch	practical 'präktikl	práctico 'praktiko	pratico 'pratiko
le **pré** preh	Wiese	meadow 'medou	el prado 'prado	il prato 'prato
précis preh'ßi	genau	exact ek'ßäkt	exacto ekß'akto	esatto e'satto
prendre 'prädrə	nehmen	take täjk	tomar to'mar	prendere 'prendere
prendre de l'essence 'prädrə də leh'ßäß	tanken	fill up fil ap	repostar repoß'tar	fare/mettere benzina 'fare/'metere ben'dsina
prendre soin 'prädrə ßu'ē	sorgen	care 'käər	preocuparse preoku'parße	provvedere, occuparsi prowe'dere, oku'parßi
prendre une douche 'prädrə ün dusch	duschen	shower 'schauər	duchar du'tschar	fare la doccia 'fare la 'dotscha
le **prénom** preh'nõ	Vorname	first name förßt näjm	el nombre 'nombre	il nome 'nome
présenter prehsä'teh	vorstellen	present pri'sent	presentar preßen'tar	presentare presen'tare
presque 'präßkə	fast	almost 'ɔlmoußt	casi 'kaßi	quasi ku'asi
prêter prä'teh	leihen	rent rent	alquilar alki'lar	prestare preß'tare
la **prise** prihs	Stecker	plug plag	el enchufe en'tschufe	la spina 'ßpina
le **prix** pri	Preis	price praiß	el precio 'preθio	il prezzo 'prätßo
probablement prɔbablə'mä	wahrscheinlich	probably 'prɔbəbli	probablemente probable'mente	probabile pro'babile
le **problème** pro'bläm	Problem	problem 'prɔbləm	el problema pro'blema	il problema pro'bläma
proche prɔsch	nah	close klouß	cerca 'θerka	vicino wi'tschino
produire produ'ir	herstellen	produce prə'djuhß	producir produ'θir	fabbricare, creare fabri'kare, kre'are
le **professeur** profä'ßör	Lehrer	teacher 'tihtschər	el profesor profe'ßor	l' insegnante mf inßen'jante
la **profession** profe'ßjõ	Beruf	job dschob	la profesión profeßi'ɔn	la professione profe'ßjone
la **profond** pro'fõ	tief	deep dihp	profundo pro'fundo	profondo pro'fondo
le **programme** pro'gram	Programm	programme 'prougräm	el programa pro'grama	il programma pro'grama
la **promenade** promə'nad	Spaziergang	walk u'ɔhk	el paseo pa'ßeo	la passeggiata paße'dschata
promettre pro'mätrə	versprechen	promise 'prɔmiß	prometer prome'ter	promettere pro'metere
la **promotion** promo'ßjõ	Sonderangebot	special offer 'ßpeschl 'ɔfər	la oferta o'ferta	l' offerta (speciale) f o'ferta (ßpe'tschale)
proposer propo'seh	vorschlagen	suggest ßə'dscheßt	sugerir ßuche'rir	proporre pro'porre
propre 'prɔprə	sauber	clean klihn	limpio 'limpio	pulito pu'lito
la **prudence** prü'däß	Vorsicht	attention, caution ə'tenschn, 'kɔhschn	el cuidado, la precaución kui'dado, prekauθi'ɔn	l' attenzione f, la prudenza aten'tßjone, pru'dentßa
prudent prü'dä	vorsichtig	careful 'käərful	cuidadoso kuida'doßo	prudente pru'dente
le **pull-over** pülo'wer	Pullover	pullover 'pullouwər	el jersey cher'ßej	il pullover, la maglia pul'ɔwer, 'malja

Sonderzeichen in der Lautschrift ə angedeutetes e wie in bitt**e**; ɔ offenes o wie in P**o**st; ß scharfes s wie in na**ss**; θ weiches s wie in Fa**ss**, aber gelispelt; ð s wie in **S**ense, aber gelispelt; ä nasal gesprochener Vokal wie in Ch**an**son; ē nasal gesprochener Vokal wie in p**oi**ntiert; õ nasal gesprochener Vokal wie in Jet**on**; sch weiches sch wie in **G**in

quai

Französisch	Deutsch	Englisch	Spanisch	Italienisch

	le **quai** ke	Bahnsteig	platform 'plätfɔhm	el andén an'den	il binario bi'nario
	la **qualité** kali'teh	Qualität	quality ku'ɔliti	la calidad kali'dad	la qualità kuali'ta
	quand kã	wann	when u'än	cuándo ku'ando	quando ku'ando
	quand même kã mäm	doch	yet jett	sin embargo ßin em'bargo	ma, però ma, pe'rɔ
	la **quantité, la multitude** kãti'teh, mülti'tüd	Menge	amount, crowd ə'maunt, 'kraud	la cantidad, la multitud kanti'dad, multi'tud	la quantità, il moltitudine kuanti'ta, multi'tudine
	le **quart** kahr	Viertel	quarter ku'ɔhtər	el cuarto ku'arto	il quarto ku'arto
	que kə	das, dass	the, that ðə, ðät	o, que o, ke	questo, che ku'eßto, ke
	quelque 'kälkə	einige	few, some fju, ßam	algunos al'gunoß	alcuni al'kuni
	quelque chose 'kälkə schohs	etwas	something, some 'ßamθing, ßam	algo 'algo	qualcosa kual'kɔsa
	quelquefois kälkəfu'a	manchmal	sometimes 'ßamtaims	a veces a 'weθeß	talvolta tal'wolta
	quelque part 'kälkə par	irgendwo	somewhere, anywhere 'ßamuär, 'äniuär	en alguna parte en al'guna 'parte	in qualche posto in ku'alke 'poßto
	quelqu'un käl'kë	jemand	anyone, somebody äniuan, 'ßambadi	alguno al'guno	qualcuno kual'kuno
la	**question** käß'tjõ	Frage	question ku'eßtschn	la pregunta pre'gunta	la domanda do'manda
	qui ki	wer	who hu	quién ki'en	chi ki
	quoi ku'a	was	what u'ɔt	qué ke	che cosa ke 'kɔsa

	raconter rakõ'teh	erzählen	tell tell	contar kon'tar	raccontare rakon'tare
la	**radio** ra'djo	Radio	radio 'räjdiou	la radio 'radio	la radio 'radio
la	**raison** rä'sõ	Grund	reason 'rihsən	la razón ra'θɔn	il motivo, il suolo mo'tiwo, ßu'ɔlo
	ranger rä'scheh	aufräumen	tidy, clear 'taidi, 'kliər	ordenar orde'nar	mettere in ordine 'metere in 'ordine
	rappeler rap'leh	erinnern	remind ri'majnd	acordarse akor'darße	ricordare rikor'dare
	rare rar	selten	rare rär	raro 'raro	raro, insolito 'raro, in'ßolito
	rater ra'teh	verpassen	miss miß	perder per'der	perdere 'perdere
la	**recette, l'ordonnance** rə'ßätt, ɔr'donäß	Rezept	prescription, recipe prə'ßkripschn, 'reßəpi	la receta re'θeta	la ricetta ri'tschetta
	recevoir rəßəwu'ahr	bekommen, empfangen	get, receive gätt, ri'ßihw	recibir, conseguir reθi'bir, konße'gir	ricevere ri'tschewere
le	**reçu** rə'ßü	Quittung	receipt ri'ßiht	el recibo re'θibo	la ricevuta ritsche'wuta
le	**regard** rə'gar	Blick	look, view luck, wju	la mirada, la vista mi'rada, 'wißta	lo sguardo sgu'ardo
	regarder la télé rəgar'deh la teh'leh	fernsehen	watch TV u'ɔtsch ti'wi	ver la tele wer la 'tele	guardare la televisione guar'dare la telewi'sjone
	réjouir rehschu'ir	freuen	be pleased bi plihsd	alegrarse ale'grarße	essere contento 'äßere kon'tento
	remercier rəmär'ßjeh	danken	thank θänk	agradecer agrade'θer	ringraziare ringra'tßjare
	remettre rə'mätrə	ausgeben	spend ßpend	salir ßa'lir	spendere 'ßpendere
	remplir rä'plir	ausfüllen, füllen	fill fill	rellenar, llenar reje'nar, je'nar	riempire rijem'pire
	rencontrer räkõ'treh	kennenlernen, treffen	get to know, meet gätt tu nou, miht	conocer, encontrar, alcanzar kono'θer, enkon'trar, alkan'θar	fare conoscenza, incontrare 'fare kono'schentsa, inkon'trare

Sonderzeichen in der Lautschrift: ə angedeutetes e wie in bitt**e**; ɔ offenes o wie in P**o**st; ß scharfes s wie in na**ss**; θ weiches s wie in Fa**ss**, aber gelispelt; ð s wie in **S**ense, aber gelispelt; ã nasal gesprochener Vokal wie in Ch**an**son; ẽ nasal gesprochener Vokal wie in p**oi**ntiert; õ nasal gesprochener Vokal wie in Jet**on**; sch weiches sch wie in **G**in

salaire

Französisch	Deutsch	Englisch	Spanisch	Italienisch
le **rendez-vous** rãdeh'wu	Termin, Verabredung	appointment, date ə'pointment, däjt	la cita, la fecha 'θita, 'fetscha	la data, l'appuntamento *m* 'data, apunta'mento
rendre 'rãdrə	abgeben	hand in, give away händ in, giw ə'uäj	dar, compartir dar, kompar'tir	consegnare konsen'jare
rentrer rã'treh	hereinkommen	come in kam in	entrar en'trar	entrare en'trare
la **réparation** rehpara'ßjö	Reparatur	repair ri'päər	la reparación reparaθi'ɔn	la riparazione ripara'tßjone
réparer rehpa'reh	reparieren	repair ri'päər	reparar repa'rar	riparare ripa'rare
le **repas** rə'pa	Essen, Mahlzeit	meal mihl	la comida ko'mida	il mangiare, il pasto man'dschare, 'paßto
répéter rehpeh'teh	wiederholen	repeat ri'piht	repetir repe'tir	ripetere ri'pätere
répondre reh'pôdrə	antworten	answer 'ahnßər	responder reßpon'der	rispondere riß'pondere
la **réponse** reh'pöß	Antwort	answer 'ahnßər	la respuesta reßpu'eßta	la risposta riß'poßta
reposer rəpo'seh	ausruhen	relax, rest ri'läkß, reßt	descansar deßkan'ßar	riposare ripo'sare
réserver rehser'weh	buchen, reservieren	book, reserve buck, ri'sörw	reservar reßer'war	prenotare preno'tare
ressembler rəßã'bleh	aussehen	appear, look ə'piər, luck	parecer pare'θer	sembrare ßem'brare
le **restaurant** rɛßtɔ'rã	Restaurant	restaurant 'reßtrənt	el restaurante reßtau'rante	il ristorante rißto'rante
rester räß'teh	bleiben	stay ßtäj	quedarse ke'darße	restare reß'tare
le **retard** rə'tar	Verspätung	delay di'läj	el retraso re'traßo	il ritardo ri'tardo
retenir, remarquer rətə'nir, rə'markeh	merken, bemerken	memorise, notice 'memərajs, 'noutiß	notar, acordarse no'tar, akor'darße	accorgersi, notare a'kordscherßi, no'tare
le **rêve** rähw	Traum	dream drihm	el sueño ßu'enjo	il sogno 'ßonjo
le **réveil** reh'wäj	Wecker	alarm-clock ə'lahmklɔck	el despertador deßperta'dor	la sveglia 'swelja
le **rez-de-chaussée** rädscho'ßeh	Erdgeschoss	ground floor graund flɔr	el bajo 'bacho	il pianterreno pjante'reno
le **rhume** rüm	Erkältung, Schnupfen	cold kould	el resfriado reßfri'ado	il raffreddore rafre'dore
le **rhythme** 'ritmə	Rhythmus	rhythm 'riðəm	el ritmo 'ritmo	il ritmo 'ritmo
riche risch	reich	rich ritsch	rico 'riko	ricco 'riko
rien ri'ē	nichts	nothing 'naθing	nada 'nada	niente n'jente
rire rir	lachen	laugh lahf	reír re'ir	ridere 'ridere
la **rivière** riw'jär	Fluss	river 'riwər	el río 'rio	il fiume 'fjume
le **riz** ri	Reis	rice raiß	el arroz a'roθ	il riso 'riso
la **robe** rɔb	Kleid	dress dreß	el vestido weß'tido	il vestito weß'tito
rond rõ	rund	round raund	redondo re'dondo	rotondo ro'tondo
la **rose** rohs	Rose	rose rous	la rosa 'roßa	la rosa rɔsa
le **rôti** ro'ti	Braten	roast roußt	el asado a'ßado	l' arrosto *m* a'roßto
la **rue** rü	Straße	road, street rəud, ßtriht	la carretera, la calle kare'tera, 'kaje	la strada ßtrada
la **ruelle** rü'äl	Gasse	alley 'älli	el callejón kaje'chɔn	il vicolo 'wikolo
la **ruine** rü'in	Ruine	ruin 'ruin	la ruina ru'ina	la rovina ro'wina
rusé rü'seh	schlau	clever 'kləwər	listo 'lißto	furbo 'furbo

S

Französisch	Deutsch	Englisch	Spanisch	Italienisch
le **sac** ßak	Tüte	bag bäg	la bolsa 'bolßa	la busta 'bußta
le **sac à main** ßak a mē	Handtasche	handbag händbäg	el bolso de mano 'bolßo de 'mano	la borsetta bor'ßeta
saigner ßän'jeh	bluten	bleed blihd	sangrar ßan'grar	sanguinare ßangui'nare
sain ßē	gesund	healthy 'helθi	sano 'ßano	sano 'ßano
la **salade** ßa'lad	Salat	salad 'ßäläd	el ensalada enßa'lada	l' insalata *f* inßa'lata
le **salaire** ßa'lär	Gehalt	salary 'ßäləri	el sueldo ßu'eldo	lo stipendio ßti'pendio

Sonderzeichen in der Lautschrift ə angedeutetes e wie in bitt**e**; ɔ offenes o wie in P**o**st; ß scharfes s wie in na**ss**; θ weiches s wie in Fa**ss**, aber gelispelt; ð s wie in **S**ense, aber gelispelt; ã nasal gesprochener Vokal wie in Ch**an**son; ē nasal gesprochener Vokal wie in p**oi**ntiert; õ nasal geprochener Vokal wie in Jet**on**; <u>sch</u> weiches sch wie in **G**in

sale

Französisch	Deutsch	Englisch	Spanisch	Italienisch
sale ßall	schmutzig	dirty 'dörti	sucio 'ßuθio	sporco 'ßporko
la **salle de bain** ßal də bẽ	Badezimmer	bathroom 'bahθruhm	el cuarto de baño ku'arto de 'banjo	il bagno 'banjo
la **salutation** ßalüta'ßjõ	Gruß	greeting 'grihting	el saludo ßa'ludo	il saluto ßa'luto
le **sang** ßã	Blut	blood blad	la sangre 'ßangre	il sangue 'ßangue
sans ßã	ohne	without uið'aut	sin ßin	senza 'ßentßa
santé ßã'teh	Prost	cheers 'tschiərß	chinchín tschin'tschin	salute ßa'lute
la **santé** ßã'teh	Gesundheit	health helθ	la salud ßa'lud	la salute ßa'lute
s'appeler ßap'leh	heißen	call kɔhl	llamarse ja'marße	chiamarsi kja'marßi
sauf ßohf	außer	besides bi'ßajds	a excepción de a ekßepθi'ɔn de	eccetto e'tschätto
savoir ßawu'ahr	wissen	know nou	saber ßa'ber	sapere (di) ßa'pere (di)
la **science** ßjäß	Wissenschaft	science 'ßaiənß	la ciencia θi'enθia	la scienza 'schentßa
se ßə	sich	oneself uan'ßelf	se ße	si ßi
sec ßäk	trocken	dry draj	seco 'ßeko	asciutto a'schuto
le **sel** ßäl	Salz	salt ßɔlt	la sal ßal	il sale 'ßale
la **semaine** ßə'män	Woche	week u'ihk	la semana ße'mana	la settimana ßeti'mana
les **seniors** m ßäni'or	Senioren	senior citizens 'ßihniə 'ßitisnß	los ancianos anθi'anoß	gli anziani an'tßjani
sentir ßã'tir	fühlen, riechen	feel, smell fihl, ßmell	sentir, oler ßen'tir, o'ler	sentire, odorare ßen'tire, odo'rare
serré ßä'reh	eng	tight, narrow, close tajt, 'närou, klouß	estrecho eß'tretscho	stretto 'ßtretto
le **serveur** ßer'wör	Kellner	waiter u'äjtər	el camarero kama'rero	il cameriere kamer'järe
le **service** ßer'wiß	Service	service 'ßörwiß	el servicio ßer'wiθio	il servizio ßer'witßjo
la **serviette** ßer'wjätt	Serviette, Handtuch	napkin, towel 'näpkin, 'tauəl	la servilleta, la toalla ßerwi'jeta, to'aja	il tovagliolo, l'asciugamano m towal'jolo, aschuga'mano
seul ßöll	allein	alone ə'loun	solo 'ßolo	(da) solo (da) 'ßolo
seulement ßöl'mã	nur	just dschaßt	sólo 'ßolo	solo, soltanto 'ßolo, ßol'tanto
si ßi	wenn, ob, falls	when, if, in case u'än, if, in käjß	cuando, si ku'ando, ßi	se, nel caso che ße, nel 'kaso ke
la **signature** ßin'jatür	Unterschrift	signature 'ßignətschər	la firma 'firma	la firma 'firma
le **signe** 'ßinjə	Zeichen	sign ßain	la señal ßen'jal	il segno 'ßenjo
signer ßin'jeh	unterschreiben	sign ßain	firmar fir'mar	firmare fir'mare
s'il vous plait ßil wu plä	bitte	please plihs	por favor por fa'wor	per favore per fa'wore
simple 'ßẽplə	einfach	easy 'ihsi	fácil 'faθil	semplice 'ßemplitsche
la **sœur** ßör	Schwester	sister 'ßißtər	la hermana er'mana	la sorella ßo'rella
la **soif** ßu'af	Durst	thirst θörßt	la sed ßed	la sete 'ßete
le **soir** ßu'ahr	Abend	evening 'ihwəning	la tarde 'tarde	la sera 'ßera
le **sol** ßɔl	Boden	floor flɔr	el suelo ßu'elo	il terreno te'reno
le **soleil** ßo'läj	Sonne	sun ßan	el sol ßol	il sole 'ßole
la **solution** ßolü'ßjõ	Lösung	solution ßə'luhschn	la solución ßoluθi'ɔn	la soluzione ßolu'tßjone
sombre 'ßõbrə	dunkel	dark dahk	oscuro oß'kuro	buio, scuro 'bujo, 'ßkuro
son, sa, ses ßõ, ßa, ßeh	sein, seine	his, its hiß, itß	su ßu	il suo, la sua il 'ßuo, la 'ßua
sonner ßɔ'neh	klingeln	ring ring	sonar ßo'nar	suonare ßuo'nare
la **sortie** ßɔr'ti	Ausgang	exit 'ekßit	la salida ßa'lida	l' uscita f u'schita
sortir ßor'tir	herauskommen	come out kam aut	salir ßa'lir	uscire u'schire
soudain ßu'dẽ	plötzlich	suddenly 'ßadnli	de repente de re'pente	improvviso impro'wiso
le **souhait** ßu'äh	Wunsch	wish u'isch	el deseo de'ßeo	il desiderio desi'derio
souhaiter ßuäh'teh	wünschen	wish u'isch	desear deße'ar	desiderare deside'rare
la **soupe** ßup	Suppe	soup ßuhp	la sopa 'ßopa	la minestra mi'neßtra
la **source** ßurß	Quelle	source, spring ßɔhß, ßpring	la fuente fu'ente	la fonte 'fonte
sous ßu	unter	under, among 'andər, ə'mang	bajo, entre 'bacho, 'entre	sotto 'ßotto

Sonderzeichen in der Lautschrift ə angedeutetes e wie in bitt**e**; ɔ offenes o wie in P**o**st; ß scharfes s wie in na**ss**; θ weiches s wie in Fa**ss**, aber gelispelt; ð s wie in **S**ense, aber gelispelt; ã nasal gesprochener Vokal wie in Ch**an**son; ẽ nasal gesprochener Vokal wie in p**oin**tiert; õ nasal geprochener Vokal wie in Jet**on**; sch weiches sch wie in **G**in

toujours

Französisch	Deutsch	Englisch	Spanisch	Italienisch
souvent ßu'wã	oft	often 'ɔfən	a menudo a me'nudo	spesso 'ßpeßo
le **spectateur** ßpäkta'tör	Zuschauer	spectator ßpek'täjtər	el espectador eßpekta'dor	lo spettatore ßpeta'tore
le **sport** ßpɔr	Sport	sport ßpɔrt	el deporte de'porte	lo sport ßport
la **station d'essence** ßta'ßjõ deh'ßäß	Tankstelle	petrol station 'petrəl 'ßtäjschn	la gasolinera gaßoli'nera	il distributore dißtribu'tore
le **stylo** ßti'lo	Kugelschreiber	ball-point pen 'bɔhlpɔjnt pen	el bolígrafo bo'ligrafo	la penna 'penna
le **sucre** ßükrə	Zucker	sugar 'schuggər	el azúcar a'θukar	lo zucchero 'dsukero
sucré ßü'kreh	süß	sweat ßu'iht	dulce 'dulθe	dolce 'doltsche
suivre ßu'iwrə	folgen	follow 'folou	seguir ße'gir	seguire ßegu'ire
super ßü'pär	toll	amazing ə'mäjsing	fenomenal fenome'nal	fantastico fan'taßtiko
le **supermarché** ßüpermar'scheh	Supermarkt	supermarket 'ßupərmahkət	el supermercado ßupermer'kado	il supermercato ßupermer'kato
sur ßür	auf	at, on ät, ɔn	sobre, en 'ßobre, en	sopra, su 'ßopra, ßu
sûr ßür	sicher	sure 'schuər	seguro ße'guro	sicuro ßi'kuro
sympathique ßẽpa'tik	sympathisch	friendly 'frendli	simpático ßim'patiko	simpatico ßim'patiko

T

Französisch	Deutsch	Englisch	Spanisch	Italienisch
ta, ton ta, tõ	dein, deine	your jɔr	tu tu	il tuo, la tua il 'tuo, la 'tua
la **tâche** tasch	Aufgabe	task tahßk	la tarea ta'rea	il compito 'kompito
la **taille** taij	Größe	height, size hait, ßajs	el tamaño, la altura ta'manjo, al'tura	la misura, l'altezza f mi'sura, al'tetßa
la **tante** tãt	Tante	aunt ahnt	la tía 'tia	la zia 'dsia
tard tar	spät	late läjt	tarde 'tarde	tardi, tardo 'tardi, 'tardo
la **tasse** taß	Tasse	cup kap	la taza 'taθa	la tazza 'tatßa
le **taxi** tak'ßi	Taxi	taxi 'täkßi	el taxi 'takßi	il tassì ta'ßi
te, toi tə, tu'a	dich, dir	yourself, you jɔr'ßelf, ju	te te	te, ti, a te te, ti, a te
le **téléphone** tehleh'fɔn	Telefon	telephone 'teləfoun	el teléfono te'lefono	il telefono te'läfono
téléphoner tehlehfɔ'neh	telefonieren	telephone 'teləfoun	llamar ja'mar	telefonare telefo'nare
le **téléviseur** tehlehwi'sör	Fernseher	television 'teləwischən	la televisión telewißi'ɔn	la televisione telewi'sjone
la **tempête** tã'pät	Sturm	storm ßtɔrm	la tormenta tor'menta	la tempesta tem'peßta
le **temps** tã	Zeit, Wetter	time, weather taim, u'äðər	el tiempo ti'empo	il tempo 'tempo
le **temps libre** tã 'lihbrə	Freizeit	free time fri taim	el tiempo libre ti'empo 'libre	tempo libero 'tempo 'libero
la **tente** tãt	Zelt	tent tent	la tienda ti'enda	la tenda 'tända
terminé tärmi'neh	fertig	ready 'räddi	listo 'lißto	terminato, pronto termi'nato, 'pronto
terminer tärmi'neh	beenden	finish 'finisch	terminar termi'nar	terminare termi'nare
la **terre** tär	Erde	earth, ground örθ, graund	la tierra ti'era	la terra 'tära
le **test** teßt	Test	test teßt	la prueba, el examen pru'eba, ek'ßamen	il test, la prova teßt, 'prowa
la **tête** tät	Kopf	head häd	la cabeza ka'beθa	la testa 'teßta
le **texte** tekßt	Text	text tekßt	el texto 'tekßto	il testo 'teßto
le **thé** teh	Tee	tea tih	el té te	il tè tä
le **théâtre** teh'atrə	Theater	theatre 'θiətər	el teatro te'atro	il teatro te'atro
le **timbre** 'tẽbrə	Briefmarke	stamp ßtämp	el sello 'ßejo	il francobollo franko'bɔlo
tirer ti'reh	ziehen	pull pull	tirar ti'rar	tirare ti'rare
la **toilette** tua'lett	Toilette	toilet 'tɔilit	el servicio ßer'wiθio	la toletta to'leta
le **toit** tu'a	Dach	roof ruhf	el techo 'tetscho	il tetto 'tetto
la **tomate** to'matt	Tomate	tomato tə'matou	el tomate to'mate	il pomodoro pomo'dɔro
tomber tõ'beh	fallen	fall fɔl	caer ka'er	cadere ka'dere
tôt to	früh	early 'örli	temprano tem'prano	presto 'preßto
toujours tu'schur	immer	always 'ɔhluäjß	siempre ßi'empre	sempre 'ßempre

Sonderzeichen in der Lautschrift ə angedeutetes e wie in bitt**e**; ɔ offenes o wie in P**o**st; ß scharfes s wie in na**ss**; θ weiches s wie in Fa**ß**, aber gelispelt; ð s wie in **S**ense, aber gelispelt; ã nasal gesprochener Vokal wie in Ch**an**son; ẽ nasal gesprochener Vokal wie in p**oi**ntiert; õ nasal gesprochener Vokal wie in Jet**on**; sch weiches sch wie in **G**in

touriste

Französisch	Deutsch	Englisch	Spanisch	Italienisch
le **touriste** tu'rißt	Tourist	tourist 'turißt	el **turista** tu'rißta	il **turista** tu'rißta
tous, toutes tu, tut	alle	all ɔhl	**todos** 'todoß	**tutti** 'tutti
tous les deux tu leh dö	beide	both bouθ	**ambos** 'amboß	**tutti e due** 'tutti e 'due
tout tu	alles	everything 'ewriθing	**todo** 'todo	**tutto** 'tutto
tout de suite, égal tu də ßu'it, eh'gal	gleich	immediately, same i'midiətli, ßäjm	**pronto, igual** 'pronto, igu'al	**subito, uguale** 'ßubito, ugu'ale
tout droit tu dru'a	geradeaus	straight ahead ßträjtə'hed	**seguido** ße'gido	**diritto** 'drito
la **toux** tu	Husten	cough kaf	el **tos** toß	la **tosse** 'toße
traduire tradu'ir	übersetzen	translate tränß'läjt	**traducir** tradu'θir	**tradurre** tra'dure
le **trafic** tra'fik	Straßenverkehr	road traffic rəud 'träffik	el **tráfico rodado** 'trafiko ro'dado	il **traffico** 'trafiko
le **train** trē	Zug	train träjn	el **tren** tren	il **treno** 'träno
le **tram** tram	Straßenbahn	tramway 'trämuäj	el **tranvía** tran'wia	il **tram** tram
le **travail** tra'waj	Arbeit	work u'örk	el **trabajo** tra'bacho	il **lavoro** la'woro
travailler trawa'jeh	arbeiten	work u'örk	**trabajar** traba'char	**lavorare** lawo'rare
très trä	sehr	much, very matsch, 'wäri	**muy** 'mui	**molto** 'molto
triste trißt	traurig	sad ßäd	**triste** 'trißte	**triste** 'trißte
trop tro	zu viel	too much tu matsch	**demasiado** demaßi'ado	**troppo** 'trɔpo
trop peu tro pö	zu wenig	too little tu 'littl	**muy poco** 'mui 'poko	**troppo poco** 'trɔpo 'pɔko
le **trou** tru	Loch	hole houl	el **agujero** agu'chero	il **buco** 'buko
trouver tru'weh	finden	find faind	**encontrar** enkon'trar	**trovare** tro'ware
tu tü	du	you ju	**tú** tu	**tu** tu
la **TVA** t w a	Mehrwertsteuer	value-added tax 'wäljuädid täkß	**IVA** 'iwa	l' **IVA** 'iwa

U

un ē	ein, einer	a, an, one ə, ən, u'an	**un, uno** un, uno	**uno** uno
une ün	eine	a, an, one ə, ən, u'an	**una** 'una	**una** 'una
une fois ün fu'a	einmal	once u'anß	**una vez** 'una weθ	**una volta** 'una 'wɔlta
un peu ē pö	bisschen	a little bit ə 'littl bitt	**un poco** un 'poko	**un pò** un pɔ
l' **université** f üniwerßi'teh	Universität	university juni'wörßiti	la **universidad** uniwerßi'dad	l' **università** f uniwerßi'ta
l' **urgence** f ür'schäß	Notfall	emergency i'mördschənßi	la **emergencia** emer'chenθia	l' **emergenza** f emer'dschentßa
urgent ür'schä	eilig, dringend	hurried, urgent 'harrid, 'ördschənt	**deprisa, urgente** de'prißa, ur'chente	**frettoloso, urgente** freto'loso, ur'dschente
utiliser ütili'seh	benutzen	use juhs	**usar** u'ßar	**usare** u'sare
l' **utopie** f üto'pi	Utopie	utopia juh'toupiə	la **utopía** uto'pia	l' **utopia** f uto'pia

V

les **vacances** f wa'käß	Ferien, Urlaub	holidays 'hɔlədäjß	las **vacaciones** wakaθi'oneß	la **vacanze, le ferie** wa'kantße, 'färje
la **vaisselle** wä'ßell	Geschirr	dishes 'dischəs	la **vajilla** wa'chija	i **piatti** 'pjatti
valable wa'lablə	gültig	valid 'wälid	**válido** 'walido	**valido** 'walido
la **valise** wa'lihs	Koffer	suitcase 'ßjuhtkäjß	la **maleta** ma'leta	la **valigia** wa'lidscha
le **vendeur** m wä'dör	Verkäufer	seller, salesperson ßellər, 'ßäjlßpöhpn	el **vendedor** wende'dor	il **commesso, il venditore** ko'meßo, wendi'tore
vendre 'wädrə	verkaufen	sell ßell	**vender** wen'der	**vendere** 'wendere

Sonderzeichen in der Lautschrift ə angedeutetes e wie in bit**e**; ɔ offenes o wie in P**o**st; ß scharfes s wie in na**ss**; θ weiches s wie in Fa**ss**, aber gelispelt; ð s wie in **S**ense, aber gelispelt; ā nasal gesprochener Vokal wie in Ch**an**son; ē nasal gesprochener Vokal wie in p**oi**ntiert; ō nasal gesprochener Vokal wie in Jet**on**; sch weiches sch wie in **G**in

Französisch	Deutsch	Englisch	Spanisch	Italienisch
venir wə'nir	kommen	come kamm	llegar, venir je'gar, we'nir	venire we'nire
venir avec, accompagner wə'nir a'weck, aköpan'jeh	mitkommen	accompany ə'kampəni	acompañar akompan'jar	venire (con), accompagnare we'nire (kon), akompan'jare
le **vent** wã	Wind	wind u'ind	el viento wi'ento	il vento 'wento
le **ventre** 'wãtrə	Bauch	stomach 'ßtamək	la barriga ba'riga	la pancia 'pantscha
la **vérité** wehri'teh	Wahrheit	truth truθ	la verdad wer'dad	la verità weri'ta
le **verre** wer	Glas	glass glahß	el vaso, el vidrio 'waßo, 'widrio	il vetro, il bicchiere 'wetro, bik'jere
vers wer	um	at ät	a a	intorno a, verso in'torno a, 'wärßo
la **veste** west	Jacke	jacket 'dschäkit	la chaqueta tscha'keta	la giacca 'dschaka
la **viande** wi'jäd	Fleisch	meat miht	la carne 'karne	la carne 'karne
vide wid	leer	empty 'empti	vacío wa'θio	vuoto, deserto wu'ɔto, de'serto
la **vie** wi	Leben	life lajf	la vida 'wida	la vita 'wita
vieux wjö	alt	old ould	viejo wi'echo	vecchio 'wekjo
le **village** wi'lahsch	Dorf	village u'ilitsch	el pueblo pu'eblo	il paese pa'ese
la **ville** wil	Stadt	city 'ßitti	la ciudad θiu'dad	la città tschi'ta
le **vin** wẽ	Wein	wine u'ain	el vino 'wino	il vino 'wino
le **visage** wi'sahsch	Gesicht	face fäjß	la cara 'kara	il viso wiso
visiter wisi'teh	besichtigen, besuchen	visit, attend 'wisit, ə'tend	visitar wißi'tar	visitare, andare a trovare wisi'tare, andare a tro'ware
vite wit	schnell	fast fahßt	rápido 'rapido	veloce we'lotsche
la **vitesse** wi'teß	Geschwindigkeit	speed ßpihd	la velocidad weloθi'dad	la velocità welotschi'ta
vivre 'wiwrə	leben	live liw	vivir wi'wir	vivere 'wiwere
voir wu'ahr	sehen	see ßi	ver wer	vedere we'dere
le **voisin** wua'sẽ	Nachbar	neighbour 'näjbər	el vecino we'θino	il vicino wi'tschino
la **voiture** wua'tür	Auto	car kar	el coche 'kotsche	la macchina 'makina
voler wo'leh	fliegen	fly flai	volar wo'lar	volare wo'lare
volontaire wolö'tär	freiwillig	voluntary u'ɔləntri	voluntario wolun'tario	volontario wolon'tario
volontiers wolö'tjeh	gern, gerne	gladly 'glädli	con gusto kon 'gußto	volentieri wolen'tjeri
votre, vos 'wɔtr, wo	euer, eure	your jɔr	vuestro wu'eßtro	vostro/e 'wɔßtro/e
vouloir wulu'ahr	wollen	want u'ɔnt	querer ke'rer	volere wo'lere
vous wu	euch, Sie	you ju	os, vosotros, usted oß, woß'otroß, uß'ted	vi, Lei wi, läj
le **voyage** wua'jahsch	Reise	trip, travel trip, 'träwəl	el viaje wi'ache	il viaggio 'wjadscho
voyager wuaja'scheh	reisen	travel 'träwəl	viajar wia'char	viaggiare wja'dschare
vrai wrä	richtig, wahr	right, true rait, tru	correcto, verdadero ko'rekto, werda'dero	giusto, vero 'dschußto, 'wero
vraiment wrä'mã	wirklich	really 'riəli	real re'al	vero 'wero
la **vue** wü	Aussicht, Ansicht	view wju	la vista 'wißta	la vista 'wißta

Y

y compris i kö'pri	inklusive	including in'kluhding	incluido inklu'ido	incluso, compreso in'kluso, kom'preso
y i	da, dorthin	there ðär	ahí a'i	li, la li, la
le **yaourt** ja'ur	Jogurt	yoghurt 'jougət	el yogur jo'gur	lo yogurt 'jɔgurt
les **yeux** m jö	Augen	eyes ajs	los ojos 'ochoß	gli occhi 'ɔki
youpi ju'pi	hurra	hurray hu'räj	hurra 'urra	evviva e'wiwa

Sonderzeichen in der Lautschrift ə angedeutetes e wie in bitt**e**; ɔ offenes o wie in P**o**st; ß scharfes s wie in na**ss**; θ weiches s wie in Fa**ss**, aber gelispelt; ð s wie in **S**ense, aber gelispelt; ã nasal gesprochener Vokal wie in Ch**an**son; ẽ nasal gesprochener Vokal wie in p**oin**tiert; ö nasal gesprochener Vokal wie in Jet**on**; sch weiches sch wie in **G**in

a

Spanisch	Deutsch	Englisch	Französisch	Italienisch

A

Spanisch	Deutsch	Englisch	Französisch	Italienisch
a a	um	at ät	vers wer	intorno a, verso in'torno a, 'wärßo
a, en, de a, en, de	an	at, by ät, bai	à a	per, a per, a
abajo a'bacho	unten	down, below daun, bi'lou	en bas ã ba	sotto, giù 'ßotto, dschu
abierto abi'erto	offen	open 'oupən	ouvert u'wer	aperto a'pärto
el **abrigo** a'brigo	Mantel	coat kout	le manteau mã'to	il cappotto ka'pɔto
abrir a'brir	öffnen	open 'oupən	ouvrir u'wrir	aprire a'prire
la **abuela** abu'ela	Großmutter	grandmother 'grändmaðər	la grand-mère grã'mär	la nonna 'nonna
el **abuelo** abu'elo	Großvater	grandfather 'grändfahðər	le grand-père grã'pär	il nonno 'nonno
los **abuelos** abu'eloß	Großeltern	grandparents 'grändpärəntß	les grands-parents grãpa'rã	i nonni 'nonni
aburrido abu'rido	langweilig	boring 'bɔhring	ennuyeux ãnui'jö	noioso no'joso
a causa de a 'kaußa de	wegen	because of bi'kɔhs ɔf	à cause de a kohs də	a causa di a 'kausa di
el **accidente** akθi'dente	Unfall	accident 'äkßidənt	l' accident m akßi'dã	l' incidente m intschi'dente
el **aceite** a'θeite	Öl	oil ɔil	l' huile f ü'il	l' olio m 'ɔljo
aceptar akθep'tar	akzeptieren	accept ik'ßept	accepter akßäp'teh	accettare atsche'tare
ácido 'aθido	sauer	sour 'ßauə	amer a'mär	aspro 'aßpro
acompañar akompan'jar	mitkommen	accompany ə'kampəni	venir avec, accompagner wə'nir a'weck, akõpan'jeh	venire (con), accompagnare we'nire (kon), akompan'jare
aconsejar akonße'char	beraten	advise äd'wajs	conseiller kõßeh'jeh	consigliare konßil'jare
acordarse akor'darße	erinnern	remind ri'majnd	rappeler rap'leh	ricordare rikor'dare
además ade'maß	außerdem	furthermore förðə'mɔr	en plus ã plüß	inoltre in'oltre
adiós adi'ɔß	auf Wiedersehen	good-bye gud'bai	au revoir o rəwu'ahr	arrivederci ariwe'dertschi
adónde a'donde	wohin	where to u'är tu	où u	dove 'dowe
la **aduana** adu'ana	Zoll	customs 'kaßtəmß	la douane du'an	la dogana, il pedaggio do'gana, pe'dadscho
el **adulto** a'dulto	Erwachsener	adult 'ädalt	l' adulte m a'dült	l' adulto m a'dulto
el **aeropuerto** aeropu'erto	Flughafen	airport 'ärpht	l' aéroport m aehro'pɔr	l' aeroporto m aero'pɔrto
a excepción de a ekßepθi'ɔn de	außer	besides bi'ßajds	sauf ßohf	eccetto e'tschätto
a favor a fa'wor	dafür	for it, pro fɔr it, prou	pour cela pur ßə'la	per questo per ku'eßto
afortunadamente afortunada'mente	leider	unfortunately an'fɔrtschnətli	malheureusement malörösə'mã	purtroppo pur'trɔpo
agradecer agrade'θer	danken	thank θänk	remercier rəmär'ßjeh	ringraziare ringra'tßjare
el **agua** 'agua	Wasser	water u'ɔtər	l' eau f o	l' acqua f 'akua
la **aguja** a'gucha	Nadel	needle 'nihdl	l' aiguille f ägu'ij	l' ago m 'ago
el **agujero** agu'chero	Loch	hole houl	le trou tru	il buco 'buko
ahí a'i	da	there ðär	là la	lì, là li, la
ahora a'ora	jetzt	now nau	maintenant mẽtə'nã	adesso a'deßo
ahorrar ao'rar	sparen	save ßäjw	économiser ehkonomi'seh	risparmiare rißparm'jare
el **aire** 'aire	Luft	air 'äər	l' air m är	l' aria f 'aria
a la derecha a la de'retscha	rechts	on the right ɔn ðə rait	à droite a dru'at	a destra a deßtra
a la izquierda a la iθki'erda	links	left lefft	à gauche a gohsch	a sinistra a ßi'nißtra
alcanzar alkan'θar	erreichen	achieve ə'tschihw	atteindre a'tẽdrə	raggiungere, arrivare ra'dschundschere, ari'ware
el **alcohol** alko'ol	Alkohol	alcohol 'älkəhɔl	l' alcool m al'kɔl	l' alcool m 'alkool
alegrarse ale'grarße	freuen	be pleased bi plihsd	réjouir rehschu'ir	essere contento 'äßere kon'tento
alegre a'legre	fröhlich	happy 'häpi	joyeux schua'jö	allegro a'legro
la **alegría** ale'gria	Freude	joy dschɔj	la joie schu'a	la gioia 'dschɔja

Sonderzeichen in der Lautschrift ə angedeutetes e wie in bitt**e**; ɔ offenes o wie in P**o**st; ß scharfes s wie in na**ss**; θ weiches s wie in Fa**ss**, aber gelispelt; ð s wie in **S**ense, aber gelispelt; ã nasal gesprochener Vokal wie in Cha**n**son; ẽ nasal gesprochener Vokal wie in p**oin**tiert; õ nasal geprochener Vokal wie in Jet**on**; sch weiches sch wie in **G**in

aplazar

Spanisch	Deutsch	Englisch	Französisch	Italienisch
el **alfabeto** alfa'beto	Alphabet	alphabet 'älfəbet	l' alphabet *m* alfa'bä	l' alfabeto *m* alfa'beto
algo 'algo	etwas	something, some 'ßamθing, ßam	quelque chose 'kälkə schohs	qualcosa kual'kɔsa
alguno al'guno	jemand	anyone, somebody 'äniuan, 'ßambadi	quelqu'un käl'kē	qualcuno kual'kuno
algunos al'gunoß	einige	few, some fju, ßam	quelque 'kälkə	alcuni al'kuni
al lado al 'lado	neben	besides, next to bi'ßajds, näkßt tu	à côté a ko'teh	accanto a'kanto
allí a'ji	dort	there ðär	là-bas la'ba	lì, là li, la
el **alma** 'alma	Seele	soul ßoul	l' âme *f* ahm	l' anima *f* 'anima
el **almuerzo** almu'erθo	Mittagessen	lunch lansch	le déjeuner deh<u>sch</u>ö'neh	il pranzo 'prandso
el **alojamiento** alochami'ento	Unterkunft	accommodation əkomo'däjschn	l' hébergement *m* ehbärschə'mä	l' alloggio *m* a'lod<u>sch</u>o
alquilar alki'lar	mieten, vermieten, leihen	rent, let rent, lett	louer, prêter lu'eh, prä'teh	affittare, noleggiare, prestare afi'tare, nole'd<u>sch</u>are, preß'tare
el **alquiler** alki'ler	Miete	rent rent	le loyer lua'jeh	l' affitto *m* a'fito
alto 'alto	laut, hoch	loud, high laud, hai	fort, haut fɔr, o	forte, alto 'forte, 'alto
el **alumno** a'lumno	Schüler	pupil 'pjupil	l' élève *m* eh'läw	l' alunno *m* a'lunno
amable a'mable	freundlich, nett	kind, nice kaind, naiß	aimable, gentil ä'mablə, <u>sch</u>ä'ti	gentile d<u>sch</u>en'tile
amar a'mar	lieben	love law	aimer ä'meh	amare a'mare
amargo a'margo	bitter	bitter 'bitter	amer a'mär	amaro a'maro
ambos 'amboß	beide	both bouθ	tous les deux tu leh dö	tutti e due 'tutti e 'due
a menudo a me'nudo	oft	often 'ɔfən	souvent ßu'wä	spesso 'ßpeßo
la **amiga** a'miga	Freundin	friend, girlfriend frend, 'görlfrend	l' amie *f* a'mi	l' amica *f*, la ragazza a'mika, ra'gatßa
el **amigo** a'migo	Freund	friend, boyfriend frend, 'bojfrend	l' ami *m* a'mi	l' amico *m*, il ragazzo a'miko, ra'gaßto
el **amor** a'mor	Liebe	love law	l' amour *m* a'muhr	l' amore *m* a'more
amueblar, instalar amue'blar, inßta'lar	einrichten	furnish, install, adjust 'förnisch, in'ßtɔhl, ə'd<u>sch</u>aßt	aménager amehna'<u>sch</u>eh	arredare are'dare
añadir anja'dir	ergänzen	add äd	compléter köpleh'teh	completare komple'tare
ancho 'antscho	breit	wide u'ajd	large lar<u>sch</u>	largo 'largo
el **ancho** 'antscho	Breite	width u'idθ	la largeur lar'<u>sch</u>ör	la larghezza lar'getßa
los **ancianos** anθi'anoß	Senioren	senior citizens 'ßihniə 'ßitisnß	les seniors *m* ßäni'or	gli anziani an'tßjani
el **andén** an'den	Bahnsteig	platform 'plätfɔhm	le quai ke	il binario bi'nario
el **animal** ani'mal	Tier	animal 'äniməl	l' animal *m* ani'mal	l' animale *m* ani'male
el **año** 'anjo	Jahr	year 'jiər	l' année *f* a'neh	l' anno *m* 'anno
anteayer antea'jer	vorgestern	the day before yesterday ðə däj bi'fɔr 'jeßtədäj	avant-hier awä'tjär	l' altro ieri altro 'järi
antes 'anteß	vorher, bevor	before bi'fɔr	avant a'wä	prima 'prima
el **anuncio** a'nunθio	Anzeige	advertisement äd'wörtismənt	l' annonce *f* a'nöß	la denuncia, l' indicazione *f* de'nuntscha, indika'tßjone
apagar apa'gar	ausmachen	turn off törn ɔf	éteindre eh'tēdrə	spegnere 'ßpenjere,
el **aparcamiento** aparkami'ento	Parkplatz	car park kar pahk	le parking par'king	il parcheggio par'ked<u>sch</u>o
aparcar apar'kar	parken	park pahk	garer ga'reh	parcheggiare parke'd<u>sch</u>are
el **apellido** ape'jido	Nachname	surname 'ßörnäjm	le nom de famille nõ də fa'mij	il cognome kon'jome
apenas a'penaß	kaum	hardly 'hardli	à peine a pän	(non) appena (non) a'pena
aplazar apla'θar	verschieben	postpone pəß'poun	décaler dehka'leh	spostare, rimandare ßpoß'tare, riman'dare

Sonderzeichen in der Lautschrift ə angedeutetes e wie in bitt**e**; ɔ offenes o wie in P**o**st; ß scharfes s wie in na**ss**; θ weiches s wie in Fa**ss**, aber gelispelt; ð s wie in **S**ense, aber gelispelt; ä nasal gesprochener Vokal wie in Cha**ns**on; ē nasal gesprochener Vokal wie in p**oi**ntiert; õ nasal geprochener Vokal wie in Jet**on**; <u>sch</u> weiches sch wie in **G**in

aplicado

	Spanisch	Deutsch	Englisch	Französisch	Italienisch
	aplicado apli'kado	fleißig	diligent 'dilidschənt	appliqué apli'keh	diligente dili'dschente
	aprender apren'der	lernen	learn lörn	apprendre a'prädrə	imparare impa'rare
	aprobar apro'bar	bestehen	pass pahß	exister egsiß'teh	superare ßupe'rare
	apropósito apro'poßito	übrigens	by the way bai ðə u'äj	d'ailleurs da'jör	a proposito a pro'pɔsito
	aproximadamente aprokßimada'mente	circa	about ə'baut	à peu près a pö prä	circa 'tschirka
	apuntar apun'tar	notieren	note nout	noter nɔ'teh	segnare, prendere nota ßen'jare, 'prendere 'nɔta
	aquí a'ki	hier	here 'hiə	ici i'ßi	qui ku'i
el	**árbol** 'arbol	Baum	tree tri	l' arbre m 'arbrə	l' albero m 'albero
	arder ar'der	brennen	burn börn	brûler brü'leh	bruciare bru'tschare
el	**armario** ar'mario	Schrank	cupboard 'kabəd	l' armoire f armu'ahr	l' armadio m ar'madio
	arriba, alto a'riba, 'alto	oben	top, up tɔp, ap	en haut ã o	su, sopra ßu, 'ßopra
el	**arroz** a'roθ	Reis	rice raiß	le riz ri	il riso 'riso
el	**arte** 'arte	Kunst	art aht	l' art m ar	l' arte f 'arte
el	**asado** a'ßado	Braten	roast roußt	le rôti ro'ti	l' arrosto m a'roßto
	asar a'ßar	braten, grillen	roast, grill roußt, grill	frire, griller frir, gri'jeh	arrostire, grigliare aroß'tire, gril'jare
el	**ascensor** aßθen'ßor	Lift	elevator 'eləwäjtər	l' ascenseur m aßä'ßör	l' ascensore m aschen'ßore
la	**asociación** aßoθiaθi'ɔn	Verein	association əßoußi'äjschn	l' association f aßoßja'ßjõ	l' associazione f aßotscha'tßjone
la	**atención** atenθi'ɔn	Achtung	attention ə'tenschn	l' attention f atã'ßjõ	l' attenzione f aten'tßjone
	ausente, fuera au'ßente, fu'era	weg	away, off ə'uäj, ɔf	parti par'ti	via 'wia
el	**autobús** auto'buß	Bus	bus baß	le bus büß	l' autobus m auto'buß
la	**autopista** auto'pißta	Autobahn	motorway 'moutərväj	l' autoroute f oto'rut	l' autostrada f auto'ßtrada
	a veces a 'weθeß	manchmal	sometimes 'ßamtaimß	parfois parfu'a	qualche volta ku'alke 'wɔlta
la	**avería (con el coche)** awe'ria (kon el 'kotsche)	Autopanne	breakdown 'bräjkdaun	la panne de voiture pann də wua'tür	il guasto gu'aßto
el	**avión** awi'ɔn	Flugzeug	plane pläjn	l' avion m a'wjõ	l' aereo m a'äreo
	ayer a'jer	gestern	yesterday 'jeßtədäj	hier i'jär	ieri järi
la	**ayuda** a'juda	Hilfe	help help	l' aide f äd	l' aiuto m a'juto
	ayudar aju'dar	helfen	help help	aider ä'deh	aiutare aju'tare
el	**ayuntamiento** ajuntami'ento	Rathaus	town-hall 'taunhɔhl	la mairie mä'ri	il municipio muni'tschipjo
el	**azúcar** a'θukar	Zucker	sugar 'schuggər	le sucre 'ßükrə	lo zucchero 'dsukero
la	**azucena** aθu'θena	Lilie	lily 'lili	le lis liß	il giglio 'dschiljo
el	**azufre** a'θufre	Schwefel	sulphur 'ßalfər	le soufre 'ßufrə	lo zolfo 'dsolfo

	bailar bai'lar	tanzen	dance dänß	danser dä'ßeh	ballare ba'lare
	bajar, salir ba'char, ßa'lir	herunterkommen, aussteigen	come down, exit kam daun, 'ekßit	descendre deh'ßädrə	scendere 'schendere
	bajo 'bacho	niedrig, leise	low, quiet lou, ku'ajət	bas, doux ba, du	basso, silenzioso baßo, ßilen'tßjoso
el	**bajo** 'bacho	Erdgeschoss	ground floor graund flɔr	le rez-de-chaussée rädscho'ßeh	il pianterreno pjante'reno
	bajo, entre 'bacho, 'entre	unter	under, among 'andər, ə'mang	sous ßu	sotto, tra/fra 'ßotto, tra/fra

Sonderzeichen in der Lautschrift ə angedeutetes e wie in bitte; ɔ offenes o wie in Post; ß scharfes s wie in nass; θ weiches s wie in Fass, aber gelispelt; ð s wie in Sense, aber gelispelt; ã nasal gesprochener Vokal wie in Chanson; ë nasal gesprochener Vokal wie in pointiert; õ nasal gesprochener Vokal wie in Jeton; sch weiches sch wie in Gin

caja

Spanisch	Deutsch	Englisch	Französisch	Italienisch
el **balcón** bal'kɔn	Balkon	balcony bälkəni	le **balcon** bal'kõ	il **balcone** bal'kone
bañar ban'jar	baden, schwimmen	bathe, swim bahθ, ßu'im	**baigner, nager** bän'jeh, na'scheh	**fare il bagno, nuotare** fare il 'banjo, nuo'tare
el **banco** 'banko	Bank	bank bänk	la **banque** bäk	la **banca** 'banka
barato ba'rato	günstig	favourable 'fäjwərəbl	**bon marché** bõ mar'scheh	**conveniente, favorevole** konwe'njente, fawo'rewole
la **barca** 'barka	Boot	boat bout	le **bateau** ba'to	la **barca** 'barka
el **barco** 'barko	Schiff	boat, ship bout, schip	le **bateau** ba'to	la **nave** 'nawe
la **barriga** ba'riga	Bauch	stomach 'ßtomək	le **ventre** 'wätrə	la **pancia** 'pantscha
la **basura** ba'ßura	Müll	garbage 'gahbitsch	les **ordures** m or'dür	l' **immondizia** f imon'ditßja
el **bebé** be'be	Baby	baby 'bäjbi	le **bébé** beh'beh	il **bebè** be'bä
beber be'ber	trinken	drink drink	**boire** bu'ahr	**bere** 'bere
la **bebida** be'bida	Getränk	beverage 'bewəridsch	la **boisson** bua'ßõ	la **bevanda** be'wanda
el **beso** 'beßo	Kuss	kiss kiß	le **baiser** bä'seh	il **bacio** 'batscho
la **biblioteca** biblio'teka	Bücherei	library 'laibrəri	la **bibliothèque** biblio'täck	la **biblioteca** biblio'täka
la **bicicleta** biθi'kleta	Fahrrad	bicycle 'bajßikl	la **bicyclette** bißi'klett	la **bicicletta** bitschi'kleta
bienvenido bienve'nido	willkommen	welcome u'elkəm	**bienvenue** bjëwə'nü	**benvenuto** benwe'nuto
el **billete** bi'jete	Fahrkarte	ticket 'tickət	le **billet** bi'jä	il **biglietto** bil'jeto
la **biología** biolo'chia	Biologie	biology baj'ɔlidschi	la **biologie** biolo'schi	la **biologia** biolo'dschia
blando 'blando	weich	soft ßɔft	**mou** mu	**morbido** 'mɔrbido
la **blusa** 'blußa	Bluse	blouse blaus	la **blouse** bluhs	la **camicetta** kami'tscheta
la **boda** 'boda	Hochzeit	wedding u'äding	le **mariage** mari'ahsch	il **matrimonio** matri'mɔnio
el **bolígrafo** bo'ligrafo	Kugelschreiber	ball-point pen 'bɔhlpɔjnt pen	le **stylo** ßti'lo	la **penna** 'penna
la **bolsa** 'bolßa	Tüte	bag bäg	le **sac** ßak	la **busta** 'bußta
el **bolso de mano** 'bolßo de 'mano	Handtasche	handbag 'händbäg	le **sac à main** ßak a më	la **borsetta** bor'ßeta
los **bomberos** bom'beroß	Feuerwehr	fire brigade 'faiər bri'gäjd	les **pompiers** m pɔm'pjeh	i **vigili del fuoco** 'widschili del fu'ɔko
bonito bo'nito	schön	nice najß	**beau** bo	**bello** 'bällo
borracho bo'ratscho	betrunken	drunk drank	**ivre** 'iwrə	**ubriaco** ubri'ako
la **botella** bo'teja	Flasche	bottle 'bɔtl	la **bouteille** bu'täj	la **bottiglia** bo'tilja
el **botón** bo'tɔn	Knopf	button 'battn	le **bouton** bu'tõ	il **bottone** bo'tone
el **brazo** 'braθo	Arm	arm ahm	le **bras** bra	il **braccio** 'bratscho
el **budismo** bu'dißmo	Buddhismus	Buddhism 'buhdịsm	le **bouddhisme** bu'dißmə	il **buddismo** bu'dismo
bueno bu'eno	gut	good gud	**bon** bõ	**buono** bu'ɔno
buscar buß'kar	suchen	search ßörtsch	**chercher** schär'scheh	**cercare** tscher'kare
el **buzo** 'buθo	Taucher	diver 'dajwər	le **plongeur** plö'schör	il **subacqueo** ßub'akueo
el **buzón** bu'θɔn	Briefkasten	postbox, letterbox 'poußtbɔkß, 'lettərbɔkß	la **boite aux lettres** bu'at o 'lätrə	la **buca delle lettere** 'buka 'dele 'lättere

caber, convenir ka'ber, konwe'nir	passen	suit, fit ßuht, fit	**aller** a'leh	**andare/stare (bene)** an'dare/'ßtare ('bäne)
la **cabeza** ka'beθa	Kopf	head häd	la **tête** tät	la **testa** 'teßta
cada uno 'kada 'uno	jeder	anyone, everybody 'äniuan, 'ewribadi	**chacun** scha'kë	**ognuno** on'juno
caer ka'er	fallen	fall fɔl	**tomber** tö'beh	**cadere** ka'dere
el **café** ka'fe	Café, Kaffee	cafe, coffee kä'fäj, 'kɔfi	la/le **café** ka'feh	il **caffè** ka'fä
la **caja** 'kacha	Kasse	cash point käsch pɔjnt	la **caisse** käß	la **cassa** 'kaßa

Sonderzeichen in der Lautschrift ə angedeutetes e wie in bitt**e**; ɔ offenes o wie in P**o**st; ß scharfes s wie in na**ss**; θ weiches s wie in Fa**ss**, aber gelispelt; ð s wie in **S**ense, aber gelispelt; ã nasal gesprochener Vokal wie in Ch**an**son; ë nasal gesprochener Vokal wie in p**oi**ntiert; õ nasal geprochener Vokal wie in Jet**on**; sch weiches sch wie in **G**in

calcular

Spanisch	Deutsch	Englisch	Französisch	Italienisch
calcular kalku'lar	rechnen	calculate 'kälkjuläjt	calculer kalkü'leh	calcolare, contare kalko'lare, kon'tare
la **calefacción** kalefakθi'ɔn	Heizung	heating 'hihting	le chauffage scho'fah<u>sch</u>	il riscaldamento rißkalda'mento
el **calendario** kalen'dario	Kalender	calendar 'kälindər	le calendrier kalãdri'jeh	il calendario, l'agenda f kalen'dario, a'd<u>sch</u>enda
la **calidad** kali'dad	Qualität	quality ku'ɔliti	la qualité kali'teh	la qualità kuali'ta
caliente kali'ente	heiß, warm	hot, warm hɔtt, u'ɔrm	chaud scho	molto caldo, bollente 'molto 'kaldo, bo'lente
el **calor** ka'lor	Hitze	heat hiht	la chaleur scha'lör	il grande caldo, il calore 'grande 'kaldo, ka'lore
la **cama** 'kama	Bett	bed bed	le lit li	il letto 'lätto
la **cámara** 'kamara	Kamera	camera 'kämərə	la caméra kameh'ra	la macchina fotografica 'makina fɔto'grafika
el **camarero** kama'rero	Kellner	waiter u'äjtər	le serveur ßer'wör	il cameriere kamer'järe
cambiar kambi'ar	ändern, wechseln	change tschäjnd<u>sch</u>	changer schä'<u>sch</u>eh	cambiare kam'bjare
el **cambio** 'kambio	Veränderung	change tschäjnd<u>sch</u>	le changement schä<u>sch</u>'mã	il cambiamento kambja'mento
el **camino** ka'mino	Weg	path, road pahθ, rəud	le chemin schə'mẽ	il cammino ka'mino
el **camión** kami'on	Lkw	lorry 'lɔri	le camion ka'mjõ	il camion kam'jon
la **camisa** ka'mißa	Hemd	shirt schört	la chemise schə'mihs	la camicia ka'mitscha
el **camping** 'kamping	Camping	camping 'kämping	le camping kã'ping	il campeggio kam'ped<u>sch</u>o
la **canción** kanθi'ɔn	Lied	song ßong	la chanson schä'ßõ	la canzone kan'tßone
cansado kan'ßado	müde	tired 'tajəd	fatigué fati'geh	stanco 'ßtanko
cantar kan'tar	singen	sing ßing	chanter schä'teh	cantare kan'tare
la **cantidad, la multitud** kanti'dad, multi'tud	Menge	amount, crowd ə'maunt, kraud	la quantité, la multitude kãti'teh, mülti'tüd	la quantità, il moltitudine kuanti'ta, molti'tudine
la **cara** 'kara	Gesicht	face fäjß	le visage wi'sah<u>sch</u>	il viso wiso
el **carácter** ka'rakter	Charakter	character 'käräktər	le caractère karak'tär	il carattere ka'ratere
el **caramelo** kara'melo	Bonbon	sweet ßu'iht	le bonbon bõ'bõ	la caramella kara'mella
cariñoso karin'joßo	lieb	dear 'diər	gentil schä'ti	caro, gentile 'karo, d<u>sch</u>en'tile
la **carne** 'karne	Fleisch	meat miht	la viande wi'jäd	la carne 'karne
el **carnet** kar'ne	Ausweis	identification card aidentifi'käjschn kard	la pièce d'identité pjäß didäti'teh	la tessera, il documento 'teßera, doku'mento
la **carnicería** karniθe'ria	Metzgerei	butchery 'butschəri	la boucherie busch'ri	la macelleria matschele'ria
caro 'karo	teuer	expensive ikß'penßiw	cher schär	caro 'karo
la **carretera, la calle** kare'tera, 'kaje	Straße	road, street rəud, ßtriht	la rue rü	la strada 'ßtrada
la **carta** 'karta	Brief, Speisekarte	letter, menu lettər, 'menju	la lettre, le menu 'lätrə, mə'nü	la lettera, il menu 'lettera, me'nu
la **cartera** kare'tera	Brieftasche	wallet u'ɔlit	le porte-monnaie pɔrtmɔ'nä	il portafoglio porta'fɔljo
el **cartero** kar'tero	Briefträger	postman 'poußtmən	le facteur fak'tör	il postino poß'tino
la **casa** 'kaßa	Haus	house hauß	la maison mä'sõ	la casa 'kasa
casado ka'ßado	verheiratet	married 'märid	marié marijeh	sposato ßpo'sato
casarse ka'ßarße	heiraten	marry 'märri	marier mari'eh	sposarsi ßpo'sarßi
casi 'kaßi	fast	almost 'ɔlmoußt	presque 'präßkə	quasi ku'asi
el **castillo, la cerradura** kaß'tijo, θera'dura	Schloss	castle, lock 'kahßl, lɔck	le château, la serrure scha'to, ßeh'rühr	il castello, serratura kaß'tello, ßera'tura
celebrar θele'brar	feiern	celebrate 'ßelibräjt	fêter fä'teh	festeggiare feßte'd<u>sch</u>are
la **cena** 'θena	Abendessen	dinner 'dinər	le dîner di'neh	la cena 'tschena
el **cepillo** θe'pijo	Bürste	brush brasch	la brosse broß	la spazzola 'ßpatßola
el **cepillo de dientes** θe'pijo de di'entes	Zahnbürste	toothbrush 'tuhθbrasch	la brosse à dent broß a dã	il spazzolino da denti ßpatßo'lino da 'denti

Sonderzeichen in der Lautschrift: ə angedeutetes e wie in bitt**e**; ɔ offenes o wie in P**o**st; ß scharfes s wie in na**ss**; θ weiches s wie in Fa**ss**, aber gelispelt; ð s wie in **S**ense, aber gelispelt; ã nasal gesprochener Vokal wie in Ch**an**son; ẽ nasal gesprochener Vokal wie in p**oi**ntiert; õ nasal gesprochener Vokal wie in Jet**on**; <u>sch</u> weiches sch wie in **G**in

con gusto

Spanisch	Deutsch	Englisch	Französisch	Italienisch
cerca 'θerka	nah	close klouß	proche prɔsch	vicino wi'tschino
cerrado θe'rado	zu, geschlossen	closed klousd	fermé fär'meh	chiuso 'kjußo
cerrar θe'rar	(ab)schließen, zumachen	close klouß	fermer fär'meh	chiudere 'kjudere
el **certificado** θertifi'kado	Zeugnis	certificate ßə'tifikət	le bulletin scolaire bül'tä ßko'lär	la pagella pa'dschella
la **cerveza** θer'weθa	Bier	beer biər	la bière bjär	la birra 'bira
la **chaqueta** tscha'keta	Jacke	jacket dschäkit	la veste west	la giacca 'dschaka
la **chica** 'tschika	Mädchen	girl görl	la fille fij	la bambina bam'bina
chico 'tschiko	Junge	boy bɔj	le garçon gar'ßö	il ragazzo ra'gatßo
chinchín tschin'tschin	Prost	cheers 'tschiərß	santé ßä'teh	salute ßa'lute
el **chocolate** tschoko'late	Schokolade	chocolate 'tschɔcklət	le chocolat schoko'la	la cioccolata tschoko'lata
el **cielo** θi'elo	Himmel	sky ßkaj	le ciel ßi'äl	il cielo 'tschälo
la **ciencia** θi'enθia	Wissenschaft	science 'ßaiənß	la science ßjäß	la scienza 'schentßa
el **cigarillo** θiga'rijo	Zigarette	cigarette 'ßigaret	la cigarette ßiga'rätt	la sigaretta 'ßiga'reta
el **cine** 'θine	Kino	cinema 'ßinəma	le cinéma ßineh'ma	il cinema 'tschinema
el **círculo** 'θirkulo	Kreis	circle 'ßörkəl	le cercle 'ßerklə	il cerchio 'tscherkjo
la **cita, la fecha** θita, 'fetscha	Verabredung, Termin	date, appointment däjt, ə'pointment	le rendez-vous rädeh'wu	l' appuntamento *m*, la data apunta'mento, 'data
la **ciudad** θiu'dad	Stadt	city 'ßitti	la ville wil	la città tschi'ta
claro 'klaro	deutlich, klar, hell	clear, light 'kliər, lait	clair klär	chiaro 'kjaro
la **clase** 'klaße	Schulklasse, Unterricht	class, lessons klahß, 'leßnß	la classe, l'enseignement *m* la klaß, äßänjə'mä	classe, la lezione klaße, le'tßjone
el **cliente** kli'ente	Kunde	client 'klajənt	le client kli'jä	il cliente kli'ente
el **club** klub	Club	club klab	le club klöb	il club klub
el **club del automóvil** klub del auto'mowil	Automobilclub	automobile club ɔtou'moubail klab	le club automobile klöb otomo'bil	l' automobile club auto'mobile klub
el **coche** 'kotsche	Auto	car kar	la voiture wua'tür	la macchina 'makina
la **cocina** ko'θina	Küche, Herd	kitchen, cooker kitschən, 'kucker	la cuisine, la cuisinière kui'sin, kuisin'jär	la cucina, la cucina elettrica/a gas ku'tschina, ku'tschina e'letrika/a gaß
cocinar koθi'nar	kochen	cook kuck	cuire ku'ir	cucinare kutschi'nare
el **código postal** 'kodigo poß'tal	Postleitzahl	postal code 'poußtl koud	le code postal kod pɔß'tal	il codice (di avviamento) postale (CAP) 'koditsche (di awja'mento) poß'tale
la **coincidencia** koinθi'denθia	Zufall	coincidence kou'inßidənß	le hasard a'sar	il caso 'kaso
colgar kol'gar	hängen	hang häng	pendre 'pädrə	appendere a'pendere
comer ko'mer	essen	eat iht	manger mä'scheh	mangiare man'dschare
los **comestibles** komeß'tibles	Lebensmittel	groceries 'groußərihs	les aliments *m* ali'mä	gli alimentari alimen'tari
la **comida** ko'mida	Essen, Mahlzeit	meal mihl	le repas rə'pa	il mangiare, il pasto man'dschare, 'paßto
como 'komo	wie	how, like hau, laik	comment kɔ'mä	come 'kome
como mucho 'komo 'mutscho	höchstens	at the most ät ðə moußt	au maximum o makßi'mom	al massimo al 'maßimo
comparar kompa'rar	vergleichen	compare kəm'päər	comparer kɔmpa'reh	paragonare parago'nare
comprar kom'prar	kaufen	buy baj	acheter asch'teh	comprare kom'prare
con kon	mit	with u'ið	avec a'weck	con kon
el **concierto** konθi'erto	Konzert	concert 'kɔnßört	le concert kö'ßer	il concerto kon'tscherto
conducir, dirigir kondu'θir, diri'chir	lenken	steer, direct 'ßtihər, daj'räkt	guider gi'deh	guidare, dirigere gui'dare, di'ridschere
el **conductor** konduk'tor	Fahrer	driver 'draiwər	le conducteur ködük'tör	l' autista *mf*, il conducente au'tißta, kondu'tschente
con gusto kon 'gußto	gern, gerne	gladly 'glädli	volontiers wolö'tjeh	volontieri wolen'tjeri

Sonderzeichen in der Lautschrift ə angedeutetes e wie in bitte; ɔ offenes o wie in Post; ß scharfes s wie in nass; θ weiches s wie in Fass, aber gelispelt; ð s wie in Sense, aber gelispelt; ä nasal gesprochener Vokal wie in Chanson; ë nasal gesprochener Vokal wie in pointiert; ö nasal geprochener Vokal wie in Jeton; sch weiches sch wie in Gin

conocer

Spanisch	Deutsch	Englisch	Französisch	Italienisch
conocer kono'θer	kennen, kennenlernen	know, get to know nou, gätt tu nou	connaître, rencontrer ko'nätrə, räkö'treh	conoscere, fare conoscenza ko'noschere, fare kono'schentßa
conocido kono'θido	bekannt	known noun	connu ko'nü	noto 'nɔto
el **consejo, la apuesta** kon'ßecho, apu'eßta	Tipp, Rat	hint, tip hint, tipp	le conseil kö'ßäj	il consiglio kon'ßiljo
contar kon'tar	zählen, erzählen	count, tell kaunt, tell	compter, raconter kö'teh, rakö'teh	contare, raccontare kon'tare, rakon'tare
el **contenido** konte'nido	Inhalt	content 'kɔntent	le contenu köt'nü	il contenuto konte'nuto
contento, satisfecho kon'tento, ßatiß'fetscho	glücklich, zufrieden	lucky, content, satisfied 'lacki, kən'tent, 'ßätißfajd	heureux, content, satisfait ö'rö, kö'tä, ßatiß'fä	fortunato, felice, contento, soddisfatto fortu'nato, fe'litsche, kon'tento, ßodiß'fato
contra kontra	gegen	against ə'gänßt	contre 'kötrə	contro 'kontro
el **contrario** kon'trario	Gegenteil	opposite 'ɔpəsit	le contraire kö'trär	il contrario kon'trario
el **contrato** kon'trato	Vertrag	contract 'kɔnträkt	le contrat kö'tra	il contratto kon'trato
la **conversación** konwerßaθi'ɔn	Gespräch	conversation konwə'ßäjschn	la conversation köwersa'ßjö	la conversazione konwerßa'tßjone
convertirse, ser, ponerse konwer'tirße, ßer, po'nerße	werden	become, will, get bi'kamm, u'il, gätt	devenir dəwə'nir	diventare diwen'tare
el **corazón** kora'θon	Herz	heart haht	le cœur kör	il cuore ku'ɔre
correcto ko'rekto	richtig	right rait	vrai wrä	giusto 'dschußto
el **correo** ko'reo	Post	post, mail poußt, mäjl	la poste pɔst	la posta 'poßta
el **correo electrónico** ko'reo elek'troniko	E-Mail	email 'ihmäjl	le e-mail i'mehl	l' e-mail f i'mäil
correr ko'rer	laufen, rennen	run, walk ran, u'ɔlk	courir ku'rir	correre 'korere
cortar kor'tar	schneiden	cut kat	couper ku'peh	tagliare tal'jare
corto 'korto	kurz	short schɔht	court kur	corto 'korto
la **cosa** 'koßa	Sache	thing, matter θing, 'mättər	la chose schohs	la cosa 'kɔsa
la **cosmética** koß'metika	Kosmetik	cosmetics kɔs'metikß	la cosmétique koßmeh'tik	la cosmetica kos'metika
costar koß'tar	kosten	cost kɔßt	coûter ku'teh	costare koß'tare
crecer kre'θer	wachsen	grow grou	grandir grä'dir	crescere 'kreschere
creer kre'er	glauben	believe bi'lihw	croire kru'ahr	credere 'kredere
la **crema** 'krema	Creme	cream, vanishing crem krihm, 'wänisching krihm	la crème kräm	la crema, la pomata 'kräma, po'mata
el **cristianismo** krißtia'nißmo	Christentum	Christianity krißti'äniti	le christianisme krißtja'nißmə	il cristianesimo krißtja'nesimo
el **cruce** 'kruθe	Kreuzung	crossing 'krɔßing	le croisement kruase'mä	l' incrocio m in'krotscho
el **cuadro, la imagen** ku'adro, i'machen	Bild	picture 'piktschə	l' image f i'mahsch	l' immagine f, il quadro i'madschine, ku'adro
cuá(a)ndo, como, que ku'ando, 'komo, ke	wann, als	when u'än	quand, lorsque kä, lɔrß'kə	quando, che ku'ando, ke
cuando, si ku'ando, ßi	wenn	when, if u'än, if	si ßi	se ße
cuánto ku'anto	wie viel	how much hau matsch	combien kö'bjë	quanto ku'anto
el **cuarto** ku'arto	Raum, Zimmer	room ruhm	la pièce pjäß	la stanza 'ßtantßa
el **cuarto de baño** ku'arto de 'banjo	Badezimmer	bathroom 'bahθruhm	la salle de bain ßal də bë	il bagno 'banjo
el **cuarto de los niños** ku'arto de loß 'ninjoß	Kinderzimmer	nursery 'nörßəri	la chambre d'enfants 'schäbr dä'fä	la stanza dei bambini 'ßtantßa 'dei bam'bini
el **cubo de basura** 'kubo de ba'ßura	Mülltonne	dustbin 'daßtbin	la poubelle pu'bell	il bidone delle immondizie bi'done 'dele imon'ditßje
la **cuchara** ku'tschara	Löffel	spoon ßpuhn	la cuillère kui'jär	il cucchiaio kuk'jaio
el **cuchillo** ku'tschijo	Messer	knife naif	le couteau ku'to	il coltello kol'tello

C

Sonderzeichen in der Lautschrift ə angedeutetes e wie in bitte; ɔ offenes o wie in Post; ß scharfes s wie in nass; θ weiches s wie in Fass, aber gelispelt; ð s wie in Sense, aber gelispelt; ä nasal gesprochener Vokal wie in Chanson; ë nasal gesprochener Vokal wie in pointiert; ö nasal gesprochener Vokal wie in Jeton; sch weiches sch wie in Gin

desnudar

Spanisch	Deutsch	Englisch	Französisch	Italienisch
la **cuenta** ku'enta	Konto, Rechnung	account, bill, invoice ə'kaunt, bill, 'inwɔjß	le **compte**, la **facture** kõt, fak'tür	il **conto corrente, conto** 'konto ko'rente, 'konto
el **cuerpo** ku'erpo	Körper	body 'bɔdi	le **corps** kor	il **corpo** 'korpo
el **cuidado, la precaución** kui'dado, prekauθi'ɔn	Vorsicht	attention, caution ə'tenschn, 'kɔhschn	la **prudence** prü'däß	l' **attenzione** f, la **prudenza** aten'tßjone, pru'dentßa
cuidadoso kuida'doßo	vorsichtig	careful 'käärful	**prudent** prü'dã	**prudente** pru'dente
el **cumpleaños** kumple'anjos	Geburtstag	birthday 'börθdäj	l' **anniversaire** m aniwer'ßär	il **compleanno** komple'anno

D

Spanisch	Deutsch	Englisch	Französisch	Italienisch
dar, compartir dar, kompar'tir	geben, abgeben	give, hand in, give away giw, händ in, giw ə'uäj	**donner, rendre** dɔ'neh, 'rãdrə	**dare, consegnare** dare, konsen'jare
darse prisa 'darße 'prißa	beeilen	hurry up 'harri ap	**dépêcher** dehpä'scheh	**sbrigare** sbri'gare
de de	aus, von	from, by frɔm, bai	**de** də	**di, da** di, da
deber de'ber	sollen	shall schäll	**devoir** dəwu'ahr	**dovere** do'were
débil 'debil	schwach	weak u'ihk	**faible** 'fäblə	**debole** 'debole
la **decepción** deθepθi'ɔn	Enttäuschung	disappointment dißə'pojntmənt	la **déception** dehßäp'ßjõ	la **delusione** delu'sjone
decir de'θir	sagen	say ßäj	**dire** dir	**dire** 'dire
la **declaración** deklaraθi'ɔn	Aussage, Erklärung	statement 'ßtäjtmənt	la **déclaration** dehklara'ßjõ	la **dichiarazione, l'affermazione** f dikjara'tßjone, aferma'tßjone
el **dedo** 'dedo	Finger	finger 'fingər	le **doigt** du'a	il **dito** 'dito
de dónde de 'donde	woher	where from u'är frɔm	**d'où** du	**di dove** di 'dowe
dejar de'char	lassen	let lett	**laisser** lä'ßeh	**lasciare** la'schare
delante de'lante	vorn	ahead, forward ə'häd, 'fɔhwəd	**devant** də'wä	**davanti** da'wanti
delante de, hace de'lante de, 'aθe	vor	before, ago bi'fɔr, ə'gou	**devant, avant** də'wä, a'wä	**davanti** da'wanti
deletrear deletre'ar	buchstabieren	spell ßpell	**épeler** ehpə'leh	**sillabare** ßila'bare
delgado del'gado	dünn	thin θin	**mince** mëß	**magro** 'magro
demasiado demaßi'ado	zu viel	too much tu matsch	**trop** tro	**troppo** 'trɔpo
dentro 'dentro	drinnen	inside in'ßaid	**à l'intérieur** a lëtehri'jör	**dentro** 'dentro
el **deporte** de'porte	Sport	sport ßpɔrt	le **sport** ßpɔr	lo **sport** ßport
deprisa de'prißa	eilig	hurried, urgent 'harrid, 'ördschənt	**urgent** ür'schä	**frettoloso** freto'loso
el **derecho** de'retscho	Recht	right, law rait, lɔh	le **droit** dru'a	la **legge** 'ledsche
de repente de re'pente	plötzlich	suddenly 'ßadnli	**soudain** ßu'dë	**improvviso** impro'wiso
desahuciar, despedir deßauθi'ar, deßpe'dir	kündigen	cancel, recall 'känßəl, ri'kɔhl	**licencier** lißä'ßjeh	**licenziare, disdire** litschen'tßjare, dis'dire
el **desayuno** deßa'juno	Frühstück	breakfast 'bräkfəßt	le **petit-déjeuner** pətidehschö'neh	la **colazione** kola'tßjone
descansar deßkan'ßar	ausruhen	relax, rest ri'läkß, reßt	**reposer** rəpo'seh	**riposare** ripo'sare
el **descanso** deß'kanßo	Pause	break bräjk	la **pause** pohs	la **pausa, la sosta** 'pausa, 'ßoßta
descubrir deßku'brir	entdecken	discover diß'kawər	**découvrir** dehku'wrir	**scoprire** ßko'prire
desde, de deßde, de	seit, von	for, since, from by fɔr, ßinß, frɔm, bai	**depuis, de** dəpu'i, də	**da** da
desear deße'ar	wünschen	wish u'isch	**souhaiter** ßuäh'teh	**desiderare** deside'rare
desempleado deßemple'ado	arbeitslos	unemployed 'anəmplɔjd	**être au chômage** 'ätrə o scho'mahsch	**disoccupato** disoku'pato
el **deseo** de'ßeo	Wunsch	wish u'isch	le **souhait** ßu'äh	il **desiderio** desi'derio
desnudar, mudar deßnu'dar, mu'dar	ausziehen	take off, move out täjk ɔf, muhw aut	**déshabiller, déménager** dehsabi'jeh, dehmehna'scheh	**svestire, traslocare** sweß'tire, traslo'kare

Sonderzeichen in der Lautschrift ə angedeutetes e wie in bitt**e**; ɔ offenes o wie in P**o**st; ß scharfes s wie in na**ss**; θ weiches s wie in Fa**ss**, aber gelispelt; ð s wie in **S**ense, aber gelispelt; ä nasal gesprochener Vokal wie in Ch**an**son; ë nasal gesprochener Vokal wie in p**oi**ntiert; õ nasal geprochener Vokal wie in Jet**on**; <u>sch</u> weiches sch wie in **G**in

despertador

Spanisch	Deutsch	Englisch	Französisch	Italienisch
el **despertador** deßperta'dor	Wecker	alarm-clock ə'lahmklɔck	le **réveil** reh'wäj	la **sveglia** swelja
después, a deßpu'eß, a	nach	after, to 'ahftər, tu	**après** a'prä	**dopo** 'dɔpo
el **destino, la meta** deß'tino, 'meta	Ziel	destination, goal deßti'näjschn, goul	le **but** büt	la **meta, il traguardo** 'mäta, tragu'ardo
detrás de'traß	hinten	back bäck	**à l'arrière** a lari'jär	**dietro, in fondo** 'djetro, in 'fondo
detrás de de'traß de	hinter	behind bi'haind	**derrière** deri'jär	**dietro, dopo** 'djetro, 'dɔpo
de vuelta de wu'elta	zurück	back bäck	**en arrière** ãnari'jär	**indietro** in'djätro
el **día** 'dia	Tag	day däj	le **jour** s<u>ch</u>ur	il **giorno** 'd<u>sch</u>orno
el **diccionario** dikθio'nario	Wörterbuch	dictionary 'dikschənri	le **dictionnaire** dikßjo'när	il **dizionario** ditßjo'nario
el **diente** di'ente	Zahn	tooth tuhθ	la **dent** dä	il **dente** 'dente
el **diesel** di'eßel	Diesel	diesel 'dihsəl	le **diesel** dji'säl	il **diesel** 'dihsel
la **diferencia** dife'renθia	Unterschied	difference 'difrənß	la **différence** difeh'räß	la **differenza** dife'rentßa
diferente dife'rente	anders, verschieden	different 'difrənt	**autrement, différent** otrə'mã, difeh'rä	**diverso** di'werßo
difícil di'fiθil	schwierig	difficult 'difikəlt	**difficile** difi'ßil	**difficile** di'fitschile
el **dinero** di'nero	Geld	money 'manni	l' **argent** m ar's<u>ch</u>ä	il **denaro, i soldi** de'naro, 'ßoldi
la **dirección** direkθi'ɔn	Adresse, Richtung	address, direction 'ädraß, daj'rekschn	l' **adresse** f, la direction a'dräß, diräk'ßjõ	l' **indirizzo** m, la direzione indi'ritßo, dire'tßjone
directo di'rekto	direkt	direct daj'rekt	**direct** di'räkt	**diretto** di'reto
la **discoteca** dißko'teka	Diskothek	discotheque 'dißkoutek	la **discothèque** dißko'täck	la **discoteca** dißko'täka
la **disculpa** diß'kulpa	Entschuldigung	excuse ikß'kjuhs	l' **excuse** f ekß'kühs	la **scusa** ßkusa
disculpar dißkul'par	entschuldigen	excuse ikß'kjuhs	**excuser** ekßkü'seh	**scusare** ßku'sare
discutir dißku'tir	diskutieren	discuss diß'kaß	**discuter** dißkü'teh	**discutere** diß'kutere
la **distancia** diß'tanθia	Entfernung	distance 'dißtənß	la **distance** diß'täß	la **distanza** diß'tantßa
la **diversión** diwerθi'ɔn	Spaß, Scherz	fun, joke fan, d<u>sch</u>ouk	le **plaisir** plä'sir	il **divertimento** diwerti'mento
divertido diwer'tido	lustig	funny 'fanni	**drôle** drohl	**allegro** a'legro
divorciado diworθi'ado	geschieden	divorced di'wɔrßd	**divorcé** diwor'ßeh	**divorziato** diwor'tßjato
el **dolor** do'lor	Schmerz	pain päjn	la **douleur** du'lör	il **dolore** do'lore
dónde 'donde	wo	where u'är	**où** u	**dove** 'dowe
dormir dor'mir	schlafen	sleep ßlihp	**dormir** dɔr'mir	**dormire** dor'mire
el **dormitorio** dormi'torio	Schlafzimmer	bedroom 'bedruhm	la **chambre à coucher** 'schäbr a ku'scheh	la **camera da letto** 'kamera da 'lätto
dotado do'tado	begabt	talented 'täləntid	**doué** du'eh	**dotato** do'tato
la **ducha** 'dutscha	Dusche	shower 'schauər	la **douche** dusch	la **doccia** 'dotscha
duchar du'tschar	duschen	shower 'schauər	**prendre une douche** 'prädrə ün dusch	**fare la doccia** 'fare la 'dotscha
dulce 'dulθe	süß	sweet ßu'iht	**sucré** ßü'kreh	**dolce** 'doltsche
la **duración** duraθi'ɔn	Dauer	duration dju'räjschn	la **durée** dü'reh	la **durata, il periodo** du'rata, pe'riodo
duro 'duro	hart	hard hard	**dur** dür	**duro** 'duro

E

Spanisch	Deutsch	Englisch	Französisch	Italienisch
la **edad, la vejez** e'dad, we'cheθ	Alter	age äjd<u>sch</u>	l' **âge** m ah<u>sch</u>	l' **età** f e'ta
el **edificio** edi'fiθio	Gebäude	building 'bilding	l' **immeuble** m i'möblə	l' **edificio** m edi'fitscho
el **ejemplo** e'chemplo	Beispiel	example ik'ßampəl	l' **exemple** m eg'säplə	l' **esempio** m e'sempjo
el el	der	the ðə	**le** lə	**il** il
él el	er	he hi	**il** il	**lui** 'lui
la **electricidad, la corri-ente** elektriθi'dad, kori'ente	Strom	electricity, current ilek'trißəti, 'körənt	le **courant** ku'rä	la **corrente** ko'rente

Sonderzeichen in der Lautschrift ə angedeutetes e wie in bitt**e**; ɔ offenes o wie in P**o**st; ß scharfes s wie in na**ss**; θ weiches s wie in Fa**ss**, aber gelispelt; ð s wie in **S**ense, aber gelispelt; ä nasal gesprochener Vokal wie in Cha**n**son; ë nasal gesprochener Vokal wie in p**oi**ntiert; õ nasal gesprochener Vokal wie in Jet**on**; <u>sch</u> weiches sch wie in **G**in

error

Spanisch	Deutsch	Englisch	Französisch	Italienisch
elegante ele'gante	chic	chic schik	chic schik	**elegante** ele'gante
elegir, marcar, votar ele'chir, mar'kar, wo'tar	wählen	select, dial, vote ßi'lekt, dail, wout	choisir, élire schua'sir, eh'lir	**scegliere, votare** 'scheljere, wo'tare
ella 'eja	sie	she schi	elle äl	**lei** läj
embarazada embara'θada	schwanger	pregnant 'pregnǝnt	enceinte ǟ'ßēt	**incinta** in'tschinta
la **emergencia** emer'chenθia	Notfall	emergency i'mördschǝnßi	l' **urgence** f ür'schäß	l' **emergenza** femer'dschentßa
empezar empe'θar	anfangen, beginnen	begin bi'ginn	commencer kɔmǟ'ßeh	**(in)cominciare, iniziare** (in)komin'tschare, ini'tßjare
el **empleado** emple'ado	Angestellter	employee ǝm'plɔhji	l' **employé** m ǟplua'jeh	l' **impiegato** m impje'gato
la **empresa** em'preßa	Firma	company 'kampǝni	l' **entreprise** f ǟtrǝ'prihs	la **ditta** 'ditta
en, a en, a	in	in in	dans dǟ	**in, a** in, a
en alguna parte en al'guna 'parte	irgendwo	somewhere, anywhere 'ßamuär, 'äniuär	quelque part 'kälkǝ par	**in qualche posto** in ku'alke 'poßto
en aquel tiempo en a'kel ti'empo	damals	at that time ät ðät taim	autrefois otrǝfu'a	**allora** a'lora
en casa en 'kaßa	zuhause	at home ät houm	chez soi scheh ßu'a	**a casa** a 'kasa
en, cerca de en, 'θerka de	bei	at ät	chez scheh	**presso, vicino a/in** 'preßo, wi'tschino a/in
el **enchufe** en'tschufe	Stecker	plug plag	la prise prihs	la **spina** 'ßpina
encima de en'θima de	über	above ǝ'baw	au-dessus odǝ'ßü	**sopra** 'ßopra
en contra en 'kontra	dagegen	against it ǝ'gänßt it	contre cela 'kötrǝ ßǝ'la	**contro** 'kontro
encontrar, alcanzar enkon'trar, alkan'θar	finden, treffen	find, meet, hit faind, miht, hit	trouver, rencontrer tru'weh, rǟkö'treh	**trovare, incontrare** tro'ware, inkon'trare
en el en el	im	in (the), at in (ðǝ), ät	dans dǟ	**nel** nel
enfadado enfa'dado	böse	angry 'ängri	méchant meh'schä	**cattivo** ka'tiwo
enfadar enfa'dar	ärgern	anger ängǝr	fâcher fa'scheh	**arrabbiarsi** arab'jarßi
el **enfado** en'fado	Ärger	trouble 'trabl	l' **ennui** m änu'i	la **rabbia** 'rabja
la **enfermedad** enferme'dad	Krankheit	illness 'illnǝß	la maladie mala'di	la **malattia** mala'tia
enfermo en'fermo	krank	ill ill	malade ma'lad	**malato** ma'lato
enfrente en'frente	gegenüber	opposite to 'ɔpǝsit tu	en face ǟ faß	**di fronte a** di 'fronte a
en ningún sitio en nin'gun 'ßitio	nirgends	nowhere 'nouuär	nulle part nül par	**da nessuna parte** da ne'ßuna 'parte
el **ensalada** enßa'lada	Salat	salad 'ßäläd	la salade ßa'lad	l' **insalata** f inßa'lata
enseñar, informar enßen'jar, infor'mar	zeigen, unterrichten	show, indicate, teach, inform schou, tihtsch, 'indikäjt, in'fɔrm	montrer, enseigner äßän'jeh, mö'treh	**mostrare, indicare, insegnare** moß'trare, indi'kare, inßen'jare
entender enten'der	verstehen	understand andǝr'ßtänd	comprendre kö'prädrǝ	**capire** ka'pire
entero en'tero	ganz	complete kǝm'pliht	entier ä'tjeh	**tutto, intero** 'tutto, in'tero
la **entrada** en'trada	Eintritt, Eingang, Eintrittskarte	admittance, entry, entrance, ticket ǝd'mitǝnß, 'entri, 'entrǝnß, 'tickǝt	l' **entrée** f ä'treh	l' **ingresso** m, l'**entrata** f, il **biglietto** in'greßo, en'trata, bil'jeto
entrar, embarcar, instalarse en'trar embar'kar, inßta'larße	hereinkommen, einsteigen, einziehen	come in, board, get in, move in kam in, bɔhd, gätt in, muhw in	rentrer, monter, eménager rä'treh, mö'teh, ämehna'scheh	**entrare, salire, montare, infilare, ritirare** en'trare, ßa'lire, mon'tare, infi'lare, riti'rare
entre 'entre	zwischen	between bitu'ihn	entre 'ätrǝ	**tra, fra** tra, fra
entretener, conversar entrete'ner, konwer'ßar	unterhalten	entertain, talk entǝ'täjn, tɔhk	entretenir ätrǝtǝ'nir	**mantenere, intrattenere** mante'nere, intrate'nere
enviar enwi'ar	schicken	send ßend	envoyer äwua'jeh	**mandare** man'dare
la **envidia** en'widia	Neid	envy 'enwi	la jalousie schalu'si	l' **invidia** f in'widia
el **equipaje** eki'pache	Gepäck	luggage 'lagitsch	les bagages m ba'gahsch	il **bagaglio** ba'galjo
el **error** e'ror	Fehler	mistake miß'täjk	la faute foht	lo **sbaglio, l' errore** m 'sbaljo, e'rore

Sonderzeichen in der Lautschrift ǝ angedeutetes e wie in bitte; ɔ offenes o wie in Post; ß scharfes s wie in nass; θ weiches s wie in Fass, aber gelispelt; ð s wie in Sense, aber gelispelt; ä nasal gesprochener Vokal wie in Chanson; ē nasal gesprochener Vokal wie in pointiert; õ nasal geprochener Vokal wie in Jeton; sch weiches sch wie in Gin

escalera

Spanisch	Deutsch	Englisch	Französisch	Italienisch
la **escalera** eßka'lera	Leiter, Treppe	ladder, stairs läddər, ßtärs	l' **échelle** f, l' **escalier** m eh'schäll, eßkal'jeh	la scala 'ßkala
la **escalera mecánica** eßka'lera me'kanika	Rolltreppe	escalator 'ßkələjtər	l' **escalier roulant** m eßkal'jeh ru'lä	la scala mobile 'ßkala 'mɔbile
escribir eßkri'bir	schreiben	write rait	**écrire** eh'krir	scrivere 'ßkriwere
escuchar eßku'tschar	(zu)hören	listen, hear lißn, 'hiə	**écouter** ehku'teh)	sentire, ascoltare ßen'tire, aßkol'tare
la **escuela** eßku'ela	Schule	school ßkuhl	l' **école** f eh'kɔl	la scuola ßku'ɔla
la **espalda** eß'palda	Rücken	back bäck	le **dos** do	la schiena 'ßkjäna
especial eßpeθi'al	besonders	special 'ßpeschəl	**particulièrement** partiküljär'mä	particolarmente partikolar'mente
el **espectador** eßpekta'dor	Zuschauer	spectator ßpek'täjtər	le **spectateur** ßpäkta'tör	lo spettatore ßpeta'tore
esperar eßpe'rar	warten	wait u'äjt	**attendre** a'tädrə	aspettare aßpe'tare
la **esposa** eß'poßa	Ehefrau	wife u'aif	l' **épouse** f eh'puhs	la moglie 'molje
el **esposo** eß'poßo	Ehemann	husband 'hasbənd	l' **époux** m eh'pu	il marito ma'rito
la **esquina** eß'kina	Ecke	corner 'kɔhnər	le **coin** ku'ë	l' angolo m 'angolo
esta 'eßta	diese	this, these, those ðiß, ðihs, ðous	**cette, ces** ßät, ßeh	questa ku'eßta
la **estación** eßtaθi'ɔn	Bahnhof	train station träjn 'ßtäjschn	la **gare** gar	la stazione ßta'tßjone
la **estantería** eßtante'ria	Regal	shelf schelf	l' **étagère** f eta'scher	lo scaffale ßka'fale
estar, ser eß'ta, ßer	sein	be bi	**être** 'ätre	essere 'äßere
estar de pie eß'tar de pi'e	stehen	stand ßtänd	**être debout** 'ätrə də'bu	stare (in piedi), essere 'ßtare (in 'pjädi), 'äßere
estar sentado eß'tar ßen'tado	sitzen	sit ßit	**être assis** 'ätrə a'ßi	sedere ße'dere
estar tumbado eß'tar tum'bado	liegen	lie laj	**être couché** 'ätrə ku'scheh	essere sdraiato, giacere 'äßere sdra'jato, dscha'tschere
este eßte	dieser	this, these, those ðiß, ðihs, ðous	**ce** ßə	questo ku'eßto
estrecho eß'tretscho	eng	tight, narrow, close tajt, 'närou, klouß	**serré** ßä'reh	stretto 'ßtretto
la **estrella** eß'treja	Stern	star ßtar	l' **étoile** f ehtu'al	la stella 'ßtella
el **estudiante** eßtudi'ante	Student	student 'ßtjudənt	l' **étudiant** m ehtü'djä	lo studente ßtu'dente
estudiar eßtudi'ar	studieren	study 'ßtadi	**étudier** ehtü'djeh	studiare ßtu'djare
evitar ewi'tar	vermeiden	avoid ə'woid	**éviter** ehwi'teh	evitare ewi'tare
exacto ekß'akto	genau	exact ek'ßäkt	**précis** preh'ßi	esatto e'satto
el **examen** ek'ßamen	Prüfung	exam ik'ßäm	l' **examen** m egsa'më	l' esame m e'same
excelente ekße'lente	ausgezeichnet	excellent ekßələnt	**excellent** ekßseh'lä	ottimo 'ɔtimo
la **excursión** ekßkurßi'ɔn	Ausflug	excursion ikß'körschn	l' **excursion** f ekßkür'ßjö	la gita 'dschita
la **experiencia** ekßperi'enθia	Erfahrung	experience ikß'piriənß	l' **expérience** ekßpehri'jäß	l' esperienza f eßper'jentßa
explicar ekßpli'kar	erklären	explain ikß'pläjn	**expliquer** ekßpli'keh	spiegare ßpje'gare
la **exposición** ekßpoßiθi'ɔn	Ausstellung	exhibition ekßi'bischn	l' **exposition** f ekßposi'ßjö	la mostra, l' esposizione f 'moßtra, eßposi'tßjone
extenso, amplio ek'ßtenßo, 'amplio	weit	wide, far u'aid, far	**loin** lu'ë	largo, lontano 'largo, lon'tano
el **extranjero** ekßtran'chero	Ausländer, Ausland	foreigner, foreign country 'fɔräjnər, 'fɔräjn 'kantri	l' **étranger** m ehträ'scheh	lo straniero, l'estero m ßtra'njero, 'äßtero
extraño ek'ßtranjo	seltsam, fremd	strange 'ßträjndsch	**bizarre, étranger** bi'sahr, ehträ'scheh	straniero ßtra'njero

Sonderzeichen in der Lautschrift
ə angedeutetes e wie in bitt**e**; ɔ offenes o wie in P**o**st; ß scharfes s wie in na**ss**; θ weiches s wie in Fa**ss**, aber gelispelt; ð s wie in **S**ense, aber gelispelt; ä nasal gesprochener Vokal wie in Ch**an**son; ë nasal gesprochener Vokal wie in p**oi**ntiert; ö nasal gesprochener Vokal wie in Jet**on**; sch weiches sch wie in **G**in

futuro

Spanisch	Deutsch	Englisch	Französisch	Italienisch

F

	fácil 'faθil	leicht, einfach	easy, light 'ihsi, lait		facile, simple fa'ßil, 'ßēplə		facile, leggero, semplice fatschile, le'dschero, 'ßemplitsche
la	falda 'falda	Rock	skirt ßkört	la	jupe schüp	la	gonna 'gonna
	falso 'falßo	falsch	wrong rɔng		faux fo		sbagliato, falso sbal'jato, 'falßo
	faltar fal'tar	fehlen	miss miß		manquer mã'keh		mancare man'kare
la	familia fa'milia	Familie	family 'fämili	la	famille fa'mij	la	famiglia fa'milja
la	farmacia far'maθia	Apotheke	pharmacy 'fahməßi	la	pharmacie farma'ßi	la	farmacia farma'tschia
la	fecha 'fetscha	Datum	date däjt	la	date dat	la	data 'data
	felicitar feliθi'tar	gratulieren	congratulate kən'grätschjulajt		féliciter fehlißi'teh		fare gli auguri 'fare l'ji au'guri
	femenino feme'nino	weiblich	feminine 'femənin		féminin fehmi'nē		femminile femi'nile
	fenomenal fenome'nal	toll	amazing ə'mäjsing		super ßü'pär		fantastico fan'taßtiko
	feo 'feo	hässlich	ugly 'agli		laid lä		brutto 'brutto
la	fiebre fi'ebre	Fieber	fever 'fihwər	la	fièvre 'fjäwrə	la	febbre 'fäbre
la	fiesta fi'eßta	Feier, Party	party 'pahti	la	fête fett	la	festa, il party 'feßta, 'parti
	fijo 'ficho	fest	solid, firm 'ßɔlid, förm		dur dür		solido, forte 'ßolido, 'forte
el	fin, el final fin, fi'nal	Ende	end end	la	fin fē	la	fine 'fine
la	firma 'firma	Unterschrift	signature 'ßignətschər	la	signature ßin'jatür	la	firma 'firma
	firmar fir'mar	unterschreiben	sign ßain		signer ßin'jeh		firmare fir'mare
la	física 'fißika	Physik	physics 'fisikß	la	physique fi'sik	la	fisica 'fisika
la	flor flor	Blume	flower 'flauər	la	fleur flör	il	fiore fi'ore
	florecer flore'θer	blühen	blossom 'blɔßəm		fleurir flö'rir		fiorire fio'rire
el	folleto fo'jeto	Broschüre	brochure 'brouschə	la	brochure bro'schür	l'	opuscolo m o'pußkolo
la	forma 'forma	Form	form fɔhm	la	forme fɔrm	la	forma 'forma
la	formación formaθi'ɔn	Ausbildung	training, education 'träjning, edju'käjschn	la	formation fɔrma'ßjõ	la	formazione, l'istruzione f forma'tßjone, ißtru'tßjone
la	foto 'foto	Foto	photo 'foutou	la	photo fo'to	la	foto 'fɔto
la	frase 'fraße	Satz	sentence 'ßentənß	la	phrase frahs	la	frase 'frase
	fregar fre'gar	spülen	wash u'ɔsch		faire la vaisselle fär la wä'ßell		lavare la'ware
	frenar fre'nar	bremsen	brake bräjk		freiner freh'neh		frenare fre'nare
el	freno 'freno	Bremse	brake bräjk	le	frein frē	il	freno 'fräno
	fresco 'freßko	kühl, frisch	cool, fresch kuhl, fresch		frais frä		fresco 'freßko
el	frigorífico frigo'rifiko	Kühlschrank	refrigerator ri'fridschərätər	le	frigo fri'go	il	frigorifero frigo'rifero
	frío 'frio	kalt	cold kould		froid fru'a		freddo 'freddo
la	frontera fron'tera	Grenze	border 'bɔhdər	la	frontière frõ'tjär	il	confine kon'fine
la	fruta 'fruta	Obst	fruit fruht	les	fruits m fru'i	la	frutta 'frutta
el	fuego fu'ego	Feuer	fire 'faiər	le	feu fö	il	fuoco fu'ɔko
la	fuente fu'ente	Schüssel, Quelle	bowl, source, spring boul, ßɔhß, ßpring	le	bol, la source bɔl, ßurß	la	scodella, la fonte ßko'della, 'fonte
	fuera fu'era	draußen	outside aut'ßaid		à l'extérieur a lekßtehri'jör		fuori fu'ɔri
	fuera de fu'era de	außerhalb	off, beyond ɔf, bi'jɔnd		à l'extérieur a lekßtehri'jör		fuori da fu'ɔri da
	fuerte fu'erte	stark	strong ßtrong		fort fɔr		forte 'forte
la	fuerza fu'erθa	Kraft	force, power fɔhß, 'pauər	la	force fɔrß	la	forza 'fortßa
	fumar fu'mar	rauchen	smoke ßmouk		fumer fü'meh		fumare fu'mare
	furioso furi'oßo	zornig	angry 'ängri		en colère ã ko'lär		adirato adi'rato
el	fútbol 'futbol	Fußball	football 'futtbɔl	le	football futt'bɔl	il	calcio 'kaltscho
el	futuro fu'turo	Zukunft	future 'fjuhtschər	le	futur fü'tür	il	futuro fu'turo

Sonderzeichen in der Lautschrift ə angedeutetes e wie in bittε; ɔ offenes o wie in Post; ß scharfes s wie in nass; θ weiches s wie in Fass, aber gelispelt; ð s wie in Sense, aber gelispelt; ã nasal gesprochener Vokal wie in Chanson; ē nasal gesprochener Vokal wie in pointiert; õ nasal geprochener Vokal wie in Jeton; sch weiches sch wie in Gin

gafas

Spanisch	Deutsch	Englisch	Französisch	Italienisch

G

las **gafas** 'gafaß	Brille	glasses 'glahßeß	les **lunettes** f lü'nett	gli **occhiali** o'kjali
la **gana, el deseo** gana, de'ßeo	Lust	lust laßt	l' **envie** f ã'wi	la **voglia** 'wɔlja
ganar ga'nar	verdienen, gewinnen	earn, win orn, u'in	**gagner** gan'jeh	**guadagnare, vincere** guadan'jare, wintschere
la **garantía** garan'tia	Garantie	guarantee gärən'ti	la **garantie** garã'ti	la **garanzia** garan'tßia
el **gas** gaß	Gas	gas gäß	le **gaz** gas	il **gas** gaß
la **gasolina** gaßo'lina	Benzin	petrol 'petrəl	l' **essence** f eh'ßäß	la **benzina** ben'dsina
la **gasolinera** gaßoli'nera	Tankstelle	petrol station 'petrəl 'ßtäjschn	la **station d'essence** ßta'ßjõ deh'ßäß	il **distributore** dißtribu'tore
el **gato** 'gato	Katze	cat kät	le **chat** scha	il **gatto** 'gatto
la **gente** 'chente	Leute	people 'pihpəl	les **gens** m schã	la **gente** 'dschente
gordo 'gordo	dick	fat, thick fät, θick	**gros** gro	**grasso, grosso** 'graßo, 'großo
gracias 'graθiaß	danke	thank you θänk ju	**merci** mär'ßi	**grazie** 'gratßje
gracioso graθi'oßo	komisch	funny 'fanni	**drôle** drohl	**strano** 'ßtrano
el **grado** 'grado	Grad	degree di'gri	le **degré** də'greh	il **grado** 'grado
el **gramo** 'gramo	Gramm	gramme gräm	le **gramme** gram	il **grammo** 'grammo
grande, alto 'grande, 'alto	groß	tall, big tɔhl, big	**grand** grã	**grande** 'grande
gratis 'gratiß	gratis, gebührenfrei	free of charge fri ɔf tschahtsch	**gratuit** gratu'i	**gratis, gratuito** 'gratiß, gratu'ito
el **grupo** 'grupo	Gruppe	group gruhp	le **groupe** grup	il **gruppo** 'grupo
guardar 'guar'dar	behalten	keep kihp	**garder** gar'deh	**tenere** te'nere
el/la **guía** 'gia	Reiseführer	tour guide tur gaid	le **guide** gihd	la **guida (turistica)** gu'ida (tu'rißtika)
gustar guß'tar	gefallen	like laik	**plaire** plär	**piacere** pja'tschere
el **gusto** 'gußto	Geschmack	taste, flavour täjßt, 'fläjwər	le **goût** gu	il **sapore, il gusto** ßa'pore, 'gußto

H

la **habitación** abitaθi'ɔn	Zimmer	room ruhm	la **pièce, la chambre** pjäß, 'schãbrla	la **camera** 'kamera
el **habitante** abi'tante	Einwohner	resident 'residənt	l' **habitant** m abi'tã	l' **abitante** mf abi'tante
hablar a'blar	sprechen	speak ßpihk	**parler** par'leh	**parlare** par'lare
hacer a'θer	machen, tun	do du	**faire** fär	**fare** 'fare
hacer, tomar medidas a'θer, to'mar me'didaß	unternehmen	undertake, attempt andər'täjk, ə'tempt	**entreprendre** ãtrə'prãdrə	**fare, intraprendere** 'fare, intra'prendere
hacer senderismo a'θer ßende'rißmo	wandern	hike haik	**marcher** mar'scheh	**camminare** kami'nare
hacer trasbordo a'θer traß'bordo	umsteigen	change tschäjndsch	**changer** schã'scheh	**cambiare** kam'bjare
hacia adelante 'aθia ade'lante	vorwärts	ahead, forward ə'häd, 'fɔhwəd	**en avant** ãna'wã	**avanti** a'wanti
hacia atrás 'aθia a'traß	rückwärts	backwards 'bäckwəds	**en arrière** ɔnari'jär	**indietro** in'djätro
hambre 'ambre	Hunger	hunger 'hangər	la **faim** fẽ	la **fame** 'fame
hambriento ambri'ento	hungrig	hungry 'hangri	**avoir faim** awu'ahr fẽ	**avere fame, affamato** a'were 'fame, afa'mato
la **harina** a'rina	Mehl	flour 'flauər	la **farine** fa'rin	la **farina** fa'rina

Sonderzeichen in der Lautschrift ə angedeutetes e wie in bit**te**; ɔ offenes o wie in P**o**st; ß scharfes s wie in na**ss**; θ weiches s wie in Fa**ss**, aber gelispelt; ð s wie in **S**ense, aber gelispelt; ã nasal gesprochener Vokal wie in Cha**n**son; ẽ nasal gesprochener Vokal wie in p**oi**ntiert; õ nasal geprochener Vokal wie in Jet**on**; sch weiches sch wie in **G**in

información

Spanisch	Deutsch	Englisch	Französisch	Italienisch
hasta, a 'aßta, a	bis	until, by an'til, bai	jusqu'à <u>sch</u>üß'ka	fino a 'fino a
hasta ahora 'aßta a'ora	bisher	so far ßou far	jusqu'à présent <u>sch</u>üß'ka preh'sä	finora fin'ora
el **helado** e'lado	Eiskreme	ice cream aiß krihm	la crème glacée kräm gla'ßeh	il gelato d<u>sch</u>e'lato
herir e'rir	verletzen	hurt hört	blesser blä'ßeh	ferire fe'rire
la **hermana** er'mana	Schwester	sister 'ßißtər	la sœur ßör	la sorella ßo'rella
el **hermano** er'mano	Bruder	brother 'braðər	le frère frär	il fratello fra'tello
los **hermanos** er'manoß	Geschwister	brothers and sisters 'braðərs änd 'ßißtərs	frères et sœurs frär e ßör	i fratelli, le sorelle fra'telli, ßo'relle
la **herramienta** erami'enta	Werkzeug	instrument, tool 'inßtrumənt, tuhl	l' outil m u'ti	l' attrezzo m a'tretßo
la **hija** 'icha	Tochter	daughter 'dɔhtər	la fille fij	la figlia 'filja
el **hijo** 'icho	Sohn	son ßan	le fils fiß	il figlio 'filjo
el **hilo** 'ilo	Faden	thread θräd	le fil fil	il filo 'filo
el **hinduismo** indu'ißmo	Hinduismus	Hinduism 'hinduisəm	l' hindouisme m ēdu'ißmə	l' induismo m indu'ismo
el **hobby** 'obi	Hobby	hobby 'hɔbbi	le loisir lua'sir	l' hobby m, il passatempo 'ɔbi, paßa'tempo
el **hogar** o'gar	Haushalt	household 'haußhould	le ménage meh'nah<u>sch</u>	la casa 'kasa
la **hoja** 'ocha	Blatt	leaf, sheet lihf, schiht	la feuille föj	la foglia 'fɔlja
hola 'ola	hallo	hello hə'lou	allô a'lo	ciao, salve 'tschao, 'ßalwe
el **hombre** ombre	Mensch, Mann	human (being), man juhmən ('biing), män	l' être humain m, l'homme m 'ätrə ü'mē, ɔm	essere umano, l'uomo m 'äßere u'mano, u'ɔmo
el **hongo** 'ongo	Pilz	mushroom 'maschrum	le champignon schäpin'jō	il fungo 'fungo
la **hora** 'ora	Stunde	hour 'auər	l' heure f ör	l' ora f 'ora
el **horario** o'rario	Fahrplan	timetable 'taimtäjbl	les horaires m o'rär	l' orario m o'rario
hornear orne'ar	backen	bake bäjk	cuire au four ku'ir o fuhr	cuocere ku'otschere
el **horno** 'orno	Ofen	oven 'ɔwən	le four fuhr	la stufa 'ßtufa
el **hotel** o'tel	Hotel	hotel hou'tel	l' hôtel m o'tel	l' hotel m, l' albergo m o'tel, al'bergo
hoy oj	heute	today tu'däj	aujourd'hui o<u>sch</u>urdu'i	oggi 'ɔd<u>sch</u>i
el **huésped** u'eßped	Gast	guest gäßt	l' invité ēwi'teh	l' ospite mf 'oßpite

la **idea** i'dea	Idee	idea aj'diə	l' idée f i'deh	l' idea f i'dea
el **idioma** idi'oma	Sprache	language 'länguid<u>sch</u>	la langue läg	la lingua 'lingua
la **iglesia** i'gleßia	Kirche	church tschörtsch	l' église f eh'glihs	la chiesa 'kjäsa
igual, pronto igu'al, 'pronto	egal, gleich	(the) same, immediately (ðə) ßäjm, i'midiətli	égal, tout de suite eh'gal, tu də ßu'it	uguale, subito ugu'ale, 'ßubito
importante impor'tante	wichtig	important im'pɔhtənt	important ēpɔr'tä	importante impor'tante
el **impuesto, el volante** impu'eßto, wo'lante	Steuer	tax, steering-wheel täkß, 'ßtihring u'ihl	les impôts m, le volant äm'po, wo'lä	la tassa, il volante 'taßa, wo'lante
incluido inklu'ido	inklusive	including in'kluhding	y compris i kõ'pri	incluso, compreso in'kluso, kom'preso
incluso in'klußo	sogar	even 'ihwən	même mäm	persino per'ßino
independiente independi'ente	selbstständig	independent indi'pendənt	indépendant ēdehpä'dä	indipendente indipen'dente
la **industria** in'dußtria	Industrie	industry 'indəßtri	l' industrie f ēdüß'tri	l' industria f in'dußtria
la **información** informaθi'ɔn	Auskunft, Information	information infor'mäjschn	l' information f ēforma'ßjõ	l' informazione f informa'tßjone

Sonderzeichen in der Lautschrift ə angedeutetes e wie in bitte; ɔ offenes o wie in Post; ß scharfes s wie in nass; θ weiches s wie in Fass, aber gelispelt; ð s wie in Sense, aber gelispelt; ä nasal gesprochener Vokal wie in Chanson; ē nasal gesprochener Vokal wie in pointiert; õ nasal gesprochener Vokal wie in Jeton; <u>sch</u> weiches sch wie in Gin

inmediatamente

Spanisch	Deutsch	Englisch	Französisch	Italienisch
inmediatamente inmediata'mente	sofort	immediately i'midiətli	immédiatement imehdiat'mã	subito 'ßubito
inscribir, anunciar inßkri'bir, anunθi'ar	anmelden	sign up, check in ßajn ap, tschek in	inscrire ē'ßkrir	annunciare, iscrivere anun'tschare, iß'kriwere
la **inscripción, la matrícula** inßkripθi'ɔn, ma'trikula	Anmeldung	registration red_schiß'träjschn	l' inscription f ēßkrip'ßjö	l' annuncio m, l'iscrizione f a'nuntscho, ißkri'tßjone
inteligente inteli'chente	intelligent	intelligent in'telidschənt	intelligent ētäli'_schā	intelligente inteli'd_schente
intentar inten'tar	versuchen	try traj	essayer äßä'jeh	provare, tentare pro'ware, ten'tare
el **interés** inte'reß	Interesse	interest 'intrəßt	l' intérêt m ēteh'rä	l' interesse m inte'reße
interesante intere'ßante	interessant	interesting 'intrəßting	intéressant ētehrä'ßä	interessante intere'ßante
internacional internaθio'nal	international	international intər'näschənəl	international ēternaßjɔ'nal	internazionale internatßjo'nale
el **internet** inter'net	Internet	internet 'intərnet	l' internet m ēter'net	l' internet f inter'net
la **investigación, el examen** inweßtigaθi'ɔn, eg'samen	Untersuchung	investigation, examination 'inweßti'gäjschn, ig'säminäjschn	l' examen m, l'enquête f egsa'mē, ä 'kätt	l' indagine f, l'esame m indad_schine, e'same
investigar inweßti'gar	untersuchen	investigate in'weßtigäjt	examiner egsami'neh	analizzare anali'dsare
la **invitación** inwitaθi'ɔn	Einladung	invitation inwi'täjschn	l' invitation f ēwita'ßjö	l' invito m in'wito
invitar inwi'tar	einladen	invite in'wajt	inviter ēwi'teh	invitare inwi'tare
ir, conducir ir, kondu'θir	gehen, fahren	go, drive gou, draiw	aller, conduire a'leh, kõdu'ir	andare, guidare an'dare, gui'dare
ir de compras ir de 'kompraß	einkaufen	shop schɔp	faire les courses fär leh kurß	fare la spesa 'fare la 'ßpesa
ir en bicicleta ir en biθi'kleta	Rad fahren	ride by bike rajd baj bajk	faire du vélo fär dü weh'lo	andare in bicicletta an'dare in bitschi'kleta
irse 'irße	weggehen	go out, leave gou aut, lihw	partir par'tir	andare via an'dare 'wia
la **isla** 'ißla	Insel	island 'ajlənd	l' île f il	l' isola f 'isola
el **islam** iß'lam	Islam	Islam is'lahm	l' islam m iß'lam	l' islam(ismo) m islam'(ismo)
IVA (impuesto sobre el valor añadio) 'iwa (impu'eßto 'ßobre el wa'lor anja'dido)	Mehrwertsteuer	value-added tax 'wäljuädid täkß	la TVA (taxe sur la valeur ajoutée) t w a (takß ßür la wa'lör a'_schuteh)	l' IVA (Imposta sul Valore Aggiunto) 'iwa (im'posta ßul wa'lore a'd_schunto)

J

Spanisch	Deutsch	Englisch	Französisch	Italienisch
el **jardín** char'din	Garten	garden 'gahdən	le jardin _schar'dē	il giardino d_schar'dino
el **jardín de infancia** char'din de in'fanθia	Kindergarten	kindergarten 'kindəgahtən	la garderie gardə'ri	l' asilo m a'silo
la **jarra** 'chara	Kanne	can, pot kän, pɔtt	le pot po	il bricco 'briko
el **jersey** cher'ßej	Pullover	pullover 'pullouwər	le pull-over püloʻwer	il pullover, la maglia pul'ɔwer, 'malja
joven 'chowen	jung	young jang	jeune _schönn	giovane 'd_schowane
el **judaísmo** chuda'ißmo	Judentum	Judaism 'd_schudaisəm	le judaïsme _schüda'ißmə	l' ebraismo m ebra'ismo
la **judía** chu'dia chu'dia	Bohne	bean bihn	le haricot ari'ko	il fagiolo fa'd_schɔlo
el **juego** chu'ego	Spiel	game gäjm	le jeu _schöh	il gioco 'd_schɔko
jugar chu'gar	spielen	play pläj	jouer _schu'eh	giocare d_scho'kare
junto 'chunto	zusammen	together tu'geðər	ensemble ä'ßäblə	insieme in'ßjäme
la **juventud** chuwen'tud	Jugend	youth juhθ	la jeunesse _schö'näß	la gioventù d_schowen'tu

Sonderzeichen in der Lautschrift ə angedeutetes e wie in bitte; ɔ offenes o wie in Post; ß scharfes s wie in nass; θ weiches s wie in Fass, aber gelispelt; ð s wie in Sense, aber gelispelt; ä nasal gesprochener Vokal wie in Chanson; ē nasal gesprochener Vokal wie in pointiert; õ nasal gesprochener Vokal wie in Jeton; _sch weiches sch wie in Gin

llevar

Spanisch	Deutsch	Englisch	Französisch	Italienisch

K

el **ketchup** ketsch'up	Ketchup	ketchup 'ketschǝp	le **ketchup** kä'tschap	il **ketchup** 'kätschap
el **kilogramo** kilo'gramo	Kilogramm	kilogramme 'kilǝgräm	le **kilogramme** kilo'gram	il **chilogrammo** kilo'grammo
el **kilómetro** ki'lɔmetro	Kilometer	kilometre 'kilǝmitǝr	le **kilomètre** kilo'mätrǝ	il **chilometro** ki'lɔmetro

L

la la	die	the ðǝ	**la** la	**la** la
el **lago** 'lago	See	lake läjk	le **lac** lack	il **lago** 'lago
la **lágrima** 'lagrima	Träne	tear 'tiǝr	la **larme** larm	la **lacrima** 'lakrima
la **lana** 'lana	Wolle	wool wuhl	la **laine** län	la **lana** 'lana
el **lápiz** 'lapiθ	Bleistift	pencil 'penßil	le **crayon** krä'jõ	la **matita** ma'tita
largo 'largo	lang	long lɔng	**long** lõ	**lungo** 'lungo
la **lata** 'lata	Dose	can kän	la **boîte** bu'at	la **scatola, la lattina** 'ßkatola, la'tina

le le	ihm	him him	**le, lui** lǝ, lu'i	**gli, a lui** l'ji, a 'lui
le, vosotros le, woß'otroß	ihr	her hör	**lui, elle** lu'i, äl	**voi, a lei, sua** woj, a läj, 'ßua
la **leche** 'letsche	Milch	milk milk	le **lait** lä	il **latte** 'latte
leer le'er	lesen	read rihd	**lire** lir	**leggere** 'ledschere
lento 'lento	langsam	slow ßlou	**lent** lä	**piano, lento** 'pjano, 'länto
la **letra** 'letra	Buchstabe	letter 'lettǝr	la **lettre** 'lätrǝ	la **lettera** 'lättera
el **letrero, la etiqueta, la placa** le'trero, eti'keta, 'plaka	Schild	sign, label, plate ßain, 'läjbǝl, pläjt	le **panneau** pa'no	la **targa, il cartello** 'targa, kar'tello

levantar lewan'tar	heben	lift lift	**lever** lǝ'weh	**alzare, sollevare** al'tßare, ßole'ware
levantarse lewan'tarße	aufstehen	get up gätt ap	**lever** lǝ'weh	**alzarsi** al'tßarßi
libre 'libre	frei	free fri	**libre** 'lihbrǝ	**libero** 'libero
el **libro** 'libro	Buch	book buck	le **livre** 'lihwrǝ	il **libro** 'libro
el **limón** li'mɔn	Zitrone	lemon 'lemmǝn	le **citron** ßi'trõ	il **limone** li'mone
limpiar limpi'ar	putzen, säubern	clean klihn	**faire le ménage, nettoyer** fär lǝ meh'nahsch, netua'jeh	**pulire** pu'lire

limpio 'limpio	sauber	clean klihn	**propre** 'prɔprǝ	**pulito** pu'lito
listo 'lißto	fertig	ready 'räddi	**terminé** tärmi'neh	**terminato, pronto** termi'nato, 'pronto
la **literatura** litera'tura	Literatur	literature 'litritschǝr	la **littérature** litehra'tür	la **letteratura** letera'tura
la **llamada** ja'mada	Anruf	call kɔhl	l' **appel** m a'pell	la **telefonata, la chiamata** telefo'nata, kja'mata
llamar ja'mar	(an)rufen, telefonieren	call, telephone kɔhl, 'telǝfoun	**appeler, téléphoner** ap'leh, tehlehfɔ'neh	**chiamare, telefonare** kja'mare, telefo'nare
llamar ja'mar	klopfen	knock nɔck	**frapper** fra'peh	**bussare** bu'ßare

llamarse ja'marße	heißen	call kɔhl	**s'appeler** ßap'leh	**chiamarsi** kja'marßi
la **llave** 'jawe	Schlüssel	key kih	la **clé** kleh	la **chiave** 'kjawe
la **llegada** je'gada	Ankunft	arrival ǝ'raiwl	l' **arrivée** f ari'weh	l' **arrivo** m a'riwo
llegar, venir je'gar, we'nir	(an)kommen	arrive, come ǝ'raiw, kamm	**arriver, venir** ari'weh, wǝ'nir	**arrivare, venire** ari'ware, we'nire
llenar je'nar	füllen	fill fill	**remplir** rä'plir	**riempire** rijem'pire
lleno 'jeno	voll	full full	**plein** plä	**pieno** 'pjäno
llevar je'war	tragen	wear, carry u'eǝr, 'käri	**porter** pɔr'teh	**portare** por'tare

---

Sonderzeichen in der Lautschrift ǝ angedeutetes e wie in bitt**e**; ɔ offenes o wie in P**o**st; ß scharfes s wie in na**ss**; θ weiches s wie in Fa**ss**, aber gelispelt; ð s wie in **S**ense, aber gelispelt; ä nasal gesprochener Vokal wie in Ch**an**son; ẽ nasal gesprochener Vokal wie in p**oi**ntiert; õ nasal gesprochener Vokal wie in Jet**on**; sch weiches sch wie in **G**in

llevar

Spanisch	Deutsch	Englisch	Französisch	Italienisch
llevar, traer je'war, tra'er	bringen, mitnehmen	bring, take out, take away bring, täjk aut, täjk ə'uäj	apporter, emmener apɔr'teh, ämə'neh	portare, portare con sé por'tare, por'tare kon ße
llorar jo'rar	weinen	cry krai	pleurer plö'reh	piangere 'pjand<u>sch</u>ere
llover jo'wer	regnen	rain räjn	pleuvoir plöwu'ahr	piovere 'pjowere
la **lluvia** 'juwia	Regen	rain räjn	la pluie plu'i	la pioggia 'pjod<u>sch</u>a
lo lo	es	it it	ça ßa	quello, quella ku'ello, ku'ella
lo lo	ihn	him him	le, lui lə, lu'i	lo, lui lo, 'lui
lo, que lo, ke	das	the, that ðə, ðät	que kə	questo ku'eßto
loco 'loko	verrückt	crazy 'kräjsi	fou fu	pazzo 'patßo
luego lu'ego	dann	then ðän	ensuite äßu'it	poi, dopo poj, 'dɔpo
la **luna** 'luna	Mond	moon muhn	la lune lün	la luna 'luna
la **luz** luθ	Licht	light lait	la lumière lühm'jär	la luce 'luhtsche

M

la	**madera** ma'dera	Holz		wood wud	le	bois bu'a	il	legno 'lenjo
la	**madre** 'madre	Mutter		mother 'maðər	la	mère mär	la	madre 'madre
la	**maleta** ma'leta	Koffer		suitcase 'ßjuhtkäjß	la	valise wa'lihs	la	valigia wa'lid<u>sch</u>a
	malo 'malo	schlecht		bad bäd		mauvais mo'wä		male, cattivo male, ka'tiwo
	mañana man'jana	morgen		tomorrow tu'mɔrou		demain də'mē		domani do'mani
la	**mañana** man'jana	Morgen		morning 'mɔrning	le	matin ma'tē	la	mattina ma'tina
la	**manta, il techo** manta, 'tetscho	Decke		blanket, ceiling blänkit, 'ßihling	la	couverture, le plafond kuwer'tür, pla'fõ	la	coperta, il soffitto ko'pärta, ßo'fito
la	**mantequilla** mante'kija	Butter		butter 'batər	le	beurre bör	il	burro 'buro
la	**manzana** man'θana	Apfel		apple 'äpl	la	pomme pɔm	la	mela 'mela
el	**mapa, la tarjeta** mapa, tar'cheta	Landkarte, Karte		map, card mäp, kard	la	carte (géographique) kart (<u>sch</u>eogra'fik)	la	la mappa, il biglietto mapa, bil'jeto
la	**máquina** 'makina	Maschine		machine mə'schihn	la	machine ma'schihn	la	macchina makina
el	**mar** mar	Meer		sea ßih	la	mer mär	il	mare mare
	marcar mar'kar	ankreuzen		tick tik		cocher kɔ'scheh		segnare ßen'jare
	más maß	mehr, weiter		more, further, wider mɔhr, 'förðər, 'uajdər		plus, plus loin plü plü, plü lu'ē		più, più lontano pju, pju lon'tano
	más tarde maß 'tarde	später		later 'läjtər		plus tard plü tar		più tardi pju 'tardi
	masculino maßku'lino	männlich		masculine 'mäßkjulinn		masculin maßkü'lē		maschile maß'kile
la	**matemática** mate'matika	Mathematik		mathematics mäθə'mätikß	les	mathématiques f matehma'tik	la	matematica mate'matika
el	**matrimonio** matri'monio	Ehe		marriage 'märid<u>sch</u>	le	mariage mari'ah<u>sch</u>	il	matrimonio matri'mɔnio
la	**mayoría de las veces** majo'ria de laß 'weθeß	meistens		mostly 'moußtli		la plupart du temps la plü'par dü tä		il più delle volte il pju 'dele 'wɔlte
el	**mechero** me'tschero	Feuerzeug		lighter 'laitər	le	briquet bri'keh	l'	accendino m atschen'dino
la	**media** 'media	Durchschnitt		average 'äwərid<u>sch</u>	la	moyenne mua'jänn	la	media 'mädja
el	**medicamento** medika'mento	Medikament		medicine 'medßn	le	médicament mehdika'mä	il	farmaco 'farmako
el	**médico** 'mediko	Arzt		doctor 'dɔktər	le	médecin mehd'ßē	il	medico 'mädiko
el	**médico de urgencia** 'mediko de ur'chenθia	Notarzt		emergency physician i'mördschənßi fi'sischən	le	médecin d'urgence mehd'ßē dür'<u>sch</u>äß	il	medico di guardia 'mädiko di gu'ardia
el	**medio** 'medio	Mitte		centre 'ßentər	le	milieu mil'jö	la	metà, il mezzo me'ta, 'mädso
el	**mediodía** medio'dia	Mittag		noon nuhn	le	midi mi'di	il	mezzogiorno mädso'd<u>sch</u>orno

Sonderzeichen in der Lautschrift ə angedeutetes e wie in bitt**e**; ɔ offenes o wie in P**o**st; ß scharfes s wie in na**ss**; θ weiches s wie in Fa**ss**, aber gelispelt; ð s wie in **S**ense, aber gelispelt; ä nasal gesprochener Vokal wie in Ch**an**son; ē nasal gesprochener Vokal wie in p**oi**ntiert; õ nasal gesprochener Vokal wie in Jet**on**; <u>sch</u> weiches sch wie in **G**in

muy poco

Spanisch	Deutsch	Englisch	Französisch	Italienisch
mejor me'chor	besser	better 'bettər	mieux mjö	meglio, migliore 'mäljo, mil'jore
la **memoria** me'moria	Gedächtnis	memory 'meməri	la mémoire mehmu'ahr	la memoria me'moria
mentir men'tir	lügen	lie laj	mentir mä'tir	mentire men'tire
el **mercado** mer'kado	Markt	market 'mahkət	le marché mar'scheh	il mercato mer'kato
el **mes** meß	Monat	month manθ	le mois mu'a	il mese 'mese
el **metal** me'tal	Metall	metal 'mettl	le métal meh'tal	il metallo me'tallo
el **metro** 'metro	Meter, U-Bahn	metre, subway 'mihtər, 'ßabuäj	le mètre, le métro mätrə, meh'tro	il metro, il metrò 'mätro, mä'tro
mi mi	mein, meine, meiner	mine, my main, mai	mon, ma, mes mõ, ma, meh	mio, mia, il mio, la mia 'mio, 'mia, il 'mio, la 'mia
el **miedo** mi'edo	Angst	fear 'fiər	la peur pör	la paura pa'ura
el **minuto** mi'nuto	Minute	minute 'minit	la minute mi'nüt	il minuto mi'nuto
la **mirada, la vista** mi'rada, 'wißta	Blick	look, view luck, wju	le regard rə'gar	lo sguardo sgu'ardo
mismo, incluso 'mißmo, in'klußo	selbst	self, even ßelf, 'iwən	en personne ä per'ßon	stesso 'ßteßo
la **mitad** mi'tad	Hälfte	half hahf	la moitié mua'tjeh	la metà me'ta
la **moda** 'moda	Mode	fashion 'fäschən	la mode mɔd	la moda 'mɔda
moderno mo'derno	modern	modern 'mɔdərn	à la mode a la mɔd	moderno, di moda mo'därno, di 'mɔda
mojado mo'chado	nass	wet u'ät	mouillé mu'jeh	bagnato ban'jato
molestar moleß'tar	stören	disturb diß'törb	déranger dehrä'scheh	disturbare dißtur'bare
el **momento** mo'mento	Moment	moment 'moumənt	le moment mo'mã	l' attimo m, il momento 'atimo, mo'mento
la **montaña** mon'tanja	Berg	mountain 'mauntən	la montagne mõ'tanjə	la montagna mon'tanja
el **monumento** monu'mento	Sehenswürdigkeit	sight ßajt	la curiosité küriosi'teh	l' attrazione f atra'tßjone
morir mo'rir	sterben	die dai	mourir mu'rir	morire mo'rire
el **motor** mo'tor	Motor	engine, motor 'endschin, moutər	le moteur mo'tör	il motore mo'tore
mover mo'wer	bewegen	move muhw	bouger bu'scheh	muovere mu'ɔwere
mucho 'mutscho	viel	a lot, much ə lɔt, matsch	beaucoup bo'ku	molto 'molto
mucho tiempo 'mutscho ti'empo	lange	long time lɔng taim	longtemps lö'tã	a lungo a 'lungo
la **mudanza, el desfile** mu'danθa, deß'file	Umzug	move, procession muhw, prə'ßeschn	le déménagement, défilé dehmehnasch'mã, dehfi'leh	trasloco, la sfilata tras'lɔko, ßfi'lata
mudarse, cambiarse mu'darße, kambi'arße	umziehen	move, change muhw, tschäjndsch	déménager dehmehna'scheh	traslocare traslo'kare
el **mueble** mu'eble	Möbel	furniture 'förnitschər	les meubles m möblə	il mobile 'mɔbile
muerto mu'erto	gestorben, tot	died, dead dajd, däd	mort mɔr	morto 'mɔrto
el **muesli** mu'eßli	Müsli	muesli 'mjuhsli	les céréales f ßehreh'all	il musli 'mußli
el **muestrario** mueß'trario	Katalog	catalogue 'kätəlɔg	le catalogue kata'lɔg	il catalogo ka'talogo
la **mujer** mu'cher	Frau	woman 'wummən	la femme famm	la donna 'donna
el **mundo** 'mundo	Welt	world u'örld	le monde mõd	il mondo 'mondo
el **museo** mu'ßeo	Museum	museum mju'siəm	le musée mü'seh	il museo mu'säo
la **música** 'mußika	Musik	music 'mjuhsik	la musique mü'sik	la musica 'musika
muy 'mui	sehr	much, very matsch, 'wäri	très trä	molto 'molto
muy poco 'mui 'poko	zu wenig	too little tu 'littl	trop peu tro pö	troppo poco 'trɔpo 'pɔko

Sonderzeichen in der Lautschrift ə angedeutetes e wie in bittе; ɔ offenes o wie in Pоst; ß scharfes s wie in naѕѕ; θ weiches s wie in Faѕѕ, aber gelispelt; ð s wie in Ѕense, aber gelispelt; ã nasal gesprochener Vokal wie in Chanson; ẽ nasal gesprochener Vokal wie in pоіntiert; õ nasal geprochener Vokal wie in Jеtоn; sch weiches sch wie in Gіn

335

nacido

Spanisch	Deutsch	Englisch	Französisch	Italienisch

N

	nacido na'θido	geboren	born bɔhn		être né 'ätrə neh		nato 'nato
	nada 'nada	nichts	nothing 'naθing		rien ri'ē		niente n'jente
	nadie 'nadie	niemand	nobody 'noubadi		personne per'ßɔn		nessuno ne'ßuno
la	**nariz** na'riθ	Nase	nose nous	le	nez neh	il	naso 'naso
la	**nata** 'nata	Sahne	cream krihm	la	crème kräm	la	panna 'panna
la	**naturaleza** natura'leθa	Natur	nature 'näjtschər	la	nature na'tür	la	natura na'tura
la	**navidad** nawi'dad	Weihnachten	Christmas 'krißmaß	la	Noël no'äl	il	Natale 'na'tale
	necesario neθe'ßario	nötig	necessary 'neßəßəri		nécessaire nehße'ßär		necessario netsche'ßario
	necesitar neθeßi'tar	brauchen	need nihd		avoir besoin awu'ahr bəsu'ē		avere bisogno a'were bi'sonjo
el	**negocio, la tienda** ne'goθio, ti'enda	Geschäft	business, shop 'bisnaß, schɔp	le	magasin maga'sē	il	negozio ne'gɔtßjo
	nervioso nerwi'oßo	nervös	nervous 'nörwəß		nerveux när'wö		nervoso ner'woso
	nevar ne'war	schneien	snow ßnou		neiger nä'scheh		nevicare newi'kare
	ni ... ni ni ... ni	weder ... noch	neither ... nor 'naiðər ... nɔr		ni ... ni ni ... ni		né ... né ne ... ne
el	**nieto** ni'eto	Enkel	grandchild 'grändtschaild	le	petit enfant pətitä'fä	il	nipote ni'pote
la	**nieve** ni'ewe	Schnee	snow ßnou	la	neige nähsch	la	neve 'newe
el	**niño** 'ninjo	Kind	child tschaild	l'	enfant m ä'fä	il	bambino bam'bino
	no no	nicht	not, no nɔt, nou		ne pas, non nə pa, nõ		non, no non, nɔ
la	**noche** 'notsche	Nacht	night nait	la	nuit nu'i	la	notte 'nɔte
el	**nombre** 'nombre	Name, Vorname	name, first name näjm, förßt näjm	le	nom, le prénom nõ, preh'nõ	il	nome 'nome
	normal nor'mal	normal	normal 'nɔhml		normal nor'mal		normale nor'male
	nosotros noß'otroß	wir	we u'i		nous nu		noi noj
la	**nota** 'nota	Note	note nout	la	note nɔt	la	nota, il voto 'nɔta, 'woto
	notar no'tar	merken	notice 'noutiß		retenir rətə'nir		notare no'tare
las	**noticias** no'tiθiaß	Nachrichten	news njuhs	les	nouvelles f nu'well	le	notizie no'titßje
la	**nube** 'nube	Wolke	cloud klaud	le	nuage nü'ahsch	la	nuvola 'nuwola
	nuestro nu'eßtro	unser, unsere	our 'auər		notre, nos 'nɔtrə, no		nostro 'nɔßtro
	nuevo nu'ewo	neu	new njuh		nouveau nu'wo		nuovo nu'ɔwo
el	**número** 'numero	Zahl, Nummer	number 'nambər	le	numéro nümeh'ro	il	numero 'numero
	nunca nunka	nie	never 'newər		jamais scha'mä		mai maj

O

	o o	oder	or ɔr		ou u		o, oppure ɔ, op'pure
la	**oferta** o'ferta	Angebot, Sonderangebot	(special) offer ('ßpeschl) 'ɔfər	l'	offre f, la promotion 'ɔfrə, promo'ßjõ	l'	offerta (speciale) f o'ferta (ßpe'tschale)
la	**oficina** ofi'θina	Büro	office 'ɔfiß	le	bureau bü'ro	l'	ufficio m u'fitscho
	ofrecer ofre'θer	anbieten	offer 'ɔfər		offrir o'frir		offrire o'frire
el	**ojo** 'ocho	Auge	eye ai	l'	œil m öj	l'	occhio m 'ɔkjo
	oler o'ler	riechen	smell ßmell		sentir ßä'tir		odorare, sentire odo'rare, ßen'tire
la	**olla** 'oja	Topf	pot pɔtt	la	casserole kaß'rɔl	la	pentola 'pentola
	olvidar olwi'dar	vergessen	forget fɔr'get		oublier ubli'jeh		dimenticare dimenti'kare
la	**opinión** opini'ɔn	Meinung	opinion ɔ'pinjən	l'	opinion f opin'jõ	l'	opinione f opin'jone
la	**oportunidad** oportuni'dad	Chance	chance tschahnß	la	chance schäß	la	possibilità poßibili'ta
el	**orden** 'orden	Ordnung	order 'ɔhdər	l'	ordre m 'ɔrdrə	l'	ordine m 'ordine
el	**ordenador** ordena'dor	Computer	computer kom'pjutər	l'	ordinateur m ɔrdina'tör	il	computer kom'pjuter
	ordenar orde'nar	aufräumen	tidy, clear 'taidi, 'kliər		ranger rä'scheh		mettere in ordine 'metere in 'ordine
la	**oreja** o'recha	Ohr	ear 'iər	l'	oreille f o'räj	l'	orecchio m o'rekjo

Sonderzeichen in der Lautschrift ə angedeutetes e wie in bitte; ɔ offenes o wie in Post; ß scharfes s wie in nass; θ weiches s wie in Fass, aber gelispelt; ð s wie in Sense, aber gelispelt; ä nasal gesprochener Vokal wie in Chanson; ē nasal gesprochener Vokal wie in pointiert; õ nasal geprochener Vokal wie in Jeton; sch weiches sch wie in Gin

paseo

Spanisch	Deutsch	Englisch	Französisch	Italienisch
osado o'ßado	kühn, dreist	audacious ɔh'däjscheß	audacieux ohda'ßjö	audace au'datsche
os, vosotros oß, woß'otroß	euch	you ju	vous wu	vi wi
oscuro oß'kuro	dunkel	dark dahk	sombre 'ßöbrǝ	buio, scuro 'bujo, 'ßkuro
otra vez 'otra weθ	wieder	again ǝ'gän	à nouveau a nu'wo	di nuovo di nu'ɔwo
otrora o'trora	damals	then ðän	autrefois ohtrǝfu'a	allora a'lora

P

Spanisch	Deutsch	Englisch	Französisch	Italienisch
el **padre** 'padre	Vater	father 'fahðǝr	le père pär	il padre 'padre
los **padres** 'padreß	Eltern	parents 'pärǝntß	les parents *m* pa'rä	i genitori dscheni'tori
pagar pa'gar	bezahlen, zahlen	pay päj	payer pä'jeh	pagare pa'gare
el **país** pa'iß	Land	country 'kantri	le pays pä'i	il paese, la terra pa'ese, 'tära
el **paisaje** paï'ßache	Landschaft	landscape 'ländßkäjp	le paysage päi'sahsch	il paesaggio pae'sadscho
el **pájaro** 'pacharo	Vogel	bird börd	l' oiseau *m* ua'so	l' uccello *m* u'tschello
la **palabra** 'pa'labra	Wort	word u'öhd	le mot mo	la parola pa'rɔla
pálido 'palido	blass	pale päjl	pâle pahl	pallido 'palido
el **palo** 'palo	Stock	stick ßtick	le bâton ba'tö	il bastone baß'tone
el **pan** pan	Brot	bread bräd	le pain pẽ	il pane 'pane
la **panadería** panade'ria	Bäckerei	bakery 'bäjkǝri	la boulangerie bulāschǝ'ri	il panificio pani'fitscho
el **panecillo** pane'θijo	Brötchen	(bread) roll (bräd) roul	le petit pain pǝ'ti pẽ	il panino pa'nino
el **pantalón** panta'lɔn	Hose	trousers 'trausǝrs	le pantalon pāta'lõ	i pantaloni panta'loni
el **pañuelo** panju'elo	Taschentuch	handkerchief 'hänkǝtschif	le mouchoir muschu'ar	il fazzoletto fatßo'leto
el **papel** pa'pel	Papier	paper 'päjpǝr	le papier pa'pjeh	la carta 'karta
el **paquete** pa'kete	Paket	package, parcel 'päkidsch, 'pahßǝl	le paquet pa'keh	il pacco 'pako
para, por 'para, por	für	for, in favour fɔr, in 'fäjwǝr	pour pur	per per
la **parada** pa'rada	Haltestelle	stop ßtɔp	l' arrêt *m* a'rä	la fermata fer'mata
el **paraguas** pa'raguaß	Regenschirm	umbrella am'brelǝ	le parapluie paraplu'i	l' ombrello *m* om'brello
parar, sujetar pa'rar, ßuche'tar	(an)halten	stop, hold, last ßtɔp, hould, lahßt	arrêter arä'teh	fermare, tenere fer'mare, te'nere
parcial parθi'al	teilweise	partly 'pahtli	en partie ã par'ti	parziale par'tßjale
parecer pare'θer	aussehen	appear, look ǝ'piǝr, luck	ressembler rǝßä'bleh	sembrare ßem'brare
la **pareja** pa'recha	Paar	couple 'kapl	le couple 'kuplǝ	il paio, la coppia 'pajo, 'koppja
la **pareja, el socio, la socia** pa'recha, 'ßoθio	Partner(in)	partner 'pahtnǝr	le/la partenaire partǝ'när	il/la partner, il compagno, la compagna partner, kom'panjo, kom'panja
pariente pari'ente	verwandt	related ri'läjtid	apparenté aparä'teh	parente pa'rente
el **parque** 'parke	Park	park pahk	le parc park	il parco 'parko
participar partiθi'par	mitmachen, teilnehmen	join in, participate dschɔin in, par'tißipäjt	participer partißi'peh	partecipare partetschi'pare
partir, salir par'tir, ßa'lir	abreisen, abfahren	leave, depart lihw, di'paht	partir par'tir	partire par'tire
el **pasado** pa'ßado	Vergangenheit	past pahßt	le passé pa'ßeh	il passato pa'ßato
pasado pa'ßado	vorbei	over 'ouwǝr	passé, le long de pa'ßeh, lǝ lõ dǝ	passato, finito pa'ßato, fi'nito
pasado mañana pa'ßado man'jana	übermorgen	the day after tomorrow ðǝ däj 'ahftǝr tu'mɔrou	après demain a'prä dǝ'mẽ	dopodomani dɔpodo'mani
el **pasaporte** paßa'porte	Reisepass	passport 'pahßpɔht	le passeport paß'pɔr	il passaporto paßa'pɔrto
la **Pascua** 'paßkua	Ostern	Easter 'ihßtǝr	Pâques pack	la Pasqua 'paßkua
el **paseo** pa'ßeo	Spaziergang	walk u'ɔhk	la promenade promǝ'nad	la passeggiata paße'dschata

Sonderzeichen in der Lautschrift ǝ angedeutetes e wie in bitt**e**; ɔ offenes o wie in P**o**st; ß scharfes s wie in na**ss**; θ weiches s wie in Fa**ss**, aber gelispelt; ð s wie in **S**ense, aber gelispelt; ã nasal gesprochener Vokal wie in Ch**an**son; ẽ nasal gesprochener Vokal wie in p**oi**ntiert; õ nasal geprochener Vokal wie in Jet**on**; sch weiches sch wie in **G**in

pasta

Spanisch	Deutsch	Englisch	Französisch	Italienisch
la **pasta** 'paßta	Nudel	noodle 'nuhdl	la nouille nu'ij	la pasta 'paßta
la **pasta dentífrica** 'paßta den'tifrika	Zahnpasta	tooth paste tuhθ päjßt	le dentifrice däti'friß	il dentifricio denti'fritscho
el **pastel** paß'tel	Kuchen	cake käjk	le gâteau ga'to	la torta, il dolce 'torta, 'doltsche
la **patata** pa'tata	Kartoffel	potato pə'täjtou	la pomme de terre pɔm də tär	la patata pa'tata
las **patatas fritas** pa'tataß 'fritaß	Pommes frites	chips tschəpß	les frites f frit	le patatine fritte pata'tine 'frite
el **pecho** 'petscho	Brust	chest tscheßt	la poitrine pua'trin	il petto 'petto
pedir pe'dir	bestellen, bitten	order, ask 'ɔhdər, ahßk	commander, demander kɔmä'deh, dəmä'deh	ordinare, pregare pre'gare, ordi'nare
pelear pele'ar	streiten	argue 'argju	disputer dißpü'teh	litigare liti'gare
la **película, el film** pe'likula, film	Film	picture, film 'piktschə, film	le film film	la pellicola, il film pe'likola, film
peligroso peli'großo	gefährlich	dangerous 'däjndschərəß	dangereux däschə'rö	pericoloso periko'loso
los **pelos** 'peloß	Haare	hair här	les cheveux m schə'wö	i capelli ka'pelli
el **peluquero** pelu'kero	Friseur	hairdresser 'härdreßər	le coiffeur m kua'för	il parrucchiere paru'kjere
el **pemiso de conducir** per'mißo de kondu'θir	Führerschein	driving licence 'draiwing 'lajßənß	le permis per'mi	la patente pa'tente
pena 'pena	schade	pity 'pitti	désolé dehso'leh	peccato pe'kato
el **pensamiento, la idea** penßami'ento, i'dea	Gedanke	thought θɔht	la pensée pä'ßeh	il pensiero pen'ßjero
pensar pen'ßar	denken	think θink	penser pä'ßeh	pensare pen'ßare
pequeño pe'kenjo	klein	small ßmɔhl	petit pə'ti	piccolo pikolo
la **pera** 'pera	Birne	pear 'piər	la poire pu'ahr	la pera 'pera
perder per'der	verlieren, verpassen	lose, miss luhs, miß	perdre, rater 'pärdrə, ra'teh	perdere 'perdere
perdonar perdo'nar	verzeihen	forgive fɔr'giw	pardonner pardo'neh	perdonare perdo'nare
el **perfume** per'fume	Parfüm	perfume 'pörfjuhm	le parfum par'fê	il profumo pro'fumo
el **periódico** peri'ɔdiko	Zeitung	newspaper 'njuhßpäjpər	le journal schur'nal	il giornale dschor'nale
el **permiso** per'mißo	Erlaubnis	permission pə'mischn	la permission permi'ßjö	il permesso per'meßo
permitir permi'tir	erlauben	allow ə'lau	permettre per'mätrə	permettere per'metere
la **pernoctación** pernoktaθi'ɔn	Übernachtung	accommodation əkomo'däjschn	la nuitée nüi'teh	il pernottamento pernɔta'mento
pero 'pero	aber	but bat	mais mäh	ma ma
el **perro** 'perro	Hund	dog dɔg	le chien schi'ē	il cane 'kane
la **persona** per'ßona	Person	person 'pörßən	la personne per'ßɔn	la persona per'ßona
pertenecer pertene'θer	gehören	belong bi'lɔng	appartenir apartə'nir	appartenere aparte'nere
pesado pe'ßado	schwer	heavy 'häwi	lourd luhr	pesante pe'sante
el **pescado** peß'kado	Fisch	fish fisch	le poisson pua'ßö	il pesce 'pesche
el **peso** 'peßo	Gewicht	weight u'äjt	le poids pu'a	il peso 'peso
picante pi'kante	scharf	spicy, hot 'ßpaißi, hɔtt	piquant pi'kä	piccante pi'kante
el **pie** pi'e	Fuß	foot futt	le pied pjeh	il piede 'pjäde
la **piedra** pi'edra	Stein	stone ßtoun	la pierre pjär	il sasso 'ßaßo
la **piel** pi'el	Haut	skin ßkin	la peau po	la pelle 'pelle
la **pierna** pi'erna	Bein	leg läg	la jambe schäb	la gamba 'gamba
la **pila** 'pila	Batterie	battery 'bätəri	la pile pihl	la batteria bate'ria
la **piscina** piß'θina	Schwimmbad	swimming pool ßu'imming puhl	la piscine pi'ßin	la piscina pi'schina
el **piso** 'pißo	Wohnung	flat flätt	l' appartement m apartə'mä	la casa 'kasa
el **plan** plan	Plan	plan plän	le plan plä	il progetto pro'dschetto
plano 'plano	flach	flat flätt	plat pla	piano, basso 'pjano, 'baßo
la **planta** 'planta	Stockwerk, Pflanze	floor, plant flɔr, plahnt	l' étage m, la plante eh'tahsch, plät	il piano, la pianta 'pjano, 'pjanta

Sonderzeichen in der Lautschrift ə angedeutetes e wie in bitt**e**; ɔ offenes o wie in P**o**st; ß scharfes s wie in na**ss**; θ weiches s wie in Fa**ss**, aber gelispelt; ð s wie in **S**ense, aber gelispelt; ä nasal gesprochener Vokal wie in Ch**an**son; ē nasal gesprochener Vokal wie in p**oi**ntiert; ö nasal geprochener Vokal wie in Jet**on**; sch weiches sch wie in **G**in

producir

Spanisch	Deutsch	Englisch	Französisch	Italienisch
el **plátano** ˈplatano	Banane	banana bəˈnanə	la **banane** baˈnann	la **banana** baˈnana
el **plato** ˈplato	Teller	plate pläjt	l' **assiette** f aßˈjätt	il **piatto** ˈpjatto
la **playa** ˈplaja	Strand	beach bihtsch	la **plage** plahsch	la **spiaggia** ˈßpjadscha
la **plaza, el sitio, el puesto** ˈplaθa, ˈßitio, puˈeßto	Platz	square, space, seat ßkuˈär, ßpäjß, ßiht	la **place** plaß	la **piazza** m, il **posto** ˈpjatßa, ˈpoßto
pobre ˈpobre	arm	poor ˈpuər	**pauvre** ˈpɔwrə	**povero** ˈpowero
poco ˈpoko	wenig	little, few ˈlittl, fju	**peu** pö	**poco** ˈpɔko
poder poˈder	können	can kän	**pouvoir** puwuˈahr	**potere** poˈtere
la **policía** poliˈθia	Polizei	police pəˈlihß	la **police** poˈliß	la **polizia** poliˈtßia
la **política** poˈlitika	Politik	politics ˈpɔlitikß	la **politique** poliˈtik	la **politica** poˈlitika
poner poˈner	stellen	put, set putt, ßätt	**poser** poˈseh	**mettere** ˈmetere
poner, aparcar, colocar poˈner, aparˈkar, koloˈkar	abstellen, legen	park, lay, place pahk, läj, pläjß	**(dé)poser** (deh)poˈseh	**depositare, mettere** depoziˈtare, ˈmetere
por, a través de por, a traˈwes de	durch	through θru	**à travers** a traˈwer	**per, tramite, attraverso** per, ˈtramite, atraˈwerßo
por eso por ˈeßo	deshalb	therefore ˈðärfɔr	**c'est pourquoi** ßä purkuˈa	**perciò** perˈtscho
por favor por faˈwor	bitte	please plihs	**s'il vous plait** ßil wu plä	**per favore** per faˈwore
por fin por fin	endlich	finally ˈfainəli	**enfin** äˈfẽ	**finalmente** finalˈmente
por fuera por fuˈera	außen	outside autˈßajd	**extérieur** ekßtehriˈjör	**fuori, all'esterno** fuˈɔri, aleßˈtärno
por lo menos por lo ˈmenoß	mindestens	at least ät lihßt	**au moins** o muˈẽ	**come, minimo, almeno** ˈkome, ˈminimo, alˈmeno
por qué por ke	warum	why uˈai	**pourquoi** purkuˈa	**perché** perˈke
porque ˈporke	weil	because biˈkɔhs	**parce que** parß kə	**perché** perˈke
por todas partes por ˈtodaß ˈparteß	überall	everywhere ˈewriuär	**partout** parˈtu	**dappertutto** daperˈtutto
por último por ˈultimo	zuletzt	finally ˈfainəli	**en dernier** ä dernˈjeh	**da/per ultimo** da/per ˈultimo
posible poˈßible	möglich	possible ˈpoßəbl	**possible** poˈßiblə	**possibile** poˈßibile
la **postal** poßˈtal	Postkarte	postcard ˈpoußtkard	la **carte postale** kart pɔßˈtal	la **cartolina** kartoˈlina
el **postre** ˈpoßtre	Dessert	dessert diˈsört	le **dessert** dehˈßähr	il **dolce, il dessert** ˈdoltsche, deˈßär
práctico ˈpraktiko	praktisch	practical ˈpräktikl	**pratique** praˈtik	**pratico** ˈpratiko
el **prado** ˈprado	Wiese	meadow ˈmedou	le **pré** preh	il **prato** ˈprato
el **precio** ˈpreθio	Preis	price praiß	le **prix** pri	il **prezzo** ˈprätßo
la **pregunta** preˈgunta	Frage	question kuˈeßtschn	la **question** käßˈtjö	la **domanda** doˈmanda
preguntar pregunˈtar	fragen	ask ahßk	**demander** dəmäˈdeh	**domandare** domanˈdare
preocuparse preokuˈparße	sorgen	care ˈkäər	**prendre soin** ˈprädrə ßuˈẽ	**provvedere, occuparsi** proweˈdere, okuˈparßi
presentar preßenˈtar	vorstellen	present priˈsent	**présenter** prehsäˈteh	**presentare** presenˈtare
el **presente** preˈßente	Geschenk	present ˈpresənt	le **cadeau** kaˈdo	il **regalo** reˈgalo
prestar atención preßˈtar atenθiˈɔn	aufpassen	watch uˈɔtsch	**garder** garˈdeh	**fare attenzione** ˈfare atenˈtßjone
la **prima** ˈprima	Cousine	cousin ˈkasin	la **cousine** kuˈsihn	la **cugina** kuˈdschina
primero priˈmero	zuerst	first förßt	**d'abord** daˈbɔr	**prima, per primo** ˈprima, per ˈprimo
el **primo** ˈprimo	Cousin	cousin ˈkasin	le **cousin** kuˈsẽ	il **cugino** kuˈdschino
el **principio** prinˈθipio	Anfang	beginning biˈginning	le **début** dehˈbü	l' **inizio** m iˈnitßjo
probablemente probableˈmente	wahrscheinlich	probably ˈprɔbəbli	**probablement** prɔbabləˈmä	**probabile** proˈbabile
probar proˈbar	probieren	try, taste trai, täjßt	**essayer** äßäˈjeh	**provare** proˈware
el **problema** proˈblema	Problem	problem ˈprɔbləm	le **problème** proˈbläm	il **problema** proˈbläma
producir produˈθir	herstellen	produce prəˈdjuhß	**produire** produˈir	**fabbricare, creare** fabriˈkare, kreˈare

Sonderzeichen in der Lautschrift ə angedeutetes e wie in bitt**e**; ɔ offenes o wie in P**o**st; ß scharfes s wie in na**ss**; θ weiches s wie in Fa**ß**, aber gelispelt; ð s wie in **S**ense, aber gelispelt; ä nasal gesprochener Vokal wie in Ch**an**son; ẽ nasal gesprochener Vokal wie in p**oi**ntiert; ö nasal gesprochener Vokal wie in Jet**on**; sch weiches sch wie in **G**in

profesión

Spanisch	Deutsch	Englisch	Französisch	Italienisch
la **profesión** profeßi'ɔn	Beruf	job dschob	la **profession** profe'ßjõ	la **professione** profe'ßjone
el **profesor** profe'ßor	Lehrer	teacher 'tihtschər	le **professeur** profä'ßör	l' **insegnante** mf inßen'jante
profundo pro'fundo	tief	deep dihp	**profond** pro'fõ	**profondo** pro'fondo
el **programa** pro'grama	Programm	programme 'prougräm	le **programme** pro'gram	il **programma** pro'grama
prohibido proi'bido	verboten	prohibited prə'hibitid	**interdit** ëter'dit	**vietato** wje'tato
prometer prome'ter	versprechen	promise 'prɔmiß	**promettre** pro'mätrə	**promettere** pro'metere
pronto 'pronto	bald	soon, shortly ßuhn, 'schɔhtli	**bientôt** bjë'to	**presto** 'preßto
la **propina** pro'pina	Trinkgeld	tip tipp	le **pourboire** purbu'ahr	la **mancia** 'mantscha
la **protesta** pro'teßta	Beschwerde	complaint kəm'pläint	la **plainte** plët	il **reclamo** re'klamo
la **prueba** pru'eba	Test	test teßt	le **test** teßt	il **test**, la **prova** teßt, 'prowa
el **pueblo, el lugar** pu'eblo, lu'gar	Dorf, Ort	village, city, place u'ilitsch, ßiti, pläjß	le **village, les lieu** wi'lahsch, li'jö	il **paese, il posto** pa'ese, poßto
el **puente** pu'ente	Brücke	bridge bridsch	le **pont** põ	il **ponte** 'ponte
la **puerta** pu'erta	Tür	door dɔr	la **porte** pɔrt	la **porta** 'pɔrta
pues pu'eß	denn, also	than, because ðän, bi'kɔhs	**car, donc** kar, dõk	**perché, allora** per'ke, a'lora
puntual puntu'al	pünktlich	punctual 'panktschuəl	**à l'heure** a lör	**puntuale** puntu'ale

Q

que ke	dass	that ðät	**que** kə	**che** ke
qué ke	was	what u'ɔt	**quoi** ku'a	**che cosa** ke 'kɔsa
queda bien 'keda bi'en	passend	suitable, fit 'ßuhtəbl, fit	**convenable** kõwə'nablə	**giusto adatto** 'dschußto, a'datto
quedarse ke'darße	bleiben	stay ßtäj	**rester** räß'teh	**restare** reß'tare
querer ke'rer	mögen, wollen	like, want laik, u'ɔnt	**aimer, vouloir** ä'meh, wulu'ahr	**volere, voler bene** wo'lere, wo'ler 'bäne
el **queso** 'keßo	Käse	cheese tschihs	le **fromage** fro'mahsch	il **formaggio** for'madscho
quién ki'en	wer	who hu	**qui** ki	**chi** ki
la **química** 'kimika	Chemie	chemistry 'kemißtri	la **chimie** schi'mi	la **chimica** 'kimika
el **quiosco** ki'oßko	Kiosk	kiosk 'kiɔßk	le **kiosque** ki'ɔßk	l' **edicola** f e'dikola
el **quitasol** kita'ßol	Sonnenschirm	sunshade 'ßanschäjd	le **parasol** para'ßɔl	l' **ombrellone** m ombre'lone

R

la **ración** raθi'ɔn	Portion	portion 'pɔhschn	la **portion** pɔr'ßjõ	la **porzione** por'tßjone
la **radio** 'radio	Radio	radio 'räjdiou	la **radio** ra'djo	la **radio** 'radio
rápido 'rapido	schnell	fast fahßt	**vite** wit	**veloce** we'lotsche
raro raro	selten	rare rär	**rare** rar	**raro, insolito** 'raro, in'ßolito
la **razón** ra'θɔn	Grund	reason 'rihsən	la **raison** rä'sõ	il **motivo, il suolo** mo'tiwo, ßu'ɔlo
real re'al	wirklich	really 'riəli	**vraiment** wrä'mä	**vero** 'wero
el **receptor, el destinatario** reθep'tor, deßtina'tario	Empfänger	recipient ri'ßipiənt	le **destinateur** deßtina'tör	il **destinatario** deßtina'tario
la **receta** re'θeta	Rezept	recipe, prescription 'reßəpi, prə'ßkripschn	la **recette, l'ordonnance** f rə'ßätt, ɔr'donäß	la **ricetta** ri'tschetta
recibir, conseguir reθi'bir, konße'gir	empfangen, bekommen	receive, get ri'ßihw, gätt	**recevoir** rəßəwu'ahr	**ricevere** ri'tschewere
el **recibo** re'θibo	Quittung	receipt ri'ßiht	le **reçu** rə'ßü	la **ricevuta** ritsche'wuta
recoger reko'cher	abholen	pick up pik ap	**aller chercher** a'leh schär'scheh	**ritirare** riti'rare

Sonderzeichen in der Lautschrift ə angedeutetes e wie in bitte; ɔ offenes o wie in Post; ß scharfes s wie in nass; θ weiches s wie in Fass, aber gelispelt; ð s wie in Sense, aber gelispelt; ã nasal gesprochener Vokal wie in Chanson; ë nasal gesprochener Vokal wie in pointiert; õ nasal gesprochener Vokal wie in Jeton; sch weiches sch wie in Gin

seguir

Spanisch	Deutsch	Englisch	Französisch	Italienisch
recomendar rekomen'dar	empfehlen	recommend rekə'mend	conseiller kõßeh'jeh	raccomandare rakoman'dare
recto 'rekto	gerade	straight ßträjt	droit dru'a	dritto 'drito
redondo re'dondo	rund	round raund	rond rõ	rotondo ro'tondo
regalar rega'lar	schenken	donate, give dou'näjt, giw	offrir o'frir	regalare rega'lare
reír re'ir	lachen	laugh lahf	rire rir	ridere 'ridere
rellenar reje'nar	ausfüllen	fill fill	remplir rä'plir	riempire rijem'pire
el **reloj (de pulsera)** re'loch de pul'ßera	Uhr, Armbanduhr	clock, wrist-watch klɔc, 'rißtuɔtsch	l' heure f, bracelet-montre ör, braßlä 'mõtrə	l' orologio m oro'lɔdscho
el **remitente, la dirección del remitente** remi'tente, direkθi'ɔn del remi'tente	Absender	sender ßendər	l' expéditeur m ekßpehdi'tör	il mittente mi'tente
la **reparación** reparaθi'ɔn	Reparatur	repair ri'päər	la réparation rehpara'ßjõ	la riparazione ripara'tßjone
reparar repa'rar	reparieren	repair ri'päər	réparer rehpa'reh	riparare, aggiustare ripa'rare, adschuß'tare
repetir repe'tir	wiederholen	repeat ri'piht	répéter rehpeh'teh	ripetere ri'pätere
repostar repoß'tar	tanken	fill up fil ap	prendre de l'essence 'prädrə də leh'ßäß	fare/mettere benzina 'fare/'metere ben'dsina
reservar reßer'war	buchen, reservieren	book, reserve buck, ri'sörw	réserver rehser'weh	prenotare preno'tare
el **resfriado** reßfri'ado	Erkältung, Schnupfen	cold kould	le rhume rüm	il raffreddore rafre'dore
responder reßpon'der	antworten	answer 'ahnßər	répondre reh'põdrə	rispondere riß'pondere
la **respuesta** reßpu'eßta	Antwort	answer 'ahnßər	la réponse reh'põß	la risposta riß'poßta
el **restaurante** reßtau'rante	Restaurant	restaurant 'reßtrənt	le restaurant rəßtɔ'rä	il ristorante rißto'rante
el **retraso** re'traßo	Verspätung	delay di'läj	le retard rə'tar	il ritardo 'ritardo
rico 'riko	reich	rich ritsch	riche risch	ricco 'riko
el **río** 'rio	Fluss	river 'riwər	la rivière riw'jär	il fiume 'fjume
romper rom'per	brechen	break bräjk	casser ka'ßeh	spezzare ßpe'tßare
la **ropa** 'ropa	Kleidung	clothes klouðs	les habits m, les vêtements m a'bi, wät'mä	l' abbigliamento m abilja'mento
la **rosa** 'roßa	Rose	rose rous	la rose rohs	la rosa 'rɔsa
roto 'roto	kaputt	broken 'broukən	cassé ka'ßeh	rotto, guasto 'rɔto, gu'aßto
el **ruego** ru'ego	Bitte	request ri'kueßt	la demande də'mäd	la richiesta ri'kjeßta
el **ruido** ru'ido	Lärm	noise nɔis	le bruit bru'i	il rumore, il chiasso ru'more, 'kjaßo

S

Spanisch	Deutsch	Englisch	Französisch	Italienisch
saber ßa'ber	schmecken, wissen	taste, know täjßt, nou	goûter, savoir gu'teh, ßawu'ahr	piacere, sapere pja'tschere, ßa'pere
la **sal** ßal	Salz	salt ßɔlt	le sel ßäl	il sale 'ßale
la **salida** ßa'lida	Abfahrt, Ausgang	departure, exit di'pahtschər, ekßit	le départ, la sortie deh'par, ßɔr'ti	la partenza, l'uscita f par'tentßa, u'schita
salir ßa'lir	ausgeben, herauskommen	spend, come out ßpend, kam aut	remettre, sortir rə'mätrə, ßor'tir	spendere, uscire ßpendere, u'schire
la **salud** ßa'lud	Gesundheit	health helθ	la santé ßä'teh	la salute ßa'lute
el **saludo** ßa'ludo	Gruß	greeting 'grihting	la salutation ßalüta'ßjõ	il saluto ßa'luto
sangrar ßan'grar	bluten	bleed blihd	saigner ßän'jeh	sanguinare 'ßangui'nare
la **sangre** 'ßangre	Blut	blood blad	le sang ßä	il sangue 'ßangue
sano 'ßano	gesund	healthy 'helθi	sain ßê	sano 'ßano
se ße	man, sich	one, oneself u'an, uan'ßelf	on, e õ, ßə	si ßi
seco 'ßeko	trocken	dry draj	sec ßäk	asciutto a'schuto
la **sed** ßed	Durst	thirst θörßt	la soif ßu'af	la sete 'ßete
seguido ße'gido	geradeaus	straight ahead ßträjtə'hed	tout droit tu dru'a	diritto 'drito
seguir ße'gir	folgen	follow 'folou	suivre ßu'iwrə	seguire ßegu'ire

Sonderzeichen in der Lautschrift ə angedeutetes e wie in bitt**e**; ɔ offenes o wie in P**o**st; ß scharfes s wie in na**ss**; θ weiches s wie in Fa**ss**, aber gelispelt; ð s wie in **S**ense, aber gelispelt; ä nasal gesprochener Vokal wie in Ch**an**son; ê nasal gesprochener Vokal wie in p**oi**ntiert; õ nasal geprochener Vokal wie in Jet**on**; sch weiches sch wie in **G**in

seguro

Spanisch	Deutsch	Englisch	Französisch	Italienisch
el **seguro** ße'guro	Versicherung	insurance in'schurənß	l' **assurance** f aßü'räß	l' **assicurazione** f aßikura'tßjone
seguro ße'guro	sicher	sure 'schuər	sûr ßür	sicuro ßi'kuro
el **sello** 'ßejo	Briefmarke	stamp ßtämp	le timbre 'tëbrə	il francobollo franko'bɔlo
la **selva** 'ßelwa	Wald	forest 'fɔrißt	la forêt fo'rä	il bosco 'bɔßko
el **semáforo** ße'maforo	Ampel	traffic light 'träfik lait	les feux m fö	il semaforo ße'maforo
la **semana** ße'mana	Woche	week u'ihk	la semaine ßə'män	la settimana ßeti'mana
la **señal** ßen'jal	Zeichen	sign ßain	le signe 'ßinjə	il segno 'ßenjo
el **señor** ßen'jor	Herr	mister 'mißtər	le monsieur mə'ßjö	il signore ßin'jore
sentarse, poner ßen'tarße, po'ner	setzen	sit down, position ßit daun, pə'sischn	asseoir aßu'ahr	mettere 'metere
sentir ßen'tir	fühlen	feel fihl	sentir ßä'tir	sentire ßen'tire
ser, estar ßer, eß'tar	sein	be bi	être 'ätre	essere 'äßere
el **servicio** ßer'wiθio	Service, Toilette	service, toilet 'ßörwiß, 'tɔilit	le service, la toilette ßer'wiß, tua'lett	il servizio, la toletta ßer'witßjo, to'leta
si ßi	ob, falls	if, in case if, in käjß	si ßi	se, nel caso che ße, nel 'kaso ke
sí ßi	ja	yes jeß	oui u'i	sì ßi
siempre ßi'empre	immer	always 'ɔhluäjß	toujours tu'schur	sempre 'ßempre
la **silla** 'ßija	Stuhl	chair tschär	la chaise schähs	la sedia 'ßädja
el **sillón** ßi'jɔn	Sessel	armchair 'ahmtschär	le fauteuil fo'töj	la poltrona pol'trona
simpático ßim'patiko	sympathisch	friendly 'frendli	sympathique ßëpa'tik	simpatico ßim'patiko
simultáneo ßimul'taneo	gleichzeitig	simultaneously ßiml'täjniəßli	en même temps ä mäm tä	contemporaneo kontempo'raneo
sin ßin	ohne	without uið'aut	sans ßä	senza 'ßentßa
sin embargo ßin em'bargo	doch	yet jett	quand même kä mäm	ma, però ma, pe'rɔ
el **sobre** 'ßobre	Briefumschlag	envelope 'enwəloup	l' **enveloppe** f äwə'lopp	la busta 'bußta
sobre, en ßobre, en	auf	at, on ät, ɔn	sur ßür	sopra, su 'ßopra, ßu
el **sofá** ßo'fa	Couch	couch kautsch	le canapé kana'peh	il divano di'wano
el **sol** ßol	Sonne	sun ßan	le soleil ßo'läj	il sole 'ßole
la **solicitud** ßoliθi'tud	Bewerbung	application äpli'käjschn	la candidature kädida'tür	la domanda do'manda
solo 'ßolo	allein	alone ə'loun	seul ßöll	(da) solo (da) 'ßolo
sólo 'ßolo	nur	just dschaßt	seulement ßöl'mä	solo, soltanto 'ßolo, ßol'tanto
soltero ßol'tero	ledig	single 'ßingəl	célibataire ßehliba'tär	nubile f, celibe m 'nubile, 'tschälibe
la **solución** ßoluθi'ɔn	Lösung	solution ßə'luhschn	la solution ßolü'ßjö	la soluzione ßolu'tßjone
sonar ßo'nar	klingeln	ring ring	sonner ßɔ'neh	suonare ßuo'nare
la **sopa** 'ßopa	Suppe	soup ßuhp	la soupe ßup	la minestra mi'neßtra
el **sótano** 'ßɔtano	Keller	basement 'bäjßmənt	la cave kahw	la cantina kan'tina
su ßu	sein, seine	his, its hiß, itß	son, sa, ses ßö, ßa, ßeh	il suo, la sua il 'ßuo, la 'ßua
subir ßu'bir	heraufkommen	come up kam ap	monter mö'teh	salire ßa'lire
sucio 'ßuθio	schmutzig	dirty 'dörti	sale ßall	sporco 'ßporko
el **sueldo** ßu'eldo	Gehalt	salary 'ßäləri	le salaire ßa'lär	lo stipendio ßti'pendio
el **suelo** ßu'elo	Boden	floor flɔr	le sol 'ßol	il terreno te'reno
el **sueño** ßu'enjo	Traum	dream drihm	le rêve rähw	il sogno 'ßonjo
la **suerte** ßu'erte	Glück	luck lack	le bonheur bɔn'ör	la fortuna for'tuna
suficiente ßufiθi'ente	genug	enough ə'naf	assez a'ßeh	abbastanza abaß'tantßa
sugerir ßuche'rir	vorschlagen	suggest ßə'dscheßt	proposer propo'seh	proporre pro'porre
el **supermercado** ßupermer'kado	Supermarkt	supermarket 'ßupərmahkət	le supermarché ßüpermar'scheh	il supermercato ßupermer'kato

Sonderzeichen in der Lautschrift ə angedeutetes e wie in bit**te**; ɔ offenes o wie in P**o**st; ß scharfes s wie in na**ss**; θ weiches s wie in Fa**ss**, aber gelispelt; ð s wie in **S**ense, aber gelispelt; ä nasal gesprochener Vokal wie in Cha**n**son; ë nasal gesprochener Vokal wie in p**oi**ntiert; ö nasal gesprochener Vokal wie in Jet**on**; sch weiches sch wie in **G**in

torcido

Spanisch	Deutsch	Englisch	Französisch	Italienisch

el **taller de coches** ta'jer de 'kotscheß	Autowerkstatt	garage 'gärahsch	le garage ga'rahsch	l' officina f ofi'tschina
tal vez tal weθ	vielleicht	maybe 'mäjbi	peut-être pö'tätrə	forse 'forße
el **tamaño, la altura** ta'manjo, al'tura	Größe	height, size hait, ßajs	la taille taij	la misura, l' altezza f mi'sura, al'tetßa
también tambi'en	auch	also 'ɔlßou	aussi o'ßi	anche 'anke
la **tarde** 'tarde	Abend	evening 'ihwəning	le soir ßu'ahr	la sera 'ßera
tarde 'tarde	spät	late läjt	tard tar	tardi, tardo 'tardi, 'tardo
la **tarea** ta'rea	Aufgabe	task tahßk	la tâche tasch	il compito 'kompito
el **taxi** 'takßi	Taxi	taxi 'täkßi	le taxi ta'kßi	il tassì ta'ßi
la **taza** 'taθa	Tasse	cup kap	la tasse taß	la tazza 'tatßa
te te	dich, dir	yourself, you jɔr'ßelf, ju	te, toi tə, tu'a	(a) te, ti (a) te, ti
el **té** te	Tee	tea tih	le thé teh	il tè tä
el **teatro** te'atro	Theater	theatre 'θiətər	le théâtre teh'atrə	il teatro te'atro
el **techo** 'tetscho	Dach	roof ruhf	le toit tu'a	il tetto 'tetto
el **teléfono** te'lefono	Telefon	telephone 'teləfoun	le téléphone tehleh'fɔn	il telefono te'läfono
el **teléfono móvil** te'lefono 'mɔwil	Handy	mobile phone 'moubail foun	le portable pɔr'tablə	il cellulare tschelu'lare
la **televisión** telewißi'ɔn	Fernseher	television 'teləwischən	le téléviseur tehlehwi'sör	la televisione telewi'sjone
temprano tem'prano	früh	early 'örli	tôt to	presto 'preßto
el **tenedor** tene'dor	Gabel	fork fɔhk	la fourchette fur'schett	la forchetta for'keta
tener te'ner	haben	have häw	avoir awu'ahr	avere a'were
tener lugar te'ner lu'gar	stattfinden	take place täjk pläjß	avoir lieu awu'ahr li'jö	aver luogo a'wer lu'ɔgo
tener permiso te'ner per'mißo	dürfen	may mäj	avoir la permission de awu'ahr la permi'ßjö də	poter fare, potere po'ter 'fare, po'tere
tener que te'ner ke	müssen	must maßt	devoir dəwu'ahr	dovere do'were
terminar termi'nar	beenden	finish 'finisch	terminer tärmi'neh	terminare termi'nare
terrible te'rible	schlimm	terrible 'terəbl	grave grahw	brutto, grave 'bruto, 'grawe
el **texto** 'tekßto	Text	text tekßt	le texte text	il testo 'teßto
la **tía** 'tia	Tante	aunt ahnt	la tante tät	la zia 'dsia
la **tiempo** ti'empo	Zeit, Wetter	time, weather taim, u'äðər	le temps tä	il tempo 'tempo
el **tiempo libre** ti'empo 'libre	Freizeit	free time fri taim	le temps libre tä 'librə	il tempo libero tempo 'libero
la **tienda** ti'enda	Zelt	tent tent	la tente tät	la tenda 'tända
la **tierra** ti'era	Erde	earth, ground örθ, 'graund	la terre tär	la terra 'tärra
la **tijera** ti'chera	Schere	scissors 'ßisəs	les ciseaux m ßi'so	le forbici forbitschi
el **tío** 'tio	Onkel	uncle ankl	l' oncle m 'öklə	lo zio dsio
tirar ti'rar	(weg)werfen, ziehen	throw (away), pull θrou (ə'uäj), pull	jeter, lancer, tirer sche'teh, lä'ßeh, ti'reh	gettare (via) dsche'tare ('wia)
la **toalla** to'aja	Handtuch	towel 'tauəl	la serviette ßer'wjätt	l' asciugamano m aschuga'mano
todavía toda'wia	noch	still ßtill	encore ä'kɔr	ancora an'kora
todo 'todo	alles	everything 'ewriθing	tout tu	tutto 'tutto
todos 'todoß	alle	all ɔhl	tous, toutes tu, tut	tutti 'tutti
tomar to'mar	nehmen	take täjk	prendre 'prädrə	prendere 'prendere
el **tomate** to'mate	Tomate	tomato tə'matou	la tomate to'matt	il pomodoro pomo'dɔro
las **tonterías** tonte'riaß	Quatsch	rubbish 'rabisch	le non-sens nö'ßäß	le scemenze sche'mentße
tonto 'tonto	dumm	stupid 'ßtjupid	bête bät	stupido 'ßtupido
torcido, inclinado tor'θido, inkli'nado	schief	crooked, tilted 'krukid, 'tiltəd	de travers də tra'wer	storto 'ßtorto

Sonderzeichen in der Lautschrift: ə angedeutetes e wie in bitt**e**; ɔ offenes o wie in P**o**st; ß scharfes s wie in na**ss**; θ weiches s wie in Fa**ss**, aber gelispelt; ð s wie in **S**ense, aber gelispelt; ä nasal gesprochener Vokal wie in Ch**an**son; ë nasal gesprochener Vokal wie in p**oin**tiert; ö nasal geprochener Vokal wie in Jet**on**; sch weiches sch wie in **G**in

tormenta

Spanisch	Deutsch	Englisch	Französisch	Italienisch
la **tormenta** tor'menta	Gewitter, Sturm	(thunder)storm ('θandə)ßtɔrm	l' **orage** m, la tempête o'rahsch, tä'pät	la **temporale**, la tempesta tempo'rale, tem'peßta
el **tos** toß	Husten	cough kaf	la **toux** tu	la **tosse** 'toße
trabajar traba'char	arbeiten	work u'örk	**travailler** trawa'jeh	**lavorare** lawo'rare
el **trabajo** tra'bacho	Arbeit	work u'örk	le **travail** tra'waj	il **lavoro** la'woro
traer tra'er	holen, mitbringen	get, bring along gätt, bring ə'lɔng	**aller chercher, amener** a'leh schär'scheh, amə'neh	**prendere, portare** prendere, por'tare
el **tráfico rodado** 'trafiko ro'dado	Straßenverkehr	road traffic rəud 'träffik	le **trafic** tra'fik	il **traffico** 'trafiko
el **traje** 'trache	Anzug	suit ßuht	le **costume** kɔß'tüm	il **vestito, l'abito** m weß'tito, 'abito
tranquilo tran'kilo	ruhig	calm kahm	**calme** kalm	**tranquillo** tranku'ilo
el **transbordador** tranßborda'dor	Fähre	ferry 'ferri	le **bac** back	il **traghetto** tra'getto
el **tranvía** tran'wia	Straßenbahn	tramway 'trämuäj	le **tram** tram	il **tram** tram
el **tren** tren	Zug	train träjn	le **train** trē	il **treno** 'träno
triste 'trißte	traurig	sad ßäd	**triste** trißt	**triste** 'trißte
el **trozo** 'troθo	Stück	piece pihß	le **morceau** mɔr'ßo	il **pezzo** 'pätßo
tu tu	dein, deine	your jɔr	**ta, ton** ta, tõ	**il tuo, la tua** il 'tuo, la 'tua
tú tu	du	you ju	**tu** tü	**tu** tu
el **turista** tu'rißta	Tourist	tourist 'turißt	le **touriste** tu'rißt	il **turista** tu'rißta

último 'ultimo	letzter	last lahßt	le **dernier** dern'jeh	**ultimo** 'ultimo
un un	ein	a, an, one ə, ən, u'an	**un** ē	**uno** 'uno
una una	eine	a, an, one ə, ən, u'an	**une** ün	**una** 'una
una vez 'una weθ	einmal	once u'anß	**une fois** ün fu'a	**una volta** 'una 'wɔlta
la **unión, la combinación** uni'ɔn, kombinaθi'ɔn	Verbindung	connection, combination kə'nekschn, kɔmbi'näjschn	la **communication** kɔmünika'ßjõ	il **collegamento, la relazione** kolega'mento, rela'tßjone
la **universidad** uniwerßi'dad	Universität	university juni'wörßiti	l' **université** f üniwerßi'teh	l' **università** f uniwerßi'ta
uno 'uno	einer	a, an, one ə, ən, u'an	**un** ē	**uno** 'uno
un poco un 'poko	bisschen	a little bit ə 'littl bitt	**un peu** ē pö	**un pò** un pɔ
urgente ur'chente	dringend	urgent 'ördschənt	**urgent** ür'schä	**urgente** ur'dschente
usar u'ßar	benutzen	use juhs	**utiliser** ütili'seh	**usare** u'sare
usted uß'ted	Sie	you ju	**vous** wu	**Lei** läj

las **vacaciones** wakaθi'oneß	Ferien, Urlaub	holidays 'hɔlədäjß	les **vacances** f wa'käß	le **vacanze, le ferie** wa'kantße, 'färje
vacío wa'θio	leer	empty 'empti	**vide** wid	**vuoto** wu'ɔto
la **vajilla** wa'chija	Geschirr	dishes 'dischəs	la **vaisselle** wä'ßell	i **piatti** 'pjatti
válido 'walido	gültig	valid 'wälid	**valable** wa'lablə	**valido** 'walido
vamos 'wamoß	los	go gou	**on y va** 'õni'wa	**via** 'wia
el **vaso, el vidrio** 'waßo, 'widrio	Glas	glass glahß	le **verre** wer	il **vetro, il bicchiere** 'wetro, bik'jere

Sonderzeichen in der Lautschrift ə angedeutetes e wie in bitt**e**; ɔ offenes o wie in P**o**st; ß scharfes s wie in na**ss**; θ weiches s wie in Fa**ss**, aber gespelt; ō s wie in **S**ense, aber gespelt; ã nasal gesprochener Vokal wie in Ch**an**son; ē nasal gesprochener Vokal wie in p**oi**ntiert; õ nasal gesprochener Vokal wie in Jet**on**; sch weiches sch wie in **G**in

zumo

Spanisch	Deutsch	Englisch	Französisch	Italienisch
el **vecino** we'θino	Nachbar	neighbour 'näjbər	le **voisin** wua'sē	il **vicino** wi'tschino
la **velocidad** weloθi'dad	Geschwindigkeit	speed ßpihd	la **vitesse** wi'teß	la **velocità** welotschi'ta
el **vendedor** wende'dor	Verkäufer	seller, salesperson 'ßellər, 'ßäjlßpöhßn	le **vendeur** m wä'dör	il **commesso, il venditore** ko'meßo, wendi'tore
vender wen'der	verkaufen	sell ßell	**vendre** 'wädrə	**vendere** 'wendere
venenoso wene'noßo	giftig	poisonous 'poisənəß	**empoisonné** äpuaso'neh	**velenoso** wele'noso
la **ventana** wen'tana	Fenster	window 'uindou	la **fenêtre** fə'nätrə	la **finestra** fi'neßtra
ver wer	sehen	see ßi	**voir** wu'ahr	**vedere** we'dere
la **verdad** wer'dad	Wahrheit	truth truθ	la **vérité** wehri'teh	la **verità** weri'ta
verdadero werda'dero	wahr	true tru	**vrai** wrä	**vero** 'wero
la **verdura** wer'dura	Gemüse	vegetable u'ädschtəbl	le **légume** leh'güm	la **verdura** wer'dura
ver la tele wer la 'tele	fernsehen	watch TV u'ɔtsch ti'wi	**regarder la télé** rəgar'deh la teh'leh	**guardare la televisione** guar'dare la telewi'sjone
el **vestido** weß'tido	Kleid	dress dreß	la **robe** rɔb	il **vestito** weß'tito
vestirse weß'tirße	anziehen	get dressed gätt dreßd	**habiller** abi'jeh	**vestire** weß'tire
viajar wia'char	reisen	travel träwəl	**voyager** wua'scheh	**viaggiare** wja'dschare
el **viaje** wi'ache	Reise	trip, travel trip, 'träwəl	le **voyage** wua'jahsch	il **viaggio** 'wjadscho
la **vida** 'wida	Leben	life lajf	la **vie** wi	la **vita** 'wita
viejo wi'echo	alt	old ould	**vieux** wjö	**vecchio** 'wekjo
el **viento** wi'ento	Wind	wind u'ind	le **vent** wä	il **vento** 'wento
el **vino** 'wino	Wein	wine u'ain	le **vin** wē	il **vino** 'wino
visitar wißi'tar	besichtigen, besuchen	visit, attend 'wisit, ə'tend	**visiter** wisi'teh	**visitare, andare a trovare** wisi'tare, an'dare a tro'ware
vivir wi'wir	wohnen, leben	live liw	**habiter, vivre** abi'teh, 'wiwrə	**abitare, vivere** abi'tare, 'wiwere
volar wo'lar	fliegen	fly flai	**voler** wo'leh	**volare** wo'lare
voluntario wolun'tario	freiwillig	voluntary u'ɔləntri	**volontaire** wolö'tär	**volontario** wolon'tario
vuestro wu'eßtro	euer, eure	your jɔr	**votre, vos** 'wɔtr, wo	**vostro/e** 'wɔßtro/e
el **vulgo** 'wulgo	gemeines Volk	populace 'pɔpjuləß	la **populace** popü'laß	il **popolino** pɔpo'lino
vulnerable wulne'rable	verwundbar, verletzlich	vulnerable 'walnərəbl	**vulnérable** wülneh'rablə	**vulnerabile** wulne'rabile
la **vulneración** wulneraθi'on	Verletzung	injury 'indschəri	la **blessure** ble'ßür	la **ferita** fe'rita
vulnerar wulne'rar	verletzen	hurt hört	**blesser** ble'ßeh	**ferire** fe'rire

Y

y i	und	and änd	**et** e	**e** e
ya ja	schon	already 'ɔhlrädi	**déjà** deh'scha	**già** dscha
yo jo	ich	I, me ai, mi	**je** schə	**io** 'io
el **yogur** jo'gur	Jogurt	yoghurt 'jougət	le **yaourt** ja'ur	lo **yogurt** 'jɔgurt

Z

el **zambombazo** θambom'baθo	Knall	bang bäng	l' **éclat** m eh'kla	il **botto** 'bɔtoel
la **zaranda** θa'randa	Sieb	sieve ßiw	la **passoire** paß'uahr	il **colino** ko'lino
zapato θa'pato	Schuh	shoe schu	la **chaussure** scho'ßür	la **scarpa** 'ßkarpa
el **zoo** θoh	Zoo	zoo suh	le **zoo** so	lo **zoo** 'dsɔ
zorro 'θorro	schlau	clever 'klɛwər	**rusé** rü'seh	**furbo** 'furbo
el **zumo** 'θumo	Saft	juice dschuhß	le **jus** schü	il **succo** 'ßuko

Sonderzeichen in der Lautschrift ə angedeutetes e wie in bitte; ɔ offenes o wie in Post; ß scharfes s wie in nass; θ weiches s wie in Fass, aber gespielt; ð s wie in Sense, aber gespielt; ã nasal gesprochener Vokal wie in Chanson; ẽ nasal gesprochener Vokal wie in pointiert; õ nasal geprochener Vokal wie in Jeton; sch weiches sch wie in Gin

abbastanza

Italienisch	Deutsch	Englisch	Französisch	Spanisch

abbastanza abaß'tantßa	genug	enough ə'naf	assez a'ßeh	suficiente ßufiθi'ente
l' **abbigliamento** m abilja'mento	Kleidung	clothes klouðs	les habits m, les vêtements m a'bi, wät'mã	la ropa 'ropa
l' **abitante** mf abi'tante	Einwohner	resident 'residənt	l' habitant m abi'tã	el habitante abi'tante
abitare abi'tare	wohnen	live liw	habiter abi'teh	vivir wi'wir
a casa a 'kasa	zuhause	at home ät houm	chez soi scheh ßu'a	en casa en 'kaßa
a causa di a 'kausa di	wegen	because of bi'kɔhs ɔf	à cause de a kohs də	a causa de a 'kaußa de
accanto a'kanto	neben	besides, next to bi'ßajds, näkßt tu	à côté a ko'teh	al lado al 'lado
l' **accendino** m atschen'dino	Feuerzeug	lighter 'laitər	le briquet bri'keh	el mechero me'tschero
accettare atsche'tare	akzeptieren	accept ik'ßept	accepter akθäp'teh	aceptar akθep'tar
accorgersi, notare a'kordscherßi, no'tare	merken	memorise, notice 'memərajs, 'noutiß	retenir rətə'nir	notar, acordarse no'tar, akor'darße
l' **acqua** f 'akua	Wasser	water u'ɔtər	l' eau f o	el agua 'agua
adesso a'deßo	jetzt	now nau	maintenant mẽtə'nã	ahora a'ora
a destra 'deßtra	rechts	on the right ɔn ðə rait	à droite a dru'at	a la derecha a la de'retscha
adirato adi'rato	zornig	angry 'ängri	en colère ã ko'lär	furioso furi'oßo
l' **adulto** m a'dulto	Erwachsener	adult 'ädalt	l' adulte m a'dült	el adulto a'dulto
l' **aereo** m a'äreo	Flugzeug	plane pläjn	l' avion m a'wjõ	el avión awi'ɔn
l' **aeroporto** m aero'porto	Flughafen	airport 'ärpɔht	l' aéroport m aehro'pɔr	el aeropuerto aeropu'erto
affittare, noleggiare afi'tare, nole'dschare	(ver)mieten	rent, let rent, lett	louer lu'eh	alquilar alki'lar
l' **affitto** m a'fito	Miete	rent rent	le loyer lua'jeh	el alquiler alki'ler
l' **ago** m 'ago	Nadel	needle 'nihdl	l' aiguille f ägu'ij	la aguja a'gucha
aiutare aju'tare	helfen	help help	aider ä'deh	ayudar aju'dar
l' **aiuto** m a'juto	Hilfe	help help	l' aide f äd	la ayuda a'juda
l' **albero** m 'albero	Baum	tree tri	l' arbre m 'arbrə	el árbol 'arbol
l' **alcool** m 'alkool	Alkohol	alcohol 'älkəhɔl	l' alcool m al'kɔl	el alcohol alko'ol
alcuni al'kuni	einige	few, some fju, ßam	quelque 'kälkə	algunos al'gunoß
l' **alfabeto** m alfa'beto	Alphabet	alphabet 'älfəbet	l' alphabet m alfa'bä	el alfabeto alfa'beto
gli **alimentari** alimen'tari	Lebensmittel	groceries 'grouẞəriḥs	l' aliments m ali'mã	los comestibles komeß'tibles
allegro a'legro	lustig	funny fanni	drôle drohl	divertido diwer'tido
l' **alloggio** m a'lodscho	Unterkunft	accommodation əkomo'däjschn	l' hébergement m ehbärschə'mã	el alojamiento alochami'ento
allora a'lora	damals, also	at that time, so ät ðät taim, ßou	autrefois, donc otrəfu'a, dõk	en aquel tiempo, pues en a'kel ti'empo, pu'eß
al massimo al 'maßimo	höchstens	at the most ät ðə moußt	au maximum o makßi'mom	como mucho 'komo 'mutscho
alto 'alto	hoch	high hai	haut o	alto 'alto
l' **altro ieri** 'altro 'järi	vorgestern	the day before yesterday ðə däj bi'fɔr 'jeßtədäj	avant-hier awã'tjär	anteayer antea'jer
a lungo a 'lungo	lange	long time lɔng taim	longtemps lõ'tã	mucho tiempo 'mutscho ti'empo
l' **alunno** m, **lo studente** a'lunno, ßtu'dente	Schüler	pupil 'pjupil	l' élève m eh'läw	el alumno a'lumno
alzare, sollevare al'tßare, ßole'ware	heben	lift lift	lever lə'weh	levantar lewan'tar
alzarsi al'tßarßi	aufstehen	get up gätt ap	lever lə'weh	levantarse lewan'tarße
amare a'mare	lieben	love law	aimer ä'meh	amar a'mar
amaro a'maro	bitter	bitter 'bitter	amer a'mär	amargo a'margo
l' **amica** f, **la ragazza** a'mika, ra'gatßa	Freundin	friend, girlfriend frend, 'görlfrend	l' amie f a'mi	la amiga a'miga

Sonderzeichen in der Lautschrift ə angedeutetes e wie in bitt**e**; ɔ offenes o wie in P**o**st; ß scharfes s wie in na**ss**; θ weiches s wie in Fa**ss**, aber gelispelt; ð s wie in **S**ense, aber gelispelt; ã nasal gesprochener Vokal wie in Ch**an**son; ẽ nasal gesprochener Vokal wie in p**oin**tiert; õ nasal geprochener Vokal wie in Jet**on**; sch weiches sch wie in **G**in

346

assicurazione

Wortschatz A-Z

A

Italienisch	Deutsch	Englisch	Französisch	Spanisch
l' **amico** m, **il ragazzo** a'miko, ra'gatßo	Freund	friend, boyfriend frend, 'bojfrend	l' **ami** m a'mi	el **amigo** a'migo
l' **amore** m a'more	Liebe	love law	l' **amour** m a'muhr	el **amor** a'mor
analizzare anali'dsare	untersuchen	investigate in'weßtigäjt	**examiner** egsami'neh	**investigar** inweßti'gar
anche 'anke	auch	also 'ɔlßou	**aussi** o'ßi	**también** tambi'en
ancora an'kora	noch	still ßtill	**encore** ã'kɔr	**todavía** toda'wia
andare, guidare an'dare, gui'dare	gehen, fahren	go, drive gou, draiw	**aller, conduire** a'leh, kõdu'ir	**ir, conducir** ir, kondu'θir
andare (bene), stare (bene) an'dare ('bäne), 'ßtare ('bäne)	passen	suit, fit ßuht, fit	**aller** a'leh	**caber, convenir** ka'ber, konwe'nir
andare in bicicletta an'dare in bitschi'kleta	Rad fahren	ride by bike rajd baj bajk	**faire du vélo** fär dü weh'lo	**ir en bicicleta** ir en biθi'kleta
andare via an'dare 'wia	weggehen	go out, leave gou aut, lihw	**partir** par'tir	**irse** 'irße
l' **angolo** m 'angolo	Ecke	corner 'kɔhnər	le **coin** ku'ẽ	la **esquina** eß'kina
l' **anima** f 'anima	Seele	soul ßoul	l' **âme** f ahm	el **alma** 'alma
l' **animale** m ani'male	Tier	animal 'äniməl	l' **animal** m ani'mal	el **animal** ani'mal
l' **anno** m 'anno	Jahr	year 'jiər	l' **année** f a'neh	el **año** 'anjo
annunciare, iscrivere anun'tschare, iß'kriwere	anmelden	sign up, check in ßajn ap, tschek in	**inscrire** ẽ'ßkrir	**inscribir, anunciar** inßkri'bir, anunθi'ar
l' **annuncio** m, **l'iscrizione** f a'nuntscho, ißkri'tßjone	Anmeldung	registration redschiß'träjschn	l' **inscription** f ẽßkrip'ßjõ	la **inscripción, la matrícula** inßkripθi'ɔn, ma'trikula
gli **anziani** an'tßjani	Senioren	senior citizens 'ßihniə 'ßitisnß	les **seniors** m ßäni'or	los **ancianos** anθi'anoß
aperto a'pärto	offen	open 'oupən	**ouvert** u'wer	**abierto** abi'erto
a proposito a pro'pɔsito	übrigens	by the way bai ðə u'äj	**d'ailleurs** da'jör	**apropósito** apro'poßito
appartenere aparte'nere	gehören	belong bi'lɔng	**appartenir** apartə'nir	**pertenecer** pertene'θer
(non) appena (non) a'pena	kaum	hardly 'hardli	**à peine** a pän	**apenas** a'penaß
appendere a'pendere	hängen	hang häng	**pendre** 'pãdrə	**colgar** kol'gar
l' **appuntamento** m apunta'mento	Verabredung	date, appointment däit, ə'pointment	le **rendez-vous** rãdeh'wu	la **cita** 'θita
aprire a'prire	öffnen	open 'oupən	**ouvrir** u'wrir	**abrir** a'brir
l' **aria** f 'aria	Luft	air 'äər	l' **air** m är	el **aire** 'aire
l' **armadio** m ar'madio	Schrank	cupboard 'kabəd	l' **armoire** f armu'ahr	el **armario** ar'mario
arrabbiarsi arab'jarßi	ärgern	anger ängər	**fâcher** fa'scheh	**enfadar** enfa'dar
arredare are'dare	einrichten	furnish 'förnisch	**aménager** amehna'scheh	**amueblar** amue'blar
arrivare ari'ware	ankommen	arrive ə'raiw	**arriver** ari'weh	**llegar** je'gar
arrivederci ariwe'dertschi	auf Wiedersehen	good-bye gud'bai	**au revoir** o rəwu'ahr	**adiós** adi'ɔß
l' **arrivo** m a'riwo	Ankunft	arrival ə'raiwl	l' **arrivée** f ari'weh	la **llegada** je'gada
arrostire aroß'tire	braten	roast, fry roußt, fraj	**frire** frir	**asar** a'ßar
l' **arrosto** m a'roßto	Braten	roast roußt	le **rôti** ro'ti	el **asado** a'ßado
l' **arte** f 'arte	Kunst	art aht	l' **art** m ar	el **arte** 'arte
l' **ascensore** m aschen'ßore	Lift	elevator 'eləwäjtər	l' **ascenseur** m aßä'ßör	el **ascensor** aßθen'ßor
l' **asciugamano** m aschuga'mano	Handtuch	towel 'tauəl	la **serviette** ßer'wjätt	la **toalla** to'aja
asciutto a'schuto	trocken	dry draj	**sec** ßäk	**seco** 'ßeko
ascoltare aßkol'tare	zuhören	listen 'lißn	**écouter** ehku'teh	**escuchar** eßku'tschar
l' **asilo** m a'silo	Kindergarten	kindergarten 'kindəgahtən	la **garderie** gardə'ri	el **jardín de infancia** char'din de in'fanθia
a sinistra a ßi'nißtra	links	left lefft	**à gauche** a gohsch	**a la izquierda** a la iθki'erda
aspettare aßpe'tare	warten	wait u'äjt	**attendre** a'tãdrə	**esperar** eßpe'rar
aspro 'aßpro	sauer	sour 'ßauə	**amer** a'mär	**ácido** 'aθido
l' **assicurazione** f aßikura'tßjone	Versicherung	insurance in'schurənß	l' **assurance** f aßü'räß	el **seguro** ße'guro

Sonderzeichen in der Lautschrift   ə angedeutetes e wie in bitte; ɔ offenes o wie in Post; ß scharfes s wie in nass; θ weiches s wie in Fass, aber gelispelt; ð s wie in Sense, aber gelispelt; ã nasal gesprochener Vokal wie in Chanson; ẽ nasal gesprochener Vokal wie in pointiert; õ nasal gesprochener Vokal wie in Jeton; sch weiches sch wie in Gin

associazione

Italienisch	Deutsch	Englisch	Französisch	Spanisch
l' **associazione** f aßotscha'tßjone	Verein	association əßoußi'äjschn	l' **association** f aßoßja'ßjö	la **asociación** aßoθiaθi'ɔn
l' **attenzione** f, **la prudenza** aten'tßjone, pru'dentßa	Achtung, Vorsicht	attention, caution ə'tenschn, 'kɔhschn	l' **attention** f, **la prudence** atä'ßjö, prü'däß	la **atención, el cuidado, la precaución** atenθi'ɔn, kui'dado, prekauθi'ɔn
l' **attimo** m, **il momento** 'atimo, mo'mento	Moment	moment 'moumənt	le **moment** mo'mä	el **momento** mo'mento
l' **attrazione** f atra'tßjone	Sehenswürdigkeit	sight ßajt	la **curiosité** küriosi'teh	el **monumento** monu'mento
l' **attrezzo** m a'tretßo	Werkzeug	instrument, tool 'inßtrumənt, tuhl	l' **outil** m u'ti	la **herramienta** erami'enta
l' **autista** mf, **il conducente** au'tißta, kondu'tschente	Fahrer	driver 'draiwər	le **conducteur** ködük'tör	el **conductor** konduk'tor
l' **autobus** m auto'buß	Bus	bus baß	le **bus** büß	el **autobús** auto'buß
l' **automobile club** auto'mobile 'klub	Automobilclub	automobile club ɔtou'moubail klab	le **club automobile** klöb otomo'bil	el **club del automóvil** klub del auto'mowil
l' **autostrada** f auto'ßtrada	Autobahn	motorway 'moutəruäj	l' **autoroute** f oto'rut	la **autopista** auto'pißta
avanti a'wanti	vorwärts	ahead, forward ə'häd, 'fɔhwəd	**en avant** äna'wä	**hacia adelante** 'aθia ade'lante
avere a'were	haben	have häw	**avoir** awu'ahr	**tener** te'ner
avere bisogno a'were bi'sonjo	brauchen	need nihd	**avoir besoin** awu'ahr bəsu'ë	**necesitar** neθeßi'tar
avere fame a'were 'fame	hungrig	hungry 'hangri	**avoir faim** awu'ahr fë	**hambriento** ambri'ento
aver luogo, svolgersi a'wer lu'ɔgo, 'swoldscherßi	stattfinden	take place täjk pläjß	**avoir lieu** awu'ahr li'jö	**tener lugar** te'ner lu'gar

B

Italienisch	Deutsch	Englisch	Französisch	Spanisch
il **bacio** 'batscho	Kuss	kiss kiß	le **baiser** bä'seh	el **beso** 'beßo
il **bagaglio** ba'galjo	Gepäck	luggage 'lagitsch	les **bagages** m ba'gahsch	el **equipaje** eki'pache
bagnato ban'jato	nass	wet u'ät	**mouillé** mu'jeh	**mojado** mo'chado
il **bagno** 'banjo	Badezimmer	bathroom 'bahθruhm	la **salle de bain** ßal də bë	el **cuarto de baño** ku'arto de 'banjo
il **balcone** bal'kone	Balkon	balcony 'bälkəni	le **balcon** bal'kö	el **balcón** bal'kɔn
ballare ba'lare	tanzen	dance dänß	**danser** dä'ßeh	**bailar** bai'lar
la **bambina** bam'bina	Mädchen	girl görl	la **fille** fij	la **chica** 'tschika
il **bambino** bam'bino	Kind	child tschaild	l' **enfant** m ä'fä	el **niño** 'ninjo
la **banana** ba'nana	Banane	banana bə'nanə	la **banane** ba'nann	el **plátano** 'platano
la **banca** 'banka	Bank	bank bänk	la **banque** bäk	el **banco** 'banko
la **barca** 'barka	Boot	boat bout	le **bateau** ba'to	la **barca** 'barka
basso 'baßo	niedrig	low lou	**bas** ba	**bajo** 'bacho
il **bastone** baß'tone	Stock	stick ßtick	le **bâton** ba'tö	el **palo** palo
il **bebè** be'bä	Baby	baby 'bäjbi	le **bébé** beh'beh	el **bebé** be'be
bello 'ßällo	schön	nice najß	**beau** bo	**bonito** bo'nito
benvenuto benwe'nuto	willkommen	welcome u'elkəm	**bienvenue** bjëwə'nü	**bienvenido** bienve'nido
la **benzina** ben'dsina	Benzin	petrol 'petrəl	l' **essence** f eh'ßäß	la **gasolina** gaßo'lina
bere 'bere	trinken	drink drink	**boire** bu'ahr	**beber** be'ber
la **bevanda** be'wanda	Getränk	beverage 'bewəridsch	la **boisson** bua'ßö	la **bebida** be'bida
la **biblioteca** biblio'täka	Bücherei	library 'laibrəri	la **bibliothèque** biblio'täck	la **biblioteca** biblio'teka
la **bicicletta** bitschi'kleta	Fahrrad	bicycle 'bajßikl	la **bicyclette** bißi'klett	la **bicicleta** biθi'kleta
il **bidone delle immondizie** bi'done 'dele imon'ditßje	Mülltonne	dustbin 'daßtbin	la **poubelle** pu'bell	el **cubo de basura** kubo de ba'ßura
il **biglietto** bil'jeto	Fahrkarte, Eintrittskarte	ticket 'tickət	le **billet, l'entrée** f bi'jä, ä'treh	el **billete, la entrada** bi'jete, en'trada

Sonderzeichen in der Lautschrift ə angedeutetes e wie in bitt**e**; ɔ offenes o wie in P**o**st; ß scharfes s wie in na**ss**; θ weiches s wie in Fa**ss**, aber gelispelt; ð s wie in **S**ense, aber gelispelt; ä nasal gesprochener Vokal wie in Cha**n**son; ë nasal gesprochener Vokal wie in p**oi**ntiert; ö nasal gesprochener Vokal wie in Jet**on**; sch weiches sch wie in **G**in

cane

Italienisch	Deutsch	Englisch	Französisch	Spanisch
il **binario** bi'nario	Bahnsteig	platform 'plätfɔhm	le quai ke	el andén an'den
la **biologia** biolo'dschia	Biologie	biology baj'ɔlidschi	la biologie biolo'schi	la biología biolo'chia
la **birra** 'bira	Bier	beer 'biər	la bière bjär	la cerveza θer'weθa
la **borsetta** bor'ßeta	Handtasche	handbag 'händbäg	le sac à main ßak a mё	el bolso de mano 'bolßo de 'mano
il **bosco** 'bɔßko	Wald	forest 'fɔrißt	la forêt fo'rä	la selva 'ßelwa
la **bottiglia** bo'tilja	Flasche	bottle 'bɔtl	la bouteille bu'täj	la botella bo'teja
il **bottone** bo'tone	Knopf	button 'battn	le bouton bu'tõ	el botón bo'tɔn
il **braccio** 'bratscho	Arm	arm ahm	le bras bra	el brazo 'braθo
il **bricco** 'briko	Kanne	can, pot kän, pɔtt	le pot po	la jarra 'chara
bruciare bru'tschare	brennen	burn börn	brûler brü'leh	arder ar'der
brutto 'brutto	hässlich	ugly 'agli	laid lä	feo 'feo
brutto, grave brutto, 'grave	schlimm	terrible 'terəbl	grave grahw	terrible te'rible
la **buca delle lettere** 'buka 'dele 'lättere	Briefkasten	postbox, letterbox poußtbɔkß, 'lettərbɔkß	la boite aux lettres bu'at o 'lätrə	el buzón bu'θɔn
il **buco** buko	Loch	hole houl	le trou tru	el agujero agu'chero
il **buddismo** bu'dismo	Buddhismus	Buddhism 'buhdism	le bouddhisme bu'dißmə	el budismo bu'dißmo
buio, scuro 'bujo, 'ßkuro	dunkel	dark dahk	sombre 'ßöbrə	oscuro oß'kuro
buono bu'ɔno	gut	good gud	bon bõ	bueno bu'eno
il **burro** 'buro	Butter	butter 'batər	le beurre bör	la mantequilla mante'kija
bussare bu'ßare	klopfen	knock nɔck	frapper fra'peh	llamar, golpear ja'mar, golpe'ar
la **busta** 'bußta	Tüte, Briefumschlag	bag, envelope bäg, 'enwəloup	le sac, l'enveloppe f ßak, äwə'lopp	la bolsa, el sobre 'bolßa, 'ßobre

C

cadere ka'dere	fallen	fall fɔl	tomber tõ'beh	caer ka'er
il **caffè** ka'fä	Kaffee, Café	coffee, cafe kɔfi, kä'fäj	le café, la café ka'feh, ka'feh	el café ka'fe
il **calcio** 'kaltscho	Fußball	football 'futtbɔl	le football futt'bɔl	el fútbol 'futbol
calcolare, contare kalko'lare, kon'tare	rechnen	calculate 'kälkjuläjt	calculer kalkü'leh	calcular kalku'lar
caldo 'kaldo	warm	warm u'ɔrm	chaud scho	caliente kali'ente
il **calendario, l'agenda** f kalen'dario, a'dschenda	Kalender	calendar 'kälindər	le calendrier kalädri'jeh	el calendario kalen'dario
il **cambiamento** kambja'mento	Veränderung	change tschäjndsch	le changement schäsch'mä	el cambio 'kambio
cambiare kam'bjare	wechseln, umsteigen, ändern	change tschäjndsch	changer schä'scheh	cambiar, hacer trasbordo kambi'ar, a'θer traß'bordo
la **camera, la stanza** 'kamera, 'ßtantßa	Zimmer	room ruhm	la pièce pjäß	la habitación abitaθi'ɔn
la **camera da letto** 'kamera da 'lätto	Schlafzimmer	bedroom 'bedruhm	la chambre à coucher 'schäbr a ku'scheh	el dormitorio dormi'torio
il **cameriere** kamer'järe	Kellner	waiter u'äjtər	le serveur ßer'wör	el camarero kama'rero
la **camicetta** kami'tscheta	Bluse	blouse blaus	la blouse bluhs	la blusa 'blußa
la **camicia** ka'mitscha	Hemd	shirt schört	la chemise schə'mihs	la camisa ka'mißa
il **camion** kam'jon	Lkw	lorry 'lɔri	le camion ka'mjö	el camión kami'ɔn
camminare kami'nare	wandern	hike haik	marcher mar'scheh	hacer senderismo a'θer ßende'rißmo
il **cammino** ka'mino	Weg	path, road pahθ, rəud	le chemin schə'mё	el camino ka'mino
il **campeggio** kam'pedscho	Camping	camping 'kämping	le camping kä'ping	el camping 'kamping
il **cane** 'kane	Hund	dog dɔg	le chien schi'ё	el perro 'perro

Sonderzeichen in der Lautschrift ə angedeutetes e wie in bit**t**e; ɔ offenes o wie in P**o**st; ß scharfes s wie in na**ss**; θ weiches s wie in Fa**ss**, aber gelispelt; ð s wie in **S**ense, aber gelispelt; ä nasal gesprochener Vokal wie in Ch**an**son; ё nasal gesprochener Vokal wie in p**oi**ntiert; õ nasal gesprochener Vokal wie in Jet**on**; sch weiches sch wie in **G**in

cantare

Italienisch	Deutsch	Englisch	Französisch	Spanisch
cantare kan'tare	singen	sing ßing	chanter schä'teh	cantar kan'tar
la **cantina** kan'tina	Keller	basement bäjßmənt	la cave kahw	el sótano ßotano
la **canzone** kan'tßone	Lied	song ßong	la chanson schä'ßõ	la canción kanθi'ɔn
i **capelli** ka'pelli	Haare	hair här	les cheveux schə'wö	el pelo pelo
capire ka'pire	verstehen	understand andər'ßtänd	comprendre kö'prädrə	entender enten'der
il **cappotto** ka'pɔto	Mantel	coat kout	le manteau mä'to	el abrigo a'brigo
la **caramella** kara'mella	Bonbon	sweet ßu'iht	le bonbon bõ'bõ	el caramelo kara'melo
il **carattere** ka'ratere	Charakter	character käräktər	le caractère karak'tär	el carácter ka'rakter
la **carne** 'karne	Fleisch	meat miht	la viande wi'jäd	la carne 'karne
caro 'karo	teuer	expensive ikß'penßiw	cher schär	caro 'karo
caro 'karo	lieb	dear diər	gentil schä'ti	cariñoso karin'joßo
la **carta** 'karta	Papier	paper 'päjpər	le papier pa'pjeh	el papel pa'pel
la **cartina geografica**	Landkarte	map mäp	la carte géographique	el mapa 'mapa
kar'tina dscheo'grafika			kart scheogra'fik	
la **cartolina** karto'lina	Postkarte	postcard 'poußtkard	la carte postale kart pɔß'tal	la postal poß'tal
la **casa** 'kasa	Wohnung, Haus, Haushalt	flat, house, household flätt, hauß, 'haußhould	l' appartement m, la maison, le ménage apartə'mä, mä'sõ, meh'nahsch	el piso, la casa, el hogar pißo, 'kaßa, o'gar
il **caso** 'kaso	Zufall	coincidence kou'inßidənß	le hasard a'sar	la coincidencia koinθi'denθia
la **cassa** 'kaßa	Kasse	cash point käsch pɔjnt	la caisse käß	la caja 'kacha
il **castello** kaß'tello	Schloss	castle 'kahßl	le château scha'to	el castillo kaß'tijo
cattivo ka'tiwo	böse	angry 'ängri	méchant meh'schä	enfadado enfa'dado
il **cellulare** tschelu'lare	Handy	mobile phone 'moubail foun	le portable pɔr'tablə	el teléfono móvil te'lefono 'mɔwil
la **cena** 'tschena	Abendessen	dinner 'dinər	le dîner di'neh	la cena 'θena
cercare tscher'kare	suchen	search ßörtsch	chercher schär'scheh	buscar buß'kar
il **cerchio** 'tscherkjo	Kreis	circle 'ßörkəl	le cercle 'ßerklə	el círculo 'θirkulo
che ke	dass	that ðät	que kə	que ke
che cosa ke 'kɔsa	was	what u'ɔt	quoi ku'a	qué ke
chi ki	wer	who hu	qui ki	quién ki'en
chiamare kja'mare	rufen	call kɔhl	appeler ap'leh	llamar ja'mar
chiamarsi kja'marßi	heißen	call kɔhl	s'appeler ßap'leh	llamarse ja'marße
chiaro 'kjaro	deutlich, hell	clear, light kliər, lait	clair klär	claro 'klaro
chiaro, certo 'kjaro, 'tscherto	klar	clear 'kliər	clair klär	claro 'klaro
la **chiave** 'kjawe	Schlüssel	key kih	la clé kleh	la llave 'jawe
la **chiesa** 'kjäsa	Kirche	church tschörtsch	l' église f eh'glihs	la iglesia i'gleßia
il **chilogrammo** kilo'grammo	Kilogramm	kilogramme 'kiləgräm	le kilogramme kilo'gram	el kilogramo kilo'gramo
il **chilometro** ki'lɔmetro	Kilometer	kilometre 'kiləmitər	le kilomètre kilo'mätrə	el kilómetro ki'lɔmetro
la **chimica** 'kimika	Chemie	chemistry 'kemißtri	la chimie schi'mi	la química 'kimika
chiudere 'kjudere	schließen, zumachen	close klouß	fermer fär'meh	cerrar θe'rar
chiudere, finire 'kjudere, fi'nire	abschließen	close, finish klouß, 'finisch	fermer à clé, finir fär'meh a kleh, fi'nir	cerrar, terminar θe'rar, termi'nar
chiuso 'kjußo	zu, geschlossen	closed kloußd	fermé fär'meh	cerrado θe'rado
ciao, salve 'tschao, 'ßalwe	hallo	hello hə'lou	allô a'lo	hola 'ola
il **cielo** 'tschälo	Himmel	sky ßkaj	le ciel ßi'äl	el cielo θi'elo
il **cinema** 'tschinema	Kino	cinema 'ßinəma	le cinéma ßineh'ma	el cine 'θine
la **cioccolata** tschoko'lata	Schokolade	chocolate 'tschɔklət	le chocolat schoko'la	el chocolate tschoko'late
circa 'tschirka	circa	about ə'baut	à peu près a pö prä	aproximadamente aprokßimada'mente
il **circolo, il club** tschirkolo, klub	Club	club klab	le club klöb	el club klub
la **città** tschi'ta	Stadt	city 'ßitti	la ville wil	la ciudad θiu'dad

Sonderzeichen in der Lautschrift ə angedeutetes e wie in bitte; ɔ offenes o wie in Post; ß scharfes s wie in nass; θ weiches s wie in Fass, aber gelispelt; ð s wie in Sense, aber gelispelt; ä nasal gesprochener Vokal wie in Chanson; ë nasal gesprochener Vokal wie in pointiert; õ nasal gesprochener Vokal wie in Jeton; sch weiches sch wie in Gin

conversazione

Italienisch	Deutsch	Englisch	Französisch	Spanisch
la **classe** 'klaße	Schulklasse	class, lessons klahß, 'leßnß	la **classe** klaß	la **clase** 'klaße
il **cliente** kli'ente	Kunde	client klajənt	le **client** kli'jä	el **cliente** kli'ente
il **codice (di avviamento) postale** 'koditsche (di awja'mento) poß'tale (CAP)	Postleitzahl	postal code 'poußtl koud	le **code postal** kod pɔß'tal	el **código postal** 'kodigo poß'tal
il **cognome** kon'jome	Nachname	surname 'ßörnäjm	le **nom de famille** nõ də fa'mij	el **apellido** ape'jido
la **colazione** kola'tßjone	Frühstück	breakfast 'bräkfəßt	le **petit-déjeuner** pətidehschö'neh	el **desayuno** deßa'juno
il **collegamento, la relazione** kolega'mento, rela'tßjone	Verbindung	connection, combination kə'nekschn, kɔmbi'näjschn	la **communication** kɔmünika'ßjõ	la **unión, la combinación** uni'ɔn, kombinaθi'ɔn
il **collo** 'kollo	Hals	neck neck	le **cou** ku	el **cuello** ku'ejo
il **colore** ko'loe	Farbe	colour kalər	la **couleur** ku'lör	el **color** ko'lor
il **coltello** kol'tello	Messer	knife naif	le **couteau** ku'to	el **cuchillo** ku'tschijo
come 'kome	wie	how, like hau, laik	**comment** kɔ'mä	**como** 'komo
come, minimo, almeno 'kome, 'minimo, al'meno	mindestens	at least ät lihßt	**au moins** o mu'ë	**por lo menos** por lo 'menoß
cominciare, iniziare komin'tschare, ini'tßjare	beginnen, anfangen	begin bi'gin	**commencer** kɔmä'ßeh	**empezar** empe'θar
il **commesso, il venditore** ko'meßo, wendi'tore	Verkäufer	seller, salesperson ßellər, 'ßäjlßpöhßn	le **vendeur** m wä'dör	el **vendedor** wende'dor
la **compagna, la partner** kom'panja, 'partner	Partnerin	partner 'pahtnər	la **partenaire** partə'när	la **pareja, la socia** pa'recha, 'ßoθia
il **compagno, il partner** kom'panjo, 'partner	Partner	partner 'pahtnər	le **partenaire** partə'när	es **socio** 'ßoθio
il **compito** 'kompito	Aufgabe	task tahßk	la **tâche** tasch	la **tarea** ta'rea
il **compleanno** komple'anno	Geburtstag	birthday 'börθdäj	l' **anniversaire** m aniwer'ßär	el **cumpleaños** kumple'anjos
completare komple'tare	ergänzen	add äd	**compléter** köpleh'teh	**añadir** anja'dir
comprare kom'prare	kaufen	buy baj	**acheter** asch'teh	**comprar** kom'prar
il **computer** kom'pjuter	Computer	computer kom'pjutər	l' **ordinateur** m ɔrdina'tör	el **ordenador** ordena'dor
con kon	mit	with u'ið	**avec** a'weck	**con** kon
il **concerto** kon'tscherto	Konzert	concert 'kɔnßört	le **concert** kö'ßer	el **concierto** konθi'erto
il **confine** kon'fine	Grenze	border 'bɔhdər	la **frontière** frö'tjär	la **frontera** fron'tera
conoscere ko'noschere	kennen	know nou	**connaître** ko'nätrə	**conocer** kono'θer
consegnare konsen'jare	abgeben	hand in händ in	**rendre** 'rädrə	**dar** dar
consigliare konßil'jare	beraten	advise äd'wajs	**conseiller** kößeh'jeh	**aconsejar** akonße'char
il **consiglio** kon'ßiljo	Tipp, Rat	hint, tip hint, tipp	le **conseil** kö'ßäj	el **consejo** kon'ßecho
contare kon'tare	zählen	count kaunt	**compter** kö'teh	**contar** kon'tar
contemporaneo kontempo'raneo	gleichzeitig	simultaneously ßiml'täjniəßli	**en même temps** ä mäm tä	**simultáneo** ßimul'taneo
il **contenuto** konte'nuto	Inhalt	content 'kɔntent	le **contenu** köt'nü	el **contenido** konte'nido
il **conto** 'konto	Rechnung	bill, invoice bill, 'inwɔjß	la **facture** fak'tür	la **cuenta** ku'enta
il **conto corrente** 'konto ko'rente	Konto	account ə'kaunt	le **compte** köt	la **cuenta** ku'enta
il **contrario** kon'trario	Gegenteil	opposite 'ɔpəsit	le **contraire** kö'trär	el **contrario** kon'trario
il **contratto** kon'trato	Vertrag	contract 'kɔnträkt	le **contrat** kö'tra	el **contrato** kon'trato
contro 'kontro	(da)gegen	against (it) ə'gänßt (it)	**contre (cela)** kötrə (ßə'la)	**(en) contra** (en) 'kontra
conveniente, favorevole konwe'njente, fawo'rewole	günstig	favourable 'fäjwərəbl	**bon marché** bõ mar'scheh	**barato** ba'rato
la **conversazione** konwerßa'tßjone	Gespräch	conversation konwə'ßäjschn	la **conversation** köwersa'ßjõ	la **conversación** konwerßaθi'ɔn

Sonderzeichen in der Lautschrift: ə angedeutetes e wie in bitte; ɔ offenes o wie in Post; ß scharfes s wie in nass; θ weiches s wie in Fass, aber gelispelt; ð s wie in Sense, aber gelispelt; ä nasal gesprochener Vokal wie in Chanson; ë nasal gesprochener Vokal wie in pointiert; ö nasal geprochener Vokal wie in Jeton; sch weiches sch wie in Gin

coperta

Italienisch	Deutsch	Englisch	Französisch	Spanisch
la **coperta, il soffitto** ko'pärta, ßo'fito	Decke	blanket, ceiling blänkit, 'ßihling	la couverture, le plafond kuwertür, pla'fô	la manta, il techo manta, 'tetscho
il **corpo** 'korpo	Körper	body 'bɔdi	le corps kor	el cuerpo ku'erpo
la **corrente** ko'rente	Strom	electricity, current ilek'trißəti, 'körənt	le courant ku'rā	la electricidad, la corriente elektriθi'dad, kori'ente
correre, andare korere, an'dare	rennen, laufen	run, walk ran, u'ɔhk	courir ku'rir	correr ko'rer
corto 'korto	kurz	short schɔht	court kur	corto 'korto
la **cosa** 'kɔsa	Sache	thing, matter θing, 'mättər	la chose schohs	la cosa 'koßa
la **cosmetica** kos'mätika	Kosmetik	cosmetics kɔs'metikß	la cosmétique kɔßmeh'tik	la cosmética koß'metika
costare koß'tare	kosten	cost kɔßt	coûter ku'teh	costar koß'tar
credere 'kredere	glauben	believe bi'lihw	croire kru'ahr	creer kre'er
crescere 'kreschere	wachsen	grow grou	grandir grä'dir	crecer kre'θer
il **cristianesimo** krißtja'nesimo	Christentum	Christianity krißti'äniti	le christianisme krißtja'nißmə	el cristianismo krißtia'nißmo
la **cucina** ku'tschina	Küche	kitchen 'kitschən	la cuisine kui'sin	la cocina ko'θina
la **cucina elettrica/a gas** ku'tschina e'letrika/a gaß	Herd	cooker 'kucker	la cuisinière kuisin'jär	la cocina ko'θina
cucinare kutschi'nare	kochen	cook kuck	cuire ku'ir	cocinar koθi'nar
la **cugina** ku'dschina	Cousine	cousin 'kasin	la cousine ku'sihn	la prima 'prima
il **cugino** ku'dschino	Cousin	cousin 'kasin	le cousin ku'sē	el primo 'primo
cuocere ku'otschere	backen	bake bäjk	cuire au four ku'ir o fuhr	hornear orne'ar
il **cuore** ku'ɔre	Herz	heart haht	le cœur kör	el corazón kora'θon
curioso kur'joso	neugierig	curious 'kjuhriəß	curieux küri'jö	curioso kuri'oßo

D

da da	seit, von	for, since, from, by fɔr, ßinß, frɔm, bai	depuis, de dəpu'i, də	desde, de deßde, de
da nessuna parte da ne'ßuna 'parte	nirgends	nowhere 'nouuär	nulle part nül par	en ningún sitio en nin'gun 'ßitio
dappertutto daper'tutto	überall	everywhere 'ewriuär	partout par'tu	por todas partes por 'todaß 'parteß
dare 'dare	geben	give giw	donner dɔ'neh	dar dar
la **data** 'data	Datum	date däjt	la date dat	la fecha 'fetscha
da/per ultimo da/per 'ultimo	zuletzt	finally 'fainəli	en dernier ä dern'jeh	por último por 'ultimo
davanti da'wanti	vorn, vor	ahead, forward, befor, ago ə'häd, 'fɔhwəd, bi'fɔr, ə'gou	devant, avant də'wã, a'wã	delante (de), hace de'lante (de), 'aθe
debole 'debole	schwach	weak u'ihk	faible 'fäblə	débil 'debil
la **delusione** delu'sjone	Enttäuschung	disappointment dißə'pojntmənt	la déception dehßäp'ßjö	la decepción deθepθi'ɔn
il **denaro, i soldi** de'naro, 'ßoldi	Geld	money 'manni	l' argent *m* ar'schã	el dinero di'nero
il **dente** 'dente	Zahn	tooth tuhθ	la dent dã	el diente di'ente
il **dentifricio** denti'fritscho	Zahnpasta	tooth paste tuhθ päjßt	le dentifrice däti'friß	la pasta dentífrica 'paßta den'tifrika
dentro 'dentro	drinnen	inside in'ßaid	à l'intérieur a lētehri'jör	dentro 'dentro
la **denuncia, l'indica-zione** *f* de'nuntscha, indika'tßjone	Anzeige	advertisement äd'wörtismənt	l' annonce *f* a'nöß	el anuncio a'nunθio
depositare deposi'tare	abstellen	park pahk	déposer dehpo'seh	poner, aparcar po'ner, apar'kar

Sonderzeichen in der Lautschrift ə angedeutetes e wie in bitt**e**; ɔ offenes o wie in P**o**st; ß scharfes s wie in na**ss**; θ weiches s wie in Fa**ß**, aber gelispelt; ð s wie in **S**ense, aber gelispelt; ã nasal gesprochener Vokal wie in Cha**n**son; ē nasal gesprochener Vokal wie in p**oi**ntiert; ö nasal gesprochener Vokal wie in Jet**on**; sch weiches sch wie in **G**in

donna

Italienisch	Deutsch	Englisch	Französisch	Spanisch
desiderare deside'rare	wünschen	wish u'isch	souhaiter ßuäh'teh	desear deße'ar
il **desiderio** desi'derio	Wunsch	wish u'isch	le souhait ßu'äh	el deseo de'ßeo
il **destinatario** deßtina'tario	Empfänger	recipient ri'ßipiənt	le destinateur deßtina'tör	el receptor, el destinatario reθep'tor, deßtina'tario
la **dichiarazione** dikjara'tßjone	Aussage, Erklärung	statement 'ßtäjtmənt	la déclaration dehklara'ßjö	la declaración deklara'θiɔn
di, da di, da	aus, von	from, by frɔm, bai	de də	de de
di dove di 'dowe	woher	where from u'är frɔm	d'où du	de dónde de 'donde
il **diesel** 'dihsel	Diesel	diesel 'dihsəl	le diesel dji'säl	el diesel di'eßel
dietro, dopo 'djetro, 'dɔpo	hinter	behind bi'haind	derrière deri'jär	detrás de'traß de
dietro, in fondo 'djetro, in 'fondo	hinten	back bäck	à l'arrière a lari'jär	detrás de'traß
la **differenza** dife'rentßa	Unterschied	difference 'difrənß	la différence difeh'räß	la diferencia dife'renθia
difficile di'fitschile	schwierig	difficult 'difikəlt	difficile difi'ßil	difícil di'fiθil
di fronte a di 'fronte a	gegenüber	opposite to 'ɔpəsit tu	en face ã faß	enfrente en'frente
diligente dili'dschente	fleißig	diligent 'dilidschənt	appliqué apli'keh	aplicado apli'kado
dimenticare dimenti'kare	vergessen	forget fɔr'get	oublier ubli'jeh	olvidar olwi'dar
di nuovo di nu'ɔwo	wieder	again ə'gän	à nouveau a nu'wo	otra vez 'otra weθ
dire dire	sagen	say ßäj	dire dir	decir de'θir
diretto di'reto	direkt	direct daj'rekt	direct di'räkt	directo di'rekto
la **direzione** dire'tßjone	Richtung	direction daj'rekschn	la direction diräk'ßjö	la dirección direkθi'ɔn
diritto 'drito	gerade(aus)	straight ahead ßträjtə'hed	(tout) droit (tu) dru'a	seguido ße'gido
la **discoteca** dißko'täka	Diskothek	discotheque 'dißkoutek	discothèque 'dißko'täck	la discoteca dißko'teka
discutere diß'kutere	diskutieren	discuss diß'kaß	discuter dißkü'teh	discutir dißku'tir
disoccupato disoku'pato	arbeitslos	unemployed 'anəmplɔjd	être au chômage 'ätrə o scho'mahsch	desempleado deßemple'ado
la **distanza** diß'tantßa	Entfernung	distance 'dißtənß	la distance diß'täß	la distancia diß'tanθia
il **distributore** dißtribu'tore	Tankstelle	petrol station 'petrəl 'ßtäjschn	la station d'essence ßta'ßjö deh'ßäß	la gasolinera gaßoli'nera
disturbare dißtur'bare	stören	disturb diß'törb	déranger dehrä'scheh	molestar moleß'tar
il **dito** 'dito	Finger	finger 'fingər	le doigt du'a	el dedo 'dedo
la **ditta** 'ditta	Firma	company 'kampəni	l' entreprise f ãtrə'prihs	la empresa em'preßa
diventare diwen'tare	werden	become, will, get bi'kamm, u'il, gätt	devenir dəwə'nir	convertirse, ser, ponerse konwer'tirße, ßer, po'nerße
diverso di'werßo	anders, verschieden	different 'difrənt	autrement, différent otrə'mã, difeh'rä	diferente dife'rente
il **divertimento** diwerti'mento	Spaß, Scherz	fun, joke fan, dschouk	le plaisir plä'sir	la diversión, la broma diwerθi'ɔn, 'broma
divorziato diwor'tßjato	geschieden	divorced di'wɔrßd	divorcé diwor'ßeh	divorciado diworθi'ado
il **dizionario** ditßjo'nario	Wörterbuch	dictionary 'dikschənri	le dictionnaire dikßjo'när	el diccionario dikθio'nario
la **doccia** 'dotscha	Dusche	shower 'schauər	la douche dusch	la ducha 'dutscha
la **dogana** do'gana	Zoll	customs 'kaßtəmß	la douane du'an	la aduana adu'ana
dolce 'doltsche	süß	sweet ßu'iht	sucré ßü'kreh	dulce 'dulθe
il **dolce, il dessert** 'doltsche, de'ßär	Dessert	dessert di'sört	le dessert deh'ßähr	el postre 'poßtre
il **dolore** do'lore	Schmerz	pain päjn	la douleur du'lör	el dolor do'lor
la **domanda** do'manda	Frage, Bewerbung	question, application ku'eßtschn, äpli'käjschn	la question, la candidature käß'tjõ, kãdida'tür	la pregunta, la solicitud pre'gunta, ßoliθi'tud
domandare doman'dare	fragen	ask ahßk	demander dəmã'deh	preguntar pregun'tar
domani do'mani	morgen	tomorrow tu'mɔrou	demain də'mẽ	mañana man'jana
la **donna** 'donna	Frau	woman 'wummən	la femme famm	la mujer mu'cher

Sonderzeichen in der Lautschrift ə angedeutetes e wie in bitte; ɔ offenes o wie in Post; ß scharfes s wie in nass; θ weiches s wie in Fass, aber gelispelt; ð s wie in Sense, aber gelispelt; ã nasal gesprochener Vokal wie in Chanson; ẽ nasal gesprochener Vokal wie in pointiert; õ nasal gesprochener Vokal wie in Jeton; sch weiches sch wie in Gin

dopo

Italienisch	Deutsch	Englisch	Französisch	Spanisch
dopo 'dɔpo	nach	after, to 'ahftər, tu	après a'prä	después, a deßpu'eß, a
dopodomani dɔpodo'mani	übermorgen	the day after tomorrow ðə däj 'ahftər tu'mɔrou	après demain a'prä də'mē	pasado mañana pa'ßado man'jana
dormire dor'mire	schlafen	sleep ßlihp	dormir dɔr'mir	dormir dor'mir
dotato do'tato	begabt	talented täləntid	doué du'eh	dotado do'tado
dove 'dowe	wohin, wo	where to, where u'är tu, u'är	où u	adónde, dónde a'donde, donde
dovere do'were	müssen, sollen	must, shall maßt, schäll	devoir dəwu'ahr	tener que, deber te'ner ke, de'ber
la **durata, il periodo** du'rata, pe'riodo	Dauer	duration dju'räjschn	la **durée** dü'reh	la **duración** duraθi'ɔn
duro 'duro	hart	hard hard	dur dür	duro duro

E

e e	und	and änd	et e	y i
l' **ebraismo** m ebra'ismo	Judentum	Judaism dschudaisəm	le **judaïsme** schüda'ißmə	el **judaísmo** chuda'ißmo
eccetto e'tschätto	außer	besides bi'ßajds	sauf ßohf	a excepción de a ekßepθi'ɔn de
l' **edificio** m edi'fitscho	Gebäude	building 'bilding	l' **immeuble** m i'möblə	el **edificio** edi'fiθio
elegante ele'gante	chic	chic schik	chic schik	elegante ele'gante
l' **e-mail** f i'mäil	E-Mail	email 'ihmäjl	le **e-mail** i'mehl	el **correo electrónico** ko'reo elek'troniko
l' **emergenza** f emer'dschentßa	Notfall	emergency i'mördschənßi	l' **urgence** f ür'schäß	la **emergencia** emer'chenθia
entrare en'trare	hereinkommen	come in kam in	rentrer rä'treh	entrar en'trar
l' **entrata** f en'trata	Eingang	entrance 'entrənß	l' **entrée** f ã'treh	la **entrada** en'trada
l' **esame** m e'same	Prüfung	exam ik'ßäm	l' **examen** m ekßa'mē	el **examen** ek'ßamen
esatto e'satto	genau	exact ek'ßäkt	précis preh'ßi	exacto ekß'akto
l' **esempio** m e'sempjo	Beispiel	example ik'ßampəl	l' **exemple** m eg'säplə	el **ejemplo** e'chemplo
l' **esperienza** f eßper'jentßa	Erfahrung	experience ikß'piriənß	l' **expérience** ekßpehri'jäß	la **experiencia** ekßperi'enθia
essere 'äßere	sein	be bi	être 'ätre	ser, estar ßer, eß'tar
essere contento äßere kon'tento	freuen	be pleased bi plihsd	réjouir rehschu'ir	alegrarse ale'grarße
essere sdraiato, giacere 'äßere sdra'jato, dscha'tschere	liegen	lie laj	être couché 'ätrə ku'scheh	estar tumbado eß'tar tum'bado
l' **estero** m 'äßtero	Ausland	foreign country 'fɔräjn 'kantri	l' **étranger** m ehträ'scheh	el **extranjero** ekßtran'chero
l' **età** f e'ta	Alter	age äjdsch	l' **âge** m ahsch	la **edad, la vejez** e'dad, we'cheθ

F

fabbricare, creare fabri'kare, kre'are	herstellen	produce prə'djuhß	produire produ'ir	producir produ'θir
facile, leggero 'fatschile, le'dschero	leicht	easy, light 'ihsi, lajt	facile fa'ßil	fácil 'faθil
il **fagiolo** fa'dschɔlo	Bohne	bean bihn	le **haricot** ari'ko	la **judía** chu'dia
la **fame** 'fame	Hunger	hunger 'hangər	la **faim** fē	hambre 'ambre
la **famiglia** fa'milja	Familie	family 'fämili	la **famille** fa'mij	la **familia** fa'milia
fantastico fan'taßtiko	toll	amazing ə'mäjsing	super ßü'pär	fenomenal fenome'nal

Sonderzeichen in der Lautschrift ə angedeutetes e wie in bitte; ɔ offenes o wie in Post; ß scharfes s wie in nass; θ weiches s wie in Fass, aber gelispelt; ð s wie in Sense, aber gelispelt; ã nasal gesprochener Vokal wie in Chanson; ē nasal gesprochener Vokal wie in pointiert; õ nasal gesprochener Vokal wie in Jeton; sch weiches sch wie in Gin

fortunato

Italienisch	Deutsch	Englisch	Französisch	Spanisch
fare 'fare	machen, tun	do du	faire fär	hacer a'θer
fare attenzione 'fare aten'tßjone	aufpassen	watch u'ɔtsch	garder gar'deh	prestar atención preß'tar atenθi'ɔn
fare conoscenza 'fare kono'schentsa	kennenlernen	get to know gätt tu nou	rencontrer räkõ'treh	conocer kono'θer
fare gli auguri 'fare l'ji au'guri	gratulieren	congratulate kən'grätschjuläjt	féliciter fehlißi'teh	felicitar feliθi'tar
fare la doccia 'fare la 'dotscha	duschen	shower 'schauər	prendre une douche 'prädrə ün dusch	duchar du'tschar
fare la spesa 'fare la 'ßpesa	einkaufen	shop schɔp	faire les courses fär leh kurß	ir de compras ir de 'kompraß
la **farina** fa'rina	Mehl	flour 'flauər	la farine fa'rin	la harina a'rina
la **farmacia** farma'tschia	Apotheke	pharmacy 'fahməßi	la pharmacie farma'ßi	la farmacia far'maθia
il **farmaco** 'farmako	Medikament	medicine 'medßn	le médicament mehdika'mä	el medicamento medika'mento
il **fazzoletto** fatßo'leto	Taschentuch	handkerchief 'hänkətschif	le mouchoir muschu'ar	el pañuelo panju'elo
la **febbre** 'fäbre	Fieber	fever 'fihwər	la fièvre 'fjäwrə	la fiebre fi'ebre
femminile femi'nile	weiblich	feminine 'femənin	féminin fehmi'nẽ	femenino feme'nino
ferire fe'rire	verletzen	hurt hört	blesser blä'ßeh	herir e'rir
fermare, tenere	(an)halten	stop, hold, last ßtɔp, hould, lahßt	arrêter arä'teh	parar, sujetar pa'rar, ßuche'tar
			fer'mare, te'nere	
la **fermata** fer'mata	Haltestelle	stop ßtɔp	l' arrêt m a'rä	la parada pa'rada
la **festa, il party** 'feßta, 'parti	Feier, Party	party 'pahti	la fête fett	la fiesta fi'eßta
festeggiare feßte'dschare	feiern	celebrate 'ßelibräjt	fêter fä'teh	celebrar θele'brar
la **figlia** 'filja	Tochter	daughter 'dɔhtər	la fille fij	la hija 'icha
il **figlio** 'filjo	Sohn	son ßan	le fils fiß	el hijo 'icho
il **filo** 'filo	Faden	thread θräd	le fil fil	el hilo 'ilo
finalmente final'mente	endlich	finally 'fainəli	enfin ä'fẽ	por fin por fin
la **fine** 'fine	Ende	end end	la fin fẽ	el fin, el final fin, fi'nal
la **finestra** fi'neßtra	Fenster	window u'indou	la fenêtre fə'nätrə	la ventana wen'tana
fino a 'fino a	bis	until, by an'til, bai	jusqu'à schüß'ka	hasta, a 'aßta, a
finora fin'ora	bisher	so far ßou far	jusqu'à présent schüß'ka preh'sä	hasta ahora 'aßta a'ora
il **fiore** fi'ore	Blume	flower 'flauər	la fleur flör	la flor flor
fiorire fio'rire	blühen	blossom 'blɔßəm	fleurir flö'rir	florecer flore'θer
la **firma** 'firma	Unterschrift	signature 'ßignətschər	la signature ßin'jatür	la firma 'firma
firmare fir'mare	unterschreiben	sign ßain	signer ßin'jeh	firmar fir'mar
la **fisica** 'fisika	Physik	physics 'fisikß	la physique fi'sik	la física 'fißika
il **fiume** 'fjume	Fluss	river 'riwər	la rivière riw'jär	el río 'rio
la **foglia** 'fɔlja	Blatt	leaf, sheet lihf, schiht	la feuille föj	la hoja 'ocha
la **fonte** 'fonte	Quelle	source, spring ßɔhß, ßpring	la source ßurß	la fuente fu'ente
le **forbici** 'forbitschi	Schere	scissors 'ßisəs	les ciseaux m ßi'so	la tijera ti'chera
la **forchetta** for'keta	Gabel	fork fɔhk	la fourchette fur'schett	el tenedor tene'dor
la **forma** 'forma	Form	form fɔhm	la forme fɔrm	la forma 'forma
il **formaggio** for'madscho	Käse	cheese tschihs	le fromage fro'mahsch	el queso 'keßo
la **formazione, l'istruzione** m forma'tßjone, ißtru'tßjone	Ausbildung	training, education 'träjning, edju'käjschn	la formation fɔrma'ßjõ	la formación formaθi'ɔn
forse 'forße	vielleicht	maybe 'mäjbi	peut-être pö'tätrə	tal vez tal weθ
forte 'forte	stark	strong ßtrɔng	fort fɔr	fuerte fu'erte
la **fortuna** for'tuna	Glück	luck lack	le bonheur bɔn'ör	suerte ßu'erte
fortunato, felice fortu'nato, fe'litsche	glücklich	lucky, happy lacki, häpi	heureux ö'rö	contento kon'tento

Sonderzeichen in der Lautschrift ə angedeutetes e wie in bitte; ɔ offenes o wie in Post; ß scharfes s wie in nass; θ weiches s wie in Fass, aber gelispelt; ð s wie in Sense, aber gelispelt; ä nasal gesprochener Vokal wie in Chanson; ẽ nasal gesprochener Vokal wie in pointiert; õ nasal geprochener Vokal wie in Jeton; sch weiches sch wie in Gin

forza

Italienisch	Deutsch	Englisch	Französisch	Spanisch
la **forza** 'fortßa	Kraft	force, power fohß, 'pauər	la force forß	la fuerza fu'erθa
la **foto** 'foto	Foto	photo 'foutou	la photo fo'to	la foto 'foto
il **francobollo** franko'bolo	Briefmarke	stamp ßtämp	le timbre 'tĕbrə	el sello 'ßejo
la **frase** 'frase	Satz	sentence 'ßentənß	la phrase frahs	la frase 'fraße
i **fratelli, le sorelle** fra'telli, ßo'relle	Geschwister	brothers and sisters 'braðərs änd 'ßißtərs	frères et sœurs frär e ßör	los hermanos er'manoß
il **fratello** fra'tello	Bruder	brother 'braðər	le frère frär	el hermano er'mano
freddo 'freddo	kalt	cold kould	froid fru'a	frío 'frio
frenare fre'nare	bremsen	brake bräjk	freiner freh'neh	frenar fre'nar
il **freno** 'fräno	Bremse	brake bräjk	le frein frĕ	el freno 'freno
fresco 'freßko	kühl, frisch	cool, fresh kuhl, fresch	frais frä	fresco 'freßko
frettoloso freto'loso	eilig	hurried, urgent harrid, 'ördschənt	urgent ür'schä	deprisa de'prißa
il **frigorifero** frigo'rifero	Kühlschrank	refrigerator ri'fridschərätər	le réfrigérateur, le frigo rehfrischehra'tör, fri'go	el frigorífico frigo'rifiko
la **frutta** 'frutta	Obst	fruit fruht	les fruits m fru'i	la fruta 'fruta
fumare fu'mare	rauchen	smoke ßmouk	fumer fü'meh	fumar fu'mar
il **fungo** 'fungo	Pilz	mushroom 'maschrum	le champignon schäpin'jõ	el hongo 'ongo
il **fuoco** fu'ɔko	Feuer	fire 'faiər	le feu fö	el fuego fu'ego
fuori fu'ɔri	draußen	outside aut'ßaid	à l'extérieur a lekßtehri'jör	fuera fu'era
fuori, all'esterno fu'ɔri, aleß'tärno	außen	outside aut'ßajd	extérieur ekßtehri'jör	por fuera por fu'era
fuori da fu'ɔri da	außerhalb	off, beyond ɔf, bi'jɔnd	à l'extérieur a lekßtehri'jör	fuera de fu'era de
il **futuro** fu'turo	Zukunft	future 'fjuhtschər	le futur fü'tür	el futuro fu'turo

la **gamba** 'gamba	Bein	leg läg	la jambe schäb	la pierna pi'erna
la **garanzia** garan'tßia	Garantie	guarantee gärən'ti	la garantie gara'ti	la garantía garan'tia
il **gas** gaß	Gas	gas gäß	le gaz gas	el gas gaß
il **gatto** 'gatto	Katze	cat kät	le chat scha	el gato 'gato
il **gelato** dsche'lato	Eiskreme	ice cream aiß krihm	la crème glacée kräm gla'ßeh	el helado e'lado
i **genitori** dscheni'tori	Eltern	parents 'pärəntß	les parents m pa'rã	los padres 'padreß
la **gente** 'dschente	Leute	people 'pihpəl	les gens m schã	la gente 'chente
gentile dschen'tile	nett, freundlich	nice, kind naiß, kaind	gentil, aimable schä'ti, ä'mablə	amable a'mable
gettare dsche'tare	werfen	throw θrou	lancer lã'ßeh	tirar ti'rar
gettare (via) dsche'tare ('wia)	wegwerfen	throw away θrou ə'uäj	jeter sche'teh	tirar ti'rar
già dscha	schon	already ɔhlrädi	déjà deh'scha	ya ja
la **giacca** 'dschaka	Jacke	jacket 'dschäkit	la veste west	la chaqueta tscha'keta
il **giardino** dschar'dino	Garten	garden 'gahdən	le jardin schar'dĕ	el jardín char'din
giocare dscho'kare	spielen	play pläj	jouer schu'eh	jugar chu'gar
il **gioco** 'dschɔko	Spiel	game gäjm	le jeu schöh	el juego chu'ego
la **gioia** 'dschoja	Freude	joy dschɔj	la joie schu'a	la alegría ale'gria
il **giornale** dschor'nale	Zeitung	newspaper 'njuhßpäjpər	le journal schur'nal	el periódico peri'ɔdiko
il **giorno** 'dschorno	Tag	day däj	le jour schur	el día 'dia
giovane 'dschowane	jung	young jang	jeune schönn	joven 'chowen
la **gioventù** dschowen'tu	Jugend	youth juhθ	la jeunesse schö'näß	la juventud chuwen'tud
la **gita** 'dschita	Ausflug	excursion ikß'körschən	l' excursion f ekßkür'ßjõ	la excursión ekßkurßi'ɔn
giusto, adatto 'dschußto, a'datto	passend	suitable, fit 'ßuhtəbl, fit	convenable kõwə'nablə	queda bien 'keda bi'en

Sonderzeichen in der Lautschrift ə angedeutetes e wie in bitte; ɔ offenes o wie in Post; ß scharfes s wie in nass; θ weiches s wie in Fass, aber gelispelt; ð s wie in Sense, aber gelispelt; ã nasal gesprochener Vokal wie in Chanson; ĕ nasal gesprochener Vokal wie in pointiert; õ nasal gesprochener Vokal wie in Jeton; sch weiches sch wie in Gin

incinta

Italienisch	Deutsch	Englisch	Französisch	Spanisch
giusto dschußto	richtig	right rait	vrai wrä	correcto ko'rekto
gli, a lui l'ji, a 'lui	ihm	him him	le, lui lə, lu'i	le le
la **gonna** 'gonna	Rock	skirt ßkört	la jupe schüp	la falda 'falda
il **grado** 'grado	Grad	degree di'gri	le degré də'greh	el grado 'grado
il **grammo** 'grammo	Gramm	gramme gräm	le gramme gram	el gramo 'gramo
grande 'grande	groß	tall, big tɔhl, big	grand grä	grande, alto 'grande, 'alto
il **grande caldo** 'grande 'kaldo	Hitze	heat hiht	la chaleur scha'lör	el calor ka'lor
grasso, grosso 'graßo, 'großo	dick	fat, thick fät, θick	gros gro	gordo 'gordo
gratis, gratuito 'gratiß, gratu'ito	gratis, gebührenfrei	free of charge fri ɔf tschahtsch	gratuit gratu'i	gratis 'gratiß
grazie 'gratßje	danke	thank you θänk ju	merci mär'ßi	gracias 'graθiaß
grigliare, arrostire gril'jare, aroß'tire	grillen	grill grill	griller gri'jeh	asar a'ßar
il **gruppo** 'grupo	Gruppe	group gruhp	le groupe grup	el grupo 'grupo
guadagnare guadan'jare	verdienen	earn örn	gagner gan'jeh	ganar ga'nar
guardare la televisione guar'dare la telewi'sjone	fernsehen	watch TV u'ɔtsch ti'wi	regarder la télé rəgar'deh la teh'leh	ver la tele wer la 'tele
il **guasto** gu'aßto	Autopanne	breakdown 'bräjkdaun	la panne de voiture pann də wua'tür	la avería (con el coche) awe'ria (kon el 'kotsche)
la **guida (turistica)** gu'ida (tu'rißtika)	Reiseführer	tour guide tur gaid	le guide gihd	el/la guía gia
guidare, dirigere gui'dare, di'ridschere	lenken	steer, direct 'ßtihər, daj'räkt	guider, diriger gi'deh, diri'scheh	conducir, dirigir kondu'θir, diri'chir

H

l' **hobby** m, **il passatempo** 'ɔbbi, paßa'tempo	Hobby	hobby 'hɔbbi	le loisir lua'sir	el hobby 'obi
l' **hotel** m, **l'albergo** m o'tel, al'bergo	Hotel	hotel hou'tel	l' hôtel m o'tel	el hotel o'tel

I

l' **idea** f i'dea	Idee	idea aj'diə	l' idée f i'deh	la idea i'dea
ieri 'järi	gestern	yesterday 'jeßtədäj	hier i'jär	ayer a'jer
il il	der	the ðə	le lə	el el
il più delle volte il pju 'dele 'wɔlte	meistens	mostly 'moußtli	la plupart du temps la plü'par dü tä	la mayoría de las veces majo'ria de laß 'weθeß
il suo, la sua il 'ßuo, la 'ßua	sein, seine	his, its hiß, itß	son, sa, ses ßõ, ßa, ßeh	su ßu
il tuo, la tua il 'tuo, la 'tua	dein, deine	your jɔr	ta, ton ta, tõ	tu tu
l' **immagine** m i'madschine	Bild	picture 'piktschə	l' image f i'mahsch	la imagen i'machen
l' **immondizia** f imon'ditßja	Müll	garbage 'gahbitsch	les ordures m or'dür	la basura ba'ßura
imparare impa'rare	lernen	learn lörn	apprendre a'prädrə	aprender apren'der
l' **impiegato** m impje'gato	Angestellter	employee əm'plɔhji	l' employé m äplua'jeh	el empleado emple'ado
importante impor'tante	wichtig	important im'pɔhtənt	important ẽpɔr'tä	importante impor'tante
improvviso impro'wiso	plötzlich	suddenly 'ßadnli	soudain ßu'dẽ	de repente de re'pente
in, a in, a	in	in in	dans dã	en, a en, a
l' **incidente** m intschi'dente	Unfall	accident 'äkßidənt	l' accident m akßi'dä	el accidente akθi'dente
incinta in'tschinta	schwanger	pregnant 'pregnənt	enceinte ã'ßẽt	embarazada embara'θada

Sonderzeichen in der Lautschrift ə angedeutetes e wie in bitte; ɔ offenes o wie in Post; ß scharfes s wie in nass; θ weiches s wie in Fass, aber gelispelt; ð s wie in Sense, aber gelispelt; ã nasal gesprochener Vokal wie in Chanson; ẽ nasal gesprochener Vokal wie in pointiert; õ nasal gesprochener Vokal wie in Jeton; sch weiches sch wie in Gin

incluso

Italienisch	Deutsch	Englisch		Französisch		Spanisch
incluso, compreso in'kluso, kom'preso	inklusive	including in'kluhding		y compris i kö'pri		incluido inklu'ido
incontrare inkon'trare	treffen	meet, hit miht, hit		rencontrer räkö'treh		encontrar, alcanzar enkon'trar, alkan'θar
l' **incrocio** m in'krotscho	Kreuzung	crossing 'krɔßing	le	croisement kruase'mã	el	cruce 'kruθe
l' **indagine** f, **l' esame** m in'dadschine, e'same	Untersuchung	investigation, examination inweßti'gäjschn, igs'äminäjschn	l'	examen m, l'enquête f exa'mē, ã'kätt	la	investigación, el examen inweßtigaθi'ɔn, eg'samen
indietro in'djätro	zurück, rückwärts	back, backwards bäck, 'bäckwəds		en arrière ãnari'jär		de vuelta, hacia atrás de wu'elta, 'aθia a'traß
indipendente indipen'dente	selbstständig	independent indi'pendənt		indépendant ēdehpä'dã		independiente independi'ente
l' **indirizzo** m indi'ritßo	Adresse	address 'ädräß	l'	adresse f a'dräß	la	dirección direkθi'ɔn
l' **induismo** m indu'ismo	Hinduismus	Hinduism 'hinduisəm	l'	hindouisme m ēdu'ißmə	el	hinduismo indu'ißmo
l' **in'dustria** f in'dußtria	Industrie	industry 'indaßtri	l'	industrie f ēdüß'tri	la	industria in'dußtria
infilare, ritirare infi'lare, riti'rare	einziehen	move in muhw in		eménager ãmehna'scheh		entrar, instalarse en'trar, inßta'larße
l' **informazione** f informa'tßjone	Auskunft, Information	information infɔr'mäjschn		information f ēforma'ßjõ	la	información informaθi'ɔn
l' **ingresso** m, **l'entrata** f in'greßo, en'trata	Eintritt	admittance, entry, entrance əd'mitənß, 'entri, 'entrənß	l'	entrée f ã'treh	la	entrada en'trada
l' **inizio** m i'nitßjo	Anfang	beginning bi'ginning	le	début deh'bü	el	principio prin'θipio
inoltre in'oltre	außerdem	furthermore förðə'mɔr		en plus ã plüß		además ade'maß
in qualche posto in ku'alke 'poßto	irgendwo	somewhere, anywhere 'ßamuär, 'äniuär		quelque part 'kälkə par		en alguna parte en al'guna 'parte
l' **insalata** f inßa'lata	Salat	salad 'ßäläd	la	salade ßa'lad	el	ensalada enßa'lada
l' **insegnante** mf inßen'jante	Lehrer	teacher 'tihtschɔr	le	professeur profä'ßör	el	profesor profe'ßor
insegnare inßen'jare	unterrichten	teach tihtsch		enseigner äßän'jeh		enseñar enßen'jar
insieme in'ßjäme	zusammen	together tu'geðər		ensemble ã'ßäblə		junto 'chunto
intelligente inteli'dschente	intelligent	intelligent in'telidschənt		intelligent ētäli'schä		inteligente inteli'chente
interessante intere'ßante	interessant	interesting 'intraßting		intéressant ētehrä'ßä		interesante intere'ßante
l' **interesse** m inte'reße	Interesse	interest 'intraßt	l'	intérêt m ēteh'rä	el	interés inte'reß
internazionale internatßjo'nale	international	international intər'näschənəl		international ēternaßjo'nal		internacional internaθio'nal
l' **internet** f inter'net	Internet	internet 'intərnet	l'	internet m ēter'net	el	internet inter'net
intorno a, verso in'torno a, 'wärßo	um	at ät		vers wer		a a
intraprendere, fare intra'prendere, 'fare	unternehmen	undertake, attempt andər'täjk, ə'tempt		entreprendre ãtrə'prãdrə		hacer, tomar, medias a'θer, to'mar, me'diaß
l' **invidia** f in'widia	Neid	envy 'enwi	la	jalousie schalu'si	la	envidia en'widia
invitare inwi'tare	einladen	invite in'wajt		inviter ēwi'teh		invitar inwi'tar
l' **invito** m in'wito	Einladung	invitation inwi'täjschn	l'	invitation f ēwita'ßjõ	la	invitación inwitaθi'ɔn
io 'io	ich	I, me ai, mi		je schə		yo jo
l' **islam(ismo)** m islam'(ismo)	Islam	islam is'lahm	l'	islam m iß'lam	el	islam iß'lam
l' **isola** f 'isola	Insel	island 'ajlənd	l'	île f il	la	isla 'ißla
l' **IVA (Imposta sul Valore Aggiunto)** 'iwa (im'posta ßul wa'lore a'dschunto)	Mehrwertsteuer	value-added tax 'wäljuädid täkß		TVA (taxe sur la valeur ajoutée) t w a (takß ßür la wa'lör a'schuteh)	la	IVA (impuesto sobre el valor añadio) 'iwa (impu'eßto 'ßobre el wa'lor anja'dido)

Sonderzeichen in der Lautschrift ə angedeutetes e wie in bitte; ɔ offenes o wie in Post; ß scharfes s wie in nass; θ weiches s wie in Fass, aber gelispelt; ð s wie in Sense, aber gelispelt; ã nasal gesprochener Vokal wie in Chanson; ē nasal gesprochener Vokal wie in pointiert; õ nasal gesprochener Vokal wie in Jeton; sch weiches sch wie in Gin

magro

Italienisch	Deutsch	Englisch	Französisch	Spanisch

L

	la la	die	the ðə	la la	la la
la	lacrima 'lakrima	Träne	tear 'tiər	la larme larm	la lágrima 'lagrima
il	lago 'lago	See	lake läjk	le lac lack	el lago 'lago
la	lana 'lana	Wolle	wool wuhl	la laine län	la lana 'lana
la	larghezza lar'getßa	Breite	width u'idθ	la largeur lar'schör	el ancho 'antscho
	largo, lontano 'largo, lon'tano	breit, weit	wide, far u'aid, far	large, loin larsch, lu'ë	ancho, extenso, amplio antscho, 'ek'ßtenßo, 'amplio
	lasciare la'schare	lassen	let lett	laisser lä'ßeh	dejar de'char
il	latte 'latte	Milch	milk milk	le lait lä	la leche letsche
	lavare la'ware	spülen, waschen	wash u'ɔsch	laver, faire la vaisselle la'weh, fär la wä'ßell	lavar, fregar la'war, fre'gar
	lavorare lawo'rare	arbeiten	work u'örk	travailler trawa'jeh	trabajar traba'char
il	lavoro la'woro	Arbeit	work u'örk	le travail tra'waj	el trabajo tra'bacho
la	legge 'ledsche	Recht	right, law rait, lɔh	le droit dru'a	el derecho de'retscho
	leggere 'ledschere	lesen	read rihd	lire lir	leer le'er
il	legno 'lenjo	Holz	wood wud	le bois bu'a	la madera ma'dera
	lei läj	sie	she schi	elle äl	ella 'eja
	Lei läj	Sie	you ju	vous wu	usted uß'ted
la	lettera 'lettera	Brief, Buchstabe	letter 'lettər	la lettre 'lätrə	la carta, la letra 'karta, 'letra
la	letteratura letera'tura	Literatur	literature 'litritschər	la littérature litehra'tür	la literatura litera'tura
il	letto 'lätto	Bett	bed bed	le lit li	la cama 'kama
la	lezione le'tßjone	Unterricht	class klahß	l' enseignement m äßänjə'mä	la clase 'klaße
	lì, là li, la	da, dort	there ðär	là, là-bas la, la'ba	ahí, allí a'i, a'ji
	libero 'libero	frei	free fri	libre 'lihbrə	libre 'libre
il	libro 'libro	Buch	book buck	le livre 'lihwrə	el libro 'libro
	licenziare, disdire litschen'tßjare, dis'dire	kündigen	cancel, recall 'känßəl, ri'kɔhl	licencier lißä'ßjeh	desahuciar, despedir deßauθi'ar, deßpe'dir
il	limone li'mone	Zitrone	lemon 'lemmən	le citron ßi'trõ	el limón li'mɔn
la	lingua 'lingua	Sprache	language 'länguidsch	la langue läg	el idioma idi'oma
	litigare liti'gare	streiten	argue 'argju	disputer dißpü'teh	pelear pele'ar
	lo, lui lo, 'lui	ihn	him him	le, lui lə, lu'i	lo lo
la	luce 'luhtsche	Licht	light lait	la lumière lühm'jär	la luz luθ
	lui 'lui	er	he hi	il il	él el
la	luna 'luna	Mond	moon muhn	la lune lün	la luna 'luna
	lungo 'lungo	lang	long lɔng	long lõ	largo 'largo

M

	ma ma	aber	but bat	mais mäh	pero 'pero
	ma, però ma, pe'rɔ	doch	yet jett	quand même kã mäm	sin embargo ßin em'bargo
la	macchina 'makina	Maschine, Auto	machine, car mə'schihn, kar	la machine, la voiture ma'schihn, wua'tür	la máquina, el coche 'makina, 'kotsche
la	macchina fotografica	Kamera	camera 'kämərə	la caméra kameh'ra	la cámara 'kamara
la	macelleria matschele'ria	Metzgerei	butchery 'butschəri	la boucherie busch'ri	la carnicería karniθe'ria
la	madre 'madre	Mutter	mother 'maðər	la mère mär	la madre 'madre
	magro 'magro	dünn	thin θin	mince mëß	delgado del'gado

Sonderzeichen in der Lautschrift: ə angedeutetes e wie in bitte; ɔ offenes o wie in Post; ß scharfes s wie in nass; θ weiches s wie in Fass, aber gelispelt; ð s wie in Sense, aber gelispelt; ã nasal gesprochener Vokal wie in Chanson; ë nasal gesprochener Vokal wie in pointiert; õ nasal geprochener Vokal wie in Jeton; sch weiches sch wie in Gin

mai

Italienisch	Deutsch	Englisch	Französisch	Spanisch
mai maj	nie	never 'newər	jamais <u>sch</u>a'mä	nunca 'nunka
malato ma'lato	krank	ill ill	malade ma'lad	enfermo en'fermo
la **malattia** mala'tia	Krankheit	illness 'illnäß	la maladie mala'di	la enfermedad enferme'dad
male, scarso 'male, 'ßkarßo	schlecht	bad bäd	mauvais mo'wä	malo 'malo
mancare man'kare	fehlen	miss miß	manquer mä'keh	faltar fal'tar
la **mancia** 'mantscha	Trinkgeld	tip tipp	le pourboire purbu'ahr	la propina pro'pina
mandare man'dare	schicken	send ßend	envoyer äwua'jeh	enviar enwi'ar
mangiare man'd<u>sch</u>are	essen	eat iht	manger mä'<u>sch</u>eh	comer ko'mer
il **mangiare** man'd<u>sch</u>are	Essen	meal mihl	le repas 'rəpa	la comida ko'mida
la **mano** 'mano	Hand	hand händ	la main mē	la mano 'mano
mantenere, intrattene-re mante'nere, intrate'nere	unterhalten	entertain, talk entə'täjn, tɔhk	entretenir ātrətə'nir	entretener, conversar entrete'ner, konwer'ßar
la **mappa, il biglietto** 'mapa, bil'jeto	Karte	map, card mäp, kard	la carte kart	el mapa, la tarjeta 'mapa, tar'cheta
il **mare** mare	Meer	sea ßih	la mer mär	el mar mar
il **marito** ma'rito	Ehemann	husband 'hasbənd	l' époux m eh'pu	el esposo eß'poßo
la **marmellata** marme'lata	Marmelade	jam d<u>sch</u>äm	la confiture kõfi'tür	la mermelada merme'lada
maschile maß'kile	männlich	masculine 'mäßkjulinn	masculin maßkü'lē	masculino maßku'lino
la **matematica** mate'matika	Mathematik	mathematics mäθə'mätikß	les mathématiques f matehma'tik	la matemática mate'matika
la **matita** ma'tita	Bleistift	pencil 'penßil	le crayon krä'jõ	el lápiz 'lapiθ
il **matrimonio** matri'mɔnio	Hochzeit, Ehe	wedding, marriage u'äding, 'märid<u>sch</u>	le mariage mari'ah<u>sch</u>	la boda, el matrimonio boda, matri'monio
la **mattina** ma'tina	Morgen	morning 'mɔrning	le matin ma'tē	la mañana man'jana
la **media** 'mädja	Durchschnitt	average 'äwərid<u>sch</u>	la moyenne mua'jänn	la media 'media
il **medico** 'mädiko	Arzt	doctor 'dɔktər	le médecin mehd'ßē	el médico 'mediko
il **medico di guardia** 'mädiko di gu'ardia	Notarzt	emergency physician i'mörd<u>sch</u>ənßi fi'sischən	le médecin d'urgence mehd'ßē dür'<u>sch</u>äß	el médico de urgencia 'mediko de ur'chenθia
meglio, migliore 'mäljo, mil'jore	besser	better 'bettər	mieux mjö	mejor me'chor
la **mela** 'mela	Apfel	apple 'äpl	la pomme pɔm	la manzana man'θana
la **memoria** me'moria	Gedächtnis	memory 'meməri	la mémoire mehmu'ahr	la memoria me'moria
mentire men'tire	lügen	lie laj	mentir mä'tir	mentir men'tir
il **menu** me'nu	Speisekarte	menu 'menju	le menu mə'nü	la carta 'karta
il **mercato** mer'kato	Markt	market 'mahkət	le marché mar'scheh	el mercado mer'kado
il **mese** 'mese	Monat	month manθ	le mois mu'a	el mes meß
la **metà** me'ta	Hälfte	half hahf	la moitié mua'tjeh	la mitad mi'tad
la **metà, il mezzo** me'ta, 'mädso	Mitte	centre 'ßentər	le milieu mil'jö	el medio 'medio
la **meta, il traguardo** 'mäta, tragu'ardo	Ziel	destination, goal deßti'näjschn, goul	le but büt	el destino, la meta deß'tino, 'meta
il **metallo** me'tallo	Metall	metal 'mettl	le métal meh'tal	el metal me'tal
il **metro** 'mätro	Meter	metre 'mihtər	le mètre mätrə	el metro 'metro
il **metrò** mä'tro	U-Bahn	subway 'ßabuäj	le métro meh'tro	el metro 'metro
mettere metere	stellen, legen, setzen	put, lay, sit down, position putt, läj, ßit daun, pə'sischn	poser, asseoir po'seh, aßu'ahr	poner, colocar, sentarse po'ner, kolo'kar, ßen'tarße
mettere/fare benzina metere/'fare ben'dsina	tanken	fill up fil ap	prendre de l'essence 'prädrə də leh'ßäß	repostar repoß'tar
mettere in ordine 'metere in 'ordine	aufräumen	tidy, clear 'taidi, 'kliər	ranger rä'<u>sch</u>eh	ordenar orde'nar
il **mezzogiorno** mädso'd<u>sch</u>orno	Mittag	noon nuhn	le midi mi'di	el mediodía medio'dia

Sonderzeichen in der Lautschrift ə angedeutetes e wie in bitt**e**; ɔ offenes o wie in P**o**st; ß scharfes s wie in na**ss**; θ weiches s wie in Fa**ss**, aber gelispelt; ð s wie in **S**ense, aber gelispelt; ā nasal gesprochener Vokal wie in Ch**an**son; ē nasal gesprochener Vokal wie in p**oi**ntiert; õ nasal gesprochener Vokal wie in Jet**on**; <u>sch</u> weiches sch wie in **G**in

niente

Italienisch	Deutsch	Englisch	Französisch	Spanisch
la **minestra** mi'neßtra	Suppe	soup ßuhp	la soupe ßup	la sopa 'ßopa
il **minuto** mi'nuto	Minute	minute 'minit	la minute mi'nüt	el minuto mi'nuto
mio, mia, il mio, la mia 'mio, 'mia, il 'mio, la 'mia	mein, meine, meiner	mine, my main, mai	mon, ma, mes mõ, ma, meh	mi mi
la **misura, l'altezza** f mi'sura, al'tetßa	Größe	height, size hait, ßajs	la taille taij	el tamaño, la altura ta'manjo, al'tura
il **mittente** mi'tente	Absender	sender ßendər	l' expéditeur m ekßpehdi'tör	el remitente remi'tente
il **mobile** 'mɔbile	Möbel	furniture 'förnitschər	les meubles m 'möblə	el mueble mu'eble
la **moda** 'mɔda	Mode	fashion 'fäschən	la mode mɔd	la moda 'moda
moderno, di moda mo'därno, di 'mɔda	modern	modern 'mɔdərn	à la mode a la mɔd	moderno mo'derno
la **moglie** 'molje	Ehefrau	wife u'aif	l' épouse f eh'puhs	la esposa eß'poßa
molto 'molto	viel, sehr	a lot, much, very ə lɔt, matsch, 'wäri	beaucoup, très bo'ku, trä	mucho, muy 'mutscho, 'mui
molto caldo, bollente 'molto 'kaldo, bo'lente	heiß	hot hɔtt	chaud scho	caliente kali'ente
il **mondo** 'mondo	Welt	world u'örld	le monde mõd	el mundo 'mundo
la **montagna** mon'tanja	Berg	mountain 'mauntən	la montagne mõ'tanjə	la montaña mon'tanja
morbido 'mɔrbido	weich	soft ßɔft	mou mu	blando blando
morire mo'rire	sterben	die dai	mourir mu'rir	morir mo'rir
morto 'mɔrto	tot, gestorben	dead, died däd, dajd	mort mɔr	muerto mu'erto
la **mostra, l'esposizione** f 'moßtra, eßposi'tßjone	Ausstellung	exhibition ekßi'bischn	l' exposition f ekßposi'ßjõ	la exposición ekßpoßiθi'ɔn
mostrare, indicare moß'trare, indi'kare	zeigen	show, indicate schou, 'indikäjt	montrer mõ'treh	enseñar enßen'jar
il **motivo, il suolo** mo'tiwo, ßu'ɔlo	Grund	reason 'rihsən	la raison rä'sõ	la razón ra'θɔn
il **motore** mo'tore	Motor	engine, motor 'endschin, 'moutər	le moteur mo'tör	el motor mo'tor
il **municipio** muni'tschipjo	Rathaus	town-hall 'taunhɔhl	la mairie mä'ri	el ayuntamiento ajuntami'ento
muovere mu'ɔwere	bewegen	move muhw	bouger bu'scheh	mover mo'wer
la **musica** 'musika	Musik	music 'mjuhsik	la musique mü'sik	la música 'mußika

N

Italienisch	Deutsch	Englisch	Französisch	Spanisch
il **naso** 'naso	Nase	nose nous	le nez neh	la nariz na'riθ
il **Natale** na'tale	Weihnachten	Christmas 'krißməß	la Noël no'äl	la navidad nawi'dad
nato 'nato	geboren	born bɔhn	être né 'ätrə neh	nacido na'θido
la **natura** na'tura	Natur	nature 'näjtschər	la nature na'tür	la naturaleza natura'leθa
la **nave** 'nawe	Schiff	boat, ship bout, schip	le bateau ba'to	el barco 'barko
né … né ne … ne	weder … noch	neither …. nor 'naiðər … nɔr	ni … ni ni … ni	ni … ni ni … ni
necessario netsche'ßario	nötig	necessary 'neßəßəri	nécessaire nehße'ßär	necesario neθe'ßario
il **negozio** ne'gɔtßjo	Geschäft	business, shop 'bisnəß, schɔp	le magasin maga'sẽ	el negocio, la tienda ne'goθio, ti'enda
nel nel	im	in (the), at in (ðə), ät	dans dã	en el en el
nel caso che nel 'kaso ke	falls	in case in käjß	si ßi	si ßi
nervoso ner'woso	nervös	nervous 'nörwəß	nerveux när'wö	nervioso nerwi'oßo
nessuno ne'ßuno	niemand	nobody 'noubadi	personne per'ßɔn	nadie 'nadie
la **neve** 'newe	Schnee	snow ßnou	la neige nähsch	la nieve ni'ewe
nevicare newi'kare	schneien	snow ßnou	neiger nä'scheh	nevar ne'war
niente n'jente	nichts	nothing 'naθing	rien ri'ẽ	nada 'nada

Sonderzeichen in der Lautschrift ə angedeutetes e wie in bitt**e**; ɔ offenes o wie in P**o**st; ß scharfes s wie in na**ss**; θ weiches s wie in Fa**ss**, aber gelispelt; ð s wie in **S**ense, aber gelispelt; ã nasal gesprochener Vokal wie in Ch**an**son; ẽ nasal gesprochener Vokal wie in p**oi**ntiert; õ nasal geprochener Vokal wie in Jet**on**; sch weiches sch wie in **G**in

nipote

Italienisch	Deutsch	Englisch	Französisch	Spanisch
il **nipote** ni'pote	Enkel	grandchild 'grändtschaild	le petit enfant pətitä'fã	el nieto ni'eto
no nɔ	nein	no nou	non nõ	no no
noi noj	wir	we u'i	nous nu	nosotros noß'otroß
noioso no'joso	langweilig	boring 'bɔhring	ennuyeux ãnui'jö	aburrido abu'rido
il **nome** 'nome	Name, Vorname	name, first name näjm, förßt näjm	le nom, le prénom nõ, preh'nõ	el nombre 'nombre
non non	nicht	not nɔt	ne pas nə pa	no no
la **nonna** 'nonna	Großmutter	grandmother 'grändmaðər	la grand-mère grã'mär	la abuela abu'ela
i **nonni** 'nonni	Großeltern	grandparents 'grändpärəntß	les grands-parents grãpa'rã	los abuelos abu'eloß
il **nonno** 'nonno	Großvater	grandfather 'grändfahðər	le grand-père grã'pär	el abuelo abu'elo
normale nor'male	normal	normal 'nɔhml	normal nor'mal	normal nor'mal
nostro 'nɔßtro	unser, unsere	our auər	notre, nos nɔtrə, no	nuestro nu'eßtro
la **nota, il voto** 'nɔta, 'woto	Note	note nout	la note nɔt	la nota nota
le **notizie** no'titßje	Nachrichten	news njuhs	les nouvelles f nu'well	las noticias no'tiθiaß
noto 'nɔto	bekannt	known noun	connu ko'nü	conocido kono'θido
la **notte** 'nɔte	Nacht	night nait	la nuit nu'i	la noche 'notsche
nubile f, **celibe** m 'nubile, 'tschälibe	ledig	single 'ßingəl	célibataire ßehliba'tär	soltero ßol'tero
il **numero** numero	Zahl, Nummer	number nambər	le chiffre, le numéro schifrə, nümeh'ro	el número numero
nuotare nuo'tare	schwimmen	swim ßu'im	nager na'scheh	bañar ban'jar
nuovo nu'ɔwo	neu	new njuh	nouveau nu'wo	nuevo nu'ewo
la **nuvola** 'nuwola	Wolke	cloud klaud	le nuage nü'ahsch	la nube 'nube

O

Italienisch	Deutsch	Englisch	Französisch	Spanisch
gli **occhiali** o'kjali	Brille	glasses 'glahßäß	les lunettes f lü'nett	las gafas 'gafaß
l' **occhio** m 'ɔkjo	Auge	eye ai	l' œil m öj	el ojo 'ocho
odorare odo'rare	riechen	smell ßmell	sentir ßã'tir	oler o'ler
l' **offerta** f o'ferta	Angebot	offer 'ɔfər	l' offre f 'ɔfrə	la oferta o'ferta
l' **offerta (speciale)** f o'ferta (ßpe'tschale)	Sonderangebot	special offer 'ßpeschl 'ɔfər	la promotion promo'ßjõ	la oferta o'ferta
l' **officina** f ofi'tschina	Autowerkstatt	garage 'gärahsch	le garage ga'rahsch	el taller de coches ta'jer de 'kotscheß
offrire of'rire	anbieten	offer 'ɔfər	offrir o'frir	ofrecer ofre'θer
oggi 'ɔdschi	heute	today tu'däj	aujourd'hui oschurdu'i	hoy oj
ognuno on'juno	jeder	anyone, everybody 'äniuan, 'ewribadi	chacun scha'kẽ	cada uno 'kada 'uno
l' **olio** m 'ɔljo	Öl	oil ɔil	l' huile f ü'il	el aceite a'θeite
l' **ombrello** m om'brello	Regenschirm	umbrella am'brelə	le parapluie paraplu'i	el paraguas pa'raguaß
l' **opinione** f opin'jone	Meinung	opinion ɔ'pinjən	l' opinion f opin'jõ	la opinión opini'ɔn
oppure, o o'pure, ɔ	oder	or ɔr	ou u	o o
l' **opuscolo** m o'pußkolo	Broschüre	brochure 'brouschə	la brochure bro'schür	el folleto fo'jeto
l' **ora** f 'ora	Stunde	hour 'auər	l' heure f ör	la hora ora
l' **orario** m o'rario	Fahrplan	timetable 'taimtäjbl	les horaires f pl o'rär	el horario o'rario
ordinare ordi'nare	bestellen	order 'ɔhdər	commander kɔmã'deh	pedir pe'dir
l' **ordine** m 'ordine	Ordnung	order 'ɔhdər	l' ordre m ɔrdrə	el orden orden
l' **orecchio** m o'rekjo	Ohr	ear 'iər	l' oreille f o'räj	la oreja o'recha
l' **orologio** m orolɔdscho	Uhr, Armbanduhr	clock, wrist-watch klɔck, 'rißt u'ɔtsch	l' heure f, le bracelet-montre ör, braß'lä 'mõtrə	el reloj (de pulsera) re'loch (de pul'ßera)

Sonderzeichen in der Lautschrift ə angedeutetes e wie in bitt**e**; ɔ offenes o wie in P**o**st; ß scharfes s wie in na**ss**; θ weiches s wie in Fa**ss**, aber gelispelt; ð s wie in **S**ense, aber gelispelt; ã nasal gesprochener Vokal wie in Ch**an**son; ẽ nasal gesprochener Vokal wie in p**oin**tiert; õ nasal gesprochener Vokal wie in Jet**on**; sch weiches sch wie in **G**in

passato

Italienisch	Deutsch	Englisch	Französisch	Spanisch

| l' **ospite** *mf* 'oßpite | Gast | guest gäßt | l' invité ēwi'teh | el huésped u'eßped |
| **ottimo** 'ɔtimo | ausgezeichnet | excellent 'ekßələnt | excellent ekßeh'lä | excelente ekße'lente |

P

il **pacco** 'pako	Paket	package, parcel 'päkidsch, 'pahßəl	le paquet pa'keh	el paquete pa'kete
il **padre** 'padre	Vater	father 'fahðər	le père pär	el padre padre
il **paesaggio** pae'sadscho	Landschaft	landscape 'ländßkäjp	le paysage päi'sahsch	el paisaje pai'ßaje
il **paese** pa'ese	Dorf	village u'ilitsch	le village wi'lahsch	el pueblo pu'eblo
il **paese, la terra** pa'ese, 'tära	Land	country 'kantri	le pays pä'i	el país pa'iß
pagare pa'gare	zahlen, bezahlen	pay päj	payer pä'jeh	pagar pa'gar

la **pagella** pa'dschella	Zeugnis	certificate ßə'tifikət	le bulletin scolaire bül'tē ßko'lär	el certificado θertifi'kado
il **paio, la coppia** 'pajo, 'koppja	Paar	couple 'kapl	le couple 'kuplə	la pareja pa'recha
pallido 'palido	blass	pale päjl	pâle pahl	pálido 'palido
la **pancia** 'pantscha	Bauch	stomach 'ßtamək	le ventre 'wätrə	la barriga ba'riga
il **pane** 'pane	Brot	bread bräd	le pain pē	el pan pan
il **panificio** pani'fitscho	Bäckerei	bakery 'bäjkəri	la boulangerie buläschə'ri	la panadería panade'ria
il **panino** pa'nino	Brötchen	(bread) roll (bräd) roul	le petit pain pə'ti pē	el panecillo pane'θijo

la **panna** 'panna	Sahne	cream krihm	la crème kräm	la nata 'nata
i **pantaloni** panta'loni	Hose	trousers 'trausərs	le pantalon päta'lō	el pantalón panta'lɔn
paragonare parago'nare	vergleichen	compare kəm'päər	comparer kɔmpa'reh	comparar kompa'rar
parcheggiare parke'dschare	parken	park pahk	garer ga'reh	aparcar apar'kar
il **parcheggio** par'kedscho	Parkplatz	car park kar pahk	le parking par'king	el aparcamiento aparkami'ento
il **parco** 'parko	Park	park pahk	le parc park	el parque 'parke
parente pa'rente	verwandt	related ri'läjtid	apparenté aparä'teh	pariente pari'ente

parlare par'lare	sprechen	speak ßpihk	parler par'leh	hablar a'blar
la **parola** pa'rɔla	Wort	word u'öhd	le mot mo	la palabra pa'labra
il **parrucchiere** paru'kjere	Friseur	hairdresser 'härdreßər	le coiffeur *m* kua'för	el peluquero pelu'kero
partecipare partetschi'pare	mitmachen, teilnehmen	join in, participate dschɔin in, par'tißipäjt	participer partißi'peh	participar partiθi'par
la **partenza** par'tentßa	Abfahrt	departure di'pahtschər	le départ deh'par	la salida ßa'lida
particolarmente partikolar'mente	besonders	special 'ßpeschəl	particulièrement partiküljär'mä	especial eßpeθi'al
partire par'tire	abreisen, abfahren	leave, depart lihw, di'paht	partir par'tir	partir, salir par'tir, ßa'lir

il **partner, il compagno** 'partner, kom'panjo	Partner	partner 'pahtnər	le partenaire partə'när	la pareja, el socio pa'recha, 'ßoθio
parziale, in parte par'tßjale, in 'parte	teilweise	partly 'pahtli	en partie ä par'ti	parcial parθi'al
la **Pasqua** 'paßkua	Ostern	Easter 'ihßtər	Pâques pack	la Pascua 'paßkua
il **passaporto** paßa'pɔrto	Reisepass	passport 'pahßpɔht	le passeport paß'pɔr	el pasaporte paßa'porte
il **passato** pa'ßato	Vergangenheit	past pahßt	le passé pa'ßeh	el pasado pa'ßado
passato, finito pa'ßato, fi'nito	vorbei	over 'ouwər	passé, le long de pa'ßeh, lə lō də	pasado pa'ßado

Sonderzeichen in der Lautschrift ə angedeutetes e wie in bitte; ɔ offenes o wie in Post; ß scharfes s wie in nass; θ weiches s wie in Fass, aber gelispelt; ð s wie in Sense, aber gelispelt; ä nasal gesprochener Vokal wie in Chanson; ē nasal gesprochener Vokal wie in pointiert; ō nasal geprochener Vokal wie in Jeton; sch weiches sch wie in Gin

363

passeggiata

Italienisch	Deutsch	Englisch	Französisch	Spanisch
la **passeggiata** paße'd<u>sch</u>ata	Spaziergang	walk u'ɔhk	la **promenade** promə'nad	el **paseo** pa'ßeo
la **pasta** 'paßta	Nudel	noodle 'nuhdl	la **nouille** nu'ij	la **pasta** 'paßta
il **pasto** 'paßto	Mahlzeit	meal mihl	le **repas** rə'pa	la **comida** ko'mida
la **patata** pa'tata	Kartoffel	potato pə'täjtou	la **pomme de terre** pɔm də tär	la **patata** pa'tata
le **patatine fritte** pata'tine 'frite	Pommes frites	chips tschipß	les **frites** f frit	las **patatas fritas** pa'tataß 'fritaß
la **patente** pa'tente	Führerschein	driving licence 'draiwing 'lajßənß	le **permis** per'mi	el **pemiso de conducir** per'mißo de kondu'θir
la **paura** pa'ura	Angst	fear 'fiər	la **peur** pör	el **miedo** mi'edo
la **pausa, la sosta** 'pausa, 'ßoßta	Pause	break bräjk	la **pause** pohs	el **descanso** deß'kanßo
pazzo 'patßo	verrückt	crazy 'kräjsi	**fou** fu	**loco** 'loko
peccato pe'kato	schade	pity 'pitti	**désolé** dehso'leh	**pena** 'pena
la **pelle** 'pelle	Haut	skin ßkin	la **peau** po	la **piel** pi'el
la **pellicola, il film** pe'likola, film	Film	picture, film 'piktschə, film	le **film** film	la **película, el film** pe'likula, film
la **penna** 'penna	Kugelschreiber	ball-point pen 'bɔhlpɔjnt pen	le **stylo** ßti'lo	el **bolígrafo** bo'ligrafo
pensare pen'ßare	denken	think θink	**penser** pä'ßeh	**pensar** pen'ßar
il **pensiero** pen'ßjero	Gedanke	thought θɔht	la **pensée** pä'ßeh	el **pensamiento, la idea** penßami'ento, i'dea
la **pentola** 'pentola	Topf	pot pɔtt	la **casserole** kaß'rɔl	la **olla** 'oja
per per	für	for, in favour fɔr, in 'fäjwər	**pour** pur	**para, por** 'para, por
per, a per, a	an	at, by ät, bai	**à** a	**a, en, de** a, en, de
per, attraverso, tramite per, atra'werßo, 'tramite	durch	through θru	**à travers** a tra'wer	**por, a través de** por, a tra'wes de
la **pera** 'pera	Birne	pear 'piər	la **poire** pu'ahr	la **pera** 'pera
perchè per'ke	warum, weil, denn	why, because, than u'ai, bi'kɔhs, ðän	**pourquoi, parce que, car** purku'a, parß kə, kar	**por qué, porque, pues** por ke, 'porke, pu'eß
perciò per'tscho	deshalb	therefore 'ðärfɔr	**c'est pourquoi** ßä purku'a	**por eso** por 'eßo
perdere 'perdere	verlieren, verpassen	lose, miss luhs, miß	**perdre, rater** 'pärdrə, ra'teh	**perder** per'der
perdonare perdo'nare	verzeihen	forgive fɔr'giw	**pardonner** pardo'neh	**perdonar** perdo'nar
per favore per fa'wore	bitte	please plihs	**s'il vous plait** ßil wu plä	**por favor** por fa'wor
pericoloso periko'loso	gefährlich	dangerous 'däjnd<u>sch</u>ərəß	**dangereux** dä<u>sch</u>ə'rö	**peligroso** peli'großo
il **permesso** per'meßo	Erlaubnis	permission pə'mischn	la **permission** permi'ßjö	el **permiso** per'mißo
permettere per'metere	erlauben	allow ə'lau	**permettre** per'mätrə	**permitir** permi'tir

P

Italienisch	Deutsch	Englisch	Französisch	Spanisch
il **pernottamento** pernɔta'mento	Übernachtung	accommodation əkomo'däjschn	la **nuitée** nüi'teh	la **pernoctación** pernoktaθi'ɔn
per questo per ku'eßto	dafür	for it, pro fɔr it, prou	**pour cela** pur ßə'la	**a favor** a fa'wor
persino per'ßino	sogar	even 'ihwən	**même** mäm	**incluso** in'klußo
la **persona** per'ßona	Person	person 'pörßən	la **personne** per'ßɔn	la **persona** per'ßona
pesante pe'sante	schwer	heavy 'häwi	**lourd** luhr	**pesado** pe'ßado
il **pesce** 'pesche	Fisch	fish fisch	le **poisson** pua'ßö	el **pescado** peß'kado
il **peso** 'peso	Gewicht	weight u'äjt	le **poids** pu'a	el **peso** 'peßo
il **petto** 'petto	Brust	chest tscheßt	la **poitrine** pua'trin	el **pecho** 'petscho
il **pezzo** 'pätßo	Stück	piece pihß	le **morceau** mɔr'ßo	el **trozo** tro'θo
piacere pja'tschere	schmecken	taste täjß	**goûter** gu'teh	**saber** ßa'ber
piangere 'pjand<u>sch</u>ere	weinen	cry krai	**pleurer** plö'reh	**llorar** jo'rar
il **piano** 'pjano	Stockwerk	floor flɔr	l' **étage** m eh'tah<u>sch</u>	la **planta** 'planta
piano, basso 'pjano, 'baßo	flach	flat flätt	**plat** pla	**plano** 'plano
piano, lento 'pjano, 'länto	langsam	slow ßlou	**lent** lä	**lento** 'lento
la **pianta** 'pjanta	Pflanze	plant plahnt	la **plante** plät	la **planta** 'planta
il **pianterreno** pjante'reno	Erdgeschoss	ground floor graund flɔr	le **rez-de-chaussée** rädscho'ßeh	el **bajo** 'bacho

Sonderzeichen in der Lautschrift ə angedeutetes e wie in bit**t**e; ɔ offenes o wie in P**o**st; ß scharfes s wie in na**ss**; θ weiches s wie in Fa**ss**, aber gelispelt; ð s wie in **S**ense, aber gelispelt; ä nasal gesprochener Vokal wie in Cha**n**son; ë nasal gesprochener Vokal wie in p**oi**ntiert; ö nasal geprochener Vokal wie in Jet**on**; <u>sch</u> weiches sch wie in **G**in

presto

Italienisch	Deutsch	Englisch	Französisch	Spanisch
i **piatti** 'pjatti	Geschirr	dishes 'dischəs	la vaisselle wä'ßell	la vajilla wa'chija
il **piatto** 'pjatto	Teller	plate pläjt	l' assiette f aß'jätt	el plato 'plato
piccante pi'kante	scharf	spicy, hot ßpaißi, hɔtt	piquant pi'kã	picante pi'kante
piccolo 'pikolo	klein	small ßmɔhl	petit pə'ti	pequeño pe'kenjo
il **piede** 'pjäde	Fuß	foot futt	le pied pjeh	el pie pi'e
pieno 'pjäno	voll	full full	plein plä	lleno 'jeno
la **pioggia** 'pjodscha	Regen	rain räjn	la pluie plu'i	la lluvia 'juwia
piovere 'pjowere	regnen	rain räjn	pleuvoir plöwu'ahr	llover jo'wer
la **piscina** pi'schina	Schwimmbad	swimming pool ßu'imming puhl	la piscine pi'ßin	la piscina piß'θina
più pju	mehr	more mɔhr	plus plü	más maß
più lontano pju lon'tano	weiter	further, wider 'förðər, u'ajdər	plus loin plü lu'ä	más maß
più tardi pju 'tardi	später	later 'läjtər	plus tard plü tar	más tarde maß 'tarde
poco 'pɔko	wenig	little, few 'littl, fju	peu pö	poco 'poko
poi, dopo poj, 'dɔpo	dann	then ðän	ensuite äßu'it	luego lu'ego
la **politica** po'litika	Politik	politics 'pɔlitikß	la politique poli'tik	la política po'litika
la **polizia** poli'tßia	Polizei	police pə'lihß	la police po'liß	la policía poli'θia
la **poltrona** pol'trona	Sessel	armchair 'ahmtschär	le fauteuil fo'töj	el sillón ßi'jɔn
la **pomata, la crema** po'mata, 'kräma	Creme	vanishing creme, cream 'wänisching krihm, krihm	la crème kräm	la crema 'krema
il **ponte** 'ponte	Brücke	bridge bridsch	le pont põ	el puente pu'ente
la **porta** 'pɔrta	Tür	door dɔr	la porte pɔrt	la puerta pu'erta
il **portafoglio** porta'fɔljo	Brieftasche	wallet u'ɔlit	le porte-monnaie pɔrtmɔ'nä	la cartera kare'tera
portare por'tare	tragen, mitbringen, bringen	wear, carry, bring (along) u'eər, 'käri, bring (ə'lɔng)	porter, emmener, apporter pɔr'teh, ãmə'neh, apɔr'teh	llevar, traer je'war, tra'er
portare con sé por'tare kon ße	mitnehmen	take out, take away täjk aut, täjk ə'uäj	emmener ãmə'neh	llevar, traer je'war, tra'er
la **porzione** por'tßjone	Portion	portion 'pɔhschn	la portion pɔr'ßjõ	la ración raθi'ɔn
possibile po'ßibile	möglich	possible 'poßəbl	possible po'ßiblə	posible po'ßible
la **possibilità** poßibili'ta	Chance	chance tschahnß	la chance schäß	la oportunidad oportuni'dad
la **posta** 'poßta	Post	post, mail poußt, mäjl	la poste pɔst	el correo ko'reo
il **postino** poß'tino	Briefträger	postman 'poußtmən	le facteur fak'tör	el cartero kar'tero
il **posto, la piazza** poßto, 'pjatßa	Platz	seat, square, space ßiht, ßku'är, ßpäjß	la place plaß	el sitio, el puesto, la plaza 'ßitio, pu'eßto, plaθa
il **posto, il paese** poßto, pa'ese	Ort	place ßiti	les lieu li'jö	el lugar, el pueblo lu'gar, pu'eblo
poter fare, potere po'ter 'fare, po'tere	dürfen	may mäj	avoir la permission de awu'ahr la permi'ßjõ də	tener permiso te'ner per'mißo
potere po'tere	können	can kän	pouvoir puwu'ahr	poder po'der
povero powero	arm	poor 'puər	pauvre 'pɔwrə	pobre 'pobre
il **pranzo** prandso	Mittagessen	lunch lansch	le déjeuner dehschö'neh	el almuerzo almu'erθo
pratico 'pratiko	praktisch	practical 'präktikl	pratique pra'tik	práctico 'praktiko
il **prato** 'prato	Wiese	meadow 'medou	le pré preh	el prado 'prado
pregare pre'gare	bitten	ask ahßk	demander dəmã'deh	pedir pe'dir
prendere 'prendere	nehmen, holen	take, get täjk, gätt	prendre, aller chercher prädrə, a'leh schär'scheh	tomar, traer to'mar, tra'er
prenotare preno'tare	reservieren, buchen	reserve, book ri'sörw, buck	réserver rehser'weh	reservar reßer'war
presentare presen'tare	vorstellen	present pri'sent	présenter prehsä'teh	presentar preßen'tar
presso 'preßo	bei	at ät	chez scheh	en, cerca de en, 'θerka de
prestare preß'tare	leihen	rent rent	prêter prä'teh	alquilar alki'lar
presto 'preßto	bald, früh	soon, shortly, early ßuhn, 'schɔhtli, 'örli	bientôt, tôt bjä'to, to	pronto, temprano 'pronto, tem'prano

Sonderzeichen in der Lautschrift ə angedeutetes e wie in bitte; ɔ offenes o wie in Post; ß scharfes s wie in nass; θ weiches s wie in Fass, aber gelispelt; ð s wie in Sense, aber gelispelt; ã nasal gesprochener Vokal wie in Chanson; ä nasal gesprochener Vokal wie in pointiert; õ nasal gesprochener Vokal wie in Jeton; sch weiches sch wie in Gin

prezzo

Italienisch	Deutsch	Englisch	Französisch	Spanisch
il **prezzo** 'prätßo	Preis	price praiß	le **prix** pri	el **precio** 'preθio
prima 'prima	vorher, bevor	before bi'fɔr	**avant** a'wā	**antes** 'anteß
prima, per primo 'prima, per 'primo	zuerst	first förßt	**d'abord** da'bɔr	**primero** pri'mero
probabile pro'babile	wahrscheinlich	probably 'prɔbəbli	**probablement** prɔbablə'mā	**probablemente** probable'mente
il **problema** pro'bläma	Problem	problem 'prɔbləm	le **problème** pro'bläm	el **problema** pro'blema
la **professione** profe'ßjone	Beruf	job dschob	la **profession** profe'ßjõ	la **profesión** profeßi'ɔn
profondo pro'fondo	tief	deep dihp	**profond** pro'fõ	**profundo** pro'fundo
il **profumo** pro'fumo	Parfüm	perfume 'pörfjuhm	le **parfum** par'fē	el **perfume** per'fume
il **progetto** pro'dschetto	Plan	plan plän	le **plan** plā	el **plan** plan
il **programma** pro'grama	Programm	programme 'prougräm	le **programme** pro'gram	el **programa** pro'grama
promettere pro'metere	versprechen	promise 'prɔmiß	**promettre** pro'mätrə	**prometer** prome'ter
proporre pro'porre	vorschlagen	suggest ßə'dscheßt	**proposer** propo'seh	**sugerir** ßuche'rir
provare, tentare pro'ware, ten'tare	probieren, versuchen	try, taste trai, täjßt	**essayer** äßä'jeh	**probar, intentar** pro'bar, inten'tar
provvedere, occuparsi prowe'dere, oku'parßi	sorgen	care 'käär	**prendre soin** 'prādrə ßu'ē	**preocuparse** preoku'parße
prudente pru'dente	vorsichtig	careful 'käärful	**prudent** prü'dā	**cuidadoso** kuida'doßo
pulire pu'lire	putzen, säubern	clean klihn	**faire le ménage, nettoyer** fär lə meh'nahsch, netua'jeh	**limpiar** limpi'ar
pulito pu'lito	sauber	clean klihn	**propre** 'prɔprə	**limpio** 'limpio
il **pullover** pul'ɔwer	Pullover	pullover 'pullouwər	le **pull-over** pülo'wer	el **jersey** cher'ßej
puntuale puntu'ale	pünktlich	punctual 'panktschual	**à l'heure** a lör	**puntual** puntu'al
purtroppo pur'trɔpo	leider	unfortunately an'fɔrtschnətli	**malheureusement** malörösə'mā	**afortunadamente** afortunada'mente

Q

Italienisch	Deutsch	Englisch	Französisch	Spanisch
qualche volta ku'alke 'wɔlta	manchmal	sometimes 'ßamtaimß	**parfois** parfu'a	**a veces** a 'weθeß
qualcosa kual'kɔsa	etwas	something, some 'ßamθing, ßam	**quelque chose** 'kälkə schohs	**algo** 'algo
qualcuno kual'kuno	jemand	anyone, somebody 'äniuan, 'ßambadi	**quelqu'un** käl'kē	**alguno** al'guno
la **qualità** kuali'ta	Qualität	quality ku'ɔliti	la **qualité** kali'teh	la **calidad** kali'dad
quando, che ku'ando, ke	wann, als	when u'än	**quand, lorsque** kā, lɔrß'kə	**cuá(a)ndo, como, que** ku'ando, 'komo, ke
la **quantità, il moltitudine** kuanti'ta, molti'tudine	Menge	amount, crowd ə'maunt, kraud	la **quantité, la multitude** kāti'teh, mülti'tüd	la **cantidad, la multitud** kanti'dad, multi'tud
quanto ku'anto	wie viel	how much hau matsch	**combien** kõ'bjē	**cuánto** ku'anto
quasi ku'asi	fast	almost 'ɔlmoußt	**presque** 'präßkə	**casi** 'kaßi
quello, quella ku'ello, ku'ella	es	it it	**ça** ßa	**lo** lo
questa ku'eßta	diese	this, these, those ðiß, ðihs, ðous	**cette, ces** ßät, ßeh	**esta** 'eßta
questo ku'eßto	dieser, das	this, these, those, the, that ðiß, ðihs, ðous, ðə, ðät	**ce, que** ßə, kə	**este, lo, que** 'eßte, lo, ke
qui ku'i	hier	here 'hiə	**ici** i'ßi	**aquí** a'ki

P
Q

Sonderzeichen in der Lautschrift ə angedeutetes e wie in bitte; ɔ offenes o wie in Post; ß scharfes s wie in nass; θ weiches s wie in Fass, aber gelispelt; ð s wie in Sense, aber gelispelt; ā nasal gesprochener Vokal wie in Chanson; ē nasal gesprochener Vokal wie in pointiert; õ nasal geprochener Vokal wie in Jeton; sch weiches sch wie in Gin

rumorso

Italienisch	Deutsch	Englisch	Französisch	Spanisch
la **rabbia** 'rabja	Ärger	trouble 'trabl	l' **ennui** *m* ānu'i	el **enfado** en'fado
raccomandare rakoman'dare	empfehlen	recommend rekə'mend	conseiller kößeh'jeh	recomendar rekomen'dar
raccontare rakon'tare	erzählen	tell tell	raconter rakö'teh	contar kon'tar
la **radio** 'radio	Radio	radio 'räjdiou	la radio ra'djo	la radio 'radio
il **raffreddore** rafre'dore	Schnupfen, Erkältung	cold kould	le rhume rüm	el resfriado reßfri'ado
la **ragazza** ra'gatßa	Mädchen	gril görl	la fille fij	la chica 'tschika
il **ragazzo** ra'gatßo	Junge	boy bɔj	le garçon gar'ßö	chico 'tschiko
raggiungere, arrivare ra'dschundschere, ari'ware	erreichen	achieve ə'tschihw	atteindre a'tēdrə	alcanzar alkan'θar
raro, insolito raro, in'ßolito	selten	rare rär	rare rar	raro 'raro
il **reclamo** re'klamo	Beschwerde	complaint kəm'pläint	la plainte plēt	la protesta pro'teßta
regalare rega'lare	schenken	donate, give dou'näjt, giw	offrir o'frir	regalar rega'lar
il **regalo** re'galo	Geschenk	present 'presənt	le cadeau ka'do	el presente pre'ßente
restare reß'tare	bleiben	stay ßtäj	rester räß'teh	quedarse ke'darße
ricco 'riko	reich	rich ritsch	riche risch	rico 'riko
la **ricetta** ri'tschetta	Rezept	prescription, recipe prə'ßkripschn, 'reßəpi	la recette, l'ordonnance *f* rə'ßätt, ɔr'donäß	la receta re'θeta
ricevere ri'tschewere	empfangen, bekommen	receive, get ri'ßihw, gätt	recevoir rəßəwu'ahr	recibir, conseguir reθi'bir, konße'gir
la **ricevuta** ritsche'wuta	Quittung	receipt ri'ßiht	le reçu rə'ßü	el recibo re'θibo
la **richiesta** ri'kjeßta	Bitte	request ri'kueßt	la demande də'mād	el ruego ru'ego
ricordare rikor'dare	erinnern	remind ri'majnd	rappeler rap'leh	acordarse akor'darße
ridere 'ridere	lachen	laugh lahf	rire rir	reír re'ir
riempire rijem'pire	füllen, ausfüllen	fill fill	remplir rä'plir	llenar, rellenar je'nar, reje'nar
ringraziare ringra'tßjare	danken	thank θänk	remercier rəmär'ßjeh	agradecer agrade'θer
riparare, aggiustare ripa'rare, adschuß'tare	reparieren	repair ri'päər	réparer rehpa'reh	reparar repa'rar
la **riparazione** ripara'tßjone	Reparatur	repair ri'päər	la réparation rehpara'ßjö	la reparación reparaθi'ɔn
ripetere ri'pätere	wiederholen	repeat ri'piht	répéter rehpeh'teh	repetir repe'tir
riposare ripo'sare	ausruhen	relax, rest ri'läkß, reßt	reposer rəpo'seh	descansar deßkan'ßar
il **riscaldamento** rißkalda'mento	Heizung	heating 'hihting	le chauffage scho'fahsch	la calefacción kalefakθi'ɔn
il **riso** 'riso	Reis	rice raiß	le riz ri	el arroz a'roθ
risolvere ri'ßolwere	lösen	solve ßɔhlw	résoudre reh'sudrə	solucionar ßoluθio'nar
risparmiare rißparm'jare	sparen	save ßäjw	économiser ehkonomi'seh	ahorrar ao'rar
rispondere riß'pondere	antworten	answer 'ahnßər	répondre reh'pōdrə	responder reßpon'der
la **risposta** riß'poßta	Antwort	answer 'ahnßər	la réponse reh'pōß	la respuesta reßpu'eßta
il **ristorante** rißto'rante	Restaurant	restaurant 'reßtrənt	le restaurant räßtɔ'rā	el restaurante reßtau'rante
il **ritardo** ri'tardo	Verspätung	delay di'läj	le retard rə'tar	el retraso re'traßo
ritirare, andare a prendere riti'rare, an'dare a 'prendere	abholen	pick up pik ap	aller chercher a'leh schär'scheh	recoger reko'cher
la **rosa** 'rɔsa	Rose	rose rous	la rose rohs	la rosa 'roßa
rotondo ro'tondo	rund	round raund	rond rō	redondo re'dondo
rotto, guasto 'rotto, gu'aßto	kaputt	broken 'broukən	cassé ka'ßeh	roto 'roto
il **rumore, il chiasso** ru'more, 'kjaßo	Lärm	noise nɔis	le bruit bru'i	el ruido ru'ido
rumoroso, forte rumo'roso, 'forte	laut	loud laud	fort fɔr	alto 'alto

Sonderzeichen in der Lautschrift: ə angedeutetes e wie in bi**tt**e; ɔ offenes o wie in P**o**st; ß scharfes s wie in na**ss**; θ weiches s wie in Fa**ss**, aber gelispelt; ð s wie in Sense, aber gelispelt; ā nasal gesprochener Vokal wie in Ch**an**son; ē nasal gesprochener Vokal wie in p**oi**ntiert; ō nasal gesprochener Vokal wie in Jet**on**; sch weiches sch wie in **G**in

sale

Italienisch	Deutsch	Englisch	Französisch	Spanisch
il **sale** 'ßale	Salz	salt ßɔlt	le **sel** ßäl	la **sal** ßal
salire ßa'lire	heraufkommen	come up kam ap	**monter** mö'teh	**subir** ßu'bir
salire, montare ßa'lire, mon'tare	einsteigen	board, get in bɔhd, gätt in	**monter** mö'teh	**entrar, embarcar** en'trar, embar'kar
la **salute** ßa'lute	Gesundheit	health helθ	la **santé** ßä'teh	la **salud** ßa'lud
salute ßa'lute	Prost	cheers 'tschiərß	**santé** ßä'teh	**chinchín** tschin'tschin
il **saluto** ßa'luto	Gruß	greeting 'grihting	la **salutation** ßalüta'ßjö	el **saludo** ßa'ludo
il **sangue** 'ßangue	Blut	blood blad	le **sang** ßä	la **sangre** 'ßangre
sanguinare ßangui'nare	bluten	bleed blihd	**saigner** ßän'jeh	**sangrar** ßan'grar
sano 'ßano	gesund	healthy 'helθi	**sain** ßë	**sano** 'ßano
sapere (di) ßa'pere (di)	wissen	know nou	**savoir** ßawu'ahr	**saber** ßa'ber
il **sasso** 'ßaßo	Stein	stone ßtoun	la **pierre** pjär	la **piedra** pi'edra
sbagliato, falso sbal'jato, 'falßo	falsch	wrong rɔng	**faux** fo	**falso** 'falßo
lo **sbaglio, l'errore** m sbaljo, e'rore	Fehler	mistake miß'täjk	la **faute** foht	el **error** e'ror
sbrigare sbri'gare	beeilen	hurry up 'harri ap	**dépêcher** dehpä'scheh	**darse prisa** 'darße 'prißa
lo **scaffale** ßka'fale	Regal	shelf schelf	l' **étagère** f eta'scher	la **estantería** eßtante'ria
la **scala** 'ßkala	Treppe, Leiter	stairs, ladder ßtärs, 'läddər	l' **escalier** m, **échelle** f eßkal'jeh, 'eh'schäll	la **escalera** eßka'lera
la **scala mobile** 'ßkala 'mɔbile	Rolltreppe	escalator 'eßkəläjtər	l' **escalier roulant** m eßkal'jeh ru'lä	la **escalera mecánica** eßka'lera me'kanika
la **scarpa** 'ßkarpa	Schuh	shoe schu	la **chaussure** scho'ßür	el **zapato** θa'pato
la **scatola, la lattina** 'ßkatola, la'tina	Dose	can kän	la **boîte** bu'at	la **lata** 'lata
scegliere, votare 'scheljere, wo'tare	wählen	select, dial, vote ßi'lekt, dail, wout	**choisir, élire** schua'sir, eh'lir	**elegir, marcar, votar** ele'chir, mar'kar, wo'tar
le **scemenze** sche'mentße	Quatsch	rubbish 'rabisch	le **non-sens** nö'ßäß	las **tonterías** tonte'riaß
scendere 'schendere	herunterkommen, aussteigen	come down, exit kam daun, 'ekßit	**descendre** deh'ßädrə	**bajar, salir** ba'char, ßa'lir
la **schiena** 'ßkjäna	Rücken	back bäck	le **dos** do	la **espalda** eß'palda
la **scienza** 'schentßa	Wissenschaft	science 'ßaianß	la **science** ßjäß	la **ciencia** θi'enθia
la **scodella** ßko'della	Schüssel	bowl boul	le **bol** bɔl	la **fuente** fu'ente
scoprire ßko'prire	entdecken	discover diß'kawər	**découvrir** dehku'wrir	**descubrir** deßku'brir
scrivere 'ßkriwere	schreiben	write rait	**écrire** eh'krir	**escribir** eßkri'bir
la **scuola** ßku'ola	Schule	school ßkuhl	l' **école** f eh'kɔl	la **escuela** eßku'ela
la **scusa** 'ßkusa	Entschuldigung	excuse ikß'kjuhs	l' **excuse** f ekß'kühs	la **disculpa** diß'kulpa
scusare ßku'sare	entschuldigen	excuse ikß'kjuhs	**excuser** ekßkü'seh	**disculpar** dißkul'par
se ße	wenn, ob	when, if u'än, if	**si** ßi	**cuando, si** ku'ando, ßi
sedere ße'dere	sitzen	sit ßit	**être assis** 'ätrə a'ßi	**estar sentado** eß'tar ßen'tado
la **sedia** 'ßädja	Stuhl	chair tschär	la **chaise** schähs	la **silla** 'ßija
segnare ßen'jare	ankreuzen	tick tik	**cocher** kɔ'scheh	**marcar** mar'kar
segnare ßen'jare	notieren	note nout	**noter** nɔ'teh	**apuntar** apun'tar
il **segno** 'ßenjo	Zeichen	sign ßain	le **signe** 'ßinjə	la **señal** ßen'jal
seguire ße'guire	folgen	follow 'folou	**suivre** ßu'iwrə	**seguir** ße'gir
il **semaforo** ße'maforo	Ampel	traffic light 'träfik lait	les **feux** m fö	el **semáforo** ße'maforo
sembrare ßem'brare	aussehen	appear, look ə'piər, luck	**ressembler** rəßä'bleh	**parecer** pare'θer
semplice 'ßemplitsche	einfach	easy 'ihsi	**simple** 'ßëplə	**fácil** 'faθil
sempre 'ßempre	immer	always 'ɔhluäjß	**toujours** tu'schur	**siempre** ßi'empre
sentire ßen'tire	hören, fühlen	listen, feel 'lißn, 'fihl	**écouter, sentir** eku'teh, ßä'tir	**escuchar, sentir** eßku'tschar, ßen'tir

Sonderzeichen in der Lautschrift ə angedeutetes e wie in bitt**e**; ɔ offenes o wie in P**o**st; ß scharfes s wie in na**ss**; θ weiches s wie in Fa**ss**, aber gelispelt; ð s wie in **S**ense, aber gelispelt; ä nasal gesprochener Vokal wie in Ch**an**son; ë nasal gesprochener Vokal wie in p**oi**ntiert; ö nasal gesprochener Vokal wie in Jet**on**; sch weiches sch wie in **G**in

stare

Italienisch	Deutsch	Englisch	Französisch	Spanisch
senza 'ßentßa	ohne	without uið'aut	sans ßã	sin ßin
la **sera** 'ßera	Abend	evening 'ihwəning	le soir ßu'ahr	la tarde 'tarde
il **servizio** ßer'witßjo	Service	service 'ßörwiß	le service ßer'wiß	el servicio ßer'wiθio
la **sete** 'ßete	Durst	thirst θörßt	la soif ßu'af	la sed ßed
la **settimana** ßeti'mana	Woche	week u'ihk	la semaine ßə'män	la semana ße'mana
lo **sguardo** sgu'ardo	Blick	look, view luck, wju	le regard rə'gar	la mirada, la vista
				mi'rada, 'wißta
si, qualcuno ßi, kual'kuno	sich, man	oneself, one uan'ßelf, u'an	se, on ßə, õ	se ße
sì ßi	ja	yes jeß	oui u'i	sí ßi
sicuro ßi'kuro	sicher	sure 'schuər	sûr ßür	seguro ße'guro
la **sigaretta** ßiga'reta	Zigarette	cigarette 'ßigaret	la cigarette ßiga'rätt	el cigarillo θiga'rijo
il **signore** ßin'jore	Herr	mister, gentleman	le monsieur mə'ßjö	el señor ßen'jor
		'mißtər, 'dschäntlmän		
silenzioso ßilen'tßjoso	leise	quiet ku'ajət	doux du	bajo 'bacho
sillabare ßila'bare	buchstabieren	spell ßpell	épeler ehpə'leh	deletrear deletre'ar
simpatico ßim'patiko	sympathisch	friendly 'frendli	sympathique ßẽpa'tik	simpático ßim'patiko
soddisfatto, contento	zufrieden	satisfied, content	satisfait, content	satisfecho, contento
ßodiß'fato, kon'tento		'ßätißfajd, kən'tent	ßatiß'fä, kõ'tä	ßatiß'fetscho, kon'tento
il **sogno** 'ßonjo	Traum	dream drihm	le rêve rähw	el sueño ßu'enjo
il **sole** 'ßole	Sonne	sun ßan	le soleil ßo'läj	el sol ßol
solido, forte 'ßolido, 'forte	fest	solid, firm 'ßɔlid, förm	dur dür	fijo 'ficho
solo, soltanto	nur	just dschaßt	seulement ßöl'mä	sólo 'ßolo
'ßolo, ßol'tanto				
(da) solo (da) 'ßolo	allein	alone ə'loun	seul ßöll	solo 'ßolo
la **soluzione** ßolu'tßjone	Lösung	solution ßə'luhschn	la solution ßolü'ßjõ	la solución ßoluθi'ɔn
sopra, su ßopra, ßu	über, auf	above, at, on ə'baw, ät, ɔn	au-dessus, sur	encima de, sobre, en
			o də'ßü, ßür	en'θima de, 'ßobre, en
la **sorella** ßo'rella	Schwester	sister 'ßißtər	la sœur ßör	la hermana er'mana
sotto, giù 'ßɔtto, dschu	unten, unter	down, below, under, among	en bas, sous ã ba, ßu	abajo, bajo, entre
		daun, bi'lou, 'andər, ə'mang	sous ßu	a'bacho, bacho, 'entre
la **spazzola** 'ßpatßola	Bürste	brush brasch	la brosse broß	el cepillo θe'pijo
il **spazzolino da denti**	Zahnbürste	toothbrush 'tuhθbrasch	la brosse à dent broß a dã	el cepillo de dientes
ßpatßo'lino da 'denti				θe'pijo de di'entes
spegnere ßpenjere	ausmachen	turn off törn ɔf	éteindre eh'tẽdrə	apagar apa'gar
spendere 'ßpendere	ausgeben	spend ßpend	remettre rə'mätrə	salir ßa'lir
spesso 'ßpeßo	oft	often 'ɔfən	souvent ßu'wä	a menudo a me'nudo
lo **spettatore** ßpeta'tore	Zuschauer	spectator ßpek'täjtər	le spectateur ßpäkta'tör	el espectador eßpekta'dor
spezzare ßpe'tßare	brechen	break bräjk	casser ka'ßeh	romper rom'per
la **spiaggia** 'ßpjadscha	Strand	beach bihtsch	la plage plahsch	la playa 'plaja
spiegare ßpje'gare	erklären	explain ikß'pläjn	expliquer ekßpli'keh	explicar ekßpli'kar
la **spina** 'ßpina	Stecker	plug plag	la prise prihs	el enchufe en'tschufe
sporco 'ßporko	schmutzig	dirty 'dörti	sale ßall	sucio 'ßuθio
lo **sport** ßport	Sport	sport ßpɔrt	le sport ßpɔr	el deporte de'porte
sposarsi ßpo'sarßi	heiraten	marry 'märri	marier mari'eh	casarse ka'ßarße
sposato ßpo'sato	verheiratet	married 'märid	marié mari'eh	casado ka'ßado
spostare, rimandare	verschieben	postpone pəß'poun	décaler dehka'leh	aplazar apla'θar
ßpoß'tare, riman'dare				
la **stampante** ßtam'pante	Drucker	printer 'printər	l' imprimante f ẽpri'mät	la impresora impre'ßora
stanco 'ßtanko	müde	tired 'tajəd	fatigué fati'geh	cansado kan'ßado
la **stanza** 'ßtantßa	Raum	room ruhm	la pièce pjäß	el cuarto ku'arto
la **stanza dei bambini**	Kinderzimmer	nursery 'nörßəri	la chambre d'enfants	el cuarto de los niños
'ßtantßa 'dei bam'bini			schãbr dä'fä	ku'arto de loß 'ninjoß
stare (in piedi), essere	stehen	stand ßtänd	être debout ätrə də'bu	estar de pie eß'tar de pi'e
'ßtare (in 'pjädi), 'äßere				

Sonderzeichen in der Lautschrift ə angedeutetes e wie in bitte; ɔ offenes o wie in Post; ß scharfes s wie in nass; θ weiches s wie in Fass, aber gelispelt; ð s wie in Sense, aber gelispelt; ã nasal gesprochener Vokal wie in Chanson; ẽ nasal gesprochener Vokal wie in pointiert; õ nasal gesprochener Vokal wie in Jeton; sch weiches sch wie in Gin

stazione

Italienisch	Deutsch	Englisch	Französisch	Spanisch
la **stazione** ßta'tßjone	Bahnhof	train station träjn 'ßtäjschn	la **gare** gar	la **estación** eßtaθi'ɔn
la **stella** 'ßtella	Stern	star ßtar	l' **étoile** f ehtu'al	la **estrella** eß'treja
stesso 'ßteßo	selbst	self, even ßelf, 'iwən	**en personne** ä per'ßɔn	**mismo, incluso** 'mißmo, in'klußo
lo **stipendio** ßti'pendio	Gehalt	salary 'ßäləri	le **salaire** ßa'lär	el **sueldo** ßu'eldo
storto 'ßtorto	schief	crooked, tilted 'krukid, 'tiltəd	**de travers** də tra'wer	**torcido, inclinado** tor'θido, inkli'nado
la **strada** 'ßtrada	Straße	road, street rəud, ßtriht	la **rue** rü	la **carretera, la calle** kare'tera, 'kaje
lo **straniero** ßtra'njero	Ausländer	foreigner 'fɔräjnər	l' **étranger** m ehträ'scheh	el **extranjero** ekßtran'chero
straniero, strano ßtra'njero, 'ßtrano	fremd, seltsam	strange ßträjndsch	**étranger, bizarre** ehträ'scheh, bi'sahr	**extraño** ekß'tranjo
strano, comico 'ßtrano, 'kɔmiko	komisch	funny fanni	**bizarre** bi'sahr	**gracioso** graθi'oßo
stretto 'ßtretto	eng	tight, narrow, close tajt, 'närou, klouß	**serré** ßär'eh	**estrecho** eß'tretscho
lo **studente** ßtu'dente	Student	student 'ßtjudənt	l' **étudiant** m ehtü'djä	el **estudiante** eßtudi'ante
studiare ßtu'djare	studieren	study 'ßtadi	**étudier** ehtü'djeh	**estudiar** eßtudi'ar
la **stufa** 'ßtufa	Ofen	oven 'ɔwən	le **four** fuhr	el **horno, la estufa** 'orno, eß'tufa
stupido 'ßtupido	dumm	stupid 'ßtjupid	**bête** bät	**tonto** 'tonto
su, sopra ßu, 'ßopra	oben	top, up tɔp, ap	**en haut** ä o	**arriba, alto** a'riba, 'alto
subito 'ßubito	sofort	immediately i'midiətli	**immédiatement** imehdiat'mä	**inmediatamente** inmediata'mente
il **succo** 'ßuko	Saft	juice dschuhß	le **jus** schü	el **zumo** 'θumo
suonare ßuo'nare	klingeln	ring ring	**sonner** ßɔ'neh	**sonar** ßo'nar
superare ßupe'rare	bestehen	pass pahß	**exister** egsiß'teh	**aprobar** apro'bar
il **supermercato** ßupermer'kato	Supermarkt	supermarket 'ßupərmahkət	le **supermarché** ßüpermar'scheh	el **supermercado** ßupermer'kado
la **sveglia** 'swelja	Wecker	alarm-clock ə'lahmklɔck	le **réveil** reh'wäj	el **despertador** deßperta'dor
svestire, traslocare sweß'tire, traslo'kare	ausziehen	take off, move out täjk ɔf, muhw aut	**déshabiller, déménager** dehsabi'jeh, dehmehna'scher	**desnudar, mudar** deßnu'dar, mu'dar

T

tagliare tal'jare	schneiden	cut kat	**couper** ku'peh	**cortar** kor'tar
tardi, tardo 'tardi, 'tardo	spät	late läjt	**tard** tar	**tarde** 'tarde
la **targa, il cartello** 'targa, kar'tello	Schild	sign, label, plate ßain, 'läjbəl, pläjt	le **panneau** pa'no	el **letrero, la etiqueta, la placa** le'trero, eti'keta, 'plaka
la **tassa, il volante** 'taßa, wo'lante	Steuer	tax, steering-wheel täkß, 'ßtihring u'ihl	les **impôts** m, le volant äm'po, wo'lä	el **impuesto, el volante** impu'eßto, wo'lante
il **tassì** ta'ßi	Taxi	taxi 'täkßi	le **taxi** ta'kßi	el **taxi** 'takßi
la **tazza** 'tatßa	Tasse	cup kap	la **tasse** taß	la **taza** 'taθa
il **tè** tä	Tee	tea tih	le **thé** teh	el **té** te
te, ti te, ti	dich	yourself jɔr'ßelf	**te, toi** tə, tu'a	**te** te
il **teatro** te'atro	Theater	theatre 'θiətər	le **théâtre** teh'atrə	el **teatro** te'atro
telefonare, chiamare telefo'nare, kja'mare	telefonieren, anrufen	telephone, call kɔhl	**téléphoner, appeler** tehlehfɔ'neh, ap'leh	**llamar** ja'mar
la **telefonata, la chiamata** telefo'nata, kja'mata	Anruf	call kɔhl	l' **appel** m a'pell	la **llamada** ja'mada
il **telefono** te'läfono	Telefon	telephone 'teləfoun	le **téléphone** tehleh'fɔn	el **teléfono** te'lefono
la **televisione** telewi'sjone	Fernseher	television 'teləwischən	le **téléviseur** tehlehwi'sör	la **televisión** telewiß'jon

Sonderzeichen in der Lautschrift ə angedeutetes e wie in bitte; ɔ offenes o wie in Post; ß scharfes s wie in nass; θ weiches s wie in Fass, aber gelispelt; ð s wie in Sense, aber gelispelt; ä nasal gesprochener Vokal wie in Chanson; ē nasal gesprochener Vokal wie in pointiert; ŏ nasal gesprochener Vokal wie in Jeton; sch weiches sch wie in Gin

tutto

Italienisch	Deutsch	Englisch	Französisch	Spanisch
la **tempesta** tem'peßta	Sturm	storm ßtɔrm	la tempête tä'pät	la tormenta tor'menta
il **tempo** 'tempo	Zeit, Wetter	time, weather taim, u'äðər	le temps tä	el tiempo ti'empo
il **tempo libero** 'tempo 'libero	Freizeit	free time fri taim	le temps libre tä 'lihbrə	el tiempo libre ti'empo 'libre
temporale tempo'rale	Gewitter	thunderstorm 'θandəßtɔrm	l' orage m o'rahsch	la tormenta tor'menta
la **tenda** tända	Zelt	tent tent	la tente tät	la tienda ti'enda
tenere te'nere	behalten	keep kihp	garder gar'deh	guardar guar'dar
terminare termi'nare	beenden	finish 'finisch	terminer tärmi'neh	terminar termi'nar
terminato, pronto	fertig	ready 'räddi	terminé tärmi'neh	listo 'lißto
termi'nato, 'pronto				
la **terra** 'tära	Erde	earth, ground örθ, graund	la terre tär	la tierra ti'era
il **terreno** te'reno	Boden	floor flɔr	le sol ßɔl	el suelo ßu'elo
la **tessera, il documento**	Ausweis	identification card	la pièce d'identité	el carnet kar'ne
'teßera, doku'mento		aidentifi'käjschn kard	pjäß didäti'teh	
il **test, la prova** teßt, 'prowa	Test	test teßt	le test teßt	la prueba, el examen
				pru'eba, ek'ßamen
la **testa** 'teßta	Kopf	head häd	la tête tät	la cabeza ka'beθa
il **testo** 'teßto	Text	text tekßt	le texte tekßt	el texto 'tekßto
il **tetto** 'tetto	Dach	roof ruhf	le toit tu'a	el techo 'tetscho
ti, a te ti, a te	dir	you ju	te, toi tə, tu'a	te te
tirare ti'rare	ziehen	pull pull	tirer ti'reh	tirar ti'rar
la **toletta** to'leta	Toilette	toilet 'tɔilit	la toilette tua'lett	el servicio ßer'wiθio
la **torta, il dolce**	Kuchen	cake käjk	le gâteau ga'to	el pastel paß'tel
'torta, 'doltsche				
la **tosse** 'toße	Husten	cough kaf	la toux tu	el tos toß
tra, fra tra, fra	zwischen	between bitu'ihn	entre 'ätrə	entre 'entre
tradurre tra'dure	übersetzen	translate	traduire tradu'ir	traducir
		tränß'läjt		tradu'θir
il **traffico** 'trafiko	Straßenverkehr	road traffic rəud 'träffik	le trafic tra'fik	el tráfico rodado
				'trafiko ro'dado
il **traghetto** tra'getto	Fähre	ferry 'ferri	le bac back	el transbordador
				tranßborda'dor
il **tram** tram	Straßenbahn	tramway 'trämuäj	le tram tram	el tranvía tran'wia
tranquillo	ruhig	calm kahm	calme kalm	tranquilo
tranku'ilo				tran'kilo
traslocare	umziehen	move, change	déménager	mudarse, cambiarse
traslo'kare		muhw, tschäjndsch	dehmehna'scheh	mu'darße, kambi'arße
il **trasloco, la sfilata**	Umzug	move, procession	le déménagement,	la mudanza, el desfile
tras'lɔko, ßfi'lata		muhw, prə'ßeschn	le defilé	mu'danθa, deß'file
			dehmehnasch'mä, dehfi'leh	
il **treno** 'träno	Zug	train träjn	le train 'trä	el tren tren
triste 'trißte	traurig	sad ßäd	triste trißt	triste 'trißte
troppo 'trɔpo	zu viel	too much tu matsch	trop tro	demasiado demaßi'ado
troppo poco 'trɔpo 'pɔko	zu wenig	too little tu 'littl	trop peu tro pö	muy poco 'mui 'poko
trovare tro'ware	finden	find faind	trouver tru'weh	encontrar enkon'trar
tu tu	du	you ju	tu tü	tú tu
il **turista** tu'rißta	Tourist	tourist 'turißt	le touriste tu'rißt	el turista tu'rißta
tutti 'tutti	alle	all ɔhl	tous, toutes tu, tut	todos 'todoß
tutti e due 'tutti e 'due	beide	both bouθ	tous les deux tu leh dö	ambos 'amboß
tutto 'tutto	alles	everything 'ewriθing	tout tu	todo 'todo
tutto, intero	ganz	complete kəm'pliht	entier ä'tjeh	entero en'tero
'tutto, in'tero				

Sonderzeichen in der Lautschrift ə angedeutetes e wie in bitte; ɔ offenes o wie in Post; ß scharfes s wie in nass; θ weiches s wie in Fass, aber gelispelt; ð s wie in Sense, aber gelispelt; ä nasal gesprochener Vokal wie in Chanson; ë nasal gesprochener Vokal wie in pointiert; ö nasal gesprochener Vokal wie in Jeton; sch weiches sch wie in Gin

ubriaco

Italienisch	Deutsch	Englisch	Französisch	Spanisch

U

	ubriaco ubri'ako	betrunken	drunk drank	ivre 'iwrə	borracho bo'ratscho
l'	uccello m u'tschello	Vogel	bird börd	l' oiseau m ua'so	el pájaro 'pacharo
l'	ufficio m u'fitscho	Büro	office 'ɔfiß	le bureau bü'ro	la oficina ofi'θina
	uguale ugu'ale	egal	the same ðə ßäjm	égal eh'gal	igual igu'al
	uguale, subito ugu'ale, 'ßubito	gleich	same, immidiately ßäjm, i'midiətli	égal, tout de suite eh'gal, tu də ßu'it	igual, pronto igu'al, 'pronto
	ultimo 'ultimo	letzter	last lahßt	le dernier dern'jeh	último 'ultimo
	umido 'umido	feucht, nass	wet u'ett	mouillé mui'jeh	húmedo 'umedo
	una 'una	eine	a, an, one ə, ən, u'an	une ün	una una
	una volta 'una 'wɔlta	einmal	once u'anß	une fois ün fu'a	una vez 'una weθ
l'	università f uniwerßi'ta	Universität	university juni'wörßiti	l' université f üniwerßi'teh	la universidad uniwerßi'dad
l'	universo m uni'werßo	Weltall	universe 'juniwörß	l' univers m üni'wer	el universo uni'werßo
	uno 'uno	ein, einer	a, an, one ə, ən, u'an	un ē	un, uno un, uno
	un pò un pɔ	bisschen	a little bit ə 'littl bitt	un peu ē pö	un poco un 'poko
l'	uomo m u'ɔmo	Mann	man män	l' homme m ɔm	el hombre 'ombre
l'	uomo m, essere umano u'ɔmo, 'äßere u'mano	Mensch	human (being) 'juhmən ('biing)	l' être humain m 'ätrə ü'mē	el hombre 'ombre
l'	uovo m u'ɔwo	Ei	egg eg	l' œuf m öff	el huevo u'ewo
	urgente ur'dschente	dringend	urgent 'ördschənt	urgent ür'schā	urgente ur'chente
	usare u'sare	benutzen	use juhs	utiliser ütili'seh	usar u'ßar
	uscire u'schire	herauskommen	come out kam aut	sortir ßɔr'tir	salir ßa'lir
l'	uscita f u'schita	Ausgang	exit 'ekßit	la sortie ßɔr'ti	la salida ßa'lida

V

le	vacanze, le ferie wa'kantße, 'färje	Ferien, Urlaub	holidays 'hɔlədäjß	les vacances f wa'käß	las vacaciones wakaθi'oneß
	valido 'walido	gültig	valid 'wälid	valable wa'lablə	válido 'walido
la	valigia wa'lidscha	Koffer	suitcase 'ßjuhtkäjß	la valise wa'lihs	la maleta ma'leta
	vecchio 'wekjo	alt	old ould	vieux wjö	viejo wi'echo
	vedere we'dere	sehen	see ßi	voir wu'ahr	ver wer
	velenoso wele'noso	giftig	poisonous 'poisənəß	empoisonné āpuaso'neh	venenoso wene'noßo
	veloce we'lotsche	schnell	fast fahßt	vite wit	rápido 'rapido
la	velocità welotschi'ta	Geschwindigkeit	speed ßpihd	la vitesse wi'teß	la velocidad weloθi'dad
	vendere 'wendere	verkaufen	sell ßell	vendre 'wädrə	vender wen'der
	venire we'nire	kommen	come kamm	venir wə'nir	llegar, venir je'gar, we'nir
	venire (con), accompagnare we'nire (kon), akompan'jare	mitkommen	accompany ə'kampəni	venir avec, accompagner wə'nir a'weck, akōpan'jeh	acompañar akompan'jar
il	vento 'wento	Wind	wind u'ind	le vent wā	el viento wi'ento
la	verdura wer'dura	Gemüse	vegetable u'ädschtəbl	le légume leh'güm	la verdura wer'dura
la	verità weri'ta	Wahrheit	truth truθ	la vérité wehri'teh	la verdad wer'dad
	vero 'wero	wirklich, wahr	really, true 'riəli, tru	vraiment, vrai wrä'mā, wrä	real, verdadero re'al, werda'dero
	vestire weß'tire	anziehen	get dressed gätt dreßd	habiller abi'jeh	vestirse weß'tirße
il	vestito weß'tito	Kleid	dress dreß	la robe rɔb	el vestido weß'tido
il	vestito, l'abito m 'weß'tito, 'abito	Anzug	suit ßuht	le costume kɔß'tüm	el traje 'trache
il	vetro, il bicchiere 'wetro, bik'jere	Glas	glass glahß	le verre wer	el vaso, el vidrio 'waßo, 'widrio
	vi 'wi	euch	you ju	vous wu	os, vosotros ɔß, woß'otroß

Sonderzeichen in der Lautschrift ə angedeutetes e wie in bitt**e**; ɔ offenes o wie in P**o**st; ß scharfes s wie in na**ss**; θ weiches s wie in Fa**ss**, aber gelispelt; ð s wie in **S**ense, aber gelispelt; ā nasal gesprochener Vokal wie in Ch**an**son; ē nasal gesprochener Vokal wie in p**oin**tiert; ō nasal geprochener Vokal wie in Jet**on**

372

zuppa

Italienisch	Deutsch	Englisch	Französisch	Spanisch
via 'wia	weg	away, off ə'uäj, ɔf	parti par'ti	ausente au'ßente
via wia	los	go gou	on y va õni'wa	vamos 'wamoß
viaggiare wja'dschare	reisen	travel 'träwəl	voyager wuaja'scheh	viajar wia'char
il **viaggio** 'wjadscho	Reise	trip, travel trip, 'träwəl	le voyage wua'jahsch	el viaje wi'ache
vicino wi'tschino	nah	close klouß	proche prɔsch	cerca 'θerka
il **vicino** wi'tschino	Nachbar	neighbour 'näjbər	le voisin wua'sẽ	el vecino we'θino
vietato wje'tato	verboten	prohibited prə'hibitid	interdit ēter'di	prohibido proi'bido
i **vigili del fuoco**	Feuerwehr	fire brigade 'faiər bri'gäjd	les pompiers m pɔm'pjeh	los bomberos bom'beroß
'widschili del fu'ɔko				
vincere 'wintschere	gewinnen	win u'in	gagner gan'jeh	ganar ga'nar
il **vino** 'wino	Wein	wine u'ain	le vin wē	el vino 'wino
il **viro** 'wiro	Virus	virus 'wajərəß	le virus wi'rüß	el virus 'wiruß
la **visita** 'wisita	Besuch, Besichtigung	visit 'wisit	la visite wi'sit	la visita wi'ßita
visitare,	besichtigen, besuchen	visit, attend 'wisit, ə'tend	visiter wisi'teh	visitar wißi'tar
andare a trovare				
wisi'tare, an'dare a tro'ware				
il **viso** 'wiso	Gesicht	face fäjß	le visage wi'sahsch	la cara 'kara
la **vita** 'wita	Leben	life lajf	la vie wi	la vida 'wida
vivere 'wiwere	leben	live liw	vivre 'wiwrə	vivir wi'wir
la **voglia** 'wɔlja	Lust	lust, desire laßt, di'saiər	l' envie f ã'wi	la gana 'gana
voi, a lei, sua	ihr	her hör	lui, elle lu'i, äl	le, vosotros
woj, a läj, 'ßua				le, woß'otroß
volare wo'lare	fliegen	fly flai	voler wo'leh	volar wo'lar
volentieri wolen'tjeri	gern, gerne	gladly 'glädli	volontiers wolõ'tjeh	con gusto kon 'gußto
volere wo'lere	wollen	want u'ɔnt	vouloir wulu'ahr	querer ke'rer
volere, voler bene	mögen	like laik	aimer ä'meh	querer ke'rer
wo'lere, wo'ler 'bäne				
volontario wolon'tario	freiwillig	voluntary u'ɔləntri	volontaire wolõ'tär	voluntario wolun'tario
vostro/e 'wɔßtro/e	euer, eure	your jɔr	votre, vos 'wɔtr, wo	vuestro wu'eßtro
vuoto, deserto	leer	empty 'empti	vide wid	vacío wa'θio
wu'ɔto, de'serto				

W/Y

il **week-end, il fine**	Wochenende	weekend uihk'end	le week-end uihk'end	el fin de semana
settimana uik'änd, 'fine ßeti'mana				fin de ße'mana
il **wind-surf** u'indßörf	Windsurfen	windsurfing u'indßörfing	le surf ßörf	el windsurf wind'ßurf
i **würstel** 'wurßtel	Würstchen	sausage 'ßɔßidsch	la saucisse ßo'ßiß	la salchicha ßal'tschitscha
lo **yacht** 'jɔt	Jacht	yacht jaht	le yacht jot	el yate 'jate
lo **yogurt** 'jɔgurt	Jogurt	yoghurt 'jougət	le yaourt ja'ur	el yogur jo'gur

Z

la **zampa** 'dsampa	Pfote	paw pɔh	la patte patt	la pata 'pata
la **zia** 'dsia	Tante	aunt ahnt	la tante tãt	la tía 'tia
lo **zio** 'dsio	Onkel	uncle 'ankl	l' oncle m 'õklə	el tío 'tio
lo **zoo** 'dsɔ	Zoo	zoo suh	le zoo so	el zoo θoh
lo **zucchero** 'dsukero	Zucker	sugar 'schuggər	le sucre 'ßükrə	el azúcar a'θukar
la **zuppa** 'dsupa	Suppe	soup ßuhp	la soupe ßuhp	la sopa 'ßopa

Sonderzeichen in der Lautschrift ə angedeutetes e wie in bitt**e**; ɔ offenes o wie in P**o**st; ß scharfes s wie in na**ss**; θ weiches s wie in Fa**ss**, aber gelispelt; ð s wie in **S**ense, aber gelispelt; ã nasal gesprochener Vokal wie in Ch**an**son; ē nasal gesprochener Vokal wie in p**oi**ntiert; õ nasal gesprochener Vokal wie in Jet**on**; sch weiches sch wie in **G**in

Grammatik

Deutsch

Das Alphabet und die Wortarten

Das deutsche Alphabet

Allgemein

- Im Deutschen werden die 26 Buchstaben des lateinischen Alphabets zuzüglich der drei Umlaute **ä**, **ö**, und **ü** gebraucht. Das **ß** (Eszett, auch *scharfes s* genannt) kommt in Deutschland und in Österreich bei den Kleinbuchstaben noch hinzu. In der Schweiz und in Lichtenstein gibt es kein **ß**.
  Die Buchstaben im deutschen Alphabet sind alle sächlichen Geschlechts, also **das A, das B, das C** usw. Man spricht hier von Neutrum bzw. den Neutren.

Die Aussprache

- Das **c** wird wie **k** gesprochen vor a, o, und u.
  Das **c** wird wie **tß** gesprochen vor e, i, ä, ae.
  Ch kann gesprochen werden wie in ich, aber auch wie in acht.
  Das **h** wird am Wortanfang hörbar, im Wortinneren verlängert es nach einem Vokal lediglich die Aussprache des Vokals und wird nicht gesprochen.
  Das **i** wird wie **j** gesprochen, wenn es vor einem Vokal steht.
  Das **s** kann im Deutschen sowohl stimmlos als auch stimmhaft sein. In der Lautschrift dieses Buches bedeutet **s** immer das stimmhafte **s**, das stimmlose wird mit **ß** umschrieben.
  S taucht auch in fester Kombination mit **p** auf und wird dann am Wortanfang **schp** gesprochen, im Wort **ßp**.
  S in Kombination mit **t** wird am Wortanfang **scht** ausgesprochen, im Wort **ßt**.
  V wird am Wortanfang vor Vokalen manchmal wie **f** gesprochen.

Die Diphthonge

- Es gibt im Deutschen mehrere Diphthonge. Ein Diphthong ist ein aus zwei unterschiedlichen Vokalen bestehender Laut (Zwielaut). Ein Vokal geht dabei in den anderen über, zum Beispiel **au**, **ei** und **eu**.

Überblick

Das deutsche Alphabet

A	a	a	O	o	oh
Ä	ä	A-Umlaut	Ö	ö	O-Umlaut
B	b	beh	P	p	peh
C	c	tßeh	Q	q	kuh
D	d	deh	R	r	er
E	e	eh	S	s	eß
F	f	ef		ß	eß'tßett
G	g	geh	T	t	teh
H	h	hah	U	u	uh
I	i	ih	Ü	ü	U-Umlaut
J	j	jott	V	v	fau
K	k	kah	W	w	weh
L	l	el	X	x	ikß
M	m	em	Y	y	ypsilon
N	n	en	Z	z	tßett

Der Artikel

Funktion und Verwendung

- Es gibt drei Artikel, den männlichen (Maskulinum), den weiblichen (Femininum) und den sächlichen (Neutrum). Der Artikel tritt immer zusammen mit einem Hauptwort (Substantiv) auf und bestimmt es näher. Der Artikel stimmt in Geschlecht, Zahl und Fall mit dem Hauptwort überein, also zum Beispiel

  der Mann,
  die Frau,
  das Auto.

Man unterschiedet die bestimmten Artikel **der**, **die** und **das** und die unbestimmten Artikel **ein**, **eine** und **ein**.

Der bestimmte Artikel bezeichnet etwas Bekanntes, Identifiziertes:

Das Abendessen ist um 19 Uhr.
Der Elektriker ist heute krank.
Das Flugzeug fliegt 800 km die Stunde.

Der unbestimmte Artikel steht dann, wenn Personen oder Dinge unbekannt sind und auch nicht näher identifiziert werden sollen:

Dort drüben läuft ein Kind.
Er hat eine Tochter.
Ich möchte einen Anzug kaufen.

Überblick

Bestimmter Artikel

Fall	Männlich	Weiblich	Sächlich	Mehrzahl
Nominativ	der	die	das	die
Genitiv	des	der	des	der
Dativ	dem	der	dem	den
Akkusativ	den	die	das	die

Unbestimmter Artikel

Fall	Männlich	Weiblich	Sächlich	Mehrzahl
Nominativ	ein	eine	ein	–
Genitiv	eines	einer	eines	–
Dativ	einem	einer	einem	–
Akkusativ	einen	eine	ein	–

Merke

Der unbestimmte Artikel

Den unbestimmten Artikel gibt es nur in der Einzahl. Die Verneinung des unbestimmten Artikels lautet *kein* mit den entsprechenden Zahl- und Fallendungen.

Deutsch
Die Wortarten

Das Substantiv – Das Hauptwort

Funktion und Verwendung
- Es gibt im Deutschen zwei Arten von Substantiven, auch Nomen oder Hauptwörter genannt:
  1. Substantive, die etwas Konkretes bezeichnen (z. B. Dinge, Lebewesen, Pflanzen oder Eigennamen).
  2. Substantive, die etwas Abstraktes bezeichnen (z. B. Seele oder Liebe)

  Hauptwörter beginnen im Deutschen mit einem Großbuchstaben.
  Alle Hauptwörter haben ein Geschlecht (Genus), das häufig erst durch den Artikel deutlich wird. Es gibt wie bei den Artikeln drei Geschlechter: männlich (Maskulinum), weiblich (Femininum) und sächlich (Neutrum).
  Bei Hauptwörtern, die ein natürliches Geschlecht haben, ist die Zuordnung zumeist einfach: *der Mann, die Frau*. Es gibt aber auch Substantive, die kein natürliches Geschlecht haben wie *Tisch, Tasse* oder *Auto*. Ebenso kann das Geschlecht nicht dem natürlichen Geschlecht entsprechen wie etwa bei *das Mädchen* (*das* ist sächlich, obwohl ein Mädchen eindeutig weiblich ist). Es empfiehlt sich, den bestimmten Artikel zu jedem Substantiv mitzulernen.

  Verben; Adjektive und andere Wortarten können durch Voranstellen eines Artikels substantiviert werden. Sie werden dann mit großen Anfangsbuchstaben geschrieben:

  das Singen, die Schöne, die Singenden

- Das Hauptwort tritt also immer mit einem bestimmten Geschlecht auf und kann in der Einzahl oder in der Mehrzahl stehen. Zudem ist ein Substantiv deklinierbar („beugbar"), d. h. es tritt in einem bestimmten Fall (Kasus) auf, der von seiner Rolle im Satz abhängt. Diese drei Dinge, Geschlecht, Zahl und Fall, entscheiden über die jeweilige Endung des Hauptwortes.

Fall	Männlich	Weiblich	Sächlich
Nominativ	der Mann	die Frau	das Kind
Genitiv	des Mannes	der Frau	des Kindes
Dativ	dem Mann	der Frau	dem Kind
Akkusativ	den Mann	die Frau	das Kind

Mehrzahlbildung
- Deutsche Substantive bilden auf zahlreiche Arten ihre Mehrzahl. Die Wörter haben entsprechend verschiedene Wortendungen. Manche ändern zudem einen Vokal zu einem Umlaut.

Einzahl	Umlaut	Mehrzahl
der Tag	nein	die Tage
der Fall	ja	die Fälle
die Tasse	nein	die Tassen
die Tür	nein	die Türen
das Lied	nein	die Lieder
das Buch	ja	die Bücher
das Foto	nein	die Fotos
der Lehrer	nein	die Lehrer

Die Mehrzahlendungen in den vier Fällen

Nominativ	die Männer	die Frauen	die Kinder
Genitiv	der Männer	der Frauen	der Kinder
Dativ	den Männern	den Frauen	den Kindern
Akkusativ	die Männer	die Frauen	die Kinder

Merke

Bestimmung des Geschlechts

Es gibt keine generelle Regel, mit der das Geschlecht eines Hauptworts bestimmt werden kann, aber es sind einige Tendenzen vorhanden:
Maskulinum sind meistens: männliche Personen, Tage, Monate, Jahreszeiten, Niederschläge, Berge, Automarken, Züge und Gesteine
Femininum sind meistens: weibliche Personen, Zahlen, Schulnoten, Schiffe, Flugzeuge und Motorräder
Neutrum sind meistens: Kontinente, Sprachen, Buchstaben und Musiknoten

Merke

Einzahl und Mehrzahl

Einige Hauptwörter kommen nur in der Einzahl vor, z. B. Wein, Frieden oder Eis. Andere gibt es nur in der Mehrzahl, z. B. Eltern oder Ferien.

Übung

Mehrzahlbildung (Lösungen bitte abdecken)

Setzen Sie den korrekten Artikel ein und bilden Sie die Mehrzahl.

Junge	der Junge	die Jungen
Katze	die Katze	die Katzen
Schloss	das Schloss	die Schlösser
Lehrer	der Lehrer	die Lehrer
Tor	das Tor	die Tore
Baum	der Baum	die Bäume
Mutter	die Mutter	die Mütter
Hotel	das Hotel	die Hotels

Deutsch

Die Wortarten

Das Verb – Das Tätigkeitswort

Bildung und Verwendung

- Verben kommen in fast jedem Satz der deutschen Sprache vor und bestimmen wesentlich den Inhalt, die Aussage eines Satzes. Die Bezeichnung Verb ist bedeutungsgleich mit Zeitwort bzw. Tätigkeitswort oder Tuwort. Mit Verben werden Zeitangaben gemacht und Tätigkeiten bezeichnet. Man unterscheidet Handlungsverben (jemand tut etwas, z. B.: Der Mann *baut* ein Haus.), Vorgangsverben (etwas passiert, z. B.: Die Blätter *fallen*.) und Zustandsverben (etwas existiert / ist vorhanden, z. B.: München *liegt* an der Isar.).

- Verben werden im Deutschen konjugiert nach
  – der Person (1., 2., 3. Person)
  – dem Numerus (Einzahl, Mehrzahl)
  – der Zeit (Gegenwart, Vergangenheit, Zukunft usw.)
  – dem Modus (Aussageweise, d. h. Wirklichkeitsform oder Möglichkeitsform)
  – Aktiv oder Passiv

- Die Gegenwartsform der so genannten regelmäßigen Verben (auch schwache Verben genannt) wird gebildet, indem man an den Stamm des Verbs die Endung der jeweiligen Person anfügt. (Den Stamm erhält man, wenn von der Grundform die Endung -*en* gestrichen wird: *loben* = *lob*-). Die Vergangenheit wird gebildet, indem man zwischen Stamm und Personalendung ein -*t* einfügt (bei du und ihr ein -*te*). Die Partizip II-Form (auch Perfekt genannt) wird gebildet durch die Gegenwart der Hilfsverben *haben* und *sein* + Partizip II des entsprechenden Verbs:

Gegenwart	Vergangenheit	Partizip II
ich lobe	ich lobte	ich habe gelobt
du lobst	du lobtest	du hast gelobt
er/sie/es lobt	er/sie/es lobte	er/sie/es hat gelobt
wir loben	wir lobten	wir haben gelobt
ihr lobt	ihr lobtet	ihr habt gelobt
sie loben	sie lobten	sie haben gelobt

- Im Gegensatz zu den regelmäßigen Verben verläuft die Konjugation der so genannten starken Verben unregelmäßig. Sie sind durch den Wechsel des Stammvokals gekennzeichnet:

Gegenwart	Vergangenheit	Partizip II
ich finde	ich fand	ich habe gefunden
ich spreche	ich sprach	ich habe gesprochen

- Bei der Bildung sind bei einigen Verben Besonderheiten zu beachten. Endet der Verbstamm auf -*t* (arbeiten = arbeit-) bzw. -*d* (baden = bad-), so wird in der 2. und 3. Person Einzahl sowie in der 2. Person Mehrzahl ein -*e* eingefügt. Das gilt ebenso, wenn der Stamm auf -*m* oder -*n* endet und ein weiterer Konsonant (außer -*l*- und -*r*-) vorausgeht:

Gegenwart	Vergangenheit	Partizip II
du arbeitest	du arbeitetest	du hast gearbeitet
du badest	du badetest	du hast gebadet
du atmest	du atmetest	du hast geatmet
aber: du lernst		

Merke

Konjugation

1. In der Konjugation der Verben gibt es einfache Verbformen (ich spreche, ich sprach) und zusammengesetzte aus einem Hilfsverb, nämlich *haben*, *sein* oder *werden*, und dem Infinitiv (Grundform) oder Partizip II des Verbs (ich habe gesprochen).

2. Bei manchen Verben wechselt in der Konjugation der Einzahl Gegenwart der Stammvokal von e zu i oder von a zu ä:

   ich spreche, du sprichst, er spricht
   ich trage, du trägst, er trägt

Übung

Konjugationstraining (Lösungen bitte abdecken)

1. Bilden Sie die Vergangenheit und die Partizip II-Form der schwachen Verben *sagen*, *fragen* und *schmecken*.

Gegenwart	Vergangenheit	Partizip II
sagen	ich sagte	ich habe gesagt
fragen	ich fragte	ich habe gefragt
schmecken	ich schmeckte	ich habe geschmeckt

2. Bilden Sie die Vergangenheit und die Partizip II-Form der starken Verben *singen*, *kommen* und *trinken*.

Gegenwart	Vergangenheit	Partizip II
singen	ich sang	ich habe gesungen
kommen	ich kam	ich bin gekommen
trinken	ich trank	ich habe getrunken

Deutsch

Die Wortarten

Die gemischten Verben

Bildung und Verwendung
- Einige Verben (brennen, kennen, rennen, senden, wenden) mischen Elemente der Zeitenbildung von starken und schwachen Verben. Sie haben in der Vergangenheit und im Partizip II einen Stammvokalwechsel von *e* zu *a*:

ich n**e**nne	ich n**a**nnte	ich habe gen**a**nnt
es br**e**nnt	es br**a**nnte	es hat gebr**a**nnt

Übung

Stammformbildung (Lösungen bitte abdecken)

Bilden Sie die Stammformen der gemischten Verben *rennen*, *bringen* und *denken*.

rennen	ich **r**annte	ich bin ger**a**nnt
bringen	ich **br**achte	ich habe gebr**a**cht
denken	ich **d**achte	ich habe ged**a**cht

Die reflexiven Verben

Bildung und Verwendung
- Reflexive Verben haben ein Reflexivpronomen bei sich. Reflexiv bedeutet rückbezüglich, d.h. das Pronomen (Fürwort) bezieht sich zurück auf den Handelnden:

Er freut sich.   **Ich bedanke mich.**

- Reflexivpronomen gibt es zu jeder Person, sie können nur im Dativ oder im Akkusativ stehen. Außer in der 1. und 2. Person Einzahl gibt es aber keinen Unterschied zwischen der Dativ- und der Akkusativform des Reflexivpronomens.

Person	Reflexivpronomen	
	Dativ	**Akkusativ**
ich	mir	mich
du	dir	dich
er/sie/es	sich	sich
wir	uns	uns
ihr	euch	euch
sie	sich	sich

- Es gibt so genannte echte reflexive Verben, d.h. sie tauchen immer mit Reflexivpronomen auf; es kann nicht durch ein Substantiv oder Pronomen ersetzt werden:

sich bedanken, sich beeilen, sich bewerben, sich ereignen, sich erholen, sich erkälten, sich freuen, sich nähern, sich schämen usw.

- Ferner gibt es unechte reflexive Verben, d.h. an die Stelle des Reflexivpronomens kann auch eine andere Ergänzung treten:

reflexiv: Sie wäscht sich.
nicht reflexiv: Sie wäscht das Kind.

Zu diesen Verben gehören:

sich hinsetzen, sich rasieren, sich schminken, sich umdrehen, sich verstecken

- Das Reflexivpronomen kann auch die Gegenseitigkeit ausdrücken. In diesen Fällen wird der Sinn eindeutig mit dem Pronomen *einander* geklärt.

sie nicken sich zu – sie nicken einander zu

Merke

Starke und gemischte Verben

Grundform	Vergangenheit	Partizip II
beginnen	begann	begonnen
beißen	biss	gebissen
betrügen	betrog	betrogen
biegen	bog	gebogen
bieten	bot	geboten
binden	band	gebunden
bitten	bat	gebeten
bleiben	blieb	geblieben
brechen	brach	gebrochen
empfehlen	empfahl	empfohlen
erschrecken	erschrak	erschrocken
essen	aß	gegessen
fahren	fuhr	gefahren
fallen	fiel	gefallen
fliegen	flog	geflogen
fließen	floss	geflossen
gelingen	gelang	gelungen
geschehen	geschah	geschehen
gewinnen	gewann	gewonnen
gleiten	glitt	geglitten
graben	grub	gegraben
halten	hielt	gehalten
hängen	hing	gehangen
heben	hob	gehoben
heißen	hieß	geheißen
helfen	half	geholfen
kennen	kannte	gekannt
lassen	ließ	gelassen
lesen	las	gelesen
lügen	log	gelogen
messen	maß	gemessen
nehmen	nahm	genommen
pfeifen	pfiff	gepfiffen
reißen	riss	gerissen
riechen	roch	gerochen
rufen	rief	gerufen
schieben	schob	geschoben
schlafen	schlief	geschlafen
schlagen	schlug	geschlagen
schließen	schloss	geschlossen
schwimmen	schwamm	geschwommen
sein	war	gewesen
sitzen	saß	gesessen
springen	sprang	gesprungen
sterben	starb	gestorben
treffen	traf	getroffen
treten	trat	getreten
verlieren	verlor	verloren
wachsen	wuchs	gewachsen
waschen	wusch	gewaschen
wissen	wusste	gewusst
ziehen	zog	gezogen

Deutsch

Die Wortarten

Überblick

Die Konjugation der Hilfsverben

	haben	sein	werden
Gegenwart	ich habe	ich bin	ich werde
	du hast	du bist	du wirst
	er/sie/es hat	er/sie/es ist	er/sie/es wird
	wir haben	wir sind	wir werden
	ihr habt	ihr seid	ihr werdet
	sie haben	sie sind	sie werden
Vergangenheit	ich hatte	ich war	ich wurde
	du hattest…	du warst…	du wurdest…
Partizip I	habend	seiend	werdend
Partizip II	gehabt	gewesen	geworden

Merke

Das Hilfsverb werden

Die Verbindung von *werden* mit dem Infinitiv (Grundform) eines Vollverbs drückt im Deutschen auch eine Vermutung aus:

Sie wird nach der Schule nach Hause gehen.
Die Deutschen werden wohl Weltmeister werden.

Ebenso kann *werden* + *Infinitiv* eine Aufforderung ausdrücken:

Das wirst du nie wieder tun!

Überblick

Konjugation der Modalverben

Gegenwart

	dürfen	können	möchten	müssen	sollen	wollen
ich	darf	kann	möchte	muss	soll	will
du	darfst	kannst	möchtest	musst	sollst	willst
er/sie/es	darf	kann	möchte	muss	soll	will
wir	dürfen	können	möchten	müssen	sollen	wollen
ihr	dürft	könnt	möchtet	müsst	sollt	wollt
sie	dürfen	können	möchten	müssen	sollen	wollen

Vergangenheit

| ich | durfte | konnte | mochte | musste | sollte | wollte |
| … |

Merke

Besonderheiten

Modalverben können auch eine Vermutung ausdrücken:

Er muss nach Hause gegangen sein.
Sie dürften schon zurückgekehrt sein.
Sie soll krank sein.

Die Hilfsverben

Bildung und Verwendung

- Im Deutschen gibt es drei Hilfsverben: *haben*, *sein* und *werden*. Zusammen mit dem Vollverb bilden die Hilfsverben bestimmte Zeitformen, nämlich *vollendete Gegenwart*, *vollendete Vergangenheit*, *Zukunft* und *vollendete Zukunft* sowie das *Passiv*.

	haben
vollendete Gegenwart:	ich habe geschlafen
vollendete Vergangenheit:	du hattest gekauft
Zukunft:	er wird geben
vollendete Zukunft:	wir werden gebracht haben

	sein
vollendete Gegenwart:	ich bin gelaufen
vollendete Vergangenheit:	du warst gefallen
Zukunft:	er wird gehen
vollendete Zukunft:	wir werden gekommen sein

Passiv:
Das Kind wird getragen. Die Frau wird geliebt.

- In bestimmten Fällen verwendet man *haben*, *sein* und *werden* als Vollverb:

Ich habe Glück.
Er ist Arzt.
Sie wurde die erste Bundeskanzlerin.

Die Modalverben

Bildung und Verwendung

- Das Deutsche verfügt über sechs Modalverben. Sie werden in der Regel mit dem Infinitiv (Grundform) eines Verbs verbunden und drücken dabei genauer die Art und Weise der Handlung aus:

Modalverb	Bedeutung
dürfen	Erlaubnis
können	Möglichkeit/Fähigkeit
möchten	Wunsch
müssen	Pflicht/Notwendigkeit
sollen	Verpflichtung
wollen	Wunsch/Absicht

Ein Modalverb kann auch alleine stehen, als so genanntes Vollverb:

Er will ins Kino.

Vollendete Gegenwart, vollendete Vergangenheit und vollendete Zukunft der Modalverben werden nicht wie sonst mit dem Partizip II (Mittelwort der Vergangenheit) gebildet, sondern mit dem Infinitiv (Grundform). Es tauchen dann zwei Infinitive hintereinander auf:

Sie hat schwimmen können.

Das gilt nicht, wenn ein Modalverb als Vollverb verwendet wird:

Er hat ins Kino gewollt.

Das Adverb – Das Umstandswort

Bildung und Verwendung
- Adverbien – auch Umstandwörter genannt – dienen dazu, andere Wörter, hauptsächlich Verben, näher zu bestimmen. Adverbien sind unveränderlich, d.h. sie werden nicht dekliniert und auch nicht konjugiert. Sie können an mehreren Stellen im Satz stehen.

Im Wesentlichen gibt es im Deutschen vier Arten von Adverbien:

1. Lokale Adverbien
- Sie geben den Ort, die Herkunft oder das Ziel eines Sachverhalts näher an. Mit den Fragewörtern *wo, woher* und *wohin* werden die Lokaladverbien erfragt.

Nudeln stehen oben links im Regal. (Wo?)
Das Reh kam dorther gelaufen. (Woher?)
Wenn Du nach links oben schaust, wirst du die Nudeln sehen. (Wohin?)

2. Temporale Adverbien
- Die Temporaladverbien bestimmen die Umstände der Zeit näher. Hier können ein Zeitpunkt (*jetzt, morgen* usw.), eine Zeitdauer (*bisher, lange* usw.), ein Vorher bzw. Nachher (*seither, später* usw.) oder die Wiederholung eines Sachverhalts (*häufig, werktags* usw.) näher bestimmt werden. Sie antworten auf die Fragen *wann?, wie lange?* und *wie oft?*.

Früher war alles anders. (Wann?)
Er war zeitlebens gesund. (Wie lange?)
Immer morgens geht er mit dem Hund spazieren. (Wie oft?)

3. Modale Adverbien
- Sie beschreiben die Art und Weise einer Handlung genauer bzw. wie etwas geschieht. Sie werden erfragt mit den Fragewörtern *wie* und *auf welche Weise*.

Ich gehe besonders gerne schwimmen. (Wie gerne?)
Sie ist blindlings die Straße entlang gerannt. (Auf welche Weise?)

4. Kausale Adverbien
- Sie geben den Grund oder die Ursache einer Handlung an. Sie antworten auf die Frage *warum?, weshalb?* und *wozu?*

Der Mann ist krankheitshalber nicht zur Arbeit erschienen. (Warum?)
Das Kind hat die Nacht kaum geschlafen, folglich ist es heute quengelig. (Weshalb?)

- Zudem kann jedes Adjektiv in Funktion eines Adverbs verwendet werden:

Das Kind schreit laut. Die Kapelle spielt schnell.

Adverbien können sich im Satz auf das Verb oder auf den ganzen Satz beziehen:

Er sprang kopfüber ins Wasser.
Glücklicherweise hat sie den Zug rechtzeitig erreicht.

Adverbien können sich überdies auf einzelne Wörter oder Wortgruppen beziehen, denen sie vor- oder nachgestellt werden.

Die Türkei hat sehr schöne Strände.
Der Mann dort ist mein Nachbar.

Überblick

Einige lokale Adverbien:
aufwärts, bergauf, da, daher, dahin, dahinter, daneben, dort, dorther, dorthin, hierher, hierhin, hinten, irgendwoher, links, nirgends, oben, querfeldein, rechts, rückwärts, seitwärts, überall, unten, vorn, vorwärts, weg

Einige temporale Adverbien:
abends, bald, bisher, damals, eben, einst, früher, gestern, heute, immer, jahrelang, jemals, jetzt, morgen, morgens, nachts, neulich, nie, oft, schon, seitdem, seither, sofort, stets, übermorgen, vorher, zeitlebens, zuerst

Einige modale Adverbien:
allein, anders, blindlings, eilends, genauso, gern, glücklicherweise, hoffentlich, irgendwie, kopfüber, kurzerhand, leider, so, umsonst, vergebens, verkehrt, zusammen

Einige kausale Adverbien:
also, anstandshalber, daher, darum, demnach, deshalb, folglich, krankheitshalber, nämlich, somit

Merke

Steigerung von Adverbien

Einige Adverbien können gesteigert werden. Sie bilden die Vergleichsformen Komparativ und Superlativ meist unregelmäßig:

Grundform	Komparativ	Superlativ
bald	eher	am ehesten
gern	lieber	am liebsten
oft	häufiger	am häufigsten
viel	mehr	am meisten

Deutsch

Die Wortarten

Merke
Besonderheiten

Adjektive, die als Teil des Prädikats oder wie ein Adverb verwendet werden, bleiben unverändert:

Sie ist groß. Sie waren groß.
Sie spricht laut. Sie sprachen laut.

Übung
Deklinationstraining (Lösungen bitte abdecken)

Deklinieren Sie die folgenden attributiven Wortgruppen:
der schöne Baum, die kleine Frau, das blaue Meer

Einzahl
der schöne Baum	die kleine Frau	das blaue Meer
des schönen Baums	der kleinen Frau	des blauen Meeres
dem schönen Baum	der kleinen Frau	dem blauen Meer
den schönen Baum	die kleine Frau	das blaue Meer

Mehrzahl
die schönen Bäume	die kleinen Frauen	die blauen Meere
der schönen Bäume	der kleinen Frauen	der blauen Meere
den schönen Bäumen	den kleinen Frauen	den blauen Meeren
die schönen Bäume	die kleinen Frauen	die blauen Meere

Merke
Besonderheiten

Einige Adjektive bilden ihre Steigerungsformen nicht regelmäßig:

Grundform	Komparativ	Superlativ
gut	besser	am besten
viel	mehr	am meisten
hoch	höher	am höchsten
nah	näher	am nächsten

Merke
Besonderheiten

Manche Adjektive lassen von ihrer Bedeutung her keine Steigerung zu:
blind, erstklassig, nackt, stumm, taub, tot, total usw.

Auch Farbadjektive **(blau, rot, grün usw.)** werden in der Regel nicht gesteigert.

Das Adjektiv – Das Eigenschaftswort

Bildung und Verwendung
- Im Deutschen werden Adjektive in unterschiedlicher Weise verwendet. Sie können zunächst als Attribut (Beifügung) stehen, d.h. sie beziehen sich auf ein Substantiv (Hauptwort):

der alte Mann, die rote Blume, das kleine Zimmer

Sie können auch Teil des Prädikats sein und stehen dann häufig in Verbindung mit den Verben *sein, werden* und *bleiben*:

sie ist freundlich, er wird groß, es blieb dunkel

Jedes Adjektiv kann auch wie ein Adverb gebraucht werden. Es bezieht sich dann auf das Verb:

Der Moderator spricht undeutlich.

Immer wenn das Adjektiv attributiv verwendet wird, also als Beifügung zu einem Substantiv, dann wird es nach Geschlecht, Zahl und Fall verändert. Die Formen sehen mit bestimmtem Artikel wie folgt aus:

	Männlich	**Weiblich**	**Sächlich**
Nominativ	der große Ball	die kleine Nuss	das weiße Haus
Genitiv	des großen Balles	der kleinen Nuss	des weißen Hauses
Dativ	dem großen Ball	der kleinen Nuss	dem weißen Haus
Akkusativ	den großen Ball	die kleine Nuss	das weiße Haus

Die deklinierte Mehrzahlform des Adjektivs ist männlich, weiblich und sächlich gleich:

Nominativ	die großen Bälle
Genitiv	der großen Bälle
Dativ	den großen Bällen
Akkusativ	die großen Bälle

Steht das Adjektiv mit unbestimmtem Artikel, so wird es ebenfalls in Geschlecht, Zahl und Fall an das Substantiv angepasst:

Nominativ	ein großer Ball	eine kleine Nuss	ein weißes Haus
Genitiv	eines großen Balles	einer kleinen Nuss	eines weißen Hauses
Dativ	einem großen Ball	einer kleinen Nuss	einem weißen Haus
Akkusativ	einen großen Ball	eine kleine Nuss	ein weißes Haus

Die Steigerung der Adjektive
- Adjektive können gesteigert werden:

Grundform	**Komparativ**	**Superlativ**
klein	kleiner	am kleinsten
schnell	schneller	am schnellsten

- Beim Komparativ (1. Steigerungsform) wird die Endung *-er* an die Grundform angehängt (laut – lauter). *a, o* und *u* werden dabei zu Umlauten (jung – jünger, groß – größer). Kennzeichen des Superlativs (2. Steigerungsform) ist das *-st* in der Endung (am lautesten, am kleinsten). Wiederum werden *a, o* und *u* zu *ä, ö* und *ü* (am jüngsten, am größten).

Deutsch
Die Wortarten

Das Pronomen – Das Fürwort

Bildung und Verwendung
- Ein Pronomen ersetzt zumeist ein Substantiv. Zu den wichtigsten Untergruppen gehören Personal-, Possessiv-, Demonstrativ- und Relativpronomen:

Die Personalpronomen
- Im Deutschen gibt es folgende Personalpronomen:

Nominativ	Genitiv	Dativ	Akkusativ
ich	meiner	mir	mich
du	deiner	dir	dich
er	seiner	ihm	ihn
sie	ihrer	ihr	sie
es	seiner	ihm	es
wir	unser	uns	uns
ihr	euer	euch	euch
sie	ihrer	sie	sie

Merke

Die Höflichkeitsform

Die 3. Person Mehrzahl wird auch als Höflichkeitsform in der Anrede verwendet und als solche immer groß geschrieben:

Ich habe Sie gestern gesehen. Wie geht es Ihnen?

Die Possessivpronomen
- Possessivpronomen sind besitzanzeigende Fürwörter. Sie verdeutlichen, zu wem eine Person oder eine Sache gehört. Die Form des Possessivpronomens richtet sich nach Besitzer, Geschlecht, Zahl und Fall des Besitzgegenstandes:

	Männlich	Weiblich	Sächlich
Nominativ	mein Schuh	deine Uhr	sein Kind
Genitiv	meines Schuhs	deiner Uhr	seines Kindes
Dativ	meinem Schuh	deiner Uhr	seinem Kind
Akkusativ	meinen Schuh	deine Uhr	sein Kind

Die Demonstrativpronomen
- Demonstrativpronomen sind hinweisende Fürwörter. Sie weisen auf ein Substantiv, einen Sachverhalt oder einen ganzen Satz hin. Demonstrativpronomen sind *der, die, das; dieser, diese, dieses; jener, jene, jenes; derselbe, dieselbe, dasselbe; derjenige, diejenige, dasjenige*.

Merke

dieser, diese, dieses vs. jener, jene, jenes

Mit dem Demonstrativpronomen *dieser, diese, dieses* weist man im Unterschied zu *jener, jene, jenes* auf eine Person oder Sache hin, die nahe liegt:

Ich nehme dieses Plätzchen, jenes schmeckt mir nicht.

Jener, jene jenes wird dabei in der Umgangssprache häufig durch *der da, die da, das da* ersetzt.

Ich trinke diesen Wein. Der da ist nicht nach meinem Geschmack.

Die Relativpronomen
- Relativpronomen leiten einen Nebensatz ein, mit dem ein Hauptwort näher bestimmt wird, zum Beispiel:

Der Mann, den ich gestern gesehen habe, …

Relativpronomen sind *der, die, das, welcher, welche, welches* (jeweils in allen Formen der Deklination), *was, wo, woher, wohin, woran* und *wozu*. Das Relativpronomen richtet sich dabei einerseits in Geschlecht und Zahl nach dem Substantiv, auf das es sich bezieht. Andererseits hängt der Fall des Relativpronomens davon ab, welches Satzglied des Nebensatzes es darstellt.

Überblick

Deklination der Demonstrativpronomen, z. B. dieser, diese, dieses:

	Männlich	Weiblich	Sächlich	Mehrzahl
Nominativ	dieser	diese	dieses	diese
Genitiv	dieses	dieser	dieses	dieser
Dativ	diesem	dieser	diesem	diesen
Akkusativ	diesen	diese	dieses	diese

Die Mehrzahlform ist in allen drei Geschlechtern gleich.

Die Kinder, die immer im Garten spielten, …
→ *die* bezieht sich auf *die Kinder*, ist daher Mehrzahl. Als Subjekt des Nebensatzes (Wer spielt immer im Garten?) steht es im Nominativ.

Der Mann, den ich gestern gesehen habe, …
→ *den* bezieht sich auf *den Mann*, ist daher männlich und Einzahl. Im Nebensatz ist es ein Akkusativ-Objekt (Wen habe ich gesehen?), daher die Form *den*.

Das, was Sie geschildert haben, glaube ich nicht.
→ Das Relativpronomen *was* bezieht sich auf einen ganzen Satz, im Beispielnebensatz ist es Akkusativ-Objekt (Was haben Sie geschildert?).

383

Deutsch

Die Zeiten

Merke

Verwendung der Gegenwart

Die Gegenwart wird vor allem in der gesprochenen Sprache häufig auch dazu verwendet, etwas Zukünftiges auszudrücken. Meist verdeutlicht in diesen Fällen ein temporales Adverb, dass es sich um in der Zukunft liegende Geschehen handelt:

Morgen kaufe ich mir ein Fahrrad.
Nächstes Jahr fahren wir in den Ferien nach Holland.

Die Gegenwart – Das Präsens

Bildung
- Um die Gegenwart zu bilden, werden an den Wortstamm des Verbs die Endungen *-e, -st, -t, -en, -t, -en* angehängt:

ich	schreibe
du	schreibst
er/sie/es	schreibt
wir	schreiben
ihr	schreibt
sie	schreiben

Verwendung
Die Gegenwart drückt Geschehen aus, die gerade stattfinden, sowie allgemeingültige Tatbestände.

Er fährt zur Arbeit.
Am 24. Dezember ist Weihnachten.

Zu den Verbformen der Gegenwart gehört auch das Partizip I (Mittelwort der Gegenwart). Es wird gebildet, indem man die Endung *-end* an den Verbstamm anhängt:

Präsens	Verbstamm	Partizip I
lesen	les	lesend

Das Partizip I kann im Deutschen wie ein Adjektiv verwendet werden und wird in diesen Fällen wie jedes andere Adjektiv verändert:

die jubelnden Menschen
das weinende Kind

Es kann auch als Adverb benutzt werden und ist dann unveränderlich:

Das Kind suchte weinend nach der Mutter.

Merke

Höflichkeitsform des Imperativs

Es gibt auch eine Höflichkeitsform des Imperativs. Sie wird mit der 3. Person Mehrzahl ausgedrückt:
Fahren Sie bitte rechts ran!
Zeigen Sie mir bitte Ihren Führerschein!
Dabei wird wie in jeder höflichen Anrede in der Schriftsprache das Personalpronomen groß geschrieben.

Die Befehlsform – Der Imperativ

Bildung und Verwendung
- Der Imperativ drückt einen Wunsch, eine Bitte, einen Befehl oder ein Verbot aus. Kennzeichen ist in der Schriftsprache das Ausrufezeichen hinter dem entsprechenden Satz. Den Imperativ gibt es nur in der Gegenwart, er wird in der 2. Person Einzahl und in der 2. Person Mehrzahl gebildet. Dabei wird an den Verbstamm in der 2. Person Einzahl ein *-e* angehängt. Das *-e* kann aber auch wegfallen. Der Imperativ Mehrzahl wird gebildet, indem die Endung *-t* an den Verbstamm angehängt wird:

Entschuldige mich bitte! **Entschuldigt mich bitte!**
Erschreck mich nicht so! **Erschreckt mich nicht so!**

Einige unregelmäßige Verben, die in der 2. Person Einzahl einen Wechsel von *e* zu *i* haben (ich lese – du liest), bilden den Imperativ ohne die Endung *-e* und mit *i* (*Lies mir bitte etwas vor!*). Beim Wechsel von *a* zu *ä* (ich fahre – du fährst) wird der Imperativ ohne die Endung *-e* und auf *a* gebildet (*Fahr nicht so schnell!*).

Merke

Der Imperativ von *sein*

Der Imperativ des Verbs *sein* lautet in der Einzahl *sei*, in der Mehrzahl *seid*.

Übung

Bildung des Imperativs (Lösungen bitte abdecken)

Bilden Sie jeweils den Imperativ Einzahl und Mehrzahl.

Grundform	Einzahl	Mehrzahl
bleiben	bleib!	bleibt!
essen	iss!	esst!
geben	gib!	gebt!
laufen	lauf!	lauft!
sagen	sag!	sagt!
sein	sei!	seid!
tragen	trag!	tragt!
werden	werd(e)!	werdet!

384

Deutsch
Die Zeiten

Die vollendete Gegenwart – Das Perfekt

Bildung
- Die vollendete Gegenwart wird mit einer Form der Hilfsverben *haben* oder *sein* und mit dem Partizip II (Mittelwort der Vergangenheit) des Verbs gebildet:

Ich habe geschrieben.

Im Deutschen bilden die meisten Verben die vollendete Gegenwart mit *haben*. Mit *sein* bilden folgende Verben diese Zeitform:

– die Verben *sein* und *bleiben*
– Verben, die eine zielgerichtete Bewegung ausdrücken (ich bin gelaufen, wir sind zurückgekehrt, sie sind gefahren)
– Verben, die eine Veränderung beschreiben (Die Blume ist verblüht.)

Verwendung
Die vollendete Gegenwart wird gebraucht, um Geschehen in der Vergangenheit auszudrücken, deren Folgen bis in die Gegenwart hineinreichen:

Ich habe den Bus verpasst. (Deshalb bin ich jetzt zu spät.)
Es hat stundenlang geschneit. (Deshalb liegt jetzt hoch Schnee.)

Wenn die vollendete Gegenwart zusammen mit der Gegenwart auftaucht, dann drückt sie das Geschehen vor der aktuellen Handlung aus:

Nachdem sich die Katze verletzt hat, müssen wir nun zum Tierarzt.

Die Vergangenheit – Das Präteritum

Bildung
- Schwache Verben bilden die Vergangenheit regelmäßig mit dem Verbstamm und der Endung *-te*:

Präsens	Verbstamm	Präteritum
lieben	lieb	liebte

Starke Verben bilden die Vergangenheit unregelmäßig. Der Stammvokal wird verändert:

Präsens	Verbstamm	Präteritum
fahren	fahr	fuhr

Bei Mischformen wird der Stammvokal verändert und die Endung *-te* angefügt:

Präsens	Verbstamm	Präteritum
rennen	renn	rannte

Verwendung
Die Vergangenheitsformen bezeichnen im Deutschen ein Geschehen, das in der Vergangenheit liegt und bereits abgeschlossen ist:

Wir hatten gestern Nudeln zum Mittagessen.
Ich war schon viermal auf Mallorca.

Häufig wird die Vergangenheit auch *Erzählzeit* genannt, weil es die Zeitform ist, die in Erzählungen, Märchen und Romanen verwendet wird.

Merke

Das Perfekt der transitiven und reflexiven Verben

Alle transitiven Verben, das sind Verben, die ein Akkusativ-Objekt bei sich haben und im Passiv stehen können, bilden ihre vollendete Gegenwart mit *haben*:
Ich habe die Schuhe gekauft.

Auch alle reflexiven Verben (rückbezügliche Verben) bilden die vollendete Gegenwart mit *haben*:
Ich habe mich gefreut.

Übung

Bildung des Perfekts (Lösungen bitte abdecken)

Bilden Sie die vollendete Gegenwart folgender Verbformen:

Gegenwart	vollendete Gegenwart
ich gehe	ich bin gegangen
du findest	du hast gefunden
er kommt	er ist gekommen
sie läuft	sie ist gelaufen
es schreit	es hat geschrien
wir bleiben	wir sind geblieben
ihr seid	ihr seid gewesen
sie sterben	sie sind gestorben

Übung

Bildung des Präteritums (Lösungen bitte abdecken)

Bilden Sie die Vergangenheit folgender Verbformen:

Gegenwart	Vergangenheit
ich sage	ich sagte
du schläfst	du schliefst
er kommt	er kam
sie nennt	sie nannte
es schreit	es schrie
wir spielen	wir spielten
ihr esst	ihr aßt
sie rechnen	sie rechneten

Deutsch

Die Zeiten

Überblick

Die Bildung der vollendeten Vergangenheit

ich hatte gearbeitet	ich war gelaufen
du hattest gearbeitet	du warst gelaufen
er/sie/es hatte gearbeitet	er/sie/es war gelaufen
wir hatten gearbeitet	wir waren gelaufen
ihr hattet gearbeitet	ihr wart gelaufen
sie hatten gearbeitet	sie waren gelaufen

Die vollendete Vergangenheit – Das Plusquamperfekt

Bildung

- Die vollendete Vergangenheit ist eine zusammengesetzte Zeitform. Die Bildung des Plusquamperfekts ähnelt der des Perfekts. Sie wird gebildet mit der Vergangenheitsform der Hilfsverben *haben* oder *sein* und dem Partizip II (Mittelwort der Vergangenheit) des Verbs:

ich hatte gearbeitet
du warst gelaufen

Verwendung

Der Begriff „Plusquamperfekt" stammt aus dem Lateinischen und bedeutet *mehr als vergangen*. Diese Zeitform wird häufig auch als vollendete Vergangenheit oder als Vorvergangenheit bezeichnet. Das Plusquamperfekt beschreibt Geschehen, die in der Vergangenheit bereits vollendet sind:

Die Wiesen waren in den Besitz des Dorfes übergegangen.

Die vollendete Vergangenheit steht häufig in Verbindung mit der Vergangenheit (Präteritum). Sie drückt aus, dass Geschehen oder Handlungen bereits vor der Aktion lagen, die in der Vergangenheit beschrieben wird:

Sie gingen in den Filmsaal. (Vergangenheit)
Zuvor hatten sie im Foyer einen Sekt getrunken. (vollendete Vergangenheit)
Nachdem sie im Foyer einen Sekt getrunken hatten, gingen sie in den Filmsaal.

Die Zukunft – Futur I

Überblick

Die Bildung der Zukunft

ich werde geben	ich werde kommen
du wirst geben	du wirst kommen
er/sie/es wird geben	er/sie/es wird kommen
wir werden geben	wir werden kommen
ihr werdet geben	ihr werdet kommen
sie werden geben	sie werden kommen

Merke

Das Verb *werden*

Werden kann nicht nur Hilfsverb, sondern zusätzlich auch Verb sein. Die Zukunftsform besteht dann aus einer Form des Hilfsverbs *werden* und dem Infinitiv (Grundform) des Verbs *werden*:

Das wird schon werden.
Es wird ein schönes Fest werden.

Bildung

- Die Zukunftsformen sind zusammengesetzt aus einer Form des Hilfsverbs *werden* und dem Infinitiv (Grundform) des Verbs:

ich werde	schreiben
du wirst	schreiben
er/sie/es wird	schreiben
wir werden	schreiben
ihr werdet	schreiben
sie werden	schreiben

Verwendung

Die Zukunftsformen beschreiben Geschehen oder Handlungen, die noch nicht stattgefunden haben, die in der Zukunft liegen.

Du wirst ab nächstem Jahr zur Schule gehen.
Im Sommer werden wir nach Italien reisen.

Sie werden zudem gebraucht, um eine Vermutung auszudrücken:

10 Uhr? Das wird zu spät sein, um den Zug zu erreichen.

Ferner kann die Zukunftsform eine nachdrückliche Aufforderung bezeichnen:

Du wirst jetzt sofort ins Bett gehen!

Deutsch
Die Zeiten

Die vollendete Zukunft – Futur II

Bildung

- Die vollendete Zukunft wird als Möglichkeitsform verwendet. Das Futur II besteht aus zwei Teilen:

  – der Zukunftsform der Hilfsverben *haben* oder *sein*

  ich werde haben – ich werde sein

  – dem Partizip II (Mittelwort der Vergangenheit) des Verbs

  ich werde gegessen haben

Verwendung

Mit der vollendeten Zukunft beschreibt man Geschehen und Handlungen, die in der Zukunft bereits abgeschlossen sein werden:

Wenn du nach Hause kommst, wird sie bereits gekocht haben.
Wenn der erste Schnee fällt, wird er die Winterreifen aufgezogen haben.

Aktiv und Passiv

Bildung

- Das Vorgangspassiv wird mit einer Form des Hilfsverbs *werden* und dem Partizip II des Verbs gebildet:

  ich werde geliebt
  es wird empfohlen
  wir werden gerufen

Neben diesem Vorgangspassiv beschreibt das Zustandspassiv das Ergebnis, die Folge eines Vorgangs. Es wird mit einer Form des Hilfsverbs *sein* und dem Partizip II des Verbs gebildet:

Die Türen sind geschlossen. (Sie sind jetzt zu.)
Die Lichter sind gelöscht. (Es ist also jetzt dunkel.)

Verwendung

Aktiv und Passiv sind verschiedene Perspektiven auf eine Handlung. Das Aktiv wird verwendet, um den Handelnden zu betonen. Beim Passiv steht das Geschehen im Vordergrund. Es wird auch gebraucht, wenn der Handelnde nicht genannt werden kann oder unwichtig bzw. selbstverständlich ist.

Aktiv: Der Kfz-Meister repariert das Auto.
→ Der Handelnde wird betont: Der Meister repariert das Auto, nicht der Lehrling.

Passiv: Das Auto wird repariert.
→ Der Vorgang wird betont: Das Auto wird wieder fahrtüchtig gemacht; wer das erledigt, ist unwichtig. Dieses Passiv wird auch *Vorgangspassiv* genannt.

Auch wenn der Handelnde im Passiv genannt wird – was durch Anfügen des Handelnden mit den Verhältniswörtern *von* oder *durch* geschehen kann – hat er eine geringere Bedeutung als im Aktiv:

Das Feuer wird von den Feuerwehrmännern gelöscht.
Der Müll wird von der Müllabfuhr abtransportiert.

Überblick

Die Bildung der vollendeten Zukunft

ich werde gegessen haben
du wirst gegessen haben
er/sie/es wird gegessen haben
wir werden gegessen haben
ihr werdet gegessen haben
sie werden gegessen haben

Überblick

Das Vorgangspassiv in allen Zeiten

Zeitformen	Vorgangspassiv
Gegenwart	ich werde geliebt
vollendete Gegenwart	ich bin geliebt worden
Vergangenheit	ich wurde geliebt
vollendete Vergangenheit	ich war geliebt worden
Zukunft	ich werde geliebt werden
vollendete Zukunft	ich werde geliebt worden sein

Überblick

Das Zustandspassiv in allen Zeiten

Zeitformen	Zustandspassiv
Gegenwart	sie sind geschlossen
vollendete Gegenwart	sie sind geschlossen gewesen
Vergangenheit	sie waren geschlossen
vollendete Vergangenheit	sie waren geschlossen gewesen
Zukunft	sie werden geschlossen sein
vollendete Zukunft	sie werden geschlossen gewesen sein

Merke

Besonderheiten

Das Passiv kann nur von transitiven Verben gebildet werden, Verben also, die ein Akkusativobjekt (Wen-Fall) bei sich haben können: lieben (*wen?* jemanden lieben), rufen (*wen?* jemanden rufen).
Reflexive Verben (rückbezügliche Verben wie *sich ärgern*) können generell kein Passiv bilden.

Merke

Besonderheiten

Aktiv kann in Passiv umgewandelt werden. Dazu gelten folgende Regeln:
– Das Subjekt (antwortet auf die Frage *wer?*) des Aktiv-Satzes wird zur Ergänzung des Passivsatzes, die mit *von* oder *durch* angefügt wird.
– Die Aktivform des Verbs wird in der gleichen Zeit ins Passiv gesetzt.
– Das Akkusativobjekt (antwortet auf die Frage *wen?* oder *was?*) wird zum Subjekt des Passivsatzes.
– Alle übrigen Satzteile bleiben bestehen.
Aktiv: Der Mechaniker repariert das Auto in der Werkstatt auf der Hebebühne.
Passiv: Das Auto wird in der Werkstatt auf der Hebebühne vom Mechaniker repariert.

Deutsch

Die Zeiten

Überblick

Bildung des Konjunktivs I

Gegenwart	vollendete Gegenwart
ich sage	ich habe gesagt
du sagest	du habest gesagt
er/sie/es sage	er/sie/es habe gesagt
wir sagen	wir haben gesagt
ihr saget	ihr habet gesagt
sie sagen	sie haben gesagt

Zukunft	vollendete Zukunft
ich werde sagen	ich werde gesagt haben
du werdest sagen	du werdest gesagt haben
er/sie/es werde sagen	er/sie/es werde gesagt haben
wir werden sagen	wir werden gesagt haben
ihr werdet sagen	ihr werdet gesagt haben
sie werden sagen	sie werden gesagt haben

Merke

Indikativ vs. Konjunktiv I

Die Formen des Konjunktiv I Gegenwart und vollendete Gegenwart unterscheiden sich von denen der Gegenwart und vollendeten Gegenwart Indikativ nur in der 2. und 3. Person Einzahl sowie in der 2. Person Mehrzahl.

Indikativ Gegenwart	Konjunktiv I Gegenwart
du sagst	du sagest
er sagt	er sage
ihr sagt	ihr saget

Indikativ vollendete Gegenwart	Konjunktiv I vollendete Gegenwart
du hast gesagt	du habest gesagt
er hat gesagt	er habe gesagt
ihr habt gesagt	ihr habet gesagt

Die Formen des Konjunktiv I Zukunft und vollendete Zukunft unterscheiden sich von den entsprechenden Zeiten im Indikativ nur in der 2. und 3. Person Einzahl.

Indikativ Zukunft	Konjunktiv I Zukunft
du wirst sagen	du werdest sagen
er wird sagen	er werde sagen

Indikativ vollendete Zukunft	Konjunktiv I vollendete Zukunft
du wirst gesagt haben	du werdest gesagt haben
er wird gesagt haben	er werde gesagt haben

Die Aussageweisen – Die Modi

Verwendung

- Im Deutschen werden zwei Aussageweisen unterschieden: Indikativ und Konjunktiv. Der Indikativ ist die gebräuchlichere Form, der Normalfall. Er drückt ein Geschehen oder eine Handlung als real aus, als Tatsache. Deshalb wird er auch *Wirklichkeitsform* genannt.

Die Familie sitzt am Kaffeetisch. Die Erwachsenen unterhalten sich, die Kinder lachen miteinander. Später gehen sie gemeinsam spazieren.

Alle bis hierher aufgeführten Zeitformen sind von der Aussageweise her Indikativ (Wirklichkeitsform).

Der Konjunktiv, die zweite Aussageweise, wird dagegen *Möglichkeitsform* genannt. Er drückt nichtreale Geschehen oder Handlungen aus oder auch Wünsche und Aufforderungen.

Es wäre schön, wenn morgen Weihnachten wäre. (Morgen ist nicht Weihnachten.)

Den Konjunktiv (Möglichkeitsform) gibt es in zwei Arten, Konjunktiv I und Konjunktiv II.

Die Möglichkeitsform I – Der Konjunktiv I

Bildung

- Der Konjunktiv I wird gebildet vom Verbstamm in der Gegenwart. Daran werden die Endungen *-e, -est, -e, -en, -et, -en* angehängt:

Gegenwart	Verbstamm	Konjunktiv
ich sage	sag-	ich sage
		du sagest
		er sage
		wir sagen
		ihr saget
		sie sagen

Den Konjunktiv I gibt es in den Zeiten Gegenwart (Präsens), vollendete Gegenwart (Perfekt), Zukunft (Futur I) und vollendete Zukunft (Futur II).

Gegenwart:	du sagest
vollendete Gegenwart:	du habest gesagt
Zukunft:	du werdest sagen
vollendete Zukunft:	du werdest gesagt haben

Verwendung

Der Konjunktiv I ist in der gesprochenen Sprache eher selten, taucht aber häufiger in der Schriftsprache auf. Er drückt einen Wunsch, eine Aufforderung oder eine Anweisung aus:

Ruhe sanft! Sie lebe hoch! Man nehme die Tabletten dreimal täglich.

Ferner wird der Konjunktiv I in der indirekten Rede gebraucht:

Sie sagt, sie habe gestern einen Kuchen gebacken.
Du sagst, du seist gestern nach Köln gefahren?

Die Möglichkeitsform II – Der Konjunktiv II

Bildung
- Der Konjunktiv II wird gebildet, indem die Endungen -e, -est, -e, -en, -et, -en an den Stamm des Verbs in der Vergangenheit angehängt werden:

Vergangenheit	Konjunktiv II
rief-	ich rief**e**, du rief**est**, er/sie/es rief**e**, wir rief**en**, ihr rief**et**, sie rief**en**

Den Konjunktiv II gibt es in der Vergangenheitsform und in der Form der vollendeten Vergangenheit:

Vergangenheit	vollendete Vergangenheit
ich riefe	ich hätte gerufen
ich käme	ich wäre gekommen

Verwendung
Die Formen des Konjunktiv II Vergangenheit und des Indikativ Vergangenheit sind bei allen schwachen Verben und bei einigen starken Verben gleich:

Indikativ Vergangenheit	Konjunktiv II Vergangenheit
ich sagte	ich sagte
du liebtest	du liebtest

Um dennoch hervorzuheben, dass eine Aussage im Konjunktiv II steht, umschreibt man mit *würde*, dem Konjunktiv II des Hilfsverbs *werden*:

ich würde sagen

Die Formen des Konjunktiv II einiger Verben sind heute veraltet (z.B. bewöge). Auch in diesen Fällen wird mit *würde* umschrieben (es würde bewegen).

Der Konjunktiv II drückt aus, dass eine Handlung oder ein Geschehen nicht wirklich ist:

Wir hätten jetzt gerne Sommerferien. (Aber wir haben sie nicht.)

Wünsche, die mit dem Konjunktiv II beschrieben werden, sind unerfüllbar:

Wäre das Schuljahr doch schon zu Ende! (Aber es ist nicht zu Ende.)

Der Konjunktiv II wird zudem in Bedingungssätzen verwendet, und zwar um unwirkliche, irreale Bedingungen auszudrücken:

Wenn das Schuljahr zu Ende wäre, führen wir in die Ferien. (Aber es ist nicht zu Ende.)

Auch in höflichen Äußerungen taucht der Konjunktiv II auf:

Hätten Sie heute Zeit für mich?

Ferner wird er in vorsichtigen Aussagen verwendet:

Das wäre ja eine Sensation.

Ebenso steht der Konjunktiv II in der indirekten Rede:

Er sagte, er käme heute ins Büro.

Überblick

Bildung des Konjunktivs II

Vergangenheit	vollendete Vergangenheit
ich riefe	ich hätte gerufen
du riefest	du hättest gerufen
er/sie/es riefe	er/sie/es hätte gerufen
wir riefen	wir hätten gerufen
ihr riefet	ihr hättet gerufen
sie riefen	sie hätten gerufen
ich ginge	ich wäre gegangen
du gingest	du wärest gegangen
du/sie/es ginge	er/sie/es wäre gegangen
wir gingen	wir wären gegangen
ihr ginget	ihr wäret gegangen
sie gingen	sie wären gegangen

Überblick

Bildung des Konjunktivs II mit *würde*

Vergangenheit	vollendete Vergangenheit
ich würde sagen	ich würde gesagt haben
du würdest sagen	du würdest gesagt haben
er/sie/es würde sagen	er/sie/es würde gesagt haben
wir würden sagen	wir würden gesagt haben
ihr würdet sagen	ihr würdet gesagt haben
sie würden sagen	sie würden gesagt haben
ich würde laufen	ich würde gelaufen sein
du würdest laufen	du würdest gelaufen sein
er/sie/es würde laufen	er/sie/es würde gelaufen sein
wir würden laufen	wir würden gelaufen sein
ihr würdet laufen	ihr würdet gelaufen sein
sie würden laufen	sie würden gelaufen sein

Deutsch

Direkte und indirekte Rede

Merke
Besonderheiten

Bei der Umwandlung von direkter in indirekte Rede müssen die Personalpronomen meistens geändert werden:

Mama sagt: „Ich helfe dir." – Mama sagt, sie helfe mir.
Sie sagt: „Du schaffst das." – Sie sagt, er/sie/es schaffe das/ich würde das schaffen.
Sie sagt: „Gleich kommt Matthias." – Sie sagt, Matthias/er käme gleich.

Merke
Der indirekte Fragesatz

Fragesätze der direkten Rede werden in der indirekten Rede zu indirekten Fragesätzen. Das Fragepronomen bleibt dabei erhalten, das Verb rückt ans Ende des indirekten Fragesatzes:

Tom fragt: „Welches Trikot trägt die deutsche Nationalmannschaft heute?" – Tom fragt, welches Trikot die deutsche Nationalmannschaft heute trage.

Merke
Der indirekte Fragesatz mit *ob*

Fragen der direkten Rede, die mit *Ja* oder *Nein* zu beantworten sind (sog. Entscheidungsfragen), werden in der indirekten Rede als indirekter Fragesatz wiedergegeben, der mit *ob* eingeleitet wird. Das Verb wandert ans Ende des indirekten Fragesatzes:

Tom fragt: „Bekommt Matthias einen neuen Fußball?"
Tom fragt, ob Matthias einen neuen Fußball bekäme.

Merke
***mögen* und *sollen* in der indirekten Rede**

Eine Aufforderung/Bitte oder ein Befehl (Imperativ) in der direkten Rede wird in der indirekten Rede umschrieben mit den Modalverben *mögen* oder *sollen*. *Mögen* steht dabei eher für die Bitte/höfliche Aufforderung, *sollen* eher für die strikte Aufforderung/den Befehl:

Der Verkehrspolizist bittet: „Zeigen Sie mir Ihren Führerschein." – Der Verkehrspolizist bittet, ich möge ihm meinen Führerschein zeigen.
Der Polizist an der Unfallstelle fordert: „Gehen Sie weiter! Lassen Sie uns unsere Arbeit machen!" – Der Polizist an der Unfallstelle fordert, wir sollen weitergehen und die Polizei ihre Arbeit machen lassen.

Direkte und indirekte Rede

Bildung und Verwendung
- Die direkte Rede gibt einen Satz, einen Text oder einen Gedanken direkt und im genauen Wortlaut wieder. Der Satz, Text oder Gedanke wird dabei durch Anführungszeichen gekennzeichnet.

Die direkte Rede ist die wörtliche Rede:

Er sagt: „Ich gehe gerne schwimmen."

Die indirekte Rede ist dagegen die nichtwörtliche Rede. Die Äußerungen eines anderen werden in berichtender Weise wiedergegeben. Die indirekte Rede wird nicht in Anführungszeichen gesetzt. Die indirekte Rede gibt einen Satz, einen Text oder einen Gedanken zumeist nicht wortgetreu wieder, sondern „nur" sinngemäß:

Er sagt, er gehe gerne schwimmen.

In der indirekten Rede wird die Wirklichkeitsform (Indikativ) der direkten Rede zur Möglichkeitsform (Konjunktiv). Normalerweise wird dabei der Konjunktiv I verwendet:

Er sagt, er gehe gerne schwimmen, er tauche viel und springe häufig vom Dreimeterbrett.

Wenn die Form des Konjunktiv I mit dem Indikativ übereinstimmt, weicht man auf den Konjunktiv II aus:

Direkte Rede: Er sagt: „Wir kommen heute zum Mittagessen nach Hause."
Indirekte Rede: Er sagt, wir kämen heute zum Mittagessen nach Hause.

→ Denn: *wir kommen* als Konjunktiv I ist identisch mit dem Indikativ Gegenwart!

Lautet der Konjunktiv II ebenso wie der Indikativ Vergangenheit, so verwendet man die Umschreibung mit *würde*:

Direkte Rede: Sie berichtet: „Die Lehrer loben mich."
Indirekte Rede: Sie berichtet, die Lehrer würden sie loben.

→ Denn: *die Lehrer loben mich* als Konjunktiv I ist identisch mit dem Indikativ Gegenwart!
→ Denn: *die Lehrer lobten mich* als Konjunktiv II ist identisch mit dem Indikativ Vergangenheit!

Die Zeitformen *vollendete Gegenwart, Vergangenheit* und *vollendete Vergangenheit* in der direkten Rede werden in der indirekten Rede mit dem Konjunktiv I Perfekt (vollendete Gegenwart) wiedergegeben:

Direkte Rede: Peter sagt: „Paula ist gestern nicht in die Schule gegangen."
Indirekte Rede: Peter sagt, Paula sei gestern nicht in die Schule gegangen.

Direkte Rede: Paula sagt: „Ich war krank."
Indirekte Rede: Paula sagt, sie sei krank gewesen.

Direkte Rede: Die Mutter sagt: „Ich hatte dich wegen des kalten Wetters gewarnt."
Indirekte Rede: Die Mutter sagt, sie habe Paula wegen des kalten Wetters gewarnt.

Deutsch

Der Satz

Der Satzbau und die Wortstellung

Der Aussagesatz
- Die häufigste Satzart ist der Aussagesatz. Er dient zur Äußerung eines realen oder behaupteten Sachverhalts. An seinem Ende steht ein Punkt:

Die Kinder bewegen sich heute zu wenig.
Sie essen zu viel Fast Food und schauen zu viel fern.

Der normale Satzbau im Aussagesatz folgt dem Schema:
Subjekt (antwortet auf die Frage *Wer?*) – Prädikat (Verb) – Satzergänzungen wie Objekte (*Wem, Wen* oder *Was*) oder adverbiale Bestimmungen

Zu den Aussagesätzen gehören auch die Ausrufesätze, die eine Emotion (Angst, Erstaunen, Entzücken, Bewunderung) ausdrücken:

Du bist aber groß geworden!

Der Fragesatz
- Fragesätze formuliert man, um etwas zu erfahren, was man noch nicht weiß. Kennzeichen des Fragesatzes ist das Fragezeichen am Ende. Die Struktur der Fragesätze wird durch das Auftreten von Fragepronomen, die Spitzenstellung des Verbs und die Betonung der Frage bestimmt. Fragesätze, die mit einem Fragepronomen (*Wo? Wann? Warum? Weshalb?* usw.) eingeleitet werden, haben folgenden Satzbau:
Fragepronomen – Prädikat (Verb) – Satzergänzungen – bei zusammengesetzten Zeiten/Verben zweiter Teil des Verbs.

Wo passierte der Unfall?
Wer war darin verwickelt?
Wann traf die Polizei am Unfallort ein?

Fragesätze, die mit *Ja* oder *Nein* zu beantworten sind (sog. Entscheidungsfragen), haben folgenden Satzbau:
Prädikat (Verb) – Subjekt (*Wer*) – Satzergänzungen – bei zusammengesetzten Zeiten/Verben zweiter Teil des Verbs.

Hast du den Unfall gesehen?
Kannst du ihn beschreiben?

Die Negation – die Verneinung
- Die häufigste Form der Verneinung im Deutschen ist die Verneinung mit *nicht*. Die Negation mit *nicht* kann einen ganzen Satz, einen Satzteil oder einzelne Wörter betreffen.

Er kommt heute nicht. Er hat den freien Tag nicht bekommen.

Betrifft die Verneinung einzelne Satzteile oder Wörter, steht *nicht* direkt vor diesem Wort:

Nicht er kommt heute, sondern sein Vater.
Er hat nicht seine Mutter geschickt, sondern seinen Vater.
Er hat seinen Vater nicht zu Paul geschickt, sondern zu uns.

Auch Adverbien wie *keinesfalls, keineswegs, nie, niemals, nirgends, nirgendwo, nirgendwoher, nirgendwohin,* Konjunktionen (*weder … noch*) oder Artikelwörter (*kein*) haben Negationsbedeutung. Weitere lexikalische Mittel der Negation sind die Vorsilbe *un-* (*nötig – unnötig*), Wortpaare wie *billigen – missbilligen* sowie Sätze mit *ohne/anstatt* oder Verben wie *untersagen, verbieten, verhindern, vermeiden* usw.

Merke

Die Verneinung mit kein

Die Verneinung kann auch durch *kein* ausgedrückt werden. *Kein* steht für eine Person, wenn das Subjekt (*Wer?*) oder das Objekt (*Wem? Wen?*) des Satzes verneint wird:

Keiner verlässt den Saal.
Er hat keinem etwas getan.
Ich kenne keinen, der das tut.

Kein steht auch, wenn in der positiven Aussage der unbestimmte oder gar kein Artikel stehen würde:

Ich habe keine Uhr. Ich habe keine Zeit. (positiv: Ich habe eine Uhr. Ich habe Zeit.)

Merke

Niemand und *nichts*

Eine weitere Möglichkeit ist die Verneinung mit *niemand* und *nichts*. Beide können als (verneintes) Subjekt oder Objekt eines Satzes auftreten:

Niemand weiß, wohin sie gegangen ist. Ich kenne dort niemanden.
Nichts ist schwerer zu ertragen, als eine Reihe von schönen Tagen. Ich habe nichts gesehen.

Merke

Nicht und *nichts*

Nicht und *nichts* sind dadurch voneinander unterschieden, dass sich *nicht* mit Adjektiven oder Adverbien verbindet, *nichts* dagegen mit einem Substantiv oder substantivierten Adjektiv gebraucht wird. *Nichts* ist die Verneinung von *etwas*:

Er ist nicht besser als Klaus.
Er ist nichts Besseres als Klaus.
Er will nichts mehr hören.

391

Englisch

Das Alphabet und die Wortarten

Überblick

Das englische Alphabet

Das englische Alphabet hat 26 Buchstaben. Da die Aussprache der Lautschrift je nach Wort stark variiert, kann hier nur die Aussprache der reinen Buchstabennamen dargestellt werden.

a [äj]	j [d<u>sch</u>äj]	s [eß]
b [bi]	k [käj]	t [ti]
c [ßi]	l [el]	u [ju]
d [di]	m [em]	v [wi]
e [i]	n [en]	w ['dablju]
f [ef]	o [ou]	x [äkß]
g [d<u>sch</u>i]	p [pi]	y [u'ai]
h [äjtsch]	q [kju]	z [sed]
i [aj]	r [a]	

Merke

Die Aussprache der Artikel

Die Aussprache des bestimmten und unbestimmten Artikels verändert sich, wenn das nachfolgende Wort mit einem Vokal oder einem nicht gesprochenen h + Vokal beginnt.

the father	ðə 'fahðər
the old father	ði 'ould 'fahðər
the hour	ði 'auər
the hours	ði 'auərs
a father	ə 'fahðər
an old father	ən 'ould 'fahðər
an hour	ən 'auər

Merke

Der Artikel

Der bestimmte Artikel wird in der Regel nicht bei Straßen, Parks, Brücken, Gebäuden, Verkehrsmitteln etc. verwendet. Ebenfalls ohne Artikel stehen folgende Redewendungen:

to be at work (bei der Arbeit sein)
to shake hands (sich die Hand geben)
to change colour (die Farbe verändern)
to learn by heart (auswendig lernen)

Dafür steht im Englischen etwa bei folgenden Redewendungen der bestimmte Artikel:

in the beginning (am Anfang)
in the end (am Ende)
with the exception of (mit Ausnahme von)
with the help of (mit Hilfe von)
to play the piano (Klavier spielen)

Anders als im Deutschen wird *a/an* beispielsweise bei folgenden Redewendungen verwendet:

a hundred/thousand (hundert/tausend)
to be in a hurry (in Eile sein)
to take a seat (sich setzen)
to have a cold (erkältet sein)
to have a temperature (Fieber haben)

Das englische Alphabet

Die Aussprache

- Im Englischen werden viele Vokale und Konsonanten wie im Deutschen ausgesprochen. Die Aussprache weicht jedoch teilweise auch ab oder der Laut kommt im Deutschen gar nicht vor. Dazu zählt im Besonderen das **th** [ti äjtsch]. Dieser stimmlose Laut wird durch das Anlegen der Zunge an die obere Zahnreihe erzeugt.

Im Englischen gibt es Wörter, die in derselben Form sowohl Verben als auch Substantive sein können. Allein durch die Betonung wird der Unterschied deutlich. Zwischen dem britischen und amerikanischen Englisch gibt es bei der Betonung der Wörter im Allgemeinen kaum Unterschiede. In der Aussprache und der Schreibweise unterscheiden sie sich jedoch häufig.

Rechtschreibung

- Im Englischen werden die meisten Wörter, unabhängig von der jeweiligen Wortart, prinzipiell klein geschrieben. Großgeschrieben werden Satzanfänge, das Personalpronomen *I* (ich) an allen Stellen im Satz, Eigennamen, geografische Namen, Wochentage, Feiertage und Monatsnamen, Namen von Institutionen und Organisationen.

Der Artikel – The article: Bestimmter Artikel

Bildung

- Im Englischen gibt es nur einen bestimmten Artikel, der in Geschlecht und Anzahl unverändert bleibt:

	Singular	Plural
Männlich	the father (der Vater)	the fathers (die Väter)
Weiblich	the mother (die Mutter)	the mothers (die Mütter)
Neutral	the house (das Haus)	the houses (die Häuser)

Verwendung

Der bestimmte Artikel steht in der Regel vor dem Substantiv und seinen Attributen *(the father, the old father)*. Der bestimmte Artikel wird u. a. bei Namen *(the Smiths)*, Ländernamen *(the Netherlands)* und Inselgruppen *(the Bahamas)* und bei Titeln mit of *(the Duke of Edinburgh)* verwendet.

Der Artikel – The article: Unbestimmter Artikel

Bildung

- Im Englischen hat der unbestimmte Artikel nur eine Form, die im Geschlecht unverändert bleibt. Den unbestimmten Artikel gibt es nur im Singular:

	Singular
Männlich	a father (ein Vater)
Weiblich	a mother (eine Mutter)
Neutral	a house (ein Haus)

Verwendung

Der unbestimmte Artikel steht in der Regel vor dem Substantiv und seinen Attributen *(a father, an old father)*. Er wird u. a. bei Berufsangaben *(a dentist)*, der Nationalität *(a German)*, der Religion *(a Protestant)*, bei Maßeinheiten mit der Bedeutung *pro (20 pence a kilo)* und leichten Krankheiten *(a cold)* benutzt.

Englisch

Die Wortarten

Das Substantiv – The noun

Bildung

- Im Englischen richten sich Substantive nach dem biologischen Geschlecht. Es gibt keine unterschiedlichen grammatischen Formen für männliche, weibliche und neutrale Substantive. Da der bestimmte Artikel nur eine Form hat, erkennt man das Geschlecht oft nur am Personalpronomen:

Männlich	the father (der Vater)	he
Weiblich	the mother (die Mutter)	she
Neutral	the house (das Haus)	it

Oft ist die Zuordnung des Geschlechts eindeutig, es gibt jedoch Substantive, die sich auf männliche und weibliche Personen beziehen können:

the friend Peter (der Freund), **the friend** Jane (die Freundin)

Sachen sind in der Regel neutral (u. a. Tiere, Gegenstände, Ereignisse):

the tiger it (der Tiger)
the accident it (der Unfall)

Oft wird zur Bildung der Pluralform von Substantiven ein -s angehängt:

father fathers (Väter)

Nach Zischlauten wird der Plural mit -es gebildet:

church chur**ches** (Kirchen)
box box**es** (Kisten)

Endet ein Wort auf -o, unterscheidet man bei der Bildung der Pluralformen zwischen leblosen Sachen (im Plural mit der Endung -s) und Pflanzen und Menschen (im Plural mit -es):

radio radio**s** (Radios)
tomato tomato**es** (Tomaten)

Endet ein Wort mit einem Konsonaten und einem -y wird die Pluralform mit -es gebildet. Zudem wird aus dem -y ein -i:

story sto**ries** (Geschichten)

Endet ein Wort auf -fe, wird aus dem -f ein -v und ein -s wird als Pluralform angehängt. Ähnlich verhält es sich bei Wörtern, die nur auf -f enden; sie erhalten ein -es als Plural-Form:

knife kni**ves** (Messer)
shelf shel**ves** (Regale)

Verwendung

Obwohl die Zuordnung des Geschlechts fast immer eindeutig ist, gibt es Ausnahmen von dieser Regel. So sind etwa Schiffe und Autos grundsätzlich weiblich. Bei Haustieren wird das Geschlecht benutzt, da es ja durch den Namen festgelegt ist. Bei Berufsbezeichnungen gibt es wie im Deutschen männliche und weibliche Formen (*waiter – waitress*, Kellner – Kellnerin) jedoch werden diese viel seltener verwendet.

> **Merke**
>
> **one** und **ones**
>
> Im Englischen lassen sich zählbare Substantive im Singular durch *one* und im Plural durch *ones* ersetzen.
>
> **I like the blue pullover. I like the yellow one.**
> (Ich mag den blauen Pullover. Ich mag den gelben.)
>
> **I always watch the movies on NBC. I always watch the ones on BBC.** (Ich schaue immer die Filme auf NBC an. Ich schaue immer die auf BBC.)

> **Merke**
>
> **Substantiv + 's**
>
> Will man über das Geschäft oder die Wohnung einer Person und nicht über die Person selbst sprechen, hängt man einen Akzent und ein -s an das Substantiv oder den Namen an.
>
> | the baker | the baker's | (die Bäckerei) |
> | the doctor | at the doctor's | (beim Arzt) |
> | I'm going to Susan. | I'm going to Susan's. | [(Ich gehe zu Susan(s Wohnung).] |

> **Überblick**
>
> **Besonderheiten bei Substantiven**
>
> Unzählbare Substantive haben keine Plural-Form.
>
> **advice** (Rat)
> **furniture** (Möbel)
> **information** (Information)
> **knowledge** (Kenntnis)
>
> Einige Substantive haben unregelmäßige Pluralformen.
>
> | child | children (Kinder) |
> | foot | feet (Füße) |
> | man | men (Männer) |
> | mouse | mice (Mäuse) |
> | tooth | teeth (Zähne) |
> | woman | women (Frauen) |
>
> Einige Substantive sind im Singular und im Plural gleich.
>
> | deer | deer (Hirsche) |
> | fish | fish (Fische) |
> | sheep | sheep (Schafe) |
>
> Einige Substantive haben keine Singularform.
>
> **briefs** (Slip)
> **glasses** (Brille)
> **jeans** (Jeans)
> **pants** (Unterhose)
> **pyjamas** (Schlafanzug)
> **scissors** (Schere)
> **shorts** (Shorts)
> **trousers** (Hose)

Englisch

Die Wortarten

Das Verb – The verb: Regelmäßige Verben

Bildung und Verwendung

- Im Englischen wird das Verb nur in der 3. Person Singular verändert; in der Regel wird ein -s angehängt. Alle anderen Formen sind identisch mit der Grundform des Verbs. Da man an der Endung des Verbs nicht erkennen kann, auf wen sich das Verb bezieht, muss das Verb mit einem Personalpronomen bzw. einem Subjekt stehen:

speak (sprechen): I speak, you speak, he/she/it speaks, we speak, you speak, they speak

Die Bildung der 3. Person Singular ist bei einigen Verben unregelmäßig, dabei gelten ähnliche Regeln wie beim Plural der Substantive. Bei Verben, die auf einen Zischlaut enden, wird ein -es angehängt:

brush	**he/she/it brushes**	(er/sie/es bürstet)
fix	**he/she/it fixes**	(er/sie/es befestigt)
teach	**he/she/it teaches**	(er/sie/es unterrichtet)

Endet ein Verb auf einen Konsonaten und -y, wird die 3. Person Singular mit -es gebildet; außerdem wird aus dem -y ein -i. Bei Verben auf Vokal- und y-Endung wird die 3. Person Singular regelmäßig mit -s gebildet:

fly	**he/she/it flies**	er/sie/es fliegt

Merke

Die Konjugation von regelmäßigen Verben

Verben werden nur in der 3. Person Singular verändert, in der Regel durch Anhängen von -s.

love	**he/she/it loves**	(er/sie/es liebt)

Ausnahmen bilden Verben, die auf einen Zischlaut enden. Bei diesen Verben wird ein -es angehängt.

smash	**he/she/it smashes**	(er/sie/es schmettert)
mix	**he/she/it mixes**	(er/sie/es mischt)
kiss	**he/she/it kisses**	(er/sie/es küsst)
preach	**he/she/it preaches**	(er/sie/es predigt)

Ebenfalls mit -es wird die dritte Person Singular bei Verben auf Konsonat- und -y-Endung gebildet. Außerdem wird dann noch aus dem -y ein -i.

cry	**he/she/it cries**	(er/sie/es weint)

Das Verb – The verb: Unregelmäßige Verben

Bildung und Verwendung

- Das Verb *be* wird sowohl als vollwertiges Verb als auch als Hilfsverb zur Bildung von Zeiten gebraucht. Es hat mehrere unregelmäßige Formen:

	be – Langform	be – Kurzform	(sein)
I	am	I'm	
you	are	you're	
he/she/it	is	he's, she's, it's	
we	are	we're	
you	are	you're	
they	are	they're	

Das Verb *have* ist gleichzeitig Vollverb und Hilfsverb. Es dient zur Bildung von Zeiten. Lediglich die 3. Person Singular hat eine unregelmäßige Form:

	have – Langform	have – Kurzform	(haben, besitzen)
I	have	I've	
you	have	you've	
he/she/it	has	he's, she's, it's	
we	have	we've	
you	have	you've	
they	have	they've	

Übung

Konjugationstraining (Lösungen bitte abdecken)

Bilden Sie die 3. Person Singular der folgenden Verben.

	he/she/it
do	does
reach	reaches
walk	walks
cry	cries
be	is
wish	wishes
have	has

Auch das Verb *do* wird als Hilfsverb (zur Bildung von Fragen und zur Verneinung) und als vollwertiges Verb gebraucht. Die 3. Person Singular wird mit -es gebildet:

do (machen, tun, erledigen): I do, you do, he/she/it does, we do, you do, they do

Übung

Konjugationstraining (Lösungen bitte abdecken)

Konjugieren Sie die unregelmäßigen Verben *be, have* und *do*.

	be	have	do
I	am/'m	have/'ve	do
you	are/'re	have/'ve	do
he/she/it	is/'s	has/'s	does
we	are/'re	have/'ve	do
you	are/'re	have/'ve	do
they	are/'re	have/'ve	do

394

Englisch

Die Wortarten

Die modalen Hilfsverben – (Modal) Auxiliary verbs

Bildung

- Die Hilfsverben werden unverändert in der Grundform verwendet. Es gibt also – mit Ausnahme von *be able to* und *have to* – keine unterschiedlichen Formen für die 3. Person Singular oder die anderen Personen. Das Hilfsverb *can* kann nur zusammen mit einem Vollverb stehen und hat nur eine Form:

Jane is only six, but she can swim. (Jane ist erst sechs Jahre alt, kann aber schwimmen.)

Im Gegensatz dazu hat das Hilfsverb *be able to* aufgrund der Zusammensetzung mit dem Verb *be* unterschiedliche Formen für die einzelnen Personen. Es kann aber auch nur mit der Grundform eines Vollverbs stehen:

I am able to swim. (Ich kann schwimmen.)
You are able to swim. (Du kannst schwimmen.)
He/She/It is able to swim. (Er/Sie/Es kann schwimmen.)
We are able to swim. (Wir können schwimmen.)
You are able to swim. (Ihr könnt schwimmen.)
They are able to swim. (Sie können schwimmen.)

Wie fast alle Hilfsverben hat *could* nur eine Form für alle Personen und steht immer mit einem Vollverb in der Grundform:

It could rain tomorrow. (Morgen könnte es regnen.)

Wie *could* wird auch *must* in allen Formen unverändert verwendet und steht immer mit einem vollwertigen Verb:

Children must go to bed early. (Kinder müssen früh zu Bett gehen.)

Die verneinte Form von *must* ist *needn't*; sie hat für alle Personen dieselbe Form und steht genauso wie *must* immer nur zusammen mit einem Vollverb:

You needn't do it. (Du brauchst das nicht zu machen.)

Als eigenständiges Hilfsverb hat *mustn't* nichts mit *must* zu tun. Es steht mit einem Vollverb und hat nur eine Form für alle Personen:

You mustn't be late tomorrow. (Du darfst morgen nicht zu spät kommen.)

Das Hilfsverb *have to* hat, da es mit *have* gebildet wird, eine unregelmäßige Form in der 3. Person Singular. Die anderen Formen werden gleich gebildet und brauchen wie alle Hilfsverben ein Vollverb:

I have to do the rest tomorrow. (Ich muss den Rest morgen machen.)
She has to do the rest tomorrow. (Sie muss den Rest morgen machen.)

Die Hilfsverben *may* und *should* bilden keine unterschiedlichen Formen. Sie werden nur in Verbindung mit einem Vollverb gebraucht:

You may come in now. (Sie dürfen jetzt hereinkommen.)
You should visit your grandmother. (Du solltest deine Großmutter besuchen.)

Verwendung

Beim Gebrauch der Hilfsverben ist zu beachten, dass sie nur in der Gegenwart und/oder in der Bedeutung von Handlungen in der Zukunft verwendet werden.

Überblick

Verwendung der Hilfsverben

Genau wie im Deutschen werden Hilfsverben dazu verwendet, um etwa eine Empfehlung oder ein Verbot auszudrücken.

can / be able to	(können)	Fähigkeit
could	(könnte vielleicht)	Möglichkeit
may	(dürfen)	Erlaubnis
must / have to	(müssen)	Pflicht
mustn't	(nicht dürfen)	Verbot
needn't	(nicht brauchen)	Wahlmöglichkeit
should	(sollen)	Empfehlung

Merke

Hilfsverben

Hilfsverben können nur zusammen mit einem vollwertigen Verb in der Grundform gebraucht werden.

You must go to school.

Hilfsverben haben in allen Personen die gleiche Form (Ausnahmen sind *be able to* und *have to*).

You should go home now.
(Du solltest jetzt nach Hause gehen.)
I am able to go home now.
(Ich kann jetzt nach Hause gehen.)
He has to go home now. (Er muss jetzt nach Hause gehen.)

Übung

Hilfsverben (Lösungen bitte abdecken)

Setzen Sie die richtigen Hilfsverben ein.

I + Empfehlung + go when it is getting worse.	**I should go when it is getting worse.** (Ich sollte gehen, wenn es schlimmer wird.)
He is four and + Fähigkeit + count to ten in Spanish.	**He is four and can count to ten in Spanish.** (Er ist vier und kann auf Spanisch bis zehn zählen.)
You + Verbot + go out on Friday night.	**You mustn't go out on Friday night.** (Du darfst Freitagabend nicht ausgehen.)
They + Möglichkeit + be at home now.	**They could be at home now.** (Sie könnten jetzt zu Hause sein.)
You + Erlaubnis + watch TV now.	**You may watch TV now.** (Du darfst jetzt Fernsehen gucken.)
Everyone + Pflicht + stop at a red traffic light.	**Everyone must stop at a red traffic light.** (Alle müssen an einer roten Ampel anhalten.)

Englisch

Die Wortarten

Das Adverb – The adverb

Bildung
- Fast immer wird zur Bildung des Adverbs an das Adjektiv ein *-ly* angefügt:

  quick – quickly (schnell)

  Endet ein Adjektiv auf *-y*, wird bei den meisten Adjektiven aus dem *-y* ein *-i*:

  easy – easily (leicht)

  Bis auf wenige Ausnahmen fällt bei Adjektiven, die auf *-le* und *-e* enden, das *-e* weg:

  simple – simply (einfach)   true – truly (wahr)

  Endet ein Adjektiv auf *-ic*, hängt man zur Bildung des Adverbs ein *-ally* an:

  systematic – systematically (systematisch)

  Adjektive, die bereits auf *-ly* enden, bilden das Adverb mit der Konstruktion *in such a* + Adjektiv + *way*:

  lovely – in such a lovely way (auf diese liebenswerte Weise)

Verwendung
Adverbien beschreiben ein Verb oder eine Handlung näher und zeigen an, wie etwas passiert. Adverbien können aber auch Adjektive oder andere Adverbien genauer bestimmen. Sie stehen in der Regel entweder am Satzanfang, am Satzende oder vor dem Verb, das sie näher beschreiben, bzw. nach einer Form von *be*.

Vergleiche mit Adverbien
- Zwei gleiche Dinge oder Personen werden mit der Konstruktion *as* + Adverb + *as* miteinander verglichen:

  Peter works as hard as Jane. (Peter arbeitet genauso hart wie Jane.)

  Der Vergleich ungleicher Dinge oder Personen wird entweder mit der Komparativ-Form des Adverbs + *than* oder mit *less* + Adverb + *than* gebildet:

  Peter must work harder than Jane. (Peter muss härter arbeiten als Jane.)
  Jane works less hard than Peter. (Jane arbeitet weniger hart als Peter.)

Steigerung von Adverbien
- Adverbien werden anhand ihrer Endung gesteigert. Bilden sie die Adverb-Form mit *-ly*, werden sie mit **more** und **most** gesteigert:

  quickly – more quickly – most quickly (schnell – schneller – am schnellsten)

  Sind die Adverb-Form und die Adjektiv-Form identisch, wird durch Anhängen von *-er/-est* gesteigert:

  fast – faster – fastest (schnell – schneller – am schnellsten)

  Einige Adverbien haben unregelmäßige Steigerungsformen. Die unregelmäßigen Adverb-Formen sind aber gleich mit denen ihrer Adjektive:

  little – less – least (wenig – weniger – am wenigsten)

Merke
Satzstellung und Adverbien

Adverbien haben je nach Bedeutung eine unterschiedliche Satzstellung. Bei mehreren Adverbien am Satzende gilt folgende Reihenfolge: Adverbien der Art und Weise VOR Adverbien des Ortes VOR Zeitadverbien.

- Satzadverbien (etwa *unfortunately*) stehen am Satzanfang.
- Adverbien der Art und Weise (wie z. B. *quickly*) stehen am Satzende.
- Adverbien des Ortes (z. B. *in*) und der Zeit (wie etwa *at*) stehen am Satzende.
- Adverbien der Häufigkeit stehen am Satzende, wenn sie aus zwei oder mehr Wörtern bestehen (z. B. *every year*). Ansonsten stehen Adverbien der Häufigkeit (wie z. B. *sometimes*) vor dem Verb, das sie näher beschreiben, bzw. nach einer Form von *be*.
- Adverbien des Grades (etwa *hardly*) stehen vor dem Wort, das sie genauer beschreiben.

Merke
Besondere Adverbien

Manche Adverbien behalten ihre Adjektiv-Form, da sie mit der Endung *-ly* eine andere Bedeutung haben als ohne. Die am häufigsten gebrauchten Adjektive mit dieser Besonderheit sind:

Adjektiv		Adverb	
close	(nahe)	closely	(eng)
fair	(gerecht)	fairly	(ziemlich)
hard	(hart)	hardly	(kaum)
high	(hoch)	highly	(höchst, sehr)
late	(spät)	lately	(in letzter Zeit)
pretty	(ziemlich)	prettily	(hübsch)
short	(kurz)	shortly	(bald)

Einige wenige Adverbien haben identische Formen für Adjektiv und Adverb.

early	(früh)	early	(früh)
fast	(schnell)	fast	(schnell)
long	(lang)	long	(lang)

Übung
Bildung von Adverbien (Lösungen bitte abdecken)

Bilden Sie das Adverb folgender Adjektive.

Adjektiv	Adverb	
bad	badly	(schlecht)
true	truly	(richtig)
silly	in a such silly way	(dumm)
automatic	automatically	(automatisch)
fast	fast	(schnell)
careful	carefully	(vorsichtig)

396

Englisch

Die Wortarten

Das Adjektiv – The adjective

Bildung
- Adjektive haben nur eine Form; sie verändern sich nicht wie im Deutschen in Anzahl und Geschlecht. Der Vergleich zweier gleicher Dinge oder Personen wird mit *as* + Adjektiv + *as* gebildet:

This book is as interesting as a detective story.
(Dieses Buch ist genauso interessant wie ein Kriminalroman.)

Der Vergleich ungleicher Dinge oder Personen wird entweder mit der Komparativ-Form des Adjektivs + *than* oder mit *less* + Adjektiv + *than* gebildet:

The movie is more interesting than the book.
(Der Film ist interessanter als das Buch.)
Reading is less difficult than listening.
(Lesen ist weniger schwierig als zuhören.)

Verwendung
Adjektive beschreiben Dinge oder Personen genauer und werden im Satz entweder vor das Substantiv, das sie näher beschreiben, oder nach einer Form von *be* bzw. *become* gestellt. Die Vergleichskonstruktion steht immer zwischen den zu vergleichenden Dingen bzw. Personen. Die Stellung des Adjektivs kann in diesen Konstruktionen nicht verändert werden. Mehrere Adjektive werden mit *and* verbunden. Dabei muss bei mehreren Adjektiven hintereinander und bei einer Steigerung mit *more* das *more* nicht mehrmals verwendet werden.

Steigerung der Adjektive
- Komparativ und Superlativ der Adjektive werden anhand der Anzahl der Silben des Adjektivs bestimmt. Bei der Bildung des Komparativs gibt es zwei Formen der Steigerung: durch die Ergänzung von *more* – dabei steht *more* vor dem Adjektiv – oder durch das Anhängen von *-er* an das Adjektiv. Hat ein Adjektiv eine Silbe, wird es durch das Anhängen von *-er* gesteigert. Auch beim Superlativ gibt es zwei Möglichkeiten: durch die Ergänzung von *most* – direkt vor dem Adjektiv – oder durch Anhängen von *-est* an das Adjektiv. Einsilbige Adjektive werden mit *-est* gesteigert:

Grundform	Komparativ	Superlativ
short (kurz)	shorter (kürzer)	shortest (am kürzesten)

Wird der Vokal vor den Endkonsonanten kurz ausgesprochen, verdoppelt sich der Endkonsonant. Die Endung der Komparativ-Form bleibt unverändert *-er*, die der Superlativ-Form *-est*:

Grundform	Komparativ	Superlativ
hot (heiß)	hotter (heißer)	hottest (am heißesten)

Endet das einsilbige Adjektiv auf *-e*, so wird lediglich ein *-r* (Komparativ) bzw. ein *-st* (Superlativ) angefügt:

Grundform	Komparativ	Superlativ
noble (edel)	nobler (nobler)	noblest (am edelsten)

Verwendung
Der Komparativ wird benutzt, um eine Steigerung des Adjektivs auszudrücken. Beim Superlativ wird ein Adjektiv bis zum höchsten Grad gesteigert. Das Adjektiv wird im Satz entweder vor das Substantiv, das es näher beschreibt, oder nach eine Form von *be* bzw. *become* gestellt. Mehrere Adjektive in einem Satz werden mit *and* verbunden.

Merke

Unregelmäßige Steigerungsformen

Einige Adjektive haben unregelmäßige Komparativ- und Superlativformen.

Grundform	Komparativ	Superlativ
bad (schlecht)	worse (schlechter)	worst (am schlechtesten)
few/little (wenig)	less (weniger)	least (am wenigsten)
good (gut)	better (besser)	best (am besten)
many/much (viel)	more (mehr)	most (am meisten)

Merke

Besonderheiten

Auch zweisilbige Adjektive bilden mit der Endung *-er* den Komparativ und mit *-est* den Superlativ. Sie müssen aber auf *-y* enden. Dann wird aus dem *-y* ein *-i*. Alle anderen Adjektive – zwei- oder mehrsilbige ohne *y*-Endung – werden mit der Ergänzung *more* bzw. *most* + Adjektiv gebildet.

Grundform	Komparativ	Superlativ
easy (leicht)	easier (leichter)	easiest (am leichtesten)
exciting (aufregend)	more exciting (aufregender)	most exciting (am aufregendsten)

Übung

Komparativ und Superlativ (Lösungen bitte abdecken)

Setzen Sie die Adjektive in den Komparativ und Superlativ.

Adjektiv	Komparativ	Superlativ
difficult (schwer)	more difficult	most difficult
good (gut)	better	best
big (groß)	bigger	biggest
interesting (interessant)	more interesting	most interesting
noisy (laut)	noisier	noisiest
bad (schlecht)	worse	worst

Englisch

Die Wortarten

Überblick

Reflexivpronomen

Die Reflexivpronomen werden aus Possessiv- bzw. Personalpronomen mit der Endung -self gebildet. Sie werden nach Anzahl, Person und biologischem Geschlecht – lediglich in der 3. Person Singular – unterschieden. Die 2. Person (Singular und Plural) wird auch für die höfliche Anrede verwendet. Die Reflexivpronomen betonen, dass eine Person etwas selbst tut. Sie können benutzt werden, wenn das Objekt des Satzes identisch ist mit dem Subjekt des Satzes.

Reflexivpronomen

my**self**	(ich selbst)
your**self**	(du/Sie selbst)
him**self**	(er selbst)
her**self**	(sie selbst)
it**self**	(es selbst)
our**selves**	(wir selbst)
your**selves**	(ihr/Sie selbst)
them**selves**	(sie selbst)

Merke

Reflexivpronomen

Möchte man eine wechselseitige Beziehung ausdrücken, nimmt man statt der reflexiven Pronomen die unveränderlichen, bedeutungsgleichen Ausdrücke *each other* oder *one another*.

We love each other. – We love one another.
(Wir lieben einander.)

Merke

Reflexivpronomen

Reflexivpronomen werden im Englischen viel seltener verwendet als im Deutschen, da viele Verben nicht reflexiv sind. Die wichtigsten sind:

change	(sich ändern/sich verwandeln)
complain	(sich beschweren/sich beklagen)
dress	(sich anziehen)
hide	(sich verstecken)
imagine	(sich vorstellen)
lie	(sich hinlegen)
move	(sich bewegen)
recover	(sich erholen)
relax	(sich entspannen)
remember	(sich erinnern)
shave	(sich rasieren)
sit	(sich hinsetzen)
wash	(sich waschen)

Das Pronomen – The pronoun

Pronomen ersetzen auch im Englischen andere Wörter, zumeist Substantive. Im Folgenden werden Personal-, Possessiv-, Demonstrativ- und Reflexiv- und Relativpronomen vorgestellt:

Die Personalpronomen

● Im Englischen unterscheidet man bei den Personalpronomen nach Anzahl, Person, Fall (Subjekt- oder Objektform) und nach biologischem Geschlecht (nur bei der 3. Person Singular). Für die höfliche Anrede wird jeweils die 2. Person genommen:

Subjektformen	**Objektformen**
I (ich)	me (mich/mir)
you (du/Sie)	you (dich/dir; Sie/Ihnen)
he (er)	him (ihn/ihm)
she (sie)	her (sie/ihr)
it (es)	it (es/ihm)
we (wir)	us (uns)
you (ihr/Sie)	you (euch; Sie/Ihnen)
they (sie)	them (sie/ihnen)

Die Personalpronomen ersetzen das Subjekt oder das Objekt des Satzes. In den meisten Fällen wird das Subjektpronomen verwendet, bei der Satzkonstruktion *it is/is it* stehen die Objektpronomen. Die Objektpronomen stehen außerdem nach Ausrufen ohne Verb.

Die Possessivpronomen

● Bei der Bildung der Possessivpronomen unterscheidet man nach Anzahl, nach Person und bei der 3. Person Singular nach dem biologischen Geschlecht. Sachen – z. B. Tiere, Gegenstände, Ereignisse, etc. – sind in der Regel Neutrum:

Substantivische Possessivpronomen	**Attributive Possessivpronomen**
mine (meins/meine …)	my (mein/meine …)
yours (deins …; Ihrs …)	your (dein …; Ihr …)
his (seins …)	his (sein …)
hers (ihrs …)	her (ihr …)
its (seins …; ihrs…)	its (sein …; ihr …)
ours (unsers …)	our (unser …)
yours (euers …; Ihrs…)	your (euer …; Ihr …)
theirs (ihrs …)	their (Ihr …)

Die Possessivpronomen werden benutzt, um den Besitz oder die Zugehörigkeit von etwas anzuzeigen. Die attributiven Possessivpronomen stehen immer direkt vor dem zugehörigen Substantiv und können nicht allein – also ohne Substantiv – stehen. Hingegen stehen die substantivischen Possessivpronomen allein, da sie das Substantiv des Satzes ersetzen.

Die Demonstrativpronomen

● Bei der Bildung der Demonstrativpronomen unterscheidet man nur die Anzahl:

Nah beim Sprecher	**Weiter entfernt**
this (dies hier)	that (jenes dort)
these (diese hier)	those (jene dort)

Im Englischen unterscheidet man beim Gebrauch der Demonstrativpronomen zwei Entfernungen (hier – dort), wenn man über Dinge spricht, die sich in unmittelbarer Umgebung befinden. Außerdem können die Demonstrativpronomen verwendet werden, um einen Artikel und ein Substantiv zu ersetzen, in der Bedeutung „so" oder statt eines Artikels vor einem Substantiv.

Englisch
Die Wortarten

Die Relativpronomen
- Relativpronomen verbinden Relativsätze – das sind Nebensätze – mit dem Hauptsatz. Die Relativpronomen für Personen sind *who* oder *that*, für Sachen *which* oder *that*. Ein Relativsatz, der die Zugehörigkeit zu oder den Besitz von etwas ausdrücken soll, wird mit *whose* gebildet. Relativsätze werden verwendet, um Substantive, Pronomen oder auch ganze Sätze näher zu bestimmen. Sie werden immer nachgestellt:

John is the man who called me. (John ist der Mann, der mich anrief.)
This is the house which John bought. (Dies hier ist das Haus, das John kaufte.)
Peter is the man whose brother bought the house. (Peter ist der Mann, dessen Bruder das Haus kaufte.)

Bei der Bildung von Relativsätzen kann man das Relativpronomen weglassen, wenn der Nebensatz das Objekt des Hauptsatzes näher beschreibt:

She was at a party (which) an old friend held in London. (Sie war auf einer Party, die ein alter Freund in London gab.)

Merke

Relativsätze

Im Gegensatz zum Deutschen müssen Relativsätze nicht immer durch ein Komma abgetrennt werden, obwohl sie z. B. ein Substantiv oder den vorangegangenen Satz näher bestimmen. Liefert der Relativsatz lediglich zusätzliche Informationen zu einem bereits identifizierten Gegenstand, muss ein Komma gesetzt werden. Wird hingegen der Gegenstand erst im Relativsatz identifiziert, muss kein Komma stehen.

This is my friend, who came on holiday with me last year.
(Dies ist mein Freund, der letztes Jahr mit mir in Urlaub war.)

I have to catch the train that will leave at ten o'clock.
(Ich muss den Zug erreichen, der um 8 Uhr abfährt.)

Die Präpositionen – The Prepositions

Bildung
- Präpositionen sind grundsätzlich unveränderlich und bilden sehr oft eine Einheit mit Substantiven und Pronomen. Die Wahl der passenden Präposition hängt jeweils vom gemeinten Sachverhalt ab:

John is behind the house. (John ist hinter dem Haus.)
We meet at nine o'clock. (Wir treffen uns um 9 Uhr.)

Steht ein Verb direkt nach einer Präposition, benutzt man die Grundform des Verbs mit der -*ing*-Endung:

I'm interested in learning Spanish. (Ich bin daran ineressiert Spanisch zu lernen.)

Verwendung
Präpositionen kennzeichnen räumliche oder zeitliche Verhältnisse. Sie können auch zur Darstellung von logischen Beziehungen zwischen Personen, Sachen oder Vorgängen gebraucht werden. Im Englischen stehen Präpositionen vor den Substantiven bzw. den Pronomen, auf die sie sich beziehen.

Überblick

Präpositionen

Präpositionen kennzeichnen u. a. räumliche oder zeitliche Verhältnisse.

across	(über)
against	(gegen)
along	(entlang)
at	(in/bei/an/auf/zu)
away	(weg/fort)
behind	hinter
below	unter
by	(an/neben)
during	während
for	(für/zu/nach)
from	(von/aus)
in	(in)
into	(in)
on	(auf/an)
opposite	(gegenüber)
over	(über/in/während)
through	(durch)
to	(zu/nach)
until	(bis)
upon	(auf/an)
without	(ohne)

Die Konjunktionen – The Conjunctions

Bildung
- Konjunktionen sind unveränderlich und bilden daher keine unterschiedlichen Formen. Sie werden – wie im Deutschen – nach ihrer Bedeutung verwendet:

I called, because it was late. (Ich rief an, weil es spät war.)
I called, although it was late. (Ich rief an, obwohl es spät war.)

Verwendung
Konjunktionen werden dazu verwendet, einzelne Wörter oder Satzglieder miteinander zu verbinden. Sie können auch benutzt werden, um ganze Sätze zu verknüpfen. Zu den wichtigsten Konjunktionen zählen *after* – danach, *although* – obwohl, *as* – weil/als, *because* – weil, *before* – bevor, *but* – aber, *if* – falls, *or* – oder, *since* – seit, *until* – bis (dass), *when* – wenn/als, *where* – wo/wohin und *while* – während/solange.

Merke

Konjunktionen

Die Konjunktion *when* wird mit den Bedeutungen *wenn* und *als* verwendet.

I call you back when I finish my homework.
(Ich rufe dich zurück, wenn ich meine Hausaufgaben beendet habe.)

I was doing my homework when you called.
(Ich machte gerade meine Hausaufgaben, als du anriefst.)

399

Englisch

Die Wortarten

Die Mengenangaben – The Quantifiers

Bildung

- Die Mengenangaben *some* und *any* sind unveränderlich:

  Would you buy some apples? (Könntest du einige Äpfel kaufen?)
  – OK, I am going to buy some apples. (In Ordnung, ich kaufe einige Äpfel.)

  Are there any apples left? (Sind noch einige Äpfel da?)
  – I am not going to buy any apples. [Ich kaufe keine (keine = nicht einige) Äpfel.]

- Im Englischen werden Mengenangaben auch in Satzkonstruktionen mit *some* und *any* gebildet, wo man im Deutschen *einige* bzw. *etwas* weglassen würde.

  I must buy some apples. (Ich muss Äpfel kaufen.)

Auch die Mengenangaben *much, many* und *a lot of* bilden keine unterschiedlichen Formen:

Are there many apples left? (Sind noch viele Äpfel übrig?)
There is not much coffee left. (Es ist nicht mehr viel Kaffee übrig.)
There are a lot of apples left. (Es sind noch viele Äpfel übrig.)
There is a lot of coffee left. (Es ist noch viel Kaffee übrig.)

Unveränderlich sind auch die Mengenangaben *a few/few* und *a little/little*:

Can I just have a little coffee, please? (Kann ich nur ein wenig Kaffee haben, bitte?)
There are only a few apples left. (Es sind nur wenige Äpfel übrig.)

Wie alle Mengenangaben weisen auch *each* und *every* keine unterschiedlichen Formen auf:

We go out for dinner every/each night. (Wir gehen jeden Abend zum Essen aus.)

Verwendung

Some und *any* werden mit der Bedeutung *etwas/einige* verwendet, wenn man über eine unbestimmte Menge reden möchte. Dabei wird *some* in bejahten Aussagen und bei einer Bitte bzw. bei einem Angebot gebraucht. *Any* wird in verneinten Sätzen und in Fragen benutzt.

Bei der Mengenangabe *viel* unterscheidet man zwischen *many, much* und *a lot of*. Bei zählbaren Substantiven benutzt man *many*, bei unzählbaren Substantiven *much*. Beide werden in Fragen und verneinten Sätzen gebraucht. Möchte man „viel" in einem bejahten Satz verwenden, benutzt man *a lot of*.

Die Unterscheidung *a few/few* und *a little/little* wird gemacht, wenn man die Mengenangabe *(ein) wenig/(einige) wenige* benutzt. Beide – *a few/few* und *a little/little* – werden sowohl in bejahten als auch verneinten Sätzen sowie in Fragen verwendet. Der Gebrauch wird zwischen zählbaren Substantiven (mit *a few/few*) und unzählbaren Substantiven (mit *a little/little*) unterschieden.

Die Mengenangaben *each* und *every* sind aufgrund ihrer Bedeutungen im Gebrauch fast identisch. *Each* wird mit der Bedeutung *jeder Einzelne* (aus einer zählbaren Gruppe) verwendet, während *every* in der Bedeutung *alle* (ohne eine Ausnahme) gebraucht wird. Beide – *each* und *every* – müssen immer vor dem Substantiv stehen, auf das sie sich beziehen.

Merke

Mengenangaben

Some steht in bejahten Aussagen und bei einer Bitte bzw. bei einem Angebot und *any* in verneinten Sätzen und bei Fragen. Analog dazu werden folgende Zusammensetzungen verwendet:

somebody	anybody
someone	anyone
something	anything

Merke

Mengenangaben

Möchte man ausdrücken, dass *mehr als genug* von etwas vorhanden ist, verwendet man statt *a lot of* die Mengenangabe *plenty of*.

There are plenty of apples left.
(Es sind noch mehr als genug Äpfel übrig.)

Bei der Verwendung von *each* und *every* kann in einigen Fällen nur *each* stehen, z. B. bei einer Auswahl zwischen nur zwei Dingen oder Personen.

Each half of the cake has 4 pieces.
(Jede Hälfte des Kuchens hat vier Stücke.)

Da *each* und *every* immer vor einem Substantiv stehen, kann als Ausnahme nur *each* in Konstruktionen mit *of* oder in Sätzen ohne Nomen gebraucht werden.

Each of the two players is a winner.
(Jeder der beiden Spieler ist ein Sieger.)
They cost 200 € each.
(Sie kosten jeder 200 €.)

Übung

Mengenangaben (Lösungen bitte abdecken)

Entscheiden Sie sich bei diesen Sätzen für die richtige Mengenangabe.

Don't drink too much/ a lot/ many.	Don't drink **too much**.
I would like to have something/anything to eat.	I would like to have **something** to eat.
Every/Each of us may be the winner.	**Each** of us may be the winner.
There is some/any milk in the fridge.	There is **some** milk in the fridge.
We hear much/a lot/ many about it.	We hear **a lot** about it.
I drink my coffee only with a little/a few sugar.	I drink my coffee only with **a little** sugar.

Englisch

Die Zeiten

Die einfache Gegenwart – Simple present

Bildung
- Im Englischen wird das Verb im *simple present* nur in der 3. Person Singular verändert, indem ein -s angehängt wird. Alle anderen Formen sind identisch mit der Grundform des Verbs:

speak (sprechen): I speak, you speak, he/she/it speaks, we speak, you speak, they speak

Die Bildung der 3. Person Singular ist bei einigen Verben unregelmäßig. So wird bei Verben, die auf einen Zischlaut enden, ein -es angehängt. Endet ein Verb auf Konsonat und -y, wird die 3. Person Singular mit -es gebildet; zudem wird aus dem -y ein -i. Die Verben *be, have* und *do* haben ebenfalls unregelmäßige Formen. Da die Bildung der regelmäßigen und unregelmäßigen Verben am Beispiel der Gegenwart erklärt wird, sind alle Ausnahmen in der Bildung des *simple present* im Abschnitt Verben (Seite 394) zu finden.

Verwendung
Die Formen des *simple present* können nicht ohne Personalpronomen bzw. Person oder Sache stehen. Dadurch ist jede Form genau einer Person zugeordnet. Das *simple present* wird bei Handlungen verwendet, die wiederkehren oder eine Gewohnheit darstellen. Außerdem wird es benutzt, um von Zuständen oder Handlungen in der Gegenwart zu berichten.

Die *-ing*-Form der Gegenwart – Present progressive

Bildung
- Das *present progressive* wird mit einer Form von *be*, der Grundform des Verbs und der Endung *-ing* gebildet. Das Verb mit der Endung *-ing* ist unveränderlich; die einzelnen Personen werden mit Hilfe der Formen des (Hilfs-)Verbs *be* gebildet:

I	am	going	(ich gehe/fahre/reise)
you	are	walking	[du gehst (spazieren)]
he/she/it	is	sleeping	(er/sie/es schläft)
we	are	talking	(wir sprechen)
you	are	eating	(ihr esst)
they	are	looking	(sie schauen)

Endet die Grundform eines Verbs mit einem Konsonanten und wird der davorstehende Vokal kurz ausgesprochen, verdoppelt sich der Endkonsonant:

run – running (laufen)

Endet die Grundform des Verbs auf *-e*, fällt das *-e* weg:

love – loving (lieben)

Bei Verben mit der Endung *-ie* wird aus dem *-ie* ein *-y* :

die – dying (sterben)

Verwendung
Für das *present progressive* gibt es im Deutschen keine vergleichbare Zeit. Im Englischen wird das *present progressive* verwendet, um Handlungen zu beschreiben, die im Moment des Sprechens passieren bzw. nur für eine kurze Zeit andauern.

Merke

Signalwörter für das *simple present*

Das *simple present* wird bei wiederkehrenden Handlungen und Gewohnheiten verwendet. Es steht häufig in Verbindung mit Signalwörtern, die eine solche Regelmäßigkeit ausdrücken.

always	(immer)
every day/week	(jeden Tag/jede Woche)
never	(nie)
occasionally	(gelegentlich)
often	(oft)
sometimes	(manchmal)
twice a year	(zweimal jährlich)
usually	(gewöhnlich)

Merke

Present progressive

Das *present progresssive* wird benutzt, um Handlungen auszudrücken, die gleichzeitig ablaufen. Daher eignen sich einige Verben aufgrund ihrer speziellen Bedeutung nicht zur Bildung der *-ing*-Form.

agree	(zustimmen)
be	(sein)
believe	(glauben)
dislike	(nicht mögen)
hate	(hassen)
know	(kennen)
like	(mögen)
love	(lieben)
mean	(meinen)
prefer	(bevorzugen)
remember	(sich erinnern)
understand	(verstehen)
want	(wollen)
wish	(wünschen)

Merke

Signalwörter für das *present progressive*

Wie das *simple present* hat auch das *present progressive* Signalwörter, die den Gebrauch der Zeit anzeigen.

at present	(gegenwärtig)
at the moment	(im Augenblick)
currently	(momentan)
now	(jetzt)

Übung

Present progressive (Lösungen bitte abdecken)

Setzen Sie die Verben in der richtigen Person in das *present progressive*.

we/walk	**we are walking**
she/lie	**she is lying**
I/hit	**I am hitting**
you/love	**you are loving**
they/make	**they are making**
it/eat	**it is eating**

401

Englisch

Die Zeiten

Merke
Signalwörter für das *present perfect*

Signalwörter für das *present perfect* sind zum Beispiel:

already	(schon)
ever	(je)
for	(seit)
just	(einfach)
lately	(in letzter Zeit)
never	(nie)
recently	(kürzlich)
since	(seit)
this morning/week	(diesen Morgen/diese Woche)

Merke
Signalwörter für das *present perfect* progressive

Da das *present perfect progressive* bei längeren Handlungen verwendet wird, die in der Vergangenheit begonnen haben und in die Gegenwart reichen, stehen folgende Adverbien der Zeit häufig mit dem *present perfect progressive*:

all day	(den ganzen Tag)
the whole week/year	(die ganze Woche/das ganze Jahr)
for	(seit)
since	(seit)

Merke
Drei Zusatzregeln zur Schreibung des *present perfect*

Bei der Schreibung des Partizip II gibt es bei regelmäßigen Verben drei Zusatzregeln zu beachten:

– Endet ein Verb auf *-e*, wird lediglich ein *-d* angehängt:
  love – loved (geliebt)

– Der Endkonsonant des Verbs wird verdoppelt, wenn der davorstehende Vokal kurz ausgesprochen wird:
  stop – stopped (gestoppt)

– Endet das Verb auf Konsonant + *-y*, wird aus dem *-y* ein *-i*:
  carry – carried (getragen)

Merke
Drei Zusatzregeln zur Schreibung des *present perfect progressive*

Bei der Bildung der *-ing*-Form – nicht nur beim *present perfect progressive* – gibt es drei Schreibregeln zu beachten:

– Endet die Grundform eines Verbs auf einen Konsonanten – der davorstehende Vokal muss dabei kurz ausgesprochen werden –, verdoppelt sich der Endkonsonant:
  run – running (laufen)

– Endet die Grundform des Verbs auf *-e*, fällt das *-e* weg:
  love – loving (lieben)

– Bei Verben mit der Endung *-ie* wird aus dem *-ie* ein *-y*:
  die – dying (sterben)

Das Perfekt – Present perfect

Bildung

● Das *present perfect* wird mit einer Form von *have* und dem *past participle* (Partizip II) des Verbs gebildet. Da das Partizip III – bei regelmäßigen Verben durch Anhängen von *-ed* an die Grundform des Verbs gebildet – unveränderlich ist, werden die einzelnen Personen mit den Formen des (Hilfs-)Verbs *have* gebildet.
Trotz gleicher Formen von *have* bei fast allen Personen lässt sich jede Form – im Satzzusammenhang – genau einer Person zuordnen, da das Verb nicht ohne Personalpronomen bzw. Person oder Sache stehen kann:

I	have	gone.
you	have	walked.
he/she/it	has	slept.
we	have	talked.
you	have	eaten.
they	have	looked.

Bei den unregelmäßigen Verben variiert die Bildung des Partizip III so stark (sowohl in der Schreibung als auch in der Aussprache), dass die Formen für jedes unregelmäßige Verb einzeln auswendig gelernt werden müssen. Da das Partizip III identisch mit den regelmäßigen Verbformen des *simple past* ist, werden die Verben mit unregelmäßigen Partizip-Formen im Abschnitt *simple past* (Seite 404) aufgelistet.

Verwendung

Das *present perfect* wird bei Handlungen bzw. Ereignissen verwendet, die gerade erst passiert sind. Die in der Vergangenheit begonnenen – und noch nicht abgeschlossenen – Handlungen haben somit noch direkte Auswirkungen auf die Gegenwart.
Das *present perfect* bildet sozusagen eine verbindende Brücke zwischen der Vergangenheit und der Gegenwart. Die Verwendung der Vergangenheitsformen ist für Deutschsprechende oft schwierig, da die deutsche Zeitform nicht wortwörtlich ins Englische übersetzt werden kann. Um das *present perfect* besser erkennen zu können, lassen sich im Deutschen gleichwohl Signalwörter wie *bisher* oder *bis jetzt* einfügen.

Die *ing*-Form des Perfekts – Present perfect progressive

Bildung

● Das *present perfect progressive* wird mit einer Form von *have*, der Form *been* und der Grundform des Verbs mit der Endung *-ing* gebildet. Das Verb mit der Endung *-ing* und *been* sind unveränderlich, wodurch die einzelnen Personen mit den Formen des (Hilfs-)Verbs *have* gebildet werden:

I	have	been	going.
you	have	been	walking.
he/she/it	has	been	sleeping.
we	have	been	talking.
you	have	been	eating.
they	have	been	looking.

Verwendung

Das *present perfect progressive* wird verwendet, um Handlungen zu beschreiben, die in der Vergangenheit begonnen haben und im Moment des Sprechens noch andauern.

Englisch

Die Zeiten

Die Befehlsform (Imperativ) – Imperative

Bildung
- Der Imperativ wird für alle Personen mit der Grundform des Verbs gebildet:

Peter, go home. (Peter, geh nach Hause!)
Peter and Jane, go home. (Peter und Jane, geht nach Hause!)

Ebenfalls gebraucht – im Sinne eines Vorschlags – wird die Konstruktion *let's* mit der Grundform des Verbs:

Let's go home. (Lass uns nach Hause gehen.)

Verwendung
Wie im Deutschen wird auch im Englischen der Imperativ verwendet, um einen Befehl zu geben oder eine Bitte auszusprechen. Bei einer Aufforderung benutzt man – mit der Bedeutung *lass(t) uns* – eher die Konstruktion *let's* mit der Grundform des Verbs. Beim Imperativ wird im Englischen – im Gegensatz zum Deutschen – kein Ausrufezeichen gesetzt.

Das Gerundium – Gerund

Bildung
Die Bildung des Gerundiums ist identisch mit der Bildung des *present progressive*: An die Grundform des Verbs wird die Endung *-ing* angehängt.

sleep – sleeping (schlafen)

Außerdem muss nach bestimmten Wendungen und Ausdrücken das Gerundium stehen, wenn im Deutschen ein Nebensatz angeschlossen würde:

How about going out for dinner? (Wie wäre es, zum Abendessen auszugehen?)

Das Gerundium steht darüber hinaus immer nach Präpositionen bzw. Konstruktionen mit Präpositionen – etwa einem Verb in Verbindung mit einer Präposition, einem Nomen mit einer Präposition oder einem Adjektiv mit einer Präposition:

I look forward to seeing you soon.
(Ich freue mich darauf, Sie bald wiederzusehen.)

I like the idea of being in control.
(Ich mag die Vorstellung, die Kontrolle zu haben.)

I am not interested in going out tonight.
(Ich bin nicht daran interessiert, heute auszugehen.)

Verwendung
Das Gerundium wird fast immer in der Bedeutung eines substantivierten Verbs verwendet. Es muss nach einer Reihe von Verben – die einzeln auswendig gelernt werden müssen – benutzt werden. Gleiches gilt für Verben, nach denen das Verb in der Grundform stehen muss. Außerdem steht das Gerundium immer nach Präpositionen – es sei denn, die Präposition ist Teil des Verbs – und nach einigen Redewendungen.

Überblick

Besonderheiten

Nach folgenden Verben ist es nicht möglich, das Gerundium zu verwenden.

afford	(sich leisten)
choose	(auswählen)
decide	(entscheiden)
expect	(erwarten)
hope	(hoffen)
intend	(beabsichtigen)
mean	(meinen)
plan	(planen)
promise	(versprechen)
refuse	(ablehnen)
try	(versuchen)
want	(wollen)

Andererseits gibt es Verben, bei denen das nachfolgende Verb im Gerundium stehen muss:

admit	(gestehen)
avoid	(vermeiden)
consider	(erwägen)
delay	(verschieben)
deny	(bestreiten)
dislike	(nicht mögen)
enjoy	(genießen)
finish	(beenden)
hate	(hassen)
imagine	(sich vorstellen)
keep	[(be)halten]
like	(mögen)
love	(lieben)
mention	(erwähnen)
mind	(ausmachen/stören/achten auf)
miss	(vermissen)
practise	(praktizieren/üben/ausüben)
prefer	(vorziehen)
risk	(riskieren)
suggest	(vorschlagen)

Englisch

Die Zeiten

Merke

Simple Past

Die Bildung des *simple past* bei den unregelmäßigen Verben variiert so stark, dass die Formen für jedes unregelmäßige Verb einzeln auswendig gelernt werden müssen. Häufig vorkommende Partizip-Formen der unregelmäßigen Verben:

Infinitiv	Simple Past	Partizip II (Past Participle)
be	was, were	been
become	became	become
begin	began	begun
break	broke	broken
bring	brought	brought
buy	bought	bought
choose	chose	chosen
come	came	come
cost	cost	cost
do	did	done
drink	drank	drunk
drive	drove	driven
eat	ate	eaten
fall	fell	fallen
fly	flew	flown
give	gave	given
go	went	gone
have	had	had
hear	heard	heard
hurt	hurt	hurt
keep	kept	kept
know	knew	known
leave	left	left
lose	lost	lost
make	made	made
mean	meant	meant
meet	met	met
pay	paid	paid
put	put	put
read	read	read
ring	rang	rung
run	ran	run
say	said	said
see	saw	seen
send	sent	sent
show	showed	shown
sit	sat	sat
sleep	slept	slept
speak	spoke	spoken
stand	stood	stood
swim	swam	swum
take	took	taken
tell	told	told
think	tought	tought
understand	understood	understood

Übung

Bildung der Vergangenheit (Lösungen bitte abdecken)

Setzen Sie die Verben in die Zeiten der Vergangenheit und achten Sie dabei auf unregelmäßige Verben:

past perfect progressive + we + look	we had been looking
past progressive + I + go	I was going
simple past + you + go	you went
past perfect + they + talk	they had talked
simple past + it + sleep	it slept
past progressive + you + eat	you were eating

Die einfache Vergangenheit – Simple past

Bildung

- Das *simple past* wird bei den regelmäßigen Verben für alle Personen durch Anhängen von *-ed* an die Grundform des Verbs gebildet. Die regelmäßigen Verbformen des *simple past* sind identisch mit denen des *past participle*:

walk – walked (ging)

Verwendung

Das *simple past* wird verwendet, um abgeschlossene Handlungen oder Gewohnheiten in der Vergangenheit zu beschreiben.

Die *-ing*-Form der Vergangenheit – Past progressive

Bildung

- Das *past progressive* wird mit den unregelmäßigen *simple past*-Formen von *be* und der Grundform des Verbs mit der Endung *-ing* gebildet. Die Bildung der *-ing*-Formen für das *past progressive* ist identisch mit der des *present progressive* (Seite 401). Das Verb mit der Endung *-ing* ist unveränderlich, die einzelnen Personen werden demnach mit Hilfe der *simple Past*-Formen des (Hilfs-)Verbs *be* gebildet:

I	was	going.	we	were	talking.
you	were	walking.	you	were	eating.
he/she/it	was	sleeping.	they	were	looking.

Verwendung

Das *past progressive* wird für Handlungen in der Vergangenheit gebraucht, die im Moment des Sprechens passierten bzw. für eine gewisse Zeit andauerten.

Das Plusquamperfekt – Past perfect

Bildung und Verwendung

- Das *past perfect* wird verwendet, um ein Ereignis zu schildern, das in der Vergangenheit bereits passiert war, als ein anderes Ereignis begann. Das *past perfect* wird bei den regelmäßigen Verben für alle Personen mit der *simple past*-Form von *have* und dem *past participle* gebildet:

talk – had talked (hatte gesprochen)

Das Plusquamperfekt mit *ing* – Past perfect progressive

Bildung

- Das *past perfect progressive* wird für alle Personen mit der *simple past*-Form von *have*, der Form *been* und der Grundform des Verbs und der Endung *-ing* gebildet:

talk – had been talking

Verwendung

Das *past perfect progressive* wird zur Beschreibung von in der Vergangenheit begonnenen Ereignissen benutzt, die bis zu einem ebenfalls in der Vergangenheit liegenden Zeitpunkt andauerten.

Englisch

Die Zeiten

Die *going to*-Form der Zukunft – Going to-future

Bildung
- Das *going to-future* wird mit einer Form von *be*, der unveränderlichen Konstruktion *going to* und der Grundform des Verbs gebildet:

I	am	going to	go.	we	are	going to	talk.
you	are	going to	walk.	you	are	going to	eat.
he/she/it	is	going to	sleep.	they	are	going to	

Verwendung
Das *going to-future* wird verwendet, um eine Vorhersage über zukünftige Ereignisse zu machen oder um eine Absicht in der nahen Zukunft zu beschreiben.

 Merke

Häufige Verben im *will-future*

Da das *will-future* verwendet wird, um Tatsachen in der Zukunft zu beschreiben, werden Sätze oft mit folgenden Verben begonnen:

believe	(glauben)
expect	(erwarten)
hope	(hoffen)
imagine	(sich vorstellen)
suppose	(vermuten)
think	(denken)

Die *will*-Zukunft – *Will*-future

Bildung
- Das *will-future* wird für alle Personen mit *will* und der Grundform des Verbs gebildet; *will* kann auch abgekürzt werden:

	will – Langform		will – Kurzform	
he	will		he'll	have

Verwendung
Das *will-future* wird zum Ausdruck spontaner Entscheidungen gebraucht. Darüber hinaus dient es zur Beschreibung reiner Tatsachen in der Zukunft.

 Merke

Signalwörter für das *future perfect*

Zur Beschreibung von Vorgängen, die in der Zukunft abgeschlossen sein werden, wird das *future perfect* gebraucht. Der zeitliche Aspekt wird häufig mit folgenden Wörtern betont:

by	(von/an)
before	(bevor)
until	(bis)

Die *ing*-Form der *will*-Zukunft – Future progressive

Bildung
- Das *future progressive* wird für alle Personen mit der Konstruktion *will be* und der Grundform des Verbs + *-ing* gebildet:

	will – Langform		will – Kurzform	
she	will be		she'll be	going

Verwendung
Das *future progressive* wird zur Beschreibung von zukünftigen Ereignissen und Handlungen benutzt, die in der Zukunft beginnen und bis zu einem ebenfalls in der Zukunft liegenden Zeitpunkt andauern.

 Merke

Verkürzte Verneinung von *will*

Wird *will* verneint, ist die verkürzte Form in der Schreibung unregelmäßig. Dies gilt für das *will-future*, das *future progressive* und das *future perfect*.

	Verneinung will – Langform	Verneinung will – Kurzform	
we	will not	won't	have
she	will not be	she won't be	going
they	will not have	won't have	gone

Die *perfect*-Form der *will*-Zukunft – Future perfect

Bildung
- Das *future perfect* wird für alle Personen mit der Konstruktion *will have* und dem *past participle* des Verbs gebildet:

	will – Langform	will – Kurzform
you	will have walked	you'll have walked

Verwendung
Das *future perfect* wird gebraucht, um Vorgänge und Handlungen zu beschreiben, die in der Zukunft abgeschlossen sein werden.

405

Englisch

Die Zeiten

Übung
Bildung des *Conditional* (Lösungen bitte abdecken)

Setzen Sie die Verben in das *Conditional I*, *Conditional I Progressive* und *Conditional II*.

Conditional I
we/hear — we would/we'd hear
he/go — he would/he'd go
Conditional I progressive
they/talk — they would/they'd be talking
it/play — it would/it'd be playing
Conditional II
I/make — I would/I'd have made
you/do — you would/you'd have done

Überblick
Die wichtigsten Zeiten im *passive*

Das *passive* zeigt an, dass jemandem oder einem Gegenstand etwas geschieht. Dann steht es etwa mit den Verben *advise* (raten), *allow* (erlauben), *promise* (versprechen), *show* (zeigen), *tell* (sagen). Nach Ausdrücken der Meinungsäußerung oder der Behauptung steht ebenfalls das *passive*. Die gebräuchlichsten Ausdrücke sind: *it is known* (es ist bekannt), *it is reported* (es wird berichtet), *it is said* (es wird gesagt). Alle Zeiten werden mit einer Form von *be* und dem *Past Participle* gebildet.

Zeit	Verb in der Grundform	Form von *be*	Past Participle
Simple present	go	am/are/is	gone
Present progressive	walk	am/are/is being	walked
Present perfect	run	have/has been	run
Past perfect	eat	had been	eaten
Going to-future	clean	am/are/is going to be	cleaned
Will-future	offer	will be	offered
Conditional I	promise	would be	promised
Conditional II	use	would have been	used

Merke
Besonderheiten beim Gebrauch des *passive*

Der Handelnde oder Auslöser, ob Sache oder Person, wird mit *by* angeschlossen:

The car was bought by me. (Das Auto wurde von mir gekauft.)

Bei der Bildung des *passive* mit einem Modalverb ist der Satzbau für alle Formen: Modalverb, Grundform des Verbs *be* und Partizip III.

The car must be returned today. (Das Auto muss heute zurückgegeben werden.)

Das Konditional I – Conditional I

Bildung
- Das *Conditional I* wird für alle Personen mit *would* und der Grundform des Verbs gebildet:

	would – Langform	would – Kurzform	
we	would walk	'd walk	in the park.

Verwendung
Das Conditional I wird gebraucht um Handlungen zu beschreiben, die möglicherweise eintreten könnten.

Die *ing*-Form des Konditional I – Conditional I progressive

Bildung
- Das *conditional I progressive* wird für alle Personen mit der Konstruktion *would be* und der Grundform des Verbs mit der Endung *-ing* gebildet:

	would – Langform	would – Kurzform	
I	would be walking	'd be walking	in the park.

Verwendung
Das *conditional I progressive* wird zur Beschreibung der Dauer von Handlungen verwendet, die möglicherweise eintreten könnten.

Das Konditional II – Conditional II

Bildung
- Das *Conditional II* wird für alle Personen mit der Konstruktion *would have* und dem *past participle* des Verbs gebildet:

	would – Langform	would – Kurzform	
she	would have walked	'd have walked	in the park.

Verwendung
Das *Conditional II* wird gebraucht um Handlungen zu beschreiben, die möglicherweise in der Vergangenheit eingetreten wären.

Das Passiv – Passive Voice

Bildung
- Das *passive* wird mit einer Form von *be* und dem *past participle* gebildet. Während das *past participle* unveränderlich ist, passt sich die Form von *be* an das Subjekt des Satzes und die Zeit an:

The policemen are informed about the robbery. (Die Polizisten sind über den Diebstahl informiert.)

Verwendung
Im Englischen wird das *passive* sehr oft – etwa in den Medien – in einer unpersönlichen Bedeutung verwendet, daher ist der Gebrauch viel alltäglicher als im Deutschen.

Englisch

Der Satz

Der Satzbau und die Wortstellung

Der Aussagesatz – Declarative Sentence

- Die Satzstellung ist im Englischen bis auf wenige Ausnahmen – zur Betonung von einzelnen Informationen – unveränderlich und wird nach der Formel SPO (Subjekt – Prädikat – Objekt) gebildet:

Subjekt	Prädikat	Objekt
John	does	his homework.

Zusätzliche Satzteile wie Orts- und Zeitangaben werden in der Reihenfolge Ort – Zeit an das Satzende gestellt. Bei Sätzen mit zwei Objekten (direktes und indirektes Objekt) steht zuerst das indirekte (wem?) und dann das direkte Objekt (wen oder was?):

Subjekt	Prädikat	Objekt	Ort	Zeit
John	does	his homework	at school	at 8 o'clock.

Subjekt	Prädikat	indirektes Objekt	direktes Objekt	Ort	Zeit
John	has sent	Jane	an email	at school	today.

Die Frage – Question

- Fragen werden mit einem Hilfsverb oder einer Form von *do* + Grundform des Verbs gebildet. Wird ein Satz mit einem Hilfsverb gebildet – *be* gilt im Satzbau als Hilfsverb – steht nur das Hilfsverb in der Frage am Satzanfang. Die normale SPO-Satzstellung (inklusive Ergänzungen) bleibt für alle Zeitformen bestehen:

Subjekt	Prädikat	Objekt	→	Prädikat	Subjekt	Objekt
John	is	at home.	→	Is	John	at home?

Bei Sätzen ohne Hilfsverb wird eine Form von *do* ergänzt. Dabei steht *do* am Satzanfang und passt sich im *simple present* in der 3. Person an das Subjekt an. Im *simple past* wird aus *do* für alle Formen *did*. Das Verb im Satz – in der Grundform – behält die Satzstellung bei:

Subjekt	Prädikat	Objekt	→	Prädikat	Subjekt	Prädikat	Objekt
John	works	on a project.	→	Does	John	work	on a project?

Die Verneinung – Negation

- Im Englischen werden Aussagen mit *not* oder einer Form von *do* + *not* + Grundform des Verbs verneint. Die Verneinung *not* kann nur mit Hilfsverben gebildet werden und steht direkt nach dem Prädikat (Hilfsverb):

Subjekt	Prädikat	Verneinung	Objekt
John	is	not	at home.

Bei zusammengesetzten Zeiten steht *not* zwischen Hilfsverb und Verb:

Subjekt	Prädikat + Verneinung	indirektes Objekt	direktes Objekt
John	will not send	Jane	an email.

Bei Sätzen ohne Hilfsverb wird eine Form von *do* zum *not* hinzugefügt. Dabei steht *do not* vor dem Vollverb in der Grundform und passt sich in der 3. Person an das Subjekt an. Im *simple past* wird aus *do not* für alle Formen *did not*:

Subjekt	Verneinung	Prädikat	Objekt
John	does not	do	his homework.

Übung

Aussagesatz (Lösungen bitte abdecken)

Bilden Sie aus den folgenden Aussagesätzen Sätze mit verkürzter Verneinung.

John is not at school.	John **isn't** at school.
John has not sent Jane an email.	John **hasn't** sent Jane an email.
John did not do his homework.	John **didn't** do his homework.

Merke

Frage

Bei Fragen, die mit *Ja* oder *Nein* beantwortet werden können, wird ein Teil der Frage in der Kurzantwort wiederholt, um sie höflicher klingen zu lassen.

Is there a bed? – **Yes, there is.**/**No, there isn't.**

Überblick

Wichtige Fragewörter

how?	wie?
what?	was? (unzählbar)
when?	wann?
where?	wo?
which?	welcher? (zählbar)
who?	wer?
whom?	wen?
whose?	wessen?
why?	warum?

Merke

Frage

Bei Fragen werden häufig so genannte Anhängsel benutzt. Sie sind im Deutschen etwa vergleichbar mit *nicht wahr* und *oder*. Die Frageanhängsel werden im Englischen mit den Hilfsverben im Satz oder, falls nicht vorhanden, mit einer Form von *do* gebildet. Beim Gebrauch ist zu beachten, dass verneinte Verben mit bejahten Frageanhängseln und bejahte Verben mit verneinten Frageanhängseln stehen und das (Hilfs-)Verb vorangestellt wird.

John **is** in England, **isn't** he?
I **am not** dreaming, **am** I?
You **live** in London, **don't** you?

407

Französisch

Das Alphabet

Überblick

Die wichtigsten Aussprachregeln

GESCHRIEBEN	GESPROCHEN	BEISPIEL
au oder eau	o	bateau (Schiff)
ai oder ei	ä	lait (Milch)
c vor e und i	ß	ce (dies)
c vor a, o, u	ka, ko, ku	café (Kaffee)
c vor allen anderen Buchstaben	k	crème (Sahne)
ç	ß	français (französisch)
ch	sch	chiffre (Zahl)
eu	ö	chanteur (Sänger)
g vor e und i	schə und schi	Gilbert
g vor a, o, u	ga, go, gu	gare (Bahnhof)
h	meistens stumm	homme (Mann)
oi	u'a	loi (Gesetz)
ou	u	cou (Hals)
qu	k	question (Frage)
u	ü	mur (Wand)
z	s	zoo (Zoo)

Merke

Besonderheiten bei der Aussprache

Konsonanten am Ende eines Wortes werden in der Regel nicht mitgesprochen:

allemand (deutsch)
petit (klein)
trois (drei)

Übung

Akzentschreibung (Lösungen bitte abdecken)

Die linke Spalte enthält Wörter, bei denen der Akzent ergänzt werden muss.

le cheque	le chèque (Scheck)
la realite	la réalité (Wirklichkeit)
telephoner	téléphoner (telefonieren)
reserver	réserver (reservieren)
la lumiere	la lumière (Licht)
la riviere	la rivière (Fluss)
le medicament	le médicament (Medikament)
la regle	la règle (Regel)
la reaction	la réaction (Reaktion)
l'etagere (f)	l'étagère (Regal)

Das französische Alphabet

Allgemein

- Bei den Angaben zur Aussprache der Buchstabenbezeichnung sind lediglich die Abweichungen vom deutschen Alphabet aufgeführt.

a		j	schi	s	
b		k		t	
c	ßeh	l		u	ü
d		m		v	weh
e	ə	n		w	'dublə weh
f		o		x	
g	scheh	p		y	i'grek
h	asch	q	kü	z	sätt

Aussprache und Betonung

- In der französischen Sprache gibt es einige Laute, die im Deutschen unbekannt sind. Das gilt vor allem für die Nasallaute: Die Nasalvokale tauchen immer dann auf, wenn nach dem Vokal (Selbstlaut) ein **m** oder **n** und danach ein anderer Konsonant (Mitlaut) oder das Wortende folgt. In diesen Fällen dient das **m** oder **n** nur dazu, die nasale Aussprache des davor stehenden Vokals anzuzeigen, zum Beispiel:

pain (Brot), faim (Hunger), mon (mein)

Die Konsonanten werden am Wortende fast nie ausgesprochen:

tapis (Teppich), rond (rund), français (französisch)

Bei der Konjugation der Verben gilt die Regel, dass die Konjugationssilbe -ent für die dritte Person Plural stumm bleibt.

Akzentschreibung

- Im Französischen werden drei Akzente unterschieden: *Accent aigu* (´), *Accent grave* (`) und *Accent circonflexe* (^).

Ein *Accent aigu* folgt generell nur auf das **e**, das ohne Akzent im Französischen wie ə (ein schwaches **ö**) ausgesprochen wird. Damit man wie im Deutschen ein **e** ausspricht, wird ein *Accent aigu* gesetzt: écouter (hören), écho (Echo).

Der *Accent grave* kann bei **e, a** oder **u** gesetzt werden. Mit einem *Accent grave* wird das **e** ähnlich wie das deutsche **ä** ausgesprochen: père (Vater), frère (Bruder). Das **a** wird unabhängig vom Akzent immer gleich ausgesprochen; der Akzent dient lediglich Unterscheidungszwecken, damit man beispielsweise das Adverb là vom weiblichen Artikel la unterscheiden kann. Gleiches gilt für das **u**, das im Französischen immer **ü** ausgesprochen wird. (In Verbindung mit o wird das französische **u** allerdings wie ein deutsches **u** ausgesprochen). Beim Fragewort où (wo) hilft der *Accent grave*, um das Wort von der Konjunktion ou (oder) zu unterscheiden.

Ähnlich wie beim *Accent grave* hat der *Accent circonflexe* lediglich auf dem **e** phonetische Bedeutung. Ein **e** mit *Accent circonflexe* wird wie das deutsche **ä** ausgesprochen (**è** und **ê** werden also gleich ausgesprochen). Zur Unterscheidung kommt der *Accent* z. B. beim Wort dû (Partizip II des Verbs devoir) auf das **u**, um eine Verwechslung mit dem Teilungsartikel du auszuschließen. Bei den Vokalen **i, o** und **a** wird nur aus historischen Gründen ein *Accent circonflexe* gesetzt: île (Insel), pâtes (Nudeln), cône (Kegel). Nur vereinzelt spielen dabei auch die Dehnung der Vokale oder Rechtschreibgründe eine Rolle.

Französisch

Die Wortarten

Der Artikel – L'article: Bestimmter Artikel

Bildung und Verwendung

- Im Französischen gibt es nur zwei Artikel: männlich und weiblich. Es muss also der Artikel – *le* für männlich oder *la* für weiblich – mitgelernt werden. Die Pluralform des bestimmten Artikels lautet in beiden Fällen *les*. Dabei gibt es häufig Abweichungen von der deutschen Sprache (z. B. *la lune* [der Mond], *le soleil* [die Sonne]):

le livre – **das** Buch
la chaise – **der** Stuhl
l' animal *(m)* – **das** Tier
les arbres – **die** Bäume

Übung

Artikel (Lösungen bitte abdecken)

Le, la, les oder *l'*?
In der oberen Zeile jeder Aufgabe bitte den fehlenden Artikel einsetzen.

___ soleil se lève à 5 heures.
Le soleil se lève à 5 heures. (Die Sonne geht um 5 Uhr auf.)
Il adore ___ animaux.
Il adore **les** animaux. (Er liebt Tiere.)
Vois-tu ___ homme là-bas?
Vois-tu **l'**homme là-bas? (Siehst du den Mann dort?)
___ voiture ne fonctionne pas.
La voiture ne fonctionne pas. (Das Auto funktioniert nicht.)

Der Artikel – L'article: Unbestimmter Artikel

- Das Erlernen des Geschlechts wird zusätzlich erschwert, wenn die bestimmten Artikel apostrophiert werden, weil das Substantiv mit einem Vokal oder einem stummen *h* beginnt. Deshalb ist es einfacher, die Geschlechtsformen mit den unbestimmten Artikeln *un* (ein) oder *une* (eine) zu lernen:

une femme – **eine** Frau
un pain – **ein** Brot

Der Artikel – L'article: Teilungsartikel

- Im Französischen werden Teilungsartikel *(du, de la, de l', des)* verwendet, die man im Deutschen nicht kennt. Vereinfacht kann man sagen, dass sich der Teilungsartikel immer auf ein Objekt bezieht, das eine unbestimmte Menge ausdrückt und als Einheit aufgefasst wird (z. B. Milch, Wasser):

Männlich: du, de l'
Je mange **du** fromage. (Ich esse Käse.)
Tu prends **de l'**armagnac. (Du trinkst Armagnac.)

Weiblich: de la, de l'
J'achète **de la** salade. (Ich kaufe Salat.)
Je bois **de l'**eau. (Ich trinke Wasser.)

Plural (männlich und weiblich): des
Il a **des** pommes. (Er hat Äpfel.)

Übung

Teilungsartikel (Lösungen bitte abdecken)

In der oberen Zeile jeder Aufgabe bitte den fehlenden Teilungsartikel (*du, de la, de l'* oder *des*) einsetzen.

J'achète ___ lait.
J'achète **du** lait. (Ich kaufe Milch.)
Il mange ___ confiture à l'orange.
Il mange **de la** confiture à l'orange. (Er isst Orangenmarmelade.)
Elle prends ___ citrons.
Elle prends **des** citrons. (Sie nimmt Zitronen.)
Il boit ___ eau minérale.
Il boit **de l'**eau minérale. (Er trinkt Mineralwasser.)

Das Substantiv – Le nom

Bildung und Verwendung

- Die Pluralbildung ist im Französischen nicht sehr schwierig und erfolgt in den meisten Fällen durch das Anhängen eines *-s*, das allerdings im Allgemeinen nicht gesprochen wird. Auch wenn sich dabei eine Endsilbe wie *-es* ergeben sollte, hört man zwischen Singular- und Pluralform keinen Unterschied:

minute	minutes	(Minuten)
pain	pains	(Brote)
détail	détails	(Details)

Merke

Besondere Pluralformen

Substantive auf *s, z* oder *x* → Die Singular- und Pluralformen sind identisch:
un **pois** – des **pois** (Erbsen); un **nez** – des **nez** (Nasen); une **croix**, des **croix** (Kreuze)

Substantive auf *-al* → Pluralform auf *-aux*:
un **cheval** – des **chev**aux (Pferde); Ausnahmen: **bal**s (Bälle), **festival**s

Substantive auf *-au* und *-eu* → Pluralform auf *x*:
un **cheveu** – des **cheve**ux (Haare); Ausnahmen: **pneu**s (Reifen)

Substantive auf *-ou* → Pluralform auf *s*:
un **clou** – des **clou**s (Nägel); Ausnahmen: **bijou**x (Schmuck), **choux** (Kohl)

Französisch

Die Wortarten

Merke

Das stark unregelmäßige Verb *aller* (gehen):

je vais
tu vas
il/elle/on va
nous allons
vous allez
ils/elles vont

Merke

Veränderungen in Aussprache und Schrift bei Verben auf *-er*

Verben auf *-er*, die ein *c* vor der Endung haben, bekommen im Singular und in der 3. Person Plural vor *a, o* und *u* ein *ç*:

recevoir (bekommen)
je reçois
tu reçois
il/elle/on reçoit
nous recevons
vous recevez
ils/elles reçoivent

Verben, die auf *-ger* enden behalten immer die Aussprache *scheh*:

manger (essen)
je mange
tu manges
il/elle/on mange
nous mangeons
vous mangez
ils/elles mangent

Merke

Besonderheiten bei der Konjugation von Verben auf *-yer*:

Bei Verben auf *-yer* wird *y* in einigen Fällen zu *i*:

employer (gebrauchen)
j'emploie
tu emploies
il/elle/on emploie
nous employons
vous employez
ils/elles emploient

Das Verb – Le verbe: Regel- und unregelmäßige Verben

Allgemein
- Die französische Sprache kennt mehrere Infinitivendungen. In jeder Gruppe gibt es regelmäßige und unregelmäßige Konjugationen. Deshalb gibt es auch keine einheitlichen Verblisten, um die unregelmäßigen Verben zu lernen, wie im Englischen oder im Deutschen. Die Unregelmäßigkeiten müssen innerhalb jeder Gruppe gelernt werden.

  Vereinfacht kann man vier Gruppen unterscheiden: die Verben auf *-er*, *-re*, *-ir* und *-oir*.

Das Verb – Le verbe: Verben auf *-er*

Allgemein
- Die Mehrzahl der französischen Verben gehört zu dieser Gruppe und die meisten davon sind regelmäßig. Wenn sie unregelmäßig sind, d.h. der Stamm nicht erhalten bleibt, dann betrifft die Unregelmäßigkeit oft nur das Schriftbild, nicht aber die Aussprache.

Bildung und Verwendung
- Verben, an deren Stamm im Infinitiv die Endung *-er* angehängt wird:

aimer (lieben)	**arriver** (ankommen)	**regarder** (schauen)
j'aime	j'arrive	je regarde
tu aimes	tu arrives	tu regardes
il/elle/on aime	il/elle/on arrive	il/elle/on regarde
nous aimons	nous arrivons	nous regardons
vous aimez	vous arrivez	vous regardez
ils/elles aiment	ils/elles arrivent	ils/elles regardent

- Bei Verben mit einem e-Laut im Stamm wechselt die Betonung beim Konjugieren zwischen Endung und Stamm. Bei Betonung des Stamms (*je, tu, il, ils*) gibt es zwei Möglichkeiten:

a) Bei einigen Verben werden *é* oder *e* zu *è*:

acheter (kaufen)	**lever** (heben)
j'achète	je lève
tu achètes	tu lèves
il/elle/on achète	il/elle/on lève
nous achetons	nous levons
vous achetez	vous levez
ils/elles achètent	ils/elles lèvent

b) Bei einigen Verben werden ein *l* oder *t* nach dem e-Laut verdoppelt:

appeler (rufen)	**jeter** (wegwerfen)
j'appelle	je jette
tu appelles	tu jettes
il/elle/on appelle	il/elle/on jette
nous appelons	nous jetons
vous appelez	vous jetez
ils/elles appellent	ils/elles jettent

Französisch

Die Wortarten

Das Verb – Le verbe: Verben auf -re

Bildung und Verwendung
- Die Verben, die auf -re enden, haben im Singular die Endungen -s, -s, -t/d. Hat ein Verb im Infinitivstamm ein *d* vor der Endung, dann bleibt dieses *d* auch in der 3. Person Singular als Endung erhalten. Die anderen Verben enden auf *t*. Die Verben auf -re sind in der Pluralkonjugation teilweise unregelmäßig. Häufig haben sie jedoch die Endungen -ons, -ez, -ent:

boire (trinken)
je bois   nous buvons
tu bois   vous buvez
il/elle/on boit ils/elles boivent

Übung

Verben (Lösungen bitte abdecken)

Ergänzen Sie das Präsens der den Klammern stehenden Verben auf -re. Die untere Zeile mit der richtigen Antwort bitte abdecken.

Il ___ (croire) en dieu.
Il **croit** en dieu. (Er glaubt an Gott.)
Elle ___ (boire) du thé.
Elle **boit** du thé. (Sie trinkt Tee.)
Michelle ___ (craindre) la police.
Michelle **craint** la police. (Michelle hat Angst vor der Polizei.)

Das Verb – Le verbe: Verben auf -ir

Bildung und Verwendung
- Die meisten Verben auf -ir werden wie das Verb finir (beenden) gebildet. Bei diesen Verben wird im Plural ein -iss zwischen Stamm und Endung eingeschoben:

grossir (zunehmen)   **finir (beenden)**
je grossis   je finis
tu grossis   tu finis
il/elle/on grossit   il/elle/on finit
nous grossissons   nous finissons
vous grossissez   vous finissez
ils/elles grossissent   ils/elles finissent

Merke

Das Verb *ouvrir*

Der Verbtyp *ouvrir* (öffnen) wird wie die Verben mit der Endung -er konjugiert:

j'ouvre
tu ouvres
il/elle/on ouvre
nous ouvrons
vous ouvrez
ils/elles ouvrent

Das Verb – Le verbe: Verben auf -oir

Bildung und Verwendung
- Diese Verben sind grundsätzlich unregelmäßig. Zu ihnen zählen die modalen Hilfsverben (s. Seite 412); die wichtigsten sind *pouvoir* (können), *vouloir* (wollen), *savoir* (wissen, können) und *devoir* (müssen).

Reflexive Verben – Les verbes ponominaux

Bildung und Verwendung
- In den meisten Fällen kann man Verben (in der Regel mit Akkusativobjekt) in Pronominalverben umwandeln. Damit ändert sich auch der Sinn des Verbs:

appeler (anrufen)   → s'appeler (heißen)
réveiller (wecken)   → se réveiller (aufwachen)

Die reflexive Verbform von *ich heiße* lautet im Französischen wörtlich übersetzt *ich nenne mich (je m'appelle)*. Das Objekt-Personalpronomen macht das Verb reflexiv. *Me* wird zu *m'*, *te* zu *t'* und *se* zu *s'* vor Verben, die mit einem Vokal beginnen. Anders als im Deutschen wird das Pronomen vor das Verb gesetzt:

je **me** réveille (ich wache auf)

Überblick

Konjugation der Pronominalverben

Subjektpersonalpronomen + Objektpersonalpronomen + konjugiertes Verb:

se laver (sich waschen)
je me lave
tu te laves
il/elle/on se lave
nous nous lavons
vous vous lavez
ils/elles se lavent

411

Französisch

Die Wortarten

Überblick

Die Konjugation von *avoir* (haben)

Partizip I	Passé Composé
ayant	j'ai eu
	tu as eu
Partizip II	il/elle/on a eu
eu	nous avons eu
	vous avez eu
	ils/elles ont eu
Imparfait	**Plus-que-parfait**
j'avais	j'avais eu
tu avais	tu avais eu
il/elle/on avait	il/elle/on avait eu
nous avions	nous avions eu
vous aviez	vous aviez eu
ils/elles avaient	ils/elles avaient eu
Imperativ Präsens	**Futur I**
aie	j'aurai
	tu auras
ayons	il/elle/on aura
ayez	nous aurons
	vous aurez
	ils/elles auront
Konjunktiv Präsens	**Konditional I**
que j'aie	j'aurais
que tu aies	tu aurais
qu'il/elle/on ait	il/elle/on aurait
que nous ayons	nous aurions
que vous ayez	vous auriez
qu'ils/elles aient	ils/elles auraient

Die Verben *avoir* (haben) und *être* (sein)

Bildung und Verwendung der Hilfsverben

- Die Hilfsverben *avoir* (haben) und *être* (sein) dienen zur Bildung der zusammengesetzten Zeiten.
Passivformen werden im Französischen nur mit *être* gebildet.
Das Partizip II von *être* – *été* – ist unveränderlich, während das Partizip II von *avoir* – *eu* – veränderlich ist.
Die Vergangenheitsformen der reflexiven Verben werden anders als im Deutschen nur mit *être* gebildet. (*Je me suis lavé.* / Ich habe mich gewaschen.)
Avoir dient zur Bildung unpersönlicher Formen wie z. B.: *Il y a* (Es gibt …).

Präsens	Präsens
avoir	**être**
j'ai	je suis
tu as	tu es
il/elle/on a	il/elle/on est
nous avons	nous sommes
vous avez	vous êtes
ils/elles ont	ils/elles sont

Die modalen Hilfsverben – Auxiliaires de modalités

Bildung und Verwendung

- Zu den wichtigsten modalen Hilfsverben zählen *pouvoir* (können), *vouloir* (wollen), *savoir* (wissen, können) und *devoir* (müssen). Im Französischen enden alle modalen Hilfsverben auf *-oir*. Modalverben erklären die Beziehung zwischen dem Subjekt und der vom Vollverb beschriebenen Handlung:

Il **doit** dancer. (Er muss tanzen.)
Il **peut** dancer. (Er kann tanzen.)
Il **veut** dancer. (Er will tanzen.)

Die wichtigsten modalen Hilfsverben werden im Präsens wie folgt konjugiert:

pouvoir (können)	vouloir (wollen)	savoir (wissen, können)	devoir (müssen)
je peux	je veux	je sais	je dois
tu peux	tu veux	tu sais	tu dois
il/elle/on peut	il/elle/on veut	il/elle/on sait	il/elle/on doit
nous pouvons	nous voulons	nous savons	nous devons
vous pouvez	vous voulez	vous savez	vous devez
ils/elles peuvent	ils/elles veulent	ils/elles savent	ils/elles doivent

Das modale Hilfsverb wird konjugiert und das Vollverb steht als Infinitiv dahinter:

Ce soir, il **veut aller** au restaurant. (Heute Abend will er ins Restaurant gehen.)
Je **dois appeler** mon amie. (Ich muss meine Freundin anrufen.)

aller (gehen) kann auch als modales Hilfsverb zur Futurbildung dienen:

Demain, je **vais** aller au cinéma. (Morgen werde ich ins Kino gehen.)

Die Objektpronomen stehen vor dem Infinitiv. Dies gilt grundsätzlich bei den modalen Hilfsverben:

Je dois **lui** donner la lettre. (Ich muss ihr/ihm den Brief geben.)

Überblick

Die Konjugation von *être* (sein)

Partizip I	Passé Composé
étant	j'ai été
	tu as été
Partizip II	il/elle/on a été
été	nous avons été
	vous avez été
	ils/elles ont été
Imparfait	**Plus-que-parfait**
j'étais	j'avais été
tu étais	tu avais été
il/elle/on était	il/elle/on avait été
nous étions	nous avions été
vous étiez	vous aviez été
ils/elles étaient	ils/elles avaient été
Imperativ Präsens	**Futur I**
sois	je serai
	tu seras
soyons	il/elle/on sera
soyez	nous serons
	vous serez
	ils/elles seront
Konjunktiv Präsens	**Konditional I**
que je sois	je serais
que tu sois	tu serais
qu'il/elle/on soit	il/elle/on serait
que nous soyons	nous serions
que vous soyez	vous seriez
qu'ils/elles soient	ils/elles seraient

Französisch
Die Wortarten

Das Adverb – L'adverbe

Bildung und Verwendung
- Adverbien bleiben in der Form immer unverändert. Sie werden in Verbindung mit einem Verb, einem Adjektiv oder einem anderen Adverb gebraucht und können deren Sinn verändern. Man unterscheidet beispielsweise zwischen Zeitadverbien (*adverbes de temps*, z. B. *hier* – gestern, *demain* – morgen, *aujourd'hui* – heute), Ortsadverbien (*adverbes de lieu*, z. B. *avant* – vor, *loin* – weit) und Steigerungsadverbien (*adverbes de quantité*, z. B. *trop*, *très* – sehr). Zeit- und Ortsadverbien stehen in der Regel am Satzanfang oder am Satzende. Steigerungsadverbien stehen vor einem Adjektiv oder Adverb (z. B.: Elle est *très* grande./Sie ist sehr groß.). Als Grundregel gilt: Französische Adverbien stehen direkt hinter dem konjugierten Verb:

Elle boit souvent du vin. (Sie trinkt oft Wein.)
Il conduit toujours très vite. (Er fährt immer sehr schnell.)

Überblick

Häufig verwendete Adverbien

Ortsadverbien	Steigerungsadverbien	Zeitadverbien
proche (nah)	très (sehr)	après (nach)
loin (weit)	trop (zu)	demain (morgen)
partout (überall)	tellement (sehr)	hier (gestern)
ailleurs (woanders)	peu (wenig)	aujourd'hui (heute)
ici (hier)	beaucoup (viel)	maintenant (jetzt)
		souvent (oft)
		toujours (immer)

Die Adverbien auf -ment
- Sie werden gebildet, indem man die Endung *-ment* an die weibliche Form des Adjektivs anhängt:

grand – grande – grandement (groß)   **doux – douce – doucement (sanft)**

Bei den Adjektiven auf *-e*, die im Maskulinum und Femininum nur eine Form haben, wird die Endung *-ment* an diese Form angehängt:

vrai, vraiment (echt)   **aisé, aisément (leicht, mühelos)**

Merke

Unregelmäßige Adverbformen

Adjektiv	Adverb
gentil, gentille (lieb)	gentiment
bref, brève (kurz)	brièvement
bon, bonne (gut)	bien
meilleur, meilleure (besser)	mieux
mauvais, mauvaise (schlecht)	mal

Die Steigerung der Adverbien
- Es gibt zwei Steigerungsformen des Adverbs: den Komparativ und den Superlativ. Der Komparativ wird durch *plus* (mehr) und das Adverb oder durch *moins* (weniger) und das Adverb gebildet. Der Superlativ wird gebildet, indem dem Komparativ der bestimmte Artikel vorangestellt wird:

Grundform	Komparativ	Superlativ
vite (schnell)	plus vite (schneller)	le plus vite (am schnellsten)

Merke

Unregelmäßige Steigerungsformen

Grundform	Komparativ	Superlativ
beaucoup (viel)	plus (mehr)	le plus (am meisten)
bien (gut)	mieux (besser)	le mieux (am besten)
peu (wenig)	moins (weniger)	le moins (am wenigsten)

Das Adjektiv – L'adjectif

Bildung und Verwendung
- Das Adjektiv nimmt stets das Geschlecht und auch die Zahl des Substantivs an, auf das es sich bezieht. Bei der Bildung der weiblichen Form wird meistens ein *e* angefügt, was dazu führt, dass sich die Aussprache ändert:

haut – haute (hoch)   **lourd – lourde (schwer)**

Für die Pluralform der Adjektive wird ein *s* an die weibliche bzw. männliche Singularform gehängt:

hauts – hautes (hoch)   **petits – petites (klein)**

Die Adjektive stehen im Französischen in der Regel hinter dem Substantiv, auf welches sie sich beziehen. Eine Reihe von kurzen, häufig verwendeten Adjektiven steht aber immer vor dem Substantiv (z. B. *petit, beau, jeune, long*):

la belle femme (die schöne Frau)   **le petit garçon (der kleine Junge)**

Merke

Die Adjektive **nouveau**, **beau** und **vieux** haben im Singular eine Sonderform, wenn sie vor einem männlichen Substantiv mit Vokalbeginn oder vor einem stummen *h* stehen:

un nouvel ami (ein neuer Freund)
un bel habit (ein schöner Anzug)
un vieil homme (ein alter Mann)

Merke

Besonderheiten bei Adjektiven

Endet das männliche Adjektiv bereits auf *-e*, bleibt das Adjektiv in der weiblichen Form unverändert:

facile (leicht), **rapide** (schnell), **terrible** (schrecklich)

Französisch

Die Wortarten

Merke

Adjektive

Bei folgenden Adjektiven werden bei der weiblichen Form die Konsonanten verdoppelt:

Männlich	Weiblich	Deutsch
ancien	ancienne	alt
bon	bonne	gut
européen	européenne	europäisch
gros	grosse	dick
bas	basse	tief
gras	grasse	fettig
muet	muette	stumm
gentil	gentille	freundlich
pareil	pareille	ähnlich

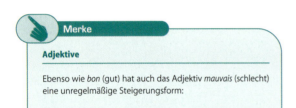

Merke

Adjektive

Ebenso wie *bon* (gut) hat auch das Adjektiv *mauvais* (schlecht) eine unregelmäßige Steigerungsform:

mauvais (schlecht) – **pire** (schlechter) – **le pire** (der schlechteste)

Überblick

Demonstrativbegleiter

	Singular	Plural
Männlich	ce/cet	ces
Weiblich	cette	ces
Vor einem Vokal	cet	ces

Überblick

Possessivbegleiter

Männlich	Weiblich	Plural
mon	ma	mes
ton	ta	tes
son	sa	ses
notre	notre	nos
votre	votre	vos
leur	leur	leurs

Steigerung und Vergleich der Adjektive

Bildung und Verwendung

- Im Deutschen werden Komparativ und Superlativ durch Anhängen von Endungen an die Grundform der Adjektive gebildet. Im Französischen ist es anders. Wie bei den Adverbien wird der Komparativ bei den Adjektiven durch *plus* (mehr) und das Adjektiv oder durch *moins* (weniger) und das Adjektiv gebildet. Der Superlativ wird gebildet, indem dem Komparativ der bestimmte Artikel vorangestellt wird. Bei einem Vergleich wird das Bezugswort nach einem Komparativ mit *que* (als) angeschlossen. Eine Gleichheit wird durch *aussi … que* gebildet:

Grundform	Komparativ	Superlativ
beau (schön)	**plus beau (schöner)**	**le plus beau (der schönste)**

Michelle est plus belle que Marie. (Michelle ist schöner als Marie).
Daniel est moins intelligent que son frère. (Daniel ist weniger intelligent als sein Bruder).
Jérôme est aussi grand que son père. (Jérôme ist genauso groß wie sein Vater.)

Der Komparativ und der Superlativ von *bon* (gut) werden ohne *plus* gebildet:

bon – meilleur – le meilleur

Der Demonstrativbegleiter – L'adjectif démonstratif

Die Demonstrativbegleiter *ce, cette, ces* (dies-) ersetzen vor einem Substantiv den Artikel. Die Form *cet* wird vor Substantiven gebraucht, die mit einem Vokal beginnen:

ce fruit (diese Frucht), cet arbre (dieser Baum), cette fenêtre (dieses Fenster), ces livres (diese Bücher)

Es lässt sich auch eine stärkere Betonung erreichen; dazu wird dem Substantiv ein *ci* bzw. ein *là* angefügt:

cette femme-là (diese Frau da), ce pantalon-ci (diese Hose hier)

Der Possessivbegleiter – L'adjectif possessif

Der Possessivbegleiter kann an Stelle des Artikels vor dem Substantiv stehen. Wie ein Adjektiv passt er sich in Geschlecht und Zahl an sein Substantiv an:

mon livre (mein Buch), sa chambre (sein Zimmer), leurs affaires (ihre Sachen)

Achtung: Vor allen Substantiven mit einem Vokal am Anfang werden *ma, ta* und *sa* automatisch zu *mon, ton* und *son*:

mon amie	(meine Freundin)
ton amie	(deine Freundin)
son amie	(seine/ihre Freundin)
mon enfant	(mein Kind)
ton enfant	(dein Kind)
son enfant	(sein/ihr Kind)

Französisch

Die Wortarten

Das Pronomen – Le pronom

Bildung und Verwendung
- Ein Pronomen dient als Stellvertreter für ein Nomen. Im Folgenden werden Personal-, Possessiv-, Demonstrativ-, Relativ- und Indefinitpronomen erklärt:

Die Personalpronomen
- Die Personalpronomen *je, tu, il/elle, nous, vous, ils/elles* werden mit einem konjugierten Verb gebraucht. Sie sind Konjugationsmerkmale. Es gibt im Französischen aber auch die betonte, unverbundene Form; dann werden sie zu *moi, toi, lui/elle, nous, vous, eux/elles*. Diese betonten Formen stehen allein, ohne Verb, auch mit Präpositionen:

Elle pense à lui. (Sie denkt an ihn.)
Il va chez eux. (Er geht zu ihnen.)

Die Possessivpronomen
- Possessivpronomen richten sich in Geschlecht und Zahl nach dem Substantiv, das sie vertreten. Sie werden häufig in einem Antwortsatz auf die Frage nach der Zugehörigkeit eines Objekts oder einer Person verwendet:

Est-ce que c'est ton vélo? Oui, c'est le mien.
(Ist das dein Fahrrad? Ja, das ist meins.)

Die Demonstrativpronomen
- Die Demonstrativpronomen richten sich in Geschlecht und Zahl nach dem Substantiv, das sie vertreten. Sie stehen nie allein und werden in zwei Formen verwendet:

a) mit einer präpositionalen Ergänzung (meistens *de*):

C'est ta veste? Non, c'est celle de René.
(Ist das deine Jacke? Nein, es ist die von René.)

b) mit einem Relativsatz:

Tu vois ces deux femmes? (Siehst du diese zwei Frauen?)
Celles qui montent dans le taxi? (Die, die ins Taxi steigen?)

Die Relativpronomen
- Das Relativpronomen ist ein Satzteil im Nebensatz. Im Französischen wird bei den Relativpronomen nicht zwischen männlich/weiblich und Singular/Plural unterschieden. Für die einfachen Formen gilt:

Funktion im Relativsatz	Relativpronomen
Subjekt	qui
Akkusativobjekt	que

L'homme qui traverse la rue est notre voisin.
(Der Mann, der die Straße überquert, ist unser Nachbar.)

Les journaux qui sont sur la table appartiennent à mon père.
(Die Zeitungen, die auf dem Tisch liegen, gehören meinem Vater.)

Le prof que tu n'aimes pas est malade aujourd'hui.
(Der Lehrer, den du nicht magst, ist heute krank.)

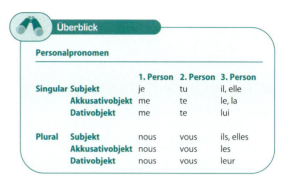

Überblick

Personalpronomen

		1. Person	2. Person	3. Person
Singular	Subjekt	je	tu	il, elle
	Akkusativobjekt	me	te	le, la
	Dativobjekt	me	te	lui
Plural	Subjekt	nous	vous	ils, elles
	Akkusativobjekt	nous	vous	les
	Dativobjekt	nous	vous	leur

Überblick

Possessivpronomen

		Singular	Plural
1. Person	männl.	le mien	les miens
	weibl.	la mienne	les miennes
2. Person	männl.	le tien	les tiens
	weibl.	la tienne	les tiennes
3. Person	männl.	le sien	les siens
	weibl.	la sienne	les siennes
1. Person Plural	männl.	le nôtre	les nôtres
	weibl.	la nôtre	
2. Person Plural	männl.	le vôtre	les vôtres
	weibl.	la vôtre	
3. Person Plural	männl.	le leur	les leurs
	weibl.	la leur	

Überblick

Demonstrativpronomen

	Männlich	Weiblich
Singular	celui	celle
Plural	ceux	celles

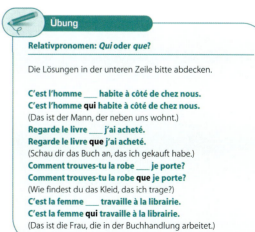

Übung

Relativpronomen: *Qui* oder *que*?

Die Lösungen in der unteren Zeile bitte abdecken.

C'est l'homme ___ habite à côté de chez nous.
C'est l'homme qui habite à côté de chez nous.
(Das ist der Mann, der neben uns wohnt.)
Regarde le livre ___ j'ai acheté.
Regarde le livre que j'ai acheté.
(Schau dir das Buch an, das ich gekauft habe.)
Comment trouves-tu la robe ___ je porte?
Comment trouves-tu la robe que je porte?
(Wie findest du das Kleid, das ich trage?)
C'est la femme ___ travaille à la librairie.
C'est la femme qui travaille à la librairie.
(Das ist die Frau, die in der Buchhandlung arbeitet.)

Französisch

Die Wortarten

Merke

Reihenfolge der Pronomen im Satz

me							
te		le		lui			
se	VOR	la	VOR		VOR	y	UND en
nous		les		leur			
vous							

Merke

Die Sonderform *aller en*

aller en voiture	aller en train	aller en bateau
(Auto fahren)	(Zug fahren)	(Schiff fahren)
aller en avion	aller en vélo	aller en bus
(fliegen)	(Fahrrad fahren)	(Bus fahren)
Aber: aller à	aller à pied	aller à bicyclette
	(zu Fuß gehen)	(Fahrrad fahren)

Merke

Präpositionen bei Personen: *être/aller chez – venir de chez*

Il est chez les Lambert. – Il vient de chez les Lambert.
(Er ist bei den Lamberts. – Er kommt von den Lamberts.)

Elle va chez ses amis. – Elle vient de chez ses amis.
(Sie geht zu ihren Freunden. – Sie kommt von ihren Freunden.)

Übung

Präpositionen (Lösungen bitte abdecken)

Ergänzen Sie die richtige Präposition *chez*, *à* oder *de*.

Cette femme habite ____ mon voisin.
Cette femme habite chez mon voisin. (Diese Frau wohnt bei meinem Nachbarn.)
Nicole reste ____ la maison jusqu'à 5 heures.
Nicole reste à la maison jusqu'à 5 heures. (Nicole ist bis 5 Uhr zu Hause.)
Fabien vient ____ Marseille.
Fabien vient de Marseille. (Fabien kommt aus Marseille.)

Die Indefinit-Pronomen

- Die Indefinit-Pronomen *tout/toute* und *tous/toutes* richten sich in Geschlecht und Zahl nach dem Substantiv, das sie vertreten. Sie können allein das Subjekt im Satz sein:

Tous sont venus. (Alle sind gekommen.)
Tout est sur la table. (Alles liegt auf dem Tisch.)

Sehr viel häufiger ist das Subjekt jedoch ein Substantiv oder ein Personalpronomen und die Indefinitpronomen verweisen darauf zurück:

Elles sont toutes venus. (Sie sind alle gekommen.)
Il a tout mangé. (Er hat alles aufgegessen.)

Die Pronomen *y* und *en*

- Das Pronomen *y* vertritt Ortsbestimmungen, die durch Präpositionen wie *à*, *dans, en, sous, sur* (aber nicht *de*!) eingeleitet werden, oder Ergänzungen mit *à*:

Elle habite à Paris. Elle y habite. (Sie wohnt in Paris. Sie wohnt dort.)
Elle pense à son voyage. Elle y pense. (Sie denkt an ihre Reise. Sie denkt daran.)

Das Pronomen *en* ersetzt Dativpronomen mit *de*:

Il parle de son voyage – il en parle (Er spricht über seine Reise – er spricht darüber.)

En ersetzt auch Teilmengen:

Est-ce que tu as des CD de ce chanteur? – Oui, j'en ai trois. (Hast du CDs von diesem Sänger? – Ja, ich habe drei.)

Die Präpositionen – Les prépositions

Bildung und Verwendung

- Eine Präposition zeigt an, in welchem Verhältnis, in welcher Lage und an welchem Ort ein Satzteil zu einem anderen steht.
Die französische Sprache kennt die zwei Hauptpräpositionen *à* und *de*. Die Präposition *à* tritt in der französischen Sprache wahrscheinlich am häufigsten auf. À kann – ebenso wie *de* – unterschiedliche Bedeutungen haben:

Nicole habite à Paris. (Yves wohnt in Paris.)
Sylvie vient à sept heures. (Sylvie kommt um sieben Uhr.)
Yves va à la maison. (Yves geht nach Hause.)

Sylvie parle de son travail. (Sylvie spricht über ihre Arbeit.)
Nicole vient de Paris. (Nicole kommt aus Paris.)
Je le sais de mon père. (Das weiß ich von meinem Vater.)

Daneben gibt es noch viele andere Präpositionen, die alle eine Umstandsbestimmung des Ortes, der Zeit und der Art und Weise ausdrücken:

sur la table (auf dem Tisch)
sous le lit (unter dem Bett)
dans la voiture (im Auto)
avec son ami (mit seinem Freund)
à cause de lui (seinetwegen)
sans enfants (ohne Kinder)

416

Französisch

Die Zeiten

Die Gegenwart – Le présent

Allgemein
- Die Konjugation der Verben in der Gegenwartsform wird auf den Seiten 410–412 behandelt.

Die Befehlsform (Imperativ) – L'impératif

Bildung und Verwendung
- Die Befehlsform der französischen Verben wird normalerweise mit der 1. Person Singular, 1. Person Plural und 2. Person Plural ohne das Subjekt-Personalpronomen gebildet. Man unterscheidet zwischen dem bejahten und dem verneinten Imperativ:

Beim bejahten Imperativ stehen die Pronomen hinter dem Verb, angeschlossen mit Bindestrich; statt *me* und *te* verwendet man *moi* und *toi*:

Regarde-moi! (Schau mich an!)
Repose-toi! (Ruh dich aus!)

Beim verneinten Imperativ ist die Wortstellung wie im Aussagesatz, die Pronomen stehen vor dem konjugierten Verb:

Ne lui téléphone pas! (Ruf ihn nicht an!)
Ne te lève pas! (Steh nicht auf!)

Besondere Imperativformen
- Folgt den Imperativen der Verben mit der Endung *-er* ein *y* oder *en*, dann stoßen zwei Vokale aufeinander. Deshalb wird ein *-s* an die Imperativformen anhängt:

    manges-en (iss davon)

Aber: va-t'en (geh weg)

Die Vergangenheit – Le passé

Allgemein
- *Passé composé*, *imparfait*, *passé simple* und *plus-que-parfait* sind die vier am meisten gebrauchten Vergangenheitsformen im Französischen, wobei das *passé simple* nur noch im geschriebenen Französisch verwendet wird. Es wird häufig zur Beschreibung von historischen Ereignissen gebraucht. Gebräuchlicher ist in der modernen Sprache das *passé composé*.

In der französischen Sprache gibt es eine strengere Trennung zwischen dem Gebrauch des *passé composé* (Perfekt) und des *imparfait* (Imperfekt) als im Deutschen.

Das *imparfait* beschreibt die Begleitumstände von Ereignissen, während das *passé composé* die eigentliche Handlung, den Ablauf von Ereignissen erzählt. Signalwörter für das *imparfait* sind *toujours* (immer), *souvent* (oft), *tout le temps* (ständig). Signalwörter für das *passé composé* sind: *tout à coup* (plötzlich), *ensuite* (danach), *alors* (dann).

Merke

Sonderformen der Imperativ-Konjugation

Infinitiv	être	avoir	aller
2. Person Singular	sois	aie	va
1. Person Plural	soyons	ayons	allons
2. Person Plural	soyez	ayez	allez

Merke

Imperativ

Bei der Bildung des Imperativs ist Folgendes zu beachten:

- Die **Du-Form** entspricht der **1. Person Singular Präsens**.
- Für den Befehl an Personen, die man siezt, oder an mehrere Personen, die man duzt, gibt es nur eine Form. Sie entspricht der **2. Person Plural Präsens**.

Überblick

Bildung des Imperativs

Infinitiv	prendre (nehmen)	parler (sprechen)	finir (beenden)
1. Person Singular	prends	parle	finis
1. Person Plural	prenons	parlons	finissons
2. Person Plural	prenez	parlez	finissez

Übung

Imperativ (Lösungen bitte abdecken)

Ergänzen Sie die Imperativ-Formen der folgenden Infinitive in der **1. Person Singular** (entspricht im Französischen der *Du-Form* im Imperativ).

boire (trinken)	**bois**
battre (kämpfen)	**bats**
lire (lesen)	**lis**
suivre (folgen)	**suis**
chanter (singen)	**chante**
envoyer (schicken)	**envoie**

Französisch

Die Zeiten

Überblick

Unregelmäßige Partizipien

Infinitiv	Partizip II	
avoir	eu	haben
boire	bu	trinken
connaître	connu	kennen
croire	cru	glauben
découvrir	découvert	entdecken
devoir	dû	sollen
dire	dit	sagen
écrire	écrit	(schreiben)
lire	lu	(lesen)
mettre	mis	(legen, stellen, tun)
naître	né	(geboren werden)
offrir	offert	(anbieten)
peindre	peint	(malen)
plaire	plu	(gefallen)
pouvoir	pu	(können)
produire	produit	(herstellen)
prendre	pris	(nehmen)
recevoir	reçu	(empfangen)
rire	ri	(lachen)
savoir	su	(wissen)
souffrir	souffert	(leiden)
suivre	suivi	(folgen)
tenir	tenu	(halten)
traduire	traduit	(übersetzen)
venir	venu	(kommen)
vivre	vécu	(leben)
voir	vu	(sehen)

Übung

Das *Passé composé* mit *être* (Lösungen bitte abdecken)

Ersetzen Sie das männliche Personalpronomen *il* durch das weibliche Pronomen *elle*. Denken Sie daran, dass sich beim *passé composé* mit *être* das Partizip II verändert!

Männlich	Weiblich
il est arrivé	elle est arrivée
il est parti	elle est partie
il est venu	elle est venue
il est monté	elle est montée
il est sorti	elle est sortie
il est rentré	elle est rentrée
il est entré	elle est entrée

Merke

Die Bildung des *imparfait* mit *être*

Bis auf *être* werden alle Imperfekt-Formen normal abgeleitet.

être (sein)
j'étais
tu étais
il/elle/on était
nous étions
vous étiez
ils/elles étaient

Das Perfekt – Le passé composé

Bildung

- Das *passé composé* ist eine zusammengesetzte Zeit, die aus den Hilfsverben *avoir* oder *être* und dem Partizip II gebildet wird. Jedes Verb hat ein Partizip II; um es zu bilden, muss der Stamm des Infinitivs bekannt sein. Den Stamm erhält man, indem man die Endungen -*er*, -*ir*, -*oir* oder -*re* weglässt. Dann fügen Sie die Endung des Partizip Perfekts, wie in der Tabelle gezeigt, an das Verb an.

Verb	Wegfallende Endung	Neue Endung	Partizip Perfekt
manger	-er	-é	**mangé**
finir	-ir	-i	**fini**
vouloir	-oir	-u	**voulu**
attendre	-re	-u	**attendu**

Verwendung

Das *passé composé* wird für eine abgeschlossene Handlung verwendet.

Das *passé composé* mit *être*

Bildung und Verwendung

- Bei den Verben, die eine Bewegungsrichtung ausdrücken, wird das *passé composé* mit *être* gebildet. Das *participe passé* richtet sich bei diesen Verben in Geschlecht und Zahl nach dem Subjekt des Satzes. Diese Formen werden um die Endung -*e* erweitert, sobald das Subjekt weiblich ist:

Elle est allée au cinéma. (Sie ist ins Kino gegangen).
Rita est partie en Angleterre. (Rita ist nach England gefahren.)

An die Partizipien werden aber auch die Pluralendungen -*s* (männlich) und -*es* (weiblich) angehängt, wenn das Subjekt mehrere Personen umfasst:

Ils sont allés à Bordeaux. (Sie sind nach Bordeaux gefahren.)
Elles sont montées sur la tour Eiffel. (Sie sind auf den Eiffelturm gestiegen.)

Das Imperfekt – L'imparfait

Bildung und Verwendung

- Das Imperfekt dient als Erzählzeit und ist die Zeit der Wiederholung, der Dauer. Es werden Zustände und nicht abgeschlossene oder gleichzeitig verlaufende, andauernde oder wiederkehrende Vorgänge in der Vergangenheit beschrieben.

Dem Stamm des Verbs werden je nach Person die entsprechenden Endungen angefügt:

acheter (kaufen)
j'achetais
tu achetais
il/elle/on achetait
nous achetions
vous achetiez
ils/elles achetaient

Französisch

Die Zeiten

Das passé simple – Le passé simple

Bildung und Verwendung

- Im Französischen gibt es eine Zeit, die nur in geschriebenen formalen Texten vorkommt. Diese Zeit nennt man *passé simple*. Sie beschreibt meistens ein seit nicht allzu langer Zeit vergangenes Ereignis, das zu einem präzisen Zeitpunkt stattfand. Das *passé simple* wird in der modernen Sprache nur noch sehr selten verwendet.

Zur Bildung dieser Vergangenheitsform werden bei den Verben auf *-er* dem Stamm die Endungen *-ai, -as, -a, -âmes, -âtes, -èrent* angefügt:

acheter (kaufen)
j'achet**ai**
tu achet**as**
il/elle/on achet**a**
nous achet**âmes**
vous achet**âtes**
ils/elles achet**èrent**

Die Konjugationen der Hilfsverben *avoir* und *être* erfolgen unregelmäßig:

avoir (haben)	**être (sein)**
j'eus	je fus
tu eus	tu fus
il/elle/on eut	il/elle/on fut
nous eûmes	nous fûmes
vous eûtes	vous fûtes
ils/elles eurent	ils/elles furent

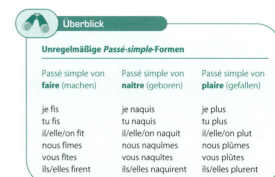

Überblick

Unregelmäßige *Passé-simple*-Formen

Passé simple von **faire** (machen)	Passé simple von **naître** (geboren)	Passé simple von **plaire** (gefallen)
je fis	je naquis	je plus
tu fis	tu naquis	tu plus
il/elle/on fit	il/elle/on naquit	il/elle/on plut
nous fîmes	nous naquîmes	nous plûmes
vous fîtes	vous naquîtes	vous plûtes
ils/elles firent	ils/elles naquirent	ils/elles plurent

Übung

Passé simple (Lösungen bitte abdecken)

Ergänzen Sie die **Passé-simple**-Formen der folgenden Infinitive in der 1. Person Singular.

être (sein)	**je fus**
avoir (haben)	**j'eus**
faire (machen)	**je fis**
acheter (kaufen)	**j'achetai**
manger (essen)	**je mangeai**

Das Plusquamperfekt – Le plus-que-parfait

Bildung und Verwendung

- Im Französischen wird das *plus-que-parfait* verwendet, um Vorzeitigkeit gegenüber dem *passé composé* auszudrücken. Es wird genauso gebildet wie das deutsche Plusquamperfekt, nämlich durch das *imparfait* von *être* oder *avoir* und das Partizip II des konjugierten Verbs. Wie beim *passé composé* richtet sich das *participe passé* bei diesen Verben in Geschlecht und Zahl nach dem Subjekt des Satzes:

Elle était arrivée à 4 heures. (Sie war um 4 Uhr angekommen).
Il avait pris le train. (Er hatte den Zug genommen.)
Nous avions bu du vin. (Wir hatten Wein getrunken.)
Elles étaient sorties. (Sie waren ausgegangen.)

Für einen besseren Überblick wird am Beispiel des Verbs *appeler* (rufen) das Plusquamperfekt für alle Personen konjugiert. *Appeler* wird mit der jeweiligen Imperfekt-Form von *avoir* gebildet:

appeler (rufen)
j'avais appelé
tu avais appelé
il/elle/on avait appelé
nous avions appelé
vous aviez appelé
ils/elles avaient appelé

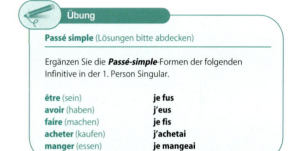

Überblick

Die Bildung des Plusquamperfekts von *aller*

Für die Bildung des Plusquamperfekts von *aller* wird dem Partizip II das jeweilige Imperfekt von *être* vorangestellt. Die in Klammern stehenden Beifügungen geben die weiblichen Endungen an.

aller (gehen)
j'étais allé(e)
tu étais allé(e)
il/elle/on était allé(e)
nous étions allé(e)s
vous étiez allé(e)s
ils/elles étaient allé(e)s

Französisch

Die Zeiten

Das Futur I + II – Le futur I + II

Bildung
- Das Futur I – das im Französischen auch das *futur simple* genannt wird – hat die Endungen *-rai, -ras, -ra, -rons, -rez, -ront*.
Bei den Verben auf *-er* werden diese Endungen an die 1. Person Singular Präsens angehängt:

acheter (kaufen)
j'achèterai	nous achèterons
tu achèteras	vous achèterez
il/elle/on achètera	ils/elles achèteront

Das *Futur I* der Verben auf *-ir* und auf *-re*
- Diese Verben leiten ihr Futur vom Stamm des Infinitivs ab; bei den Verben auf *-re* entfällt das *e*:

écrire (schreiben)	partir (weggehen)
j'écrirai (ich werde schreiben)	je partirai (ich werde weggehen)

Futur I mit *aller*
- In der mündlichen Sprache wird anstelle des *futur I* häufig auch die Zukunftsform mit *aller* und dem Infintiv gebraucht:

Je vais aller au cinéma. (Ich werde ins Kino gehen.)

Futur II
- Das Futur II wird gebildet mit dem Futur I der Hilfsverben *avoir* oder *être* und dem Partizip II:

Il aura dormi jusqu'à midi. (Er wird bis mittags geschlafen haben.)
Elle sera arrivée à 5 heures. (Sie wird bis 5 Uhr angekommen sein.)

Das Konditional – Le conditionnel

Bildung und Verwendung
- Das Konditional ist ein Modus, der eine Möglichkeit ausdrückt (*Wenn ich Geld hätte, würde ich …*). Im Französischen gibt es den Konditional I und den Konditional II:

Das *conditionnel I* (auch *conditionnel présent*) wird ähnlich wie das Futur gebildet. Im Unterschied zum Futur werden an den Infinitiv (bei Verben auf *-re* ist dieser um das *-e* verkürzt) die Endungen des *imparfait* angehängt:

faire (machen)
je ferais	nous ferions
tu ferais	vous feriez
il/elle/on ferait	ils/elles feraient

Das *conditionnel II* (auch *conditionnel passé*) wird mit dem *conditionnel présent* der Hilfsverben *avoir* oder *être* (j'aurais, tu aurais, il/elle aurait, usw.) und dem Partizip II gebildet:

Il aurait préparé la fête. (Er hätte die Party vorbereitet.)
Elle serait venue tôt. (Sie wäre früh gekommen.)

Überblick

Sonderformen des Futur I

avoir (haben)	être (sein)	venir (kommen)
j'aurai	je serai	je viendrai
tu auras	tu seras	tu viendras
il/elle/on aura	il/elle/on sera	il/elle/on viendra
nous aurons	nous serons	nous viendrons
vous aurez	vous serez	vous viendrez
ils/elles auront	ils/elles seront	ils/elles viendront

Überblick

Die Bildung der Zukunftsform mit *aller* (gehen, fahren)

je vais aller
tu vas aller
il/elles/on va aller
nous allons aller
vous allez aller
ils/elles vont aller

Überblick

Die Bildung des Futur II

Die in Klammern stehenden Beifügungen geben die weiblichen Endungen an:

arriver (ankommen)	dormir (schlafen)
je serai arrivé(e)	j'aurai dormi
tu seras arrivé(e)	tu aurais dormi
il/elle/on sera arrivé(e)	il/elle/on aura dormi
nous serons arrivé(e)s	nous aurons dormi
vous serez arrivé(e)s	vous aurez dormi
ils/elles seront arrivé(e)s	ils/elles auront dormi

Überblick

Konditional I von *être* und *avoir*

	être		avoir
je	serais	j'	aurais
	(ich wäre)		(ich hätte)
tu	serais	tu	aurais
il/elle/on	serait	il/elle/on	aurait
nous	serions	nous	aurions
vous	seriez	vous	auriez
ils/elles	seraient	ils/elles	auraient

Französisch

Die Zeiten

Der Konditionalsatz mit *si*

Bildung und Verwendung

- In eingeschränkten Bedingungssätzen *(Wenn ich Geld hätte, würde ich eine Weltreise machen.)* stehen im Deutschen beide Verben im Konditional. Im Französischen hingegen muss das Verb des *si*-Satzes in diesen Fällen immer im Imperfekt stehen, lediglich der Hauptsatz steht im Konditional:

Si j'avais de l'argent, je ferais le tour du monde.
(Wenn ich Geld hätte, würde ich eine Weltreise machen.)

Tu m'appelerais plus souvent, si tu m'aimais.
(Du würdest mich öfter anrufen, wenn du mich lieben würdest.)

Si nous étions amis, je te prêterais ma voiture.
(Wenn wir Freunde wären, würde ich dir mein Auto leihen.)

Der Konjunktiv – Le Subjonctif

Bildung und Verwendung

- Der *subjonctif* wird in der Regel mit *que* eingeleitet. Da im Französischen nur der Konjunktiv Präsens im täglichen Gebrauch verwendet wird, wird hier auch nur diese Form behandelt. Der *subjonctif* drückt aus, wie man etwas persönlich, subjektiv empfindet:

J'aimerais que tu sois un peu plus clame. (Ich würde es gut finden, wenn du ein bisschen ruhiger wärst).

Il est important que tu lui dises la vérité. (Es ist wichtig, dass du ihm die Wahrheit sagst.)

Konjunktiv im Präsens – Le subjonctif présent

- Die Herleitung des *subjonctif présent* gilt für fast alle Verben. Für die Singularformen und die 3. Person Plural werden dem Stamm der 3. Person Plural Präsens die Endungen -e, -es, -e und -ent angefügt.

Für die Formen mit *nous* und *vous* werden dem Stamm der 1. Person Plural Präsens die Endungen -ions und -iez angefügt.

chanter (singen)
que je chant**e**
que tu chant**es**
qu'il/elle/on chant**e**
que nous chant**ions**
que vous chant**iez**
qu'ils/elles chant**ent**

Die Konjugationen mit *avoir* und *être* erfolgen unregelmäßig:

	être		avoir
que je	sois	que j'	aie
que tu	sois	que tu	aies
qu'il/elle/on	soit	qu'il/elle/on	ait
que nous	soyons	que nous	ayons
que vous	soyez	que vous	ayez
qu'ils/elles	soient	qu'ils/elles	aient

Übung

Konditionalsätze mit *si* (Lösungen bitte abdecken)

Übersetzen Sie die Sätze in der oberen Spalte.

Deutscher Bedingungssatz
Wenn ich reich wäre, würde ich eine Villa kaufen.
Wenn ich Zeit hätte, käme ich heute zu dir.
Wenn du mich abholen könntest, käme ich früher.
Wenn wir früher weggingen, dann könnten wir in den Park gehen.

Französischer Bedingungssatz
Si j'étais riche, j'achèterais une villa.
Si j'avais du temps, je viendrais chez toi aujourd'hui.
Si tu pouvais venir me chercher, je viendrais plus tôt.
Si nous partions plus tôt, nous pourrions aller au parc.

Überblick

Beispiele für unregelmäßige *Subjonctif*-Formen

faire (machen)	prendre (nehmen)	venir (kommen)
que je fasse	que je prenne	que je vienne
que tu fasses	que tu prennes	que tu viennes
qu'il/elle/on fasse	qu'il/elle/on prenne	qu'il/elle/on vienne
que nous fassions	que nous prenions	que nous venions
que vous fassiez	que vous preniez	que vous veniez
qu'ils/elles fassent	qu'ils/elles prennent	qu'ils/elles viennent

Merke

Der *Subjonctif*

Verben, die ein Angstgefühl ausdrücken wie z. B. *craindre* (befürchten) oder *avoir peur* (Angst haben) werden mit *ne* eingeleitet.

J'ai peur qu'il ne vienne. (Ich habe Angst, dass er kommt.)
Aber für die Verneinung: J'ai peur qu'il ne vienne pas.
(Ich habe Angst, dass er nicht kommt.)

Überblick

Satzbau

Nach folgenden Gefühlsausdrücken wird der Konjunktiv verwendet:

Pflicht: Il est important que … (Es ist wichtig, dass …)
Wunsch: J'aimerais que … (Ich möchte, dass …)
Befehl: Je ne veux pas que … (Ich will nicht, dass …)
Angst: Je crains que … (Ich befürchte, dass …)
Angst: J'ai peur que … (Ich habe Angst, dass …)
Zweifel: Je doute que … (Ich bezweifle, dass …)

Französisch

Die Zeiten und der Satz

Merke

Die Präposition *par*

Ein Passivsatz wird fast immer mit der Präposition *par* (durch/von) gebildet.

L'homme a été tué par un voleur.
(Der Mann ist von einem Dieb ermordet worden.)

Überblick

Satzbau (Lösungen bitte abdecken)

Ordnen Sie folgende Satzteile!

Satzglieder	Fertiger Satz (Lösung)
achète/une table/il.	**Il achète une table.** (Er kauft einen Tisch.)
danois/parle/elle	**Elle parle danois.** (Sie spricht Dänisch.)
jouent/ils/au tennis	**Ils jouent au tennis.** (Sie spielen Tennis.)
elles/ce chanteur/aiment	**Elles aiment ce chanteur.** (Sie lieben diesen Sänger.)
prenons/nous/l'avion/pour le Canada	**Nous prenons l'avion pour le Canada.** (Wir nehmen das Flugzeug nach Kanada.)

Übung

Objekt (Lösungen bitte abdecken)

Ergänzen Sie die richtige Präposition: *à* oder *de*?

Cette maison appartient ___ ma tante.
Cette maison appartient à ma tante. (Dieses Haus gehört meiner Tante.)
Elle parle ___ son travail.
Elle parle de son travail. (Sie spricht von ihrer Arbeit.)
Sylvie prête sa voiture ___ sa copine.
Sylvie prête sa voiture à sa copine. (Sylvie leiht ihrer Freundin ihr Auto.)

Überblick

Objektpronomen

Bei Infinitivkonstruktionen stehen die Pronomen vor dem Infinitiv:

J'aimerais le (le fiancé) présenter à mes parents. [Ich würde ihn (den Bräutigam) gern meinen Eltern vorstellen.]
Je veux la (la voiture) montrer à ma fille. [Ich will es (das Auto) meiner Tochter zeigen.]

Das Passiv – La voix passive

Bildung und Verwendung

● Das Passiv wird im Französischen weit weniger gebraucht als im Deutschen. Die Franzosen ziehen eindeutig den Gebrauch eines Aktivsatzes vor. Die französische Sprache verfügt auch nur über ein Zustandspassiv mit *être*. Es wird mit *être* und dem Partizip II gebildet. Wie beim *passé composé* richtet sich das *participe passé* bei diesen Verben in Geschlecht und Zahl nach dem Subjekt des Satzes:

Das Akkusativobjekt des Aktivsatzes wird zum Subjekt des Passivsatzes:

La fille regarde la maison. – La maison est regardée par la fille.
(Das Mädchen schaut das Haus an. – Das Haus wird von dem Mädchen angeschaut.)

Der Satzbau und die Wortstellung

Der Aussagesatz – L'énoncé

● Die übliche Satzstellung im französischen Aussagesatz folgt dem Schema Subjekt, konjugiertes Verb (Prädikat) und Objekt:

Subjekt	konjugiertes Verb	Objekt
Simone	**mange**	**du fromage.**
(Simone	isst	Käse.)
Il	**achète**	**du vin.**
(Er	kauft	Wein.)

Das Subjekt des Satzes kann ein Personalpronomen, ein Substantiv mit Artikel oder ein Eigenname sein:

Il (Personalpronomen) **est dans la maison. (Er ist im Haus.)**
La femme (Substantiv mit Artikel) **achète du poisson. (Die Frau kauft Fisch.)**
Sabrina (Eigenname) **regarde la télé. (Sabrina sieht fern.)**

Die französische Sprache kennt nur zwei Objekte:

a) Das direkte Objekt (entspricht fast immer dem deutschen Akkusativobjekt) ohne Präposition:

Yves boit du thé. (Yves trinkt Tee.)
Maman achète des fleurs. (Mama kauft Blumen.)

b) Das präpositionale Objekt (entspricht fast immer dem deutschen Dativobjekt) mit den Präpositionen *à* oder *de*:

Le professeur montre le livre à l'élève.
(Der Lehrer zeigt dem Schüler das Buch.)
Son fils hérite de la maison. (Sein/Ihr Sohn erbt das Haus.)

Anders als im Deutschen stehen die Pronomen vor dem konjugierten Verb. Beim *passé composé* (Perfekt) stehen sie vor dem konjugierten Hilfsverb:

Tu as vu Pierre? – Oui, je l'ai vu.
(Hast du Pierre gesehen? – Ja, ich habe ihn gesehen.)
Il a mangé mon gâteau? – Oui, il l'a mangé.
(Hat er meinen Kuchen gegessen? – Ja, er hat ihn gegessen.)

Französisch
Der Satz

Die Frage – La question

- Will man im Französischen eine Frage stellen, hat man drei Möglichkeiten. Es gibt Intonationsfragen, Fragen mit *est-ce que* und Inversionsfragen:

1) Bei der Intonationsfrage entspricht die Wortstellung dem Aussagesatz, nur die Sprechmelodie ist anders; sie steigt am Ende nach oben an:

Vous êtes allemand? (Sind Sie Deutscher?)

Intonationsfragen werden besonders in der gesprochenen Sprache häufig verwendet.

2) Beim zweiten Fragetyp wird der Satzstellung die Intonationsfrage *est-ce que* vorangestellt. Sollte ein Fragewort (beispielsweise *que*) den Fragesatz einleiten, steht es noch vor *est-ce que*:

Est-ce que le cours a déjà commencé? (Hat der Kurs schon angefangen?)
Qu'est-ce que c'est? (Was ist das?)

3) Bei der Inversionsfrage – der Umkehrung – ändert sich die Satzstellung. Das Subjekt und das Prädikat werden umgestellt; das kann ohne das Fragewort, aber auch mit dem Fragewort geschehen. Ist das Subjekt ein Pronomen, wird es mit Bindestrich an das Verb angefügt:

Que fait-il? (Was macht er?)
Est-elle à l'école? (Ist sie in der Schule?)

Die Verneinung – La négation

- Ein französischer Satz wird verneint, indem man das konjugierte Verb mit *ne … pas* umschließt. Das Verb kann sich verändern, *ne … pas* bleibt jedoch bestehen:

Michelle ne bois pas de thé. (Michelle trinkt keinen Tee.)

Folgt dem *ne* ein Vokal, dann muss apostrophiert werden:

Elle n'a pas faim. (Sie hat keinen Hunger.)

Weiterhin kann die Verneinung eines Satzes auch durch *ne … plus* (nicht mehr) oder durch *ne … jamais* (nie) ausgedrückt werden. Auch dabei umschließt die Verneinung das konjugierte Verb:

Sylvie ne chante plus. (Sylvie singt nicht mehr.)
Nous ne gagnons jamais. (Wir gewinnnen nie.)

Bei Sätzen mit einem oder auch mehreren Objektpronomen werden diese durch *ne … pas*, *ne … plus* oder *ne … jamais* mit umschlossen:

Sabrina ne l'aime pas. (Sabrina mag ihn/sie nicht.)
Maman ne le regarde jamais. (Mama schaut ihn nie an.)

Folgende Verneinungsworte können zu *ne* gehören:

ne … pas (nicht)
ne … jamais (niemals)
ne … plus (nicht mehr)
ne … point (überhaupt nicht)
ne … rien (nichts)
ne … personne (niemand)

Merke

Variable Interrogativpronomen: *quel, quelle, quels, quelles*

Das Interrogativpronomen *quel* wird nach Geschlecht und Zahl dekliniert.

Quelle heure est-il? (Wie spät ist es?)
De quel film est-ce que vous parlez?
(Über welchen Film sprechen Sie?)
A quelles filles a-t-il souri?
(Welche Mädchen lacht er an?)

Überblick

Übersicht der wichtigsten Fragewörter

Comment?	(Wie?)
Combien?	(Wie viel?)
Qui?	(Wer?)
Que?	(Was?)
Où?	(Wo?)

Merke

Verneinung

In der Verneinung steht *de*, wenn im bejahten Satz der unbestimmte Artikel (*un, une, des*) oder der Mengenartikel (*du, de la de l'*) steht.

Il achète une voiture. Il n'achète pas de voiture.
(Er kauft kein Auto.)
Elle prend de la farine. Elle ne prend pas de farine.
(Sie nimmt kein Mehl.)

Übung

Verneinung (Lösungen bitte abdecken)

Verneinen Sie folgende Sätze:

Ausgangssatz	Verneinung
Yves aime le vin.	**Yves n'aime pas le vin.** (Yves mag keinen Wein.)
Emma parle l'anglais.	**Emma ne parle pas l'anglais.** (Emma spricht kein Englisch.)
Fabienne sait jouer du piano.	**Fabienne ne sait pas jouer du piano.** (Fabienne spielt kein Klavier.)
Claire chante bien.	**Claire ne chante pas bien.** (Claire singt nicht gut.)
Norbert court vite.	**Norbert ne court pas vite.** (Norbert läuft nicht schnell.)

Spanisch

Das Alphabet

Überblick

Die wichtigsten Ausspracheregeln

c	– wird wie ein k ausgesprochen
ce	– wird wie das englische th + e ausgesprochen
ch	– ausgesprochen wie tsch in tschüs
ci	– wird wie das englische th + i ausgesprochen
eu	– aufeinander folgende Vokale werden getrennt ausgesprochen
ge	– wird -ch (in Dach) + e ausgesprochen
gi	– wird -ch (in Dach) + e ausgesprochen
gue	– wird -ge ausgesprochen
gui	– wird -gi ausgesprochen
h	– wird nie ausgesprochen
ll	– ausgesprochen wie j; selten wie lj
ñ	– ausgesprochen wie gn in Champagner
qu	– wird wie ein k ausgesprochen
ü	– wird wie u ausgesprochen
y	– wird in einem Wort j ausgesprochen
z	– wird wie das englische th ausgesprochen

Übung

Akzentschreibung (Lösungen bitte abdecken)

Stimmt die Schreibweise mit den Betonungsregeln überein? Wenn ja, braucht das Wort keinen Akzent und die Schreibweise ist falsch. Wenn nein, muss der Akzent stehen bleiben und die Schreibweise ist richtig.

información	información
pláza	plaza
Mediterráneo	Mediterráneo
naránja	naranja
región	región
péna	pena

Merke

Akzentschreibung

- Alle Wörter, die von den Betonungsregeln abweichen, werden mit Akzent geschrieben.
- Manchmal hat ein Wort mit und ohne Akzent unterschiedliche Bedeutungen.
- Alle Frage- und Ausrufewörter haben einen Akzent.
- Beim Anhängen von Pronomen und im Plural kann es zu einer Akzentverschiebung bzw. einem Akzentwegfall kommen.

Das spanische Alphabet

Allgemein

- Die spanische Sprache verfügt über ein Alphabet mit 29 Buchstaben: Neben den im Deutschen verwendeten 26 Buchstaben, werden auch **ch**, **ll** und **ñ** als eigenständige Buchstaben behandelt.

Die Aussprache

- Das **ñ** klingt wie **gn** (wie in Champa**gn**er): *mañana* (morgen). Das **ll** entspricht einem **lj**, wobei das **l** vielerorts kaum zu hören ist: *llamar* (heißen). Das **ch** klingt wie **tsch** (wie in *tschüs*): *chica* (Mädchen).

Neben diesen eigenständigen spanischen Buchstaben weisen aber auch die anderen Buchstaben ein paar Besonderheiten auf. Das **h** ist immer stumm: *hola* (hallo). Ein **z** wird wie das englische **th** gesprochen, etwa in *plaza* (Platz). Der Buchstabe **c** wird normalerweise wie ein deutsches **k** ausgesprochen, wenn er aber vor einem e oder i steht, klingt er wie das englische **th**: *entonces* (dann). Das spanische **g** klingt vor e und i wie das **ch** (wie in Dach), ein Laut, der auch dem spanischen **j** entspricht: etwa in *naranja* (Orange). Wie das deutsche **k** klingt die Kombination **qu**; so beispielsweise in *¿quién?* (wer?). Das **y** spricht man in einem Wort wie das deutsche **j** aus; sonst immer **i**. Vokale werden immer offen gesprochen, aufeinander folgende Vokale werden auch akustisch getrennt: **e**, **u**, und **ro**. Das seltene **ü** ist kein Umlaut, sondern nur ein Hinweis, dass dieses **u** ausgesprochen werden muss; beispielsweise in *bilingüe* (zweisprachig).

Betonung und Akzente

- Die Betonung eines Wortes ist mit zwei Regeln festgelegt:

Wörter, die auf einem Vokal, auf -n oder -s enden, werden auf der vorletzten Silbe betont. Wörter, die auf einem Konsonanten – außer -n und -s – enden, werden auf der letzten Silbe betont.

Alle Wörter, deren Betonung von diesen beiden Regeln abweichen, müssen mit einem Akzent auf der entsprechenden Silbe bzw. dem entsprechenden Buchstaben markiert werden:

Mediterráneo (Mittelmeer)
canción (Lied)

Manchmal ändert sich durch einen Akzent zwar nicht die Betonung, dafür aber die Bedeutung:

él (er)
el (der)

Unabhängig von der Aussprache haben alle Frage- und Ausrufewörter einen Akzent:

¿dónde? (wo?)
¡Qué pena! (Wie schade!)

Beim Anhängen von Pronomen und im Plural kann es zu einer Akzentverschiebung bzw. dem Wegfall des Akzents kommen:

información   **informaciones (Informationen)**

Spanisch

Die Wortarten

Der Artikel – El artículo: Bestimmter Artikel

Bildung und Verwendung

- Im Spanischen sind bestimmte Artikel entweder männlich oder weiblich. Ein Neutrum gibt es nicht:

	Singular	Plural
Männlich	el (der)	los (die)
Weiblich	la (die)	las (die)

Der Artikel – El artículo: Unbestimmter Artikel

Bildung und Verwendung

- Auch die unbestimmten Artikel sind entweder männlich oder weiblich. Ein Neutrum gibt es auch hier nicht. Im Gegensatz zum Deutschen gibt es im Spanischen aber unbestimmte Artikel im Plural, die sich am besten mit *einige* übersetzen lassen:

	Singular	Plural
Männlich	un (ein)	unos (einige)
Weiblich	una (eine)	unas (einige)

Merke

Bestimmung des Geschlechts

Der neutrale Artikel *lo* wird im Spanischen verwendet, um aus Adverbien und Adjektiven Substantive zu machen.

lo mismo (dasselbe)
lo malo (das Schlechte)

Steht der männliche Artikel *el* hinter den Präpositionen *a* oder *de*, so entsteht

a + el = al
de + el = del

Das Substantiv – El sustantivo

Bildung

- Die Endung *-a* kennzeichnet fast immer weibliche Substantive, verwendet werden sie mit den Artikeln *la* bzw. *una*. Für das Plural kommt ein *-s* dazu. Die Endung *-o* kennzeichnet in der Regel männliche Substantive. Man verwendet sie mit den Artikeln *el* bzw. *un*. Im Plural wird wieder ein *-s* ergänzt:

	Singular	Plural
Männlich	el aeropuerto (der Flughafen)	los aeropuertos (die Flughäfen)
Weiblich	la tarjeta (die Karte)	las tarjetas (die Karten)

Wichtige Ausnahmen von dieser Regel sind die Wörter *la foto* (das Foto), *la mano* (die Hand), *la radio* (das Radio) und *la moto* (das Motorrad); sie haben die männliche Endung *-o*, aber den weiblichen Artikel *la*.

Endet ein Wort nicht auf einem *-a* oder *-o* und auch auf keinem anderen Vokal, wird im Plural ein *-es* angehängt. Dadurch erhält das Wort eine zusätzliche Silbe, wodurch Akzente wegfallen bzw. hinzukommen können:

	Singular	Plural
Männlich	el joven (der Jugendliche)	los jóvenes (die Jugendlichen)
Weiblich	la información (die Information)	las informaciones (die Informationen)

Verwendung

Im Spanischen sind Substantive, genauso wie die Artikel, entweder männlich oder weiblich. Bei gemischten Gruppen – Frauen und Männer – wird die männliche Form genommen. Obwohl man an der Endung eines Substantivs fast immer erkennen kann, ob es männlich (Endung *-o*) oder weiblich (Endung *-a*) ist, gibt es Substantive, die auf Konsonanten oder anderen Vokalen enden. In diesem Fällen kann man nicht sofort sehen, welches Geschlecht das Substantiv hat.

Merke

Substantive

Substantive mit der Endung *-ción* oder *-dad* sind fast immer weiblich und stehen mit den Artikeln *la/las* bzw. *una/unas*. Da das Wort nicht auf einen Vokal endet, erhält es im Plural ein *-es*.

Viele Substantive mit den Endungen *-oma* und *-ema* sind männlich (Artikel *el/los* bzw. *un/unos*). Der Plural wird mit einem *-s* gebildet.

Substantive mit der Endung *-ista* können männlich oder weiblich sein; ausschlaggebend ist jeweils der Artikel. Für den Plural wird an das Substantiv ein *-s* angefügt.

Übung

Pluralbildung (Lösungen bitte abdecken)

Setzen Sie die Substantive ins Plural und ergänzen Sie die bestimmten und unbestimmten Artikel.

el/un	problema	los/unos problemas
la/una	ciudad	las/unas ciudades
la/una	información	las/unas informaciones
el/un	aeropuerto	los/unos aeropuertos
la/una	casa	las/unas casas
la/una	foto	las/unas fotos

Spanisch

Die Wortarten

Das Verb – El verbo: Regelmäßige Verben

Bildung

- Im Spanischen enden alle Verben auf -ar, -er oder -ir. Zur Bildung der einzelnen Personen bei den regelmäßigen Verben wird die Endung -ar, -er oder -ir gestrichen – es bleibt der Wortstamm übrig – und die Endung für die jeweilige Person angehängt. Alle Verben haben in der 2. Person Plural einen Akzent – mit Ausnahme der Verben, die nur aus einer Silbe bestehen:

	buscar (suchen)	creer (glauben)	decidir (entscheiden)
yo	busco	creo	decido
tú	buscas	crees	decides
él/ella/usted	busca	cree	decide
nosotros/nosotras	buscamos	creemos	decidimos
vosotros/vosotras	buscáis	creéis	decidís
ellos/ellas/ustedes	buscan	creen	deciden

Während man die 1., 2. und 3. Person Singular sowie die 3. Person Plural auf dem Wortstamm des Verbes betont, werden die 1. und 2. Person Plural auf der Verbendung betont. Nach der Betonungsregel werden Wörter, die auf -s enden, auf der vorletzten Silbe betont. In der 1. Person Plural ist die Endung zweisilbig, die Betonung erfolgt auf der vorletzten Silbe, ohne dass ein Akzent nötig ist. In der 2. Person Plural ist die Endung einsilbig. Um das Verb dennoch korrekt auf der Verbendung zu betonen, erhält die Endung einen Akzent.

Verwendung

Das Verb kann alleine – ohne Personalpronomen – verwendet werden. An der Endung ist die jeweilige Person eindeutig zu erkennen.

Das Verb – El verbo: Unregelmäßige Verben

Bildung

- Insgesamt gibt es in der Gegenwart drei Stammveränderungen: e wird zu ie, o zu ue und e zu i. Bei der Stammveränderung wechseln die Stammvokale – das sind in der Regel diejenigen Vokale, die nach dem Abstreichen der Endungen -ar, -er und -ir übrig bleiben – in der 1., 2., 3. Person Singular und der 3. Person Plural.

	pensar (denken)	poder (können)	pedir (bitten)
yo	pienso	puedo	pido
tú	piensas	puedes	pides
él/ella/usted	piensa	puede	pide
nosotros/nosotras	pensamos	podemos	pedimos
vosotros/vosotras	pensáis	podéis	pedís
ellos/ellas/ustedes	piensan	pueden	piden

Verwendung

Die Bildung der unregelmäßigen Verben lässt sich nicht an den Endungen -ar, -er oder -ir festmachen. Als Faustregel für die Personen mit verändertem Stammvokal dient die mathematische Gleichung 1+2+3 = 6. Diese Zahlen entsprechen der 1., 2., 3. Person Singular und der dritten Person Plural (der sechsten Form in der Auflistung der Verbformen).

Merke

Einige besondere regelmäßige Verben

Viele Verben gelten im Spanischen als unregelmäßig, haben bei genauerer Betrachtung aber nur in der 1. Person Singular eine unregelmäßige Form; dazu gehören.

Grundform	1. Person Singular
dar (geben)	doy
conocer (kennen)	conozco
hacer (machen)	hago
saber (wissen)	sé
salir (rausgehen)	salgo
poner (legen)	pongo
traer (bringen)	traigo
conducir (fahren)	conduzco

Überblick

Die Konjugation von unregelmäßigen Verben

Manche Verben sind in allen Formen unregelmäßig und müssen komplett auswendig gelernt werden.

haber (haben)	ir (gehen)	oír (hören)	tener (haben)	ver (sehen)
he	voy	oigo	tengo	veo
has	vas	oyes	tienes	ves
ha	va	oye	tiene	ve
hemos	vamos	oímos	tenemos	vemos
habéis	vais	oís	tenéis	veis
han	van	oyen	tienen	ven

Übung

Konjugationstraining (Lösungen bitte abdecken)

Bilden Sie alle Formen dieser Verben.

hablar (sprechen)	vivir (leben)	comprender (verstehen)
hablo	vivo	comprendo
hablas	vives	comprendes
habla	vive	comprende
hablamos	vivimos	comprendemos
habláis	vivís	comprendéis
hablan	viven	comprenden

Spanisch

Die Wortarten

Reflexive Verben – Verbos reflexivos

Bildung und Verwendung
- Die reflexiven Verben werden von Pronomen begleitet, die sich auf das Subjekt des Satzes beziehen. Das Verb wird abhängig von der Endung (*-ar*, *-er* oder *-ir*) konjugiert und hat keine zusätzlichen Endungen oder Ausnahmen. Reflexive Verben sind im Infinitiv an der Endung *-se* zu erkennen. Nur diese Verben benötigen die jeweiligen Reflexivpronomen:

	ducharse	(sich duschen)
yo	me ducho	(ich dusche mich)
tú	te duchas	(du duschst dich)
él/ella/usted	se ducha	(er/sie duscht sich/Sie duschen sich)
nosotros/nosotras	nos duchamos	(wir duschen uns)
vosotros/vosotras	os ducháis	(ihr duscht euch)
ellos/ellas/ustedes	se duchan	(sie/Sie duschen sich)

Die Reflexivpronomen stehen vor dem konjugierten Verb, beim Infinitiv und bei Befehlsformen werden sie direkt an das Verb angehängt:

Tengo que levantarme. (Ich muss aufstehen/mich erheben.)
¡Levántate! (Steh auf!/Erheb dich!)

Unpersönliche Ausdrücke

Bildung und Verwendung
- Um eine unpersönliche Aussage zu machen, benutzt man das reflexive Pronomen *se* und das Verb in der 3. Person Singular oder Plural. Im Deutschen entspricht die Konstruktion *se* + Verb in der 3. Person Singular bzw. Plural entweder dem Wort *man* oder einem Passiv. Diese Konstruktion ist als Alternative zum Passiv sehr gebräuchlich:

Se preparan las ensaladas. (Die Salate werden zubereitet.)
Se vende un piso. (Ein Appartement wird verkauft.)

Das Verb *gustar* (gefallen)

Bildung
- Wem etwas gefällt, gibt man mit Pronomen wieder, die vor dem Verb *gustar* stehen:

Singular		Plural	
gustar	(gefallen)	gustar	(gefallen)
me gusta	(mir gefällt)	me gustan	(mir gefallen)
te gusta	(dir gefällt)	te gustan	(dir gefallen)
le gusta	(ihm/ihr/Ihnen gefällt)	le gustan	(ihm/ihr/Ihnen gefallen)
nos gusta	(uns gefällt)	nos gustan	(uns gefallen)
os gusta	(euch gefällt)	os gustan	(euch gefallen)
les gusta	(ihnen/Ihnen gefällt)	les gustan	(ihnen/Ihnen gefallen)

Das Verb *gustar* steht dabei nur in der 3. Person Singular oder Plural und bezieht sich immer auf das, was gefällt. Bei Tätigkeiten steht *gustar* immer in der 3. Person Singular.

Übung

Reflexive Verben (Lösungen bitte abdecken)

Bilden Sie die richtigen Formen dieser reflexiven Verben.

yo / levantarse	**me levanto** (ich stehe auf/ich erhebe mich)
vosotros / acostarse	**os acostáis** (ihr geht ins Bett/ihr begebt euch ins Bett)
usted / levantarse	**se levanta** (Sie stehen auf/Sie erheben sich)
nosotros / acordarse	**nos acordamos** (wir erinnern uns)
ellas / ducharse	**se duchan** (sie duschen sich)
tú / irse	**te vas** (du gehst weg)
Infinitiv / tú / interesarse	**interesarte** (dich interessieren)

Merke

Das Verb *gustar*

Um auszudrücken, dass jemandem etwas gefällt, benutzt man das Verb *gustar*. Vor dem Verb stehen Pronomen, die angeben, wem etwas gefällt. *Gustar* wird nur in der 3. Person Singular oder Plural verwendet und bezieht sich auf das, was einem gefällt. Bei Tätigkeiten steht *gustar* immer in der 3. Person Singular.

gustar	(gefallen)
Me gustan los conciertos.	(Mir gefallen die Konzerte.)
Te gustan restaurantes italianos.	(Dir gefallen italienische Restaurants.)
Le gusta ir al concierto.	(Ihm/Ihr/Ihnen gefällt es in Konzerte zu gehen.)
Nos gusta cocinar.	(Uns gefällt es zu kochen.)
Os gusta la música rock.	(Euch gefällt Rockmusik.)
Les gusta la película.	(Ihnen/Ihnen gefällt der Film.)

Übung

Das Verb *gustar* (Lösungen bitte abdecken)

Bilden Sie die Pronomen in der korrekten Person und passen Sie das Verb *gustar* richtig an.

vosotras / gustar / Singular	**os gusta** (euch gefällt)
yo / gustar / Singular	**me gusta** (mir gefällt)
él / gustar / Plural	**le gustan** (ihm gefallen)
tú / gustar / Plural	**te gustan** (dir gefallen)
nosotros / gustar / Singular	**nos gusta** (uns gefällt)

427

Spanisch
Die Wortarten

Soll einer Aussage Nachdruck verliehen werden, benutzt man doppelte Pronomen in der Konstruktion *a + Personalpronomen*. Diese stehen, mit Kommata abgetrennt, vor dem Verb *gustar*. Sowohl die 1. als auch die 2. Person Singular sind unregelmäßig, alle anderen Personalpronomen sind regelmäßig:

Singular	Plural
A mí, me gusta	A mí, me gustan
A ti, te gusta	A ti, te gustan
A él/ella/usted, le gusta	A él/ella/usted, le gustan
A nosotros/nosotras, nos gusta	A nosotros/nosotras, nos gustan
A vosotros/vosotras, os gusta	A vosotros/vosotras, os gustan
A ellos/ellos/ustedes, les gusta	A ellos/ellos/ustedes, les gustan

Verwendung

Mit dem Verb *gustar* werden Vorlieben ausgedrückt: im Singular *(gusta)*, wenn es nur um eine Sache geht, im Plural *(gustan)* wenn es um mehrere Dinge geht.

Merke

Das Verb *gustar*

Um beim Verb *gustar* zu betonen, wem etwas gefällt, benutzt man die Personalpronomen in der Konstruktion *a + Personalpronomen*. Sie werden mit Kommata vom Satz abgetrennt und sind bis auf die 1. und 2. Person Singular regelmäßig.

A mí, me gustan las casas.	(Mir gefallen die Häuser.)
A ti, te gusta el libro.	(Dir gefällt das Buch.)
A él/ella/usted, le gustan los coches.	(Ihm/Ihr/Ihnen gefallen die Autos.)
A nosotros/nosotras, nos gusta la iglesia.	(Uns gefällt die Kirche.)
A vosotros/vosotras, os gustan los monumentos.	(Euch gefallen die Bauwerke.)
A ellos/ellos/ustedes, les gusta la arquitectura.	(Ihnen gefällt die Architektur.)

Die Verben *ser* (sein) und *estar* (sich befinden)

Bildung

- Die Verben *ser* und *estar* sind unregelmäßig und lassen sich bei der Bildung der einzelnen Personen nicht den regelmäßigen Verben auf *-ar* und *-er* zuordnen:

	ser	(sein)
yo	soy	(ich bin)
tú	eres	(du bist)
él/ella/usted	es	(er/sie ist/Sie sind)
nosotros/nosotras	somos	(wir sind)
vosotros/vosotras	sois	(ihr seid)
ellos/ellas/ustedes	son	(sie/Sie sind)

	estar	(sich befinden)
yo	estoy	(ich befinde mich)
tú	estás	(du befindest dich)
él/ella/usted	está	(er/sie befindet sich/Sie befinden sich)
nosotros/nosotras	estamos	(wir befinden uns)
vosotros/vosotras	estáis	(ihr befindet euch)
ellos/ellas/ustedes	están	(sie/Sie befinden sich)

Verwendung

Ser verwendet man mit Mengenangaben und Zahlen, aber auch um den Namen, die Staatsangehörigkeit oder den Beruf anzugeben. Mit *estar* kann man sagen, wo sich etwas befindet. Verallgemeinernd lässt sich die Unterscheidung treffen, dass *estar* bei Veränderlichem steht, während *ser* bei Unveränderlichem benutzt wird.

Merke

Die Verben *ser* und *estar*

Die Verwendung der Verben *ser* und *estar* ist trotz teilweise ähnlichen Gebrauchs nicht schwierig. Hier sind ein paar Überschneidungen.

Mañana **es** el **nueve de diciembre**.	(Morgen ist der 9. Dezember.)
Mañana **estamos a nueve de diciembre**.	(Morgen ist der 9. Dezember.)
La exposición **es** en Madrid.	(Die Ausstellung findet in Madrid statt.)
Madrid **está** en España.	(Madrid liegt in Spanien.)
¿Cuánto **es**?	(Wie viel kostet es?)
¿A cuánto **está**?	(Wie viel kostet es?)

Das Verb *hay* (es gibt)

Bildung und Verwendung

- Im Spanischen gibt es zwei Möglichkeiten um auszudrücken, ob bzw. wo sich etwas oder jemand befindet: *estar* (sich befinden) oder den unpersönlichen Ausdruck *hay* (es gibt), der mit dem unbestimmten Artikel steht. Das Verb *hay* (es gibt) ist unveränderlich und wird daher sowohl im Singular als auch im Plural verwendet:

¿Hay un **taxi** por aquí? (Gibt es **hier ein Taxi**?)
Sí, hay unos **taxis** por allí. (Ja, **dort gibt** es **Taxis**.)

Übung

Konjugationstraining (Lösungen bitte abdecken)

Bilden Sie die richtigen Formen der Verben *ser* und *estar*.

vosotras / estar	vosotras **estáis** (ihr befindet euch)
yo / ser	yo **soy** (ich bin)
ellos / estar	ellos **están** (sie befinden sich)
usted / ser	usted **es** (Sie sind)
nosotras / ser	nosotras **somos** (wir sind)
tú / estar	tú **estás** (du befindest dich)

428

Spanisch
Die Wortarten

Das Adverb – El adverbio

Bildung
- Adverbien setzen sich in ihrer regelmäßigen Form aus der weiblichen Form des Adjektivs (Endung -a) und der Endung -mente zusammen:

tranquilo, tranquila – tranquilamente (ruhig)

Bei Adjektiven, die keine männliche und weibliche Form haben, wird zur Bildung des Adverbs -mente einfach angehängt:

amable – amablemente (freundlich)

Verwendung
Mit Adverbien können ganze Sätze oder einzelne Satzteile (Verben, Adjektive und andere Adverbien) näher bestimmt werden. Verwendet man mehrere Adverbien zur näheren Bestimmung eines Verbs oder eines Adjektivs, behält nur das letzte Adverb die Endung -mente. Die anderen stehen dann in der weiblichen Form des Adjektivs.

Das Adjektiv – El adjetivo

Bildung und Verwendung
- Im Spanischen stehen Adjektive immer hinter dem Substantiv und werden in Anzahl und Geschlecht daran angepasst. Adjektive, die in der Grundform auf -o enden, sind männlich und bilden die weibliche Form mit der Endung -a. Für den Plural kommt jeweils ein -s dazu:

pequeño (klein)	**Singular**	**Plural**
Männlich	pequeño	pequeños
Weiblich	pequeña	pequeñas

Adjektive mit anderen Endungen in der Grundform als -o – etwa -l, -a oder -e – haben keine unterschiedlichen Formen für männlich und weiblich. Bei der Bildung des Plurals erhalten Adjektive, die auf einem Vokal enden, ein -s und Adjektive, die auf einem Konsonanten enden, ein -es:

interesante (interessant)	**Singular**	**Plural**
Männlich	interesante	interesantes
Weiblich	interesante	interesantes

Ausnahmen von dieser Regel bilden lediglich Adjektive zu Nationalitäten, die zwei Endungen haben, wenn sie auf -l, -n oder -s enden. Die Bildung des Plurals ist wieder regelmäßig:

español (spanisch)	**Singular**	**Plural**
Männlich	español	españoles
Weiblich	española	españolas

Die Endungen des Adjektivs und des Substantivs stimmen in Anzahl und Geschlecht immer überein. Bezieht sich ein Adjektiv in einem Satz sowohl auf ein männliches als auch auf ein weibliches Substantiv, muss die männliche Form genommen werden:

unos chicos pequeños (einige kleine Jungen)
las chicas españolas (die spanischen Mädchen)
los chicos y las chicas españoles (die spanischen Jungen und Mädchen)

Merke
Unregelmäßige Adverbformen

Die Adjektive *gut* und *schlecht* haben unregelmäßige Adverb-Formen.

Adjektiv	Adverb
bueno, buena (gut)	bien
malo, mala (schlecht)	mal

Merke
Besondere Adverbien

Folgende Adverbien behalten die Form des Adjektivs in der männlichen Form Singular.

alto (laut)	caro (teuer)
bajo (leise)	duro (hart)
barato (billig)	pronto (bald)

Manche Adverbien haben kein passendes Adjektiv.

ahora (jetzt)	fuera (draußen)
algo (etwas)	mucho (viel)
aquí (hier)	muy (sehr)
así (so)	quizás (vielleicht)
ayer (gestern)	siempre (immer)
bastante (ziemlich)	tal vez (vielleicht)
cerca (in der Nähe)	también (auch)
como (wie)	tampoco (auch nicht)
donde (wo)	ya (schon)

Merke
Besondere Adjektive

Achtung: Wenn die Adjektive *primero, tercero, bueno* und *malo* vor einem männlichen Substantiv im Singular stehen, verlieren sie das -o.

primero + el día	el primer día	(der erste Tag)
tercero + el día	el tercer día	(der dritte Tag)
bueno + el día	el buen día	(der gute Tag)
malo + el día	el mal día	(der schlechte Tag)

Das Adjektiv *grande* verliert vor jedem Substantiv – männlich und weiblich – im Singular das -de:

grande + el día	el gran día	(der große Tag)
grande + la semana	la gran semana	(die große Woche)

Die folgenden Adjektive stehen vor und nicht hinter dem Substantiv:

poco (wenig)	demasiado (zu viel)
mucho (viel)	otro (ein anderer)
tanto (so viel)	medio (halb)

Spanisch

Die Wortarten

Merke

Unregelmäßige Steigerungsformen

Bei der Steigerung von Adjektiven – sowohl bei Vergleichen, beim Komparativ und beim Superlativ – gibt es vier unregelmäßige Adjektive.

bueno/buena	(gut)	**mejor**	(besser)
malo/mala	(schlecht)	**peor**	(schlechter)

Die Adjektive *grande* und *pequeño* sind unregelmäßig, da sie bei der Angabe des Alters von Familienmitgliedern und bei Substantiven mit abstrakter Bedeutung unregelmäßige Formen haben. In allen anderen Fällen sind sie regelmäßig.

grande	(groß)	**más grande**	(größer)
pequeño/ pequeña	(klein)	**más pequeño/ pequeña**	(kleiner)
grande	(groß)	**mayor**	(größer/älter)
pequeño/ pequeña	(klein)	**menor**	(kleiner/jünger)

Merke

Unregelmäßige Steigerungsformen

Adjektive mit den Endungen *-ble*, *-co*, *-go* und *-guo* haben im Elativ unregelmäßige Formen.

amable	(angenehm)	**amabilísimo**	(sehr angenehm)
rico	(lecker)	**riquísimo**	(sehr lecker)
largo	(groß)	**larguísimo**	(sehr groß)
antiguo	(alt)	**antiquísimo**	(sehr alt)

Die vier unregelmäßigen Adjektive *grande*, *pequeño*, *bueno* und *malo* stehen im Superlativ vor und nicht nach dem Substantiv.

el chico más grande	(der größte Junge)
el mayor chico	(der größte/älteste Junge)

Um aus einem Superlativ ein Substantiv zu machen, benutzt man den neutralen Artikel *lo*.

lo más importante	(das Wichtigste)
lo peor	(das Schlechteste)

Übung

Komparativ und Superlativ (Lösungen bitte abdecken)

Setzen Sie die Adjektive in den Komparativ und Superlativ und achten Sie auf das Geschlecht und auf Singular bzw. Plural.

Adjektiv	Komparativ	Superlativ
importantes (wichtig)	más **importantes** que	los/las más **importantes**
buenas (gut)	**mejores** que	las **mejores**
pequeño (klein)	más **pequeño** que / **menor** que	el más **pequeño** / el **menor**
grandes (groß)	más **grandes** que / **mayores** que	los/las más **grandes** / los/las **mayores**
mala (schlecht)	**peor** que	la **peor**

Vergleiche mit Adjektiven

Bildung und Verwendung

- Vergleiche von Dingen werden wie im Deutschen mit *genauso + Adjektiv + wie* gezogen. Das Adjektiv wird in Anzahl und Geschlecht immer an das Substantiv angepasst und steht zwischen *tan* und *como*:

Estos chicos son tan pequeños como aquellos. (Diese Jungen hier sind genauso klein wie die Jungen dort.)

Steigerung der Adjektive

Bildung und Verwendung des Komparativ

- Sollen ungleiche Dinge miteinander verglichen werden, benutzt man den Komparativ. Im Gegensatz zum Deutschen, wo es eigene Komparativ-Formen gibt, wird der Komparativ im Spanischen mit *mehr + Adjektiv + als* umschrieben. Zu beachten ist, dass die Adjektive immer in Anzahl und Geschlecht an die Substantive angeglichen werden. Die Adjektive stehen immer zwischen *más/menos* und *que*:

Estos chicos son más pequeños que aquellos. (Diese Jungen hier sind kleiner als die Jungen dort.)
Estos chicos son menos pequeños que aquellos. [Diese Jungen hier sind größer (weniger klein) als die Jungen dort.]

Identisch mit der Konstruktion zur Umschreibung des Komparativs *más/menos* für alle Adjektive – und daher leicht zu verwechseln – sind die unregelmäßigen Komparativformen der Adjektive *poco* und *mucho*: *menos* und *más*. Weitere Steigerungsformen haben die Adjektive *poco* und *mucho* aber nicht:

Este año tenemos poco dinero. (Dieses Jahr haben wir wenig Geld.)
Este año tenemos menos dinero. (Dieses Jahr haben wir weniger Geld.)
El año que viene tenemos mucho dinero. (Im nächsten Jahr haben wir viel Geld.)
El año que viene tenemos más dinero. (Im nächsten Jahr haben wir mehr Geld.)

Bildung und Verwendung des Superlativs (mit Elativ; absoluter Superlativ)

- Um ein Adjektiv bis zum höchsten Grad zu steigern, verwendet man den Superlativ bzw. den Elativ. Für die Bildung der Superlativ-Formen werden die bestimmten Artikel bzw. die *Possessivbegleiter + más + Adjektiv* verwendet. Sowohl beim Superlativ als auch beim Elativ werden die Adjektive in Geschlecht und Anzahl an das Substantiv angepasst:

Aquel chico es el más pequeño. (Dieser Junge dort ist der kleinste.)
Aquellas chicas son las más pequeñas. (Diese Mädchen dort sind die kleinsten.)

Den Elativ setzt man ein, wenn man ein Adjektiv mit *sehr* steigern möchte. Um den Elativ zu bilden, streicht man den Endvokal des Adjektivs ab und hängt *-ísimo* an. Geachtet werden muss dabei auf eine mögliche Akzentverschiebung durch das Anhängen von *-ísimo* als zusätzliche Silben:

interesante (interessant) – **interesantísimo** (sehr interessant)
cómodo (bequem) – **comodísimo** (sehr bequem)

Spanisch
Die Wortarten

Das Pronomen – El pronombres

Die Personalpronomen
- Im Spanischen sind Personalpronomen entweder männlich oder weiblich und werden lediglich zur Präzisierung des Verbs verwendet. Bei gemischten Gruppen wird die männliche Form genommen:

Singular	Plural
yo (ich)	nosotros/nosotras (wir)
tú (du)	vosotros/vosotras (ihr)
él/ella/usted (er/sie/Sie)	ellos/ellas/ustedes (sie/Sie)

Die Possessivpronomen
- Im Spanischen gleichen sich die Possessivpronomen in der Anzahl und bei der 2. und 3. Person Plural auch im Geschlecht an das Substantiv an. Possessivpronomen zeigen den Besitz von etwas an. Sie stehen immer vor dem Substantiv, auf das sie sich beziehen:

Singular	Plural
mi (mein)	mis (meine)
tu (dein)	tus (deine)
su (sein/ihr/Ihr)	sus (seine/ihre/Ihre)
nuestro/nuestra (unser)	nuestros/nuestras (unsere)
vuestro/vuestra (euer)	vuestros/vuestras (eure)
su (ihr/Ihr)	sus (ihre/Ihre)

Die Demonstrativpronomen
- Im Spanischen unterscheidet man beim Gebrauch der Demonstrativpronomen – die in Anzahl und Geschlecht an das Substantiv angepasst werden – drei Entfernungen. Die neutralen Demonstrativpronomen stehen immer ohne Substantiv und werden bei nicht näher erläuterten Dingen und Situationen verwendet:

	Nah beim Sprecher		Nah beim Angesprochenen		Weiter entfernt	
Adverb	aquí (hier)		ahí (da)		allí (dort)	
	Singular	Plural	Singular	Plural	Singular	Plural
Männlich	este (dieser)	estos (diese)	ese (dieser)	esos (diese)	aquel (dieser)	aquellos (diese)
Weiblich	esta (diese)	estas (diese)	esa (diese)	esas (diese)	aquella (diese)	aquellas (diese)
Neutral	esto (dieses)		eso (dieses)		aquello (dieses)	

Die Dativ- und Akkusativpronomen
- Die Dativ- und Akkusativpronomen haben bis auf die 3. Person Singular und Plural identische Formen. Soll ein Satz verkürzt werden, kann man das Objekt durch Dativ- bzw. Akkusativpronomen (Dativpronomen: Frage nach *wem*/Akkusativpronomen: Frage nach *wen* oder *was*) ersetzen. Diese Pronomen stehen direkt vor dem Verb. Während die Pronomen *lo/los* sowohl Dinge als auch männliche Personen ersetzen können, können *le/les* nur für Personen stehen.

Dativpronomen	Akkusativpronomen	Dativpronomen	Akkusativpronomen
me (mir)	me (mich)	nos (uns)	nos (uns)
te (dir)	te (dich)	os (euch)	os (euch)
le (ihm/ihr/Ihnen)	lo/la (ihn/sie/Sie)	les (ihnen, Ihnen)	los/las (sie/Sie)

Die Relativpronomen
- Das am häufigsten verwendete Relativpronomen ist *que* (der, die …); es kann in jeder Konstruktion verwendet werden.

Merke

Demonstrativpronomen

Sollen die Demonstrativpronomen ohne Substantive verwendet werden, erhalten alle Pronomen – außer den neutralen Demonstrativpronomen – einen Akzent.

éste (dieser)   ése (dieser)   aquél (dieser)

Merke

Das Verb *doler* (wehtun)

Beim Verb *doler* (wehtun) müssen zusätzlich die Dativpronomen verwendet werden. Das Verb *doler* steht dabei nur in der 3. Person Singular oder Plural und bezieht sich immer auf das, was wehtut. Um der Aussage Nachdruck zu verleihen, benutzt man doppelte Pronomen in der Konstruktion *a + Personalpronomen*. Diese stehen, mit Kommata abgetrennt, vor dem Verb *doler*.

A mí, me duele la cabeza.	(Mir tut der Kopf weh.)
¿A ti, te duelen los pies?	(Tun dir die Füße weh?)
A ella, le duele la espalda.	(Ihr tut der Rücken weh.)
A nosotros, nos duelen las espaldas.	(Uns tut der Rücken weh.)
¿A vosotras, os duelen los hombros?	(Tun euch die Schultern weh?)
A ellos, les duelen los ojos.	(Ihnen tun die Augen weh.)

Merke

Im Spanischen ist es üblich, anstelle der Akkusativpronomen *le* und *les* die Dativpronomen *lo* und *los* zu verwenden.

Le veo.	Lo veo.	(Ich sehe ihn/Sie.)
Les veo.	Los veo.	(Ich sehe sie/Sie.)

Gibt es im Satz jedoch zwei Objektpronomen, so steht das Dativpronomen vor dem Akkusativpronomen:

¡Dame ese traje! – ¡Dámelo!
(Gib mir diesen Anzug da! – Gib ihn mir!)

Wenn es sich bei dem Verb um einen Befehl, ein Gerundium oder die Grundform handelt, wird das Pronomen an das Verb angehängt. Dadurch kann es zu einer Akzentverschiebung kommen.

Estoy tomando un café. – Lo estoy tomando. – Estoy tomándolo.
(Ich trinke gerade einen Kaffee. – Ich trinke ihn gerade.)

Spanisch

Die Wortarten

Die Präpositionen – Las preposiciones

Überblick

Weitere wichtige Präpositionen

al lado de	(neben)
antes de	(vorher)
debajo de	(unter)
delante de	(vor)
dentro de	(innerhalb)
desde	(seit)
desde … hasta	(von … bis)
después de	(nachher)
detrás de	(hinter)
encima de	(auf)
enfrente de	(gegenüber)
entre	(zwischen)
para	(für, um … zu)
por	(durch, wegen)
hacia	(bis)
sobre	(auf)

Merke

Die Präposition *de* mit Mengenangaben

Zählbare Produkte stehen im Plural – sofern sie mit der Konstruktion *Anzahl + Mengenangabe + de* verwendet werden, während unzählbare Produkte dies nicht tun.

un kilo de tomates (ein Kilo Tomaten)
dos kilos de tomates (zwei Kilo Tomaten)
un litro de agua (ein Liter Wasser)
dos litros de agua (zwei Liter Wasser)

Überblick

Gebräuchliche Mengenangaben

medio kilo de	(ein halbes Kilo)
una botella de	(eine Flasche)
un litro de	(ein Liter)
una garrafa de un litro de	(eine Liter-Karaffe)
una lata de	(eine Dose)
un gramo de	(ein Gramm)
un cuarto de	(250 Gramm)
un kilo de	(ein Kilo)
una bolsa de	(eine Packung)
una barra de	(eine Stange)
una caja de	(eine Schachtel)
un paquete de	(ein Päckchen)

Bildung und Verwendung

● Bis auf die Präpositionen *a* und *de* – die vor dem Artikel *el* zu *al* und *del* werden – verändern sich keine weiteren Präpositionen, wenn Sie mit anderen Wörtern verwendet werden.

Der Gebrauch der Präpositionen ist nicht einfach, da sich je nach Satzzusammenhang auch ihre Bedeutung unterscheiden kann. Im Folgenden werden nur die am häufigsten gebrauchten Präpositionen mit den wichtigsten Satzzusammenhängen erläutert. Die Präposition *a* gibt meistens die Richtung, das Ziel an und steht grundsätzlich vor Substantiven oder Pronomen. Außerdem kann die Präposition *a* als indirektes Objekt stehen und bei Zeitangaben verwendet werden:

a las cuatro	**(um vier Uhr)**
a la izquierda	**(auf der linken Seite)**
Vamos a la plaza.	**(Gehen wir zum Platz.)**
di a Juan	**(sag Juan)**
A ella, le duele la espalda.	**(Ihr tut der Rücken weh.)**
¿No ves a Juan?	**(Siehst du Juan nicht?)**

Die Präpositon *de* gibt die Beschaffenheit von Dingen an, steht bei Mengenangaben, bei Ortsangaben, bei der Angabe von Besitz und eines Grundes und bei der Uhrzeit. In Verbindung mit dem Verb *ser* gibt *de* auch die Herkunft an:

un plato de madera	**(ein Teller aus Holz)**
un kilo de tomates	**(ein Kilo Tomaten)**
las provincias de Málaga	**(die Provinzen von Malaga)**
Es la casa de Juan.	**(Es ist Juans Haus.)**
un accidente de tráfico	**(ein Verkehrsunfall)**
Soy de Alemania.	**(Ich bin aus Deutschland.)**

Die Präpositon *en* steht bei Ortsangaben, bei der Angabe der Zeit bzw. der Dauer, in Verbindung mit Fortbewegungsmitteln und bei Verben mit der Bedeutung eintreten:

Vivimos en Santiago.	**(Wir leben in Santiago.)**
Está en la mesa.	**(Er/Sie ist auf dem Tisch.)**
en el año 1999	**(im Jahr 1999)**
Vamos en tren.	**(Wir fahren mit dem Zug.)**
Entran en el bar.	**(Sie betreten die Bar.)**

Die Präpositon *con* wird überwiegend in der Bedeutung mit verwendet:

café con leche	**(Kaffee mit Milch)**
Viene con su amiga.	**(Er/Sie kommt mit seiner/ihrer Freundin.)**

Die Mengenangaben – Los datos cuantitativos

Bildung

● Mengenangaben werden immer in der Konstruktion *Anzahl + Mengenangabe + de* benutzt. Dabei passt sich die Mengenangabe an die Anzahl an:

un kilo de (ein Kilo von) – dos kilos de (zwei Kilos von) – medio kilo de (ein halbes Kilo von)

Spanisch

Die Zeiten

Die Gegenwart – El presente

Bildung und Verwendung
- Passieren zwei Handlungen in der Gegenwart gleichzeitig, steht das Gerundium für die Handlung, die während einer anderen Aktion passiert. Zu beachten ist, dass bei Handlungen, die heute passiert sind, das Perfekt genommen werden muss. Die Bildung der Formen in der Gegenwart wird im Abschnitt Verben (S. 426f) behandelt.

Die Befehlsform (Imperativ) – El imperativo

Bildung und Verwendung
- Für die Bildung des *imperativo* der 2. Person Singular (du) verwendet man die 3. Person Singular. Ausgangspunkt für die Bildung des Imperativs für die 2. Person Plural (ihr) ist die Grundform des Verbs. Von den Verbendungen *-ar*, *-er* und *-ir* wird jeweils das *-r* gestrichen, dann wird ein *-d* angehängt:

2. Person Singular	entrar (hereinkommen)	¡Entra! (Komm herein!)
2. Person Plural	comer (essen)	¡Comed! (Esst!)

Den verneinten Imperativ, den höflichen Imperativ und Befehle an uns selbst bildet man bei den Verben auf *-ar* mit *e* in der Endung, bei den Verben auf *-er* und *-ir* mit *a* in der Endung:

	entrar	comer	vivir
2. Person Singular verneint	no entres	no comas	no vivas
3. Person Singular höflich	entre	coma	viva
1. Person Plural verneint	no entremos	no comamos	no vivamos
2. Person Plural verneint	no entréis	no comáis	no viváis
3. Person Plural höflich	entren	coman	vivan

Das Gerundium – El gerundio

Bildung
- Das *gerunduo* drückt Handlungen aus, die gerade passieren. Verwendet wird die Gerundium-Form des Verbs und das Verb *estar*. Die unveränderliche Gerundium-Form bildet man, indem man an den Wortstamm (das *-ar*, *-er* und *-ir* von den Verben abstreichen) für Verben auf *-ar* die Endung *-ando*, bei Verben auf *-er* bzw. *-ir* die Endung *-iendo* anhängt. Die einzelnen Personen werden mit Hilfe des Verbs *estar* gebildet:

yo	estoy entrando	(ich komme gerade herein)
tú	estás comiendo	(du isst gerade)
él/ella/usted	está charlando	(er/sie/Sie plaudern gerade)
nosotros/nosotras	estamos hablando	(wir sprechen gerade)
vosotros/vosotras	estáis viviendo	(ihr esst gerade)
ellos/ellas/ustedes	están telefoneando	(sie/Sie telefonieren gerade)

Bei reflexiven Verben wird das Pronomen entweder an das Gerundium angehängt (mit Akzentverschiebung) oder vor das Verb *estar* gestellt (ohne Akzentverschiebung):

yo	estoy levantándome	(ich stehe gerade auf)
tú	estás duchándote	(du duschst dich gerade)
él/ella/usted	está yéndose	(er/sie geht /Sie gehen gerade weg)

Merke

Der *imperativo*

Folgende Verben haben im Imperativ der 2. Person Singular (du) unregelmäßige Formen. Der Imperativ der 2. Person Plural (ihr) dieser Verben ist dagegen wieder regelmäßig.

decir (sagen)	¡di!
hacer (machen)	¡haz!
ir (gehen)	¡ve!
irse (weggehen)	¡vete!
poner (stellen)	¡pon!
salir (rausgehen)	¡sal!
ser (sein)	¡sé!
tener (haben)	¡ten!
venir (vorbeikommen)	¡ven!

Merke

Der *imperativo*

Für den verneinten *imperativo*, den höflichen *imperativo* und für Befehle an uns selbst werden die Formen des Konjunktivs in der Gegenwart verwendet.

comer – no comas	(essen – Iss nicht!)
comer – coma	essen – Essen Sie!
vivir – no viváis	(leben – Lebt nicht!)
vivir – vivan	leben – Leben Sie!

Überblick

Unregelmäßige *gerundio*-Formen

Bei der Bildung der Gerundium-Formen gibt es unregelmäßige Verben.

caer (fallen)	cayendo
creer (glauben)	creyendo
decir (sagen)	diciendo
dormir (schlafen)	durmiendo
ir (gehen)	yendo
oír (hören)	oyendo
pedir (bitten)	pidiendo
poder (können)	pudiendo
preferir (bevorzugen)	prefiriendo
sentir (fühlen)	sintiendo
traer (bringen)	trayendo
venir (vorbeikommen)	viniendo

Übung

Gerundio (Lösungen bitte abdecken)

Setzen Sie die Verben in der richtigen Person ins Gerundium.

yo / hablar	estoy hablando
vosotros / pedir	estáis pidiendo
usted / telefonear	está telefoneando
nosotros / venir	estamos viniendo
ellas / irse	están yéndose / se están yendo
tú / comer	estás comiendo

Spanisch

Die Zeiten

Überblick

Unregelmäßige Partizipien

Einige Verben haben bei der Bildung des Perfekts unregelmäßige Partizipien. Alle Verben, die von diesen Verben abgeleitet werden, wie z. B. *deshacer* oder *suponer*, werden entsprechend gebildet.

abrir (öffnen)	abierto
escribir (schreiben)	escrito
decir (sagen)	dicho
hacer (machen)	hecho
morir (sterben)	muerto
poner (stellen)	puesto
romper (kaputtgehen)	roto
ver (sehen)	visto
volver (zurückkommen)	vuelto

Übung

Konjugationstraining (Lösungen bitte abdecken)

Setzen Sie die Verben in der richtigen Person in das Perfekt.

vosotras / abrir	habéis abierto
yo / estar	he estado
nosotros / volver	hemos vuelto
tú / comer	has comido
ustedes / telefonear	han telefoneado
él / vivir	ha vivido

Merke

Das *indefinido*

Viele der gängigsten Verben sind im *indefinido* unregelmäßig; folgende gehören zu den wichtigsten: *ser* (sein), *ir* (gehen), *estar* (sich befinden), *tener* (haben), *hacer* (machen), *saber* (wissen), *dar* (geben), *poder* (können), *decir* (sagen), *poner* (stellen). Verben auf *-ir*, die in der Gegenwart bereits einen Stammvokalwechsel (*e* zu *ie*, *o* zu *ue*, *e* zu *i*) haben, weisen diesen Wechsel auch im *indefinido* auf. Im Unterschied zur Gegenwart reduzieren sich die Formen mit Stammvokalwechsel auf die 3. Person Singular und Plural und auf einen Wechsel von *e* zu *i* und von *o* zu *u*.

elegir (wählen)	**dormir** (schlafen)
elegí	dormí
elegiste	dormiste
eligió	durmió
elegimos	dormimos
elegisteis	dormisteis
eligieron	durmieron

Bei Verben, die zwischen zwei Vokalen ein unbetontes *i* haben, wird dieses in der 3. Person Singular und Plural zu einem *y*.

oír (hören)	**leer** (lesen)	**caer** (fallen)
oí	leí	caí
oíste	leíste	caíste
oyó	leyó	cayó
oímos	leímos	caímos
oísteis	leísteis	caísteis
oyeron	leyeron	cayeron

nosotros/nosotras	nos estamos acostando	(wir legen uns gerade schlafen)
vosotros/vosotras	os estáis interesando	(ihr interessiert euch gerade)
ellos/ellas/ustedes	se están quedando	(sie/Sie bleiben gerade)

Das Perfekt – El perfecto

Bildung

● Für die Bildung des Perfekts werden das Partizip des Verbs und das Hilfsverb *haber* benötigt. Das Partizip bildet man, indem man an den Wortstamm für Verben auf *-ar* die Endung *-ado*, bei Verben auf *-er* bzw. *-ir* die Endung *-ido* anhängt:

Grundform	Partizip	Grundform	Partizip	Grundform	Partizip
telefon**ear**	telefon**eado**	com**er**	com**ido**	viv**ir**	viv**ido**

Da das Partizip unveränderlich ist, werden die einzelnen Personen mit dem Hilfsverb *haber* gebildet:

yo	he estado	(ich bin gewesen)
tú	has comido	(du hast gegessen)
él/ella/usted	ha visitado	(er/sie hat/Sie haben besucht)
nosotros/nosotras	hemos hablado	(wir haben gesprochen)
vosotros/vosotras	habéis vivido	(ihr habt gelebt)
ellos/ellas/ustedes	han telefoneado	(sie/Sie haben telefoniert)

Verwendung

Das Perfekt wird für alle vergangenen Ereignisse benutzt, die am heutigen Tag, in der aktuellen Woche bzw. in diesem Jahr passiert sind. Diese Ereignisse sind noch nicht abgeschlossen und wenn doch, sind sie gerade erst passiert und haben direkte Auswirkungen auf die Gegenwart. Schlüsselwörter für das Perfekt sind etwa *hoy* (heute), *esta semana* (diese Woche), *este año* (dieses Jahr).

Die Vergangenheit: Das Indefinido – El indefinido

Bildung

● Zur Bildung der einzelnen Personen im *indefinido* streicht man bei den regelmäßigen Verben die Endungen *-ar*, *-er* und *-ir* ab – es bleibt der Wortstamm übrig – und hängt die Endungen für die jeweilige Person an. Die Verben auf *-er* und *-ir* haben die gleichen Endungen, die Verben auf *-ar* eigene Endungen:

	mirar (ansehen)	volver (zurückkommen)	vivir (leben)
yo	miré	volví	viví
tú	miraste	volviste	viviste
él/ella/usted	miró	volvió	vivió
nosotros/nosotras	miramos	volvimos	vivimos
vosotros/vosotras	mirásteis	volvísteis	vivísteis
ellos/ellas/ustedes	miraron	volvieron	vivieron

Verwendung

Das *Indefinido* wird verwendet, wenn etwas in der Vergangenheit liegt und keinen Bezug mehr zur Gegenwart hat, bei Schilderungen von abgeschlossenen Handlungen und mit genauen Zeitangaben. Schlüsselwörter sind z. B.: *ayer* (gestern), *la semana pasada* (die vergangene Woche), *en 2000* (im Jahr 2000).

Viele der gängigsten Verben sind im *indefinido* unregelmäßig; folgende gehören zu den wichtigsten: *ser* (sein), *ir* (gehen), *estar* (sich befinden), *tener* (haben), *hacer* (machen), *saber* (wissen), *dar* (geben), *poder* (können), *decir* (sagen), *poner* (stellen).

Spanisch
Die Zeiten

Das Imperfekt – El imperfecto

Bildung
- Zur Bildung der einzelnen Personen im *imperfecto* bei den regelmäßigen Verben werden die Endungen -*ar*, -*er* und -*ir* gestrichen und die Endungen für die jeweilige Person an den Stamm angehängt. Die Verben auf -*ar* haben eigene Endungen, die Verben auf -*er* und -*ir* die gleichen Endungen:

	mirar (ansehen)	volver (zurückkommen)	vivir (leben)
yo	mir**aba**	volv**ía**	viv**ía**
tú	mir**abas**	volv**ías**	viv**ías**
él/ella/usted	mir**aba**	volv**ía**	viv**ía**
nosotros/nosotras	mir**ábamos**	volv**íamos**	viv**íamos**
vosotros/vosotras	mir**abais**	volv**íais**	viv**íais**
ellos/ellas/ustedes	mir**aban**	volv**ían**	viv**ían**

Bei der Bildung der regelmäßigen Verben ist zu beachten, dass alle Verben auf -*ar* in der 1. Person Plural einen Akzent haben. Die regelmäßigen Verben auf -*er* und -*ir* haben in allen Formen auf dem -*i*- einen Akzent. Diese Regel gilt auch für die drei unregelmäßigen Verben im Imperfekt: *ser* (sein), *ver* (sehen), *ir* (gehen).

Verwendung
Das *imperfecto* wird genauso wie das *indefinido* verwendet, wenn etwas in der Vergangenheit liegt und keinen Bezug mehr zur Gegenwart hat. Jedoch wird es im Gegensatz zum *Indefinido* bei Schilderungen von Situationen oder immer wiederkehrenden Handlungen benutzt. Das Imperfekt benutzt man also zur Beschreibung von Situationen in der Vergangenheit und das *indefinido* zur Schilderung der Handlungen in dieser Situation.

Merke

Unregelmäßige *imperfecto*-Formen

Im Imperfekt gibt es nur drei unregelmäßige Verben.

ser (sein)	ver (sehen)	ir (gehen)
era	veía	iba
eras	veías	ibas
era	veía	iba
éramos	veíamos	íbamos
erais	veíais	ibais
eran	veían	iban

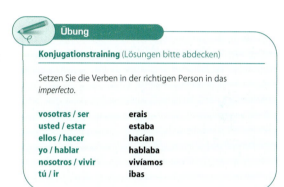

Übung

Konjugationstraining (Lösungen bitte abdecken)

Setzen Sie die Verben in der richtigen Person in das *imperfecto*.

vosotras / ser	erais
usted / estar	estaba
ellos / hacer	hacían
yo / hablar	hablaba
nosotros / vivir	vivíamos
tú / ir	ibas

Das Plusquamperfekt – El pluscuamperfecto

Bildung
- Für die Bildung des *plusquamperfectos* braucht man das Partizip des Verbs und die Imperfekt-Formen des Hilfsverbs *haber*. Das Partizip bildet man, indem man an den Wortstamm für Verben auf -*ar* die Endung -*ado*, bei Verben auf -*er* bzw. -*ir* die Endung -*ido* anhängt:

Grundform	Partizip
telefone**ar**	telefone**ado**
com**er**	com**ido**
viv**ir**	viv**ido**

Da das Partizip unveränderlich ist, werden die einzelnen Personen mit Hilfe der Imperfekt-Formen des Hilfsverbs *haber* gebildet:

yo	había estado	(ich war gewesen)
tú	habías comido	(du hattest gegessen)
él/ella/usted	había visitado	(er/sie hatte/Sie hatten besucht)
nosotros/nosotras	habíamos hablado	(wir hatten gesprochen)
vosotros/vosotras	habíais vivido	(ihr hattet gelebt)
ellos/ellas/ustedes	habían telefoneado	(sie/Sie hatten telefoniert)

Verwendung
Das *plusquamperfecto* setzt man im Spanischen wie im Deutschen bei Handlungen in der Vergangenheit ein, die zu Beginn einer neuen Handlung bereits abgeschlossen waren.

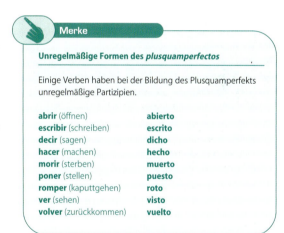

Merke

Unregelmäßige Formen des *plusquamperfectos*

Einige Verben haben bei der Bildung des Plusquamperfekts unregelmäßige Partizipien.

abrir (öffnen)	abierto
escribir (schreiben)	escrito
decir (sagen)	dicho
hacer (machen)	hecho
morir (sterben)	muerto
poner (stellen)	puesto
romper (kaputtgehen)	roto
ver (sehen)	visto
volver (zurückkommen)	vuelto

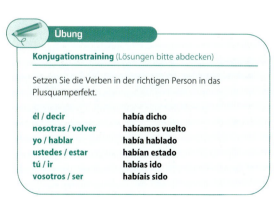

Übung

Konjugationstraining (Lösungen bitte abdecken)

Setzen Sie die Verben in der richtigen Person in das Plusquamperfekt.

él / decir	había dicho
nosotras / volver	habíamos vuelto
yo / hablar	había hablado
ustedes / estar	habían estado
tú / ir	habías ido
vosotros / ser	habíais sido

Spanisch

Die Zeiten

Überblick

futuro I/condicional I

Im Futur I und Konditional I haben folgende Verben einen unregelmäßigen Wortstamm.

caber (hineinpassen)	cabr-
decir (sagen)	dir-
haber (haben)	habr-
hacer (machen)	har-
poder (können)	podr-
poner (stellen)	pondr-
querer (wollen)	querr-
saber (wissen)	sabr-
salir (rausgehen)	saldr-
tener (haben)	tendr-
venir (kommen)	vendr-

Merke

futuro I/condicional I

Bei Verben mit einem unregelmäßigen Wortstamm im Futur I und Konditional I hängt man die Endungen an diesen Wortstamm – anstatt an den Infinitiv – an.

valer	(kosten)
valdría	(ich würde kosten)
valdrías	(du würdest kosten)
valdría	(er/sie würde/Sie würden kosten)
valdríamos	(wir würden kosten)
valdríais	(ihr würdet kosten)
valdrían	(sie/Sie würden kosten)

Übung

Konjugationstraining (Lösungen bitte abdecken)

Setzen Sie die Verben in der richtigen Person in die nahe Zukunft und das Futur I und II.

Nahe Zukunft
él / comprender	va a comprender
ellos / pagar	van a pagar
ustedes / salir	van a salir

Futur I
yo / vivir	viviré
ella / querer	querrá
nosotros / hablar	hablaremos

Futur II
tú / llegar	habrás llegado
usted / hacer	habrá hecho
vosotras / comer	habréis comido

Die nahe Zukunft – El futuro inmediato

Bildung und Verwendung

• Mit der nahen Zukunft können anstehende Pläne ausgedrückt werden. Für die Bildung der nahen Zukunft benötigt man die Formen des Verbs *ir*, die Präposition *a* und die Verben in der Grundform. Die einzelnen Personen werden mit Hilfe der Formen des Verbs *ir* gebildet. Das Verb, das in die nahe Zukunft gesetzt werden soll, bleibt unverändert:

	ir (gehen)		
yo	voy	voy a llamar	(ich rufe an)
tú	vas	vas a hablar	(du sprichst)
él/ella/usted	va	va a entender	(er/sie versteht/Sie verstehen)
nosotros/nosotras	vamos	vamos a comer	(wir essen)
vosotros/vosotras	vais	vais a salir	(ihr geht raus)
ellos/ellas/ustedes	van	van a dormir	(sie/Sie schlafen)

Das Futur I – El futuro I

Bildung

• Für die Bildung des *futuro I* werden an alle Grundformen der Verben (auf *-ar*, *-er* und *-ir*) die gleichen Endungen für die jeweiligen Personen angehängt:

	buscar	(suchen)
yo	buscaré	(ich werde suchen)
tú	buscarás	(du wirst suchen)
él/ella/usted	buscará	(er/sie wird/Sie werden suchen)
nosotros/nosotras	buscaremos	(wir werden suchen)
vosotros/vosotras	buscaréis	(ihr werdet suchen)
ellos/ellas/ustedes	buscarán	(sie/Sie werden suchen)

Verwendung

Mit dem *futuro I* beschreibt man Pläne, die in der Zukunft liegen. Außerdem drückt man mit dem Futur I Vermutungen, Forderungen und Gebote aus.

Das Futur II – El futuro II

Bildung

• Für die Bildung des *futuro II* braucht man das Partizip des Verbs und das Hilfsverb *haber* in den Futur I-Formen. Das Partizip bildet man, indem man an den Wortstamm für Verben auf *-ar* die Endung *-ado*, bei Verben auf *-er* bzw. *-ir* die Endung *-ido* anhängt. Da das Partizip unveränderlich ist, werden die einzelnen Personen mit Hilfe der Futur I-Formen des Hilfsverbs *haber* gebildet:

yo	habré estado	(ich werde gewesen sein)
tú	habrás comido	(du wirst gegessen haben)
él/ella/usted	habrá visitado	(er/sie wird/Sie werden besucht haben)
nosotros/nosotras	habremos hablado	(wir werden gesprochen haben)
vosotros/vosotras	habréis vivido	(ihr werdet gelebt haben)
ellos/ellas/ustedes	habrán telefoneado	(sie/Sie werden telefoniert haben)

Verwendung

Mit dem *futuro II* beschreibt man Pläne, Vorhaben und Vermutungen in der Zukunft, die dann bereits passiert sind.

Spanisch
Die Zeiten

Das Konditional I – El condicional I

Bildung und Verwendung
- Mit dem *condicional I* bringt man – besonders bei Konstruktionen mit *gustar* und *poder* – Höflichkeit zum Ausdruck. Für die Bildung des Konditional I hängt man an alle Grundformen der Verben (auf *-ar*, *-er* und *-ir*) die gleichen Endungen für die jeweiligen Personen an:

	bus**car**	val**er**	(suchen/kosten)
yo	busca**ría**	vald**ría**	(ich würde suchen/kosten)
tú	busca**rías**	vald**rías**	(du würdest suchen/kosten)
él/ella/usted	busca**ría**	vald**ría**	(er/sie würde/Sie würden suchen/kosten)
nosotros/nosotras	busca**ríamos**	vald**ríamos**	(wir würden suchen/kosten)
vosotros/vosotras	busca**ríais**	vald**ríais**	(ihr würdet suchen/kosten)
ellos/ellas/ustedes	busca**rían**	vald**rían**	(sie/Sie würden suchen/kosten)

Das Konditional II – El condicional II

Bildung und Verwendung
- Das *condicional II* wird lediglich bei Konditionalsätzen verwendet, um eine unwahrscheinliche Bedingung in der Vergangenheit auszudrücken. Man braucht das Partizip des Verbs und die Konditional I-Formen *haber*:

yo	**habría** estado	(ich würde gewesen sein)
tú	**habrías** comido	(du würdest gegessen haben)
él/ella/usted	**habría** visitado	(er/sie würde/Sie würden besucht haben)
nosotros/nosotras	**habríamos** hablado	(wir würden gesprochen haben)
vosotros/vosotras	**habríais** vivido	(ihr würdet gelebt haben)
ellos/ellas/ustedes	**habrían** telefoneado	(sie/Sie würden telefoniert haben)

Der Konjunktiv – El subjuntivo

Bildung
- Im *subjuntivo* wird der Wortstamm durch Abstreichen der Endung *-o* von den Verben in der 1. Person Singular gebildet. Einige Verben sind in der 1. Person Singular unregelmäßig und haben daher einen unregelmäßigen Wortstamm im Konjunktiv. Den *subjuntivo* in der Gegenwart bildet man bei den Verben auf *-ar* mit *e* in der Endung, bei den Verben auf *-er* und *-ir* mit *a* in der Endung:

	habl**ar**	com**er**	(sprechen/essen)
yo	habl**e**	com**a**	(ich spräche/äße)
tú	habl**es**	com**as**	(du sprächest/äßest)
él/ella/usted	habl**e**	com**a**	(er/sie spräche/äße/Sie sprächen/äßen)
nosotros/nosotras	habl**emos**	com**amos**	(wir sprächen/äßen)
vosotros/vosotras	habl**éis**	com**áis**	(ihr sprächet/äßet)
ellos/ellas/ustedes	habl**en**	com**an**	(sie/Sie sprächen/äßen)

Verwendung
Der *subjuntivo* in der Gegenwart wird nach *que* verwendet und steht nach Willens- und Gefühlsäußerungen, Empfehlungen, Erlaubnissen, nach unpersönlichen Ausdrücken, nach *para que* (damit), *cuando* (wenn), *mientras* (während).

 Übung

Das *condicional I* und *II* (Lösungen bitte abdecken)

Setzen Sie die Verben in der richtigen Person in das *condicional I* und *II*.

Konditional I
él / tener — tendría
vosotros / ir — iríais
ustedes / buscar — buscarían

Konditional II
tú / creer — habrías creido
nosotras / decidir — habríamos decidido
yo / saber — habría sabido

 Merke

Unregelmäßige Verben im Konjunktiv Gegenwart

Im Spanischen hat der Konjunktiv in der Gegenwart sechs unregelmäßige Verben.

estar (sich befinden)	**dar** (geben)	**haber** (haben)
esté	dé	haya
estés	des	hayas
esté	dé	haya
estemos	demos	hayamos
estéis	deis	hayáis
estén	den	hayan

ser (sein)	**ir** (gehen)	**saber** (wissen)
sea	vaya	sepa
seas	vayas	sepas
sea	vaya	sepa
seamos	vayamos	sepamos
seáis	vayáis	sepáis
sean	vayan	sepan

Merke

Stammvokalwechsel im Konjunktiv Gegenwart

Verben, die in der Gegenwart den Stammvokal wechseln, haben auch im Konjunktiv einen Stammvokalwechsel. Diese Verben bilden in der 1. und 2. Person Plural den Wortstamm regelmäßig durch Streichung der Verbendungen *-ar*, *-er* und *-ir*. Manche Verben auf *-ir* in der 1. und 2. Person Plural haben einen unregelmäßigen Stammvokalwechsel (*e* zu *i* und *o* zu *u*). Die Endungen bleiben regelmäßig.

preferir (bevorzugen)	**sentir** (fühlen)	**morir** (sterben)	**dormir** (schlafen)
prefiera	sienta	muera	duerma
prefieras	sientas	mueras	duermas
prefiera	sienta	muera	duerma
prefiramos	sintamos	muramos	durmamos
prefiráis	sintáis	muráis	durmáis
prefieran	sientan	mueran	duerman

Spanisch

Die Zeiten

Merke

Konjunktiv im Imperfekt

Beim Konjunktiv im Imperfekt wird der Wortstamm durch Abstreichen der Endung *-ron* von den Verben in der 3. Person Plural im *Indefinido* gebildet. Einige Verben sind in der 3. Person Plural unregelmäßig und haben daher einen unregelmäßigen Wortstamm im Konjunktiv Imperfekt.

Grundform	3.Person Plural	Stamm
decir (sagen)	dijeron	dije-
pensar (denken)	pensaron	pensa-

Merke

Passivbildung mit *ser* und *estar*

Das Passiv kann auch mit *estar* statt mir *ser* gebildet werden. Dadurch ergibt sich ein Bedeutungsunterschied: *ser* wird verwendet, um eine Handlung auszudrücken, während *estar* benutzt wird, um das Ergebnis hervorzuheben.

ser (Handlung)   El artículo **fue** publicado.
(Der Artikel wurde veröffentlicht.)
estar (Ergebnis)   El artículo **estuvo** publicado.
(Der Artikel war veröffentlicht.)

Merke

Urheber im Passiv

Um im Passiv auszudrücken, wer der Urheber ist, benutzt man die Präposition *por*.

El artículo fue publicado por Juan. (Der Artikel wurde von Juan veröffentlicht.)

Im Gegensatz zu den anderen Zeiten wird das Partizip im Passiv in Anzahl und Geschlecht an das Substantiv angeglichen.

Las películas fueron publicadas por Juan. (Die Filme wurden von Juan veröffentlicht.)

Übung

Passivbildung (Lösungen bitte abdecken)

Setzen Sie die Verben *ser* und *estar* in der richtigen Zeit in das Passiv:

La ensalada + ser (Gegenwart) + preparar	La ensalada es preparada.
Las tarjetas + estar (Perfekt) + aceptar	Las tarjetas han estado aceptadas.
Un piso + ser (Indefinido) vender	Un piso fue vendido.
Unos libros viejos + estar (Gegenwart) + comprar	Unos libros viejos están comprados.
El artículo + ser (Perfekt) publicar	El artículo ha sido publicado.
Las películas + estar (Indefinido) + publicar	Las películas estuvieron publicadas.

Der Konjunktiv im Imperfekt

Bildung

- Beim Konjunktiv im Imperfekt wird der Wortstamm durch Abstreichen der Endung *-ron* von den Verben in der 3. Person Plural im *Indefinido* gebildet. Dabei ist darauf zu achten, dass einige Verben in der 3. Person Plural unregelmäßig sind und daher einen unregelmäßigen Wortstamm im Konjunktiv Imperfekt haben. Den Konjunktiv im Imperfekt bilden alle Verben (auf *-ar*, *-er* und *-ir*) mit den gleichen Endungen. Zu beachten ist, dass (fast) alle Verben in der 1. und 2. Person Plural einen Akzent haben:

	entrar	(hereinkommen)
yo	entrara	(ich sei hereingekommen)
tú	entraras	(du seist hereingekommen)
él/ella/usted	entrara	(er/sie sei/Sie seien hereingekommen)
nosotros/nosotras	entráramos	(wir seien hereingekommen)
vosotros/vosotras	entrárais	(ihr seiet hereingekommen)
ellos/ellas/ustedes	entraran	(sie/Sie seien hereingekommen)

Verwendung

Ist der Auslöser für den Gebrauch des Konjunktivs im Imperfekt, *Indefinido* oder im Plusquamperfekt, verwendet man den Konjunktiv im Imperfekt. Darüber hinaus fordert auch *como si* (als ob) den Konjunktiv. Außerdem wird der Konjunktiv Imperfekt in Konditionalsätzen verwendet, um eine nicht wahrscheinliche Bedingung auszudrücken.

Der Konjunktiv im Plusquamperfekt

Bildung

- Für die Bildung des Konjunktivs im Plusquamperfekt benötigt man das Partizip des Verbs und die Konjunktiv-Formen des Hilfsverbs *haber* im Imperfekt. Das Hilfsverb *haber* hat in der 1. und 2. Person Plural einen Akzent:

	entrar	(hereinkommen)
yo	hubiera entrado	(ich wäre eingetreten)
tú	hubieras entrado	(du wärst eingetreten)
él/ella/usted	hubiera entrado	(er/sie wäre/Sie wären eingetreten)
nosotros/nosotras	hubiéramos entrado	(wir wären eingetreten)
vosotros/vosotras	hubiérais entrado	(ihr wäret eingetreten)
ellos/ellas/ustedes hubieran entrado		(sie/Sie wären eingetreten)

Verwendung

Der Konjunktiv im Plusquamperfekt wird lediglich bei Konditionalsätzen verwendet, um eine unwahrscheinliche Bedingung auszudrücken.

Das Passiv – La voz pasiva

Bildung und Verwendung

- Das Passiv wird mit dem Partizip des Verbs und dem Verb *ser* gebildet, das in allen Zeiten benutzt werden kann. Da das Passiv im Spanischen fast nur noch in den Medien verwendet wird, sind als Alternative zum Passiv unpersönliche Ausdrücke (*se* + Verb in der 3. Person Singular bzw. Plural) sehr gebräuchlich:

El artículo es publicado. (Der Artikel wird veröffentlicht.)

Spanisch

Der Satz

Der Satzbau und die Wortstellung

Der Aussagesatz – La oración enunciativa
- Die Satzstellung ist bei einfachen Aussagesätzen ohne Ergänzungen im Spanischen und im Deutschen gleich:

Pedro y María compran un regalo. (Pedro und Maria kaufen ein Geschenk.)

Eine unterschiedliche Wortstellung gibt es nur bei Sätzen mit direktem und indirektem Objekt:

Pedro y María dan el regalo a su madre. (Pedro und Maria geben ihrer Mutter das Geschenk.)

Bei Aussagesätzen mit Ergänzungen gibt es in der Satzstellung Möglichkeiten zur Variation. Generell gilt aber, dass Bedeutungsergänzungen an den Satzanfang, hinter das Verb oder an das Satzende gestellt werden.

Bei der Bildung von Sätzen ohne oder mit Ergänzungen muss im Spanischen keine strenge Satzstellung beachtet werden. Die Satzstellung ist also relativ variabel, jedoch werden je nach Position im Satz unterschiedliche Satzteile betont.

Die Frage – La pregunta
- Für eine einfache Ja/Nein-Frage genügt es in der Regel, einen einfachen Aussagesatz mit ansteigender Intonation zu sprechen. Eine Umstellung der Satzteile ist nicht nötig, es müssen lediglich Fragezeichen am Satzanfang (umgedreht) und am Satzende stehen:

Pedro viene a casa. (Pedro kommt nach Hause.)
¿Pedro viene a casa? (Pedro kommt nach Hause?)

Die Inversionsfrage wird verwendet, wenn man der Person, die auf die Frage antwortet, mehr Antwortmöglichkeiten als *Ja* oder *Nein* einräumen möchte. Bei der Inversionsfrage tauschen das Verb und das Subjekt ihre Satzstellung:

Pedro viene a casa. (Pedro kommt nach Hause.)
¿Viene Pedro a casa? (Kommt Pedro nach Hause?)

Bei Fragen mit Fragewörtern muss das Verb immer vor dem Subjekt stehen. Das Fragewort steht dabei fast immer am Satzanfang. Fragewörter helfen, genau nach bestimmten Informationen wie z. B. nach dem Ort zu fragen. Bei Fragewörtern ist darauf zu achten, dass sie sowohl bei Fragen als auch bei Ausrufen und Befehlen immer einen Akzent tragen:

¿Cuándo viene Pedro a casa? (Wann kommt Pedro nach Hause?)
¿Y cuánto vale esto? (Und wie viel kostet das hier?)

Die Verneinung – La negación
- Im Spanischen verneint man mit *no*. *No* bedeutet sowohl *nein* als auch *nicht*. Bei Verben mit der Bedeutung *vorhanden/da sein* und *haben*, steht *no* für *kein*. *No* wird bei jeder Art von Verneinungen verwendet. Dabei muss *no* – wenn es ein Verb verneint – immer vor dem Verb stehen:

No, somos Pedro y María. (Nein, wir sind Pedro und Maria.)
No, no somos Pedro y María. (Nein, wir sind nicht Pedro und Maria.)
Aquí no hay un Pedro. (Hier gibt es keinen Pedro.)

Merke

Aussagesätze mit Ergänzung

Bei der Bildung von Sätzen mit Bedeutungsergänzungen muss auf die Satzstellung geachtet werden. Je nach Position im Satz werden unterschiedliche Satzteile betont:

Señor García vendió ayer su coche.
(Herr García verkaufte gestern sein Auto.)
Señor García vendió su coche ayer.
(Herr García verkaufte sein Auto gestern.)
Ayer Señor García vendió su coche.
(Gestern verkaufte Herr García sein Auto.)
Ayer vendió Señor García su coche.
(Gestern verkaufte Herr García sein Auto.)

Überblick

Wichtige Fragewörter

¿A dónde? (Wohin?)
¿Cómo? (Wie?)
¿Cuál? (Welche?)
¿Cuándo? (Wann?)
¿Cuánto? (Wie viel?)
¿De dónde? (Woher?)
¿Dónde? (Wo?)
¿Por qué? (Warum?)
¿Qué? (Was?)
¿Quién? / ¿Quiénes? (Wer? Singular/Plural)

Merke

Fragewörter

Beim Fragewort *¿quién?* – wer? unterscheidet man zwischen Singular und Plural. Fragt man nach einer Person, nimmt man *¿quién?*, bei Fragen nach mehr als einer Person *¿quiénes?*:

¿Quién es Pedro? (Wer ist Pedro?)
¿Quiénes son Pedro y María? (Wer sind Pedro und Maria?)

Merke

Verneinung

Im Spanischen heißt *no* sowohl *nein, nicht* als auch *kein*:

No, Ramón trabaja aquí. (Nein, Ramón arbeitet hier.)
No, Ramón no trabaja aquí. (Nein, Ramón arbeitet hier nicht.)
Aquí no trabaja un Ramón. (Hier arbeitet kein Ramón.)

Italienisch

Das Alphabet

Überblick

Das italienische Alphabet

Die Buchstaben j, k, w, x, y kommen übrigens nur in Fremdwörtern vor:

a	a	n	'ene
b	bi	o	o
c	tschi	p	pi
d	di	q	ku
e	e	r	'ere
f	'efe	s	'eße
g	dschi	t	ti
h	'aka	u	u
i	i	v	wu
j	i 'lunga	w	'dopja wu
k	'kapa	x	ikß
l	'ele	y	i 'greka
m	'eme	z	'dseta

Merke

Besonderheiten bei der Aussprache

cena (Abendessen)	Aussprache: 'tschena
cinema (Kino)	Aussprache: 'tschinema
anche (auch)	Aussprache: 'anke
chi (wer)	Aussprache: ki
mangiare (essen)	Aussprache: man'dschare
funghi (Pilze)	Aussprache: 'fungi

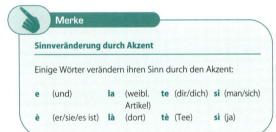

Merke

Sinnveränderung durch Akzent

Einige Wörter verändern ihren Sinn durch den Akzent:

| e | (und) | la | (weibl. Artikel) | te | (dir/dich) | si | (man/sich) |
| è | (er/sie/es ist) | là | (dort) | tè | (Tee) | sì | (ja) |

Das italienische Alphabet

Allgemein

- Die Buchstaben im italienischen Alphabet sind weiblich, also beispielsweise **la bi** (das b), **la ele** (das l) usw.

Die Aussprache

- Das **s** und das **z** können sowohl stimmhaft als auch stimmlos vorkommen. In der Lautschrift sieht das so aus:

stimmloses s wie in *was*: **ß**
stimmhaftes s wie in *Sonne*: **s**
stimmhaftes z wie in *Sonne* **mit einem d davor** *(dsonne)*: **ds**
stimmloses z wie in *Zeitung*: **tß**

Das **c** wird wie ein **k** ausgesprochen. Das **c** wird wie **tsch** (wie in Pri**tsch**e) gesprochen, wenn es vor e und i steht.
Sc wird **ßk** gesprochen (wie in **Sk**onto), außer **sc** steht vor e und i, dann lautet die Aussprache **sch** (wie in **Sch**elm).
Das **g** wird vor e und i als **dsch** (wie in **G**in) gesprochen, in allen anderen Fällen ein **g**.
Das **h** bleibt stumm und wird nicht gesprochen. Es ist trotzdem sehr wichtig, denn es kann den Sinn eines Wortes verändern (**a**nno – das Jahr; **h**anno – sie haben). Das **h** verändert die Aussprache von **c** und **g** vor den Buchstaben **e** und **i**. Normalerweise muss ein **c** vor **e** und **i** wie **tsch** gesprochen werden. Wird ein **h** dazwischengesetzt (also **che/chi**), wird der Laut wie ein **k** ausgesprochen:

pesce (Fisch) Aussprache: 'pesche
pesche (Pfirsiche) Aussprache: 'peske

Dasselbe gilt für das **g**. Normalerweise wird das **g** vor **e** und **i** wie **dsch** ausgesprochen. Durch das eingefügte **h** (also **ghe/ghi**) wird der Laut wie ein **g** ausgesprochen:

spaghetti (Spaghetti) Aussprache: ßpa'geti

Auch bei den meisten Pluralbildungen und Konjugationsformen gehorcht die Bildung vorrangig dieser Ausspracheregel:

lago (See) Aussprache: 'lago
laghi (Seen) Aussprache: 'lagi

Qu wird **ku** ausgesprochen, das **u** ist leicht hörbar.
V wird wie **w** ausgesprochen.
Gl wird **lj** gesprochen (wie in Mil**li**on).
Gn wird **nj** gesprochen (wie in Ko**gn**ak).
Treffen zwei oder mehr Vokale aufeinander, behalten alle ihren Laut und werden nicht gebunden:

aiuto (Hilfe) Aussprache: a-i-uto

Betonung und Akzente

- In der Regel werden italienische Wörter auf der vorletzten Silbe betont. Hat ein Wort einen Akzent, wird die Silbe mit Akzent betont. Akzente können nicht nur die Betonung verändern, sondern auch die Aussprache. Der *accento grave* fordert in der Aussprache ein offenes **ä** wie in h**ä**tte: caff**è** (Kaffee). Der *accento acuto* fordert in der Aussprache ein langes, enges **e** wie in R**e**gen: perch**é** (warum).

Italienisch

Die Wortarten

Der Artikel – L'articolo

Bildung und Verwendung
- Im Italienischen gibt es im Gegensatz zum Deutschen das Neutrum, die sächliche Form, nicht. Somit gibt es nur männliche und weibliche Artikel und Substantive.

Die Artikel richten sich nach dem Anlaut des nachfolgenden Wortes und nach seinem Geschlecht. *Il* steht vor einem männlichen Substantiv mit Konsonant und wird im Plural zu *i*: *L'* steht vor einem männlichen Substantiv mit Vokal oder *h* und wird im Plural zu *gli*. *Lo* steht u. a. vor einem männlichen Substantiv mit *s* oder *z* und Konsonant und wird im Plural zu *gli*. *La* steht vor einem weiblichen Substantiv mit Konsonant und wird im Plural zu *le*. *L'* steht vor einem weiblichen Substantiv mit Vokal und wird im Plural zu *le*:

	Singular	Plural
Männlich	il libro (das Buch)	i libri (die Bücher)
Männlich	l'amico (der Freund)	gli amici (die Freunde)
Männlich	lo studente (der Student)	gli studenti (die Studenten)
Weiblich	la casa (das Haus)	le case (die Häuser)
Weiblich	l'amica (die Freundin)	le amiche (die Freundinnen)

Das Substantiv – Il sostantivo

Bildung
- Üblicherweise enden die Substantive im Singular auf die Vokale *-a, -e* und *-o* und im Plural auf *-e* und *-i*:

Endung	Männlich	Weiblich
-o, meist männlich	l'amico (der Freund) il libro (das Buch) il telefono (das Telefon)	
-a, meist weiblich		l'amica (die Freundin) la casa (das Haus) la penna (der Stift)
-e, weiblich oder männlich	il fiore (die Blume) il giornale (die Zeitung) il mese (der Monat)	la chiave (der Schlüssel) la notte (die Nacht) la madre (die Mutter)

Substantive, die auf *-o* und *-e* enden, verändern im Plural ihre Endung zu *-i*:

il telefono   i telefoni   (Telefone)

Substantive, die auf *-a* enden, verändern im Plural ihre Endung zu *-e*:

la penna   le penne   (Stifte)

Bei männlichen Substantiven, die auf *-co*, *-go* und *-ga* enden, wird im Plural in der Regel vor dem *i* ein *h* eingefügt, um die Aussprache zu erhalten:

il lago   i laghi   (Seen)

Bei weiblichen Substantiven, die auf *-ca*, und *-ga* enden, wird im Plural immer vor dem *e* ein *h* eingefügt:

la giacca   le giacche   (Jacken)

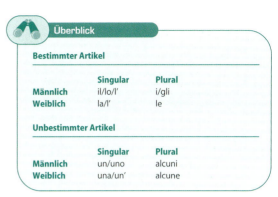

Überblick

Bestimmter Artikel

	Singular	Plural
Männlich	il/lo/l'	i/gli
Weiblich	la/l'	le

Unbestimmter Artikel

	Singular	Plural
Männlich	un/uno	alcuni
Weiblich	una/un'	alcune

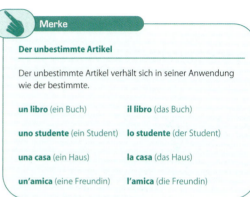

Merke

Der unbestimmte Artikel

Der unbestimmte Artikel verhält sich in seiner Anwendung wie der bestimmte.

un libro (ein Buch)   **il libro** (das Buch)

uno studente (ein Student)   **lo studente** (der Student)

una casa (ein Haus)   **la casa** (das Haus)

un'amica (eine Freundin)   **l'amica** (die Freundin)

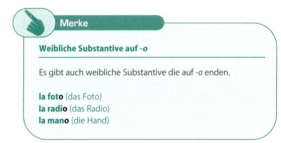

Merke

Weibliche Substantive auf -o

Es gibt auch weibliche Substantive die auf *-o* enden.

la foto (das Foto)
la radio (das Radio)
la mano (die Hand)

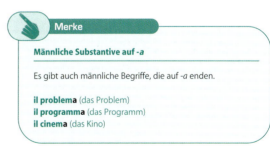

Merke

Männliche Substantive auf -a

Es gibt auch männliche Begriffe, die auf *-a* enden.

il problema (das Problem)
il programma (das Programm)
il cinema (das Kino)

Merke

Besondere Pluralformen

l'uovo	(das Ei)	le uova	(die Eier)
la mano	(die Hand)	le mani	(die Hände)
l'uomo	(der Mensch/ der Mann)	gli uomini	(die Menschen/ die Männer)

441

Italienisch

Die Wortarten

Überblick
Konjugation der Verben

abitare	scrivere	sentire	capire
(wohnen)	(schreiben)	(hören)	(verstehen)
io abit**o**	scriv**o**	sent**o**	cap**isco**
tu abit**i**	scriv**i**	sent**i**	cap**isci**
lui/lei/Lei abit**a**	scriv**e**	sent**e**	cap**isce**
noi abit**iamo**	scriv**iamo**	sent**iamo**	cap**iamo**
voi abit**ate**	scriv**ete**	sent**ite**	cap**ite**
loro abit**ano**	scriv**ono**	sent**ono**	cap**iscono**

Überblick
Regel- und unregelmäßige Verben

Einige regelmäßige Verben auf *-are*:

mangiare (essen)
amare (lieben)
parlare (reden)
lavorare (arbeiten)
abitare (wohnen)
cantare (singen)

Nur vier Verben auf *-are* sind unregelmäßig:

andare (gehen)
fare (machen)
stare (sich befinden)
dare (geben)

Einige regelmäßige Verben auf *-ere*:

credere (glauben)
vendere (verkaufen)
ricevere (erhalten)

Einige regelmäßige Verben auf *-ire*:

sentire (hören/fühlen)
dormire (schlafen)
offrire (anbieten)

Verben auf *-ire* mit Stammerweiterung:

capire (verstehen)
mentire (lügen)
finire (beenden)
preferire (bevorzugen)

Das Verb – Il verbo

Allgemein

● Im Italienischen unterscheidet man nach der Endung des Infinitivs drei Verbgruppen:

Verben auf *-are*   abitare   (wohnen)
Verben auf *-ere*   scrivere   (schreiben)
Verben auf *-ire*   sentire   (hören/fühlen)

Die Gruppe der Verben, die auf *-are* enden, ist die größte und besteht fast nur aus regelmäßigen Verben.

Die Gruppe der Verben auf *-ere* ist weniger umfangreich, aber sehr viele von ihnen sind unregelmäßig.

Die Gruppe der Verben auf *-ire* unterscheidet sich noch durch eine Untergruppe, die bei der Konjugation eine Stammerweiterung erhält. In dieser Untergruppe wird beim Konjugieren bei einigen Formen an den Stamm vor der Endung *-isc* eingefügt: *Capire* (verstehen) wird zu *cap-isc-o*. Dabei handelt es sich um eine dann regelmäßige Erweiterung. Welche Verben mit der Endung auf *-ire* diese Erweiterung haben, folgt keiner Regel.

Bildung und Verwendung

● Bei der Konjugation der Verben wird das Verb in einen Stamm und die Endung aufgeteilt. Der Stamm bleibt immer gleich – und je nach Zeit und Person wird eine bestimmte Endung angehängt:

Grundform	**Stamm**	**Endung**
abitare (wohnen)	abit-	-are
scrivere (schreiben)	scriv-	-ere
sentire (hören)	sent-	-ire

Durch die Endung des Verbs wird auch die Person ausgedrückt – im Italienischen muss also kein Personalpronomen beim Verb stehen (es sei denn, es wird besonders betont). Aus der Endung des Verbs ist die Person ersichtlich. Das heißt aber auch, dass man auf diese Endungen gut achten und sie üben muss:

Abito a Roma. (**Ich wohne** in Rom.)
Parla italiano. (**Er/sie spricht** Italienisch.)
Scriviamo una lettera. (**Wir schreiben einen Brief**)

Bei der höflichen Anrede einer Einzelperson verwendet man das Verb in der 3. Person Singular:

(Lei) parla italiano? (Sprechen Sie Italienisch?)
Cosa desidera? (Was wünschen Sie?)
Come si chiama? (Wie heißen Sie?)

Richtet man sich bei der höflichen Anrede an mehrere Personen, verwendet man meist die *ihr*-Form (*voi*; 2. Person Plural):

Siete pronti? (Sind Sie bereit?/Seid ihr bereit?)

Ist die Anrede förmlich, verwendet man die 3. Person Plural *(loro)*:

Sono pronti? (Sind Sie bereit?)

Italienisch

Die Wortarten

Das Verb – Il verbo: Unregelmäßige Verben

Bildung und Verwendung
- Von den Verben mit der Endung *-are* sind nur vier unregelmäßig:

  dare (geben), fare (machen), stare (bleiben), andare (gehen)

  Einige unregelmäßige Verben auf *-ere*:

  cadere (fallen), cogliere (ergreifen), piacere (gefallen), sapere (wissen), rimanere (bleiben), tenere (halten), bere (trinken), vedere (sehen)

  Einige unregelmäßige Verben auf *-ire*:

  aprire (öffnen), dire (sagen), salire (einsteigen), uscire (ausgehen), venire (kommen)

  Unregelmäßige Formen sind bei den Verben hauptsächlich das Partizip Perfekt und das *passato remoto*.

Reflexive Verben

Bildung
- Reflexive Verben werden entsprechend der Regeln konjugiert. Zusätzlich stehen die Reflexivpronomen *mi, ti, si, ci, vi, si* (mich, dich, sich, uns, euch, sich) meist vor dem Verb und beziehen sich auf das Subjekt:

  Sandra si riposa. (Sandra ruht sich aus.)

  In den Zeiten, die mit den Hilfsverben + Partizip gebildet werden (*passato prossimo, trapassato prossimo* und *remoto, futuro anteriore, congiuntivo passato* und *trapassato, condizionale passato, infinito passato, gerundio passato*), müssen die Reflexivverben mit *essere* gebildet werden. Das Partizip richtet sich in Geschlecht und Zahl nach dem Subjekt:

  Laura si è svegliata. (Laura ist aufgewacht.)
  Carlo si è svegliato. (Carlo ist aufgewacht.)

Unpersönliche Ausdrücke

Bildung und Verwendung
- Man kann Unpersönliches mit Hilfe des Infinitivs ausdrücken:

  Bisogna risparmiare. (Man muss sparen.)

  Das unpersönliche Subjekt *man* wird im Italienischen mit *si* wiedergegeben. In der Regel folgt dem *si* das Verb in der 3. Person Singular:

  Qui si mangia bene. (Hier isst **man** gut.)

  Wenn das Beziehungswort im Plural steht, dann wird das Verb in die 3. Person Plural gesetzt:

  In Italia si trovano ristoranti ottimi. (In Italien findet man hervorragende Restaurants.)

Überblick

Präsenskonjugation einiger unregelmäßiger Verben

Präsens der unregelmäßigen Verben auf *-are*.

	dare (geben)	fare (machen)	stare (bleiben)	andare (gehen)
io	do	faccio	sto	vado
tu	dai	fai	stai	vai
lui/lei/Lei	dà	fa	sta	va
noi	diamo	facciamo	stiamo	andiamo
voi	date	fate	state	andate
loro	danno	fanno	stanno	vanno

Präsens der unregelmäßigen Verben *sapere* (wissen, können) und *venire* (kommen).

	sapere (wissen)	venire (kommen)
io	so	vengo
tu	sai	vieni
lui/lei/Lei	sa	viene
noi	sappiamo	veniamo
voi	sapete	venite
loro	sanno	vengono

Merke

Einige wichtige reflexive Verben

lavarsi (sich waschen)
chiamarsi (sich nennen/heißen)
riposarsi (sich ausruhen)
alzarsi (aufstehen)

Merke

Reflexive Verben mit *avere*

Die meisten reflexiven Verben werden auch nicht-reflexiv gebraucht. Zum Teil haben sie dann eine andere Bedeutung. Sie werden in den zusammengesetzten Zeiten mit *avere* gebildet.

Isabella si è svegliata. (Isabella ist aufgewacht.)
Sandra ha svegliato i bambini. (Sandra hat die Kinder geweckt.)

Merke

ci vuole* und *ci vogliono

Dem unpersönlichen Ausdruck *man braucht …* entspricht im Italienischen *ci vuole*, wenn eine Zeitangabe/ein Substantiv im Singular folgt, und *ci vogliono*, wenn eine Zeitangabe/ein Substantiv im Plural folgt.

Ci vuole mezz'ora/un regalo speciale. (Man braucht eine halbe Stunde/ein spezielles Geschenk.)
Ci vogliono tre ore/quattro etti. (Man braucht drei Stunden/400 Gramm.)

Italienisch

Die Wortarten

Überblick

Die Konjugation von *essere* (sein)

	presente	imperfetto	futuro semplice
io	sono	ero	sarò
tu	sei	eri	sarai
lui/lei/Lei	è	era	sarà
noi	siamo	eravamo	saremo
voi	siete	eravate	sarete
loro	sono	erano	saranno

Partizip Perfekt: stato
Gerundium: essendo

Überblick

Die Konjugation von *avere* (haben)

	presente	imperfetto	futuro semplice
io	ho	avevo	avrò
tu	hai	avevi	avrai
lui/lei/Lei	ha	aveva	avrà
noi	abbiamo	avevamo	avremo
voi	avete	avevate	avrete
loro	hanno	avevano	avranno

Partizip Perfekt: avuto
Gerundium: avendo

Merke

Perfektbildung mit *avere* (haben)

Das Perfekt folgender Verben wird im Gegensatz zum Deutschen mit *avere* gebildet.

camminare (gehen)
nuotare (schwimmen)
passeggiare (spazieren gehen)
viaggiare (reisen)

Merke

Perfektbildung mit *essere* (sein)

Das Perfekt folgender Verben wird im Gegensatz zum Deutschen mit *essere* gebildet.

piacere (gefallen)
dispiacere (leidtun)
costare (kosten)

Die Hilfsverben – Gli ausiliari

Bildung und Verwendung

- Mit den Hilfsverben werden die zusammengesetzten Zeiten gebildet. Die Verwendung der Hilfsverben ist im Deutschen und Italienischen in der Regel gleich: Wenn man im Deutschen *haben* verwendet, benutzt man im Italienischen *avere*.

Ferner gilt für alle transitiven Verben (Verben, die ein Akkusativ-Objekt benötigen), dass sie zusammengesetzte Zeiten mit *avere* bilden.

Mit *essere* bilden alle reflexiven Verben, unpersönliche Verben und die meisten Verben der Bewegung zusammengesetzte Zeiten.

Die Modalverben *potere*, *volere*, *dovere*, *sapere*

- Mit Hilfe der Modalverben *(verbi servili)* drückt man aus, ob man etwas kann, will, muss oder darf. Die Modalverben benötigen einen zusätzlichen Infinitiv zur Erläuterung. Sie können nicht ins Passiv gesetzt werden. Die Gegenwart der vier Modalverben und das Partizip Perfekt wird wie folgt konjugiert:

	potere (können, dürfen)	volere (wollen, wünschen)	dovere (müssen, sollen)	sapere (können, wissen)
io	posso	voglio	devo	so
tu	puoi	vuoi	devi	sai
lui/lei/Lei	può	vuole	deve	sa
noi	possiamo	vogliamo	dobbiamo	sappiamo
voi	potete	volete	dovete	sapete
loro	possono	vogliono	devono	sanno
Partizip Perfekt	potuto	voluto	dovuto	saputo

Die Modalverben in Beispielsätzen:

potere:
Puoi venire domani? (Kannst du morgen kommen?)
Posso telefonare? (Kann/darf ich telefonieren?)

dovere:
Devo andare dal dottore. (Ich muss zum Arzt gehen.)
Quando devo venire? (Wann soll ich kommen?)

Volere:
Statt *voglio* (ich will) wird meist *vorrei* (ich möchte; Konditionalform) gebraucht:

Vorrei un caffè. (Ich möchte einen Kaffee.)
Non voglio andare al cinema. (Ich möchte nichts ins Kino gehen.)

Sapere:
Sapere kann eine (erlernte) Fähigkeit ausdrücken:

Sai suonare il clarinetto? (Kannst du Klarinette spielen?)
Sai che ore sono? (Weißt du, wie spät es ist?)
Non so cosa fare. (Ich weiß nicht, was ich machen soll.)

Italienisch

Die Wortarten

Das Adverb – L'avverbio

Bildung und Verwendung

- Adverbien sind unveränderliche Bestandteile eines Satzes, die zumeist das Verb, seltener auch ein Adjektiv oder ein anderes Adverb näher umschreiben. Es gibt ursprüngliche Adverbien und solche, die von Adjektiven abgeleitet werden. Einige ursprüngliche Adverbien:

oggi	(heute)	**bene**	(gut)	**male**	(schlecht)
fuori	(draußen)	**spesso**	(oft)	**anche**	(auch)
adesso	(jetzt)	**volentieri**	(gern)	**ieri**	(gestern)
allora	(damals)	**abbastanza**	(ziemlich)	**quasi**	(fast)

Die meisten Adverbien werden von Adjektiven abgeleitet.
Man nimmt die weibliche Form der Adjektive und hängt die Endung -mente an:

Adjektiv		**Adverb**
männl.	weibl.	
tipico	**tipica**	**tipica**mente (typisch)
ovvio	**ovvia**	**ovvia**mente (selbstverständlich)

Enden die Adjektive auf -le oder -re, dann entfällt das letzte -e, bevor die Endung -mente angehängt wird:

probabile – **probabilmente** (warscheinlich)
normale – **normalmente** (normalerweise)

An viele Adjektive, die auf -e enden, wird einfach die Endung **-mente** angehängt:

veloce – **velocemente** (schnell)
semplice – **semplicemente** (einfach)

> **Merke**
>
> **Besonderheiten bei Adverbien**
>
> leggero – **leggermente** (leicht)
> buono – **bene** (gut)

> **Merke**
>
> **Die Stellung der Adverbien**
>
> Adverbien stehen in der Regel nach dem Wort, das sie näher beschreiben; zumeist ist es das Verb. Ausnahme: *Anche* steht vor dem Wort, auf das es sich bezieht.
>
> **Paolo va piano.** (Paolo fährt langsam.)
> **Il tempo è passato velocemente.**
> (Die Zeit ist schnell vergangen.)

Steigerung der Adverbien

Bildung und Verwendung

- In der Regel werden die Adverbien wie Adjektive gesteigert (siehe Seite 446):

Grundform	**tardi** (spät)	**semplicemente** (einfach)
Komparativ	**più tardi**	**più semplicemente**
relativer Superlativ	**più tardi** di tutti	**più semplicemente** di tutti
Superlativ	**tardissimo**	**semplicissimamente**
		molto* **semplicemente**

* Meist wird der Superlativ mit *molto* gebildet.

Marisa viene più tardi. (Marisa kommt später.)

Parla più lentamente, per favore. (Sprich bitte etwas langsamer.)

Un film semplicemente meraviglioso. (Ein einfach/wirklich wunderbarer Film.)

Si può provare molto semplicemente. (Man kann es sehr einfach ausprobieren.)

Siamo rientrati a casa tardissimo. (Wir sind sehr spät nach Hause gekommen.)

> **Merke**
>
> **Adverbien: unregelmäßige Steigerungsformen**
>
> | | **bene** (gut) | **male** (schlecht) | **molto** (viel/sehr) |
> |---|---|---|---|
> | Komparativ | meglio | peggio | più |
> | relativer Superlativ | meglio di tutti | peggio di tutti | più di tutti |
> | Superlativ | benissimo | malissimo | moltissimo |

> **Merke**
>
> **Adverbien**
>
> Im Italienischen gibt es viele adverbiale Ausdrücke.
>
> **di solito** [(für) gewöhnlich]
> **a memoria** (auswendig)
> **per caso** (zufällig)
> **di nuovo** (erneut/wieder)
> **in tempo** (rechtzeitig)

445

Italienisch

Die Wortarten

Das Adjektiv – L'aggettivo

Bildung und Verwendung

- Adjektive sind veränderliche Bestandteile eines Satzes, die ein Hauptwort/eine Person näher beschreiben. Die Adjektive stimmen im Italienischen immer mit dem Substantiv, auf das sie sich beziehen, in Geschlecht und Zahl überein. Es gibt zwei Gruppen von Adjektiven. Die erste Gruppe von Adjektiven endet in der männlichen Form auf -o und in der weiblichen auf -a:

la casa nuova (das neue Haus)
il libro nuovo (das neue Buch)

Die zweite Gruppe von Adjektiven endet in der männlichen und weiblichen Form auf -e:

il signore gentile (der freundliche Herr)
la signora gentile (die freundliche Dame)

Adjektive, die auf -o oder -e enden, bilden den Plural auf -i.
Adjektive, die auf -a enden, bilden den Plural auf -e.
Beziehen sich die Adjektive auf eine gemischte Mehrzahl, so verwendet man die männliche Pluralform, also -i.

Es gibt ein paar unveränderliche Adjektive; dazu gehören einige Farben wie *rosa* (rosa), *blu* (blau), *viola* (violett) und *arancio* (orange):

la camicia blu (das blaue Hemd)
il cielo blu (der blaue Himmel)
i calzini blu (die blauen Socken)

Gleichsam unveränderlich sind Adjektive, die als Fremdwörter gelten, wie *snob*, *chic* oder *standard*.

Steigerung der Adjektive

Bildung des Komparativs

- Die Bildung des Komparativs wird im Italienischen mit *più* (mehr) ausgedrückt. *Più* steht immer vor dem Adjektiv:

più caro (teurer)
più gentile (freundlicher)
più famosa (berühmter)

Ein niederer Grad wird mit *meno* (weniger) ausgedrückt.

Bildung des relativen Superlativs

- Beim relativen Superlativ drückt man eine Steigerung im Vergleich aus. Man bildet ihn im Italienischen mit dem Komparativ und dem bestimmten Artikel:

la città più bella del mondo (die schönste Stadt der Welt)

Bildung des Superlativs

- Der höchste Steigerungsgrad ist der Superlativ. Ihn bildet man im Italienischen mit der Endung *–issimo* bzw. *-issima*:

Roma è bellissima. (Rom ist wunderschön.)

Überblick

Adjektive

	Singular	Plural
Männlich	il libro nuovo (das neue Buch)	i libri nuovi
Weiblich	la casa nuova (das neue Haus)	le case nuove
Männlich/Weiblich	il signore/ la signora gentile (der freundliche Herr/ die freundliche Dame)	i signori/ le signore gentili

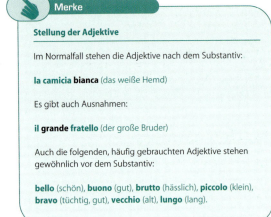

Merke

Stellung der Adjektive

Im Normalfall stehen die Adjektive nach dem Substantiv:

la camicia bianca (das weiße Hemd)

Es gibt auch Ausnahmen:

il grande fratello (der große Bruder)

Auch die folgenden, häufig gebrauchten Adjektive stehen gewöhnlich vor dem Substantiv:

bello (schön), **buono** (gut), **brutto** (hässlich), **piccolo** (klein), **bravo** (tüchtig, gut), **vecchio** (alt), **lungo** (lang).

Merke

Unregelmäßige Steigerungsformen

Bei der Steigerung von Adjektiven gibt es unregelmäßige Formen:

Grundform	Komparativ	relativer Superlativ	Superlativ
buono (gut)	migliore	il migliore	ottimo
grande (groß)	maggiore	il maggiore	massimo

446

Italienisch

Die Wortarten

Das Pronomen – Il pronome

Allgemein
- Im Folgenden werden Possessiv-, Demonstrativ, Personal- und Relativpronomen vorgestellt:

Die Possessivpronomen
- Possessivpronomen zeigen an, zu wem eine Person oder eine Sache gehört. Sie richten sich nach Geschlecht und Zahl des Besitzers:

  Mario cerca la sua borsa. (Mario sucht seine Tasche.)

Die Demonstrativpronomen
- Sie beziehen sich auf Sachen, Personen oder Sachverhalte in zeitlicher oder räumlicher Nähe *(questo)* oder in zeitlicher oder räumlicher Entfernung *(quello)*. Sie richten sich in Geschlecht und Zahl nach ihrem Bezugswort und ersetzen es:

  Il libro di Isabella è sul tavolo, quello di Sandra è sulla sedia.
  (Das Buch von Isabella ist auf dem Tisch, das von Sandra ist auf dem Stuhl.)

Die Personalpronomen
- Anders als im Deutschen sind Subjektpronomen im Italienischen nicht notwendig. Sie werden nur benutzt, wenn sie besonders betont sind:

  io (ich), tu (du), lui/lei/Lei (er/sie/Sie), noi (wir), voi (ihr), loro (sie)

Die Relativpronomen
- Sie beziehen sich auf eine vorher erwähnte Person oder Sache. Im Italienischen gibt es das Relativpronomen *che*, das unveränderlich ist. Das Relativpronomen *cui* verwendet man nach einer Präposition statt *che*. Das Relativpronomen *quale* wird meist in der Schriftsprache verwendet – oft nach Präpositionen:

  Ho visto la ragazza che abita con te.
  (Ich habe das Mädchen gesehen, das bei dir wohnt.)
  Il ragazzo di cui ti ho parlato.
  (Der Junge, von dem ich dir erzählt habe.)
  Roma è la città nella quale vive il Papa.
  (Rom ist die Stadt, in der der Papst wohnt.)

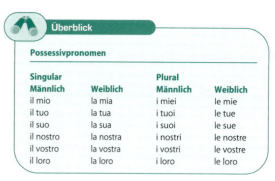

Überblick

Possessivpronomen

Singular		Plural	
Männlich	Weiblich	Männlich	Weiblich
il mio	la mia	i miei	le mie
il tuo	la tua	i tuoi	le tue
il suo	la sua	i suoi	le sue
il nostro	la nostra	i nostri	le nostre
il vostro	la vostra	i vostri	le vostre
il loro	la loro	i loro	le loro

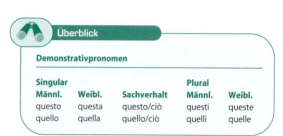

Überblick

Demonstrativpronomen

Singular			Plural	
Männl.	Weibl.	Sachverhalt	Männl.	Weibl.
questo	questa	questo/ciò	questi	queste
quello	quella	quello/ciò	quelli	quelle

Überblick

Personalpronomen im Akkusativ

mi	ti	lo/la/La	ci	vi/Vi	Li/Le/li/le
(mich)	(dich)	(ihn/sie/Sie)	(uns)	(euch/Sie)	(Sie/sie)

Überblick

Personalpronomen im Dativ

mi	ti	gli/le/Le	ci	Vi/vi	Gli/Loro/gli/loro
(mir)	(dir)	(ihm/ihr/Ihnen)	(uns)	(Ihnen/euch)	(Ihnen/ihnen)

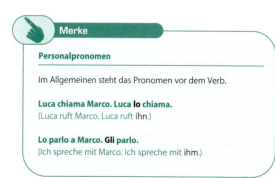

Merke

Personalpronomen

Im Allgemeinen steht das Pronomen vor dem Verb.

Luca chiama Marco. Luca lo chiama.
(Luca ruft Marco. Luca ruft ihn.)

Lo parlo a Marco. Gli parlo.
(Ich spreche mit Marco. Ich spreche mit ihm.)

Präpositionen und Artikel – Le preposizioni articolate

Bildung und Verwendung
- Die Verschmelzung der Präpositionen mit dem bestimmten Artikel ist im Italienisch obligatorisch (optional nur bei *con*):

  Ho visto Maria al bar. (Ich habe Maria in der Bar gesehen.)

	il	lo	l'	la	i	gli	le
a	al	allo	all'	alla	ai	agli	alle
da	dal	dallo	dall'	dalla	dai	dagli	dalle
di	del	dello	dell'	della	dei	degli	delle
in	nel	nello	nell'	nella	nei	negli	nelle
su	sul	sullo	sull'	sulla	sui	sugli	sulle
con	col/ con il	collo	coll'	colla	coi	cogli	colle

Italienisch

Die Wortarten und die Zeiten

Überblick

Unregelmäßige Gegenwartsformen

	bere (trinken)	dire (sagen)	venire (kommen)	volere (wollen)
io	bevo	dico	vengo	voglio
tu	bevi	dici	vieni	vuoi
lui/lei/Lei	beve	dice	viene	vuole
noi	beviamo	diciamo	veniamo	vogliamo
voi	bevete	dite	venite	volete
loro	bevono	dicono	vengono	vogliono

Merke

Verben auf -care und -gare

Bei Verben, die auf -care oder -gare enden, wird vor den Endungen -i und -e ein h eingefügt, um die gleiche Aussprache zu gewährleisten.

pagare: 2. Person Singular: **paghi**

Bei Verben, die auf -iare enden, entfällt das -i vor einer Endung mit -i.

studiare: 2. Person Singular: **studi**

Übung

Konjugationstraining (Lösungen bitte abdecken)

Konjugieren Sie folgende regelmäßige Verben in der Gegenwartsform.

telefonare (telefonieren)	**leggere** (lesen)	**dormire** (schlafen)
telefono	leggo	dormo
telefoni	leggi	dormi
telefona	legge	dorme
telefoniamo	leggiamo	dormiamo
telefonate	leggete	dormite
telefonano	leggono	dormono

Merke

Verneinter Imperativ

Die verneinte Befehlsform der 2. Person Singular bildet man mit non und dem Infinitiv.

non comprare (kauf nicht!), **non andare** (geh nicht!), **non ascoltare** (hör nicht zu!)

Merke

Einige unregelmäßige Imperativformen

venire (kommen): vieni, venga, veniamo, venite, vengano
fare (machen): fai/fa, faccia, facciamo, fate, facciano
dare (geben): dai/dà, dia, diamo, date, diano
dire (sagen): dì, dica, diciamo, dite, dicano
andare (gehen): vai/va, vada, andiamo, andate, vadano

Mengenangaben mit *di* und *ne*

Bildung und Verwendung

- Nach Substantiven, die eine Menge oder ein Maß bezeichnen, sowie nach *un po'* (ein bisschen/etwas) wird das nachfolgende Substantiv mit *di* angeschlossen:

un chilo di patate (ein Kilo Kartoffeln), **un po' di sale** (etwas Salz)

Die Angabe *ne* nimmt Bezug auf zuvor genannte Dinge und bezeichnet eine Teilmenge. *Ne* kann sich auch auf Personen beziehen:

Ho fatto un dolce. Ne vuoi un pezzo? [Ich habe einen Kuchen gemacht. Willst du ein Stück (davon)?]
Che belle pere. Ne prendo mezzo chilo. [Was für schöne Birnen. Ich nehme ein Pfund (davon).]
Quanti pesci hai pescato? Ne ho pescati tre. [Wie viele Fische hast du gefangen? Ich habe drei (davon) gefangen.]
Hai molti amici? Ne ho pochi, ma buoni. [Hast du viele Freunde? Ich habe wenige (davon), aber gute.]

Die Gegenwart – Il presente

Bildung

- Bei den regelmäßigen Verben wird die Gegenwart durch Anhängen der Gegenwartsendungen an den Verbstamm gebildet. Die Verben auf -are, -ere und -ire unterscheiden sich im Infinitiv, in der 3. Person Singular und der 2. und 3. Person Plural. Den Unterschied macht jeweils nur ein anderer Vokal aus, der an den Stamm angehängt wird. Dieser verändert sich in den unterschiedlichen Formen gemäß den Anfangsbuchstaben der Verb-Endungen.

Verwendung

Der Indikativ der Zeiten zeigt eine Handlung an, die als wahr angesehen wird. Das ist in Gegenwart, Vergangenheit oder Zukunft möglich. Die Gegenwart (*il presente*) wird verwendet bei Zuständen und Handlungen, die in der Gegenwart stattfinden oder bis dahin andauern, sowie bei Gewohnheiten und zeitlosen Feststellungen.

Die Befehlsform (Imperativ) – L'imperativo

Bildung und Verwendung

- Den Imperativ gibt es nur in der Gegenwart. Die Imperativformen sind nur in der 2. Person Singular (*tu*) und Plural (*voi*) von Bedeutung. Die anderen Formen (*lui, lei, noi, loro*) entsprechen dem Konjunktiv Präsens (siehe Seite 453):

amare (lieben)	**vendere (verkaufen)**	**dormire (schlafen)**
(tu) ama	vendi	dormi
(Lei) ami	venda	dorma
(noi) amiamo	vendiamo	dormiamo
(voi) amate	vendete	dormite
(loro) amino	vendano	dormano

Die Hilfsverben *essere* und *avere* lauten im Imperativ:

essere: sii, sia, siamo, siate, siano
avere: abbi, abbia, abbiamo, abbiate, abbiano

Italienisch

Die Zeiten

Das Perfekt – Il passato prossimo

Bildung
- Das *passato prossimo* ist eine zusammengesetzte Zeit und wird wie das deutsche Perfekt mit einem Hilfsverb und dem Partizip Perfekt gebildet. Hilfsverb und Partizip bilden im Italienischen in der Regel eine Einheit.

Die meisten Verben bilden das *passato prossimo* mit *avere*. Im Allgemeinen entspricht der Gebrauch des Hilfsverbs dem Deutschen:

Oggi ho lavorato molto. (Heute habe ich viel gearbeitet.)
Hai lavorato veramente molto. (Du hast wirklich viel gearbeitet.)
Abbiamo lavorato tutto il giorno. (Wir haben den ganzen Tag gearbeitet.)

Einige Verben bilden das *passato prossimo* mit dem Hilfsverb *essere*. Dabei richtet sich das Partizip Perfekt in Geschlecht und Zahl wie ein Adjektiv nach dem Subjekt.

Verwendung
Das *passato prossimo* ist eine Zeit der Vergangenheit. Sie beschreibt Handlungen, die in der Vergangenheit stattfanden und noch Auswirkungen in die Gegenwart haben sowie Handlungen, die gerade erst passiert sind, und solche, die sich noch abspielen.

In manchen Fällen kann es auch Handlungen ausdrücken, die in der Zukunft abgeschlossen werden.

Das Partizip Perfekt – Il participio passato

Bildung
- Verben auf *-are* erhalten im Partizip die Endung *-ato*.
Verben auf *-ere* bilden das Partizip mit der Endung *-uto* und Verben auf *-ire* mit der Endung *-ito*:

lavare – lavato (waschen – gewaschen)
ricevere – ricevuto (erhalten – erhalten)
sentire – sentito (hören – gehört)

Verwendet man das Partizip mit *avere*, so bleibt es unverändert:

Laura ha lavorato molto. (Laura hat viel gearbeitet.)

Verwendet man das Partizip mit essere, dann verändert sich die Endung des Partizips in Geschlecht und Zahl nach dem Subjekt:

Laura è andata via. (Laura ist weggegangen.)

Verwendung
Das Partizip Perfekt verwendet man zur Bildung der zusammengesetzten Zeiten (*passato prossimo, trapassato prossimo* und *remoto, futuro anteriore, congiuntivo passato* und *trapassato, condizionale passato, infinito passato, gerundio passato*). Sie werden mit den Hilfsverben (*avere* oder *essere*) und Partizip gebildet.

Bei der Bildung der zusammengesetzten Zeiten der reflexiven Verben sowie bei der Bildung des Passivs wird nur *essere* verwendet, um das Partizip Perfekt zu bilden.

Überblick

Passato prossimo

Hilfsverb in der Gegenwart	Partizip
ho	**lavorato** (ich habe gearbeitet)
hai	**lavorato** (du hast gearbeitet)
ha	**lavorato** (er/sie hat gearbeitet)
abbiamo	**lavorato** (wir haben gearbeitet)
avete	**lavorato** (ihr habt gearbeitet)
hanno	**lavorato** (sie haben gearbeitet)

Überblick

Partizip-Veränderungen

Hilfsverb in der Gegenwart	Partizip veränderbar
sono	**andato/a** (ich bin gegangen)
sei	**andato/a** (du bist gegangen)
è	**andato/a** (er/sie ist gegangen)
siamo	**andati/e** (wir sind gegangen)
siete	**andati/e** (ihr seid gegangen)
sono	**andati/e** (sie sind gegangen)

Beispielsätze:
Carlo dove sei andato ieri? (Carlo, wo bist du gestern gewesen?)
Laura dove sei andata ieri? (Laura, wo bist du gestern gewesen?)
Sono andato/a a Roma. (Ich bin in Rom gewesen.)

Besteht das Subjekt aus mehreren Personen verschiedenen Geschlechts, dann hat das Partizip die männliche Pluralform:

Carlo e Laura sono andati a una festa. (Carlo und Laura sind auf ein Fest gegangen.)

Merke

Unregelmäßige Partizipien

Viele Verben mit der Endung auf *-ere* und einige auf *-ire* haben unregelmäßige Partizipbildungen:

Infinitiv	**dire**	**fare**	**prendere**	**venire**	**aprire**
	(sagen)	(machen)	(nehmen)	(kommen)	(öffnen)
Partizip	**detto**	**fatto**	**preso**	**venuto**	**aperto**
	(gesagt)	(gemacht)	(genommen)	(gekommen)	(geöffnet)

Italienisch

Die Zeiten

Überblick

Das *imperfetto* von *essere* und *avere*

	essere (sein)	**avere** (haben)
io	ero (ich war)	avevo (ich hatte)
tu	eri	avevi
lui/lei/Lei	era	aveva
noi	eravamo	avevamo
voi	eravate	avevate
loro	erano	avevano

Das Imperfekt – L'imperfetto

Bildung

- Das *imperfetto* wird im Italienischen gebildet, indem man vom Infinitiv des Verbs jeweils die Endung *-re* streicht und dann für die jeweilige Person die Endungen *-vo, -vi, -va, -vamo, -vate* oder *-vano* anhängt.

Die Imperfektform ist fast immer regelmäßig; es gibt jedoch einige Sonderformen:

fare – facevo, facevi, …
dire – dicevo, dicevi, …

Verwendung

Mit dem *imperfetto* beschreibt man Handlungen, Zustände oder Vorgänge in der Vergangenheit als Hintergrundschilderung. Man kann auch Gewohnheiten damit beschreiben, Eigenschaften, Begleitumstände und sich regelmäßig wiederholende Handlungen. Das *imperfetto* wird auch bei höflichen Anfragen oder Einwänden usw. eingesetzt.

Wenn mehrere Vorgänge in der Vergangenheit gleichzeitig stattfinden, ohne abgeschlossen zu werden, so stehen sie im *imperfetto*. Solche Sätze werden oft mit dem Adverb *mentre* (während) eingeleitet. Wenn Vorgänge in der Vergangenheit ablaufen und plötzlich ein neuer Vorgang einsetzt, dann steht dieser im *passato prossimo*.

Merke

Besonderheiten

Einige Verben können eine unterschiedliche Bedeutung haben – je nachdem, ob sie im *imperfetto* oder *passato prossimo* stehen.

Avevo paura. (Ich hatte Angst.)
Ho avuto paura. (Ich bekam Angst.)

Lo sapevi? (Wusstest du das?)
Da chi l'hai saputo? (Von wem hast du das erfahren?)

Das Plusquamperfekt – Il trapassato prossimo

Bildung

- Das *trapassato prossimo* ist eine zusammengesetzte Zeit. Sie wird gebildet mit dem passenden Hilfsverb in der Vergangenheitsform *(imperfetto)* und dem Partizip Perfekt des Verbs, das man verwenden möchte:

Avevo capito. (Ich hatte verstanden.)
Ero andato. (Ich war gegangen.)

Verwendung

Das *trapassato prossimo* beschreibt einen Vorgang in der Vergangenheit, der vor einem anderen Ereignis in der Vergangenheit stattgefunden hat. Meist steht das vorhergehende Ereignis dann im *passato prossimo* oder *passato remoto* im Hauptsatz. Im Nebensatz erscheint das *trapassato prossimo*:

Überblick

Bildung des *imperfetto*

-are	-ere	-ire
abit**are**	scriv**ere**	sent**ire**
abit**avo**	scriv**evo**	sent**ivo**
abit**avi**	scriv**evi**	sent**ivi**
abit**ava**	scriv**eva**	sent**iva**
abit**avamo**	scriv**evamo**	sent**ivamo**
abit**avate**	scriv**evate**	sent**ivate**
abit**avano**	scriv**evano**	sent**ivano**

Hauptsatz	Nebensatz
Fabio mi ha detto	**che aveva studiato molto.**
(Fabio hat mir gesagt,	dass er viel gelernt hatte.)
Quella storia è andata	**come avevo detto io.**
(Die Geschichte ist genauso ausgegangen,	wie ich es gesagt hatte.)
Io ho letto quel libro	**di cui avevo tanto sentito parlare.**
(Ich habe das Buch gelesen,	von dem ich schon so viel gehört hatte.)

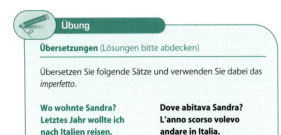

Übung

Übersetzungen (Lösungen bitte abdecken)

Übersetzen Sie folgende Sätze und verwenden Sie dabei das *imperfetto*.

Wo wohnte Sandra?	Dove abitava Sandra?
Letztes Jahr wollte ich nach Italien reisen.	L'anno scorso volevo andare in Italia.
Als Kind fuhr ich jeden Sommer ans Meer.	Da bambina andavo ogni estate al mare.

Italienisch

Die Zeiten

Das historische Perfekt – Il passato remoto

Bildung
- An den Stamm des Verbs im Infinitiv wird – wie im Überblickkasten dargestellt – die jeweilige Endung angehängt.
Bei unregelmäßigen Verben ist häufig auch die Form des *passato remoto* unregelmäßig. Die Abweichungen von der Regel betreffen zumeist die 1. und 3. Person Singular und die 3. Person Plural:

fare (machen): feci, facesti, fece, facemmo, faceste, fecero
dire (sagen): dissi, dicesti, disse, dicemmo, diceste, dissero

Verwendung
Das *passato remoto* beschreibt einen Vorgang in der Vergangenheit, der abgeschlossen ist. Dabei spielt die Dauer oder Häufigkeit keine Rolle. Eine vergleichbare deutsche Form existiert nicht.

Das *passato remoto* drückt Vorgänge in einer entfernten Vergangenheit aus. In der gesprochenen Sprache wird das *passato remoto* vor allem im Norden Italiens immer seltener verwendet. In der Schriftsprache wird es weiterhin häufig benutzt.

Die entfernte Vergangenheit – Il trapassato remoto

Bildung
- Das *trapassato remoto* ist eine zusammengesetzte Zeit. Sie wird gebildet mit dem *passato remoto* des Hilfsverbs *avere* oder *essere* und dem Partizip Perfekt des Verbs:

Non appena mi fui alzata, squillò il telefono. (Gerade nachdem ich aufgestanden war, klingelte das Telefon.)

Verwendung
Diese Zeitform kommt relativ selten vor. Sie bezeichnet einen Vorgang in der Vergangenheit, der noch vor einem anderen liegt, der im *passato remoto* geschildert wird.
Das *trapassato remoto* kann also nur in Nebensätzen vorkommen, deren Hauptsatz im *passato remoto* steht. Oft wird der Nebensatz eingeleitet mit *dopo che* (nachdem), *quando* (als), *appena* (sobald, gerade).

Das Futur I – Il futuro semplice

Bildung
- An den Stamm des Verbs im Infinitiv wird die Futur-Endung angehängt. Für die Verben auf *-are* und *-ere* sind die Endungen gleich, für die Verben auf *-ire* verändert sich der erste Buchstabe der Endung in ein *-i*.
Bei Verben, die auf *-care* oder *-gare* enden, wird vor der Endung ein *h* eingefügt:

pagare (bezahlen): pagherò, pagherai, pagherà …

Verwendung
Das *futuro semplice* drückt Handlungen aus, die in der Zukunft liegen. Man kann damit auch Vermutungen und Befehle ausdrücken.

Überblick

Das *passato remoto* der Hilfsverben *essere* und *avere*

	essere (sein)	avere (haben)
io	fui	ebbi
tu	fosti	avesti
lui/Lei	fu	ebbe
noi	fummo	avemmo
voi	foste	aveste
loro	furono	ebbero

Überblick

Das *passato remoto* der drei Verbformen

-are	-ere	-ire
abitare (wohnen)	temere (fürchten)	sentire (hören)
abitai	temei (-etti)	sentii
abitasti	temesti	sentisti
abitò	temé (-ette)	sentì
abitammo	tememmo	sentimmo
abitaste	temeste	sentiste
abitarono	temerono (-ettero)	sentirono

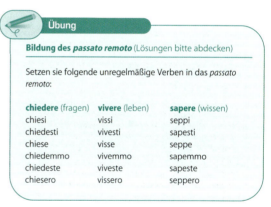

Übung

Bildung des *passato remoto* (Lösungen bitte abdecken)

Setzen sie folgende unregelmäßige Verben in das *passato remoto*:

chiedere (fragen)	vivere (leben)	sapere (wissen)
chiesi	vissi	seppi
chiedesti	vivesti	sapesti
chiese	visse	seppe
chiedemmo	vivemmo	sapemmo
chiedeste	viveste	sapeste
chiesero	vissero	seppero

Überblick

Das *futuro semplice*

abitare (wohnen)	prendere (nehmen)	sentire (hören)
abiterò	prenderò	sentirò
abiterai	prenderai	sentirai
abiterà	prenderà	sentirà
abiteremo	prenderemo	sentiremo
abiterete	prenderete	sentirete
abiteranno	prenderanno	sentiranno

Beispielsätze:

Arriverò domani. (Ich werde morgen ankommen.)
Domani andrai a scuola! (Morgen wirst du in die Schule gehen!)
Penso che tornerò in Italia. (Ich glaube, ich komme wieder nach Italien.)

Italienisch

Die Zeiten

Das Futur II – Il futuro anteriore

Bildung

- Das *futuro anteriore* ist eine zusammengesetzte Zeit. Sie wird gebildet mit den Hilfsverben *avere* oder *essere* im Futur und dem Partizip Perfekt des jeweiligen Verbs:

sarò tornato (ich werde zurückgekehrt sein)
avrà capito (er/sie wird verstanden haben)

Das Futur der Hilfsverben wird wie folgt gebildet:

avere: avrò, avrai, avrà, avremo, avrete, avranno
essere: sarò, sarai, sarà, saremo, sarete, saranno

Verwendung

Das *futuro anteriore* drückt Zustände oder Handlungen aus, die vor anderen Handlungen in der Zukunft stattfinden. Es können auch Vermutungen in der Vergangenheit ausgedrückt werden.

Merke

Das *futuro anteriore*

Einige Beispielsätze für das Futur II:

Ti telefonerò appena sarò tornato. (Ich werde dich anrufen, sobald ich zurück bin.)

L'ultima volta che l'ho visto, sarà stato un anno fa. (Das letzte Mal, dass ich ihn gesehen habe, muss vor einem Jahr gewesen sein.)

Das Konditional I – Il condizionale presente

Bildung und Verwendung

- Mit dem *condizionale presente* drückt man mögliche oder unmögliche Handlungen oder Zustände aus. Zudem verwendet man es bei Wünschen, Zweifeln, Meinungen, Skepsis und der Höflichkeitsform. An den Stamm des Verbs im Infinitiv wird die Konditionalendung angehängt. Für die Verben auf -*are* und -*ere* sind die Endungen gleich, bei den Verben auf -*ire* bleibt der erste Buchstabe der Endung ein -*i*:

abit**are** (wohnen)	prend**ere** (nehmen)	sent**ire** (hören)
abit**erei**	prend**erei**	sent**irei**
abit**eresti**	prend**eresti**	sent**iresti**
abit**erebbe**	prend**erebbe**	sent**irebbe**
abit**eremmo**	prend**eremmo**	sent**iremmo**
abit**ereste**	prend**ereste**	sent**ireste**
abit**erebbero**	prend**erebbero**	sent**irebbero**

Übung

Konditional (Lösungen bitte abdecken)

Übersetzen Sie ins Konditional I.

Ich würde gerne eine Reise machen.	Farei volentieri un viaggio.
Ich hätte gerne ein Bier, bitte.	Vorrei una birra, per favore.
Dieser Film müsste gut sein.	Questo film dovrebbe essere bello.
Entschuldigung, könnten Sie bitte das Fenster schließen.	Scusi, potrebbe chiudere il finestrino per favore.

Merke

Konditional der Hilfsverben

Das Konditional der Hilfsverben wird wie folgt gebildet.

avere: avrei, avresti, avrebbe, avremmo, avreste, avrebbero
essere: sarei, saresti, sarebbe, saremmo, sareste, sarebbero

Das Konditional II – Il condizionale passato

Bildung

- Das *condizionale passato* ist eine zusammengesetzte Zeit. Sie wird gebildet mit der Konditionalform der Hilfsverben *avere* oder *essere* und dem Partizip Perfekt des jeweiligen Verbs.

Verwendung

Man drückt damit Zustände oder Wünsche aus, die sich nicht verwirklichen werden oder können, sowie Meinungen, Ratschläge in der Vergangenheit, Ungläubigkeit:

Stasera avrei mangiato volentieri una zuppa di pesce.
(Heute Abend hätte ich gerne eine Fischsuppe gegessen.)

Italienisch

Die Zeiten

Der Konjunktiv Präsens – Il congiuntivo presente

Bildung
- An den Stamm des Verbs wird die Konjunktivendung angehängt. Die ersten drei Personen haben die gleiche Endung. Die 1. Person Plural weist die gleiche Form auf wie in der Gegenwart des Indikativs. Der Konjunktiv der Hilfsverben wird wie folgt gebildet:

avere: abbia, abbia, abbia, abbiamo, abbiate, abbiano
essere: sia, sia, sia, siamo, siate, siano

Verwendung
Anders als bei den Indikativformen der Verben drückt der Konjunktiv Subjektivität aus – Wünsche, Hoffnungen, Unsicherheit und Möglichkeiten.
Im Italienischen steht der Konjunktiv meist in Nebensätzen, die von bestimmten Verben oder Ausdrücken eingeleitet werden. Das sind Verben, die Meinungen, Gefühle, Hoffnungen und Zweifel ausdrücken wie *credo che, penso che, trovo che* (ich glaube, dass …), *mi sembra che* (es scheint mir, dass …), *sono convinto che* (ich bin überzeugt, dass …), *desidero che* (ich wünsche, dass …), *spero che* (ich hoffe, dass …), *voglio che* (ich will, dass …), *sono contento che* (ich freue mich, dass …), *temo che* (ich fürchte, dass …), *mi dispiace che* (es tut mir leid, dass …).

Der Konjunktiv Perfekt – Il congiuntivo passato

Bildung
- Der *congiuntivo passato* ist eine zusammengesetzte Zeit. Sie wird gebildet mit der Konjunktivform der Hilfsverben *avere* oder *essere* und dem Partizip Perfekt des jeweiligen Verbs.

Verwendung
Im Rahmen der Zeitenfolge. Steht der Hauptsatz in der Gegenwarts- oder Zukunftsform und folgt dann ein Meinungs-, Gefühlsverb etc., kann der Nebensatz im *congiuntivo passato* stehen:

Penso che sia andato in Italia. (Ich glaube, er ist nach Italien gefahren.)

Der Konjunktiv Imperfekt – Il congiuntivo imperfetto

Bildung
- An den Stamm des Verbs kommt die entsprechende Endung (siehe Kasten). Die Endungen sind für alle drei Gruppen gleich, nur der erste Buchstabe ändert sich je nach Infinitiv.

Verwendung
Steht der Hauptsatz im *passato prossimo* oder im *imperfetto* und sind die Voraussetzungen für die Verwendung des Konjunktivs gegeben, dann steht der Nebensatz im *congiuntivo imperfetto* oder auch *trapassato*:

Credevo/ho pensato che tu mi telefonassi. (Ich dachte, du würdest mich anrufen.)

Überblick

Der *congiuntivo presente*

abitare (wohnen)	prendere (nehmen)	sentire (hören)
abiti	prenda	senta
abiti	prenda	senta
abiti	prenda	senta
abitiamo	prendiamo	sentiamo
abitiate	prendiate	sentiate
abitino	prendano	sentano

Beispielsätze:
Temo che il tuo treno parta in ritardo. (Ich fürchte, dein Zug hat Verspätung.)
Spero che Lei stia bene. (Ich hoffe, es geht Ihnen gut.)
Mi sembra che lui parli troppo. (Mir scheint, er redet zuviel.)

Merke

Ist das Subjekt des Hauptsatzes identisch mit dem des Nebensatzes, so verwendet man eher den Infinitiv mit der Präposition *di*.

Credo di partire oggi. (Ich denke, ich fahre heute.)

Merke

Einige unregelmäßige Formen

fare	dire	andare	venire
(machen)	(sagen)	(gehen)	(kommen)
faccia	dica	vada	venga
faccia	dica	vada	venga
faccia	dica	vada	venga
facciamo	diciamo	andiamo	veniamo
facciate	diciate	andiate	veniate
facciano	dicano	vadano	vengano

Überblick

Congiuntivo imperfetto

abitare (wohnen)	scrivere (schreiben)	sentire (hören)
abitassi	scrivessi	sentissi
abitassi	scrivessi	sentissi
abitasse	scrivesse	sentisse
abitassimo	scrivessimo	sentissimo
abitaste	scriveste	sentiste
abitassero	scrivessero	sentissero

Merke

***Congiuntivo imperfetto* der Hilfsverben**

avere: avessi, avessi, avesse, avessimo, aveste, avessero
essere: fossi, fossi, fosse, fossimo, foste, fossero

453

Italienisch

Die Zeiten

Der Konjunktiv Plusquamperfekt

Bildung
- Der *congiuntivo trapassato* ist eine zusammengesetzte Zeit. Sie wird gebildet mit dem *congiuntivo imperfetto* der Hilfsverben und dem Partizip Perfekt des jeweiligen Verbs.

Verwendung
Steht der Hauptsatz im *passato prossimo* oder im *imperfetto*, so kann der Nebensatz im *congiuntivo trapassato* stehen:

Credevo/ho pensato che tu fossi partito. (Ich dachte, du wärst verreist.)

Das Passiv – Il passivo

Bildung
- Die passive Form der Verben bildet man mit dem Hilfsverb *essere* und dem Partizip Perfekt des jeweiligen Verbs. Das Partizip richtet sich in Geschlecht und Zahl nach dem Subjekt. In den Zeitformen des Verbs, die nicht zusammengesetzt sind, kann statt *essere* auch *venire* verwendet werden:

Questo lavoro è stato fatto bene. (Diese Arbeit wurde gut gemacht.)
Gli spaghetti furono cucinati da Isabella. (Die Spaghetti wurden von Isabella gekocht.)
Signori, il pranzo è servito. (Herrschaften, das Essen ist serviert.)
La casa sarà affittata da una giovane coppia. (Die Wohnung wird von einem jungen Paar gemietet werden.)

Verwendung
Das Passiv ist eine Zeitform, in der das Objekt die Handlung führt. Nur die transitiven Verben (Verben mit Akkusativ-Objekt) können die passive Form bilden:

Aktive Form: Lo studente legge il libro. (Der Student liest das Buch.)
Passive Form: Il libro è letto dallo studente. (Das Buch wird vom Studenten gelesen.)

Das Gerundium – Il gerundio

Bildung
- Bei Verben auf *-are* wird zur Bildung des Gerundiums an den Stamm die Endung *-ando* gehängt. An die Verben auf *-ere* und *-ire* kommt die Endung *-endo*:
  parlare – parlando
  vedere – vedendo
  sentire – sentendo

Verwendung
Das Gerundium verwendet man, um eine Handlung auszudrücken, die gleichzeitig mit einer anderen verläuft. Diese Handlung kann in Gegenwart, Zukunft oder Vergangenheit stattfinden:

Parlando con te ho capito tutto. (Während ich mit dir sprach, habe ich alles verstanden.)
Sbagliando impariamo l'italiano. (Indem wir Fehler machen, lernen wir Italienisch.)
Andando in bicicletta sono caduto. (Beim Fahrradfahren bin ich gestürzt.)

Merke

Besonderheiten

Das Passiv gibt es in allen Zeitformen außer im *trapassato remoto*.

Merke

Passivbildung

Die Konstruktion *venire* + Partizip zur Bildung des Passivs wird meist benutzt, um einen Vorgang auszudrücken:

La finestra viene chiusa. (Das Fenster wird geschlossen.)
Il sole viene coperto dalle nuvole. (Die Sonne wird von den Wolken verdeckt.)

Übung

Passivbildung (Lösungen bitte abdecken)

Setzen Sie folgende Sätze in die passive Form.

Sandra ha mangiato la mela. (Sandra hat den Apfel gegessen.)
Il sole riscalda la terra. (Die Sonne wärmt die Erde.)
I tedeschi amano il vino italiano. (Die Deutschen lieben den italienischen Wein.)
Isabella ha prenotato un tavolo al ristorante. (Isabella hat einen Tisch im Restaurant reserviert.)

La mela è stata mangiata da Sandra. (Der Apfel wurde von Sandra gegessen.)
La terra è (viene) riscaldata dal sole. (Die Erde wird von der Sonne erwärmt.)
Il vino italiano è amato dai tedeschi. (Der italienische Wein wird von den Deutschen geliebt.)
Al ristorante un tavolo è stato prenotato da Isabella. (Im Restaurant wurde ein Tisch von Isabella reserviert.)

Merke

Das *gerundio* mit *stare*

Das Gerundium wird oft zusammen mit dem Verb *stare* verwendet. Damit wird eine gerade stattfindende Handlung ausgedrückt.

Cosa stai facendo? (Was machst du gerade?)
Sto guardando la TV. (Ich schaue gerade fern.)

Italienisch

Der Satz

Es gibt auch eine Vergangenheitsform des Gerundiums, das *gerundio passato*. Es wird gebildet mit dem Gerundium der Hilfsverben *avere/essere* und dem Partizip Perfekt des gewünschten Verbs. Mit dem *gerundio passato* drückt man eine Handlung aus, die vor einer anderen steht in Gegenwart, Vergangenheit oder Zukunft:

Avendo finito i soldi sono tornato a casa prima. (Da das Geld aufgebraucht war, bin ich früher nach Hause zurückgekehrt.)
Avendo prenotato le vacanze non vedo l'ora di partire. (Nachdem ich die Ferien gebucht habe, kann ich es nicht erwarten loszufahren.)
Essendo stato offeso dai compagni il bambino si è messo a piangere. (Als das Kind von seinen Spielkameraden beleidigt wurde, fing es an zu weinen.)

Der Satzbau und die Wortstellung

Der Aussagesatz

- Der Aussagesatz besteht im Italienischen in der Regel aus Subjekt, Verb und einer Ergänzung/einem Objekt. Verb und Ergänzung werden im Italienischen nie getrennt:

Anna è italiana. (Anna ist Italienerin.)
Barbara racconta una favola. (Barbara erzählt ein Märchen.)

Der Fragesatz

- Es gibt Fragesätze mit und ohne Fragewörter. Hat der Fragesatz kein Fragewort, so ist die Satzstellung die Gleiche wie bei einem Aussagesatz. Nur die Satzmelodie ändert sich und geht zum Satzende nach oben:

Anna è italiana? (Ist Anna Italienerin?)

Hat der Fragesatz ein Fragewort, so ist die Satzstellung meist Fragewort – Verb – Subjekt:

Dove va Anna? (Wohin geht Anna?)
Come stai? (Wie geht es dir?)

Die Verneinung

- Die einfache Verneinung wird im Italienischen mit *non* (nicht) ausgedrückt. *Non* steht dann vor dem Verb und verneint somit das Verb. Steht vor dem Verb bereits ein Pronomen, wird *non* unmittelbar vor dieses Pronomen gesetzt. *Non* kann man im Deutschen oft mit kein übersetzen:

Non ho fame. (Ich habe keinen Hunger.)

Steht *nessuno* am Satzanfang, entfällt *non*:

Nessuno gli crede. (Niemand glaubt ihm.)

La doccia non funziona. (Die Dusche funktioniert nicht.)
Non mi piace. (Es gefällt mir nicht.)
Oggi non sto bene. (Heute geht es mir nicht gut.)

Außerdem kann man mit *no* (nein/nicht) verneinen. Die Verneinung mit *no* steht meist in Satzteilen, die kein Verb enthalten:

Perchè no? (Warum nicht?)
Sei d'accordo? No. (Bist du einverstanden? Nein.)
Sei mai stato in Italia? Io no e tu? (Warst du jemals in Italien? Ich nicht, und du?)

Merke

Objektstellung

Gibt es im Satz zusätzlich zum direkten Objekt noch ein indirektes Objekt, so steht es im Italienischen meist nach dem direkten Objekt:

Barbara racconta una favola a sua figlia. (Barbara erzählt ihrer Tochter ein Märchen.)

Überblick

Wichtige Fragewörter

Im Italienischen gibt es folgende Fragewörter:

dove?	(wo?)	**di dove?**	(woher?)
perché?	(warum?)	**che cosa?**	(was?)
come?	(wie?)	**quale/i?**	(welche/r?)
quanto?	(wie viel?)	**chi?**	(wer?)

Fragewort und Verb bilden im Italienischen eine Einheit und können nicht getrennt werden.

Merke

Verneinung

Im Italienischen wird zur Verneinung das Verb verneint. Das gilt auch, wenn Begriffe wie *nichts (niente/nulla)*, *niemand (nessuno)*, *mehr (più)*, *niemals (mai)* folgen. Im Deutschen klingt das wie eine doppelte Verneinung:

Non mangio pesce. (Ich esse keinen Fisch.)
Non mangiamo niente. (Wir essen nichts.)
Non viene nessuno. (Es kommt niemand.)
Non prendo niente. (Ich nehme nichts.)
Non nevica più. (Es schneit nicht mehr.)
Non cambiano mai. (Sie ändern sich nie.)

Merke

Verneinung

Né ... né bedeutet *weder noch*:
Non mangio né pesce né carne. (Ich esse weder Fisch noch Fleisch.)

Mai niente bedeutet *nie etwas*:
Non mi da mai niente. (Er gibt mir nie etwas.)

Niente a nessuno bedeutet *niemandem etwas*:
Non regala niente a nessuno. (Er schenkt niemandem etwas.)

Abbildungsnachweis

Adam Opel AG, Rüsselsheim (1) ; AEG Hausgeräte GmbH, Nürnberg (3); Airbus Deutschland GmbH, Hamburg (1); aisa, Barcelona (3); akg-images, Berlin – Rabatti-Domingie (1); Audi AG, Ingolstadt (1); Audley Shoes GmbH, Krefeld (1); baby-walz, Versandhaus Walz GmbH, Bad Waldsee (3); Beiersdorf AG, Hamburg (2); Bergmann GmbH, Lage-Kachtenhausen (2); Berndorf Besteck & Tafelgeräte (1); Bosbach Kommunikation & Design, Köln (1); Brother International GmbH, Bad Vilbel (1); Canon Deutschland GmbH, Neuss (1); Caro Fotoagentur GbR, Berlin (4) – Bastian (1) – Oberhäuser (1) – Riedmiller (1) – Ruffer (1); Champagne Pommery GmbH, München (1); Comet Photoshopping GmbH, Zürich (1); Corbis GmbH, Düsseldorf (3); Corbis-Bettmann, New York – Reuters (1); DaimlerChrysler AG, Stuttgart (4); Dethleffs GmbH, Isny (1); Deutsche Bahn AG , Mainz (1) – AutoZug (1) – Jazbec (1) – Vukovic (1) – Weber (2); Deutsche Post (6); Deutsches Jugendherbergswerk, Detmold (1); Document Vortragsring e.V., München – Blasy (1) – Fiebrandt (2) – Haberland (2) – Oswald (1) – Trippmacher (1); Dorling Kindersley, London (4); dpa Picture-Alliance GmbH, Frankfurt – Azubel (1) – Granefelt (1) – Hanschke (1) – Lander (1) – Lauter (1) – Nukari (1) – Rose (1) – Weiken (1); Duncan Baird Publishers, London (7); Erdal (2); Ferrari Deutschland GmbH, Wiesbaden (1); Fischerwerke, Waldachtal (2); fotolia.com (1) – © Przemys (1) – Aaron Kohr (1) – Adrian Hillman (1) – afby (1) – albIn (1) – Aleksandrs Pcelovs (1) – AlexMax (2) – Alix Celie (1) – Alysta (1) – Andreas Wechsel (1) – Andresr (2) – Andriy Rovenko (1) – Anne Gro Bergersen (2) – Anne Katrin Figge (1) – Carmen Steiner (1) – Chef (1) – Christian Musat (1) – Claude Tacheron (1) – Dagmara Czechowska (1) – David Beckham (1) – Detlef Menzel (1) – Dmitry Ternovoy (1) – dwphotos (1) – Earl Robbins (1) – EcoView (2) – Elenathewise (1) – ferchu90210 (1) – Franz Pfluegl (2) – Fux (3) – Georgios Alexandris (1) – Gernot Krautberger (1) – Gert Vrey (1) – Gilles Paire (1) – Goce Risteski (1) – gogi08 (1) – Graça Victoria (1) – Guenter Flores (1) – Guillaume Duris (1) – Hannu Liivaar (1) – Hazel Proudlove (1) – HeisteBerlag (1) – Holz Marketing (1) – Holz Marketing (1) – Alban Achutegui Tello (1) – Igor Negovelov (1) – Ilan Amith (2) – Ivanka Savova (1) – J. + W. Roth (1) – Jaak Kadak (1) – jakezc (1) – Jean-Claude Drillon (1) – Jean-Michel Leclercq (1) – Jeff Gynane (1) – Jeff Kinsey (1) – Jerzy Czarkowski (1) – Joe Gough (1) – Jörg Koch (1) – Jose Manuel Gelpi Diaz (1) – Jostein Hauge (1) – Julianna Tilton (1) – Ka Leung Wong (1) – khz (1) – Kirsty Pargeter (2) – Lenice Harms (1) – Lisa F. Young (1) – Liv Friis-Larsen (1) – Lori Martin (1) – luckystudio12 (1) – lucwa (1) – Madeleine Openshaw (1) – Magali Laurent (1) – Marc Dietrich (1) – Maria Goncalves (1) – Marie-Aude Montely (1) – marilyna (2) – Marinko Tarlac (1) – Marion Wear (1) – Markus Haselböck (1) – Martina Chmielewski (1) – Matka Wariatka (1) – megatron (1) – Meinhard Gerstberger (1) – Michael Knüfer (2) – Michele Goglio (1) – Mick Woodruff (1) – Nancy Tripp (1) – Nguyen Thai (2) – Nicholas Piccillo (1) – Nick Stubbs (1) – Nicolas Nadjar (1) – Oleksandr Kalyna (1) – OlgaLIS (1) – Paha_L (1) – Pamela Oms (1) – Pascal Pechard (1) – Pascale Wowak (1) – Paul Avai (2) – pep (1) – Pétur Asgeirsson (1) – Philip Lange (1) – Philippe Devanne (2) – PhotoEuphoria (1) – pixphoto (1) – Przemyslaw Dubinski (1) – Radu Razvan (1) – Rainer Schmittchen (1) – Ramona Heim (1) – Roland Lange (1) – Scott Slattery (1) – Shaun Levick (1) – Sheldon Gardner (1) – Shirley Hirst (1) – Silke Wolff (1) – Simone Van Den Berg (3) – soundsnaps (1) – Stacey Lynn Brown (1) – Stephen Coburn (1) – Stephen Mcsweeny (1) – Steven Pike (1) – Susan Flashman (1) – Tamer Yazici (1) – Thierry Planche (2) – Thomas Berg (1) – Tian Kian Khoon (1) – Vasil Ishmatov (1) – Visual-Field (1) – Vlad Lopatinsky (1) – Vladimir Kondrachov (1) – Yanik Chauvin (1) – Yuly Azrelyan (1) – Zastavkin (1); Franz Kaldewei, Ahlen (1); Fujitsu Siemens Computers, Paderborn (2); Getty Images, München/RF (3); Goldpfeil Aktiengesellschaft, Offenbach (1); Hein Gericke GmbH (1) HP Haushaltsprodukte GmbH, Montabaur (1); IFA-Bilderteam, Ottobrunn (5) – Alexandre (1) – AP&F (2) – Bumann (1) – Ch.Walsh (1) – Chmura (5) – Diaf (3) – Direct Stock (1) – Endler (1) – Foodpix (1) – Franka (1) – G.Hahn (1) – Giel (1) – Grubb (1) – Hauck (1) – Höfer (1) – Index Stock (2) – Int. Stock (2) – IPS (1) – ISIFA (1) – IT/tpl (5) – it-stock (2) – J. Heron (1) – Jacobi (1) – Jakob (1) – Jochem (1) – Jon Arnold Images (3) – Jose Fuste Raga (1) – Jurane (1) – Maier (2) – NOK (1) – Picture Finders (1) – PLC (1) – Rauch (1) – Rose (4) – Schösser (1) – Schramm (1) – Stadler (3) – Steinberger (1) – TPL (3) – Vision (1) – Volmer (1) – Walsh (2) – Weststock (2) – Wunsch (1); Impressionen-Versand, Wedel (1); istockphoto.com (42) – ndres balcazar (1) – ©2006 James Steidl James Group Studios inc. (1) – abooyeung (1) – ALDRA (1) – Andy Hill (1) – blastreach (1) – Dana Spiropoulou (1) – George Green (1) – Glubsch (1) – Graham Heywood (1) – horsemen (1) – Joris van Caspel (1) – Kate Leigh (1) – Kevin Russ (1) – Linda/MarieB (1) – Mark Evans (1) – Matka_Wariatka (1) – Melissa King (1) – Pavlenko Evgeniy (1) – Perets (1) – Robert Salesas (1) – Steven Collins (1) – thinkomatic (1) – Wouter van Caspel (1); Keuco, Gütersloh (2); Laif, Köln – Gonzalez (1) – Hemispheres (1) – REA/Leimdorfer – Specht (1); LBS Bausparkasse der Sparkasse, Münster (7); Lufthansa – Ingrid Friedl (1); Mauritius, Mittenwald – age (10) – ANP (1) – Beck (1) – Bergmann (1) – Bibikow (1) – Bluestone (1) – Cash (1) – Clasen (1) – Crosta (1) – Doberman (1) – Dolphin Productions (1) – Flüeler (1) – Foodpix (4) – Gavrilov (1) – Gebhardt (2) – Grafica (1) – Howard (5) – imagebroker.net (1) – Jarvis (1) – JIRI (8) – Journey (1) – Katzer (1) – Kehrer (1) – Kerscher (3) – Kirchherr (1) – Kuhnle&Knödler (1) – Mattes (3) – Matthias (2) – Merten (7) – Nägele (1) – Nonstock (1) – Obert (4) – O'Brien (4) – Oxford Scientific (1) – Pascal (1) – Photo Researchers (1) – Photononstop (1) – Pöhlmann (3) – Pölking (1) – Reinhart (2) – Ritschel (1) – Rosenfeld (1) – Siepmann (1) – Steimer (1) – Stock Image (6) – Stock4b (1) – The Copyright Group (2) – Torino (1) – Truffy (1) – Tunger (1) – Umstätter (1) – Vidler (4) – Visa Images (1) – West Studios (1) – Widmann (5) – World Pictures (6); MediText, Ostfildern (20); Messe Friedrichshafen GmbH, Friedrichshafen (1); mev, Augsburg (27); NOAA Photo Library, NOAA Central Library (1); Nobilia, Gütersloh (1); Otto Versand, Hamburg (9); Pelikan Vertriebsgesellschaft, Hannover (1); Philips GmbH, Elektro-Haushalt Unternehmensbereich, Hamburg (8); Piaggio Deutschland GmbH, Diedorf (1); Plaza & Janes, S. A., Barcelona (2); Premium Stock Photography GmbH, Düsseldorf/RF (22); Pro Office GmbH, Bielefeld (4); renfe / Spanien (1); Rodenstock München (2); shutterstock.com – Chris Harvey (1) – Costin Cojocaru (1) – Danis Derics (1) – Galina Barskaya (1) – Michael Thompson (1) – Olga Lis (1) – Patrick Hermans (1) – Peter Baxter (1) – Pétur Ásgeirsson (1) – Rouslan (1) – Sean MacLeay (1) – Stanislav Khrapov (1); Siemens AG, München (2); Skoda Automobile Weiterstadt (1); Soehnle Waagen (1); Stahlwille, Wuppertal (1); Sternjakob GmbH & Co. KG , Frankenthal (1); SXC, Stock.XCHNG (4); T-Mobile (1); TMV (1); TopFoto, Kent – Antman/TIW (1) – AP (1) – Barnes Topography (1) – Sprague/TIW (2) – Topography (2); Vileda GmbH, Weinheim (1); Volvo Car Germany GmbH, Köln (1); Wissen Media Verlag GmbH, Gütersloh (82); WMF Aktiengesellschaft Württembergische Metallwarenfabrik, Geislingen (3).

Abbildung auf dem Umschlag: Jupiterimages